U0920842

合肥年鉴

2015

合 肥 市 人 民 政 府 主 办

合肥市地方志办公室编纂

全 国 百 佳 图 书 出 版 单 位

APGTIME 时代出版

时代出版传媒股份有限公司

黄　山　书　社

图书在版编目（CIP）数据

合肥年鉴．2015 / 合肥市地方志办公室编纂
—合肥：黄山书社，2015.9
ISBN 978-7-5461-4104-6

Ⅰ.①合… Ⅱ.①合… Ⅲ.①合肥市—2015—年鉴
Ⅳ.①Z525.41

中国版本图书馆CIP数据核字（2015）第227394号

出品人　任耕耘
责任编辑　徐娟娟
装帧设计　王国亮
出版发行　时代传媒股份有限公司（http://www.press-mart.com）
　　　　　黄山书社（http://www.hspress.cn）
地址邮编　230071
印　　刷　合肥添彩包装有限公司
版　　次　2015年9月第1版
印　　次　2015年9月第1次印刷
开　　本　889×1194　1/16
字　　数　1180千字
印　　张　37.75
书　　号　ISBN 978-7-5461-4104-6
定　　价　200.00元

服务热线　0551-63533706
销售热线　0551-63533761
官方直营书店（http://hsssbook.taobao.com）

版权所有　侵权必究
凡本社图书出现印装质量问题，请与印制科联系。
联系电话　0551-63533725

合肥市地方志编纂委员会

（2014年12月31日）

主　任： 张庆军（市政府市长）

副主任： 吴春梅（市政府副市长）
杨　伟（市政府秘书长）
胡玉兰（市地方志办公室主任）

委　员： 毛万里（市委副秘书长、办公厅主任）
李茂凯（市人大常委会副秘书长、办公厅主任）
秦继平（市政府副秘书长、办公厅主任）
高晓光（市政府副秘书长）
程习龙（市政协副秘书长、办公厅主任）
王建军（合肥警备区党委常委、参谋长）
（市纪委常委、秘书长）
柴修发（市委组织部常务副部长）
王　浩（市委宣传部常务副部长）
（市委统战部常务副部长）
许道和（市委政法委副书记）
王家贵（市委党史研究室主任）
吴功福（市机构编制委员会办公室主任）
李尚才（市档案局局长）
赵寒松（市委保密办<市国家保密局>
主任<局长>）
路　军（肥东县政府县长）
金成俊（肥西县政府代县长）
刘正义（长丰县政府代县长）
王连贵（庐江县政府代县长）
罗兆好（巢湖市政府市长）
单　虎（瑶海区政府代区长）
黄卫东（庐阳区政府代区长）
张思扬（蜀山区政府区长）
耿延强（包河区政府区长）
李　兵（合肥高新技术产业开发区管委会主任）
姚卫东（合肥经济技术开发区管委会主任）
王文松（合肥新站开发试验区管委会主任）
王爱华（合肥巢湖经济开发区管委会主任）
宋道军（市发展和改革委员会主任）
李海鹰（市经济和信息化委员会主任）
何　杰（市农业委员会主任）
常先米（市政府副秘书长、市城乡建委主任）
孙立强（市政府国资委主任）
徐静平（市教育局局长）
朱　策（市科技局局长）
张　华（市公安局副局长）
张　炜（市民政局局长）
刘晓文（市司法局局长）
吴利林（市财政局局长）
朱正跃（市人力资源和社会保障局局长）
方正杰（市交通运输局局长）
徐春雷（市水务局局长）
梅国胜（市林业和园林局局长）
罗　平（市文化广电新闻出版局局长）
张晓庆（市卫生局局长）
查　凯（市人口和计生委主任）
程　林（市审计局局长）
吴爱国（市规划局局长）
王　斌（市环境保护局局长）
蓝　天（市商务局局长）
汪菊喜（市房地产管理局局长）
李　殊（市体育局局长）
王亚斌（市统计局局长）
刘　浏（市政府法制办公室主任）
葛　锐（市金融工作办公室主任）
袁先柏（市国家税务局局长）
邢孝鸿（市地方税务局局长）
杨　锐（市工商行政管理局局长）
张业锁（市总工会党组书记、副主席）
夏向东（市委统战部副部长，
市工商联党组书记、第一副主席）
陈帮霞（国家统计局合肥调查队队长）
甄　奎（市委宣传部副部长，合肥报业传媒集团社长）

《合肥年鉴》责任审稿

主　　　审： 张庆军（市政府市长）
执 行 主 审： 吴春梅（市政府副市长）
副　主　审： 杨　伟（市政府秘书长）　　高晓光（市政府副秘书长）
分 类 审 稿： 各供稿单位负责人
特别责任审稿： 中共合肥市委保密委员会办公室（市国家保密局）

《合肥年鉴》编辑部

主　　　编： 胡玉兰
副　主　编： 徐克虎　黄华华
编　　　辑： （按姓氏笔画排序）
王尚先　王惠莹　田　文　陈岩梅　赵永军　陶俊生　储茂仁　鲍　甄

编 辑 说 明

《合肥年鉴》是一部全面记述合肥地区自然、政治、经济、文化、社会等方面情况的年度性资料文献，是合肥市政府主办，由市地方志办公室组织编纂的。2015 年卷是连续出版的第 16 卷。《合肥年鉴》坚持以中国特色社会主义理论为指导，贯彻落实科学发展观，全面客观反映市情，在为各级领导科学决策、为社会各界提供地情资料服务等方面发挥了重要作用。

《合肥年鉴》坚持“质量第一，常编常新”编纂原则，根据合肥经济社会的发展变化对篇目框架及内容及时调整和充实。2015 卷鉴紧紧围绕合肥市“新跨越、进十强”的总体要求和“大湖名城、创新高地” 的战略定位，重点反映 2014 年度市委、市政府的重要发展举措、重大发展成果；全市各行各业、各个领域的主要业绩；加强生态建设与环境保护的记录。

全书采用分类编辑，主体内容分为类目、分目、条目三个层次，少数条目下设子目。主要设有特载、专记、总述、大事记、政治、经济、文化、开发园区、金融、社会民生、县（市）区等 29 个类目，文前设图片专辑，书后设“索引”以备读者查阅。本年鉴记述时限为 2014 年，“特载”“图片”时间截至 2015 年 6 月。

《合肥年鉴》采用的文稿均由市直各部门、各县（市）区以及驻肥省、部属相关单位撰写，有关图照、数据、资料均经供稿单位核实。使用的统计数据，以市统计部门公布的数据为准。凡市统计局未予统计和提供的，则以单位提供的数据为准。

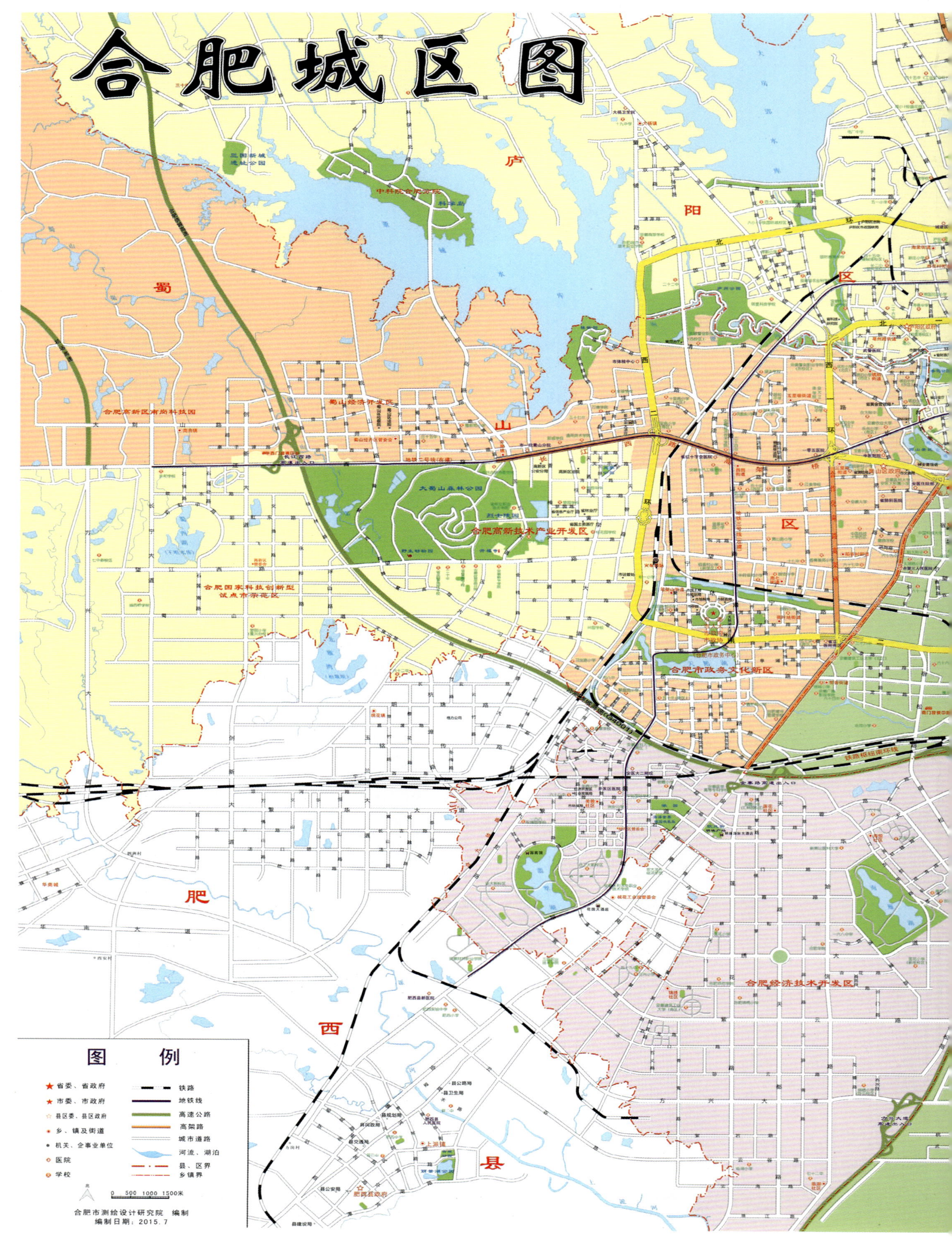

合肥城区图
蜀
山
区
庐
阳
区
肥
西
县
三国新城遗址公园
中科院合肥分院
蜀山经济开发区
合肥高新区南岗科技园
大蜀山森林公园
合肥高新技术产业开发区
合肥国家科技创新型试点市示范区
合肥市政务文化新区
合肥经济技术开发区
铁路枢纽南环线
肥西县政府
图例
省委、省政府
市委、市政府
县区委、县区政府
乡、镇及街道
机关、企事业单位
医院
学校
铁路
地铁线
高速公路
高架路
城市道路
河流、湖泊
县、区界
乡镇界
北
0 500 1000 1500米
合肥市测绘设计研究院 编制
编制日期：2015.7

合肥新站综合开发试验区
合肥高新园区
龙岗工业区
瑶
海
区
肥
东
县
肥东经济开发区
店埠镇
肥东县政府
地铁二号线(在建)
龙塘高速出入口
合肥绕城高速(G4001)
铁路枢纽南环线
包
河
区
包河工业区
合肥港码头
滨湖新区
东大圩
滨湖国家森林公园
万达文旅城
巢
湖

2014 数字合肥

辖区面积：

总面积 11445.1 平方公里（含巢湖水面 770 平方公里），其中合肥市区城市建成区面积 403 平方公里。

人口民族：

常住人口 769.6 万人，其中合肥市区常住人口 395 万人。

全市有 43 个少数民族，人口 4.8 万人，约占全市的 0.6%。

城际交通：

高铁 1 小时到南京，2 小时到武汉、上海，3 小时到宁波，4 小时到北京、长沙。

6 条出城高速公路四通八达。

合肥港被批准为二类水运开放口岸。

4E 级合肥新桥国际机场开通国内航线 51 条，国际及地区航线 13 条。

旅客运输量 2.01 亿人，增长 10.1%。

货物运输量 4.22 亿吨，增长 11.1%。

经济发展：

地区生产总值（GDP）5158 亿元，比上年增长 10.0%。

省会经济首位度提高到 24.7%。

财政收入 880.7 亿元，增长 14.6%；

其中地方财政收入 500.3 亿元，增长 14.1%。

全社会固定资产投资完成 5385.2 亿元，增长 18.1%。

农作物总播种面积 75.14 万公顷，增长 1.1%。

粮食总产量 312.25 万吨，增长 4.2%。

肉类总产量 48.30 万吨，增长 1.6%

规模以上工业企业 2306 家，工业总产值 8447.84 亿元。

社会消费品零售总额 1666.75 亿元，增长 12.9%。

进出口总额 200.87 亿美元，增长 10.5%。

A 级及以上旅游景点（区）46 家。

星级饭店 69 家，其中五星级 11 家、四星级 20 家。

入境旅游 40.09 万人次，增长 3.0%。

旅游外汇收入 2.82 亿美元，增长 12.8%。

国内游客 6534.84 万人次，增长 9.8%。

国内旅游收入 774.32 亿元，增长 52.1%。

教育科技：

高等院校 60 所，在校学生 60.37 万人。

中等职业教育学校 78 所，在校生 12.12 万人。

普通高中 114 所，在校生 15.31 万人。

小学阶段适龄人口入学率 100%。

各类专任教师 9.18 万人，其中普通高校 2.52 万人、普通中学 2.92 万人、小学 2.44 万人。

省部级以上重点实验室和工程实验室 136 个，其中

国家重点实验室7个。

省级以上工程技术研究中心130个，其中国家级（含分中心）7个。

省级以上企业技术中心203个，其中国家级29个。

国家高新技术企业828家，其中新认定299家。

高新技术产业增加值1136.3亿元，增长14.8%。

9项科技成果获国家科技奖。

受理专利申请25393件，授权专利12722件。

文化卫生：

文化馆11个，公共图书馆9个，博物馆26个（其中私人博物馆7个），综合档案馆10个，电影院49家。

全国重点文物保护单位6处，省级36处，市级46处。

国家级非物质文化遗产项目6项，省级17项，市级89项。

广播综合人口覆盖率和电视综合人口覆盖率均达100%。

国家级非物质文化遗产项目4项，省级15项，市级72项。

医疗卫生机构2253个，其中医院、卫生院267个。

卫生机构床位4.17万张，其中医院、卫生院床位3.95万张。

专业卫生技术人员4.51万人，其中执业（助理）医师1.69万人、注册护士2.08万人。

生态环保：

城市公园51个，占地面积2361公顷，人均公园绿地面积13平方米。

建成区新增绿地面积2136公顷，绿地率40.3%。

建成区绿化覆盖面积18170公顷，绿化覆盖率45.2%。

饮用水源地水质达标率100%。

生活污水集中处理率89.4%，生活垃圾无害化处理率100%。

PM10年均浓度113微克/立方米，下降1.7%。

PM2.5年均浓度83微克/立方米，下降5.7%。

居民生活：

城镇常住居民人均可支配收入29348元，增长9.4%。

农村常住居民人均可支配收入14407元，增长12.2%。

城镇居民人均消费性支出18214元，增长6.6%。

农村居民人均生活消费支出9077元，增长8.6%。

城镇居民恩格尔系数33.7%，上升0.1个百分点。

农村居民恩格尔系数37.0%，下降0.5个百分点。

城镇居民人均住房建筑面积35.2平方米，增加0.6平方米。

农村居民人均住房建筑面积38.7平方米，增加0.7平方米。

私人汽车拥有量77.10万辆，增长24.4%。

市区最低月工资标准为1260元。

城镇居民基本医疗保险参保人数207.23万人。

城乡居民养老保险参保人数291.31万人。

城乡居民20.35万人享受政府最低生活保障。

农村五保户集中供养率51.8%。

美丽合肥

合肥市政务区（王世保摄）

美丽合肥

滨湖新区国际金融后台服务基地（昂德摄）

滨湖城市天地（戴蕴雅摄）

滨湖湿地（许晖摄）

美丽合肥

翡翠湖全景（市林业和园林局提供）

大美蜀山（张全胜摄）

2014 年 1 月 16 日，中国科学院院长白春礼（右二）在中国科学技术大学先进技术研究院考察。

2014 年 2 月 21 日，全国人大常委会副委员长、全国妇联主席沈跃跃（前右二）率调研组来合肥调研节能减排工作。

视察调研

2014年2月26日，省委书记张宝顺（前左三）在庐江县调研指导第二批党的群众路线教育实践活动。

2014年3月7日，省委常委、副省长陈树隆（左二）来肥调研高新区企业。

2014年4月28日，省委常委、市委书记吴存荣（中）在包河区调研经济社会发展情况。

2014年5月14日，省委副书记、省长王学军（前左三）在合肥蜀山国际电子商务产业园考察。

视察调研

2014 年 6 月 17 日，吴存荣、张庆军在合肥综合保税区建设现场调研开工建设情况。

2014 年 7 月 1 日，国家工信部副部长苏波（右三）率全国人大“持续推进节能减排工作”重点建议联合调研组来肥考察。

2014 年 8 月 6 日，省委副书记李锦斌（前右一）在高新区调研合肥市人才和青年创新创业工作。

2014 年 8 月 12 日，市长张庆军（右二）在长丰县调研抗旱工作。

视察调研

2014 年 11 月 27 日，国家工信部副部长毛伟（前左二）在高新区调研。

2015 年 2 月 12 日下午，省长王学军一行视察高铁南站，慰问高铁南站执勤民警。

2014 年 1 月 13 日，合肥市集成电路产业项目集中签约仪式在市政务中心举行。

2014 年 1 月 21 日，合肥市—定远县合作发展座谈会在市政务中心召开。

经济建设

2014 年 5 月 1 日，由合肥百大集团投资建设的百大滨湖购物中心奠基仪式在滨湖新区举行。

2014 年 8 月 26 日，2014 年合巢经开区重大项目暨北大未名生物经济示范区一期（十大抗体药项目）集中开工。

合肥南站北广场

江淮 100 辆纯电动车从合肥港运向往美国

经济建设

龙川路望湖城路段

桐城路上跨南二环路

王小郢污水处理厂

安徽·要素大市场

经济建设

2014 年 8 月 18 日，合肥太古可口可乐饮料有限公司二期项目举行开工典礼。

2014 年 9 月，环巢湖大道建设现场。

2014 年 1 月 1 日，省委常委、市委书记吴存荣（右三）参加新年健身走活动。

2014 年 2 月 17 日，市四大班子党员负责同志在肥东县白龙镇集体参观合肥青龙厂新四军纪念园，回顾红色历史，接受革命传统教育。

科教文化

2014 年 4 月 25 日，合肥工业大学智能制造技术研究院建设启动仪式在高新区举行。

2014 年 5 月 15 日，省长王学军在滨湖新区万达文化旅游城考察。

2014 年 5 月 21 日，第三届“包公杯”全国反腐倡廉曲艺作品征集活动优秀节目展演在合肥大剧院举行。

2014 年 6 月 25 日，中科院合肥技术创新工程院建设启动仪式在高新区举行。

科教文化

2014 年 9 月 1 日，科技部党组书记、副部长王志刚（左二）一行考察高新区科技创新工作。

2014 年 3 月 23 日，首届中国·合肥桃蹊桃花节开幕。

2015年4月28日，中日韩三国围棋赛中韩决赛。

中国科学技术大学先进技术研究院

科教文化

安徽名人馆

2014 年 10 月 10 日，2014 中国机器人大赛暨 RoboCup 公开赛在合肥开赛。

2014年10月，合肥市红十字会在第三中学进行知识培训。

青年志愿者给乡村孩子们送去爱心

科教文化

2014 年 7 月 1 日，百大集团庆祝建党 93 周年暨第六届职工运动会召开。

“万科杯”2014 合肥国际马拉松赛

2014 年 1 月 21 日，市人大常委会主任熊建辉（左一）慰问困难职工、低保户。

2014 年 1 月 27 日，省委书记张宝顺（左三）在市环境监测中心站慰问工作人员。

关注民生

2014 年 1 月 28 日，吴存荣在联合接访中心接待来访群众。

2014 年 2 月 24 日，合肥市政协主席董昭礼（前左）在巢湖市调研美好乡村建设。

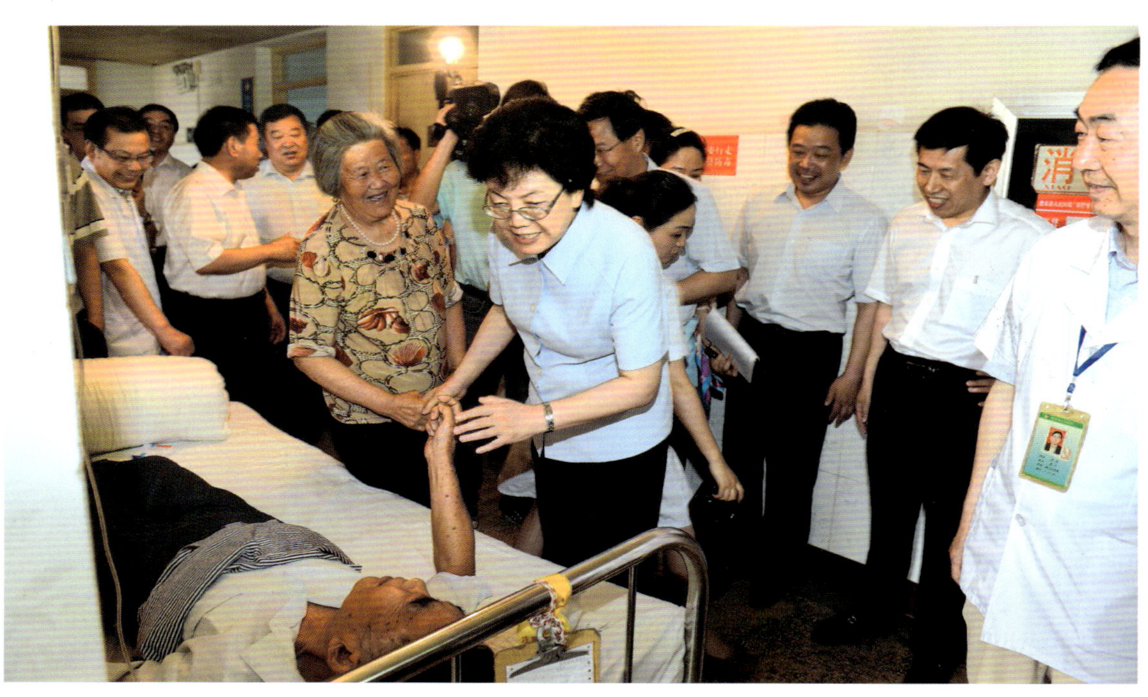

2014年6月10日，国家卫生计生委主任李斌（前中）率调研组在合肥调研医改工作。

2014年7月17日，全市在职党员进社区·圆梦微心愿活动在蜀山区汇林阁小区举行，省委常委、市委书记吴存荣启动“心愿墙”，认领“微心愿”，并向居民捐赠相应物品。

关注民生

2014年7月30日，省委常委、政法委书记徐立全（右三）在肥西县医疗纠纷调委会听取有关汇报。

学雷锋行动，“贴心”服务进社区

关注民生

2014年4月28日省暨市宣传社会救助暂行办法

合肥市民可入大学图书馆看书借书

目 录

特 载

专 记

总 述

大事记

中国共产党

人民代表大会

人民政府

人民政协

纪检监察

民主党派 工商联

人民团体

法　治

军　事

生态建设与环境保护

城乡建设与管理

开放与合作

开发园区

工业经济

信息化与信息业

建筑与房地产业

农业经济

商贸　旅游

交通运输　邮政

财政　税务

金 融

非公有制经济

经济监督管理

教育　科技

文化　传媒

卫生　体育

社会民生

人物 光荣榜

县（市）区

附 录

索 引

CATALOGUE

（曹建社）

市委常委会工作报告
（2015年1月4日）
吴 存 荣

市委十届五次全会以来，市委常委会深入学习贯彻党的十八大、十八届三中、四中全会和习近平总书记系列重要讲话精神，在省委的坚强领导下，坚持稳中求进工作总基调，主动适应经济发展新常态，推动形成全面深化改革新开局，认真贯彻落实作风建设新要求，团结带领全市人民，扎实推进政治、经济、文化、社会、生态文明建设和党的建设，开创了“一心一意谋发展、聚精会神抓党建”的新局面，在打造“大湖名城、创新高地”的征途上迈出了更大步伐，在全省发展大局中更好地发挥了龙头带动作用。

一、坚持以党的最新理论成果武装头脑

市委常委会坚持以党的最新理论成果武装头脑、指导实践、推动工作，不断深入学习贯彻党的十八大、十八届三中、四中全会和习近平总书记系列重要讲话精神，始终在思想上政治上行动上与党中央保持高度一致，坚决维护中央和省委权威。

深入学习贯彻党的十八届三中全会精神，举办5期轮训班，对县处级领导干部及乡镇（街道）党政主要负责人轮训一遍。加强对重大问题的研究阐释和宣传解读，广泛开展“庐州讲坛”“书记讲党课”“理论政策下基层”等活动，努力让三中全会精神深入人心。党的十八届四中全会闭幕后，我们立即召开市委常委（扩大）会议、市委中心组理论学习会议进行传达贯彻，认真谋划全面推进依法治市工作，结合实际研究制定实施意见，迅速掀起学习宣传贯彻热潮。

党的十八大以来，习近平总书记发表了系列重要讲话，提出许多新思想新观点新要求；省委紧密结合安徽实际，作出一系列具体的部署和要求。市委以强烈的政治责任感，认真组织学习贯彻，不断增强政治自觉、思想自觉和行动自觉。特别是习近平总书记发表“三严三实”重要论述后，我们及时在全市开展“三严三实” 集中学习教育月活动，力求内化于心、外化于行。习近平总书记在中办调研时发表“5•8”重要讲话后，我们要求各级各部门把学习贯彻“5•8”重要讲话与开展教育实践活动、践行“三严三实”紧密结合，推动作风建设各项要求落地生根，有力促进了全市改革发展稳定工作。

二、扎实开展党的群众路线教育实践活动

市委常委会强调，开展党的群众路线教育实践活动，是转作风、树新风的战略举措，必须加强群众观点和群众路线教育，把贯彻落实中央八项规定精神作为切入点，坚持从严从实聚焦“四风”顽疾，解决突出问题。

根据中央和省委统一部署，我市教育实践活动自去年1月全面启动，到10月初基本结束，共有1.6万个党组织、39.3万名党员参加。在省委书记张宝顺等亲自指导下，我们以“三严三实”为标尺，以焦裕禄精神和沈浩精神为镜子，自觉拉高标杆，坚持领导带头，强化问题导向，紧紧依靠群众，做到知行合一，努力走在全省前面、当好榜样。为推进教育实践活动，每位市委常委分别选择1个县（市）区或市直单位作为联系点，深入基层调查研究，及时掌握进展情况，全程进行督促指导。各级督导组坚持标准、严格把关，推动各项任务落到实处。活动基本结束后，我们认真贯彻中央和省委关于从严治党的部署，着力深化“四风”整治，巩固

和拓展教育实践活动成果，切实防止“四风”问题反弹回潮。

在教育实践活动中，我们突出为民务实清廉主题，以严的标准、严的措施、严的纪律抓好三个环节工作。坚持把学习教育作为首要任务，贯穿活动始终，强调要深入研读规定书目，深入开展“‘四风’问题怎么改、服务群众怎么办、好干部怎么当”大讨论，引导党员干部强化宗旨意识、增强群众观念，筑牢抵制“四风”的思想防线。牢牢把握对照检查这一关键环节，强调“找不出、找不准问题，本身就是最大问题”，敞开大门广泛征求意见，以整风精神召开高标准的专题民主生活会，真正拿起批评和自我批评的武器，围绕“四风”查摆突出问题，查核“四观”触及灵魂深处，为做好整改落实打下坚实基础。坚持把解决问题作为重要目标，边查边改、立行立改，认真落实省“五整五建”行动，深入开展“正风肃纪、为民服务、除弊祛垢、固本强基”四个专项行动，有序开展“访民情、解民忧、惠民生”、专项整治“集中推进月”等活动，解决了一批“四风”突出问题，取得了一系列思想和制度等成果，得到了中央督导组和省委的充分肯定。

我们结合教育实践活动，坚持以上率下、示范带动，强化督查、严格问责，深入推动中央八项规定精神和省市有关规定的贯彻落实。立足于抓常抓细抓长，研究出台党员干部直接联系群众、党政机关国内公务接待管理、市直机关差旅费管理、市级预算单位财政财务管理、市直单位办公用房管理等方面的制度规定，初步建立起作风建设制度体系，使制度笼子越扎越紧、越扎越密。去年1至11月，不含全面深化改革、教育实践活动、贯彻中央八项规定制度建设后续配套文件，以市委市政府及办公厅名义发文，同比下降10.4%；以市委市政府名义召开的全市性会议，下降28.4%；全市 “三公经费”支出同比减少23.9%，市本级减少12.1%。查处违反八项规定精神问题84起，处理108人，其中给予党纪政纪处分34人，并先后分3批对14起典型案例进行曝光。通过正风肃纪，推动了党风政风持续好转。

三、全面深化改革实现良好开局

去年是全面深化改革元年。市委常委会强调，必须把握改革正确方向，加强顶层设计，注重整体谋划，勇于先行先试，积极稳妥推进，努力在全省当好“排头兵”。按照中央和省委统一部署，我们紧密结合合肥实际，在全省率先出台了《关于贯彻落实中央和省委部署 全面深化改革的实施意见》，制定了2014年改革工作要点及分工方案。

我们建立了集体决策、顶层谋划、市县联动、协同推进的改革领导体制和工作推进机制。市委成立全面深化改革领导小组，构建了领导小组、专项小组、专题组的领导体制；高度重视运用法治思维和法治方式，把先行先试和于法有据统一起来，在全省出台首个《关于规范重大改革事项决策程序的暂行规定》，建立健全依法、科学、民主的改革决策机制和高效、有序、负责的执行机制。建立了任务分解落实、执行责任协调、动态调整和定期报告通报等四个机制，建立重大改革后评估和责任追究制度。市委改革领导小组去年召开4次全体会议，审议通过了经济体制改革等9个专项小组工作方案以及《关于全面深化国资国企改革的若干意见》。我们按照省委提出的“合肥要先行先试、引领示范全省”的要求，坚持“继承、创新、先行、倒逼”，以重大问题为导向，明确“四个先行先试”。紧紧围绕2014年工作要点，及时启动重点领域改革工作，在经济体制改革、城乡统筹发展、行政体制改革、文化体制改革、社会体制改革、民主政治制度建设、生态文明建设以及党的建设等方面，相继推出一批重大改革举措。去年部署的188项改革全面铺开，65项是具有合肥特色的创新之举。在需要去年年内完成的33项改革事项中，国资国企改革、产业发展政策体系、行政审批事项精简、公共资源交易管理、政府向社会力量购买服务、政府性债务管理、新型农业经营体系、市场监管领域执法资源整合、生产经营类事业单位转企改制、重点文化产品扶持政策和评价机制等29项改革任务基本完成，4项因上位法或需按中央、省委统一安排等原因延至今年。目前125项启动实施和30项试点探索的改革任务正积极有序推进，一些领域改革红利正在或即将释放，打造全面深化改革先行先试“合肥版”开局良好。

四、奋力推进经济持续健康较快发展和转型升级

市委常委会坚持把贯彻落实中央和省委决策部署与合肥实际结合起来，以“创新、转型、升级”发展为导向，及时调整和完善 “五大政策体系”，创新采用产业基金、财政金融产品、“借转补”等方式，“变拨款为投资、变资金为基金”，提升了政策资金的使用效益和引导作用。针对经济运行情况，定期进行分析研究，特别是对县（市）区、开发区分类指导，拓宽发展思路，加强工作调度和综合协调，推动了经济持续健康较快发展。预计

2014年实现地区生产总值5100亿元，增长9.5 %左右；完成固定资产投资5380亿元，增长18%；规模以上工业增加值超过2100亿元，增长11.5%以上；财政收入880.68亿元，增长14.63%，其中，地方财政收入500.34亿元，增长14.07%；社会消费品零售总额1660亿元，增长12.5%。主要指标增幅继续位居中部和全国省会城市前列，“新跨越、进十强”目标逐步实现。

持续推进创新驱动发展战略。预计2014年实现高新技术产业增加值1100亿元以上，高新技术企业和创新型企业达到1700户；全年新认定国家高新技术企业近200家，总数约达830家，居全国省会城市第8位；境内上市公司数、新三板挂牌企业数分居省会城市第7、第8位，发明专利申请、授权量、研发投入占GDP比重等主要创新指标进入省会城市十强。围绕推进自主创新，制定《合肥市聚焦重点领域加快创新转型升级的实施意见》，突出科技金融结合，设立天使基金、科技保险基金、高科技企业创新贷风险池资金、专利质押贷款引导基金等，激活创新活力，完成股权和分红激励试点企业40家。中科院合肥大科学研究中心获批筹建，进入国家科技成果使用、处置和收益管理改革试点，国家知识产权示范城市建设加速推进。在创新平台建设上继续发力，中科大先进技术研究院创新运行体制，已孵化65家创新企业，建设31个研发平台；清华大学合肥公共安全研究院、中科院合肥技术创新工程院、北大未名生物经济研究院、合工大智能制造研究院等启动建设。着力推进政产学研用结合，支持5个产业技术创新战略联盟建设，新组建工程技术研究中心等各类研发机构139家，新增3家科技企业孵化器。

推动产业结构不断优化。预计2014年战略性新兴产业产值突破2550亿元，实现增加值680亿元以上、增长28%，对工业发展的贡献率达60 %，尤其是电子信息和新能源产业实现爆发式增长，增幅分别达到42.5%、65.8%。新型平板显示、语音产业、电子信息、太阳能光伏、新能源汽车、公共安全等产业，在全国进一步确立先发优势；量子通信京沪干线基础设施建设正式启动，未来网合肥先导试验网开通运行，光伏产业跻身国家首批太阳能集中应用发展基地，新型平板显示、机器人纳入国家战略性新兴产业集聚发展试点；正在谋划推进微小型燃气轮机、数控机床、生物医药、智能制造等产业，抢占未来产业发展制高点。深度推进“两化”融合，全市技改投资在1100亿元以上，家电、汽车等优势主导产业做大做强，家电四大件产量超过6000万台，成为全国乃至全球最大的家电生产基地。与此同时，服务外包、研发设计、现代物流、金融保险、科技服务、移动互联网、健康养老、高端医疗等现代服务业加快发展，国际金融后台服务基地已入驻15家金融机构；万达文旅城、华南城、宝湾物流和南车、中外运等一批重大项目加快推进；跨境电子商务试点正式启动。按照“产城一体”的思路，城区转型发展加速推进，都市工业、新兴产业加快发展。农业综合生产能力不断提升，粮食总产量在全国省会城市中位列第5位，率先在全国实施“粮安工程”。农业产业结构不断优化，特色农业比重达到34%，养殖业比重达到48%。着力培育壮大新型农业经营主体，大力发展农村创业带头人队伍，全市土地流转面积突破260万亩，家庭农场总量突破1500家，农业产业化联合体经营模式引领全省。

大力推进实体经济和小微企业发展，出台《〈合肥市促进民营经济发展条例〉实施细则》以及金融服务“三农”和实体经济发展、支持新型农业经营主体发展的意见等，创新财政金融产品，完善地方金融体系，搭建银企对接平台，加大对民营经济的融资支持力度。认真落实注册资本认缴制、“营改增”结构性减税等政策，加大行政审批制度改革力度，减少审批事项169项，精简率达55.8%，是全国省会城市中保留审批事项最少的城市之一。2014年新登记各类市场主体8.3万户，增长23.8%，民间投资完成3335亿元，增长24%，对全社会投资增长的贡献率达78%。

对外开放不断深化。成功举办长江沿岸中心城市经济协调会第十六届市长联席会议；积极参加长江中游城市群省会城市第二届会商会、长三角城市经协会第14次市长联席会议。合肥至中亚国际货运班列实现常态化运行，合肥港二类水运开放口岸获批，首条全货机航线实现通航，空港经济示范区正式设立，综合保税区基础工程基本完成，出口加工区进出口额位列全国第7位。与美国哥伦布市的绿色合作伙伴计划不断推进，建立了与俄罗斯伏尔加河沿岸联邦区市级联席会议机制。企业“走出去”步伐加快，江汽集团新能源汽车首次出口美国。启动新一轮县干招商活动，不断加强对跨国公司、央企、知名民企、外企的招商与合作。预计2014年招商引资总量达2950亿元，增长16%，其中外商直接投资21.6亿美元，增长14.3%；实现进出口总额200亿美元，增长10%。发挥省会城市龙头带动作用，合肥经济圈的聚合效应加速释放，与皖北结对合作不断深化，阜阳合肥现代产业园区、寿县蜀山现代产业园区、临泉庐阳现代产业园区建设加快推进，定点扶贫颍上县工作不断深入。援藏、援疆工作扎实开展。抓住国家依托黄金水道推动长江经济带发展的战略机遇，制定贯彻实施方案，启动“十三五”规划编制工作。

五、持续推进城乡建设和一体化进程

市委常委会强调，要坚持规划引领，在规划执行上下功夫。专题学习和研究《国务院关于依托黄金水道推动长江经济带发展的指导意见》，针对国家给予合肥打造长三角世界级城市群副中心的新定位，组织党政代表团赴长三角重要城市学习考察，强调要防骄破满、拉高标杆、等高对接。在继续实施好“1331” 城市空间发展战略规划的同时，启动了《合肥市新型城镇化规划（2014—2020年）》编制工作，使“大湖名城、创新高地”建设进一步落实到空间上。

持续推进“大建设”。去年新建、续建大建设工程662项、总投资1783.8亿元，完成140项，完成投资328.6亿元。加快国省干线公路建设，全国普通公路发展现场交流会在我市召开，合宁、合安、合巢芜等高速扩建工程前期工作稳步推进。高铁南站建成投运，火车西站开工建设，商合杭、合九、庐铜等铁路前期工作进展顺利，“米”字型高速铁路网逐步形成。合肥港综合码头二期主体工程完工，合裕线航道、店埠河航道升级改造工程有序实施。城区道路、市区与各县（市）连接道路进一步完善，全长155公里的环巢湖旅游大道全线贯通；轨道交通1、2号线建设安全高效推进，3、4、5号线获国务院批准，3号线开工建设；郎溪路立交、龙川路竣工通车，“畅通二环”各节点工程加快推进。实施公交都市创建，新增和更新1012台公交车，启动新一轮公交专用道建设，入选国家公共交通智能化应用示范城市。现在，合肥实现了由区域性向全国性综合交通枢纽地位的历史性跨越。

着力提升城市品质，文明创建稳步推进。新老城区同步推进建设与管理水平的提升，政务文化新区更加靓丽，滨湖新区现代都市面貌更加清晰，大湖名城英姿勃发。完善老城区路、水、电、气等基础设施，加大棚户区和城中村改造力度，2014年共实施106个项目，全面整治118个老旧小区，惠及居民5.68万户。数字城管投入试运行，出台城市管理行政处罚自由裁量权适用规则和阳光运行工作实施方案，细化处罚标准。加快“智慧合肥”建设，构建统一的社会公共服务综合信息平台。加强对“五小”行业、“三无”小区、沿路立面景观的规范和管理，加大对“三乱”、违法建设、非法户外广告、黑头车等治理的工作力度，开展偷排污水、乱扔垃圾等专项整治，城市环境进一步提升。

加快推进城乡一体化。坚持“四化同步”，推动新型工业化、新型城镇化发展。预计2014年实现县域规模以上工业总产值3250亿元以上，占全市比重38.5%以上。加快新型城镇化建设，启动县（市）总体规划修编及县城、重点镇、环巢湖十二镇规划编制工作。以乡镇为单位启动《合肥市主体功能区规划》编制工作。环湖十二镇以及下塘、撮镇、长临河等全国重点镇建设稳步推进。将五县（市）及合阜产业园纳入与国开行的城镇化融资合作范围，建立多元化、可持续的资金保障机制。加快户籍制度改革，建立户籍制度和居住证制度有效衔接的流动人口管理制度。有序推进城乡建设用地和宅基地确权登记、发证工作，庐江县整县等首批农村土地确权登记试点全面开展。美好乡村建设扎实推进，首批49个重点示范村通过省级验收，省第二批82个重点示范村建设和656个自然村整治深入推进，巢湖市、长丰县获评省级美好乡村建设先进县。

六、加快发展社会主义民主政治

市委常委会认为，推进国家治理体系和治理能力现代化，要坚定不移走中国特色社会主义政治发展道路，加强社会主义民主政治建设，发展社会主义政治文明。

坚持和完善人民代表大会制度，支持人大及其常委会依法行使职权。支持人大围绕民主政治领域改革任务，不断完善立法、监督、重大事项决定、代表工作等各项制度。颁布实施《合肥市城市管理条例》，加强规范性文件备案审查工作。支持人大依法决定重大事项，加强对“一府两院”工作监督。综合运用执法检查、专题询问、听取专项工作报告、视察等方式，推进重点工作，开展《中华人民共和国食品安全法》执法检查、民生工程实施情况、电梯配置与运营管理、大气污染防治、农村饮用水安全等社会热点、难点问题的视察或调研。隆重举行纪念全国人大成立60周年暨地方人大设立常委会35周年系列活动。

坚持中国共产党领导的多党合作和政治协商制度。充分发挥人民政协作为协商民主的重要渠道和专门机构作用，制定并组织实施年度政治协商计划，规范协商程序，增加协商密度，不断提高协商民主的质量。支持政协通过提案、视察、调研、反映社情民意等形式，加大民主监督力度，进一步规范特约监督员工作。注重发挥政协优势，支持政协围绕经济社会发展重大问题、社会热点问题等开展一系列调研视察，完善委员联络制度。发挥“合肥之友”的平台作用，集聚资源，服务发展。开展了庆祝人民政协成立65周年系列活动。

加强统战工作，支持市各民主党派、工商联加强自身建设，做好无党派人士工作，引导广大成员围绕“大湖名城、创新高地”建设献计出力。加强党外代表人士队伍建设。依法加强对民族工作和宗教事务管理。加强对工会、共青团、妇联等人民团体的领导，支持其依照法律和各自章程开展工作。对台、侨务、外事等工作取得新成效。加强基层民主政治建设，提高村（居）务公开和民主管理水平。加强法治宣传教育，认真组织开展“江淮普法行”，举行首个宪法日系列活动，营造遵法信法守法用法护法的浓厚氛围。

七、切实加强宣传思想文化工作

市委常委会认真贯彻落实中央和省委部署要求，高度重视意识形态和宣传思想文化工作，推进文化改革发展，为经济社会发展提供思想保证和精神动力。

巩固壮大主流舆论阵地。坚持团结稳定鼓劲、正面宣传为主，围绕“大湖名城、创新高地”城市品牌，在中央及省市主流媒体推出一批影响广、有分量的深度报道，唱响主旋律，凝聚正能量。高度重视网上舆论工作，深入开展网德建设工程“761”行动计划，成功举办“网络文明与城市形象（网德）论坛”。组建合肥市网络联盟，在全省率先建成以“合肥发布”为龙头的政务微博群、微信群，“网德E站”、江淮网正式上线。顺应媒体融合发展趋势，积极延伸拓展主流媒体触角，支持报业集团、广电集团全媒体建设，统筹引导网上网下两个舆论阵地。

深化社会主义核心价值观建设。出台《关于合肥市培育和践行社会主义核心价值观的实施意见》，广泛开展主题实践活动，组建千家道德讲堂联盟，建设一批主题公园、校园和广场。持续开展“合肥好人”评选，有106人入选“中国好人榜”，居省会城市第一。围绕“讲文明、树新风”，打造公益广告“微点评”活动品牌。组建“爱心银行”、志愿服务队，认领社区公益“微心愿”，开展敬老爱幼、扶弱助残等十大志愿服务行动，在全社会传递正能量。

扎实推进全国文明城市创建工作。紧扣“廉洁高效的政务环境、民主公正的法治环境、公平诚信的市场环境、健康向上的人文环境、有利于青少年健康成长的社会文化环境、舒适便利的生活环境、安全稳定的社会环境、可持续发展的生态环境”八大环境建设，切实强化组织领导，建立省市联手、各级联动的工作机制，形成条块结合、互联互通的工作网络，强化“行走合肥”一线巡查，不断压实责任，推动工作落实。坚持创建为民惠民，广泛发动群众参与，大力改造老旧小区、背街小巷、集贸市场的人居环境，切实加强广场公园、城中村等重点区域环境整治，广泛开展“文明交通”“文明旅游”“文明餐桌”“四做四不”等主题实践活动，城市管理水平不断提高，市民文明素养和城市文明程度显著提升。

坚持以人民为中心的工作导向，着力促进文化大发展大繁荣。省美术馆、科技馆、百戏城等重大场馆建设加快推进，安徽名人馆即将开馆，农民文化乐园建设试点推广到50个，覆盖城乡的公共文化服务网络基本形成。文化体制改革深入推进，成立民营文艺院团协会等，广泛调动民间力量参与文化建设，深入推进文化惠民。合肥大剧院2014年精品演出近300场，“大湖名城、悦读合肥”全民读书等群众性文化活动丰富多彩，市民交响乐团、市民合唱团等民间院团活跃，文化育民作用不断提升。积极推进文化精品创作，《走读合肥》文化丛书成功出版，电影《村支书金岚岚》全国公映，《合肥通史》编纂工作扎实推进。出台《2014年合肥市促进文化产业发展政策》《合肥市文化产业示范基地认定管理暂行办法》，文化与金融、科技、旅游等产业加快融合发展，万达文旅城、国家广播影视科技创新实验基地等入选省示范园区基地，报业全媒体产业园等入选“四个一”重点项目。成功举办第八届文博会。预计2014年文化产业增加值350亿元，占GDP比重6.7%左右。

八、着力保障改善民生和创新社会治理

市委常委会坚持执政为民，始终心系群众，着力做好民生工作“加减法”，不断提高政策的精准度和精细化水平，让发展成果更多更好惠及人民群众。

扎实推进“33+14”项民生工程，实施成效居全省前列。民生投入持续增长，预计全年民生支出占财政支出的81%左右。大力实施就业促进工程，实现城镇新增就业18.4万人。预计城镇常住居民人均可支配收入30000元，增长10%左右，农村常住居民人均可支配收

入12700元，增长12%左右。坚持科学扶贫、精准扶贫，提前一年实现“十二五”贫困人口减半的目标，光伏下乡扶贫模式被国务院扶贫办、国家能源局在全国推广。开工各类保障性住房和棚户区改造安置房47493套（户），完成省下达任务的116.3%，在全省率先实施廉租房与公租房并轨运行、分档补贴、梯度保障。实施政府购买居家养老和残疾人托养服务工程，社会养老和助残托养服务体系建设迈出新步伐，建立全市80岁以上老人高龄津贴普惠制度，散居五保对象供养标准、企业退休人员月人均基本养老金进一步提高。

深入推进教育事业改革，学前教育取得新发展，新建、改扩建公办幼儿园28所；义务教育均衡发展实现新突破，更好地保障了进城务工人员随迁子女就近入学。职业教育迈出重要步伐，高等教育进一步发展。全面落实基层医改各项任务，新农合参合率达103.5%，公共卫生服务质量持续提升。成功举办环巢湖国际马拉松赛，在省第十三届运动会上，创造参赛历届省运会金牌总数最高纪录。通过“全国残疾人文化体育建设示范市”国家验收，全市贫困残疾人生活特别救助实现“应助尽助”。稳妥实施“单独二孩”政策，积极推进流动人口卫生计生基本公共服务均等化试点工作。

不断加强和创新社会治理，深化“平安合肥”“法治合肥”建设。完善乡镇街道和村（社区）综治维稳信访工作中心（站）两级平台，深入推进重大事项社会稳定风险评估。深化领导干部接访下访，开展涉法涉诉信访积案化解和“人情案”“关系案”“金钱案”查处专项行动。完成食品药品监管机构改革，监管体系基本建立。集中开展打非治违专项行动，坚决打击传销行动。建立“党政同责、一岗双责、齐抓共管”制度，强化安全生产考核和问责。加强国防和后备力量建设，出台实施《关于聚焦强军目标推进军民融合深度发展的意见》。深入开展民防进社区活动，不断强化人防基础设施建设。深入推进“双拥”工作，全力争创双拥模范城“八连冠”。

九、保护生态环境和治理环境污染工作扎实有序

我们坚持把良好的生态环境作为最普惠的民生福祉，深入实施水环境治理、绿色森林增长、大气污染防治、固体废弃物综合整治等四大专项行动。巢湖流域获批首批“国家级生态文明先行示范区”，成功获批“国家森林城市”。

我们把大气污染防治摆在突出位置，召开千人大会，实施全民动员，推进实施 “九项措施”，大力推进大气污染防治工作。实时发布PM2.5监测数据，开展重污染天气监测预警。对黄标车实行一环内限行，完成黄标公交车和市、县（市）区机关事业单位黄标公务车淘汰任务。加快推进“气化合肥”建设，在全市域首次实行夏秋两季秸秆禁烧，全面取缔有烟烧烤，稳妥推进马（合）钢公司转型发展，实行建设工程扬尘治理专户管理制度，加大洒水降尘力度，实现了空气质量的稳定改善。

我们继续以愚公移山的精神，深入推进河湖综合治理，环巢湖生态示范区一期项目全面竣工，二期项目全面开工建设，三期项目正在谋划推进。加快建设、提标改造污水处理设施，十五里河二期等污水处理厂实现通水调试，环巢湖35个乡镇污水处理厂全部开工建设。全面推进“河长制”，全市纳入“河长制”管理河道103条，继续实施河道整治疏浚工程。大力推进环巢湖生态农业产业带建设，环湖产业结构调整步伐加快。巢湖流域11个国考断面中有7个断面达到考核要求，湖区蓝藻水华面积、频次及藻密度低于往年同期，巢湖水质进一步好转。

在全市城乡持续开展绿化大会战和绿化品质年活动，完成植树造林25.6万亩、城区绿化1410万平方米。深入开展生态创建，庐江县柯坦镇、肥西县山南镇成功创建国家级生态乡镇。实施环巢湖绿道建设，高标准建设22个省级园林绿化精品示范工程，滨湖湿地公园升级为国家森林公园，城区绿地率、绿化覆盖率、人均公园绿地三项绿化指标均居全国省会城市前列。扎实推进“三线三边”环境整治，实行“村收集、乡运输、县处理、市奖补”的联动机制，美化了城乡环境。

严格落实节能减排工作责任制，大力推进新能源汽车、光伏使用，加强城市再生资源利用，规划建设静脉产业园。深入开展节水型城市建设，大力推进重点节能减排工程建设，主要污染物排放量削减幅度以及2014年能耗降幅全面完成省控目标，全市单位GDP能耗同比下降6.41%，远低于省政府下达的下降2%的目标。

十、从严从实抓好党的建设

市委常委会强调，抓党建和抓发展相辅相成，必须进一步强化从严管党治党意识，把加强和改进党的建设作为重大政治责任，把抓好党建作为最大的政绩。

认真贯彻新修订的《党政领导干部选拔任用工作条例》，加强领导班子和领导干部综合分析研判，

严格按照《条例》规定的原则、标准、程序、纪律选拔任用干部，进一步规范县（市）区和市直单位主要负责人用人行为。修改完善市直机关公务员转任办法和制度，制定市直机关公务员公开遴选暂行办法和公务员调任实施办法。制定并实施《2014—2017年合肥市干部教育培训规划》，加大年轻干部教育培养力度。从严管理监督干部，开展党政领导干部在企业和社会组织兼职、超职数配备干部等问题专项整治，严格执行领导干部个人有关事项报告制度。深入打造“人才特区”，大力实施重点人才工程，新增“千人计划”专家28人、省“百人计划”专家3人、省“115”产业创新团队6个、市“百人计划”专家27人、“228”产业创新团队25个，评选表彰93名专业技术拔尖人才。

全面推进基层服务型党组织建设。创新基层党组织设置方式，推进街道、社区实行“大工委”“大党委”制，非公企业党组织组建率达97.6%，社会组织党组织实现应建尽建。出台《关于进一步推进社区党建工作“三有一化”的意见》，建立社区党组织服务群众专项经费制度，大力开展标准化示范社区建设。积极推进村、社区党组织书记专职化管理，选派190名机关年轻干部到村任职，认真落实村干部离任补助和养老保险制度。全面整顿155个相对软弱涣散村、社区党组织，圆满完成村“两委”换届工作。全面推进党员干部直接联系群众，开展机关事业单位与城乡基层“四联四定”、在职党员到社区报到和“下基层、办实事、解难题”活动，总结推广“一线为民工作法”，大力推进党员志愿服务。深入推进党代表任期制工作，在2个县区开展党代会常任制试点。

严明党的纪律，深入推进反腐倡廉建设。抓住落实各级党组织主体责任这个“牛鼻子”，推动各级党委（党组）强化责任担当。督促各级纪委落实监督责任，制定党风廉政建设责任制责任追究若干规定和落实党委主体责任、纪委监督责任实施办法。出台《建立健全惩治和预防腐败体系2013-2017年工作规划实施办法》，推进党的纪律检查体制改革工作，加强对权力运行的管理和监督。深入推进廉洁自律预警机制，将预警对象从县处级领导干部向科级干部延伸、向党员和一般干部延伸。开展市四大班子廉政警示教育活动，加强对领导班子成员及下一级党委（党组）主要负责人的教育管理。严肃查处了一批干部违纪违法案件。

市委常委会高度重视自身建设，工作中，始终高举旗帜，严守政治纪律、组织纪律，与党中央保持高度一致；带头强化理论武装，规范开展市委中心组理论学习活动，围绕全市建设与发展重大问题，深入开展学习研讨；认真执行民主集中制，严格按规则议事、决策、办事，班子成员相互尊重、相互支持，团结共事；牢记党的宗旨，树立正确“四观”，坚决反对“四风”；坚持严于律己，廉洁自律，较好地发挥了领导班子的引领作用和整体功能。

在总结工作的时候，我们也认真分析了存在的不足和问题，对进一步加强和改进工作进行了深入思考。主要是：对经济发展新常态下把握工作主动权还不够全面，科技创新的力度仍需加大；巢湖综合治理任务仍然繁重，尤其是大气污染防治形势不容乐观；落实党委主体责任还不够到位，基层“走读风”等问题仍不同程度存在；党员干部的工作标杆拉得不够高，需要进一步防骄破满；等等。大家认为，做好今年的工作，必须进一步学习贯彻落实好党的十八大、十八届三中、四中全会和习近平总书记系列重要讲话精神，严守政治纪律和政治规矩，不折不扣贯彻执行好中央和省委的决策部署；必须进一步拉高标杆，与长三角先发地区等高对接，加快新型城镇化步伐，不断提升合肥都市区国际化水平，早日把合肥建设成为长三角世界级城市群副中心；必须主动适应经济发展新常态，坚持“创新、转型、升级”发展不动摇，更加注重发展质量和效益，进一步提升合肥科学发展水平；必须坚持走群众路线，努力让改革发展的成果更多地惠及人民群众，增

进人民福祉；必须坚持从严管党治党，履行“两个责任”，以改革创新精神全面推进党的建设新的伟大工程，不断提高党的建设科学化水平。

政府工作报告
（2015年1月20日）
张庆军

一、2014年工作回顾

过去的一年，在省委省政府和市委的坚强领导下，我们全面贯彻落实党的十八大和十八届三中、四中全会精神，积极应对复杂多变的宏观环境，坚持稳中求进，突出改革引领，强化创新驱动，顽强拼搏，扎实工作，较好地完成了市十五届人大二次会议确定的主要目标任务，“大湖名城、创新高地”建设迈出坚实步伐、展示崭新形象。

预计，全市生产总值5100亿元以上、增长10%左右；全社会固定资产投资5385.2亿元、增长18.1%；规模以上工业增加值2126.6亿元、增长12.3%；财政收入880.7亿元、增长14.6%，其中地方财政收入500.3亿元、增长14.1%；社会消费品零售总额1666.8亿元、增长12.9%；城镇常住居民人均可支配收入29500元、增长10%左右，农村常住居民人均可支配收入12700元、增长12%；城镇登记失业率3%；人口自然增长率7‰；居民消费价格涨幅2%；节能减排全面完成省控目标。

（一）产业发展提质增效。以创新转型升级为导向，大力构建现代产业发展新体系。规上工业完成产值8447.8亿元，工业产销率达到96.7%。战略性新兴产业完成产值2553.9亿元、占全市工业30.2%，实现增加值681亿元、增长29.7%，对工业增长贡献率达到66.3%。国际智能语音产业园一期、高档数控装备研发基地、南车基地等重大项目开工建设，鑫晟8.5代线、欣奕华智能机器人、巨一自动化等建成投产，新型平板显示等电子信息产业、太阳能光伏等新能源产业分别增长49.7%、69.2%。推进“两化”深度融合，加快家电、汽车等传统优势产业改造升级，全年技改投入1172.9亿元、占工业投资的61.4%。出台现代服务业发展规划，获批国家电子商务示范市、信息惠民国家试点市、移动电子商务金融科技服务创新试点市、信息消费试点市、旅游标准化试点市。现代服务业完成投资1448.2亿元、增长20.4%。万达文化旅游城等加快建设，华南城一期等建成开业，国家数字出版基地入驻企业近300家，滨湖国际金融后台服务基地入驻机构增至15家。举办家博会等大型展会176场。房地产业平稳健康发展，“阳光地产”享誉全国。

（二）改革攻坚激发活力。加强顶层设计，有序实施各项重点改革。出台扶持产业发展“1+3+5+N”政策体系，安排政策资金26.2亿元，首批市级政府投资引导基金实质性运转。深化全口径预算，实行政府债务计划管理和举债审批制度；深入推进政府向社会力量购买服务，累计实施159个项目，投入资金6.5亿元；“营改增”扩围试点顺利推进。创新重大项目和中小微企业融资模式，新增本外币各项贷款1246.6亿元，直接融资683.7亿元，应流机电、国祯环保、合锻机床首发上市，上市企业增至34家、居全国省会城市第7位。合肥三洋与惠而浦公司完成重组，合肥企业参与资本市场并购重组方兴未艾。注册资本、经营场所、“先照后证”等商事登记制度改革试点稳步开展，新增各类市场主体8.3万户、增长23.8%，民营经济对工业增长贡献率达到85.9%。制定加强土地管理进一步做好节约集约用地工作的政策意见，推动老城区存量建设用地升级改造，亿元生产总值消耗新增建设用地减至8.7亩、下降9.2%，完成全市集体所有土地确权登记。深化户籍管理制度改革，出台居住证管理办法。庐江县国家农业改革与建设试点等综合改革取得新进展，农村产权交易市场体系建设在全国首创新模式。基层医改任务全面落实，县级公立医院综合改革深入实施。工商、质监和食品药品监管体制改革顺利完成。供热等资源产品和环保价格改革有序推进。

（三）扩大开放取得突破。积极适应对内对外开放新格局，大力打造全国内陆开放新高地。重大开放平台建设取得积极进展，合新欧国际货运班列实现常态化运行，合肥港二类水运开放口岸、合肥航空港进境水果指定口岸和B型保税物流中心成功获批，首条全货机航线实现通航，跨境电子商务产业园通关运行，综合保税区基础工程基本完成，出口加工区进出口额升至全国第7位。扎实开展第二批百名县干招商活动，深化与央企、知名民企、外资企业的合作发展，引进大项目96个，引资总量2950亿元、增长16%，其中外商直接投资21.8亿美元，境外世界500强企业增至37家。进出口总额达到200亿美元、增长35%。与乌法市等俄罗斯伏尔加河沿岸重要城市开展高层互访，与美国哥伦布、日本久留米、韩国原州等友城拓展合作领域。成功举办长江沿岸中心城市经济协调会第十六届市长联席会议。合肥经济圈一体化加快推进，与皖北结对合作扎实开展，临泉庐阳现代产业园获批设立，阜阳合肥现代产业园区、寿县蜀山现代产业园建设取得新进展。援疆、援藏工作取得新成效。

（四）自主创新成效显著。大力实施创新驱动战略，加快合芜蚌自主创新综合试验区和国家创新型试点城市建设。全社会研发投入占生产总值比重达3.1%、居全国省会城市第5位，发明专利申请量达12929件、居全国省会城市第6位。科研能力大幅提升，获得年度国家科学技术奖9项，中科院合肥大科学研究中心获批筹建。协同创新平台加快建设，中科大先进技术研究院共建研发中心33个、孵化创新企业74家，清华大学合肥公共安全研究院、合工大智能制造技术研究院、中科院合肥技术创新工程院、北大未名生物经济研究院全面开建，现代显示等十大战略性新兴产业研究院转化科技成果114项。

创新主体实力增强，新建工程中心等研发机构139家，新建院士工作站5家、在肥工作院士达到72人；新认定国家级高新技术企业373户，总数增至828户，居全国省会城市第8位。进入国家首批科技成果使用、处置和收益管理改革试点，开展股权和分红激励试点企业增至147家。科技与金融深度融合，设立天使投资基金，开发科技创新贷、科技保险等金融产品，新三板挂牌企业达17家。

（五）城市功能日益完善。以“1331”空间发展战略为引领，提升城市规划建设管理水平。四个城区加快老城区改造提升和都市产业园转型发展，打造全省“首善之区”和辐射源取得新成效。四大开发区坚持产城一体，工业发展主引擎、创新发展新高地的作用不断强化。滨湖新区区域金融、文化、旅游中心功能逐步显现。大建设全面推进，新建、续建工程667项，完成投资363.5亿元、增长28.2%。高铁南站及铁路枢纽南环线建成运行，合福高铁加快建设，火车西站改造启动实施，庐铜铁路开工建设，商合杭、合安九等高铁项目前期工作进展顺利。合肥港综合码头二期工程主体完工，合裕线航道、店埠河航道升级改造加快推进。合六路、合马路等全面完工，环巢湖公路全线贯通，“一环八线”国省干线公路网基本形成、一级公路总里程增至420公里，国省干线公路建设成为全国样板。城市轨道交通第二轮建设规划获批，1、2号线建设加快推进，3号线开工建设。郎溪路立交、龙川路、黄山路东延等建成通车，“畅通二环”、望江路改造等加快推进。新增、更新公交车辆1000台，入选国家公共交通智能化应用示范城市；水电气热等公用设施进一步完善。出台社会信用体系建设规划，颁布城市管理条例和餐厨垃圾管理办法，“数字城管”工程建成运行，违法建设和非法、到期户外广告依法全面拆除，“垃圾乱扔、摊点乱摆、车辆乱停”等专项整治深入开展，争创全国文明城市成效显著。

（六）城乡统筹深入推进。以“工业发展主战场、城乡统筹新典范”为统揽，推进城乡一体融合发展。加大对五县（市）政策、资金等支持力度，县域经济总量达1700亿元、占全市33.6%，县域规上工业增加值786.7亿元、占全市37%。肥西在全国百强县位次升至第86位，肥东再度跻身全国科学发展百强县，巢湖、长丰获评全省美好乡村建设先进县，庐江入围全省农村金融改革试点县。粮食生产实现“十一连丰”，肉蛋奶水产品总产量达到102.8万吨，新建“粮安工程”仓容40.5万吨。市级以上特色农业园区超过400个，省级现代农业示范区在全省率先实现县域全覆盖。新增专业大户500多个、家庭农场750多个、农民合作社500多个，农业产业化联合体经营模式引领全省。董铺和大房郢水库水源地、新桥国际机场周边、庐江汤池三大土地整治项目完成农田整治21万亩、村庄整治2万亩。耕地连续16年实现占补平衡。积极推进与国开行合作新型城镇化一期试点项目建设，县城、新市镇、环湖十二镇等规划建设取得新进展，首批49个美好乡村重点示范村通过省级验收，第二批82个重点示范村和656个自然村整治深入推进，以“三线三边”为重点的全市域环境综合整治取得实效。

（七）生态建设不断加强。强化生态文明理念，统筹推进环境保护和节能减排。巢湖流域跻身首批国家生态文明先行示范区。与国开行合作的环巢湖地区生态保护修复工程一期全部竣工，二期全面开工，三期获批开贷。严格落实“河长制”，强力推进南淝河、十五里河、派河综合治理，望塘污水处理厂PPP试点有序推进，王小郢污水处理厂提标改造如期完成，环湖32座乡镇污水处理厂建成调试，巢湖流域11个国考断面7个达标、创历史最高水平。完成植树造林25.6万亩、城区绿化1410万平方米，全市森林覆盖率达28.6%，成功创建国家森林城市。实施大气污染防治“九大行动”，加大扬尘治理力度，首次全市域午秋两季秸秆禁烧成效显著，完成淘汰黄标公交车和市级机关事业单位黄标公务车任务;“气化合肥”深入推进,新增LNG汽车600辆、CNG汽车7000辆;全年PM10浓度下降1.7%,空气质量优良天数190天,比2013年增加8天。

(八)社会建设全面推进。以编制规划和加大投入为重点,不断提升基本公共服务水平。各级财政投入71.8亿元,全面实施“32+14”项民生工程,民生方面总支出552.2亿元、占财政总支出79%。深入实施就业促进工程,新增城镇就业18.9万人,转移农村劳动力12.5万人。完善社会保障体系,新农合筹资标准增加到年人均390元,大病保险实现全覆盖;农村低保提标到年人均1850元以上,散居五保对象供养标准提高到年人均2420元;开工各类保障性住房和棚户区改造安置房4.8万套(户)。建立精准扶贫机制,“光伏扶贫”模式在全国推广;7个“老字号”群体生活补助实现全覆盖;“渔民上岸”安居工程提前完成。完善临时价格补贴联动机制,肉类蔬菜流通追溯体系试点建设领先全国。实施118个老旧小区环境综合整治,惠及居民5.7万户、14.9万人;实施城中村和棚户区改造30个,完成房屋征收面积近300万平方米,受益群众1.9万户、5.7万人。学前教育改革试点顺利推进,新建、改扩建公办幼儿园29所,新增普惠性民办幼儿园35所;义务教育“三大提升工程”深入实施,学校标准化建设完成率达92%,义务教育均衡发展通过国家认定的县(市)区增至7个,进城务工人员随迁子女定点学校增至206所;普通高中教育、职业教育、高等教育质量进一步提升,合肥学院荣获国家级教学成果一等奖。建成7个省级和50个市级农民文化乐园,安徽名人馆即将开馆,“全民文化周”、“悦读合肥”等活动深入开展。市儿童医院开工建设,基层医疗机构建设全部达标。旅游、文化、体育等融合发展,成功举办首届环巢湖国际马拉松赛,在省第十三届运动会上夺得六项第一。“单独二孩”政策有序实施,计划生育“后进村”转化率达95%。食品药品重大事故“零发生”,油气管线隐患专项整治全国领先,各类安全生产事故指标创历史最低水平。“天网工程”全面建成,治安防控体系进一步完善;“信访积案化解绩效年”活动取得实效,信访渠道进一步畅通,法治合肥和平安合肥建设不断深化。民防进社区深入推进,人防基础设施建设不断强化,气象监测预警工程建成使用,地震活断层探测项目通过中期评估,应急处置能力进一步提升。坚持军民融合深度发展,国防动员和后备力量建设扎实推进。《走读合肥》丛书成功发行,《合肥通史》编纂取得阶段性成果,二轮修志全面完成。民族宗教、新闻、科普、统计、档案、保密等工作水平实现新提升,工会、共青团、妇女儿童、红十字会、残疾人、老年人和关心下一代等工作取得新进步。

过去的一年,我们深入开展党的群众路线教育实践活动,大力整治“四风”,切实解决群众反映强烈的突出问题,政府作风建设取得明显成效。严格执行中央“八项规定”、国务院“约法三章”和省市有关规定,各类会议、文件和检查、评比大幅精简,“三公经费”支出同比减少20.6%,党政干部因公出国人数同比下降11.6%。完善政府决策程序,出台重大行政决策听证、风险评估、实施效果评估等3个办法,强化重点领域和关键环节的监察、审计。大力精简行政审批事项,保留134项,减少169项,精简率达55.8%,成为全国审批事项最少的省会城市之一。开展第二届政府工作创新奖评选,10个项目获奖。坚持依法行政,严格执行人大及其常委会的决议决定,自觉接受人大监督;推进协商民主,主动接受政协民主监督,广泛听取民主党派、工商联、无党派人士和人民团体意见;虚心接受社会舆论监督。全年办理人大代表议案和建议243件、政协提案673件,办理质量和满意度大幅提升。

过去的一年,我们审时度势、超前谋划、精准施策,主要经济指标保持在“两位数”的较快增长区间内,经济总量跃上新台阶,“新跨越、进十强”的目标逐步实现,成绩来之不易。这是省委省政府和市委坚强领导的结果,是市人大、市政协和社会各界大力支持的结果,是全市广大干部群众团结奋斗的结果。

在肯定成绩的同时,我们也清醒地看到存在的问题:经济下行压力依然较大,企业投资意愿下降,市场消费需求不旺,部分行业和企业生产经营困难,全市生产总值、规上工业增加值两项指标与预期目标尚有差距;市场监管、征地拆迁、信访维稳等矛盾纠纷增多,社会治理难度加大;生态、资源与环境约束趋紧,大气污染防治形势严峻,巢湖综合治理任务艰巨;个别部门和少数工作人员效能建设出现反弹,“四风”问题和庸懒散现象还不同程度存在,特别是思想观念、工作方式等还不能完全适应新形势新任务的要求。对此,我们一定高度重视,采取切实有效措施加以解决。

二、2015 年形势和任务

今年是全面完成“十二五”规划的收官之年，是全面深化改革的攻坚之年，也是全面推进依法治国的开局之年，做好今年工作意义重大。当前，世界经济处于缓慢复苏和格局重塑的新时期，我国经济进入增长动力重构和发展方式转换的新常态，我市经济既要保持中高速增长，又要向中高端水平迈进。合肥发展的外部环境和条件正在发生深刻变化，但仍然处于大有可为的黄金发展期；世界科技革命和产业变革正孕育着新的重大突破，我们拥有的条件更好、基础更牢，面临的机遇更大、起点更高。国家大力实施新的区域发展战略，特别是推进长江经济带建设，明确把合肥定位为长三角世界级城市群副中心和全国性综合交通枢纽，首次要求合肥提升都市区国际化水平、建设全国内陆经济开放高地，我市在全国区域发展新棋局中的战略地位更加凸显。省委省政府全力支持合肥打造“大湖名城、创新高地”，要求合肥在更高的起点上谋划推动改革发展，当好全省“三个排头兵”，进一步增强辐射力、带动力、影响力，为合肥加快建设和发展注入了强大动力。我们要充分认清新形势、主动适应新常态、积极抢抓新机遇，坚定信心、奋发有为、乘势而上，全力把合肥建设和发展推上更高境界。

今年政府工作的总体要求是，深入贯彻落实党的十八大和十八届三中、四中全会精神，在省委省政府和市委的坚强领导下，坚持稳中求进、稳中强基、稳中创优，强化改革攻坚，强化开放集聚，强化创新驱动，强化民生保障，解放思想，防骄破满，拉高标杆，跨越赶超，保持经济较快发展和社会和谐稳定，主要经济指标稳固“进十强”，全面完成“十二五”发展目标，为打造长三角世界级城市群副中心奠定坚实基础，进一步开创建设“大湖名城、创新高地”的新局面。

今年经济社会发展的预期目标是：全市生产总值增长 9.5% 左右；财政收入增长 9.5%，其中地方财政收入增长 8%；全社会固定资产投资增长 15% 左右；规模以上工业增加值增长 11% 以上；社会消费品零售总额增长 12%；居民人均可支配收入增长 10%，城镇常住居民人均可支配收入增长 9.5%，农村常住居民人均可支配收入增长 10.5%；城镇登记失业率控制在 4.5% 以内；居民消费价格涨幅控制在 3% 以内；人口自然增长率保持在 7.5‰以内；单位生产总值能耗下降率及主要污染物减排量达到省控目标。

今年，着力做好八个方面工作：

（一）加快产业转型升级

瞄准国际国内前沿和高端，以创新转型升级为导向，突出重点，聚焦发力，加快打造若干全国性乃至世界级的产业集群。

培育壮大新兴产业。在继续推进十大重点产业发展的同时，进一步聚焦关键核心技术，实施一批居于产业链核心环节的重大项目，加快产业转型升级。以京东方等为龙头，推进高世代面板生产线等建设，加快建设国际一流的新型显示产业集聚区。实行设计、制造、封装测试同步推进，加快建设 IC 之都。推进国际智能语音产业园建设，积极发展各类软件产业，加快打造“中国声谷”和全国软件名城。推进量子通信京沪干线等建设，加快创建引领全国的未来网产业基地。大力发展工业和服务机器人，加快建设全国性智能制造产业集聚区。大力推进燃气轮机、精密制造等技术产业化和数控装备发展，规划建设国家强基技术产业化基地。开发储能、微网及智慧能源等新技术，积极探索分布式光伏电站建设运营新模式，推进建筑光伏一体化发展，大力实施“光伏下乡”、“光伏扶贫”等工程，加快打造“中国光伏应用第一城”。以纯电驱动为技术路径，以落实和完善政策为主攻方向，集中力量建设和运营好一批充电设施，推进新能源汽车研发、示范应用和产业化。大力发展生物医药产业和医疗装备材料产业。坚持分类指导，整体推进四个城区、四大开发区和五县（市）转型发展。围绕重大领域、重量产业、重点项目和重要园区，深化开发性金融合作，推进产城一体，实现新兴产业全产业链发展。

改造提升传统产业。坚持以高新化为导向，按照工业 4.0 思路，积极运用信息化和工业化深度融合的核心技术，推行智能制造和智慧管理，加快家电、汽车、装备制造等传统优势产业改造升级，建设一批智能工厂，全年技改投入达到 1160 亿元。大力实施标准化、品牌化战略，积极扶持龙头企业，推动企业加速向产业链两端延伸、价值链高端提升。启动“企业诊断”对标行动，鼓励企业按照产业发展方向加大投入力度，不断提高产品结构层次。加强经济运行调节，加大困难企业帮扶力度。加快推进瑶海全国老工业区整体搬迁改造试点。以减量化、资源化、再利用为方向，推进静脉产业基地规划建设和循环经济发展。

大力发展现代服务业。突出发展工业设计、检验检测、信息技术、科技成果转化、数字内容等新型服务业态，着力打造国家级高技术服务业基地。大力发展电子商务、跨境电子商务、移动电子商务、服务外包等，推进蜀山国际电商产业园等专业园区建设，完善滨湖国际金融后台服务基地功能。发展文化创意产业，推动文化、体育、旅游等融合发展，大力实施万达文化旅游城等重大项目，积极支持三河古镇创建国家5A景区，扎实推进全国旅游标准化试点市建设，加快打造环巢湖国际旅游目的地。组建在肥基地航空公司，积极发展航空产业。高标准建设中央商务区，着力打造一批特色街区和规范有序的摊群夜市，构建市民“一小时消费圈”和“10分钟生活圈”。稳定住房、汽车、电子信息等大宗消费，重点培育家政服务、康复养老、休闲度假、体育健身、高端医疗等服务性消费，鼓励引导传统服务业利用互联网、物联网、大数据、云计算等信息技术实现提档升级。策划举办一批重大展会活动，拉动城乡消费增长。

加快建设现代农业。全面实施现代农业建设“十大行动”，建设一批优势突出、特色鲜明的农业“块状经济”集中区。大力推进现代农业示范区建设，做大做强7个省级以上现代农业示范区主阵地，联动推进各类农业园区建设。加快发展新兴农业产业，在全国率先建设安全农产品加工园区，着力打造全国现代种业强市。坚持发展生态农业与巢湖面源污染治理相结合，促进农业可持续发展，在环湖乡镇开展化肥、农药减量化使用试点。加强与全国、全省农业科研机构合作，深入实施农业重大技术推广和科技入园入户工程，大力推进农业科技企业孵化基地建设。进一步扩大规模，规范运作，规避风险，稳定收益，推动土地流转扎实有序进行，鼓励引导农业适度规模经营。

（二）大力实施改革攻坚

围绕打造先行先试“合肥版”，按照“四个率先”的思路，推进重点领域和关键环节改革攻坚突破，营造体制机制新优势。

加快经济体制改革。深化国有企业改革，推进股权多元化，完善产权管理、法人治理等制度，大力发展混合所有制经济。构建科学合理的国有资产运营监管体系，实现国有资产监管全覆盖。加强中小微企业服务体系建设，创新财政金融产品，推进新型政银担合作试点，完善小额担保贷款、政策性再担保和上市、挂牌等融资支持政策，优化投资环境，加快民营经济发展。深化预算管理制度改革，完善政府预算体系，扩大预决算公开范围；进一步完善扶持产业发展“1+3+5+N”政策体系，清理规范税收和财政支出等优惠政策，落实“营改增”等结构性减税政策；探索中期财政规划管理，全面推进财政绩效管理；推进国库集中支付电子化，激活财政存量资金，推行专项资金竞争性分配。加快建设移动电子商务金融科技服务创新试点市，积极推动设立民营银行、金融租赁公司、金融消费公司等新型金融机构。进一步推进土地管理制度改革，拓展节约集约用地试点。深化价格改革，完善市场决定价格机制。加快城乡一体化综合配套改革试验区建设，全面推进农村产权交易市场体系建设，推动城乡要素合理流动。

加快行政体制改革。深化行政审批制度改革，扎实做好国务院、省政府取消下放审批事项的承接和落实，全面推行权力清单、责任清单、涉企收费清单制度，完善事中事后监管机制。加强电子政务平台建设，广泛推行网上审批。深入推进市场监管体制“三合一”改革，加快建立权责统一、权威高效的行政执法体制。继续深化商事制度改革，全面推进“先照后证”和“三证合一”改革。深化投融资体制改革，完善政府债务管理制度体系，积极推进PPP模式在城市基础设施和公共服务领域的应用。深化公共资源交易管理体制改革，全力推进省市平台共建，加快形成区域性要素大市场。创新公务员管理制度，推行公开遴选新机制，开展聘任制公务员试点。完成公车制度改革任务。加快事业单位分类改革，全面完成承担行政职能事业单位和生产经营类事业单位改革。

加快社会体制改革。理顺市、区、街道、社区管理职能，推进社会治理模式创新，完善社会治理体系，大力培育社会组织，壮大志愿者队伍。进一步健全促进就业机制，深化收入分配制度改革。完善社会保障制度，稳妥推进机关事业单位养老保险制度改革，加快建立统一的城乡居民基本医疗保障和养老保险制度。深化教育领域综合改革，建立具有合肥特色的中小学质量评价指标体系。实行医疗、医保、医药改革联动，巩固完善基层医改成果，全面深化县级公立医院改革。推进文化体制改革，大力构建现代公共文化服务体系，加快发展文化产业。进一步完善廉租住房与公租房并轨运行、分类补贴和梯度保障机制，鼓励社会资本参与保障房建设。在食品药品安全、环境保护、安全生产、债券发行、招投标等领域开展信用体系建设试点，加快构建覆盖全社会的信用信息共享服务平台。

（三）扩大对外开放合作

坚持引资与引智并举、“引进来”和“走出去”并重，拓宽对外开放渠道，提高对外开放层次，全力打造全国内陆开放新高地。

加快开放平台建设。全面建成综合保税区并按时封关运行，不断提升出口加工区层次和水平，高标准建设保税物流中心、合肥航空港进境水果指定口岸、合肥国际内陆港、跨境电子商务产业园二期、对外劳务合作服务中心等，推动合新欧国际货运班列西延入欧、国际货运航班直达欧美。积极推进长三角大通关建设和长江经济带海关区域通关一体化发展，主动对接上海自贸区，加快形成与国际投资、贸易通行规则相衔接的制度体系。

推进对外合作发展。深化中美绿色合作伙伴关系，继续推进与俄罗斯伏尔加河沿岸联邦区合作，积极开展与更多的国际友城结好。认真筹办长江中游城市群省会城市第三届会商会议，积极参加长三角第十五次市长联席会议。推动合肥经济圈交通建设、产业布局、环境治理等一体化发展，全力支持皖北发展，加快推动阜阳合肥现代产业园区、寿县蜀山现代产业园做大做强，启动建设临泉庐阳现代产业园。积极实施“走出去”战略，完善外经外贸政策，引导优势企业通过绿地投资、并购投资、证券投资、联合投资等方式，开展跨国并购重组，开拓国际市场。

强化招商引资工作。进一步发挥产业基金、风险基金的投资引导作用，依法依规完善招商政策体系，重点推进战略性新兴产业和现代服务业招商引资，着力提高项目质量和层次，更加注重引才引智。积极支持“合肥之友”拓展综合性、国际化平台功能，充分发挥行业协会、商会组织、高校校友会等中介作用，扎实开展百名县干招商活动，继续深化与世界500强、中国500强以及央企、知名民企等“点对点”、“一对一”合作，大力实施以商招商、小分队招商、登门招商和平台招商。全年完成招商引资3390亿元、增长15%，其中外商直接投资25亿美元。

（四）提高自主创新能力

以平台为支撑，以企业为主体，深入实施创新驱动战略，大力打造全国创新资源高度集聚区和国家自主创新示范市。

完善协同创新平台。合理规划科技布局，形成功能强大的协同创新平台体系。大力推进中科大先进技术研究院管理运行机制创新，增强转化、集聚和辐射功能；加快建设清华大学合肥公共安全研究院、合工大智能制造技术研究院、中科院合肥技术创新工程院、北大未名生物经济研究院和十大新兴产业研究院，实施清华启迪科技城、数控装备研发基地、智能家居研发设计中心等一批重点项目。积极深化与中科院、在京中央高校以及国内其他知名高校、院所合作，加强与中关村等科技园区对接。加快建设科技企业孵化器，大力发展知识楼宇、科技楼宇，着力打造科技服务业密集区。承办好机器人世界杯大赛和中国计算机大会。

增强企业创新能力。推进企业技术创新体系建设，构建企业主导的政产学研用协同创新机制。新增各类研发机构100家以上、国家级高新技术企业100家以上，全市高新技术和创新型企业总数达2000家以上，争创一批国家级、省级研发机构。开展市级工业设计中心认定，加快工业设计人才队伍和中国（合肥）工业设计城建设。支持现代显示、光伏、新能源汽车等重大研发平台建设，在集成电路、生物医药、智能制造、智慧城市等领域组建一批技术创新战略联盟。加大企业基础研究投入，鼓励社会资金和政府基金合作，形成社会共担机制。

优化创新发展环境。加快改革科技成果产权制度、收益分配制度和转化机制，进一步放大企业股权分红和激励试点效应。强化知识产权保护，推进“中国（安徽）知识产权维权援助中心”建设。规划建设科创社区，创新人才聚集政策。发挥天使投资基金等引导作用，通过种子基金、风险投资等方式，对科技创新实行普惠式、引领式扶持。改革人才评价体系，不拘一格用好人才。鼓励高校、科研院所在海外设立人才招引工作站，加快引入一批高层次科技人才团队。支持培养本土人才，鼓励草根创新、蓝领创新和青少年创新。降低创业门槛，优化创业环境，完善创业辅导，强化创业扶持，积极引导和鼓励高校学生、科研人员等大众创业。在全社会大力弘扬创新创业文化，营造鼓励探索、宽容失败和尊重劳动、尊重知识、尊重人才、尊重创造的浓厚氛围。

（五）加强城市规划建设管理

坚持规划引领，推进全国性综合交通枢纽建设，提升都市区国际化水平，积极打造长三角世界级城市群副中心。

加强重大规划编制。加快推进“四规合一”，完成全国性综合交通枢纽、市政基础设施、都市区国际化等重大规划编制，努力实现主城区控制性单元规划全覆盖。进一步完善新型城镇化规划，调整优化土地利用总体规划，加快形成“中心城－副中心－新市镇－新社区”的市域城镇等级体系。

建设综合交通枢纽。启动新桥国际机场二期工程前期工作，统筹谋划老机场利用和通用机场建设。开工建设商合杭、合安九高铁，加快建设宁西复线、庐铜铁路，建成合福高铁并投入使用，开展与周边中心城市铁路加密的前期谋划，完善合肥铁路枢纽功能。加快引江济淮项目前期工作，力争早日开工；推动合裕线、兆西河、店埠河、丰乐河等航道升级改造。加快合安、合淮、合水、军二、合铜、巢庐、新合蚌路、合六南通道等国省干道改造建设，推进3条机场应急通道和4条环巢湖公路连接线建设。实施北沿江、滁新高速公路合肥段建设，加快合宁、合安、合巢芜高速扩容前期工作。

完善城市承载功能。推进城市轨道交通工程建设，1号线实现隧道贯通、轨道铺通，2号线主体土建工程基本完成，3号线全面开建，加快4、5号线前期工作。完善城市路网体系，全面推进魏武路、“畅通二环”等重点项目建设，完成繁华大道东延、临泉东路等续建项目建设；继续推进支路网建设和小街巷改造，完善慢行系统。大力推进老城区停车场和电动汽车充电桩等规划建设，启动全国公交智能化应用示范工程，推进公交专用道建设，新增和更新公交车600台。加快改造城区燃气、供水、供热老旧管网，实施综合管廊建设试点，全面推进七水厂二期、八水厂、绕城高压环网输气干线、金源热电联产机组改扩建、滨湖新区区域供冷供热等项目。落实电力体制改革试点方案，实施中长期能源战略，推进华能巢湖电厂二期、神皖庐江电厂等项目建设。强化电网保障能力，确保供电安全有效。

提升城市管理水平。构建“智慧合肥”建设总体框架，加快形成信息资源互联互通、共建共享的统一平台。完善“数字城管”工程运行机制，优化城市管理网格流程。健全“三城同创”长效机制，提升城市文明指数。以扁平化为方向、信息化为手段、网格化为基础，提高城区街道社区管理和服务的精细化、专业化水平。完善合肥南站综合管理体制，并推广到合肥站地区。加强城市立面景观综合整治，加大违法建设等查处力度，积极推进非法营运联合治理，全面规范道路交通管理秩序。开建小仓房大型生活垃圾中转站，推进餐厨垃圾无害化处理，严控固废和噪音污染。

（六）加快城乡一体发展

加大统筹力度，推进城乡联动发展、融合发展，加快建设全省乃至全国城乡一体化发展示范区。

大力推进新型城镇化。加快“三权落实”和“五有并轨”，构建农业转移人口市民化推进机制。推进户籍制度改革，全面实施居住证制度，放开县城和建制镇落户限制，逐步实现基本公共服务由户籍人口向常住人口全覆盖。加强城乡基础设施对接，推进城镇道路建设、污水和垃圾处理、园林绿化、水环境治理，提升县城、重点镇和环湖十二镇的功能和品质，增强对区域经济社会发展的集聚力、辐射力和带动力。坚持市与县（市）联动，拓宽投入渠道，全面推进与国开行合作新型城镇化试点项目建设。

加快发展县域经济。围绕工业化主战场的定位和跻身全国百强县的目标，以园区为主阵地，全面推动县域工业跨越式发展。加强县域工业园区基础设施建设，提高产业承载力和集聚力。优化园区布局，推动功能相似或相对连片产业功能区整合，建立健全市级以上产业功能区协调发展机制，引导县域经济错位发展。支持肥西桃花工业园区等申报国家级开发区，推动四大开发区与县域工业园区共建一批投资大、就业多、效益好的大项目。继续对巢湖市、庐江县加大政策、资金、人才等支持力度，实现全市县域经济协调发展。

全面建设美好乡村。大力实施美好乡村“三年行动计划”，完善村庄空间布局，统筹基础设施建设和社会事业发展，削减小型村、空心村和自然村。大力发展城镇交通，改造县乡道路100公里，建设村村通水泥路提级延伸联网工程300公里，实施农村公路危桥改造项目45个。大力推进环巢湖美好乡村示范区建设，重点打造5条示范带和80个重点示范村。大力实施土地整治和城乡用地增减挂钩，探索建立跨区域结对联动机制。

壮大村级集体经济，实施“十大”到户到人精准扶贫工程。

（七）大力建设生态文明

以巢湖生态文明先行示范区建设为统揽，以“水”、“山”、“气”、“绿”为重点，全面展现碧水青山绿地蓝天的美丽合肥。

推进水环境治理。加大与国开行合作力度，巩固环巢湖地区生态修复保护一期工程成果，充分发挥效益；全面实施二期工程，确保完成80%工程量；加快推进三期工程，以流域治理、补水引流为重点，突破面源污染治理难点，力争全面开工建设；以开发利用为重点，谋划启动四期工程。积极抓好水生态文明城市试点建设和生态红线划定工作，大力推进南淝河、十五里河和派河综合治理，加快陶冲、蔡田铺二期等污水处理厂建设和提标改造。积极推进“海绵城市”建设，开工一批雨水调蓄池和生态湿地，推进雨水利用，恢复城市生态。全面落实“河长制”，深入实施巢湖流域水污染防治规划，确保达到“十二五”国家考核要求。加大环湖矿山整治和生态修复力度，严厉打击矿山私挖盗采违法行为。

推进大气污染综合防治。编制大气污染防治项目清单，出台年度考核细则，深入开展“九大行动”，突出抓好“三厂两尘两气”等重点领域专项治理。全部淘汰全社会黄标车，积极推广智能密闭新型渣土车，严格实行午秋两季全市域秸秆禁烧。大力推进“气化合肥”，加快LNG、CNG加气站建设；实施巢湖远景、中国风电等风力发电项目，扩大国家分布式光伏应用示范，逐步优化能源利用结构。加强节能减排，实施一批重点减排项目，深入开展能源等量置换或减量置换，严格控制新增能耗。

推进国家生态园林城市创建。巩固国家森林城市创建成果，大力实施森林增长工程，完成重点工程造林10万亩、一般成片造林4万亩。高起点规划滁河干渠生态休闲风光带，高标准建设环巢湖公路、高铁南站片区、城市快速路等道路绿化和十五里河等河渠绿化，完成森林长廊156公里。全面开展“三线三边”绿化提升和裸露土地绿化专项治理行动，创建省级森林城市1个、省级森林城镇9个、省级森林村庄50个。扎实推进城镇园林绿化提升，完成城区绿化1000万平方米，打造精品示范工程30个，新建公园游园和街头绿地35个，建设城市绿道90公里以上。依法保护城市绿地、森林、湿地和古树名木，严厉查处损绿毁绿等行为。

（八）加强社会治理创新

把保障和改善民生放在突出位置，着力提高社会治理和基本公共服务水平，最大限度地让人民群众共享改革发展成果。

大力保障改善民生。继续实施民生工程，逐步完善民生工程与社会保障相衔接机制。稳定和扩大就业，提升创业服务水平。加强社会保险体系建设，完善被征地农民基本生活保障制度，逐步扩大失业保险基金支出范围，积极推进各项社会保险关系制度衔接和跨区域转移。新开工各类保障性安居工程2.65万套，新启动城中村和老旧小区改造项目8个、老旧小区环境综合整治项目45个。

强化基本公共服务。全面实施城市基本公共服务设施专项规划，建立健全以滚动规划为基础、以构建项目库、深化项目前期、衔接部门预算和保障要素供给为主要抓手的公益性项目建设运营新机制。完善社会服务“1+4”政策，加大政府向社会力量购买服务力度。提高普惠性学前教育覆盖率，新建和改扩建公办幼儿园20所。大力推进国家级学校品质提升试验区建设，继续实施义务教育“三大提升工程”，新建中小学15所，建成合肥十中新校区。巩固提升普通高中教育，加大特殊教育扶持力度，加快构建职业教育体系，完善高教城基础设施及配套服务，推动合肥学院、合肥职业技术学院、合肥幼儿师专加快发展。推进省暨合肥市规划馆和省美术馆、百戏城、科技馆等建设，建成市群众文化活动中心。进一步优化卫生资源结构，深化医药卫生改革，促进基层卫生加快发展。加强养老基础设施建设，积极推行“医养结合”的养老新模式，完成50个农村幸福院建设，建成60个社区养老服务站。稳定适度低生育水平，扎实推进“单独二孩”政策。实施全民健身计划，加快市全民健身中心建设，办好环巢湖国际马拉松赛、自行车赛等重大赛事，积极参赛全国首届青年运动会。

提升社会治理能力。深化法治宣传教育，争创“六五”普法全国先进城市，推动全社会树立法治意识，全面推进法治合肥建设。深化平安合肥建设，着力打造立体化、数字化的社会治安防控体系，依法加强网络社会管理，严厉打击各类违法犯罪活动。保持打击非法传销高压态势。大力推进信访工作改革创新，深入开展矛盾纠纷排查化解，推动联合接访，着力解决疑难复杂信访问题。全面开展民防进社区工作，加强民防指挥基地和应急救援队伍、装备体系建设。严格落实安全生产责任制，大力开展食品药品、消防安全、建筑施工等重点领域专项治理。加强国防和后备力量建设，争创全国双拥模范城“八连冠”。支持工会、共青团、妇联、红十字会等人民团体广泛参与社会管理和公共服务，扎实做好民族宗教、对台侨务、防震减灾、地方志、残疾人、新闻、气象、档案、保密、社科、仲裁等工作。

三、加强政府自身建设

站在新起点，面对新任务，我们必须进一步加强政府自身建设，全力打造法治政府。

（一）坚持依法行政。严格依照法定权限和程序行使权力，自觉接受人大及其常委会依法监督，积极执行人大决议决定，坚持重大决策出台前向人大报告，认真办理人大代表的议案和建议。主动接受政协民主监督，认真办理政协委员提案，广泛听取各民主党派、工商联和无党派人士意见。主动接受司法、舆论、公众监督。完善行政决策机制，建立重大行政决策目录管理制度、终身责任追究制度，落实责任倒查机制。加强重点领域立法，提高立法质量。建立行政执法与刑事司法衔接机制，普遍建立政府法律顾问制度。推进政务公开、办事公开，确保权力在阳光下运行。各级各部门要忠实履行宪法和法律赋予的神圣职责，善于运用法治思维和法治方式推动改革、促进发展、维护稳定。

（二）坚持为民执政。拓展党的群众路线教育实践活动成果，坚决整治“四风”，完善领导干部直接联系和服务群众机制，多做打基础、利长远的工作，多办顺民心、惠民生的实事，不断提高群众的满意度和幸福感。以推行“三项清单”制度为契机，加快政府职能转变，强化公共服务、市场监管、社会管理、环境保护等职责，维护社会公平正义。完善“12345政府服务直通车”运行机制和政务服务平台软硬件建设，巩固提升政务服务标准化建设成果。各级各部门要牢固树立群众观念和宗旨意识，把更多精力放在制定好政策、提供好服务、营造好环境上，不断创造为民执政的新业绩。

（三）坚持创新理政。树立全球视野，强化战略思维，在思想观念、体制机制、方式方法上与时俱进，牢牢把握发展大势，切实增强工作主动权。加强新知识学习，加强新政策研究，加强新问题调研，不断提升科学决策水平和驾驭发展能力。依托合肥行政学院等机构，加大公务员队伍培训力度。加强政府智库建设，开展好第三届政府工作创新奖评选，高质量完成“十三五”规划编制。各级各部门要牢固树立创新意识，在解放思想中开拓思路，在见贤思齐中拉高标杆，在大胆探索中破解难题，不断推出更多走在全国前列的“先行之作”。

（四）坚持务实勤政。自觉践行“三严三实”，严格执行工作责任制、项目负责制、行政问责制，加强对重大决策部署落实情况的督促检查，对确定的目标、制定的政策、部署的任务一抓到底，善做善成。不断改进文风会风，大力精简会议文件，严控各类检查评比。深化行政效能建设，简化办事流程，以铁腕治庸治懒治散，切实解决不作为、慢作为等问题。各级各部门要始终昂扬向上，敢于担当，真抓实干，全面形成心无旁骛抓发展、凝心聚力谋跨越的生动局面。

（五）坚持廉洁从政。认真履行党风廉政建设主体责任，强化“一岗双责”，完善惩治和预防腐败体系，推进反腐倡廉制度创新，落实重大项目纪检监察派驻制度，加强行政监察和审计监督，坚决查处各类违法违纪案件。全面落实中央“八项规定”、国务院“约法三章”和省市各项规定，厉行节约、反对浪费，严控“三公经费”支出。全体政府工作人员，特别是各级领导干部，要时刻绷紧廉洁自律这根弦，自觉提高拒腐防变和抵御风险能力，努力当好人民公仆。

合肥荣获“全国文明城市”称号

2015 年 2 月 28 日，中央文明委在人民大会堂召开高规格的文明创建总结表彰大会，合肥当选为第四届全国文明城市，20 年的夙愿终于成真。从 1995 年，合肥正式启动文明城市创建工作，到 2015 年，合肥当选为全国文明城市。二十年来，全市上下咬定青山不放松，把文明城市争创工作推向一个又一个高潮。

1995 年，合肥从治垃圾起步，动员全市上下把垃圾装起来、把马路让出来、把门前包起来。2006 年以来，强力推进“大拆违”“大建设”“大招商”，城市面貌日新月异，经济建设快速发展。2009 年、2010 年，合肥先后开展了“迎中博”“迎四体”讲文明、树新风活动，助推城市文明创建活动深入开展。2010 年全面启动“清洁家园、美化乡村”行动。2013 年底深入推进“三线三边”环境治理，有力推动城乡文明一体化建设。2011 年以来，合肥举办了思想道德建设“合肥论坛”、道德模范与身边好人交流互动、道德故事汇等一系列大型活动，中国好人数量领跑全国省会城市，思想道德建设在全国产生了重大影响。回顾这二十年艰辛创建历程，虽然合肥曾三次落选“全国文明城市”，但合肥各级领导干部和广大人民群众毫不松懈气馁，靠着一股“不达目的誓不罢休”的韧劲，一次又一次向“全国文明城市”的目标奋力冲刺。

“这份荣誉分量很重，来之不易，它承载了合肥全市上下多年的不懈追求，凝聚了全市人民的心血汗水。”2 月 26 日，省委常委、市委书记吴存荣在接受媒体专访时表示，这份殊荣的获得，必将进一步提升合肥的形象，凝聚全市人民的力量，进一步推动实现合肥“大湖名城 创新高地”的跨越式发展。

创建为民 合肥居民幸福指数提升

“全国文明城市”被称为中国城市的荣誉之冠，在摘取这枚“荣冠”的征途中，合肥这座历史古城焕发出勃勃生机，城乡呈现新面貌，民生福祉得到新改善。瑶海区红旗村是一个老旧小区，存在乱搭建、乱堆放杂物、种菜等乱象，居民意见强烈。针对该小区的现象，瑶海区工作人员和志愿者对该小区进行全面整治，做好卫生清理，并组织党员代表、社区工作人员、志愿者对辖区乱贴乱画现象进行清除。整治过后的红旗村，小区整体环境卫生状况得到明显改善。合肥在文明创建过程中，加快推进对老旧小区、老旧市场改造，不断优化人居环境，让老百姓享受到文明创建带来的实实在在的好处。

改善民生，让群众幸福生活。

近年来，合肥市在加快经济社会发展的同时，把改善民生作为创建文明城市的重中之重，不断增加民生工程投入，提高城乡居民收入，大力发展社会事业，切实优化城市环境。过去的五年，合肥市生产总值年均增长 16% 以上，财政收入年均增长 24.6%，成为全国发展最快的省会城市。与此同时，211.7 亿元“真金白银”投入到了 32269 个民生工程项目上，惠及 700 万人次以上。可以说，争创全国文明城市与合肥的建设与发展，同频共振、相得益彰。

2014 年合肥主要经济指标已进入全国省会城市“前十强”；2011 ～ 2015 年被央视调查等权威组织连续 4 次评为“中国最幸福城市”；2014 年获评“国家森林城市”、“全国首批生态文明示范城市”等等。“抓创建就是抓发展，就是抓环境，就是抓民生，就是抓形象。”吴存荣的这句话，道出合肥创建全国文明城市的真谛。

道德高地“好人之城”合肥的新名片

“磨店佳话”“大义父亲”“仁义兄弟”“最美乡村教师”“最美护士”“最美的哥”“最美红领巾”……在合肥不断涌现一个又一个的道德佳话和“好人现象”。截至2014年底，合肥市共产生107位中国好人，4位全国道德模范，6位全国道德模范提名奖，位居省会城市第一，让合肥成为名副其实的“好人之城、道德高地”。“最美合肥现象”并非偶然，近年来，合肥在建设现代化大城市的进程中，始终把加强公民思想道德建设作为推进社会主义核心价值体系建设的生动实践，大力传承中华美德和雷锋精神。

一座城市的发展，离不开经济的繁荣、积累经济资本，也离不开道德文明建设、积累道德资本。具有道德文明的城市，才是人们宜居的城市。合肥“好人有好报”风气浓，合肥还特别注重从生活上、工作上给予道德模范和身边好人关心关爱，切实提高道德模范和身边好人的社会地位和荣誉感，对生活困难的道德模范、中国好人实行常态化帮扶制度。全国道德模范徐辉成为党的十八大代表、“中国好人”李祥斌成为全国人大代表，全国道德模范胡文传、周传金分别被安排到省级以上文明单位工作，全国道德模范提名奖张仁强在创业中获得20万元“道德信贷”，在全市形成“让有德者有‘得’，让好人有好报”的良好社会氛围。

新风正气　文明之花处处开放

在合肥的大街小巷，可以随处可见“富强，民主，文明，和谐，自由，平等，公正，法治，爱国，敬业，诚信，友善”这24个字的社会主义核心价值观。倡导主流价值，引领文明风向，让文明之花处处开放。文明，在合肥这座城市里正在被合肥市民以各种形式诠释着、展示着。

2014年10月31日，合肥市首批“圆梦微心愿”爱心志愿服务行动认领对接仪式举办。家住包河区常青街道沿河社区的张双友，他53岁的妻子卫修翠四肢瘫痪，已经多年卧床无法出门，得知合肥在征集“微心愿”后，他为妻子写下了心愿——想要一辆轮椅。“今天我领到了我们家多年来梦寐以求的轮椅，实现了我爱人多年来想出门的心愿。谢谢大家。”张双友感谢为他妻子实现心愿的爱心人士。

“有困难找志愿者、有时间做志愿者”。在合肥，志愿服务已经品牌化、制度化。《合肥市志愿服务条例》已于2013年3月1日正式施行。在全国首创开展星级社区志愿服务广场评选活动。据不完全统计，全市已招募注册志愿者41.6万，占全市建成区常住人口总数的11%以上。全市涌现出“徐辉假日服务小分队”“吴雄飞爱心班”、供电“邓玲服务队”、供水“贴心小棉袄”志愿服务队、中科大芳草社等一批影响力大、服务人群广泛的志愿服务组织，广大志愿者用他们的敬业与微笑温暖了这座城市，也感动了身边人。

合肥成功跻身全国文明城市，但这绝不是文明提升与发展的句号，而是向更高文明发展，重新出发的“加油站”。 把合肥建成基础稳固、全面过硬、特色鲜明的，工作一流的全国文明城市。

合肥创建全国文明城市历程

1995年，合肥以“治垃圾、创文明”为抓手，正式启动文明城市创建工作，迈上争创全国文明城市的征途。

1997～1999年，中央宣传部、中央文明办在全国宣传推介合肥等10个城市开展创建文明城市活动的经验，掀起合肥市文明城市创建活动新高潮。

1999年9月，中央文明委命名表彰首批58个“全国创建文明城市工作先进城市”，合肥名列其中，向全国文明城市迈进了坚实的一步。

2002年10月，中央文明委命名表彰第二批“全国创建文明城市工作先进城市”，合肥再次入列，推动合肥争创全国创建文明城市工作向纵深发展。

2005年9月，中央文明委评选表彰首批“全国文明城市”，合肥第三次获选“全国创建文明城市工作先进城市”。

2009年1月，中央文明委评选表彰第二批“全国文明城市”，合肥第四次获选“全国创建文明城市工作先进城市”。

2011年12月，中央文明委评选表彰第三批“全国文明城市”，合肥获选“全国文明城市提名资格城市”。

2015年2月28日，合肥正式当选为第四届全国文明城市。

合肥市党的群众路线教育实践活动

按照中央和省、市委的统一部署，合肥市党的群众路线教育实践活动自2014年1月份全面启动，全市共有1.6万个党组织、39.3万名党员参加活动，到10月初基本结束，活动扎实有序，成效显著。合肥市和庐江县作为省委书记张宝顺的联系点，肥东县作为中央第三巡回督导组的联系点，高起点谋划，高标准推进，从严从实抓好各环节工作，切实把联系点建成示范点，努力走在全省前列、当好表率。

坚持以领导带头来示范推动活动。市委常委会自觉践行“九个带头”承诺，学在先、改在前，自始至终做到以上率下，为全市作表率、树标杆。省委常委、市委书记吴存荣紧紧把活动抓在手上、把责任扛在肩上，在活动的关键节点深入基层一线，加强面对面地指导；市委常委、党员副市长，市人大、政协主要负责同志分别选择1个县（市）区或市直单位作为活动联系点，听取意见建议，指导活动开展。

坚持以扎实的学习教育来提升认识。组织广大党员干部学原文、读原著、悟原理，着力固信念之“基”、补精神之“钙”，市委常委及市级党员领导干部集中脱产学习1周。围绕“‘四风’问题怎么改、服务群众怎么办、好干部怎么当”，开展讨论交流，升华思想认识。全市各级党组织共开展专题讨论12000多场次。

坚持以聚焦“四风”来查摆问题。通过个别访谈、召开座谈会等形式，广泛听取社会各方面的意见建议。市、县两级领导班子成员深入基层和联系点2498人次，召开座谈会782场次，征集意见建议14936条。开展“访民情、解民忧、惠民生”活动，1.9万多名农村党员干部走访群众38万多户，征求意见建议7.2万多条，查找“四风”等突出问题1.3万条。

坚持以贯彻整风精神来开展批评。各级领导班子和党员领导干部，采取群众提、自己找、上级点、互相帮、集体议等多种方式，深入查摆问题，深挖问题根源，认真撰写对照检查材料，真刀真枪开展批评和自我批评，结合实际开展“聚焦‘四风’、深查‘四观’”讨论，专题民主生活会普遍高质量、接地气、有特色。全市各县（市）区、市直单位、乡镇（街道）领导班子专题民主生活会上，共查摆出班子、班子成员“四风”方面问题12950余条、58540余条，会上提出批评意见29100余条。

坚持以开展专项行动来引领实践。部署开展“正风肃纪、为民服务、除弊祛垢、固本强基”四个专项行动，以解决问题开局亮相。对照中央提出的21项专项整治任务、省委“五整五建”要求，扎实开展专项整治“集中推进月”活动，抓好49项专项整治任务落实，全力推动整改工作。活动期间，解决“四风”问题7639个，各级各部门废止制度429项、修订制度3386项、新建制度2253项。查处违反八项规定精神问题84起，处理108人，其中给予党纪政纪处分34人，曝光典型案例14起。

坚持以强化督导指导来传递压力。市委派出15个督导组，实行全过程把关，活动期间累计深入市直单位调研指导720余次，与班子成员谈心谈话1250余人次，审核对照检查材料1100余份。市委活动办建立88个基层联系点，加强直接指导；严格审核县（市）区、市直单位、乡镇（街道）班子及成员的对照检查材料，逐份书面反馈修改意见28000余条；审核“两方案一计划”380余份、个人整改清单2130多份，并坚持跟踪问效，持续推进整改。通过开展活动，广大党员、干部受到深刻的思想政治洗礼，党内政治生活原则性战斗性明显增强，“四风”得到有力整治，群众反映强烈的突出问题得到有效解决，党心民心进一步凝聚，为改革发展稳定汇聚了强大正能量。省委张宝顺书记、李锦斌副书记等领导，以及中央第三巡回督导组，对合肥市党的群众路线教育实践活动给予了充分肯定。

（郑 磊）

实施“光伏下乡”扶贫工程

探索“精准扶贫”的新路径

随着光伏产业的快速发展，合肥市提出打造“中国光伏应用第一城”的目标，2013年，市政府出台《关于加快光伏推广应用促进光伏产业发展的意见》并将实施“光伏下乡”工程作为促进光伏产业发展的四大工程之一重点推进。在推进过程中，合肥市因地制宜，创新突破，实施光伏下乡扶贫工程、光伏社区示范工程、万家屋顶发电工程、万亩设施基地工程四大工程，创造性地将农村产业发展、扶贫开发、农民增收与光伏应用有效结合，在促进农村光伏产业及现代农业发展的同时，也探索出一条解决农村贫困家庭脱贫解困的扶贫新路径，实现扶贫开发由“输血式扶贫”向“精准扶贫”的积极转变，有力地促进了新兴产业发展与农村资源的有效利用，既推动了农村居民增收及经济社会发展，也为发展低碳产业、实现节能减排提供了巨大的发展空间。国务院扶贫办、国家能源局多次来合肥市调研光伏下乡扶贫工程，并对光伏下乡扶贫工程的成效给予充分肯定，光伏下乡扶贫工程已上升为国家层面推广的精准扶贫战略。

光伏下乡扶贫工程 自2013年合肥市在全国率先实施光伏下乡扶贫工程以来，全市已完成300户贫困家庭光伏电站建设任务。其中，2013年实施的100户光伏电站，除贫困户自发自用外，户均增收2200元左右。2014年建设的200户扶贫光伏电站，于11月份全部建成并网发电。安排的500户光伏扶贫电站已开始启动。

光伏社区示范工程 2014年9月，在肥西县土地综合整治整村推进项目区官亭镇新民社区，利用市土地“增减挂”补助资金和社区农户屋顶资源，试点建设村级集体光伏电站。总投资471.8万元，在社区27幢屋顶建设规模400kW的分布式光伏电站，主体工程已全部完成。因社区道路、供电系统尚未接入，光伏电站逆变器还未安装，预计在2015年5月底并网发电。为开辟村集体经济发展新路径，2014年底，利用市、县美好乡村建设资金，在长丰县开展村集体光伏电站建设试点。

万家屋顶发电工程 充分发挥市政府支持光伏产业发展政策的引导作用，鼓励和引导一批有实力的光伏企业与农户开展户企合作，建设家庭光伏电站。全市已建成农村家庭光伏电站1100多户，已签订协议待建的3000余户。按照现参与合作建设的光伏企业投资计划，预计2015年全市将建设农户光伏电站15000户。

万亩设施基地工程 庐江县白湖镇30MW渔光互补电站已建成。长丰县朱巷镇七里村20MW、三里河水库20MW、红旗水库20MW渔光互补电站，肥东石塘镇20MW渔光互补电站、元疃镇占地200亩5MW光伏农业大棚项目，庐江县白湖镇20MW渔光互补项目和台创园占地1000亩20MW光伏农业大棚等项目启动建设。

主要做法 领导重视，高位推进。市政府主要领导高瞻远瞩，审时度势，在研究制定促进光伏产业发展政策时，特别强调要和美好乡村建设相结合、和现代农业发展相结合、和农村扶贫开发工作相结合，专题增加了“实施光伏下乡工程”，并重点组织实施“光伏下乡扶贫工程”，市长张庆军多次过问，并在有关文件上批示，“力争今年内实质性启动，可先在合肥市范围内试点，逐步推开”，分管副市长积极落实，大力推进，这为合肥市实施光伏下乡扶贫工程提供了组织保障。

试点先行，示范推广。为探索光伏下乡扶贫工程，由市阳光电源、中南光电两家光伏龙头企业赞助并设计安装，在肥东县长临河镇罗家疃村选择5户农民家庭开展先行试点，每户建设规模为2.5KW小型家庭户用光伏电站，于2013年7月1日建成并网。在试点成功基础上，市扶贫办组织5县（市）扶贫办和有关光伏企业，到罗家疃村现场观摩学习，在全市示范推广。

出台政策，落实资金。在试点经验基础上，市政府办公厅批转了市农委（扶贫办）《合肥市光伏下乡扶贫工程试点实施方案》明确了合肥市实施光伏下乡扶贫工程的指导思想、目标任务、基本原则，建设模式和实施步骤，资金筹措、运营管理和收益分配，组织领导和职责分工。按照“政府推动、专项投入，农户自愿、收益全留，试点示范、逐步推开”的工作思路，2013、2014年市、县两级财政先后安排扶贫专项资金300万元、600万元，在全市先后选择100户、200户无劳力、无资源、无稳定收入来源的农村“三无”贫困户，免费帮助建设单体装机规模为3kW的小型户用家庭分布式电站，项目产权和发电收益全部归贫困农户所有。

精心组织，规范操作。按照“六个坚持”的严格要求，规范运行机制，认真组织项目实施。一是坚持公开选点，全程公示。按照“五个必须”（必须是规划布点保留中心村、必须是低于国家标准的农村贫困户、房屋结构必须较好、必须有充足的光照条件、必须就近有方便接入的电网）的要求，项目申报贫困户经过村、乡（镇）、县“三级公示”，无异议后免费为农户安装家庭分布式光伏发电站。二是坚持优化设计，公开招标。委托合肥工业大学国家教育部光伏研究中心编制合肥市3KW光伏下乡扶贫工程技术标准和招标方案。通过市招投中心向全国公开招标，经专家评审，确定京东方科技有限公司、珠海兴业科技有限公司中标，组织项目实施工作。三是坚持规范施工，保证质量。坚持“一户一方案”，充分考虑光照、风力、雨雪等因素影响，逐户对屋顶结构、承载能力、线路架设等进行勘测设计，严格按照设计方案进行施工，确保工程建设质量。四是坚持专家监理，群众监督。确定合肥工业大学光伏研究中心作为专业监理，具体负责工程质量监管。对工程建设的项目和验收结果及施工企业的服务承诺在村内公示，全程接受农民群众监督。五是坚持严格验收，及时并网。同步推进工程建设与并网申请，督促县（市）严格对照工程设计标准和要求进行验收，对验收合格的由供电部门及时跟进并网调试，实现项目早运行、农户早受益。六是坚持专业维护，长效管理。坚持质量优先，实行所有产品5年质量保证，25年使用期内光伏电站衰减度不超过15%。建立定人、定点联系制度，公示维修保养联系人和电话。对建站农户进行专家培训，让农户懂得日常使用保养。委托有资质、有信誉的专业化公司从事专业保养、维护工作，日常维修保养费用由县（市）财政承担，解决贫困农户后顾之忧。

部门联动，协作配合。成立市光伏下乡扶贫工程试点领导小组，由市扶贫办牵头，市发改委、经信委、财政局、科技局、供电公司等部门作为领导小组成员，各司其职，各负其责，统筹协调，协同推进。建立协调联系机制，实现项目立项、选址选户、资金筹措、工程招标、技术创新、并网发电、结算到户等具体工作按照序时进度无缝对接，形成协作共推的合力，确保了光伏下乡扶贫工程的顺利推进。

主要成效 合肥市首批100户“光伏下乡”扶贫工程家庭电站自2013年10月份开始建设，到2014年2月底实现全部并网。截至2014年底，累计发电量261832千瓦时，累计上网电量226442千瓦时。光伏下乡扶贫工程取得初步成效。

经济效益稳定。自100户光伏电站建成并网以来，从2014年2月份到年底，为贫困户增加现金收入21万元，户均增收2100元。根据发电量测算，户均等效年收益约3000元，其中每年现金收入约2500元，超过预期收益。

环境效益显著。建设一个3kW的小型户用分布式光伏电站，与相同装机规模火电发电相比，25年时间内可节约标准煤约23.6吨（火电煤耗按335g/kWh计）相应减少燃煤所造成的有害气体排放，其中二氧化硫（S02）2.11吨，氮氧化物（NOx）1.06吨，二氧化碳（C02）42.3吨。

产业效益突出。合肥地区有2.3万个自然村、125.5万农户，其中贫困户约8.5万户，通过示范带动，如果按照50%的农户和70%贫困户，户均建设3KW家庭光伏电站，仅合肥市将需要193.35万KW光伏板、64.45万台逆变器，放眼全国农村，巨大的市场需求将对光伏产业的发展带来极大的推动作用。

社会效益广泛。合肥市开展的“光伏下乡扶贫工程”是针对贫困农户实施的点对点的“精准扶贫”，每年可以解决一部分农户实现脱贫梦想，保障其过上基本的生活。一些贫困户过去不敢用电，安装家庭光伏电站后，为家电使用提供条件，购置了电饭锅、电磁炉、洗衣机、电冰箱等家用电器，明显改善了生活品质和习惯。

合肥市实施的“光伏下乡扶贫工程”，是扶贫工作探索“到户”精准化的实践，其创新作用与示范带动作用突出。

（一）探索“精准扶贫”的新路径。光伏下乡扶贫工程，是针对广大农村无劳力、无财产、无稳定收入来源的“三无”贫困农户开展的点对点的有效扶贫举措，具有“一次投资、多年收益、精准扶贫”的特点，通过试点实践，基本实现“建一个家庭光伏电站，帮一个贫困农户脱贫”的目的。

（二）开辟农民增收新渠道。根据国家和合肥市促进光伏产业发展政策，按照一户家庭建设一个3KW分布式光伏电站、年均发电3300度电、25年使用寿命计算，25年总收益约6.5万元，扣除成本2.7万元，户均增收3.8万元。

（三）拓展光伏应用新途径。合肥市农村地区具有面积广、光照好、农户多、累积屋顶面积大的资源优势，光伏下乡扶贫工程的实施和示范推广，引起了广大农民的强烈关注和热烈欢迎，政府主导、农民自发、企业推动使光伏下乡工程在合肥市广大农村地区迅速普及，农民建设家庭光伏电站、发展光伏大棚、建设光伏美好乡村的意愿迫切，前景看好。

（四）实现农村用能方式新突破。光伏下乡扶贫工程的实施和示范推广，将带动更多农民家庭发展建设家庭式光伏电站，更多地农户将实现“自发自用、余电上网”，对减少煤碳发电发挥重大的影响，对改善空气质量、保护环境起到积极作用，也为发展低碳产业、实现节能减排提供了巨大空间。

（吴延华）

总 述

合肥概况

【市情总貌】 合肥市是安徽省省会，全省政治、经济、文化、信息、交通、金融和商贸中心，全国重要的科研教育基地，长三角城市经济协调会会员城市。合肥地处江淮之间、环抱巢湖，因东淝河与南淝河均发源于此而得名。司马迁《史记》载："合肥受南北潮，皮革、鲍、木输会也。"这是历史典籍中首次出现合肥地名。截至2014年末，全市总面积11445.1平方公里（含巢湖水面770平方公里），其中合肥市区城市建成区面积403平方公里；常住人口769.6万人，其中合肥市区常住人口395万人。全市有43个少数民族，少数民族人口4.8万人，约占全市总人口的0.6%。2014年，合肥市实现地区生产总值5158亿元，比上年增长10%，分别高于全国、全省2.6和0.8个百分点。全年实现财政收入880.7亿元，同比增长14.6%；其中地方财政收入500.3亿元，增长14.1%；全社会固定资产投资完成5385.2亿元，增长18.1%；城镇常住居民人均可支配收入29348元，农村常住居民人均可支配收入14407元，分别增长9.4%和12.2%；省会经济首位度提高到24.7%。

合肥的城市精神是"开明开放，求是创新"。合肥市树为广玉兰，市花为桂花、石榴花。合肥引以自豪的城市名片有：全国文明城市，全国首批园林城市，全国优秀生态旅游城市，国家森林城市，国家级大蜀山森林公园和国家级滨湖湿地森林公园，"绿色中国·2014环保成就奖"，国家创新型试点城市，全国首个也是唯一一个科技创新型试点市，全国首个节约集约用地试点市，世界科技城市联盟（WTA）会员城市，中国服务外包示范城市，国家动漫产业基地，国家级汽车及零部件出口基地城市，全国十大经商成本最低城市，跨国公司眼中最具投资价值的中国城市，基础科研实力中国前三位城市，国家知识产权示范城市，国家级信息化和工业化融合试验区，电子信息国家高技术产业基地，国家新型工业化产业示范基地，国家电子商务示范基地，国家文化和科技整合示范基地，全国"智慧城市"试点示范城市，连续九年获全国社会治安综合治理"长安杯"，中国十佳宜居城市，中国十大美丽城市，中国十大最具幸福感城市，等等。合肥市围绕"新跨越，进十强"的奋斗目标，全力打造"大湖名城，创新高地"，努力建设现代化新兴中心城市和长三角世界级城市群副中心城市，并朝着在全国有较大影响力的区域性特大城市方向迈进，为在全国提前、在全省率先全面建成小康社会而奋斗。

【历史沿革】 合肥历史悠久。早在新石器时代，就有人类在此活动，有文字记载的历史长达4000余年。春秋战国时期，先后属楚、吴、越，后又属楚。秦始设郡县，合肥属九江郡。西汉武帝时改淮南王国为九江郡，辖合肥等县。东汉光武帝建武元年（25年），改合肥县为合肥侯国。汉献帝建安五年（200年），废合肥侯国，复改为合肥县，扬州治合肥。东晋咸和五年（330年）在合肥侨置汝阴郡、县及陈郡。后赵建武十一年（345年），合肥县属扬州淮南郡。东晋永和六年（350年）复属东晋豫州汝阴郡、合肥同治。南朝宋永初三年（422年），合肥县为侨置的汝阴县所取代，直至隋开皇三年（583年）恢复合肥县，属庐州，为州治。此后至清末，合肥一直为庐州、府、路治所，故合肥又别称为"庐州"。清咸丰三年至十一年（1853～1861

年），安徽巡抚治于合肥。民国元年（1912 年），庐州府废，合肥县直属安徽省。民国 34 年（1945 年），抗日战争胜利后，安徽省省会由立煌县（今金寨县）迁至合肥。1949 年 1 月 21 日，合肥解放。2 月 1 日，根据江淮区党委的决定，将合肥县分为合肥市、肥东县和肥西县，合肥市人民政府成立，合肥市为江淮解放区直辖市。4 月，皖北行署驻地设合肥，合肥为皖北行署直辖市。1952 年 8 月 17 日，中央人民政府批准合肥市为省辖市和安徽省省会。

自东汉末年以来，合肥数为州郡治所，一直是江淮地区重要的行政中心和军事重镇，素以"淮右襟喉、江南唇齿""江淮首郡、吴楚要冲"著称，历来是重要商埠和兵家必争之地。西汉时，合肥是全国除长安外十八大商贸市场之一。三国时，合肥成为"恩化大行""官民有畜"的江淮"巨镇"。隋唐时期，合肥社会繁荣，百姓殷富。宋元时期，合肥为江淮之间首屈一指的政治军事重镇。南宋筑斗梁城，城中"百货骈集，千樯鳞次"，金斗河（南淝河流经城区的一段）两岸"悉列货肆，商贾喧阗"。直到鸦片战争前，合肥的经济社会发展水平和全国大部分地区相比，仍毫不逊色。

近现代合肥发生过许多重大而有影响的历史事件。清咸丰八年（1858 年），太平天国将领陈玉成、李秀成率部在三河（春秋战国时期吴楚相争的"鹊岸之战"发生地，今肥西县境内）合围李续宾的湘军悍旅，鏖战 5 天 5 夜，取得了近代史上有名的"三河大捷"。1949 年 4 月，渡江战役总前委进驻瑶岗（今肥东县境内），在这里指挥了"百万雄师过大江"的渡江战役。1978 年，肥西县山南地区在全国率先实行包产到户责任制，由此揭开了中国农村改革的序幕，山南的改革探索得到邓小平充分肯定。勤劳勇敢的合肥人民用智慧和汗水建设着人类的文明。在合肥这块土地上，诞生了世界第一台 VCD、第一台仿生搓洗式全自动洗衣机、第一个超导核聚变人造太阳和中国第一台微型计算机、第一台窗式空调、第一台万亿次高性能计算机、第一台激光大气污染检测雷达、第一台直写式光刻机等，对推动人类科技领域革命产生了重大影响。

【行政区划】 1949 年 2 月 1 日合肥正式建市时，划市区为第一区、第二区、第三区和第一直辖镇、第二直辖镇。同年 4 月，两直辖镇合并成立第四区；9 月，撤销 4 个区，分设大东门、车站、西门、北门、南门 5 个派出所辖区。1951 年 11 月，撤 5 个派出所，成立车站、东市、西市 3 个区。1960 年 3 月，改车站区为东市区，原东市区改为南市区。1963 年 8 月，改南市区为中市区。1951 年 1 月，从肥东县和肥西县划进 8 个乡置郊区，以后几次向四周扩展。1958 年 7 月，肥东县、肥西县、巢县划归合肥市。1961 年 4 月，三县划出。1959 年

2014 年合肥市行政区划一览表

县（市）区	乡镇、街道数	辖乡镇、街道名
肥东县	18	店埠镇 梁园镇 撮镇镇 桥头集镇 古城镇 石塘镇 八斗镇 白龙镇 陈集镇 元疃镇 长临河镇 包公镇 众兴乡 张集乡 马湖乡 响导乡 杨店乡 牌坊乡
肥西县	12	丰乐镇 上派镇 桃花镇 花岗镇 山南镇 官亭镇 三河镇 紫蓬镇 严店乡 铭传乡 柿树岗乡 高店乡
长丰县	14	水湖镇 双墩镇 岗集镇 下塘镇 杨庙镇 吴山镇 朱巷镇 庄墓镇 陶楼乡 杜集乡 造甲乡 左店乡 义井乡 罗塘乡
庐江县	17	庐城镇 冶父山镇 汤池镇 万山镇 金牛镇 石头镇 郭河镇 白山镇 同大镇 盛桥镇 龙桥镇 白湖镇 矾山镇 泥河镇 罗河镇 乐桥镇 柯坦镇
巢湖市	18	烔杆集镇 苏湾镇 庙岗乡 柘皋镇 夏阁镇 中垾镇 烔炀镇 黄麓镇 槐林镇 坝 镇 散兵镇 银屏镇 卧牛山街道 天河街道 凤凰山街道 亚父街道 中庙街道 半汤街道
瑶海区	16	大兴镇 三里街街道 大通路街道 和平路街道 明光路街道 红光街道 长淮街道 城东街道 方庙街道 七里站街道 胜利路街道 铜陵路街道 车站街道 三十头镇 磨店乡 七里塘街道
庐阳区	11	大杨镇 三十岗乡 海棠街道 林店街道 亳州路街道 逍遥津街道 三孝口街道 杏林街道 杏花村街道 双岗街道 四里河街道
蜀山区	12	井岗镇 南岗镇 小庙镇 高刘镇 稻香村街道 三里庵街道 南七街道 五里墩街道 西园街道 琥珀街道 荷叶地街道 笔架山街道
包河区	9	淝河镇 大圩镇 义城街道 烟墩街道 望湖街道 芜湖路街道 包公街道 常青街道 骆岗街道

5月，从巢湖周围4个县沿湖地带划出部分农村，设立巢湖（水上）区。1961年4月，巢湖区撤销。1964年10月，划寿县4个区和定远、肥东、肥西县各1个区，共7个区、55个公社，建置长丰县，属合肥市辖。1983年7月，肥东县、肥西县复归合肥市辖。2002年3月，合肥市区划调整，大致以南淝河、板桥河、老环城路、金寨路为界，将原东市区、中市区、西市区、郊区分别调整更名为瑶海区、庐阳区、蜀山区、包河区。2004年6月，长丰县有2个镇和5个乡划归淮南市管辖。

2011年8月，安徽省行政区划调整，撤销原地级巢湖市，原居巢区改设县级巢湖市，由安徽省直辖、合肥市代管，庐江县划入合肥市。合肥市现辖四县（肥东、肥西、长丰、庐江）、一市（县级巢湖市）、四区（瑶海、庐阳、蜀山、包河），并拥有四大开发区（合肥高新技术产业开发区、合肥经济技术开发区、合肥新站综合开发试验区、合肥巢湖经济开发区）。截至2014年末，全市共有84个乡镇、43个街道、5个街道层级的社区管理委员会，457个城市社区、333个农村社区（另有3个居委会）、994个村委会。

【区位交通】 合肥市域介于北纬 30° 56′ ～ 32° 33′、东经 116° 40′ ～ 117° 58′ 之间，分别与淮南、滁州、马鞍山、芜湖、安庆、六安等六市接壤。合肥区位优势明显，居中靠东、承东启西、连南接北，隶属中国最具活力的“长三角”经济圈，是沿海的腹地、内地的前沿。

合肥对外交通便捷，境内铁路、公路、航空、水运交通发达，形成一个纵横交错、四通八达的立体化交通网络，是国家规划建设中的全国性综合交通枢纽。东有合宁线连接南京、上海，西有合武线通往武汉、成都，北有合蚌高铁直通北京，南有京福高铁连通江西、福建。实现1小时到南京，2小时到武汉、上海，3小时到宁波，4小时到北京、长沙、福州。合肥连通长三角主要城市的高速路网全面提速。合肥港申报二类水运开放口岸正式获批，综合码头二期工程全面开工建设，年吞吐能力将达到50万标准箱。总投资43亿元、设计年旅客吞吐量为1100万人次的4E级合肥新桥国际机场已开通国内航线51条，国际及地区航线13条。合肥正由一个“通过式的交通节点”向“放射式的交通枢纽”转变。

合肥对内交通设施完善。经过多年的建设发展，城区道路骨架实现了由“十”字型向“井”字型格局的转变，形成“三环多放射”的城市动脉交通网，正日益成为一个“动起来”的城市。尤其是2006年开展基础设施大建设以来，累计完成2500多项工程，总投资近4000亿元，一举拉开了城市发展框架。金寨路高架、长江西路高架、裕溪路高架、南北高架一号线、合作化南路高架、包河大道高架、阜阳北路高架、铜陵北路高架、蒙城北路、徽州大道等外向骨干道路建成通车；中环全部打通，一环畅通全面完成，郎溪路立交、龙川路、黄山路东延等竣工通车，“畅通二环”工程加快推进；轨道交通1、2号线建设加快推进，3、4、5号线获国务院批准，3号线开工建设。7条出城口道路改造全面完成，主城区通向四个组团和滨湖新区的“一刻钟快速交通网”基本形成。

【自然环境和资源】 合肥地处江淮之间，环抱全国五大淡水湖之一巢湖，通过南淝河、巢湖和裕溪河，可以通江达海。境内有丘陵岗地、低山残丘、低洼平原三种地貌，以丘陵岗地为主，江淮分水岭自西向东横贯全境。全市海拔多在15～80米之间，平均海拔20～40米。主城区地势由西北向东南倾斜，岗冲起伏；西南部属大别山余脉，层峦叠嶂；海拔最高为境西的牛王寨595米。合肥地处中纬度地带，属亚热带季风性湿润气候，季风明显，四季分明，气候温和，雨量适中。年均气温15.7℃，年均降水量约1000毫米，年日照时间约2000小时，年均无霜期228天，平均相对湿度为77%。

合肥自然环境优美，名胜古迹众多，具有鲜明的园林生态环境，四度获得“中国人居环境范例奖”，城中有园，园中有城，是国家首批命名的3个全国园林城市之一，也是全国优秀生态旅游城市、国家森林城市。至2014年末有城市公园51个，占地面积2361公顷，人均公园绿地面积13平方米。建成区新增绿地面积2136公顷，绿地率40.3%。建成区绿化覆盖面积18170公顷，绿化覆盖率45.2%。饮用水源地水质达标率100%。生活污水集中处理率89.4%，生活垃圾无害化处理率100%。巢湖流域11个国考断面中有7个断面达到考核要求，比上年增加1个。巢湖西半湖湖心断面整体水质保持平稳，东半湖湖心断面达标率为75%，水质明显好转。区域噪声等级保持稳定，PM10、PM2.5年均浓度均超过空气环境质量日均值二级标准要求，二氧化硫、二氧化氮、一氧化碳、臭氧年均浓度均达到空气环境质量日均值一级标准要求。辐射环境质量良好。

合肥自然条件优越，水资源、土地资源、矿产资源、农产品资源和旅游资源丰富。合肥地处亚热带季风气候区，降雨丰沛，可利用水资源充裕，且成本较低，天然水资源总量为38.63亿立方米。地表水系较为发达，以江淮分水岭为界，岭北为淮河水系，岭南为长江水系，淮河水系主要有东淝河、沛河、池河等，长江水系主要有南淝河、派河、丰乐河、杭埠河、滁河、裕溪河、兆河、柘皋河、白石天河、西河等。境内巢湖是全国五大淡水湖之一，东西长54.5公里，南北宽21公里，水域面积770平方公里，号称“八百里巢湖”，湖底海拔5米，湖水容量随水位高程的不同而不同，当水位高程达14米时，湖水容量为63.7亿立方米。

全市国土面积11445.1平方公里，其中耕地面积5618.8平方公里。合肥市区面积1312.5平方公里。合肥的矿产资源丰富，有白云石、花岗石、磷、铁、铅、锌、银、明矾石、石膏、灰岩、矿泉水等。其中，肥东县磷矿储量居全省第二位；庐江县素有“地下聚宝盆”之称，铅、锌、硫铁矿、明矾石储量居全省首位，铜矿居第二位，其硫铁矿储量占全省二分之一，铁矿储量占全省三分之一。

合肥是全国重要的农副产品生产区，粮食作物以水稻、小麦为主，经济作物主要有油菜、棉花、瓜果、蔬菜等，畜禽养殖业发达，特色农产品丰富，被授予“中国淡水龙虾之都”“中国坚果炒货之都”称号。三岗苗木花卉、长丰草莓、高刘白鹅、朱巷仔猪、巢湖银鱼、槐祥大米、大平油脂、柯坦有机茶叶等名牌农产品享誉大江南北。

【名胜古迹】 悠久的历史为合肥留下了众多名胜古迹。古有“蜀山雪霁”“淮浦春融”“巢湖夜月”“四顶朝霞”“藏舟草色”“教弩松阴”“镇淮角韵”“梵刹钟声”八处著名景观，统称“庐阳八景”。1995年，“包河秀色”“教弩梵钟”“逍遥古津”“琥珀流光”“花园艺苑”“环城翡翠”“庐州灯火”“蜀山春晓”“吴王遗踪”和“五里飞虹”当选为“合肥十景”。2006年，“包园清风”“三河古镇”“李府春秋”“翡翠环城”“天鹅湖畔”“逍遥古津”“墨荷琼林”“蜀山览胜”“科学绿岛”“瑶岗风云”当选“合肥新十景”。

合肥素以“三国故地，包拯家乡”著称于世，有国家AAAA级景区18个，有全国重点文物保护单位6处，省级重点文物保护单位36处，市级重点文物保护单位46处。著名的人文景观有：包公园，徽园，三国古战场逍遥津、教弩台和建立在“三国合肥新城”遗址上的合肥三国新城遗址公园，晚清军政重臣李鸿章故居和享堂，台湾首任巡抚刘铭传故居，千年水乡三河古镇，荟萃安徽历代杰出人物的安徽名人馆和全国重点文物保护单位渡江战役总前委旧址瑶岗等。著名古迹还有五代十国时期吴王杨行密墓，南宋词人姜夔流寓处赤阑桥，明朝庐州知府徐钰所建思惠楼，清初重臣龚鼎孳故宅龚万巷以及其弟龚鼎孚所建稻香楼等。环城公园长8.7公里，将逍遥津公园、杏花公园、琥珀潭景区、西山景区、银河景区、包公园以及若干带状景区连缀成一体，被誉为合肥的“翡翠项链”，营造了“城在园中，园在城中，城园交融”的独特美景。

境内环巢湖区域自然景观绮丽，人文景观丰富，是著名的风景旅游疗养区，河、湖、山、泉、洞并存，湖光山色交相辉映，正全力打造国家级巢湖生态文明先行示范区。巢湖湖面烟波浩淼，帆樯如画；姑山、姥山矗立于湖心，被誉为“两颗宝石”；中庙傍湖凌空而建，与姥山岛隔水相望，称“湖天第一胜景”。巢湖四周有半汤、汤池、香泉三大温泉，终年喷涌，富含多种对人体有益的化学元素，可谓华东一绝；太湖山、鸡笼山、冶父山、天井山4个国家森林公园，并称“四块翡翠”；仙人洞、紫薇洞、王乔洞等溶洞点缀巢湖沿岸，犹如“众星捧月”，组成了一幅绝妙的立体山水画。环巢湖综合治理、综合开发加快推进，合肥正全力打造“休闲之都”“度假胜地”。此外，合肥居皖之中，与黄山、九华山、太平湖以及天柱山、琅琊山等著名旅游景点连为一体，使合肥成为名副其实的皖中旅游中心，并日益成为全省旅游中心城市和面向长三角地区、面向全国、面向全球的旅游度假休闲养生目的地。

【历代名人】 合肥人杰地灵，从古到今孕育了无数杰出人物，在历史上产生了重要影响。

政治、军事方面主要有：楚汉相争时著名谋士“亚父”范增，三国名将周瑜，“五代十国”时期吴国缔造者杨行密，北宋著名清官包拯，清初历任刑、兵、礼部尚书的龚鼎孳，历任工、刑、兵、吏部尚书和武英殿大学士的李天馥，晚清重臣、淮军统帅、洋务派首领李鸿章，一大批著名的淮军将领，如：两广总督张树声、台湾首任巡抚刘铭传、四川总督刘秉璋、广西巡抚潘鼎新、福建巡抚吴赞诚、直隶提督聂士成、湖南提督周盛传周盛波兄弟、福建陆路提督唐定奎、浙江提督吴长庆、北洋水师提督丁汝昌等等，北洋军阀皖系首领段祺瑞，民国初期总理李经羲、龚心湛、贾德耀，辛亥革命时期上将倪映典、吴旸谷、范鸿仙，爱国将领冯玉祥，抗日名将卫立煌、孙立人、郭寄峤，

"和平将军"张治中，共产党隐蔽战线卓越领导人李克农，国民党高级官员吴忠信，革命英烈柯武东、刘敏、徐百川、童宜仙、陈原道等。

科技方面主要有：三国时期天文学家王蕃，著名数学家郑大章、杨武之，诺贝尔物理学奖获得者杨振宁，中科院院士刘盛纲、彭一纲、周本谦、李家洋、吴新智等，中国工程院院士王正国、李道增、徐克勤等，纽约科学院院士黄德双等。

文化方面主要有：西汉教育家文翁，"五代十国"时期诗人伍乔，晚清诗人"三龙"龚心铭、周龙光、江云龙，民国初期著名学者、一代国学大师刘文典，著名历史学家唐德刚，旅美女词人阙家萁，新金陵画派后期代表人物亚明，著名书法家葛介屏，以诗词曲画见长的张氏四姐妹张元和、张允和、张兆和、张充和，朦胧诗代表人物之一梁小斌，京剧大师杨宝森，金石画家童雪鸿，著名作家鲁彦周等。

（储茂仁）

国民经济和社会发展

【概况】 2014年，合肥市实现地区生产总值（GDP）5158亿元、同比增长10%，总量占全省GDP比重的24.7%。完成规模以上工业总产值8447.8亿元，增加值2156.6亿元、同比增长12.3%。完成财政总收入880.7亿元，同比增长14.6%，其中地方财政收入500.3亿元，同比增长14.1%。实现社会消费品零售总额1666.8亿元、同比增长12.9%。

【产业发展】 合肥市一、二、三产业增加值分别为257.6亿元、2872亿元和2028.3亿元，同比分别增长4.8%、11.4%、8.5%。三次产业结构调整为5:55.7:39.3。

在农业发展方面，农业生产"十一连丰"，粮食总产量稳定在300万吨以上，肉蛋奶水产品总产量达102.8万吨，养殖业产值达209亿元。农业结构调整深入推进，特色高效农业达345万亩，新增高标准农田20万亩、设施农业5万亩，创建省级现代农业示范区7个，在全省率先实现县域全覆盖。市级以上龙头企业突破700家，年收入超亿元企业320家。家庭农场、合作社等新型农业经营主体总量突破4200家。肥西三岗荣获全国"一村一品"示范村称号，庐江县国家级现代农业示范区农业改革与建设试点跻身全国先进行列。农业基础设施建设进一步加快，农田水利基本建设完成投资15.6亿元，水库除险加固62座，农村饮水安全工程惠及人口新增25.1万人。

在工业发展方面，完成规模以上工业总产值8447.8亿元，增加值2156.6亿元、同比增长12.3%。六大主导产业实现产值5292.4亿元，增加值占全市规模以上工业比重63.4%、同比提高1.6个百分点，工业产销率达到96.7%。战略性新兴产业实现产值2553.9亿元、占全市工业30.2%，实现增加值681亿元、增长29.7%，高于规模以上工业17.4个百分点，对工业增长贡献率达到66.3%，其中电子信息、新能源产业呈现爆发式增长，增幅分别达到49.7%、69.2%。全年工业技改投入1172.9亿元、占工业投资的61.4%。纯电动汽车推广总量居全国第1位，新认定国家级高新技术企业373家，总数达828家，居全国省会城市第8位，实现增加值1100亿元以上、增长16.3%。

在服务业发展方面，服务业增加值达到2028.3亿元、增长8.5%。现代服务业完成投资1448.2亿元、增长20.4%。获批创建国家电子商务示范城市、信息惠民试点城市、信息消费试点市、移动电子商务金融科技服务创新试点市、住宅产业化综合试点城市以及省智慧旅游试点市，瑶海区正式纳入全国老工业基地搬迁改造试点。广发银行、渤海银行等陆续落户，蜀山电商园、安徽青年电商园、瑶海物联网产业园建设稳步推进，万达文化旅游城、宝湾物流等重大项目加快建设，华南城一期等建成开业，国家数字出版基地入驻企业近300家，滨湖国际金融后台服务基地入驻机构增至15家。举办家博会、文博会、苗交会等展会活动176场，成功申办2015RoboCup机器人世界杯赛。旅游业蓬勃发展，全年入境旅游人数40.1万人次、增长3%；旅游外汇收入2.82亿美元、增长12.8%；国内游客6534.8万人次、增长9.8%，国内旅游收入774.3亿元、增长52.1%。

【三大需求】 合肥市投资拉动有力，市场需求稳中趋旺，对外贸易持续增长。

固定资产投资突破5000亿元大关，达到5385.2亿元、居全国省会城市第8位，增长18.1%、居全国省会城市第10位，比上年前移8位，其中民间投资3343.94亿元，占全市投资比重达62.1%、增长24.3%，对全社会投资增长贡献率达79.1%，同比提高12.7个百分点。三次产业分别完成投资96.4亿元、1953.3亿元和3335.5亿元，同比分别增长38.9%、12.9%和20.9%。其中工业投资1910.1亿元、增长12.6%，占全社会固定资产投资比重的35.5%；现代服务业投资1448.2亿元、增长20.4%。

实现社会消费品零售总额1666.8亿元，同比增长12.9%，其中家用电器及音像器材类、建筑及装潢材料类、汽车类、化妆品类、服装类、中西药品类同比分别增长26.8%、26.7%、16.8%、15.9%、15.1%、13.4%。城镇消费品零售额1461.1亿元、增长13.2%；乡村消费品零售额205.6亿元、增长11.1%。全市纳入统计的开展网络零售业务的限额以上企业20家，网上零售额增长44.2%。

对外贸易完成进出口总额200.87亿美元、增长10.5%，其中，出口127.14亿美元、增长5.2%，进口75.73亿美元、增长20.4%，分别占全省相应比重的40.8%、40.4%和44.1%。实现加工贸易出口58.57亿美元、增长91.9%；高新技术产品出口30.59亿美元、增长10.6%；对外经济合作新签合同额20亿美元、增长67%。

【重点项目】 省“861”、市“1346”项目分别完成投资1392亿元、1971.5亿元，占年度计划投资的116.1%和104.5%。重大产业项目加快推进，鑫晟8.5代线等项目顺利达产，OGS触摸屏、TCL家电（合肥）产业园、欣奕华智能机器人、长安轿车基地等项目建成投产；联想（合肥）产业基地、晶弘电器二期等项目加快推进；中国（合肥）智能语音产业园、南车基地、江汽轻卡、联合智能装备数控产业园、合肥金融港等项目开工建设。综合交通枢纽加快建设，高铁南站及铁路枢纽南环线建成运行，合福高铁、宁西复线加快建设，火车西站改造、庐铜铁路开工建设，商合杭、合安九等项目前期工作加快推进。合肥港综合码头二期工程主体完工，合裕线航道、店埠河航道升级改造加快推进。环巢湖旅游道路全线贯通，合六路、合马路等建成通车，G206上派至舒城段、G206吴山至淮南段、G330上派至庐城段、巢庐路、军二路等加快建设，“一环八线”国省干线公路网基本形成、一级公路总里程增至420公里，国省干线公路建设成为全国样板。城市轨道交通第二轮建设规划获批，1、2号线建设加快推进，3号线启动建设。郎溪路立交、龙川路、黄山路东延等建成通车，包河大道二标主线等骨干路网贯通，“畅通二环”、望江路改造等全面开工建设；合肥汽车客运枢纽站启动建设。新增、更新公交车辆1000台，入选国家公共交通智能化应用示范城市；水电气热等公用设施进一步完善。四个城区加快老城区改造提升和都市产业园转型发展，打造全省“首善之区”和辐射源取得新成效。与国开行合作的环巢湖地区生态保护修复工程累计完成投资105.3亿元，一期基本竣工，二期全面推进，三期获批开贷。严格落实“河长制”，强力推进南淝河、十五里河、派河综合治理，望塘污水处理厂PPP试点有序推进，王小郢污水处理厂、巢湖污水处理厂提标改造如期完成，十五里河污水处理厂二期调试运行，环湖32座乡镇污水处理厂建成调试。推进“河长制”向支次沟渠延伸。巢湖总体水质保持IV类，流域11个国考断面7个达标、创历史最好水平。节能减排达到省控目标，荣获全省节能综合性示范市。实施大气污染防治“九大行动”，加大扬尘治理力度，首次全市域午秋两季秸秆禁烧成效显著，完成淘汰黄标公交车和市级机关事业单位黄标公务车任务；“气化合肥”深入推进，新增LNG汽车600辆、CNG汽车7000辆；全年PM10浓度下降1.7%，空气质量优良天数190天。完成植树造林25.6万亩、城区绿化1410万平方米，全市森林覆盖率达28.6%，荣膺“国家森林城市”和“全国首批创建生态文明典范城市”。“三线三边”治理有序推进，庐江柯坦、肥西山南成功创建国家级生态乡镇，新增5个省级生态乡镇和4个省级生态村。

【企业融资】 应流机电、国祯环保、合锻机床3家企业首发成功上市，2家企业过会待发，8家企业在会待审，8家企业在安徽证监局辅导备案，17家公司在新三板挂牌，124家企业在省股权托管交易中心成功挂牌。创新重大项目和中小微企业融资模式，新增本外币各项贷款1246.6亿元，直接融资683.7亿元、增长61.2%，占全省39.3%，其中债券融资642.4亿元、增长109.9%。成功发行合肥建投等5支企业债券，募集资金93亿元；合肥工投小微企业增信集合债券发放完毕，惠及116家小微企业。合肥三洋与惠而浦公司完成重组，合肥企业参与资本市场并购重组方兴未艾。推进科技与金融深度融合，设立天使投资基金，开发科技创新贷、科技保险等金融产品。徽商银行金融租赁公司已获批筹建，民营银行、消费金融公司设立工作有序推进。

【自主创新】 合肥市大力实施创新驱动战略，加快合芜蚌自主创新综合试验区和国家创新型试点城市建设。全社会研发投入占生产总值比重达3.1%、居全国省会城市第5位，发明专利申请量达12929件、居全国省会城市第6位。科研能力大幅提升，获得年度国家科学技术奖9项，中科院合肥大科学研究中心获批筹建，量子通信“京沪干线”建设深入推进，“未来网”

合肥先导试验网开通运行。协同创新平台加快建设，中科大先进技术研究院建成研发平台33个，孵化创新企业74家，清华大学合肥公共安全研究院、合工大智能制造技术研究院、中科院合肥技术创新工程院、北大未名生物经济研究院启动建设，现代显示等十大战略性新兴产业研究院转化科技成果114项。创新主体实力增强，新建企业工程（技术）研究中心等研发机构139家，其中国家级企业技术中心23家、居全国省会城市第2位，新建院士工作站5家、在肥工作院士达到72人；新认定国家级高新技术企业373户，总数增至828户、居全国省会城市第8位，实现增加值1100亿元以上、增长16.3%。进入国家首批科技成果使用、处置和收益管理改革试点，开展股权和分红激励试点企业增至147家。

【深化改革】 加强顶层设计，有序实施各项重点改革，确定188项改革任务，其中49项已经完成或基本完成。出台深化国资国企改革的若干意见，推进国有企业从辅业和不具备竞争性行业中退出，盘活国有资本14.4亿元。注册资本、经营场所、“先照后证”等商事登记制度改革试点稳步开展，新登记各类市场主体8.3万户、增长23.8%。创新产业扶持方式，在全国率先出台“1+3+5+N”产业扶持政策体系，实现市级政府投资引导基金、产业引导基金及创业投资基金实质运转。深入推进政府向社会力量购买服务，累计实施159个项目，投入资金6.5亿元。扩大“营改增”试点范围，企业股权和分红激励试点企业达到147家。编制完成《合肥市申报国家PPP试点城市总体实施方案》，在全国率先实施3个PPP试点项目。进一步简政放权，市本级审批项目由303项精简为134项，精简率达55.8%。全面完成工商质监食药监体制改革。启动建立政府权力清单、责任清单制度。启动“四规合一”工作，探索“多规融合”。深化城乡社区网格化管理，开展“大社区”、“两委两站”管理体制改革。率先在全省将政府购买居家养老服务、五保老人医疗护理保障纳入政府购买服务试点工作。建立市县乡三级联动农村产权交易市场体系，在全国首创农村产权交易新模式。农村土地承包经营权确权登记颁证试点有序推进。

【合作开放】 全年完成招商引资2950亿元、增长16%，其中外商直接投资21.8亿美元、增长15%。与央企新签约合作项目46个，总投资1231.7亿元，占目标任务的171.1%。中铁物总部基地、中航特种车等一批央企项目顺利落户。新引进2家世界500强企业，在肥境外世界500强企业达到37家。加快构建“四港三区一中心”等开放平台，合肥综合保税区成功获批并启动建设，合肥出口加工区成功跃居全国51个出口加工区第7位，合新欧国际货运班列实现常态化运行，合肥港二类水运开放口岸集装箱吞吐量达15万标箱，合肥航空港进境水果指定口岸和B型保税物流中心成功获批，首条全货机航线实现通航，跨境电子商务产业园通关运行，空港经济示范区、安徽（蜀山）跨境电子商务产业园获批建设。深化与国际金融机构合作，申报利用国际金融组织和外国政府贷款达3.5亿美元。深入推进中美绿色合作伙伴计划，与俄罗斯伏尔加河沿岸联邦区建立市级联席会议机制，与美国哥伦布、日本久留米、韩国原州等友城拓展合作领域。推动企业“走出去”，组织重点家电企业参展俄罗斯家用电器展。与长三角、珠三角、长江中游等城市群合作不断拓展，成功举办长江沿岸中心城市经济协调会第十六届市长联席会议，签署《长江流域环境联防联治合作协议》。合肥经济圈一体化加快推进，成功召开第五次会商会议并签署5个合作框架协议。与皖北结对合作扎实开展，阜阳合肥现代产业园、寿县蜀山现代产业园建设加快，临泉庐阳现代产业园正式获批。援疆援藏工作取得新成效。

【居民收入】 群众生活日益殷实，全年居民人均可支配收入24272元，城镇居民人均可支配收入29348元，农村居民人均可支配收入14407元，同比分别增长10.5%、9.4%、12.2%。全市居民消费价格同比增长2%，其中，食品、衣着、家庭设备用品及维修服务、医疗保健和个人用品、娱乐教育文化用品及服务、居住价格分别上涨2.2%、1.5%、0.8%、1.6%、4.5%、3.4%，研究及用品、交通和通信价格分别下降1.9%、1.8%。

【社会事业】 以编制规划和加大投入为重点，不断提升基本公共服务水平。各级财政民生投入71.8亿元，深入实施“32+14”项民生工程，累计民生投入资金552.2亿元、占财政总支出的79%。深入实施就业促进工程，新增城镇就业18.9万人，转移农村劳动力12.5万人。社会保障提标扩面，城市低保标准由410元/月提高到460元/月，农村低保提标到年人均1850元以上，散居农村五保对象供养标准提高到2420元/月。被征地农民保障标准由260元/月提高到460元/月。医疗保险不断提高，新农合筹资标准增加到年人均390元，大病保险实现全覆盖，实际参合达 410.75 万人，参合率 103.51%。实施金保工程二期，获批国家首批电子社保示范城市。建立精准扶贫机制，“光伏扶贫”模式在全国推广；7 个“老字号”群体生活补助实现全覆盖；“渔民上岸”安居工程提前完成。完善临时价格补贴联动机制，肉类蔬菜流通追溯体系试点建设领先全国。开工建设各类保障性住房和棚户区改造安置房 4.8 万套（户），实施 118 个老旧小区环境综合整治，惠及居民 14.9 万人。稳步降低保障性住房申报标准，申报对象年人均收入由 8840 元提高到 16850 元。社会事业不断进步，编制完成全国首个社会公共服务设施专项规划，实现公共服务设施科学均衡配置。强力推进义务教育标准化、均衡化，全市标准化完成率达到 92%，进城务工人员随迁子女定点学校增加到 206 所。市儿童医院、市三院急诊医技综合楼等项目开工建设，基层医疗机构达标化建设达 100%。合肥七中新校区投入使用，中加国际学校建成招生，合肥十中新校区开工建设。新建、改扩建公办幼儿园 29 所，新增普惠性民办幼儿园 35 所。重大文化项目有序推进，建成 7 个省级和 50 个市级农民文化乐园，安徽名人馆试运行，安徽省美术馆、科技馆、百戏城加快建设。精心组织文化惠民工程，“全民文化活动周”组织活动 700 余场次，“庐州放歌”文艺巡演演出 100 余场次。成功举办 2014 合肥国际马拉松赛、中日韩三国围棋名人混双赛、第 29 届全国速滑锦标赛等重大赛事，在省第十三届运动会上夺得六项第一。常态长效推进文明创建工作，不断优化群众生活环境、公共环境、社会环境。深入推进信用合肥建设，建立诚信“红黑名单”制度，出台社会信用体系建设规划。

【合肥被国家定位为长三角世界级城市群副中心】 2014 年 9 月，国务院出台了《关于依托黄金水道推动长江经济带发展的指导意见》，首次把合肥与杭州、南京并列，明确将合肥定位为长三角世界级城市群副中心和全国性综合交通枢纽，要求合肥提升都市区国际化水平、建设全国内陆经济开放高地，打造若干全国性乃至世界级的产业集群，合肥在全国区域发展新棋局中的战略地位更加凸显。

（李浩淼）

全力打造国家级巢湖生态文明先行示范区

合肥，这座正在崛起的长三角城市群副中心，是全国唯一一座怀抱五大淡水湖之一的省会城市。筑梦“大湖名城”，必要水清天蓝。2011 年行政区划调整后，合肥努力探索全国大湖治理开发新路，以坚定的决心和非凡的魄力，启动了环巢湖生态示范区建设工程。

【建设环巢湖生态文明示范区】 巢湖岸边，湖光山色美不胜收。巢湖的醉人美景，正是环巢湖生态文明示范区建设交出的靓丽答卷。

大型湖泊治理是一场比耐力、比毅力、比智慧的持久战。由于每个湖泊污染历史成因不同，世界上并没有成功之路可复制，无法一蹴而就，更不可能立竿见影。史无前例大规模的综合治水壮举，需要时间，更需要资金支撑。合肥的选择是“牵手”国开行，实施环巢湖地区生态保护修复工程。

这是一项系统工程，根据双方商定，工程分三期实施，项目按照“实施一批、谋划一批、储备一批”的要求，交叉进行，统筹推进。一、二期工程实施后，可实现流域境内有防洪任务河流和受污染河道治理的全覆盖，实现流域内城区、园区及乡镇污水集中处理的全覆盖。三期工程实施后，可实现综合治理措施的全覆盖，巢湖水质改善将取得显著效果。

一期工程累计完成投资 76.30 亿元，占实际需要投资的 90.9%，2014 年底将全面完成投资任务；二期工程初步设计批复项目 95 个，其中 87 个项目开工建设，开工率达到 89%，累计完成投资 22.85 亿元，占实际需要投资的 22.9%；三期工程已梳理形成 4 大类 19 个项目（44 个子项目），总投资 129.4 亿元，与一、二期项目共同组成较为完善的巢湖水污染防治综合体系，已完成可研方案的编制工作。

【河清水净治理河流】 治湖先治河，河治湖水清。自环巢湖生态示范区建设项目开工以来，共治理河流 46 条，计 750 公里。

治河截污，既要清除旧债，又要避免新的污染。示范区规划建设 42 个环巢湖乡镇污水处理厂项目，其中污水处理厂、湿地及管网项目 35 个，独立污水管网项目 7 个，管网长度达到 300 公里，建成后日新增污水处理能力 70400 吨，新改扩建污水处理厂出水标准均优于一级 A 标准。届时，入河入湖的污染负荷将大大减轻。

湿地，素有“地球之肾”的美誉，是截流和过滤污水的重要一环。为实现对污水生态过滤，避免面源污染直入巢湖，合肥市新建了三汊河生态湿地、炯炀河湿地等 56 块共计 5919 亩，改造滨湖国家森林公园等处湿地 15000 多亩……为环巢湖建立了一道天然绿色的生态屏障。

【生态补水引得源头活水来】 治污先治源。河道生态补水是巢湖治理与保护体系中不可或缺的内容，对改善湖泊水质、抑制蓝藻暴发、修复湖泊生态具有独特的作用。合肥市正在实施和研究的有西河上端疏浚工程等9个补水补源工程项目。

经过不懈努力，环巢湖生态示范区建设取得重要的阶段性成果，巢湖水质一年年好转。

合肥荣获“国家森林城市”称号

2014年9月25日，在山东淄博召开的2014中国城市森林建设座谈会上，合肥正式被全国绿化委员会、国家林业局授予“国家森林城市”称号。合肥是一座充满活力的绿色城市，多年来，合肥始终满怀着植树造林的绿色梦想，打造国家级森林城市。在城区，大蜀山国家森林公园、滨湖国家森林公园等六片面积约10万平方米的公园嵌入城中。在农村，江淮分水岭绿色长城、环巢湖沿岸防护林、外环高压走廊等成片绿带覆盖。蜀山之巅，绿意盎然；巢湖之畔，层峦叠翠……

【生态优先】 合肥在城市建设中，一个不变的原则便是“生态优先”。合肥紧紧围绕森林城市建设目标，以实施全省千万亩森林增长工程为抓手，大力实施森林进城围城、森林沿河沿路、森林环湖、森林覆岭、森林入村“五森工程”，四年累计投入近100亿元，完成造林100万亩，绿化规模之大、投入之高、成效之好、影响之深远，在全市造林绿化史上前所未有。合肥全市森林覆盖率已达28.58%（剔除水面为35.21%），比本世纪初提高17.8个百分点，形成了“林城相融、林水相依、林路相连、山水相映”的绿化特色风貌。其中肥西县荣获首批“安徽省森林城市”称号，包河区大圩、肥西县桃花、长丰县双墩、庐江县汤池等9个乡镇获得“安徽省森林城镇”称号，肥西山南镇小井庄村，长丰县造甲乡宋岗村、庐阳区三十岗乡东瞿村等96个村庄获得“安徽省森林 村庄”称号。

【拥抱森林】 在森林合肥建设中，合肥始终注重科学发展、统筹发展、以人为本，在中心城区全面推进绿化大会战。据统计，四年间，合肥累计完成城区绿化5100万平方米，城区绿地率已达40.3%，绿化覆盖率达45.2%，人均公园绿地面积12.9平方米。城市绿地的建设，让市民的休闲生态环境明显改善。合肥累计新增公园绿地面积1200多万平方米，提升公园绿地面积600多万平方米。大蜀山森林公园、滨湖湿地森林公园分别于2013年和2014年荣获国家级森林公园称号，合肥成为在建城区拥有两座国家森林公园的省会城市。此外，在出行上，市民也可以随处见绿。合肥在道路增绿添彩上下工夫，道路景观风貌有力提升，完成机场高速、新蚌埠路、淮海大道、环巢湖大道等绿化，绿化面积1600余万平方米。广泛推进社居绿化美化，完成近130个老旧小区绿化改造，实施零星空地绿化45.6万平方米，群众幸福指数不断增强。

【生态共建】 绿色不仅给城市添彩，给市民增加生活的美意，还能改善民生，创造巨大的经济价值。合肥苗木花卉产业的蓬勃发展就是最好的证明。合肥全市苗木花卉种植总面积已达65万亩，较10年前增长约9倍。苗木花卉年销售额突破35亿元，形成了观赏苗、经果苗等六大系列，品种达1000多个，三岗苗木、裕丰花市、中国合肥苗交会等品牌影响力逐步扩大。刚刚落幕的第十二届中国合肥苗木交易大会布展面积8万平方米、参展企业1520多家、苗木交易额22.45亿元，创历届之最。目前全市经济果木林种植面积达20万亩以上，结果面积超过10万亩，经济果木林产业得到发展与壮大。

森林旅游业日新月异，大力开展以休闲、观光、健身、度假为主题的森林生态旅游，全市现有国家级森林公园3个、省级森林公园5个、“森林旅游人家”20余家。2014年，合肥市成功举办首届森林生态旅游节，森林旅游人数达800万人次。

随着森林合肥建设的不断深入，爱绿、护绿、植绿、兴绿，已成为合肥市民的城市情怀和自觉行动。义务植树、认建认养、志愿护绿等活动，吸引越来越多的群众参加，建设生态文明，创建绿色家园，已成为广大市民的共识。近年来共组织300多场植树活动，有1029.6万人次参加各种形式的义务植树劳动，全民义务植树尽责率达92.3%。合肥市大蜀山森林公园(西扩)工程建设，成为合肥人认建认养活动的一个缩影。全市共有社会单位400余家、10万余人，市民4万多人参加了该公园绿地认建认养活动，认建认养资金达900余万元。

合肥组织机构领导人名录（2014年12月31日）

一、省、市级领导（64人）

吴存荣　省委常委、合肥市委书记
张庆军　市委副书记，市政府市长、党组书记
凌　云　市委副书记、市委党校校长
黄文涛　市委常委，市政府副市长、党组成员（挂职）
杨思松　市委常委、市委秘书长
汪卫东　市委常委、市委组织部部长
张　进　市委常委、市委政法委书记
张海林　市委常委、市纪委书记
韩　冰　市委常委，市政府常务副市长、党组副书记
江　洪　市委常委，市政府副市长、党组成员
钟俊杰　市委常委、市委宣传部部长
韦　弋　市委常委，市委统战部部长、市政协党组成员
周善武　市委常委，市政府副市长、党组成员
姜宗健　市委常委，合肥警备区政治委员、党委书记
李武好　市委常委、巢湖市委书记
熊建辉　市人大主任、党组书记
宋家伟　市人大副主任、党组副书记
林存安　市人大副主任、党组副书记
杜昌寿　市人大副主任、党组副书记
陈　栋　市人大副主任，九三学社市委主委，省政协常委，合肥一中校长
陈葆华　市人大副主任、民进市委副主委
阚建华　市人大副主任、党组成员
张长淮　市人大副主任、党组成员
孔向阳　市人大副主任、党组成员
姜　明　市政府副市长、党组成员，市公安局局长、党委书记
吴春梅　市政府副市长、致公党省委副主委
王　翔　市政府副市长、党组成员
陈晓波　市政府副市长、党组成员
刘晓平　市政府副市长、党组成员（挂职）
董昭礼　市政协主席、党组书记
满铭安　市政协副主席、党组副书记
华　艾　市政协副主席、党组副书记
储昭平　市政协副主席，农工党省委副主委、市委主委，省政协常委
李晓梅　市政协副主席，民革省委副主委、市委主委，省人大常委
程晓舫　市政协副主席，致公党市委主委，中国科学技术大学教授、博士生导师
倪建华　市政协副主席、党组成员
许天锡　市政协副主席
奚芝英　市政协副主席、民盟市委副主委、省政协常委
金其武　市政协副主席、党组成员
王贤泰　市政协副主席、党组成员
朱　毅　合肥警备区司令员、党委副书记

许 建 市中级人民法院院长、党组书记
张 棉 市人民检察院检察长、党组书记
李 兵 合肥高新技术产业开发区管委会主任、党工委书记
姚卫东 合肥经济技术开发区管委会主任、党工委书记
王文松 合肥新站综合开发试验区管委会主任、党工委书记
王爱华 合肥巢湖经济开发区管委会主任、党工委书记
余忠勇 省巢湖管理局局长、党委书记
余小平 市委党校常务副校长
张小樵 市行政学院院长、党委书记
王厚亮 阜阳合肥现代产业园区管委会主任、党工委副书记，挂任阜阳市委常委
安 列 市委督查组组长，阜阳合肥现代产业园区党工委书记
王传运 市委督查组副组长
蔡敬民 合肥学院党委书记
张文兵 合肥学院院长、党委副书记
郑永红 合肥学院副院长、党委委员
陈 啸 合肥学院副院长、党委委员
丁 明 合肥学院副院长、党委委员
洪家友 合肥学院纪委书记、党委委员
陈 秀 合肥学院副院长
丁家康 合肥职业技术学院党委书记
方志斌 合肥职业技术学院院长、党委副书记
胡守祝 合肥幼儿师范高等专科学校党委书记
方东玲 合肥幼儿师范高等专科学校校长、党委副书记

二、市纪委领导成员（9 人）

张 平 市纪委常务副书记
何家荣 市纪委副书记
李 虹 市纪委副书记、市监察局局长
刘 清 市纪委副书记
舒世勇 市纪委常委
赵鹏程 市纪委常委
刘先莲 市纪委常委
张 勇 市纪委常委
王晓晨 市纪委常委

三、市直单位主要负责人（87 人）

刘观宝 市人大秘书长、党组成员、办公厅党组书记
杨 伟 市政府秘书长、党组成员、办公厅党组书记
袁文长 市政协秘书长、党组成员、办公厅党组书记
毛万里 市委副秘书长、市委办公厅主任
李茂凯 市人大常委、副秘书长，办公厅主任、党组副书记
秦继平 市政府副秘书长，办公厅主任、党组副书记
程习龙 市政协常委、副秘书长，办公厅主任、党组副书记
柴修发 市委组织部常务副部长
王 浩 市委宣传部常务副部长
司胜平 市委副秘书长、市委政策研究室主任
蒋 烽 市直机关工委书记
吴功福 市机构编制委员会办公室主任
马谟荣 市委组织部副部长、市委老干部工作局局长
吴和平 市巢湖老干部服务管理局局长
许道和 市委政法委副书记、市社会治安综合治理委员会办公室主任
宋道军 市发展和改革委员会主任、党组书记
李海鹰 市经济和信息化委员会主任、党委书记
何 杰 市农业委员会主任、党组书记
常先米 市政府副秘书长，市城乡建设委员会主任、党委书记
徐静平 市教育局局长、党委书记
朱 策 市科学技术局（知识产权局）局长、党组书记，合肥高新技术产业开发区管委会副主任
陆 平 市民族事务委员会（宗教事务局）主任（局长）、党组书记
张 炜 市民政局局长、党委书记

刘晓文 市司法局局长、党委书记，市义城监狱第一政委
吴利林 市财政局局长、党组书记，市投融资管理委员会办公室主任（兼）
朱正跃 市人力资源和社会保障局局长、党组书记
高国忠 市国土资源局局长、党组书记，市土地储备中心党组书记
方正杰 市交通运输局局长、党委书记
徐春雷 市水务局局长、党组书记
梅国胜 市林业和园林局局长、党委书记
蓝 天 市商务局局长、党组书记
罗 平 市委宣传部副部长，市文化广电新闻出版局（版权局）局长、党组书记
张晓庆 市卫生局局长、党委副书记
查 凯 市人口和计划生育委员会主任、党组书记
程 林 市审计局局长、党组书记
吴爱国 市规划局局长、党组书记
王道荣 市城市管理局局长、党组书记
王 斌 市环境保护局局长、党组书记
时利民 市外事侨务办公室（市政府港澳事务办公室）主任、市外事侨务办公室党组书记
汪菊喜 市房地产管理局局长、党组书记
李 殊 市体育局局长、党组书记
王亚斌 市统计局局长、党组书记
杨 锐 市工商行政管理局局长、党组书记
夏显金 市质量技术监督局局长、党组书记
胡国春 市食品药品监督管理局局长、党组书记
翟新明 市安全生产监督管理局局长、党组书记
张 林 市物价局局长、党组书记
夏伦平 市畜牧水产局局长、党组书记
完颜绍建 市旅游局局长、党组书记
王 强 市委、市政府副秘书长，市委、市政府信访局局长、党组书记
刘 浏 市人民政府法制办公室主任、党组书记
程耀广 市人民防空办公室（民防局）主任（局长）、党组副书记，市政府应急管理办公室第一副主任
靳民斌 市人民防空办公室（民防局）党组书记
孙立强 市政府国有资产监督管理委员会主任、党委书记
张世军 市粮食局局长、党组书记
李卫国 市委组织部副部长、市公务员局局长
凌必发 市委台湾工作办公室（市政府台湾事务办公室）主任
赵寒松 市委保密办（市国家保密局）主任（局长）
王毓江 市政府政策研究室主任、市政府咨询委员会办公室主任，市政府办公厅党组成员
杨祥生 市供销合作社联合社主任、党组书记
李尚才 市档案局（馆）局长（馆长）
王家贵 市委党史研究室主任
许华为 市机关事务管理局（接待办）局长（主任）、党组书记
秦远望 市招商局局长、党组书记
葛 斌 市重点工程建设管理局局长、党组书记，包河区委副书记
葛 锐 市金融工作办公室主任、市财政局党组成员
谢 涛 市土地储备中心主任、党组成员
李宏卓 市公共资源交易监督管理局局长、党组书记
王世保 市地震局局长、党组书记，总工程师
胡玉兰 市地方志编纂委员会办公室主任、党组书记

刘福亨　市残疾人联合会理事长、党组书记
林晓炼　市住房公积金管理中心主任、党组书记
方世文　市政务文化新区建设指挥部办公室主任、党工委书记
宁　波　市滨湖新区建设管委会主任、党工委书记
陶兴林　市政府政务服务中心副主任、党工委副书记
王庆斌　市政府驻北京联络处（北京招商处）主任
杜亚宏　市政府驻上海联络处（上海招商处）主任
张业锁　市总工会党组书记、副主席
吴娅娟　共青团合肥市委书记、党组书记
王兴梅　市妇联主席、党组书记
周要武　市科协主席、党组书记
魏常年　市委宣传部副部长、市文明办主任
陈　飚　市文联党组书记、常务副主席
王道才　市委宣传部副部长、市社联（讲师团）主席（团长），市社会科学院院长
方　玲　市侨联主席、市外事侨务办公室党组成员
刘　波　市红十字会专职副会长
夏向东　市委统战部副部长，市工商联（市商会）党组书记、第一副主席

四、县市区党政主要负责人（17人）

杨宏星　肥东县委书记
路　军　肥东县委副书记、县长
汤传信　肥西县委书记
金成俊　肥西县委副书记、代县长
许　华　长丰县委书记
刘正义　长丰县委副书记、代县长
王民生　庐江县委书记
王连贵　庐江县委副书记、代县长
罗兆好　巢湖市委副书记、市长
汪德满　瑶海区委书记
单　虎　瑶海区委副书记、代区长
吴　劲　庐阳区委书记
黄卫东　庐阳区委副书记、代区长
李学明　蜀山区委书记
张思扬　蜀山区委副书记、区长
胡启生　包河区委书记
耿延强　包河区委副书记、区长

五、市委组织部副部长（2人）

刁吉润　市委组织部副部长（保留正县职）
吴松保　市委组织部副部长，市委非公有制经济和社会组织工作委员会书记

（市委组织部）

1 月

1 日 合肥荣登“2013 年中国服务外包城市投资吸引力评估”“产业成长性”排名榜首。此活动由中国外包网和鼎韬服务外包研究院联合发起。

合肥城乡居民低保标准由户月人均 410 元提高到 460 元，增长 12.2%。

2 日 中国共产党合肥市第十届委员会第五次全体（扩大）会议在市政务中心召开。会议主要任务是，认真学习贯彻党的十八大、十八届三中全会、中央经济工作会议、城镇化工作会议、农村工作会议以及省委九届九次全会、全省经济工作暨城镇化工作会议精神，总结 2013 年度工作，部署 2014 年度工作任务，动员全市上下进一步解放思想、深化改革、扩大开放、开拓创新，为打造“大湖名城、创新高地”而奋斗。吴存荣代表市委常委会向全委会作工作报告，并讲话。张庆军作关于当前工作的讲话，市委副书记凌云代表市委常委会作 2013 年度干部选拔任用工作专题报告。市委委员、市委候补委员出席会议。

高新区通过国家生态工业示范园区技术核查验收，成为全省首个国家生态工业示范园区。

3 日 《合肥通史》编纂委员会召开第四次会议，总结 2013 年以来编纂工作进展情况，讨论初稿审读方案，研究部署 2014 年编纂工作任务。张庆军主持会议并讲话。

4 日 中国科学技术大学赵政国、谢毅，中国科学院合肥物质科学研究院刘文清，合肥工业大学杨善林入选中科院、中国工程院新增院士名单。至此，在肥服务院士 71 人，院士工作站 16 家。

6 日 合肥市外商投资企业新春座谈会在经开区举行。吴存荣、张庆军出席座谈会并讲话。

7 日 2014 年第一次市大建设指挥部会议在市政务中心召开。会议先后听取了 2013 年大建设推进及 2014 年大建设建议计划编制、在建重点项目进展和近期拟开工项目推进、轨道交通一号线和二号线进展及三号线前期工作、重点交通项目推进等情况汇报。吴存荣主持会议并讲话。

全国政协副主席、民革中央常务副主席齐续春率民革中央调研组，就农村土地制度综合改革现状、农村金融改革等问题来肥调研。中国社会科学院学部委员、农村发展研究所原所长张晓山，中国科学院地理科学与资源环境所土地利用规划研究中心常务副主任刘彦随，省政协副主席、民革安徽省委主委夏涛，市政协主席董昭礼陪同调研。

水利部水利水电规划设计总院副院长梅锦山等水利部专家组一行，来肥查勘引江济淮工程。市长张庆军陪同。

8 日 张庆军主持召开市政府第 23 次常务会议，审议并原则通过了出台光伏推广应用、冰雪灾害天气应急预案、重污染天气应急预案及黄标车区域禁行措施方案等相关政策；听取并讨论了关于提高全市城乡居民最低生活保障标准、出台《合肥市大型群众性活动安全管理规定》等有关事项。

9 日 张庆军主持召开市土地管理委员会 2014 年第一次全体成员会议暨 2014 年第一次主任（扩大）会议。凌云参加。

10 日 合肥警备区党委五届五次全体（扩大）会议在合肥召开。省委常委、市委书记、警备区党委第一书记吴存荣出席会议并讲话。市委常委、警备区党委书记、政委姜宗健代表党委常委会作工作报告，警备区党委副书记、司令员陈再忠就拓展深化军事斗争准备作部署。

由市委宣传部和合肥报业传媒集团合肥晚报联合举办的第十二届“合肥十大新闻人物”暨第八届“合肥十大经济人物”颁奖活动在合肥举行。“合肥十大新闻人物”分别是刘冠南、吴殿利、夏伦凤、王邦贤、何学勇、郑爱军、徐曼丽、付后成、沈布九、陈大鹏；“合肥十大经济人物”分别是袁自钧、胡志、周文育、刘同春、陈能传、张立新、李晓亮、李晓亮、尹俊、李炜。

10～11日 中共中央政治局委员、国务院副总理马凯来合肥，就新能源汽车产业发展工作开展专题调研，在汽车整车及配套生产企业的工厂、车间，慰问生产一线职工，并与企业负责人亲切座谈，听取意见和建议。工业和信息化部部长苗圩，国务院副秘书长肖亚庆随行考察。省长王学军，省委常委、常务副省长詹夏来，省委常委、合肥市委书记吴存荣陪同调研。

11日 安徽北大未名生物经济研究院、半汤生物经济先行示范区筹建指挥部揭牌仪式在合巢经开区举行。吴存荣与北大未名生物工程集团董事长潘爱华为安徽北大未名生物经济研究院揭牌，东风汽车公司董事长徐平与副市长吴建国为半汤生物经济先行示范区筹建指挥部揭牌。

13日 合肥市大气污染防治工作会议在市政务中心大会堂召开。周善武宣读了《合肥市空气质量达标阶段性工作方案》《合肥市重污染天气应急预案》，并与有关单位负责人签订责任状。吴存荣、张庆军出席会议并讲话。

合肥市集成电路产业项目集中签约仪式在市政务中心举行。吴存荣出席仪式，并在仪式前会见展讯通信（上海）有限公司副总裁董倩等签约企业负责人代表。张庆军、杨思松出席仪式或参加会见。

包河区2014年新项目集中签约集中开工仪式在包河工业区举行。吴存荣宣布项目开工。张庆军、熊建辉、董昭礼、凌云、杨思松出席仪式。

14～17日 中国人民政治协商会议合肥市第十三届委员会第二次会议在市政务中心大会堂举行。会议审议通过了市政协十三届常委会工作报告和提案工作报告。委员们列席了合肥市第十五届人民代表大会第二次会议，听取并讨论了《政府工作报告》及其他报告。

14日 中国人民政治协商会议合肥市第十三届委员会第二次会议在市政务中心大会堂开幕。来自全市各条战线的市政协委员汇聚一堂，共商合肥改革发展。市政协主席董昭礼作市政协第十三届委员会常务委员会工作报告；副主席王贤泰作市政协第十三届委员会常务委员会关于一次会议以来提案工作情况的报告。

15日 市政协十三届十次主席会议在市政务中心召开。会议审议了市政协十三届二次会议决议（讨论稿）；审议了市政协十三届二次会议提案审查情况报告（讨论稿）。董昭礼主持会议。

16日 中国人民政治协商会议合肥市第十三届委员会第二次会议第二次大会在市政务中心举行。14位委员分别围绕农业循环经济、农村饮用水安全、社区教育、职业教育等方面发表意见，为全市经济社会发展、民计民生改善建言献策。董昭礼出席大会。

17日 市政协十三届五次常委会议在市政务中心召开。会议听取了市政协十三届二次会议秘书处关于小组讨论情况综合汇报；审议了市政协十三届二次会议决议（草案）；通过了市政协十三届二次会议提案审查情况报告。董昭礼主持会议。

中国人民政治协商会议合肥市第十三届委员会第二次会议在市政务中心大会堂闭幕。会议表彰了十三届一次会议以来的优秀提案、提案承办先进单位及先进个人，通过了市政协十三届二次会议决议。吴存荣、张庆军、熊建辉、凌云出席会议。董昭礼主持大会。

15～18日 合肥市第十五届人民代表大会第二次会议在合肥大剧院举行。

15日 合肥市第十五届人民代表大会第二次会议在合肥大剧院开幕。市人民政府市长张庆军作《政府工作报告》。会议审查了合肥市2013年国民经济和社会发展计划执行情况及2014年计划草案的报告，审查了合肥市2013年预算执行情况和2014年预算草案的报告。20名公民和7名外国驻沪领事馆官员旁听本次大会。489名市人大代表参加大会。市十五届人大常委会主任熊建辉主持会议。

16日 参加市十五届人大二次会议的张庆军代表到庐江县代表团参加分组讨论，审议《政府工作报告》，听取人大代表的意见和建议。

17日 吴存荣先后到市十五届人大二次会议长丰县、庐阳区代表团参加审议，听取人大代表意见和建议。

参加合肥市第十五届人民代表大会第二次会议的市人大代表分组审议了合肥市人大常委会工作报告，审议了合肥市中级人民法院工作报告、合肥市人民检察院工作报告和六项工作报告决议草案，酝酿了候选人名单。

18日 合肥市第十五届人民代表大会第二次会议在市政务中心大会堂举行第三次全体会议。会议通过了关于市人民政府工作报告的决议、关于合肥市2013年国民经济和社会发展计划执行情况及2014年国民经济和社会发展计划的决议、关于合肥市2013年预算执行情况和2014年预算的决议、关于市人大常委会工作报告的决议、关于市中级人民法院工作报告的决议、关于市人民检察院工作报告的决议。根据会议选举办法规定，经主席团提名，大会选举林存安为市十五届人大常委会副主任，选举詹欣为市十五届人大常委会委员。市十五届人大二次会议完成各项任务后胜利闭幕。 会议由市委副书记凌云主持。

14日 “讯飞杯”中国智能语音技术应用开发大赛启动会暨中国（合肥）国际智能语音产业园入园项目签约仪式举行。工信部副部长杨学山、省政府副秘书长方志宏、市长张庆军、中科大副校长朱长飞出席启动仪式

15日 中国科学院量子信息与量子科技前沿卓越创新中心成立揭牌仪式在中国科学技术大学举行。

16日 省政府与中科院召开中科大先进技术研究院建设领导小组第二次会议，研究后续建设和运行工作。省委常委、市委书记吴存荣汇报了先研院园区建设情况，中科大校长侯建国汇报了先研院管理运行情况。省长王学军、中科院院长白春礼出席会议并讲话。省委常委、常务副省长詹夏来，中科大党委书记许武，市长张庆军出席会议。

17日 亚洲最大的体操馆在合肥落成开馆。该馆位于包河区内的安徽体育运动职业技术学院内，室内面积达4800平方米。

18日 2014合肥企业家迎春座谈会在市政务中心召开。吴存荣出席座谈会并讲话。张庆军出席并通报了2013年全市经济社会发展情况和2014年目标任务、工作重点。市领导杨思松、孔向阳、吴建国、华艾出席。

20日 市委常委会在市政务中心召开会议，专题传达学习十八届中央纪委三次全会和省纪委九届四次全会精神，听取市纪委有关工作汇报，研究部署全市贯彻落实措施。吴存荣主持会议并讲话。

21日 合肥市—定远县合作发展座谈会在市政务中心召开。定远县委书记郑斌汇报了2013年度合作发展工作情况和2014年工作安排，以及合肥经济圈第五次会商会筹备工作。省委常委、市委书记吴存荣主持座谈会并讲话，滁州市委常委、常务副市长章义，市领导杨思松、韩冰、王翔出席。

22日 安徽预备役师高炮团召开党委全体（扩大）会议，总结分析2013年部队建设形势，研究部署2014年工作任务。会议学习传达了安徽预备役师党委全体（扩大）会议精神，听取了高炮团有关负责人关于“培育优良作风，践行强军目标，以改革创新精神开拓部队建设新局面”的工作报告。市委副书记、高炮团党委第一书记凌云出席会议并讲话。

23日 共青团合肥市十三届六次全委（扩大）会议在市政务中心召开。会议学习贯彻中央、省、市重要会议精神，总结2013年工作，研究部署2014年工作任务。会议审议通过了团市委委员、候补委员卸职递补确认案和《关于召开共青团合肥市第十四次代表大会的决议（草案）》，宣读了《致全市青少年关于防治大气污染的倡议书》。凌云出席会议并讲话。

合肥市国有资产管理协会召开第一次会员大会暨成立大会，选举产生协会第一届理事成员，审议通过《合肥市国有资产管理协会章程》《合肥市国有资产管理协会会费缴纳管理办法》。韩冰出席会议。

24日 市委常委会在市政务中心召开会议，听取关于全市深入开展党的群众路线教育实践活动有关情况的汇报，并进行部署。会议审议通过了有关方案。吴存荣主持会议并讲话。

市委党的群众路线教育实践活动领导小组第一次会议在市政务中心召开。会议审议通过了教育实践活动7个分类实施方案、《关于全市教育实践活动学习教育、听取意见环节工作安排》、《市委党的群众路线教育实践活动领导小组工作规则》、《关于成立市委党的群众路线教育实践活动领导小组办公室的建议方案》、《关于派出市委党的群众路线教育实践活动督导组的建议方案》。吴存荣主持会议并讲话。他强调，市委教育实践活动领导小组要牢记职责，不负重托，以高度的政治责任感、良好的精神状态和扎实的工作作风，把教育实践活动组织好、开展好，确保取得实实在在的成效。市领导张庆军、凌云、杨思松、汪卫东、韩冰、林存安出席会议。

张庆军主持召开市政府第二十五次常务会议，审议并原则通过了《合肥市建设国家知识产权示范城市工作方案》等相关事宜。会议还听取并讨论通过了关于全市

2011～2013年度先进单位、先进集体、劳动模范（先进工作者）评选表彰工作情况等有关事项。

合肥市典当行业协会召开第一次代表大会暨成立大会，选举产生协会第一届理事成员，审议通过《合肥市典当行业协会章程》、《合肥市典当行业协会会费管理办法》等。陈晓波出席会议。

25日 全市工商质监食品药品监督管理体制改革工作会议在市政务中心召开。韩冰出席会议并讲话。

26日 合肥市新春团拜会在市政务区举行。吴存荣、张庆军、熊建辉、董昭礼、凌云与全市各界人士欢聚一堂，共贺新春。

27日 庐阳区市场监督管理局挂牌成立。这是全市首个成立的区级市场监督管理局。

市委召开全市党的群众路线教育实践活动动员部署会议，贯彻落实中央和省委有关部署，对全市教育实践活动进行全面动员部署。吴存荣出席会议并作动员讲话。省委第一督导组组长汪国才出席会议并讲话。张庆军、熊建辉、董昭礼、凌云出席会议。

中共合肥市第十届纪律检查委员会第四次全体会议在市政务中心召开。张海林主持会议并代表市纪委常委会作工作报告。会议传达学习了十八届中央纪委三次全会和省纪委九届四次全会精神，审议通过了工作报告和《中国共产党合肥市第十届纪律检查委员会第四次全体会议决议》。吴存荣出席并讲话。张庆军、熊建辉、董昭礼、凌云出席会议。

28日 全市推进义务教育均衡发展工作领导小组召开第一次会议，就推进义务教育均衡发展进行动员部署。会议讨论了《合肥市义务教育“三大提升工程”实施方案（送审稿）》及《关于开展义务教育“新优质学校”创建工作（送审稿）》。市长、领导小组组长张庆军出席会议并讲话。副市长、领导小组副组长吴春梅主持会议。

全市举行网德E站上线暨文明上网培训基地授牌仪式。标志着安徽省首个文明上网培训基地启用。

29日 市规划委员会2014年第一次全体委员会议在市政务中心召开。会议听取了合肥市城乡规划工作汇报，审议了《合肥经济圈城镇体系规划（2013-2030）》、《合肥市域生态空间体系控制规划》，对下一步工作进行了研究部署。省委常委、市委书记、市规委会主任吴存荣主持会议并讲话。市领导张庆军、董昭礼、凌云出席。

合肥市入选全国首批电子社保示范城市，是全省唯一获此殊荣的城市。

2月

1日 《合肥市机动车排气污染防治办法》《合肥市扬尘污染防治管理办法》实施。

省领导张宝顺、王学军、王明方、李锦斌、唐承沛、吴存荣分别来到合肥市交警支队智能交通控制中心、合肥市环境监测中心站、国网合肥供电公司电力调控中心、合肥市科技农村商业银行黄山路支行、合肥燃气集团、合肥供水集团第二水厂、合肥南门换乘中心公交站、包河区环卫作业点、合肥铁路枢纽南环线建设工地，看望坚守岗位的干部职工，祝大家春节愉快。市领导张庆军、董昭礼、凌云、杨思松、程瀚陪同。

7日 合肥市食品药品监督管理局挂牌。

8日 合肥市“三线三边”城乡环境整治工作推进会在市政务中心召开。凌云出席会议并讲话。

9日 省委书记、省人大常委会主任张宝顺来到省十二届人大三次会议合肥代表团，与代表们一起审议省长王学军所作的《政府工作报告》。他勉励，合肥市要全面贯彻落实中央和省委省政府决策部署，坚持稳中求进、改革创新，加快打造“大湖名城、创新高地”，努力推动各项事业走在全省前列，进一步发挥好省会城市的带动引领作用，为打造三个强省、建设美好安徽作出新的更大贡献。合肥代表团审议由吴存荣主持。

10日 由中华全国总工会主办，省总工会、市政府承办的2014年“全国工会就业援助月”启动仪式暨首场招聘会在安徽国际会展中心举行。中华全国总工会副主席、书记处书记焦开河出席仪式并讲话。省领导陈先森、杨振超、童怀伟，市领导张庆军、凌云、吴建国出席仪式。

12日 安徽移动4G商用网络在合肥开通。省经信委主任牛弩韬、副市长吴建国出席启动仪式并共同启动4G商用地图。

13日 全市残疾人工作会议在市政务中心召开。凌云出席会议并讲话。

合肥市城市重点地区交通优化规划及可持续概念规划开题会在市政务中心召开。国家发改委外事司巡视员李海岩、副市长王翔参会。

14日 市委常委会召开会议，传达学习省十二届人大三次会议、省政协十一届二次会议精神，研究部署全市贯彻落实措施。吴存荣主持会议，并传达了张宝顺参加合肥代表团分组审议时讲话精神和王学军所作的《政府工作报告》精神，并就学习宣传贯彻工作提出要求。

张庆军主持召开市政府第二十六次常务会议，审议并原则通过了关于2013年全市民生工程实施工作及年度综合考评、2014年市级项目建议；听取并讨论通过了出台《合肥市消火栓管理规定》等有关事项。

15日 合肥市党的群众路线教育实践活动学习报告会在市委党校学术报告厅举行。中央党校党建部教授、政党制度教研室主任祝灵君作专题学习辅导报告。吴存荣主持会议并讲话。省委第一督导组组长汪国才，市委常委，市人大常委会、市政府、市政协负责同志出席会议。

市民政局被民政部确认为首批“全国社会组织建设创新示范区”。

16日 巢湖市巢湖富煌三珍食品集团有限公司的“巢三珍”注册商标被国家工商行政管理总局认定为驰名商标，这是安徽省渔业的第一个驰名商标。

17日 吴存荣、张庆军率市四大班子党员负责同志，赴肥东县白龙镇集体参观合肥青龙厂新四军纪念园，回顾红色历史，缅怀革命先烈，接受革命传统教育。

18日 市政府与国家开发银行安徽省分行举行加强金融合作推进项目建设工作座谈会，就加快推进环巢湖生态文明示范区建设、城镇化建设等重大项目进行洽谈。市长张庆军、国开行安徽省分行行长于丕涛出席会议并讲话。

15～19日 市委常委群众路线教育实践活动集中学习暨市委中心组理论学习会议在市政务中心召开。会议主题是，深入学习贯彻党的十八大、十八届三中全会和省委九届九次全会、省“两会”精神，抓住用好党的群众路线制胜法宝，凝聚打造“大湖名城、创新高地”的强大力量。会议分四个阶段进行。15日上午，与会同志聆听了中央党校党建部教授祝灵君作的专题学习辅导报告，并进行了民主评议。15日下午至17日，集中自学了党章和党的十八大报告，党的十八届三中全会文件汇编，《习近平关于实现中华民族伟大复兴的中国梦论述摘编》，中央和省委党的群众路线教育实践活动工作会议精神，省“两会”主要精神，《论群众路线——重要论述摘编》、《党的群众路线教育实践活动学习文件选编》、《厉行节约、反对浪费——重要论述摘编》；其间，市四大班子党员负责同志集体参观了合肥青龙厂新四军纪念园。18日，撰写了学习心得体会和交流发言材料。19日，进行大会交流发言。吴存荣主持会议，并传达了省委书记、省人大常委会主任张宝顺参加省十二届人大三次会议合肥代表团分组审议时讲话精神和省长王学军所作的《政府工作报告》精神，并作总结讲话。省委第一督导组组长汪国才出席并作指导讲话。市领导张庆军、熊建辉、董昭礼、凌云、杨思松、汪卫东、张进、韩冰、江洪、聂爱国、韦弋、周善武、姜宗健、李武好出席并发言。

20日 市总工会十五届三次全委（扩大）会议在市政务中心召开。会议学习宣传贯彻党的十八届三中全会、全总十六届二次执委会、省总十三届二次全委会和市委十届五次全会精神，总结上年工作，部署2014年任务。凌云出席会议。

18～21日 全国人大常委会副委员长、全国妇联主席沈跃跃率调研组来肥调研节能减排工作。全国人大常委会委员、全国人大环资委副主任委员王庆喜、袁驷参加调研。省委副书记李锦斌，省委常委、常务副省长詹夏来，省委常委、副省长陈树隆，省委常委、市委书记吴存荣，省人大常委会副主任臧世凯、沈卫国陪同调研或出席座谈会。

21日 全市宣传工作会议在市政务中心召开。凌云出席会议并讲话。

2014年全市民族宗教工作会议在市政务中心召开。韦弋出席会议并讲话。

22日 省文联主席、省作协名誉主席、国家一级作家季宇在合肥文化大讲堂，为观众讲述“段祺瑞其人其事”。凌云出席。

21～23日 第十一届安徽环球旅游论坛在合肥举行。与会代表围绕“破与立——关于旅行社未来道路的思考”的主题，展开讨论和交流。

24日 市委政法工作会议在市政务中心召开。吴存荣出席会议并讲话。他强调，全市各级政法机关要深入贯彻落实中央和省委决策部署，坚持严格执法、公正司法，积极深化改革，不断开创政法事业新局面。

合肥市－中国节能环保集团公司合作发展交流座谈会在市政务中心召开。韩冰介绍了合肥市与中节能合作发展意见。吴存荣主持座谈会并讲话。

合肥市人民政府与安徽江淮汽车集团有限公司签订了关于共同加快合肥汽车产业发展的合作协议。吴存荣、张庆军出席签约仪式。

25日 安徽省委教育实践活动领导小组办公室、省纪委、省委组织部、省委宣传部联合组建教育实践活动先进事迹报告团—首场报告会在市政务中心小会堂举行。吴存荣于报告会前会见报告团成员。

张庆军主持召开市政府第二十七次常务会议，审议并原则通过了出台《合肥市现代服务业发展规划》《合肥市人民政府关于加快电子商务发展的意见》等相关事宜。

全市领导干部学习习近平总书记系列讲话贯彻党的十八届三中全会精神第二期轮训班在市委党校举行。张庆军出席开班式并作动员讲话和辅导报告。

吴存荣主持召开党的群众路线教育实践活动征求意见座谈会，听取科研机构和创新型企业代表的意见和建议。

全市工商质监工作会议在市政务中心召开。张庆军出席会议并强调，要以体制下划调整为新起点，主动适应深化改革大势，高标准完成新体制下工商质监各项工作任务。

26日 省委书记张宝顺赴庐江县调研指导第二批党的群众路线教育实践活动。他强调，要认真贯彻中央和省委要求，突出问题导向和整风精神，突出教育和实践并重，突出分类指导和上下联动，突出领导带头和群众参与，突出“认真”和一鼓作气，确保取得群众满意的实效。省委常委、市委书记吴存荣，省人大常委会副主任、省委督导组第一组长宋卫平等陪同调研。

27日 由省经信委、合巢经开区管委会、中电三十八所、合肥工业大学、江淮汽车、中信银行、国轩高科等16家科研院所、高校、企业组成的安徽新能源汽车产业发展联盟合肥巢湖经开区成立。

27～28日 长江中游城市群省会城市第二届会商会在湖南省长沙市召开。武汉、长沙、合肥、南昌四市党政负责人共同探讨在全国深化改革、推进新型城镇化背景下加强区域交流合作的新路径，明确了未来一段时期四省会城市进一步深化交流合作的努力方向和主要领域。会议于28日期发布了长江中游城市群省会城市第二届会商会《长沙宣言》。省委常委、市委书记吴存荣，市长张庆军；江西省委常委、南昌市委书记王文涛，市长郭安；湖北省委常委、武汉市委书记阮成发，市长唐良智；湖南省委常委、长沙市委书记易炼红，市长胡衡华出席会议。

28日 市十五届人大常委会第九次会议在市政务中心举行。会议听取了市人大常委会秘书长刘观宝所作的关于市人大常委会2014年工作要点（草案）的报告 ，市政府副秘书长、市城乡建委主任常先米所作的关于2014年大建设计划情况的报告，市中级人民法院院长许建所作的关于提请人事任免事项的报告，市人大常委会人选工委主任郭苏梅所作的关于提请任免人员初审情况的报告；书面听取了《市人大常委会关于推进大气污染防治工作方案》和市人大常委会及机关党的群众路线教育实践活动情况的报告，关于市中级人民法院关于增加合肥高新技术产业开发区人民法院、确定合肥铁路运输法院人民陪审员名额的报告。熊建辉主持会议。

由英国驻上海总领事馆和合肥市政府发起，英国驻上海总领事馆与合肥市外办联合举办的“世界之桥——英国主题日”活动暨英国与合肥交流合作图片展，在市政务中心阳光大厅开幕。英国驻上海总领事馆副总领事傅伯诗，市委常委、副市长江洪出席开幕式。

3 月

2月28日至3月1日 国务院发展研究中心主任李伟到合肥调研高新技术产业发展情况。副省长谢广祥，市委常委、副市长黄文涛陪同调研。

1日 由市文明办、市残工委主办的2013年度合肥市“仁立杯最美残疾人”暨首届“仁立杯残疾人征文大赛”颁奖仪式在市残联举行。

2日 市委常委会召开扩大会议，传达学习省委书记张宝顺在调研指导庐江县党的群众路线教育实践活动时的讲话精神，研究全市贯彻落实措施。省委常委、市委书记吴存荣主持会议。

全国广播电视宣传管理工作电视电话会议在北京召开。合肥市广播电视台创作的广播节目《讲述历史典故，传承中华文明》荣获2013年度广播电视创新创优栏目，是全国十个优秀广播栏目之一，也是全国唯一一家市级台获此殊荣。

滨湖湿地森林公园被国家林业局批准为国家级森林公园，定名为“合肥滨湖国家森林公园”，并获评2013年度全省“十佳”旅游项目。合肥成为全国唯一在主城区拥有两座国家级森林公园的城市。

3日 合肥市侨联五届三次全委（扩大）会议在市政务中心召开。市委副书记凌云出席会议并讲话。

4日 吴存荣在市政务中心主持召开党的群众路线教育实践活动征求意见座谈会，听取“两代表一委员”对市委常委会及成员加强作风建设的意见和建议。

全市领导干部第三批学习习近平总书记系列讲话贯彻党的十八届三中全会精神轮训班在市委党校开班。凌云出席开班式并作动员讲话和辅导报告。

5日 参加全国两会的全国人大代表、市长张庆军在北京接受部分中央、省内外媒体的联合采访，谈政府工作报告中经济结构调整和转型发展问题。

4～6日 财政部副部长王保安率国家督导组来肥督导社会信用体系建设工作，并召开全市社会信用体系建设工作汇报会。吴存荣主持汇报会并讲话。

6日 合肥市纪念“三八”国际妇女节大会在市政务中心举行。凌云出席并宣布合肥市寻找“最美家庭”活动启动。

7日 市委党的群众路线教育实践活动领导小组第二次会议在市政务中心召开。会议传达学习了张宝顺在调研指导庐江县党的群众路线教育实践活动时的重要讲话精神，审议通过了“四个专项行动”方案。吴存荣主持会议并讲话。

8日 中共合肥市委常委会全体成员就贯彻中央和省委重大决策部署，深入开展党的群众路线教育实践活动，坚决反对和克服形式主义、官僚主义、享乐主义和奢靡之风，向全市人民作出公开承诺：带头遵守党的政治纪律；带头反对和克服“四风”；带头践行党的群众路线；带头勇于担当、改革创新；带头贯彻民主集中制；带头坚持正确用人导向；带头改进文风会风和调查研究 ；带头艰苦奋斗；带头廉洁自律、履行“一岗双责”。

吴存荣率市四大班子党员负责同志，在市政务中心集体参观反腐倡廉警示教育展，观看领导干部从政道德警示教育片。市领导熊建辉、董昭礼、凌云参加活动。

张庆军在市政府驻京联络处分别会见北车集团党委书记奚国华一行、中国长城资产管理公司总裁张晓松一行、清华紫光集团董事长赵伟国一行、美国特斯拉集团副总裁吴碧瑄和中国汽车工业进出口总公司党委书记陈伟农一行。

10日 市环巢湖生态示范区建设领导小组2014年第一次会议在市政务中心召开。省委常委、市委书记、市环巢湖生态示范区建设领导小组组长吴存荣主持会议并讲话。

打击非法营运专题汇报会在市政务中心召开。市交通运输局汇报了打击非法客运工作情况。吴存荣主持会议并讲话。

11日 由央视财经频道联合国家统计局、中国邮政集团公司、北京大学国家发展研究院共同举办的《中国经济生活大调查》公布了2013—2014年中国幸福城市20强名单，合肥市再次跻身全国最幸福城市行列。

安徽天新蜂产品有限公司“王巢”牌蜂蜜、安徽省富硒香生物食品集团有限公司“富硒香”牌大米、安徽省巢湖市坝镇都督名优茶开发有限公司“翠都”牌茶叶荣获2013年度全国供销总社“百佳标准化农产品品牌”。

12日 中共合肥市人民政府党组就贯彻中央、省委、市委重大决策部署，深入开展党的群众路线教育实践活动，坚决克服形式主义、官僚主义、享乐主义和奢靡之风，坚决做到“三严三实”，向全市人民公开承诺：坚持政治坚定，严守党的政治纪律；坚持执政为民，践行党的群众路线；坚持求真务实，改进学风文风会风；坚持民主集中制，实施科学民主决策；坚持依法行政，确保权力公开透明运行；坚持改革创新，加快推进职能转变；坚持秉公用权，自觉接受监督；坚持勤俭节约，发扬艰苦奋斗精神；坚持廉洁从政，筑牢拒腐防变思想防线。

合肥市铁路沿线环境整治工作2014年第一次联席会议在市政务中心举行。省文明办常务副主任朱训义，市委常委、秘书长杨思松出席会议。

13日 吴存荣赴中科大先进技术研究院调研，并主持召开座谈会。中科大副校长陈晓剑，市领导凌云、张长淮、王翔陪同调研并出席座谈会。

13～14日 张庆军率队奔赴山东，拜访时风集团、山东恒宇科技集团，推进相关在谈项目。

14日 中共合肥市委教育工作委员会召开第一次全委会，宣布成立市委教育工委、机构编制等有关决定，讨论通过2014年工作要点。市委副书记、市委教育工委书记凌云主持会议并讲话。

15日 省委书记、省人大常委会主任张宝顺与省市近千名干部群众、驻肥部队官兵到肥东县长临河镇茶树村义务植树基地，参加2014年省暨合肥市党政军领导及省市机关干部义务植树活动。省市领导李锦斌、吴存荣、张庆军、熊建辉、董昭礼参加植树活动。

新修订的《消费者权益法》施行。

17日 市委召开常委扩大会议，传达学习习近平总书记重要讲话和全国“两会”、省委有关会议精神，部署安排全市贯彻落实工作。会议听取了关于《中共合肥市委关于贯彻落实中央、省委部署 全面深化改革的实施意见（讨论稿）》和市委全面深化改革领导小组、专项小组及专题组成员名单的汇报。吴存荣主持会议并讲话。

合肥综合保税区获国务院批准设立，并开工建设。

18日 安徽陆军预备役步兵师高射炮兵团召开领导关系调整交接大会。省委常委、省军区政委宋海航出席会议并讲话。市委副书记、高炮团第一政委凌云，市委常委、合肥警备区政委姜宗健出席会议。

合肥公共资源交易中心国家级服务业标准化试点项目启动动员会议举行。省质监局局长朱琳，市委常委、常务副市长韩冰出席会议。

19日 省委常委、统战部长沈素琍就中央和省扶持非公有制经济发展政策落实情况、进一步加快民营经济发展等问题，来肥进行实地调研，并听取企业意见和建议。市委常委、统战部长韦弋陪同调研。

20日 合肥市社科联六届四次全委会议在市政务中心召开。省委宣传部副部长、省社科院院长陆勤毅致辞。凌云出席会议并讲话。

合肥市第四批道路命名更名及第二批桥梁命名启用，共涉及道路1597条，桥梁62座。此次命名包括了全市12个地名规划片区所有道路的命名和更名。其中，道路命名1011条、更名83条、重新明确起止点413条，水域命名29处，山丘命名2座，公园命名2处，桥梁命名62座。

21日 海关总署署长于广洲率调研组来肥调研。调研组先后参观了安徽科大讯飞信息科技股份有限公司和合肥出口加工区，并召开座谈会，听取外贸企业发展情况及意见建议汇报。省委常委、市委书记吴存荣，省政府副秘书长张武扬，市长张庆军陪同调研。

21～22日 岳阳市委书记卿渐伟、市长盛荣华率岳阳市党政代表团来肥考察。吴存荣陪同考察。

24日 全市教育实践活动督导工作会议在市政务中心召开。会议传达了全省学习贯彻习近平总书记“三严三实”要求扎实推进党的群众路线教育实践活动工作会议精神。省委常委、市委书记、市委教育实践活动领导小组组长吴存荣出席会议并讲话。他强调，要把习近平总书记“三严三实”要求和调研指导兰考县教育实践活动时的重要讲话精神，贯彻到教育实践活动全过程。 省委第一督导组组长汪国才；市领导张庆军、凌云、杨思松、汪卫东、张海林、韩冰、林存安等出席会议。

25日 张庆军主持召开市政府第二十八次常务会议，审议并原则通过了出台《合肥市义务教育“三大提升工程”实施方案》（以下简称《实施方案》）《市政府关于加强土地管理进一步做好节约集约用地工作的意见》（以下简称《意见》）等相关事宜。

张庆军主持召开2014年市公共资源交易管理委员会全体会议，听取去年合肥公共资源交易主要工作汇报，安排部署2014年工作任务。

市政协十三届六次常委会议在市政务中心召开。全国人大代表、市委副书记、市长张庆军应邀出席会议并传达十二届全国人大二次会议精神。全国政协委员、副市长吴春梅传达全国政协十二届二次会议精神。会议通报了合肥市空港示范区建设情况、新型城镇化建设情况、社会组织建设与发展情况、《政协合肥市委员会2014年工作要点》和市政协《关于开展“发挥政协优势，为全面深化改革献计出力”主题实践活动的意见》，审议通过了市政协部分专门委员会副主任任免名单，书面通报了市政府办公厅关于市政协常委视察民生工程实施情况报告的落实情况。董昭礼主持会议并讲话。

26日 中国共产党合肥市第十届委员会第六次全体（扩大）会议在市政务中心召开。会议的主要任务是，深入贯彻党的十八大、十八届三中全会和省委九届九次全体（扩大）会议、全省经济工作会议精神，认真落实《中共中央关于全面深化改革若干重大问题的决定》和《中共安徽省委关于贯彻落实党的十八届三中全会精神全面深化改革的意见》，审议《中共合肥市委关于贯彻落实中央、省委部署全面深化改革的实施意见》，动员全市上下进一步解放思想、深化改革、开拓创新，为打造“大湖名城、创新高地”而努力奋斗。 吴存荣出席会议并作总结讲话。市委委员、市委候补委员出席会议。

中共合肥市委中心组理论学习会议在市政务中心召开。会议主题是，深入学习贯彻习近平总书记“三严三实”要求和调研指导兰考县教育实践活动时的重要讲话，以及省委有关会议精神，扎实推进党的群众路线教育实践活动，确保取得人民群众满意的实效。与会同志认真自学了习近平总书记在十二届全国人大二次会议安徽代表团的重要讲话精神，张宝顺在全省学习贯彻习近平总书记“三严三实”要求扎实推进党的群众路线教育实践活动工作会议上的重要讲话精神；张宝顺书记和新华社评论员、人民日报评论员有关文章。当天下午，在市政务中心开展集中学习研讨。 吴存荣主持会议并讲话。省委第一督导组组长汪国才出席。市委常委；市人大常委会、市政府、市政协负责同志，市委督查组组长、副组长，现任副市级以上领导干部出席会议。

吴存荣应邀赴安徽中医药大学为师生作形势报告。他强调，“名城”当有“名校”，“高地”当有“高校”，希望进一步推进市校合作、携手创新创业，共绘“大湖名城、创新高地”愿景。安中大党委书记王大鹏主持报告会。

合肥市地方海事（港航管理）局挂牌，实现全市水路交通运输统一管理。

25～27 日 中共中央政治局常委、中央书记处书记刘云山在安徽就第二批教育实践活动和基层党的建设，深入农村、社区、企业和文化单位调研，听取基层干部群众意见，并召开有省、市、县、村、企业和省直单位代表参加的座谈会。27 日，刘云山在合肥市庐阳区东瞿村了解发展农家乐和开展美好乡村建设情况；在合肥市 12345 政府服务受理中心，仔细询问开展便民服务、改进行政审批等情况。中共中央政治局委员、中央书记处书记赵乐际参加调研。

27 日 2014 年市委外事工作领导小组会议在市政务中心召开。会议审议了 2014 年全市因公出国（境）计划。吴存荣主持会议并讲话。市领导张庆军、凌云、杨思松、韩冰出席。

全国人大常委会委员、民族委员会主任委员李景田率调研组来肥调研城市民族工作。调研组先后来到包河区滨湖和园和瑶海区金大塘社区，参观社区民族工作宣传展板，查阅有关资料，了解民族团结进步宣传教育工作的具体经验和做法。省人大常委会副主任王翠凤，市领导陈葆华、吴春梅陪同调研。

28 日 合肥市科协七届二次全委会召开。会议传达贯彻中国科协、省科协有关会议精神，会议增补了市科协副主席及七届委员会委员。凌云出席会议。

合肥市老年产业协会成立。首届会员代表大会通过了章程，选举产生了协会执行机构、负责人和法定代表人。

30 日 全国首家省级好人馆安徽好人馆在肥建成并开馆。安徽好人馆面向社会免费开放。

31 日 全国人大常委会委员、民盟中央副主席龙庄伟来安徽民盟黄丝带帮教基地——蜀山区社区矫正中心、安置帮教基地参观考察。民盟安徽省委主委、中科院院士郑永飞，市委常委、统战部长韦弋陪同。

4 月

1 日 市委全面深化改革领导小组第一次全体会议在市政务中心召开。会议审议通过了《中共合肥市委全面深化改革领导小组工作规则》《中共合肥市委全面深化改革领导小组专项小组工作规则》《中共合肥市委全面深化改革领导小组专项小组专题组工作规则》和《中共合肥市委全面深化改革领导小组办公室工作细则》。省委常委、市委书记、市委全面深化改革领导小组组长吴存荣主持会议并讲话。张庆军、凌云出席会议。

合肥市 2013 年度落实党风廉政建设责任制、推进惩防体系建设暨省管干部考核述职述德述廉大会在市政务中心召开。吴存荣主持会议并讲话。张庆军代表市委市政府领导班子作工作总结。

《财富》(中文版)发布了“2014 年中国最具影响力的 50 位商界领袖”榜单，科大讯飞董事长刘庆峰与马化腾、杨元庆、任正非等企业家入选。刘庆峰是安徽省唯一入选的企业家。

2 日 电影《村支书金岚岚》首映式在市政务中心举行。吴存荣出席首映式，并在首映式前接见了该片导演成科等主创人员。省委宣传部副部长庄保斌在首映式上讲话。 省委教育实践活动第一督导组组长汪国才，市领导凌云、林存安、杨思松、汪卫东、张海林、吴春梅出席首映式。

合肥市被全国普法办授予“全国‘六五’普法中期先进城市”称号。

合肥开通新亚欧大陆桥国际货运班列座谈会在市政务中心召开。陈晓波参加。

3 日 市轨道交通建设指挥部举行 2014 年第一次全体会议，会议总结 2013 年以来合肥轨道交通建设取得的成就，并对建设运营工作做出安排。周善武出席会议。

由中国博物馆协会、中国文物报社主办的第十一届全国博物馆十大陈列展览精品评选初评会在北京举行。合肥市渡江战役纪念馆《百万雄师过大江——渡江战役纪念馆基本陈列》入围终评。

4 日 2013 年度合肥市推进与央企合作发展工作总结表彰会召开。会议通报了 2013 年度全市推进与央企合作工作情况和先进典型，研究部署 2014 年度工作，并签订推进与央企合作发展工作 2014 年度目标任务。韩冰出席会议并讲话。

8 日 张庆军主持召开市政府第二十九次常务会议，审议并原则通过了出台《合肥市政府关于 2014 年农作物秸秆禁烧和综合利用工作的实施意见》、修订《合肥市政府性债务管理暂行办法》等相关事宜；会议听取并讨论通过了关于第三届合肥市政府质量奖组织评审情况、2014 年全市财政预算信息公开工作有关情况以及 2014 年市政府规章制定工作计划情况等有关事项。

由中央档案馆主办，市委党

的群众路线教育实践活动领导小组办公室、市档案局协办的“党的群众路线档案展览”在市政务中心阳光大厅开幕。省市领导吴存荣、张庆军、熊建辉、董昭礼、凌云以及省委第一督导组副组长陈新参观展览。

9日 合肥市争创全国文明城市工作动员大会在市政务中心大会堂召开。省委常委、市委书记、市文明委主任吴存荣出席大会并讲话。 市委副书记、市长、市文明委第一副主任张庆军作工作报告。省委宣传部副部长、省文明办主任贺懋燮出席并讲话。市委常委，市人大常委会副主任、市委宣传部部长，市人大常委会、市政府、市政协负责同志出席。

全市农村工作暨秸秆禁烧工作会议在市政务中心大会堂召开。市政府和各县市政府签订秸秆禁烧责任书。吴存荣出席会议并讲话。张庆军、熊建辉出席会议。

10日 省委第一考核组对合肥市2013年度落实党风廉政建设责任制、推进惩治和预防腐败体系建设暨省管干部履行职责情况进行考核。张宝顺出席会议并讲话。吴存荣主持反馈会。 张庆军、熊建辉、董昭礼出席会议。

合肥市信访工作会议在市政务中心召开。吴存荣出席会议并讲话。张庆军主持会议。

全市“四联四定”暨“在职党员进社区”工作启动仪式在庐阳区举行。汪卫东出席启动仪式并讲话。

11日 市重大项目领导小组2014年第一次调度会在市政务中心召开。市长、市重大项目领导小组组长张庆军主持会议并讲话。市领导凌云、马立、张海林，合肥海关关长肖力，人行合肥中心支行副行长单凯等出席。

12日 省暨合肥市“三线三边环湖公益行”活动启动和合肥市第八届“春色滨湖旅游节”开幕仪式在合肥滨湖国家森林公园举行。省委常委、市委书记吴存荣，省委宣传部副部长、省文明办主任贺懋燮出席仪式并共同为合肥滨湖国家森林公园揭牌。张庆军宣布省暨合肥市“三线三边环湖公益行”活动启动、合肥市第八届“春色滨湖旅游节”开幕。市领导熊建辉、董昭礼、杨思松、林存安、吴春梅，人民日报社安徽分社社长刘杰、新华社安徽分社社长王正忠出席。

13日 国家发改委公布《关于做好城区老工业区搬迁改造试点工作的通知》，确定合肥市瑶海区为全国21个城区老工业区搬迁改造试点区之一。

14日 市自主创新工作领导小组2014年第一次会议在市政务中心召开。会议听取了市科技局关于2013年自主创新工作总结和2014年工作安排情况、关于新能源汽车推广应用及产业发展工作情况、关于全市知识产权示范市建设进展情况的汇报，合工大关于智能制造技术研究院筹建情况的汇报，中科院合肥物质科学研究院关于技术创新工程院筹建情况的汇报。吴存荣主持会议并讲话。市领导张庆军、凌云，中科院合肥物质科学研究院负责人匡光力，合工大党委书记李廉出席会议。

市政府第四次全体会议暨廉政工作会议在市政务中心召开。会议对2013年度市政府目标管理考核优秀责任单位进行了通报表彰。韩冰主持会议并通报一季度政府重点工作和目标任务完成情况。张庆军出席会议并讲话。

15日 吴存荣率市委、市人大、市政府、市政协四大班子领导到中盐红四方调研，深入新区合成氨现场，在DCS主控室了解中盐红四方“国内一流，国际先进”的新技术、新工艺运用情况。中盐红四方董事长朱枫，总经理方立贵陪同调研。

“绿地杯”2014合肥（巢湖）全国马拉松邀请赛报名启动暨总冠名签约仪式举行，标志合肥首次举办这项运动。

15～16日 重大项目观摩暨市委常委（扩大）会议举行。会议听取一季度全市经济运行及工业经济运行情况汇报，听取各县市区、开发区和政务文化新区、滨湖新区重大项目推进暨经济运行情况汇报。吴存荣主持会议并讲话。

16日 市第二批百名县干招商工作动员会在市政务中心召开。吴存荣出席会议并讲话。韩冰通报第二批百名县干招商小组组建情况。张庆军、熊建辉、董昭礼出席。

张庆军主持召开市政府第30次常务会议，审议并原则通过了出台《合肥市实行最严格水资源管理制度考核办法》、下发《关于进一步加强房地产项目管理工作的通知》等相关事宜。

17日 2014年合肥市综治委全体会议在市政务中心召开。会议通报了2013年度全市社会管理综合治理工作情况，宣读了表彰决定。市长、市综治委主任张庆军强调，要坚持改革创新，推进平安合肥建设。

18日 第八届中国国际坚果炒货休闲食品暨原料配料、加工机械、包装设备展览会在安徽国际会展中心开幕。来自全国的500多家企业携带特色坚果产品以及香料配料、包装烘烤机器参加展览。

全市依法行政工作会议在市政务中心召开。黄文涛出席会议并讲话。

“安徽航空旅游联盟揭牌仪式暨2014夏秋季航空旅游推介会”活动在合肥举行。该联盟包括15家航空公司、50家旅游企业、省内城市候机楼等。

19日 全市首个市政桥梁超限超载防治系统在怀宁路跨清溪路桥安装试点，建成后能够全天候自动监测过往车辆的速度和重量，并记录下每辆超限车的具体信息及图像。

20日 “人民的渡江，人民的胜利”——纪念渡江战役胜利65周年座谈会暨“我眼中的渡江战役纪念馆”摄影比赛颁奖仪式暨摄影比赛获奖作品展开幕式在渡江战役纪念馆举行。凌云、林存安、吴春梅出席活动。

民政部授予包河区民政局“国家4A级婚姻登记机关”称号，成为安徽省第一家提供4A婚姻登记服务城区。

21日 张庆军主持召开全市十大重点产业项目推进工作联席会议，总结前阶段工作，协调解决项目推进中存在的问题，全力推动十大重点产业加快发展。韩冰出席会议。

22日 《合肥市防震减灾条例》立法准备工作汇报会在市政务中心举行。市地震局负责人介绍了《条例》立法准备工作进展情况。省地震局副局长刘欣，副市长吴春梅出席会议。

省国土资源厅厅长孙爱民率全省强化土地节约集约利用综合督查组来肥开展专项督查。张庆军主持合肥节约集约用地工作自查情况汇报会，周善武介绍相关自查情况。

23日 合肥市“大湖名城·悦读合肥”全民阅读活动在市民广场启动。省新闻出版局局长郭永年，市委副书记凌云出席启动仪式。

24日 2014年全国集中销毁侵权盗版及各类非法出版物活动安徽省暨合肥市分会场销毁仪式在市政务中心广场举行。省委常委、宣传部长曹征海出席仪式并宣布集中销毁活动开始。副省长谢广祥、市委副书记凌云分别致辞。

合肥天麦生物科技发展有限公司“安徽省院士工作站”揭牌，至此，合肥经开区拥有院士工作站3家。

肥西县成为合肥首个省级森林城市。

25日 合肥工业大学智能制造技术研究院建设启动仪式在高新区举行。吴存荣出席启动仪式。市长张庆军，合工大校长徐枞巍签署《合肥市人民政府与合肥工业大学共同组建“合肥工业大学智能制造技术研究院”战略合作协议书》。

全市农业产业化、农经管理暨扶贫开发工作会议在市政务中心召开。江洪出席会议并讲话。

26日 中科院合肥物质科学研究院强磁场科学中心5号水冷磁体在电流36700安培的条件下，获得35万高斯稳态强磁场，是全国获得的最高强度磁场，创造了世界纪录。

27日 合肥市第三届残疾人运动会在市体育馆开幕。省残联副巡视员刘同鑫、副市长吴春梅出席开幕仪式。

首个企业破产重组的拍卖项目—安徽大东方药业有限责任公司100%股权司法拍卖进合肥公共资源交易中心交易。

28日 合肥市委党校2014年度春季学期主体班开学典礼在市委党校举行。吴存荣出席并作动员讲话和辅导报告。

29日 市十五届人大常委会第十次会议在市政务中心举行。会议听取了市委组织部副部长、市公务员局局长李卫国所作的关于《合肥市市直机关公务员转任办法》修改情况的报告和市人大常委会人选工委关于《合肥市市直机关公务员转任办法（修改草案）》审查意见的报告（书面），听取了市国有资产监督管理委员会主任孙立强所作的关于全市国有资产经营和监管工作情况的报告和市人大常委会预算工委关于全市资产经营和监管工作的调研报告（书面）。熊建辉主持会议。

张庆军主持召开市政府第三十一次常务会议，审议并原则通过了出台鼓励公共停车场建设有关政策、《关于贯彻落实〈畜禽规模养殖污染防治条例〉、全面加强畜禽规模养殖污染防治的通知》等相关事宜，听取并讨论通过了关于2014年合肥市区义务教育阶段、普通高中招生政策调整情况等有关事项。

合肥首届花卉节在牛角大圩开幕。董昭礼宣布花卉节开幕。

30日 合肥市庆祝“五一”国际劳动节暨先进表彰大会在市政务中心小会堂召开。吴存荣出席大会并讲话。市领导张庆军、熊建辉、董昭礼出席大会。

5月

1日 第二届“庐阳志邦杯”中日韩三国围棋名人混双赛在三国新城遗址公园开幕。中国棋院院长刘思明，中国围棋协会主席王汝南，副市长吴春梅出席开幕式。

4日 市委常委会召开会议，传达贯彻省委教育实践活动领导小组第七次会议精神，听取全市教育实践活动进展情况汇报，研究部署查摆问题、开展批评环节工作。吴存荣主持会议并讲话。

省委书记张宝顺到合肥国家大学科技园，参加“我的中国梦——奋斗的青春最美丽”主题团日活动，向全省广大青年、共青团员和青少年工作者致以节日的问候，勉励全省广大青年勇于担当，锐意进取，在实现中国梦的伟大实践中绽放青春，为建设美好安徽贡献力量。省委副书记李锦斌，省委常委、市委书记吴存荣参加活动。

“金寨南路综合改造一期工程”获“全国市政金杯示范工程”称号。“全国市政金杯示范工程”是中国市政工程建设行业质量方面的最高奖项，与“鲁班奖”和“詹天佑奖”并列为全国最具影响力三大工程质量奖项。

市工商联会员企业合肥华威药业有限责任公司提取车间被中华全国总工会授予“全国工人先锋号”荣誉称号。是合肥市唯一一家获此殊荣的民营企业。

5日 合肥市2014年电网规划建设对接会在市政务中心召开，系统谋划电网规划建设，研究解决相关问题。市长张庆军，省电力公司党组书记、副总经理吕海平，省电力公司副总经理、合肥供电公司总经理肖黎春出席会议。

6日 中央召开党的群众路线教育实践活动视频会议，学习贯彻习近平总书记重要指示精神，安排部署第二批教育实践活动查摆问题、开展批评环节工作，推进教育实践活动扎实深入开展，以实际成效取信于民。吴存荣出席合肥分会场会议并讲话。省委第一督导组组长汪国才，市委副书记、市长张庆军出席合肥分会场会议。

2014“走向文明”“庐州放歌”“炫动的音符”暨“包公杯·反腐倡廉曲艺演出”文艺下基层巡演在和平广场启动。市人大常委会副主任、党组副书记，市委宣传部部长林存安出席启动仪式。

7日 张庆军主持召开市政府第三十二次常务会议，审议并原则通过了出台《合肥市人民政府关于加快推进建筑产业化发展的指导意见》等相关事宜。

合肥市2014年首场银投企对接会在市政务中心举行。市委常委、副市长马立与徽商银行副行长王贵生分别代表市政府与徽商银行签订战略合作协议。市长张庆军，中国证券业协会副会长葛伟平，徽商银行董事长李宏鸣出席签约仪式。

中国关心下一代工作委员会主任顾秀莲率调研组来肥调研关爱下一代工作。省人大常委会副主任陈先森，市人大常委会主任熊建辉陪同调研。

8日 全市人口和计划生育工作电视电话会议在市政务中心召开。吴存荣出席会议并讲话。张庆军主持会议。林存安宣读有关奖罚决定。

9日 清华大学合肥公共安全研究院揭牌并举行管理委员会第一次会议。市长张庆军与清华大学常务副校长程建平共同为研究院揭牌。 会议原则通过了清华合肥研究院章程，宣读了清华大学关于合肥研究院管理层的任命书，讨论通过了研究院初步规划设计方案、五年发展规划及年度工作计划、年度资金预算等，并形成会议纪要及有关决议。

安徽国祯环保节能科技股份有限公司首发申请获通过。成为全市又一家上市公司。

11日 合肥市首批6条市级特色商业街区评选出炉，分别是：宁国路龙虾美食街区、包河区罍街、庐阳区凤台路风味美食街、义井路美食街、贵池路瑞福·食尚街、巢湖市中庙商业步行街。

合肥市合芜蚌试验区科技创新公共服务和应用技术研发中心可再生能源建筑应用示范项目、滨湖国家森林公园建设、塘西河综合治理项目、坝下生态环境整治、龙泉山垃圾填埋气发电项目、肥东县长临河镇古街改造及景观整治工程六项目获得2013“安徽人居环境范例奖”。

12日 市委党的群众路线教育实践活动领导小组第三次会议在市政务中心召开。吴存荣出席会议并讲话。省委第一督导组组长汪国才出席会议并讲话。市委常委、组织部长汪卫东汇报全市教育实践活动学习教育、听取意见环节工作开展情况和下一步工作安排建议。市领导张庆军、凌云、杨思松、张海林出席。

省市“全国防灾减灾日”主题宣传活动在合肥市庐阳区举行。副省长、省减灾救灾委主任梁卫国，市人大常委会副主任陈葆华参加宣传活动。

2014年新版《合肥市城乡医疗救助实施办法》出台。

13日 省经信委公布第四批“安徽省中小企业公共服务示范平台”名单，合肥市5家中小企业公共服务平台入选，分别是：安徽省墙体屋面材料工业协会、安徽三祥技术咨询有限公司、安徽迈立信息科技有限公司、合肥科信中兴环保设计工程有限公司和巢湖市中小企业服务中心。

14日 《合肥市城市轨道交通建设规划（2014-2020年）环境影响报告书》通过环保部审查，标志着合肥市轨道交通第二轮建设规划环评通过审查。

15日　第五届环境技术及知识转化国际会议在合肥学院举行。来自奥地利、德国、美国、韩国、越南和中国的环保专家、学者，以城市生活垃圾焚烧发电中热能及再生产物的回收利用、生物燃气生产中动物废弃物及农业废弃物的厌氧共酵解等为主题，作多场科研报告。

12～16日　省委副书记、省长王学军在合肥调研，了解合肥经济社会发展的成绩和经验。他强调，合肥继续坚持既定发展目标和路子，进一步树立世界眼光、战略思维，坚持稳中求进、改革创新，加快推进“大湖名城、创新高地”建设，努力当好全省经济社会发展的排头兵、改革创新的排头兵和城市规划建设管理的排头兵。　省委常委、常务副省长詹夏来，省委常委、市委书记吴存荣参加调研。

16日　市人大常委会《合肥市大气污染防治条例》执法检查动员会在市政务中心举行。会议通报了执法检查实施方案，并就执法检查相关工作进行动员。熊建辉出席会议并作动员讲话。

17日　吴存荣在市政务中心会见来肥访问的多米尼克总理罗斯福·斯凯里特一行。杨思松参加会见。

18日　中国报业协会第四届五次理事会暨中国报业融合发展高峰论坛在北京召开。合肥报业传媒集团获“中国报业融合发展奖”、“中国报业经营管理奖”两项“国字号”大奖。

19日　合肥经济技术开发区与中国铁路物资股份有限公司在市政务中心举行中国铁路物资工业集团总部项目签约仪式。张庆军出席仪式并在仪式前会见中国铁物执行董事、总裁申兆军一行。

20日　合肥市人才工作领导小组会议在市政务中心召开。会议听取了合肥市2013年人才工作总结，审议了市第七批专业技术拔尖人才人选、合肥市2014年人才工作要点。凌云出席会议并讲话。

21日　市委召开常委扩大会议，传达学习习近平总书记在中央政治局常委会讨论一季度经济形势时的重要讲话精神、省委书记张宝顺在省委常委会议上的讲话精神、全省一季度经济形势分析暨重点工作推进会精神、省长王学军在肥调研讲话精神，听取全市当前经济形势和重大项目建设工作情况汇报，研究部署经济工作；传达学习习近平总书记在兰考县委常委班子专题民主生活会上的重要讲话精神，按照中央和省委部署，研究部署教育实践活动推进工作。吴存荣主持会议并讲话。

第三届“包公杯”全国反腐倡廉曲艺作品征集活动优秀节目展演在合肥大剧院举行。中国文联党组成员、副主席李前光，省委常委、省纪委书记王宾宜，省委常委、宣传部长曹征海，省委常委、市委书记吴存荣，中国曲协主席姜昆等观看文艺演出。

市服务外包行业协会成立大会暨第一届会员代表大会在市民主党派综合楼举行。会议审议表决通过了协会系列章程和管理办法、选举办法及理事会成员名单，并为中国服务外包人才基石工程中部中心揭牌。

22日　“爱岗敬业诚信友善——全国道德模范与身边好人（安徽合肥）现场交流活动在肥举行。省委常委、宣传部长曹征海，省委常委、市委书记吴存荣，中央文明办秘书局巡视员、副局长钟声出席活动。

23日　省加快电子商务发展专题会在肥召开，合肥（蜀山）国际电子商务产业园被授予“安徽省电子商务培训基地”、“安徽省高校电子商务人才实训基地”称号。花建慧主持会议并讲话。陈晓波出席会议。

24日　2014年粮食科技活动周暨《粮食流通管理条例》实施十周年宣传活动在杏花公园广场举行。省人大常委会副主任宋卫平、市人大常委会主任熊建辉参加宣传活动。

26日　2014年全市食品药品监管工作会议在市政务中心召开。省食品药品监督管理局局长徐恒秋、副市长吴建国出席会议并分别讲话。

全市夏粮收购暨仓储设施建设工作调度会议在市政务中心召开。会议学习传达了2014年小麦最低收购价执行预案，研究分析小麦收购形势，安排部署全市夏粮收购工作，全面推进全市仓储设施建设40.5万吨目标任务的落实。陈晓波出席会议并讲话。

26～27日　墨西哥最大的公共电视台“电视十一台”来华拍摄纪录片，摄制组在合肥市政务区取景拍摄了一些地标性建筑，展示合肥市政城市建设情况，并在美食一条街——罍街拍摄了合肥美食。安徽电视台、市外宣办、市外事办人员随同拍摄。

27日　省委书记张宝顺深入合肥市长丰县调研指导夏粮抢收，现场检查秸秆禁烧工作。省委常委、秘书长唐承沛，省委常委、市委书记吴存荣陪同调研。

28日　全市金融形势分析座谈会在市政务中心召开。会议分析当前经济金融形势，共同谋划推动金融业和合肥市经济社会又好又快发展。张庆军出席会议并讲话。

29日 “人民满意消防卫士”荣誉称号授牌仪式暨功模表彰大会在市公安消防支队召开。张庆军宣读表彰通报并为市公安消防支队颁发荣誉称号奖牌。吴存荣出席大会并讲话。市领导熊建辉、董昭礼、杨思松出席。

30日 全市农民文化乐园建设试点工作会议在市政务中心召开。凌云出席会议并讲话。

合肥市扶持产业发展“1+3+5”政策新闻发布会在市政务中心举行。韩冰出席发布会并发布有关情况。

31日 “绿地杯”2014国内(巢湖)马拉松邀请赛鸣枪起跑。林存安宣布开赛。

6月

1日 全市电信业“营改增”试点相关业务功能开启，中国移动安徽分公司、中国电信合肥分公司开出电信业增值税专用发票，标志着全市电信业“营改增”试点上线运行，实现税制转换。

2日 全市农村饮水安全工程实现乡镇“全覆盖”，82个乡镇都接通了自来水。

3日 “合肥改革发展经验”集中宣传采访团见面会在市政务中心举行。吴存荣出席见面会并会见采访团一行。省委宣传部副部长汪家驷介绍集中宣传采访活动有关情况。凌云主持会议。

市政府与上海铁路局在市政务中心举行战略合作协议签约仪式。张庆军出席仪式并在仪式前会见上海铁路局副局长刘建堂一行。

4日 全市召开吃喝风、红包风专项整治工作推进会。会议下发《关于组织开展吃喝风、红包风专项整治工作的实施方案》，重拳出击整治大吃大喝、收受红包现象。

中国社区发展协会2014年年会在武汉召开，会议表彰了首届中国社区发展创新奖10家获奖单位，包河区滨湖世纪社区成为安徽省唯一获奖的社区，并作创新经验交流发言。

5日 由联合国环境基金会、中国环境保护协会、香港环境保护协会、澳门环境保护协会、台湾环境保护协会联合举办的第四届“绿色中国·2014环保成就奖”颁奖典礼在香港国际会议展览中心举行。合肥市作为中国唯一获奖省会城市在本届评选活动中获“绿色中国·杰出绿色生态城市”称号。

6日 市委召开常委扩大会议，传达学习第二次中央新疆工作座谈会精神、省委常委扩大会议精神和省委落实党风廉政建设和反腐败工作党委主体责任集体谈话会精神，部署安排贯彻落实工作。吴存荣主持会议并讲话。

“2014合肥文化惠民消费季”开幕式在包河区罍街举行。市领导凌云、林存安出席开幕式。

7日 合肥经济圈城市党政领导第五次会商会议在滁州市定远县开幕。吴存荣发表讲话；国家发改委地区经济司副巡视员刘少军，省发改委副主任刘健出席会议并提出指导性意见。市领导张庆军、杨思松、韩冰以及合肥经济圈淮南、六安、滁州、桐城、定远等市县党政主要负责人出席。

全国人大常委会副委员长、民盟中央主席张宝文率考察组来肥考察水资源保护和管理工作。考察组一行先后来到牛角大圩、巢湖沿岸、南淝河沿岸，实地查看百河千渠万塘工程，巢湖水生态修复一、二期工程，南淝河下游河道综合治理工程实施情况。随后，考察组乘船实地考察巢湖水质并听取了市政府关于水资源保护及巢湖综合治理工作情况的汇报。省人大常委会副主任沈卫国、市人大常委会主任熊建辉陪同考察。

9日 市委党校第43期青干班主题研讨会在市委党校召开。吴存荣出席并讲话。凌云主持会议。

8～10日 国家卫生计生委主任李斌率调研组在肥调研医改工作。詹夏来陪同调研并主持召开医改工作汇报会。吴存荣陪同。

2014年合肥市食品安全宣传周活动启动仪式在和平广场举行。市领导熊建辉、董昭礼巡视活动现场。

11～12日 张宝顺全程参加指导合肥市委常委班子党的群众路线教育实践活动专题民主生活会。他强调，要按照“三严三实”要求，高标准、高质量推进教育实践活动，坚定不移反“四风”、改作风，不断以作风建设的新成效树形象、聚民心、促发展。省人大常委会副主任、省委督导组第一组长宋卫平参加专题民主生活会并进行点评。省委第一督导组组长汪国才参加会议。熊建辉、董昭礼列席会议。

12日 合肥南车轨道车辆修造基地建设项目(一期工程)在新站区举行开工典礼。

13日 张庆军主持召开市政府第三十三次常务会议，审议并原则通过了出台提前淘汰黄标车补偿标准、承接落实省政府取消和下放行政审批项目等相关事宜。听取并讨论通过了《关于规范和促进报废汽车回收利用产业发展的意见》等有关事项。

14日 吴存荣调研大建设重

点工程建设情况，看望慰问一线建设者。市领导杨思松、周善武陪同。

“合肥市2014中国文化遗产日活动”开幕。凌云、林存安出席活动。

14～16日 在青岛举行的2014全球服务外包大会上，合肥获评“中国服务外包风采城市”中西部最具竞争力城市。全国仅10个城市荣登“中国服务外包风采城市”榜单。

16日 市人大常委会党组班子党的群众路线教育实践活动专题民主生活会在市政务中心召开。省委第一督导组组长汪国才出席会议并作点评。熊建辉主持会议。市人大常委会党组班子成员宋家伟、林存安、杜昌寿、阚建华、张长淮、孔向阳、刘观宝参加会议。

省政府批复同意设立合肥空港经济示范区，挂靠国家级合肥经济技术开发区，比照享受省级开发区各项政策。 合肥空港经济示范区紧邻新桥国际机场，位于合肥经开区高刘镇，规划控制面积7.5平方公里。

17日 合肥综合保税区开工建设。吴存荣、张庆军赴综保区建设现场调研，并召开汇报会，研究部署综保区建设下一步工作。副市长陈晓波陪同调研并主持汇报会。

18日 市政府党组召开党的群众路线教育实践活动专题民主生活会，聚焦“四风”问题，认真对照检查，深刻剖析根源，严肃地开展批评与自我批评，并提出了切实可行的整改措施，进一步提高市政府党组的创造力、凝聚力和战斗力。省委第一督导组组长汪国才出席会议并作点评。张庆军主持会议并讲话。市政府党组班子成员韩冰、黄文涛、马立、江洪、周善武、王翔、程瀚、吴建国、陈晓波、倪胜如、杨伟参加会议。

合肥市村“两委”换届选举工作会议在市政务中心召开，凌云出席会议并对换届选举工作进行全面动员部署。汪卫东主持会议。

19日 市委常委班子专题民主生活会情况通报会在市政务中心召开。吴存荣主持会议，传达了省委书记张宝顺在市委常委班子专题民主生活会上的重要讲话精神，并讲话。省委第一督导组组长汪国才出席并讲话。凌云通报了市委常委班子专题民主生活会情况。 张庆军、熊建辉、董昭礼出席会议。

2013年度中国城市网络形象排行榜发布会在肥举行。合肥市跻身中国城市网络形象排行榜十佳城市，在省会及计划单列市排名中位居第八。

20日 王学军实地查勘和调研引江济淮工程规划设计和前期工作情况。省委常委、市委书记吴存荣，副省长梁卫国、方春明，参加调研。张庆军陪同调研。

2014华东地区暨第三届中国安徽（合肥）畜牧业展览会在合肥滨湖国际会展中心开幕。

在庐阳区妇幼保健站第一届理事会成立大会暨庐阳区事业单位法人治理结构建设试点启动会议上，成立首个专门负责行使决策和监督职权的妇幼保健站理事会。这是全市首家通过成立理事会实行“政事分开”的事业单位。

21日 合肥市与在京中央高校产学研合作技术需求信息发布会在京召开。凌云出席发布会并致辞。

22日 全省文化改革发展示范企业战略合作座谈会在安徽科大讯飞股份有限公司举行。省委常委、宣传部长曹征海出席会议并讲话。省委宣传部常务副部长郎涛，市人大常委会党组副书记、副主任、市委宣传部部长林存安参加会议。

23日 合肥市2014年就业工作领导小组会议在市政务中心召开。吴建国出席会议。

24日 张庆军主持召开市政府第三十四次常务会议，审议并原则通过了2013年市政府工作创新奖评选结果、出台《关于进一步加强企业改造推动工业创新发展的若干意见》，听取并讨论通过了出台《深入推进政府向社会力量购买服务的实施意见》、关于2013年度合肥市科学技术奖励评审情况等相关事宜。

25日 共青团合肥市第十四次代表大会在市政务中心小会堂开幕。吴存荣出席开幕式并讲话。他强调，伟大的时代召唤着青年，合肥的未来期待着青年。我们要紧密团结在以习近平同志为总书记的党中央周围，认真贯彻落实中央和省、市委的部署要求，牢记光荣使命，珍惜大好时光，矢志艰苦奋斗，锐意开拓进取，在打造“大湖名城、创新高地”、建设美好安徽、实现中国梦的伟大实践中，谱写出更加壮丽的青春乐章。团省委书记李红出席开幕式并讲话。 市领导张庆军、熊建辉、董昭礼、凌云、杨思松、汪卫东、吴春梅、奚芝英出席。

中科院合肥技术创新工程院建设启动仪式在高新区举行。省委常委、市委书记吴存荣，市长张庆军和中科院合肥物质研究院院长匡光力、院党委书记王英俭出席启动仪式，并共同按下启动球。先后致辞。市领导凌云、杨思松、汪卫东、王翔出席启动仪式。

26日 市政府党组专题民主生活会情况通报会在市政务中心举行。会议针对专题民主生活会会前准备、开展批评与自我批评、制定整改措施等情况进行通报。张庆军主持会议并作情况通报。韩冰通报省委第一督导组组长汪国才在专题民主生活会上的点评讲话。市政府党组班子成员黄文涛、马立、江洪、周善武、王翔、程瀚、吴建国、陈晓波、倪胜如、杨伟参加会议。吴春梅列席会议。

市政协十三届七次常委会议暨专题协商会议在市政务中心召开。会议通过了《关于“激发社会组织活力，促进基层社会治理”的建议案》；听取了关于进一步规范特约监督员工作的情况报告。董昭礼出席会议并讲话。

合肥新亚欧大陆桥国际货运首趟列车成功开通。

26～27日 省委书记张宝顺用三个半天的时间，全程参加并指导庐江县委常委班子党的群众路线教育实践活动专题民主生活会。他强调，广大党员干部要按照“三严三实”要求，牢固树立正确的世界观、政绩观、权力观，切实解决好当官为什么、当官干什么、当官留什么的问题，进一步增强责任感和使命感，为党和人民多作贡献，不辜负组织的重托、群众的期盼。省人大常委会副主任、省委督导组第一组长宋卫平对民主生活会作了点评。省委第一督导组组长汪国才，省纪委副书记、监察厅厅长李猛列席会议。 吴存荣参加民主生活会并作表态讲话。

市十五届人大常委会第十一次会议在市政务中心召开。会议听取了市人民代表大会法制委员会委员郑化尧所作的关于《合肥市市直机关公务员转任办法（修正案草案）》修改情况的说明，市发改委主任宋道军所作的关于国民经济和社会发展第十二个五年规划纲要中期评估情况的报告和关于市“十二五”规划纲要实施情况的调研报告（书面），市财政局局长吴利林所作的关于2013年市级财政决算的报告；听取了市人大常委会预算工委主任司盛宽所作的关于2013年市级财政决算审查结果的报告，市审计局局长程林所作的关于2013年市级预算执行和其他财政收支的审计工作报告，市农委主任何杰所作的关于全市土地流转工作情况的报告和关于全市土地流转工作情况的调研报告（书面），市人大常委会副主任张长淮所作的关于《合肥市大气污染防治条例》执法检查情况的报告和关于市人大常委会建筑扬尘防治情况专题询问的说明，市政府关于市大气污染防治工作情况的报告（书面）； 会议通过了关于修改《合肥市市直机关公务员转任办法》的决定；通过了关于批准合肥市国民经济和社会发展第十二个五年规划纲要部分指标调整的决议；通过了关于批准合肥市2013年市级财政决算的决议；通过了人事任免事项。熊建辉主持第一次全体会议。市人大常委会副主任宋家伟、林存安、杜昌寿、陈栋、陈葆华、阚建华、张长淮、孔向阳，秘书长刘观宝出席会议。市委常委、常务副市长韩冰，市中级人民法院院长许建、副院长袁开平，市人民检察院检察长张棉列席会议。

27日 全国人大常委会委员、副秘书长，全国人大法律委员会副主任委员，香港澳门基本法委员会主任李飞在市政务中心作题为《贯彻实施好〈中华人民共和国各级人民代表大会监督法〉》的专题报告。市人大常委会主任、副主任等出席报告会。

由中国健康促进基金会资助的“个体化药学实验室”在合肥成立。这是我国首个儿童“个体化药学实验室”。

28日 中国（合肥）国际智能语音产业园开工建设。省经信委副主任曹晓武、副市长吴建国出席开工仪式。

华南城2014中国（合肥）龙虾节“虾客行”卡发行仪式在安徽省金种子体育馆举行。这是合肥首次公开发行龙虾主题便民卡。

29日 中央第三巡回督导组副组长刘上洋全程参加并指导肥东县委常委班子党的群众路线教育实践活动专题民主生活会。吴存荣参会并讲话。省人大常委会副主任、省委督导组第一组长宋卫平对民主生活会进行点评， 省委第一督导组组长汪国才，省委组织部副部长、省委非公经济工委书记何军列席会议。

全市教育实践活动工作推进会在市政务中心召开。吴存荣主持会议并讲话。汪国才出席会议。张庆军传达了张宝顺在参加指导庐江县委常委班子专题民主生活会上的重要讲话精神，凌云传达了全省第二批教育实践活动工作推进会精神，汪卫东传达了刘上洋在参加指导肥东县委常委班子专题民主生活会上的讲话精神。

30日 合肥市深入推进教育实践活动庆祝建党93周年座谈会在市政务中心召开。吴存荣出席会议并讲话。他强调，在省委省政府坚强领导下，团结和带领全市人民，不断解放思想、开拓进取，在打造“大湖名城、创新高地”、建设美好安徽、实现中国梦的伟大实践中，贡献智慧和力量。 市领导张庆军、凌云、杨思松、汪卫东、张海林、林存安出席。

2014合肥国际马拉松赛组委会第一次会议召开，标志着赛事筹备工作启动。组委会主任、市长张庆军出席并讲话。

7月

1日 国家工信部副部长苏波率全国人大“持续推进节能减排工作”重点建议联合调研组来肥考察，并召开新能源汽车产业发展座谈会。省委常委、市委书记吴存荣、副省长杨振超陪同调研。

由市委宣传部、市文广新局主办的大型系列主题短剧《鱼水情深》在合肥大剧院上演。该剧以“为民务实清廉”的党风、政风建设为创作内容——献礼党的群众路线教育实践活动。省市领导吴存荣、董昭礼、凌云、黄文涛、杨思松等观看。

2日 吴存荣深入巢湖市乡村，专题调研群众路线教育实践活动开展、基层党组织建设、农村改革发展等情况。市领导杨思松、李武好陪同调研。

6月30日至7月2日 市长张庆军赴江苏开展系列招商活动，先后拜访了雨润控股集团、今创集团股份有限公司、新誉集团、江苏常牵庞巴迪牵引系统有限公司、海润光伏科技股份有限公司等多家企业，就有关合作项目进行洽谈。

台湾中华航空公司合肥—台北航线首航仪式在合肥新桥国际机场举行。副省长花建慧出席仪式。市长张庆军、台湾中华航空公司董事长孙洪祥在仪式上致辞。

3日 合肥空港保税物流中心（B型）获省政府批准同意申报建设。

肥西县三河镇、庐阳区三十岗乡东瞿村分别入选第一批“安徽省宜居小镇”“安徽省宜居村庄”示范名单。

4日 市委全面深化改革领导小组第二次全体会议在市政务中心召开。省委常委、市委书记、市委全面深化改革领导小组组长吴存荣主持会议并讲话。会议听取了《市委全面深化改革领导小组2014年工作要点》起草情况、各专项小组本领域工作开展情况汇报，审议通过了《2014年工作要点》及分工方案、《合肥市深化民主政治领域改革实施方案》《合肥市统筹城乡发展体制机制改革工作方案》《合肥市深化文化体制改革实施方案》。张庆军出席并讲话。

5日 吴存荣在市政务中心会见2014年中科大返校校友合肥行成员一行。市领导凌云、杨思松等参加会见。

7日 吴存荣深入长丰县边远乡村调研指导工作，看望慰问一线干部群众。市委常委、秘书长杨思松陪同。

8日 合肥市大建设指挥部会议在市政务中心召开。张庆军主持会议并讲话。会议听取了2014年上半年大建设推进及在建重点项目进展、近期拟开工项目推进，重点交通项目推进，轨道交通1号线、2号线进展与3号线前期工作以及城中村、危旧房改造推进等情况汇报。市委常委、副市长周善武出席会议。

9日 市政协十三届二次会议主席督办提案暨“加快空港经济示范区建设”专题协商会在高刘镇召开。市政协主席董昭礼，市委常委、常务副市长韩冰出席会议并分别讲话。

10日 新站区招商引资项目集中签约仪式在市政务中心举行。省市领导吴存荣、杨思松、韩冰、吴建国出席仪式，签约企业代表深圳惠科集团总裁王智勇致辞。

11日 第八届中国曲艺牡丹奖全国曲艺大赛（合肥赛区）在合肥拉开帷幕，来自全国的曲艺参赛者竞技大湖名城，相声、小品、三书等曲种节目精彩纷呈。

《合肥市人民政府办公厅关于深入推进政府向社会力量购买服务的实施意见》颁发。

在社区志愿服务全国联络总站召开的“2014社区志愿服务制度化工作座谈会”上，巢湖市南巢街社区被评为“全国志愿服务示范站点”。南巢街社区成为全省唯一获此荣誉的社区。

11～13日 吴存荣参加并指导巢湖市委常委班子和庐阳区委常委班子党的群众路线教育实践活动专题民主生活会。省委第一督导组组长汪国才参加会议并点评。

14日 吴存荣深入瑶海区街道社区调研指导教育实践活动开展情况，慰问一线干部群众。

15日 市委召开常委扩大会议，传达学习习近平总书记在中央政治局第十六次集体学习时的重要讲话精神、省委常委会专题会议精神，研究全市贯彻落实工作；会议听取了二季度全市投资、招商引资、工业经济运行和财税等工作情况汇报，分析当前经济形势，研究部署下一步工作推进措施。吴存荣主持会议。

16日 全市乡镇街道教育实践活动培训会在市政务中心小会堂召开。吴存荣出席会议并讲话。省委第一督导组组长汪国才，市领导凌云、杨思松、李武好出席。

市人大常委会政情通报会在市政务中心举行。张庆军通报全市年初以来经济社会发展情况。熊建辉主持会议。

第29届全国速度轮滑（场地）锦标赛在合肥滨湖轮滑场开幕。国家体育总局社体中心副主任、中国轮滑协会副主席张怡致辞，副市长吴春梅出席开幕式。

17日 吴存荣参加并指导新站区党工委党的群众路线教育实践活动专题民主生活会。市委常委、统战部长韦弋参会并讲话。

18日 合肥首个物流产业园——合肥裕隆商贸物流产业园启动运营。

安徽鑫昊等离子显示器件有限公司200万台高速智能生产线实现全面量产。省市领导吴存荣、杨思松、吴建国与四川长虹电子集团有限公司董事长、党委书记赵勇考察了生产线并进行座谈交流。

《巢湖流域水污染防治条例》经省十二届人大常委会第十二次会议审议通过。于2014年12月1日起实施。

19日 课程改革与信息化建设深度融合研讨会暨合肥一中智慧学院揭牌仪式在合肥一中举行。市人大常委会副主任陈栋、副市长吴春梅为智慧学院揭牌。

省首个家庭服务行业专业市场——位于桐城路的合肥家庭服务业专业市场启用。填补了全市乃至全省家庭服务业专业交易市场的空白。

21日 全市创建全国文明城市指挥部调度会在市政务中心召开。市文明办负责人通报了全市上半年文明城市创建工作情况。吴存荣主持会议并讲话。市领导张庆军、凌云、杨思松、聂爱国、周善武、李武好、林存安、吴春梅出席。

22日 国家发改委、财政部和国土资源部等6部委联合下发通知，批准巢湖生态文明先行示范区等地区为第一批国家生态文明先行示范区。

23日 全市争创文明城市“绿网行动”推进会在市政务中心小礼堂召开。凌云、林存安、吴春梅、金其武出席。

24日 中央党校副校长黄浩涛来肥考察经济社会发展和城市建设情况。省委党校常务副校长张岳峰，市委副书记、市委党校校长凌云陪同考察。

25日 2014年包河区新项目集中签约集中开工仪式在安徽南翔万商汽车智慧新城项目开工现场举行。张庆军宣布新项目集中开工。熊建辉、吴建国、华艾参加开工仪式。

合肥市见义勇为先进个人周传金在第十二届全国见义勇为英雄模范表彰大会被评为“全国见义勇为英雄模范”。

26日 “大湖名城—悦读合肥”全民阅读活动系列活动之一“好书共分享 图书随漂流”活动在合肥市图书馆启动。

27日 中科大自主研发的“可佳”智能服务机器人在第十八届Robo Cup机器人世界杯比赛中荣获冠军。这是中国服务机器人首次在国际服务机器人标准测试中排名第一。

28日 张庆军主持召开市政府第三十五次常务会议，审议并原则通过了推动合肥新亚欧大陆桥国家货运班列持久有序发展，讨论修订《合肥市建设工程竣工联督合查实施办法（实行）》。会议听取并讨论通过了关于出台《进一步规范和加快城市光伏推广应用的补充通知》《关于规范农村产权交易管理工作的意见》《合肥市农村产权交易管理办法》等有关事项。

合六叶高速驿安新桥服务区“候机楼”对外营业，这是国内首个服务区“候机楼”。

30日 市政府投资引导基金天使投资基金管委会第一次会议召开。会议审议通过了《2014年合肥市政府投资引导基金天使投资基金实施方案》《合肥市政府投资引导基金管理职责》，听取并讨论了合肥市政府投资引导基金组建方案、产业投资引导基金以及创业投资引导基金、天使投资基金设立运作方案和工作进展有关情况。管委会主任、市长张庆军出席会议并讲话。管委会第一副主任、市委常委、常务副市长韩冰主持会议。

长安自主品牌轿车合肥基地投产，首款产品奔奔mini成功下线。省委常委、市委书记吴存荣，市长张庆军，重庆长安汽车股份有限公司副总裁、合肥长安汽车有限公司董事长何朝兵共同启动新产品下线按钮。

全市首个政府类的投融资服务联盟成立，这是全省第一个科技孵化器投融资服务联盟。

31日 市政协庆“八一”国家安全形势报告会在市政务中心小会堂举行。国防大学国际战略学博士、石家庄陆军指挥学院教授、博士生导师王建华应邀作了一堂关于国家安全形势的报告会。市政协主席董昭礼，市委常委、合肥警备区政委姜宗健聆听了报告。

合肥市长丰县正丰养殖场、肥东县鹰博生态农业有限公司、庐江县七九特种水产养殖场、巢湖市丰盛水产养殖专业合作社4家龙虾养殖基地获得省级龙虾健康养殖示范基地称号。

8月

1日 全市文化体制改革工作会议在市政务中心举行。会议传达了全国和全省文化体制改革工作会议精神，研究部署当前及今后一个时期合肥市文化体制改革的任务。合肥报业传媒集团、高新区管委会、肥西县委宣传部、包河区委宣传部先后汇报了有关改革情况。凌云出席并讲话。

1～2日 张庆军赴深圳开展系列招商活动，先后拜访考察了深圳海雅（集团）有限公司、深圳华侨城集团、香港恩达集团、深圳科技工业园、深圳联腾科技有限公司和深圳盛弘电气有限公司，并就相关合作项目进行了洽谈对接。

2日 省暨合肥市“俭以养德全民行动”主题实践活动启动仪式、第十二届“绿色大圩”葡萄文化旅游节开幕仪式在大圩镇新游客接待中心举行。省委宣传部副部长、省文明办主任贺懋燮，市委副书记凌云，副市长吴春梅出席仪式并共同按动启动球。

3日 合肥市与六安市签订《丰乐河流域水污染防治联防联控协议》，共同改善丰乐河流域水环境。

4日 《合肥经济圈城镇体系规划（2013～2030）》方案评审会在市政务中心召开。国务院参事、中国城市规划设计研究院原院长王静霞，住建部总规划师唐凯，中国城市规划协会常务副会长吴建平等专家应邀出席。吴存荣在会后会见出席评审会的专家一行。省住建厅厅长侯淅珉，市领导杨思松、周善武参加会见。

5日 《中共合肥市委关于贯彻落实中央、省委部署建立健全惩治和预防腐败体系2013~2017年工作规划的实施办法》出台。

6日 纪念全国人民代表大会成立60周年暨地方人大设立常委会35周年有关活动安排会议在市政务中心举行。林存安出席会议并讲话。

7日 《2014年合肥市促进文化产业发展政策实施细则》出台。

8日 市政府与山东恒宇科技集团新能源动力电池生产基地项目签约仪式在市政务中心举行。张庆军出席签约仪式。韩冰主持签约仪式。

合肥巢湖经开区与合肥工业大学签订合作协议，共建合工大新能源汽车研究院合巢经开区分院。合工大校长徐枞巍、副市长吴建国出席签约揭牌仪式。

9日 水利部、全国节约用水办公室授予合肥市“全国节水型社会建设示范区”称号。

11日 安徽省第十三届运动会合肥市代表团成立。张庆军向代表团授旗。吴春梅作动员讲话。

12日 全市乡镇（街道）纪委（纪工委）书记培训班开班式在市委党校举行。吴存荣出席并授课。张海林主持并作开班动员。

11～13日 张庆军赴北京开展招商活动，就相关合作项目进行对接和洽谈。张庆军一行考察了亚马逊（中国）有限公司、新兴际华重工有限公司等企业，会见了橙天娱乐集团、赶集网、正奇金融集团、易事特电源公司、悦康药业、北大杭州未来科技城研究院、北大创新研究院、北京交控科技公司等相关企业和机构负责人。

13日 合肥市直92家预算单位集中公开2013年度部门决算及“三公”经费决算。这是合肥市首次全面、大范围公开决算信息。

环巢湖首家网购平台“特产中国——巢湖馆”开馆上线。这是合肥市第一家县级网购平台。

全市“十三五”规划编制工作动员会议在市政务中心召开。会议传达了全国、全省“十三五”规划编制专题会议精神，对全市“十三五”规划编制工作进行了安排部署，规划主要包括总体规划、专项规划和各县市区、开发区规划。韩冰出席会议并讲话。

14日 合肥市政府与国家开发银行安徽省分行棚户区改造工程一期项目金融合作签约仪式在市政务中心举行。吴存荣出席签约仪式。市长张庆军、国家开发银行安徽省分行行长于丕涛致辞。

2014年合肥高新区16个重大工业项目暨合工大智能制造技术研究院项目举行开工仪式。吴存荣宣布开工。张庆军致辞。市领导熊建辉、萱昭礼，合肥工业大学校长徐枞巍，中国电科38所所长陈信平，合肥工业大学副校长、合工大智能制造技术研究院院长刘志峰参加开工仪式。

15日 市政府第五次全体会议在市政务中心召开。会议传达贯彻了省政府第三次全体会议精神，全面总结上半年主要经济目标和政府重点工作进展情况，分析当前形势，研究部署下半年工作任务。张庆军出席会议并讲话。韩冰主持会议并通报上半年主要经济目标和重点工作完成情况。市领导黄文涛、江洪、周善武、吴春梅、王翔、吴建国、陈晓波出席会议。

张庆军主持召开市政府第三十六次常务会议，审议并原则通过了出台《合肥市促进集成电路产业发展若干政策》、关于加强和规范保障性安居工程建设和管理情况、关于2014年市级行政审批事项清理等相关事宜会议听取并讨论了出台《合肥市市场主体住所（经营场所）登记管理暂行规定》等有关事项。

《合肥市湿地公园发展规划（2013～2030年）》编制完成。

由合肥晚报打造的合肥首个媒体APP客户端项目——《合肥政经观察》在市政务中心阳光大厅上线。

17日 《关于规范重大改革事项决策程序的暂行规定》出台，这是全省首个市级层面对重大改革事项决策程序作出明确规定的规范性文件。

18日 合肥太古可口可乐饮料扩建项目开工仪式在合肥经开区举行。张庆军出席并宣布项目开工。

第三届巢湖·中华有巢氏文化学术研讨会在巢湖市举行。李武好出席会议并讲话。

19日 吴存荣在京拜会中国人民财产保险股份有限公司董事长郭生臣，双方就合肥投资环境及人保财险华东运营中心项目进行交流。

张庆军主持召开合肥市十大重点产业项目推进工作联席会议，协调解决项目推进中存在的问题，明确下一步工作重点，全力推动十大重点产业加快发展。市领导黄文涛、韩冰、江洪、周善武、孔向阳、王翔、吴建国、华艾出席会议。

20日 合肥市“社区网德大讲堂”开班仪式暨首场报告会·蜀山区专场活动举行。此举开创国内先河。

合肥数字化城市管理系统建成并开始运行。

21日 省长王学军赴中科大先进技术研究院调研重点项目建设工作。他强调，各级各部门要认真贯彻习近平总书记关于做好当前经济工作的重要讲话精神，把转方式、调结构放在更加突出的位置，进一步扩大有效投入，推进项目提质提效。省委常委、常务副省长詹夏来，省委常委、副省长陈树隆，省委常委、市委书记吴存荣，中科大党委书记许武陪同调研或出席汇报会。张庆军陪同调研并作中科大先研院建设发展情况汇报。

合肥经开区2014年11个重大项目集中开工仪式在联想研发基地项目现场举行。吴存荣出席并宣布新项目集中开工。张庆军致辞。市领导熊建辉、董昭礼、杨思松、韩冰参加开工仪式。

22日 市委教育实践活动领导小组第四次（扩大）会议在市政务中心召开。吴存荣出席会议并讲话。省委第一督导组组长汪国才出席会议并讲话。市领导张庆军、凌云、杨思松、张海林、韩冰、李武好、林存安出席。汪卫东汇报全市教育实践活动查摆问题、开展批评环节工作情况和下一步工作安排建议。

24日 市慈善协会在经开区高刘镇举行2014“慈善圆梦大学”助学金发放仪式，资助10名新考入大学学生各3000元助学金。

25日 由团中央书记处书记、中国青年创业就业基金会理事长徐晓率领的在肥参加全国青年创业就业基金会工作会议的代表，参观考察青年电子商务产业园。省委副秘书长王信，团省委书记李红，市委副书记凌云陪同考察或出席座谈会。

26日 安徽省暨合肥市村级团组织集中换届选举工作现场推进会在肥东县撮镇镇马桥社区举行。团中央书记处书记徐晓、副市长吴春梅出席会议并分别讲话。团省委书记李红主持会议。

2014年合巢经开区重大项目暨北大未名生物经济示范区一期（十大抗体药项目）集中开工。吴存荣宣布新项目集中开工，张庆军致辞。市领导熊建辉、董昭礼、杨思松、韩冰、江洪、李武好参加开工仪式。

27日 张庆军主持召开市政府第三十七次常务会议，审议并原则通过关于秋季秸秆禁烧和综合利用工作的汇报，关于出台《建立精准扶贫机制创新推进农村扶贫开发工作的实施意见》有关情况的汇报等相关事宜；会议讨论并原则通过了关于出台《合肥市居住证管理办法（草案）》《进一步加强和改进统计工作的意见》《进一步加强技能人才工作的意见》有关情况的汇报等相关事项。

28日 巢湖治理和“河长制”工作专题会议在市政务中心召开。会议听取了环巢湖生态文明示范区建设（巢湖综合治理）情况、“河长制”工作以及南淝河、十五里河、派河综合治理方案汇报。吴存荣主持会议并讲话。

市十五届人大常委会第十二次会议在市政务中心举行。 会议听取了市城管局局长王道荣所作的关于《合肥市城市管理条例（草案）》起草情况的报告，市发改委主任宋道军所作的关于2014年上半年国民经济和社会发展计划执行情况及下半年工作意见的报告，市财政局局长吴利林所作的关于2014年上半年预算执行情况的报告和关于调整2014年市本级财政预算议案的说明，市人大常委会预算工委关于2014年市本级财政预算调整方案（草案）的审查报告，市法院副院长陶有军所作的关于民事执行工作情况的报告；市人大常委会城建工委关于《合肥市城市管理条例（草案）》审查意见的报告，市人大常委会内司工委关于民事执行工作情况的调研报告。会议通过了关于批准2014年市本级财政预算调整方案的决定。会议决定任命姜明为市政府副市长、市公安局局长。熊建辉主持全体会议。

由市委宣传部和市文广新局

主办、市金穗农村数字电影院线有限公司承办的大型活动“共筑中国梦·心系乡村情”——践行党的群众路线电影展映在肥西县桃花镇顺和社区群众文化广场启动。凌云宣布活动启动。

29日 合肥市2012～2013年度优秀企业家表彰暨2014合肥企业五十强发布大会在市政务中心小会堂举行。吴存荣出席并讲话。韩冰宣读表彰市2012～2013年度优秀企业家的通报。张庆军主持。

合肥市政府新闻办举行“万科杯”2014合肥国际马拉松赛官方网站启动暨系列标识发布会。“万科杯”2014合肥国际马拉松赛的主题口号为“相约大湖名城、跑向美好未来”，吉祥物为“合合”，徽标（LOGO）则采用奔跑中的机器人形象。

30日 由国家农业部、安徽省人民政府主办，农业部农业产业化办公室、合肥市人民政府、安徽省农业委员会承办的2014中国安徽（合肥）农业产业化交易会在安徽国际会展中心开幕。省委书记张宝顺、省长王学军、省委副书记李锦斌、农业部副部长陈晓华巡视了展馆。中国农产品市场协会会长张玉香，省领导唐承沛、吴存荣、宋卫平、花建慧、梁卫国、王秀芳参加巡馆。张庆军随同巡馆并在合肥展馆介绍情况。

合肥市青年创业园挂牌成立。这是合肥市首家培育青年创业主体、扶持高端人才创新创业的创业园区。

31日 2014年省暨合肥市民族团结进步宣传月宣传咨询活动在老市府广场举行。省委常委、统战部长沈素琍，副市长吴春梅出席有关活动。

9月

1日 2014中国安徽（合肥）农业产业化交易会组委会在合肥召开成果发布会，通报了农交会招商签约金额达952.63亿元，展销产品销售额达1955万元。

由共青团中央、国家人力资源和社会保障部共同组织开展的全国青年岗位能手评选揭晓，合肥燃气集团吴雄飞获得“全国青年岗位能手”荣誉称号。

2日 《合肥市促进集成电路产业发展政策》公布，这是全市“N”个专项政策中率先出台的产业政策。

3日 抗日战争胜利纪念日暨著名抗日英烈蔡炳炎将军纪念仪式在大蜀山文化陵园丰碑园纪念广场举行。市政协主席董昭礼出席仪式并讲话。

4日 全市秋季秸秆禁烧和综合利用工作会议在市政务中心小会堂召开。吴存荣出席会议并讲话。市委常委、副市长江洪，市委常委、副市长周善武出席。

合肥预备役高炮团举行宣布命令大会，宣布团第一政委及新任职副团以上军官任职、授衔命令。市委副书记凌云为合肥预备役高炮团第一政委、党委第一书记。市委常委、合肥警备区政委姜宗健出席会议并讲话。合肥警备区司令员陈再忠宣布南京军区任职命令、中央军委授衔命令、安徽省军区任职授衔命令和合肥警备区党委通知。

5日 2014中国国际节能与新能源汽车展在安徽国际会展中心开幕。国家工信部装备工业司司长张相木、中国汽车工业进出口有限公司党委书记陈伟农、副市长吴建国出席并启动水晶球。

市首家社区微电影工作站暨金大塘社区微电影工作室揭牌仪式在瑶海区金大塘社区举行。

8日 环巢湖名优特产品电商展销中心（实体店）对外开放。是市第一家县级网购平台 “特产中国—巢湖馆” 启动O2O（线上加线下）模式。

9日 中国科学技术大学、合肥高新区管委会、安徽国购投资集团在肥签署发展合肥机器人产业战略合作框架协议。三方分别签署了《中科大·国购机器人联合研究中心合作协议》《合肥机器人产业园项目战略合作框架协议》《合肥机器人产业发展基金合作框架协议》。省市领导吴存荣、李卫华、杨思松、韩冰，中国科学技术大学以及中科大先进技术研究院领导侯建国、朱长飞、陆守香，安徽国购集团负责人袁启宏出席签约仪式。

10日 合肥市庆祝第30个教师节座谈会在市政务中心召开。吴存荣出席座谈会并讲话。副市长吴春梅主持座谈会。

2～11日 张庆军率合肥经贸代表团赴欧洲访问俄罗斯、比利时和捷克，推动合肥市与欧洲国家的经贸合作。

11日 全市文明创建暨“三线三边”环境治理工作推进会在市政务中心召开。凌云出席会议并讲话。市人大常委会党组副书记、副主任、市委宣传部部长林存安主持会议。

合肥学院《突破学科定势 打造模块化课程 重构能力导向的应用型人才培养教学体系》项目获得2014年高等教育国家级教学成果一等奖。该奖项每四年评选一次，合肥学院所获奖项是安徽省高等教育的重大突破。

12日　省委书记张宝顺在合肥市听取合肥市委和庐江县委党的群众路线教育实践活动情况汇报。吴存荣汇报了合肥市教育实践活动的开展情况。省委第一督导组组长汪国才汇报了督导工作有关情况。省人大常委会副主任、省委督导组第一组长宋卫平，市领导凌云、杨思松、汪卫东参加汇报会。

全市消防和道路交通安全工作会议在市政务中心召开。副市长、市公安局局长姜明出席会议并讲话。

13日　合肥空港公用型保税仓库获批建设，合肥海关下达行政许可决定书。

15日　市委全面深化改革领导小组第三次全体会议在市政务中心召开。会议听取了关于改革信息报送要求与采用情况以及下一步信息报送重点的报告、市贯彻落实省委全面深化改革领导小组前三次会议审议讨论的相关改革事项进展情况汇报，审议通过了《关于全面深化国资国企改革的若干意见》和《合肥市2014年全面深化经济体制改革工作方案》《合肥市2014年社会体制改革工作方案》《合肥市2014年行政体制改革工作方案》。省委常委、市委书记、市委全面深化改革领导小组组长吴存荣主持会议并讲话。市委副书记、市长张庆军，市委副书记凌云，市委全面深化改革领导小组成员出席会议。

《合肥市纪检监察干部失职渎职行为责任追究暂行办法》出台。

16日　合肥与韩国原州诗歌时调交流会在市政务中心举行。市委副书记凌云、韩国原州市艺总会长权大瑛出席交流会并分别致辞。

中国国际广播电台分党组副书记、副台长王明华率“走进大湖名城、创新高地——海内外广播大型媒体采访团”来肥采访。凌云会见采访团一行。

18日　陈树隆来肥调研国省干线公路建设情况。省政府副秘书长汪莹纯，市长张庆军陪同调研。

19日　第八届中国（合肥）国际文化博览会在安徽国际会展中心开幕。省委常委、宣传部长曹征海，省委常委、市委书记吴存荣，副省长谢广祥，省政协副主席李修松，市委副书记凌云考察了文博会展馆。

国家信息中心软件评测安徽省中心成立仪式暨新闻发布会在合肥举行。全省首个国家级软件评测中心落户合肥，这也标志着安徽省及合肥市软件评测水平迈入“国家队”行列。

20日　马钢（合肥）公司转型发展动员大会暨连续镀锌线项目开工仪式在马钢（合肥）公司举行。吴存荣宣布马钢（合肥）公司连续镀锌线项目开工。　张庆军应邀致辞，马钢集团公司董事长、党委书记高海建作转型发展动员讲话，马钢（合肥）公司董事长、党委书记秦长荣发言。

合肥市对接长三角品牌建设合作活动在稻香楼宾馆举行。国家工信部科技司副司长沙南生、副市长王翔出席活动开幕式，并为相关合作共建企业颁发奖牌。

21日　湖南省永州市委书记陈文浩、市长向曙光率永州市党政代表团来肥考察，两市召开交流座谈会。吴存荣陪同考察并主持座谈会。张庆军出席座谈会并介绍合肥市经济社会发展情况。

22日　第二届“合肥市全民文化活动周”启动仪式在天鹅湖市民广场举行。吴存荣宣布第二届“合肥市全民文化活动周”启动。凌云致辞。

合肥经开区官方微信上线，标志着合肥经开区政务服务迈入“微时代”。

23日　全国推进普通公路现场交流会在合肥市召开。交通运输部党组书记、部长杨传堂出席。吴存荣陪同。

交通运输部部长杨传堂赴合肥港国际集装箱码头，调研安徽内河水运投融资体制改革、水运基础设施建设、集团公司发展以及合肥港建设运营情况。省委常委、副省长陈树隆，市长张庆军陪同。

24日　纪念中国人民政治协商会议成立65周年暨合肥市各界人士迎国庆茶话会在市政务中心举行。吴存荣、张庆军等市党政军领导出席会议。

25日　由市委宣传部、市委教育实践活动领导小组办公室主办，合肥演艺有限责任公司承办的庆祝中华人民共和国成立65周年“大湖名城、创新高地”合肥市基层文艺调演优秀节目展演在合肥大剧院举行。吴存荣、张庆军观看。

安徽江淮纳威司达柴油发动机有限公司新生产基地落成暨首台MaxxForce（迈斯福）发动机下线仪式举行。市长张庆军、省经信委纪检组长程斌出席发动机下线仪式。

2014中国城市森林建设座谈会在山东省淄博市举行，合肥市荣获新一批国家森林城市称号。江洪代表合肥领取国家森林城市奖牌，并在座谈上介绍合肥森林城市建设经验。

26日　吴存荣应邀为省委党校秋季培训班作题为《走“创新转型升级”发展新路　绘“大湖名城、创新高地”美好愿景》的报告。

27日　2014年全国青少年校

园青春健身操大赛合肥赛区总决赛在合肥八中举行。合肥八中代表队、庐阳高级中学代表队胜出并代表合肥市参加全国大赛。

28日 2014年市政府安委会第三次全体（扩大）会议暨“六打六治”专项行动部署推进会在市政务中心召开。会议学习贯彻了市委常委会关于安全生产工作的会议精神，通报了当前全市安全生产工作形势，部署推进“六打六治”打非治违专项行动等安全生产重点工作。张庆军出席会议并讲话。

29日 纪念全国人民代表大会成立60周年暨地方人大设立常委会35周年大会在市政务中心小会堂举行。吴存荣出席大会并讲话。张庆军、熊建辉、董昭礼等市党政军领导出席大会。

2014年新站区重点工业项目集中开工仪式举行。吴存荣宣布项目开工。张庆军在仪式上致辞。

30日 由市委、市政府主办，市委宣传部、市文广新局、合肥广电集团承办的“大湖名城、创新高地”合肥市庆祝中华人民共和国成立65周年国庆文艺晚会在合肥大剧院举行。省市领导吴存荣、张庆军、凌云和革命英烈家属代表，中国好人、道德模范代表，劳动模范代表，少数民族、宗教界人士代表，台湾同胞和台属代表一起观看演出。

10月

1日 2014合肥·青海（海东）高原绿色产品展交会在安徽国际会展中心举行。青海省海东市副市长曹生渊，合肥市副市长陈晓波出席展交会启动仪式。

2日 合肥六中建校60周年纪念暨校友返校日活动在合肥六中举行。张庆军出席活动并在纪念大会上致辞。

4日 国务院批准授予100名在华外国专家2014年度中国政府“友谊奖”，安徽省获奖的是合肥市合肥天麦生物科技公司的以色列专家施姆尔·海斯博士和合肥学院德方院长法尔克·霍恩教授两名外国专家。

中国证监会发行审核委员会审核通过合肥合锻机床股份有限公司的首发申请，标志合肥市将又添一家上市公司。

5日 第八届中国曲艺牡丹奖大赛评奖结果在南京揭晓，合肥市选送的参赛小品《送礼》荣获牡丹奖节目奖。

主题为“大湖名城·魅力合肥·醉美非遗”的首届合肥非物质文化遗产精品展在中国（合肥）非物质文化遗产园景区开展。

8日 全国民族团结进步模范集体评选揭晓，瑶海区明光路街道金大塘社区是安徽省唯一荣获国务院第六次全国民族团结进步模范集体的城市社区。

9日 市政协十三届八次常委会议在市政务中心召开。会议审议通过了《关于“加快城乡统筹发展，推进新型城镇化建设”的建议案》、《合肥市政协提案工作条例》（修正案）；听取了2014年全市民生工程实施情况的通报和关于争创全国文明城市工作情况的通报。董昭礼、周善武出席会议并分别讲话。

合肥水运港获批成为二类水运开放口岸。

《合肥市市直机关公务员转任办法》修订完成。

10日 吴存荣、张庆军、熊建辉、董昭礼、凌云参加省委召开全省党的群众路线教育实践活动总结电视电话会议。

由TCL集团投资建设的TCL家电（合肥）产业园开园投产仪式在肥西县举行。开园投产仪式后，吴存荣在市政务中心会见TCL集团董事长李东生和TCL集团全球核心客户代表。

11日 市委常委会召开扩大会议，专题传达学习中央、全省党的群众路线教育实践活动总结大会精神，研究全市群众路线教育实践活动总结工作。吴存荣主持会议并讲话。

由中国互联网新闻中心主办的“2014城市发展与生态平衡高层论坛”在北京举行。合肥市被授予“首批创建生态文明典范城市”称号，市林业和园林局荣获“2014推进创建生态文明城市先锋单位”称号。

合肥旅游信息平台（http://www.hfly.gov.cn）上线，标志着合肥旅游迈入信息化时代。三河古镇、包公园、非物质文化遗产园、滨湖国家森林公园、渡江战役纪念馆、李鸿章故居、紫微洞、金孔雀度假区8家景区被确定为首批试点建设的智慧景区。

12日 庆祝中国少年先锋队建队65周年暨合肥市第四届少先队鼓管乐队展演活动在六安路小学中铁国际城校区举行。凌云出席。

13日 市委在市政务中心召开全市党的群众路线教育实践活动总结大会，认真学习贯彻习近平总书记在党的群众路线教育实践活动总结大会上的讲话精神，按照省委的统一安排，对全市党的群众路线教育实践活动进行总结，对巩固和拓展活动成果、加强党的作风建设、全面推进从严治党进行部署。吴存荣、汪国才分别讲话。张庆军、熊建辉、董昭礼、凌云出席会议。

14日 华东地区省会城市科协第三十三次年会在合肥市举行。凌云致辞。

15日 张宝顺深入巢湖市调研经济社会发展情况。省市领导吴存荣、闵光辉、张庆军陪同调研。

全国第一期地市级科技馆建设培训班开班仪式在肥举行。中国科协副主席、中国自然科学博物馆协会理事长程东红，省科协党组书记、常务副主席王洵，市委副书记凌云出席仪式并致辞。

16日 《走读合肥》文化系列丛书首发式在市政务中心举行。吴存荣出席并讲话。人民日报社安徽分社社长刘杰，省文联副主席、省文艺评论家协会主席钱念孙先后讲话。凌云主持首发式。

17日 市委召开常委扩大会议，听取今年第三季度全市投资、招商引资、工业经济运行和财税等工作情况汇报，深入分析当前经济形势，研究部署下一步工作推进措施。吴存荣主持会议并讲话。

18日 “大湖名城 青春毅行”喜迎2014合肥国际马拉松赛环巢湖毅行大会在滨湖国家森林公园开启。张庆军宣布活动启动。

19日 肥西县、肥东县荣登2014年中国中小城市科学发展评价指标体系研究成果和2014年度中国科学发展百强县榜单。

20日 张庆军率队实地调研2014合肥国际马拉松赛筹备工作并召开座谈会，听取了筹备情况汇报，就有关事项作了安排部署。吴春梅参加调研并主持会议。

21日 张庆军深入庐阳区部分农贸市场、商业街及周边支巷，调研督导文明创建工作。

22日 张庆军主持召开市政府第三十八次常务会议，审议并原则通过了关于市十五届人大二次会议代表议案和建议办理情况的报告、关于出台《合肥市社会信用体系建设规划（2014～2020年）》有关情况的汇报。会议讨论并原则通过了关于开展第二次全国地名普查有关情况的汇报、关于出台《关于光伏发电用地的指导意见》有关情况的汇报。

21～23日 吴存荣率团先后赴成都市、重庆市，就空港产业园、开发区、城市新区建设管理和创新、开放平台建设等工作进行考察，走访考察了重庆长安集团、砂之船集团、通威集团等已在肥投资企业。陈晓波参加考察。

23日 由中国科协主办，省科协和合肥市人民政府共同承办的主题为“湖泊保护与生态文明建设”第四届中国湖泊论坛在合肥稻香楼宾馆举行。中国科协党组成员、书记处书记沈爱民，省政协副主席夏涛出席开幕式并致辞。

24日 2014中国（合肥）苗木花卉交易大会在肥西中国中部花木城开幕。国家林业局党组副书记、副局长张建龙，省委常委、市委书记吴存荣，副省长梁卫国，市长张庆军巡视展馆。

25日 白色家电巨头惠而浦进驻合肥荣事达三洋，持有合肥三洋51.00%的股权比例，成为控股股东。

26日 合肥之友法国联谊会成立仪式在市政务中心举行。市政协主席董昭礼、合肥之友法国联谊会会长张常豹出席仪式并讲话。

27日 市委议军会在合肥警备区教导队召开。传达学习了习近平主席关于国防动员和双拥工作的重要思想及南京军区国动委、省委议军会精神；人武部党委第一书记进行了述职。省委常委、市委书记、合肥警备区党委第一书记吴存荣主持会议并讲话。市委副书记、市长、市国动委主任张庆军出席会议并讲话。合肥警备区司令员陈再忠报告今年重点工作开展情况和下一步打算；市委常委、合肥警备区政委姜宗健就《贯彻落实省委、省政府、省军区〈关于聚焦强军目标推进军民融合深度发展的意见〉的细则》作说明。熊建辉、董昭礼、凌云出席会议。

28日 以“爱老助老、文明同行”为主题的安徽省暨合肥市“敬老月”系列活动启动仪式在市杏花公园广场举行。市委常委、常务副市长、市老龄委主任韩冰出席仪式。

合肥市伊斯兰教协会第一次代表会议在稻香楼宾馆召开。市委常委、统战部长韦弋出席会议并讲话。

安徽省首个国家级林业工程中心——国家林业局山核桃工程技术研究中心落户合肥。

29日 合肥市重大车辆装备产业项目集中签约仪式在市政务中心举行。吴存荣出席仪式，并在仪式前会见了广州万力集团有限公司董事长付守杰、西门子（中国）有限公司华中区总经理农克强等签约项目单位代表。张庆军在仪式上致辞并参加会见。

30日 合肥市移动电子商务金融科技服务创新试点工作推进大会召开，各试点单位签订了《合肥市移动电子商务金融科技服务创新试点工作责任书》。张庆军出席会议并讲话。

29～31日 吴存荣深入庐江县、巢湖市开展驻村蹲点调研，入农家、访学校、看医疗、下基地、进企业，共商民计民生，向当地干部群众宣讲党的十八届四中全会精神。

30～31日 市十五届人大常

委会第十三次会议在市政务中心举行。30 日，召开第一次全体会议。会议听取了市人大法制委员会副主任委员汪洋所作的关于《合肥市城市管理条例（草案）》修改情况的说明，市公安局副局长桂龙所作的关于提请废止《合肥市暂住人口管理规定》议案的说明和市人大常委会内司工委关于对提请废止《合肥市暂住人口管理规定》的议案的审查报告（书面），市人民政府秘书长杨伟所作的关于市十五届人大二次会议代表议案建议办理情况的报告，市旅游局局长完颜绍建所作的关于巢湖生态示范区旅游开发和规划建设情况的报告和市人大常委会民宗侨外工委关于巢湖生态示范区旅游开发和规划建设情况的调研报告（书面），市人社局局长朱正跃所作的关于全市就业创业工作开展情况的报告和市人大常委会财经工委关于我市就业创业工作情况的调研报告（书面），市人大常委会副主任孔向阳所作的关于创业带动就业专题询问有关情况的说明，市人大常委会副主任阚建华所作的关于《中华人民共和国食品安全法》执法检查情况的报告和市政府关于《中华人民共和国食品安全法》贯彻落实情况的报告（书面），关于人事任免事项的报告；书面听取了《合肥市人大常委会听取和审议专项工作报告及满意度测评暂行办法（草案）》、《合肥市人大常委会专题询问暂行办法（草案）》和《合肥市人大常委会关于“一府两院”办理代表议案及建议、批评和意见的评估办法（试行）（草案）》的起草说明。熊建辉主持会议。

31 日 召开第二次全体会议。会议听取了市人大法制委员会委员李茂凯所作的关于《合肥市城市管理条例（草案修改稿）》审议结果的报告，通过了《合肥市城市管理条例》，报省人大常委会审查批准后施行；听取了市人大法制委员会委员张平所作的关于废止《合肥市暂住人口管理规定》审议结果的报告，通过了关于废止《合肥市暂住人口管理规定》的决定，报省人大常委会审查批准后废止；通过了《合肥市人大常委会听取和审议专项工作报告及满意度测评暂行办法》、《合肥市人大常委会专题询问暂行办法》和《合肥市人大常委会关于“一府两院”办理代表议案及建议、批评和意见的评估办法（试行）》，人事任免事项；听取审议了关于市十五届人大二次会议代表议案建议办理情况的报告，关于巢湖生态示范区旅游开发和规划建设情况的报告，关于全市就业创业工作开展情况的报告，并对创业带动就业进行了专题询问，关于《中华人民共和国食品安全法》执法检查情况的报告。熊建辉出席会议。31 日，张庆军主持召开市政府第三十九次常务会议，审议并原则通过关于公布合肥市第五批市级非物质文化遗产名录项目的情况汇报、关于出台《〈合肥市促进民营经济发展条例〉实施细则》有关情况的汇报、关于当前造林绿化工作的情况汇报、关于出台《合肥市地方政府核准的投资项目目录（2014 年本）》有关情况的汇报、关于出台《合肥市餐厨垃圾管理办法》有关情况的汇报等相关事宜。讨论并原则通过了关于出台《关于推进合肥市移动电子商务金融科技服务创新试点工作的意见》有关情况的汇报、关于出台《合肥市市直机关公开遴选公务员暂行办法》有关情况的汇报。

11 月

1 日 合肥市“大湖名城 悦读合肥——中华美文诵读”比赛决赛在市图书馆学术报告厅举行。市委副书记凌云、市人大常委会副主任阚建华现场观看比赛，并为获奖选手颁奖。

2 日 由中国科学技术大学承办的“2014 量子通信、测量和计算国际学术大会”在中国科学技术大学先进技术研究院开幕。来自中国、美国、德国、奥地利、英国等 28 个国家和地区的著名研究机构和大学的 400 余位知名专家学者参加会议，34 位嘉宾将做量子物理与量子信息领域的前沿学术报告。

《国务院关于依托黄金水道推动长江经济带发展的指导意见》把合肥市定位为长三角世界级城市群的副中心。

亚太迪趣（巢湖）第三代文化产业园概念性总体规划获得批准，首批项目的港务公司在巢湖市注册。

2～3 日 中共合肥市委中心组理论学习会议召开。会议主题是深入学习党的十八大和十八届一中、二中、三中、四中全会精神，学习习近平总书记系列重要讲话精神，贯彻落实党中央国务院关于推动长江经济带发展的重大决策部署，贯彻落实省委省政府有关决策部署，进一步解放思想、防骄破满，拉高标杆、跨越赶超，朝着建设长三角世界级城市群副中心阔步迈进，不断开创打造“大湖名城、创新高地”的新局面。2 日，与会同志认真自学了习近平总书记关于长江经济带重要讲话，李克强总理在重庆考察和在长江经济带发展座谈会上的重要讲话，《国务院关于依托黄金水道推动长江经济带发展的指导意见》，《长江经济带综合立体交通走廊规划(2014-2020年)》，国务院办公厅《贯彻实施〈国务院关于依托黄金水道推动长江经济带发展的指导意见〉重点任务分工方案》，张宝顺书记、王学军省长关于长江经济带和皖江示范区建设讲话。3日上午，在市政务中心开展集中学习研讨。省委常委、市委书记吴存荣主持会议并讲话。市委副书记、市长张庆军出席会议并讲话。市委常委、市人大常委会主任、市政协主席、副市长、市政府秘书长出席会议。

3日 第二次全国和谐社区建设示范单位名单揭晓，民政部确认合肥市庐阳区、包河区为全国和谐社区建设示范城区，瑶海区明光路街道、大通路街道为全国和谐社区建设示范街道。

市委召开常委扩大会议，传达学习党的十八届四中全会精神及省委常委扩大会议、全省领导干部会议有关精神，部署安排全市贯彻落实工作。吴存荣、张庆军传达了十八届四中全会精神及省委常委扩大会议、全省领导干部会议有关精神。吴存荣主持会议并讲话。市人大常委会主任熊建辉，市政协主席董昭礼，现职市级领导干部出席会议。

4日 合肥市阳光电源股份有限公司与韩国三星SDI株式会社在韩国签订合资合约，双方将在合肥设立合资公司，从事电力用锂离子电池包、储能变流器及储能系统的开发、生产，共同开拓全球最具潜力的电力储能市场。

5日 熊建辉率视察组视察全市民生工程实施情况。视察组分为两个小组，深入庐江县、合肥经开区、肥东县、瑶海区，实地查看美好乡村公共服务体系建设、公租房建设、农村清洁工程、公共文化场馆开放、老少活动家园、棚户区改造等情况。

6日 惠而浦（中国）股份有限公司揭牌仪式在市政务中心举行。吴存荣和惠而浦公司董事长兼首席执行官杰夫·费蒂格一起为公司揭牌。

国务院参事室特约研究员、国家安监总局新闻发言人黄毅做客《庐州讲坛》，在市政务中心小会堂为全市领导干部作《强化红线意识，促进安全生产》专题报告。

市旅游协会第三届会员大会召开，选举产生第三届理事会会长、副会长、秘书长，安排部署了协会今后一段时间的工作。省旅游协会会长高蔚青、副市长吴春梅出席会议。

“大湖名城网购盛宴——第二届合肥网络购物节”启幕。自此，合肥网络购物节成为合肥网络购物的知名节庆品牌。

7日 全市推进语音产业工作现场会在科大讯飞股份有限公司举行。张庆军出席会议并讲话。

合肥市第六批选派干部培训暨全市“双包双到”精准扶贫工作会议在市委党校召开。江洪出席会议并讲话。

8日 《合肥日报》创刊五周年纪念大会暨城市党报发展论坛在市政务中心举行。与会嘉宾观看了《合肥日报》五周年电视专题片，并围绕城市党报媒介融合发展进行了交流发言。中山大学传播与设计学院院长张志安作《媒介融合与党报发展》学术报告。凌云出席会议并讲话。

《合肥晚报》第二十届读者节暨合肥晚报网、合肥晚报客户端上线仪式在杏花公园举行。凌云出席仪式并宣布合肥晚报网及合肥晚报客户端上线。

9日 合肥市高铁南站地区综合管理委员会办公室在包河区揭牌成立，标志着合肥南站踏上“市属区管”的道路。

10日 合肥市争创全国文明城市工作调度推进会在市政务中心小会堂召开。会议播放了文明创建曝光片，市文明办负责人通报了省文明办对合肥市文明创建模拟测评的有关情况。吴存荣出席并讲话。市领导熊建辉、董昭礼、凌云出席。

11日 长江中游城市群第二届法治论坛在肥召开。武汉市人大常委会党组副书记、副主任，武汉市法学会会长胡绪鹍；市委常委、政法委书记，市法学会会长张进出席。

12日 省长王学军调研正在建设的中国（合肥）国际智能语音产业园智能语音产业化发展工作。副省长杨振超，市长张庆军陪同调研并汇报合肥市智能语音产业发展情况。

第七届中德应用型高等教育研究与发展研讨会暨中国长三角地区应用型本科高校联盟成立大会在合肥学院举行。德国下萨克森州政府国务秘书比尔吉特·霍内，教育部高等教育司司长张大良，副市长吴春梅出席开幕式。

合肥高铁南站举行开通运营仪式。合肥南站是合肥铁路枢纽新建客站，也是上海铁路局继上海虹桥站、南京南站、杭州东站之后建成的又一座现代化客站，设12个站台、26条线，站房总建筑面积9.92万平方米，分为地上2层、地下4层，配套建设南北2个出站广场。市委常委、副市长周善武，上海铁路局副局长李迎九出席仪式。

13日 市委教育实践活动督导组工作总结会议在市政务中心举行。市委副书记、市委教育实践活动领导小组常务副组长凌云出席会议并讲话。

11～14日 吴存荣率市党政代表团，先后赴宁波市、杭州市、南京市学习考察。 在宁波市考察了宁波南部商务区、高新区研发园、均胜投资集团、江东区和丰创意广场、宁波江丰电子材料公司和浙江大丰实业有限公司；在杭州市考察了海康威视、华三通信、中南卡通、中控集团等企业和“智慧e谷”、白马湖生态创意城；在南京市考察了南京中科煜宸激光技术有限公司、紫东国际创意园、苏宁云商、中国（南京）软件谷、华为南京研究所和智慧南京中心。张庆军、熊建辉、董昭礼参加学习考察。

14～15日 山东省潍坊市市长刘曙光率潍坊市政府考察团一行先后考察了合肥国家级动漫和服务外包基地、中科大先进技术研究院、合肥（蜀山）国际电子商务产业园、合肥京东方光电科技有限公司，详细了解院所、园区及企业运行管理机制、动漫作品制作销售、科技创新成果运用等情况。张庆军陪同。

15日 中国晚报工作者协会第29届年会暨“全国晚报总编看合肥”活动在合肥市开幕。中华全国新闻工作者协会党组副书记、书记处书记高善罡，省委常委、市委书记吴存荣出席开幕式并讲话。凌云、钟俊杰、杨思松出席。

16日 吴存荣调研安徽名人馆布展情况。张庆军、熊建辉、董昭礼参加调研。

“万科杯”2014合肥国际马拉松赛在渡江战役纪念馆北广场开赛。省委常委、市委书记吴存荣，国家体育总局田径运动管理中心副主任王大卫，市领导张庆军、熊建辉、董昭礼为大赛鸣枪发令。央视五套向全球直播了大赛盛况。

合肥市开出首批“车窗抛物”案件罚单，4名车主为自己的不文明行为接受20～50元罚款。

肥西花岗省级现代农业示范区、巢湖环湖北岸省级现代农业示范区、白湖农场省级现代农业示范区获省政府第三批省级现代农业示范区认定。

17日 第七届中国品牌媒体高峰论坛暨中国媒体品牌影响力颁奖盛典在湖南长沙举行。《合肥日报》跻身全国城市党报品牌十强（省会），位列第三。

由四川省绵阳市委常委、国资委党委书记李亚莲率领的考察团，就新型平板显示产业发展等问题，来肥考察合肥京东方光电科技有限公司和鑫晟8.5代线项目情况。刘晓平陪同。

17～18日 国家卫生计生委主任李斌一行来肥督导评估县级公立医院改革工作。在肥西县考察县、乡、村三级医疗卫生服务网络，仔细询问药品零差率销售、公立医院改革、公共卫生服务体系建设等情况，并主持召开县级公立医院改革督查评估座谈会。省委常委、常务副省长詹夏来，市长张庆军陪同。

18日 张庆军主持召开市政府第四十次常务会议，审议并原则通过了关于出台《合肥市医患纠纷预防与处置办法（草案）》有关情况的汇报、关于出台《加快“宽带合肥”建设促进信息消费的若干意见》有关情况的汇报、关于出台《进一步加强物业管理工作的实施意见》有关情况的汇报等相关事项。讨论并原则通过了关于出台《进一步加强计划生育特殊困难家庭关怀扶助工作的意见》有关情况的汇报。

由中国科技大学、合肥市人民政府主办，中国科大先进技术研究院、合肥高新技术产业开发区管委会、市科技局承办的中国科大博士生应用创新成果展暨项目资本对接会在中国科大先进技术研究院举行。中国科大校长侯建国，副市长王翔出席。

合肥市民营文艺院团协会成立大会在合肥广电中心举行。省文化厅党组成员、副厅长唐跃，市委常委、宣传部部长钟俊杰出席会议并讲话。

19日 省政协副主席张学平率省政协调研组来肥，就合肥南站建设、运营情况进行实地调研。董昭礼陪同调研。

20日 省市文明创建工作通报会商推进会在市政务中心召开。省委宣传部副部长、省文明办主任贺懋燮通报了省文明办对合肥市争创全国文明城市工作的模拟测评情况。省委常委、宣传部长曹征海，省委常委、市委书记吴存荣出席会议。

以“同根同心、共创双赢”为主题的2014香港巡回展览（合肥站）开幕。市委常委、常务副市长韩冰，香港特区政府驻沪办主任邓仲敏分别在开幕式上致辞。

合肥市第一批中小学生校外素质教育基地命名揭牌仪式在安徽博物院举行。吴春梅出席揭牌仪式。

21日 省市领导吴存荣、张庆军赴滨湖新区调研建设情况，为滨湖新区建设管理委员会揭牌，并召开滨湖新区建设情况汇报会。董昭礼、凌云、杨思松参加并出席挂牌仪式和汇报会。

第八届中国（合肥）国际家用电器暨消费电子博览会在滨湖国际会展中心开幕。工业和信息化部副部长杨学山、副省长杨振超、市长张庆军巡视参展企业和产品。合肥市共签约项目37个，总投资196亿元。

由工业和信息化部指导，中国语音产业联盟、安徽省经信委、合肥市政府主办的“2014中国语音产业联盟年会暨中国语音产业发展高峰论坛”在合肥举行，论坛以“语音创造智能生活”为主题。中国语音产业联盟理事长、科大讯飞董事长刘庆峰作《联盟工作报告》，工信部电子一所所长洪京一发布《2014中国智能语音产业发展白皮书》。工业和信息化部副部长杨学山、副省长杨振超出席会议并致辞。

22日 由工业和信息化部指导，合肥市政府主办的2014中国（合肥）互联网大会在肥召开。刘晓平出席会议并致辞。

2014～2015年度“江淮网”全国青少年校园足球联赛（合肥赛区）在合肥一中启动。本赛季首次增加女子组比赛。

22～23日 由长江沿岸中心城市经济协调会主办、合肥市政府承办的长江沿岸中心城市经济协调会第十六届市长联席会议高峰论坛在合肥举行。吴存荣出席论坛并致欢迎辞，论坛结束后会见出席论坛的上海市副市长时光辉等各成员城市政府领导。张庆军、杨思松、韩冰出席。长江经济带沿线27个城市在肥签署《长江流域环境联防联治合作框架协议》。各成员城市持续推进长江流域生态环境保护，构建起横贯东西、辐射南北、通江达海、经济高效、生态良好的区域新廊道。

24日 合肥4类传统民居入选《中国传统民居类型全集》，分别为：江淮天井式民居、合肥院落式民居、船屋及皖西北圩寨。

25日 市政协委员资政会在市政务中心举行。张庆军主持会议并讲话，董昭礼就如何开展大气污染防治建言献策及人民政协协商民主建设提出要求。

俄罗斯乌法市市长伊列克·伊什穆哈麦托维奇·亚拉洛夫率乌法市政府代表团来肥考察访问。张庆军在市政务中心会见代表团一行。

25～26日 吴存荣赴阜阳市颍上县开展对口帮扶工作，并召开对口帮扶颍上县扶贫开发工作座谈会。颍上县委书记、县人大常委会主任熊德超汇报了有关工作。阜阳市委书记于勇，市委常委、秘书长杨思松出席座谈会。

26日 合肥－阜阳合作共建2014年联席会议在阜阳合肥现代产业园区召开。吴存荣主持会议并讲话。于勇、张庆军出席会议并讲话。市委督查组组长、园区党工委书记安列，阜阳市委常委、园区管委会主任王厚亮出席会议并汇报了有关情况。

由国家发改委、工信部等主办的“2014中国智慧城市发展高峰论坛”在深圳举行。合肥荣获“2014中国领军智慧城市”称号。

27日 工业和信息化部副部长毛伟明来肥调研企业技术创新工作。调研组深入合肥锻压机床股份有限公司、合肥杰事杰新材料股份公司、安徽合力股份有限公司和合肥美亚光电股份有限公司，参观企业车间厂房，查看企业技术创新成果展示，了解相关企业在生产经营、技术研发和信息化建设等方面的优秀经验和做法，并听取有关负责人的情况汇报。省经信委主任牛弩韬，市长张庆军陪同调研。

27～28日 中科大与中科院科研机构所系结合工作研讨会在肥举行。吴存荣在市政务中心会见中科院前沿科学与教育局局长许瑞明等主要参会代表。中科大党委书记许武、校长侯建国等会见时在座。

28日 合肥市创建国家森林城市总结暨2015年森林增长和园林绿化提升动员大会在市政务中心小会堂召开。吴存荣出席并讲话。韩冰作市创建国家森林城市工作总结，部署2015年全市森林增长和城镇园林绿化提升工作任务。江洪主持会议并宣读表彰决定。省林业厅厅长程中才，市领导董昭礼、杨思松、汪卫东、张长淮出席会议。

全市禁毒工作暨禁毒委全体委员会议召开。会议分析了当前毒情形势及禁毒工作存在的问题，部署安排下一阶段全市禁毒工作。姜明出席。

29日 南京市市长缪瑞林率南京市政府代表团来肥考察经济社会发展情况。张庆军陪同考察。

12 月

11月30日至12月1日 中共合肥市委中心组理论学习会议召开。会议主题是，深入学习党的十八大和十八届三中、四中全会精神，深入学习习近平总书记系列重要讲话精神，贯彻落实省委九届十次全体（扩大）会议具体部署，全面推进依法治市，加快建设法治合肥，为建设长三角世界级城市群副中心、开创打造“大湖名城、创新高地”新局面提供坚强的法治保障。11月30日上午，与会同志在市政务中心开展了学习讨论。12月1日上午，聆听了中国社科院法学研究所研究员、博士生导师、所长助理周汉华作的《深入学习四中全会决定，全面推进依法治国》辅导报告。11月30日下午和12月1日下午，自学了党的十八大报告（节选），十八届三中全会《决定》（节选），十八届四中全会公报和《决定》及其《说明》，习近平总书记关于依法治国的重要论述，人民日报社论、新华社评论员文章，张宝顺书记在省委中心组理论学习会上的讲话，省委九届十次全体（扩大）会议精神，《保守国家秘密法》《保守国家秘密法实施条例》。 吴存荣、张庆军、熊建辉出席会议。

1日 新修订的《中华人民共和国安全生产法》施行。由省政府安全生产委员会办公室主办，市政府安全生产委员会办公室和省安全生产宣传教育中心承办的新《安全生产法》宣传活动在杏花公园举行。

2日 合肥市开放型经济及口岸工作会议在市政务中心召开。会议听取了开放型经济平台申创建设工作总体情况汇报，对开放型经济平台申创建设工作进行调度。中央驻皖及省直相关单位负责人分别提出意见和建议。张庆军出席会议并讲话。

合肥市生物产业项目集中签约仪式在市政务中心举行。吴存荣出席仪式，并在仪式前会见博雅干细胞集团董事长许晓椿等集中签约项目负责人代表。

主旋律电影《周恩来在合肥》开机仪式在政务新区举行。市委常委、宣传部部长钟俊杰出席仪式，并为电影开机揭幕。

3日 全市争创全国文明城市测评工作会议在市政务中心召开。会议通报了近期文明创建工作情况，传达解读了中央文明办召开的第四届全国文明城市测评工作视讯会精神。凌云出席会议并讲话。

住房和城乡建设部、文化部、国家文物局、财政部、国土资源部、农业部、国家旅游局7部局联合公布第三批中国传统村落名录，全国共有994个村落榜上有名，其中巢湖市黄麓镇洪疃村入选，实现合肥市在中国传统村落名录中“零的突破”。

3～4日 中共中央办公厅、国务院办公厅联合督查组来肥督查党中央国务院重大决策部署贯彻落实情况，并召开督查汇报会和干部、企业、群众代表座谈会，并深入建设与发展一线考察。 吴存荣主持汇报会并陪同考察。省政府督查室主任汪春明，市领导张庆军、杨思松、韩冰、江洪出席会议或陪同考察。

4日 张庆军主持召开合肥市审计整改工作联席会议。会议通报了2013年度市级预算执行和其他财政收支情况审计查出问题及总体整改情况，听取了成员单位对合肥市2015年审计项目计划建议，审议并原则通过了《关于合肥市2013年度市级预算执行和其他财政收支审计查出问题整改情况的报告》。

合肥市首个国家宪法日座谈会在市政务中心召开。吴存荣出席座谈会并讲话。他强调，建设法治合肥，是我们深入学习贯彻十八届四中全会和省委九届十次全会精神的具体实践。要以首个“国家宪法日”为新起点，积极投身于全面推进依法治国伟大实践，在打造“大湖名城、创新高地”的征途上，奋力谱写法治合肥建设的精彩华章。张庆军、熊建辉、董昭礼、凌云出席。

合肥市地震应急桌面推演在市政务中心举行，这是全市第一次进行地震应急桌面演练。张庆军任演练指挥长并指挥演练。吴春梅在演练结束后讲话。

市人大常委会在市政务中心阳光大厅举行首个国家宪法日法官、检察官向宪法宣誓仪式。熊建辉主持仪式。

5日 以“弘扬志愿精神、争做安徽好人”为主题的省暨合肥市国际志愿者日主题志愿服务行动启动仪式在包河区举行。钟俊杰在启动仪式上讲话。

6日 合肥智慧城市创新产业联盟在高新区举行成立大会。省科技厅厅长徐根应，市政协主席董昭礼出席大会。

7日 庐江县第六届温泉节暨国轩温泉宫开业典礼在庐江县汤池镇举办。董昭礼出席。

8日 由市司法局、普法办联合市委组织部、市委宣传部、市公务员局共同主办的合肥市领导干部和公务员网上法律知识考试开考，全市近万名市管领导干部和市直公务员参加考试。

9日 全市秋冬农业农村工作现场会在肥东县召开。市委常委、副市长江洪出席会议并讲话。

10日 《合肥市居住证管理办法》施行，首张居住证在合肥市公安局大通路派出所发放。

11日 市政府工作务虚会在市政务中心召开。会议贯彻党的十八届三中、四中全会精神，总结2014年政府工作，分析当前形势，研究谋划2015年工作思路、目标和重点任务。张庆军出席会议并讲话。市领导黄文涛、韩冰、江洪、周善武、姜明、吴春梅、王翔、陈晓波、刘晓平出席会议。

12日 张庆军主持召开市政府第四十一次常务会议，审议并原则通过了关于出台《关于进一步加强政府法律顾问制度建设的意见》有关情况的汇报、关于出台《关于进一步促进新能源汽车推广应用的若干意见》有关情况的汇报等相关事项。会议讨论并原则通过了关于出台《加快推进黄标车及老旧车淘汰工作实施方案》有关情况的汇报、关于推行政府权力清单和责任清单制度的情况汇报、关于省政府取消和调整行政审批项目承接落实情况的汇报等有关事宜。

14 日 经国务院批准，国家发改委批复《合肥市城市轨道交通近期建设规划（2014～2020 年）》（即合肥轨道交通第二轮建设规划），标志合肥市轨道交通 3、4、5 号线获得开工建设许可。

15 日 全市推行政府权力清单和责任清单制度动员大会在市政务中心召开。韩冰出席会议并讲话。

7～15 日 吴存荣率合肥经贸代表团访问巴西和智利。在巴西，吴存荣就江汽巴西合资工厂项目及扩大江汽产品在巴西销售及本土化生产等，与巴西赛氏汽车集团进行了商谈；拜会纳威司达万国卡车南美公司，推进江淮纳威司达柴油发动机项目的合作；拜会惠而浦恩布拉科公司，就其拟在合肥建设压缩机项目进行商讨。在智利，代表团一行拜会智利最大华商企业法绅帕克公司，就其拟在合肥建设拉美环球中心和拉美文化风情园等项目进行交流和对接。

16 日 市政府对合肥乐凯科技产业有限公司等单位制定的 65 项国家标准、行业标准等标准化项目给予 1878 万元奖补。

合肥市“五美农户”表彰暨“双学双比”工作会议表彰了 200 名“五美女性”、1000 个“五美农户”和 1000 个“五好文明家庭”，并总结了全市妇女“双学双比”活动开展情况，以及妇联系统助推美好乡村建设的做法和取得的成效。江洪出席会议并讲话。

新版《合肥市城乡居民临时救助实施细则》出台。

17 日 城区转型发展座谈会在市政务中心召开。吴存荣主持会议并讲话。

18 日 2014 年度全省市级防震减灾工作综合考核和全国地市级防震减灾考核结果揭晓，合肥市再次荣获全国防震减灾综合考核先进单位称号和全省综合评比一等奖。蜀山区获全国县区级防震减灾工作综合考核先进单位称号。

合肥市合肥丹盛包装有限公司、合肥凯邦电机有限公司、安徽继远电网技术有限责任公司、安徽本雅明涂料有限公司、合肥晶弘电器有限公司、安徽皖仪科技股份有限公司、安徽省交通建设有限责任公司、合肥国轩高科动力能源股份有限公司等 15 家企业获 2014 年安徽省质量奖。

19 日 市社情民意座谈会在市政务中心召开，来自社会各界的政协委员代表建言献策。吴存荣、董昭礼出席会议并讲话。

14～20 日 张庆军应邀率团赴台湾出席两岸企业家峰会，考察台资企业及有关机构，推动与台经贸合作，加强与台社会各界交流交往。黄文涛参加考察。

20 日 长三角城市群少年司法研讨会在合肥举行。中国预防青少年犯罪研究会秘书长路琦，副市长吴春梅出席研讨会。

21 日 全省首家注册成功、以“土地”命名的农村新型股份合作社在肥西县官亭镇挂牌成立。

22 日 市委全面深化改革领导小组第四次全体会议在市政务中心召开。会议听取了关于改革信息简报编发采用情况的报告，关于《2014 年工作要点》部署的改革任务进展情况、“十二五”以来全市省级以上改革试点示范情况和明年改革重点工作建议的汇报，各专项小组本领域工作开展情况汇报；会议审议通过了《合肥市深化生态文明体制改革实施方案》《合肥市深化党的建设制度改革实施方案》《合肥市党的纪律检查体制改革实施方案》。省委常委、市委书记、市委全面深化改革领导小组组长吴存荣主持会议并讲话。市领导张庆军、凌云，市委全面深化改革领导小组成员出席会议。

市十五届人大常委会第十四次会议在市政务中心召开。会议听取了市人大常委会秘书长刘观宝所作的关于召开市十五届人大三次会议有关事项的报告，市审计局局长程林所作的关于 2013 年度市级预算执行和其他财政收支审计查出问题整改情况的报告，市财政局局长吴利林所作的关于 2014 年市级财政超收收入安排使用情况的报告，市人民检察院副检察长卢锋所作的关于侦查监督工作情况的报告。会议书面听取了市人大常委会内司工委关于侦查监督工作情况的调研报告，关于讨论决定重大事项的办法的起草说明、关于立法后评估办法的起草说明。会议听取了关于人事任免事项的报告；通过了关于召开市十五届人大三次会议的决定，市十五届人大三次会议议程（草案）、日程（草案），《合肥市人大常委会讨论决定重大事项的办法》，《合肥市人大常委会立法后评估办法》，人事任免事项。熊建辉主持全体会议。市委常委、常务副市长韩冰，市人民检察院检察长张棉，市中级人民法院副院长袁开平列席会议。

23 日 合肥市首家“少数民族服务站”挂牌成立。服务站主要为少数民族群众提供维、藏等少数民族语言服务，提供政策法规咨询等。

24日 张庆军主持召开市政府第四十二次常务会议，审议并原则通过了关于出台《构建病死畜禽无害化处理和监管长效机制的实施意见》有关情况的汇报，关于出台《全面推进数字化城市管理工作的实施意见》《合肥市城市管理考评办法》有关情况的汇报等相关事宜。讨论并原则通过了2015年元旦、春节送温暖活动安排有关情况的汇报等事项。

中国城市竞争力研究会发布2014中国城市分类优势排行榜，合肥位列“2014中国十佳和谐发展城市排行榜”榜首。

25日 合肥市环境保护委员会成立。吴存荣任主任，张庆军担任第一副主任。副主任由市委、市人大常委会、市政府、市政协有关领导担任。

中共合肥市委召开党外人士座谈会，就《中共合肥市委关于贯彻落实中央、省委部署全面推进依法治市的实施意见》，向市各民主党派、工商联和无党派人士通报情况，听取意见。杨思松主持并讲话。

26日 市委常委会召开会议，听取《合肥市2014-2018年党员教育培训工作规划》《关于进一步加强基层服务型党组织建设的实施意见》起草情况的汇报，并研究讨论了《关于全面推进数字化城市管理工作的实施意见》《合肥市城市管理考评暂行方法》。吴存荣主持会议并讲话。

27日 蜀山区稻香村街道合作化南路社区获得由中国地震局授予的“全国地震示范社区”及国家减灾委、民政部授予的“全国综合减灾示范社区”两项国家级荣誉称号。

28日 合肥市庐阳区在全国省会城区中首试党代会常任制，合肥成为全国新一轮落实完善党代表任期制工作的九个联系点之一和唯一的省会试点城市。试点党代会常任制后，庐阳区党代表大会由原来每五年召开一次变为一年至少召开一次。

29日 合肥市创业投资引导基金首批参股子基金集中签约仪式在市政务中心举行。张庆军出席仪式并见证签约。

30日 合肥市红十字会第七次会员代表大会在市政务中心开幕。吴存荣出席开幕式并讲话。市领导张庆军、熊建辉、董昭礼、凌云出席。

张庆军率队实地调研全市数字城管项目建设运行情况。周善武及市直相关部门负责人陪同调研。

中国粮食行业协会公布并表彰全国粮食行业首批节粮减损示范企业，合肥市粮食局第二仓库、安徽光明槐祥工贸集团有限公司两家企业获奖。

合肥进境水果指定口岸获批建设。

31日 国家质检总局复函省政府，同意在合肥经开区规划建设合肥空港进境水果指定口岸，是全省首个水果进境指定口岸。

全市争创全国文明城市工作调度推进会在市政务中心召开，凌云出席会议并讲话。钟俊杰主持会议。

（市志办）

中国共产党

中共合肥市委员会

【综述】 2014年，在省委的坚强领导下，中共合肥市委坚持稳中求进工作总基调，主动适应经济发展新常态，推动形成全面深化改革新开局，认真贯彻落实作风建设新要求，团结带领全市人民，扎实推进经济、政治、文化、社会、生态文明建设和党的建设，开创了“一心一意谋发展、聚精会神抓党建”的新局面，在打造“大湖名城、创新高地”的征途上迈出了更大步伐，在全省发展大局中更好地发挥了龙头带动作用。

用党的最新理论成果武装头脑。市委坚持以党的最新理论成果武装头脑、指导实践、推动工作，不断深入学习贯彻党的十八大、十八届三中、四中全会和习近平总书记系列重要讲话精神，严守政治纪律和政治规矩，始终在思想上政治上行动上与党中央保持高度一致，坚决维护中央和省委权威。

市委先后举办5期轮训班，对县处级领导干部及乡镇（街道）党政主要负责人进行轮训，深入学习贯彻党的十八届三中全会精神。加强对重大问题的研究阐释和宣传解读，广泛开展“庐州讲坛”、“书记讲党课”“理论政策下基层”等活动，努力让三中全会精神深入人心。党的十八届四中全会闭幕后，市委立即召开常委（扩大）会议、中心组理论学习会议进行传达贯彻，认真谋划全面推进依法治市工作，结合实际研究制定实施意见，迅速掀起学习宣传贯彻热潮。

党的十八大以来，习近平总书记发表了系列重要讲话，市委以强烈的政治责任感，认真组织学习贯彻，不断增强政治自觉、思想自觉和行动自觉。特别是习近平总书记发表“三严三实”重要论述后，市委及时在全市开展“三严三实”集中学习教育月活动，力求内化于心、外化于行。习近平总书记在中办调研时发表“5•8”重要讲话后，市委要求各级各部门把学习贯彻“5•8”重要讲话与开展教育实践活动、践行“三严三实”紧密结合，推动作风建设各项要求落地生根，有力促进了全市改革发展稳定工作。

扎实开展党的群众路线教育实践活动。根据中央和省委统一部署，合肥市教育实践活动自2014年1月全面启动，到10月初基本结束，共有1.6万个党组织、39.3万名党员参加。在教育实践活动中，市委突出为民务实清廉主题，以严的标准、严的措施、严的纪律抓好三个环节工作。坚持把学习教育作为首要任务，贯穿活动始终，强调要深入研读规定书目，深入开展“‘四风’问题怎么改、服务群众怎么办、好干部怎么当”大讨论，引导党员干部强化宗旨意识、增强群众观念，筑牢抵制“四风”的思想防线。坚持把对照检查作为关键环节，强调“找不出、找不准问题，本身就是最大问题”，敞开大门广泛征求意见，以整风精神召开高标准的专题民主生活会，真正拿起批评和自我批评的武器，围绕“四风”查摆突出问题，查核“四观”触及灵魂深处，为做好整改落实打下坚实基础。坚持把解决问题作为重要目标，边查边改、立行立改，认真落实省“五整五建”行动，深入开展“正风肃纪、为民服务、除弊祛垢、固本强基”四个专项行动，有序开展“访民情、解民忧、惠民生”、专项整治“集中推进月”等活动，解决一批“四风”突出问题，取得了一系列思想和制度等成果，得到中央督导组和省委的充分肯定。

结合教育实践活动，坚持以上率下、示范带动，强化督查、严格问责，深入推动中央八项规定精神和省市有关规定的贯彻落实。立足于抓常抓细抓长，研究出台党员干部直接联系群众、党政机关国内公务接待管理、市直机关差旅费管理、市级预算单位财政财务管理、市直单位办公用房管理等方面的制度规定，初步建立起作风建设制度体系，使制度笼子越扎越紧、越扎越密。

全面深化改革实现良好开局。按照中央和省委统一部署，合肥市紧密结合实际，在全省率先出台了《关于贯彻落实中央和省委部署全面深化改革的实施意见》，制定2014年改革工作要点及分工方案。同时，建立了集体决策、顶层谋划、市县联动、协同推进的改革领导体制和工作推进机制。市委成立全面深化改革领导小组，构建了领导小组、专项小组、专题组的领导体制；高度重视运用法治思维和法治方式，把先行先试和于法有据统一起来，在全省出台首个《关于规范重大改革事项决策程序的暂行规定》，建立健全依法、科学、民主的改革决策机制和高效、有序、负责的执行机制。建立任务分解落实、执行责任协调、动态调整和定期报告通报等四个机制，建立重大改革后评估和责任追究制度。市委改革领导小组2014年召开4次全体会议，审议通过了经济体制改革等9个专项小组工作方案以及《关于全面深化国资国企改革的若干意见》。按照省委提出的“合肥要先行先试、引领示范全省”的要求，坚持“继承、创新、先行、倒逼”，以重大问题为导向，明确“四个先行先试”。紧紧围绕2014年工作要点，及时启动重点领域改革工作，在经济体制改革、城乡统筹发展、行政体制改革、文化体制改革、社会体制改革、民主政治制度建设、生态文明建设以及党的建设等方面，相继推出一批重大改革举措，一批启动实施和试点探索的改革任务积极有序推进，一些领域改革红利正在或即将释放，打造全面深化改革先行先试“合肥版”开局良好。

奋力推进经济持续健康较快发展和转型升级。以“创新、转型、升级”发展为导向，及时调整和完善“五大政策体系”，创新采用产业基金、财政金融产品、“借转补”等方式，提升政策资金的使用效益和引导作用。持续推进创新驱动发展战略。围绕推进自主创新，制定《合肥市聚焦重点领域加快创新转型升级的实施意见》，突出科技金融结合。在创新平台建设上继续发力，中科大先进技术研究院创新运行体制，中科院合肥大科学研究中心获批筹建，进入国家科技成果使用、处置和收益管理改革试点，清华大学合肥公共安全研究院、中科院合肥技术创新工程院、北大未名生物经济研究院、合工大智能制造研究院等启动建设，国家知识产权示范城市建设加速推进。着力推进政产学研用结合，支持7个产业技术创新战略联盟建设，新组建工程技术研究中心等各类研发机构161家，新增3家科技企业孵化器。

推动产业结构不断优化。新型平板显示、语音产业、电子信息、太阳能光伏、新能源汽车、公共安全等产业，在全国进一步确立先发优势；量子通信京沪干线基础设施建设正式启动，未来网合肥先导试验网开通运行，光伏产业跻身国家首批太阳能集中应用发展基地，新型平板显示、机器人纳入国家战略性新兴产业集聚发展试点；正在谋划推进微小型燃气轮机、数控机床、生物医药、智能制造等产业，抢占未来产业发展制高点。深度推进“两化”融合，家电、汽车等优势主导产业做大做强，家电四大件产量达5500万台左右，成为全国乃至全球最大的家电生产基地。与此同时，服务外包、研发设计、现代物流、金融保险、科技服务、移动互联网、健康养老、高端医疗等现代服务业加快发展，跨境电子商务试点正式启动。

按照“产城一体”的思路，城区转型发展加速推进，都市工业、新兴产业加快发展。农业综合生产能力不断提升，率先在全国实施“粮安工程”。农业产业结构不断优化，着力培育壮大新型农业经营主体，大力发展农村创业带头人队伍，农业产业化联合体经营模式引领全省。大力推进实体经济和小微企业发展，出台《〈合肥市促进民营经济发展条例〉实施细则》以及金融服务“三农”和实体经济发展、支持新型农业经营主体发展的意见等，创新财政金融产品，认真落实注册资本认缴制、“营改增”结构性减税等政策，加大对民营经济的融资支持力度。加大行政审批制度改革力度，减少审批事项169项，精简率达55.8%，是全国省会城市中保留审批事项最少的城市之一。

对外开放不断深化。成功举办长江沿岸中心城市经济协调会第十六届市长联席会议；积极参加长江中游城市群省会城市第二届会商会、长三角城市经协会第14次市长联席会议。合肥至中亚国际货运班列实现常态化运行，合肥港二类水运开放口岸获批，首条全货机航线实现通航，空港经济示范区正式设立，综合保税区基础工程基本完成，出口加工区进出口额位列全国第7位。不断加强对跨国公司、央企、知名民企、外企的招商与合作。发挥省会城市龙头带动作用，合肥经济圈的聚合效应加速释放，与皖北结对合作不断深化，阜阳合肥现代产业园区、寿县蜀山现代产业园区、临泉庐阳现代产业园区建设加快推进，定点扶贫颍上县工作不断深入。援藏、援疆工作扎实开展。抓住国家依托黄金水道推动长江经济带发展的战略机遇，制定贯彻实施方案，启动“十三五”规划编制工作。

持续推进城乡建设和一体化进程。市委常委会专题学习和研究《国务院关于依托黄金水道推动长江经济带发展的指导意见》，围绕国家赋予合肥长三角世界级城市群副中心的新定位，组织党政代表团赴长三角重要城市学习考察，在继续实施好“1331” 城市空间发展战略规划的同时，启动了《合肥市新型城镇化规划（2014—2020年）》编制工作，使“大湖名城、创新高地”建设进一步落实到空间上。

持续推进“大建设”。加快国省干线公路建设，全国普通公路发展现场交流会在合肥市召开，合宁、合安、合巢芜等高速扩建工程前期工作稳步推进。高铁南站建成投运，火车西站开工建设，商合杭、合九、庐铜等铁路前期工作进展顺利，“米”字形高速铁路网逐步形成。合肥港综合码头二期主体工程完工，合裕线航道、店埠河航道升级改造工程有序实施。城区道路、市区与各县（市）连接道路进一步完善，全长155公里的环巢湖旅游大道全线贯通；轨道交通1、2号线建设安全高效推进，3、4、5号线获国务院批准，3号线开工建设；郎溪路立交、龙川路竣工通车，“畅通二环”各节点工程加快推进。实施公交都市创建，启动新一轮公交专用道建设，入选国家公共交通智能化应用示范城市。合肥实现了由区域性向全国性综合交通枢纽地位的历史性跨越。

着力提升城市品质。坚持新老城区同步建设，完善老城区路、水、电、气等基础设施，加大棚户区和城中村改造力度。数字城管投入试运行，出台城市管理行政处罚自由裁量权适用规则和阳光运行工作实施方案，细化处罚标准。加快“智慧合肥”建设，构建统一的社会公共服务综合信息平台。加强对“五小”行业、“三无”小区、沿路立面景观的规范和管理，加大对“三乱”、违法建设、非法户外广告、黑头车等治理的工作力度，开展偷排污水、乱扔垃圾等专项整治，城市环境进一步提升。

加快推进城乡一体化。坚持“四化同步”，推动新型工业化、新型城镇化协调发展。加快新型城镇化建设，启动县（市）总体规划修编及县城、重点镇、环巢湖十二镇规划编制工作。以乡镇为单位启动《合肥市主体功能区规划》编制工作。环湖十二镇以及下塘、撮镇、长临河等全国重点镇建设稳步推进。将五县（市）及阜合产业园纳入与国开行的城镇化融资合作范围，建立多元化、可持续的资金保障机制。加快户籍制度改革，建立户籍制度和居住证制度有效衔接的流动人口管理制度。有序推进城乡建设用地和宅基地确权登记、发证工作，美好乡村建设扎实推进。

加快发展社会主义民主政治。坚持和完善人民代表大会制度，支持人大及其常委会依法行使职权。支持人大围绕民主政治领域改革任务，不断完善立法、监督、重大事项决定、代表工作等各项制度。颁布实施《合肥市城市管理条例》，加强规范性文件备案审查工作。支持人大依法决定重大事项，加强对“一府两院”工作监督。综合运用执法检查、专题询问、听取专项工作报告、视察等方式，推进重点工作，开展社会热点、难点问题的视察或调研。隆重举行纪念全国人大成立60周年暨地方人大设立常委会35周年系列活动。

坚持中国共产党领导的多党合作和政治协商制度。充分发挥人民政协作为协商民主的重要渠道和专门机构作用，制定并组织实施年度政治协商计划，规范协商程序，增加协商密度，不断提高协商民主的质量。支持政协通过提案、视察、调研、反映社情民意等形式，加大民主监督力度，进一步规范特约监督员工作。注重发挥政协优势，支持政协围绕经济社会发展重大问题、社会热点问题等开展一系列调研视察，完善委员联络制度。发挥“合肥之友”的平台作用，集聚资源，服务发展。开展了庆祝人民政协成立65周年系列活动。

加强统战工作，支持市各民主党派、工商联加强自身建设，做好无党派人士工作，引导广大成员围绕“大湖名城、创新高地”建设献计出力。加强党外代表人士队伍建设。依法加强对民族工作和宗教事务管理。加强对工会、共青团、妇联等人民团体的领导，支持其依照法律和各自章程开展工作。对台、侨务、外事等工作取得新成效。加强基层民主政治建设，提高村（居）务公开和民主管理水平。加强法治宣传教育，认真组织开展“江淮普法行”，举行首个宪法日系列活动，营造遵法信法守法用法护法的浓厚氛围。

切实加强宣传思想文化工作。巩固壮大主流舆论阵地。坚持团结稳定鼓劲、正面宣传为主，围绕“大湖名城、创新高地”城市品牌，在中央及省市主流媒体推出一批影响广、有分量的深度报道，唱响主旋律，凝聚正能量。高度重视网上舆论工作，深入开展网德建设工程“761”行动计划，成功举办“网络文明与城市形象（网德）论坛”。顺应媒体融合发展趋势，积极延伸拓展主流媒体触角，支持报业集团、广电集团全媒体建设，统筹引导网上网下两个舆论阵地。深化社会主义核心价值观建设。出台《关于合肥市培育和践行社会主义核心价值观的实施意见》，广泛开展主题实践活动，组建千家道德讲堂联盟，建设一批主题公园、校园和广场。持续开展“合肥好人”评选，已有106人入选“中国好人榜”，居省会城市第一。

成功创建全国文明城市。紧扣“廉洁高效的政务环境、民主公正的法治环境、公平诚信的市场环境、健康向上的人文环境、有利于青少年健康成长的社会文化环境、舒适便利的生活环境、安全稳定的社会环境、可持续发展的生态环境”八大环境建设，切实强化组织领导，建立省市联手、各级联动的工作机制，形成条块结合、互联互通的工作网络，强化“行走合肥”一线巡查，不断压实责任，推动工作落实。坚持创建为民惠民，广泛发动群众参与，大力改造老旧小区、背街小巷、集贸市场的人居环境，切实加强广场公园、城中村等重点区域环境整治，广泛开展“文明交通”、“文明旅游”、“文明餐桌”、“四做四不”等主题实践活动，城市管理水平不断提高，市民文明素养和城市文明程度显著提升。

坚持以人民为中心的工作导向，着力促进文化大发展大繁荣。省美术馆、科技馆、百戏城等重大场馆建设加快推进，安徽名人馆即将开馆，农民文化乐园建设试点推广到50个，覆盖城乡的公共文化服务网络基本形成。文化体制改革深入推进，成立民营文艺院团协会等，广泛调动民间力量参与文化建设，深入推进文化惠民。积极推进文化精品创作，《走读合肥》文化丛书成功出版，电影《村支书金岚岚》全国公映，《合肥通史》编纂工作扎实推进。出台《2014年合肥市促进文化产业发展政策》《合肥市文化产业示范基地认定管理暂行办法》，文化与金融、科技、旅游等产业加快融合发展，万达文旅城、国家广播影视科技创新实验基地等入选省示范园区基地，报业全媒体产业园等入选“四个一”重点项目。成功举办第八届文博会。2014年文化产业增加值占GDP比重超过6%。

着力保障改善民生和创新社会治理。扎实推进“33+14”项民生工程，民生投入持续增长，实施成效居全省前列。坚持科学扶贫、精准扶贫，提前一年实现“十二五”贫困人口减半的目标，光伏下乡扶贫模式被国务院扶贫办、国家能源局在全国推广。开工各类保障性住房和棚户区改造安置房47493套（户），完成省下达任务的116.3%，在全省率先实施廉租房与公租房并轨运行、分档补贴、梯度保障。实施政府购买居家养老和残疾人托养服务工程，社会养老和助残托养服务体系建设迈出新步伐。

深入推进教育事业改革，学前教育取得新发展，义务教育均衡发展实现新突破，更好地保障了进城务工人员随迁子女就近入学。职业教育迈出重要步伐，高等教育进一步发展。全面落实基层医改各项任务，新农合参合率达103.5%，公共卫生服务质量持续提升。成功举办环巢湖国际马拉松赛，在省第十三届运动会上，创造参赛历届省运会金牌总数最高纪录。通过“全国残疾人文化体育建设示范市”国家验收，全市贫困残疾人生活特别救助实现“应助尽助”。稳妥实施“单独二孩”政策，积极推进流动人口卫生计生基本公共服务均等化试点工作。

不断加强和创新社会治理，深化“平安合肥”、“法治合肥”建设。完善乡镇街道和村（社区）综治维稳信访工作中心（站）两级平台，深入推进重大事项社会稳定风险评估。深化领导干部接访下访，开展涉法涉诉信访积案化解行动。集中开展打非治违专项行动，坚决打击传销。建立“党政同责、一岗双责、齐抓共管”制度，强化安全生产考核和问责。加强国防和后备力量建设，出台实施《关于聚焦强军目标推进军民融合深度发展的意见》。深入推进“双拥”工作，全力争创双拥模范城“八连冠”。

保护生态环境和治理环境污染工作扎实有序。深入实施水环境治理、绿色森林增长、大气污染防治、固体废弃物综合整治等四大专项行动。巢湖流域获批首批“国家级生态文明先行示范区”，成功创建“国家森林城市”。召开千人大会，推进实施“九项措施”，大力推进大气污染防治工作。实时发布PM2.5监测数据，开展重污染天气监测预警。对黄标车实行一环内限行，完成黄标公交车和市、县（市）区机关事业单位黄标公务车淘汰任务。加快推进“气化合肥”建设，在全市域首次实行夏秋两季秸秆禁烧，全面取缔有烟烧烤，稳妥推进马（合）钢公司转型发展，实行建设工程扬尘治理专户管理制度，实现了空气质量的稳定改善。

深入推进河湖综合治理，环巢

湖生态示范区一期项目全面竣工，二期项目全面开工建设，三期项目正在谋划推进。加快建设、提标改造污水处理设施，十五里河二期等污水处理厂实现通水调试，环巢湖35个乡镇污水处理厂全部开工建设，巢湖水质进一步好转。全面推进“河长制”，全市纳入“河长制”管理河道103条，继续实施河道整治疏浚工程。大力推进环巢湖生态农业产业带建设，环湖产业结构调整步伐加快。

在全市城乡持续开展绿化大会战和绿化品质年活动，深入开展生态创建，庐江县柯坦镇、肥西县山南镇成功创建国家级生态乡镇。实施环巢湖绿道建设，高标准建设22个省级园林绿化精品示范工程，滨湖湿地公园升级为国家森林公园，城区绿地率、绿化覆盖率、人均公园绿地三项绿化指标均居全国省会城市前列。扎实推进“三线三边”环境整治，实行“村收集、乡运输、县处理、市奖补”的联动机制，美化了城乡环境。严格落实节能减排工作责任制，大力推进新能源汽车、光伏使用，加强城市再生资源利用，规划建设静脉产业园。深入开展节水型城市建设，大力推进重点节能减排工程建设，主要污染物排放量削减幅度以及2014年能耗降幅全面完成省控目标。

从严从实抓好党的建设。认真贯彻新修订的《党政领导干部选拔任用工作条例》，加强领导班子和领导干部综合分析研判，严格按照《条例》规定的原则、标准、程序、纪律选拔任用干部，进一步规范县（市）区和市直单位主要负责人用人行为。修改完善市直机关公务员转任办法和制度，制定市直机关公务员公开遴选暂行办法和公务员调任实施办法。制定并实施《2014—2017年合肥市干部教育培训规划》，加大年轻干部教育培养力度。从严管理监督干部，开展党政领导干部在企业和社会组织兼职、超职数配备干部等问题专项整治，严格执行领导干部个人有关事项报告制度。深入打造“人才特区”，大力实施重点人才工程。

全面推进基层服务型党组织建设。创新基层党组织设置方式，推进街道、社区实行“大工委”、“大党委”制，非公企业党组织组建率达97.6%，社会组织党组织实现应建尽建。出台《关于进一步推进社区党建工作“三有一化”的意见》，建立社区党组织服务群众专项经费制度，大力开展标准化示范社区建设。积极推进村、社区党组织书记专职化管理，选派190名机关年轻干部到村任职，认真落实村干部离任补助和养老保险制度。全面整顿155个相对软弱涣散村、社区党组织，圆满完成村“两委”换届工作。全面推进党员干部直接联系群众，大力推进党员志愿服务。深入推进党代表任期制工作，在2个县区开展党代会常任制试点。

严明党的纪律，深入推进反腐倡廉建设。抓住落实各级党组织主体责任这个“牛鼻子”，推动各级党委（党组）强化责任担当。督促各级纪委落实监督责任，制定党风廉政建设责任制责任追究若干规定和落实党委主体责任、纪委监督责任实施办法。出台《建立健全惩治和预防腐败体系2013-2017年工作规划实施办法》，推进党的纪律检查体制改革工作，加强对权力运行的管理和监督。深入推进廉洁自律预警机制，将预警对象从县处级领导干部向科级干部延伸、向党员和一般干部延伸。开展市四大班子廉政警示教育活动，加强对领导班子成员及下一级党委（党组）主要负责人的教育管理。严肃查处了一批干部违纪违法案件。

【市委重要会议】 1月2日，市委召开十届五次全体（扩大）会议。会议的主要任务是，认真学习贯彻党的十八大、十八届三中全会、中央经济工作会议、城镇化工作会议、农村工作会议以及省委九届九次全会、全省经济工作暨城镇化工作会议精神，总结过去一年工作，部署2014年及今后一个时期的工作任务，动员全市上下进一步解放思想、深化改革、扩大开放、开拓创新，为打造“大湖名城、创新高地”而奋斗。

1月13日，合肥市召开大气污染防治工作会议。会议强调，要认真贯彻中央部署和全省经济工作暨城镇化工作会议、大气污染防治工作会议精神，动员全社会各方面力量，立即行动起来、形成强大合力，进一步提高认识、牢记责任，树立信心、下定决心，强化措施、攻坚克难，全力以赴打好大气污染防治攻坚战和持久战，以实际成效向省委省政府和全市人民交出一份满意答卷。

1月20日，市委召开常委会议，专题传达学习十八届中央纪委三次全会和省纪委九届四次全会精神，听取市纪委有关工作汇报，研究部署合肥市贯彻落实措施。 会议强调，全市各级各部门要进一步统一思想、提高认识、强化学习，把学习贯彻十八届中央纪委三次全会和省纪委九届四次全会精神作为当前的一项重要政治任务。要抓好中央惩防腐败体系工作规划及省实施意见的贯彻落实，认真制定和实施我市工作意见，加强反腐败体制机制创新和长效制度保障，努力形成不想腐、不敢腐、不能腐的有效机制。

要持之以恒深化党的作风建设，着力解决群众身边的不正之风和影响党群干群关系的突出问题。要以“零容忍”的态度，始终保持惩治腐败高压态势。

1月24日，市委召开常委会议，听取关于深入开展党的群众路线教育实践活动有关情况的汇报，并进行部署。会议强调，要提高思想认识，切实增强搞好教育实践活动的责任感和使命感。在全党深入开展以为民务实清廉为主要内容的党的群众路线教育实践活动，是党的十八大作出的一项重大战略部署。全市各级党组织要站在战略和全局的高度，切实把思想和行动统一到习近平总书记系列讲话精神上来，统一到中央和省委的决策部署上来，深刻认识开展教育实践活动的现实必要性和紧迫性，切实增强思想自觉和行动自觉，确保教育实践活动取得实实在在的成效，以作风建设的新成效汇聚推进改革发展的正能量。

1月27日，市委召开全市党的群众路线教育实践活动动员部署会议，贯彻落实中央和省委有关部署，对全市教育实践活动进行全面动员部署。会议强调，开展党的群众路线教育实践活动，责任重大，使命光荣。要紧密团结在以习近平同志为总书记的党中央周围，认真贯彻落实中央和省委的部署要求，扎实深入地开展教育实践活动，以丰富的实际成效，向党和人民交出一份满意答卷，为打造“大湖名城、创新高地”、建设美好安徽、实现“中国梦”作出新的更大贡献。

1月27日，市纪委十届四次全会召开。会议传达学习了十八届中央纪委三次全会和省纪委九届四次全会精神，审议通过了市纪委常委会工作报告和《中国共产党合肥市第十届纪律检查委员会第四次全体会议决议》。会议强调，要认真贯彻中央和省委部署，以坚定的信心、坚决的态度、有力的措施、扎实的工作，深入推进反腐倡廉建设，为推进“新跨越、进十强”、打造“大湖名城、创新高地”提供坚强保证。

2月14日，市委召开常委会议，传达学习省十二届人大三次会议、省政协十一届二次会议精神，研究部署合肥市贯彻落实措施。会议传达了省委书记、省人大常委会主任张宝顺参加合肥代表团分组审议时讲话精神和省长王学军所作的《政府工作报告》精神，并就学习宣传贯彻工作提出要求。会议强调，要迅速学习宣传，在准确把握上下功夫，努力把学习成果转化为谋划改革、推进发展的正确思路，凝聚成热爱安徽、建设合肥的强大动力，并制定贯彻措施，迅速行动起来，把省“两会”精神不折不扣落到实处。

2014年2月15日至19日，市委常委群众路线教育实践活动集中学习暨中心组理论学习会议召开。会议主题是，深入学习贯彻党的十八大、十八届三中全会和省委九届九次全会、省“两会”精神，抓住用好党的群众路线制胜法宝，凝聚打造“大湖名城、创新高地”的强大力量。会议强调，要深刻领会党的群众路线的丰富内涵，准确把握贯彻群众路线的时代要求，主动适应新形势新要求，不断创新群众工作的方式方法。要以实干求实绩促实效，不断凝聚打造“大湖名城、创新高地”的强大力量。

3月2日，市委召开常委扩大会议，传达学习省委书记张宝顺在调研指导庐江县党的群众路线教育实践活动时的重要讲话精神，研究我市贯彻落实措施，推进合肥市教育实践活动扎实深入开展。会议强调，全市各级党组织要站在战略和全局的高度，深刻把握开展教育实践活动的重要性和紧迫性，切实增强搞好教育实践活动的责任感和使命感，进一步把思想和行动统一到中央和省委的决策部署上来，以实际成效向党和人民交出一份满意答卷。

3月17日，市委召开常委扩大会议，传达学习习近平总书记重要讲话和全国“两会”、省委有关会议精神，部署安排全市贯彻落实工作。会议强调，要认真学习好习近平总书记参加安徽代表团审议时的重要讲话精神，在准确把握精神实质上下工夫。各级各部门各单位和各级领导干部要以高度的政治责任感，立即行动，以身作则，迅速在全市上下掀起学习贯彻热潮；深刻领会讲话中蕴含的新思想、新要求，准确把握丰富内涵和精髓要义，努力学深吃透、融会贯通；坚持学以致用，把总书记的谆谆教导化作干事创业的强大动力，进一步明确方向、理清思路、完善举措，创造性地开展工作，确保讲话精神落到实处。

3月24日，合肥市召开全市教育实践活动督导工作会议。会议强调，要把习近平总书记“三严三实”要求和调研指导兰考县教育实践活动时的重要讲话精神，贯彻到教育实践活动全过程。严格按照中央和省委要求，以焦裕禄精神为标杆，更加卓有成效地开展督导工作，推动教育实践活动取得群众满意的实效。

3月26日，市委召开十届六次全体（扩大）会议。会议的主要任务是，深入贯彻党的十八大、十八届三中全会和省委九届九次全体（扩大）会议、全省经济工作会议精神，认真落实《中共中央关于全面深化改革若干重大问题的决定》和《中共安徽省委关于贯彻落实党的十八届三中全会精神全面深化改革的意见》，审议《中共合肥市委关于贯彻落实中央、省委部署全面深化改革的实施意见》，动员全市上下进一步解放思想、深化改革、开拓创新，为打造“大湖名城、创新高地”而努力奋斗。

3月26日，市委召开中心组理论学习会议。会议主题是，深入学习贯彻习近平总书记“三严三实”要求和调研指导兰考县教育实践活动时的重要讲话，以及省委有关会议精神，扎实推进党的群众路线教育实践活动，确保取得人民群众满意的实效。

4月1日上午，市委召开全面深化改革领导小组第一次全体会议。会议审议通过了《中共合肥市委全面深化改革领导小组工作规则》、《中共合肥市委全面深化改革领导小组专项小组工作规则》、《中共合肥市委全面深化改革领导小组专项小组专题组工作规则》和《中共合肥市委全面深化改革领导小组办公室工作细则》。

会议要求，要强化组织领导，确保改革任务扎实有序推进。要胸怀大局、把握大势，始终与中央和省委保持高度一致，坚持在大局下行动，紧密结合合肥特色，形成全市“一盘棋”；要解放思想，勇于突破，主动作为，敢走新路、敢为人先、敢破难题，不断调整政策、完善改革措施，创造新的经验；要强化责任，敢于担当，只要是看得准、符合绝大多数群众利益、符合改革方向的事情就要大胆推进，敢于迎难而上；要落实规则、高效执行，凡是形成的决策、定下来的事情，坚持立说立行、不等不拖；要依靠群众、尊重基层，广泛听取各方面意见，充分调动各方面积极因素。会议强调，全面深化改革责任重大、使命光荣，要深入贯彻落实党的十八届三中全会和中央、省委全面深化改革领导小组会议精神，把握机遇、乘势而上，锐意进取、攻坚克难，奋力开创全面深化改革新局面，打造全面深化改革先行先试“合肥版”，为实现“新跨越、进十强”、打造“大湖名城、创新高地”不断注入强大动力。

4月9日，合肥市召开争创全国文明城市工作动员大会。会议强调，要进一步动员全市上下，统一思想，凝聚力量，以“三严三实”的要求，以志在必得的信心和决心，一鼓作气，全力冲刺，努力实现争创全国文明城市的工作目标，共同建设美好家园，为打造“大湖名城、创新高地”再添新华章。

4月15日至16日上午，全市重大项目观摩暨市委常委（扩大）会议举行。15日全天，省市领导率各县（市）区、开发区和市直有关部门负责人，分两组实地观摩了22个重大项目，16日上午召开市委常委（扩大）会议，听取一季度全市经济及工业经济运行情况汇报，听取各县（市）区、开发区和政务文化新区、滨湖新区重大项目推进暨一季度经济运行情况汇报，分析当前经济形势，研究部署下一步工作推进措施。

会议指出，在经济下行压力加大的宏观背景下，要进一步增强发展信心，认清形势、把握趋势、顺应大势，把握机遇，奋力推进“创新、转型、升级”发展，为打造“大湖名城、创新高地”作出新的更大贡献。会议强调，要突出重点，加快推进转型升级。要持之以恒推进创新发展，不断筑牢基础、扩大优势；继续聚焦重点项目，全力推进已有项目开工建设，同时密切跟踪落实在谈项目；继续加大工作力度，充分发扬“钉钉子”精神抓招商引资；鼓励、支持、引导企业技术改造，推动产业升级；关注资本市场，拓宽市场化融资渠道；大力培育繁荣现代服务业等新型业态，不断提升城市品质。要先行先试，有序推进改革。继续优化投资发展环境，聚焦解决“四风”，切实改进作风；不断打破体制机制障碍，激发企业活力；大力培育市场主体，让创新创业活力竞相迸发；继续以存量换增量，鼓励企业优势嫁接做大做强；继续高度关注“小巨人”工程，筛选出一批优秀企业进行重点培养和服务；深化体制机制改革，要继续向改革要红利、要动力、要竞争力。

5月21日，市委召开常委扩大会议，传达学习习近平总书记在中央政治局常委会讨论一季度经济形势时的重要讲话精神、省委书记张宝顺在省委常委会议上的讲话精神、全省一季度经济形势分析暨重点工作推进会精神、省长王学军在肥调研讲话精神，听取合肥市当前经济形势和重大项目建设工作情况汇报，研究部署当前经济工作；传达学习习近平总书记在兰考县委常委班子专题民主生活会上的重要讲话精神，按照中央和省委部署，研究部署教育实践活动推进工作。

6月6日，市委召开常委扩大会议，传达学习第二次中央新疆工作座谈会精神、省委常委扩大会议精神和省委落实党风廉政建设和反腐败工作党委主体责任集体谈话会精神，部署安排全市贯彻落实工作。

6月11日至12日，市委召开常委班子党的群众路线教育实践活动专题民主生活会。省委书记张宝顺亲临指导并发表重要讲话。省委常委、市委书记吴存荣代表市委常委班子作对照检查。常委班子围绕遵守党的政治纪律、贯彻执行中央八项规定、聚焦“四风”查找了27个方面的突出问题，深刻剖析问题产生的根源，有针对性地提出了整改措施。会议强调，要按照“三严三实”要求，高标准、高质量推进教育实践活动，坚定不移反“四风”、改作风，不断以作风建设的新成效树形象、聚民心、促发展。

6月19日，市委召开市委常委班子专题民主生活会情况通报会，会议传达学习了省委书记张宝顺在市委常委班子专题民主生活会上的重要讲话精神，通报了市委常委班子专题民主生活会情况。会议强调，要深入落实中央和省委的部署要求，进一步学习贯彻张宝顺书记重要讲话精神，按照“三严三实”要求，在省委督导组的指导帮助下，坚定不移反对“四风”，持之以恒改进作风，以作风建设新成效，树形象、聚民心、促发展，加快打造“大湖名城、创新高地”，为建设美好安徽作出新的更大贡献。

7月4日下午，市委召开全面深化改革领导小组第二次全体会议。会议听取了《市委全面深化改革领导小组2014年工作要点》（以下简称《2014年工作要点》）起草情况、各专项小组本领域工作开展情况汇报，审议通过了《2014年工作要点》及分工方案、《合肥市深化民主政治领域改革实施方案》《合肥市统筹城乡发展体制机制改革工作方案》《合肥市深化文化体制改革实施方案》。

会议强调，2014年是全面深化改革的第一年，起好步、开好局意义重大。要深入贯彻落实中央和省、市委的决策部署，按照“三严三实”的要求，锐意进取、敢于担当、真抓实干，以改革的实际成效取信于民，为打造“大湖名城、创新高地”提供强大原动力、汇聚更多正能量，努力当好全省改革发展的排头兵。会议要求，要明确任务责任，细化方案抓落实，对照《2014年工作要点》内容，进行一次全面梳理，完善实施方案，逐项实化措施，对照各自的分台账，定期进行清点，年终集中盘点。要加强统筹谋划，分类施策抓落实，讲究策略方法，明确轻重缓急，分类推进、蹄疾步稳。要围绕重点领域，突出特色抓落实，按照“先行先试、引领示范”的总体要求，坚持问题导向，聚焦经济社会发展的重点领域，聚焦群众高度关注的热点问题，聚焦社会各界容易达成共识的事项诉求，找准突破口，体现合肥特色，以先行先试趟出改革新路。要坚持正确方向，把牢底线抓落实，始终坚持在大局下谋划改革、推进改革，把牢民意、稳定、法律底线。要完善推进机制，协调联动抓落实，健全决策形成、统筹推进、责任督查、信息报送、导向引领机制，并努力让政策宣传解读更加准确、生动。

7月15日，市委召开常委扩大会议，传达学习习近平总书记在中央政治局第十六次集体学习时的重要讲话精神、省委常委会专题会议精神，研究全市贯彻落实工作。会议强调，学习好、贯彻好习近平总书记重要讲话精神，是当前一项重要政治任务。要深入开展教育实践活动，一环接着一环抓，确保专题民主生活会开得质量高、效果实，着力解决查摆出的突出问题，进一步密切党群干群关系，不断以改进作风的新成效取信于民。

9月15日，市委召开常委扩大会议，传达学习省委书记张宝顺在听取合肥市委和庐江县委党的群众路线教育实践活动情况汇报时的重要讲话精神，听取关于全市教育实践活动第三环节进展情况的汇报，研究部署教育实践活动深入推进工作。会议强调，全市各级党组织要继续发扬钉钉子精神，坚持以严的标准、严的措施、严的纪律，谋划推进各项工作。要认真学习贯彻张宝顺书记重要讲话精神，牢记使命，不负重托，继续深入推进教育实践活动，全力打造“大湖名城、创新高地”，为建设美好安徽作出新的更大贡献。

9月15日下午，市委召开全面深化改革领导小组第三次全体会议。会议审议通过了《关于全面深化国资国企改革的若干意见》和《合肥市2014年全面深化经济体制改革工作方案》《合肥市2014年社会体制改革工作方案》《合肥市2014年行政体制改革工作方案》。

会议强调，要深入贯彻落实中央全面深化改革领导小组第四次会议精神和省委全面深化改革领导小组第三次全体会议精神，自觉践行“三严三实”，进一步坚定信心、重点突破、狠抓落实，确保圆满完成全年各项改革任务，不断开创打造“大湖名城、创新高地”新局面。会议要求，要扎实推动重点领域改革，力争在全省率先取得实质性突破。各专项小组及专题组、各级各部门要坚持速度和质量并重、全局和重点并重、当前和长远并重。特别是，要着力深化经济体制改革，把深化经济体制改革与加快创新转型升级紧密结合起来，深化国资国企改革，转变扶持产业发展方式，创新土地管理制度，完善科技创新体制，提高现代服务业发展水平；着力深化行政体制改革，深化行政审批制度改革和行政执法体制改革，扎实开展市县机构改革，探索推进街道（社区）管理体制改革；着力深化社会体制改革，推进基层社会治理创新，完善信访维稳工作机制，推进义务教育均衡发展，完善社会保障体制，深化医药卫生体制改革。

9月24日，合肥市召开纪念中国人民政治协商会议成立65周年暨合肥市各界人士迎国庆茶话会。会议强调，要认真学习贯彻习近平总书记在庆祝中国人民政治协商会议成立65周年大会上的重要讲话精神和省委书记张宝顺在纪念中国人民政治协商会议成立65周年座谈会上的讲话精神，始终坚持和发扬社会主义民主，进一步团结各方力量、汇聚各方智慧，不断开创我市政协事业新局面，为打造“大湖名城、创新高地”、建设美好安徽作出新的更大贡献，奋力谱写中国梦合肥篇章。

9月29日，合肥市召开纪念全国人民代表大会成立60周年暨地方人大设立常委会35周年大会。会议强调，要认真学习贯彻庆祝全国人民代表大会成立60周年大会、全省纪念全国人民代表大会成立60周年暨地方人大设立常委会35周年大会精神，高举中国特色社会主义伟大旗帜，共同创造人民代表大会制度美好而光明的前景，与全市人民携手同心、不懈奋斗，为打造“大湖名城、创新高地”作出新的更大的贡献。

10月11日，市委召开常委扩大会议，传达学习中央、全省党的群众路线教育实践活动总结大会精神，研究合肥市群众路线教育实践活动总结工作。会议强调，学习贯彻习近平总书记重要讲话精神，是一项重要政治任务。各级党组织要以习近平总书记重要讲话和全省总结大会精神为指导，善始善终做好活动总结和收尾工作，持续抓好各项整改任务的落实；认真履行从严治党责任，把抓党建作为最大政绩和重大政治责任；持续深入改进作风，以严的标准、严的措施推进作风教育、制度建设、监督检查常态化；统筹抓好改革发展稳定等各项工作，以作风建设新常态推动经济社会新发展。

10月13日，市委召开全市党的群众路线教育实践活动总结大会，认真学习贯彻习近平总书记在党的群众路线教育实践活动总结大会上的重要讲话精神，按照省委的统一安排，对合肥市党的群众路线教育实践活动进行总结，对巩固和拓展活动成果、加强党的作风建设、全面推进从严治党进行部署。会议强调，教育实践活动已经告一段落，但贯彻群众路线、保持党同人民群众的血肉联系永无止境。全市各级党组织要按照中央和省委的部署要求，进一步巩固和拓展教育实践活动成果，全面加强党的建设，聚精会神抓好管党治党的各项工作，为打造“大湖名城、创新高地”提供坚强的政治保证。

11月2日至3日，市委召开中心组理论学习会议。会议主题是，深入学习党的十八大和十八届一中、二中、三中、四中全会精神，深入学习习近平总书记系列重要讲话精神，贯彻落实党中央国务院关于推动长江经济带发展的重大决策部署，贯彻落实省委省政府有关决策部署，进一步解放思想、防骄破满，拉高标杆、跨越赶超，朝着建设长三角世界级城市群副中心阔步迈进，不断开创打造“大湖名城、创新高地”的新局面。

11月3日，市委召开常委扩大会议，传达学习党的十八届四中全会精神及省委常委扩大会议、全省领导干部会议有关精神，部署安排我市贯彻落实工作。会议强调，学习宣传贯彻十八届四中全会精神意义重大，影响深远，是当前和今后一个时期的重要政治任务。要切实把思想和行动统一到全会精神上来，全面抓好贯彻落实。要更加紧密地团结在以习近平同志为总书记的党中央周围，在省委省政府的坚强领导下，奋力谱写法治合肥建设新篇章，为打造“大湖名城、创新高地”、建设长三角城市群副中心提供有力的法治保障。

11月10日，合肥市召开争创全国文明城市工作调度推进会。会议强调，创建全国文明城市已到了迎检收官的关键阶段。要充分认识到工作中存在的问题、差距，以时不我待、敢于担当的精神状态，全力投入到冲刺阶段的创建工作中去，努力实现成功创建，朝着建设长三角世界级城市群副中心迈出坚实一步，不断开创打造“大湖名城、创新高地”新局面。

11月28日，合肥市召开创建国家森林城市总结暨2015年森林增长和园林绿化提升动员大会。会议强调，各级各部门各单位要以“创森”成功为新的起点，以掀起今冬明春植树造林热潮为新的开局，加强领导，广泛动员，扎实工作，大力提升我市绿化美化水平，合力描绘“大湖名城、创新高地”秀美画卷，为建设美好安徽作出新的更大贡献。

11月30日至12月1日，市委召开中心组理论学习会议。会议主题是，深入学习党的十八大和十八届三中、四中全会精神，深入学习习近平总书记系列重要讲话精神，贯彻落实省委九届十次全体（扩大）会议具体部署，全面推进依法治市，加快建设法治合肥，为建设长三角世界级城市群副中心、开创打造“大湖名城、创新高地”新局面提供坚强的法治保障。

12月22日，市委召开全面深化改革领导小组第四次全体会议。会议听取了关于《2014年工作要点》部署的改革任务进展情况、“十二五”以来全市省级以上改革试点示范情况和明年改革重点工作建议的汇报，各专项小组本领域工作开展情况汇报；审议通过了《合肥市深化生态文明体制改革实施方案》《合肥市深化党的建设制度改革实施方案》《合肥市党的纪律检查体制改革实施方案》。

会议强调，要深入学习贯彻党的十八届三中、四中全会和习近平总书记系列重要讲话精神，认真落实省委省政府改革决策部署，蹄疾步稳，攻坚克难，坚持以改革发展成果衡量工作成效，为建设长三角世界级城市群副中心、开创打造“大湖名城、创新高地”新局面注入强大动力，当好全省新一轮改革“排头兵”。会议指出，要全面等高对接长三角地区先发城市，认真谋划推进重要领域改革。各专项小组及专题组、各级各部门要继续深入谋划和加快推进重要领域改革，率先在体制机制上实现与长三角地区全面等高对接，强化危机意识，增强改革动力，抢抓战略机遇；坚持上下联动、主动作为，调动各方面积极性；实行“拿来主义”，做到见贤思齐；坚持于法有据，确保在法治轨道上推进改革；强化落实之功，把各项改革任务抓紧抓细抓实抓常，力争干一件、成一件；注重统筹推进，既牵住“牛鼻子”又“弹好钢琴”。

会议要求，要认真做好收官阶段各项工作，打赢全年改革攻坚战。要抓好任务落实，有力有序完成年度要点，对照任务，倒排工期，加快推进，加强督查；抓好试点示范，积极探索试出真经，加强对接，形成可复制、可推广的经验模式，确保趟出发展新路；抓好任务摸排，谋准谋深谋实明年改革重点，聚焦重点领域，坚持问题导向，突出牵动性强、支撑作用大的改革任务，把有利于稳增长、调结构、防风险、惠民生的改革举措往前排；抓好机制完善，同心同向形成改革合力，加强统筹协调、跟踪问效、督查考核、宣传引导。

【重大政策举措】 1. 深入开展党的群众路线教育实践活动　为贯彻落实中央和省委的部署要求，市委从2014年1月开始，在全市1.6万个党组织、38.7万名党员中深入开展党的群众路线教育实践活动。参加单位主要是：市、县（市）区机关及其直属单位和企事业单位，乡镇、街道和村、社区，非公有制经济组织、社会组织和其他基层组织。此次教育实践活动全面贯彻“照镜子、正衣冠、洗洗澡、治治病”总要求，坚决反对形式主义、官僚主义、享乐主义和奢靡之风，深入开展“正风肃纪、为民服务、除弊祛垢、固本强基”四个专项行动。坚持以市、县（市）区领导机关、领导班子和领导干部为重点，突出抓好直接联系服务群众的执法监管部门和窗口单位、服务行业的教育实践活动，充分借鉴运用第一批教育实践活动成果和经验，坚持正面教育为主，坚持开展批评和自我批评，坚持讲求实效，更加注重领导带头、层层示范，更加注重聚焦“四风”、解决问题，更加注重敞开大门、群众参与，更加注重分类指导、有序推进，更加注重上下协力、衔接带动，更加注重严格要求、真督实导，确保教育实践活动不虚不空不偏，不走过场。

2. 全面深化改革　为深入贯彻党的十八大和十八届三中全会精神，认真落实中央和省委有关文件精神，市委在全省率先出台关于全面深化改革的意见。改革坚持社会主义市场经济改革方向，以促进社会公平正义、增进人民福祉为出发点和落脚点，进一步解放思想、解放和发展社会生产力、解放和增强社会活力，努力打造全面深化改革先行先试“合肥版”，在全省发挥带头和示范作用，为打造“大湖名城、创新高地”提供制度保障和强劲动力，为建设美好安徽、实现“中国梦”作出新的更大贡献。改革的总体目标是加快发展社会主义市场经济、民主政治、先进文化、和谐社会、生态文明，着力增强市场活力，着力保障改善民生，着力提高发展质量和效益，建立健全与打造“大湖名城、创新高地”相适应的管理体制和运行机制，全面提升合肥城乡治理体系和治理能力现代化水平。到2015年，率先在重要领域和关键环节改革上取得突破性进展，走在全省前列；到2020年，全面完成本实施意见提出的各项改革任务，一些重点领域改革走在全国前列，形成系统完备、科学规范、运行有效的制度体系。

3. 做好农业农村工作　为全面贯彻落实党的十八大、十八届三中全会和中央、全省农村工作会议精神，做好2014年全市农业农村工作，市委市政府出台《关于2014年农业农村工作的若干意见》。主要内容有：加快推进农业现代化建设，全面深化农村改革，加强农村生态文明建设，深入推进城乡一体化发展，加强对“三农”工作领导，进一步加大强农惠农富农政策实施力度，加大美好乡村建设力度，加大城乡一体化统筹发展力度，进一步增强农业农村发展活力、综合保障能力和市场竞争力，全面开创与打造“大湖名城、创新高地”相适应的农业农村工作新局面。

4. 建立健全惩治和预防腐败体系 为全面贯彻落实中共中央和省委有关文件精神，加强惩治和预防腐败体系建设，深入推进全市党风廉政建设和反腐败斗争，市委印发《关于贯彻落实中央、省委部署建立健全惩治和预防腐败体系2013—2017年工作规划的实施办法》。《办法》着重从加强和改进党的作风建设、坚持以零容忍态度惩治腐败、科学有效预防腐败、改革完善党的纪律检查体制和加强对党风廉政建设和反腐败工作的统一领导等方面，强调全市各级党组织必须从思想上警醒起来，坚持惩治和预防腐败两手抓、两手硬，坚持党要管党、从严治党，认真落实党委主体责任和纪委监督责任，坚持标本兼治、综合治理、惩防并举、注重预防的方针，以改革精神加强反腐败体制机制创新和制度保障，坚定不移转变作风，坚定不移反对腐败，建设廉洁政治，努力实现干部清正、政府清廉、政治清明，为合肥打造“大湖名城、创新高地”提供坚强保障。

5. 抓好干部教育培训工作 根据中央和省委关于干部教育培训规划的文件精神，市委制定出台《2014-2017年合肥市干部教育培训规划》。《规划》强调要紧紧围绕我市改革发展稳定大局和干部队伍建设实际，坚持服务大局、按需施教，分类分级、全员培训，联系实际、学以致用，质量第一、注重实效的原则，持续推进大规模培训干部、大幅度提高干部素质的战略任务，全面深化干部教育培训改革创新，全面提升干部教育培训质量，努力培养信念坚定、为民服务、勤政务实、敢于担当、清正廉洁的好干部，为打造“大湖名城、创新高地”提供坚强保障。

6. 落实党风廉政建设党委主体责任和纪委监督责任 为深入贯彻党的十八届三中全会和十八届中央纪委三次全会精神，扎实推进党风廉政建设和反腐败工作，市委印发《关于落实党风廉政建设党委主体责任和纪委监督责任的实施办法》。《办法》明确了党委领导班子、主要负责人、班子其他成员的责任，也明确了各级纪律检查机关的责任，同时，从加强组织领导和党内监督、实行党政正职接受评议、廉政约谈制度等方面，强化保障措施，并强调要通过加大案件查处力度、充分运用巡查和审计工作成果、推进纪律检查体制机制改革创新、加强制度建设、检查考核和责任追究等，切实贯彻落实好“两个责任”。

7. 进一步推进社区党建工作“三有一化” 为认真贯彻落实党的十八大和十八届三中全会精神，加强社区服务型党组织建设，为建设平安和谐幸福社区提供坚强的组织保证，结合合肥实际，市委出台《关于进一步推进社区党建工作“三有一化”的意见》。《意见》强调，要选好配强党组织书记，加强“两委”班子和队伍建设，落实服务群众专项经费并规范经费使用管理，建好服务场所，构建有人管事、有钱办事、有场所议事的城市基层区域化党建格局。

8. 全面深化国资国企改革 为认真贯彻落实党的十八大、十八届三中全会精神，根据中央和省委的决策部署，市委印发《关于全面深化国资国企改革的若干意见》。《意见》强调，要坚持发展社会主义市场经济的改革方向，发挥市场在资源配置中的决定性作用，以国资改革促进国企改革，加强顶层设计和系统规划，坚持整体推进与重点突破相结合，着力调整优化国有资产布局和结构，着力完善以管资本为主的国资管理体制，着力健全现代企业制度，积极发展国有资本、集体资本、非公有资本相互融合的混合所有制经济，提高国有企业活力和国有经济整体竞争力，促进国有经济与其他所有制经济共同繁荣，为合肥实现“新跨越、进十强”、打造“大湖名城、创新高地”、当好全省“三个排头兵”提供有力支撑。

9. 进一步推进党代表任期制工作 为深入贯彻落实《中国共产党章程》、《中国共产党全国代表大会和地方各级代表大会代表任期制暂行条例》和省委有关规定，进一步推进我市党代表任期制工作，建立和完善党代表发挥作用的长效机制，市委出台《关于进一步推进党代表任期制工作的意见》。《意见》要求，要以完善党代表大会制度为核心，以推进党内民主建设为根本，按照搭平台、建机制、增活力的总体思路，坚持突出重点、整体推进、探索创新、务求实效的原则，围绕落实党代表知情权、参与权、选择权、监督权，重点打造党代表“选拔培训、履职尽责、宣传展示”三个平台，发挥党代表特别是基层一线代表在党代会闭会期间“参与决策、民主监督、党的自身建设和联系服务党员群众”四个作用，探索完善党代会闭会期间代表发挥经常性作用的有效途径和方式，不断提高我市党代表任期制工作科学化水平，为全省、全国推进党代表任期制工作积累经验、提供借鉴。

10. 进一步加强市委中心组理论学习 为贯彻落实党的十八大关于建设学习型、创新型、服务型马克思主义执政党的要求，进一步加强市委领导班子理论学习，推动市委中心组理论学习科学化、规范化、常态化，市委印发《关于进一步加强市委中心组理论学习的意见》。《意见》从优化学习内容、倡导优良学风、创新学习方式、完善学习制度、规范学习管理、强化组织领导以及完善保障机制等七个方面，对加强市委中心组理论学习作了部署安排。

11. 全面推进合肥数字化城市管理工作 为深化城市管理体制改革，创新城市管理模式，整合城市管理资源，提高城市管理效能，创造宜居宜业的城市环境，促进经济社会又好又快发展，市委、市政府出台《关于全面推进数字化城市管理工作的实施意见》。《意见》指出，要紧紧围绕建设长三角世界级城市群副中心、打造“大湖名城、创新高地”的战略定位，按照“整体规划、统一标准、资源整合、信息共享、提高效能”的原则，充分利用现代信息技术，整合城市管理资源，创新城市管理模式，深化城市管理体制改革，建立反应快速、权责明晰、处置及时、考核科学、运转高效的数字城管体系，实现城市管理信息化、精细化、规范化和长效化，全面提高与迈向都市区国际化相适应的城市管理现代化水平。

【领导考察调研活动】 1月25日，省委常委、市委书记吴存荣深入庐江县看望慰问五保老人和困难群众，调研美好乡村建设。吴存荣强调，要妥善安排好群众特别是困难群众的生产生活，广泛开展好“送温暖”活动，让广大人民群众过上欢乐祥和的节日；要进一步推进美好乡村建设，把乡村建设成为与城市长期共存、功能与特色互补的美好家园。

2月26日，省委书记张宝顺深入庐江县调研指导第二批党的群众路线教育实践活动。张宝顺强调，要强化使命意识，发扬认真精神，进一步增强搞好教育实践活动的自觉性、主动性。要切实抓好学习教育，进一步加大力度、丰富形式，着力解决学什么、怎么学、干什么的问题，切实掌握思想武器、掌握改进提高的参照坐标。要坚持开门搞活动，充分发挥群众的积极性，主动接受群众监督，努力把最真实的意见征集上来，把最突出的问题查找出来。要突出问题导向，以自我革命的态度、“准、狠、韧”的劲头，从具体事抓起、从身边事做起，下大气力解决脱离群众、服务群众不到位、侵害群众利益等反映强烈的突出问题，强化正风肃纪，注重建章立制，不断提高做好新形势下群众工作的能力。要强化责任落实，坚持一把手示范带动、一把手组织推动，形成“一把手抓、抓一把手”的工作机制。要统筹兼顾，求真务实，推进各项工作，尤其要把党员干部在教育实践活动中激发出来的工作热情，转化为深化改革的实际行动，推动经济社会平稳健康较快发展。

3月6日，省委常委、市委书记吴存荣赴阜阳合肥现代产业园区调研，看望慰问一线干部职工，并召开座谈会。吴存荣要求，始终牢记使命，深入贯彻党的十八大和十八届三中全会精神，更好地落实合肥与阜阳结对合作发展的工作举措；同时，要结合皖北特点，加强对新型城镇化工作的研究，更好地抓园区建设发展，抓环境建设。特别是，在已经形成的良好基础上，要再接再厉，扎实工作，以正在开展的党的群众路线教育实践活动为引领，统筹推进园区建设和改革发展，不断取得助推皖北振兴新成效。

3月13日，省委常委、市委书记吴存荣赴中科大先进技术研究院调研并主持召开座谈会。吴存荣指出，要又好又快推进先研院建设，抓紧健全组织架构，市校双方各展所长、各负其责、密切合作；要紧密对接国家和省支持创新的政策，并与市校有关制度和政策衔接，加快建章立制，不断提升管理水平；要完善体制机制，包括运营机制、发展机制、人才引进机制等，保障先研院健康有序运营；要突出重要平台的建设推进，加强重点项目调度，做好研究生培养，催生更多成果。

2014年3月21日至22日，岳阳市党政代表团来肥考察并召开两市交流座谈会。省委常委、市委书记吴存荣介绍了合肥建设与发展特别是新区开发、产业转型升级、生态文明建设、政务环境优化等方面的创新思路和举措。岳阳市委书记卿渐伟指出，近年来合肥经济发展效益好、速度快，城市建设起点高、品质好，打造“大湖名城、创新高地”气魄大、进展快，探索和积累了许多好思路、好做法、好经验。通过实地考察，深受启发、深受鼓舞，将把合肥成功经验和创新举措带回岳阳，认真琢磨、仔细消化，进一步完善工作思路，推动岳阳发展。

4月4日，省委书记张宝顺深入肥西县调研经济社会发展情况。张宝顺强调，要深入学习贯彻习近平总书记系列重要讲话精神，坚持改革创新，加快转型升级，进一步壮大县域经济，努力在全面建成小康社会进程中争先进位。要坚持稳中求进工作总基调，以自主创新为引领，加快转型升级步伐，大力发展民营经济，努力实现有质量、有效益、可持续的发展。要大力弘扬敢为人先的精神，牢牢把握正确方向，充分尊重农民意愿，积极深化农村改革，进一步激发农业和农村发展活力。要以“三严三实”为标尺，以焦裕禄精神和沈浩精神为镜子，扎实推进第二批教育实践活动，真正取得人民群众满意的实效。省委常委、市委书记吴存荣汇报了我市推进创新发展、美好乡村建设、群众路线教育实践活动、深化改革等相关工作情况。

4月26日，滁州市委书记李明、市长张祥安率滁州市党政代表团来肥考察并举行了两市交流座谈会。 代表团一行先后实地考察了国际金融后台服务基地、塘西河公园、万达文化旅游城、藻水分离站、合肥滨湖国家森林公园、市公共资源交易监督管理局，并观看了滨湖新区建设专题片。省委常委、市委书记 吴存荣介绍了近年来合肥市推进科学发展的有关做法，特别是新区开发建设、生态环境建设、工程建设管理等领域的创新思路和举措。 李明指出，合肥创新发展、转型发展的火热场面令人震撼，广大干群干事创业的精神面貌、精通业务的工作能力让人钦佩，将把合肥的好经验、好做法带回去，转化为推动滁州发展的具体举措和实际行动，紧紧抓住整体加入合肥经济圈的重大机遇，推动滁州各项工作迈上新台阶。

5月4日，省委书记张宝顺到合肥国家大学科技园，参加“我的中国梦——奋斗的青春最美丽”主题团日活动，向全省广大青年、共青团员和青少年工作者致以节日的问候，勉励全省广大青年勇于担当，锐意进取，在实现中国梦的伟大实践中绽放青春，为建设美好安徽、全面建成小康社会作出新的更大贡献。张宝顺强调，青年是国家的未来，民族的希望。全省广大青年要更加自觉地坚定理想信念，深入学习贯彻党的十八大、十八届三中全会和习近平总书记系列重要讲话精神，把个人进步融入建设美好安徽的生动实践，在推进兴皖富民大业中实现人生价值。要更加自觉地深入基层群众，在社会这个大学校里摸爬滚打，在实践这个大熔炉里经受锤炼。要更加自觉地加强学习实践，把学习作为一种责任、一种精神追求、一种生活方式，坚持学以致用、用以促学，不断提高素质能力。要更加自觉地创新创业创造，牢记“空谈误国、实干兴邦”，脚踏实地，锐意创新，用勤劳的双手、一流的业绩成就人生精彩。要更加自觉地锤炼高尚品格，自觉践行社会主义核心价值观，保持积极的人生态度、良好的道德品质、健康的生活情趣，以实际行动促进全社会文明素养的提高。

5月12日至16日，省长王学军到合肥市开展为期一周的深入调研，详细了解合肥经济社会发展的成绩和经验。王学军指出，合肥发展取得的成绩是全市干部群众深入贯彻党的路线方针政策、凝心聚力艰苦奋斗的成果，其中蕴含的经验生动鲜活，十分可贵，值得认真总结推广。一是坚持改革开放，用新理念、新思路引领新发展，在思想解放中实现了观念跨越，在深化改革中突破了思想桎梏，在扩大开放中拓展了发展空间。二是坚持真抓实干，锲而不舍地扭住发展不动摇，一以贯之抓发展、攻坚克难求发展、永不满足图发展，找到了思想统一的最大公约数，形成了抓发展的最大合力。三是坚持创新驱动，持之以恒推动产业转型升级，坚持出政策、建平台、促改革、聚产业、强服务“五位一体”，促进科技与产业、创新与创业、引进与内生相结合。四是坚持项目带动，千方百计扩大有效投入，以正确的导向抓项目、以科学的方法谋项目、以强有力的手段推项目、以招商引资保项目，真正做到了经济工作项目化、项目工作责任化。五是坚持市场导向，通过完善政策配套、优化政务服务、强化要素保障和提升城市形象，全方位优化投资环境。六是坚持用发展统一思想，注重强化干事创业的鲜明导向、激发创先争优的精神状态、弘扬善作善成的过硬作风，造就了人人讲发展、人人为发展的浓厚氛围。王学军强调，合肥要在业已形成的良好发展基础上，继续坚持既定发展目标和路子，进一步树立世界眼光、战略思维，坚持稳中求进、改革创新，加快推进“大湖名城、创新高地”建设，努力当好全省经济社会发展的排头兵、改革创新的排头兵和城市规划建设管理的排头兵。

5月27日，省委书记张宝顺深入合肥市长丰县调研指导夏粮抢收，现场检查秸秆禁烧工作。张宝顺指出，做好夏收工作，确保夏粮丰收，对于实现全年粮食丰收、促进农业稳定发展具有重要意义。要以对人民负责的精神，高度重视“三夏”工作，确保农民持续增收。要强化机具调度，完善引机措施，组织南北对接，保障重点地区、重点群体抢收。要做好夏收服务，及时发布动态信息，整合农机技术力量，提高机收组织化程度和作业效益。要优化市场环境，开辟绿色通道，落实跨区作业免费通行等优惠政策，确保夏收工作顺利进行，奋力夺取夏粮丰收，为全年粮食增产打下坚实基础。张宝顺强调，实行秸秆禁烧，有利于改善空气质量、消除安全隐患、发展循环经济。各地各有关部门要深刻认识秸秆禁烧的重要性、紧迫性、严肃性，高度重视，强化责任，坚决落实各项要求。要做到工作措施到位，建立政府领导、部门协同、公众参与、上下联动的工作机制，加强农作物收割期间全天候的驻守巡查、现场监管，第一时间发现和制止焚烧行为。要做到奖补资金到位，严格规范资金用途，不得截留侵占挪用，确保专款专用，发挥最大效应。要做到责任追究到位，对禁烧任务完成好的要表彰奖励，对完不成任务的要严格问责，确保秸秆禁烧工作不折不扣落到实处。

6月7日，合肥经济圈城市党政领导第五次会商会议在定远县召开。省委常委、市委书记吴存荣指出，当前和今后一个时期，仍是合肥经济圈建设的黄金时期，摆在第一位的还是要持之以恒坚持正确方向，进一步促进合作共赢。要始终坚持务实合作，从规划编制、基础设施对接、产业合作、人才交流、环境共治、推动改革创新等方面扎实推进经济圈建设；通过解决一个个具体问题，推进一项项具体工作，步步为营实现宏大目标，不断推动合肥经济圈担当重任，为建设美好安徽作出新的更大贡献。

6月17日，省委常委、市委书记吴存荣，市长张庆军赴综保区建设现场调研，并召开汇报会。吴存荣强调，要系统谋划、统筹规划、高标准建设，确保按时封关验收，努力做到用户最方便、管理最高效、流程最优化、服务效率最高。要拉高标杆、见贤思齐，瞄准最先进的管理方法，提升效率，用现代化科技手段提升管理水平。要加强政策衔接，放大综保区优势，强化政策与规划衔接，不断推进开放和外向型经济发展。要创新体制机制、不断完善政策，优化流程，构建精干高效的管理机构，提高运行效能。要关注民生、和谐征迁，依法办事、综合施策，加快安置房建设，确保稳定大局。张庆军指出，综保区顺利获批、如期开工来之不易，是多方协作的新典范。要集中力量加快建设，继续发扬敢打硬仗的精神，在确保质量的前提下，确保一年建成、一年取得成效，招商引资取得新突破。要以综保区建设为突破口，统筹各大平台建设，打造对外开放的新高地，抢抓弯道超越的新机遇，把我市对外开放提升到新高度。

6月20日，省长王学军沿着引江济淮工程规划线路，实地查勘和调研工程规划设计和前期工作情况。王学军强调，要以尽快开工建设为目标，倒排时间表，明确任务，把握重点，加快各项工作进度。要全力抓好项目建议书审查审批的跟进，抓紧启动可行性研究报告的编制和生态环境保护等重大专题研究等工作，超前谋划征地拆迁、移民安置等工作预案，为尽快开工建设创造条件。要加强领导，建立健全项目建设领导机制和推进机制，科学安排，协同作战，努力形成推进工程建设的合力。省委常委、市委书记吴存荣表示，合肥将在省委、省政府的统一部署下，深入调研、科学规划、统筹实施好这一战略性工程。

2014年7月9日至10日，省委常委、市委书记吴存荣深入庐江县边远乡村调研指导工作，亲切看望慰问一线干部群众。吴存荣先后调研了农业农村经济结构调整和富民工作以及美好乡村建设。吴存荣指出，要更加注重发挥能人回乡创业的示范引领作用，培育壮大农村创业带头人队伍，围绕山区特点调整种养业结构，创新运用专业合作社、“公司+农户”等模式，有条件的地方可结合山、林、水等资源发展乡村旅游业。建设美好乡村，既要重视绿化乡村，更要加强农村环境综合整治；既要重视村庄建设，更要加快道路、饮用水工程建设；既要发挥政府主导作用，更要突出农民主体地位。

就基层教育实践活动，吴存荣强调，要环环相扣抓好党的群众路线教育实践活动，坚持问题导向，尤其是要把突出问题找出来，把作风问题与工作问题区分开，确保专题民主生活会开得质量高、效果实。要以教育实践活动为契机，结合基层特点、回应群众关切，牢固树立正确的群众观，进一步密切党群干群关系，以高度的思想自觉转变作风，以务实创新的态度谋为民富民良策，开创基层党的建设和各项工作的新局面。基层党员干部的形象代表着党和政府的形象，一言一行都要严格要求自己，要进村更要入户，着力解决好联系服务群众“最后一公里”问题；要进一步加强基层服务型党组织建设，并把为民服务与为企服务统一起来。

8月11日，省委常委、市委书记吴存荣深入居民小区、农贸市场、夜市摊点群和汽车站等地，暗访督查文明创建工作。吴存荣强调，要坚持条块结合，以块为主，协同配合，增强创建合力；针对乱摆摊点和不文明交通行为等，要在严格管理的同时，坚持疏堵结合，合理规划布置，加强宣传引导，重在治脏治乱上下工夫，让城市既充满活力，又规范有序，为打造“大湖名城、创新高地”营造文明和谐的社会氛围。

2014年8月19日，省委常委、市委书记吴存荣在京拜会了中国人民财产保险股份有限公司董事长郭生臣，双方就合肥投资环境及人保财险华东运营中心项目进行了深度交流。吴存荣指出，合肥经济在转型升级、提质增效中继续保持平稳较快的增长态势，主要经济指标在全国26个省会城市中实现争先进位。希望华东运营中心能够早日投入运营，早日发挥效益，市委市政府将一如既往支持项目建设、做好服务。

8月21日，省长王学军赴中科大先进技术研究院调研重点项目建设工作。他强调，各级各部门要认真贯彻习近平总书记关于做好当前经济工作的重要讲话精神，把转方式、调结构放在更加突出的位置，进一步扩大有效投入，推进项目提质提效。要落实好领导同志联系重点项目制度，强化对项目建设的服务、推动和指导，促进全省重点项目高效有序推进。他希望合肥市和中科大按照规划目标，进一步加大工作力度，提高工作效率、落实工作责任，坚持统筹协调、科学推进，形成更多的科技、改革、人才和产业成果，为全省创新平台建设提供示范。

8月26日，省委常委、市委书记吴存荣赴国省干线公路建设一线调研，看望慰问工程建设职工。吴存荣强调，国省干线公路，既是合肥作为全国重要的区域性综合交通枢纽的重要组成部分，更是一项重要的民生工程。要勇于担当、敢于负责，尽职尽责服务好国省干线建设；要在保证质量的前提下，加快建设进度，使其早日发挥效益；要合理安排施工路段，科学组织和疏导交通，尽量减少对群众出行和生活的影响；要落实好扬尘治理措施，把大气污染防治措施落实到位；要通过国省道干线建设，提高通达能力，更好地实现多种交通方式衔接。

2014年9月9日，省长王学军赴合肥市高教基地，看望慰问一线教职员工，向辛勤工作的广大教师和教育工作者致以亲切的节日问候。他希望广大教师认真贯彻党的教育方针，坚持立德树人，培育和践行社会主义核心价值观，树立崇高的职业理想和坚定的职业信念，积极投身教育改革实践，努力做党和人民满意的好老师。王学军还与部分职业院校负责人进行了座谈，他强调，要深刻认识加快职业教育发展的重要意义，牢牢把握职业教育改革发展方向，加快构建现代职教体系，创新办学体制机制，不断提升技术技能人才培养质量，更好地为全省经济社会发展提供人才支撑。

9月12日，省委书记张宝顺在合肥市听取市委和庐江县委党的群众路线教育实践活动情况汇报，并发表了讲话。合肥市、庐江县是张宝顺第二批群众路线教育实践活动的联系点，他一直关注市、县活动开展，多次实地调研、听取汇报。张宝顺指出，合肥市委、庐江县委对教育实践活动高度重视，班子主要负责同志亲力亲为，班子成员以上率下，坚持高标准、严要求，工作“接地气”、有特色，在全省各市、县中发挥了示范带头作用。

张宝顺强调，要认真学习贯彻习近平总书记在听取兰考县委和河南省委党的群众路线教育实践活动情况汇报时的重要讲话精神，以敬终如始的劲头抓好活动，以从严从实的态度反对“四风”，把作风建设不断引向深入。要坚持敬终如始、一鼓作气，确保教育实践活动善作善成。要抓紧整改、兑现承诺，聚焦专项整治，敢于动真碰硬，认真解决突出问题。要建章立制、形成规范，建立科学完备的制度体系，不折不扣狠抓制度执行，切实解决好“牛栏关猫”、“稻草人”等问题。要加强领导、严格督导，以“钉钉子”精神抓好收尾工作，边总结、边整改、边提高，努力形成一批理论成果、实践成果、制度成果。

张宝顺强调，要巩固扩大教育实践活动成果，推动作风建设常态化、长效化。要持之以恒开展作风教育，引导党员干部深学细照笃行焦裕禄精神、沈浩精神，牢固树立正确的世界观、群众观、政绩观，切实解决好当官为什么、当官干什么、当官留什么的问题。要坚持不懈严格党内生活，遵守党的制度，严明党的纪律，尤其要认真执行民主集中制，固化专题民主生活会成功经验，不断增强党内政治生活的政治性、原则性、严肃性。要锲而不舍优化从政环境，始终坚持惩防并举，认真履行“两个责任”，进一步营造风清气正、干事创业的政治生态。

张宝顺强调，要把优良作风转化为强大动力，奋力推动经济社会又好又快发展。要适应经济发展的新常态，勇于担当，敢于负责，善于创造性地开展工作，努力在大湖名城、创新高地建设上迈出更大步伐。要扎实推进各项改革，紧紧围绕自主创新、民营经济两个战略支点，集中精力抓好牵动性强的重大改革，确保改革首战必胜。要着力保障改善民生，深入实施民生工程，扎实推进美好乡村建设，加大生态环境治理力度，让人民群众更多更公平地享受发展成果。

10月15日，省委书记张宝顺

深入巢湖市调研经济社会发展情况。他先后调研了北大未名生物经济先行试验区、中科合肥微小型燃气轮机研究院、广通新能源汽车公司、安徽富煌集团、卧牛山街道健康西路社区、黄麓镇洪家疃村和巢湖岸边。张宝顺强调，要坚持科学发展，推进城乡一体化建设，加强生态环境综合治理，不断提升城市综合承载能力，推动经济社会持续健康较快发展。要进一步提升标杆，拓宽思路，把承接转移和调整结构结合起来，把招商引资和优化环境结合起来，积极争创发展新优势。要加速推进新型城镇化，完善城市功能，提升城市品位，努力建设宜居宜业宜游的美好家园。要勇于担当，主动作为，努力营造奋发有为、干事创业的良好从政环境。

10月21日至23日，省委常委、市委书记吴存荣率团先后赴成都市金恒德国际汽车物流城、四川纵横航空有限公司和蓝光空港韩国城考察空港产业园建设发展工作和成都国际航空枢纽综合功能区建设情况，赴重庆市IT微企孵化园、江北嘴中央商务区、保税港区运行平台及水港功能区、重庆国际博览中心考察空港产业园、开发区、城市新区建设管理和创新、开放平台建设等工作，同时走访考察了重庆长安集团、砂之船集团、通威集团等已在肥投资企业。　吴存荣指出，要强化见贤思齐的意识，在经济发展基数迈上新台阶的情况下，加快改革开放和结构调整，继续保持平稳较快发展、推动转型升级发展。要把学习考察的成果运用到解决经济社会发展的一系列战略问题上来，以高技术服务业为现代服务业的重要内容、促进转型升级发展的重要动力，结合城区转型发展，进一步搭建平台、创新政策、优化服务；围绕开放型经济发展，进一步加快综合保税区、出口加工区、空港经济区等建设，抓紧研究推进口岸管理工作；突出“工业发展主引擎、创新发展新高地”的定位，推动开发区管理体制创新、功能提升完善和新兴产业发展；适应新形势新任务新要求，加强工作谋划，创新领导方式方法，形成“一心一意谋发展，聚精会神抓党建”的新局面。

11月22日，省长王学军来到合肥滨湖国际会展中心，参观第八届中国（合肥）国际家用电器暨消费电子博览会展览展示情况，考察了解家电及消费电子行业发展的新成果和新趋势。王学军强调，要进一步创新展示形式，丰富展览内容，扩大展会成果，集聚更多国内外优秀企业，促进产品、技术、资本等全方位合作，加大“引进来”、“走出去”力度，加快转型升级步伐，努力把家电产业打造成具有更强实力和竞争力的主导产业。

（张炳辉）

组织工作

【概况】　2014年，在市委的坚强领导和省委组织部的正确指导下，全市组织系统认真贯彻党的十八大、十八届三中、四中全会和习近平总书记系列重要讲话精神，以开展党的群众路线教育实践活动和学习贯彻新修订的《干部任用条例》为契机，全面加强领导班子和干部队伍、基层党组织和党员队伍以及人才队伍建设，为建设长三角世界级城市群副中心，打造“大湖名城、创新高地”提供坚强的组织保证。加强领导班子和领导干部队伍建设、激发人才活力打造创新高地的做法，分别在全省组织部长会议和组织部长座谈会上作经验交流。

【领导班子和干部队伍建设】认真学习贯彻新修订的《干部任用条例》，落实好干部标准，坚持党管干部原则，着力建设坚强有力的领导班子和干部队伍。着力健全选人用人机制。建立领导班子综合研判机制，对9个县（市）区、91个市直单位、23个企事业单位领导班子的整体情况进行综合分析，形成书面研判资料，为班子配备和干部调整提供依据。加强干部考察识别，完善以平时考核、年度考核、年度目标管理绩效考核为基础，以任前考察为重点，以巡查、审计、统计和部门专项考评结果为参考的考核评价体系，全方位、多渠道考核干部。认真做好年度考核工作，对市管领导班子和671名市管干部进行考核，并对1个领导班子和7名市管干部进行重点考核。加强和改进干部交流工作，修订完善《合肥市市直机关公务员转任办法》。

抓好干部日常选拔配备。紧紧围绕事业发展需要，选好干部、配强班子，全年共提交市委常委会研究任免市管干部368名，其中提拔176人，平级交流133人，到龄转岗22人，免职（解聘）37人。通过公开遴选、比选择优等方式，选配5名事业单位主要负责人和1名国有商业银行董事长。坚持并完善干部任用票决制，全年市委常委会共票决13次，涉及331人次。

加强干部教育培训和实践锻炼。深入开展习近平总书记系列重要讲话和党的十八届三中全会精神集中轮训工作，全市1879名县处级干部和232名乡镇（街道）党政正职参加培训。出台干部教育培训规划，落实大规模培训任务，市本级共举办各类主体班和专题班24期，培训3155人；全市各级共培训党员干部53000多人次，13000多人参加网络学习，干部在线教育通过率达100%。突出抓好青年干部教育培训，举办青干班4期，45名副县级干部、151名正科级实职干部参加培训，省委常委、市委书记吴存荣亲自设计培训专题、审定培训方案、进行开班动员并作辅导报告、听取学习讨论发言，9位市领导作专题辅导，占培训总课程的1/3。抽调105名县处级干部参与招商，选派300多名年轻干部到市县开发区、各类研究院、城乡基层等一线挂职锻炼，选拔2名党政领导干部援疆、1名专业技术人才援藏。安置副团职以上军转干部47名。

【干部监督管理】 坚持以最坚决的态度、最果断的措施，从严监督管理干部，大力营造风清气正的良好环境。抓好重点问题专项整治。开展超职数配备干部专项整治，消化整改超职数配备干部88名。扎实做好领导干部违规兼职（任职）清理规范工作，对在企业兼职、任职的269人和在社会组织兼职的1098人，基本清理到位。认真落实《配偶已移居国（境）外国家工作人员任职岗位管理办法》，排查出5名“裸官”，严格按规定调整1人职务。认真做好领导干部个人事项报告及核实工作，完成1994名市管干部报告个人有关事项录入工作，随机抽查81人。开展“带病提拔”集中倒查，排查受处分干部11人，对2人进行倒查。

强化干部日常监督管理。落实领导干部述职述廉、诫勉谈话、函询等制度，出台《关于对党员干部进行关爱提醒的暂行办法》，力求提醒在先、防微杜渐。建立组织部长约谈制度，全年谈心谈话320多人。对25名领导干部进行经济责任审计。严格执行领导干部因私出国（境）证件管理规定，从严审批程序。

加强干部选拔任用监督。出台《关于进一步规范县（市）区及市直单位主要负责人用人行为的意见》，规范一把手用人行为。出台加强干部档案信息管理和干部公示信息审核把关等文件，严格把好受处分干部重新任用、破格提拔等关口。对9个县（市）区及36个市直单位开展干部选拔任用工作专项检查，及时反馈问题清单，督促整改落实。高度重视“12380”举报电话和群众来信来访受理，全年共受理举报69件，对涉及干部选拔任用的45件全部进行查核，查实2件并作相应处理。

【人才工作】 紧紧围绕推动创新、转型、升级发展，一手抓区域科教人才优势转化，一手抓海内外高端人才引进，推动合肥人才发展实现新跨越。着力实施重大工程。坚持高端引领、以用为本，深入实施重点人才工程，新引进市“百人计划”专家27名，新组建24个市“228”产业创新团队，新培育25名新兴产业技术领军人才。积极组织申报国家、省重点人才项目。截至年底，全市各类“千人计划”专家160人，省“百人计划”专家62人，省战略性新兴产业技术领军人才127人，省“115”产业创新团队105个。统筹推进各类人才队伍建设，1人被评为全国杰出专业技术人才，93人被命名为市第七批专业技术拔尖人才；新增技师和高级技师1521人；认定农村实用人才3443人，培训新型职业农民2300人。

加强创新平台建设。通过互派干部挂职、加强联系服务等，积极参与中科大先进技术研究院、清华大学合肥公共安全研究院、中科院合肥技术创新工程院等创新平台建设，以一流平台集聚一流人才。继续推进十大新兴产业研究院建设，新增研发人员230人；支持企业建设研发机构，新增院士工作站5个、博士后工作站3个。

全力优化人才发展环境。实施“人才安居行动计划”，出台引进领军人才、高端人才医疗服务保障暂行办法、子女就学保障实施办法等文件，不断完善人才特区建设配套政策。深入推进企业股权和分红激励试点工作，全市已有147家企业列入试点，45家企业完成试点，激励人员1135人，激励金额3.7亿元。落实高层次人才学术研修资助政策，全年兑现各类人才资助（津贴）达1500万元。完善领导干部联系专家制度，组织高层次人才休假疗养等，积极营造尊重知识、尊重人才、尊重创新的良好氛围。

【基层党组织和党员队伍建设】 认真开展县、乡党委书记抓基层党建工作述职评议工作，督促各级党委书记履行第一责任人职责，充分运用述职评议考核结果，切实加强薄弱环节，不断提高基层党建工作整体水平。

全面推进基层服务型党组织建设。出台《关于进一步加强基层服务型党组织建设的实施意见》，着力提升基层服务型党组织建设的科学化、制度化、规范化水平；制定《关于进一步健全基层党组织体系的指导意见》，对街道社区、农村、非公企业和社会组织、机关事业单位和国有企业等4大领域，分类提出优化组织设置的措施；对155个软弱涣散村（社区）党组织进行集中整顿；全面推行机关事业单位与城乡基层党组织“四联四定”和在职党员到社区报到工作，市县两级机关事业单位党组织与1729个村（社区）、946个非公企业（社会组织）结对联系，3.5万名在职党员到社区报到，认领服务岗位6494个，结对帮扶贫困户10209户，注册党员志愿者达14.5万名；开展基层党组织书记专题培训，市本级直接培训社区党组织书记415名，县（市）区轮训基层党组织书记9000多名。

巩固提升农村基层党建工作。顺利完成1319个村“两委”换届选举任务，新一届村党组织委员会、村民委员会成员大专以上文化程度的分别增加255名和258名，村“两委”班子结构进一步优化；加强村党组织书记任职培训，市本级培训新任村党组织书记和大学生村官第一书记各100名；扎实抓好选派、选聘工作，190名选派干部已全部到岗任职，择优选聘大学生村官107名、续聘92名，公开选拔40名大学生村官担任村党组织第一书记或书记；稳步推进离任村干部生活补贴发放工作，入库31221人，发放6500多万元。

着力提升社区党建“三有一化”水平。出台《关于进一步推进社区党建工作“三有一化”的意见》，全面推进“标准化示范社区”建设，完善社区服务场所功能，全市城市社区办公活动场所面积平均达919平方米；建立服务群众专项经费制度，城区每个社区每年服务群众专项经费不少于30万元，县城社区不少于20万元，由市、县（市）区两级财政按1∶1配套落实；出台《关于推进社区党组织书记专职化管理的意见》，把社区党组织书记纳入县（市）区委组织部管理范畴，比照不低于本地新招录公务员工资标准落实报酬待遇，平均报酬达到5.1万元。

加强非公企业和社会组织党建工作。国购集团党委等6个党组织被评为省级“双强六好”非公企业党组织；举办非公企业党组织书记和新生代出资人专题培训；扎实开展社会组织党组织集中组建工作，全市2800个社会组织中已建立党组织的950个，其中单独组建党组织的426个。

深入推进党代表任期制工作。被中组部确定为完善和落实党代表任期制工作联系点，出台《中共合肥市委关于进一步推进党代表任期制工作的意见（试行）》，重点打造“三个平台”，发挥党代表“四个作用”；肥西县、庐阳区开展县级党代会常任制试点，召开党代会年会；在20个乡镇试行乡镇党代会年会制度。

严格党员发展教育管理。制定《合肥市2014－2018年发展党员工作规划》《全市2014-2018年党员教育培训工作规划》和年度发展党员计划，全年发展党员5807名；严肃党内组织生活，全市1.1万个党支部全部按期召开教育实践活动专题组织生活会，35.1万名党员参加评议。认真做好电教远教工作，改版《合肥先锋网》，基本实现全市先锋网络体系全覆盖；充分发挥远程教育终端站点作用，举办实用技术示范培训班9期，远程教育站点开机率保持在98%以上；积极打造党建电视栏目宣传品牌，6部电视片在全省评比中获奖，2部专题片被中组部社区党员音像杂志采用。

【老干部工作】 以开展“三心”（孝心、爱心、耐心）主题教育实践活动和老干部工作“优质服务巩固年”活动为抓手，采取举办经济形势报告会、党课报告会和离退休干部党支部书记培训班等多种形式，加强离退休干部思想政治工作和党支部建设。严格落实离退休干部各项待遇，修订完善《合肥市特殊困难离退休干部和离休干部无工作遗孀帮扶暂行办法》，全年帮扶116人。开展“送温暖献爱心”活动，组织全市2000多名离退休干部参加保健知识讲座和健康巡诊。积极发挥“五老”在关心教育下一代中的作用，组织开展庆祝新

心理实训室

中国成立65周年青少年教育十项系列活动和“离退休干部结对帮带大学生村官”活动。举办全市老干部系统第三届运动会、“歌颂祖国、圆梦大湖名城”主题征文、书画摄影展等，丰富离退休干部精神文化生活。广泛宣传老干部先进典型和老干部工作的创新做法，市、县(市)区委老干部局均被省委老干部局授予“宣传工作先进集体”称号。

【自身建设】 坚持从严治部、从严带队伍，围绕公道正派核心要求，带头反“四风”、改作风。认真贯彻中央“八项规定”和省、市委规定，修订《组工干部行为规范》，加强对组工干部的行为约束。出台《在组织工作中落实“三严三实”要求，防止和克服形式主义的若干规定》，大力精简文件会议，整合规范现有基层党建工作载体。落实部长“接待日”制度，实行部务公开，提升组织工作透明度和公信度。修订完善《部机关厉行节约反对浪费实施办法》等制度，进一步严格机关内部管理，“三公”经费同比下降15.14%。带头落实“四联四定”、在职党员到社区报到制度，积极开展扶贫济困活动，部机关组工干部认领“微心愿”50多个，协调帮扶资金100多万元，办实事60多件。

（郑　磊）

宣传思想文化工作

【概况】 2014年，在市委、市政府的坚强领导下，全市宣传思想文化战线深入贯彻落实中央和省市委的决策部署，牢牢把握“两个巩固”根本任务，紧紧扭住培育和践行社会主义核心价值观这条主线，因势而谋、应势而动、顺势而为，为打造“大湖名城、创新高地”提供了强大的思想文化保证。

【理论武装】 积极应对意识形态领域斗争向基层延伸的新动向，切实把意识形态工作摆上突出位置，深入推进理论武装，全市上下团结奋斗的共同思想理论基础更加坚实。

市委常委中心组率先垂范，把学习贯彻习近平总书记系列重要讲话精神作为首要任务，以正在做的事情为中心，结合党的十八大和十八届三中四中全会精神、党的群众路线教育实践活动及“三严三实”集中学习教育，切实加强学习。坚持理论学习自查、抽查、旁听、点评制度，完善理论学习管理服务网络，推动各级党委中心组学习制度化、规范化发展。以创建第二批学习型党组织示范点为抓手，抓领导带头、抓基层示范，申报4个省级示范点，推动各级党组织和广大党员学理论、用理论。

健全完善对象化、互动化、分众化理论宣讲体系，推动党的创新理论进机关、进企业、进校园、进村居，全年举办宣讲活动2300多场，受众26万人次。杨泽田作为全省唯一的“基层理论宣讲先进个人”，受到中宣部表彰。在继续办好《合肥日报·理论版》、“庐州讲坛”“社科知识普及月”等品牌阵地的同时，创办8份社区报、2份县域报，推动党的创新理论走进最基层。

坚持学以咨政，整合社科力量，围绕建设长三角世界级城市群副中心、打造“大湖名城、创新高地”等重大理论和实践问题，开展专题研讨，加强应用研究，有效发挥“思想库”和“智囊团”作用。创新社科规划项目管理运作方式，把课题研究周期从两年一度变为一年一度，增强时效性。

【舆论引导】 坚持团结稳定鼓劲、正面宣传为主，注重网上网下有效对接、内宣外宣一体推进，推出了一批有分量、影响广的深度报道。人民日报等中央主流媒体头版头条刊发宣传合肥的正面报道超过30条，保持全省领先，唱响合肥好声音，积聚了发展正能量。

坚持围绕中心、服务大局，全媒体联动，战役式推进，全年开展重大主题宣传60多个，同比增长13%，形成了有利于改革发展稳定的强大主流舆论。围绕“大湖名城、创新高地”城市品牌宣传，坚持“请进来”与“走出去”相结合，充分发挥长三角媒体联盟及海内外宣传阵地作用，统筹推进、相互呼应，组织“走进创新高地集中行”、“全国晚报总编看合肥”等系列采访，开展“大湖之舟”、“名城之韵”等城市品牌系列宣传文化活动，有效提升了合肥的知名度、美誉度。围绕“法治合肥”建设，在抓好“六五”普法、“江淮普法行”等宣传活动的同时，抓住国家首个“宪法日”重大节点，广泛开展知识竞赛、演讲比赛、书画摄影展、文艺调演、公益广告征集播映等丰富多彩的法治文化活动，兴起崇德尚法新风尚。

坚持党管媒体、党管新闻，完善新闻管理和新闻阅评制度，确保管理到位、导向不偏。建立联席会议和社区新闻发言人制度，构建“四级四类”新闻发布体系，全年举办发布会105场，主动设置议题，有效引导舆论。严格落实舆情监测值班制度和每日舆情报告制度，强化舆情跟踪分析研判。完善突发、敏感事件应急报道预案，妥善处理各类突发敏感事件，保持积极正面、客观友善的舆论态势。

抓住互联网这个重中之重，大力推进媒体融合发展，打造新型传播阵地，统筹引导网上网下两个舆论场。在全省率先建成以“合肥发布”为龙头的政务微博、微信群，“合肥微博发布厅”粉丝突破450万，“@合肥发布”、“@合肥在线”分别获评安徽省年度影响力政务微博、媒体微博。组建网络联盟，创办江淮网、有巢网，推出“合肥政经观察”APP客户端，形成网络宣传合力。深入开展网德建设工程“761”行动计划，打造“网德E站”专区，深化“文明上网进社区”活动，举办“网络文明与城市形象（网德）论坛”，网络空间更加清朗。在新华网“城市网络形象”最新排行榜上，合肥位居全国第八位，两个社区荣获全省“文明上网先进社区”称号。

【培育践行社会主义核心价值观】 把核心价值观建设作为一项凝魂聚气、强基固本的基础工程、战略工程，出台实施意见，完善体制机制，创新方法手段，持续深入推进，营造向上向善的浓厚氛围。截至2014年底，已有105人（团体）荣登“中国好人榜”，稳居省会城市首位。特别是，合肥荣膺第四批全国文明城市，实现了历史性突破，圆满完成第十次党代会确定的目标。铭传乡启明村、汤池镇果树村、长临河镇、炯炀镇、桃花镇被评为全国文明村镇，中国移动合肥分公司、滨湖世纪社区、合肥邮区中心局、市第二人民医院、肥东县国家税务局、屯溪路小学等入选全国文明单位。肥西县、巢湖市被确定为全国县级文明城市提名城市，肥东县、肥西县、长丰县、庐江县、巢湖市及庐阳区、包河区分获文明创建工作各类省级表彰。

广泛开展核心价值观宣传教育活动，使践行核心价值观成为全市人民自觉的精神追求。突出“三个倡导”基本内容，统筹传统媒体与新媒体，广泛开展“走向文明”、“寻找最美合肥人”等主题宣传，创新“讲文明、树新风”、“图说价值观”公益广告与网友微点评活动，推出“合肥好人、德润江淮”系列公益微电影，最大限度地唱响正气歌、主旋律，合肥日报“好人365”栏目产生全国性影响。建成一批核心价值观主题公园、广场、社区，大街小巷广布公益广告，各类电子屏持续播放“24个字”，使核心价值观宣传无所不在、无时不有。充分运用学校教育、文艺创作、民间传承等途经，深入开展“我们的节日”、“拜师礼”、中华经典诵读等传统文化传承普及活动，大力弘扬优良家风校训、企业精神和乡贤文化，培植核心价值观的根与魂。发挥千家道德讲堂联盟作用，开展道德讲堂“大篷车”巡讲活动，形成了“一家讲堂活动、千家组织收看、数万网民评议”的生动局面。面向全国征集合肥城市精神歌曲，广泛开展传唱、比赛活动，大力弘扬“开明开放、求是创新”的城市精神。建立各级好人评选、推荐体系，着力培育身边好人。

以争创全国文明城市为引领，把核心价值观建设融入群众性精神文明创建活动之中。以“争创全国文明城，争做文明有礼合肥人”为主题，广泛开展“主题季”、文明餐桌、文明交通、文明旅游等群众道德教育活动，在潜移默化中提升市民道德素养。坚持创建为民惠民，紧扣“八大环境”建设，深入实施“一把手”工程，建立省市联手、各级联动的工作机制，形成条块结合、互联互通的工作网络，层层分解任务，明确责任主体，推行工作责任制和责任追究制，加强调度指导、督查考评和监督激励，大力推进“三线三边”环境治理，着力营造优美环境，打造优良秩序，提供优质服务，市民文明素养和城市文明程度显著提升。

把实践作为最终目标，引导群众从自身做起、从小事做起，自觉把“三个倡导”转化成行为准则、融入到日常生活。在全国省会城市中率先制定实施《志愿服务条例》，率先开展星级志愿服务广场和社区创建，推动志愿服务规范化、制度化发展。结合党的群众路线教育实践活动，广泛开展“志愿服务进社区”、“圆梦微心愿”等志愿服务活动，市委、市政府主要领导深入基层，认领社区公益“微心愿”，带动全市47.9万党员、群众注册成为志愿者，占市区常住人口总数的12%以上，涌现出各类志愿服务队2500多支，“有困难找志愿者、有时间做志愿者”蔚然成风。深入实施灵魂铸造、文化引领、环境净化、阵地建设和社会关爱“五大工程”，建成爱国主义教育基地42个、乡村学校少年宫132所、未成年人校外心理健康辅导中心7个，扎实推进未成年人思想道德建设，2人入选全国“百名美德少年”。加强“信用合肥”建设，建立信用惩戒“黑名单”，发布产品质量“红黑榜”，持续开展“百城万店无假货”创建活动。瑶海区“诚信瑶海”建设经验得到省委宣传部肯定并在全省推广。

【文化强市建设】 牢固树立以人民为中心的工作导向，加快建设文化强市，新动作新亮点频现。包河区、蜀山区荣获“全国文化先进区”称号，巢湖市被评为“中国民间文化艺术之乡”，庐阳区崔岗村“文化创意村”入选“全国宣传思想工作创新案例”，合肥市荣登中国最爱阅读城市排行榜第二名，一批文艺精品荣获全国全省大奖。全年文化产业增加值达350亿元，占GDP比重6.7%。

着眼“先行先试”要求，围绕“完善一种体制、健全三个体系”目标，突出重点领域，抓住关键环节，蹄疾步稳推进改革。在全市各改革专项小组中率先出台实施方案，确定9大类、47项改革任务，其中近一半属全省“先行先试”举措。成立全省第一家图书馆理事会，启动公共图书馆服务外包试点；组建全省第一家民营文艺院团协会，基本完成年度改革任务。

坚持建、管、用并重，稳步推进省美术馆、科技馆、百戏城及安徽名人馆、市群众文化活动中心等重大文化设施建设，新建省级农民文化乐园5个、市级30个，文化信息资源共享工程村级服务点1342个，免费开放文化场馆、乡镇文化站113个，覆盖城乡的现代公共文化服务网络不断完善。深入推进文化惠民，广泛开展全民文化活动周、新春文化庙会、“大湖名城、悦读合肥”、大学生文化艺术季、农民工文化艺术节、基层文艺调演、“三下乡”等系列文化活动，补充更新农家书屋出版物16.7万册，更好地满足了群众文化需求。举办“大湖之约——艺术名家大讲堂”“合肥文化大讲堂”“墨润江淮”及赖少其花鸟画等精品展览。承办第三届全国反腐倡廉曲艺作品征集、第八届中国曲艺牡丹奖合肥赛区曲艺大赛，支持合肥市民交响乐团、市民合唱团开展活动。加大庐剧、巢湖民歌等地域文化传承保护力度，培育地方文化特色。成功举办第二届中韩歌会，推动合肥文化走出去。

以大项目、大园区建设推动文化产业大发展。全市30个文化产业项目入选省“861”计划，投资总额达440.49亿元。科大讯飞等20家企业进入“安徽民营文化企业100强”，万达文旅城、国家广播影视科技创新实验基地入选省示范园区（基地），报业全媒体产业园及乐堂动漫入选省“四个一”项目。《太空熊猫总动员》亮相戛纳国际电影节，合肥动画电影第一次走出国门。成功举办第八届文博会。

深入贯彻习近平总书记在文艺工作座谈会上的重要讲话精神，以“挖生活的深井、汲艺术的甘泉”为主题，扎实开展文艺家下基层活动，得到省委常委、宣传部长曹征海批示肯定。紧紧抓住创作生产优秀作品这个中心任务，建立规划、招标制度，创新文艺精品创作生产机制，精品力作持续涌现。《走读合肥》文化丛书成功出版，庐剧小戏《这钱怎么花》获第五届全国小戏小品曲艺大赛9项大奖，《荠菜花》等5部作品荣获省“五个一工程”优秀作品奖，《巢湖神韵》等6部作品入选省“四个一”项目，童声合唱《山野的风》、花鼓灯舞蹈《练射击》等8个节目分获省群星奖各奖项，“大湖名城、创新高地——音舞诗画、美丽合肥”、舞台剧《印象巢湖》、新古典庐剧《孔雀东南飞之焦仲卿妻》、电影《村支书金岚岚》等一批文艺精品公开展演展映，一批文学、书法、绘画作品荣获各级各类大奖。

（关礼准）

统战工作

【概况】 2014年，全市各级统战部门深入贯彻党的十八届三中全会、四中全会精神，扎实开展党的群众路线教育，严格落实“八项规定”，自觉践行“三严三实”，瞄准“大湖名城、创新高地”建设目标，坚持大团结大联合的主题，通过经济统战、文化统战、和谐统战，为促进合肥市经济发展、政治安定、社会和谐做出了积极贡献。

【多党合作和政治协商】 改革政治协商机制。按照市民主政治改革领导小组的意见，通过调研、座谈、意见征集等，完善了《民主党派合肥市委直接向中共合肥市委提建议制度》。认真落实《中共合肥市委关于推进人民政协政治协商制度建设的意见》。主动做好各类协商会、座谈会、情况通报会的组织、协调、联络工作，不断提高协商民主的质量。

提升参政议政质量。分别组织各民主党派、工商联负责同志围绕经济社会发展重大问题赴广西、江西、湖南等地考察调研学习。引导各民主党派围绕建设“大湖名城，创新高地”总目标，着眼经济社会发展的热点、难点问题，深入基层、深入一线、深入实践调研，形成30余篇高质量的调研论文。

落实谈心交友信访制度。结合党的群众路线教育活动的开展，市领导加强与党外人士的联系和沟通，与民主党派、民族宗教代表人士、非公经济人士等开展经常性谈心活动。部领导积极参与党派牵头开展的“黄丝带行动”“百家民企合肥学院招聘会”等社会公益活动，以及“黄炎培职业教育研讨会”等民主党派组织的纪念活动，扩大与党派成员的交往，加深了与党外代表人士的友谊。

协助民主党派加强自身建设。加强与民主党派负责同志的沟通交流，引导各党派健全完善各项议事规则和会议制度。尊重党派在民主集中制原则上提出的干部配备、提升交流、挂职锻炼等意见。重视党外干部的培训、培养和使用，尽可能为民主党派争取和创造良好的条件。

【民族工作】 9月份，开展第八个民族团结宣传月活动，健全和谐民族关系的长效机制。以新闻媒体为主阵地，结合省、市级 “民族团结进步之星”评选活动，广泛宣传市级“民族团结进步之星”先进事迹，全面推进民族工作进社区。积极探索建立外来少数民族流动人口两地共管机制，推进社区民族工作网格化、信息化建设，实现了少数民族居民特别是流动少数民族人员享受社区的均等化服务。学习外地市先进经验，与四川阿坝州民委签署“关于处置少数民族问题跨区域联动协作协议”。不断完善外来少数民族人口管理制度建设，拟制《关于加强合肥市少数民族流动人员服务管理工作的意见》。

推进少数民族地区经济社会发展。按照省《关于推进四大建设促进增效增收深化提升实施行动的实施方案》，依据合肥市民族人口分布特点，围绕“突出重点、培育亮点、形成特色、提升水平”总体思路，积极引导民族乡村走特色化发展道路，逐步形成“一村一品”的发展格局，推动合肥市少数民族经济组织快速发展。2014年200万元发展资金全部到位，并争取到省民族工作专项补助10万元，发展资金115万元。在多个民族村已开展新贫困标准以下的少数民族贫困人口识别和建档立卡工作，建立完善合肥市少数民族贫困户基本台账。

切实为少数民族群众做好服务。大力推进少数民族群众民生工程建设，积极稳妥推进南岗回民公墓改造提升整治挖潜各项工作。认真落实市政府对清真餐饮企业的优惠政策。落实清真餐饮经营用房房租补贴近80万元。积极帮助解决外地来肥经商少数民族子女就近入学等困难。加强部门协作，加大矛盾排查、调处工作力度，多起涉及少数民族群众的纠纷消除在萌芽状态。

【宗教工作】 注重打牢宗教管理基础。切实做好宗教活动场所统一换发登记证工作，积极推进宗教活动场所主要教职人员备案，对开展主城区宗教活动场所布局进行规划编制，召开规划评审会。以“发挥正能量、共筑中国梦”为主题，举办全市宗教政策法规培训班，全市宗教团体负责人、中青年教职人员等130多人参加了培训。积极引导宗教与社会主义社会相适应。按照“政治上靠得住、学识上有造诣、品德上能服众、关键时起作用”的要求，指导宗教界加强自身建设。坚持每季度召开宗教团体联席会议；筹备成立了市伊斯兰教协会；选拔一部分教职人员进入省宗教局百名宗教教职人员培优工程库。深化“和谐寺观教堂”创建活动成果。授予47处宗教活动场所“全市和谐寺观教堂先进集体”荣誉称号。

依法加强宗教事务管理。认真开展基督教专项治理工作。妥善处置民族宗教领域的突发事件，切实维护民族宗教领域的和谐稳定。开福寺圆藏方丈升座活动、清真寺欢度开斋节、庐江甘露寺慧光方丈升座活动等安全有序，圆满举行。有序组织开展佛教寺庙、道教宫观管理等工作，维护了宗教活动场所的良好形象。

【非公经济和海外联络】开展理想信念教育实践活动。在合肥日报等主流媒体上开辟专栏，对10余家企业进行专访报道。出版10期《合肥民商》，设立“理想信念教育”专栏。编辑出版《新徽商大湖梦》书刊，市委主要负责同志为该书作序。市工商联荣获全省“非公经济人士理想信念教育活动先进单位”称号。

引导非公企业代表积极参政议政。鼓励非公企业参政议政，会员企业中政协委员提交提案51件，其中5件提案分获市政协“优秀提案”表彰，市工商联荣获“优秀提案先进单位”称号。

切实做好服务和引导工作。紧扣全市“创新战略”目标，积极开展民企管理创新转型升级活动，工商联组织会员企业异地合作，助推企业创新转型升级；联合市中院、检察院、人社局、司法局、仲裁委等部门，开展法律维权共建活动，组建34名律师组成的服务民营经济律师服务团；挂牌成立了合肥仲裁委总商会仲裁分中心。与市检察院联合印发《关于服务和保障民营经济健康发展的意见》，举办《规范用工行为，合理规避用工风险》专题讲座，300多人参加培训。开展企业家培训，市委主要负责同志亲自为企业家上课， 三期“商会大讲堂”参训人员达1500余人次。建立融资合作机制，打造“创赢易贷”互联网金融信息平台，帮助中小微企业解决融资难问题。帮助解决企业用工，结合2014年“全国工会就业援助月”暨大型招聘活动，组织46家会员企业参加，提供招聘岗位2100余个。

开展文化经贸交流、招商引资活动。加强与各地工商联（商会）交流，全市友好商会达到35家。加强与长江中游城市群四省会城市工商联（商会）合作，签署了《长江中游城市群四省会城市商会合作协定》。主动“走出去 请进来”开展招商引资。利用在定远县举办的合肥经济圈城市党政领导第五次会商会议、合肥经济圈峰会、异地合肥商会成立等时机招商引资，推进开放型经济进展。组团赴台湾、福建、浙江、广东等地开展招商引资和民间投资项目对接会。利用海外各参访团来肥交流的契机，大力宣传合肥市“承接产业转移示范区”的政策优势及区划调整后的地域优势，做好招商引资工作。推进中国内地与港、澳、台地区的文化交流，邀请和接待中国和平统一促进会参访团、台湾乡里长及基层民意代表参访团、《两岸犇报》作家安徽参访团、在肥台商联谊会、台湾夏令营等团体共230余人次来合肥开展经济、旅游、文化专访活动，扩大合肥市经济、文化在港澳台地区的宣传面。积极开展赴台经贸、文化、宗教、教育等领域的交流、宣传活动，完成“海峡两岸交流基地——刘铭传故居” 项目的规划和建设，申报“张治中纪念馆”等三处具有统战教育意义的场所为省统战工作教育基地。积极支持各级侨联做好海外联谊工作，团结广大归侨、侨眷，维护华侨利益，巩固和发展了爱国、爱港、爱澳力量。部领导带头走访海归企业，支持海归人员在肥发展。支持黄埔同学会工作，关心黄埔老人生活，充分发挥他们在祖国和平统一大业中的积极作用。支持中华职教社开展职业教育，推动县区职教社建设，深入有关职业教育学校考察调研，推进合肥市职业教育改革与发展。

倡导企业履行社会责任。向全市民营企业发出《发挥民营企业作用为建设美好乡村作贡献倡议书》，号召民营企业积极参与光彩事业、慈善事业，开展村企共建，扶贫济困，共建美好乡村。据不完全统计，2014年累计向光彩事业等捐款捐物逾千万元。

【党外代表人士队伍建设】 认真贯彻落实省委统战部《关于协助民主党派做好2014-2016年市级组织领导班子后备干部队伍建设工作的意见》，按照民主推荐、汇总遴选、协商沟通、了解情况等程序，全程参与各党派推荐会，与党派负责人通气协商，完成46名民主党派领导班子后备干部的推荐、考察、上报等工作。同时配合省委统战部，完成民主党派省委会领导班子后备干部合肥市人选的考察工作。

（张文军）

政法工作

【概况】 2014年，在市委、市政府的坚强领导下，全市政法部门以习近平总书记在中央政法工作会议上的重要讲话为根本遵循，深入贯彻落实中央、省委政法工作会议及市委十届五次全会精神，以服务经济发展和建设“大湖名城、创新高地”为中心，以践行党的群众路线为主线，深入推进平安合肥、法治合肥和过硬队伍建设，为维护社会大局稳定、促进社会公平正义、保障人民安居乐业付出了艰辛努力，作出了积极贡献。在2014年《中国经济生活大调查》中，合肥市荣登中国幸福感“十强”城市榜首。

【践行党的群众路线】 全市政法部门把组织开展党的群众路线教育实践活动，作为政法部门改进作风、司法为民的战略举措，突出问题导向，聚焦“四风”顽疾，扎实推进为期10个多月的党的群众路线教育实践活动。市委政法委充分发挥党委领导和管理政法工作的职能作用，在教育实践活动中组织开展打造过硬政法队伍、化纠纷创平安、促进公平正义、党员干部进社区四个专项行动，重点解决了平安合肥、法治合肥、政法队伍建设中存在的突出问题。通过教育实践活动，改进干警作风、密切了警民关系、推动了司法为民。

【服务市委中心工作】 全市政法部门紧紧围绕市委中心，敢于担当，主动作为，履职尽责，积极服务全市经济“创新、转型、升级”，切实保障深化改革先行先试。党委政法委发挥统筹协调作用，统一部署推进，强化督促考核；市直政法部门结合实际，发挥职能作用，组织开展一系列服务保障措施，为经济社会发展、全面深化改革营造了安全稳定的社会环境、公平正义的法治环境、优质高效的服务环境。此外，统筹推进33项社会体制改革，已完成4项；重点推进社会治理体制改革，涉法涉诉信访改革、居住证改革等12项改革任务已经完成并初显成效。

【维护社会大局稳定】 维护稳定工作坚持“源头治理、动态管理、应急处置”相结合， 狠抓源头防范，突出信息引导，强化重点稳控，压实责任措施，维护省会和谐稳定。抓源头，深化风险评估。明确评估责任，加强指导督促，强化业务培训，探索引进第三方评估，全年组织开展重大事项社会稳定风险评估181件。抓预警，加强信息研判。完善信息网络，加强信息搜集，及时研判预警，掌握主动权、下好先手棋。抓隐患，组织排查化解。集中排查、专项排查、经常排查相结合，确保了重大节日、重要活动期间和重要敏感期社会稳定。抓应急，强化现场处置。乡镇街道全面建成应急处置队伍，完善联动指挥、预案演练、应急响应、处置保障等机制，积极稳妥处置各类群体性事件，没有一起因处置不当造成矛盾激化。通过扎实有效的措施，合肥市全年没有发生大规模群体性事件、没有发生重大恶性极端事件、没有发生有害信息大面积传播，确保了全国全省“两会”、党的十八届四中全会、APEC会议、合肥国际马拉松赛等重大活动期间全市社会大局和谐稳定。中央维稳办副主任陆志谦来肥调研期间对合肥市维护稳定工作给予充分肯定。

【保障人民安居乐业】 综治工作以群众需求为导向，以平安建设为载体，坚持继承发展、改革创新，全面深化平安合肥建设，提升社会治理现代化水平，保障了人民安居乐业。构建三级平台，在肥东县、巢湖市分别召开现场会，实现综治维稳信访工作中心（站）建设全覆盖和基层维稳应急处置机制常态化、制度化，在县（市）区探索推进人民调解中心建设。开展三类整治，整治治安重点地区197个、“三无小区”311个，挂牌整治10个可防性案件高发地区。推进三项工程，推进安全停车、技防延伸、行业调解工程。织密了三张网络，形成立体式、动态化社会面巡逻防控网，建立起“封闭成环、汇聚成网”的立体监控网，强化虚拟社会防控网建设。推进了三项任务，落实平安建设目标管理责任制，广泛深入开展基层平安创建、无传销社区创建、基层法治单位创建等活动；组织开展命案必破、打黑除恶、打击两抢一盗等系列专项行动，严厉打击刑事违法犯罪；加强对流动人口、社区矫正人员、刑释解教人员、易肇事肇祸精神病人的服务管理。合肥市深化平安建设、创新社会治理做法取得明显成效，现行命案全部侦破且发生数处全国省会城市最低行列，八类严重暴力刑事案件占刑事案件比重仅为1.43%，居华东及中部省会城市最低行列，群众安全感和满意度进一步提升；平安合肥建设荣登全国社会治理优秀案例；《法制日报》头版头条报道了合肥市深化平安建设做法。

【促进社会公平正义】 全市政法部门把严格执法、公正司法摆到更加突出的位置，以制度建设为保障，以解决突出问题为突破口，深化法治合肥建设，促进公平正义。加强执法监督，组织评查7起典型案件，协调督办25起重点案件，开展“人情案、关系案、金钱案”专项治理。推进执法规范化建设，以执法信息化推动执法公开化、规范化，建立一系列规章制度。解决突出问题，全面推开涉法涉诉信访改革，基本实现诉访分离的工作目标；组织开展为期5个月涉法涉诉信访积案化解专项行动，化解117件涉法涉诉信访积案；发挥联合接访中心的效用，接待群众来访1315批次1540人次，发放司法救助金50万元。深化宣传服务，深入开展“六五普法”，推动基层成立法律服务工作站、法律诊所、法律咨询点，成功举办“长江中游城市群第二届法治论坛”。

【加强政法队伍建设】 2014年，按照习近平总书记“五个过硬”要求，全面加强政法队伍建设。强化理论武装，把理想信念教育摆在第一位，教育引导广大政法干警认真学习党的十八大、十八届三中、四中全会和习近平总书记系列重要讲话精神，用党的最新理论成果武装头脑、指导实践、推动工作。强化典型宣传，用身边的事教育身边的人，组织第三届“十佳（优秀）政法干警”先进事迹巡回报告，开展为期两个月的先进典型集中宣传，形成浓厚的舆论氛围，展示了政法干警良好形象。强化业务培训，市委政法委组织开展全市综治、维稳、防邪、信访工作人员培训班，市直政法部门强化了本部门业务培训。强化作风纪律建设，严格落实主体责任，规范健全制度机制，对违法违纪问题做到零容忍。通过加强政法队伍建设，全市广大政法干警理想信念进一步坚定，执法作风进一步改进，职业素养进一步提高，做到信念坚定、执法为民、敢于担当、清正廉洁。 （刘会权）

政研工作

【文稿起草】 围绕市委重大决策和中心工作，起草《中共合肥市委关于贯彻落实中央、省委部署全面深化改革的实施意见》《中共合肥市委关于贯彻落实中央、省委部署全面推进依法治市的实施意见》《中共合肥市委全面深化改革领导小组2014年工作要点》《中共合肥市委党的建设工作领导小组2014年工作要点》等政策性文件。围绕市委重要会议，起草或参与起草市委主要领导《在市委十届六次全体会议上的讲话》《在市委中心组理论学习会议上的讲话》《在全市党的群众路线教育实践活动动员大会上的讲话》《在市委党的群众路线教育实践活动领导小组第二次会议上的讲话》《在全市美好乡村建设领导小组全体会议上的讲话》《在市委全面深化改革领导小组会议上的讲话》《在深化城市街道社区体制改革调研座谈会的讲话》等；起草或修改完善市委主要领导在省委常委会以及纪检、组织、政法、宣传等各类会议上的讲话稿。围绕市委重要阶段性工作，履行市委党建工作领导小组办公室职能，完成《全省党建办会议交流材料》《合肥市党员干部直接联系群众的主要做法》《市委党建办积极强化指导服务功能》《全省基层党建四个典型材料》等文稿；履行市委党的群众路线教育实践活动领导小组办公室成员单位职能，完成或参与各类简报、专报和会议文稿起草任务；承担《大湖名城、创新高地》专题片脚本起草工作；完成《关于区划调整以来有关县市、开发区经济社会发展情况的汇报》《合肥巢湖经开区经济发展中存在的主要问题》《当前楼宇党建存在的主要问题》《市委党校改革创新举措与成效》等相关文稿。围绕宣传报道工作，组织、把关并参与采写市委中心工作、主要领导活动报道200多篇，推出5组事关全市经济社会发展大局的重大活动全景性重头报道（约2万字）。全年共组织起草或参与起草省市领导讲话与报告400多份，组织起草、审核文件90多份，起草市委主要领导理论文章5篇；组织编辑《合办通报》53期。

【调查研究】 高质量完成市委常委重点调研任务，按照“三严三实”的总体要求，提出市委2014年度常委重点调研课题建议，完成课题征集、组织协调和报告起草等工作。完成市委主要领导重点调研课题《打造全面深化改革先行先试“合肥版”研究报告》。积极开展专题、典型调研，围绕市委常委会工作要点和群众关注的重点，强化问题导向，积极开展“解剖麻雀式”典型调研和专题调研。牵头组织3个联合调研组、18个市直部门，全方位开展深化城市街道社区体制机制改革调研，形成24份调研报告和11份事务清单，并汇编成册；围绕“大湖名城、创新高地”、全面深化改革、生态文明建设、科技体制创新、美好乡村建设、培育村级集体经济、文联工作创新、从严治党等相关专题，形成了一系列调研报告。积极开展“捆绑式”调研，认真做好中央改革办、省委政研室等上级机关来肥调研服务工作，同步形成了《合肥市构建公共资源交易区域性综合大市场》《合肥市创新扶持产业发展政策体系》《合肥市国资国企改革情况报告》等调研成果。在全省党委政研系统2012—2013年度优秀调研成果评比中，4篇参评报告全部获奖（一等奖2篇，二等奖、三等奖各1篇），蝉联全省首位。

【深化改革】 承担市委改革领导小组办公室日常工作任务。高效起草文件，制定出台领导小组、专项小组、专题组等三个工作规则和改革办工作细则；在全省首创《关于规范重大改革事项决策程序的暂行规定》。精心筹备会议，谋划筹备4次领导小组会议，及时做好会议材料及文件的起草把关工作；组织实施9个专项小组方案和重要改革文件研讨；完成各次全省改革办主任会议材料起草任务。主动开展调研，组织开展国资国企改革、开发区转型发展、土地管理、公共资源交易、农村改革、生态文明、街道社区管理体制等重点领域专题调研；先后赴南京、杭州、无锡、嘉兴等先发地区学习考察外地改革动态和创新举措。注重摸清底数，全面收集整理“十二五”以来省级以上改革试点示范情况，梳理汇总省级以上改革试点示范项目122项（其中，国家级69项、省级53项）、十八届三中全会后获批的国家级试点示范项目19项。强化动态盘查，建立改革任务台账制度，实行月度报送、季度总结和半年小盘点、年终总盘点，准确把握进展、汇集问题；建立改革工作定期报告制度，及时向市委改革领导小组和省委改革办报告。加强信息报送，及时归纳整理提炼全市的改革动态、典型经验、创新做法、主要成果以及突出问题，编印《改革工作简报》35期；上报省委改革办信息30余条，被中央采用1篇、被省采用6.5篇，位居全省第一。

【载体建设】 办好《合肥工作》《决策参考》与《市情手册》。紧紧围绕市委工作重点，及时关注、总结基层鲜活经验和创新实践，全年编发《合肥工作》12期，与全国大中城市开展交流扩大到200多家，微博每周更新3次以上，再次荣获“全国城市十佳党刊”；编辑发行《决策参考》13期，《市情手册》的指导性和实用性不断提高。优化“合肥决策咨询”网站，进一步加强网站管理维护，完善上网信息审批制度，“合肥决策咨询网”继续保持良好运行，主要栏目实现常态化更新，各项指标始终居于全国同类网站前列。着力构建大调研平台，完善县（市）区、开发区党委政研室主任联席会议制度，建立基层调研联系点和特约撰稿人制度；积极开展内引外联工作，完成《合肥“大湖名城、创新高地”内涵及实现路径研究》《深化科技体制改革 推进创新型城市建设研究》《打造全面深化改革先行先试“合肥版”的战略之维》《合肥市美好乡村建设研究》等招标课题研究报告。

【信息工作】 积极围绕行政区划调整、街道社区体制机制改革、公共资源交易平台建设、扶持产业发展、楼宇党建、党校教育改革创新等方面，编写报送各类信息35条，被《合肥信息》采用18条、《安徽信息》采用9条。其中，《合肥市全面等高对接加快科学发展 不断放大区划调整综合效应》《当前楼宇党建存在的主要问题》《市委党校深化改革创新的举措与成效》等信息和专报，引起了省、市领导的关注，并作了重要批示。2014年度，市委政研室信息工作在全市同类考核单位中继续居于首位。

【作风建设】 建立完善《调查研究工作制度》《完善议事决策规则加强班子建设意见》《学习制度》《公务接待制度》《全市调研网络定期联系会议制度》等12项制度，坚持作风建设常态化、长效化。紧紧围绕党的十八届三中、四中全会精神，全力服务打造“大湖名城、创新高地”、打造全面深化改革先行先试“合肥版”、建设长三角世界级城市群副中心等重大发展战略，深入基层组织开展面对面宣讲报告8场。

【队伍建设】 强化拓展学习，先后组织《台湾问题与中国梦》《合肥土地节约集约利用创新探索与实践》《畅想“大湖名城”、服务“创新高地”》等专题辅导讲座；与市司法局联合举办《长江经济带发展论坛》。强化素质提升，进一步强化责任意识，在工作上高标准、严要求，通过交任务、压担子等多种方式，将撰写各类主题理论文章作为硬性工作任务。2014年度，全室共发表各类理论文章24篇。

（陈先胜）

机关党建

【思想建设】 2014年，市直机关工委采取集中学习培训、举办报告会、讲堂讲座等形式，组织各单位党组织深入学习贯彻党的十八大、十八届三中、四中全会、习近平总书记系列重要讲话精神和省市委重要会议、文件精神，引导党员干部统一思想、武装头脑、指导行动。工委举办机关大讲堂2期，网络推荐学习书目5批，开展“大湖名城·悦读合肥”全民阅读活动和第12届“书记讲党课”活动。各单位党组织以政治品德、职业道德、社会公德、家庭美德教育为重点，培育和践行社会主义核心价值观。组织召开市直机关“四德”教育工程经验交流会和优秀党员事迹报告会。

【反腐倡廉建设】 组织党员观看警示教育片、参观预防职务犯罪警示教育基地，以案明纪；开展党纪法规知识测试，以考促学。集中开展发文、会议、检查和评比表彰清理，“三公经费”支出清查，违规建房和多占住房、办公用房、收受会员卡、违规经商办企业、干部兼职社会组织、机关机构设置和编制等专项检查和清理，吃喝风、“红包”风专项整治。建立和完善机关内部各项管理制度和党员干部联系群众制度，逐步形成作风建设长效机制。申报市残联等8个单位作为省、市级“廉政文化进机关示范点”，对2名违纪党员立案审批。

【组织建设】 建立市直机关党组织换届情况台账，下发换届提示通知单21份，指导16个机关党组织完成换届选举工作。培训入党积极分子192名，新发展党员156名，转正党员107名。开展基层党支部换届选举公推直选试点工作。制定《关于在市直机关党组织建立健全党内激励、关怀、帮扶机制的实施意见》和《关于开展与城乡基层“四联四定”活动的实施方案》。开展“机关党建创新品牌”申报评选活动。建立市直机关专职党务干部任职谈话制度，举办机关基层党支部书记、机关党务干部培训班，培训基层党支部书记90名，培训机关专兼职党务干部105名。筹资9万元，走访慰问342名老党员和生活困难党员；表彰 51个先进基层党组织、101名优秀共产党员和59名优秀党务工作者，为42名入党50年以上老党员颁发荣誉证书。

【群团工作】 紧贴职工需求，继续推进“职工之家”、“职工书屋”升级创建活动。通过开展机关青年干部座谈会、青年工作者培训班、青年文明号创建等活动，为广大青年搭建成长平台。妇女组织立足基层、服务妇女，开展巾帼建功、五好文明家庭创建、女干部素质提升等活动，充分激发市直机关女性工作者的建功热情。全年共有合肥兴泰控股集团有限公司等17个单位和集体获得市先进单位、先进集体、五一劳动奖状、工人先锋号、青年文明号、三八红旗集体和巾帼文明岗，市中级法院胡权明等16人获得先进工作者、五一劳动奖章、五四奖章和三八红旗手，市粮食局迟文家庭获得省五好文明家庭。

【精神文明建设】 在市直机关继续开展“文明单位”“文明行业”“文明窗口”“文明家庭”“文明职工”“文明餐桌”等群众性精神文明创建活动，积极做好市直单位文明测评指数收集整理。整合志愿者队伍，组建市直机关志愿服务支队，制定《市直机关志愿服务管理办法》，规范市直机关志愿服务，推进志愿服务制度化、常态化。组织开展元旦健身走、越野跑、迎新春送春联、“三八”射箭比赛、第十二届登山比赛、第七届扑克比赛、“三人制”篮球比赛、羽毛球比赛、普通话大赛、书画摄影讲座、生活健康讲座等党员干部喜闻乐见的文体活动。

（张　野）

机构编制

【行政体制改革】 按照市委全面深化改革领导小组的要求，认真承担行政体制改革专项小组和市社会事业体制改革专题组办公室工作，定期召开专题会议研究部署重点工作，及时学习传达市委改革领导小组会议精神和有关要求，集体审议行政审批制度改革等方案；制定了行政体制改革专项小组工作规则，规范了工作机构、职责任务和会议制度；建立例会制度和联络员制度，定期通报改革工作进度，督促成员单位落实各项改革任务；制定印发年度工作方案，做到年初有部署、年中有推进、年底有检查，顺利完成市委全面深化改革领导小组2014年工作要点下达的工作任务，其中完成改革任务5项，启动实施23项，试点探索2项。按照时间节点要求，及时完成工商质监食品药品监管体制的各项任务，接收人员3120人，印发市工商局、质监局、食药监局“三定”规定，整合撤销7个内设机构，调整职责37项，组建市食品药品稽查支队和市食品药品检验检测中心；各县（市）区市场监管局及105个乡镇（街道）市场监督管理所挂牌运行，协调工商局、质监局和食药监局，分别印发3个部门的《市县事权划分的指导意见》，并与开发区签订委托协议书，实现市场监管局机构整合到位、职能到位、人员到位、班子到位、财务资产划转到位。根据《中共安徽省委办公厅、安徽省人民政府办公厅关于市县政府职能转变和机构改革的意见》要求，结合合肥市实际，认真制定《合肥市人民政府职能转变和机构改革方案》，以市委、市政府名义率先在全省上报省委、省政府待批，方案明确了加快政府职能转变、深化政府机构改革、严格控制机构编制等改革内容，突出近20个方面的亮点，作为市级政府职能转变和机构改革模板在全省推介。积极指导县（市）区政府职能转变和机构改革方案制定工作。根据市政府办公厅《关于深入推进政府向社会力量购买服务的实施意见》要求，编制了2014年政府向社会力量购买服务项目表（基本公共服务和社会事业服务事项），提出2015年技术服务和政府履职领域购买服务建议目录。根据小庙镇区划调整的实际情况，经过争取，省编委已批准将经济发达镇试点镇由小庙调整为肥西县花岗镇。长丰县下塘镇基本完成试点工作，将原有多个行政、事业机构综合设置成9个工作机构，原本属于14个县直机关的53项审批权限全部下放到镇直综合部门，全面完成27个村委会改设为14个居委会。完成市口岸管理委员会办公室和高铁南站管理机构设置，以及市综合保税区管理体制和包河区方兴大社区体制改革工作，组织开展对四城区下辖的8个乡镇全覆盖调研，真实掌握了城区乡镇及所辖村（居）的职能定位、发展目标、政务服务机构设置、机构编制需求等问题。

【事业单位分类改革】 制定2014年市事业单位改革领导小组重点工作计划，完成全市3004家事业单位的分类任务，市直事业单位率先在全省完成分类文件印发工作。修订出台《合肥市直事业单位改革职工分流工作实施意见》，指导市广电服务部、市测绘设计研究院和巢湖元山农场等市直生产经营类事业单位改革。整合合肥市电子学校、物流学校、金融学校、旅游学校、职教中心等5所学校机构职责，成立合肥市经贸学校。积极协调市商务局和市畜牧水产局，顺利完成生猪定点屠宰监管职能及人员的调整工作。印发《合肥市事业单位聘用人员管理试行办法》及四个配套文件，建立聘用人员信息管理系统数据库，对全市岗位管理和聘用制度推行情况进行摸底梳理，初步建立协调联动管理机制。印发《关于推进全市事业单位法人治理结构试点工作指导意见》，召开全市推进事业单位法人治理结构试点工作会议，全市已有9家法人治理结构试点单位，完成合肥168中学国家级法人治理试点工作任务，另外市图书馆也被省文化厅列为2015年省试点。市属344家事业单位全面实行了年度报告公开制度，认真指导审核报告信息，确保资产负债表与收入支出表数据真实反映事业单位2013年度运作情况，并通过报纸和网站媒介对外公布，接受社会监督。

【机构编制管理】 严格规范开展机构和人员编制核查全面推行机构编制实名制管理工作，完成3730家单位自查自纠和公示工作，组成9个工作组开展联合审查工作，对637家单位进行现场验收，完成核查资料的汇总整理，初步实现“四清”（即机构清、编制清、领导职数清、实有人员清）和“三性”（真实性、完整性、一致性）目标。制定了《合肥市控编减编工作方案》，明确提出实现本届政府财政供养人员只减不增。根据《合肥市党政领导干部履行机构编制工作职责离任检查办法（试行）》，完成对瑶海区原区长常业军等履行机构编制工作职责离任检查。会同市委组织部开展超职数配备干部专项检查，对65个市政府目标管理责任单位开展机构编制管理规定执行情况的考核，首次对部分被考核单位进行倒扣分。全面完成专项整治“吃空饷”工作任务，清理市本级“吃空饷”18人、涉及金额1.25万元。按时完成全市机构编制统计任务，上报2013年机构编制统计分析报告。全年召开4次编委会和9次主任办公会，向市委常委会专题汇报5次，研究通过100多项议题，切实解决了一批制约合肥经济社会发展的体制机制问题。市编办共有6人次荣获省市表彰奖励，机关党总支连续4次荣获市直机关优秀党组织称号。

（范文通）

保密工作

【概况】 2014年，市委保密办（局）紧紧围绕中央和省、市委关于保密工作的一系列指示精神和工作部署，以抓落实为主线，攻坚克难，务实创新，扎实推进保密“三大管理”，认真开展保密“两识”教育，不断夯实保密基础建设，各项重点工作任务得到有效落实，保密管理取得新成效，为维护国家秘密安全和服务全市打造“大湖名城、创新高地”做出积极努力。

【保密专题党课】 重点围绕保密委主任讲党课，推动宣传教育常规工作务实出新。根据中央和省委保密委的要求，市委保密办制订工作方案，明确工作目的、内容、对象及要求，确保全市开展保密委主任讲党课活动有序开展。为充分发挥市委保密委主任讲党课的示范引领作用，10月30日，市委常委、秘书长、保密委主任杨思松作了题为《弘扬传统，落实责任，全力做好新形势下的保密工作》的专题辅导报告。各县（市）区委保密委员会主任，市直及省部属驻肥有关单位、军工企业、涉密定点复制单位分管保密工作负责人和涉密人员约200人聆听了报告。肥西县、巢湖市、市畜牧水产局、市地税局等多家单位举办保密委主任讲党课活动，市直10个保密工作协作组组织观看党课报告专题录像片，基本实现领导干部和涉密人员为主要对象的教育全覆盖。

【“三大管理”】 突出重点、攻坚克难，扎实推进定密、网络和涉密人员“三大管理”。7月，在派员参加全省定密工作培训基础上，利用《国家秘密定密管理暂行规定》公布施行时机，举办全市定密工作专题培训班，各县（市）区、市直单位150余名专兼职保密干部参加培训；依据省国家保密局《关于发布安徽省具有法定定密权机关名录的通知》，做好市委、市人大、市政府、市政协机关及市法院、市检察院机关定密责任人授权前期工作；坚持定密统计报备制度，完成全市机关单位定密责任人统计报送工作。以网络核查分类为基础，全面摸清合肥市机关单位网络情况，全市共有已建和在建涉密网络4个，与互联网物理隔离的非涉密办公内网13个；同时抓好涉密网络测评审批，其中1家单位涉密网络已通过省测评中心现场测评，3家单位网络的测评审批工作已列入2015年计划；年度部署开展门户网站信息清理、非涉密网络保密管理专项检查、社会网站保密管理等工作。以年度保密数据统计工作为抓手，摸清涉密人员工作底数、基本情况，为开展涉密人员分类管理打下良好基础；继续落实保密责任书、保密承诺书制度，指导合肥地区涉密军工企业做好涉密人员分类确定工作，开展涉密人员保密意识、保密常识（“两识”）教育。

【教育培训】 认真贯彻落实《关于进一步加强全国干部保密教育培训工作的通知》，深入推进“六五”保密法制宣传教育规划实施。7月，举办《保密法实施条例》专题培训班，全市各县（市）区保密局局长，市直各单位、军工科研生产单位及定点复制单位专兼职保密干部150余人参加培训。10月，市委中心组理论学习会议，首次将《保密法》、《保密法实施条例》纳入学习内容，市委理论学习中心组成员、市直各单位主要负责同志200余人参加会议学习。继续开展保密干部、涉密人员全员培训，长丰、庐江、巢湖、瑶海、包河等县（市）区对400余名专兼职保密干部进行培训；经开区、通用制冷、博雷电气等10家单位对550余名涉密人员进行业务培训；市保密局配合市公务员局对69名军转干部进行保密专题保密教育培训。推进保密文化建设，在全国保密系统开展“中国梦、保密情”书画摄影作品征集活动中，共征集参赛作品38幅，合肥市3件作品分别荣获全国一等奖（绘画）、三等奖（绘画）、优秀奖（书画摄影）；开展合肥地区军工企业“军工人、保密情”主题演讲比赛，充分展示了军工保密干部职工良好的文化修养和精神风采。市保密局在对本级保密法规和规范性文件清理的基础上，组织力量编印“六五”保密法制宣传资料之四——《保密法律法规文件选编》，发放全市各机关、单位；组织征订《保密法实施条例》等有关书籍、挂图2930余份，指导各地各单位结合实际，认真抓好实施条例学习贯彻工作。

【保密检查】 4月，根据中央及省委保密委《关于组织开展涉密中央文件保密管理专项检查的通知》要求，市委保密委及时下发专门通知，制订工作方案，明确检查目的、范围、内容及方法、步骤和工作要求，全市131家县（市）区、市直单位报送自查报告。在各单位自查的基础上，由市委办公厅、市委保密办（局）抽调人员，组成两个现场检查组分别对市四大家办公厅、常委单位及部分县（市）区、开发区等22家涉密中央文件重点管理单位进行抽查。在检查中，检查组注重提升检查实效，结合涉密中央文件保密管理相关规定，对抽查单位进行涉密文件保密管理知识培训，做到以查促改、以查促管、以查促教。5月中旬，为抓好中办、国办关于加强涉密网络安全保密防护和管理的贯彻落实，市国家保密局按照市委保密委“各级部门必须把涉密网牢牢盯住，加快测评，加强监管，防止带病运行、酿成大祸”的要求，在组织开展办公网络核查和专项检查的基础上，联合市委机要局对市委办公厅、市人社局等7家单位进行抽查，重点检查单位网络属性界定是否准确，涉密网络建设、使用、管理是否符合保密要求等。7月，国家保密局涉密网络安全管理专项督导组对涉密网络进行检查，总体情况较好，未发现明显违规问题。9月，根据省委保密委统一部署和要求，市委保密委对全市非涉密网络管理情况进行专项检查，共检查网络服务器20台、网内计算机57台，进一步夯实了非涉密网络保密管理基础。

2014年，为加强信息公开保密审查管理，市国家保密局配合市政务公开工作领导小组修订出台《合肥市政府信息公开保密审查办法》。联合市公安局、市教育局对四县一市中、高考试卷保密室检查。全年为市重要会议活动、公务员招考、事业单位公开招聘、研究生入学、职业劳动技能、会计从业资格等各类考试提供保密保障服务10余次。

（方开明　秦洁）

档案工作

【概况】 2014年，合肥档案工作坚持“开明立档、开放兴档、求是治档、创新强档”的发展战略，创造性地开展各项工作，呈现出文书档案与专业档案并重、纸质档案与异质档案并重、档案收藏与档案研究并重、档案管理与档案服务并重的转型发展趋势，为合肥迈向长三角世界级城市群副中心收集更多更好的档案资料，为合肥建设“大湖名城、创新高地”提供了更高效更优质的服务。

【档案认知体系建设】 全市各级档案部门围绕“国际档案日”开展“档案宣传月”等活动，提升社会档案意识。举办“图说档案”展览，以群众喜闻乐见的漫画形式展示档案的作用和价值，并制作成书，免费赠送给市民和中小学生。在《合肥广播电视报》设置《湖畔拾贝——合肥档案发现》专版，以连载的形式呈现合肥各区县的前世今生，图文并茂地展现合肥的发展步伐。举办“兰台放歌”档案诗文朗诵会，各县市区、开发区和市直机关档案工作者踊跃参加，省市领导到现场观摩。举办“庐阳区特色街区”摄影暨老照片征集活动和“产业新城、魅力新站”首届摄影大赛，吸引100余人参加，征集到1000余幅作品。举办“最美档案人”先进事迹报告会，基层档案人员听取报告会，激励广大档案工作者百尺竿头更进一步。此外，还通过举办档案文化专题讲座、广场发放档案宣传册、设立“档案安全警示日”、组织学生走进档案馆等丰富多彩、形式多样、富有特色的系列活动，使广大市民重视档案、关心档案、爱护档案。

【档案安全体系建设】 2014年，合肥档案工作一方面抓档案实体安全，加大档案场馆建设力度，另一方面，抓档案信息安全，确保不发生安全事件。档案场馆建设是档案实体安全的保障。合肥市档案中心正在筹建之中，包河区档案馆新馆已投入使用，蜀山区、长丰县新馆即将投入使用，其他县市区新馆有的正在建设之中，有的已经立项。在场馆建设上，各地都把安全系统设置作为基础设施建设的重点，严字当头，确保档案实体安全。在保障档案信息安全方面，通过筑牢法制、环境、技术、人员、保密五道防线，在档案整理接收、开发利用、信息公开、开放档案鉴定、上网信息审查、档案数字化外包、重要档案异地异质备份等方面，采取有力措施和技术手段，坚决防止失泄密现象发生。为确保国家档案资源安全万无一失，合肥市档案馆与兰州市档案馆互建了重要档案异地异质备份基地。

【档案资源体系建设】 加大

档案接收力度，全市各级国家综合档案馆按照“应建尽建、应收尽收、应存尽存”的原则，贯彻落实国家档案局第8、9、10号令精神，加强对机关、事业单位和企业档案工作的监督指导，确保到期应移交档案及时进馆。截至2014年底，合肥市档案馆馆藏档案达141万余卷（件），居全国地级城市的前列。全市10个国家综合档案馆馆藏档案总量达328万余卷（件）。

全市各级国家综合档案馆通过完善档案征集工作机制，加大征集工作力度，把更多有价值、有特色的档案征集进馆。一年来，征集了国家领导人在肥活动、名人档案、城市间友好往来礼品、各类宗谱等档案进馆，完善结构，丰富馆藏，形成“人无我有、人有我新、人新我特”的馆藏特色。

加快数字档案馆建设力度。全市各级国家综合档案馆按照存量档案数字化、增量档案电子化的原则，制定数字档案馆建设实施规划，大力开展传统载体档案数字化，加强数字化档案利用公共平台建设，并加快电子文件接收利用。全市10个国家综合档案馆电子目录总条目数达794万条，电子全文扫描总量达2714万页，大大提升了资源利用效率。

【档案利用体系建设】 档案工作的落脚点在于档案利用，在于服务地方经济社会发展。一年来，着力健全和完善方便人民群众的档案利用体系，做到主动服务、超前服务、专业服务、精细服务。服务发展大局。找准切入点，密切与各部门联动，变事后服务为事前服务，变封闭服务为开放服务，真正做到经济社会发展到哪里，档案工作就跟进服务到哪里。主动介入全市重大活动、重要会议、重点工程，如地铁一号线建设、高架桥建设、工业园区建设等，记录合肥的发展蝶变。

服务百姓民生。加大民生档案资源整合与服务利用力度，主动服务人民群众。全市各级国家综合档案馆接待档案利用人次逐年上升，全年达6万余人次，在民政优抚、工龄计算、房产土地等方面发挥了档案的作用，解决了涉诉涉访问题，促进了社会和谐发展。

创新服务方式。科学整合档案资源，简化利用手续，提供现场调阅、预约查询、电话查询、计算机查询等服务，利用各种形式和手段，提供多样化的档案服务，在优化服务中提升档案的价值、扩大合肥的影响力。

创新服务载体。积极开展档案编研，编写《合肥县和平解放、总前委登高望远》《档案展览：助力合肥迈向长三角世界级城市群副中心》等文章在《中国档案报》《合肥日报》刊登，还制作了《嘉庆合肥县志》仿真件，在深度挖掘档案文化价值的同时，宣传了合肥，扩大了合肥的知名度。

【档案法治体系建设】 依法治档是依法治国、依法治市的具体表现，是档案工作的原则和发展方向。一是建立健全法规制度。开展《合肥市档案管理条例》地方立法前期调研工作，着力从立法层面上解决档案工作失之于软、失之于散、失之于晚的问题。会同市有关部门开展调研考察，完成草案及说明的编制工作并上报市人大审议，努力使档案工作步入法治化轨道。加大行政执法力度。认真执行监察部、人社部、国家档案局联合发布的《档案管理违法违纪行为处分规定》，严肃查处档案违法违纪行为。联合市人大文教工委、市法制办开展贯彻落实《档案法》专项检查活动，为档案规范化管理创造良好的法制环境，进一步维护《档案法》的权威。加强标准化建设，通过加强对市直机关、县市区、乡镇街道和行业档案工作的指导，开展镇街园标准化档案室建设，召开全市档案业务标准化培训会议，下发《合肥市档案业务培训手册》等，促进全市档案工作向标准化、科学化方向迈进，夯实档案的法制基础，使合肥档案与合肥迈向长三角世界级城市群副中心步调一致、协同前进。

（谢欢庆）

党史编研

【概况】 2014年，市委党史研究室以党的十八大和十八届三中、四中全会精神为统领，以习近平总书记的一系列讲话精神为指导，学习贯彻中央、省委党史研究室主任会议精神，紧紧围绕全市工作大局，夯实基础、彰显特色、发挥作用，党史工作全面推进，取得可喜的成绩。

【编纂《中共合肥历史》】 《中国共产党合肥历史》第一卷（1921—1949）已于2000年编印出版，但随着合肥区划调整，应作必要的充实、修订。2014年，完成一卷电子化、文字校订、图片充实等工作，为来年进一步修订打下基础。《中共合肥历史》第二卷（1949—1978）形成第三稿。2014年，在第二稿的基础上，充实了巢湖、庐江的相关内容，修改形成了第三稿。启动《中共合肥历史》第三卷（1978—2002）的征编工作。开展改革开放新时期的党史资料征集工作，完成三卷大纲编写。

【编写大事记】 每月对全市的重要工作，市委的重要决策、部署、文件进行系统记录整理，逐月编写《中共合肥历史大事记》，年底汇编了《2014年中共合肥历史大事记》。

【专题研究】 开展新四军史资料抢救征集工作。2014年，与市委老干局、市新四军历史研究会一起，对合肥市健在的新四军老战士和部分新四军老战士遗属进行逐一登门采访、征集史料。合肥市现有新四军老战士200多人，全年已采访100多人，通过采访，获得大量珍贵的史料。

对大蜀山抗日遗址史料进行征集研究。对大蜀山及周边国民党军队和新四军抗日战斗史料进行搜集整理，为修建大蜀山抗日纪念设施提供史料支持。

渡江战役研究取得新成果。与市党史学会、渡江战役纪念馆共同举办纪念渡江战役胜利65周年征文活动，收到论文60多篇，印制了《纪念渡江战役胜利65周年征文汇编》。出版以渡江战役遗址、文物为素材的诗集《渡江颂》，并向渡江战役纪念馆赠送《渡江颂》300本。支持渡江战役纪念馆做好文物征集、鉴定、管理工作，配合渡江战役纪念馆新征集文物20余件，协助渡江战役纪念馆对馆藏文物进行等级鉴定，向渡江战役纪念馆移交文物10多件。深化渡江战役研究，结合党的群众路线教育实践活动，向省委党史研究室报送论文《人民的胜利　人民的选择》等专题研究成果。《百万雄师过大江——渡江战役纪念馆基本陈列》参加第十一届全国博物馆十大陈列展览精品评选，与来自全国各地的64个展览项目角逐，进入20强，荣获优胜奖。

开展知识青年上山下乡史料征集工作。征集整理了全市知识青年上山下乡的基本情况，收集一批知青回忆录，在此基础上编印了《知青——合肥市知识青年上山下乡史料专辑》一书，共15万字，再现了合肥知识青年上山下乡的历史。

开展大湖名城创新高地研究。收集市第十次党代会的报告和第十次党代会以来历次市委全会的报告、人代会上的政府工作报告、市委中心组学习的重要文件；部分反映大湖名城创新高地建设成果的照片；市委宣传部、党史研究室，市统计局、建委、农委、科技局、经信委、文广新局等部门记述合肥改革开放30多年来特别是近年来大湖名城创新高地建设的巨大成就的文稿，编印了《新跨越——合肥大湖名城创新高地建设实录》一书。

继续抓好民主革命时期合肥党史资料的抢救性征集工作。对百岁将军顾鸿等合肥早期党史人物进行口述史料征集工作。

【党史宣传】 年初，对“中共合肥历史馆”布展进行调整充实，增加了展柜，充实文物100多件，对部分展板进行修订。2月17日上午，省委常委、市委书记吴存荣率市几大班子领导，集体参观了党史馆。合肥党史馆全年共接待参观干部群众15万人次。帮助“安徽省革命烈士事迹陈列馆”征集史料、文物、重新编写布展大纲。

开展党史教育日活动。七一前夕，市委组织部、市委党史研究室在全市统一开展第五个“全市领导干部党史教育日”活动。在教育日活动期间，各地开展丰富多彩的活动，加强了对党员干部的党史教育。

开展学习党史国史征文活动。从6月底到9月底，市委党史研究室和市党史学会在全市“开展学党史国史迎国庆佳节”征文活动。共收到论文100多篇，汇编了《纪念建国65周年学习党史国史征文集》。9月29日，召开“学党史国史迎国庆佳节”座谈会，庆祝国庆，表彰论文获奖作者。

举办纪念抗日战争爆发77周年文物图片展览。7月7日至9日，市委党史研究室和市委组织部、宣传部、市新四军历史研究会在市政务阳光大厅共同举办“纪念抗日战争爆发77周年文物图片展览”。之后，展览先后在省图书馆、肥西县、蜀山烈士陵园等地巡回展出。同时编印了《纪念抗日战争爆发77周年文物图册》，赠送400份给中小学生。

开展纪念抗日战争胜利69周年和国家公祭日活动。9月3日，市委党史研究室和市新四军历史研究会、蜀山烈士陵园在蜀山烈士陵园共同举办“纪念抗日战争胜利69周年”活动。12月13日国家公祭日，市委党史研究室和市新四军历史研究会组织部分老干部、学生代表，来到“合肥市拱辰桥遇难同胞纪念碑”前，祭奠日军侵入合肥市时在拱辰桥遇难同胞。

举办纪念合肥英烈图片展览。9月29日至30日，市委党史研究室和市党史学会在市政务阳光大厅共同举办“纪念合肥英烈图片展”。之后，展览先后在渡江战役纪念馆、肥东青龙厂新四军纪念园、合肥市第55、第48中学和南门小学等地巡回展出。同时，编印了《合肥英烈图册》。还向省委党史研究室整理报送部分合肥英烈事迹，为省编英烈图书做好服务。

召开纪念邓小平诞辰110周年座谈会。8月22日，市委党史研究室和市党史学会在市政务中心共同召开“纪念邓小平同志诞辰110

周年座谈会”。（张 晔）

老干部工作

【概况】 2014年，全市各级老干部工作部门坚持围绕中心、服务大局，牢牢把握为党的事业增添正能量的价值取向，认真贯彻落实全国、全省老干部工作和有关会议精神，以开展党的群众路线教育实践活动为契机，以开展“三心”主题教育实践活动和老干部工作“优质服务巩固年”活动为抓手，进一步加强老干部工作部门作风建设，离退休干部的待遇落实、服务管理、阵地建设、作用发挥等取得了新进展、新成效，为打造“大湖名城、创新高地”作出了新的贡献。

【政治待遇】 全市老干部系统把深入学习贯彻党的十八届三中、四中全会和习近平总书记系列重要讲话精神作为首要政治任务，通过举行经济形势报告会、专题报告会、离退休干部党支部书记培训班、专家辅导、座谈交流、召开组织生活会、组织专题文艺演出、送学上门等灵活多样的形式，帮助老同志加深对党的十八届三中、四中全会和习近平总书记系列重要讲话精神的理解，全面领会和准确把握中央和省、市委作出的各项重大决策部署，确保广大离退休干部政治坚定、思想常新、理想永存，为建设长三角世界级城市群副中心和打造“大湖名城、创新高地”凝聚正能量。

坚持走访慰问、就近就地参观考察和生病住院看望等制度，使离退休干部在政治上得到应有的尊重。“七一”、春节前夕，省市领导深入到医院、老干部家中，看望慰问老红军、曾任市级领导职务的老同志和部分老干部遗孀，为地市级离休干部和市区离休干部发放慰问品，为离休干部无工作遗孀发放慰问金，把党和政府的温暖送到老干部的心坎上。在新中国成立65周年前夕，市委组织部、市委老干部局对每一位地市级离休干部进行了走访慰问，各地各单位对新中国成立前参加革命工作的老干部、老党员进行了一次普遍走访慰问。组织看望慰问了我市易地安置在省外的离休干部，让他们感受到党组织的关心和问候。

在全市离退休干部中选树了一批先进集体和先进个人，广泛宣传老同志的先进事迹和传统美德，营造“老干部增添正能量、全社会尊重关爱老干部”的良好氛围。巢湖市黄麓镇退休教师张秉柱被授予“全国离退休干部先进个人”称号。

【生活待遇】 认真抓好省《关于提高离休干部护理费标准的通知》精神的贯彻落实工作，及时调整了离休干部护理费标准，惠及每一位离休干部。在深入调查了解、广泛听取意见建议的基础上，对2013年出台的《合肥市特殊困难离退休干部和离休干部无工作遗孀帮扶暂行办法》作了进一步修订完善，使帮扶机制更加科学规范。对有特殊困难的77名离退休干部和35名离休干部无工作遗孀进行帮扶，送去了市委市政府的关爱。各县（市）区委老干部局积极争取党委、政府的重视支持，普遍建立了离退休干部特困帮扶机制。市和县（市）区两级财政每年拨出专款510万元用于特困帮扶，在全市构建起了分级帮扶、层层负责、全面覆盖的多层帮扶网。市有关部门联合下发了《关于对＜合肥市离休干部医疗统筹用药和诊疗目录＞补充规定的通知》、《关于调整享受地市级医疗待遇以上离休干部诊疗费用报销标准的通知》等文件，使医疗统筹政策进一步完善。市委老干部局、市委保健办联合开展了13次保健知识讲座和健康巡诊活动，使3000多名离退休干部受益。

【调研、宣传、信息、信访工作】 及时了解离退休干部的所思、所想、所忧、所盼，用心用情为老干部办实事，推动老干部工作“优质服务巩固年”活动持续深入开展。市委老干部局先后深入到县（市）区和市直部门共27个基层单位，登门入户走访离退休干部130人，召开23个不同类型座谈会，同164名代表座谈，广泛征求离退休干部和老干部工作者的意见建议。在深入基层走访中，面对面听取意见建议，心贴心沟通交流，零距离接触感悟，主动做好政策宣讲和解疑释惑工作，真诚帮助老同志排忧解难。围绕重点课题深入调查研究，收集掌握了第一手资料，为深入做好老干部工作奠定了基础。全市有8篇调研报告入选全省老干部系统优秀调研报告文集《探索与实践》一书，位居省辖市之首。市委老干部局被省委老干部局授予“全省老干部调研工作先进单位”称号。各地各单位结合党的群众路线教育实践活动，广泛开展座谈调研，听取意见建议，主动为老干部办实事、解难题，深受老干部的欢迎和好评。我市以《注重“四个结合”，维护和谐稳定，为打造“大湖名城、创新高地”凝聚正能量》为题，在全省老干部局（处）长会议上作交流发言。

举办老干部局（处）长和专兼职工作人员调研、信息、宣传工作业务培训班，提高了老干部工作者的业务水平和能力。注重通过报刊网络等媒体，不断加大信息、宣传工作力度。全年在国家、省市各大媒体共刊登、播出我市老干部工作情况的文章、图像、图片共66次，其中在《中国老年报》头版发表文章13篇，在省市各级网站等发布各级老干部工作动态信息500余条，有力地扩大了我市老干部工作的影响力。市委老干部局被省委老干部局授予“全省老干部信息工作先进单位”称号。市委老干部局和所有县（市）、区委老干部局均被省委老干部局授予“全省老干部宣传工作先进集体”称号，赢得了满堂红。

【发挥阵地作用】 全市各级关工委在青少年中广泛开展了“弘扬社会主义核心价值观，老少同心携手共筑中国梦”、离退休干部帮带大学生村官等系列活动，在关心教育下一代、凝聚社会正能量等方面发挥了积极作用。合肥市、肥东县、长丰县、包河区、瑶海区荣获“全国青少年普法教育示范区”称号，市关工委和五个县区关工委被表彰为“全国青少年普法教育先进单位”。合肥老年大学以庆祝建校30周年为契机，采取编写纪念文集《辉煌历程》、拍摄《以学求乐、丰满人生的精神家园》专题片、举行建校30周年庆祝大会及文艺演出、开展第三届校园文化艺术节系列活动等形式，系统总结和大力宣传了30年来在加强老年教育、繁荣老年文化事业、丰富老同志精神文化生活方面的创新做法和有益经验。市老教委组织开展对全市老年教育“十二五”规划落实情况的检查活动，推动基层老年教育快速健康发展。不断加大老干部学习活动场所建设力度，较好满足了老同志精神文化生活需求。肥西县新建老干部活动中心和老年大学，总建筑面积6082平方米，2015年将开工建设。巢湖市新建了市老年大学，市财政拨款近100万元用于教室改造和教学设备购置。瑶海区新建了2000多平方米的老干部活动中心。

以新中国成立65周年为契机，在全市老干部系统开展了以“歌颂祖国、圆梦大湖名城”为主题的征文活动。“七一”前夕，组织开展了以“支持深化改革、奉献大湖名城、展示桑榆风采”为主题的全市老干部系统书画摄影展。举办了合肥地区第27届“重阳杯”门球赛和全市老干部系统第三届运动会。运动会上，共有64支代表队1645名运动员（其中离退休老同志1452人）参加了10个项目的比赛。老干部系统运动会已经成为越来越多老同志学习交流、展示美丽、追求健康的活动平台。活动结束后，市委老干部局编印了《桑榆唱晚，圆梦中华》、《桑榆唱晚，生命铿锵》和《桑榆唱晚，翰墨华章》征文、运动会剪影和书画摄影集。各县（市）区和市直有关单位，注重搭建活动平台，组织开展丰富多彩的文体活动，丰富和活跃了离退休干部的精神文化生活，也展示了广大老同志皓首丹心、追求不止的良好精神风貌。

（张继红）

党校教育

【干部教育培训】 按照“大规模培训干部、大幅度提升干部素质”的要求，坚持主体班培训为主，继续教育培训、社会联合培训为辅的“一主两翼”培训模式，全年共举办、承办各类培训班93期，培训学员13268人次。其中，主体班次18期，培（轮）训学员2268人次（十八届三中全会轮训班1562人，招商引资、自主创新、公共服务与社会管理、信息化与新型工业化专题研讨班216人，县干、青干、科干、女干、团干、党外干部班490人）；举办、承办各类对外培训班75期，培训学员11000人次。同时，录取研究生160人，在线培训干部2万余人，开展社会培训（宣讲）400余场次，培训人员2万余人。党校干部教育培训的主渠道、主阵地作用得到充分发挥。

【领导干部轮训班】 自2月25日至3月21日，市委分4批在市委党校举办“全市领导干部学习习近平重要系列讲话贯彻党的十八届三中全会精神轮训班”，全市党政部门副县以上领导干部以及乡镇（街道）负责同志1500余人参加学习培训，市领导张庆军、凌云、张海林、汪卫东分别作动员报告。培训期间，邀请中央党校薛广洲、祝灵君，国家行政学院许耀桐、宋世明、董小君等分别作辅导报告；同时邀请安徽省委党校王正国、汪兴福、郝欣富、张彪等作辅导报告。

【主体班教学】 坚持围绕中心、服务大局，紧密联系合肥“大湖名城　创新高地”实际和“长三角世界级城市群副中心和国际化都市区”的新定位开展教学。全年共开设各类教学专题245个，开展各种工作交流、学员论坛及研讨31次，警示教育2次，各类市内调研27次，各类文体活动10余次，组织各类主体班次1000余人次赴复旦等著名高校以及杭州等先发地区开展“异地办学”14次。学员撰写各类论文和调研报告205篇，党性分析报告100余篇。

【教学改革】 坚持先行先试，努力推动教学工作创新。不断丰富办班模式。在专题班、短班和长班中分别实行“1:1”和“2+1”培训模式，做到校内培训与异地培训、课堂教学与实地考察调研紧密结合。不断改革班次设置。坚持主体班、专题班、研讨班同步推进，基本上做到了分类别、分层次培训。不断优化培训内容。在重点加强干部的理论学习和党性锻炼的同时，突出合肥市情、党校特色以及领导能力提升的培训，做到了组织需求、岗位需求和个人需求的统一。不断创新教学方法。大力推广互动式教学，案例式、研讨式、访谈式、辩申式、情景模拟等方法得到广泛应用。不断强化培训管理。全年开展新专题竞试讲和集体备课10余次，参与专题40多个，组织开展教学观摩活动以及全市党校系统优秀教学比赛4次，汇编教学讲义18本约80余万字，编辑《学习成果汇编》12本约100万余字；实行校委带班、教研室包班、组织员跟班的立体化管理模式，在青干班实行组织员A、B双岗双责管理。不断加强党性锻炼。安排《践行“三严三实”，争当焦裕禄式干部》、《领导干部官德修养》等专题讲座，观看《四风之害》等警示片，开展廉政文化等警示教育，加强学员党性修养；严格贯彻执行中组部《关于在干部教育培训中进一步加强学员管理的规定》、《合肥市关于在干部教育培训中进一步加强作风建设的规定》和《学员党性教育考核办法》，对学员在校期间的学风、廉洁等提出明确要求，并对在校期间的党性锻炼进行量化考核；研究生教育从各部门抽调骨干担任班主任，实行跟班、考勤制度，学风得到进一步增强。

【四库建设】 开发应用专题。围绕合肥“大湖名城、创新高地”和区域性特大城市建设开发各类专题，对教学竞讲中反响较好的专题在教研室内部进行集体备课，再邀请专家、学者现场点评，打造成精品专题。专题库有各类专题220个，精品专题45个，各类市情研究专题78个。打造新型智库。面向社会聘请21名专家学者和领导干部担任客座教授，在全省党校系统间建立了教师交流互动平台，建立起长三角乃至全国知名专家、学者来肥讲学机制。全年外请专家、学者以及市直有关部门的领导到党校作报告200余场次，其中，省委常委、市委书记吴存荣全年共11次到党校作报告、与学员座谈；副市级以上领导干部57人次、市直部门有关领导近200次到党校讲课。拓展基地建设。注重展示合肥、宣传合肥的特色和亮点工作，建立起中科大先研院、蜀山国际电商园等20多个教学基地；组织市外、省外如太原、福建三明、江西吉安等来肥培训14个班次800余人到教学基地学习考察。基地建设得到了省委党校的认可，省委党校的所有主体班次均安排到“庐阳区一线为民工作法、滨湖世纪大社区、大圩沈福村”等教学点学习。突出案例应用。在广大教职工、县（市）区党校、学员中开展案例征集工作，派教研人员深入教学基地和教学点蹲点研究；2014年征集各类典型案例120例，涵盖城市规划与建设、经济发展、社会事业、农业发展等方方面面。并精挑细选出49例，编印出版了《创新与实践——合肥市委党校案例集》，作为案例教学的重要教材，受到市领导和学员的高度赞许。

【科学研究】 完成省领导圈定、省社联、省党校、省社科规划等立项课题14项，公开发表论文30篇，其中，在《科研管理》、《科学管理研究》、《学术交流》等国家级核心期刊发表论文4篇。围绕合肥市改革举措进行总结和研究，《探求创新发展之道　践行以民为本宗旨——“合肥之变”的思考和启示》《社会主义核心价值观大众化的基本路径》等文章在安徽日报等刊物、媒体发表；围绕合肥市新的定位，组织力量开展合肥与先发地区比较以及建设长三角世界级城市群副中心和国际化都市区战略路径选择等课题研究，开展上海、南京、杭州、苏州、宁波、合肥等11个长三角城市创新能力比较研究，得到市主管部门肯定；围绕合肥改革创新的举措，发布了“合肥创新型城市建设研究”等10个校级应急课题，编印创新为魂——合肥构筑“大湖名城　创新高地”专题研究一书。与芜湖、蚌埠两家党校合作，建立起合芜蚌三市党校校长联席会议制度，成立了合芜蚌自主创新试验区经济社会发展研究中心，在教学科研，重点是科研方面实现科研资源共享、开展团队协作攻关。搭建起科研咨政平台，全年报送咨政报告和信息6篇，其中，《拉高标杆激活力　服务大局展作为——市委党校改革创新的举措和成效》被省委常委、市委书记吴存荣批示，《关于挖墙角招商的对策和建议》被常务副市长韩冰批转业务部门。《中共合肥市委党校学报》刊发各类理论文章56篇，交换学报1860本，在“中国知网”（CNKI）访问总量5.4万次，下载总量2万次，国内外机构用户总数近4000家，其影响力和知名度进一步提升。

（陈云汉）

人民代表大会

合肥市人大常委会

【概况】 2014年，在市委的坚强领导下，常委会深入贯彻党的十八大和十八届三中、四中全会精神，隆重纪念全国人民代表大会成立60周年暨地方人大设立常委会35周年，增强坚持和完善人民代表大会制度的政治自觉、思想自觉和行动自觉；深入开展党的群众路线教育实践活动，坚定理想信念，强化宗旨意识；紧紧围绕民主政治领域改革的目标任务，探索符合人大工作实际的创新举措，扎实开展“制度建设年”；认真履行宪法和法律赋予的职权，为打造“大湖名城、创新高地”、推动经济社会发展和民主法治建设作出了积极贡献。

【市十五届人民代表大会第二次会议】 市第十五届人民代表大会第二次会议于1月15日至18日举行。第一次全体会议于1月15日召开，大会执行主席有熊建辉、吴存荣、董昭礼、凌云、杨思松、汪卫东、张进、张海林、韦弋、姜宗健、李武好、宋家伟、杜昌寿、陈栋、陈葆华、阚建华、张长淮、孔向阳、刘观宝、王兴梅、王叙平、牛方、方振、方东屏、叶和章、司盛宽、任德慧。会议由市人大常委会主任熊建辉主持，市长张庆军作市人民政府工作报告，会议审查了合肥市2013年国民经济和社会发展计划执行情况的报告与2014年国民经济和社会发展计划、合肥市2013年预算执行情况的报告与2014年预算草案、2013年市级预算执行情况的报告与2014年市级预算。第二次全体会议于1月16日召开，大会执行主席有宋家伟、刘辉、刘燕、刘万霞、刘进竹、刘亮文、江玲、李江、李雪、李茂凯、李国玲、吴娅娟、吴福胜、汪洋、汪晴、张平、张洁、张琴、陈志、陈再忠、郑化尧、胡浩、杨宏星、汤传信、李军、王民生。会议由市人大常委会副主任宋家伟主持，主任熊建辉作合肥市人民代表大会常务委员会工作报告，市中级人民法院院长许建作合肥市中级人民法院工作报告，市人民检察院检察长张棉作合肥市人民检察院工作报告。第三次全体会议于1月18日召开，大会执行主席有凌云、吴存荣、熊建辉、董昭礼、林存安、杜昌寿、陈栋、陈葆华、阚建华、张长淮、孔向阳、刘观宝、费勤松、袁萍、夏向东、柴修发、郭苏梅、盛吉琛、蒋烽、释智文、操云何、戴中保、戴祖云、汪德满、吴劲、李学明、胡启生。会议由市委副书记凌云主持，吴存荣书记作重要讲话。会议通过了合肥市人民政府工作报告、合肥市2013年国民经济和社会发展计划执行情况的报告与2014年国民经济和社会发展计划、合肥市2013年预算执行情况的报告与2014年预算草案、合肥市人民代表大会常务委员会工作报告、合肥市中级人民法院工作报告、合肥市人民检察院工作报告等六项工作报告的决议。会议选举林存安为合肥市人民代表大会常务委员会副主任，詹欣为合肥市人民代表大会常务委员会委员。

【市十五届人大常委会会议】 市十五届人大常委会全年共召开6次常委会会议。

市十五届人大常委会第九次会议于2014年2月28日举行，第一次全体会议由熊建辉主任主持，第二次全体会议由宋家伟副主任主持。会议通过了市人大常委会2014年工作要点（草案），审议《市人大常委会关于推进大气污染防治工作方案》，听取市人大常委会及机关党的群众路线教育实践活动情况的报告，审议合肥市2014年大建设计划情况的报告，审议市中级人民法院关于增加合肥高新技术产业开发区人民法院、确定合肥铁路运输法院人民陪审员名额的报告，通过人事任免事项。

市十五届人大常委会第十次会议于2014年4月29日举行，第一次全体会议由主任熊建辉主持，第二次全体会议由副主任林存安主持。会议审议了《合肥市市直机关公务员转任办法（修改草案）》、市人民政府关于合肥市国有资产经营和监管工作的报告。

市十五届人大常委会第十一次会议于2014年6月26日、27日举行，第一次全体会议由主任熊建辉主持，第二次全体会议由副主任杜昌寿主持。会议通过了关于修改《合肥市市直机关公务员转任办法》的决定，审议了合肥市国民经济和社会发展第十二个五年规划纲要中期评估情况的报告、2013年市级财政决算的报告及其审查结果的报告、2013年市级预算执行和其他财政收支的审计工作报告、全市土地流转工作情况的报告、市人大常委会执法检查组关于《合肥市大气污染防治条例》执法检查情况的报告和市人民政府关于合肥市大气污染防治工作情况的报告，通过了关于批准合肥市国民经济和社会发展第十二个五年规划纲要部分指标调整的决议、关于批准合肥市2013年市级财政决算的决议，并对大气污染防治中的建筑扬尘治理情况开展专题询问，通过人事任免事项。

市十五届人大常委会第十二次会议于2014年8月28日举行，第一次全体会议由熊建辉主任主持，第二次全体会议由陈栋副主任主持。会议审议了《合肥市城市管理条例（草案）》、关于2014年上半年国民经济和社会发展计划执行情况及下半年工作意见的报告、2014年上半年预算执行情况的报告、民事执行工作情况的报告，通过了关于批准2014年市本级财政预算调整方案的决议，通过人事任免事项。

市十五届人大常委会第十三次会议于2014年10月30日、31日举行，第一次全体会议由主任熊建辉主持，第二次全体会议由副主任陈葆华主持。会议通过了《合肥市城市管理条例》、《合肥市人大常委会听取和审议专项工作报告及满意度测评暂行办法》、《合肥市人大常委会专题询问暂行办法》、《合肥市人大常委会关于“一府两院”办理代表议案及建议、批评和意见的评估办法（试行）》、废止《合肥市暂住人口管理规定》的决定，审议了市十五届人大二次会议代表议案建议办理情况的报告、巢湖生态示范区旅游开发和规划建设情况的报告、全市就业创业工作开展情况的报告、《中华人民共和国食品安全法》执法检查情况的报告，对创业带动就业进行专题询问，通过人事任免事项。

市十五届人大常委会第十四次会议于2014年12月22日举行，第一次全体会议由主任熊建辉主持，第二次全体会议由副主任阚建华主持。会议审议了关于召开市十五届人大三次会议有关事项的报告、市人民政府关于2013年度市级预算执行和其他财政收支审计查出问题整改情况的报告、市人民政府关于2014年市级财政超收收入安排使用情况的报告、市人民检察院关于侦查监督工作情况的报告，通过关于召开市十五届人大三次会议的决定及会议的议程（草案）、日程（草案）、《合肥市人大常委会讨论决定重大事项的办法》、《合肥市人大常委会立法后评估办法》，通过人事任免事项。

【立法工作】坚持立法决策与改革决策相结合，完善立法机制，提高法规质量，力求务实管用。完成立法项目3件，向省人大常委会报备规范性文件10 件，接受报备文件66件，完成11件全国、省人大常委会法律、法规的征求意见工作。

建立立法后评估制度。立法后评估是发挥人大主导立法、提高立法质量的应有之义。为实现人大主导地方性法规的立项、起草、论证、协调、审议和评估全过程，增强地方立法工作的权威性、科学性和稳定性，制定《合肥市人大常委会立法后评估办法》，对立法后评估的主体、对象、原则和程序等作出明确规定，由常委会统筹法规评估工作，充分发挥立法机关、执法部门、社会力量的作用，最大限度地保证立法后评估的客观公正性，为地方性法规的重新制定、修改和废止提供重要依据。

认真实施立法计划。城市管理是提升城市文明程度和广大市民生活质量的重要保证。常委会制定《合肥市城市管理条例》，从适应城市化发展进程、促进城市管理法制化、解决实际问题入手，明确执法主体，突出管理重心下移，理顺城管执法体制，推动形成符合国家治理体系现代化要求的城市管理机制。随着合肥市公务员队伍的发展变化，2009年颁布的《合肥市市直机关公务员转任办法》需要适时作出修订。常委会通过深入走访调研、发放调查问卷、召开座谈会等形式，广泛听取意见，着重就公务员转任年龄上限、集中转任周期、专业技术职位转任条件和转任激励、保障机制等作出新的规定。修订后的法规对促进思想观念转变、激发干事创业热情、优化人才配置起到积极作用。按照国家关于深化户籍制度改革的相关政策，废止《合肥市暂住人口管理规定》。

【监督工作】 严格按照监督法要求，紧扣合肥市经济社会发展和法治合肥建设的重大问题，一年来共听取专项工作报告15项，开展执法检查、集中视察和专题调研23次，发出审议意见书8份。全年共向省人大常委会报备规范性文件10 件，接受市政府报备规范性文件45件，接受县市区人大常委会报备规范性文件 25 件。

完善监督工作机制。行使监督职权是健全“一府两院”由人大产生、对人大负责、受人大监督制度的重要内容。为增强监督工作的规范性和实效性，制定《合肥市人大常委会听取和审议专项工作报告及满意度测评暂行办法》、《合肥市人大常委会专题询问暂行办法》，对这两种监督方式的适用范围、总体原则、主体对象、操作程序等方面作出明确规定。在年初计划的基础上，常委会会议可以根据听取审议专项报告的情况，提出进行满意度测评、开展专题询问，为提高专项工作报告及其审议质量、实现专题询问常态化提供制度保障，更加有效地推进监督工作开展。

促进经济平稳增长。常委会加强对宏观经济形势发展新阶段的分析研判，推动适应新常态，助力改革发展。听取国民经济和社会发展计划、财政预决算及相关审计报告，批准调整2014年市本级财政预算，就推进全口径预决算监督，优化财政支出结构，提高资金使用效益，加大民生投入，加强重点审计，打造阳光财政等方面提出审议意见。首次开展部门整体支出预算评审，听取人大代表对部门预算编制的意见和建议，探索部门整体支出绩效评价机制。听取国有资产经营和监管工作报告，提出的持续优化国有经济结构、发展混合所有制经济、加大公用事业类企业投入、健全国有资本经营预算和财务管理等方面意见建议，被列入《合肥市委市政府关于全面深化国资国企改革的若干意见》。开展民营经济发展情况专题调研，推动《合肥市促进民营经济发展条例》实施细则出台，促进民营经济持续、健康、快速发展。

推进生态环境建设。大气污染防治是全社会高度关注的热点问题，市十五届人大二次会议3个代表团的35名代表提出相关议案建议，合并列为一号议案。为回应人民群众和人大代表的重大关切，常委会制定推进大气污染防治工作方案，纳入年度工作要点，综合运用多种监督方式，从9个方面作出系列安排。首次采用检查和暗访相结合的形式，赴各县（市）区开展《合肥市大气污染防治条例》执法检查。听取审议专项工作报告，深入分析合肥市大气污染成因，以治理建筑扬尘为重点，在施工现场开展专题询问，《中国人大》对这一创新方式进行专门报道。开展秸秆禁烧、黄标车限行淘汰和汽车清洁能源应用情况视察，继续以“大气污染防治，我们共同的责任”为主题，开展“庐州环保世纪行”专题活动。通过多措并举，推动大气污染防治一系列政策的出台。听取审议巢湖生态示范区旅游开发和规划建设情况的报告，开展植树造林和园林绿化管养体制专题调研，就坚持科学规划，加强资源综合开发，加快森林增长工程建设，提升园林绿化管理水平等方面提出意见建议，努力推进合肥市生态文明建设。

切实关注民生问题。常委会把全面推动社会事业发展和民生改善作为监督重点，首次由人大代表推荐、随机抽取民生工程重点项目开展视察，增强监督实效。听取审议关于劳动就业创业工作专项报告，从发展规划、人才培养、金融支持和法制保障等10个方面，对创业带动就业工作开展专题询问，应询部门就拓宽创业就业渠道，提升创业就业保障水平等方面提出切实有效的措施。常委会把食品安全作为持续监督的重点，开展《中华人民共和国食品安全法》执法检查，以

11月6日，市人大常委会主任熊建辉率视察组视察合肥高铁南站工程建设情况

"人人需要安全食品，人人维护食品安全"为主题，开展"食品安全庐州行"活动，增强全社会的食品安全意识，促进食品安全监管工作。常委会听取关于全市土地流转工作情况的报告，提出尊重农民意愿，维护农民利益，加大政策扶持力度，优化土地资源配置，改善农业生产条件，推动城乡统筹发展的审议意见。开展文化市场管理、教育事业发展、畜禽产品监管、农村饮用水工程、打击非法传销、粮食生产、民防人防、消防安全、住宅小区电梯配置与运营管理等视察和调研，推动社会民生事业持续健康发展。

支持促进公正司法。听取市中级人民法院关于民事执行工作情况的报告，强调牢固树立司法为民理念，严格依法办案，提高审判质量，建立内部协调机制，加强执行队伍建设，完善执行公开制度，优化执行工作环境，多元化破解执行难问题，提升司法公信力和权威性。听取市人民检察院关于侦查监督工作情况的报告，强调保证国家刑事法律的正确实施，加大监督力度，增强监督质效，切实维护公民合法权益和社会主义法制权威。深入开展"六五"普法检查和"江淮普法合肥行"活动，推进法治合肥建设。常委会把信访工作作为密切联系人民群众的重要渠道，认真督办涉法涉诉信访案件，维护人民群众合法权益，接待处理来信来访852件次，交办报结率100%。

【重大事项决定】 按照党的十八届三中全会关于"健全人大讨论、决定重大事项制度，各级政府重大决策出台前向本级人大报告"的要求，修订《合肥市人大常委会讨论决定重大事项的办法》，对讨论决定重大事项的定义、主体、程序、适用范围作出详细规定。将涉及法律法规和决议决定贯彻实施、经济社会发展、民主法治、文化建设、社会保障、生态保护等重大事项，按照法律规定和重要程度分为三种类型，明确15个方面应提交常委会审议并作出决议决定，21个方面应向常委会报告、可以作出决议决定，9个方面应向主任会议报告、必要时可提请常委会审议的事项，保障和规范重大事项决定权的有效行使。听取市国民经济和社会发展第十二个五年规划纲要实施情况中期评估的报告，就所涉及的产业、交通基础设施、市政设施、生态环境、社会事业等五大类共286个项目进行重点审议。要求加快产业转型升级，提高经济发展质量，努力完成规划目标任务，作出关于批准合肥市"十二五"规划纲要部分指标调整方案的决议。听取和审议合肥市2014年大建设计划的报告，强调以大建设计划为统揽，加强公共资源有效使用和大额财政资金支出管理，扎实推进八大类工程建设，保证各类工程项目的质量，提高人民群众对城市建设的满意度。

【人大自身建设】 按照党的群众路线教育实践活动统一部署，紧扣为民务实清廉主题，坚持开门搞活动，广泛征求意见，深刻查摆问题，召开专题民主生活会，开展严肃认真的批评与自我批评，党性修养得到提升，群众观念和遵纪守法意识得到强化。把贯彻中央八项规定和省、市委有关规定作为加强作风建设的重要抓手，建立健全长效机制，作出7项公开承诺，自觉接受社会监督。在精简会议活动和文件简报、规范财务管理、厉行勤俭节约等方面建章立制，提出15个方面的实施意见。邀请56名公民旁听常委会会议，密切国家权力机关与人民群众的联系，保障公民的知情权、参与权和监督权。把调查研究作为加强作风建设的常态化工作，深入实际、深入基层、深入群众，开展专项调研活动37次，充分了解社情民意，广泛集中群众智慧。坚持常委会党组中心组理论学习制度，先后召开3次学习交流会议，以践行群众路线、全面深化改革和法治合肥建设为主题，研究和把握新形势下人大工作的特点。邀请全国、省人大常委会和高等院校的专家学者作专题辅导，树立法治思维，提升法律素养。以纪念全国人民代表大会成立60周年暨地方人大设立常委会35周年为契机，围绕推进人大工作理论和实践创新，召开纪念大会，组织座谈交流，开展专题调研，形成42篇研讨文章。注重机关建设，把"风清气正、敬业求精、尚学健体、友爱垂馨"的机关文化贯穿整个工作过程，营造积极

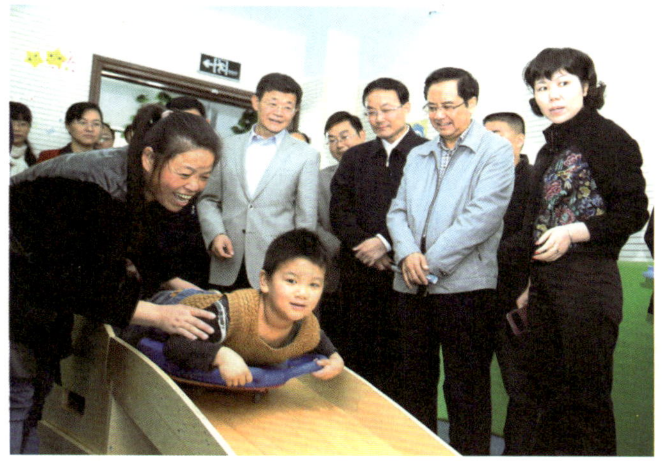

市人大常委会在庐江县残障儿童康复中心视察

向上、团结和谐、履职尽责的良好氛围，机关服务效能和整体素质不断提升。锻造了一支热爱人大工作、熟悉专业知识、胜任本职岗位、努力开拓创新的干部队伍，在市直机关公文写作、研讨征文、主题演讲等活动中取得优异成绩。

【宣传工作】 完善人大宣传格局，增强宣传效果。出台《关于加强和改进人大宣传工作的意见》，定期召开新闻媒体联席会议，举办全市人大宣传工作座谈会和培训班。发挥《合肥人大》、《人大视点》、人大信息等载体作用，在各类新闻媒体刊播新闻稿900多篇，《合肥日报》3次专版宣传人大工作，省委《要情专报》、省人大《信息专刊》和《市委信息》平台共采用信息300多条，人大信息工作再次获得全省第一，有效宣传了全市人大工作和代表履职风采。

【发挥代表作用】 认真开展代表小组建设年活动，制定《合肥市人大常委会关于开展代表小组建设年活动的意见》，就代表小组的基本制度、活动场所的建设标准、小组组长及联络员的配备、小组活动成果转化及成效评价提出统一标准。建设“代表小组示范点”，在全省率先建成5个省代表小组活动室，实现四级人大代表活动室全覆盖，充分发挥代表小组在闭会期间活动的主平台作用。组织39个代表小组，开展形式多样、内容丰富的调研活动，形成有价值的调研报告46篇。组织省市人大代表小组、各县（市）区代表工作机构、合肥警备区等180余人参加专题培训，并将参训情况记入代表履职档案。拓宽代表知情知政渠道，邀请全国、省、市人大代表137人次列席常委会会议，251人次参加立法论证、执法检查、集中视察、专题调研、纪念大会、政情通报会等活动。

【督办代表议案和建议】 制定《合肥市人大常委会关于“一府两院”办理代表议案及建议、批评和意见的评估办法》，明确规定常委会作为评估的责任主体，将人代会的议案及建议、批评和意见及闭会期间的代表建议办理工作一并纳入评估范围，实行定量与定性相结合，办理过程和结果接受人大代表监督，推进代表议案建议办理由答复满意向结果满意转变。坚持主任会议成员领衔督办和工作机构对口督办制度，听取关于市十五届人大二次会议代表议案建议办理情况的报告，对议案建议办理工作开展视察，及时掌握办理进度，深入了解办理情况，不断强化督办力度。继续开展常委会组成人员联系走访代表活动，共走访代表456名，收集整理意见建议166条，转交有关部门办理并答复代表。

【人事任免】 坚持党管干部与人大依法任免有机结合，坚持对“一府两院”提请任免报告进行初审、报告制度，坚持对拟任命人员进行任前法律知识考试、任前供职以及向任职人员颁布任命书等程序，促进了“一府两院”工作人员法律意识、人大意识、公仆意识和勤政廉政意识的进一步增强。今年以来，市人大常委会共任免国家机关工作人员98人次，其中：任命84人，决定任命2人，免职11人，接受辞职1人。市人大常委会第六次会议补选出席省第十二人民代表大会代表3名。

8月28日，合肥市第十五届人民代表大会常务委员会第十二次会议决定任命姜明为市人民政府副市长、市公安局局长。10月31日，合肥市第十五届人民代表大会常务委员会第十三次会议决定任命刘晓平为市人民政府副市长。决定免去吴建国的市人民政府副市长职务；方东屏的市人大常委会内务司法工作委员会主任职务。

（汪碧宇）

人民政府

合肥市人民政府

【综述】 2014年，合肥市政府全面贯彻落实党的十八大和十八届三中、四中全会精神，在省委省政府和市委的坚强领导下，坚持稳中求进，突出改革引领，强化创新驱动，积极应对复杂多变的宏观环境，顽强拼搏，扎实工作，较好地完成了市十五届人大二次会议确定的主要目标任务。全市生产总值5100亿元以上、增长10%左右；全社会固定资产投资5385.2亿元、增长18.1%；规模以上工业增加值2126.6亿元、增长12.3%；财政收入880.7亿元、增长14.6%，其中地方财政收入500.3亿元、增长14.1%；社会消费品零售总额1666.8亿元、增长12.9%；城镇常住居民人均可支配收入29500元、增长10%左右，农村常住居民人均可支配收入12700元、增长12%；城镇登记失业率3%；人口自然增长率7‰；居民消费价格涨幅2%；节能减排全面完成省控目标。

产业发展。规上工业完成产值8447.8亿元，工业产销率达到96.7%。战略性新兴产业完成产值2553.9亿元、占全市工业30.2%，实现增加值681亿元、增长29.7%，对工业增长贡献率达到66.3%。国际智能语音产业园一期、高档数控装备研发基地、南车基地等重大项目开工建设，鑫晟8.5代线、欣奕华智能机器人、巨一自动化等建成投产，新型平板显示等电子信息产业、太阳能光伏等新能源产业分别增长49.7%、69.2%。推进“两化”深度融合，加快家电、汽车等传统优势产业改造升级，全年技改投入1172.9亿元、占工业投资的61.4%。出台现代服务业发展规划，获批国家电子商务示范市、信息惠民国家试点市、移动电子商务金融科技服务创新试点市、信息消费试点市、旅游标准化试点市。现代服务业完成投资1448.2亿元、增长20.4%。万达文化旅游城等加快建设，华南城一期等建成开业，国家数字出版基地入驻企业近300家，滨湖国际金融后台服务基地入驻机构增至15家。举办家博会等大型展会176场。房地产业平稳健康发展，“阳光地产”享誉全国。

改革攻坚。出台扶持产业发展“1+3+5+N”政策体系，安排政策资金26.2亿元，首批市级政府投资引导基金实质性运转。深化全口径预算，实行政府债务计划管理和举债审批制度；深入推进政府向社会力量购买服务，累计实施159个项目，投入资金6.5亿元；“营改增”扩围试点顺利推进。创新重大项目和中小微企业融资模式，新增本外币各项贷款1246.6亿元，直接融资683.7亿元，应流机电、国祯环保、合锻机床首发上市，上市企业增至34家、居全国省会城市第7位。合肥三洋与惠而浦公司完成重组，合肥企业参与资本市场并购重组方兴未艾。注册资本、经营场所、“先照后证”等商事登记制度改革试点稳步开展，新增各类市场主体8.3万户、增长23.8%，民营经济对工业增长贡献率达到85.9%。制定加强土地管理进一步做好节约集约用地工作的政策意见，推动老城区存量建设用地升级改造，亿元生产总值消耗新增建设用地减至8.7亩、下降9.2%，完成全市集体所有土地确权登记。深化户籍管理制度改革，出台居住证管理办法。庐江县国家农业改革与建设试点等综合改革取得新进展，农村产权交易市场体系建设在全国首创新模式。基层医改任务全面落实，县级公立医院综合改革深入实施。工商、质监和食品药品监管体制改革顺利完成。供热等资源产品和环保价格改革有序推进。

扩大开放。重大开放平台建设取得积极进展，合新欧国际货运班列实现常态化运行，合肥港二类水运开放口岸、合肥航空港进境水果指定口岸和B型保税物流中心成功获批，首条全货机航线实现通航，跨境电子商务产业园通关运行，综合保税区基础工程基本完成，出口加工区进出口额升至全国第7位。扎实开展第二批百名县干招商活动，深化与央企、知名民企、外资企业的合作发展，引进大项目96个，引资总量2950亿元、增长16%，其中外商直接投资21.8亿美元，境外世界500强企业增至37家。进出口总额达到200亿美元、增长35%。与乌法市等俄罗斯伏尔加河沿岸重要城市开展高层互访，与美国哥伦布、日本久留米、韩国原州等友城拓展合作领域。成功举办长江沿岸中心城市经济协调会第十六届市长联席会议。合肥经济圈一体化加快推进，与皖北结对合作扎实开展，临泉庐阳现代产业园获批设立，阜阳合肥现代产业园区、寿县蜀山现代产业园建设取得新进展。援疆、援藏工作取得新成效。

自主创新。大力实施创新驱动战略，合芜蚌自主创新综合试验区和国家创新型试点城市加快建设。全社会研发投入占生产总值比重达3.1%、居全国省会城市第5位，发明专利申请量达12929件、居全国省会城市第6位。科研能力大幅提升，获得年度国家科学技术奖9项，中科院合肥大科学研究中心获批筹建。协同创新平台加快建设，中科大先进技术研究院共建研发中心33个、孵化创新企业74家，清华大学合肥公共安全研究院、合工大智能制造技术研究院、中科院合肥技术创新工程院、北大未名生物经济研究院全面开建，现代显示等十大战略性新兴产业研究院转化科技成果114项。创新主体实力增强，新建工程中心等研发机构139家，新建院士工作站5家、在肥工作院士达到72人；新认定国家级高新技术企业373户，总数增至828户，居全国省会城市第8位。进入国家首批科技成果使用、处置和收益管理改革试点，开展股权和分红激励试点企业增至147家。科技与金融深度融合，设立天使投资基金，开发科技创新贷、科技保险等金融产品，新三板挂牌企业达17家。

城市建设。四个城区加快老城区改造提升和都市产业园转型发展，打造全省“首善之区”和辐射源取得新成效。四大开发区坚持产城一体，工业发展主引擎、创新发展新高地的作用不断强化。滨湖新区区域金融、文化、旅游中心功能逐步显现。大建设全面推进，新建、续建工程667项，完成投资363.5亿元、增长28.2%。高铁南站及铁路枢纽南环线建成运行，合福高铁加快建设，火车西站改造启动实施，庐铜铁路开工建设，商合杭、合安九等高铁项目前期工作进展顺利。合肥港综合码头二期工程主体完工，合裕线航道、店埠河航道升级改造加快推进。合六路、合马路等全面完工，环巢湖公路全线贯通，“一环八线”国省干线公路网基本形成、一级公路总里程增至420公里，国省干线公路建设成为全国样板。城市轨道交通第二轮建设规划获批，1、2号线建设加快推进，3号线开工建设。郎溪路立交、龙川路、黄山路东延等建成通车，“畅通二环”、望江路改造等加快推进。新增、更新公交车辆1000台，入选国家公共交通智能化应用示范城市；水电气热等公用设施进一步完善。出台社会信用体系建设规划，颁布城市管理条例和餐厨垃圾管理办法，“数字城管”工程建成运行，违法建设和非法、到期户外广告依法全面拆除，“垃圾乱扔、摊点乱摆、车辆乱停”等专项整治深入开展，成功创建全国文明城市。

城乡统筹。加大对五县（市）政策、资金等支持力度，县域经济总量达1700亿元、占全市33.6%，县域规上工业增加值786.7亿元、占全市37%。肥西在全国百强县位次升至第86位，肥东再度跻身全国科学发展百强县，巢湖、长丰获评全省美好乡村建设先进县，庐江入围全省农村金融改革试点县。粮食生产实现“十一连丰”，肉蛋奶水产品总产量达到102.8万吨，新建“粮安工程”仓容40.5万吨。市级以上特色农业园区超过400个，省级现代农业示范区在全省率先实现县域全覆盖。新增专业大户500多个、家庭农场750多个、农民合作社500多个，农业产业化联合体经营模式引领全省。董铺和大房郢水库水源地、新桥国际机场周边、庐江汤池三大土地整治项目完成农田整治21万亩、村庄整治2万亩。耕地连续16年实现占补平衡。积极推进与国开行合作新型城镇化一期试点项目建设，县城、新市镇、环湖十二镇等规划建设取得新进展，首批49个美好乡村重点示范村通过省级验收，第二批82个重点示范村和656个自然村整治深入推进，以“三线三边”为重点的全市域环境综合整治取得实效。

生态建设。强化生态文明理念，统筹推进环境保护和节能减排。巢湖流域跻身首批国家生态文明先行示范区。与国开行合作的环巢湖地区生态保护修复工程一期全部竣工，二期全面开工，三期获批开贷。严格落实“河长制”，强力推进南淝河、十五里河、派河综合治理，望塘污水处理厂PPP试点有序推进，王小郢污水处理厂提标改造如期完成，环湖32座乡镇污水处理厂建成调试，巢湖流域11个国考断面7个达标、创历史最高水平。完成植树造林25.6万亩、城区绿化1410万平方米，全市森林覆盖率达28.6%，成功创建国家森林城市。实施大气污染防治“九大行动”，加大扬尘治理力度，首次全市域午秋两季秸秆禁烧成效显著，完成淘汰黄标公交车和市级机关事业单位黄标公务车任务；“气化合肥”深入推进，新增LNG汽车600辆、CNG汽车7000辆；全年PM10浓度下降1.7%，空气质量优良天数190天，比2013年增加8天。

民生保障。以编制规划和加大投入为重点，不断提升基本公共服务水平。各级财政投入71.8亿元，全面实施“32+14”项民生工程，民生方面总支出552.2亿元、占财政总支出79%。深入实施就业促进工程，新增城镇就业18.9万人，转移农村劳动力12.5万人。完善社会保障体系，新农合筹资标准增加到年人均390元，大病保险实现全覆盖；农村低保提标到年人均1850元以上，散居五保对象供养标准提高到年人均2420元；开工各类保障性住房和棚户区改造安置房4.8万套（户）。建立精准扶贫机制，“光伏扶贫”模式在全国推广；7个“老字号”群体生活补助实现全覆盖；“渔民上岸”安居工程提前完成。完善临时价格补贴联动机制，肉类蔬菜流通追溯体系试点建设领先全国。实施118个老旧小区环境综合整治，惠及居民5.7万户、14.9万人；实施城中村和棚户区改造30个，完成房屋征收面积近300万平方米，受益群众1.9万户、5.7万人。

社会事业。学前教育改革试点顺利推进，新建、改扩建公办幼儿园29所，新增普惠性民办幼儿园35所；义务教育“三大提升工程”深入实施，学校标准化建设完成率达92%，义务教育均衡发展通过国家认定的县（市）区增至7个，进城务工人员随迁子女定点学校增至206所；普通高中教育、职业教育、高等教育质量进一步提升，合肥学院荣获国家级教学成果一等奖。建成7个省级和50个市级农民文化乐园，安徽名人馆即将开馆，“全民文化周”、“悦读合肥”等活动深入开展。市儿童医院开工建设，基层医疗机构建设全部达标。旅游、文化、体育等融合发展，成功举办首届环巢湖国际马拉松赛，在省第十三届运动会上夺得六项第一。“单独二孩”政策有序实施，计划生育“后进村”转化率达95%。食品药品重大事故“零发生”，油气管线隐患专项整治全国领先，各类安全生产事故指标创历史最低水平。“天网工程”全面建成，治安防控体系进一步完善；“信访积案化解绩效年”活动取得实效，信访渠道进一步畅通，法治合肥和平安合肥建设不断深化。民防进社区深入推进，人防基础设施建设不断强化，气象监测预警工程建成使用，地震活断层探测项目通过中期评估，应急处置能力进一步提升。坚持军民融合深度发展，国防动员和后备力量建设扎实推进。《走读合肥》丛书成功发行，《合肥通史》编纂取得阶段性成果，二轮修志全面完成。

政府建设。深入开展党的群众路线教育实践活动，大力整治“四风”，切实解决群众反映强烈的突出问题。严格执行中央“八项规定”、国务院“约法三章”和省市有关规定，各类会议、文件和检查、评比大幅精简，“三公经费”支出同比减少20.6%，党政干部因公出国人数同比下降11.6%。完善政府决策程序，出台重大行政决策听证、风险评估、实施效果评估等3个办法，强化重点领域和关键环节的监察、审计。大力精简行政审批事项，保留134项，减少169项，精简率达55.8%，成为全国审批事项最少的省会城市之一。开展第二届政府工作创新奖评选，10个项目获奖。坚持依法行政，严格执行人大及其常委会的决议决定，自觉接受人大监督；推进协商民主，主动接受政协民主监督，广泛听取民主党派、工商联、无党派人士和人民团体意见；虚心接受社会舆论监督。全年办理人大代表议案和建议243件、政协提案673件，办理质量和满意度大幅提升。

【合肥成功创建全国文明城市】 多年来，合肥市委市政府高度重视文明创建工作，在社会各界和广大干部群众的大力支持、参与下，始终咬定青山不放松，持之以恒抓文明城市创建，形成了自身的工作特色，积累了较为丰富的创建经验，市民文明素养和城市文明程度有了很大提升，多次被评为创建全国文明城市先进城市。2014年，合肥在中央文明委开展的第四批全国文明城市评选表彰中成功入选。

【巢湖流域入选国家级生态文明先行示范区】 2014年7月，巢湖生态文明先行示范区被国家六部委列入首批国家生态文明先行示范区，环巢湖生态示范区建设自此迈入国家级。2014年，合肥市与国开行合作的环巢湖地区生态保护修复工程一期全部竣工，二期全面开工，三期获批开贷，四期正在谋划，巢湖流域11个国考断面7个达标、创历史最高水平。

【合肥高铁南站及铁路枢纽南环线建成运行】 自2014年11月12日零时起，上海铁路局合肥南站正式启用。合肥南站是合肥铁路枢纽新建客站，也是上海铁路局继上海虹桥站、南京南站、杭州东站之后建成的又一座现代化客站，设12个站台、26条线，站房总建筑面积9.92万平方米，分为地上2层、地下4层，配套建设南北2个出站广场。合肥南站投入运营后，合肥铁路枢纽成为沪蓉、京福、淮南、宁西、合九等铁路线的交汇点，形成以合肥南站、合肥站为客运系统、以合肥北站为货运系统的环形格局，为我国中东部地区搭建了经济发展的新动脉。

【长江沿岸中心城市经济协调会第十六届市长联席会议在合肥召开】 2014年11月22～23日，长江沿岸中心城市经济协调会第十六届市长联席会议在合肥举行，上海、重庆、武汉、南京、合肥等27个城市政府领导和300多名企业家出席会议，本次会议的主题是“共建长江经济带、打造中国经济升级版”，全体成员城市在会上签署了《长江流域环境联防联治合作协议》。

【重要会议】 1月8日下午，市长张庆军主持召开市政府常务会议，审议并原则通过出台光伏推广应用、冰雪灾害天气应急预案、重污染天气应急预案及黄标车区域禁行措施方案等相关政策。会议还听取并讨论关于提高合肥市城乡居民最低生活保障标准、出台《合肥市大型群众性活动安全管理规定》等有关事项。

1月24日上午，全市百名县干招商工作座谈会在市政务中心召开。省委常委、市委书记吴存荣出席并讲话。他强调，招商引资是推进市“创新、转型、升级”发展最有效的途径，要一茬一茬地干下去，不断把招商引资工作做得更好，为打造“大湖名城、创新高地”作出新的更大贡献。

2月25日下午，市长张庆军主持召开市政府常务会议，审议并原则通过出台《合肥市现代服务业发展规划》、《合肥市人民政府关于加快电子商务发展的意见》等相关事宜。

2月28日上午，武汉、长沙、合肥、南昌四市党政负责人齐聚长江中游城市群省会城市第二届会商会会场，联合签署《长沙宣言》，共同探讨在全国深化改革、推进新型城镇化背景下加强区域交流合作的新路径，明确了未来一段时期四省会城市进一步深化交流合作的努力方向和主要领域。

3月25日下午，市长张庆军主持召开市政府常务会议，审议并原则通过了出台《合肥市义务教育“三大提升工程”实施方案》、《市政府关于加强土地管理进一步做好节约集约用地工作的意见》等相关事宜。

3月27日下午，2014年全市安全生产工作暨市政府安委会第一次会议在市政务中心召开，市长张庆军出席会议并强调，要切实增强安全生产红线意识和底线思维，全面构筑安全生产的牢固防线，确保安全生产形势持续稳定。会上，市政府与有关单位签订了目标责任书。

4月9日下午，合肥市争创全国文明城市工作动员大会在市政务中心大会堂召开。省委常委、市委书记、市文明委主任吴存荣出席大会并讲话。他强调，要进一步动员全市上下，统一思想，凝聚力量，以“三严三实”的要求，以志在必得的信心和决心，一鼓作气，全力冲刺，努力实现争创全国文明城市的工作目标，共同建设美好家园，为打造“大湖名城、创新高地”再添新华章。

5月12日上午，全市防汛抗旱工作会议在市政务中心召开，市长张庆军出席会议并讲话。张庆军强调，防汛抗旱事关经济发展和社会大局稳定，事关人民群众生命安危和民生福祉。各级各部门要站在政治和全局的高度，全面落实各项工作部署，努力夺取防汛抗旱工作新胜利。

6月24日上午，市长张庆军主持召开市政府常务会议，审议并原则通过了2013年市政府工作创新奖评选结果、出台《关于进一步加强企业改造推动工业创新发展的若干意见》等相关事宜。会议还听取并讨论通过了出台《深入推进政府向社会力量购买服务的实施意见》、关于2013年度合肥市科学技术奖励评审情况等有关事项。会议还安排专门时间就合肥被征地农民养老保障制度相关内容进行专题学习。

7月8日上午，合肥市大建设指挥部会议在市政务中心召开，市长张庆军主持会议并讲话。会议听取了2014年上半年大建设推进及在建重点项目进展、近期拟开工项目推进，重点交通项目推进，轨道交通1号线、2号线进展与3号线前期工作以及城中村、危旧房改造推进等情况汇报。2014年1～6月份，全市续建、新建大建设工程591项，已完成79项，在建512项，完成投资178.67亿元，同比增长61.3%。张庆军指出，合肥“大湖名城、创新高地”的战略定位，预示着未来的发展空间十分广阔，肩负的使命也更加任重而道远。各级各部门要进一步自我加压，提速加力，加大投资力度，抢抓施工黄金期全力加快项目建设。

8 月 15 日上午，市政府第五次全体会议在市政务中心召开。会议传达贯彻了省政府第三次全体会议精神，全面总结上半年主要经济目标和政府重点工作进展情况，分析当前形势，研究部署下半年工作任务。市长张庆军出席会议并讲话。张庆军强调，全市转型发展呈现新亮点，也面临新问题、拥有新机遇。我们既要树立忧患意识和底线思维，进一步增强危机感和紧迫感，打好每场转型发展的攻坚战；又要深刻认识转型发展的长期性、复杂性、艰巨性，打好全面转型发展的持久战。要认真贯彻中央和省里的决策部署，统筹稳增长、促改革、调结构、惠民生、防风险，全力做好下半年工作，着力抓好加强经济运行调节、持续扩大有效投入、推动产业转型升级、推进城乡一体发展、全面深化改革开放、大力建设生态文明、保持社会和谐稳定等七项重点工作，确保全年目标任务圆满完成。

8 月 20 日下午，市长张庆军主持召开合肥市十大重点产业项目推进工作联席会议。会议总结前一阶段工作，协调解决项目推进中存在的问题，明确下一步工作重点，全力推动十大重点产业加快发展。张庆军在会上要求，各推进小组及各相关部门要进一步提高认识、提振信心，不断加大工作协调力度，推进十大重点产业加速发展。要以问题为导向，加强研究谋划，主动探索出既符合国家政策，又对企业有激励作用的细化方案；要注重顶层设计，积极编制好产业规划和地方标准，为产业发展提供科学指导和有力支撑；要强化项目意识，加大推进力度，高质高效推进重点产业项目建设。

9 月 29 日下午，全市社会信用体系建设联席会议第一次会议在市政务中心举行。市长张庆军出席会议并讲话。他强调，要进一步提高思想认识，加大工作力度，为跨越发展营造良好的社会信用环境。会议传达了全国社会信用体系建设工作会议和中央文明委推进诚信建设制度化工作座谈会精神，通报了合肥市社会信用体系建设工作情况，部署下一阶段重点工作。张庆军强调，合肥市已步入创新转型升级的发展新阶段，不仅要实现产业结构的“硬转型”，更要实现发展环境的“软转型”，建设社会信用体系就是实现“软转型”的重要环节。要进一步突出重点，围绕政务诚信、商务诚信、社会诚信、司法公信等“四大建设”，切实抓好顶层设计、平台建设、关键领域、奖惩联动等信用体系建设各项任务落实，尽快出台合肥市社会信用体系建设规划，加快推进信用立法和制度建设，探索开展跨地区、跨部门联合惩戒，逐步建立使守信者“处处守信、事事方便”、失信者“一处失信，处处受制”的信用联动奖惩机制；要进一步明确职责，强化组织领导、资金保障和宣传教育，形成工作合力，推动合肥市社会信用体系建设工作再上新台阶。

10 月 31 日上午，市长张庆军主持召开市政府常务会议，审议并原则通过关于公布合肥市第五批市级非物质文化遗产名录项目的情况汇报、关于出台《〈合肥市促进民营经济发展条例〉实施细则》有关情况的汇报、关于造林绿化工作的情况汇报、关于出台《合肥市地方政府核准的投资项目目录（2014 年本）》有关情况的汇报、关于出台《合肥市餐厨垃圾管理办法》有关情况的汇报等相关事宜。

11 月 10 日下午，合肥市争创全国文明城市工作调度推进会在市政务中心小会堂召开。省委常委、市委书记吴存荣出席并讲话。他强调，创建全国文明城市已到了迎检收官的关键阶段。要充分认识到工作中存在的问题、差距，以时不我待、敢于担当的精神状态，全力投入到冲刺阶段的创建工作中去，努力实现成功创建，朝着建设长三角世界级城市群副中心迈出坚实一步，不断开创打造“大湖名城、创新高地”新局面。

12 月 12 日下午，市长张庆军主持召开市政府常务会议，审议并原则通过了关于出台《关于进一步加强政府法律顾问制度建设的意见》有关情况的汇报、关于出台《关于进一步促进新能源汽车推广应用的若干意见》有关情况的汇报等相关事项。会议还讨论并原则通过了关于出台《加快推进黄标车及老旧车淘汰工作实施方案》有关情况的汇报、关于推行政府权力清单和责任清单制度的情况汇报、关于省政府取消和调整行政审批项目承接落实情况的汇报等有关事宜。

【重要文件】 2 月 11 日，市政府出台《关于印发 2014 年重点工作及责任分解的通知》（合政秘〔2014〕34 号），对 2014 年全市重点工作及责任进行分解。

2 月 25 日，市政府印发《关于 2014 年民生工程的实施意见》（合政〔2014〕1 号）。文件指出，2014 年，合肥市将继续认真组织实施省政府确定的33项民生工程，其中新增民生工程项目 4 项、提标扩面民生工程项目 7 项、整合调整民生工程项目 8 项、退出民生工程项目2项、继续实施民生工程项目17项，并决定在实施省政府确定的33项民生工程的基础上，增加实施市级民生工程项目14项，其中新增1项、继续实施13项、退出1项。

3月26日，市政府印发《关于加快电子商务发展的意见》（合政〔2014〕29号）。文件要求，深入贯彻落实党的十八届三中全会精神，坚持“市场主导、政府引导、产业联动、创新发展”的原则，依托产业优势，加快招大扶强，完善支撑体系，强化政策引导，优化发展环境，推动应用创新，促进合肥市电子商务快速健康发展。到2017年，全市网络零售额占社会消费品零售总额比重达12%以上，90%以上规模以上企业应用电子商务，建成2～3个在全国领先的电子商务集聚区，全市电子商务发展水平进入全国省会城市前列，成为辐射全省、影响全国的电子商务中心城市。

3月28日，市政府出台《关于印发合肥市加强土地管理进一步做好节约集约用地工作意见的通知》（合政〔2014〕31号）。文件指出，要结合国家唯一的节约集约用地试点市建设实际，按照“用好增量、优化存量、用活流量、提高质量”的基本要求，落实土地节约集约利用工作。

4月14日，市政府出台《关于印发合肥市政府性债务管理暂行办法的通知》（合政〔2014〕40号）。文件要求，按照“举债有度、用债有效、还债有信、管理有力”的总体要求，加强政府性债务管理。坚持“统筹决策”和“借用还相统一”的原则，全面推行年度收支计划管理和《政府性债务融资项目审批卡》制度，规范政府性债务借用还行为，切实防范和化解政府性债务风险，促进合肥经济社会平稳健康较快发展。

5月27日，市政府出台《关于印发合肥市扶持产业发展“1+3+5”政策体系的通知》（合政〔2014〕62号），成体系出台一揽子合肥市经济社会发展扶持政策措施。主要包括：《合肥市扶持产业发展政策的若干规定（试行）》、《合肥市政府投资引导基金管理办法（试行）》、《合肥市天使投资基金管理办法（试行）》、《合肥市财政资金“借转补”管理办法（试行）》、《2014年合肥市促进新型工业化发展政策》、《2014年合肥市促进自主创新政策》、《2014年合肥市促进现代农业发展政策》、《2014年合肥市促进服务业发展政策》、《2014年合肥市促进文化产业发展政策》。

7月9日，市政府出台《关于印发“十二五”百家高成长性企业培育工程实施意见（修订）的通知》（合政〔2014〕87号）。文件要求，以科学发展观为统领，围绕合肥“十二五”工业发展目标，以市场为导向、企业为主体，坚持“政府引导、财政支持、扶优扶强、定向培育”的原则，培育壮大一批规模效益好、创新能力强、经营水平高、带动作用大、位居国内同行业前列的高成长性企业，使其成为全市工业发展的主力军和行业排头兵，促进合肥工业经济又好又快发展。

7月10日，市政府印发《关于加强企业技术改造推进工业转型升级的若干意见》（合政〔2014〕88号）。文件要求，坚持创新、转型、升级的发展导向，以加快转变经济发展方式为主线，以提升产业竞争力为主攻方向，以信息化与工业化深度融合为重要支撑，充分发挥技术改造投资省、用地少、消耗低、工期短、见效快、效益好的优势，着力扩大有效投入，提高技术装备和工艺水平，推动产品升级换代，调整优化产业结构，实现传统产业新型化、新兴产业规模化，打造合肥工业经济“升级版”。

7月24日，市政府出台《关于印发合肥市现代服务业发展规划（2014-2020）的通知》（合政〔2014〕98号），文件要求，坚持创新转型升级的发展导向，坚持先进制造业和现代服务业“双轮驱动”，坚持追赶与引领并重，以打造中心、抢占高端为目标，以扩大规模、优化结构、产业融合、完善布局为路径，以建设服务业集聚区为突破口，实施服务业品牌化、集聚化、信息化和国际化战略，推动生产性服务业高端化发展、生活性服务业优质化发展、新兴服务业集聚化发展。计划至2015年，全市服务业增加值达到2400亿元，占GDP的比重达到40%；2017年，全市服务业增加值达到3200亿元，占GDP的比重达到44%左右；2020年，全市服务业增加值达到5300亿元左右，占GDP的比重达到50%。

9月2日，市政府印发《关于规范农村产权交易管理工作的意见》（合政〔2014〕111号）。文件要求，进一步加大城乡统筹发展力度，培育和发展农村产权交易市场，规范农村产权交易管理，促进城乡要素平等交换和公共资源市场化配置，加快构建城乡发展一体化新格局。

9月28日，市政府印发《关于金融服务“三农”和实体经济发展的实施意见》（合政〔2014〕119号）。主要内容有进一步提升金融服务“三农”和实体经济的能力水平，推动全市经济平稳较快健康发展。通过健全金融服务体系，加强融资性担保体系建设，推进农村信用体系建设，改善农村金融服务环境，进一步夯实金融服务基础；加大重点领域的金融支持力度，强化小微企业金融服务，支持现代农业持续发展，促进地方产业转型升级，保障居民合理信贷需求，支持新型城镇化建设；强化金融产品和服务创新，创新担保抵押方式，降低社会融资成本，构建新型农业保险体系；积极培育发展资本市场，加快多层次资本市场建设，加强上市资源培育，扩大债券和私募市场融资，推进农产品期货交易；文件还要求，对金融工作加强领导、加强监管，提供好政策支持和保障。

9月29日，市政府印发《关于进一步加强技能人才工作的意见》（合政〔2014〕124号）。文件要求，深入贯彻落实人才强国战略，充分发挥市场配置技能人才资源的决定性作用，突出重点领域和关键环节，推进体制机制改革创新，优化人才成长环境，进一步健全和完善以培养、使用、评价、激励为重点的技能人才工作体系，推动市技能人才队伍发展壮大和劳动者整体素质提高，为打造“大湖名城、创新高地”提供有力的人才保障。计划至2017年，全市每年组织各级各类职业教育和培训不少于15万人次，每年新增1.5万名以上高级工、1200名以上技师和高级技师。每年通过“绿色通道”引进10～15名“双师型”教师。到2020年，全市每年新增2万名以上高级工、1500名以上技师和高级技师，新建1～3所技工院校，累计建成6～8所技师学院、50家市级高技能人才培训基地和10～20家技能大师工作室。

11月13日，市政府印发《关于印发〈合肥市集体土地上房屋征收与补偿暂行办法〉的通知》（合政〔2014〕175号）。此办法根据《中华人民共和国土地管理法》、《中华人民共和国城乡规划法》、《安徽省实施〈中华人民共和国土地管理法〉办法》等法律法规的规定，结合合肥实际研究制定，适用于市区范围内集体土地上的房屋征收与补偿工作，用以规范集体土地上房屋征收与补偿工作，维护被征收房屋的集体经济组织、成员等合法权益，保障城市建设顺利进行。

11月29日，市政府印发《关于印发合肥市社会信用体系建设规划（201～42020年）的通知》（合政〔2014〕185号）。文件要求，紧紧围绕全市经济社会发展战略目标，以信用法规建设、标准体系建设为基础，以守信激励、失信惩戒为驱动，以系统整合信用信息资源、全面推进信用征信和评级、大力推广信用产品使用为主线，凝聚力量、攻坚克难、务求实效，全面完成国家和省两级规划明确的目标和任务，分步骤建设体系完整、集中统一、运行高效、监管有力、国内领先的市域社会信用体系。

【考察调研】 1月7日，国家水利部规划计划司处长夏连强率专家组一行，来合肥查勘引江济淮工程，对引江济淮工程开展首次技术性查勘。水利部专家组一行，先后考察了巢湖岸线、渡江战役纪念馆、中庙码头、龟山广场、巢湖闸和凤凰颈枢纽等地，了解引江济巢规划情况，查看相关水利设施。引江济淮工程，将打造三级航道，千吨级货轮可直行江淮，通江达海，是安徽省单体最大的综合性水利枢纽工程。引江济巢是引江济淮工程的重要组成部分，工程实施后，年均引江水量约12亿立方米，约占巢湖正常库容的70%，可使巢湖基本恢复至建闸前江湖交换规模，水体自然更新周期由现在的12年缩短至不足2年，将大大改善巢湖水质。

2月18日和21日，全国人大常委会副委员长、全国妇联主席沈跃跃率调研组一行来肥调研节能减排工作。实地考察了氧化沟、污水处理提标改造、除臭降噪工程、新能源汽车制造基地和节能减排技术创新成果。调研中，沈跃跃强调，要以抓铁有痕、踏石留印的精神，以更加务实有效的措施，进一步抓好节能减排工作，确保“十二五”规划纲要提出的节能减排目标任务如期完成。

3月13日至14日，市长张庆军率队奔赴山东，拜访时风集团、山东恒宇科技集团，推进相关在谈项目。时风集团和山东恒宇科技集团高层均表示，十分看好合肥新能源汽车产业发展前景，期待双方能尽快展开合作。

3月20日下午，市长张庆军深入肥西县丰乐镇，调研指导党的群众路线教育实践活动开展情况。调研中，他指出，农村社会结构、人口结构和产业结构正在发生变化，面对新形势，各地不能因循守旧，要进一步改进工作作风，改进工作方法，满足老百姓的期盼和要求。肥西县丰乐镇是2013年省首批美好乡村示范点之一。

4月4日，省委书记张宝顺深入肥西县调研经济社会发展情况。他强调，要深入学习贯彻习近平总书记系列重要讲话精神，坚持改革创新，加快转型升级，进一步壮大县域经济，努力在全面建成小康社会进程中争先进位。省委常委、市委书记吴存荣陪同调研。调研中，张宝顺强调，要坚持稳中求进工作总基调，以自主创新为引领，加快转型升级步伐，大力发展民营经济，努力实现有质量、有效益、可持续的发展。要大力弘扬敢为人先的精神，牢牢把握正确方向，充分尊重农民意愿，积极深化农村改革，进一步激发农业和农村发展活力。要以“三严三实”为标尺，以焦裕禄精神和沈浩精神为镜子，扎实推进第二批教育实践活动，真正取得人民群众满意的实效。

5月12日至16日，省委副书记、省长王学军到合肥开展为期5个工作日的深入调研，详细了解合肥经济社会发展的成绩和经验。他强调，合肥要在业已形成的良好发展基础上，继续坚持既定发展目标和路子，进一步树立世界眼光、战略思维，坚持稳中求进、改革创新，加快推进“大湖名城、创新高地”建设，努力当好全省经济社会发展的排头兵、改革创新的排头兵和城市规划建设管理的排头兵。省委常委、常务副省长詹夏来，省委常委、市委书记吴存荣陪同调研。王学军考察了国轩高科、彩虹玻璃、京东方、阳光电源等企业和合肥（蜀山）国际电子商务产业园，对合肥全面加强原始创新、集成创新和消化吸收再创新，把自主创新和引进嫁接结合起来等做法予以充分肯定。在中科院物质科学研究院，王学军高度评价该院积极开展协同创新、推进科技成果本土转化的做法。王学军相继考察了庐阳区四里河片区城中村危旧房改造项目和滨湖新区要素大市场、保障房、金融后台基地、万达文化旅游城、滨湖国家森林公园等项目建设情况，希望合肥高度重视城市规划、建设、管理的协调推进，不断提升城市品位。在巢湖市、肥东县、肥西县考察时，他要求各市县建设要与合肥主城区等高对接，拉高标杆，努力建成现代化大城市的重要组成部分。创造宜居宜业的良好生态环境是合肥城市建设的突出任务，王学军专此乘船在巢湖湖区考察，察看塘西河治污工程，研究指导巢湖水污染防治工作。

6月17日上午，合肥综合保税区（以下简称“综保区”）正式开工建设。省委常委、市委书记吴存荣，市长张庆军赴综保区建设现场调研，并召开汇报会，研究部署综保区建设下一步工作。综保区位于新站区核心地段，按要求将于2015年3月17日前封关运行。在建设现场，吴存荣等驻足项目展板前，听取项目规划建设情况汇报，并具体询问配套设施、建设进度等。会上，吴存荣指出，综保区是新站区建设发展史上的一个重要里程碑，也是合肥进一步扩大开放的重要举措。在打造“大湖名城、创新高地”征程中，合肥应当建设成为一座全方位开放的城市、一座具有一定国际化水平的城市。要按照国务院的批复精神和海关等部门的指导意见，在省委省政府的领导下，进一步提高认识，先行先试，做到站位高、思路清、作风实、力度大、成效好，把综保区建成拉动新站区、合肥乃至安徽对外开放、经济增长的新窗口和新平台。

6月20日，省长王学军沿着引江济淮工程规划线路，实地查勘和调研工程规划设计和前期工作情况。省委常委、市委书记吴存荣陪同调研。从位于安庆枞阳的引江济淮工程枞阳枢纽一路赶来，王学军又先后查看了位于合肥境内的庐江节制枢纽、派河口泵站枢纽和江淮分水岭输水河道等关键节点工程规划建设场地，详细了解了引江济淮工程整体布局、线路走向、技术方案等情况。他指出，引江济淮工程是保障国家粮食安全、区域供水安全、流域生态安全的重要支撑，对于提高水资源调控水平和供水保障能力、缓解淮河中游水资源短缺、加快巢湖水污染综合治理、改善淮河沿岸水生态环境、构建水运通道、促进区域经济协调发展，都具有重要意义。加快推进引江济淮工程，是顺应人民期待、加快安徽发展的现实需要。王学军对做好引江济淮工程下一步工作提出明确要求。他强调，要以尽快开工建设为目标，倒排时间表，明确任务，把握重点，加快各项工作进度。要全力抓好项目建议书审查审批的跟进，抓紧启动可行性研究报告的编制和生态环境保护等重大专题研究等工作，超前谋划征地拆迁、移民安置等工作预案，为尽快开工建设创造条件。要加强领导，建立健全项目建设领导机制和推进机制，科学安排，协同作战，努力形成推进工程建设的合力。

6月30日至7月2日，市长张庆军率市国土局、规划局、招商局、轨道办及新站区主要负责人赴江苏开展系列招商活动，先后拜访了雨润控股集团、今创集团股份有限公司、新誉集团、江苏常牵庞巴迪牵引系统有限公司、海润光伏科技股份有限公司等多家企业，就有关合作项目进行了深入而富有成效的洽谈。招商期间，新站区与新誉集团签署了关于在肥建设轨道交通相关产品生产基地的战略合作框架协议。

8月1日至2日，市长张庆军率市国土局、规划局、招商局以及相关县市区、开发区负责人赴深圳开展系列招商活动，先后拜访考察了深圳海雅（集团）有限公司、深圳华侨城集团、香港恩达集团、深圳科技工业园、深圳联腾科技有限公司、深圳盛弘电气有限公司，并就相关合作项目进行了富有成效的洽谈对接。招商期间，合肥经开区与深圳科技工业园（集团）有限公司签署了总投资50亿元的合肥智能家居研发及芯片设计总部城项目框架协议。

8月11日至13日，市长张庆军率市国土局、规划局、招商局、轨道办、市驻京联络处及相关县（市）区、开发区负责人赴北京开展招商活动，考察了亚马逊（中国）有限公司、新兴际华重工有限公司等企业，会见了橙天娱乐集团、赶集网、正奇金融集团、易事特电源公司、悦康药业、北大杭州未来科技城研究院、北大创新研究院、北京交控科技公司等相关企业和机构负责人，就相关合作项目进行深入对接和洽谈。相关企业均表达了合作意向。亚马逊（中国）有限公司总裁张建弢希望就亚马逊安徽运营中心项目进行深入对接；新兴际华重工有限公司总经理范新有表示将把合肥作为未来布局的重点区域；北大杭州未来科技城研究院、北大创新研究院等都希望与合肥市密切联系、加强合作，不断推动产学研一体化，为合肥经济又好又快增长增添新动力。

8月20日上午，市长张庆军在市委常委、常务副市长韩冰及市直相关部门、高新区负责人陪同下，调研全市生物产业发展情况。张庆军一行先后来到兆科药业（合肥）有限公司、安徽安科生物工程（集团）股份有限公司、安徽贝克联合制药有限公司、同路生物制药股份有限公司，深入调研。张庆军强调，各级各部门要进一步精心谋划、创新思路、出台政策、细化举措，以更高的定位和更广的视野，将生物产业培育打造成合肥未来全新的战略性支柱产业。要引进一批好项目、大项目，吸引更多龙头企业和上下游企业集聚，培育一批知名企业、知名品牌和知名品种，促进全市生物产业加速发展。各级政府及其职能部门要进一步加大协调力度，帮助企业解决实际问题和困难，为生物产业做大做强提供全方位的服务保障。

8月21日下午，王学军赴中科大先进技术研究院调研重点项目建设工作。他强调，各级各部门要认真贯彻习近平总书记关于做好当前经济工作的重要讲话精神，把转方式、调结构放在更加突出的位置，进一步扩大有效投入，推进项目提质提效。要落实好领导同志联系重点项目制度，强化对项目建设的服务、推动和指导，促进全省重点项目高效有序推进。省委常委、常务副省长詹夏来，省委常委、副省长陈树隆，省委常委、市委书记吴存荣，中科大党委书记许武等陪同调研。中科大先研院启动建设两年多来，已经集聚了31家联合实验室、研发中心和56家创新企业，已成为安徽省及合肥市积极探索科技体制机制改革的重大实践，成为合芜蚌自主创新综合试验区核心区建设的重要平台，成为合肥打造“大湖名城、创新高地”的创新引擎。王学军对中科大先研院人才引进、技术研发、成果转化等方面取得的成绩给予充分肯定。希望合肥市和中科大按照规划目标，进一步加大工作力度，提高工作效率、落实工作责任，坚持统筹协调、科学推进，形成更多的科技、改革、人才和产业成果，为全省创新平台建设提供示范。调研中，王学军对落实领导同志联系重点项目制度提出明确要求。他强调，要进一步明确联系的任务，在发挥市场决定性作用的前提下，积极为项目建设创造条件、营造环境。要进一步明确联系的方法，坚持突出重点，联系带动力强、产业链长、对经济社会发展有牵动效应的重大项目，以重点突破带动整体推进；坚持问题导向，盯住影响项目建设的关键环节，依法依规解决项目建设中遇到的问题；坚持及时协调，按照“谁联系、谁协调”的原则，建立领导同志亲自过问、牵头部门主动作为、相关部门积极配合的协调机制，不走形式、务求实效，高效推进项目建设，促进全省经济持续健康较快发展。

9月2日至11日，市长张庆军率合肥经贸代表团赴欧洲访问了俄罗斯、比利时和捷克，积极推动合肥市与欧洲国家的经贸合作。在俄罗斯乌法市，张庆军与该市市长亚拉洛夫签署了两市开展合作意向书。两市将进一步加强经贸、科技、文化、教育、体育等领域的交流合作，为今后两市正式建立友好城市关系和开展全面合作奠定基础。在莫斯科市，代表团还拜会了列宁商务园，深入商讨了合肥企业借助商务园这一平台开拓俄罗斯市场等相关事宜。推动合肥与欧洲的经贸合作是代表团此次出访重点。访问中，代表团拜会了捷克贸易和工业部、捷克工业联合会、比利时比中经贸委员会和安特卫普港务局等政府部门和机构，就促进合肥与比利时、捷克的经贸合作进行了商谈，并围绕通过新丝绸之路推动合肥与欧洲集装箱运输等事项作了深入讨论。访问中，张庆军积极推介合肥，介绍了合肥近年来经济社会发展情况和城市区位优势，并邀请相关企业访问合肥，得到了各方的积极响应。我国驻上述国家的大使、总领事和商务参赞们对合肥经济社会发展取得的成就表示赞叹，纷纷表示将向所在国有关机构和企业宣传推介合肥，积极支持协助合肥与欧洲开展更深层次、更广领域、更大范围的经贸交流与合作，不断开创互利共赢新局面。

9月12日上午，全国政协副主席陈元来肥视察巢湖综合治理工作。省委常委、常务副省长詹夏来，省政协副主席王秀芳；国家开发银行安徽省分行行长于丕涛；市长张庆军，市政协副主席满铭安、许天锡等陪同视察。国家开发银行国际金融局副局长卞士远等一同来肥。陈元首先来到高科技农业企业合肥华绿花卉种苗有限公司，一边视察，一边询问相关情况。当听到产品供不应求时，陈元点头称赞，并鼓励企业加快发展。陈元乘船视察巢湖治理情况，高度肯定了巢湖综合治理工作成绩，指出合肥思路清晰，运作体制高效，敢于创新创造，设法降低治理成本，治理工作推进快、资金使用效率高，治理进程和效果超出预期，为全国湖泊水系治理做了非常好的示范，在中国乃至世界上都产生了非常大的影响。当前，巢湖生态环境优美，宜居宜业，巢湖生态文明先行示范区建设取得显著成效。陈元说，安徽、合肥积极推进新型工业化发展，注重科技创新，工业化进程不断加快。期待安徽、合肥继续发挥教育基础好、科技创新能力强等长处，加快推进新型工业化建设，早日走到世界前列。希望进一步加快交通基础设施建设，快速推进高铁、地铁、轻轨等建设，构建一个以合肥为中心，辐射四面八方的交通体系；鼓励合肥周边城市就地发展，发挥各自所长，形成一个以合肥为中心宜居宜业的现代化城市群。

9月28日下午，市长张庆军调研高铁南站及枢纽配套工程建设情况，其间，亲切慰问了奋战在一线的建设者。市委常委、副市长周善武及市直相关部门、包河区负责人陪同调研。徽州大道边，高铁南站施工现场一派热火朝天景象。张庆军一行先后参观了有关展板，查看了高铁南站北广场、站房、调度指挥中心、候车大厅等建设情况，并深入高铁南站线下空间，实地考察出站口附近交通换乘规划布局情况，听取了相关工程施工进度汇报。张庆军指出，合肥高铁南站是合肥市铁路交通的重要枢纽，其对于进一步对接长江经济带城市群、发挥城市辐射带动效应及方便广大群众出行有着十分重要的意义。各级各相关部门要高度重视、密切配合、形成合力，以时不我待的精神强力推进重点工程建设。要进一步完善细节、精益求精，切实做好相关配套工程建设，全力打造精品工程。调研中，张庆军还叮嘱相关人员在施工过程中要明确时间节点，充分做好试验论证等相关工作，同时要严把质量关、确保高效率，切实做到提质又提效，早日向全市人民交上一份满意答卷。

10月21日下午，市长张庆军深入庐阳区部分农贸市场、商业街及周边支巷，调研督导文明创建工作。市文明办、庐阳区负责人陪同调研。张庆军一行首先来到淮河路的杏花农贸市场，实地察看了市场卫生保洁、摊点经营等情况。张庆军说，杏花农贸市场经过改造后，周边市容市貌有了明显改观，相关部门要进一步严格管理，建立规范化管理流程和市容保障、摊位管理的长效机制，为广大市民提供一个安心、舒心、放心的买菜购物环境。随后，张庆军一行来到淮河路步行街，查看了北油坊巷内饭店、小吃摊经营和道路保洁等情况。张庆军强调，背街小巷虽不显眼，却往往是文明创建的重点和盲点，要逐一排查问题，全力整改落实，做好补缺补差，认真清除“盲区”、消除“死角”，实现文明创建工作的“全覆盖”。相关部门要进一步加大监督检查力度，切实保障街巷内小吃摊点的食品卫生安全。张庆军对淮河路步行街管理工作给予了充分肯定，并一再叮嘱相关负责人要常抓不懈，擦亮“中国著名特色商业街”品牌，以繁荣的商业、诚信的经营、整洁的市容和美丽的环境，全力展示“大湖名城、创新高地”的优美形象。

11月11日至14日，省委常委、市委书记吴存荣率市党政代表团，先后赴宁波市、杭州市、南京市学习考察，深入贯彻落实党中央国务院关于推动长江经济带发展的重大决策和省委省政府有关部署，认真贯彻落实市委中心组理论学习会议精神。市长张庆军，市人大常委会主任熊建辉，市政协主席董昭礼等参加学习考察。在宁波市，吴存荣一行考察了宁波南部商务区、高新区研发园、均胜投资集团、江东区和丰创意广场、宁波江丰电子材料公司和浙江大丰实业有限公司。在杭州市，吴存荣一行考察了海康威视、华三通信、中南卡通、中控集团等企业和“智慧e谷”、白马湖生态创意城。在南京市，吴存荣一行考察了南京中科煜宸激光技术有限公司、紫东国际创意园、苏宁云商、中国（南京）软件谷、华为南京研究所和智慧南京中心。吴存荣说，这次赴宁波、杭州、南京学习考察，主要是学习借鉴三市在经济建设特别是推动“创新、转型、升级”发展上的成功做法和经验。通过这次学习考察，进一步增进了与三市的交流，加深了友谊，深化了合作，取到了真经。这次学习考察中，甬、杭、宁等先发地区在科技创新、产业结构调整、转型升级和城市建设管理等方面，发展速度之快，发展成就和品质之高，令人震撼。身临其境地感受了先发地区浓厚的发展氛围，更增强了加快追赶步伐的责任感、紧迫感和使命感。合肥要全面融入长三角，除了交通、产业等对接外，更重要的是要在思想观念、体制机制、政策支撑、发展环境、人才队伍和作风转变上对接。要坚决克服小富即安、小进即满的思想，防骄破满、拉高标杆，见贤思齐、等高对接，在省委省政府的坚强领导下，以先发地区为榜样，以时不我待的精神状态，加快合肥“创新、转型、升级”的发展步伐，加快形成与长三角城市群副中心、国际化都市区名至实归的综合实力，不断开创打造“大湖名城、创新高地”的新局面。

11 月 20 日，国家发改委副主任林念修率队来肥考察。国家发改委农经司副司长陈学斌等参加考察。省发改委主任张韶春，市长张庆军等陪同考察。林念修一行首先来到牛角大圩国家农业科技示范园，详细了解园区的规划、建设及生态保护工作，并听取了有关负责人的情况汇报。在肥期间，林念修还前往巢湖岸边，实地考察了巢湖水环境治理工作。考察中，林念修对合肥市生态环境保护和都市农业发展成效给予充分肯定。他指出，合肥市将水污染防治、湿地保护与都市农业发展有机结合，打造了规模化的生态示范区，既激活了当地旅游业，促进了区域经济发展，也符合现代农业发展方向。希望再接再厉、真抓实干、开拓创新，以更加优美的生态环境和高品质、精品化的都市农业，提高广大人民群众的幸福指数。

12 月 14 日至 20 日，市长张庆军应邀率团赴台湾出席两岸企业家峰会，考察台资企业及有关机构，推动与台经贸合作，加强与台社会各界交流交往。峰会期间，张庆军一行充分利用大会开、闭幕式，各产业分论坛等机会，向台湾企业家积极推介合肥，共商合作事宜。在台期间，张庆军走访了台资企业与有关机构，与台湾社会各界广泛接触。在台北市，张庆军先后拜访了华新丽华董事长焦佑伦、蓝天电脑董事长许崑泰，考察广达电脑、光宝集团、仁宝集团等企业，并与国民党荣誉副主席蒋孝严、二十一世纪基金会董事长高育仁、台湾知名人士陈履安等作了深入交流；在新竹市，张庆军考察了力晶科技集团，与集团董事长黄崇仁就芯片合作深入交换意见；在嘉义与桃园，张庆军考察了耐斯集团剑湖山世界、华德电动汽车。张庆军先后与 25 批 160 余位台湾各界人士交流，达成了广泛共识。访台结束当天，张庆军立即召开考察团成员单位会议，对洽谈达成的合作意向进行梳理与任务分解，要求相关成员单位积极主动对接、快速落实；对台商提出的问题、反映的诉求要主动服务、积极解决，营造更加优良的投资发展环境，推动合肥与台湾两地交流合作取得更多实在的成果。

（方永忠）

政府法制

【概况】 2014 年，在市委、市政府的坚强领导下，全市政府法制工作坚持以打造法治政府为引领，以推进依法行政为统揽，锐意进取，改革创新，成效显著。行政处罚案件群众公议制度、市直机关公务员转任工作法制化、政府重大行政决策程序制度化、市级法律顾问大平台建设、行政执法权向乡镇延伸等改革走在全省乃至全国前列，连续五年在全省依法行政考核中位居第一，行政处罚案件群众公议制度荣获 2012 年市政府工作创新提名奖，入选全省首届十大法治事件，并荣获第三届“中国法治政府奖”提名奖。

【推进依法行政】 2014 年是全面深化改革元年，全市依法行政推进工作紧紧围绕这一主线展开。全市 188 项改革任务，其中涉及法治政府建设 21 项，已完成 8 项，其余项目正在有序推进。制发了 2014 年度市政府推进依法行政工作安排、依法行政考核指标和评分标准以及市政府重大行政决策听证、风险评估和实施效果评估三个办法。向市政府常务会议 4 次专题报告推进全市依法行政、规范重大行政决策以及行政审批清理等工作，研究部署依法行政工作和法治政府建设重大事项。分别召开全市依法行政工作会议和半年度工作例会，布置任务、落实责任、交流经验、总结提升。完善目标管理，编制法治政府建设指标体系，打造引导、评价和预测法治政府建设的标尺，完善依法行政考核机制，完成 63 家责任单位依法行政考核工作。深化示范引领，评选出首届 36 家全市依法行政示范单位，并向省政府推荐申报 5 家省级依法行政示范单位。先后邀请国务院法制办副主任袁曙宏、中国社科院法学所研究员周汉华、中国政法大学法学院院长薛刚凌教授，分别为市四大班子及县（市）区、市直单位主要负责同志作专题报告。注重学习培训，全年开展2次常务会议学法活动，举办7期县处级领导干部法制培训班，培训行政执法人员2000余人、公务员1100余人。组织行政首长观摩市中院庭审，强化履职能力。注重法制宣传，中央新闻媒体累计报道8次，省级新闻媒体报道51次，市级新闻媒体报道41次。

【加强制度建设】 强化源头管理，完善政府立法项目征集和论证制度，形成政府法制机构主导、社会各方有序参与的项目征集机制。按照“社会关注、实践亟需”的原则，经过科学论证和精心筛选，将11个条件相对成熟的项目编制成《2014年度合肥市人民政府规章制定工作计划》，切实做到统筹安排、科学管理，从源头上有效防止政府立法的盲目性和随意性。实行过程控制。在立法过程中，坚持深入调查研究，注重解决实际问题，彰显合肥地方特色。《合肥市城市管理条例》起草过程中，起草组深入合肥市城市管理一线，开展专题立法调研，通过座谈会、问卷调查、走访察看等多层面、多形式广泛听取意见，并赴武汉、长沙和南昌等中部城市学习考察，约请省政府法制办和市政府法律顾问对有关问题进行把关论证。条例的出台，有效解决了城市管理工作中的顽症和瓶颈，进一步理顺城管执法体制，提高了执法服务水平。在制定合肥市居住证管理办法、征收集体所有土地办法等重点立法项目时，结合群众路线教育实践活动，多次深入乡镇、村、居、开发园区、生产企业以及建筑工地，听取一线群众的实际诉求和意见建议，积极通过制度设计回应基层群众诉求。全年完成合肥市市直机关公务员转任办法（修改）、城市管理条例、暂住人口管理规定（废止）等法规3件，完成合肥市居住证管理、餐厨垃圾管理、节能监察、医患纠纷预防与处置办法等政府规章4件。合肥市征收集体所有土地办法修订工作顺利推进。加强规范性文件管理。通过“立、改、废”，全市现行有效的地方性法规45件、政府规章68件。审查市委、市政府规范性文件草案及有关深化改革领导小组文件草案142件，办理国务院法制办、省法制办等上级机关来文18件。开展规范性文件清理，经市政府第29次常务会议审定，确定废止规范性文件13件，宣布失效10件，确认继续有效实施的352件。依据《合肥市政府规章评估暂行规定》，选择《合肥市服务业环境保护管理办法》等规定，开展立法后评估。

【深化行政管理制度改革】 继续推进行政审批制度改革，市本级行政审批项目从147项精简为83项，行政审批事项共减少64项，减少43.5%。开展行政权力项目清理，市本级保留权力事项1458项，精简权力事项4076项，精简率为73.7%。全面落实规范性文件“三统一”。建立市直部门行政规范性文件“三统一”制度。从2015年1月1日起，市直部门制定的规范性文件一律由市政府法制办进行统一登记、编号，并通过政府公报、政府网站、法制网站进行统一公布，实现市直各部门规范性文件由备案审查向前置性审查的重大转变，有效解决了部门规范性文件制定不规范、不统一等问题。向国务院、省政府、省人大和市人大备案政府规章5件，向省政府和市人大备案市政府规范性文件45件，审查县（市）区政府、市直部门报备规范性文件120件，提出修改意见35件，发出备案审查意见书13份。推行权力清单和责任清单。为全面落实深化改革的决策部署，制发《关于推行政府权力清单和责任清单制度的通知》要求各类行政权力主体对行政审批、处罚、给付等10类事项进行梳理，并根据权力事项的职责定位和工作任务，落实责任主体，规范职责权限，明确相应责任。市编办牵头组织编制权力清单和责任清单，绘制权力运行图，查找行政权力风险点，并向社会公布。

【推进行政执法体制改革】 继续深化行政处罚案件群众公议工作。新招募群众公议员88名，召开群众公议会议103次，公议案件411件，组织起草《合肥市行政处罚案件群众公议办法》，即将以规章形式出台，进一步拓宽群众公议的范围、创新群众公议的方式、强化对群众公议工作的监督检查，构建事前、事中、事后全方位的监督体系。完善特邀行政执法监督员制度。组织2000余名行政执法人员参加资格认证考试，通过率达100%，全年通过网络系统换发执法证件4000余件。出台《关于进一步改进和加强特邀行政执法监督员制度的意见》，积极搭建监督平台，规范监督员行为，进一步发挥特邀行政执法监督员的作用。新聘任市政府第四批特邀行政执法监督员28人，全年组织监督员参与执法监督、行政处罚案件公议、行政执法案卷评查和市级行政权力清单编制等各类监督活动50余次。创新行政执法案卷评查模式。采取自评、集中评查和重点抽查相结合的方式，共评查案卷3000余卷。对评选出的优秀案卷，点名到具体承办部门、承办人员，发挥示范和激励作用；对存在问题的案卷，也点名到位，并通过案卷评查“回头看”的方式，督促整改落实到位。

【创新行政复议工作机制】 进一步完善市政府行政复议委员会制度，研究制定相对集中行政复议权工作方案，探索推进在部分区、县试行统一受理、统一调查、统一议决行政复议案件。以贯彻实施新修订的《行政诉讼法》为契机，进一步强化行政首长出庭应诉能力培训，推进诉与非诉相互衔接的行政争议预防和化解机制，切实形成化解矛盾的合力。全年全市共处理行政复议案件822件，其中受理796件，已下达行政复议决定738件，其中维持504件，终止83件，驳回35件，撤销85件，确认违法5件，责令履行4件，调解4件，以其他方式结案18件。

【完善政府法律服务大平台建设】 健全法律咨询平台，印发《关于进一步加强政府法律顾问制度建设的意见》《合肥市政府及工作部门采购法律服务管理暂行办法》，对政府法律顾问实行动态管理，并就采购常年法律顾问服务、重大专项法律事务单项采购法律服务作出明确规定。整合县（市）区法律顾问资源指导，庐江县、肥西县政府完成新一届政府法律顾问团的组建工作。落实重大事项论证制度，全年开展涉法事务法律服务193次，提供法律审核意见书121件，参与政府重大招商引资项目谈判及合同审查修改41次，审查土地项目报批件156次，协调安排法律顾问及时处理市政府部门重大涉法事务33次。市政府法制办作为全国唯一市级单位，承接国务院交付的“地方法律顾问制度建立实施情况研究”课题研究，并按期圆满完成结题任务，受到国务院法制办的充分肯定。

（杨　云）

公务员管理

【概况】 2014年，合肥市公务员局紧紧围绕“新跨越、进十强”的总体要求，以深化干部人事制度改革为主线，以推进公务员管理制度创新和完善军转干部安置办法为重点，强化举措，狠抓落实，公务员队伍建设和管理、军转干部安置工作不断取得新成绩，为打造“大湖名城、创新高地”提供坚强的人才支撑。

【公务员队伍建设】 公务员考录规范有序，顺利完成全市308名公务员考录工作，开展考试环境综合治理专项活动，培训面试考官200余人，建立考官动态考评机制，探索考官“双向”交流制度。实行“3+4”考官配比模式和“六抽签”面试工作方法，实现实施方案精细化、过程公开化、流程规范化、监督全程化的“四化”管理。教育培训成效明显。加大公务员“四类培训”力度，全市举办各类培训130期，共培训公务员1.1万人次，推进干部在线教育，网络培训通过率达100%，进一步提升了公务员能力素质。

【公务员队伍管理】 会同有关部门，开展超职数配备干部和“吃空饷”问题等专项整治。进一步健全市直单位职位管理台账，严格按规定设置科级及以下非领导职数，完善职位使用通气制度。坚持问题导向，建立调任转任预审制度，严防超编制超职数违规进人。完成市直9597名公务员上年度考核审核备案，加强肥西县、庐江县、瑶海区等考核联系点建设，推进平时考核工作。从严细致审核审批工资业务12800人次，完成市直单位1130名编外聘用人员年度佣金、2300人次的特岗津贴补贴以及122名新补充驾驶员的佣金待遇审批工作。以训促养，顺利开展96名市直单位优秀公务员健康休养活动。开展表彰奖励专项清理，严控各类评比达标表彰奖励活动。

【健全制度机制】 开展市直机关科级及科级以下公务员集中转任工作专题调研，从转任年龄、周期、保障激励、人岗相适等五个方面对《合肥市市直机关公务员转任办法》进行了修改。探索聘任制公务员试点工作，全面学习了解2007年以来国内试点城市的工作开展情况，在赴外地市考察学的基础上，结合合肥市实际，起草了《合肥市聘任制公务员试点工作实施方案》。出台《合肥市市直机关公开遴选公务员暂行办法》，建立来自合肥市基层的公务员培养选拔机制，打通了基层公务员上升通道。

【军转工作】 改进技术九级以上专业技术军转干部安置方法，完成合肥市2014年度190名军转干部安置工作。建立市、区（县市）、街道三级自主择业军转干部管理服务体系，形成市有管理服务中心、区有专人负责、街道有服务工作站的自主择业军转干部管理服务格局。先后组织完成军转干部岗前培训、适应性培训、个性化培训，继续实施自主择业军转干部就业创业能力提升工程。在第六次全国军转表彰大会上，市公务员局荣获“全国军队转业干部安置工作先进单位”荣誉称号。

（牛春丽）

信访工作

【概况】 2014年，全市信访形势总体平稳可控，社会大局平稳，信访秩序不断规范。群众信访呈现"五降一升"态势，即上访总量、进京正常上访量、进京非正常上访量、去省上访量、来市上访量下降，来信量上升。全市共发生群众进京去省来市上访2297批12583人次，同比分别下降16.9%、12%。其中，进京非正常上访657人次，重复非访296人次，集体非访5批25人次；进京正常上访53批94人次；去省上访676批6092人次；来市上访921批5740人次。受理人民来信共3679件。受理复查复核事项205件，通过省终结评议信访事项13件。

2014年群众信访的主要特点，一是信访形势总体平稳可控，未发生大规模群体性事件，未发生有影响的极端上访事件，重要敏感时期平稳；二是进京非正常上访高位运行；三是重复非访问题突出；四是区域分布相对集中；五是上访老户所占比重较大；六是集体上访易发多发；七是群众上访诉求集中，主要集中在土地征用、拆迁安置和涉法涉诉等方面；八是三种倾向日趋明显，缠访、闹访、恶意非访倾向明显，串联上访倾向明显，谋利上访倾向明显；九是反映拖欠民工工资和工程欠款的问题不断；十是非法集资引发的群众上访不容忽视。

【信访工作制度改革】 建立网上信访制度，引导群众多上网，少走访。按照国家、省信访局关于网上信访信息系统建设工作部署要求，稳步推进全市网上信访信息化建设，市级系统依托市电子政务外网建设，各县（市）区、开发区按照统一标准、分级建设的原则逐步实施推进延伸至乡、镇（街道）。积极录入全市各级信访机构相关信息，参与省局组织的系统测试及省局网上信访信息系统应用培训。2015年1月4日，市网上信访信息系统正常上线运行，按时与省局对接相关工作，实现信访基本业务网上流转。认真贯彻中央和省关于涉法涉诉信访工作改革的决定，召开依法处理涉法涉诉信访问题工作会议和改革涉法涉诉信访工作机制协调会，出台《关于依法处理涉法涉诉信访问题的实施意见》，支持和配合政法机关依法处理涉法涉诉事项，积极推进诉访分离。依据国家、省信访局《关于进一步规范信访事项受理办理程序、引导来访人依法逐级走访的办法》，印发合肥市《关于规范信访事项受理办理程序、引导来访人依法逐级走访细则》，细化措施，深入宣传，层层发动，规范受理办理程序，积极营造依法逐级走访氛围，全力推进信访秩序持续好转。

【"信访积案化解绩效年"活动】 扎实开展"信访积案化解绩效年"活动，成立信访积案化解工作领导小组，对交办信访积案逐一落实县以上领导包案，强化领导，压实责任。市委把"化解信访积案"作为践行党的群众路线活动举措之一，并纳入年度信访工作目标考核，通过召开专题点评会、组织专项督查督办，实行月通报，推动工作。书记吴存荣亲自批示点评信访积案化解工作，市长张庆军集中约谈各县（市）区、开发区主要负责同志，督办重点信访积案，市委常委、政法委书记任领导小组组长，审查交办的案件，副市长就积案化解工作进行专题调研。2014 年度，中央四部委挂牌督办案件和国家信访局交办案件22件，全部化解，化解率100%。省联席办交办信访积案225件，化解216件，化解率96%。

【治理进京非正常上访问题】 市委、市政府高度重视进京非正常上访问题，书记吴存荣、市长张庆军亲自约谈调度，亲自接待来访，对解决进京非正常上访问题分别作出批示，提出明确要求。市联席会议从规范秩序、落实责任、解决问题等方面入手，强措施，出实招，建立完善"七大机制"，即实行"双立案"制度、完善联席会议制度、坚持月度约谈制度、强化目标考核机制、严格责任追究制度、落实领导包案制度、强化督查督办机制。市联席办、市综治办、维稳办、公安局四部门联合出台《关于依法处置进京非正常上访规范信访秩序的意见》，对非正常上访问题实行"双立案"。建立进京非访四部门联动处理机制，统一交办进京非访案件，联合督办重点案件，联动处置非访行为。坚持市主要领导约谈调度当月进京上访位于全市前2位的单位主要领导，进一步强化各级各部门解决进京非正常上访问题的责任。由于领导重视以及系列制度措施的实施，进京非访总量、重复非访、集体非访均呈下降趋势，全市进京非访形势明显改观。

【领导干部接访】 坚持每周安排市领导接访，月初在《合肥日报》、市信访局网站上公示，相关媒体进行宣传报道，协调相关责任单位负责同志、律师参与接访、解答。建立健全"三单一记录"制度，逐案交办、督办，重点解决疑难复杂信访问题，严格按照"一事一档"的要求，建立案件卷宗并于下月初将本月市、县党政领导接访情况报送省信访局。领导干部接访下访和阅批群众来信工作走上常态化、制度化和规范化。全年开展市党政领导定点接访49天，接待来访群众98批197人次，化解信访事项74件。市党政主要领导阅批来信359件，按期办结率100%，市政府主要领导阅批来信达到本级来信1096件的33%。市党政分管领导阅批省局转送信件198件，分别转交责任单位办理。市党政领导共阅批来信557件，占市本级来信的51%。

【畅通信访渠道】 完善一站式接待、一条龙办理、一揽子解决的工作模式，自筹资金对市联合接访中心进行综合改造，新增10个接谈中心，搭建联合接访平台，县（市）区、市直相关单位进驻，实现市县两级联合接访。根据国家信访局《关于进一步加强初信初访办理工作的办法》，对初信初访工作作了明确界定，压实首办责任，推动关口前移重心下移，第一时间把群众的合理合法诉求解决到位，解决在属地。继续组织动员社会力量参与代访，开展信访干部陪访，推动信访秩序持续好转。全年代理信访事项732件，化解629件。

【信访基层基础建设】 贯彻落实省、市关于进一步加强基层综治维稳信访工作中心（站）建设的部署要求，扎实推进全市基层综治维稳信访工作中心（站）规范化建设，共建成148个乡镇（街道）中心、1760个村（社区）工作站，于9月底完成全面检查验收，其中35个乡镇（街道）中心被评为优秀乡镇（街道）中心。乡镇（街道）、村（社区）工作中心、站建设得到加强，机制进一步完善，实现“六个有”，即有组织、有人员、有场所、有经费、有设施、有制度。6月26日、9月22～23日，先后在肥东、巢湖成功召开基层综治维稳信访工作中心暨行业性人民调解中心建设现场会和综治维稳信访工作中心暨维稳应急处置机制现场会。5月28日，方春明副省长来合肥市调研信访稳定工作，对合肥市基层综治维稳信访工作中心（站）建设给予充分肯定。

【信访调研和宣传工作】 按照全省信访调研工作要点认真扎实开展调研工作，形成调研报告15篇，选送省信访局5篇，获奖4篇，其中，《关于房地产领域信访事项的调研报告》获省一等奖，合肥市信访局获省优秀组织单位奖；加强宣传，注重用正面引导，把信访工作政策、举措、动态、文化等纳入信访宣传重要内容，扎实做好信访宣传。在接待中心设立逐级走访流程图，在《合肥晚报》开设专版，解读逐级走访、诉访分离等信访工作改革有关问题；根据《安徽省人民政府办公厅关于开展〈信访条例〉执法检查的通知》要求，于5月下旬至6月中旬在全市开展国务院《信访条例》和《安徽省信访条例》执法检查，全面了解信访条例实施情况，总结经验，查找问题，督导整改，促进《信访条例》全面深入贯彻落实。6月3日至5日，省执法检查组检查合肥市贯彻落实《信访条例》情况，对《信访条例》贯彻落实情况给予充分肯定；利用“12•4”首个“国家宪法日”，与市直有关单位一起开展法治宣传活动，重点宣传党的十八届四中全会精神及信访条例；在坚持办好本市信访简报、网站宣传基础上，积极向上级刊物上积极投稿，宣传合肥市信访工作好做法、好经验。其中，省联席会议《工作简报》两期专刊介绍合肥市信访工作经验、创新举措。《创新建立调处中心、有效化解矛盾纠纷》在省深化平安建设会议上作经验交流，省委常委、政法委书记徐立全给予充分肯定，要求在全省交流推广。《创新“四个一”模式、率先建成三级综治维稳信访中心》在《安徽信息•要情专报》第1373期刊发。《安徽信访》全年刊用合肥市报送的宣传稿件（图片）12篇（幅）。

全年报送《信访日报》249期、《信访快报》114期、《信访情况专报》63期，总信息达792条，在合肥信访网站发送信息88条，中国合肥门户网站报送信息15条，及时反映合肥市信访工作动态。

（周世霞）

政务服务中心

【概况】 2014年，市政府政务服务中心（以下简称中心）共受理各类行政许可（审批）事项732447件，办结731179件，办结率99.8%，其中：即办件404162件，承诺件310271件，转报件18014件。办理并联审批项目641件，组织联合现场踏勘248次；12345政府服务直通车共受理群众诉求613151件，按期反馈率99.7%；办结率99.9%；满意率99.8%。市长热线办的工作得到了国家领导人和社会各界的关注。3月20日，中央政治局常委、书记处书记刘云山视察了12345政府服务热线并给予充分肯定。7月27日《人民日报》头版头条以“一条线解决群众百万诉求——合肥服务热线落实热情”为标题，深度报道了中心工作。

【加强政务服务】 全面加强

政务服务窗口和12345政府服务直通车建设，努力把中心打造成与群众联系最密切、渠道最畅通、办事最便捷的平台，为合肥“大湖名城、创新高地”建设营造更加优越的政务环境。真心服务群众、融入群众、把人民群众当作亲人成为共识。中心领导班子成员先后38人次深入县（市）区政务服务中心、美好乡村联系点、“四联四定”联系点听取意见、帮助工作。中心各窗口上门服务、预约服务、延时服务等实现制度化运作。据统计，窗口各单位延时服务6102人/次，上门服务1239人/次，预约服务1920人/次，现场、电话、网上、信函、咨询回复351909人/次。

窗口服务能力进一步提升。自8月起，组织市及县（市）区政务服务中心530余名窗口工作人员到市委党校分三批集中培训。通过群众路线、窗口服务礼仪、优秀窗口工作实例等课程的讲解，进一步提升了全市窗口工作人员的群众观点、服务意识和服务能力。

【优化行政审批流程】 结合行政审批项目清理，在第一时间实施流程优化工作，制定优化方案，制发《流程优化对照表》，按照“能少则少、能简则简、能短则短”的原则，对进驻窗口项目的申办条件、申报材料、办事环节、办理时限等需优化内容作出具体要求。通过“二上二下”，进驻中心项目共精简申报材料293份，精简办理环节93个，压缩办理时限749个工作日。审批项目申报材料由原来的平均7份减少为5份，办理环节由原来的平均4.4个减少为3.1个，办理时限由原来的平均4.2个工作日减少为2.5个工作日。

【推进政务服务标准化建设】 2012年6月市政务服务中心通过国标委评估，合肥市成为全国首个通过行政服务标准化评估的省会城市。两年来，市中心着力推进“具有合肥特色、区域领先、全国一流”的行政审批服务标准化建设，充分发挥引领、带动和示范作用。通过制定实施服务标准，规范了审批事项、操作流程、具体要求和服务质量控制点，实现了规范、依法行政；通过全面推进流程再造，实现了高效便捷办事；通过建立健全标准体系，明确了职责权限，完善了责任链条，实现了闭环管理；通过对标准体系实施动态管理，实现了优质服务；通过把标准公之于众，用标准把权力关进制度的笼子里，强化了权力运行监控，实现阳光透明。同时，中心全面推进县（市）区中心政务服务标准化建设工作。3月12日，中心召开政务服务标准化工作动员会议，部署县（市）区中心政务服务标准化建设工作。庐江县被列为全省政务服务标准化示范县，巢湖市通过省级评估，肥东县标准化已完成，长丰县已全面启动标准化建设。2014年11月，经国家标准委评定，合肥市行政审批服务标准化成为全国服务业标准化示范项目。

【推进政务服务信息系统建设】 为进一步加强合肥市政务服务信息化建设，合理规划电子政务平台，规范技术标准，推动全市服务中心之间实现网络互联互通、信息共享和业务协同，形成上下联动、层级清晰、覆盖城乡的政务服务体系。按照国内一流、省内领先的目标，编制了中心信息管理系统建设需求方案。3月21日，中心建设需求方案通过市国资委内审，并开展项目报批及建设方案征集工作。5月7日，市公共资源交易中心发布方案征集公告，5月27日，方案征集开标。对已中标方案进行整合，形成项目建设方案报市国资委。同时拟定完成招标需求，在与市国资委、公管局等部门反复沟通后形成最终的招标需求方案启动招标工作。10月13日，招标工作顺利结束，11月中标的建设单位进场开展工作。

【健全政府服务直通车办理机制】 一是完善制度建设。建立群众诉求回应机制，对留有联系方式的诉求，要求二级成员单位对本级具体经办部门的办理结果逐件进行再回访，更好地回应群众的关切。二是加强督查督办。制定了省长热线转办事项办理流程，共办理人民网书记信箱咨询件33件，省长热线转办件20件。同时，对群众不满意的投诉办理事项和疑难复杂问题，进行立案督查。截至年底，共立案督查120件，下发市政府督办通知46件，赴现场督查41件82人/次，召开现场协调会33次。三是按照统一受理、分级处置、限时办结、过错问责的管理制度，真正让“热线”进入了百姓的“视线”。对于群众反映的问题，“12345政府服务直通车”会对响应时间、办理质量、办理结果进行监控，同时在网上接受群众监督，一旦发现办事拖沓、群众不满的情况，即由市监察局立案督办。群众需求无小事，12345做到了受理一体化、处理快速化、服务优质化、流程规范化，架起了政府与百姓之间的连心桥。

（张世辉）

机关事务管理

【概况】 2014年，在市委、市政府的正确领导和省管局的业务指导下，全局干部职工以学习贯彻党的十八大、十八届三中、四中全会及习近平总书记系列讲话精神为主线，以深入贯彻落实中央八项规定及省市相关文件精神和党的群众路线教育实践活动为重点，紧紧围绕市委、市政府工作大局，切实履行职能，克难奋进，不断提升机关事务管理和公务接待工作的科学化、规范化、精细化水平，为打造“大湖名城、创新高地”做好服务保障。

【机关后勤管理】 定期对政务综合楼水、电、气、空调、电梯等设施设备进行检测维护，保障设施设备安全。会同市消防支队定期对消防设施设备进行检测，定时开展消防安全大检查。加强政务综合楼内部“巡更打点”工作，确保大楼内部安保巡逻无死角。会同相关部门对政务综合楼多处路面、墙面、水、电、气、空调、电梯等设施设备实施重点维修改造，大楼基础设施质量得到进一步提升。将政务综合楼安保工作管理主体由蜀山区保安公司更换为市保安集团公司，安保人员整体划转至市保安集团公司。建立特警、市保安集团、物业公司、局安保处联动机制，并在正门两侧安装液压防暴升降路桩，配置防恐防暴装备。积极配合公安特警和信访部门做好大厅信访维稳及“门前清”工作。对进出大楼的车辆实行东进西出方式管理；摆放石球限制机动车和非机动车乱停乱放，划定非机动车停车区域。多方沟通协调、积极筹措资金，完成政务综合楼周边四个生态停车场建设工程，累计增加停车位305个，有效缓解政务综合楼周边停车难问题。配合相关部门，对国旗广场及周边的传销活动开展联合打击，并在国旗广场周边设置隔离护栏，更换指示牌，增设安保人员，极大震慑和压制了传销活动。

统筹安排调度会议中心各个会场，提高会议室使用效率，全年顺利保障会议2000场次，接待近15万人，有力保证了“全市领导干部会议”、“市两会”、“市委中心组理论学习会议”等各类会议的顺利召开。加强会议室设施设备的日常维护保养，对部分会议室进行升级改造，利用“十一”假期，做好8#、10#会议室及大会堂显示屏更换等设施设备更新升级工作，改善会场环境。在机关食堂多处安装监控摄像头；联合市食药监局，每天对机关食堂饭菜进行抽样卫生检测，定期对餐饮企业进行卫生大检查。成立由卫生部门、餐饮企业、物业公司和局经管中心组成的联合检查组，着力在食品原材料采购及菜肴搭配上加强审验、把好关口，每天例行巡查、采样检测，每月开展餐饮满意度测评，增加定向测评内容，测评及整改结果面向机关公示，多管齐下确保机关干部群众饮食健康。着力改善就餐环境，完成江汽、蜀王两家餐厅的维修改造工程。全年共接待就餐近80万人次，实现食品安全零事故，餐饮满意度达85%以上，为机关干部群众提供了优质、健康、安全的餐饮服务。定期抽查商务中心入驻企业，严把商品质量及价格关，防止出现高价低质和假冒伪劣商品。努力拓展服务范围，对所有入驻企业实施水电表管理。通过招标，对商务中心进行维修，有效改善环境。

【公务用车管理】 牵头协调省、市、县区相关部门，多措并举、齐抓共管，扎实有力地推进全市黄标公务车淘汰工作。截至4月30日，全市457辆黄标公务车已全部实施报废，提前2个月完成淘汰任务。协调省管局开展省级机关公务黄标车淘汰工作，共淘汰黄标车 456辆，完成近60%。继续加强局属车辆的维修、使用、加油管理；严格执行节假日车辆封存制度；通过讲座、警示教育等多种方式，提高驾驶人员安全文明行车意识。有力保证了市级领导、四大办公厅及公务接待工作用车。

【公务接待】 严格按照中央“八项规定”及省市相关文件要求，厉行勤俭节约、努力降低成本，提升服务质量，圆满地完成了第八届家博会、“长江沿岸中心城市经济协调会暨第十六届市长联席会议”、“长江中游省会城市会商会”等一批重要市级公务接待、招商和考察保障任务。全年共接待来宾约1640批次，62000人次。在政务接待中严格按照有关规定与标准进行安排，通过酒水、饮料直供，发放工作餐券等方式降低接待成本，杜绝超范围与超标准接待现象的发生，做到不符合接待条件的不安排接待，不允许发生的费用不能发生。从细节入手不断提升接待服务水平的理念，制作了岗位工作证，所有接待人员佩带上岗，展示了接待人员良好的精神风貌。接待工作也得到服务对象的一致好评，在成功举办四市会商会后，长沙、武汉、南昌都寄来感谢信，对接待工作给予很高的评价。

【公共机构节能】 2014年，通过创建及评价验收，合肥市政务综合楼荣获2014年国家“第一批节约型公共机构示范单位”。市管局、市人社局等12家单位荣获当年“第一批省级节约型公共机构示范单位”。组织开展公共机构节能宣传周活动，参加省公共机构节能书画和摄影作品展，合肥市共收集作品183幅送省参展，取得丰硕成果。组织人员参加由国管局和清华大学举办的公共机构管理远程培训，通过学习，了解国际国内最新节能动态及新技术新知识。印制了“节能降耗　从我做起”、“节约能源　随手关灯”等节能小标贴6000张，并发市直相关单位张贴。在市政务中心主楼127KW建筑光伏一体化示范项目已完成招标工作，即将组织实施。

（洪照辉）

编鉴修志

【全面完成二轮修志】　至2014年12月底，合肥市纳入全省二轮修志规划的14部志书已全部正式出版。《包河区志》《肥东县志》分别举行首发式。2014年，《合肥市志》在省志办开展的全省第二次地方志成果评奖中获特等奖。

【年鉴编纂】　《合肥年鉴》2014年卷是连续出版发行的第15部年鉴。编纂工作坚持“质量第一，常编常新”的原则，在框架设计与内容安排上，坚持稳定与调整并重，扩大年鉴题材，丰富年鉴内容，力求全面反映好上年度市委、市政府的重要发展举措、发展成果，展现好全市各行业、各领域的主要业绩，力求突出年鉴的资料性、年度性和地方特色。在工作上，改进年鉴组稿方式，召开部分重要篇章、综合篇章承编工作会议。继续实行责任编辑负责制，采取参加培训班、在岗培训、以会代训等方法，鼓励编辑人员边学边干边提高，不断提高年鉴编纂质量、编纂水平。2014年卷《合肥年鉴》已于10月正式出版，并获中国版协主办的第五届全国年鉴质量评比一等奖。

在做好《合肥年鉴》编纂工作的同时，按照省志办和市政府提出的县区年鉴编纂“全覆盖”的工作目标，积极推进县区开展年鉴编纂，全市9个县（市）区和三大开发区全部开展了年鉴编纂工作。2014年，庐阳区、包河区启动编纂工作，经开区年鉴由内刊改为公开出版，瑶海区再次启动年鉴编纂工作。

【地情书编纂】　至2014年年底，纳入“合肥地情丛书编纂方案”年度编纂计划并组织编纂的《合肥城镇》《合肥历史文化资源大观》两本地情书完成编纂。巢湖市志办参与编纂《巢湖保护治理志》，长丰县志办组织编纂《长丰寻古》《长丰往事》。

【编印《合肥地情活页》】《合肥地情活页》（双月刊）于2013年8月创编，目的在于开发史志资源，关照历史现实，提炼人文精神，起到知古鉴今、资政服务的作用。内容包括合肥自然地理、历史人文、政治经济、社会民生等，并设新政解读、文化视界、钩玄提要、方域之间、史料解码、百业风采、人物春秋等栏目。该刊形式朴实无华，内容地道厚重，突出地方文化，视野比较宽阔。编印《合肥地情活页》另一个目的，是打造一个推进地情研究、展示地情研究成果的平台，以引领和促进本市方志工作者加强学习研究，争取多出成果。至2014年12月，《合肥地情活页》已出刊9期，发表的文章共45篇，作者多为文史工作者或文史爱好者，文章内容具有一定的深度和广度，可读性较强，社会反响较好。

【编印《合肥大事记》】　《合肥大事记》（双月刊）及时记述合肥市政治、经济、文化和社会发展的重要信息。编辑工作中遵循围绕中心、要事突出、图文并茂的原则，坚持规范、准确的质量要求。2014年编辑完成6期。

【编印《合肥志鉴通讯》】《合肥志鉴通讯》是反映地方志工作动态、联系各县（市）区、开展工作指导的平台，一般每月印发一期，全年共编辑印发10期。

【业务指导】　对有关县区和部门启动年鉴编纂工作、开始乡镇志、部门志编纂工作进行业务指导。2014年，包河区、庐阳区、新站区启动年鉴编纂工作并开展编纂业务培训，庐江县庐城镇、汤池镇先后启动了乡镇志编纂；安徽合肥汽车客运公司开展了《安徽合肥汽车客运公司志》志稿评议，市志办及时参加了上述年鉴培训会、编纂动员会或评议会，开展业务指导。

（华　文）

政协合肥市委员会

【概况】 2014年，在中共合肥市委的坚强领导下，市政协认真贯彻中共十八大和十八届三中、四中全会精神，深入学习领会习近平总书记系列重要讲话精神，牢牢把握团结和民主两大主题，紧扣全市大局，认真履行职能，政协工作扎实推进、特色鲜明、整体提升，为促进我市经济社会发展作出了积极贡献。

【第十三届二次会议】 市政协第十三届二次会议于2014年1月14日至17日举行。来自全市各条战线的584名委员参加会议。会议听取并审议了第十三届委员会常务委员会工作报告、第十三届委员会常务委员会提案工作报告；听取并讨论了市政府工作报告；讨论了市计划工作报告、市财政工作报告和市“两院”工作报告；举行大会发言；通过了市政协十三届二次会议决议。

【市政协常委会议】 市政协全年共召开四次常委会议。

1月17日，市政协召开十三届五次常委会议。会议听取了市政协十三届二次会议秘书处关于小组讨论情况综合汇报；审议了市政协十三届二次会议决议（草案）；通过了市政协十三届二次会议提案审查情况报告。

3月25日，市政协召开十三届六次常委会议。全国人大代表、市委副书记、市长张庆军，全国政协委员、副市长吴春梅分别传达十二届全国人大二次会议和全国政协十二届二次会议精神。会议通报了合肥市空港示范区建设情况、新型城镇化建设情况、社会组织建设与发展情况、《政协合肥市委员会2014年工作要点》和市政协《关于开展“发挥政协优势，为全面深化改革献计出力”主题实践活动的意见》；审议通过市政协部分专门委员会副主任任免名单；书面通报了市政府办公厅关于市政协常委视察民生工程实施情况报告的落实情况。

6月26日，市政协召开十三届七次常委会议暨专题协商会议。会议审议通过《关于“激发社会组织活力，促进基层社会治理”的建议案》；听取关于进一步规范特约监督员工作的情况报告。

10月9日，市政协召开十三届八次常委会议。会议审议通过《关于“加快城乡统筹发展，推进新型城镇化建设”的建议案》；审议通过《合肥市政协提案工作条例》（修订案）；听取了2014年全市民生工程实施情况的通报和关于争创全国文明城市工作情况的通报。

【政治协商】 市政协充分发挥人民政协在社会主义协商民主中的重要渠道作用，努力构建党委加强领导、政府大力支持、政协积极承办的协商民主新格局。

精心确定协商内容。研究制定《关于全面深化改革、推进协商民主广泛多层制度化发展的实施方案》，将2014年确定为“协商民主推进年”，把协商民主作为贯穿全年工作的主线。在广泛征求意见、充分沟通协商的基础上，市委办公厅、市政府办公厅、市政协办公厅联合印发《2014年度重点民主协商活动计划安排》，将“健全社会养老保障体系，促进和谐社会建设”“加强大气污染防治，切实改善空气质量”“加快特色招商，推进空港示范区建设”“加快城乡统筹发展，推进新型城镇化建设”“采取切实措施，促进职业教育体系建设”“发挥社会组织作用，提高基层社会治理能力”“改革企业注册登记制度，促进经济快速发展”等7个课题，作为市政协开展协商议政的重点内容。各专委会根据自身特点，年初也确定对口协商计划与协商议题，建立专委会主任联系委员等制度，推进协商工作深入开展。

积极搭建协商平台。坚持多措并举，打造社情民意座谈会、政协委员资政会、专题协商会、政协常委会、提案办理协商会、界别协商会、对口协商会等协商载体。围绕促进基层社会治理问题进行专题协商，针对我市社会组织发展中存在的问题，从“深化认识、完善政策、构建机制”等方面提出17条具体建议。围绕我市推进注册资本登记制度改革，组织委员认真调研，并举行对口协商会，从10个方面提出20多条可行性建议。围绕“加快空港示范区建设”提案督办，召开多方参加的协商会，政协委员与提案承办单位面对面深入沟通，提升了提案办理实效。与市政府法制办联合出台《市政府立法协商工作规则》，选聘28人组建立法协商专家库，召开专题会议对《合肥市居住证管理办法》（征求意见稿）等政府规章开展协商。联合市民革、民盟、民进、致公、中华职教社和教育界别，围绕“促进职业教育体系建设”议题开展调研，组织召开界别专题协商会，提出“加强全市统筹、加快体系建设、加大投入力度”等18条有分量的建议。

健全完善协商机制。建立情况通报制度，8家政府部门和单位分别在市政协常委会、委员培训班上，就年度重点协商议题情况向委员通报，各专委会邀请对口部门召开情况通报会20多次。全年开展专题调研18次，邀请部门负责人和专家学者参加，充分吸收各方面的意见和建议。积极创新载体，为各党派、各界别开展协商议政创造条件，努力使人民政协成为凝聚各界人士智慧的协商平台。完善跟踪督办机制，对重要建议或建议案加强跟踪督查，确保意见建议落到实处。市委、市政府领导对政协的协商成果高度重视，对多项建议和建议案作出明确批示，要求相关部门认真研究吸纳。

【民主监督】 市政协坚持以服务发展为根本，以解决问题为导向，以提出意见、建议等为主要方式，促进民主监督向宽领域、深层次推进。

发挥提案在民主监督中的独特作用。全市政协委员和各参加单位全年共提交提案631件，经审查立案629件，全部办复，委员满意和基本满意率达98.7%。坚持市委、市政府领导阅批、领办，市政协领导和专委会督办，积极搭建承办单位、提案者、政协组织三方沟通平台，促进承办单位与提案者深入沟通，形成广泛参与、整体推进、督办有力、协调高效的格局。认真开展提案办理情况通报和双向评议，对全市75家提案承办单位办理情况作出通报，召开市环保局、市财政局、市林业和园林局等单位双向评议会。针对农村饮用水安全问题的多件提案，提出“成立农村供水专管机构、加强水源地建设与保护”等8项措施。就解决民营企业用工难问题，从“完善政策体系、构建和谐劳动关系”等方面提出一系列建议。经过不懈努力，一大批涉及养老事业、基础教育、医药卫生、环境保护等事关人民群众切身利益的意见建议得到很好落实，有效地发挥了提案在民主监督中的独特作用。

提升特约监督员监督实效。市委办公厅、市政府办公厅、市政协办公厅联合出台文件，从制度上加强特约监督员工作。选派177名原则性强、能力素质高、有专业特长的委员担任特约监督员，监督范围覆盖到全市38家单位，监督内容拓展到党风廉政、司法公正和效能建设等方面。邀请有关专家对特约监督员进行培训，提升特约监督员履职能力。按聘请单位组建监督小组，确定牵头人，细化职责任务，形成监督合力。《人民政协报》头版以《建好民主监督的“移动哨所”——合肥市政协从“三化”入手做实特约监督员工作》为题，对此进行专题报道。

探索开展民主评议新途径。围绕巢湖综合治理工作，组织政协常委、专家学者、部门负责人共88人，成立6个视察评议组，历时5个月，分别从环保、交通、旅游文化、农业林业、水利等五个方面，对这一事关长远、事关全局的工作开展视察评议。视察评议组深入巢湖周边5个县（市）区，实地察看巢湖沿岸河道治理、湿地保护、道路桥梁港口建设、旅游资源开发以及美好乡村建设等情况。听取市环湖办、省水利水电勘测设计院等15家部门和单位的情况介绍，召开不同层面座谈会10余次。在深入察看、认真评议的基础上，形成《关于2014年视察评议巢湖综合治理工作的报告》，提交市委、市政府决策参考，为推进巢湖综合治理工作增添力量。

紧扣民计民生实施民主监督。持续开展民生工程视察活动，由市政协领导分别率队，全体政协常委参加，分赴各县（市）区，通过实地察看、入户走访、听取汇报等方式，全面了解我市民生工程实施情况，查找存在的差距和不足，提出“提升标杆对接长三角”、“因地制宜合理确定项目”、“问计于民提升工程实效”等19条具体建议。各专委会结合自身优势，针对教育发展、公共文化设施建设、全民健身工程、未成年人保护、民生商务、食品药品检验等热点问题开展视察。关注民情民意，及时编发《社情民意》和《建言献策》。委员提交的《关于增设环卫工人暖心驿站的建议》，受到高度重视，相关部门积极回应，由56家银行网点开设的首批“环卫爱心驿站”已正式挂牌，受到广大环卫工人的赞扬。

【参政议政】 市政协充分发挥政协各参加单位、各界别、各专委会和广大委员的作用，坚持多管齐下，丰富参政议政形式，不断提高参政议政实效。

建言“长三角世界级城市群副中心”建设。国务院《关于依托黄金水道推动长江经济带发展的指导意见》出台后，根据市委中心组理论学习会的部署，市政协迅速行动，组成三个考察组，分赴上海、南京、杭州等地了解经济社会发展情况，考察工业园区和部分企业，学习兄弟政协的成功做法和新鲜经验，并就携手服务长江经济带发展进行深入交流。考察组形成的《关于赴沪宁杭学习考察情况的报告》，围绕政协工作如何发挥自身特色和优势，服务长三角世界级城市群副中心建设，进行了认真研究，提出了下一步工作创新的思路和措施。

服务幸福合肥建设。围绕“健全社会养老保障体系，促进和谐社会建设”，深入开展调研，并以此为主题协助市委召开社情民意座谈会。8位委员作口头发言，47位委员作书面发言，从“弘扬孝文化、搭建医养结合平台、完善居家养老服务体系”等方面，提出40多条具体建议。围绕新型城镇化建设深入调研，提出“坚持规划引领，加强产业支撑、完善投入机制”等7个方面30多条建议。各专委会围绕国资国企改革、科技与金融结合、农业物联网示范工程建设、搭建企业维权服务平台、气象现代化、人口与计生工作、失地农民就业保障、新桥国际机场航空物流发展、合肥出口加工区建设等，开展一系列丰富多彩的参政议政活动，努力推进幸福合肥建设。

推动生态合肥建设。围绕“加强大气污染防治”深入开展调研，并以此为主题协助市政府召开政协委员资政会，8位委员作口头发言，30多位委员提交书面发言，提出“禁止城区燃放烟花爆竹、打造绿色交通体系、建立雾霾联防联控机制”等意见建议。组织委员开展森林增长工程、秸秆禁烧、清洁百河千渠万塘等专项视察。发起“关爱巢湖、保护环境，大家一起来”鱼苗放养活动，充分体现委员的社会责任感和生态环保意识。

【团结联谊】 市政协积极促进各党派、各人民团体和各族各界人士的合作共事，广泛开展团结联谊和对外交往工作，着力增强包容性，扩大团结面，汇聚正能量。

促进党派合作共事。市政协党组集体走访看望市各民主党派、工商联，听取对全市经济社会发展和政协工作的意见建议。党的群众路线教育实践活动期间，市政协党组成员与市各民主党派负责同志谈心交心，虚心接受批评，认真听取意见。加强与民主党派的工作联动，通过安排大会发言、联合调研、办理党派提案等多种形式，进一步提升合作共事的实效。

增进各界团结和谐。举行纪念中国人民政治协商会议成立65周年暨合肥市各界人士迎国庆茶话会，广泛凝聚智慧和力量，投身“大湖名城、创新高地”建设。联合市民革等单位举办抗日战争胜利纪念日活动，召开纪念合肥籍抗日英烈蔡炳炎将军座谈会。组织委员视察少数民族村寨建设、文化活动中心及特色产业，关注民族乡村经济社

1月7日，全国政协副主席、民革中央常务副主席齐续春率民革中央调研组，就农村土地制度综合改革现状、农村金融改革等问题来肥调研并召开座谈会。

会发展。视察市三十五中西藏班，看望慰问合肥幼儿师范高等专科学校新疆班学生。加强与宗教界代表人士的联系，联合市基督教“两会”组织爱心医疗队开展关爱老人、送医下乡活动。广泛团结港澳台同胞和海外侨胞，加强合肥与台湾的民间交往。深入开展对外友好交往和公共外交，一年来，共接待美国、加拿大、法国等外国友好组织和人士26批115人次来访。召开市政协老委员联谊会六届二次会员大会，经常组织开展各项活动。编辑出版《合肥古镇》、《环巢湖之旅》，运用文史资料展示大湖名城形象。

广泛汇聚各方力量。推动“合肥之友”转型发展，着力打造宣传合肥、推介合肥的平台，招商引资、招才引智的平台，团结联谊、服务会员的平台和推动人民政协公共外交的平台。一年来，共接待海内外合肥之友来肥投资考察、洽谈项目128批次，组织投资项目对接咨询会18次，促成一批项目在肥洽谈和建设。成立合肥之友法国理事会和贵州理事会，搭建新的交流合作平台。召开合肥之友厦门年会，围绕建设长三角世界级城市群副中心，组织海内外合肥之友代表和有关专家学者，共襄合肥发展大计。结合举办“北（大）中（欧）长（江）清（华）联盟”招商合作对接会，加强与异地合肥之友相关企业家的沟通交流。发挥16家在肥省级商会的组织优势，多渠道收集并发布招商引资、招才引智信息。在全市首届社会团体资质评估中，合肥之友联谊会荣获市五A级社会组织称号。

扩大政协对外影响。加强与有关媒体的合作，策划实施各类主题宣传和专题推介。开展“政协江淮行——合肥站”活动，组织中央、省市媒体聚焦合肥发展、展示政协形象。全年在人民政协报、安徽日报等媒体发稿450多篇，有力地提升政协事业的知晓度和影响力。对《政协经纬》进行改版，丰富栏目设置，深入挖掘文化内涵，提升刊物的品质和档次。开设广播栏目“政协之声”并播出6期，制作播出《政协论坛》26期。“打好淮军文化牌”“关注绿丝带”等节目引起较大反响，“源头管控地沟油”获得安徽省第八届“政协好新闻”电视类节目表彰。依托合肥之友书画院成功举办七省十三市政协书画展、合肥之友书画神州行厦门展，促进文化“走出去”，加强与各地的交流合作。

【自身建设】 市政协主动适应新形势的要求，持之以恒加强自身建设，着力夯实基础，转变作风，练好内功，激发活力，不断创新工作思路、方法和机制，为履行职能提供有力保障。

加强委员队伍建设。开展“发挥政协优势，为全面深化改革献计出力”主题实践活动，激发广大委员履职热情。坚持政协领导走访委员制度，设立“政协委员接待日”，听取委员心声。积极开展座谈、调研、视察、讲座、联谊等活动，使委员全面融入政协各项工作之中，全年组织各类活动280余次，共有委员2500多人次参加。先后举办3次委员培训会议，邀请省市有关部门领导和专家通报经济社会发展情况，就提案、社情民意工作进行辅导培训。加强委员履职管理，完成委员参政议政综合应用交互平台建设，全面提升提交提案、反映社情民意、各类会议管理等信息化水平。

充分发挥界别优势。加强组织领导，完善市政协主席、副主席联系界别委员制度。依托各专委会牵头协调，加强对界别工作的联系和指导。根据界别自身特点，创新活动方式，在政协全体会议、常委会议期间，做好界别发言、提案、讨论等工作；闭会期间，组织开展各具特色的“界别月”活动。通过不懈努力，界别工作的组织化程度有了新的提高，界别活动丰富多彩，界别优势充分彰显。

健全完善制度体系。坚持以改革精神抓好建章立制，为政协组织履行职能、创新发展提供制度保障。出台《关于加强市政协委员担任特约监督员工作的意见》，建立特约监督员履职档案，实行监督员评价制度。修订《合肥市政协提案工作条例》，制定《合肥市政协提案办理工作考核评估暂行办法》，进一步完善提案办理成效评价标准。按照“工作量化、责任明确、严格考核、奖惩兑现”的原则，对提案承办单位实行百分制考核。

强化机关自身建设。坚持以增强服务观念和服务能力为重点，不断提升机关的综合承载力和服务保障力。落实学习日制度，丰富学习形式，努力提高思想政治素质和工作本领。认真落实中央八项规定和省市委的有关要求，严格执行“三公”经费管理、公务用车和办公用房管理等规定。梳理查找机关建设中存在的薄弱环节，制定整改措施，修订完善了15项制度。认真做好老委员联谊会工作和机关老干部工作。顺利完成机关党委换届，深入开展“进工厂、进农村、进社区”活动，密切机关干部同基层群众的感情。2014年，市政协办公厅荣获社会治安综合治理优秀单位。

（吕　伟）

纪检监察

中共合肥市纪委 合肥市监察局

【综述】 2014年，市委、市政府高度重视党风廉政建设和反腐败工作，市委常委会多次听取汇报，专题研究部署相关工作。省委常委、市委书记吴存荣多次就市党风廉政建设和反腐败工作作出重要批示、提出具体要求。市委常委会全体成员认真履行党风廉政建设责任制，带头遵守“八项规定”，坚决纠正“四风”，为全市党员干部做出了表率。全市各级党委（党组）认真贯彻落实市纪委十届四次全会精神，精心部署任务，狠抓工作落实。全市各级纪检监察机关深入贯彻落实中央纪委、省纪委和市委要求，按照纪检监察机关“转职能、转方式、转作风”工作要求，积极推进党的纪律检查体制改革，聚焦中心任务，强化监督执纪问责，全市党风廉政建设和反腐败斗争不断深入，取得新的明显成效。

【纪律检查体制改革】 认真贯彻落实中央和省委有关纪律检查体制改革的部署要求，市委常委会研究通过《合肥市党的纪律检查体制改革实施方案》，进一步明确改革“路线图”和“时间表”。市纪委认真落实实施方案，对上级有明确要求、条件基本具备、以一项项具体改革推动整体工作发展。

全面落实党风廉政建设党委主体责任和纪委监督责任，市委印发《关于落实党风廉政建设党委主体责任和纪委监督责任的实施办法》，明确党委6项主体责任、纪委7项监督责任，推进“两个责任”制度化、规范化、长效化。出台《合肥市关于对违反党风廉政建设责任制行为实行责任追究若干规定（暂行）》强化刚性约束，严格问责问效。市纪委建立定期约谈市直单位和部门主要负责人制度，督促各级党委（党组）强化主体责任意识。年初，由市级党员领导干部带队，对各地各单位落实党风廉政建设责任制、推进惩治和预防腐败体系建设情况进行考核。

进一步深化纪检监察机关“转职能、转方式、转作风”，市纪委监察局对照党的纪律检查、政府行政监察两项职能要求，对市纪委内设机构进行调整，整合6个、组建2个、新增4个内设部门，使执纪监督人员比例达68%。全力清理纪检监察机关参与的议事协调机构，解决职能越位、错位、不到位问题。清理前，市纪委参与议事协调机构130个，县（市）区纪委共参与议事协调机构1013个。清理后，市纪委仅保留17个，精简幅度达85.7%，县（市）区纪委平均保留16个，精简比例为84.1%。进一步规范纪委书记工作分工，市辖9个县（市）区纪委书记分工全部规范到位，50余个市直单位纪检组长全部聚焦主业、专司其职。

【作风建设】 严肃查处违反“八项规定”行为。以落实中央八项规定、省委三十条规定和市委十条工作意见为重点，深入开展监督检查。紧盯重要时间节点，严禁公款送节礼，严禁违规发放津补贴，严禁公款相互宴请。全年共查处违反“八项规定”问题84起，处理108人，市纪委分3批次通报14个典型问题，起到良好的警示教育作用。

认真开展“四风”问题专项整治。出台《合肥市党政机关国内公务接待管理细则》等制度规定，划定红线，严格要求，坚决纠正各级领导干部和领导机关中存在的“四风”突出问题。集中整治“会所中的歪风”，专项检查市区公园内15家餐饮服务场所，对11家不符合要求的责令进行整改，对4家涉嫌违规的进行关停或转为公共管理用房处理。在全市组织开展吃喝风、“红包”风、赌博风、“走读”风等“小四风”问题专项整治，对2人实施责任追究。

扎实推进党政干部住房问题专项清理。通过个人申报、组织审查、现场查验和重点督查等方式，对104名干部存在违规建房和多占住房问题进行纠正，收缴违规房款711.31万元，收回土地2宗，收回公租房3套。牵头开展检查考核评比表彰专项整治，撤销合并一批检查考核评比表彰活动。

省委常委、市委书记吴存荣率市四大班子领导集体参观反腐倡廉警示教育展

【案件检查】 坚持有案必查、有腐必惩，保持惩治腐败的高压态势。全年共接受信访举报2368件（次），同比增长28.1%；初核违纪线索781件，同比增长14%；新立案694件，同比增长13.4%。其中，县处级10人、乡科级88人；给予党纪政纪处分650人，其中，县处级16人、乡科级77人，移送司法机关追究刑事责任54人。

坚持“查管分离”，严格规范办案程序，严格审批“两规”措施使用，严格落实办案安全责任制。强化硬件设施建设，建成1.2万平方米的“两规”办案场所。发挥信访主渠道作用，完善6项工作机制，全年交办信访件525件，市本级审核信访报结件283件，信访查报件按期报结率达85.8%。突出办案工作重点，坚决查处领导干部腐败问题，先后严肃查处了市人大常委会内司工委原主任方东屏，市安监局原副局长王西平、巢湖市重点局原局长丁传圣（副县级）、庐阳国投集团原董事长陈世荣、庐阳工业园征地拆迁窝案等典型违纪违法案件，有力震慑了腐败分子。

坚持群众利益导向，继续以查处乡镇、村居干部侵占集体资财等四类案件为重点，严肃查处群众身边的腐败问题，县、乡两级纪检监察机关共立案查办违纪违法案件650件，占全市办案总数的93.7%。集中对2012年以来涉及村居“两委”成员的439件举报件进行排查，立案查处74件，给予党纪政纪处分90人，取消20名村居“两委”候选人资格。

【行政监察】 严格执纪执法，保障政令畅通。修订完善秸秆禁烧、造林绿化等纪律规定和责任追究办法，重点查处统计违法、土地持牌串标等问题；扎实开展征地拆迁、国有资产转让、村（居）财务管理、重大项目建设等专项督查；认真开展行政审批中介服务组织清理规范工作，依法取缔2家黑中介，对5家涉嫌违法违规的中介组织予以立案处罚，对8名在编违规兼职从事中介活动的人员进行清退。

加强政风行风建设。大力推进政务公开，督促95家市直部门公布财政预决算和“三公”经费情况。继续办好“问政合肥—政风行风面对面”，11家市属单位负责人参加电视问政，全年栏目共受理群众诉求177件，已办结171件。充分发挥政风行风评议作用，对评议结果靠后的4个单位进行诫勉谈话。集中开展乱设停车场及停车乱收费问题整治行动；严肃治理教育乱收费，规范中小学校办学行为。

督促政府部门履职尽责，加强电子监察平台建设，对“12345政府服务直通车”进行实时预警和监督。充分发挥“效能合肥”监督作用，先后曝光问题22个，已全部督办解决。突出效能监察，共开展7次明察暗访，发现问题56个，通报处理138人。完善涉企检查网上备案、经济发展环境“企业监测点”等工作制度，查办损害经济发展环境的投诉64件，处理16人。

【源头治理】 扎实推进惩防体系建设。印发《中共合肥市委关于贯彻落实中央、省委部署，建立健全惩治和预防腐败体系2013—2017年工作规划的实施办法》明确市党风廉政建设和反腐败工作的目标任务，细化分解20类、120项具体内容，并逐一落实责任单位、明确完成时限，以惩防体系建设促进党的纪律检查体制改革。

创新反腐倡廉巡查和党员干部廉洁自律预警机制。在全省率先开展反腐倡廉巡查工作，全年对4个市直部门、1个市辖区、1家市属国有企业领导班子及其成员开展巡查，共查找问题55个、反馈巡查意见31条、提出8项工作建议，纠正违规违纪问题15个。深入推进党员干部廉洁自律预警机制，将预警对象由领导干部向普通党员延伸，将预警范围由市本级向基层单位延伸，全年共对68名党员干部实施预警，其中县处级领导干部22人。

【宣传教育】 坚持惩防并举，注重廉政宣传教育，采取编写《廉政学习资料》、组织党员干部观看廉政教育片、举办廉政警示教育展览、展播廉政公益广告、举办“包公杯”成果展演活动等举措，积极营造廉政勤政浓厚氛围。2014年，全市纪检监察机关共开展示范教育672场（次）、警示教育450多场（次）。市纪委监察局班子成员和厅室负责人应邀上廉政党课38次。

扎实推进廉政文化“六进”示范点建设，建立市级廉政文化建设示范点总计366个，省级廉政文化建设示范点64个，廉政教育基地10个，发挥优秀廉政文化的示范引领作用。着力规范纪检监察系统新闻发布、信息宣传等工作，纪检监察工作的影响力、关注度进一步提升，有力地促进了反腐倡廉建设。全市各级纪检监察机关全年在市级以上新闻媒体刊发稿件870篇，上报网评文章110篇。

【自身建设】 精心组织第二批党的群众路线教育实践活动，深入开展党性教育，多渠道征求意见建议，广泛开展谈心交心活动，找准“四风”等方面的突出问题，共征集95条意见和建议，解决群众问题29个。活动期间，委局领导还积极开展约访和带案下访活动，约访上访群众16人，带案下访58件，有效解决了一批信访疑难问题。市纪委机关集中开展了“走基层、访群众、问民需、解民忧”活动，密切联系基层、联系群众的作风进一步形成。

实施纪检监察干部能力提升工程。首次举办乡镇（街道）纪委（纪工委）书记培训班，市委主要领导亲自授课；成功举办“权利治理与制度创新”高级研修班和第六期中青年干部培训班；先后选送5批81人（次）参加中央纪委和省纪委培训。全年全市各级纪检监察机关共组织培训班16个，培训人员600余人（次），系统干部队伍整体素质稳步提升。

加强干部队伍管理。规范干部选拔任用决策程序，制定实施《市纪委常委会讨论任用干部实行票决制的实施办法》。积极推进纪检监察统一派驻管理，不断加强乡镇纪检组织建设，探索建立全系统干部统一使用、统一培训、统一管理、统一调度工作机制。制定《合肥市纪检监察系统巡查工作实施办法（试行）》，率先完成对6个纪检监察组织的内部巡查，发现办案不力等突出问题14个。

【重要会议】 1月23日，市纪委党风党纪监督员、市监察局特邀监察员聘任大会在市政务中心召开。

1月27日，中国共产党合肥市第十届纪律检查委员会第四次全体会议在市政务中心举行。市委常委、市纪委书记张海林代表市纪委常委会作工作报告。省委常委、市委书记吴存荣出席会议并讲话。

2月12日，市纪委监察局召开委局机关党的群众路线教育实践活动动员大会。市委常委、市纪委书记张海林出席会议并作动员讲话。

3月8日，省委常委、市委书记吴存荣率市四大班子党员负责同志，在市政务中心集体参观反腐倡廉警示教育展。

4月14日，市政府召开第四次全体会议暨廉政工作会议，市长张庆军出席会议并讲话。市委常委、常务副市长韩冰主持会议。市领导黄文涛、马立、张海林、江洪、周善武、吴春梅、王翔、程瀚、吴建国、陈晓波，市政府秘书长杨伟出席会议。

5月21日，第三届“包公杯”全国反腐倡廉曲艺作品征集活动优秀节目展演在合肥大剧院举行。中国文联党组成员、副主席李前光，省委常委、省纪委书记王宾宜，省委常委、宣传部长曹征海，省委常委、市委书记吴存荣，中国曲协主席姜昆等中央有关部门和省、市领导到场观看文艺演出。

6月17日，省委常委、市委书记吴存荣来市纪委监察局主持召开座谈会，市委常委、市纪委书记张海林，市纪委常务副书记张平、市纪委副书记何家荣、李虹、刘清，市纪委常委、秘书长张明等参加座谈会。

6月20日，全市纪检监察机关“转职能、转方式、转作风”工作推进会在市政务中心举行，市委常委、市纪委书记张海林出席会议并讲话。

7月1日，省纪委副书记车建军、省纪委常委刘萍一行6人来肥指导办案工作。

8月12日，全市乡镇（街道）纪委（纪工委）书记培训班开班式在市委党校举行。省委常委、市委书记吴存荣出席开班式并授课。

（王　义）

民主党派 工商联

中国国民党革命委员会合肥市委员会

【概况】 2014年，中国国民党革命委员会合肥市委员会（以下简称“民革市委”）发展新党员28人，截至年底全市党员总数668人，具有中级以上职称的449人，平均年龄为52.1岁。民革市委下辖4个总支部，1个基层委员会，23个基层支部。民革党员主要分布在教育、文化、科技、医药卫生、新闻出版等界别。党员中省人大代表3人（其中常委1人），省政协委员2人，市人大代表7人（其中常委1人），市政协副主席1人，市政协副秘书长1人，市政协委员35人（其中常委6人），县（区）人大代表4人（其中常委2人），县（区）政协委员31人（其中副主席2人，常委5人）。党员中共有23人次担任党风党纪监督员、特约行政执法监督员、机关效能建设监督员等各类社会特邀、特约监督员职务。

根据民革中央要求，自2014年至2017年，在全党开展坚持和发展中国特色社会主义学习实践活动。民革市委以坚持和发展中国特色社会主义为聚焦点、着力点、落脚点，以学习实践活动统领全年各项工作，成立由主委担任组长、副主委担任副组长的学习实践活动领导小组，制订《民革合肥市委会开展坚持和发展中国特色社会主义学习实践活动实施方案》，将学习实践活动贯穿于自身建设和履行职能全过程。

民革市委多年来把参政议政工作列为工作的重中之重，按照民革中央十二大提出的“举全党之力抓好参政议政”方针，领导班子加强对参政议政工作的领导，召开了十届十一次参政议政专题常委会，为全年参政议政工作谋划方向，把握全局。主委及班子成员积极参加中共合肥市委、市政府、市政协以及其他部门召开的各类征求意见会、情况通报会、政治协商会，提出的建议为中共党委、政府科学决策提供了有益参考。

民革市委紧密关注两岸关系和台湾岛内形势的发展变化，全面贯彻中共中央对台工作大政方针、特别是习近平总书记一系列对台重要讲话精神，发挥民革联系广泛的优势，在党员及所联系的台商、台胞及侨胞中积极广泛宣传两岸和平统一工作的重要性。

全市民革党员爱岗敬业，勇于创新，在本职工作岗位上做出不平凡业绩。汪明来获“全国五一劳动奖章”，谢海涛获“安徽省模范教师”和“合肥市先进个人”称号，毕晓雪获“第八届全国农村青年致富带头人”称号，张妍珍获“全国农村科技致富女能手”称号，丁军获“2013年度全国企业管理能力建设工作先进个人”称号，陈志获“第九届中国文联文艺评论奖”，葛怀玉获全国“群众满意的社区医生”称号，胡海获“安徽省侨联工作先进个人”称号，倪世清带领弟子在全国武术大会和第六届世界传统武术锦标赛中屡获佳绩。

【思想建设】 在十届五次全委会议上，主委李晓梅就开展坚持和发展中国特色社会主义学习实践活动作动员讲话。5月19日，全国人大常委、民革中央副主席修福金率调研组，在省政协副主席、民革省委主委夏涛等陪同下深入蜀山三支部，就“民革党员关于全面深化改革的思想认识”与支部党员进行交流，党员积极发言，结合民革工作及本职工作等，畅谈对全面深化改革的认识。8月，民革市委举办坚持和发展中国特色社会主义主题报告会，邀请中共安徽省委党校副教授张彪，作题为《深刻领会全面深化改革的重大意义与任务要求——十八届三中全会精神学习几点思考》的专题报告。与会民革党员深受启发和教育，认识到中共十八届三中全会为全面深化改革指明了前进方向，要准确掌握全面深化改革的重大意义，增强进取意识，提高参政履职的能力和水平。

全市民革党员认真学习中共十八大和十八届三中、四中全会精神，学习习近平总书记系列讲话精神，学习民革党史和章程。民革市委成立由12名党员组成的理论学习小组，重点围绕民革自身建设和履行参政党职能中的重要课题撰写理论文章。10月，在兰州召开的邓宝珊生平事迹研讨会暨民革前辈纪念场馆联谊会第三次年会上，由理论学习小组成员撰写的11篇纪念文章，全部被交流论文集收录，3名基层支部党员参加了研讨会。

民革市委以开展活动为抓手，把学习实践活动推向深入，形成了领导同志带头、广大党员积极参与的良好态势，推动了民革组织自身建设，坚定了广大党员对中国特色社会主义的道路自信、理论自信、制度自信。将学习实践活动同民革党史教育相结合，先后组织民革市委常委和新党员参观张治中将军故居，组织党员参观孙立人故居，组织民革界别政协委员参观朱蕴山故居。9月3日，民革市委同市政协在大蜀山文化陵园联合主办纪念抗日战争胜利69周年活动，向革命烈士纪念碑敬献花篮，并召开纪念抗日将领蔡炳炎将军座谈会。民革党员积极参加纪念民革省委成立60周年主题摄影比赛和征文活动，其中 6幅作品在主题摄影比赛中获奖，王娟娟参赛作品《舞的独白》获风光艺术类一等奖，民革市委获优秀组织奖。在民革中央宣传部到合肥调研督导学习实践活动开展情况座谈会上，民革市委汇报了合肥市学习实践活动的开展情况。

《合肥民革》杂志和民革市委网站开设专栏，及时组织、发表理论研究和宣传报道文章，为学习实践活动搭建学习和交流平台。《合肥民革》全年编印4期，刊发各类新闻、支部活动、党员文章240余篇，民革市委网站编辑上传各类稿件近500篇，图片600余幅，组织党员和机关干部参加民革中央、民革安徽省委及中共省市统战部各类征文活动，共报送各类征文50余篇，全年各类主流媒体刊发民革市委新闻、基层组织活动、党员风采40余篇。

【组织建设】 民革市委领导班子认真贯彻民主集中制原则，按照议事规则和决策程序办事，工作中注意发挥兼职领导的作用，重大决策一律经常委会、全委会集体研究决定。班子成员积极参加市委中心组学习及民革安徽省委、中共市委统战部组织的各项培训，积极参加总支、支部活动。加强制度建设，常委会研究制订了涉及市委会二十项工作的《制度汇编》。

民革市委制订了《民革合肥市委专委会工作制度》，明确规定专委会的主要任务和运行机制，调整了专委会设置，将原妇女青年委员会更名为科教文卫委员会，另增设三农委员会，借用外部人才和资源加入专委会，委员库实行动态化管理，根据委员履职情况适当增减。各专委会发挥在参政议政中的主体作用，结合各自特点，以参政议政为中心，围绕重点工作领域展开深入调研，都取得了相应的成果。

根据相关要求，在十届五次全委会议上，对民革市委领导班子后备干部进行了书面推荐和谈话推荐，推荐出6名领导班子后备干部。

认真贯彻落实各民主党派中央关于组织发展工作座谈会纪要精神，稳步做好组织发展工作，特别注重吸收政治素质好、知识层次高、参政议政能力强的优秀人才加入民革组织。以社会法制为重点领域的发展工作取得新成绩，共发展2名律师党员，首次在市中级人民法院发展1名党员。截至12月，全市共有党员668人。其中，新发展党员28人，平均年龄37.3岁，硕士研究生以上学历8人，9人具备中级以上职称。

春节前夕，民革市委对75周岁以上老党员进行了上门慰问；并组织老党员参观三十岗桃花节，举办重阳节联谊等活动。8月，6名基层组织负责人参加了中共市委统战部举办的合肥市民主党派基层组织负责人理论培训班。9月，3名党员参加了合肥市党外科级干部培训班。10月，民革市委举办第十二期新党员培训班，邀请民革安徽大学支部主委王成兴教授、民革合肥蜀山一支部主委霍开兵分别就民革党史和社情民意反映的撰写做了辅导讲座。11月，民革市委组织5名骨干党员和机关人员参加民革省委参政议政骨干培训班。

各总支（基层委）加强同所属区（市）中共党委和统战部的沟通，积极主动地参加中共党委、政协、统战部等组织的各项活动，总支作用得到进一步发挥。瑶海总支召开党员大会，全面部署总支各项工作。庐阳总支发挥法律人才的优势，积极参与开展法律援助活动。蜀山总支探索总支活动新途径，将总支活动与支部活动相结合。包河总支召开总支会议，对2013年度在社会服务工作中表现突出的7名党员进行表彰。巢湖基层委定期召开基层委委员会议，并组织多项党员学习参观和社会服务活动。

各基层支部都能按照民革市委的要求，开展4次以上活动，支部组织生活常态化，支部活动形式不断创新，如参观故居、参与社会公益事业、开展调研、同外地民革组织横向交流等。基层支部组织生活常态化，为党员搭建了一个相互学习、增进友谊的平台，民革基层组织的活力和凝聚力得到进一步增强。在征求了各支部对支部工作考核制度的意见后，民革市委修订了《年度支部工作考核办法》，并制订《民革合肥市委会支部考核细则》，各支部认真落实支部工作考核制度，参加支部考核。

民革市委机关严格贯彻“八项规定”精神和一系列改进作风的规定，切实加强机关作风建设，在《制度汇编》中进一步规范了机关各项制度。坚持周一例会和学习制度，积极响应民革省委“读一本好书”活动，创新机关学习方式，营造奋发进取、敬业奉献的机关文化氛围。完成了安徽干部在线学习任务，积极参与民革省委和市直有关部门组织的业务培训学习。

【参政议政】 调研工作。民革市委围绕中共市委、市政府的中心工作，围绕经济社会发展大局，围绕重点工作领域，以专委会为依托，扎实开展调研，全年完成调研报告2篇，分别是《建立全市统一的电子政务平台，打造一流的政务服务环境》《加快推进产教融合、校企合作，大力提升合肥市现代职业教育水平》。23个基层支部全部提交了调研报告，其中庐阳三支部在支部主委钟雷的带领下，到市房产局等部门进行调研，撰写了有质量的调研报告，开创了市委会协助、支部走出去调研的先河。

专题建言。在中共省委、省政府、省政协办公厅联合举办的专题协商会上，民革市委提交了2篇稿件，都被选为口头发言，钟雷撰稿的《构建科技中介服务体系，加速创新驱动战略实施》由副主委谢海涛代表民革省委作发言；高虔撰稿的《省市联动推进合肥空港经济建设，促进我省现代服务业大发展》由主委李晓梅代表民革省委作发言。在合肥市社情民意座谈会上，民革市委提交3篇稿件。在合肥市资政会上，民革市委提交3篇稿件，其中高虔撰写的《建议合肥市区禁止燃放烟花爆竹》由霍开兵作口头发言。在市政协举办的专题协商会上，民革市委提交的《政校企合作，大力推进产教融合，加快发展我市现代职业教育》由张宇钢作口头发言。

提案工作。民革党员中的各级人大代表、政协委员，立足本职，关注经济建设和社会发展，关注民生，积极撰写提案。年初，在省人大十二届二次会议上，提交建议4件；在省政协十一届二次全会上，提交大会书面发言1篇，集体提案1件，个人提案3件。在市政协十三届二次全会上，提交大会口头发言《推广有机肥，发展农业循环经济》（由廖明蓉发言），书面发言1篇，集体提案5件，个人提案71件。其中集体提案《关于培育合肥市家庭农场，推进新型农业有序发展的建议》由市政协副主席李晓梅督办。以该提案为素材，民革市委承办拍摄了《政协论坛》专题片《时髦的家庭农场》，受到市民普遍关注。

社情民意工作。民革党员全年提交社情民意反映信息446篇，民革市委筛选上报260篇，其中被省政协、中共省委统战部采用4篇，被市政协采用5篇，在《团结报》上刊登2篇。

民主监督。各级特邀（约）人员认真履行民主监督职能，他们在中共市委、市政府、市纪委、省（市）检察院等部门举行的有关监督、测评活动中廉洁自律，认真、严谨地履行职能，受到主办单位好评，树立了良好形象。

【促进祖国和平统一工作】 民革市委派专职干部参加了民革省委促进祖国和平统一工作干部培训班，熟悉对台工作业务知识。

5月，主委李晓梅再次率访问团赴台湾，联系对台工作，并邀请台湾当代艺术大师许伯夷到合肥考察安徽收藏文化及展览市场。10月，李晓梅参加张治中将军之孙张皓霆等人向张治中纪念馆捐赠大型抗战艺术长卷《浩气长流》画册的捐赠仪式。中秋节前夕，民革市委宴请在合肥部分台胞、台属、黄埔同学会老同志，大家欢聚一堂，畅谈对台湾亲人的思念及对两岸和平统一的期盼。

台湾华金资讯公司龚维宁先生在民革市委的协助下，继续在肥东县杨店乡、白龙镇和肥西县铭传乡、高店乡开展捐资助学活动，向500名学生每人每年发放助学金600元，并资助杨店乡、白龙镇的30户困难家庭每户2000元现金。

【社会服务】 各总支（基层委）、支部将支部组织活动和“博爱牵手”活动紧密结合起来，发挥民革优势，结合自身实际，坚持既尽力而为又量力而行，采取经济援助、情感关怀等多种帮扶形式开展活动。包河一支部看望卫立煌百岁侄孙女，蜀山四支部看望并慰问抗战老兵，瑶海一支部暑期关爱留守儿童，蜀山六支部重阳节慰问敬老院老人，蜀山五支部在精神卫生日到海恒社区开展心理咨询和义诊服务，庐阳四支部为农村妇女提供了“两癌”筛查活动，包河六支部赴长丰双墩中学开展送教下乡，巢湖市基层委组织支部向巢湖市坝镇泉水行政村的4户特困家庭送去每户500元慰问金并开展了送医下乡活动。“博爱牵手”活动的开展也进一步丰富了基层支部的组织生活，增强了民革组织的活力和凝聚力、向心力，扩大了民革组织的影响力。

民革党员中的11名法律工作者志愿加入民革省委成立的法律服务中心，发挥专业优势，为困难群体提供法律咨询和帮扶服务。12月4日，法律界党员参加了“宪法日”活动，在包河区望湖街道开展无偿法律咨询服务。庐阳总支组织庐阳三支部和庐阳五支部的4名律师为党员创办的企业合肥华绿种苗有限公司提供法律服务，从法律专业角度为企业发展保驾护航。蜀山六支部曹冬梅律师分别到到长丰县岗集镇和庐阳区亳州路街道，作题为《依法维护妇女儿童合法权益》的婚姻家庭法律专题讲座。

民革党员中的企业家通过多种形式、多种途径回报社会，为构建和谐社会做贡献。合肥迅达包装印务有限公司总经理丁军常年结对帮扶肥东县白龙镇贫困学生张巧云，2014年又向肥东县牌坊回族满族乡中心学校捐赠210套教辅材料，并对6名特困生每人给予2000元资助。合肥振铭物资有限公司总经理郑宗振向包河区义城镇敬老院捐赠了价值7.53万元的空调34台。安徽安和房地产土地评估有限公司董事长刘学康向舒城县桃溪镇四所农村学校捐赠了1.3万余册价值近20万元的精美图书。世清太极拳馆馆长倪世清再次捐助善款，帮助大别山区6名贫困家庭学生完成小学到高中学业。

（高　虔　陈晓松）

中国民主同盟合肥市委员会

【概况】 2014年，中国民主同盟合肥市委员会(以下简称“民盟市委”)，下辖一个基层委员会，4个总支部，48个基层支部，共有盟员977人。成员主要分布在教育、文化、科技、卫生、金融、法律等界别。主委张雪平，副主委奚芝英、周吉人、李广海、胡平、李雪、张宏彬、姚长蕙、项书林。

民盟市委充分调动全市盟员的积极性，凝聚集体优势和力量，以专委会和各基层组织为支撑，紧紧围绕全市中心工作和人民群众普遍关心的社会热点问题，深入实际，调查研究，积极反映社情民意，就社会发展中的一些重大问题建言献策。

6月21日，民盟市委举行成立55周年纪念大会，民盟市委领导班子全体成员、基层盟员代表近200人参加会议。民盟省委、中共合肥市委、市人大常委会、市政府、市政协、市各民主党派、市工商联和无党派知识分子联谊会负责人应邀出席会议。会议期间，民盟市委举办了一期盟员漫画家王恒反腐倡廉漫画展，与会人员受到生动而深刻的警示教育。

【思想建设】 民盟市委始终坚持将学习中国特色社会主义理论体系贯穿于思想建设的全过程和履行参政党职能的各项工作之中，使之成为指导广大盟员思想和行为的强大精神力量。

按照民盟中央和民盟省委的要求和部署，民盟市委于2月份下发文件，在全市盟员中开展坚持和发展中国特色社会主义学习实践活动。民盟市委领导深入基层，加强指导，推动基层盟组织结合盟员本职工作实际，因地制宜，积极组织开展形式多样、生动活泼、注重实效的坚持和发展中国特色社会主义学习实践活动，将政治理论学习落到实处。

民盟市委通过主委会、常委会、全委扩大会和基层组织负责人培训班以及参加省、市委统战部和民盟省委举办的专题理论学习班等，组织全市各级盟组织领导班子成员深入学习中共十八届三中、四中全会精神和习近平总书记系列重要讲话精神，坚持理论联系实际，学以致用，进一步增强接受中国共产党领导的自觉性。

民盟市委分五个批次先后组织主委、副主委、常委、基层支部主委和机关专职干部共56人参加民盟中央、中共省委统战部、民盟省委和中共市委统战部在省社会主义学院和杭州市委党校等地举办的专题理论培训班，进一步提高全市各级民盟组织领导干部和机关专职干部的政治理论水平，增强合作共事意识。

【组织建设】 2014年是民盟基层组织建设年。年初，民盟市委根据民盟中央和民盟省委文件精神，制订印发《民盟合肥市委关于开展基层组织建设年活动的意见》，并通过全委扩大会进行了总体动员部署，全面开展基层组织建设年活动。

上半年，根据民盟瑶海区总支的申请，民盟市委将规模过大、人员过于分散的瑶海区综合支部划分为民盟瑶海区综合一支部和综合二支部两个基层组织，进一步优化了民盟瑶海区基层组织布局，促进了该区民盟组织健康发展。

民盟市委坚持注重政治素质、保证质量的原则，全年发展37名新盟员，平均年龄37.18岁；本科学历25人，硕士研究生学历5人，博士研究生学历1人；教育界23人，医卫界2人，经济界7人，文艺界2人，科技界1人，机关事业单位2人；中级以上职称27人；市人大代表2人，市政协委员1人。

下半年，民盟市委严格依据相关文件精神，坚持标准，通过民主与集中的形式，如期顺利完成民盟市委领导班子后备干部的民主推荐工作。

民盟市委被民盟省委授予“民盟机关建设先进集体”称号。盟员何峰、刘冠南获民盟中央“社会服务先进个人”称号。刘从良获2014年“安徽省优秀教师”称号。李友银获省政府特殊津贴奖。王青获“中华优秀传统文化教育2014年度人物奖”。汪梅林获省教育厅授予的“江淮好班主任”称号。王恒漫画作品《为难伯乐》获中央纪委举办的全国廉政漫画展优秀作品奖，并入选全国廉政文化精品库。童立萍创作的相声《今非昔比》获第七届安徽曲艺节创作一等奖。王明红策划执导的以民生政策宣讲为题材的微电影《暖阳》获安徽省优秀网络文化作品评比二等奖。浦丽星获“合肥市十大新闻人物”称号。项书林、丁红获“合肥市三八红旗手”称号。九旬老盟员许有为先生的传奇人生受到北京电视台等媒体广泛关注，《合肥晚报》先后两次以3个整版的篇幅进行专题报道。盟员彭劲杰作为省级非遗传承人应邀参加“第三届武汉非遗艺术节暨长江流域非遗展”，展示庐州木雕传统技艺，令参观者赞叹不已。

【参政议政】 全市民盟组织围绕中心，服务大局，积极组织开展专题调研工作。各基层民盟组织和盟员向民盟市委申报了32个调研课题，并积极展开调研。民盟市委经过课题评选，从中选出了关于社区民生工程、非遗传承人生存现状等2个课题，组织盟内人大代表、政协委员、参政议政专委会组成人员和部分基层组织盟员赴芜湖、黄山等市和市内庐阳、瑶海、包河等区进行调查研究，形成《关于加大社区民生工程项目执行力度的建议》《关于改善我市非遗传承人生存与发展状况的建议》等2篇调研报告，后被用作市政协十三届三次会议大会发言，并参加全市统战系统专题调研评选。其中《关于加大社区民生工程项目执行力度的建议》又被选为省政协大会口头发言，并受到中共省委统战部高度重视及新华网等媒体关注。《关于改善我市非遗传承人生存与发展状况的建议》受到中共合肥市委重视，安徽广播电台、合肥广播电台进行了专访。民盟市委还组织部分盟内政协委员针对合肥市职业教育、养老、绿色交通等问题赴省内外展开专题调研，形成《关于优化我市职业教育发展软环境的建议》《关于推动我市医养融合发展的建议》《关于着力打造我市绿色交通系统的建议》等3篇调研报告，分别提交中共市委、市政府专题协商会、社情民意座谈会和资政会等。其他30余篇课题所形成的调研报告，也分别被转化为中共市委社情民意座谈会、市政府资政会发言材料以及社情民意材料。

市人大十五届二次会议和市政协十三届二次会议期间，民盟人大代表共提交建议13件，民盟市委和盟内政协委员共提交提案69件。其中，民盟市委通过民盟省委提交的《关于加强农村饮用水安全工作的建议》被省政协列为重点提案，由省政协主席王明方督办。盟员许红撰写的《关于加强空气污染治理的相关建议》、梁帮屏撰写的《关于我市农业现代化和城镇化的根本出路是发展“知本农业”的建议》、张明伦撰写的《关于进一步扶持社会力量参与社区养老建设的建议》等被列为中共市委、市政府领导阅批或市政府、市政协领导领办、督办提案。在市政协十三届二次会议上，民盟市委被评为“集体提案优秀单位”。

民盟市委和基层盟组织全年共向民盟中央、省市政协、中共各级统战部和民盟省委等提交社情民意和信息208篇，中共中央统战部采用4篇，民盟中央采用2篇，中共安徽省委办公厅采用2篇，省政协采用4篇，市政协采用13篇。另外，有10篇作为市资政会大会发言，9篇作为市社情民意座谈会大会发言。

民盟市委组织教育界盟员参加民盟省委2014年基础教育研讨会论文评选工作，合肥盟员共报送论文57篇。其中，12篇论文入选论文集，王崇国、贺晓茜撰写的《做好职教宣传　引领学生人生出彩》获一等奖，金胜敏等11名盟员分获二、三等奖，民盟市委获组织奖。民盟市委对所报送的57篇论文进行认真评选，共评出一、二、三等奖共14名，并向获奖人员颁发了荣誉证书和奖金。

在市政协十三届二次会议上，盟员黄笑蓉撰写的《关于加强0—3岁幼儿早教市场管理的建议》和黄川撰写的《规范门牌设置，促进城市管理》2篇提案受到市政协高度重视。合肥电视台《政协论坛》

栏目组先后采访多名盟内市政协委员，录制了《早教，怎么办》《从门牌号说起》两期电视专题节目。

【社会服务】 民盟市委组建了一支近百名成员的社会服务志愿者队伍，组织开展多项社会服务活动，为构建和谐社会奉献爱心。

民盟市委与市司法局共同组织开展旨在加强特殊人群服务管理的合肥“黄丝带帮教行动”，受到民盟省委、省司法厅和合肥市四大班子领导的高度重视，民盟省委主委、中国科学院院士郑永飞在启动仪式上为合肥“黄丝带帮教行动”志愿者团队授旗。合肥电视台等新闻媒体及时报道了相关活动。《合肥日报》开辟专栏进行了集中宣传。

“黄丝带帮教行动”启动后，民盟市委组织开展走进监狱、基层社区、矫正中心和安置基地，放映励志电影、进行心理辅导、义诊和文化讲座等系列活动20余次，涵盖全市四区一市四县，惠及帮教对象2000余人。在义城监狱举行“黄丝带帮教基地”揭牌仪式，成立全市第一家“黄丝带帮教基地”。在“黄丝带”进监所项目启动仪式上，民盟市委向义城监狱赠送数百册图书。文艺支部为义城监狱服刑人员奉献了一场精彩的文艺演出。在4个城区组织近千名社区服刑及刑满释放人员观看根据真实事件改编的励志影片和法制宣传片。组织巢湖市第一人民医院7名盟员医疗专家赴巢湖市和庐江县矫正中心，为80余名刑满释放及社区矫正人员开展义诊和心理咨询活动。组织开展“黄丝带大讲堂”走进庐阳、肥西、肥东、长丰、包河等地活动，先后为近400名帮教对象开展传统美德、法律知识和心理辅导等专题讲座。赴包河区和巢湖市开展助学活动，向13名困难帮教对象家庭子女送去6500元助学金和书包文具盒及图书等学习用品。

组织民盟包河区综合支部教师盟员走进合肥师范附小保兴校区开展“播撒阅读的种子”活动，为师生送去绘本故事、英语课本剧表演、读书猜猜乐以及歌舞表演《感恩的心》等，并赠送经过精心挑选的图书。组织民盟市第六中学支部15名盟员教师，赴岳西汤池中学开展扶贫支教活动。民盟市委“农村教育烛光行动”示范基地于12月12日在巢湖市柘皋中学挂牌，组织民盟巢湖市第一中学支部6名盟员教师分别与该校6名教师结对帮扶。

年初，民盟巢湖市基层委组织该市书画家协会、安徽医科大学附属巢湖医院、巢湖市第二人民医院的书画、医疗和法律界盟员，在柘皋镇金巢商贸城开展送文化、送医、送法律“三下乡”活动。盟员们现场为当地群众义诊，写春联，解答法律咨询等。中、高考期间，民盟合肥法律综合支部组建“爱心送考”车队，为参加中、高考的学子及陪同家长无偿提供接送服务。下半年，民盟市委将全市基层盟组织捐献的千余本图书、上百件衣物等送到民盟市委美好乡村结对帮扶村——巢湖市银屏镇白牡山村村委会，并向该村图书室捐赠空调1台。年底，民盟市委“帮扶困、献爱心”活动走进肥东县八斗镇陆还村，为该村17名五保户送去慰问金，奉献一片爱心。

（张西瑞）

中国民主建国会合肥市委员会

【概况】 2014年，中国民主建国会合肥市委员会（以下简称“民建市委”） 下辖1个基层委员会（5个基层支部）和4个总支部（21个基层支部），1个老龄委员会，8个直属支部。全年共发展新会员52人，平均年龄39.8岁；研究生学历6人，本科学历24人，中级以上职称7人，女会员22人。截至年底，会员总数为820人，平均年龄48.1岁；中级以上职称363人，占会员总数的44%；大专以上学历740人，占会员总数的90%；女会员313人，占总数的38%。会员中，担任全国人大代表1人，省政府参事1人，省人大代表1人，省政协委员2人，市人大代表7人（其中常委1人），市政协委员37人（其中常委6人），县（区）人大代表8人（其中副主任1人，常委3人），县（区）政协委员39人（其中副主席1人，常委14人）。会员中，担任厅局级领导职务1人，县处级领导职务11人。会员中，共有41人担任党风党纪监督员、特约行政执法监督员、机关效能建设监督员等各类社会特约职务。民建市委被民建安徽省委评为“先进市委会”。 民建中央副主席王永庆、民建中央组织部部长李世杰在合肥调研时对民建市委的工作给予充分肯定。

民建市委贯彻民建中央关于加强组织建设的系列重要文件和会议精神，对部分基层组织班子成员进行了调整，将一些能力强、有热心、会员认可度高的年轻骨干会员补充进入基层组织班子。调整原专委会，组建了参政议政工作委员会、经济工作委员会、法律服务工作委员会、企业工作委员会、妇女工作委员会、青年工作委员会和老年工作委员会等7个专门工作委员会。围绕“两个服务”推进服务型机关建设。通过完善机制、转变作风、提高效能等措施，发挥机关咨询参谋、组织协调的枢纽作用，确定机关部室对应服务专门工作委员会制度，为工委会工作开展提供服务，密切联系会员单位及会员企业，机关同志上下一心，踏实工作，使服务型机关建设得以不断推进。

民建市委获中共市委组织的2013年度市民主党派工商联专题调研“优秀组织奖”、民建省委2014年度参政议政工作先进单位一等奖、民建省委2014年度社情民意先进单位一等奖。

坚持“服务会员和会员企业、服务社会”工作理念，关心会员和会员企业发展，积极为会员和会员企业服务；努力打造社会服务品牌，不断探索社会服务工作新方式，社会服务工作成效显著。获民建省委授予的2014年度“同心示范工程”先进集体称号。

【思想建设】 开展坚持和发展中国特色社会主义学习实践活动。按照民建中央和民建省委部署，民建市委把学习实践活动与深入学习中共十八大、十八届三中、四中全会精神结合起来，通过开展座谈、交流、调研考察等活动掀起学习热潮。各基层组织也通过座谈、专题讨论等各种形式开展学习。举办全市骨干会员培训班，邀请省政协副主席、民建省委主委李修松讲授《传承会的优良传统　增强政党意识　做一名合格的民建会员》，中共安徽省委党校教授胡东升讲授《坚持和发展中国特色社会主义》。

领导班子思想建设。民建市委领导班子召开了坚持和发展中国特色社会主义学习实践活动专题学习会，认真学习中共十八大和十八大以来历次中央全会精神。通过学习，班子成员增强了对中国特色社会主义的道路自信、理论自信和制度自信，坚定了中国特色社会主义理想信念，深刻认识到走中国特色社会主义道路是实现中国梦的必由之路；班子成员更加团结、责任感更强，尤其是兼职同志克服自身工作繁重、时间紧张等困难，认真履行工作职责，积极参加会务工作。落实主副委密切联系基层支部和会员制度，班子成员定期走访所联系的支部、参加支部和专门工作委员会活动，关心指导支部、工委会工作。

思想宣传。通过“一站一刊”(网站和会刊)搭建与会员交流的平台，实现对不同层面会员的思想宣传教育。完善民建市委网站功能，保证信息实时更新，及时发布公告通知。丰富会刊版面，加强会刊史料性和存档功能。建立宣传信息员工作档案，针对稿件中暴露的写作问题及时与之联系并提出修改意见。全年网站采用信息150余条，在民建省委网站、《安徽统战》《团结报》等市级以上媒体公开发布的新闻290多条。民建市委获2014年度全省民建新闻宣传工作先进单位一等奖，4人获新闻宣传工作先进个人称号，《建立健全调研机制　不断提高参政议政能力》获2014年度全省民建新闻宣传工作优秀作品奖。

【组织建设】 评先考核。贯彻全国基层组织建设研讨会精神，借鉴外地组织经验对基层组织开展考核评比工作。出台《民建合肥市委十佳支部考核评先办法》，考核内容包括理论学习、制度建设、支部团结、会费收缴、支部活动、社会服务、理论宣传、参政议政、会员履职和发展会员等10个方面。每年度考核一次，考核结果在会刊、网站和全委会议上通报，根据考核结果评选出“十佳支部”，给予表彰和经费奖励。

组织活动。民建市委举办新春联谊会，“三八”节组织女会员参观南京大屠杀纪念馆，组织老会员参观滨湖新区建设。巢湖市基层委、庐阳区总支、包河区总支、瑶海区总支分别组织会员开展生态旅游、都市农业和美好乡村建设考察等活动。合肥经济技术开发区直属支部、合肥高新技术产业开发区直属支部分别赴高刘镇、岗集镇、金寨县开展专题调研。企联会坚持开展羽毛球健身运动，会员联动合作，还赴韩国、美国、加拿大等国考察。

对外交流。通过对外交流学习，改进机关工作方法、增强机关服务水平。民建市委机关先后赴武汉、南昌、南京、扬州四市与当地民建组织进行了会务交流，吸取其他市级组织的工作经验，取长补短。接待民建广西区委到合肥调研新型城镇化建设并实地考察了滨湖新区、三河古城镇建设。接待民建广州市委到合肥调研“社区网格化管理”并进行会务交流。接待民建淮北市委到合肥调研“夜市经济”。与民建淮北市委合办骨干会员培训班。此外还接待了民建马鞍山市委、唐山市委、怀化市委到访交流。

【参政议政】 调研工作。民建市委经反复讨论确定了重点调研课题。调研课题组赴武汉、南昌、溧阳等多地，围绕“民间金融”“新型城镇化建设”“农村土地流转”等课题开展调查研究。最终形成《关于加快我市农业转移人口市民化的建议》《关于促进我市农村土地流转规范发展的建议》《关于推进我市新型城镇化的调研报告》《关于促进合肥民间金融发展的建议》《合肥市建筑扬尘防治的措施及政策建议》《加快我市公办职业教育资源

整合　构建现代职业教育体系》和《关于加大养老服务工作的几点建议》等7篇调研报告。在中共合肥市委组织的2013年度市民主党派工商联专题调研成果评选中，《建立健全调研机制　不断提高参政议政能力》《改革完善合肥市农村宅基地退出机制的建议》2篇获一等奖，《改良生存“土壤”　促进健康成长》获二等奖；在合肥市2013～2014年度哲学社会科学规划项目成果评审鉴定结果中，《新型城镇化背景下合肥市农村宅基地退出机制研究》按期结项并获得优秀等级项目鉴定，是全市各民主党派中唯一参加并获奖的项目。

提案工作。市“两会”召开前，民建市委召集会内人大代表、政协委员座谈，要求认真做好参会准备，撰写有内容、有深度、有可行性的议案和提案，将一部分优秀调研成果转化为集体提案。在“两会”上，会员中的人大代表共提交议案和建议8件；民建市委及会员中的政协委员共提交集体提案和个人提案共57件，其中7件被市政协列为重点提案，2件转化为省政协集体提案，7件获市政协十三届二次会议优秀提案，占全市33件优秀提案的21%。

《关于加强大气污染及雾霾治理的一点建议》得到中共安徽省委常委、市委书记吴存荣的批示。市委常委张进、韦弋、李武好分别对《关于加强社区管理的建议》《关于建立健全调研机制，不断提高参政议政能力的建议》《关于加强巢湖市农村饮用水安全管理的建议》做出批示。《关于加快电子商务平台建设建议》被副市长陈晓波领办，《关于精心谋划地铁口，努力打造商业圈的建议》被副市长倪胜如领办，《关于促进夜市经济健康发展的若干建议》被市政协副主席许天锡督办。民建市委针对合肥市雾霾治理的建议得到《新安晚报》《安徽商报》《合肥晚报》《江淮时报》等多家媒体关注并连续集中报道。

社情民意工作。全年收到社情民意信息84篇，较上年翻一番。上报74篇，其中《改革完善我省农村宅基地退出机制的建议》获中共安徽省委副书记李锦斌重要批示；《拓宽融资渠道　促进中小企业发展》被民建中央采用；《积极引导社会资本参与公共租赁住房建设》《关于帮助农民工解决火车票购票困难的建议》《新型城镇化背景下农民工市民化问题与对策》《医养结合养老模式的困境与对策》被省政协采用；《关于加强对建筑等行业参加工伤保险监管的建议》《建议补充公交车文明让座提示语》等16篇被民建省委采用；《关于优化公共交通网络的建议》《加快我市现代物流业发展的建议》《关于规范电动车管理的建议》等被市政协采用。

【社会服务】　民建市委邀请市人大常委会主任熊建辉、中共合肥市委常委、统战部部长韦弋，视察安徽涉外经济学院、合肥高科科技股份有限公司等会员单位。民建市委领导全年走访慰问会员企业16家；慰问生病、困难、高龄老会员，帮助其解决生活实际困难；走访会员工作单位，了解其工作情况，关心会员成长。为会员企业提供法律、媒体、金融、政策咨询等服务，为需要融资的企业提供资金帮助，为需要维权的会员单位提供法律服务。邀请民建中央组织部会员权益处处长王杰到合肥调研会员单位安徽省景辉集团，帮助维护会员权益。为会员企业安徽小刘瓜子有限公司债务纠纷提供法律服务。为会员单位安徽鸿石建筑有限公司维权呼吁。

主办民建会员企业2014年合肥学院专场招聘会，组织安徽裕森集团、丰大集团、北京华联综合超市、合肥高科、纪念日服饰连锁有限公司等85家民建会员企业参加，提供近3000个工作岗位，现场2000余名大学生当场递交简历，提升了民建组织在高校的影响力。会员企业合肥高科科技股份有限公司挂牌成为合肥学院产学研基地，为在校大学生提供实习机会。

连续3年开展“让企业家会员走出去”系列活动，走进周边县市，进行投资考察、捐资助学活动，已走过庐江、阜阳、巢湖等地。2014年再次走进肥东县，为30名贫困大学生捐资15万元，并促成北京华联综合超市与荣电集团的项目合作，全年共3家荣电集团“店中店”在北京华联超市内开张。“走出去”活动逐渐成为民建市委的一项社会服务品牌，促进了企业与当地政府、企业与企业之间的交流与合作，实现了企业与当地政府的双赢，在民建全国市级组织建设研讨会上，民建中央副主席马培华在题为《以人为本　服务基层　努力开拓市级组织建设工作的新局面》报告中提到：“安徽合肥市委开展‘让企业家会员走出去’活动，一方面为企业家会员寻求投资机会，参与地方经济建设；另一方面引导企业家会员开展扶危济困，助推县区经济发展，关心关爱弱势群体，受到当地政府和群众的欢迎。”

民建市委坚持每年新春慰问三十岗乡敬老院，全年开展各项社会服务活动14次，累计捐款捐物达27万余元。各基层支部在辖区范围内分别开展文化艺术、咨询服务等一系列贴近百姓生活的社会服务活动。包河区总支部、合肥高新技术产业开发区直属支部、滨湖新区直属支部组织会员为云南鲁甸地震灾区捐款22700元；庐阳区总支部、巢湖市基层委“六一”分别慰问长丰县朱巷镇东许小学和巢湖市福利院孤残儿童；包河区总支部为大圩镇敬老院的“五保老人”送去了78床棉被和多种食品；合肥经济技术开发区直属支部中秋慰问高刘镇敬老院。此外，巢湖基层委、亳州路街道支部还组织了书画作品乡镇展、送春联进社区、送教学仪器进校园等活动；企联会第六小组组织了为社区居民义诊、介绍反假币知识、职业技能培训、提供法律咨询等多种公益活动，丰富了当地群众的生活，扩大了民建影响，受到群众好评。

（任　众）

中国民主促进会合肥市委员会

【概况】 中国民主促进会合肥市委员会（以下简称“民进市委”）下辖1个基层委员会，6个总支部委员会，49个支部委员会、1个小组。2014年发展新会员25名，截至2014年12月底，共有会员658人，平均年龄53.3岁。会员中大学本科以上学历的占89.6%，中高级职称的占80%。会员界别分布为：高等教育、普通教育、科学技术、医药卫生、文化艺术、新闻出版、公有制经济、新的社会阶层、司法机关、政府机关、党派机关和团体等。全会共有23人次会员应邀担任党风党纪监督员、行政执法监督员、特约审计员、机关效能建设监督员等各类社会特约职务。

中国民主促进会合肥市第六届委员会有常务委员12人、委员33人。现任主委安岚，副主委陈葆华、郑小能、陈杰、韩一民、裴学文、程自堂。民进市委下设5个专门委员会，分别为：参政议工作委员会、妇女工作委员会、社会服务工作委员会、艺术工作委员会、老龄工作委员会。

深入开展“坚持和发展中国特色社会主义”学习实践活动，加强宣传思想阵地建设，努力营造良好的舆论氛围，有序推进参政党理论建设。

以创先争优活动为契机，全面推进基层组织建设、人才队伍建设和机关建设，提升组织工作的科学化水平，进一步夯实建设适应时代要求的高素质参政党的组织基础。

加强履职意识，加强参政议政平台和渠道建设，创新参政议政工作机制，着力提升参政议政能力和水平，完成调研报告27篇，为历年来最多。经过修改转化，上报民进省委16篇，报送市政协十三届三次会议27篇（其中大会发言4篇，集体提案18篇），报送合肥市职业教育专题界别协商会2篇，报送市政协委员资政会4篇，报送市委社情民意座谈会2篇，报送中共合肥市委统战部3篇。

【思想建设】 民进市委出台《民进合肥市委开展坚持和发展中国特色社会主义学习实践活动方案》，成立学习实践活动领导小组和办公室。通过常委会议、全委会议以及议政调研会议等形式，深入学习会章、民进历史和学习实践活动重要论述。先后组织150余名会员参加民进中央和民进省委的“开展坚持和发展中国特色社会主义学习实践活动报告会”和“坚持和发展中国特色社会主义先进会员事迹宣讲大会”，不断统一思想、凝聚共识，深化中国特色社会主义学习教育，增强广大会员对中国特色社会主义的理论认知和政治共识。结合基层组织换届活动，按照常委分工联系基层支部制度，深入到每个基层组织，详细了解支部和会员情况，征求意见和建议，指导和推动基层组织开展好学习实践活动和换届工作，增强实践活动的实效性。结合民进安徽省2014年皖中片会，与民进安庆市委、民进滁州市委就开展学习实践活动情况进行深入交流和探讨。结合议政调研工作会议，总结学习实践活动，组织参观革命圣地，接受党史教育。

以新中国成立65周年及人民政协成立65周年为契机在全会开展思想教育活动，巩固多党合作的思想政治基础，增强履行参政党职责的责任感和使命感。组织参加民进中央“民进70年情缘·岁月钩沉”主题征稿活动、民进省委“中国梦，民进情”摄影比赛和“庆祝新中国成立65周年书画联展”。收集会内会员书画作品，做好2015年出版“庆祝合肥民进成立30周年会员书画集”前期准备工作。以网站和会刊为宣传平台，加强人才队伍、机制体制建设，凝聚全体会员力量，在全会营造“大宣传”格局。在民进全省宣传工作评比中，民进市委被评为宣传工作先进单位，张安舒、王伟被评为宣传工作先进个人。全年上报新闻稿件135篇，其中支部稿件103篇，被民进中央、民进省委、中共合肥市委统战部以及各类新闻媒体采用82篇。在支部上报稿件中，巢湖基层委上报23篇，包河总支上报16篇，会员刘宗祥上报15篇。

民进市委成立理论研究课题组，参与民进中央和中共安徽省委统战部的理论课题招标，报送课题《参政党应以能力建设为抓手推进国家治理体系和治理能力现代化》。就重大理论问题和参政党建设的现实问题，在全会开展理论研究活动，撰写理论研究论文，指导和促进合肥民进的实际工作。参加民进省委参政党理论研究年会，报送多篇理论研究文章，其中刘宗祥撰写的《完善民主党派向中共党委提出建议制度的考量与路径》被中共安徽省委统战部选用报中共中央统战部参评。在民进全省理论研究工作评比中，民进市委被评为理论研究工作先进单位，韩一民、刘宗祥被评为理论研究工作先进个人。

【组织建设】 2014 年是民进中央组织建设年，民进市委被评为“民进全国组织建设先进地方组织”和“民进安徽省组织建设先进地方组织”，巢湖市基层委、瑶海总支、包河总支、市直二支部、市直五支部、瑶海三支部、蜀山一支部、庐阳二支部被评为“民进安徽省组织建设先进基层组织”。会员刘焕安被评为“民进全国组织建设先进个人”。会员杨晓、顾晓惠、刘焕安、刘宗祥、汪倩、孙秀娟、辛国芳、王少泉被评为“民进安徽省组织建设先进个人”。

按照“优中选优”和“改善界别结构，提高整体素质”的要求发展新会员，全年共发展新会员 25 名，其中女性会员 16 名，教育界别 21 名，政府机关界别 3 名，新阶层界别 1 名，新会员平均年龄 37 岁。

贯彻中共中央《关于加强新形势下党外代表人士队伍建设的意见》精神，做好会内代表性人士的推荐和培养工作。全年推荐 2 人为民进省委后备干部，新推荐 2 名会员担任市政府特邀行政执法监督员，1 名会员担任市政府教育督导委员会特聘督学，1 名会员担任审计局特约审计员，另有 5 位会员分别担任市城乡建委、市司法局、市国土局、市环保局、市重点工程管理局特约监督员。有各级各类特约监督员 23 人次。推荐 6 批 20 人次参加民进中央、民进省委和中共合肥市委统战部举办的各级各类培训班，为骨干会员的快速成长进步搭建平台。

2014 年是合肥民进基层组织换届年，民进市委全程指导 45 个基层支部开展换届工作。下发换届工作意见，按照常委联系支部制度，深入到每个基层支部指导换届工作。结合正在开展的“坚持和发展中国特色社会主义”学习实践活动，开展民主谈心和征求意见活动。换届工作顺利完成，一批素质高、能力强、威望高的会员被推选到基层支部领导岗位，夯实了合肥民进可持续发展的组织基础。

各基层组织立足本职，开展了丰富多彩的活动。包河总支联合蜀山总支开展活动，瑶海总支多次组织开展学习实践活动，包河一支部召开新年交流会，包河二支部组织会员观赏交响音乐会，包河五支部慰问老会员，市第三十二中学支部植树节活动，蜀山三支部召开迎接新会员座谈会，瑶海四支部义务帮助长丰农户，巢湖一支部参观李克农故居，巢湖五支部邀请会内经济专家作形势报告，市第一中学支部和市第三中学支部分别开展传统教育活动。各类活动的开展，有效地推动了基层组织建设，增强了基层组织活力和凝聚力。

着力提升机关工作效率和服务水平，增强机关综合承载能力和服务保障能力。开展机关读书会活动，选送机关干部参加各级各类培训，丰富学习形式，打造学习型机关。严格落实中央八项规定和省市委的有关要求，加强“三公”经费管理、公务用车管理和办公用房管理。坚持以人为本，组织开展形式多样的机关文体活动，丰富机关文化内涵，营造良好工作环境，不断推进和谐机关建设。

【参政议政】 调研工作。民进市委协助民进省委完成民进中央关于教师工资问题的专题调研；承担并圆满完成民进省委 3 个重点调研课题；与市政协成立联合调研小组，调研合肥市职业教育，完成并报送调研报告 2 篇。副主委陈葆华撰写的《呼唤文化回归，提升幸福指数》被《合肥统一战线》全文刊登。副主委郑小能带队走访市、区教育局及 5 个公办幼儿园和 3 个民办幼儿园，重点调研合肥学前教育，形成调研报告报送市政协。

在 2014 年省政协防治大气污染对口协商会上，刘焕安撰写的《治理大气污染，亟须严控挥发性有机物》被选为口头发言。

在 2014 年市政协十三届二次会议上，民进市委 3 篇调研被列为大会交流材料，其中查日义撰写的《创建“社区学习共同体”，提升社区居民幸福感》成为大会口头发言，陈远杰撰写的《关于大力支持新型家庭制造业的建议》和周鹂撰写的《关于对现下小额办公用品政府集中采购的建议》成为大会书面交流材料。

在 2014 年合肥市职业教育专题界别协商会上，民进市委 2 篇调研材料被选用，其中刘光余撰写的《中职学校办学模式改革探讨》被列为会议口头发言，阚少杰撰写的《完善生活综合配套设施，推动特色基地健康快速发展》被列为会议书面交流材料。

在2014年市政协“激发社会组织活力，促进基层社会治理”专题协商会上，马建敏以“社区如何发挥好社会组织作用”为题作会议发言交流。

在2014年市政协委员资政会上，民进市委3篇调研材料被选用，其中刘焕安撰写的《治理城市大气污染，亟须严控挥发性有机物》被列为口头发言，韩宪德撰写的《全面推进我市大气污染治理的建议》和刘宗祥撰写的《洛杉矶治霾对我市大气污染防治工作的经验借鉴》被列为书面交流材料。

在2014年合肥市各民主党派工商联专题调研评比中，民进市委获组织奖。王伟撰写的《安徽物流业发展对策研究》获专题调研成果一等奖，陈远杰撰写的《关于大力支持新型家庭制造业的建议》和韩宪德撰写的《关于加快完善我市通信基础设施建设促进信息消费的建议》分别获三等奖。

提案工作。在2014年省政协十一届二次会议上，民进市委通过民进省委提交提案4件。其中王伟撰写的调研报告《关于大力发展安徽物流业的建议》被转化为大会书面交流。

在2014年市政协十三届二次会议上，民进市委及其政协委员共提交46件提案，其中集体提案11件、个人提案35件。有6件提案获市相关领导及部门批办、督办，其中周鹂、杨晓、伍亚民、刘宗祥4人的提案并案处理，被省委常委、市委书记吴存荣阅批。刘圣玲的提案被市委常委、市纪委书记张海林阅批。陈远杰的提案被市长张庆军领办。刘宗祥的提案被市委常委、副市长江洪领办。韩宪德和毛晓斌的提案分别被市政协副主席华艾、金其武督办。刘宗祥关于出台“主席接待委员日制度”的提案被《人民政协报》《光明网》等媒体报道。市政协表彰了十三届一次会议以来的优秀提案、提案承办先进单位、提案承办先进个人，蔡传斌、刘焕安、刘宗祥的提案分别被评为优秀提案，民进市委被评为市政协十三届二次会议集体提案优秀单位。

社情民意信息工作。全年收到社情民意信息55篇，其中报送民进省委、市政协和中共合肥市委统战部50篇，有23篇被相关单位和媒体采用，其中王伟撰写的《关于为环巢湖大道安装太阳能路灯的建议》被市长张庆军批示，韩宪德撰写的《关于切实优化政策政务环境的几点建议》被市政协主席董昭礼批示。

在2014年中共合肥市委社情民意座谈会上，民进市委有5篇材料被采用。其中韩一民撰写的《弘扬“孝”文化，做好“老”文章》被列为会议口头发言，韩宪德撰写的《敬老孝亲养老，促进社会和谐》、辛国芳撰写的《规划建设社区老年人活动中心，促进我市和谐社会发展》、汪倩撰写的《建立健全政府购买服务制度》、刘宗祥撰写的《破解赡养难题，提升农村空巢老人幸福指数》被列为书面交流材料。

在2014年市政协社情民意信息工作会议上，民进市委被评为反映社情民意信息工作先进集体二等奖，会员刘宗祥被评为优秀信息撰稿人，王伟被评为优秀信息工作者。

【社会服务】 民进市委协助民进省委做好结对帮扶贵州省金沙县大田乡工作。积极响应民进中央“书香彩虹”公益捐书活动，发动全体会员为贵州省金沙县大田乡捐赠中小学读物，在规定时间内收集捐赠图书5000余册，超额完成捐赠任务。

拓展社会服务新领域，牵手安徽农网，打造“同心·民进专家服务团工程”。民进市委从会内选派10名来自教育一线的专家组成安徽农网第五批专家服务团（合肥民进专家服务团），充分发挥自身优势，为农村教育事业发展和美好乡村建设贡献力量。

指导基层支部和会员发挥优势，服务社会。巢湖基层委为烔炀中学高考学子进行考前心理辅导、开展送书画艺术进校园活动。市直五支部赴金寨县马石村开展送医送药义诊咨询活动，并多次参加省民进定点帮扶萧县系列活动。会员万云涛参与安徽省政府权力清单和责任清单制度建设，受到省政府和中央编办肯定。会员辛国芳帮助贫困在校大学生，在安徽工程大学开展“扶困助学，奉献爱心”——贫困大学生免费就餐活动。会员万云涛、牛和勇、朱立海参加民进省委义务法律咨询活动。会员周鹂参加高雅艺术进监区演出。会员杨新祥、王龙所两名画家参加“高雅艺术”进学校活动。会员王要明为巢湖市先心病筛查项目基层医务人员授课。

（王　伟）

中国农工民主党合肥市委员会

【概况】 中国农工民主党合肥市委员会（以下简称“农工党市委”）全年发展党员31人，其中医卫界占48.4%，科技界占3.2%，文教界占19.4%，其他界别占41.7%。农工党市委通过各种形式，组织和引领党员深入学习贯彻中共十八大、十八届三中、四中全会和习近平总书记系列重要讲话精神，进一步统一思想，凝聚共识，牢牢夯实多党合作的思想政治基础，坚定中国特色社会主义道路自信、理论自信和制度自信。进一步加强领导班子建设和制度建设，坚持民主集中制原则，领导班子团结和谐，促进了各项工作的全面发展。参加由中共合肥市委、市政府召开的各类协商会、座谈会和情况通报会，就群众路线教育实践活动、重要人事安排、协商民主、依法治市、政府工作报告等重要内容，提出意见和建议。积极参与市政协开展的协商民主工作，就协商计划和议题的确定提出意见和建议，在中共各级党委、政府的高度重视下，农工党组织及其党员积极参与各级政协组织的协商活动，成为协商民主中的一支积极力量。

【思想建设】 农工党市委召开十届九次常委会，专题学习贯彻中共十八届四中全会精神。举办学习报告会，邀请中共安徽省委党校知名教授作“全球化的中国梦”专题讲座。按照农工党省委的部署和要求，制订并下发《农工党合肥市委贯彻〈中国农工民主党中央关于在全党开展坚持和发展中国特色社会主义学习实践活动的决定〉的实施意见》和“2013—2017年学习实践活动规划”，切实开展学习实践活动。为庆祝中华人民共和国成立65周年和人民政协成立65周年，组织党员参加农工党中央、省委举办的“中国梦·农工情”演讲比赛和征文活动，选送包河区支部李蓓和文艺支部周旻参加演讲比赛，并分别获得全省一等奖和三等奖，李蓓还代表农工党省委参加农工党中央组织的演讲比赛。

【组织建设】 农工党市委召开十届六次全委会，学习贯彻《农工党安徽省委关于做好2014—2016年市级组织领导班子后备干部队伍建设工作的意见》，做好2014—2016年市级组织后备干部推荐工作。加强干部队伍建设，组织推荐市委会领导干部、后备干部和骨干党员参加省市政协、统战部组织的各类培训班。组织推荐部分基层组织负责人参加首次全省基层组织负责人培训班。

完善基层组织建设，召开基层组织负责人工作会议，总结上一年的工作情况，部署当年的工作任务，表彰奖励5个优秀基层组织。主委、副主委分别走访基层党员，与各基层组织代表座谈，进一步了解基层组织和党员情况，听取党员的意见和建议，加强对基层组织及党员的指导和帮助。认真学习贯彻《中国农工民主党组织发展规程》《中国农工民主党基层组织工作条例》，完善市委会组织发展、基层组织工作的规范化、制度化建设。成立民营医院支部。支持老委会开展活动。坚持党员慰问制度，春节逐一登门慰问党员近50人。

顺应新形势和新任务的要求，创新工作思路，加强机关的规范化管理。根据市委会全年的工作要点，制定月工作计划，细化、落实各项工作任务，保证了机关工作规范、有序地进行。认真做好市委会各类会议、活动的服务和机关各类后勤保障工作。认真贯彻落实中共中央八项规定和省市委有关要求，加强办公用房的管理、调整和清理。注重机关的效能建设和能力建设。选送机关人员参加省市统战部、市委党校组织的各类培训，开展机关、工会读书会活动。

【参政议政】 农工党市委参与“大气污染防治”“社会组织建设”等重点议题的调研。提交重点提案“关于编制我市健康服务业（产业）规划的建议”，并参加市政协组织的办理协商会，市卫生局、市发改委等7家单位分别就提案办理情况作了通报。在市政协十三届七次常委会暨专题协商会上作“促进公益慈善类社会组织健康发展，提高我市基层社会治理能力”大会发言。组织农工党届别政协委员参加各类情况通报会和知情明政咨询会，为农工党员开展协商议政创造条件。

在省政协界别协商会上作《加强部门联动 形成建设合力 努力提升社区信息化建设水平》口头发言。在省政协十一届八次常委会上作《坚定改革步伐 优化资源配置 打造阳光高效的公共资源交易平台》口头发言，关于“省市合一，以市为主，统一平台，统一标准、管办分离”的建议被采纳。根据建议，省直相关部门的招投标工作将全部整合到合肥市公共资源交易中心。

组织、支持担任各级人大代表、政协委员的党员认真履行职责，就经济社会发展中的重要问题和关系人民群众切身利益的热点难点问题，积极建言献策。在市政协召开的十三届二次会议上，提交大会发言2篇、提案39件，其中集体提案5件、个人提案34件。有2件提案被列为中共合肥市委领导阅批提案和市政协副主席领衔督办提案。在省市区各级政协组织中，尤其是在区一级政协组织中，农工党组织及委员提交的多件提案被评为优秀提案，有多名农工党员被评为优秀政协委员。农工党市委被评为市政协集体提案优秀单位。

向农工党省委提交了19篇提案材料，许多材料成为省政协的重点提案，其中“加强民主党派与政府职能部门对口联系的建议”“发挥居家养老在我省养老体系中的基础性作用”“关于共建园区的若干建议”等3件提案，分别得到中共安徽省委常委、省委统战部部长沈素琍，省政协主席王明方和副省长陈树隆的批示和牵头办理。《关于安徽省各级法院、检察院允许律师复制全程同步录音录像的建议》得到采纳。《关于建立健全防范刑事冤假错案工作机制的意见》得到重视，安徽省已就相关工作规定起草意见稿，中共安徽省委政法委正牵头征求意见。

先后开展了“市级公立医院改革”“医养融合养老”“大气污染联防联治机制建设”“残疾人中小学教育”“中学生健康教育”等多项调研。由农工党市委领导带队、骨干党员参加的调研组，精心组织，深入实际，注重调研质量，较好地完成各项调研任务。其中“市级公立医院改革”专题是中共安徽省委常委、合肥市委书记吴存荣交办的调研课题，市委会组织多方力量，集中调研，提出6项改革建议，提交中共合肥市委，为即将开展的市级公立医院改革提供参考意见。以上调研成果分别转化为市政协委员资政会、市社情民意座谈会和政协大会发言材料。

协助农工党省委在合肥开展“构建新型农业经营体系，加快发展现代农业”专题调研。农工党市委获全市统战系统专题调研组织奖，有2篇调研报告获全市统战系统优秀调研成果二等奖。《关于优化民营经济法治环境的调研报告》获农工党中央“优秀调研报告奖”。“患病空巢老人‘医养结合’运行模式构建”调研报告获市科技进步二等奖，相关建议得到落实。关于“合肥市医患纠纷第三方调解机制的建议”报告得到采纳，合肥市出台了《合肥市医患纠纷预防与处置暂行办法》，正式引进第三方调解机制，成立医患纠纷调解委员会。

全年上报社情民意信息49篇，被省、市政协和中共合肥市委办公厅采用6篇，被农工党省委采用17篇。组织农工党政协委员在市政协委员资政会和市社情民意座谈会上，分别就空气污染防治和失能老人养老机构建设专题发言，得到中共合肥市委和市政府领导的肯定，“采用医养结合模式，启动失能老人养老机构建设”等具体建议被写进政府工作报告。《合肥日报》《合肥晚报》和合肥电视台等相关媒体对这两个发言进行了宣传报道、采访。有5名农工党政协委员向市社情民意座谈会提交发言材料，表现了较高的参政议政能力和热情。召开宣传信息员会议，加强对宣传信息员培训，加强对基层宣传信息稿件的征集和整理。修订《农工党市委会反映社情民意信息考核奖励办法》，建立情况通报制度、考核奖励制度和机关分工联系制度。

【社会服务】 农工党市委发挥组织优势，积极开展送医送药、文化下乡、科技法律咨询和助残扶贫活动。联合农工党省委在合肥三里庵国购广场开展“3•15”法律咨询活动。联合中共合肥市委统战部，组织农工党医卫专家到芜湖路友谊社区开展“环境与健康宣传周”活动，为社区居民提供义诊、发放药品和健康知识宣传资料。组织10余名农工党员医疗专家和书法家，到肥东县八斗镇陆还村开展“送温暖，献爱心”活动，为村民义诊、送春联，并捐赠价值近万元的物品。组织召开失独老人帮扶志愿者招募动员会议，为相关社会组织招募志愿者提供支持。

各基层组织也积极开展义诊咨询活动，市第一人民医院总支、市第二人民医院总支、瑶海区支部分别组织医疗专家赴社区、乡镇开展义诊活动。市公共卫生支部组织成员慰问麻风病畸残群众。艺术支部组织开展针对农民工子女的艺术教育活动。市第一人民医院总支、庐阳区支部医卫专家分别到社区讲授传染病预防知识、高血压防治知识，深受群众欢迎。

（卞华玉）

中国致公党合肥市委员会

【概况】 2014年，中国致公党合肥市委员会（以下简称“致公党市委”）下设1个基层委员会、3个总支部委员会、3个直属支部委员会，瑶海总支部新成立第三支部。全年发展党员22名，均为本科学历。截至年底，全市致公党党员总数242人，其中本科以上学历192人，占党员总数的79.34%；高级职称75人，占党员总数的30.99%；女党员103人，站党员总数的42.56%；市级以上人大代表4人；市级以上政协委员15人次。

致公党市委机关建立主委会成员—机关工作人员—基层组织—专委会一条龙联系机制，做到工作有人牵头、有人负责、有条不紊。全年发文20篇，召开2次全委会、8次主委会、39次机关工作例会，每次会议均形成会议纪要上报有关领导。

致公党全市各级组织认真开展坚持和发展中国特色社会主义学习实践活动，加强组织建设，认真履行参政党职能，并做好对外联络和社会服务等项工作。

【思想建设】 2月，致公党合肥市四届九次全委（扩大）会议召开，与会同志集体学习《致公党安徽省委开展坚持和发展中国特色社会主义学习实践活动实施方案》，充分认识到开展坚持和发展中国特色社会主义学习实践活动，既是民主党派深入学习贯彻中共十八大和十八届三中全会精神的重要举措，也是动员和组织广大致公党员更加积极地履行参政党职能、做好本职工作，努力为全面深化改革、实现中国梦作出更大贡献的有力保障。会后制定了相应的实施方案和学习计划下发到各基层党组织，指导党员积极参与学习实践活动。

3月，根据致公党省委《关于推进2014年学习实践活动的意见》中提出的在致公党全省各级组织和广大党员中开展"五个一"活动（一次专题培训、一轮学习辅导、一篇学习心得、一次互学互动、一次总结交流）的要求，全市致公党各级领导带头学习，提高认识，致公党市委领导班子成员参加省委统战部在省社会主义学院举办的培训班。

4月，部分领导班子成员、各市属基层组织负责人及机关全体工作人员参加了致公党省委在梅山饭店举办的"坚持和发展中国特色社会主义学习实践活动培训班"。学习期间，大家收看了中共安徽省委书记张宝顺的重要讲话录像，听取了国家行政管理学院和省委党校专家们对十八届三中全会精神的详细解读。副省长、致公党安徽省委会主委谢广祥为培训班做了专题报告，对与会同志深刻领会习总书记一系列重要讲话的内涵实质、准确把握中国特色社会主义理论的真谛要义具有重要意义。通过系统学习，凝聚了政治共识、增强了"三个自信"。

7月下旬，为了开展"互学互动"，致公党市委主委带领部分党员去致公党安庆市委举行横向交流活动，学习安庆市委会学习实践活动的宝贵经验，改进工作的不足之处。巢湖基层委也赴芜湖市委会、淮南市委会开展"互学互动"，并在致公党安徽省委专门做了经验交流，赢得了与会同仁的高度赞誉。

为使宣传工作制度化，致公党市委成立了宣传策划专委会，制定工作计划，加大宣传力度。将中共十八届三中全会的最新精神提纲挈领地编写成《十八届三中全会决定的11大看点》，简明扼要，便于阅读，利用手机报这一快捷、灵活的新媒体，发给全体党员，让广大党员迅速了解十八届三中全会的主要内容。一年编发手机报102期，在市委会网站发表文章51篇，在致公党中央、致公党省委、省政协、中共安徽省委统战部、市委统战部等各大网站、媒体发文76篇。上交致公党省委"学习实践活动"心得2篇。成立合肥市致公党员QQ群，由一名党员任群主。提高了合肥致公党的知名度，有力配合了学习实践活动的开展。机关一名同志被中共合肥市委统战部评为宣传工作先进个人。

【组织建设】 致公党市委注意对入党积极分子的推荐、培养，全年发展新党员22名，壮大了党员队伍，优化了人才结构，为提升致公党的自身素质提供了永续动力。为增强新党员的党性和组织性，党务研究会的同志给新党员上党课，宣讲致公党的历史和多党合作政治协商制度的内涵，使新党员受到了良好的党性教育。

致公党瑶海总支部成立第三支部，增强了凝聚力和战斗力。致公党市委加大对基层组织建设力度的同时，还支持其开展内容丰富的各种活动。3月，庐阳总支部组织部分党员赴台湾进行了为期8天的参观考察，党员们参观了台北故宫博物院等著名景点，并与新洪门党进行了座谈交流。4月，瑶海总支部组织党员坐船畅游巢湖的同时召开座谈会，总结2013年工作，提出2014年工作要求。包河支部召开专题会议，明确将2014年工作重点放在理论学习、课题研究、组织建设、宣传教育、社情民意反馈5个方面。蜀山总支部部分党员赴南京调研中小企业科技创新能力，完成1项合肥市科技局软课题研究。巢湖基层委组织党员赴福建、合肥三河镇调研，考察旅游资源和管理。春节前夕，致公党市委机关走访慰问一批老领导、老党员，各基层组织均走访慰问了老党员。年中，慰问了生病及住院的部分党员。在重阳节来临之际，市委会机关组织全市60岁以上的老党员去巢湖龟山公园游览参观，畅叙友情，提高党员的归属感，受到了老党员的一致好评。

【参政议政】 4月，致公党市委制订了《致公党合肥市委会2014年调研计划》，提出《职业教育改革发展调研》《关于大气污染治理的建议》等9个调研课题，每个课题落实到人，形成调研报告。4月下旬，在市政协、合肥电视台的指导下，致公党市委承办了1期《政协论坛》电视节目，题目是《合肥停车难》。节目播出后，在市民中引起热烈反响。5月，市委会主委率职业教育改革发展课题组赴苏州、上海调研，学习这两地在职教改革方面的先进经验。6月，1名副主委率队赴南京调研在治理大气污染中，如何淘汰超标排放的黄标车问题，与南京市环保局相关领导进行了座谈，对合肥市大气污染治理工作具有较强参考价值。10月，致公党市委召开“长三角养老论坛”，就居家养老问题进行研讨。市委会还要求“两会”人员和广大党员在全面深化改革旗帜的引领下，围绕合肥市经济体制改革的热点、难点，积极建言献策，提交社情民意，为坚持和完善中国共产党领导的多党合作和政治协商制度做出新贡献。

包河支部紧抓热点问题，对雾霾天气开展详细的分析和研究工作，撰写了《雾霾天气调查报告》提交市委会，及时反映社情民意，在此基础上与致公党省委参政议政部共同修改定稿，作为省委会1名副主委在2014年安徽省政协大会的口头发言材料，并转化为省委会的集体提案上报省政协，获得中共安徽省委书记张宝顺和省委常委、副省长陈树隆的批示和肯定。

“两会”成员及全市致公党员上交提案46篇、议案6篇、社情民意49篇，瑶海总支部上交的社情民意篇数名列前茅。《关于进一步整合、完善我市招商引资工作机制的建议》《关于巢湖综合治理的建议》《关于完善合肥市食品安全监管体系建设的建议》被市政协评为优秀提案，致公党市委被市政协评为　“优秀提案先进单位”“反映社情民意信息工作先进集体”，机关1名同志被市政协评为“反映社情民意信息工作先进个人”。报送中共合肥市委统战部的参政议政调研报告《关于加强医院停车管理的建议》《职业教育改革的调研报告》《完善工作机制严厉打击传销的调研报告》均获三等奖。由1名副主委牵头、蜀山总支部承办的调研报告《关于加快中小企业科技成果孵化器建设的建议》在《江淮时报》上发表。

【海外联谊】 对外联络专委会先后搭建和完善了3个海外联谊工作平台：神行太保文武学校文化武术交流平台、海外留学中介服务平台、基层组织对外联络交流平台。1名副主委出席了致公党中央在天津召开的国际武术论坛大会，还应邀参加美国华人春节联欢会。6月，专委会成员参加致公党省委留学生论坛，组织党员赴合肥创想能源环境科技有限公司与留学归国创业学子进行座谈，调研留学生创业情况，邀请海外回归人员举办《中德文化差异》讲座。7月，赴上海莘远公司调研出国留学生的学习工作情况、留学生人生职业生涯规划、留学生的社会活动情况。8月，致公党市委联合市人力资源和社会保障局外国专家局共赴江苏苏州、无锡考察调研海外高层次人才引进使用等情况，先后考察苏州工业园、无锡新区等国家级留学生创业园，并就如何完善海外留学生政策，发挥其潜能等，和两地相关组织进行深入交流研讨。10月，举行海外留学宣讲会，就留学国家、留学费用、职业规划、学校及专业选择等进行了宣讲。巢湖基层委部分党员赴美国华盛顿安生文化交流基金会总部和在美工作的华人、赴美留学生进行了座谈，美国主流媒体中文报“侨报”等做了新闻报道。年底，分管副主委出席合肥市“五侨”（指与侨务工作有关的市人大民宗侨外工作委员会、市政协港澳台侨外事委员会、市外事侨务办公室、市侨联、市致公党等五个部门单位）联席会议并发言，介绍了致公党市委为侨服务、为留学生服务的有关做法。

8月，致公党包河支部委员会联合区政协港澳台侨专委会、包河区环保局、大圩镇人民政府，共同举办了“包河区台海联谊活动”，进一步探索创新对外联络新模式，发扬致公党“侨海”特色，凝聚海外华侨及港澳台侨同胞的民族凝聚力，共同推动大圩镇休闲旅游农业发展，合力促进包河区生态环境可持续发展。此次活动邀请了致公党市委主委、市政协港澳台侨专委会主任、合肥工业大学外国语学院党委书记、致公党市委副主委等有关领导以及市台商协会会长等海外华侨及港澳台侨同胞代表参加。

【社会服务】 按照致公党省委“同心示范工程”统一部署，致公党合肥市委对金寨县天堂寨镇前畈村实施“业务介绍帮扶”方案。3月，“同心示范工程”帮扶合作协议举行签字仪式。5月，法律与社会服务专委会主动与合肥十多家有影响的旅行社联系，让旅行社把去天堂寨的游客入住受帮扶的“天水涧宾馆”和“海韵农庄”，增加游客入住率，其年收入有明显的增加。7月，法律与社会服务专委会召开会议，与中铁国旅、合肥市特殊教育中心三方商讨帮扶方案。配合市政协办公厅、市广电中心制作了《直击高考分数线》专题节目。为市民主党派机关工会作《APEC的由来及发展趋势》专题报告。

结合“同心走基层，和谐促发展”活动，庐阳总支部、蜀山总支部、瑶海总支部、包河支部组织党员赴市委会社会服务帮扶点金寨县前畈村2户农家乐实地调查、分析情况，为农民旅游业发展建言献策。包河支部去前畈村2户农家乐送土特产外包装盒。巢湖基委会为贫困儿童捐资助学、送医下乡。

10月，主委、副主委出席中国致公党第四届副省级城市暨第一届省会城市党务工作联席会议，在会上介绍了合肥致公党社会服务工

作的先进经验。　　　　（花小惠）

九三学社合肥市委员会

【概况】 九三学社合肥市委员会（以下简称“九三学社市委”）下设瑶海、庐阳、蜀山、包河、巢湖5个基层委员会（25个支社）、1个机关直属小组，科技经济、教育医卫、妇女、老年4个专委会。截至2014年底，社员总数484人，平均年龄51岁；其中高级职称256人，占社员总人数的53%；女社员192人，占39.7%。社员中担任九三学社中央委员1人，九三学社省委委员2人（常委1人），省人大代表1人，省政协委员2人（常委1人），市人大代表3人（副主任1人、常委1人），市政协委员27人（常委7人），县区人大代表5人（副主任1人、常委1人），县区政协委员30人（副主席2人、常委8人），省市相关单位特邀监督员30余人。

2014年，九三学社市委积极履职尽责，成绩较为突出，被九三学社中央组织部授予“组织建设先进集体”称号，被九三学社省委授予“先进市级组织”“宣传工作先进集体”“参政议政工作先进集体”“信息工作先进集体”“社会服务工作先进集体”称号，被中共合肥市委统战部授予“信息宣传工作先进单位”称号。

【思想建设】 九三学社市委围绕建设思想上坚定、履职上坚实、组织上坚强的参政党目标，通过召开全委会、主委会、机关办公会、基层组织工作会等，深入学习中共十八大、十八届三中四中全会、习近平总书记系列讲话等有关精神，不断提高全体社员的思想政治素质和履职能力。

九三学社市委推荐领导班子成员及骨干社员30多人次参加中共省、市、区委统战部等组织的“全省统一战线学习贯彻三中全会和习近平总书记一系列重要讲话精神专题研讨班”、县处级干部轮训班、党外干部培训班等培训，进行政治理论、统战政策等的学习。先后组织社员150余人次参加九三学社市委、九三学社省委举办的参政议政、信息工作、基层组织负责人等培训班，学习政策、理论、业务知识。

制订《九三学社合肥市委关于开展坚持和发展中国特色社会主义学习实践活动实施方案》，决定从2014年到2017年，在全市各级组织和广大社员中开展学习实践活动。3月，组织女社员开展主题为“接受爱国主义教育、坚定民主科学信念”的活动，参观冯玉祥旧居、李克农故居、温宗仁上将墓、昭忠祠等爱国主义教育基地，缅怀为国捐躯的英雄。5月，向九三学社省委报送“坚持和发展中国特色社会主义”论文5篇。6月，组织社员参加九三学社省委在马鞍山举办的许德珩之孙、九三学社中央社史研究中心研究员许进所作的题为《我对九三学社的几点认识》的社史宣讲报告会。9月3日，召开九三学社市委成立30周年暨抗日战争胜利69周年纪念大会，回顾多党合作光荣历史，缅怀革命先烈。9月21～23日，组织九三学社市委委员赴重庆接受社史教育。

九三学社市委建立了图书室，购入管理学、经济学、文学、统战理论等方面图书千余册，向全市社员提供借阅。

【组织建设】 九三学社市委以“人才强社”战略指导组织发展工作，注重吸收高职称、高学历、较强代表性的人才入社，同时注重吸收青年人才入社。2014年发展社员39人，其中高级职称18人，硕士以上学历或学位11人，女社员20人，35岁以下17人，平均年龄37.9岁。

重视后备干部队伍建设。7月，九三学社市委召开七届九次全委扩大会议，推荐九三学社市委领导班子后备干部；同月，秘书长范恒碧到市城市管理局挂职任副局长1年。九三学社市委还推荐多名社员担任市审计局等单位特邀监督员。

九三学社市委制订《九三学社合肥市委先进集体和先进个人的表彰办法》《九三学社合肥市委信息工作管理制度》等工作制度，并完善了有关制度。进一步完善以社章为根本、以民主集中制为核心的制度体系，充分发挥制度的规范和导向作用。

加强基层组织建设，基层委、支社之间经常联合开展活动，形成比学赶帮的良好氛围。11月，庐阳区六支社、蜀山区一、二支社联合赴肥西县铭传乡开展追忆淮军历史、攀登大潜山活动。在九三学社省委十届三次全委扩大会上，瑶海区基层委、包河区基层委、巢湖市基层委、庐阳区六支社、蜀山区二支社获“先进基层组织”称号，29名社员被评为社务、宣传、参政议政、信息、社会服务、建功立业工作先进个人及讲科普活动优秀专家。在9月3日召开的九三学社市委成立30周年大会上，九三学社市委表彰7个先进基层组织和39名先进个人。

九三学社市委鼓励社员立足本职，建功立业。金杰获2013年度安徽省科技进步三等奖，何普泉获2014年度安徽省科技进步二等奖，夏冬波、周利、武永胜、刘斌、朱海燕、储晓琴、张其旺、杨德云、王兆贤、蒋晓玮、韦翔宇、童家云、姚玲玲等社员分别获国家、省、市级有关部门表彰奖励。

【参政议政】 九三学社市委2013年的调研报告《关于加快安徽农业物联网建设的建议》《关于城镇化进程中“村改居”社区管理的问题及建议》是九三学社省委参政议政招标课题，均获九三学社省委2013年度参政议政课题成果二等奖。《我省农民市民化进程中的问题与对策建议》作为省政协资政会书面发言，《关于大力促进我省微型企业健康发展的建议》作为九三学社省委集体提案，均获九三学社省委参政议政课题成果三等奖。《保护利用好淮军文化资源为“大湖名城”增辉添彩》和《关于进一步加强和完善“村改居”社区管理的建议》均获2013年度市民主党派工商联参政议政调研成果三等奖。

2014年，九三学社市委就“光伏产业”“农业物联网”“养老产业”“滁河干渠水源通道”“农村宅基地”“大气污染”“环巢湖综合治理”等7个课题，赴全椒、泰州、六安等地以及市供电公司、市发改委、阳光电源有限公司、朗坤物联网公司等单位调研。其中，课题《关于进一步加强我市农业物联网示范工程建设》是九三学社市委首次承担的合肥市软科学研究项目。《关于立法保护滁河干渠水源通道安全的建议》《关于进一步加强我市农业物联网示范工程建设》作为2014年度报中共市委统战部的专题调研课题。

九三学社市各级人大代表、政协委员认真履职，提交建议案、提案100余件。提交市政协提案40件，其中2件由副市长领办，2件由市政协专委会督办。九三学社市委的《关于巢湖的治理宜采取内外结合全方位综合治理思路的建议》、何庆瑞的《关于加快我市学前教育发展几点建议》、刘辉的《关于推行家庭光伏发电工程 推进我市太阳能光伏产业发展的建议》、金萍的《关于减缓城市空气环境恶化的建议》、夏冬波的《关于合肥城隍庙改造要恢复一条历史文化街区的建议》等5件提案被评为市政协十三届一次会议优秀提案。其中，夏冬波的提案得到了合肥市、庐阳区两级政府的高度重视，城隍庙改造得以实施。在县区级“两会”上，许桂宝、任重鸿、戴绍平分别被评为瑶海区、庐阳区、蜀山区“优秀政协委员”，宋青被评为蜀山区“优秀人大代表”；黄胜明和凌红兵的2件提案被评为“瑶海区优秀提案”。

在1月召开的市政协十三届二次会议上，社员夏冬波代表九三学社市委作题为《保护利用好淮军文化资源 为“大湖名城”增辉添彩》的大会发言；《关于进一步加强和完善“村改居”社区管理的建议》作为大会书面发言；九三学社市委副主委许桂宝代表瑶海区政协作题为《关于强力推进我市国家级老工业区搬迁改造的建议》的大会发言。5月，九三学社市委承办一期《政协论坛》——“打好淮军文化牌”，在合肥电视台播出。6月，戴绍平受邀参加2014年国际工程科技大会，作题为《雾霾治理工程管理若干问题研究》的发言。9月，王永定参加在北京召开的九三学社“农村土地制度改革座谈会”，作题为《安徽省农村宅基地管理机制及创新工作开展情况的调研报告》的专题汇报。在10月份召开的市政协委员资政会上，许桂宝作题为《关于加速推进我市光伏产业健康发展的建议》的口头发言，黄胜明的《深化大气污染治理的建议》作为书面发言。在11月召开的中共市委社情民意座谈会上，张其旺的《关于加快推进我市养老服务体系建设的建议》作为书面发言。

8月，九三学社市委成立了信息工作小组，全面推动信息工作的开展。全年报送信息200多篇，刘泽的《建议农业部与财政部及时开展对“现代农业产业技术体系”的综合评估》和《建议科研经费实行“财年”管理制度》两篇信息被全国政协采用，实现了零突破。《无人机生产销售使用亟待规范》（戴绍平）、《现代农业发展中地方配套资金存在的问题和建议》（徐志仓）等11篇被九三学社中央采用；《规范我省中小学生军训的几点建议》（韦翔宇）等22篇被省政协采用；《国企改革应尽快打破用工双轨制》（贾晓洁）等16篇被中共省委办公厅及统战部采用；《进一步调研论证大规模推进秸秆发电的可行性》（戴绍平）等5篇分别获副省长杨振超、梁卫国、詹夏来批示，其中《建议公司化运营省农村信用社信息技术中心》（郑敏）等4篇得到有关部门反馈；《国企改革应尽快打破用工双轨制》（贾晓洁）被评为“省政协优秀信息”。还有多篇信息被中共市委统战部、市政协采用。

【社会服务】 九三学社市委开展了“百名专家乡村学堂讲科普”活动。程乐华、凌默依、陈群、刘珉燕、唐敏、任剑峰、孔祥云、吴学勤等8名社员专家赴巢湖市黄麓镇中心学校、肥西县滨湖学校等13所中小学及合肥幼儿师范高等专科学校，为3000多名学生讲授科普知识。社员夏冬波先后三次在合肥一中、“合肥文化大讲堂”讲授周瑜、丁汝昌等历史人物故事，让更多人了解了合肥的历史文化。

3月，九三学社蜀山区基层委组织社员医疗专家赴该区小庙镇郑岗村开展送医药下乡活动。5月，巢湖市5名社员结对帮扶巢湖市烔炀中学贫困生。8月，凌红兵捐款3万元资助高刘镇10名特困大学生。9月，庐阳区7支社为岳西县包家中心学校捐助价值5000元的学习用品；同月，联系对接合肥一中为金寨县果子园乡3名学生提供免费就读，累计已有13名贫困学生得到资助。11月，九三学社市委“同心示范工程”暨“第26届国际科技与和平周”活动在巢湖市举行，为槐林镇第二敬老院老人健康体检，并送去价值近万元的棉大衣、食品等过冬物品。同月，庐阳区基层委为长丰县岗集敬老院捐赠5000元慰问金。

（阚春秀）

合肥市工商业联合会

【概况】 2014年，合肥市工商业联合会（合肥市总商会）团结和引领全市非公有制企业，创新作为，先行先试，推动全市非公有制经济发展和全面深化改革。市工商联认真开展党的群众路线教育实践活动，深入开展非公有制经济人士理想信念教育实践活动，进一步组织做好基层组织建设工作，积极开展参政议政、经贸服务、维权维稳、光彩事业等各项工作。市工商联获2014年度“安徽省工商联系统宣传工作先进单位”称号和2013年度合肥市民主党派工商联专题调研工作组织奖。

市工商联有主席1名，副主席 45名（其中专职6名）；市总商会有会长1名，副会长36名，秘书长1名，常委、执委共274名。有会员27305个，其中企业会员13955家，个人会员13555人，团体会员139家。市工商联牵头组建和联系的行业商（协）会组织有72家。

【思想建设】 市工商联认真开展党的群众路线教育实践活动，全面学习贯彻落实中共十八届三中全会精神、习近平总书记“三严三实”讲话精神，以及省市关于发展民营经济和全面深化改革的政策文件精神，着力提升工商联人员的理论水平、道德修养和个人素质。领导班子带队分别走访86家会员企业、商（协）会和基层工商联，深入交流，促膝谈心，征求意见和建议93条，发现问题及时帮助协调解决，进一步加深感情，密切联系。先后组织参观肥东县新四军东进抗日纪念馆、长丰县双河集农民暴动纪念馆和杜集五七干校旧址、庐江县新四军江北指挥部旧址，接受爱国主义教育，坚定理想信念。集体观看反腐倡廉警示教育展、《四风之害》《苏联亡党亡国二十年祭》等警示教育专题片，赴义城监狱开展廉政警示教育，签订个人廉洁自律承诺书，用警示教育的“正容镜”，正身清心，警钟长鸣。领导班子及党组成员按照要求撰写了对照材料，排查“四风”问题，坚决闻过即改。召开了专题民主生活会，先后制订出台12项制度，改进文风会风，完善财务管理体系。

在上年开展非公有制经济人士理想信念教育实践活动基础上，进一步细化活动计划，加强典型宣传，注重活动效果。与市委宣传部联合开展“理想信念教育”宣传月活动，在《合肥日报》等主流媒体上开辟活动专栏，联合《合肥日报》《江淮晨报》《合肥晚报》、合肥广播电台、合肥电视台等6家媒体，对中汽集团等10余家代表性企业进行系列专访报道。会员企业积极践行社会主义核心价值观，发挥主力军作用，为合肥发展建功立业。科大讯飞董事长刘庆峰入选“2013中国经济年度人物”。合肥百大集团董事长郑晓燕入选福布斯“中国漂亮100”女性商界精英排行榜。安利股份入选“中国轻工业塑料行业（人造革合成革）十强企业”。华威药业获“全国工人先锋号”称号。科大讯飞“追梦”研发团队、中环投资集团董事长余竹云等当选“2013安徽年度经济人物”。文一集团董事长周文育、利民集团董事长刘同春当选“合肥十大经济人物”。华清公司获“中华全国工商联科技进步优秀奖”。发挥市工商联网站和会刊作用，出版10期《合肥民商》，专设“理想信念教育”“工商联与民营经济共成长”等栏目。编辑出版《新徽商　大湖梦》一书，省委常委、市委书记吴存荣为该书作序，共收录40名合肥市知名企业家的发展历程和典型事迹。

【组织建设】 市工商联进一步组织做好基层组织建设工作，分别在合肥高新技术产业开发区和合肥新站综合开发试验区成立工商联（商会）组织，实现市属各县（市）区、开发区工商联组织全覆盖。坚持广泛性和代表性相结合原则，加强工商联会员发展，新吸收会员360家，会员企业总数达27363家。帮助指导皖西、定远、台州，策划黄山、池州等地商会换届工作。新组建合肥市电器商会、合肥市瑶海区工商联服装商会等，直属行业协会（商会）达71家。

深入开展学习型机关建设，加强机关人员对党的理论和路线方针政策以及现代市场经济、法律等方面知识的学习。进一步将“机关大讲堂”“商会大讲堂”活动制度化，将参学人员扩大到县（市）区、开发区工商联、商（协）会和会员企业，全面贯彻学习中共十八届三中、四中全会等文件精神。认真贯彻中央“八项规定”等党风廉政建设规定，严格执行财务制度，严控“三公”经费支出。不断加强机关管理制度建设，改进工作作风，努力实现机关工作科学化、制度化和规范化。机关工会和支部认真履行职责，共同营造团结敬业的浓厚氛围。

【参政议政】 在市政协十三届二次会议上，工商联界别及会员企业中政协委员提交提案51件。其中，张华庆提交的《关于解决市政务中心停车难的建议》由市委常委杨思松阅批；童跃辉提交的《关于推动我市新型城镇化建设的相关建议》由市政协副主席王贤泰督办；市工商联提交的《关于发展合肥民营经济，促进经济转型升级的建议》和《关于提高办事效率，为解决中小企业经济纠纷保驾护航的建议》分别由副市长吴建国领办和政协专委会督办。市工商联主办提案1件，会办提案2件，以“企业社会责任”为主题拍摄了一期“政协论坛”电视节目。在市政协对十三届一次会议以来的提案评选表彰中，市工商联届别委员提交的5件提案获“优秀提案”奖，市工商联获“优秀提案先进单位”称号。

市工商联配合各级领导到合肥开展多项调研活动。省委常委、市委书记吴存荣在年初的“走访慰问工商联及企业家座谈会”上，与企业家面对面畅谈合肥经济发展，对工商联在服务全市非公有制经济发展方面所作的贡献，予以充分肯定，市领导董昭礼、凌云、杨思松、韦弋等参加了座谈会。全国工商联党组副书记、副主席黄小祥，中央统战部五局副局长桑福华，省委常委、统战部长沈素琍，省政协副主席、省工商联主席李卫华，省委统战部副部长操建华，省委统战部副部长、省工商联党组书记徐发成分别到合肥开展调研活动。黄小祥在实地考察了合肥高新技术产业开发区和长丰县的部分高新技术企业后，赞叹合肥市“大湖名城、创新高地”的战略定位、“创新驱动”的发展战略。11月3日，全国政协副主席、全国工商联主席王钦敏，在安徽调研非公有制企业法律服务工作，市委统战部副部长、市工商联党组书记、第一副主席夏向东代表合肥市作民营企业法律服务工作专题汇报，受到王钦敏充分肯定。

市工商联积极组织撰写调查报告，《关于非公经济代表人士思想政治工作的意见》被评为2013年度全市统战系统调研一等奖，市工商联获“2013年度合肥市民主党派工商联专题调研工作组织奖”。《坚定理想信念，实现健康发展》获2013～2014年度全省工商联系统优秀调研成果二等奖；《政策扶持与产业引领结合，积极促进合肥市餐饮业转型突破》获三等奖。

【经贸服务】 市工商联开展兼职副主席（副会长）联系常委、执委工作，制订出台《合肥市工商联兼职副主席（副会长）联系常、执委制度》，以企业家副主席（副会长）为组长，每组四到五名常、执委为组员，共组建53个小组开展活动，发挥企业家副主席（副会长）及全体常、执委的团体作用。活动既加深了会员企业间的交流和了解，又为会员企业提供了良好的合作平台。

加强与长江中游城市群省会城市工商联（商会）合作。组织部分会员企业，参加长江中游城市群四省会城市工商联（长沙）商会合作交流会，与武汉、南昌、长沙、岳阳、湘潭、株洲等市工商联（总商会）及企业家代表进行座谈交流。四省会工商联签署了《长江中游城市群四省会城市商会合作协定》，建立协同创新机制，共同搭建科技服务、信息服务、智力服务、维权服务四大平台，联合打造工商联合作的区域品牌。

积极融入助推“合肥经济圈”发展。参加在定远县举办的合肥经济圈城市党政领导第五次会商会议、合肥经济圈峰会。承办合肥经济圈商会合作交流会，与淮南、六安、滁州、桐城、定远五市（县）工商联签订《合肥经济圈城市商会合作协定》，进一步发挥商会优势，推动区域间民企合作，促进合肥经济圈全面发展。积极开展“合肥民企进巢湖、庐江、定远”活动，促进合肥经济圈内合作交流。

做好经贸合作和招商引资工作，推进企业合作。组织60家商（协）会秘书长及有关企业负责人，参观考察庐阳区都市产业园“工投·兴庐科技产业园”和标准化厂房示范项目，服务中小企业与工投集团优势合作。借安徽省福建商会换届之机，组织召开“全国知名闽商·合肥”招商推介会。组织16家企业与宁夏固原招商代表团洽谈合作。加快推进定远商会在定远筹建的产业园项目，瑞森公司分别在定远和巢湖投资生物和农业产业化项目。开展“走出去”招商，组团赴福建莆田等地开展招商引资工作；组织14家商（协）会秘书长赴台湾开展考察和经贸活动；组织5家企业参加长沙民间投资项目对接会，加强与长江中游城市群商会、工商联的联系，推进国购集团意向投资长沙建设文化产业园项目。服务“引进来”项目，加快推进由福建闽商投资集团在庐阳区投资建设的“城市商业综合体暨商会总部基地”项目；对接安徽省厨具商会、安徽净水行业协会洽谈厨具产业园项目和净水产业园项目，净水产业园项目框架协议签约。

做好为企业服务工作。做好企业培训，开办3期“商会大讲堂”活动；与中欧国际工商学院合作举办《人才发展：企业成长与守恒之道》论坛；组织举办赴清华大学、人民大学高级研修班、2014年度商（协）会秘书长培训、《劳动合同法》培训等多个专题培训班，参训人员达1500余人次。关注企业用工，结合2014年“全国工会就业援助月”暨大型招聘活动，组织46家会员企业参加，提供招聘岗位2100余个，为求职者与用人单位搭建对接平台，解决企业招工难问题。鼓励民营企业参加百强排序等活动，及时完成“科学技术奖”和“百强排序”申报工作，组织80家规模以上民营企业申报参加“2013年度安徽省上规模民营企业经营情况调研及百强排序”；组织5家民营企业参加2014年全国工商联科学技术奖、科技创新企业家申报。合肥荣事达太阳能有限公司、安徽同兴科技发展有限公司入围2014年全国工商联科学技术奖评选，安徽富光实业股份有限公司董事长吴秀杰入围2014年全国工商联科技创新企业家评选。市工商联副会长企业安徽国购投资集团入选2014年中国民营500强企业榜单，全市34家企业进入2014安徽省民营企业百强榜单。建立融资合作机制，引导民营企业与金融部门开展战略合作。市工商联与安徽嘉和投资管理有限公司共同主办中小企业股权融资业务推介会，为中小微企业融资拓展渠道。协助蜀山区政府与民生银行合肥分行签订战略合作协议，成立三里庵街道城市商业合作社和金融管家俱乐部。服务企业管理创新，组织东方节能、华丰印务、东正科技等多家企业，与北京海川视野管理咨询集团合作开展企业管理创新活动。规范促进商（协）会建设。加强对商（协）会的管理和服务，规范商（协）会的换届、年会等活动，召开“共建聚力量　创新谋发展—2014年合肥市行业协会商会工作交流会”，表彰合肥泉州商会等17家商（协）会先进单位和18名先进个人。

【维权维稳】　市工商联与市人民检察院、市司法局、市仲裁委、市中级人民法院、市人力资源和社会保障局等部门联合，在全省率先探索开展法律维权共建活动。挂牌成立合肥仲裁委总商会仲裁分中心，组建了覆盖全市工商联系统的维权工作联络员队伍。与市检察院联合成立服务和保障民营经济发展领导小组，印发《关于服务和保障民营经济健康发展的意见》《关于开展非公企业预防职务犯罪工作的实施意见》，推荐7家非公有制企业成为首批示范共建单位。与市司法局联合开展民营经济法律维权与服务专项行动，组建由84名律师组成的“民营经济律师服务团”，提供法律援助等特色服务。加强法律维权方面的专题培训，提升企业维权意识和能力，在参加三方四家协调劳动关系基础上，与市人力资源和社会保障局联合举办《规范用工行为，合理规避用工风险》专题讲座，300多人参加培训。组织五金商会等商（协）会秘书长参加全国商会劳动争议预防调解能力建设培训班。

【光彩事业】　市工商联倡导企业履行社会责任，引导民营企业家致富思源，参与光彩事业、慈善事业，履行社会责任。合肥市石材商会捐助长丰县、金寨县2所小学及困难商户25万元款物。合肥市安庆商会筹资200万元成立“安徽省阳光爱心慈善基金会”，开展救助活动。合肥阜亳商会捐赠困难家庭及敬老院10万元。省闽商控股集团公司举办第五届“闽商行·走进千万家”活动，慰问铜陵路街道、七里站街道40户特困家庭。合肥南安商会捐赠8万元助学助教。合肥市天台商会、泉州商会分别为2个患病家庭各捐款4万元。市工商联（市商会）会员企业全年累计向光彩事业、公益事业、慈善事业等捐款捐物逾1000万元。

积极参与美好乡村建设，多次赴巢湖市黄麓镇西杨村、花塘村开展慰问困难群众和义务劳动，机关党支部与花塘村党总支结对共建。向全市民营企业发出《发挥民营企业作用　为建设美好乡村作贡献倡议书》，号召民营企业开展村企共建，扶贫济困，共建美好乡村。市工商联牵头华泰集团、合肥泉州商会、合肥建筑设备租赁商会联合捐款20余万元支持结对帮扶村，共建美好乡村。与岳西县白帽镇土桥村党支部签订结对共建协议，安徽宝业集团捐款2万元结对帮扶土桥村共建美好乡村。

（杨贤成）

合肥市总工会

【概况】 2014年，合肥市总工会紧紧围绕打造“大湖名城、创新高地”发展目标，同心协力，狠抓落实，投身经济社会发展取得新业绩，促进社会和谐取得新成效，工会组织凝聚力得到新增强，工会全面发展水平得到新提升，在奋力开创合肥建设和发展的新局面中做出积极贡献。市总工会先后荣获全国“安康杯”竞赛优秀组织单位、全国贯彻落实工资集体协商三年规划先进集体、全国工会财务工作先进单位、安徽省组织劳动竞赛先进单位、全省工会创新工作示范单位、安徽省职工书屋建设使用成果一等奖、全省工会调研工作示范单位、合肥市2013年度民生工程实施工作先进单位、合肥市2013年度社会管理综合治理良好单位等荣誉。

【围绕中心服务大湖名城建设】 市总工会组织开展“中国梦·劳动美·合肥篇章”全市职工主题劳动竞赛活动，深入推进重点工程劳动竞赛活动。五一前夕，召开先进表彰大会，表彰市劳动模范（先进工作者）和五一劳动奖章各100名，先进单位80个，先进集体100个，市五一劳动奖状和工人先锋号各100个。完成市第三届职工创新成果奖评选表彰活动，收到申报项目637项，其中116个项目、114人获表彰。以此为助推，积极开展劳动竞赛和技术创新活动，开展劳模创新工作室选评活动，大力弘扬劳模精神，做好劳模服务管理，发放劳模“三金”535万元，为劳模提供体检、疗休养等服务1974人次，组织百名退休劳模参观合肥大建设。

【维权帮扶促进劳动关系和谐稳定】 扎实开展困难职工帮扶活动，2014年元旦春节期间，共发放送温暖款物1486万元，慰问困难职工26035户；助学困难职工（农民工、劳模）子女1958人，发放助学款305万元；市职工帮扶中心提供大病、生活等各类救助2298人次，救助金额401万元。完成“全国工会就业援助月”启动仪式暨大型招聘会活动，北京、上海等8个外省市和省内兄弟城市以及合肥市600多家企业及职业介绍机构参加招聘，提供近10万个工作岗位，12758人达成就业意向。依托市职工大学、市职工技术协会开展免费技术技能培训，市曙光职工就业服务中心举办各类招聘会49场。积极开展职工法律援助和劳动争议调解工作，接待咨询800人次，为职工提供法律援助案件182件，挽回经济损失310万元。广泛开展“安康杯”竞赛活动，大力推行企业厂务公开民主管理，全市已建会企业中厂务公开和职代会建制率达85%。

【推进工会组织建设和工资集体协商工作】 健全和完善“实名制建会，台账式管理”建会模式，加强督导检查，落实通报制度，工会组建和会员发展工作成效显著，全年新建企业工会3337家，发展会员38367人，在全国非公企业法人数据库中，合肥市正常经营企业建会率达86%，职工入会率超过95%。目前，全市工会组织已达12365个，涵盖法人单位26990家，会员110万人。加强基层组织规范化建设，深入开展“双亮”“评家”等活动，全年举办15期基层工会干部岗位培训班，培训基层工会干部1200人次，着力提升基层工会干部能力水平。采取强化队伍建设、典型引路、下发指导规范等措施，大力推进工资集体协商、签订集体合同工作，全年新签订集体合同的企业3636家，覆盖职工7.25万人，目前全市累计签订集体合同的企业19973家，覆盖职工86.17万人，集体合同报审率和备案率100%，已建会企业集体合同签订率动态保持在90%以上，女职工专项集体合同覆盖率90%。

【推进职工素质工程】 努力贴近职工需求，以职工书屋建设为载体，稳步推进职工素质工程，努力培养造就高素质职工队伍。2014年，在各级工会的共同努力下，全面完成200家市民生工程——省级职工书屋标准化建设任务，投入资金1173万元，该项目已连续3次被市民生办委托第三方绩效评价评定为“优”。丰富职工文化生活，评选首批十大“职工文化体育活动示范基地”和“职工文化体育活动品牌项目”，组织五月风书画院成员深入企业开展义务写春联、创作交流笔会、作品巡展，举办“中国梦——劳动我最美”全市职工摄影比赛、合肥女职工职业装展演、第八届农民工歌唱比赛、送电影到工地等活动。文明行业创建工作成效显著，全市23个窗口行业开展“礼貌待人、诚信服务”竞赛评选活动，打造群众满意的优质服务窗口，市创建文明行业活动指导委员会办公室聘请11名市政协委员担任窗口行业单位特约监督员，加大文明行业创建工作力度，市总工会成立8个督查组，对创建工作先后进行三轮督查，为合肥成功争创全国文明城市作出积极贡献。

（崔 莉）

合肥市第三届职工技术创新成果获奖项目名单

特等奖（2个）

1. 控失复合肥料（中盐安徽红四方股份有限公司 束维正）

2. 大型化工反应釜底搅拌系统 （合肥华升泵阀有限责任公司 蔡明虎）

一等奖（5个）

1. 科大国创应用集成平台系统 （科大国创软件股份有限公司 冯强中）

2. 内涨式底部灌浆矢量索锚（安徽金星预应力工程技术有限公司 陈宜强）

3. 高透低雾聚酯薄膜（合肥乐凯科技产业有限公司 周通）

4. 低品位硫铁矿资源综合高效利用技术与装备 （安徽新中远化工科技有限公司 刘斌）

5. 园区智能语音控制调度系统 （安徽讯飞智元信息科技有限公司 高杰）

二等奖（10个）

1. 公路隧道穿越采空区及煤层施工技术研究 （中铁二十四局集团安徽工程公司 王辅胜）

2. 全自动泡沫模型成型机用3t叉车机械变速箱壳体消失模铸造模具的自主设计制造（安徽合力股份有限公司合肥铸锻厂 徐琤琤）

3. 新型非对称隔油提升一体化设备创新设计与应用 （安徽天健水处理设备有限公司 李文兵）

4. 建筑固体废弃物综合利用技术的研究与应用 （中建四局第六建筑工程有限公司 刘芳玲）

5. HL-80Na/A超高温特种空调（合肥天鹅制冷科技有限公司 孙英）

6. 印制板加工合页夹定位方法 （安徽四创电子股份有限公司 管美章）

7. 1000KV格构式构架安装施工工法 （安徽送变电工程公司 黄从宽）

8. 合肥市首款NB用14寸超级本液晶模组背光源设计开发（合肥京东方显示光源有限公司 刘同敏）

9. 创新构建统一平台，实现生产现场“一站式”管理 （安徽中烟工业有限责任公司合肥卷烟厂 王海英）

10. HFC6591KHXCF型专用校车（安徽江淮汽车股份有限公司乘用车制造公司 潘永志）

三等奖（17个）

1. 轴向斜盘式液压柱塞泵（安徽博一流体传动股份有限公司 方再全）

2. 变频控制器检测工装 （格力电器（合肥）有限公司 施清清）

3. 大容量超节能变频对开门电脑温控冰箱 （合肥荣事达三洋电器股份有限公司 杨堆）

4. 交流驱动节能型电瓶叉车（安徽梯佑叉车股份有限公司 张齐琦）

5. 转新型双价基因(Cry1Ac+ApI)棉花新品种产业化（合肥丰乐种业股份有限公司 马惠应）

6. “电能与化学能转换”自制教具 （肥东县城关中学 薛兆权）

7. 电网运行设备在线监测装置 （合肥天海电气技术有限公司 贺伟）

8 一种复合双向齿轮油泵（安徽省皖捷液压科技有限公司 王维堂）

9. 依山而建高落差倾斜结构施工关键技术集成研究与应用（中建四局第六建筑工程有限公司 刘睿）

10. 电动客车专用驱动电机控制系统（安徽安凯汽车股份有限公司 王修满）

11. 感应式罐体焊缝烘干加热装置 （合肥顺昌分布式能源综合应用技术有限公司 丁增敏）

12. HCH-100型氦气回收纯化设备 （安徽万瑞冷电科技有限公司 傅剑）

13. 合家福自动补货系统（合

肥百货大楼集团股份有限公司 潘曙）

14. 龙虾前处理生产线 （安徽祥瑞食品有限公司 马瑞）

15. 建筑模板用聚丙烯塑料的制备及应用（合肥杰事杰新材料股份有限公司 孙利明）

16. ZH100 高速装盒机 （安徽正远包装科技有限公司 李红）

17. 复合式空气净化器（安徽宾肯电气有限公司 张文局）

（崔 莉）

共青团合肥市委员会

【青年创业就业深入推进】 2014 年，共青团合肥市委员会成功举办“科农行”杯第二届合肥青年创业大赛，发放奖金 13.5 万元；合肥电视台《新徽商》栏目播出 3 期青年创业特别节目；推荐 3 个项目参与“盐商杯”全国创新创业大赛，获得安徽赛区创业类和创意类一等奖。组织 9 场小型项目资本对接会，帮助 7 家企业成功融资。推荐 14 家企业成功申报合肥市优质工业小微企业。建成 3 个青年创业园，并全面成功申报安徽青年创业园创建单位；推荐 11 个项目、62 家企业成功入驻；协助 60 家入驻企业落实政府房租补贴奖励政策。向 246 名青年发放小额贷款 3182 万元，带动 1396 人就业。明确农村青年致富“领头雁”培养目标任务和措施办法，举行政府部门与农村青年致富带头人“倾听心声，共促发展”座谈会。举办优秀青年企业家与大学生村官结对扶持活动，组织召开现场帮扶对接会。开展 12 期 SYB 创业培训和青年职工技能培训、赛飞创业培训等，培训青年近 6000 人。组织 40 多家企业提供 1400 个岗位参加“春暖皖江”服务青年就业招聘会；开展 4 场社区青年就业公益招聘会，30 多家企业提供 1000 多个工作岗位；面向大学生和青年常年免费开展就业公益招聘，提供 1.5 万多个就业岗位；提供 930 个就业见习岗位，建立见习示范基地 25 个。举办合肥市第三届大学生职业生涯设计暨创新创业大赛。组织青年精英进校园开展“与人生对话——飞 young 青春梦”主题教育活动，在高校内建立大学生创业孵化园区。评选表彰 23 名市级“青年岗位能手”，推报 2 人荣获“全国青年岗位能手”。中央电视台七套《致富经》栏目播出合肥市农村青年的创业事迹。

【特殊青少年群体服务帮扶工作继续强化】 首轮铺开五类重点青少年群体服务管理工作的 3 个县区，深入推进协助管理青少年事务工作，通过全国考核认定，得到全国督查组的高度肯定。开展市 12355 青少年服务台、市青联与省律师协会未成年人保护委员会进安徽省未成年犯管教所，关爱失足少年帮教捐赠活动，开展“12355”普法校园行——“法治在我心·共圆中国梦”法制教育专题讲座 9 场，开通 12355 微信公众平台，持续更新 12355 官方微博，打造 12355 品牌。对全市 287 个优秀“青少年维权岗”单位进行重新复核认定与备案登记。深化希望工程等各类爱心助学工作，市本级募集爱心捐款 98.12 万元，发放大中小学生助学金超过 340 万元；全市各级团组织累计发放大学生助学金 359.1 万元，资助 1238 人。梳理优化爱心助学流程和标准，制定《合肥市希望工程专项资金管理制度》，编撰印制《为爱加油——中石化合肥市青少年教育发展基金使用情况辑录》。希望工程项目获评 2013 年度市本级财政支出绩效考核“优秀”等次。推动“关爱行动”项目制度化、常态化发展，集中开展六一“送温暖”慰问活动，关怀农民工子女和留守儿童。

【区域化团建探索铺开】 在选择 13 个街道试点的基础上，在一市四区和四个国家级开发（试验）区全面推进城市区域化团建工作，成立街道（大社区）区域共建委员会 55 家，新建街道直属团组织 1239 家，联系企业近 900 家、青年社会组织 91 家，成立青年社会组织联谊会 19 家，配备专兼职团干部共 567 人，配备青少年社工或专职志愿者共 221 名；41 个街道建立青少年综合服务平台，普遍建立青年交流、交友、社区参与的网上平台，一街一品工作项目基本形成，如庐阳区三孝口街道的老城帮客志愿服务、青年 E 站，包河区包公街道爱心小屋、烟墩街道“五彩烟墩”社区文化艺术课堂，瑶海区大同路街道繁昌路社区职业培训、和平路街道邻居节，新站区三十头社区农民工子女关爱，经开区五彩相亲角、小蘑菇课堂、亲子阅读营、爱心银行等；开展区域性活动 407 场次，参与群众 2 万人次。

【青年社会组织建设破题启动】 团市委贯彻落实全团青年社会组织工作会议精神，开展青年社会组织调查摸底，初步掌握了其数量、规模、类型、分布、特点、困境等基本情况，与 65 个青年社会组织建立经常性联系，强化了与合肥市春芽残疾人互助协会、华益助弱服务中心、快乐童年公益阅读坊等公益青年社会组织的合作交流，吸收 12 名青年社会组织的发起人或骨干加入市青联。通过开展“轻松备考阳光行动”“青少年法制宣传月”等重要的活动项目，引导青年社会组织更多地参与到公益行动和志愿服务活动中，参与社会治理创新，参与文明城市创建。积极申报设立青少年事务方面的政府购买服务项目，推动8家社会组织参与公益创投项目，获得支持资金96万元；帮助4家青年社会组织协调办公或活动场所；帮助合肥市春芽残疾人互助协会解决教学点装修费用10余万元。

【创新青少年权益工作】 团市委积极开展全国青少年权益工作创新试点，选择“推进青少年权益工作法制化进程、探索建立社会化维权工作体系、促进未保工作机构有效运转、完善青少年权益工作的组织化机制”四个方向推进试点创新，联合市综治办制发了《合肥市“青少年权益工作创新”试点工作实施方案》。推动市人大代表、政协委员提交了加强未成年人法制保护的建议和提案，与未保专家磋商未保立法事宜，争取市人大重视支持开展了未保立法专题调研。协调公检法司等部门，强化“涉案未成年人社会调查、合适成年人到场监督、未成年人违法犯罪记录封存、涉案青少年心理辅导矫正”四项制度贯彻执行，探索青少年司法制度创新，合肥市“未成年人刑事案件社会调查员制度”获评全国“未成年人健康成长法治保障”制度创新优秀事例。联合市综治办等部门召开市青少年事务社会工作专业人才队伍建设推进会和座谈会，出台合肥市《关于加强青少年事务社会工作专业人才队伍建设的实施意见》。开展青少年法制宣传月活动，并在全市范围内开展青少年法制宣传教育精品课程评选。举办长三角都市群少年司法研讨会，来自上海、南京、杭州等长三角地区城市的政法机关、团组织、高校等单位的领导和专家出席活动。

（张　乐）

合肥市妇女联合会

【概况】 2014年，合肥市妇联围绕中心、服务大局，求真务实、开拓进取，坚持总体提升与发展创新、顶层设计与基层探索、整体推进与重点突破相结合，聚焦“两家”（家庭工作、妇女之家），全力推进“六大工程”，团结带领全市广大妇女和家庭在建设“大湖名城、创新高地”的伟大征程中，实现新作为、贡献新力量。2014年度市妇联荣获全省妇联系统目标管理考核先进集体、合肥市防范和处理邪教工作先进集体等称号。

【推进家庭工作】 充分发挥妇联组织在家庭工作中的独特优势，促进社会细胞健康律动，稳固社会和谐发展基石。一是弘扬美德担当主角。家庭美德是幸福生活的力量源泉，市妇联在全市范围发起“创建和寻找最美家庭”总动员，编写传唱家庭美德歌、征集家规家训，举办演讲赛、摄影赛、绘画赛、家庭运动会，晒家庭幸福生活、讲家庭和谐故事、展家庭文明风采、秀家庭未来梦想，300余场活动吸引数万家庭踊跃参加，电视展播50户幸福家庭故事，涌现出全国、省、市最美家庭13户，形成积极向上的社会正能量。

二是家庭教育花开有声。市妇联以城乡社区家长学校为阵地，以丰富多彩的宣传实践活动为抓手，以专兼职相结合的家庭教育工作队伍为依托，广泛开展家庭教育指导和服务。实施“家庭指导师培训项目”，60名妇联干部、社区工作人员获国家级家庭教育指导师证书，依托九型人格俱乐部，深入社区开展性格培养服务，改善家庭关系。开展“做智慧父母　建幸福家庭”百场家庭教育进社区、家庭教育宣传实践月活动。市家教研究会被国家关工委认证为全省首家家庭教育指导站。探索运用微信、网络等新媒体手段，扩大家庭教育的影响力和受益面。

三是家庭服务情暖万家。以加快发展家庭服务业促进就业为目标，市妇联着力在技能培训、职业介绍、家政服务等方面，打造合肥“皖嫂”家政服务品牌。配合有关部门建立合肥家政服务市场，完善家政企业孵化基地，建立一个市妇联“皖嫂”家政服务中心、6个县区分中心，创立“高尚职业修养+扎实理论功底+全面岗位技能+突出专业特长”四位一体培训模式。选择品质优良的妇幼保健院、宾馆酒店建立家政实训实操基地，通过政府购买、家政实体连锁、基层窗口代理等方式，推行家政进社区。深入基层举办全市大型家庭服务业巡回对接会，为广大妇女提供就业服务。

【建设妇女之家】 广泛激发妇女组织活力，让妇女之家真正成为广大妇女儿童平时看得见、关键时刻想得起、遇到问题找得到的幸福之家。一是规划先导，妇女之家建设有“章”可循。出台妇女之家规范化建设的意见，对近期、中期、长期的任务科学规划，梯度推进；对新城区、老城区、城乡结合部、农村、企业等不同区域，因地制宜、分类指导，力争5年内所有妇女之家达到“功能健全、服务有效、管理规范、作用明显、妇女热爱”标准。二是项目运作，妇女之家建设有“力”支撑。争取90万元省妇女创业扶持专项经费项目资金支持妇女之家建设，细化建设内容，量化考核标准，定期开展督查、评估等活动，把妇联各项工作向妇女之家侧重，各项活动下沉，各种贴心服务及时送到妇女群众身边。三是整合资源，妇女之家建设有“求”能应。 引进专业规范的社会组织推进妇女之家建设，努力搭建“联建联动”平台。包河区一年投入120万元，征集妇女儿童和家庭项目18个。例如快乐童年公益阅读坊举办的“小袋鼠社区儿童阅读营”、国祯爱心慈善基金会开展的 “传承家风、国学智造”，为妇女儿童提供了全方位、多元化服务。四是示范引领，妇女之家建设有“样”可学。打造覆盖面更广、互动性更强、传递更迅捷的“合欢e家”妇女之家升级版，在瑶海区大王庙社区开展试点，整合辖区单位、商家资源，引进婚姻家庭咨询师、家园事务所等团队，通过卫星数字妇女之家、门户网站、会员制管理、积分兑换等形式，有效吸引凝聚服务妇女儿童。该模式在全市推广。

【全力推进六大工程】 拉高妇女事业发展标杆，扎实推进“六大工程”建设，全面提升妇联工作水平。一是实施“女性素质提升工程”。举办各类农业实用技术、居家就业等技能培训班142期，培训妇女8236人；举办女性高峰论坛，为女企业家提供咨询服务；举办市女干部、基层妇干培训班，67名妇干取得婚姻家庭咨询师三级资质；实施妇干挂职锻炼，动态管理妇女人才库，推荐优秀妇女人才。联合制作“最美半边天”电视专题片，报道女法医等12个行业的巾帼英姿；合肥日报宣传女特警樊卉等8名省市三八红旗手。全市评选表彰三八红旗手276人、三八红旗集体76个、巾帼建功标兵12人、巾帼文明岗40个，好婆婆、好媳妇、好军嫂127人，树立道德标兵、行为楷模。

二是实施“巾帼创业促进工程”。打造优秀女企业家团队，10个县区成立女企业家协会分会，会员企业800家；召开“践行党的群众路线 服务企业创新发展”女企业家座谈会；举行财经下午茶、诺亚财富行等交流联谊；市女企业家协会成立十周年纪录片《大湖名城商界玫瑰》获全国第六届女性题材电视作品优秀奖。探索妇女自我管理和自我发展新模式，大圩镇妇联成立全省首个镇级“徽姑娘”创业联合会，帮助妇女增收致富，全国妇联副主席、书记处书记喻红秋来肥调研时给予肯定。实施“徽姑娘”农家乐项目，举办“徽姑娘”农家乐服务技能展示赛，提升农家乐服务水平；建立巾帼合作社126家，实施妇女小额担保贷款，为妇女发展搭建平台、提供服务。

三是实施“维权帮扶援助工程”。创新社会性别平等干预服务模式。长丰县掀起性别平等“姓氏革命”，引发全国热议；市县妇联纳入农村土地承包经营权确权登记颁证工作领导组；完成1349个行政村及社区村规民约修订工作；召开妇女儿童维权联席会议，开展国策一法两纲知识竞赛等活动，推动国策落实。建立婚姻缔结连线机制，举办“安徽相亲日”大型公益相亲会21场，协办《我为相亲忙》40期；建立婚姻存续矛盾调解机制，引进“幸福家”典型案例解析坊，开通“三月丽人帮”婚姻家庭咨询热线；建立婚姻解体缓冲机制，干预离婚冲动心理。通过政务直通车、妇女维权热线，受理信访投诉；联合法律援助机构，开展妇女儿童法律援助。

四是实施“文明家庭创建工程”。践行社会主义核心价值观，在第十届普通话大赛中首次设立家庭组别，联合举办市青少年爱国主义读书教育活动，表彰“十大书香家庭”“十大读书之星”，倡导学习兴家；表彰平安家庭1556户，倡导平安保家；举办“亲子环保服装秀”“环保明星传法宝”，倡导绿色美家；组织“当好廉内助 幸福全家人”廉洁家庭动员会暨创建活动，倡导以廉养家。围绕中心工作，出台助推美好乡村建设的实施意见，培树市级五美女性200人，五美农户、五好文明家庭2000户；市巾帼志愿宣讲团等万名志愿者投身“双百行动”，开展文明礼仪宣讲、 “净三线清三边”环境整治等活动；开展家庭树木认建认养，通过自建、助建、捐建等方式，建立巾帼林基地35个。

五是实施“妇女儿童关爱工程”。依托合肥市巾帼妇女发展基金会开展“巾帼圆梦助学”行动，筹资76.1万元援助255名贫困女大学生；引导好波内衣有限公司注册成立安徽元通爱心慈善基金会，向乳腺癌患者捐助10万元并开展“爱在每一天”义乳捐赠；引导安徽静安集团注册成立安徽省出生缺陷救助基金会，为出生缺陷儿干预和治疗提供资助。“安康图书馆”“水印计划”向农民工子女定点学校和农村学校捐赠图书、改善饮用水卫生；“贫困母亲两癌救助”为4万名妇女免费筛查，发放救助金40万元；“启智基金”为21名脑瘫患儿提供84万元救助金；举办市“春蕾计划”实施二十周年纪念活动，募集28.35万元资助贫困女童

362人；387个社区建有儿童之家，妇儿工委成员单位结对帮扶、援建资金近百万元；建立贫困妇女儿童信息库，协调230万元慰问款物开展救助帮扶。

六是实施“组织建设强固工程”。协调解决基层妇联“力量”和“资源”的不足，乡镇妇联主席待遇问题基本落实；各级妇联兼职副主席基本配备；部分乡镇妇联工作经费纳入财政预算。女性进村两委实现“两个百分百，两个提高”，村两委女正职190人，其中村委会女正职119人，比上届提高3.3个百分点。在两新组织和大型国有企业建立妇女组织。围绕妇女儿童发展重难点问题深入调研，撰写《打造规范妇女之家　夯实基层工作阵地》等8篇调研报告在《安徽妇运》刊登。

（沈成惠）

合肥市科学技术协会

【加强全民科学素质行动计划纲要实施工作】 2014年，继续推动合肥市全民科学素质工作深入持续开展，认真贯彻落实《合肥市全民科学素质行动计划纲要实施方案（2013-2015年）》。认真执行安徽省科协关于《省政府与各市及省直管县政府全民科学素质建设目标责任书》文件内容，结合合肥市实际，确定纲要实施初步目标。

【实施社区科普益民计划】 2014年5月，市科协启动了第三批10个市级科普之家建设，每个社区配套建设经费5万元，共补助50万元，区、街道、社区也分别投入配套资金。截至年底，全市已建成社区科普之家15个，在建13个。是年，包河区芜湖路街道曙光社区、庐阳区四里河街道桃花园社区被评为全国科普示范社区，各获得奖补资金20万元。瑶海区全椒路社区、蜀山区家家景园社区获得安徽省科普示范社区10万元配套经费。12月，包河区滨湖世纪社区等5个社区被评为2014年安徽省科普示范社区。

【开展青少年系列竞赛】 3月，举办合肥市第二十九届青少年科技创新大赛。本届大赛共收到作品900多件，参与学生2万多人。各县区选拔报送学生竞赛作品318项、科技实践活动23项、科技辅导员作品41项。经过初评，196项学生竞赛作品、23项科技实践活动、35项科技辅导员作品进入决赛。推荐30项学生竞赛一等奖作品参加省赛，共获得全省13个一等奖中的7项。参加第二十九届全国青少年科技创新大赛。合肥市有4个学生竞赛项目、1个科技辅导员项目代表安徽省参加了决赛和现场展示，获得二等奖1个，三等奖4个，同时获得英特尔英才奖专项奖1个。科幻画项目获得全国奖项7个。科技实践活动项目获得全国奖8个，展示项目创历年最佳成绩。庐阳区科协、合肥力文科学教育有限公司获得基层赛事优秀组织单位奖。

4月，举办合肥市第六届青少年机器人竞赛。本届大赛分为小学、初中、高中三个年级组。共有87所学校的703支代表队、1740名参赛选手和217名教练员参加，参赛人数和规模再创历史新高。在安徽省机器人竞赛中，合肥市代表队获得5个组别42个一等奖中的38项，其中冠军14个。在第十四届中国青少年机器人竞赛中，合肥市9个队代表安徽省参赛，一举夺得5个冠军，占全国冠军数的三分之一，再次改写了安徽省、合肥市机器人竞赛最好成绩，展示了合肥市机器人竞赛超强的实力。合肥三十八中FLL项目、合肥四十二中和合肥八中VEX项目3支代表队，代表中国队赴美国参加2015年机器人世锦赛。

【第12届青少年科技创新市长奖】 举办合肥市第十二届青少年科技创新市长奖评选活动，6名学生获得由张庆军市长亲笔签名的证书，并获得市长奖奖杯和奖金，会上还隆重表彰54名2014年合肥市优秀科技辅导员。安徽日报、合肥日报、新安晚报、合肥晚报、新华网、中安在线等多家媒体参与了活动报道或转载了活动消息。“市长奖”评选活动已经成为合肥市青少年科普教育工作的重要品牌活动，成为创新型城市建设的重要内容之一，为本市营造了良好的创新文化氛围。

【开展学术交流活动】 市科协及所属科技社团共举办、协办、参与各类学术交流活动500余场（次），参加人员7万余人。邀请英国皇家城镇规划学会专家利亚·利奇菲尔德、广东妇幼保健院副院长王颀、北京大学方新教授等专家学者开展交流研讨。举办“中青年医师论坛”“低压智能配电系统技术论坛”等学术活动。全年举办“科技成果转移转化的实践与思考”等18期中国·合肥科学家企业家讲坛活动，在合肥网建立讲坛专门网站，做好宣传和服务工作，积极搭建科学家、企业家沟通交流、展示合作的公益性平台。组织科技人员参加中国科协年会、东盟口腔国际会议、华东片区老科协年会、中华珠算文化专题研讨会等全国性、区域性学术科技交流活动，并作大会交流发言。

【举办第四届中国湖泊论坛】 10月23-24日，由中国科协主办，安徽省科协和合肥市政府承办的第四届中国湖泊论坛在合肥隆重开幕，主题为“湖泊保护与生态文明建设”。中国科协党组成员、书记处书记沈爱民、安徽省政协副主席夏涛等领导出席。孟伟院士、茆智院士、德国M•格拉姆鲍夫博士等22位海内外专家学者分别作“流域水污染控制认识与实践”等学术报告或交流研讨，全国从事环境保护和湖泊研究的专家代表200余人出席。吴存荣书记、张庆军市长、凌云副书记、江洪副市长、王翔副市长等省市领导高度重视、大力支持论坛活动，出席有关活动并对论坛作出工作批示。论坛共征集学术论文158篇，经评审精选辑录92篇汇编成论文集出版发行。形成了《关于加强湖泊生态保护和流域综合治理的建议》，经讨论修改报送国家有关部门供决策参考。论坛举办了“湖泊综合治理与保护”等三个分论坛和“巢湖生态示范区建设座谈会”等活动。

【举办“合肥市2014青少年‘海尔杯’创意大赛”】 本次大赛由市科协主办、市创造学会承办，历时半年多。2014年11月8日在合肥32中召开颁奖大会，全市60多所学校共申报3000余份作品，经评审，对其中292项予以表彰奖励。创意大赛对培养青少年创新精神和实践能力，激励广大青少年积极参与科技创新创意实践活动，培养创新型人才有着重要的意义，做出了积极贡献。

【成立合肥市营养学会等6个学会】 2014年新组建成立合肥市营养学会、合肥市气象学会、合肥市性病艾滋病防治协会、合肥市卫生有害生物防制协会、合肥市健康管理协会、合肥市卫生监督协会，科协组织的力量得到进一步壮大。目前，合肥市科协现有市级学会、协会、研究会49个，分理、工、农、医、交叉五大学科领域，凝聚、联系了全市各学科领域的优秀专家、学者和科技工作者5万余人，是党委政府联系广大科技工作者的桥梁和纽带，是推动全市科技事业发展的重要社会力量。

【参与社会组织第三方评估工作】 2014年 9月，合肥市开展社会组织等级评估，这是全市第一次、大规模、规范化、第三方的社会组织评估工作。市科协所属学会根据《合肥市社会组织评估管理办法》等有关文件精神，积极参加社会组织等级评估工作。合肥市珠算心算协会、合肥市规划学会、合肥市风景园林学会被评定为4A等级（全市共有11个4A组织），合肥市抗癌协会等分别被评为3A、2A等级。3A上的社会组织将获得市财政专项资金奖补，并优先承接政府购买服务项目。

【推动科技成果转化为现实生产力】 2014年合肥科学技术咨询中心积极组织科技人员为企业创新服务，开展各类技术服务项目42项，实现合同金额190万元以上，纳税28万元以上。

“金桥工程”是中国科协组织实施，发挥科协系统专家群体优势，动员广大科技工作者积极参与、有关政府部门支持的公益性科技服务实践活动。按照安徽省金桥办的统一部署及《合肥市科协“金桥工程”实施办法（试行）》的要求，2014年合肥科学技术咨询中心先后完成了合肥地区2013年度“金桥工程”项目的验收工作。以及2014年度“金桥工程”项目的组织申报工作。合肥地区共组织申报“大数据在电力核心业务中的应用研究”等“金桥工程”项目33项，其中信息工程、电力、电子、新能源等高新技术项目所占比重较大，项目的质量和数量也较以往有所提高。中心努力将项目进行推广、宣传，同时为鼓励和调动各方积极性，按照中国科协有关文件精神及金桥工程管理办法和奖励办法，12月，合肥科学技术咨询中心、合肥金桥工程办公室对合肥地区组织实施2014年度“金桥工程”项目的申报单位给予了一定的经费补助，从而促进和推动合肥地区“金桥工程”活动深入持久地开展下去。

【组织承办“企业创新方法培训”活动】 为贯彻落实中国科协事业发展“十二五”规划纲要和国家四部门《关于加强创新方法工作的若干意见》及全国科技创新大会精神，进一步落实安徽省委、省政府及合肥市委、市政府关于实施“5612”工程文件精神，促进科协为企业自主创新服务、增强企业自主创新能力。6月18日合肥科学技术咨询中心与合肥市庐阳区科协联合承办“金桥工程与企业方法培训”活动，庐阳区有关企业分管技术的负责人、总工程师、研发人员、一线技术人员等，部分金桥工程项目实施单位人员共140余人参加了这次培训活动。通过开展“企业创新方法培训”活动和对创新方法的研究、推广与应用，开拓了企业有关人员的创新思维能力，提升其变革创新的能力，并从战略的角度思考企业创新面临的问题。培训活动的举办，对充分发挥科技引领和支撑作用，加强创新体系建设，增强自主创新能力，建设合肥创新型城市具有非常重要的现实意义。同时合肥日报、安徽科技报对这次培训活动都做了相关报道。

【合肥市科技馆】 合肥市科技馆突出改革引领，强化创新驱动，以新思维推动科普事业发展。全年展厅共接待观众60万人次，开展“科普活动进校园、进社区”及科普讲座共30多场（次），惠及公众逾4万人。科普资源共建共享进一步深化，3月至12月，由该馆承接的中国流动科技馆全国巡展皖东南片区的转站工作，已走进含山、巢湖、庐江、五河、全椒等五个县市。科普剧、科学表演秀等演出步入新常态，全年共计展演101场，自主创作的两部科普剧《幻影迷踪》和《干冰秀》，在第二届全省辅导员大赛中获得优异成绩。科普主题讲解也不断推陈出新，打造出“绘本中的科学”“空气的秘密”“水火箭”“飞行的秘密”“胳膊肘朝哪拐”等多套主题讲解，活动形式新颖、内容活泼深受参与者好评。短期临展紧扣时事，围绕市情，高效优质地完成《守望大湖——巢湖的过去、现在和未来》临展的设计展陈，先后在市政务服务中心、校园和社区进行展出，并获得省内多家媒体报道和各界好评。

2014年合肥科技馆获得“安徽省科普产品研发与科普创作示范团队”、“中国数字科技馆优秀二级子站”、第二届科技场馆科学教育项目展评三等奖和优秀奖、合肥市先进爱国主义教育基地等多项荣誉，并连续第三次被中国自然科学博物馆协会评为优秀集体。

【《生物学杂志》】 编辑部按时按质完成《生物学杂志》6期共计120万字的编辑出版工作；2014年全年来稿586篇，《生物学杂志》发稿159篇，占来稿的27%，其中刊登研究报告92篇、综述及专论23篇、技术方法24篇、教学研究20篇，每期平均发稿约27篇。2014年发表国家自然科学基金资助、国家博士后基金项目、国家重点实验室资助项目等国家级基金资助的论文109篇，占发表文章总数的68%；发表省、部级自然科学基金项目资助论文、市级自然科学基金及院校基金项目资助以上的论文155篇，占发表文章总数的97%。2014年杂志社继续开展优秀论文评选工作，共评选出优秀论文一等奖1名，二等奖6名，三等奖11名，其中研究报告13篇，综述专论2篇，技术方法1篇，教学研究2篇。

生物学杂志社承办了“体验现代文明，点燃科技梦想——2014年合肥市青少年科技夏令营”活动。在5天的时间里，学生们感受到上海的繁华，现代高科技的迅速发展。在上海科技馆风格各异的主题展区，生动地演绎着“自然、人、科技”的永恒话题，激发了他们走近科学、参与科学、探索科学的热情，增进了学生们之间的交流、合作与友谊，培养了他们团结友爱、独立生活和自我约束的能力。

（曹忠寿）

合肥市社会科学界联合会（市委讲师团、市社会科学院）

【社科研究工作】 加强社科规划项目管理，征集、发布2013—2014年度合肥市哲学社会科学规划项目课题，采取招投标的模式，从立项到结项全过程公开。7月25日举办以“繁荣发展社会科学　助推合肥转型升级”为主题的合肥市社科界第四届学术年会，围绕深化改革与转型升级、新型城镇化与区域发展、社会主义核心价值观与文化建设、法治建设与和谐合肥四个专题进行了研讨，共收到各类文章160多篇。稳步推进《合肥通史》编纂工作，先后召开编委会、学术指导委员会会议，完成通史初搞修改，并面向300多个单位和个人高广泛征求意见，组织研讨、修改，11月底完成送审稿；出版专题研究丛书《秦汉魏晋时期的合肥史研究》和《明清时期巢湖流域农业发展研究》。

【社科普及工作】 围绕学习贯彻十八大、十八届三中、四中全会精神、习近平总书记系列重要讲话精神、群众路线教育实践活动、社会主义核心价值观等重大选题，组织理论政策宣讲活动近50场（次）。开展“理论政策和社科知识下基层”活动，其中理论下基层每月两次，社科知识下基层讲座每两月一次。邀请省委讲师团理论研究室主任舒伏波、教研室副主任李明娥分别到合肥市开展宣讲。组织宣讲家集体备课，举办示范讲座。涌现出一批优秀宣讲个人，其中包河区退休工人杨泽田被中共中央宣传部评为基层理论宣讲先进个人。完善、拓展宣传普及阵地，办好《合肥日报》理论版，全年共出刊25期、刊稿100余篇；提升《阅读精选》质量，市人大常委会主任熊建辉批示阅读精选：“名副其实”；规范“社科知识与百姓生活丛书”编写出版工作，出版第四辑丛书2册：《合肥工业百年》和《巢湖文化概览》；改进网络宣传，改版、推出《合肥社会科学网》；市社科普及基地运行良好。在“全国第十六次社科普及工作经验交流会”上，大圩镇农民文化乐园被评为“全国人文社科普及基地”。

2014 年合肥市社科知识下基层示范讲座一览表

选　　题	讲席专家	地　点
孝文化传承与当代价值	周怀宇	高新区
地震趋势与应急避险	缪小平	经开区
深刻理解与把握新一届领导集体治国理政新方略——深入学习习近平系列讲话精神	张　彪	蜀山区
企业融资与资本运营技巧	吴成颂	新站区
解读十八届四中全会精神	朱灿平	巢湖学院
争创文明城市　共建和谐家园	方　竞	包河区

2014 年度合肥市社科联获得荣誉一览表

获奖的组织、个人、文章	获得荣誉
包河区大圩镇农民文化乐园	全国人文社科普及基地
市社科联	全国先进社科组织
市国际税收研究会	全国先进社科组织
市巢湖文化研究会	全国先进社科组织
杨泽田（包河区退休干部）	中宣部基层理论宣讲先进个人
王先德（市财政会计学会　）	全国社科工作先进个人
朱　岩（市审计学会）	全国社科工作先进个人
黄　娟（市社科联　）	全国社科工作先进个人

【学会工作】　进一步完善协调服务机制，坚持学会工作例会制度，开展学会工作调研，完善学会联系点制度。落实市委组织部文件精神，对领导干部在社会组织中兼职情况进行清理整顿。进一步引导、提升学会活动，全市 80 多个学会（协会、研究会）活动丰富多彩，总体保持健康发展态势。

【市社科院】　主动邀请省市社科界专家和相关领导，研究确定了市社科院发展思路、工作重点。围绕市委、市政府中心工作，研究经济、政治、文化、社会以及生态文明建设中的理论和实际问题，在《安徽日报》《江淮》杂志推出一批优秀社科成果；在全省群众路线教育实践活动理论研讨会上，合肥市提交的研究论文获得一等奖。加强与外地社科界的联系协作，开展学术交流活动，先后参加了全国城市社科院第二十四次院长联席会议、上海市政府发展研究中心主办的“2014（春季）经济形势报告会”、2014 年长江中游城市群建设研究交流会等。

（韩明伦）

合肥市文学艺术界联合会

【《走读合肥——合肥文化系列丛书》出版发行】　《走读合肥——合肥文化系列丛书》由省委常委、市委书记吴存荣总策划，人民日报社安徽分社刘杰社长主编，市委宣传部、市文联承办，2014 年 9 月由安徽文艺出版社出版发行。丛书全方位展示区划调整后合肥的历史风情、文化底蕴和时代新貌，156 万字，分别是安徽省作家协会主席许辉撰写名城名镇的《黛瓦重重城四畔》、省文艺评论家协会主席钱念孙撰写名诗名画的《诗情画意蕴风流》、安徽文学院院长、《安徽文学》主编潘小平撰写名湖名水的《长湖一望水如天》、合肥市文联主席完颜海瑞撰写名人名文的《俊彩星驰话沧桑》、安徽省报告文学学会名誉主席温跃渊撰写名山名寺的《梵音袅袅绕青山》、中国散文学会副会长、《阳光》杂志社主编徐迅撰写名企名品　的《创新高地满园春》。安徽省委常委、合肥市委书记吴存荣在为该书作序：“希望通过这套丛书，将会有更多的人深入了解合肥、无比热爱合肥、真诚奉献合肥，形成推动合肥改革发展的强大力量。”

【“大湖之约——艺术名家大讲堂”】 坚持国家眼光、省会担当，组织开展“大湖之约”艺术名家大讲堂活动，邀请各领域名家进行免费艺术讲座，提高群众艺术欣赏水准，为老百姓献上高品质文化大餐。2014年全年举办12期高水准讲座，分别是：《我心中的音乐梦》，主讲名家：杨帆，著名手风琴音乐家；《中国曲艺的魅力》，主讲名家：姜昆，全国政协委员、中国曲艺家协会主席，著名相声表演艺术家；《中国传统文明与现实生活》，主讲名家：苏叔阳，中国文联全国委员会委员、国家一级编剧；《走进交响乐》，主讲名家：张国勇，中国音乐家协会副主席、中国著名指挥家；《艺术人生与海派芭蕾》，主讲名家：辛丽丽，著名舞蹈艺术家、上海芭蕾舞团团长、国家一级演员；《朗诵艺术漫谈》，主讲名家：瞿弦和，第十一届全国政协委员，中国戏剧家协会副主席、国家一级演员；《让我躲在幕后》，主讲名家：童自荣，著名电影配音艺术家；第九讲：《话剧艺术的独特魅力》，主讲名家：王晓鹰，国家话剧院副院长、中国戏剧家协会副主席；《艺术人生》，主讲名家：濮存昕，中国戏剧家协会副主席、北京人民艺术剧院副院长；《艺术·童心》，主讲名家：鞠萍，中央电视台少儿节目著名主持人；《大幕拉开，戏外有戏——白燕升浪漫艺术与人生》，主讲名家：白燕升，知名电视主持人。《文艺创作的继承与创新》，主讲名家：徐沛东，全国政协委员，中国文联副主席，中国音乐家协会副主席，著名作曲家。

【中国·合肥标准舞、拉丁舞全国公开赛】 为了丰富人民群众的文化生活，发现和培养优秀舞蹈人才，给舞蹈爱好者一个交流和竞技的平台，由合肥市音乐舞蹈家协会主办、安徽魅力星光校园艺术文化中心承办的2014“富煌杯”中国·合肥标准舞、拉丁舞全国公开赛，4月6～7日在金种子体育馆隆重举行。来自全国15个省市110支队伍的4000多名选手，在舞台上向观众展示着他们精湛的舞姿。选手们不仅穿着靓丽，舞蹈跳得更精彩，跳动的节奏、精彩的舞步，华尔兹、探戈，热情奔放、节奏感强的舞蹈赢得了广大观众的阵阵掌声，现场气氛格外热烈。本次大赛参赛选手的规模创造了安徽省历年来之最。开幕式邀请了俄罗斯艺术家、中国“桃李杯”冠军、全国拉丁舞冠军、全国交谊舞冠军等现场表演，获得50多名专家好评，大赛获得圆满成功。中华舞蹈网及全国部分网络媒体、安徽商报、合肥电视台、合肥日报、尚舞杂志等做了专题报道。首次本次大赛是市音乐舞蹈家协会主办全国性比赛，旨在通过艺术交流，加强与其他省市、国外艺术家的友谊，在合肥舞台上，相互促进、了解、提高，并借此丰富广大市民的文化生活。

【开展文化惠民活动】 市文联把满足群众基本文化需求作为己任，组织开展了“为人民抒写　为人民放歌”文化活动，“送欢乐下基层”“合肥——我心中的歌”群众演唱会，“为民义务写春联”“书法进万家”“美术进社区”“书画进校园”等惠民活动。与在合肥高校联合开展“非遗”民间绝活进高校、中国优秀传统文化进高校，万名大学生走进美术馆等活动，让大学生们近距离接触优秀传统艺术和民间艺术。尤其是2014年底，市文联创新下基层模式，结合基层需求，开展一系列文艺下乡活动，送戏下乡，给老百姓拍摄全家福，送书画进农家，非遗进农村等等，取得了良好效果，中央、省市多家媒体争相报道。

【合肥市民交响乐团稳步发展】 筹建于2012年底的合肥市民交响乐团，集聚80多名省内专业乐团的退休演奏家、艺术院校教师及来自各行各业的爱乐精英，实现了“政府不出钱、社会广参与”的效果。2014年全年除了举办新春音乐会、国庆交响乐演出、大湖交响音乐会等，更是创新演出模式，走进城市综合体，深受老百姓的喜爱，赢得了社会各界的好评，切实让市民感受到高雅音乐之美。

【精品展览】 2014年全年先后举办了“纪念亚明先生诞辰90周年活动”“亚洲艺术家9人展”“除旧布新——张良勋书法字稿展”“白云归故乡——已故皖籍著名画家刘知白中国画展”“游观智慧——中国古典绘画空间理论与实践学术专题展暨研讨会”等，组织“名城之韵”精品系列展览，展出了著名本土画家贺泽海、朱修立和王守志的代表作品，展示了合肥最高美术创作水准。重点策划举办了“墨润江淮——安徽现代书坛赖少其、石克士、司徒越、葛介屏艺术文献展”，同时编辑出版了《墨润江淮——安徽现代书坛赖少其、石克士、司徒越、葛介屏艺术文献作品集》并召开展览研讨会。展览从学术的高度梳理和树立了安徽现代书坛四位书法大家艺术先贤的艺术丰碑，受到了社会各界热评，加上《中国书法报》《美术报》等全国专业媒体和市省主流报纸、网媒的大力宣传报道，已在省内外引起了很大反响。

【精品力作赢得国家级大奖】 巢湖民歌《一支秧歌一趟秧》在中国民间文艺家协会举办的中国（百色田东）民间广场舞比赛中荣获金奖，实现了合肥在这个项目上零的突破。许泽夫创作的《牧人吟》获得第六届冰心散文集奖，实现了合肥市文学创作零的突破。

据不完全统计，市文联系统全年获国家级奖项和省一等奖的有：

《新安画派》获省文艺奖社科类一等奖。巢湖民歌在中国民协举办的全国山歌大赛中获银奖。市文联策划的《丹青问道　墨语人生——谚语、韦远柏、周觉钧、马彬、裴家同艺术文献展》获全国美术馆优秀展览项目，《中国优秀传统文化进高校与万名大学生走入美术馆活动》获全国美术馆优秀公共教育活动项目。陈志的书法论文《近现代江淮书风的文化品格》获中国文联第九届文艺评论二等奖。赵成媚散文《肥东文脉》获第一届中国包公散文奖一等奖（中国散文学会主办），张道发散文《三十年后的重逢》荣获三等奖。郑天伦的美术作品《父亲的1942》获第十二届全国美术展获奖提名。牛耕地、杨文浏书法作品入选中国书法兰亭奖。在第八届中国曲艺牡丹奖“相声、小品、三书”大赛中，由市曲艺家协会选送的小品《送礼》、相声《快乐微信群》、快板《杨志卖刀》分别荣获中国曲艺牡丹奖节目奖、2个新人提名奖。歌曲《板兰花儿开》作为唯一的独唱歌曲在APEC会议上演出，产生重要影响。美术作品《大岳千秋》入选“中国梦强军梦”全国美展。在安徽省首届民间工艺精品展中，市文联选送的作品获一个银奖、五个铜奖。

（陶　媛）

合肥市归国华侨联合会

【概况】 2014年，合肥市侨联坚持以为“大湖名城，创新高地”建设服务为中心，以为侨服务为重点，充分发挥侨的优势，进一步凝聚侨心、汇聚侨智、发挥侨力、维护侨益，在对外联络联谊、文化艺术交流、助学扶贫等方面做了大量工作，为推动合肥科学发展和谐发展跨越发展贡献侨界力量。2014年9月，安徽省第六次归侨侨眷代表大会在合肥召开，合肥市侨联推荐41名侨界代表参加此次大会，合肥市侨联荣获“全省侨联工作先进集体”称号。

【打造侨界文化交流新平台】 2014年，市侨联首次承办中国侨联“亲情中华”慰问演出。“亲情中华”慰问演出是中国侨联文化交流品牌之一，在全球63个国家和地区开展了慰问演出136场。在接到承办任务后，市侨联积极筹备，多次赴中国侨联、省侨联协商组织筹备工作相关事宜，制定演出节目单、观众组织方案等。

元月16日，由合肥市侨联与南京市侨联共同协办的《中国梦·安徽情》徐墨然书画艺术展在合肥市开幕。此次书画展不仅是一件有意义的文化艺术展，更为全市人民献上了一份书画艺术的盛宴。11月22日至28日，由安徽省合肥市高新区海外归国人员联谊会主办，为期7天的合肥高新区海外归国人员联谊会周年庆暨“国色天香中国梦”沈源、宗家民2014年安徽书画联展，在安徽省中环艺术馆举行，来自全国各地的书画爱好者累计2000余人次参观展览。

参加由中国侨联、中国台联、人民日报海外版、中国国际广播电台、《快乐作文》杂志社联合主办的第十五届世界华人学生作文大赛，在全市20000多名中、小学生中，组织开展以“梦想”或“快乐”为主题的征文，评选出172篇作文推荐参赛。其中，南门小学沈思甜同学创作的《盼》一文获得特等奖。另有其他6所中小学，26名学生作品获得本次大赛一、二、三等奖，市侨联获得大赛组委会颁发的组织奖。

【广泛开展侨界联络联谊】 为贯彻落实中央《关于加强和改进新形势下侨联工作的意见》的精神，开阔视野，学习借鉴兄弟城市先进经验和成功做法，推动合肥市侨联工作再上新台阶，顺应本市打造长三角世界级城市群副中心对侨联工作的新要求，市侨联广泛开展各项联络联谊活动。接待来自美国、意大利、新西兰、澳大利亚、阿联酋、英国、香港等多个国家和地区的20名省侨联海外委员来肥考察，并开展项目对接洽谈。先后与南京、苏州、温州市侨联就如何在共同打造长三角城市群副中心中，发挥更大作用开展走访交流。12月中旬，市侨联主席方玲参加安徽省侨联出访团组赴澳门、南非和阿联酋，开展海外联谊工作访问，分别拜会澳门安徽联谊总会、福州商会、潮州同乡会、广州同乡会、南非南部非洲华侨华人工商联合总会、阿联酋华侨华人联合会等侨团，并举行市情推介会，宣传侨务政策，介绍合肥市投资环境和经济发展状况。通过这次出访，增加合肥市侨联与在海外、境外各侨团侨领的相互了解和友谊，积极开展务实合作，弘扬徽文化，促进经济和文化交流，搭建合肥市与海外境外经贸文化交流发展的新平台。

（吴俊亭）

合肥市贸易促进委员会

【策划对俄经贸活动】 国家、省、市各级大力加强对俄贸合作契机，利用贸促系统平台优势，会同有关部门策划并开展经贸活动。组织尊贵电器、美菱、荣事达、桑乐金、晶弘、长城制冷、万朗磁塑等12家家电及配套企业共22人，赴俄罗斯参加莫斯科第14届家电展览会。通过参展参会，积累了境外组展参会的经验，进一步拓展了合肥市家电国际市场。

组织真心食品、燕之坊等6家企业（共8个展位）参加首届中俄博览会。参展企业数和展位数分别占全省60%、66%。参展成果丰硕，总成交额达3000万元。同时，代表团参加了皖黑经贸交流合作恳谈会、中俄经济特区圆桌会议、“俄罗斯地区日”“俄远东地区与中国经贸合作潜力推介会”等活动，宣传推介合肥，开展对俄园区合作，邀请与会企业家到合肥考察投资。

组织江淮、恒泰动力等会员企业参加俄罗斯乌里扬诺夫斯克州（合肥）经济投资推介会，围绕赴俄投资贸易进行现场对接，推动企业增进对俄了解，进一步深化对俄经贸合作。

【积极推动会展工作】 会同市商务局组织173家外贸型企业参加第115届中国进出口商品交易会（简称广交会），参展成效显著，参会企业数位居历年之最，总成交额3.7亿美元。参展内容丰富，涵盖广交会所有展区共计15大类商品。会同市商务局组织永泰、文君、摩利克等29家企业参加第24届中国华东进出口商品交易会（简称〞华交会〞。布置展位34个，成交额2310万美元。布展内容涵盖服装、家纺、装饰礼品、日用消费品等方面。牵头筹备组织市代表团赴呼和浩特参加中国民族商品交易会（“民交会”，组织真心食品、桂王、燕之坊、双福、凤落河、白氏等6家企业随团参展，总成交额达1500万元。

会同庐阳区政府主办逍遥津街道首届年货节，为庐阳区2014年人民广场春节特色小吃美食月增添了重要内容，吸引近万人前来购物，丰富市民节日生活。会同市经信委等承办2014中国国际节能与新能源汽车展览会，组织上汽、东风、北汽、比亚迪、吉利、江淮、奇瑞、众泰等汽车行业领军企业广泛参与，展览面积达3万平米，展示了国内外新能源汽车领域的最新成果，推动合肥新能源汽车产业发展。连续三届成功承办家博会国际厅，展厅面积300平方米，6大类、20多家家电及电子消费品企业参展，使国际厅成为家博会国际化水平最高、人气最旺的展厅之一。

应香港贸发局邀请，组团参加第四届“转型升级、香港博览”活动、香港时尚购物展，拜会了香港贸发局、香港投资推广署、台湾贸易中心南京驻点相关负责人等，就合作开展经贸交流和招商引资活动进行对接、座谈。着力推动香港“转型升级、香港博览”、香港时尚购物展、及台湾知名展会等来肥举办。推动香港、台湾企业来肥考察投资，促进合肥市相关企业赴香港、台湾开展经贸活动。

【大力开展招商引资】 围绕县区、开发区需求，大力整合资源，策划招商活动、开展专题培训，取得良好成效。招商引资实际到位资金3000万元，超额完成年初确定的招商引资目标。组织工信部汽车业中小企业领军人才代表团一行31人考察巢湖经济技术开发区，参观安徽省新能源汽车产业基地，并会同市经信委、巢湖经开区举办《汽车零部件大数据平台建设论坛》。与会专家和企业家现场交流对接，并就巢湖经开区发展新能源汽车产业献计献策。为巢湖经开区牵线搭桥，通过省贸促会、省政府驻厦门办事处，策划赴厦门招商活动，跟进了盼盼食品等重点项目。

策划并会同市委组织部、市招商局举办招商知识专题培训会。邀请上海美国商会政府关系部专家作《招商人员如何与国际公司打交道》的专题讲课。全市部分县干招商小组成员、驻外招商代表处成员，以及各县（市）、区、开发区和合肥经济圈的商务、招商部门人员共150多人参加培训。培训内容深入浅出，切合招商实际，授课生动活泼，得到了参训人员的一致好评。

主动承接国家贸促会招商资源，紧抓国家贸促会张伟副会长率16个海外办事处首席代表来皖考察契机，积极争取并安排代表团在肥考察活动，建立了与国家贸促会的联系渠道，力争通过国家贸促会驻外窗口宣传合肥。陪同花建慧副省长赴北京拜访国家贸促会姜增伟会长，就境外出展、来肥办展、驻外招商等达成合作意向。

组织商务部投资促进局来肥调研活动，推介合肥市汽车产业发展情况，并就合肥企业在搜集境外市场信息、开拓境外市场、开展技术合作等方面的需求进行有效对接，建立了畅通的联系渠道和工作机制，为下一步合作夯实基础。

【拓展国际经贸交流】 积极开展国际联络，巩固并建立与境外商协会的联系渠道，商谈推进合作。会同市商务局赴上海、南京等地，拜访香港贸发局驻上海办事处、上海美国商会、日中经济协会上海事务所、台湾贸易中心等，同时在肥接待泰国驻厦门总领馆、斯洛文尼亚驻华领事馆、加拿大驻沪总领事馆等境外使领馆、商协会相关人员，就开展多方位合作进行深入交流，倡议发挥各自平台优势，合作开展经贸活动和招商引资。与美国查德本·派克律师事务所、美国电商企业ETEKCITY公司等建立联系渠道，在推动企业走出去、开拓欧美等国际市场等方面达成合作意向。

随同省贸促会代表团赴巴西和智利，对接两国投资促进机构，考察矿产、酒类知名企业，建立联络渠道，推动项目对接。会同市外办组织企业赴沪参加智利政府举办的贸易和投资推介活动，围绕智利在能源、矿产及基础设施建设领域的投资机会进行探讨，积极推动合肥市企业拓展南美市场。支持主办“投资德国北威州—2014安徽站”推介会。宣传展示德国优良投资环境和先进技术，推动合肥市企业赴德国北威州等发达国家和地区，在资产并购、技术合作、市场拓展等方面开展合作。赴长沙参加中国－拉美企业家高峰会，搜集拉美市场信息，并对接参会的拉美企业家。会同市外宣办为2015年意大利米兰世博会中国馆提供宣传资料，借助世博会平台宣传推介合肥。

【打造国际商会】 围绕会员企业需求，发挥国际商会平台优势，在完善机构、组织活动、创新服务等方面着力开展工作，获得了会员企业的认可和好评。在推选16家汽配企业参加省国际商会汽车零部件专业委员会的同时，成立合肥市国际商会汽车专业委员会，更好地促进省、市平台联动开展工作，为会员企业提供更具针对性和专业化的服务。组织召开市国际商会第二次会长办公扩大会议，研究部署全年工作，听取会员企业意见，为下一步工作开展指明方向。通过一系列举措不断完善商会组织架构，扩大了商会影响力，提升了服务企业的水平和能力。

通过专业律师事务所渠道，为合肥万诚达新材料公司赴非洲开展业务提供了有力帮助。衔接香港驻上海经济贸易办事处等机构，助推新东方烹饪学校在香港办学。接洽智利有关机构，推动中南光电、安粮投资赴南美拓展业务。同时，大力壮大商会队伍，全年新发展会员20家，增添了商会的有生力量。深入新老会员企业开展调研，积极协助会员企业解决用工、经营方面存在的困难。

【建设航空港货运平台】 根据省、市战略部署，以牵头推动新桥机场开通货运航线为切入点，会同市商务局、省机场集团等有关方面，大力推进航空港平台建设并取得阶段性成果。国内货运航线方面，合肥市政府、安徽民航机场集团、顺丰（控股）集团三方签署了战略合作协议，由顺丰执飞合肥至深圳往返全货航班机，并在年底开始正常化运营，实现了安徽省和合肥市航空港货运航线建设的历史性突破。国际货运航线方面，积极与东航物流、中外运空运、海航等航空公司谈判，确保2015年至少开通一条国际货运航线。合肥航空港平台建设的顺利推进，在促进合肥市国际贸易、利用外资、企业国际化经营、对外经济合作等方面起到积极的推动作用，对安徽省和合肥市开放型经济的发展具有重大意义。

（刘学刚）

合肥市残疾人联合会

【概况】 2014年，合肥市残联系统发扬“钉钉子”精神，保持锲而不舍的劲头，从制度、理念、服务入手，努力推进“温馨残联·美丽残联”建设，各项工作取得新成绩。市残联获得“全省残疾人奥林匹克运动会特殊贡献奖”“全省残疾人体育工作先进单位”等称号；

市残联被合肥市纪委、市监察局联合命名为“全市廉政文化建设示范点”称号。

大力实施“1233”就业工程，全市有4万余名农村残疾人从事生产劳动，2.7万城镇残疾人实现稳定就业或灵活就业，扶持和援助残疾人就业2.4万人次。

【全国残疾人文化体育建设示范市】 突出规范化、多样化和广泛参与，紧扣7大类27项任务，开展符合残疾人身心特点的残疾人文化周、残疾人健身周、文化进社区等系列文化体育活动，并在2014年8月顺利通过中国残疾人联合会验收，成为首批全国残疾人文化体育建设示范市。

【惠残民生工程】 按照“兜底线、补短板、保基本、全覆盖”的要求，以保障残疾人特别是贫困和重度残疾人生活、医疗、康复等基本需求重点，加快实施惠残民生工程，实现6900余万元精准惠残。2014年全市近5万名贫困残疾人享受了生活特别救助；1791贫困白内障患者接受了复明手术，7228名贫困精神残疾人获得药费补助，1022名重性精神病人得到入院治疗。惠残民生工程被省政府综合考评为一等一类第一名。

【残疾人托养服务】 出台政府购买残疾人托养服务的实施办法、工作规范、资金管理、绩效考评等政策，通过政府购买服务，依托社会力量，重点实施残疾人托养服务民生工程，对重度的智力、精神和肢体残疾人提供集中托养、日间照料、居家安养托养服务，有效缓解市区1700户贫困残疾人家庭经济负担，并在全国首创对残疾人托养服务进行公开招标采购，先后有10多个省、市级残联来合肥考察学习。

【全省残疾人工作示范县（市、区）】 肥东县、长丰县、瑶海区、庐阳区、包河区严格按照创建标准，运用各类载体，完成重视支持、社会参与、康复服务、教育就业、扶贫和保障、权益和维护、宣文体育、组织建设、基础建设和信息化等10大项、45个小项创建任务，2014年12月，荣获2014年“全省残疾人工作示范县（市、区）”称号，占全省1/4强。

【温馨残联 美丽残联】 市残联主打“温馨、美丽”，实施“暖心”“省心”“舒心”“三到位”活动，做实“温馨残联、美丽残联”服务品牌。此外，积极整合各类资源，进一步改进工作方式，不断提升服务水平，为广大残疾人解难事、办实事，受到上级部门和社会各界充分肯定，2014年合肥市残疾人康复中心荣获“全国残疾人之家”称号。

【康复服务】 重点实施20余项残疾人康复项目，7万人次残疾人得到康复服务。在全省率先启动民生工程贫困残疾儿童抢救性康复定点机构规范化管理试点工作。包河区、庐阳区、蜀山区、瑶海区“中途之家”，在帮助脊髓损伤者功能重建等方面发挥了积极作用。全市发放辅助器具5000余件。

【宣传文化体育工作】 充分利用各类新闻媒介，突出主题宣传和典型宣传，全方位、多角度惠残政策，弘扬残疾人奋发努力、自强不息的先进事迹，营造了全社会关心、关爱残疾人事业的良好氛围。在《合肥晚报》开辟《温馨残联》专版，全年刊发50余期，社会反响强烈，形成坚实的宣传舆论阵地。在全国首次开展最美残疾人专职委员、优秀残疾人工作者评选，树立先进典型，发挥模范带动作用。举办合肥市残疾人事业好新闻评选；参加安徽省残疾人事业好新闻评选，有10件作品获奖。举办合肥市第三届残疾人运动会，组团参加省六残运会，荣获金牌榜第一、奖牌榜第二。

【组织建设】 按照机构健全规范、队伍稳定实干、服务功能完善的原则，完善市本级、县（市）区、乡镇（街道）、村（社区）四级残联组织体系，健全工作机制，形成“纵向到底、横向到边、全面覆盖”残疾人服务网络，确保畅通服务残疾群众的“最后一公里”。扎实推进“强基育人”工作，不断加强基层基础队伍建设，对乡镇（街道）残疾人专职委员、村（社区）协助理员实行实名制管理和同级同类型工作人员同等待遇。649名残疾人协理员参加“残疾人阅读与培训在线”学习，并获得证书。累计核发残疾人证14.7万人。

【信访维权】 坚持开门接访、有访必接，不推诿、不敷衍，做到接待残疾人热心、听取问题耐心、疏导说服热心。全年共接待来访537人次，办理残疾人免费乘公交IC卡1329人，接听电话4479次；及时办理12345政府直通车74件，办结率100%。2655名残疾人享受了激动轮椅车燃油补贴，有序推进残疾人正三轮置换工作。

（高晓宝）

合肥中华职业教育社

【概况】 2014年，合肥中华职业教育社（以下简称“市职教社”）发展个人社员3名，个人社员总数达158名，主要分布在教育、文化、工商等界别，社员中各级人大代表、政协委员16人；发展团体社员2个，团体社员总数达33个，主要为中高等职业院校和关心支持职业教育事业的民营企业。社主任李晓梅，社副主任束道银、王杰才、王世保、盛吉琛、李缜、谭福翰（兼任秘书长）。

【调研建言】 2014年，市职教社应邀参加市政协组织的“推进我市现代职业教育体系建设、加快发展我市职业教育”课题的调研，并组织社员随市政协副主席、社主任李晓梅带领的“校企合作、产教融合”专题组赴山东潍坊、青岛两地考察学习，完成了《潍坊、青岛职业教育考察报告》。调研结束后，市职教社与市民革、市民盟、市民进、市致公、市政协教科文卫体委员会、市政协港澳台侨外事委员会联名向市政协提交了《关于促进我市职业教育加快发展的调研报告》。在8月27日市政协召开的职业教育专题界别协商会上，社副主任谭福翰代表市职教社作了题为“潍坊、青岛职业教育考察报告”的发言。

2014年，市职教社就当前合肥市学前教育特别是民办学前教育存在的困难和问题，赴合肥泉心幼教集团考察调研，并与市民办教育协会负责同志及部分知名公、民办幼儿园园长座谈研讨，撰写了《关于切实支持民办幼儿园发展的几点建议》，由社主任李晓梅转化成市政协提案。市职教社还就自身建设撰写了《关于改善合肥中华职业教育社工作条件与环境的建议》的报告，由市政协委员刘正亚、李嘉华、刘甫圣、张明伦、林莉、裴罕、涂敏联名提交提案。

2014年，市职教社员就职业教育专题向市政协共提交了5份提案。其中，社员裴罕撰写的《关于加快完成我市职教基地新校区建设、推进公办职业学校整合的建议》获得市政协优秀提案表彰。此外，市职教社社务委员张明伦与他人的联名提案《关于“推进养老服务建设”的建议》也获得了市政协优秀提案表彰。

【温暖工程】 2014年，市职教社依托肥西县中华职教社，制定了《肥西县新型农民培养方案》，开展温暖工程职业农民培训项目。全年相继开办了园艺工培训班、果树生产培训班、苗木病虫害防治技术培训班等，培训农民200多人次。并邀请相关专家编写教材，免费发放给农民学员。市职教社继续推动团体社员安徽肥西花岗职业高级中学和联宝（合肥）电子科技有限公司合作开展“同心·温暖工程助学计划－联宝班”项目。

【社员工作】 2014年，市职教社团体社员合肥国轩高科动力能源有限公司荣获安徽省专利金奖，上市工作正式启动；合肥经贸旅游学校获得全省中职学生技能大赛金牌榜第一名；安徽机电技师学院成为国家级高技能人才培训基地建设项目候选单位；安徽轻工业技师学院顺利通过国家中等职业教育改革发展示范校中期预检；安徽肥西花岗职业高级中学被评为2014年度合肥市禁毒教育示范校。市职教社社员王源峥、陈献军荣获中华职业教育社和中国职业技术教育学会共同颁发的第四届黄炎培职业教育杰出校长奖。

（章　进）

合肥市红十字会

【完成换届加强组织领导】 2014年12月30日，合肥市红十字会召开第七次会员代表大会，省委常委、市委书记吴存荣，省红十字会党组书记、常务副会长王强出席开幕式并讲话。出席开幕式的领导还有：市委副书记、市长张庆军，市人大常委会主任熊建辉，市政协主席董昭礼，市委副书记凌云，市委常委、市委秘书长杨思松，市委常委、宣传部长钟俊杰，市人大常委会副主任阚建华，市政协副主席储昭平等。

代表大会在市政府副秘书长高晓光的主持下，审议通过了合肥市红十字会专职副会长刘波作的第六届理事会工作报告，选举产生了合

肥市红十字会第七届理事会理事；召开第七届理事会第一次会议，选举产生第七届理事会常务理事、会长、专（兼）职副会长，聘请省委常委、市委书记吴存荣，市委副书记、市长张庆军为合肥市红十字会名誉会长；聘请市人大常委会副主任阚建华，市政协副主席储昭平为合肥市红十字会名誉副会长；新任会长吴春梅副市长。

【备灾救助工作】 为了弘扬“人道、博爱、奉献”红十字精神，关注民生，关爱弱势群体，元旦、春节期间，市红会配合政府开展送温暖活动，在全市10个社区开展慰问困难群众活动，筹集慰问物资价值8万元，受益群众1600人。

在第61届世界防治麻风病日到来之际，由市卫生局、民政局、残联、市红十字会组成联合慰问组一行，赴肥东县麻风病院开展集中慰问活动，市红会提供价值5000余元的慰问品，送到了麻风病患者手中，受到欢迎。

为帮助14周岁以下患白血病儿童困难家庭获得小天使基金救助，市红十字会认真做好服务和审核申报工作。2014年，合肥市共有23名白血病患儿得到救助，累计救助金额83万元，帮助患儿家庭解决燃眉之急。

【积极开展社会捐赠活动】 2014年，市红会接受社会捐赠款123.6万元，其中定向捐赠119.1万元，主要是支援云南地震灾区捐款40.2万元，救助血友病患者1名救助金8.5万元，救助骨病患者1名救助金20.4万元，专项救助家庭贫困眼疾患者救助金共50万元，已救助169名患者；无定向捐赠4.5万元，其中单位或个人捐赠共35笔。所有定向捐赠款项已按照捐赠者的意愿全部办结，无定向捐赠款拟用于开展专项贫困救助活动。

11月份，市红会联合中国科技大学企业家校友会，到金寨县青山镇光爱学校开展慰问108名在校的留守儿童、孤儿活动，为孩子们送去了量身定制的衣服、鞋子、围巾、帽子等价值4万元的慰问品，受到金寨县委和学校及孩子们的欢迎。

【迎检备灾仓库调研评估】 5月中旬，由国际红十字红新月联合会全球物流服务中心物流顾问、联合会东亚地区代表处地区资源动员和活动官员、香港红十字会代表、总会备灾救灾中心主任等组成的中国红十字会总会应急物流能力评估专家组，来到合肥市红十字会备灾库调研，市红会备灾库的建设和储备工作受到专家组的认可。11月19日，迎接浙江省红十字会率各地市红十字会一行，在安徽省红十字会部门负责人的陪同下，到市红会备灾库参观交流。目前，市红会为全省红十字系统唯一市级备灾仓储库建设项目已完成单位。

【应急救护工作】 应急救护培训是红十字会核心工作之一。根据市政府应急工作要求，市红会重点开展了应急救护五进（进学校、社区、企业、农村、机关）活动，全年共举办30场次的培训普及活动，培训救护员1093人，其中为市消防支队官兵举办了第六期应急救护培训班，共138人参加培训；为市公安局监管支队举办2期培训班，142人参加培训。为市属中学高一新生和企业等单位开展了应急救护知识普及活动，共20684人参加。组织参加全省应急救护技能竞赛活动，获得优秀奖。

【志愿服务工作】 2014年初，市红会对红十字志愿服务工作进行了部署与安排，各红十字志愿服务队和基层红会共开展28个项目186场次的志愿服务活动，累计服务时间4936小时，参加服务的志愿者共1155人次，受益群众约3万人次。以博爱光明行、梦想成长营、应急救护进学校进社区等为特色的志愿服务活动，受到群众的欢迎。

（孙　伟）

法治

公安

【概况】 2014年，合肥市公安局紧紧围绕维护社会大局稳定、促进社会公平正义、保障人民群众安居乐业“三大任务”，积极践行基础信息化、警务实战化、执法规范化、队伍正规化“四项建设”，全力做好维护稳定、严打整治、立体防控、服务管理“四大主业”，不断夯实社区警务、警务保障、公安科技、情报研判“四大基础”，以巩固和提升群众安全感满意度为工作主线，推动全市公安工作和队伍建设不断发展进步，为合肥市打造“大湖名城、创新高地”和建设长三角世界级城市群副中心，创造了良好的社会治安环境。市公安局荣获全省“六五”普法中期先进集体称号，有6个基层执法单位被命名为“全省公安机关执法示范单位”、合肥市公安局莲花派出所被命名为“全国公安机关执法示范单位”。合肥市公安基础设施建设创新经验被公安部作为典型在全国宣传推广。

【治安大局持续平稳】 依托“守护平安”系列行动，严厉打击各类违法犯罪活动，大力整治突出治安热点问题，全市社会和谐有序，人民群众安居乐业。全年侦破刑事案件16965起，移送起诉7459人，查处治安案件19.1万起；八类案件占刑事案件比重仅为1.4%，为华东及中部省会城市最低；35起现行命案全部告破，命案发案在省会城市中仅高于海口、拉萨。针对群众关注的“盗抢骗”等侵财性犯罪，开展“打盗抢、反诈骗”和打击盗窃“三车”等系列行动，集中返还被盗抢财物134次。大力整治涉黄涉赌问题，查处“黄赌”案件1911起，取缔涉黄涉赌类场所871处，挂牌整治重点地区29处。深入推进扫毒会战、“百城禁毒会战”，侦破毒品刑事案件、查获吸毒人员、收戒吸毒人员同比增长20.8%、82%和50%。严厉打击非法集资等经济犯罪，对群众关注的传销、非法集资等问题，会同相关部门联合执法，捣毁传销窝点1.1万处，市公安局传销案件打击处理数及战果数位居全省第一、全国省会城市前列。

【刑事犯罪侦查】 市公安局深入开展命案侦破、打黑除恶、灭枪、反恐、缉毒、打拐等各项刑侦工作，向各类突出犯罪发起凌厉攻势。全年共破获刑事案件16965起，现行命案发案34起，破获34起，破获命案积案4起，抓获外省命案逃犯6名，本省外市命案逃犯5名。现行命案破案率100%，在全国31个省会城市及直辖市中排名第一，命案发案数为历史最低水平。摸排各类黑恶势力犯罪线索82条，打掉恶势力团伙21个、一审判决233人。破获拐卖妇女儿童案件240起，打击处理涉拐嫌疑人177人，解救被拐妇女儿童242人。扎实开展“灭枪行动”，破获涉枪案件41起，抓获涉枪犯罪嫌疑人75人，追缴各类枪支58支。共抓获逃犯3062名，其中外省网上在逃人员688人，历年网上在逃人员167人。围绕“平安合肥”建设目标，坚持“打团伙、打系列、打流窜”的打击思路，破获盗窃案件11827起、“两抢”案件193起、诈骗案件188起。针对侵财犯罪的高发态势和类别，以打开路，完善机制，整体推进，先后组织开展了“利箭1号”、“利箭2号”、“打盗抢反诈骗”、打击盗窃“三车”、打击侵财犯罪攻坚战等专项行动7次。探索建立侵财案件的合成作战机制。特别是在打击盗窃“三车”专项行动中，刑侦、技侦、网安等警种密切配合，合成作战，效果良好。强化挂牌督办，对侵财犯罪的多发区域和突出的犯罪类型进行梳理并及时挂牌督办，要求各单位对挂牌案件要明确责任人、办案人员、办案方案、破案时限，确保尽快取得成效。全市共梳理省公安厅挂牌案件33起，侦破33起；市公安局挂牌案件10起，侦破4起。

【治安行政管理】 市公安局全力推进缉枪治爆专项行动，紧盯危险物品储存、流通、保管、使用等环节，开展安全检查，建立大宗烟花爆竹购买人员的信息和销售记录登记、报告、检查制度，严防危险物品丢失、被盗、被抢，流入社会，被不法分子利用，造成现实危害。共收缴各类枪支98支，子弹1770发，炸药45公斤，黑火药4250公斤，雷管2129发，仿真枪27支，管制刀具520把。加强与合肥铁路公安处、火车站派出所的对接，研究制定《火车站区域治安防控和应急处突联勤联动工作机制的意见》、《治安防控和应急处突工作实施方案》，成立安全防范联勤办公室。结合“平安校园”创建活动，先后开展4轮以校园人防、物防、技防和制度防为主要内容的安全检查，及时发现并整改各类安全隐患893处，整改隐患830处。

强化散装汽油安全监管，积极主动与中石油、中石化合肥销售分公司对接会商，明确执行“三实”制度的相关要求，并不间断地开展联合检查。强化治安突出问题整治，以黄赌警情控制为目标，全力推进扫黄禁赌工作向纵深开展。共查获黄赌案件1713起，其中刑事案件299起，刑事拘留638人，查扣淫秽物品7179件，收缴赌博机3963台，取缔涉黄涉赌类场所803处，以“食药环污”为切入点，按照“整体谋划、分步推进、深度打击、有效治理”的总体思路，深入推进全市“打四黑除四害”专项行动向纵深开展。先后侦公安部挂牌督办案件7起，省公安厅挂牌督办案件26起。以净网行动为突破口，与市直相关部门紧密联手，建立健全情报信息共享、案件移交衔接等协作机制，深入推进“扫黄打非”工作，共清查全市书刊、音像市场865家次，删除网络淫秽色情信息132条，处罚网站4家，抓获违法犯罪嫌疑人148名。落实行业场所管控措施。对旅馆业和留宿洗浴场所实行三级检查制度，共处罚旅馆3857家次，治安拘留12人次，刑事拘留2人次。同时，对重大案件犯罪嫌疑人住宾馆及洗浴留宿场所情况实施倒查，严格旅馆业日常管理责任追究制度。目前，全市旅馆业平均上传率达94.96%，采集旅客信息2036.7万余条，通过旅馆业系统抓逃469人。

【经济犯罪侦查】 市公安局积极构建适应新形势发展的警务机制，主动亮剑，重拳出击，严厉打击各类经济违法犯罪活动，保障社会经济发展。共受理经济案件990起，立案913起，破案698起，挽回经济损失17亿元。开展打击传销专项行动，共立案277起，破案225起，刑事拘留534人，治安拘留49人，捣毁窝点6100处，破获公安部督办传销大要案件6起、省公安厅挂牌督办传销案件4起，成功发动打击传销全国集群战役2起，打击处理数位列全省第一、全国省会城市前列。开展打击侵犯知识产权和制售假冒伪劣商品专项行动，共立打假类案件69起，破案46起，抓获犯罪嫌疑人48人，移送起诉25人。

开展打击非法集资经济犯罪工作，共立非法集资案件23起、涉案受害人达2500人，目前破案13起，其中侦破公安部督办案件1起，侦破集资人数达到300人以上的非法集资案件4起。规范诈骗类经济犯罪案件管辖工作，完善相关制度，强化执法监督，保障依法履职和公正规范执法。对全市24家P2P网贷公司、208家贵金属交易公司进行了调查，形成调研报告。配合有关部门开展对网贷公司、贵金属交易市场进行整治，有力地净化了全市的金融环境。为提高人民群众自我防范意识，利用“1•10”公安宣传日、“5•15”经侦宣传日等活动，联合金融、工商、税务等部门，共开展打击传销、非法集资、制假售假等宣传活动10余次，会同市打击传销办公室发送公益短信12万余条，印发宣传材料2000余份，有效提高了市民识别、防范经济犯罪的意识和能力。

【互联网安全保卫】 市公安局坚持以问题为导向、以改革为动力，全面统筹网上网下两个战场，坚持“依法管网、以人管网、技术管网、综合管网”的理念，不断提升网络攻防能力，积极构建打防管控建一体化的网络综合防控体系。积极梳理排查跨区域性、团伙性、链条性的重大案件线索，共挖掘网络赌博、网络招嫖、买卖公民信息、涉枪涉爆、网络诈骗等违法犯罪案件线索1500余条，成功破获系列新型盗刷信用卡专案、“6•10”特大QQ诈骗案、安徽易众网络科技有限公司充值平台被盗案等一系列重特大案件257起。着力加强涉网犯罪侦查打击的针对性、实效性，开展打击整治非法生产销售和使用“伪基站”违法犯罪活动、集中侦破黑客案件、扫黄打非“净网2014”、守护平安－春季行动、夏秋行动、冬季行动等专项行动，取得突出成果。深入排查网上涉枪涉爆线索，破获网络涉枪案件24起，刑事拘留37人，缴获枪支67支。强力推进网络追逃工作，探索建立网上追逃长效机制，共抓获网上逃犯732人，占全市抓获网上逃犯总量的26%，其中，抓获外省逃犯114名，网安追逃数位于全省第一。强化网络防范宣传，充分利用网络资源优势，通过网站、QQ群论坛等多种形式，积极宣传网络犯罪知识和专项行动打击成效，有力地震慑了涉网违法犯罪，提高群众安全防范意识。主动革新理念，对接网络发展，探索公共场所无线接入管控方式，通过“分类管控、全面采集”的方式，逐步推进以商场、饭店、咖啡厅、宾馆等场所自建无线网络为管控“点”，公交、机场和车站统建无线网络为管控“线”，运营商投资建设的WLAN为管控“面”的“点、线、面”立体防控体系。

【毒品查禁】 市公安局从构建平安社会的高度出发，以遏制毒源、遏制毒品危害、遏制新吸毒人员滋生为目标，坚持打、防、管、建、教有机结合，落实源头管控，加强禁毒宣传，强化大案要案攻坚，最大程度减少毒品危害。先后组织开展了“夏秋行动－扫毒会战”“雷霆系列”“百城禁毒会战”等一系列禁毒严打专项行动。全市共侦破毒品刑事案件424起，同比增长4.98%。确定花冲地区、新鸿安商城周边涉毒场所等一批区域，进行重点整治。成立了专项整治行动小组，派驻专班进驻，并纳入本地社会治安综合考核范畴。管控并举，综合施策，禁吸戒毒稳步推进。深入推进社区戒毒和强制隔离戒毒出所两类人员的“无缝对接”工作，已完成335名社区戒毒社区康复人员的交接工作，对接率90.8%。借助电视、网络、广播等平台，开展影响力大、震慑力强、时效明显的禁毒宣传活动，增强宣传的针对性和实效性，提高全民的禁毒意识和拒毒能力。通过禁毒日集中宣传、阶段性主题宣传、普及性日常宣传等，深入开展了禁毒宣传进社区、进学校、进单位、进家庭、进场所、进农村工作。以创建毒品预防教育示范学校为抓手，持续强化青少年学生的禁毒教育，围绕“青少年与合成毒品”的主题，开展了纪念虎门销烟、纪念“6•26”国际禁毒日等系列内容丰富、形式多样的禁毒宣传活动，禁毒氛围浓厚。

【出入境管理】 市公安局不断优化窗口服务，严格证件签发，夯实基层外管，积极适应新形势对出入境管理工作的新要求。共批准出国（境）申请354899人次，比上年同期增长28.1%。其中批准公民出国97152人次、赴港澳207825人次、到台湾49922人次，分别比上年同期增长15.1%、18.4%、194.4%。办理外国人各类签证397人次，同比减少39.8%；办理外国人居留许可2508人次，同比增长25.9%，办理台湾居民签注384人次，同比减少0.8%；办理台胞证换发47人次，同比增长291.7%。临时入境境外人员50044人次，同比减少2.7%；常住境外人员3091人次，同比增长15.5%。共办理涉外“三非”案件54起，同比增长107.7%。核查双重户籍者申领出入境证件58人次；协助其他警种部门调查涉外案（事）件8起。针对非法入境呈快速发展的现象，在全市范围内开展了“三非”外国人集中清理整治行动，共查处非法入境案件7起，遣送非法入境的越南和缅甸籍妇女6人，挤压了“三非”外国人在合肥周边活动空间。积极主动开展“埃博拉”疫情防控排查行动，将被列入防控国家名单的外国籍进入合肥市人员核查到人，派出所及所在院校每日跟踪管理，做到底数清，动向明，找得到，控得住。

【公共交通安全管理】 市公安局坚持集中优势警力屯警街面，盯紧警情，主动跟踪，打击范围从公交线路逐步向周边高发案区域延伸，打击手段从街面抓扒单一模式，逐步向主动抓扒与视频侦查、控赃侦破等手段相结合的主动进攻模式转变，全面压降扒窃案件。紧盯警情，弹性布警。严格每日警情研判发布机制，根据警情分布优化警力配置，将警力向案件高发时段、高发线路和区域倾斜，全面提升上下班高峰、节假日等案件高发时段，重点公交站点和线路的治安管控能力。全年共接报扒窃类警情1830起，同比下降23.21%；立案1208起，同比上升37.59%；破案118起，同比持平；追缴赃款赃物价值18.61万元。抓获涉案人员152人，同比上升8.57%；刑事拘留127人，同比上升14.41%；移送起诉90人，同比上升13.92%，抓获查处扒窃犯罪团伙涉案人员9名。全市涉公交扒窃警情得到有效压降，扒窃犯罪打击成效明显。

【道路交通管理】 市公安局立足“防事故、保安全、保畅通”总目标，以防亡人事故为中心，创新工作机制，不断强化和改进交通管理，全面提升执法管理服务能力。查处各类交通违法行为198.5万起，死亡人数、受伤人数、直接经济损失，同比分别下降1.8%、4.7%、21.7%。

一是突出秩序管理。健全完善协调工作机制，密切加强与市重点局、轨道办等建设管理单位的协同联动；制定分层分级工作方案，围绕施工计划，道路条件、交通状况及影响等参数，分析研判、评估影响、拟定方案；对相关交口、路段实施优化改造，提高通行效率。针对合肥市域450公里高速公路交通管理工作特点，建章立制，规范管理。探索建立了“一路三方”联动协作机制。固化总结合安高速合肥段试点经验，积极组织开展高速公路突发事件应急处置演练。全面推行了网格化勤务模式，将市区划分为41个大网格和80个小网格，根据辖区交通流量、道路通行状况、管理难易程度等，科学配置警力资源，完善“四定两包”（定岗位、定标准、定人员、定考核、包秩序、包设施）责任机制，形成了比较系统的管控网络，有效提升了见警率和管事率。突出酒驾、“飙车”、“三超一疲劳”等重点交通违法行为整治，先后组织开展酒驾查处行动47次，查处酒驾行为1252起，其中醉驾行为431起；“飙车”专项整治15次，拘留违法人员50人；共计查处各类交通违法行为198.5万起，记345.8万分，罚款2.5亿元，拘留驾驶证3482本，吊销驾驶证426本，行政拘留211人。

二是突出源头治理。从加强对检测机构、4S店机动车登记服务站监管入手，严格落实机动车查验工作制度和监管工作职责，加强对车辆申请核发检验合格标志业务远程监管。建立道路交通事故综合分析预警机制，加大对城乡道路及高速公路交通事故多发、易发点和交通安全隐患路段的排查警示和整治力度。积极构建农村道路交通安全综治格局，强力推进政府负责、各部门协作配合、全社会共同参与的农村道路交通安全管理机制，将警力部署和管理向乡村道路、农户和驾驶员延伸，推广肥西“1＋3＋5”农村道路交通安全管理新机制，推动建立“县、乡、村、组”四级管理网络和“乡镇长、派出所长、交警中队长、农机站长、中小学校长、行政村村长”的六长联动工作机制，从根本上解决农村道路失管失控问题，切实保障农村公路畅通有序、安全可靠。

三是突出科技应用。按照“顶层设计、分步建设、重点突破、贴近实战”原则，把智能交通建设作为一项重点工作强力推动，推进智能交通系统建设和应用，梳理完善智能交通设备台账，理清智能交通项目的“旧账”，规范新建项目审批、验收流程。推进随路智能交通项目建设，建立了新改建道路随路智能交通系统招标会商制度，积极做好工程量清单审核及招标技术参数审核工作；规范了新改建道路附属交通设施工程移交验收工作，完成了13个项目的随路智能交通系统验收资料收集、现场检查及移交办理。申报单警定位系统、增补100台PDA、交管短信平台、违法统计告知与行政审批系统四个信息化项目，完成了“六合一”平台升级、驾驶人考试监管系统科目二考试边界接入改造，优化350兆无线指挥调度系统功能，搭建了科技装备故障申报平台，顺利升级多媒体培训机房，为各项交管业务的顺利开展提供了有力保障。

四是突出便民利民。按照“高效、便民”的原则，健全网上服务平台、压缩行政审批时限，简化审批流程，着重提高办事效率。调整了运送鲜活农产品和旅游车辆通行证办理的流程，变原有的2部门分别受理为1个“窗口”统一受理和办结。推行车管业务“一窗式”综合服务模式，通过岗位内部联动、材料内部传递，实现了审核、受理、录入、制证等工作环节在一个受理窗口完成；发挥“安徽交管e点通”服务平台作用，让群众了解其功能，并主动通过互联网自助办理部分机动车与驾驶人业务，11万余名机动车驾驶人进行了网上注册，58万余人办理了预约考试；提高96598车驾管服务热线的业务能力与水平，共受理咨询、查询业务23万余笔、代办车驾管业务3900余笔。推行案件回访机制，常态化开展交通事故积案清理，落实一般事故日清月结、重大复杂事故专人负责和大队领导包案督办的工作制度，回访事故当事人，增加案件的透明度。

（吴家田）

检 察

【服务大局保障民生】 合肥市检察院深化重大建设项目预防，保障全市经济持续健康发展。联合市国资委召开全市22家国有企业预防职务犯罪工作会议，制定工作实施意见，推动国企完善预防制度，着力构建保护国有资产安全的屏障。批捕涉嫌破坏市场经济秩序犯罪342人，起诉711人。为保障“创新驱动”发展战略，加大对制售假冒伪劣商品、侵犯知识产权犯罪的打击力度，起诉涉嫌制假售假犯罪26人，起诉涉嫌侵犯知识产权犯罪92人。为保障合肥碧水蓝天，加大对生态环境的司法保护，起诉涉嫌破坏环境资源犯罪39人。为服务保障改善民生，组织开展危害食品药品安全犯罪专项立案监督，深入开展查办发生在群众身边、损害群众利益的职务犯罪专项工作，重点查办民生领域职务犯罪39件47人，有力维护了人民群众的合法权益。

【维护社会和谐稳定】 始终保持严厉打击严重刑事犯罪的高压态势，依法严惩黑恶势力犯罪、严重侵害群众生命财产安全的重大暴力犯罪、严重影响群众安全感的“两抢一盗”等多发性侵财犯罪，以及社会舆论反映强烈的毒品犯罪、非法吸收公众存款等涉众型经济犯罪，全年共批准逮捕各类刑事犯罪嫌疑人3551人，同比下降9.8%；提起公诉7807人，同比上升2.2%。全面贯彻宽严相济的刑事政策，对轻微犯罪及初犯、偶犯、未成年人、老年人犯罪等依法慎捕慎诉，不批准逮捕1284人，不起诉176人。认真落实涉法涉诉信访改革措施，积极化解社会矛盾，对75件轻微刑事案件促成当事人和解；对172件不符合抗诉条件的申诉案件，加强释法说理，促进尊法信法守法用法。落实对涉罪未成年人的特殊保护，不批准逮捕未成年犯罪嫌疑人121人，依法适用附条件不起诉36人，对未成年人轻罪记录全部予以封存。

【查办预防职务犯罪】 全年共立案侦查职务犯罪案件197件229人。其中，贪污贿赂案件147件171人，同比上升34.86%和24.81%；渎职侵权案件50件58人，同比上升72.41%和45%。为国家挽回经济损失约1.6亿元。坚持以法治思维和法治方式反对腐败，切实增强人权意识、证据意识、规范意识和安全意识，大力推进侦查工作机制创新和侦查信息化建设，推动查办职务犯罪由数量规模型向质量效果型转变，取得明显成效。案件结构不断优化，表现在大案要案增加，窝案串案增加。省检察院评选5件反渎精品案件，合肥市入选2件。更加注重犯罪预防，启动“合肥检察预防行”活动，围绕环巢湖生态示范区建设等重大项目开展专项预防。重点推进廉政教育进党校、进行政学院活动，把职务犯罪警示教育纳入合肥市干部培训院校的教学计划。精心选取50例典型职务犯罪案例，举办反腐倡廉警示教育展，9000余名干部参观展览，接受教育。注重创新预防形式，市检察院、长丰县检察院拍摄的预防微电影获“全国检察机关预防职务犯罪专题微电影评比”优秀奖，肥东县检察院撰写的预防年度报告入选全国检察机关“十佳报告”。

【全面强化诉讼监督】 切实强化刑事诉讼监督。共监督侦查机关立案140件，监督撤案227件，书面纠正违法1036件次；纠正漏捕318人，纠正漏诉493人；提出刑事抗诉17件，法院审结11件，改判9件。安徽医科大学学生胡某故意杀人案等两起一审判死缓的故意杀人案件，经抗诉后改判死刑立即执行，产生了积极的社会反响。顺利完成“两法衔接”信息共享平台建设，监督行政执法机关移送涉嫌犯罪案件108件143人。市检察院向市人大常委会专题报告了侦查监督工作情况，并认真落实审议决议。积极开展民事行政诉讼监督。共受理各类民事、行政申请监督案件410件，依法向市中级法院提出抗诉3件，提请省检察院抗诉19件；发出再审检察建议11件，法院采纳8件；支持起诉11件，有关单位采纳8件。健全与政府职能部门的联络机制，分别与卫生、环保等30个部门会签文件，完善了行政检察与行政执法的对接。狠抓刑罚执行和监管活动监督。深入开展减刑、假释、暂予监外执行专项检察活动，对职务犯罪、金融犯罪、涉黑犯罪三类罪犯730人逐人建档、仔细核查，建议收监6人，已收监6人；加强对社区矫正法律监督，建议执行机关依法提请法院对80名丧失监外执行条件罪犯收监执行原判刑罚，所提建议均被执行机关采纳。

【深化执法规范化建设】 努力以强化管理促规范，积极推行案件集中管理机制改革，规范使用统一业务应用系统，实现统一受案、全程管理、动态监督、案后评查、综合考评，提高了案件管理的科学化水平。努力以严格监督促规范，加强检务督察、专项检查，强化对办案工作区准用、全程同步录音录像制度落实、扣押款物管理以及强制措施适用的监督，突出对办案安全、控申接待、出庭公诉等重点环节的明察暗访，促进检察权依法规范行使。努力以深化公开促规范，进一步拓展检务公开范围，将公开内容向司法办案延伸，公开案件程序性信息1296件，公开终结性法律文书191份。注意丰富检务公开形式，主动邀请人大代表、政协委员及普通群众参与“检察开放日”活动，加强检察门户网站、官方微博微信等平台建设，着力构建开放、动态、透明的阳光检察新机制，提升执法办案公信力和人民群众满意度。

【推进基层基础建设】 着眼于推进基层规范执法，以迎接全国最高检察院规范化建设抽样评估为契机，认真排查、积极整改执法办案中的突出问题，有力促进了基层执法规范化建设。着眼于加强基层保障现代化，加快实施科技强检战略，加大侦查指挥、检验鉴定等科技装备建设力度，大力推进两级检察院检察专网分级保护。着眼于缓解基层案多人少矛盾，不断加大人才引进力度，市、县（区）两级检察院共招录、选调检察人员34名。着眼于推动基层创先争优，深入开展基层检察院“抓特色、创品牌、育典型”活动，引导基层院突出特色、错位发展，有力带动了全市基层检察工作整体发展。2014年，长丰县检察院被最高人民检察院荣记“集体一等功”；肥东县检察院被评为全省检察机关基层院建设典型，包河区检察院“未成年人刑事检察工作”被评为全省检察机关基层院建设品牌，市检察院、瑶海区检察院再获全国检察机关“文明接待示范窗口”和“文明接待室”称号；蜀山区检察院、包河区检察院被授予全国检察机关“文明接待室”称号。合肥市检察院连续四届荣获省级文明单位称号；市检察院被最高人民检察院评为“减刑、假释、暂予监外执行专项检察活动”先进单位。

（孙　璐）

审　判

【概况】　2014年，合肥法院继获得“全国优秀法院”、集体一等功之后，提出“树标杆、做表率，勇当排头兵”，整体工作再上新台阶，案件数量持续增长，审判质效再创新高，各项工作不断创新发展。全市法院坚持以审判执行工作为中心不动摇，收结案数首次突破9万件，新收案件93606件，审执结92432件，同比上升10.64%和9.8%，结案率97.74%，法定（正常）审限内结案率99.53%；合肥市中级法院新收案件19600件，审执结19274件，同比上升12.96%和11.81%，结案率97.26%，法定（正常）审限内结案率99.16%。全市法院审判人员人均结案170.5件，比上年增加13.5件；平均审执时间62.9天，同比缩短2.7天。一审案件服判息诉率89.26%，同比上升0.1个百分点；上诉案件改发率14.93%，同比下降2.3个百分点。收案数、结案数、结案率、人均结案数连续六年位居全省法院首位。

全市法院164名个人、50个集体获各级表彰，安徽省高院党组中心组理论学习会议、全省法院诉讼服务中心、执行指挥中心建设现场会相继在合肥市中级法院召开，刑事审判、执行联动、监督联络等多项工作在全省法院作经验交流，人民日报、法制日报等中央媒体报道合肥法院亮点工作119次，外地法院来合肥学习交流41次，合肥法院在全省乃至全国的标杆表率作用进一步凸显。

【宽严相济推进刑事审判】深入贯彻宽严相济刑事政策，维护国家安全和社会稳定。全市法院审理一审刑事案件5187件，判处罪犯6391人。

突出打击重点，全力维护社会稳定。准确把握社会治安形势变化，严厉打击故意杀人、抢劫、绑架等严重危害社会治安的犯罪及盗窃等多发性侵财犯罪，依法审理水墨兰庭保安杀人案、长丰女教师杀人案等案件2258件，判处罪犯3204人。关注经济和金融安全，突出打击集资诈骗、非法吸收公众存款、传销等涉众型经济犯罪。

保持高压态势，深入开展反腐斗争。充分发挥职能作用，保持惩治腐败高压态势，加大对贪污贿赂、挪用公款等职务犯罪打击力度。审理了安徽省煤田地质局原副局长丁宝军受贿案、安徽宣城中级法院原院长杨谋林贪污、受贿案、“合肥房叔”方广云贪腐系列案等一批职务犯罪案件139件，判处罪犯196人。其中，厅局级以上2人，处级以上11人；判处有期徒刑五年以上刑罚的58人，重刑率达42.6%。加大行贿案件处罚力度，审理案件16件，判处行贿人19人，判处有期徒刑5人。

尊重保障人权，严格防止冤假错案。坚持惩罚犯罪与保障人权并重，确保无罪的人不受刑事追究，依法宣告5名被告人无罪，对具有法定从轻、减轻情节的3341名被告人判处非监禁刑。强化当事人诉权保障，积极推行庭前会议、证人出庭作证和强制医疗等制度，为195名符合条件的被告人指定辩护律师。规范减刑假释，推行裁前公示和假释案件开庭审理，审理减刑、假释案件9532件，法制日报以《年审减刑假释案逾万无违法违纪》为题，报道合肥中院减刑假释案件审理工作。

【服务大局促进经济发展】紧扣“创新、转型、升级”发展主题，保持审判工作与经济社会发展的同频共振，审结民商事案件55685件，诉讼标的额240.65亿元。

把握形势变化，主动司法应对。依法平等保护各类市场主体合法权益，审结买卖、物流、加工承揽等合同纠纷7664件，规范市场交易秩序。深入调研合肥市中小企业发展情况及司法需求，完成“中小企业发展面临的困境及司法应对”重点调研课题，提出司法应对举措。积极发挥司法引导、预警作用，发送司法建议27条。市中院报送的《市法院分析非法集资案件的特点、原因并提出建议》《关于合肥市出租汽车行业劳动用工方面存在问题的调研报告》等报告，获得市长张庆军的肯定及批示。建立健全商事纠纷诉调对接机制，与市工商联联合下发《关于充分发挥审判职能作用，保障和服务非公有制经济健康发展的意见》。

服务创新驱动，助推转型升级。高度重视经济结构调整的司法应对，审结重组兼并、破产改制、产权股权转让案件207件，审慎开展涉及3000余名职工安置的庐江矾矿及下属公司破产清算工作，促进产业转型升级。助推金融改革创新，妥善处理融资、证券、保险、信托等金融纠纷案件1093件，优化金融生态环境。注重保护合法的民间借贷和企业融资行为，审结民间借贷案件7267件，涉案标的额64.5亿元，推动缓解小微企业融资难。落实创新驱动战略，加大对战略性新兴产业、企业关键核心技术和自主知识产权的司法保护力度，审结专利、商标等一审知识产权案件673件。

加大执行威慑，构建社会诚信。建设“诚信合肥”，注重当事人胜诉权益保障，执结案件19382件，执结标的额180.6亿元，同比上升6.95%和49.75%。深化执行联动机制建设，在全省率先建成司法查控网，实现与合肥19家商业银行和房产、国土、工商等行政机关网络互联互通，对20311件案件发起查询，涉及被执行人25842名，查询银行存款累计584亿元。加大执行惩戒力度，对4403名失信被执行人予以曝光，对195名被执行人采取罚款、限制高消费、限制出境、拘留等强制措施，对41名被执行人依法追究刑事责任，彰显司法权威和尊严。在市委重视下，在全省率先草拟《关于对失信被执行人实施联动惩戒的意见》，由市委办公厅、市政府办公厅印发实施。开展涉民生案件、涉金融案件和一年以上未结执行案件专项清理活动，共清理案件4699件，执结到位标的额9.4亿元。

【司法为民维护公平正义】 积极践行司法为民根本宗旨，增强做好司法便民利民工作的自觉性，让人民群众在每一个司法案件中都感受到公平正义。

关注涉案民生，保障合法权益。依法保障和改善民生，妥善审理交通、教育、医疗、住房等各类涉民生案件18686件。完善人身保护令等涉家庭暴力案件审理机制，审理婚姻家庭、抚养继承纠纷案件7977件，促进家庭和社会和谐。注重利益平衡，妥善审理劳动争议、医患纠纷案件2557件，构建和谐劳动关系、理性医患关系。高度关注“三农”工作，审理涉农案件7件，支持新型城镇化和新农村建设。维护行政相对人合法权益，审结行政案件1179件，推进法治政府、法治合肥建设。

优化诉讼服务，完善便民网络。针对人民群众反映集中的“立案难”问题，落实立案登记制度，切实保障当事人诉权。推进诉讼服务中心标准化、规范化建设，整合立案、查询、信访等23项功能，在立案大厅增设自动柜员机、电脑、打印机，为当事人提供一站式、全方位的诉讼服务。健全案件繁简分流，完善简易程序、小额诉讼、刑事和解、轻微刑事案件快速审理等机制，一审案件简易程序适用率达78.78%。方便人民群众诉讼，在社区、乡镇设立诉讼服务站、法官工作站，开展巡回审判281次，因地制宜满足群众多元诉讼需求。

畅通诉求渠道，深化利民举措。健全诉讼与非诉讼相结合的多元纠纷化解机制，在全省率先开展道路交通事故损害赔偿人民调解司法确认工作试点，打造便民、能动的案件处理模式。坚持“合法、自愿”和“调判结合、案结事了”原则，将调解贯穿于立案、审判和执行的各个环节，调解撤诉案件26932件，一审民商事案件调撤率达50.68%。推进涉诉信访工作机制改革，开展网上信访、巡回接访、带案下访、远程视频接访等工作，受理涉诉信访案件833件，息诉罢访821件。健全司法救助体系，为确有困难的当事人缓、减、免交诉讼费392.6万元，对36名特困申请执行人给予司法救助32.1万元。

【阳光司法提升司法公信】 坚持以公开促公正，以“天平工程”建设为载体，构建开放、动态、透明、便民的阳光司法机制，司法公开迈入“新常态”。

推进司法公开三大平台建设。全面推进阳光司法，加快审判流程公开、裁判文书公开、执行信息公开三大平台建设。出台裁判文书上网规定，全市法院上网公布裁判文书57988份，位居全省法院首位，《南方周末》以全国法院“破冰之举”高度评价合肥中院裁判文书上网工作。落实审判公开原则，开展庭审直播158场次，接待旁听庭审2300余人次，举办法庭开放日23次，增进群众对法院工作的了解、理解和支持。完善执行指挥中心建设，搭建执行短信互动平台，及时告知当事人执行措施和执行进展。

提升新媒体时代沟通应对能力。完善新闻发言人制度，召开新闻发布会63次，在各级媒体发表新闻稿件4530篇，实现司法信息发布常态化、制度化。积极运用新媒体手段，开通官方微信、微博，拍摄微电影，发布微博数1518条，微博粉丝数达12万名，主动回应群众对司法的关切。

主动接受社会各界监督。扩大司法民主，加强人民陪审员的选任与培训工作，扎实推进人民陪审员“倍增”计划，全市法院人民陪审员增至720名，参加审理案件11280件，一审案件陪审率达95.79%。积极开展“双千、三百”活动，让人大代表、政协委员全方位参与、零距离监督法院工作，在《合肥晚报》制作“代表委员看法院”专栏6期，邀请人大代表、政协委员担任执法执纪监督员325人，参与监督审判执行工作500余人次。全国人大代表视察合肥法院诉讼服务中心、执行指挥中心建设，并给予充分肯定。高度重视代表、委员提案、意见和案件交办工作，共办理提案、意见9件，办结交办、督办案件18件。

【改革创新完善审判管理】 探索审判权运行机制改革，以审判管理“三化”年为载体，强化审判管理监督，不断提升公正司法水平。

科学管理，规范权力运行。完善审判流程管理，强调审限内均衡结案，实施审限预警、催办制度，杜绝年底人为控制收案、季末年底突击结案，全市法院法定（正常）审限内结案率达99.53%。组织开展“庭审亲历”活动，全市法院审判委员会委员全年观摩庭审或直接参加合议庭开庭审理案件813次，实现“让审理者裁判，让裁判者负责”。建立案例指导制度，开展全市法院“精品案件、精品庭审、精品裁判文书”评选工作，统一法律适用尺度。

强化责任，健全纠错机制。加强审判监督指导，完善审级监督和再审监督机制，把好案件质量关，依法纠正确有错误的裁判。审结二审、再审案件5980件，其中依法改判709件，发回重审260件。加强案件评查，开展抗诉、发回重审与改判、审理周期过长、申请强制执行的民事调解案件的专项评查活动，评查案件499件，倒逼审判质效提升。自觉接受检察机关法律监督，审结检察机关抗诉案件20件，改判、发回重审9件，确保司法公正。

科技强院，实现提速增效。加强信息化建设和应用，在全省法院率先建立全流程网上办案系统、移动办公自动化系统、减刑假释信息平台，实现办案管理网络化、质效管理智能化、信息查询公开化、法庭审理数字化，提高审判效率和管理水平。设立科技法庭和视频调解室，探索网上立案、电子送达、视频提讯等创新举措，通过互联网、微博、微信、手机短信等载体为当事人提供方便快捷的司法服务。

2014年合肥法院十大案例

一、萧县原县委书记毋保良受贿案

• 关键词：受贿　反腐败

【案例简介】 2003年至2012年间，被告人毋保良利用其担任萧县副县长、县长、县委副书记、县委书记等职务上的便利，在工程项目、征地拆迁、干部调整等方面非法接受他人财物，为他人谋取利益，共计人民币1869.2万元、美元4.2万元、购物卡6.4万元以及价值3.5万元的手表一块。

合肥中院审理认为，被告人毋保良身为国家工作人员，在担任上述职务期间，利用职务上之便，为他人在企业经营、工作调动及职务、职级调整等方面谋取利益，共收受人民币1869.2万元、美元4.2万元、购物卡6.4万元以及价值3.5万元的手表一块，其行为严重侵害了国家工作人员的廉洁性，构成受贿罪，应予惩处。遂以受贿罪判处被告人毋保良无期徒刑，剥夺政治权利终身，并处没收个人财产人民币60万元，受贿所得依法予以追缴，上交国库。

【点评】 2013年初，习总书记明确提出“老虎苍蝇一起打”的新理念，反腐新序幕从此揭开，力度空前的反腐风暴横扫全国，一群群“硕鼠”接连落马，萧县原县委书记毋保良就是在此背景下应声落马的一名领导干部，其也是2014年合肥中院审理的行政级别较高的党员领导干部之一。合肥中院充分发挥审判职能作用，依法从严惩处毋保良严重腐败犯罪行为，有力地配合了反腐倡廉工作的深入开展，起到了震慑预防腐败犯罪的作用，达到了审判政治效果、法律效果和社会效果的有机统一。

二、合肥“房叔”　方广云系列贪腐案

• 关键词：合肥“房叔”小官巨腐

【案例简介】 2005年以来，原任合肥市瑶海工业园区管委会站北社区委书记的方广云，在协助瑶海管委会进行拆迁安置工作期间，利用其职务上的便利，单独或伙同他人骗取安置房共计价值3243619.1元。2007年以来，方广云徇私舞弊，违规出具安置证明等材料，致使他人非法获取安置房和拆迁补偿费，共造成公共财产损失6856523.6元；并利用职务上的便利收受贿赂60000元。另，方广云女儿女婿方明霞、范家龙利用方广云职务之便骗取安置房3套。合肥市公安局原户籍民警詹卫东协助或伙同方广云等人骗取安置房并从中

收取贿赂。

庐江法院审理认为，被告人方广云身为基层组织人员，在协助政府从事拆迁安置工作中，利用职务便利，以非法占有为目的，单独或者伙同他人骗取公共财物，贪污价值共计3243619.10元；在受委托从事公务期间不正确履行职责，违规出具安置证明等，致使他人非法获取安置房，造成公共财产遭受损失共计6856523.60元；利用职务上的便利非法收受他人财物60000元，为他人谋取利益，其行为已分别构成贪污罪、滥用职权罪、受贿罪，依法应当追究其刑事责任，且应实行数罪并罚，决定执行有期徒刑二十年，并处没收个人财产人民币十五万元。之前，瑶海法院即以滥用职权罪、受贿罪、贪污罪判处詹卫东有期徒刑十八年，并处没收个人财产人民币十四万元，以贪污罪分别判处范家龙、方明霞有期徒刑五年，并处没收个人财产人民币四万元。

【点评】 合肥“房叔”方广云贪腐窝案中，社居委、户籍民警、拆迁办等形成联手骗房的流水线，是小官巨腐的典型，引发社会强烈关注。被告人通过伪造材料等方式骗取安置房屋或收取贿赂，致使公共财产重大损失，社会影响恶劣，应当予以严惩。合肥法院审理过程中严格遵守法定程序，充分保障被告人诉讼权利，审理过程透明公开，案情定性准确，判决结果公正，受到社会各界的高度认同。反思本案，“房叔”及其女儿女婿等人之所以能够通过并不复杂的手续去侵占攫取巨额国家利益，是因为拆迁安置程序缺少必要的监督和制约，这也提醒了应当对相关行为加强监督，让权力在阳光下运行。

三、水墨兰庭保安杀人案

• 关键词：吸毒杀人　震惊合肥

【案例简介】 被告人沙俊杰与被害人王杰均系合肥市政务区水墨兰庭小区保安，同住该小区21幢208室。2013年1月21日凌晨2时许，被告人沙俊杰因之前吸食毒品产生臆想，认为王杰要伤害自己，在住处先后使用砍刀和菜刀对王杰身体多部位进行砍击，并将王杰头颅砍下，致其死亡。当日凌晨5时许，被告人沙俊杰被公安机关当场抓获。经上海市精神卫生中心司法鉴定所和南京脑科医院司法鉴定所分别鉴定，被告人沙俊杰在作案时具有完全刑事责任能力。

合肥中院审理认为，被告人沙俊杰故意非法剥夺他人生命，持刀砍杀他人，致人死亡并肢解被害人尸体，其行为构成故意杀人罪。遂以故意杀人罪判处被告人沙俊杰死刑，剥夺政治权利终身，被告人沙俊杰赔偿附带民事诉讼原告人王某等经济损失计24400.5元。

【点评】 这是一起轰动一时的恶性刑事案件，被告人沙俊杰因吸食毒品产生臆想，杀人后并将受害人头颅砍下，手段极其残忍，情节特别恶劣。对于案件审理过程中涉及被告人是否具有刑事责任的问题，合肥中院审查后采纳了被告人沙俊杰对本案具有完全刑事责任能力的鉴定意见，并最终对其判处死刑。合肥中院坚持注重保护人民群众生命财产安全，始终贯彻宽严相济的刑事政策，依法从严从快打击各类严重刑事犯罪行为，切实增强社会公众安全感，保障人民群众安居乐业。

四、安徽“百氏情缘”特大非法集资诈骗案

• 关键词：集资诈骗　受害人数众多

【案例简介】 丁书琴、丁长青二人系百氏情缘公司股东。2010年5月至2011年1月，二人在明知公司严重资不抵债、外欠巨额高利贷的情况下，指使周某、张某某制作虚假的财务报表，编造虚假供销合同、夸大公司业绩欺骗银行及担保单位获取贷款。2007年以来，二人在明知公司无偿还能力的情况下，以生产经营需要资金为由，自己或指示公司员工周某、王某等人采用虚构公司经营业绩、虚假宣传等办法，以高额利息为诱饵，向社会上100余名个人和单位非法集资460013365元。集资款中小部分用于公司实际经营，部分用于归还借款本息，部分用于购买住房、股份及豪华车辆。至案发时，有221379959元集资款没有归还。

合肥中院审理认为，丁书琴和丁长青以非法占有为目的，骗取他人钱款1400万元，其行为构成合同诈骗罪，且数额特别巨大；其以百氏情缘食品公司名义通过欺骗取得银行贷款，行为构成骗取贷款罪；虚构事实，以高回报为诱饵，使用诈骗方法非法集资，骗取他人钱款2.2亿元不能归还，其行为构成集资诈骗罪，且数额特别巨大。遂依法判决丁书琴犯合同诈骗罪、骗取贷款罪、集资诈骗罪，判处无期徒刑，剥夺政治权利终身，并处罚金150万元；判决丁长青犯合同诈骗罪、骗取贷款罪、集资诈骗罪，判处有期徒刑20年，并处罚金40万元。公司员工周某、张某某、王某、陈某分别被判处8年、6年、4年、3年有期徒刑不等。

【点评】 近年来，受国家宏观政策调整、产业转型等因素影响，我市非法集资类案件呈现持续高发态势，且涉案金额增速明显。此类案件通常受害人数多、涉及范围广、

社会影响巨大，一般情况下被告人都高消费挥霍无度导致款项损失巨大，追回比例十分低。合肥中院通过严厉惩处此类犯罪行为，有力地保障了经济安全和社会稳定。反思本案，非法集资标榜的利润率往往都畸高，在此提醒社会公众在投资时一定要擦亮眼睛，要分析其承诺的高额回报是否合理，不要被其耀眼的招牌和诱人的表象所迷惑，要理性选择投资渠道。

五、王丽娟等组织、领导特大传销活动案

• 关键词：资本运作 涉案金额高

【案例简介】 被告人王丽娟于2008年初经人介绍在广西南宁加入名为“资本运作”（又称“连锁经营”）的传销组织。之后王丽娟先后发展被告人刘国强等3人作为自己的直接下线，刘国强等人又陆续发展被告人王丽杰等人，通过层层发展、复制，逐步形成了以王丽娟等家族成员为骨干的传销组织体系。该组织自2010年8月由南宁市搬迁到合肥市包河区等地以进行“资本运作”为名，不断诱骗下线人员。后王丽娟等42人被提起公诉。

包河法院经审理认为，被告人王丽娟等42人以“资本运作”、“连锁经营”为名，不断诱惑多人购买虚拟“份额”，参加名为“资本运作”的传销组织，实行“五级三晋制”，激励传销人员积极发展下线，建立层级分明的传销网络体系，从中骗取巨额非法利益，严重扰乱市场经济秩序，其行为均已构成组织、领导传销活动罪。遂以组织、领导传销活动罪判处42名被告人一年十个月至八年不等的有期徒刑，并处罚金。

【点评】 本案是安徽省最大一起组织、领导传销活动案，至案发时，王丽娟领导的传销体系共有“老总”200余人，传销人员共计8500余人，涉案金额达2.4亿元，严重影响社会经济秩序，影响社会安定团结。本案各被告人被判处刑罚，打击了传销人员的嚣张气焰，有力地配合了我市打传活动的整体推进，维护了我市经济社会秩序稳定。传销是近年来逐渐猖獗的经济类犯罪，一般以国家工程、连锁经营等名义宣传，而实际就是诈骗。希望本案及其他传销案件能警醒社会公众，深刻认识到传销的危害，远离传销。

六、张震诉合肥一中教育机构责任纠纷案

• 关键词：教育机构 监护义务 高考状元

【案例简介】 2011年10月28日晚自习前夕，合肥一中学生张震在四楼401教师休息室坠楼受伤。经鉴定，张震的伤残等级为一级，护理依赖程度为二级。张震遂诉至法院，要求合肥一中赔偿其各项损失计2053526.2元。本案主要涉及到全封闭、寄宿制学校的未成年学生坠楼后，学校是否应承担赔偿责任，承担何种赔偿责任等问题。

合肥中院二审认为，未成年学生在全封闭、寄宿制学校学习、生活期间，监护人的监护职责并不发生转移，学校与学生之间仍系法定的教育管理关系。学校依法对未成年学生负有教育、管理与保护的义务，学校未尽到教育、管理与保护的义务而致未成年学生受到伤害的，应承担侵权赔偿责任。限制民事行为能力的学生自身有过错的，依法应减轻学校的赔偿责任。据此，判决合肥一中承担张震损失的30%责任即赔偿811440.6元。

【点评】 近年来，因校园伤害事故而引起的学生与学校之间的人身损害赔偿纠纷日益增多，并且越来越受到社会及传媒的广泛关注。本案系校园伤害案件中较为典型并且在合肥市有较大影响的校园伤害案件，被网络媒体称为“合肥高考文科状元坠楼案”。本案处理结果既维护了学校正常的教学管理秩序，又体现了未成年人利益保护最大化原则。判决两个月后，张震参加高考，摘得2014年合肥文科高科状元，合议庭法官专程驱车460公里到宿州对张震进行回访，取得良好的法律效果与社会效果，对办理同类案件具有一定的借鉴和指导意义。

七、育才花园小区232户业主诉业主委员会等业主撤销权纠纷案

• 关键词：业主集体维权 业主委员会决定损害业主利益

【案例简介】 2006年7月24日，庐江县房产局根据天友房地产公司的申请，将育才花园小区的南门楼东侧、西侧房屋核发了产权证，业主委员会以上述两处房产系物管公用房屋为由提起行政诉讼，后法院判决撤销产权证。同年，房地产公司又先后将小区北门楼东侧、西侧的附加房屋各一间，分别出售给李某、徐某，并办理了产权证，业主委员会又提起行政诉讼，要求确认房产局核发产权证的具体行政行为违法，法院判决该具体行政行为违法。后业主委员会起诉要求房地产公司赔偿上述两处房产被出售给其造成的损失，终审判决判令房地产公司赔偿业主委员会经济损失849700元。2012年1月9日，业主委员会与房地产公司签订《和解协议》，对房地产公司已销售的上述房屋补偿给小区全体业主40万元，对南门楼东侧一间房屋，业主委员会同意恢复房地产公司的房

地产登记权证。

小区232户业主起诉要求撤销《和解协议》。本案一审判决撤销业主委员会与房地产公司签订的《和解协议》。房地产公司不服提起上诉。合肥中院二审审理认为，和解协议内容涉及小区有关共有权利的重大事项，理应由业主共同决定。育才业委会部分放弃共有权利的决定超越了其法定职责范围，受侵害的业主基于法律的规定有权向人民法院请求撤销。合肥中院遂作出维持原判的终审判决。

【点评】 “没有救济就没有权利”，业主权益需要特别的保护机制予以救济，为保障业主合法权益，《物权法》创设了新型的撤销权制度—业主撤销权。业主撤销权诉讼开辟了业主建筑物区分所有权被侵害后的司法救济途径，已成为一种物权法的新类型案件。本是合肥中院近年来受理的小区业主行使业主撤销权进行集体维权的首例案件，通过该案的审理，依法维护了业主的财产权利，取得了良好的法律效果和社会效果，让广大业主切实感受到司法的公正与权威，也为今后业主依法维权树立了坚定的信心。

八、湖北“周黑鸭”合肥打假案

• 关键词：知名商标　合肥打假

【案例简介】 湖北周黑鸭食品有限公司系一家生产、销售熟食类产品的企业，“周黑鸭”食品在国内已具有相当高的知名度与美誉度。该公司对安徽市场进行调查时发现，合肥“三品周黑鸭”运营商合肥市蜜巢餐饮管理有限公司及其加盟商雷某、方某、谌某等在其经营的熟食店装潢上，包括门面及食品包装袋上，未经许可擅自使用与原告所有的注册商标相同或是相近似的商业标识进行非法牟利。为此，湖北周黑鸭公司诉至法院，要求被告停止商标侵权行为并赔偿经济损失。

经合肥中院调解，湖北周黑鸭公司与侵权方达成调解协议，蜜巢公司及其加盟商雷某、方某、谌某等均承认其使用“周黑鸭”商业标识的行为侵犯了涉案注册商标专用权；承诺自调解协议生效之日起停止以任何方式使用包括但不限于“周黑鸭”等与涉案注册商标构成混淆可能的商业标识；蜜巢公司、雷某、方某、谌某等一次性支付原告赔偿金8至10万元不等。

【点评】 商标作为一种重要的知识产权，是企业的核心竞争力，在一定程度上代表着一个企业的经济实力、发展水平和整体形象，受到法律保护。由于对商标认识的不足，各类商标侵权、假冒行为泛滥，不仅严重扰乱了公平竞争的市场秩序，而且影响了企业争创驰名、著名商标的积极性。合肥法院通过调解方式妥善解决合肥“三品周黑鸭”侵权湖北“周黑鸭”案件，使得被告停止侵权行为并赔偿原告损失，真正做到了案结事了。本案提醒广大市场经营主体要尊重他人知识产权，不可因一时之利而侵犯他人知识产权，否则得不偿失。

九、安凯公司系列执行案

• 关键词：标的巨大　社会影响程度广

【案例简介】 自2009年以来，合肥中院、高新法院、包河法院先后受理以安徽安凯车辆制造有限公司为被执行人的系列金融借款、买卖合同、民间借贷等执行案件共计34件，执行标的额高达3.95亿元，另安凯公司还拖欠职工社保、医保金等达1000余万元。安凯公司可执行的厂房、土地及设备等资产评估值为26664.278万元，且上述资产大多设定了抵押权，安凯公司资产不足以清偿抵押债权，一般债权人受偿无望。一般债权人纷纷到法院表达受偿的意愿，要求合肥中院保护一般债权人的权益，维护社会的稳定。

案件执行过程中，经多次拍卖，安凯公司资产以24260.81万元的价格另附加由买受方解决拖欠职工的社保、医保问题为条件变卖成交。之后执行局多次联系、沟通、走访抵押债权人，最终取得抵押债权人的支持，抵押债权人受偿本金和部分利息，一般债权人因此受偿达到45%的比例。另外，买受人也按照法院设置的变卖条件，支付了拖欠职工的社保、医保金。当事人领取执行款后，均向合肥中院递交了申请书，同意法院终结案件的执行。至此，整个系列案件圆满、平稳执结。

【点评】 安凯公司系列执行案件，是我院近年来受理的又一起重大的执行系列案件，执行标的额达3.95亿且涉及拖欠职工社保等一系列复杂问题。该系列执行案件存在社会影响程度广、资产处置难度高、确定分配难度大、不和谐不稳定因素多等诸多困难。合肥中院在执行过程中多次组织拍卖，并积极与抵押权人协调沟通，最终系列案件的圆满执结，不但最大限度的实现了一般债权人的合法权益，而且也兼顾了其他债权人的利益，同时也解决了被执行人内部企业员工的利益关切，使本案成为我院又一起圆满执结的经典案例。

十、圣宇房地产公司与巢湖福彩中心房屋买卖合同纠纷案

• 关键词：依法纠错　诚实信用

【案例简介】 2011年8月12日安徽圣宇房地产开发有限公司与巢湖福彩中心签订合同约定，巢湖福彩中心购买圣宇公司开发的汇豪天下四间商铺，总价797.6万元。后巢湖福彩中心按约支付600.6万元购房款。2012年1月11日房屋通过竣工验收，圣宇公司通知巢湖福彩中心办理房屋交付手续。巢湖福彩中心回函称，因巢湖区划调整办公用房已解决，要求解除合同，双方因此发生纠纷。圣宇公司诉至巢湖法院，请求继续履行合同并支付余款。巢湖福彩中心提起反诉，请求解除合同，返还已付的购房款。原审法院判决：解除双方合同；圣宇公司返还巢湖福彩中心已付的购房款600.6万元；巢湖福彩中心赔偿圣宇公司损失398800元。二审法院予以维持。圣宇公司仍不服，依法申请再审。

合肥中院再审认为，巢湖撤市办公用房解决不属于因不可抗力致使不能实现合同目的情况，其通过律师函告知圣宇公司要求解除合同的行为亦不符合法定的解除合同条件。据此，判决撤销原一、二审民事判决；巢湖福彩中心与圣宇公司办理房屋的验收交接手续，并支付购房余款及利息；驳回巢湖福彩中心的反诉请求。

【点评】 本案是合肥法院依法纠错的典型案例，在一、二审判决适用法律确有错误且判决已生效的情况下，本院从保护当事人合法权益出发，启动再审程序，依照诚实信用原则，依法撤销生效的错误裁判，作出新的公正判决，维护了法律的权威和正确实施，体现了法律的公平正义。有错必纠、知错必改，是人民法院职责所在，也是司法为民公正司法的应有之义。及时、果断地依法纠正错误，更是人民群众司法需求所在，这样的司法更容易赢得人民群众的拥护。

（赵 晨）

司法行政

【概况】 2014年，合肥市司法行政系统紧紧围绕党委、政府工作大局，以改革、创新、务实统领全局，科学谋划、深入推进，司法行政各项工作有了新的发展提升。合肥市荣获全国“六五”普法中期先进城市，市司法局被评为全国第二届“关爱明天、普法先行”青少年普法优秀组织奖，市普法办荣获全国“六五”普法中期先进普法办；市司法局荣获2013年度市政府目标考核优秀责任单位、全省司法行政系统2013年度综合考核优秀单位、全省司法行政系统思想政治工作表现突出单位，合肥市首批依法行政示范单位、综治工作优秀成员单位、防邪工作先进集体，双拥合格单位，律师进社区工作、司法考试工作、社区矫正工作、纪检监察和信息工作等获省司法厅表彰。

【普法依法治市】 深入实施“六五”普法规划，进一步创新法治宣传教育形式，丰富“法律六进”活动，强化法治宣传阵地和法治文化建设，法制宣传教育工作位居全省前列。组织开展“12•4国家宪法日暨全国法制宣传日”等主题宣传活动，举办30场“法律六进”巡讲活动；成立省城高校普法志愿者联盟，组织全市2000名村（居）干部开展法律知识比赛，组织200名公务员参加旁听庭审活动、近万名市管领导干部和市直机关公务员学法用法考试。以项目化方式推进法治宣传阵地建设，在合肥日报开设《普法你我帮》专栏，刊载100期；与安徽农业大学、合肥少儿图书馆合作共建“合肥市青少年法制教育基地”，在武警合肥边防检查站设立“警民共建法制宣传教育基地”；举办全市法治文化建设重点活动推介会；在安徽手机报创办《合肥普法天地》栏目，覆盖全省，受众面达80万人；开通手机普法短信平台，每年向市民发送普法短信36万条；建成“法治合肥网”“合肥普法”官方微博。开展“服务新市民，普法进万家”主题宣传活动，创办“新市民”普法学校11所；编印《新市民学法用法读本》1.2万册，绘制新市民普法挂图2万张，拍摄新市民普法光盘500套。联合市民政局命名表彰13个村（社区）为第五批“合肥市民主法治示范村（社区）”，组织申报全国、全省第六批民主法治示范村（社区）；全市共有“全国民主法治示范村”8个，“安徽省民主法治示范村”47个，“合肥市民主法治示范村（社区）”257个。将法治建设（法治宣传教育）工作作为2分纳入市政府对市直及省垂直管理责任单位的年度目标管理考核。

【监狱戒毒】 监所迁建项目主体工程全部完成。大力推进“5+1+1”教育改造模式，开展监管安全专项督查和综合督查90余次，排查整治隐患风险点15个，大力推进教育改造社会化，深化狱务公开，依法严格规范减刑、假释、报外就医等刑罚执行工作，义城监狱实现连续15年8个月无罪犯脱逃。组织戒毒民警到公安禁毒支队、省市戒毒单位、医院、司法所、社区矫正中心跟班（挂职）学习121人次，提高业务技能；完成市（劳教）戒毒所更名工作，建立戒毒管理制度228项，积极推进市戒毒所“三定”方案调整和人员招录工作。

【社区矫正】 市委、市政府召开全市社区矫正工作会议。从市戒毒所选派民警到县（市）区司法所和社区矫正中心挂职学习。肥西、包河、蜀山等六个县市区积极探索引入社工组织参与社区矫正工作，效果良好。市社会治安综合治理委员会办公室牵头组织市中级法院、市检察院、市公安局、市司法局等部门，对全市9个县（市）区社区矫正执法工作进行了集中督查。将社区矫正工作纳入司法所巡查范围，每季度派出巡查组到司法所开展巡查。进一步强化社区矫正人员日常监管，推行社区矫正信息公示制度，开展社区服刑人员电话查询，建立信息化应用定期通报制度，严格社区服刑人员刷证报到制度。全市4000名在册社区服刑人员动态总体稳定，未发生脱、漏管现象。

【人民调解】 召开现场会，推广行业调解中心建设模式，构建大调解格局。选择道路交通纠纷和医患纠纷作为突破点，加强行业调解组织建设，实现县（市）区道路交通事故调委会、医患纠纷调委会实现全覆盖。提请市政府成立市医患纠纷预防与处置工作领导小组，市政府颁布《合肥市医患纠纷预防与处置办法》，成立市医调委并规范运行。会同市综治办、公安局、财政局联合出台《合肥市“警民联调”工作机制建设实施方案》，推进公调、诉调、检调、访调对接机制建设。全年全市2034家调委会13014名调解员共调解案件83185起。

【安置帮教】 以“黄丝带帮教行动”为载体，与民盟合肥市委联合举办专题讲座、播放主旋律电影、开展义诊、心理咨询、文艺演出等系列活动，积极推进安置帮教体系建设，得到民盟中央副主席龙庄伟高度评价。全面录入安置帮教对象信息，做好衔接安置工作，目前全市列管安置帮教对象2843人。

【公共法律服务体系平台】 将基层公共法律服务平台与全市综治维稳信访中心同步推进，建成6家县级实体平台、126个乡镇（街道）、1568个村（居）司法行政实体服务平台，在乡镇（街道）和村（居）实现全覆盖。完成合肥市“12348”法律服务热线平台建设。积极协调相关部门，将公共法律服务纳入合肥市社区公共服务平台建设，成为四家建设主体之一。

【律师管理】 深入推进律师进社区工作。联合市工商联组建律师服务团服务民营经济发展。与市委政研室共同举办“融入长三角打造副中心—合肥的机遇与挑战”论坛。联合市法制办提请市政府出台加强政府法律顾问制度建设的意见，将法律服务纳入政府购买范围。加强执业监管，组建听庭评议和投诉查处调查员队伍，开展重点督查和案卷评查工作。全市127家律师事务所1691名律师共办理各类案件21197件，担任法律顾问2147家；8家律师事务所入选全省律师事务所综合实力50强。

【国家司法考试】 市司法局克服人数多、任务重的困难，增强责任意识、底线意识、敬畏意识、保密意识和服务意识，强化组织领导，落实服务举措，确保“四个安全”，连续13年圆满完成各项考务工作。2014年，合肥考区报名人数达4312人，再创历史新高。

【公证管理】 组织开展“群众满意服务窗口”创建、公证档案达标升级活动。首次组织公证实习人员任职前法律考试，暂缓1名实习公证员转正。开展公证质量评审活动，公证质量连续多年位居全省前列。创新便民举措，在全省率先启用国内公证书防伪专用纸，增强社会公信力。全市7家公证机构49名公证员共办理公证事项51184件。

【司法鉴定】 坚持高标准、高起点，鼓励支持组建百友、龙图等综合性司法鉴定中心，打造规模化、专业化、品牌化司法鉴定机构。组织鉴定机构开展能力验证和认证认可工作，同德司法鉴定所率先通过国家“二合一”评审。组建行业监督与指导等4个专门委员会和法医临床鉴定等5个专业委员会，制定《合肥市司法鉴定行业惩戒管理办法（试行）》。全市24家司法鉴定机构364名司法鉴定人办理司法鉴定案件30230件。

【法律援助】 市政府办公厅印发《关于调整法律援助对象经济困难标准和扩大法律援助事项范围的通知》，将经济困难标准调整为当地城乡居民最低生活保障标准的2倍；增加11项法律援助申请事项。开展法律援助维权志愿律师培训，和安徽电视台《第一时间》栏目合作，继续深化农民工维权专项行动。在市、县两级法院和司法鉴定机构设立法律援助工作站。优化便民服务窗口建设，推出“限时办结”“休息日预约服务”和“上门服务”等便民服务制度。全年共接待群众法律咨询29006人次，受理法律援助案件8330件，为困难群众挽回经济损失2.18亿元。

（陈欣欣）

合肥警备区

【综述】 2014年，合肥警备区在省军区党委和中共合肥市委的坚强领导下，以习主席系列讲话为指导，以强军目标为统领，以教育实践活动为标尺，举旗铸魂、聚焦中心、改进作风、夯实基础、狠抓落实，圆满完成年度各项任务，部队保持持续有力、向前发展的良好势头。

坚持学习讲话铸军魂，理想信念更加坚定。始终把学习贯彻习主席系列重要讲话精神作为首要政治任务，坚持读原著、读经典、读哲学，常委带头交流学习体会，团以上干部围绕44个课题展开调研，不断用最新理论成果指导工作。持续坚持党委中心组理论学习制度、机关周二学习日制度、基层干部理论学习轮训制度，保证理论学习质量。扎实开展“牢记强军目标、献身强军实践”主题教育，认真组织战斗力标准和“军队要像军队样子”大讨论，强军目标融入官兵思想、进入工作实践。深入开展“四个安徽”“大别山精神”“三个同样一个要”经常性教育，主动开展“学郭俊献身使命、学小井庄敢闯敢干、学巢湖人武部争先进位”和“组织向个人交真底、个人向组织交真心”特色活动，激发官兵爱岗敬业、献身使命的责任，涌现出省军区“全面建设标兵单位”巢湖人武部、省“三八红旗手”干休五所军医赵媛媛、全军优秀士官高炮团战士周界等先进典型，部队争先进位氛围更加浓厚。积极做好意识形态领域和“四反”预防工作，下力肃清周永康、徐才厚案件恶劣影响和流毒，建立军地网络信息安全防范协作机制，保持部队纯洁巩固和集中统一。

坚持聚焦使命练打仗，实战准备有力推进。狠抓常态备战，完善3类非战争行动预案，严格规范作战值班秩序、兵器室建设和应急武器弹药配备，强化战备意识，提升战备水平。突出练将练官，组织团以上指挥员开展作战问题研究，参加省军区师旅单位参谋长、政治部主任及团单位主官考核，严密组织干部岗位练兵普考，锤炼指挥谋略能力。警备区司令部被省军区表彰为“先进司令部”。

坚持实践活动纠四风，群众观念牢固确立。坚持理论学习贯彻始终，反复学习领会习主席关于改进作风一系列决策指示，开展“马克思主义群众观”大讨论，运用正反典型进行教育，深扎群众路线思想根子。坚持拉高标杆查摆问题，通过“开四门、听四言”，两级共查找梳理“四风”问题368条，立起靶子画好像。坚持扭住关键增强实效，认真开展批评与自我批评，高质量召开专题民主生活会和专题组织生活会，达到出汗排毒、净化灵魂的目的。坚持强力推动抓好整改，对照“八项整治”和“双六条”整治纠治任务，制定任务书，倒排时间表，规范机关党组织秩序，狠抓军区专项审计指出问题的整改纠治，下力抓好内部接待场所公款吃喝专项检查清理，持续用力推进清房清车清人，作风积弊得到有效纠治。警备区本级公务接待开支下降28.8%，清退超占干部2名，清查违规任用干部1人，清理封存超编车辆2台，清退不合理住房58套。坚持堵漏补缺建章立制，围绕干部管理、工程建设、财经秩序、公务接待、廉洁征兵等，修订完善11项制度机制，形成用制度管权管事管人的局面。

坚持按纲抓建创特色，基层建设扎实有效。加强基层武装工作规范，落实人武部抓基层八项制度，肥东人武部抓基层规范化建设形成“四个一”成果，包河区在6所院校新建武装部，巢湖市出台《专武干部工作管理规定》，瑶海区调整配齐专武干部队伍，基层建设水平整体提高。加大“四个基本”推进力度，全面展开民兵基层党组织规范化建设，基本实现全覆盖，做法被总政群工办和军区政治部转发。狠抓日常行为养成，集中开展条令条例整训，坚持视频点名、查铺查哨、夜间巡查、交班通报和每月部门以上领导入库检查“五个雷打不动”，扎实开展“四个倾向性问题”专项治理，严密组织拉网式隐患大排查和39名核心涉密人员政治考核，推开集中文印室建设，顺利完成民兵报废弹药调运任务，民兵武器仓库实现38年安全无事故，“四个秩序”更加正规，部队保持安全稳定。包河人武部被省军区表彰为“安全管理先进单位”。

坚持质量标准增效益，保障效能明显提升。深化拓展军事斗争后勤准备，修订完善防卫作战和非战争军事行动后勤保障方案，突出后勤专业应急应战训练，完成新兵被装调运和发放。加大综合保障力度，认真组织实战化训练、民兵预备役防空分队实弹战术演练、民兵新型支援保障队伍演练等大项军事活动经费物资保障，后勤保障向军事斗争准备聚焦的导向更加鲜明。大抓基础设施建设，警备区新营区建设基本完成，肥西人武部顺利搬迁，肥东、长丰、包河人武部营院整治推进有力、明显改观。严格执行省军区财经管理《实施办法》，警备区纪委牵头对团单位组织财经普查，专题召开加强财经管理工作会议，制定《合肥警备区专项整治暂行办法》和“八个严禁”，进一步规范部队财经秩序。庐江人武部财经管理得到加强。严格落实军队有偿服务管理规定，加强师团两级现有空余房地产管理，实行竞价招租，规范租赁秩序，妥善解决原美利酒都租赁纠纷。

坚持军地聚力促融合，党管武装深化拓展。认真贯彻习主席10个好传统和省委4号、14号文件精神，协调出台合肥市《关于聚焦强军目标推进军民融合发展的实施意见》和3个配套文件，为加强党管武装、助力强军实践提供政策支撑。坚持保质保廉抓征兵，在肥西人武部召开征兵观摩会，长丰县实行征兵领导小组成员包干负责制，瑶海人武部制定廉洁征兵“八不准”，庐阳人武部在中澳学院探索建立“兵员预储班”，圆满完成新兵征集任务。广泛开展国防教育月活动，邀请15名专家教授进行国防形势宣讲，庐江县投资500万元建成国防森林公园一期工程，巢湖市投入20余万元建成国防教育宣传长廊，全民国防教育深入普及。积极开展双拥共建活动，各级出动兵力1677人次，参与森林灭火、防汛救灾、应急维稳等任务，持续开展“爱心照亮求学路”活动，全区资助11名新入学贫困大学生和195名贫困中小学生，进一步巩固了军政军民关系。高炮团被安徽省表彰为“民族团结进步之星”先进集体。

坚持从严要求抓班子，勤政清明形象树立。认真贯彻从严治党要求，师团班子坚持把学习法规政策作为履职的首要，严格落实各项法规要求，通过领导带头示范、纪委一线监督，党风廉政建设有力加强。始终把加强民主集中制作为班子建设的关键，着力营造靠事业增进团结、靠原则凝聚共识、靠制度规范秩序的从政环境。坚持情系基层办实事，师团领导定期到挂钩联系点现场办公，帮助解决突出矛盾和现实困难。全年，为基层官兵办好“十件实事”，为老干部办好“六件实事”，干休五所下力提高服务保障水平，巢湖干休所开通了视频宣教系统；筹措20余万元经费，救济15名特困官兵职工，走访慰问151户军区作战部队基层营连主官家庭；协调地方解决47名驻肥部队官兵子女入学入托，落实42名军人子女中考加分优待，在为基层排忧解难中树好党委机关形象。

【聚合精力抓训练】 2014年，警备区深入贯彻军区、省军区党委1号文件精神，强化练将，扎实练兵，深化首长机关指挥技能训练，狠抓民兵分队应用训练，加强

新型支援保障力量课题演练，深入推进警备区军事斗争准备向纵深进击，做到：在抓军事训练上用心使劲、在投入精力上向军事训练聚力、在经费保障上向军事训练倾斜。按照党委统揽、主官上阵、机关合力的要求，主要领导带头组训、带头教学，亲自组织重大演训活动。警备区常委下基层检查工作，坚持把军事训练落实情况作为必查内容之一。坚持逢训必查制度，实时督导训练落实。机关牢固树立“一盘棋”思想，司令部主抓组织计划、督导落实，政治部主抓思想教育、宣传报道，后勤部主抓经费落实、审核审查、民兵误工补贴打卡发放，各部门积极协调配合，加强训练管控、严格按纲施训，严肃考风考纪。

【首长机关训练】 警备区、人武部两级首长机关严格执行《军分区（警备区）、人武部军事训练与考核大纲》，按照“打基础、强谋略、练指挥、抓考核”四个步骤，加强军事理论学习，抓实业务技能质效，深入战法创新研究，提高按纲施训质量，超额完成训练任务，撰写战法创新研究文章32篇。四季度，全区开展了“岗位练兵训练月”活动，并集中组织警备区参谋长、主任和团主官进行业务技能、组织指挥强化训练，在省军区年终考核考评中取得了优异的成绩，瑶海区人武部谢长山、巢湖市人武部陈文章获得省军区参谋业务比武3项第一，巢湖市人武部王曦禄代表省军区参加军区参谋业务比武。

【专武干部集训】 3月份和5月份，警备区在教导队和原巢湖军分区教导队分两期组织全市专武干部进行为期15天的业务集训。党委首长高度重视，集训前进行专题研究，组织各警备区部门以上领导、人武部主官和机关专长人员进行备课示教，邀请省军区教导大队专业教员进行授课辅导，警备区参谋长全程驻队督训。本着紧贴本职、突出应战的原则，加强业务基础知识学习，系统安排民兵组织建设、战备训练、应战应急行动、基层武装部规范化建设等内容；突出基本技能提高，加强组织指挥能力培养，安排队列、实案处置、实弹射击等内容训练，有效提升专武干部思想素质、业务能力和军事技能。

【民兵预备役高炮分队实弹战术演练】 5月下旬至6中旬，预备役高炮团组织双37高炮1、2营、双25高炮营各1个连进行集中训练。以军事理论、专业技能为主要内容，采取理论讲解、武器操作、协同训练等方法进行。集训中，坚持从难从严、从实战需要出发，重点练单兵专业技能和班组、连协同动作。坚持由易到难，循序渐进，先理论、后操作，先分散、后结合，先分组、后集中。坚持按纲施训，做到教学、训练、考核、讲评有机结合。6月份，依案完成进入预设阵地、实战化驻训以及防空群“一个过程”实弹战术演练，实现“打出好成绩、打出好形象、打出安全稳定”目标，提高民兵预备役防空分队快速动员、遂行作战任务的能力。

【民兵水上抢险骨干集训】 5月18日～27日，警备区在原巢湖军分区教导队组织25名全市民兵水上抢险骨干进行为期10天的集训。训练采取理论授课、示范教学、技能训练、考核验收的方法，进行了冲锋舟操作、编队航行、障碍驾驶、离靠岸、打捞与救护及各种情况处置等内容的训练。通过训练，使参训人员进一步熟悉和掌握了操作规程与要领、打捞与防护的一般方法、水上抢险行动的组织与实施，提高民兵水上抢险骨干的综合素质和组训任教能力，为各县（市）、区培养人才。

【全省新型支援保障力量综合演练】 10月份，按照省军区统一部署，采取实地调研、任务部署、集中统训的方式，组织光电干扰、量子通信、语音伪装、应急通信、网络心理战、雷达装备维修等民兵高新技术分队参加全省民兵新型支援保障力量实兵演练，占全省参演课目近1/3，充分展示合肥市军民融合发展成果和警备区部队实战化训练成效。

【组织退役士兵招聘周活动】 2月20日和22日，会同市人社局、民政局在市人才就业中心，先后组织2场退役士兵招聘活动，1000余名退伍士兵参加招聘会。市人才就业中心共计组织100余家企业、提供10000余个岗位供退伍士兵选择。此次招聘活动共有300余名退伍士兵与用工企业初步达成就业意向。

【统编统训改革试点】 以军区关于深化民兵预备役统编统训改革试点的指示要求为依据，以“能打仗、打胜仗”为目标，深化拓展去年统编统训改革试点成果，按照“一支队伍、两块牌子”的建设思路，拟制下发《警备区深化拓展民兵预备役统编统训改革试点建设方案》，进一步调整编成部署，将编组地域由原来的3县4区压缩到3县1区，优化整合“作战任务相同、作战地域相近”的民兵预备役防空，经验做法受到省军区机关的表扬。

【征兵工作】 坚持以提高兵员质量为目标，按照“数量一个不少，质量一个不差，无事故案件、无违规违纪”的要求，积极适应征兵政策调整变化和全面推行网上征兵的特点，扎实抓好征兵工作落实。

年初以来先后两次召开征兵工作形势研判会，研判今年征兵形势，立足早筹划、早准备、早发动，强力推行按级负责的征兵工作机制，结合民兵整组、务工人员返乡、学生放假等时机，尽早展开兵役登记，切实摸清征集底数，打牢征兵工作基础；在运用广播、电视、报纸、网络等载体开展征兵宣传的同时，充分发挥区位优势，在新生入学军训、重大节假日和国防教育日等时机，深入学校开展主题班会、国防形势教育、征兵政策宣讲活动，不断拓展宣传手段，浓厚参军入伍报国氛围；征兵工作展开前，市征兵办多次专门组织对口业务会，采取以会代训的方式，加强业务培训，进一步强化征兵工作人员的政策法规意识和履职尽责意识；征兵期间，周密筹划部署，严格规范征集程序，狠抓廉洁征兵，较好的完成新兵征集任务。

【条令法规整训】 2月8日至12日，组织全区干部在教导队组织开展条令法规集中整训活动，按照“过连队生活、当普通一兵”的要求，严格落实一日生活制度，狠抓秩序规范；采取示范教学、授课辅导、理论考核、队列会操等方式，组织参训人员认真学训、扎实整饬，进一步强化官兵作风养成和条令意识，着力为新年度工作顺利开展提供强有力的作风纪律保证。

【安全隐患排查整治】 根据上级指示要求，警备区先后3次开展安全隐患排查整治工作，围绕“人、车、枪、弹、密、院”等重点内容，全面贯彻落实防范重要安全问题指示要求，及时传达学习上级指示精神，认真组织安全形势分析，研究制定本级实施方案，明确任务目标，严格责任落实，狠抓问题整治，确保部队安全稳定。6月20日至7月10日期间，针对湖南衡南军械仓库爆炸案，在全区范围内认真组织开展拉网式安全排查整治活动，对照上级明确的九个方面内容，逐条逐项进行检查，明确责任人和时限抓好问题整改，落实针对性措施，切实做到关口前移、主动预防。

【落实党管武装工作制度】 10月27日，中共合肥市委召开市委议军会，传达习主席关于国防动员、双拥工作“十个好传统”和南京军区国动委、省委议军会主要精神，人武部党委第一书记述职，陈再忠司令员报告工作，姜宗健政委就贯彻省委、省政府、省军区《关于聚焦强军目标推进军民融合深度发展的意见》提出意见建议，并作说明，吴存荣书记、张庆军市长分别作重要讲话。会议开始前，组织60余名党政领导集中开展“军事日”活动。会议研究决定，市委、市政府、警备区联合出台《关于聚焦强军目标推进军民融合深度发展的实施意见》，为推进军民融合深度发展和全市武装工作提供有力抓手。

【深入推进双拥共建】 围绕合肥争创双拥“八连冠”，大力加强双拥共建工作，创建成立全省首家民营企业家爱国拥军协会。持续推进随军家属就业安置，警备区司令部、政治部联合市人社局、公务员局、编办印发《关于贯彻落实〈安徽省军人随军家属就业安置实施意见〉的通知》。落实军人子女教育优待，协调地方解决驻肥部队官兵子女入学入托，落实子女中考加分优待。持续开展“爱心照亮求学路”活动，全区共资助11名新入学贫困大学生和195名贫困中小学生。广泛开展国防教育月活动，邀请15名专家教授进行国防形势宣讲。庐江县人武部协调县政府投资500万元建设国防园一期工程，为全县革命先烈建成烈士陵园。巢湖市人武部参加军区“联学联创联建”活动，协调政府在井冈山厦坪镇昌蒲村，投入200万元建成“巢湖广场”，为省军区在红色圣地树起了一面旗帜。

【开展“牢记强军目标、献身强军实践”主题教育活动】 组织部队扎实开展“牢记强军目标、献身强军实践”主题教育，广泛开展“军队要像军队样子”“战斗力标准”大讨论，形成“五破五立”的共识（破和平积习，立起忘战必危思想；

破“五多”干扰，立起聚焦中心规矩；破考核不严，立起为战而训导向；破安全束缚，立起打赢第一标尺；破惯性思维，立起与时俱进观念），促进强军兴武、备战为战、姓军为民、窗口形象4个共识在部队中立起来。结合警备区实际组织“学郭俊献身使命、学小井庄敢闯敢干、学巢湖人武部争先进位”活动，认真开展“深化国防和军队改革”专题教育，引导官兵自觉把思想和意志统一到党中央决策部署上来。

【民兵基层党组织规范化建设】 全面展开民兵基层党组织规范化建设，结合民兵整组，抓了“一个全过程”，基本实现全覆盖目标。5月15日上午，在庐阳区杏花村街道大礼堂召开民兵应急党委成立大会。积极探索民兵基层党组织“编、建、用、管”常态机制，在年度重大演训活动、遂行急难险重任务中较好地发挥作用，做法被总政群工办和军区政治部转发。

【开展“帮基层、办实事、送温暖”活动】 贯彻落实军区服务“一老一少一基层”工作要求，狠抓为基层官兵办好“十件实事”，为老干部办好“六件实事”的落实，先后筹措46万元经费，为两个干休所新建视频会议系统和政工网，救济9名干部和11名特困遗孀，走访慰问108户军区作战部队基层干部家庭，评选18名“好军嫂”；投入65万余元对民兵武器仓库监控设施、高压电网、值班室进行人防技防升级。

（余 勇 李 威）

县区人武部

【肥东县人武部】 民兵营（连）长集训 2月16日至20日，在警备区教导队组织民兵营（连）长集训，围绕抗震救灾、抗洪抢险、应急维稳、信息报送6个专业课目和擒敌拳、防暴队形、警棍盾牌术3个基本技能课目开展训练，并邀请县水务局、地震局、维稳办专家作专题辅导，有效推动应急准备在基层的落实。

民兵整组 坚持民兵预备役防空分队统编统训，按照兵员超配10%的要求，以14个乡（镇、开发区）为基础地域，在相关企事业单位遴选预编“三员三手”专业技术兵20余人，完成新的双25高炮营和14.5高机连编组任务，退伍军人比例、在位率、经训率、党团人员比例分别达到标准。为确保应急人员出动率和出动时限，从基层单位应急连（排）人员中各抽10人组建突击应急分队，保证队伍成员平时100%在位，接到命令后1小时内能够完成收拢集结。统筹新型支援保障队伍建设，在专题调研、充分研究论证的基础上，按照逐人核、逐个审、逐步验的方式，从县水务局和气象局各选编5人，确保专业对口率达到100%，建强气象水文分队。为提升海军勤务保障分队训练质量，采取赋予任务的方式，在有编组任务的7个单位共抽组130人组建专业技术骨干队伍，确保5年内不出队，训练时人人能担负教学任务，最大程度的保留训练骨干。在后勤综合保障队伍上，优先编组退伍军人和地方专业技术人员。

基层规范化建设 3月7日，肥东县委、县政府、人武部在古城镇召开基层武装规范化建设现场会，现场观摩古城镇武装工作规范化成果，观看《肥东县基层武装规范化建设电教片》，介绍了《肥东县民兵信息管控平台》功能，听取3个先进先行单位第一部长经验交流发言。全县基层武装部第一部长，全体专武干部参加。会议着重就新形势下制约基层武装工作的重难点问题，进行统一规范，着力提升基层武装工作科学化、规范化、信息化层次水平。

应急分队点验 4月29日，肥东县人武部组织三支基干民兵重点分队进行集中点验。依据战备工作规定，组织县首批突击应急分队、海军勤务保障技术骨干队伍和双25高炮营全员全过程完成“一个过程”的收拢、集结、机动和点验。不搞提前预告，严格按照时限要求，提前24小时下达点验命令。收拢、集结和机动阶段随机设置突

发情况3组12条，现场检验指挥员和任务分队应变能力。按照“练实兵、为实战” 思路，集中点验依据花名册“逐人审、逐件核、逐个过”，同步核对身份证、退伍证，“一对一”问询基本信息，实际到点率达到95.3%，人员信息正确率达到97.6%。

武装工作会议 3月5日，全县武装工作会议在县人武部召开。县人武部部长全面总结2013年度武装工作，对2014年度武装工作进行安排部署。县委常委、县人武部政委吴文祥传达省军区党委扩大会议精神。响导乡等5个单位基层武装部第一部长进行述职。会议还对2013年度全县武装工作先进单位和先进个人进行通报表彰。县委书记、县人武部党委第一书记杨宏星作重要讲话。

率兵参建 5月15～6月15日，肥东县人武部先后出动民兵应急分队400余人（次），并首次通过县国动委协调合肥市航模协会，征用四轴无人机4台（次），围绕海航阚集机场、954油库、合徐高速公路、合宁高铁周边及撮镇、店埠、长临河等重点乡（镇）对露天焚烧农作物秸秆现象进行全天候、全区域空中监控，巡查面积近2000平方公里，积极配合地方政府推进秸秆禁烧工作，有力确保了“不燃一把火、不冒一处烟”。

县国动委“八办”暨军地联席会议 5月14日下午，县国防动员委员会在海航肥东场站召开“八办”暨军地联席会议，县国动委主任、副主任，县国动委“八办”主任、副主任，海航肥东场站和954油库领导等参会。会议主要围绕“三个着力”进行。一是通过组织学习上级有关文件及国动委“八办”职责，着力解决国动委办事机构运行不规范、职能界定模糊问题；二是通过对县国防动员潜力调查信息通联和县交战专业分队参加民兵海军勤务保障演练等任务进行部署，着力提升县国防动员应急应战水平；三是通过召开军地恳谈会，着力实现驻地部队战场环境建设军民融合发展。

严格征兵体检 2014年，征兵体检过程中，肥东县严把“四关”，有力确保体检质量。一是“审核关”，设立“鉴定室”，无网上报名登记表和未被确定为预征对象不允许进站，入伍意愿不坚决和有家族病史的一律杜绝参检；二是“体检关”，规范体检秩序，单科检查当场填写结论，边缘问题和把握不准的疑难杂症组织专家集中会诊。开辟补报名人员特别是大学生“绿色通道”，确保随报随检；三是“复检关”，落实“首检回避制”，严格按照比例组织普通兵复查，并吸收接兵部队医师，对所有条件兵全面复查。对首检结果由异议的，经本人申请、基层武装部审核和县征兵办集体研究，及时组织复查，确保公开、公正、公平；四是“跟踪关”，指定专人对体检合格人员进行跟踪管理，协助做好政治考核和后续工作，全程加强思想引导，防止出现自我淘汰和人为流失。

召开对接训练十周年检讨座谈会 9月23日，肥东县人武部联合海航肥东场站进行民兵海军勤务保障分队对接训练十周年检讨座谈会，警备区参谋长、省军区作训处参谋、军动处参谋参加会议，会议主要围绕民兵海军勤务保障分队如何解决“储、建、训、用”等方面的问题（储：解决专业对口率低、经训人员流失大的问题；建：解决训练场地不足、训练器材落实难的问题；训：解决训练周期不同步、组织层次低的问题；用：解决实编不实岗、训用脱节的问题）进行深入探讨，找准问题的根源、研究问题解决的方法、制定相应的措施，为提升对接训练质量、训练层次和实战化训练理清思路、探明方向。

民兵组织建设 3月28日下午，担负民兵基层党组织建设先行任务的古城镇在政府会议室隆重集会，举行基干民兵党支部成立大会。合肥警备区政治部主任带工作组到会指导并发表重要讲话。截至4月16日，全县21个基干民兵党支部已全部成立。

国防教育 7月31日下午，县国防教育委员会组织成员单位负责同志收听收看国家安全形势报告会。县委副书记、县国防教育委员会主任孙良鸿出席会议。报告由国防大学国际战略学博士、石家庄陆军指挥学院教授、博士生导师王建华主讲。9月20日，开展“关心国家安全，维护海洋权益”全民国防教育活动。县国教委在县政府广场举行国防教育宣传活动，通过组织群众签名、发放宣传资料、展出“关心国家安全、维护海洋权益”主题展板等形式向群众宣传国防教育知识。9月30日，在茶壶山烈士陵园举行隆重的纪念活动。公祭仪式由县委副书记、县长路军主持。县四大班子领导与烈属代表、部队官兵、专武干部、中小学生代表等数百人参加纪念活动。

走访慰问 开展关爱基层干部疾苦、关爱“一老一少一基层”活动，人武部分别走访慰问28名肥东籍营连主官和特困干部家庭，并给每户送去慰问信和慰问金。县人武部领导要求各乡镇武装部要对军属家庭给予更多关心，积极帮助他们解决生活中的困难。军属们纷纷表示，感谢组织的关心，一定让孩子在部队安心服役，认真工作，为家乡争光。

营院建设 人武部结合创建“四有营院”计划目标，对营院进行彻底整治改造，前后协调县财政投入人民币30余万元，对营院道路铺上沥青。体检站、办公楼和线路进行改造，营区周边绿地进行平整，种植草皮600多平方，红色石楠3000多棵，葡萄树75棵，桂花树20棵，桃树、腊梅等各种树木20多种，极大地改善营区绿化环境，初步实现“春有花、夏有荫、秋有果、冬有绿”要求。

【肥西县人武部】 **思想政治建设** 1月23日，人武部全体干部参加军区、省军区组织的第二批党的群众路线教育实践活动电视电话会议，至此，贯彻整风精神，群众线教育贯穿全年。县人武部全体干部反复学习领会习主席关于改进作风、着力纠治问题的一系列决策指示，掌握思想武器、强化政治自觉，做到活动每推进一步、学习教育就跟进一步，部党委研究确立“十有”标准（有思想调查、有活动方案、有具体实事、有理论辅导、有征求意见、有对照检查、有专题剖析、有专门记录、有整改措施、有良好氛围），对照“四风”问题，按照“三严三实”要求，通过“开四门、听四言”，广泛征求意见，深刻查摆问题，共梳理出11个方面问题和意见建议，及时制定整改措施15条，明确“任务书”、列出“时间表”，扎实抓好“双六条整治纠治”和“廉洁征兵、务军兴武”专项整治，先后出台6项长效管理机制，下大力办好6件暖心实事（①建立困难家庭救助基金；②协调随军家属安置；③解决子女就近就学困难；④组织干部职工家庭健康体检；⑤抓紧推进营区建设改善办公环境；⑥推荐干部参加在职学历升级）。

经常性教育 注重思想引领，在大项教育中坚定政治方向。主要是四抓：①突出抓好“牢记强军目标、献身强军实践”主题教育。4月份，集中4天时间，组织干部职工深入学习习主席关于国防和军队建设重要论述，广泛开展战斗力标准和“军队要像军队的样子”大讨论，着力强化“三个同样一个要”的使命意识和责任担当；②认真抓好深化国防和军队改革专题教育。10月下旬集中3天时间，认真学习十八届三中、四中全会精神，观看深化国防和军队改革专家谈录像片，组织“怎样认识改革、拥护改革、支持改革”大讨论，引导大家做好思想准备，正确对待利益得失，自觉做改革的拥护支持者；③扎实抓好优良传统教育。大力开展“大别山精神”和“四个安徽”专题教育，组织向宋旌学习活动，把“大别山精神”和宋旌先进事迹编印成册下发学习，弘扬好传统，凝聚正能量；④从严抓好“三认三讲”专项教育。党中央查处周永康、徐才厚等案件后，部第一时间开展“三个认清、三个讲清”专项教育，切实把干部职工思想统一到中央精神上来，把一切行动统一到党中央、中央军委和习主席指挥上来，着力彻底肃清涉徐信息和影响，逐个人、逐个载体、逐个科室清查清理涉徐信息，累计删除有关word文档和视频照片13份，集中销毁历年图书报刊、文件资料等78份。

宣传引导 坚持常学常新，用党的创新理论武装头脑。按照“抓党委统揽系统学习、抓问题研究牵引学习、抓制度落实规范学习、抓工作成效检验学习”的“四抓”思路，先后4次召开党委会学习领会习主席最新讲话精神，严密组织党委中心组带机关理论学习，注重搞好串讲辅导和党课教育。特别是全军、军区政治工作会议召开后，第一时间把会议主要精神、报刊评论员文章和36个新观点新论断新要求编印成册，召开党小组会组织干部职工学习领会，通过个人自学、讨论辨析、体会交流和成果梳理，深刻把握会议精神的丰富内涵和时代价值。同时，结合工作搞好新闻宣传工作，先后在省级以上报刊上稿13篇（国防报2篇，人民前线7篇，安徽日报3篇，军区网络电视台新闻1条），位列警备区首位。

民兵整组 按照“结合试点、突出重点、抓出亮点”的总体思路，坚持“多编复转军人、专业能手、在编职工、党员骨干，少编非职临时、一般专业、低学历人员和领导干部”的原则，编实编强基干民兵，着重在“三个拓展”上持续用力，深入安徽东风机电、格力空调等17家上市规模企业，以及县城管局、紫蓬山林场等6家单位进行座谈调研，经过多方协调努力，在东风机电、紫蓬山林场等6家企事业单位成功编组了256人的民兵力量，5月3日省军区拉动点验300人，人册相符、人装配套，在位率、对口率、复转军人率、党团比例四项指标全部超过省军区规定要求。

专武干部训练 县人武部会同县委党校组织一期专武干部主题班次学习，先后分2批3次组织专武干部集训，7次召开专武干部例会以会带训，安排6名专武干事到人武部带训带培，有效提升专武干部的“兴武”能力。在7月份警备区考核比武中，县32名参训专武干部在队列指挥、实案处置、理论考核、内务卫生四项内容全部位列全市前三名。

民兵队伍建设 县人武部坚决落实上级关于民兵军事训练的指示要求，抓训练不搞花架子、不图虚名、不掺水分。在训练对象上，严格“对号入座”，杜绝训练“专业户”；在训练时间上，全部按要求时间落实，挤干“报到1天归队1天”的水分；在训练内容上，采取“走上台、请进来”的办法增强训练效果，共同科目部长和政委亲自带头，现役干部细化分工，人人上台授一课，对防火、防洪、防恐等专业性强的科目，外请专家教员授课辅导确保质量。先后抽调360多名民兵参加春节防火值班、抗洪抢险演练、“秸秆禁烧”应急任务，均得到县委、县政府主要领导的充分肯定。

首长机关训练 以“四知一明白”学训为重点，组织首长机关训练。着力提高干部战役战术素养和“六会”能力。坚持“研战法、训技能、练指挥、备考核”四带头，突出抓好军事理论、实打实投、手工标图、一体化指挥平台四个学训，在警备区组织的年终考核中，人武部部9名干部理论、体能、射击等四个科目全部为优秀。

征兵工作 在征兵形势总体趋冷，在难完成征集任务的背景下，人武部破除思维定势，准确研判形势，通过深入发动，精心组织，自我加压，严把关口，圆满完成年度征兵任务，全县网上报名1136人，进站体检981人，“双合格”452人，共征集男兵381名、女兵15名，超额完成征集任务16名，且无一例责任性退兵，无一例违规违纪不良反映。特别是采取超常手段加大高学历兵员征集力度，原县长胡文明亲自召开大学生征集联席会议，发动县域高校、驻地乡镇、学生家庭立体动员，通过“四优”举措促（优先报名应征、优先体检政审、优先审批定兵、优先批准入伍）和三大政策推（《大学生征兵差旅费补助》《高校征兵奖惩实施办法》《高校退伍兵复学细则》），共征集大专以上文化程度新兵181人、占47%，较去年提高了11个百分点，县委书记在征兵工作总结上专门做出批示，给予充分肯定和表扬。

国防动员 摒弃以往通过发文充实人头、通过会议落实会议、通过表格账面统计潜力的做法，部长、政委亲自到县委、政府、八办6个局，逐一登门协调人员编组、对接任务、调查潜力， 4、5月份会同交战、经动办等，对油库、变电所等3大类8小项关键动员潜力数据现地过一遍，潜力物资现场看一遍，全面掌握区域分布、现场环境和运行动态，对过去只体现在账面上的数字，有了感性认识，装在脑子里。

党管武装 县人武部建立武装工作每季度汇报机制，坚持每季度上门把军委总部、军区、省军区关于武装工作的指示精神向县主要领导汇报到位，把警备区武装工作的具体部署要求汇报到位，把县现状和矛盾问题汇报到位，积极争取地方的大力支持，为年度武装工作落实铺垫有利态势，2014年县委议军会四项议题常委们一致通过（追加武装工作经费30万元、成立桃花工业园和紫蓬山管委会两个基层武装部，落实随军家属工作安置1名，更新人武部指挥用车1台）。

民兵党建 认真总结山南镇民兵基层党组织试点先进做法，规范党支部“五建法”（报告申请、支委推选、明确分工、正式批复、成立大会），完善党组织“四规定”（《基干民兵党支部工作职责》《基干民兵组织生活制度》、《基干民兵党支部书记工作职责》和《基干

一线研究任务部署

民兵党支部委员工作职责》），明确党建“八有标准”（办公场所、工作流程、议事规则、学习资料、党员档案、活动计划、登记统计、相关保障），军地合力抓建，安排现役干部驻点帮带，全县12个乡镇和2个工业园区全部召开基干民兵党支部成立大会，共成立党支部14个、党小组129个。10月份，官亭镇在接受总部民兵党组织建设专项检查中，受到上级充分肯定。

国防教育 改变以往为教育搞教育的问题，在“结合、融合”上做足文章做大声势，把国防教育活动同征兵宣传等大项活动工作融合起来，在庆八一活动中组织专场“国防文艺汇演”，在“九一八”组织防空警报试鸣，在国防教育日发送国防公益短信，在征兵工作中隆重组织体检开检仪式和新兵起运欢送活动，在新生军训中举办国防知识竞赛，积极协调四大班子领导参加参与，邀请新闻媒体集中报道，主动造声势积极造氛围，让广大社会群众在潜移默化中受到感染教育。

双拥共建 6月份，召开军地双拥工作座谈会，组织关单位共同探索“把退役士兵送到企业去，把企业青年征到部队来”的方法路子。对4名转业士官符合安置条件且服从组织安排的，协调县人社局拿出专门岗位安排到乡镇工作，上年年牵头组织2期退役士兵就业专场招聘会，协调县域企业优先招聘退役士兵32名；积极响应县委县政府号召，先后3次组织民兵和干部职工300余人参加“三线四边”美好乡村创建活动；认真开展捐资助学活动，发动驻地武警、消防官兵与71名贫困学生，共计4万余元；先后为2起军属涉法维权提供咨询服务，协调地方妥善解决4名军属家庭实际困难，协助地方处理3起退役军人上访闹访问题。

安全管理 严格按照军委总部“保持畅通，非常灵敏，能够处置突发情况”的指示要求，树牢“战备工作无小事、全时在位不容失”的意识，规范战备场所、完善战备资料、配全战备器材，组织值班培训，学习制度规定、规范处置流程，增强战备意识、提高值班技能。在警备区第一家将视频会议系统引接部值班室，人武部领导带头住部值班，保持在岗在位，落实着装要求，共接受军区、省军区、警备区视频抽点，全部第一时间应答，全要素答复战备信息情况，全年参加省军区、警备区18时点名，无一人无故未参加。通过严格日常值班的制度，干部职工队伍在一日工作制度落实、日常养成等方面有明显进步。认真落实军区和省军区安全管理工作电视电话会议精神，突出人、车、枪、弹、密、酒管控重点，扎实开展“学条令、训共同、正秩序、树形象”“四个倾向性问题治理”“涉密载体清零”和“廉洁征兵、务军兴武”等专项整治活动，每日交班、每周安全检查讲评、每月安全教育、每季形势分析、每次训练演练、遂行急难险重任务和组织重大活动安全风险评估等安全管理制度。建立单位、家庭、社区定期联系防范措施，强化纪律意识、责任意识和安全意识，人武部全面建设保持安全发展的良好势头。

后勤建设 围绕新营区建设这条主线，统抓后勤建设。本着“功能齐全、争创一流”的建设思路，按照“五有、两全、一配套”建设目标，（有独立营院、战备器材库、功能完善的作战值班室、荣誉室、“部库合一”兵器室，配套用房齐全、软硬件设置齐全，信息化设施配套），先后到天长市、嘉兴县等7个人武部考察学习，积极协调县行管局、重点局先后8次召开对接协调会和建设推进会，书记县长2次召开现地办公会，现场解决工程进度和质量等矛盾问题。从严落实财经管理规定，坚决落实三个百分百（大项开支百分百上会研究、误工补贴百分百打卡发放、办公物资百分百集中采购），部党委每季度研究经费预算执行情况，下大力压减行政消耗性开支和接待会开支，较往年同比压缩近9万元，同比下降25%，对警备区检查发现的2类问题，全部纠治整改到位。

【长丰县人武部】 首长机关训练 人武部采取 “外请教员教、领导带头练、定期考核评”的方法组织首长机关训练，重点进行军事理论、信息化知识的学习，组织教学法和队列指挥、实案化作战文书拟制和要图标绘等指挥技能训练，进一步提升部机关干部的业务素养。坚持落实每天下午1小时的体能训练，开展多样化的训练方式。

民兵整组 3月份，召开整组工作部署会，成立以许华县长为组长的民兵整组工作领导小组，下发了《长丰县2014年度民兵组织整顿工作指示》整组工作实施方案及计划。3至4月份，人武部机关分成5个小组，分别由部首长带队，深入辖区各基层单位，采取查询档案、调阅资料、上门核查等办法，认真搞好调查核对，重点摸清核准了适龄青年底数、退伍军人底数、关键岗位技术人员底数、军民通用装备底数等“四个底数”。按照边整边改的思路，先后4次召开整组业务会，推进整组工作落实。5月5日，在完成各乡镇民兵整组检查验收的基础上，重点对县属应急连进行检验性拉动点验，全连在2小时内全部集结完毕，齐装满员，达到“迅急能战”的要求。

统编统训试点 针对县担负南京军区预备役高炮分队统编统训试点工作的实际，部党委确定大事大抓的思路，会同预备役高炮团研究改进统编统训工作。安排专人负责，组织专武干部集体办公，对2005年以来全县2236名退伍军人档案逐一进行查阅、登记和汇总。

专武干部及民兵营长培训 人武部把专武干部训练作为提高训练质量的突破口，落实每月一次的全县专武干部例会制度，采取以会代训的方式，集中组织武装工作知识和专业技能的学习训练。3月份，人武部依托县委党校，组织民兵营长集训，带队的专武干部认真组织，积极参训，参训的民兵营长，严格要求，刻苦训练，顺利地通过人武部组织的考核验收。

基干民兵分队训练 人武部采取“集中食宿、统一组训”的方法，先后在陆军军官学院、电子工程学院训练基地和巢湖训练基地组织6个基干民兵分队（铁路护路分队、应急分队、工兵分队、信息员、水上救援）383人次的训练。县人武部领导认真审定训练方案并亲自组织授课，严格训练标准。为提高训练效果，应急分队训练，还外请武警教员和市地震局专家进行授课指导，取得较好的训练效果。

征兵工作 6月底至7月初，召开征兵工作领导小组会，并针对我县实际情况，建立领导小组成员分片包干制度，每位领导负责1个乡（镇）的征兵工作，每周召开一次汇报会；先后召开3次由征兵办成员和专武干部参加的征兵工作会议，对全县体检和政治考核工作人员进行了集中培训；7、8两月，全县共登记适龄青年人数12285人，确定预征对象2712人，报名应征1413人，对992人进行身体全面体检，圆满完成368名新兵征集任务。所征新兵中，大专以上文化程度（含大学新生）91人，占24.7%，高中以上文化程度 277人，占75.3%。

安全管理 人武部修订、完善了《人武部规范化管理细则》、《营院管理规定》，进一步规范一日生活、请销假、八小时以外人员管理和车辆派遣、营门警卫等制度规定。按照警备区统一要求，对作战值班室进行规范化整治，加强作战值班人员教育培训，建立民兵应急分队担任战备值班任务制度。结合部实际制定《长丰县人武部开展拉网式安全排查整治实施方案》，成立排查整治领导小组。结合实际对武器弹药、人员管控、防抗灾害、车辆管理、重要目标防控、安全保密等8个方面54个内容进行逐一的安全隐患排查，对发现的隐患苗头进行及时整改。通过排查整治，增强全体干部职工安全意识，提升人武部安全管理水平。

年终考评 人武部根据县委、县政府年度目标考核实施办法，制定年度武装工作考核标准和实施细则，并于2015年1月下旬，对全县15个单位2014年度武装工作进行全面考核和验收，依据年度考核成绩和专武干部考评情况进行评比，对全县4个单位和7名专武干部进行通报表彰。

上级检查 2014年，各级首长对人武部发展十分关心，多次到部机关检查指导工作。5月份，省军区葛副主任莅临我部检查指导工作，对人武部各项工作进行总体讲评，作出了肯定和表扬。4月份，警备区陈再忠司令员检查指导人武部年度军事工作，12月份，警备区姜宗健政委检查指导人武部年度政治工作，对人武部全面建设情况给予肯定。

国防教育 在开展“第十四个全民国防教育日”活动中，全县分东西路线及南北城区，以点带面，共设立国防教育宣传点14个，悬挂宣传横幅、张贴宣传标语及宣传画210余幅，展出宣传图板80余块，并在县电视台重点时段播放公义宣传广告；在县委党校积极举办国防知识讲座，利用通信运营商信息平台，群发短信国防教育短信，利用微信、微博等新样式多途径发布国防教育宣传信息，并在县LED宣传平台上播放国防教育片，有效浓厚了“富国强军、共筑长城”的氛围，激发全县广大干部群众关心国防、支持国防的热情。

扶贫帮困 人武部坚持开展“助学帮困”活动，“六一”儿童节，牵头组织县直机关4家单位到杨庙镇相关小学进行走访慰问，给留守儿童送去学习用品；9、12月份，人武部部首长带机关干部到杨庙镇开展扶贫结对帮扶活动，共拿出5.6万元，用于资助杨庙镇陶店村改善基础设施和资助6户困难家庭。全年人武部共拿出3万多元，走访慰问地方22名军人家属，救济6名地方留守儿童和11名孤寡老人，让他们体会到家乡温暖。

县委议军会 4月中旬，召开县议军会，县委常委，人大、政协主要领导，县人武部党委班子成员，县政府办公室主任，财政局、民政局、建设局、规划局、县委党校等相关领导，各乡镇武装部第一部长及武装部长，参加会议。会议共有四个议程：1. 传达警备区党委（扩大）会议有关精神；2. 总结报告武装工作情况；3. 研究军事工作几项具体事宜；4. 人武部第一政委、县委书记讲话。

后勤建设 针对人武部组织民兵训练后勤保障滞后的现实情况，人武部通过党委议训初步探索一条社会化保障新思路，即委托县一家有资质和经验丰富的物业公司，对民兵训练进行后勤保障，保障科目：水电维修；门窗、宿舍固定资产维修；伙食保障；厨房和公共环境卫生；医务人员和药品保障；公杂保障以及被装拆洗等。使组训和参训人员拥有更多的时间投入到训练中，扎实开展民兵训练科目。

【庐江县人武部】 **战备工作** 按照战备工作常态化、信息化、规范化的要求，人武部先后投入10余万元，完善值班室软硬件，升级视频监控系统。按照《战备规范化建设指导手册》要求，狠抓基层武装部战备规范化建设，全县17个镇基层武装部80%达到“两室一配套一完善”的规范化标准；根据警备区指示要求，拟制《庐江县人武部应急出动方案》，结合辖区民社情，针对可能的突发事件，对现有的战备应急方案进行全面修订，确保一声令下，迅即出动。

民兵整组 按照有利于平时建设、有利于应急使用、有利于战时动员的原则，编建应急队伍、支援队伍、储备队伍，重点编实建强军兵种支援保障、民兵综合应急力量、情报信息员队伍、后勤综合保障4支队伍。按照“夯实基础、提高质量”的要求，严密组织专武干部、民兵营连长、民兵应急分队训练。4月份，根据季节更迭和气候变化，及时组织森林防火分队应急演练；5月份，组织全县17名专武干部、3名渡河连骨干参加上级组织的集训。6月份，结合渡河连训练，组织抗洪抢险演练。

抢险救灾 4月16日，庐江县城东顾山发生火灾，县人武部立即启动应急预案，组织民兵分队90人，携带铁扫把、锯、风力灭火机等灭火工具90余套，投入抢险行动，圆满完成任务。7月5日上午，泥河镇天井村吊山圩口出现2处约4～5米的缺口，根据县委县政府要求，人武部政委张汉田召集庐城镇民兵应急分队60人、协调交通武警八支队官兵20人，运用车辆10余台，赶赴一线筑坝圩口、抢险实救，连续奋战至次日凌晨，终于堵住缺口，安全顺利完成任务，受到地方党委政府和人民群众广泛赞誉，树立部队良好形象。

管理工作 深入开展拉网式安全排查，廉洁征兵、务军兴武和涉密载体“清零”整治活动。按照“强化思想认识、深入查找隐患、制定整改措施、狠抓安全落实”的思路，区分武器弹药管理、人员思想管控、车辆安全管理等7类36个问题，逐项进行排查。规范车辆管理，严格做到“三勤”（车辆保养勤、检查勤、维修勤）、“三不”（无工作任务不出车、无手续不出车、车辆有故障不出车），有效杜绝车辆事故。加强重点部位管理，在营区和重要场所安装监控设备，投入2万余元在兵器室安装红外报警系统，实现与“110”指挥中心联动报警。采取“逐个场所、逐个人员、逐份文件、逐台机器、逐块存储介质”过的方式，梳理查找安全保密隐患，制定整改措施，指定责任人，明确整改时限，切实把潜藏的泄密隐患查实清零。

征兵工作 针对征兵政策调整的实际，紧紧扭住组织领导、宣传发动、业务培训、检查督导、新兵回访五个关键，扎实展开各项征兵工作。先后组织本部干部职工和镇村干部，分12批次到部队稳定新兵思想和协调有关工作，教育转化新兵34名，共向部队输送合格兵员450人，其中大学生新兵55人，占总数的12.2%，圆满完成年度征兵任务。

党管武装工作 12月11日至18日，人武部会同县委组织部，区分6个联合考查小组，对全县17个基层党管武装工作进行联合考评。各镇党委书记武装部第一书记、专武部长、副部长进行述职，所属中层干部及民兵营长参加了群众评议。

双拥共建 按照《合肥市军人随军家属就业安置实施细则》，协调地方解决4名驻庐部队官兵子女入学入托，办理2名军人家属随军未就业地方补助；加大创建全国双拥模范城力度，积极筹划创建成立庐江县双拥协会，筹划对越作战荣立二等战功老同志回老山前线祭奠牺牲战友活动；协调县政府投资800万元建设国防森林公园一期，为全县革命先烈建成烈士陵园，为民兵预备役人员建成设施最完备的轻武器射击场；积极开展双拥共建活动，全年签订共建协议10家单位，县民政局投资近20万元修缮我部篮球场。

扶贫参建 人武部在扎实抓好军事斗争准备的同时，积极参加支援地方经济建设，组织开展结对助学活动。坚持与盛桥镇陡岗小学11名特困女童、庐江中学7名贫困学生结对助学、资助困难大学新生1人，发放助学款2万余元。组织广大民兵预备役人员积极参与美好乡村建设，协助召开“军民共建美好乡村”现场会。

县委议军会 7月30日，在建军八十七周年来临之际，经县委县政府同志，人武部在县政府会议室组织召开了“县委议军会议暨党管武装工作述职会议”，会议由县委书记、人武部党委第一书记王民生主持，县委政府各部门、各镇主要负责人及驻庐部队共55人参加。会议研究2013年武装工作情况，明确2014年主要工作，协调解决武警交通八支队二中队新营区选址、消防大队营区建设资金短缺等部队建设实际困难，出台了《庐江县关于进一步加强党管武装工作意见》，推动全县武装工作稳步有序开展。

国防教育 9月20日，是第十四个“全民国防教育日”。进入9月份以来，县国防教育委员会，利用各种有效手段深入全县各街道、厂矿企事业单位、大中小学举行一系列全民国防教育活动。县“国教办”成员单位，组成4支宣传队伍深入各乡镇，与专武干部、宣传委员、民政干部一起利用各种有效手段，在全县各街道、厂矿企事业单位、大中小学举办一系列国防知识讲座。为使国防教育渗透到每家每户、每个公民，县电视台专门开设了国防教育专题栏目，重点开展“固国防、爱祖国”系列报道。政府网站开设国防教育专题网页，向广大网民开展国防教育。分管武装工作的县委常委、常务副县长程习龙在县电视台发表题为《增强国防教育的使命感》电视讲话。在全县共设立6个宣传站，悬挂过街横幅36条，张贴标语400多幅，组织百余名民兵走上街头散发国防知识宣传单；为辖区手机用户发送国防教育短信1万余条，有效增强广大人民群众的国防知识和国防观念，真正实现国防教育“无缝渗透”。

军民融合 认真落实基层武装部第一书记述职、领导干部过“军事日”活动；充分发挥庐江红色资源优势，组织人员梳理新四军江北指挥部旧址，三国周瑜，淮军将领刘秉璋、丁汝昌、吴长庆，抗日名将孙立人等图片文字资料，编印成册下发；抓好烈士纪念日、全国公祭日等全民国防教育活动；持续抓好“军民文化长廊”“国防文化墙”“拥军亭”“爱民路”“连心桥”等特色文化氛围营造；结合民兵整组、征兵、国防日等时机，组织人员到主要街道路口悬挂国防宣传横幅，散发国防教育传单，讲解国防教育知识，并利用县电视台插播标语、手机短信平台编发短信等形式，普及国防教育常识，宣扬国防教育典型人物，不断浓厚庐江军民“崇文尚武”氛围。

规范化建设 人武部围绕营区规范化建设和管理，全力推进老旧营房设施改造。3至5月份完成封闭式塑胶篮球场建设，4月份对营院车库、停车场进行综合整治，下半年加强办公楼、宿舍楼的楼面防水维修和损坏灯具更换；全年坚决贯彻教育实践活动部署，开展清房活动，共清理收回干部宿舍3套、车库1间，推进人武部通用资产登记统计和定责管理；积极响应上级“开源节流”号召，落实节约每度电、每滴水活动，推进电表、水表分户进干部宿舍，有效控制水电费浪费源头。

财务管理 2014年，对本级的业务事项和物资采购项目坚持部纪委全程跟踪介入，在市场询价基础上，选择合理的采购途径和施工方案，提高办事效益，实现完成项目的高性价比，全年累计节约开支经费17项13万余元。

综合服务保障 2014年，民兵整组、训练和征兵体检、输送等大项工作，人武部提高综合保障水平，完善服务保障措施，贯彻精细化保障理念，全年累计完成6批共420余人次的民兵训练伙食保障任务，打卡发放误工补贴85500元，保障征兵体检组伙食10天200余人次，全数发放新兵服装276套，安全输送新兵450人，基本达到机关、基层双满意。按照关于开展“学条令、训共同、正秩序、树形象”活动的通知要求，下半年给全县专武干部和本级职工统一配发07式专武干部服装，提升专武干部队伍整体形象。

【巢湖市人武部】 深化“三联”活动成果 根据南京军区的统一部署，经省军区首长批准，巢湖市人武部作为安徽省唯一单位，参加军区统一组织的五省一市6个先进人武部协同所在县(市、区)党委、政府与革命圣地——井冈山结对开展联学联创联建（“三联”）活动，既为帮助革命老区建设、接受红色传统教育提供了平台和载体，也为巢湖市国防后备力量建设和经济社会发展带来新的生机与活力。2014年，先后协调市委领导3次赴井冈山进行实地考察，与被帮扶对象厦坪镇菖蒲村进行任务对接，积极筹措帮扶资金200万元，在菖蒲村入口处修建了“巢湖广场”。 11月底，许剑部长陪同市委领导再次赴井冈山参加军区组织的“三联”活动座谈会，并对前期活动开展情况和下步打算作了专题汇报，受到军区首长的充分肯定。

基层规范化建设 年初，根据省军区“八项制度”规定要求，坚持重心下移抓基层，制订完善《人武部抓基层工作计划》，研究解决基层建设存在的矛盾和问题，着力提高民兵预备役力量常态化、专业化、规范化水平。3月份，结合民兵整组，认真研究制订《巢湖市加强民兵基层党组织规范化实施意见》，宣布成立21个基层民兵党支部，涵盖18个乡镇（街道）、

2个企事业单位和民兵应急连，实现全覆盖；为认真贯彻落实省委〔2014〕14号文件和议军会精神，10月份，会同市委组织部门，及时研究出台了《巢湖市专职人民武装干部管理规定》，重点规范基层专武干部职责任务、选拔配备和分管兼职；对照省军区《实施细则》，突出抓好民兵预备役基层政治工作“四个基本”的规范化建设，目前，全市基层武装部、民兵营连部基本实现标准统一、设施配套，全面建设显著提升，年底，人武部被省军区评为全面建设标兵单位。

国防教育 认真贯彻“聚焦强军目标推进军民融合深度发展”的要求，始终坚持将国防教育纳入各级党委中心组专题学习内容，纳入党校教学培训内容，纳入校园教育课程，不断扩大国防教育的辐射面，全面深化全民国防教育。年内，组织国防教育讲师团深入全市15所中学开展“每月一课”，部领导主动带头作国防形势报告会；年初，协调市政府每年增加国防教育经费预算5万元，建设开通《巢湖市国防教育网站》；2月底，邀请罗援将军来巢开展国防形势报告会；6月份，协调相关部门投入经费12万元，建设完成“巢湖市国防教育宣传长廊”。

落实党管武装 始终坚持党管武装根本原则，认真落实党委议军、双项兼职、述职考评、地方领导过军事日等制度，进一步健全完善专武干部进军营锻炼、到人武部代职，新交流干部到乡镇（街道）挂职等有效机制。组织召开了全市双拥工作座谈会，制订出台《巢湖市双拥工作规划（2014－2017）》《巢湖市双拥工作年度考评办法》《巢湖市关于做好2014年优待工作》等相关文件规定，义务兵退役就业补助金由每年4500元提高至9000元；协调完善并调整转业干部安置政策，自去年起，所有转业干部全部进市区（以前副团以下全部下乡）、进公务员；全市18个乡镇、街道专武部长、199个民兵营连长全部进入乡镇、街道党委班子和村（居）两委，三个100%全部落实（共有5名专武干部得到提升重用）。

军民融合 按照省军区“一手抓准备、一手抓参建”的指导思想，在全市范围内广泛开展扶贫参建和军民共建活动，积极组织和带领广大民兵投身巢湖“五个文明”建设主战场。全年，先后组织民兵1200余人次参加抗洪抢险、森林扑火、维稳处突等应急任务，协调市妇联、工商等单位组织30余名女企业家进军营开展“八一”慰问活动，组织驻地部队和广大民兵积极参加美好乡村建设，组织走访慰问军队基层官兵家庭75户，慰问军烈属24人，妥善解决3起涉军维权纠纷、23例涉军涉法事项，与市一中长期开展结对助学活动，去年资助的8名贫困学生均考上重点大学。

民兵队伍建设 坚持以9号文件精神为依据，以“三个转变”（队伍由单一向综合转变、职能由应急向常态转变、规模由数量向质量转变）为抓手，全面完成了62支分队和3246人的“三支”队伍民兵整组工作，按照建用一致、训管一致的原则，重点建设了一支（30人）数量适当、人员固定、素质优良的快速反应队伍，确立“五个一”机制，即每周点一次、每月训一次、每季拉一次、每年演一次，使其始终保持和全面形成遂行各种任务的能力，真正做到人装齐全、训管经常。

拓展民兵训练路子 人武部依托驻军和地方技术资源优势走开放式练兵之路。按照“设施配套、管理规范、保障一体”的要求，规范训练基地建设，在民兵干部、优秀退伍军人和地方专业技术人员中聘请专业技术精、教学能力强的民兵教练员，加强专业训练力量。把民兵训练纳入驻地部队训练范畴，采取“区域联训、借装组训、对口跟训、请才帮训”的形式，抓好民兵专业骨干技术和分队协同训练。协调驻地有对口专业技术的企业和院校，把民兵专业训练纳入“拥军支前”规划，作为政府开展双拥工作的一项考核内容，人武部先后与“富煌集团”“巢湖学院”等6家单位签订代训协议，代训民兵专业骨干80余人次，提高民兵专业分队遂行保障任务能力。

防汛应急准备 为扎实有效做好应急防汛工作，巢湖市人武部针对巢湖地处长江中下游地区，梅雨季节易发生洪涝灾害的实际，注重未雨绸缪，防患未然，积极抓好各项准备工作。人武部结合年度整组工作，编实编强一支应急连和16个共700余人的应急分队，注重加强针对性教育和应急常识的学习；组织相关人员对辖区内的险要地段进行重点摸排、勘察，并修订完善应急预案；集中对车辆、冲锋舟等装备进行检修，加大对救生衣、照明器材、编织袋等抗洪物资的购置和补充，并精心挑选、培养20余名民兵操舟机骨干。6月24日，在巢湖龟山水域组织抗洪抢险演练。

退役士兵招聘周活动 为积极响应军区关于开展“一老一少一基层”活动，巢湖市人武部坚持主动协调，积极筹划部署，下大力做好拥军优属工作。3月份，人武部联合市人社局、市民政局、市工商联对企业广发邀请函，在全市范围内举办退役士兵专场招聘会，从中筛选出一批适合退役士兵工作的岗位1800余个，共50家用人单位参会，并通过短信平台向巢湖籍退役士兵广发信息告知，帮助解决退役士兵就业难的问题。此次专场招聘会岗位包括行政管理、安保、驾驶员、汽车维修、机械技术等诸多岗位，招聘周活动中共有800余名退役士兵与用人单位达成就业意向。

实战化演训 人武部大力强化装甲装备维修分队实战化演训，制定分队应急作战装备保障行动计划、应急支援保障分队抽组方案、战备等级转换方案、收拢方案、警戒方案、装载方案、机动方案及装备保障行动方案。在训练上，本着“精心组织练为战、全力保障谋打赢”的原则，围绕战时装备抢修的重点、难点问题，不断研究创新，结合装备修理任务，立足岗位练兵，多次组织火控、炮控、通信等装备的专业培训，强化其战时保障能力，并且从难、从严、从实战需要出发，专门组织综合性野外拉练，不断提高分队战时保障能力。该分队多次参加部队演训装备技术保障，受到参演部队高度评价。

【瑶海区人武部】 **首长机关训练** 人武部以《首长机关训练与考核大纲》和《警备区军事工作指示》为依据，在警备区统一组织下，突出指挥技能和信息系统操作的学训，强化“能打仗、打胜仗”理念，不断提高首长机关业务技能水平。主要进行了信息化理论知识、军事理论、重要目标防卫作战研究、军用文书写作、手工操作和利用计算机标图、战术作业的组织与实施、轻武器操作等。参加上级组织的军事理论、业务技能、基础体能、轻武器射击考核，优良率达90%以上。

战备工作 根据战备工作要求，区人武部集中力量在第一季度修订完善作战、动员方案计划，实现上下衔接、系统配套。第二季度修订完善《抗洪抢险救灾》《应急维稳》等方案。按照省军区《军分区、人武部战备规范化建设指导手册》明确的标准，重点抓好机关的“三室两库”的建设，严格按照规定的内容和标准抓好落实，达到内容规范统一，物资器材配套，摆放整齐，战备资料完善，各项规章制度落实。同时注重抓好节日战备工作，节前组织战备教育，安排战备值班和民兵应急值班分队，保持良好的战备秩序。

民兵整组 全区编有基干民兵和预备役分队，应急队伍，支援队伍，储备队伍等。组建120人的应急连和440人的民兵应急排。充分发挥行业系统人才、技术、装备等资源聚集的优势，推进成建制成系统编组，采取人装结合编的办法，优先把交通运输、医疗勤务、气象水文等行业系统的专业救援力量编入支援队伍，多编转业退伍军人和地方与军事专业对口人员，提高专业对口率。建立战备器材室，修订完善收拢集结、机动、抢险救灾、动员支前等方案预案。按照整组规范程序，梳理出18大类，60多份整组资料。

基层武装部规范化建设 12月28日，利用专武干部年终普考的时机，组织全区专武干部到龙岗开发区武装部观摩规范化建设情况，并在全区符合硬设施条件的基层武装部进行推广，取得明显的成效。

民兵分队训练 5月26日至30日，人武部在合肥铁道编组站组织120人的民兵铁路护路分队训练，精选铁路伪装、铁路守护、巡逻警戒、常用军语、简单通信5个专业课目，邀请铁路编组站专家作专题辅导，训练中以实地、实物为背景，通过战高温、斗酷暑，严扣细训，增强民兵甘于吃苦、勇于争先的拼搏意识，着力提升民兵铁路护路分队遂行多样化任务能力。

民兵营（连）长集训 2月16日至20日，人武部在警备区教导队组织民兵营（连）长集训，精选整组征兵、抗震救灾、抗洪抢险、应急维稳、信息报送6个专业课目和擒敌拳、防暴队形、警棍盾牌术3个基本技能课目，邀请县水务局、地震局、维稳办专家作专题辅导，增强集训的针对性。

征兵工作 圆满完成合肥市政府、警备区赋予的征集任务，其中，解放军208人，武警部队121人；非农业258人，农业71人；大专以上学历129人，占征集总数的39%，高中、职高、技校文化程度200人，占征集总数的61%；党员8人，占征集总数的2%，团员286人，占征集总数的87%。

民兵情报信息员队伍建设 人武部采取措施，加强对民兵情报信息员队伍的管理教育，严格落实业务培训制度、工作例会制度、考评奖惩制度。选调148名责任心强、政治觉悟高、履职尽责好、联系群众广、情报意识强的人员到情报信息员工作岗位上，利用年度民兵营长集训，对情报信息“报什么、怎么报”进行培训规范。年底，对工作尽职的信息员进行奖励，对工作不尽职的进行调整，以此规范工作运行机制和报知程序，保证信息畅通有序。

思想政治教育 人武部以党的群众路线教育为主线，开展了“讲党性、守党规、严党纪”、选人用人“三严四查”、基层风气专项整治、

"三个同样一个要"、深化国防和军队改革等专题教育和"牢记强军目标、献身强军实践"主题教育，引导干部职工、专武干部和广大民兵坚定爱党、跟党走的政治信念。教育中，主官带头授课辅导，干部带头学理论，带头亮思想、践行动，人人撰写心得体会，人人参与讨论辨析。结合教育，开展了"军队要像军队的样子""战斗力标准""马克思主义群众观"大讨论活动。活动中，人人撰写讨论发言材料，积极参加讨论辨析，加深理解、提高认识、确立标准、明确方向。期间，王部长围绕"军队要像军队样子"，带头撰写心得体会，并在警备区交流大会上发言。

区委议军会 4月11日，瑶海区委专题召开了常委议军会，研究了专武干部选配、增加征兵经费预算、随军家属安置等事项，确立了"军事日"活动制度化，每年至少组织区四大班子成员过一次"军事日"。会后，组织全体参会人员进行手枪和冲锋枪实弹射击训练，进一步推动党管武装工作根本制度的有效落实。

专武干部队伍建设 2014年，人武部会同区委组织部，依据《专职人民武装干部工作规定》，调整配齐14个街道（镇、开发区）专武部长，4名工作成绩突出的专武部长得到提升和交流（其中2名提升为正科职、2名交流到区直任职），新选拔配备的10名武装部长，平均年龄41.2岁，7名为退转军人，均进入同级党（工）委班子，有效增强专武干部工作的积极性，推动专武干部队伍的建设。

新兵欢送会 9月16日，年度新兵入营前教育暨欢送大会在区政府三楼大礼堂隆重召开，会议由王文跃部长主持。会上，副部长钱扬龙宣读定兵命令，入伍新兵代表史长顺、驻港部队接兵干部曹景涛分别代表发言，政委丁秀雅作入营前动员辅导，区政府刘剑副区长致欢送词。会上，与会领导一一给入伍新兵佩戴大红花，得到新兵家长广泛赞誉，充分调动新兵安心服役，保家卫国的热情。

国防教育 人武部着力创新国防教育新途径，认真抓好国防教育。结合征兵宣传，5月份，与市公交集团协调，利用公交车载移动视频和车体广告进行公益性国防知识宣传，打造了具有瑶海区域特色的国防教育流动平台。积极推动街道、社区、企业、学校开展国防教育活动。9中旬，组织区国教办参加全省国防教育主题活动会议，并在大、中、小学校开展第14个全民国防教育日活动，收到良好效果。

党组织建设 5月11日，召开三里街街道基干民兵党员大会、支部委员会和支部委员会成立大会，举行基干民兵党支部成立揭牌仪式，全程摄制录像。16日，在三里街召开了全区民兵基层党组织规范化建设推进会，观看三里街基干民兵党支部成立纪实录像，并就进一步在全区推进民兵基层党组织建设提出明确的要求。会后，各单位按照试点规范，陆续召开成立大会和挂牌仪式，镇街民兵基层党组织实现全覆盖。

双拥工作 "两节"期间，人武部积极开展走访慰问军区部队基层特困干部和营连主官活动，给13名对象家庭发放慰问金和慰问品价值1万余元；认真落实拥政爱民、拥军优属各项政策规定，与区民政局对接抓好辖区内武警、消防、海航驻肥等部队春节和"八一"慰问活动；协调解决5名随军家属就业和5名军人子女入学，从退伍士兵中招收17名协警；与公交公司联合举办了庆"八一"双拥座谈会，巩固了军政军民关系。8月份，组织民兵参加火车站广场军警民联合巡逻，做了有益的探索和尝试。

财务监督管理 2014年，不断强化财务监督审查制度，每月财务报告一次预算经费执行情况，做到发票不合法的不批，财务部门不审查的不批，手续不完备的不批，杜绝不合理开支。强制推行物资集中采购、严格执行银行转账或公务卡结算模式。

【蜀山区人武部】 民兵分队训练 2014年，人武部先后完成民兵营连长、民兵炊事员队伍、应急连、通信连、公路护路分队、医疗救护分队和网络舆情分队6类共391人的训练任务。10月份，又按照省军区、警备区统一计划，组织民兵新型支援保障分赴芜湖参加省新型支援保障队伍建设成果展示演练，均取得很好的效果。

武装工作会议 2月20日，在区政府会议中心召开全区武装工作会议，会上对2013年武装工作进行总结，部署2014年武装工作，宣读2C13年我区获省军区、警备区表彰的单位和个人，表彰琥珀街道等先进基层武装部、军事训练先进单位和先进专武干部和民兵营长，部分街道第一部长述职，最后区委书记李学明发言。

整组工作 全区共在11个镇（街道）、3个开发园区、6个企业以及1所高等院校武装部编建基干民兵队伍，基干民兵中，退伍军人占61.3%，专业技术分队和对口专业分队占47.4%，大专以上学历占21.9%，党（团）员占68.8%。同时，依托神剑集团、科大讯飞、量子通信等7家企事业单位组建雷达维修、智能语音、量子保密通信等新型支援保障队伍，民兵组织结构进一步优化，遂行多样化军事任务能力明显增强。

基层民兵党组织 4月25日，在合肥蜀山经济开发区成立合肥市第一家基层民兵党支部并进行了挂牌仪式，警备区政治部高峰主任主持揭牌仪式，召开全区基层民兵党组织建设观摩会。

专武干部训练 3月上旬，根据警备区统一计划，人武部共组织22名专武干部赴教导队参加集训，参训人员能够严格要求，刻苦训练，专武干部队伍的整体业务素质、军事技能和组织指挥能力都有较大的提升。考核中取得2个第一、3个第二、1个第三名的好成绩，其中西园街道武装干事石开胜和高新区武装干事余成林分别取得综合成绩第一名和第二名的好成绩，受到警备区的通报表彰。7月份，五里墩街道武装部干事韦亮在省军区新任职专武干部集训考核中取得队列指挥第一名的好成绩，受到省军区和警备区的通报表彰。

新型支援保障队伍演练 10月份，按照省军区、警备区统一计划，组织光电干扰、智能语音、量子保密通信、雷达维修4支民兵新型支援保障分队赴芜湖参加省新型支援保障队伍建设成果展示演练，先后演示语音欺诈宣传、通信量子加密、雷达维修保障、空中电子布障四个课目，取得较好效果，受到军区、省军区首长的肯定。

基层规范化建设 7月中旬，辖区井岗镇武装部还为在省军区参加集训的专武干部进行基层规范化建设的示范观摩。对战备物资器材种类、数量、出入库管理、训练动用率等方面更进一步作详细规范。协调各镇（街道、园区），给基层武装部配齐办公设施、战备器材和应急物资等，切实提高基层武装部规范化建设标准。

国防教育 9月16日，人武部组织开展迎接第十四个全民国防教育日一系列活动，观看部分学校组织的“少年军校”汇报表演，开展广场组织文艺汇演活动，组织部分中小学生到大蜀山烈士陵园参观、组织观看了“关心国家安全，维护海洋权益”图片展，进行万人签名活动仪式。

征兵工作 2014年，共征集直招士官15人和新兵410人，男兵380人、女兵30人；大学以上（含大学在校生和大学新生）文化程度248人，占征集任务数的60.1%；党（团）员360人，占征集任务数的87.2%，新兵整体素质有了明显的提高。

双拥共建活动 积极组织干部职工参加地方双拥共建活动，3月12日，组织机关干部职工和数百名民兵预备役人员在南岗镇小柏村参加义务植树造林活动。又与辖区孩子开展结对助学活动，机关干部分别与南岗镇鸡鸣小学数名特困学生结成对子，为特困学生捐资并购买一定数量的学习用品。

安全管理工作 人武部在各项工作中牢固树立安全发展理念，按照“四个管出”“三个不出”的要求，突出“预防为主”，以一日生活制度为突破口，进一步加大教育管理力度，确保人武部的集中统一和安全稳定。一是强化安全发展意识。以防范政治性问题为重点，认真抓好政治纪律、法规条例、“四反”、保密、安全常识等学习教育，强化所有干部职工的安全意识，切实打牢思想基础。二是以细求实，防患未然。通过加强对人员管控、车辆使用、武器装备使用管理、保密制度落实情况进行经常性检查，不断提高安全管理水平；通过严格落实车辆派遣制度确保车辆行车安全；通过落实保密办公，规范保密文件借阅、登记等手续，加强涉密载体的运行管控，确保保密工作无事故苗头和隐患。

经费管理 认真落实好党委理财、党委管财制度，积极进一步健全完善经费使用管理制度，对经费开支的报告、审批、审核及支付等各个环节都进行了规范，训练保障、征兵经费等大项经费开支，该上会的上会，该研究的，后勤科统一制作要事报告、采购单、接待申请单，差旅费报销单，基本上做到“经费开支有请示报告、来人接待按限定标准、报销审核程序规范、凭证票据要素齐全”，确保财务运行始终高效规范。

【庐阳区人武部】 **军事训练** 2014年，人武部分五期完成民兵训练任务，1月中旬完成80人的民兵营（连）长集训；5月中旬完成120人的民兵应急分队训练任务；5月下旬完成40人的民兵网络心理战分队训练任务；6月上旬完成30人的民兵炊事保障分队和85人的民兵伪装防护分队训练任务；6月下旬完成30人的民兵防化分队训练任务；10月份民兵网络心理战分队以“网络心理战分队攻防行动”为汇报课题的演示成果在全省民兵新型支援保障力量实兵演练中得到检验。每期训练紧密结合辖区实际，突出重点，着力提高民兵分队遂行任务能力，进一步提升分队整体能力。

民兵整组 按照计划准备、召开联席会议、组织业务培训、推进展开实施、逐级检查验收、梳理总结上报六个步骤高标准推进年度民兵整组工作。全区编实基干民兵2139人，其中：应急队伍670人；

支援队伍979人；储备队伍490人。编组预备役师直属分队防化连114人，预备役高炮团指挥连15人，卫生队17人。4月份，区人武部对各乡镇、街道民兵应急分队进行逐一拉动点验，检验民兵应急分队快速动员和遂行任务的能力。

规范化建设 2014年，人武部将基层武装机构规范化建设作为落实党管武装工作的一项重点工作，召开区委常委议军会，专题研究基层武装部规范化建设，下发《庐阳区基层武装机构规范化建设实施意见》。警备区专武干部集训现场观摩了大杨镇、杏林街道基层武装部和民兵营连部规范化建设，受到全体参训专武干部的充分肯定，并要求各单位以民兵营（连）部建设为抓手，每个基层武装部选取1—2个民兵营（连）部作为规范化建设试点先行，以点带面，推进中发〔2012〕9号文件和武装工作在末端落实。

战备工作 严格落实各级关于加强战备工作的指示要求，修订完善战备方案、预案，严格标准条件，对作战值班室、视频会议室、兵器室等重要目标部位整置规范，提出“八好一确保”目标（接好电话、待好来访、迎好检查、守好秘密、看好营院、报好情况、指导好工作、过好日子，确保秩序规范安全稳定）。正规战备管理，组织值班员培训，保持1名主官、50%以上干部在位。坚持不定期拉动点验，确保部队战备正规有序。7月份警备区不打招呼对区民兵应急分队进行拉动点验，人员、装备按指定时间、地点到位。

征兵工作 2014年，区政府召开政府常务会专题研究征兵工作，对入伍新兵经济补偿作出调整，规定凡2013年以后退役义务兵补助金不分城乡按每人38000元予以补助；凡大学生应征入伍的，区财政按每人每年2000元的助学金进行补助。8月21日，组织召开全区征兵工作推进会，会上，庐阳籍优秀现役军人和退伍老兵，介绍了参军的经历及感受；应征青年及家长代表表了决心；征兵工作开展较好的单位介绍了征兵工作做法。在新闻媒体进行了深入报道，进一步浓厚应征青年参军热情，调动应征青年参军积极性，圆满完成276人的征集任务，其中征集大学生116人，占征集任务数的42%。

首长机关训练 2014年，人武部扎实“练将练官”，突出首长机关业务基础、战术谋略、组织指挥和军事体能训练，积极参加警备区组织的“每月一考”，促进首长机关训练常态化落实，提高带兵打仗能力。以“四知、一明白”为重点理论，以新版《作战标图规定》、手工标图为重要训练内容，突出现役干部基本理论、专业技能训练。6月份，进行合肥市防卫作战战场环境分析课题研究，并参加警备区组织的研究成果交流。

民兵情报信息工作 根据省军区和警备区关于大情报网络建设总体要求和部署，结合我区实际，严格筛选基层民兵情报信息员，严密组织业务培训，加强民兵情报信息工作研究，狠抓情报信息工作制度落实，充分发挥完成多样化军事任务情报保障作用，有力推动了我区情报信息工作的发展。全年共上报信息2万多条，有价值信息36条。

成立兵员预储班 随着征兵政策的调整，城区“当兵冷、征兵难”的现象日趋严重。为确保完成兵员征集任务，提高大学生兵员征集比例，依据《教育部 总参谋部 总政治部关于全面提高学生军事训练质量的通知》（教体艺[2013]1号）精神，拟在中澳科技职业学院建立预征兵员储备班。先后多次向区委区政府汇报工作，争取地方领导的理解和支持，共解决经费20多万元。

民兵网络心理战分队演练 高度重视民兵网络心理战分队建设，认真筹划组织论证，加大资金保障力度，集智攻关研究演练。借助科技资源区位优势，协调“八办”跟踪对接论证，建立以基于云计算技术为核心的网络心理战模拟训练室，开发集综合演练、实战攻防、分项技能学习等多个功能于一体的“民兵网络心理战攻防对抗训练系统”软件平台。10月份，在芜湖参加安徽省军区组织的以“网络心理战分队攻防行动”为汇报课题的演示，在全省民兵新型支援保障力量实兵演练中得到检验。

民兵基层党组织 5月12日，在杏花街道成立合肥市民兵应急营党委。利用民兵组织整顿时机，按照属地编建基干民兵党组织的模式，共建立1个民兵应急营营部党支部、11个乡镇（街道）基干民兵党支部，其中民兵应急营部设在辖区杏花街道，支部第一书记由市委组织部副部长担任，书记由警备区政治部一名副团职干事担任，成员由区委组织部副部长等组成；乡镇（街道）各成立1个基干民兵党支部，第一书记由乡镇（街道）党（工）委书记担任，书记由乡镇（街道）党（工）委副书记担任，副书记由武装部长担任，支部成员由武装部副部长、民兵营长等组成。

国防教育 认真学习贯彻安徽省《全民国防教育条例》，及时调整区国防教育委员会成员，积极开展国防教育情况调研，协调多方力量为领导干部、民兵预备役人员和青年学生进行国防教育。9月19日，结合第十四个国防教育日，积极组织协调全区相关单位，营造浓厚氛围，采取多种形式开展教育活动，其中在亳州路街道欢乐颂广场组织的集中教育宣传活动，受到省市领导和广大群众的好评和认可。

扶贫帮困 持续开展“情牵贫困学子、爱心助学圆梦”活动，与三十岗乡古城小学7名贫困学生结对助学。组织到辖区内9户营连主官和特困干部家庭进行慰问，给5名特困户送去慰问金和慰问品。积极参与驻地经济社会发展。先后发动500多名民兵参与扫雪除冰、保障三十岗乡桃花节交通疏导、“三线三边”整治和文明创建等工作。

财经管理 重点在保障民兵军事训练、民兵整组、规范化建设、征兵工作等重大任务中，舍得投入，确保战备、训练以及大项任务的完成。在严格执行上级有关财经法规和纪律，严格落实财务管理规定，严格经费预决算管理，严把审核关，进一步规范报销程序，杜绝不合理的开支，有效得压缩了行政消耗性支出。确保一切经费开支严格控制在预算范围内，做到了经费收支管控严格，结算报销手续完备，资金运行安全规范，财经管理设施配套。

【包河区人武部】 **率兵参建** 1月上旬至2月中旬，人武部先后3次组织民兵150人次参与参加滨湖打击非法传销活动，有力维护包河区安全稳定。12月上旬至月底，组织民兵200人在46个主要路口历时21天，参与创建全国文明省会城市迎检工作。

民兵营长集训 2月24日至28日，人武部在包河区区委党校，重点围绕理清工作思路、明确任务目标、提升任职能力、强化思想素质四个方面，组织包河区95名民兵营长展开队列、体能、技能、军事法规等内容集训。

民兵整组 包河区编组应急、支援、储备3支民兵队伍共计2112人。4月30日，在区政府会议大厅，包河区人武部联合区政府，召开民兵整组点验大会，合肥市民兵应急营3连120人、医疗救护分队40人共计160名民兵参加，接受警备区姜宗健政委、包河区政府常务副区长姚飞检查点验。

国防动员 包河区下大力强化国防动员保障能力，先后在4个规模以上企业建立民兵支援保障队伍和物资器材保障点，有力提升战时支援作战行动能力。4月中旬全国政协副主席刘晓荣、8月下旬安徽省军区司令员于天明到包河区辖区内江淮股份有限公司调研。

民兵基层党组织建设 4月30日，合肥警备区姜宗健政委在包河区委组织部长焦长华陪同下，到烟墩街道检查民兵基层党组织建设情况。包河区人武部大力加强民兵基层党组织建设，确立以点带面、试点先行的工作思路，6月底前，各类民兵分队均建成基层党组织。

高校武装部建设 依据安徽省军区、安徽省教育厅《关于加强普通高校人民武装部建设的通知》文件精神，针对辖区7所高校未建武装部的实情，先后3次逐一上门协调组建事宜，4次召开协调会，报经合肥警备区审批，分两批完成高校武装部成立。截至去年年底，辖区内10所高校已全部成立武装部，提前一年完成高校武装部组建任务。

民兵应急分队建设 区人武部出台《关于进一步加强民兵应急队伍建设实施意见》文件，修订完善“稳、水、火、矿、震”5大类12项应急预案，投入3万余元整补应急保障器材，分别于4月中旬、6月上旬、12月底组织民兵应急连应急演练，有力提升民兵应急分队建设质量。

征兵工作 区征兵办于年初组织“三大数据”（适龄征集、符合条件、意愿应征等青年数）调研，先后召开征兵工作宣传教育部署会、征兵工作任务部署会，协调区政府出台《关于进一步做好退役士兵安置和进藏服役优抚工作的通知》（包政办〔2013〕49号）文件，增补相关经费45万。区征兵办先后11次赴高校街道进行征兵宣传动员和政策辅导，12次征兵工作进展情况检查，4次召开任务进展

组织任务动员

讲评会，约谈3名工作开展相对较弱的街道领导和专武干部，强势推进征兵工作。2014年，包河区共征集新兵283人（不含女兵22人），圆满完成征兵任务。

信息化建设　人武部将作战值班室将48平方米扩建为64平方米，整合扩建“五网四平台”（五网是指军事综合信息网、互联网、3G视屏指挥网、国防动员网；四平台是指民兵情报信息平台、视频会议系统平台、监控信息系统平台、值班信息综合显示平台），研究制定战备值班战备值班秩序、应急事件处理流程、值班员交接、枪弹管理、战备值班分队“五项机制”，组织值班首长、值班干部、专武干部“三类人员”业务集训，有力提升战备值班信息化水平。12月中旬，警备区朱毅司令员来部坚持指导时，予以肯定。

退役士兵招聘活动　10月上旬，区政府拿出城管招聘岗位专项指标，用于辖区退役士兵工作落实。体检政审合格的29名退役士兵全部聘用。

“四个基本”现场观摩会　10月下旬，包河区人武部承办合肥警备区民兵政治工作四个基本现场观摩会，合肥市各区、县人武部及高炮团共计51名干部参加，现地观摩望湖和周谷堆社区民兵营建设。警备区姜宗健政委、高峰主任到会参加。

营院建设　包河区人武部协调区政府，先后投入90余万元，用于改造部荣誉室、值班室、作战室和营院停车场，同时，加固营院围墙，升级营门进出设施，丰富营院文化氛围。

先进单位表彰　2014年，包河区人武部被省军区表彰为“安全管理先进单位”，望湖街道武装部被警备区表彰为“先进基层武装部”。

合肥预备役高炮团

【“牢记强军目标、献身强军实践”教育活动】　根据上级赋予团的“牢记强军目标、献身强军实践”教育先行试点任务，党委高度重视，大事大抓，编发《军史团史手册》，观看《迈步强军新征程》录像片，教唱《强军战歌》，邀请陆军军官学院2名教授解析国内外安全形势，安排优秀预备役军官、合肥市十大女杰张莉等4名先进典型与官兵面对面“忆传统、述历程、话强军”，前往肥东县新四军抗日纪念馆、阚集机场进行现地教育，组织“三个同样一个要”学习教育，使官兵在学习理解、互动交流、参观见学中有感悟、受启发，并结合整组点验、集中训练、平时教育将强军目标教育向预备役官兵深化延伸。主题教育经验做法被总政治部建言献策以优质稿形式刊发，相继被军区政治部、预备役师、合肥警备区通报和转发，军地多家省（军）级以上媒体进行集中宣传报道。

【党委班子作风建设】　认真落实省军区《关于进一步加强新形势下党管武装意见》，重大问题、重要事项及时向第一政委汇报。利用回营办公、过军事日、军地走访等时机，及时向预任委员通报团队建设情况，征求意见建议，提高参与团队建设积极性。坚持重大任务预任领导现场办公，市县领导亲临演训一线慰问官兵，较好解决高炮营预设阵地设置等事宜。认真开展“讲党性、守党规、严党纪”反腐倡廉教育，抓好预防职务犯罪警示教育，加强物资采购、公务接待、行政消耗性开支的监管。严格落实作风建设和驻营下连各项规定，团长深入基层营连、演训一线，了解掌握情况，解决存在问题；机关代职股长和营连长下营驻连，与官兵实行“五同”，加强了基层建设力量。牢固确立“真练兵、真准备、真使用”的思想，转变练兵作风，从编实一兵一卒抓起，从演练一招一式练起，打假治虚抓训练，扎扎实实按照要素抓好首长机关和分队战术训练，重点研究解决成建制执行任务的动态保障问题。

【“民族团结进步之星”评选活动】　协调省市两级民委相关部门，积极筹划开展“民族团结进步之星”评选活动，撰写评选材料，进行配合宣传，累计完成网络评选投票39780余票，团被安徽省表彰为“民族团结进步之星”先进集体。

【隶属关系调整】　根据军区后备力量建设暨深化四项改革任务部署会精神和要求，高炮团于3月中旬隶属关系调整至合肥警备区，并如期完成人员、武器车辆装备、侦测装备、通信装备、战备器材、机要装备、涉密载体、经费物资等内容的交接，并对交接内容进行清点核对、签字验收，顺利完成交接手续。

【统编统训试点】　在去年试点经验的基础上，继续深入探索实践，建立人武部牵头负责、预备役团全程参与的整组工作机制，人武部落实参训人员、预备役团统一组训的训练工作机制。整组期间，主动向警备区、人武部提报需求，共同拟制编组工作方案，及时调整编兵地域，组织所有营连长下到编组地人武部，全程参与人武部工作，会同警备区成立审核小组，采取现场提问、证件对照、政治审查方法，核查兵员信息，抓实整组工作，兵员“五率”较统编大幅度提高。按编制调整各预建党委和预建党支部，将基层预备役官兵中党员划分至各党小组，较好地发挥广大党员干部在基层建设中的战斗堡垒作用和先锋模范作用。同时，根据年度训练任务和军事训练大纲要求，按照先骨干后分队、先基础后要素再实战化演训和实弹战术演习的训练程序，以预备役团为主拟制年度专业训练计划，由警备区统筹安排训练时间、训练场地和装备器材保障，统一调配组训力量，牵引训练落实。

【军事斗争准备】 集中会审各类训练计划，并及时召开党委议训会专题分析审议，科学统筹年度训练任务。采取与上级同步跟训、团队集中组训、周一周三自训的方法，紧紧围绕提升信息化素养、丰富军事理论知识、提高作战指挥能力，严密组织练将练官活动。4月下旬，在巢湖和团部同步组织防空兵指挥专业骨干集训和预任指挥军官集训，强化使命担当，增强预备役官兵“当兵打仗、带兵打仗”意识。6月中旬，团首长机关带部分实兵，在省军区统一组织下顺利完成实弹战术演练。演练按照“一个过程”实战化演练要求，采取虚实结合的方法，围绕“六种能力”建设标准，按照快速动员、作战筹划、机动集结、作战实施、撤出战斗五个步骤，共击落拖靶2具，取得弹迹优秀的成绩，全面检验团队“两个能力”建设成果。10月份，重点组织高炮专业补差训练和战法创新研究，主要进行高炮专业理论学习和高炮操作训练，完成野战机动防空和防空作战阵地管理等两个战法研究。11月份，结合上级年终综合检查考评，组织岗位练兵迎考训练，团长、政委亲自授课组训，主要进行战术标图、轻武器操作和基础体能等训练，通过训练提高官兵的能力素质。

【战术演练政治工作】 规范战备转换、动员集结、组织机动、防空作战四个阶段政治工作文书，细化预备役军官征召、转服现役两个阶段方案，与县级人武部、地方组织、人事部门对接相关事宜，增强战时政治工作的可操作性。政委夏捍东亲自挂帅，成立演练期间政治工作指导组，扎实抓好实弹战术综合演练中的政治工作。通过举行点验大会、誓师动员大会、战前动员会，开展挑应战、大比武、小竞赛，创办《战地快报》和战地小广播，让先进典型挂大红花、上光荣榜，组织市、县、乡（镇）三级慰问团到演训一线看望慰问官兵等活动，不断激发官兵参训参演热情，浓厚“人人上炮位、个个打实弹”的良好氛围。演练期间，24名预备役官兵受到合肥市“两办”通报表彰。

【安全管理】 始终把安全管理作为团队建设保底工程，坚持从严治军，狠抓安全管理工作，较好地保持部队的正常秩序和安全稳定。抓条令法规学习促安全。深入开展“条令学习月”活动，组织队列、体能、共同基础科目训练，狠抓作风纪律整顿。组织条令法规和安全常识等学习，强化官兵自觉自律和依法按章办事意识，促进安全稳定。抓隐患排查整治促安全。广泛开展拉网式安全排查、安全隐患大检查、枪支弹药清理清查等活动，对排查出来的问题，逐项抓好排查整改，先后纠治各类安全隐患34处，及时改造消防设施、更新灭火器材、补充扑火工具、安装监控设施。加强营门哨兵反恐处突训练演练，落实双人双岗，配齐防爆器材，改进营门报警设施，通过深入排查整治、全面总结整改，及时掌握安全工作情况，促进安全管理工作的落实，确保部队安全稳定。抓正规化建设促安全。加大正规化建设力度，突出人员、车辆、保密和营院等安全管理重点，坚持从规范值班制度、一日生活制度、安全保密制度、营院管理制度、车辆使用管理制度、“两个以外”人员管理等制度入手，确保各项制度真正执行到位，以规范促进安全工作落实；加大营院管理力度，狠抓营院卫生整治，定人定位定责任，营院环境得到明显改善。

【信息化建设】 立足既设网络条件，进一步规范内部局域网的使用管理，完善文件资料的收集、流转、分发等功能。投入8万元新建集中文印室，6月中旬投入使用，实现保密资料统一登记、打印、归档。依托现有网络教室，组织一体化指挥平台操作训练和网上理论考核，充分发挥应有效能。结合作战值班岗前培训，展开作战值班指挥信息系统培训，确保人人会用。为提高预备役高炮部队平时应急、战时应战的指挥通信保障能力，与电子38所共同研制开发“动中通”集成指挥控制系统（作战指挥方舱），已经完成可行性论证和项目立项工作。

【后勤装备建设】 着眼重大演训任务搞好后装保障，落实后装分队训练，组织卫勤、汽修和军需等专业预备役官兵赴演练场进行野战化伴随保障。修订完善《团财务管理规定》《团公务招待管理规定》和《下营差旅费补助规定》；及时参加合肥市财政局部门预算维修类项目事前评审会，并对干部公寓楼和车库屋顶防水面积进行测算；先后投入20余万元，修建电瓶车的充电车棚和晾衣棚、修缮文化活动中心和公勤队楼梯间，为官兵解决

8个方面的实际问题；严格执行集中采购制度，集中采购率达90%，年度节约经费6万余元；严格控制行政消耗性开支，年度公务接待费下降35%；严格落实车炮场日制度，严密组织武器装备车辆擦拭保养，确保处于良好战技术状态。

【双拥共建活动】 大力弘扬双拥共建优良传统，持续与合肥市三十五中西藏班、肥东县阳光小学开展结对助学活动，拿出2.5万元资助贫困学生，先后组织乐农小学、五十中200多名学生来团过军事日；组织65名官兵到紫蓬山庙会协助维持秩序，安排合肥市滨湖医院17名医生和预备役官兵到肥东县白龙镇、长丰县陶楼乡新丰社居委开展送医送药、扶贫帮困活动，赠送价值3万余元的食品和药品。团双拥共建活动多次被《解放军报》《中国国防报》和《安徽日报》等媒体宣传报道。

武警合肥市支队

【概述】 2014年，合肥支队党委坚持以目标为引领，凝心聚力打基础，锐意进取谋发展，部队建设稳步攀升，各项任务圆满完成，高标准实现"两个确保"和"争创过硬先进支队"目标，支队被总队表彰为"基层建设先进支队"。一大队、五大队被总队评为基层建设先进大队。一中队被总队评为基层建设标兵中队。肥西县中队、肥东县中队、十中队、合肥市中队、九中队、十一中队被总队评为基层建设先进中队，十一中队副中队长赵丹丹被总队表彰为"最美强军典型"。三大队政治教导员赖才云荣获共青团安徽省委、安徽省青联授予的第17届"安徽青年五四奖章"。

思想政治建设有效。以党的十八届三中、四中全会、习主席系列讲话以及全军和武警部队政治工作会议精神的精神为指引，认真落实党委中心组带机关理论学习制度，先后邀请6名地方专家教授来队辅导，严密组织涉徐才厚、周永康资料清查，肃清案件影响，进一步坚定官兵的政治信念。扎实抓好主题教育和经常性教育，广泛开展"让青春在强军梦中绽放光彩"演讲比赛、战斗力标准大讨论和"最美强军典型"评选等活动，有效激发官兵献身强军实践的政治热情。过细做好心理指数偏高、家庭涉法、身患疾病等人员的工作，11名重点人员成功转化，九中队密切内部关系做法被总队转发。全年，先后在中央媒体上稿92篇，在总部总队网上稿1000余篇，被总队表彰为新闻先进单位。

遂行任务能力提升。突出抓好首长机关和反恐分队应急训练，严密组织"卫士14"演习、勤训轮换、反恐分队集中驻训，以及重难点课目教练员、搏击教员集训等活动，实战化训练水平提升明显。今年在总队的机动分队军事比武中获得团体第二，狙击手竞赛个人第二的好成绩。"勤务研究月"试点活动成效明显，"一岗多情、一情多策"研训成果在全总队推广。组织勤务研究成果交流会和执勤等级评定试点观摩，《中国武警》《人民武警报》先后刊发支队抓好执勤训练做法。圆满完成省市"两会"、上海"亚信峰会"、南京"青奥会"等敏感期机动备勤和设卡协查警戒等重大临时勤务十余起。巡逻官兵成功处置一起涉枪涉毒案件，受到总部通报表扬。

基层基础建设稳固。坚持按纲抓建，层次管理，注重组织功能作用发挥，制定《大抓机关能力建设办法》，着力提高一线指挥部建设水平。持续强化"一线战斗堡垒"功能，广泛开展支部班子岗位练兵活动，分批组织现任和拟任基层主官《纲要》暨"双四会"集训，在总队组织的"双四会"考核中荣获团体第二名。狠抓干部教育管理，鲜明用人导向，落实奖惩措施，调动了干部的积极性。认真贯彻总部从严治警集训精神，狠抓正规化建设，在十中队组织召开正规化管理和基层军需规范化管理试点现场会，逐步实现"大规范、大统一"的目标。扎实开展安全隐患大排查活动，部队内部安全稳定。

服务中心能力增强。大力抓好执勤训练保障，投入290余万元，用于市关押中心建设，及3个县中队执勤信息化建成达标。争取市财政设立80万元反恐专项经费，增配夜视仪、瞄准镜等装备。全程跟进4个待搬迁目标执勤信息化建设，跟踪指导训练场地建设的选址规划。协调省市拨款900余万元，建设支队射击方舱、攀登楼、训练大棚等军事设施。压缩接待经费45万元用于执勤训练。定期组织后勤应急保障分队战备拉动演练，不断提升突然、复杂环境下实战保障能力。精心组织，圆满完成总队后勤应急保障能力评估演示及“伙食管理年”试点任务。

党委机关作风改善。严密组织第二批党的群众路线教育实践活动，始终保持抓作风建设的强劲态势，严格落实《支队加强作风建设12条措施》，强力推进“三清”“五超”整治回头看，清退违规住房34套，腾退率100%，公务用车清理率100%，清查并清退超配超占兵员39人，对41名岗令不符的干部进行调整纳编。支队教育实践活动做法被总队转发。先后组织党委机关下基层蹲点5批次共75天，派出“综合服务小组”，帮助基层解决困难和难题；坚持以上率下，纠治官兵身边的不正之风，狠抓训风演风考风，狠抓风气教育，进一步纯正风气。树立公平公正的用人导向，调整使用的107名干部，推荐参加的3名中培人员，考学提干的6名战士，官兵信服满意。总队工作组多次在支队进行民主测评，官兵对党委的满意率均达到100%。

【开展系列文化活动】 成功举办首届文体艺术节、“忠诚托举强军梦”基层文艺汇演，支队服务小分队还积极开展送文艺演出、送电影、送图书、送文体器材“四下”基层活动，活跃基层官兵文化生活。文艺小分队9次下基层巡演，受到总队首长的表扬。

【后勤应急保障能力检验评估演示】 8月8日，组织后勤应急保障能力检验评估演示暨现代后勤建设演示科目。总队司令员、政委、副司令员、后勤部长以及总队后勤处（部）长集训队人员参加观摩。此次观摩，着眼观摩人员“一听就明白、一看就会做、一抓就管用”，达到“知道规定、知道标准、知道方法”的目的，分后勤应急保障能力检验评估演示和现代后勤建设两个大项设置观摩内容，明确后勤应急保障队、后勤指挥组、给养物资保障组、卫勤保障组、运输油料保障组、维修技术保障组应急保障能力检验评估的流程、方法和标准，规范卫生队建设、后勤战备物资库、后勤值班室、军人保障卡管理办公室、基层后勤建设等内容，扎实有效推动部队现代后勤建设。

【青奥会安保】 8月10日至30日，为确保在南京召开的第二届夏季青年奥林匹克运动会顺利举行，支队出动官兵，圆满完成进苏入宁高速公路文集服务区入宁半区、合芜高速半汤收费站设卡协查武装警戒和机动备勤任务。

【城市武装巡逻】 全年，敏感时期和重要节假日，支队协助公安机关担负合肥火车站、中心城区及各县繁华街区、公共场所和重点路段、重要目标武装巡逻任务，配合公安民警抓获犯罪嫌疑人580余人，协助出警6700余次，缴获各类枪支5支、子弹41发、毒品50克。参与处置重大案件8起，其中涉爆案件2起、涉枪涉毒案件4起、涉疆案件1起、劫持人质事件1起，有效维护合肥市社会面大局稳定。

干部领班执勤

【临时勤务】 2014年，支队共完成押解押运勤务152起，总行程28600多公里。

【车站执勤】 12月1日至3日，支队协助公安机关维持合肥火车南站秩序任务。

【安保勤务】 1月13日至18日，支队出动官兵，完成合肥市人大十五届二次会议、市政协十三届二次会议会议代表住地、会场外围警戒和机动备勤任务。

2月7日至13日，支队完成安徽省十二届人大四次会议、安徽省政协十一届三次会议会议代表住地、会场外围警戒、机动备勤等任务。期间，执勤官兵协助公安机关妥善处置各种上访情况20余起。

2月25日，完成在安徽大剧院举办的安徽省科学技术奖励大会外围安全警戒任务。

3月1日至2日，参加全国“两会”人大代表二级专机警卫任务。

3月21日至26日，完成国民党名誉主席吴伯雄一行来肥访问期间驻地警卫任务。

4月5日至7日，完成小蜀山陵园和大兴塔陵园维持秩序任务。

4月29日，完成安徽省庆祝“五一暨劳动竞赛表彰大会”外围警戒任务。

9月15日，完成纪念全国人民代表大会成立60周年暨地方人大设立常委会35周年大会外围安全警戒任务。

9月30日，完成安徽庆祝中华人民共和国成立65周年交响音乐会外围安全警戒任务。

12月30日，完成安徽2015年新年音乐会现场外围安全警戒任务。

人防 民防

【概况】 2014年，全市人防民防工作紧紧围绕“大湖名城、创新高地”建设目标，以开展党的群众路线教育实践活动为开局，坚持平战结合、军民融合深度发展的战略思想，以“统筹人防资源，提升政府应急能力”为主线，以“改进作风、服务民生、保障民安”为目标，全面深化人防改革，加快人防转型升级，努力构建“战时防空、平时服务、应急支援”的现代人防体系，以更加优良的作风，励精图治，奋发有为，积极进取，各项建设成效显著，被国家人防办评为“全国人防宣传报道先进单位”，被省人防办评为“2014年度全省人民防空目标考核先进单位”，人防窗口被评为全市行政服务先进窗口。

【重要活动】 3.1国际民防日，市和县（市）区、开发区人防办联合媒体，走上街道、深入社区，广泛开展民防进社区宣传活动。近年来，按照“管理方法网格化、指挥手段信息化、服务群众智能化”标准，人防办通过建立民防组织、制订应急预案、组建志愿者队伍等，深入持久地开展民进社区等五进活动，有效增强城乡居民的防灾减灾意识，提高群众自救互救能力。目前，全市基本形成市、县（区）开发区、乡镇（街道）、社区四级民防应急组织体系。

3月12日，举行“协2014”人防春季野营拉练。市人防信息保障中心与省人防信息管理中心、六安人防信息中心共同开展运动中的前指和移指与省指挥所互通、短波电台互通、卫星通信、单兵图传、海事卫星通信、夜间训练等课目的训练，锻炼队伍，检验装备，提高人防信息野外生存和保障能力。

3月25日，全市人防民防主任（局长）会议暨“准军事化”集训同步举行。会议的主要任务是学习传达全国、全省人防主任会议精神，总结和表彰一年来工作和先进，交流经验做法，部署2014年任务，同时开展人防准军事化训练。

4月15日，全市人防民防骨干培训班在肥西顺和社区举办。来自基层民防骨干130余人参加培训。这次培训是落实2014年政府工作报告提出的“全面推进人防民防进社区”目标任务的举措之一，通过举办骨干培训班、召开规范化建设现场会，重点推广望湖社区等民防管理方法网格化、指挥手段信息化、服务群众智能化、宣传效果社会化建设经验，全面推进人防民防进社区建设整体跃升。

4 月 29 日，与瑶海站塘社区达成结对共建协议，人防党员干部将联系社区 10 户孤寡老人和贫困户，开展“四定”帮扶活动。

5 月 6 日，第三次百家企业大回访活动展开。办领导带队，分成 7 个组下基层，历时 1 个月深入到近百家企业广泛征求意见，听取企业需求，人防联系群众“走、转、改”的做法，得到服务对象的一致好评。

6 月 11 日，合肥第四期人防施工技术培训班庐江专场举行，100 多县域人防施工技术人员参加了培训。

7 月 1 日，滁州路人防纳凉点对外开放。这是连续 7 年利用人防工程免费为市民服务。每日 10 个多小时的开放时间，除为纳凉群众提供茶水、报刊、图书、电视和消暑等药品外，纳凉点还滚动播放民防宣传片，多次受到新华网和省电视台的点赞。

7 月 31 日，市人大常委会主任熊建辉率队来视察。程耀广、靳民斌等办领导陪同。市人大领导听取上半年重点工作汇报，实地察看了琥珀新天地人防工程和望湖社区“民防进社区”示范点建设情况。熊建辉指出，通过实地查看，倍感振奋、备受鼓舞，切身感受到人防工作取得的长足进步，完成防空防灾的新跨越，实现城市防护的新突破，提升人防工作的新形象。熊建辉强调，随着城市规模不断增大，防空任务将更加繁重，合肥人防要励精图治，平战结合，融合发展，多为大湖名城、创新高地建设做贡献。

9 月 18 日，全省防空警报试鸣日。市在高新区主会场举行防空警报试鸣和永和社区防空应急疏散综合演练。省人防办主任黄亚洲，市委常委、副市长周善武、合肥警备区参谋长王建军、市办主任程耀广、党组书记靳民斌以及市人防指挥部成员单位代表观摩了演练。此次活动包括警报试鸣、社区居民紧急疏散、伤员抢救、社区高楼灭火救援等多课目，突出“人民防空是全民性的防护工作和利国利民的社会公益事业”这一国家层面的新定位。

9 月 26 日，“皖盾合肥 -2014”皖中片人防机动指挥通信跨区支援演练在肥举行。省、市有关领导以及淮南、滁州、六安、安庆、宿松等市县人防办主任观摩演练。演练以省城遭敌空袭，通信全面阻断为背景，皖中片区 4 市 1 县人防迅速展开跨区支援，20 多台人防通信装备车到达指定地域后开设机动指挥所，通过卫星、微波、超短波等多种通信手段，恢复通信，人防通信志愿者大队则在各集结点辅助通信保障，全面消防敌空袭后果。演练磨炼协同指挥能力，收到预期效果。

11 月 7 日，解放军防化学院来市调研人防重要经济目标防护工作。

11 月 11 ～ 12 日，国家人防办检验评估组对市人防军事斗争准备工作进行检验评估。市委常委、副市长周善武，合肥警备区参谋长等参加检验。国检组采取 48 小时不间断，动、静态相结合的方式，分 6 大类 20 项开展全面检验评估。期间，总参谋部作战部副部长阚立奎少将亲自来到市人防指挥所，实地查看市人防装备设施及库室建设等，对合肥“三办合一”体制创新、深化五项改革、开展“人防民防进社区”等给予肯定。经考评，合肥市人防顺利通过检验评估，受到通报表彰。

11 月 13 日，召开创建再动员大会，将全市创建精神第一时间传达到每名干部职工，并要求从我做起、从点滴做起，争创全国文明城。

12 月 5 日，市民防防护专业协会理事会议召开。听取理事会员单位的意见，讨论通过新修订和增加的五项协会规章，通报财务收支等情况。

12 月 26 日，人防办离退休干部党支部书记胡广荣应邀出席全省离退休干部先进集体和先进个人表彰大会。

【人防工程建设】 探索人防资产市场化运作方式，推进城市地下空间开发利用。2014 年，合肥市区完成人防工程 XX 万平方米，人均防护面积全面达标。轨道交通兼顾设防有序展开，《合肥市人防工程专项规划》经市规委会批准通过，出台《进一步规范和加强人防工程建设质量管理的通知》，推行新建人防工程质量管理责任制度。

人防行政审批。坚持政务公开，不断深化人防行政审批制度改革。按照“行政权力进清单，清单之外无权力”的原则，做好“两单”清理，将原有 25 项权力事项清理保留 16 项，精简率为 36%；将原先 4 个行政许可事项，精简合并为 2 个，精简率为 50%；同时下放县（市）人防行政审批权限和服务事项，推行“网上审批”和“一站式”服务，实行“两集中，两到位”和“一费制”高效办理，人防行政审批的办结天数，由原先的 5 天缩短为现在的 2 天，已连续四年被评为市政务服务先进窗口。

【人防指挥通信】 一是人防指挥通信建设取得新突破。市级指挥所完成国家和省办布置的专网任务，实现12个县（市）区人防应急指挥平台的互联互通；全市新购安装新型电声警报器40台，城区和县（市）警报音响覆盖面同步扩大，并向重点乡镇延伸。二是人口疏散基地建设取得新成效。各县（市）区完成1个以上疏散基地建设任务，同时加大资金投入，加快配套设施建设。市级疏散地域建设纳入《合肥市公共服务设施专项规划》，少荃湖和紫蓬山两个疏散地域核心区建设的选址、规划等前期工作有序展开。三是开展重要经济目标潜力调查和重新分类定级工作。按10%的比例，组织修订重要经济目标单位防空袭方案；联通公安天网，对全市重点目标、主要道理、人员密集场所可适时进行监控。四是市民防指挥基地纳入市为民服务中心项目建设。在市领导和有关部门的大力支持下，对民防指挥基地规划方案进行多轮修改和完善，重新进行功能定位。

【民防进社区】 按照市委、市政府"全面推进人防民防进社区"工作要求，不断扩大社区民防规范化建设示范点覆盖面。4月份在肥西桃花镇顺和社区召开全市社区民防规范化建设现场会，并对120多名基层民防骨干进行培训。目前，在2013年33个社区达标基础上，2014年又有35个社区通过达标验收。蜀山区合作化南路社区和高新区永和社区荣获"全国综合减灾示范社区"。肥东长临河镇、长丰双凤开发区、巢湖忠庙街道、高新区兴园中心银杏社区等11个示范点，获得全省基层人防建设先进单位。

【民防宣传】 在巩固发展报纸杂志、广播电视、社区、网络等人防民防宣传教育阵地的同时，与宣传部、警备区、教育局等共同开展"维护海洋权益、共建强大国防"主题征文和"国防（人防）和国土防卫政策"知识竞赛活动。会同市教育局下发加强初级中学人防民防教育的通知，举办年度民防教师培训，全市中学生人防民防教育普及率达100%。利用民防日、警报试鸣日等时机，组织基层人防走上街头，深入社区、学校、党校等，通过发放市民应急手册、制作民防科普动漫片、组织学生和社区居民开展疏散演练等活动，普及防空防灾知识，全年在各类媒体发表稿件500多篇，连续七年获得"全国人防通信报道先进单位"。年人防宣传教育投入达到上百万元。

【人防队伍建设】 以教育实践活动为契机，不断加强人防思想政治、勤政廉政和作风纪律建设。加强学习教育，坚定理想信念。在全办开展"路线教育""核心价值观""四德"和"文明创建"四个教育，通过革命传统、先进典型、专题党课、廉政警示等多种形式，增强人防队伍的党性观念和宗旨意识。组织全市人防系统"准军事化"和野外拓展训练。强化廉政建设，树立良好风气。认真贯彻中央和省市纪委会议精神，落实党风廉政建设责任制，完善廉政风险防控机制，规范权力运行，带头践行"三严三实"要求，自觉接受群众监督。建立健全规章制度，严肃工作纪律。出台《效能建设责任追究和督查工作的意见》，落实行政问责和责任追究；制定《内部控制规范》《差旅费报销规定》等制度，规范办事程序，形成用制度管权管人管事。开展走访活动，改进工作作风。连续四年开展"百家企业大回访"活动；组织24名机关干部深入到庐江县分水村开展"一对一"结对帮扶活动；投入近20万元用于扶贫村道路改造等，为山区农村解决实际问题。 （王普宁）

消 防

【概况】 2014年，合肥市消防支队牢固树立大局意识、责任意识、纪律意识、创新意识、忧患意识"五种意识"，全面推进消防安全网格化，扎实开展"清剿火患"第二次战役和火灾隐患大排查大整治活动，持续打造现代化消防铁军，为省城打造"大湖名城、创新高地"创造了良好的消防安全环境，受到省市各级领导和人民群众的广泛赞誉。2014年，该支队代表全省，在国务院对省级政府年度消防工作考核中，取得"优秀"等次第4名，市行政服务中心消防窗口连续5年6次被表彰为全市先进，在支队级班子考评中，连续第4年被评为全省先进，先后共有32个（次）单位、117人次受到公安部、部消防局、省公安厅、省消防总队、市委市政府表彰，其中2个单位记集体三等功，1人荣立一等功，4人荣立二等功，涌现出沈鑫敏、袁凯、张君良、徐海军、陈崇民等先进典型。

【社会消防管理】 省长王学军，省委常委、市委书记吴存荣，副省长李建中等领导多次视察合肥市消防工作，慰问一线官兵，市长张庆军专题听取消防工作汇报，就经费保障、装备配备及政府专职消防队伍建设等工作做出批示，破解发展瓶颈。各级政府层层签订消防工作责任书，积极协调教育、民政、卫生、住房建设等职能部门开展联合执法，政府主导、部门联动下的消防工作迈入新常态。整改省政府挂牌重大火灾隐患4处，市政府挂牌重大火灾隐患30处。实施26项便民利民措施，开创“定期会商、统一审核、共同执法、集体负责”的项目会审制，审批通过地铁1号线、万达文旅城等近百个政府重点项目。

【灭火救援能力】 围绕“能打仗、打胜仗”这一强军目标，创新开展整建制实战化训练，工作经验得到省消防总队肯定和推广，率先对全勤指挥制度进行变革，设立火场指挥长，强化首战力量调集和首战情况报告制。建立“月查季赛”制度，举办消防运动会、实战操法暨“六熟悉”考核竞赛和年终业务对抗赛。参与全省跨区域地震拉动演练、“皖盾2014”人防演练等大型任务，圆满完成青奥会、国际汽车展览会等消防安全保卫。连续奋斗44小时成功扑救绿园小区地下仓库火灾，创造合肥消防火灾扑救史上之最，瑶池老年公寓火灾成功处置经验，被公安部消防局通报表彰。全年市支队共接警出动9409起，抢救、疏散被困群众6508人，抢救财产价值4787万元。

【消防安全环境】 深入推进县（市、区）级装备评估，全年累计投入4391万元购买A类泡沫车、抢险救援车、墙壁破拆车、32米登高车等24台车辆及其他各类器材1.1万余件（套），大批高精尖装备列装一线。3个消防站建设稳步推进。

深入推进火灾隐患排查整治，完善排查整治火灾隐患的联动机制，协调安全监督、质量监督等职能部门，联合治安、巡防等相关警种，开展“清剿火患”第二次战役和火灾隐患大排查大整治等各类专项行动14次。重新划分141个“大网格”、1163个“中网格”和4131个“小网格”，完善三级网格建设。每月召开派出所消防工作会议，出台《公安派出所消防监督工作考评细则》等8项制度，将消防监督纳入公安机关绩效考评体系。全年各级消防部门共检查单位14.5万家，整改隐患11.9万处，罚款712万元，确保了社会面火灾形势整体平稳。

【大型火灾扑救】 2014年10月15日19时32分，合肥市绿园小区地下仓库起火，危及楼上和周边数百名市民的生命财产安全。接警后，市消防支队官兵迅速出动并逐级报告。支队刘剑平支队长、武卫东政委等党委成员第一时间赶赴现场指挥战斗；省消防总队曹忙根政委、王其堪参谋长、吴振坤部长、龚壮志副参谋长相继赶到现场，靠前指挥；省公安厅祁述志副厅长、市公安局桂龙副局长直达火场，一线督战；副市长、市公安局局长姜明多次电话连线支队领导，要求在确保官兵人身安全的基础上，及时扑灭火灾。

该地下仓库面积超过700平方米，内部堆满了高约2米的立体货架和数万套服装、鞋帽、皮革制品等易燃品。仓库仅有3个门窗，内部阴燃积累的热量难以散出。仓库位于居民楼的地下空间，无法破拆，排烟困难，存在燃烧面积大、火场温度高、持续时间长、能见度过低、灭火用水量大、局部易倒塌、扑救难度大等不利因素，参战官兵很难顺利攻进去。

现场指挥部根据现场情况，在建立阵地阻截火势蔓延的同时，第一时间组织疏散搜救楼上居民，短短20分钟，现场和周边的200多名居民已经全部疏散出来。鉴于火场情况特殊，战斗持续时间长，支队陆续调集力量进行战斗轮换。全体参战官兵冒着高温，克服体能严重消耗、火场环境复杂、存在倒塌危险的不利因素，抓住战机分阶段多次深入仓库内部抵近作战。17日下午15时许，在参战官兵不懈努力下，大火终被扑灭。此次火灾扑救长达44个小时、出水量4500余吨、更换空气呼吸器400余具，共有11个大队、18个中队的40辆消防车和285名官兵参战，占全市消防大、中队总数的2/3、官兵总人数的1/3，未造成人员伤亡。

（谢　林）

国土资源管理

【节约集约】 在省政府组织的新增建设用地消耗情况评价考核中，合肥市以97分上升为全省第一，连续两年荣获“优秀”等次。全市单位建设用地GDP比2010年提高31.02%，单位GDP建设用地消耗下降率约9.2%。“十二五”时期，全市单位GDP建设用地消耗下降率达到29.06%，提前一年完成省下达的“十二五”单位GDP建设用地消耗下降29%的目标。

【保障发展】 报批新增建设用地3960公顷，涉及项目786个。截至到当年底，获批2273.3公顷，其中工业用地获批753.3公顷，基础设施用地获批566.7公顷，社会事业用地获批206.7公顷（含2013年申报，2014年批准），包括保障房93.3公顷，房地产及其他用地获批746.7公顷。完成方兴大道、荷仙文化园、王咀湖生态湿地工程、G206公路（吴山－南岗段）、庐江至铜陵铁路等49个重点项目总体规划布局调整，为项目快速建设提供了支撑。

【保护资源】 全市耕地保有量56.2万公顷，基本农田保护面积47.2万公顷，完成省政府下达的耕地保有量（不少于55.7万公顷）和基本农田保护（不少于46.9万公顷）年度目标任务。通过土地整治，产生新增耕地指1343.8公顷，完成省下达给合肥市的年度补充耕地任务。落实建设占用耕地“占补平衡”指标1632公顷，连续16年实现耕地“占补平衡”。 2014年“卫片”执法检查通过省国土资源厅验收，

【土地整治】 全市新建、续建土地整治项目594个、总规模38313.3公顷、投资额约44.49亿元。完成验收项目478个，完成待验收项目21个。实施工矿废弃地复垦项目22个、总规模471公顷、可新增耕地436.8公顷、投资额约4.94亿元，完成验收项目7个，完成待验收项目9个，新增耕地319.7公顷。

【土地供应】 全市供应土地约4960公顷，土地供应总收入480.09亿元。其中，划拨供地3093.3公顷，划拨价款16.34亿元（市本级1600公顷，划拨价款12.96亿元；四县一市1493.3公顷，划拨价款3.38亿元）；出让土地1866.7公顷，土地出让总收入455.12亿元（工业用地1113.3公顷，成交总价28.66亿元；经营性用地753.3公顷，成交总价425.68亿元，溢价130.93亿元，溢价率44.42%；土地出让金利息3885万元；教育配套费3876万元）；划拨补办出让3.18公顷，补缴土地出让金0.88亿元；规划调整补办112公顷，补缴土地出让金7.75亿元。

【规划管理】 市、县、乡三级共计93个土地利用总体规划（2006-2020年）均通过国务院和省、市人民政府审批。按照省统一部署开展部分已审批规划的修改、调整和完善工作，组织开展中心城区内未独立规划5个乡镇（大兴、大杨、磨店、大圩、淝河）的规划编制工作，其中大兴镇已经市政府批准实施。

【登记发证】 基本完成全市农村集体土地“三权”发证工作。城镇土地登记方面，共办理1456宗单位土地使用权证书，累计发放城镇居民土地证10.02万份；共为各类建设项目办理土地抵押登记1358宗，涉及土地4440公顷，抵押融资金额为609.11亿元，其中市本级办理土地抵押576宗、2146.7公顷，抵押融资金额为468.33亿元。

【矿产管理】 全市持证开采

矿山 137 个。全年共关闭矿山 62 个；查处越层越界开采、违反采矿权出让合同、不执行开发利用方案违法违规行为 3 起；取缔 94 处非法盗采点，没收违法开采矿产品 3639 吨，没收违法所得和罚款共计 185.5 万元。

【地质环境】 组织起草《合肥市地热资源管理办法》。编制《合肥市“温泉之乡”发展建设规划》和《合肥市“中国温泉之乡”标志碑设计论证报告》。地质灾害防治工作连续 13 年实现“零伤亡”。稳步推进环巢湖矿山地质环境治理示范工程。

（王效辉）

土地储备

【概况】 全年入库土地 71 宗 612.3 公顷，超额完成年度收储 333.3 公顷土地的目标任务，指标执行率达 183%。上市成交储备土地 82 宗 555.3 公顷，成交总价 364.4 亿元（其中，市本级土地 77 宗 505.8 公顷，成交总价 330.24 亿元）。土地出让面积和成交价分别完成年度计划（333.3 公顷和 200 亿元）的 167% 和 182%。

【政策机制】 土地储备制度和机制建设不断创新、不断突破，高效运行的制度体系已成为土地储备事业健康稳定发展的根本保证。市土地储备中心参与国家土地储备政策研究起草，先后在编制土地储备计划与规划行业标准土地储备资金收支管理行业标准和土地储备制度后期评估等方面作出了贡献。当年 11 月，国土资源部和财政部在对合肥土地储备工作开展情况进行调研时指出：“合肥土地储备制度健全、机制创新、运行高效、风险极低、成果显著，代表了中国土地储备健康的发展方向”。土地储备始终以发展的眼光研究政策、改革机制、立足实践、创新制度，根据国家宏观政策变化和实际工作需要，不断研究新问题、提出新举措、提炼新经验、出台新制度，建立起《土地储备实施办法》《城中村改造暂行规定》《土地储备资金管理暂行办法》等政策规章方面的土地储备制度体系，使土地储备更加法制化和规范化。

【服务民生】 组织实施土地储备项目共 116 个，包括续建 2012 年、2013 年项目 82 个和新建 2014 年项目 34 个，总占地面积 1130.5 公顷，需拆迁房屋 924.7 万平方米，建设安置房 715.89 万平方米。截止到当年底，完成房屋拆迁 783.5 万平方米，占拆迁总量的 84.73%；开工建设安置房 310 万平方米。其中，2014 年新启动项目 34 个，年度目标任务（30 个项目）执行率达 113%，完成房屋拆迁面积 151.99 万平方米，占需拆迁总面积 59%。实施 116 个项目扣除安置和其他市政配套用地后，可释放经营性用地约 634 公顷，上市成交 244.2 公顷，成交价 189.08 亿元，既满足了土地市场需求，消化了储备土地库存，又加快了资产和资金双向流动，使安置房建设资金得到保障，使项目改造资金平衡得到实现，改造的综合效益不断凸显。

【城中村和老旧小区改造】 通过实施城中村和老旧小区拆迁改造，在改善民生方面，实现“居者有其屋”的根本目标，构建了社会和谐稳定的发展局面，创造了优良的环境效益，提升了周边业态的整体档次，实现居住者环境和资产的双重增值；在提升城市品位方面，改变了合肥市二环内城中村和老旧小区居住拥挤、交通阻塞、建筑破烂不堪的城市面貌，完善了城市功能，提升了城市现代化形象，解决了老城区市政设施和教育、医疗配套相对滞后的问题，改变了市民的生活习惯、经营方式，从而使城市居民的文明程度、生活品位得到提升；在促进产业发展方面，在整合并提升小商品经济的同时，打造了多个区域性的大型商业副中心，形成了产业集聚和商业集群，增加了就业和税收，促进更多企业实现“退二进三”，完成产业升级，使区域经济长期可持续性发展有了坚实基础。

（高　敏）

环境保护

【概况】 合肥市环保局围绕建设生态文明、打造美丽合肥，开展党的群众路线教育活动，加强大气和水环境综合整治，加快推进总量减排、执法监管等重点工作，完成年度目标任务。城市空气质量优良天数 190 天，优良率 52.1%，比上年增加 8 天；可吸入颗粒物平均浓度为 113 微克 / 立方米，比上年下降 1.74%。细颗粒物年均浓度为 83 微克 / 立方米，较上年下降 5.7%，二氧化硫年均浓度为 22 微克 / 立方米，二氧化氮年均浓度为 31 微克 / 立方米，一氧化碳年均浓度为 0.859 毫克 / 立方米；臭氧年均浓度为 53 微克 / 立方米，四项指标均达到空气环境质量日均值一级标准。合肥市巢湖流域 11 个国考断面中有 7 个达到考核要求，比上年增加 1 个。巢湖西半湖湖心断面水质保持平稳，东半湖湖心断面水质明显好转，总磷、氨氮、化学需氧化量年均浓度同比分别下降10%、35.38%和16.03%。城市饮用水水源地董铺水库、大房郢水库水质达到《地表水环境质量标准》规定标准，达标率100%。区域噪声等效声级54.4分贝，道路交通噪声等效声级67.5分贝。全市辐射环境质量保持天然本底水平。

【市环境保护委员会】 成立市环境保护委员会，市委主要领导担任主任，市政府主要领导担任第一副主任，市人大、市政府、市政协有关负责同志担任副主任，相关部门主要负责同志为成员。市环境保护委员会主要职责：研究审查审定全市生态环境总体规划，审议生态环境保护规章制度和生态环境保护重大改革；研究制定全市生态环境保护工作重大政策，部署全市生态环境保护重要工作；审议有关环巢湖生态示范区建设、节能减排目标考核、“河长制”目标管理、大气污染治理、重点流域水污染防治规划实施情况等。成立市环境保护委员会在全省乃至全国均属创新之举，旨在落实环境保护责任，实行党政同责，建立生态环境保护统一决策、领导、规划、协调的长效机制，促进全市经济社会发展与环境保护相协调。

【主要污染物总量减排】 合肥市主要污染物化学需氧量排放量同比下降2.64%，氨氮排放量同比下降0.93%，二氧化硫排放量同比上升0.14%，氮氧化物排放量同比下降7.04%，超额完成省政府下达的目标任务。截止到当年底，除二氧化硫外，合肥市其余3项指标均提前完成“十二五”存量任务。市政府召开节能减排领导小组会议，强化责任分解，把减排纳入政府目标责任考核，市政府与30家责任部门签订目标责任书，实行责任追究和“一票否决”。突出项目支撑，编制并上报年度减排计划，共安排减排项目89个，其中水项目69个，气项目20个；王小郢、朱砖井污水处理厂提标改造通过验收，合肥联合发电有限公司2#机组脱硝、华能巢湖发电有限公司2#机组脱硝、马钢（合肥）钢铁有限责任公司（1#、2#）烧结机脱硫、5条水泥生产线脱硝等项目全部完成。市政府多次召开减排重点项目协调会，加强调度督查，主要领导亲自检查、亲自督办重大问题、重点项目。环保部门会同建设部门对污水处理厂运行情况进行考核，会同畜牧水产部门对畜禽养殖污染减排项目进行督查。

【大气污染防治】 实施《安徽省大气污染防治行动计划》及《合肥市空气质量达标阶段性工作方案》，以“一尘两气三厂”（扬尘，机动车排气、工业废气，火电厂、钢铁厂、水泥厂）为重点，统筹九大行动，大气污染防治工作取得阶段性成效。市委市政府召开大气污染防治工作千人大会，四大班子主要领导出席；市政府成立空气质量达标指挥部，将空气质量纳入环保目标考核体系，明确主要负责人为第一责任人。开展黄标车禁行、秸秆禁烧、工业废气减排、控制渣土遗撒、小锅炉淘汰与整治、禁止露天焚烧、治理餐饮油烟污染、加强城市扬尘治理和绿化裸露土地九大行动。制定扬尘污染防治管理办法、机动车排气污染防治办法、空气质量达标阶段性工作方案及重污染天气预案，提高提前淘汰黄标车补偿政策标准，建立小锅炉淘汰专项补助制度，出台油气回收治理以奖代补办法。环保、建设、公安、交通、质监等部门联手开展城市扬尘、黄标车淘汰、高污染燃料锅炉、油气回收等治理行动，形成部门齐抓共管、联动执法的新局面。建立合肥经济圈大气污染联防联控机制，参与南京青奥会环境质量保障行动，签署中四角城市环保合作协议书（2014-2015年），实行区域内雾霾综合治理。合肥提前完成市级机关事业单位黄标公务车和黄标公交车淘汰任务，强制报废和注销黄标车和老旧车车辆3.22万辆，超额完成省下达的目标任务（3.12万辆）；淘汰燃煤锅炉1310台，完成混凝土搅拌站、码头、物料堆场、矿山整治项目317个，工业污染治理项目70个，油气回收整治项目465个，餐饮油烟整治项目340个，建筑施工整治项目494个。

【水污染防治】 结合环巢湖生态示范区建设，推行“河长制”，优先保护饮用水源，加快环保基础设施建设，统筹工农业污染防治，水污染防治工作取得明显成效。市委召开巢湖治理和“河长制”专题会议，省委常委、市委书记吴存荣出席会议并讲话；全市纳入“河长制”管理的河道共103条，整治排污口177个，清理河道两侧垃圾点1224个、河道违规开垦面积51万平方米、河道（沟渠）清淤366公里，取缔畜禽养殖点672个；环巢湖河流15套水质自动监测预警系统完成设备安装并调试运行；与六安市环保局建立丰乐河联防联控机制，开展联合执法和整治行动。通过调度、督促、通报措施，加快《规划》项目进度，项目完工39个，调试27个，在建39个，前期2个，其中环巢湖乡镇污水处理厂基本完工；编制《巢湖生态环境保护总体方案》，梳理65个项目，总投资221.26亿元，按照程序报批。

编制南淝河、十五里河、派河综合治理方案，督促各责任单位推进污水截流、生态补水、清淤等项目，力争2015年十五里河、派河水质基本达标，南淝河水质持续改善；建立健全夏季巢湖蓝藻监测预警机制，组织沿湖县区开展人工打捞作业，通过藻水分离港共打捞藻水混合物14.7万吨，生产藻泥7150吨。实施董铺水库、大房郢水库饮用水水源地搬迁项目，落实饮用水水源地保护联席会议和联合执法制度，建成投运首个饮用水源水质监测预警系统(4个浮标站和2个岸边站)，把饮用水水源地纳入"河长制"管理，关闭搬迁污染隐患近100个，截流排污口7处，整治垃圾堆放30多处。

【环评和"三同时"管理】严格执行环境影响评价法等法律法规，严格环境准入关口，严防"两高一资"（高能耗、高污染和资源性项目）和低水平重复建设项目，注重从源头控制污染。严控"两高一资"项目，实行"四个一律不批"，市本级审批建设项目环评256个，对环巢湖生态示范区项目和重点招商引资项目设立绿色通道。推进环评审批简政放权，下放午夜间施工许可事项和部分建设项目环评审批权限，出台项目环境影响评价豁免管理目录，对6大类39类无污染或者污染微小的建设项目免于环评。加强项目环保"三同时"管理，建立定期调度和通报制度，逐一排查新开工和在建项目环评执行情况和建设进度，现场督查竣工项目"三同时"落实情况，完成"三同时"验收项目361个。

【环境执法监管】坚持"三个严防"，落实"三条铁律"，组织开展专项执法行动，保持对环境违法行为的高压态势。开展环保专项行动，开展大气污染防治专项检查，加大对工业园区的查处力度，专项整治规模化畜禽养殖业，全市环保系统共出动环保执法人员5913余人次，出动车辆2016次，检查各类企业1977家次，下达环境监察意见函413份，处罚企业116家，罚款金额393.9万元，关闭企业28家，挂牌督办南方水泥等12起环境违法案件。加强环境应急管理，出台并落实《合肥重污染天气应急预案》；联合省环保厅在中盐红四方举行首次突发环境事故综合演练，组建合肥市环境应急检测协作网，妥善处理处置"10.10合六叶高速高刘镇段氯化苄泄漏"等多起突发环境事件，推动重点国控企业编制突发环境应急预案。加强环境投诉处理，实行领导干部带案下访制度，全年受理环境信访投诉8409件；全市环境信访查处率达100%，结案率88%，满意率95%。深化中高考禁噪和秸秆禁烧，高限处罚4家违法单位，对违规焚烧秸秆109人给予共计21400元的罚款。

【辐射安全和危险废物管理】加强辐射安全监管和危险废物管理，切实维护环境安全。出台《关于进一步加强全市辐射环境安全监督管理工作的意见》，明确市、县两级环保部门辐射安全监管职责；印发《关于进一步加强全市辐射环境安全监督管理工作的意见》，372家单位持有辐射安全许可证，持证率100%，年度辐射安全综合检查共检查利用单位260多家，收贮7家企业17枚废弃闲置放射源；召集通信基站辐射管理座谈会，明确规定基站"先环评、后建设"，协调处理91起通讯基站类信访投诉；提升危险废物处置能力，建成吴山固体废物处置中心日处理15吨医疗废物焚烧炉等项目，危险废物绝大部分可本市处置，全市危险废物处置率100%。印发《合肥市"十二五"危险废物污染防治规划实施方案》，510家工业企业和259家医疗机构实现危废网上申报，开展三轮危险废物专项督查和重点医疗机构巡查，检查企业及医疗机构358家次，全年产废单位和经营单位总体合格率分别为82%和78.33%，位列全省第一；全年未发生因擅自转移、倾倒危废而引发的环境污染事件。

【农村环境保护】以生态示范创建为引导，以农村环境连片整治为契机，保护自然生态和农村环境。开展生态创建，庐江县柯坦镇、肥西县山南镇成功创建国家级生态乡镇，新增5个安徽省生态乡镇和4个省级生态村，全市共创建国家级生态乡镇7个，省级生态乡镇34个，省级生态村56个。肥西县成功创建省级生态县；高新区成功创建中部地区首个国家级生态工业示范园区。农村环境连片整治示范县（长丰县陶楼乡项目）和3个"问题村"项目（大圩镇许贵村、肥东县陈集镇陈集社区、庐江县乐桥镇陡岗村）正在建设。全面加强畜禽污染防治，提请市政府印发《关于加强畜禽规模养殖污染防治工作的通知》，市环保局、市畜牧水产局联合召开畜禽养殖污染减排工作现场会，编发《合肥市规模化畜禽养殖业污染减排实用技术指南（试行）》5000份，全面完成禁养区划定，完成首批373家畜禽规模养殖企业治理项目。

【基础工作】抓好环境宣教、环境监测、环境信息等基础工作，为环保事业发展提供坚实基础。举行"六·五"世界环境日广场纪念宣传活动暨环保世纪行出征等系列活动，评选“国祯杯”大气污染防治好新闻，开展“环保开放日”活动；推进“三绿”创建，累计创建市级绿色学校408所、绿色社区50个、绿色企业6家。全面完成地表水环境质量监测、饮用水源地水质监测，国控、省控、市控重点污染源监测等监测任务；出台《社会化环境检测机构管理规定》，8家社会化环境监测机构开展业务；与市气象局合作开展本市空气质量预报研究；《合肥市灰霾天气成因分析》课题完成采样、部分项目分析等。黄标车区域限行信息系统通过验收，环巢湖水质自动监测预警信息系统完成主体工程，出台《合肥市污染源自动监控设施运营管理办法》，国控污染源在线数据有效传输率稳定95%以上。

（孔　健）

造林绿化

【概述】　市林业与园林局加快推进全市城乡绿化，林业园林工作取得丰硕成果，森林合肥建设开创历史新纪元。合肥成功创建国家森林城市，绿色森林增长工程告捷，城区绿化成效明显，林园改革扎实推进，资源保护不断加强，林业经济快速增长，为打造“大湖名城、创新高地”、建设美丽新合肥创造了良好的生态条件。市林业和园林局荣获“2014推进创建生态文明城市先锋单位”称号。

【国家森林城市】　2014年9月25日，在山东省淄博市召开的2014中国城市森林建设座谈会上，全国绿化委员会、国家林业局授予合肥市“国家森林城市”称号。自2010年10月森林合肥建设全面启动以来，全市在发展理念、管理体制、工作机制和工作方法上，实行一整套独具合肥特色的创新做法，推动城乡绿化发展。四年累计完成植树造林68667公顷，完成城区绿化5110万平方米。全市森林覆盖率现已达28.58%（剔除水面35.21%），城区绿地率达40.3%，绿化覆盖率45.2%，人均公园绿地面积12.9平方米，形成了森林覆城、绕城、环城的特色城市风貌。

【绿色森林增长】　持续实施森林进城围城、森林沿河沿路、森林环湖、森林覆岭、森林入村“五森”工程，全市完成造林17067公顷，是省下达任务的118.09%，是市下达任务的106.04%，造林质量、规模均居全省前列。积极推进环巢湖大道绿化工程。蜀山区通过省级森林城市验收，黄麓镇等9个乡镇通过省级森林城镇验收，80个村通过省级森林村庄验收。

【城镇园林绿化】　以“增加绿量，提升品质”为主线，开展城区绿化大会战和绿化品质年活动，全市共新建提升公园绿地23个，街头绿地（游园）38个，道路（河道）绿化144条。坚持绿色、低碳、便民原则，高标准建设绿道97.3公里，新建提升小区绿化46个，社会单位绿化17个，绿化总面积达1410万平方米。高标准实施22个省级园林绿化精品示范工程，绿化面积达380万平方米。广泛开展义务植树活动，完成义务植树1181.1万株。顺利通过国家园林城市省级核查。

【绿化专项治理】　坚持与美好乡村建设、森林增长工程、农田水利建设、百河千渠万塘行动等相结合，深入开展“三线三边”绿化提升工作。全市完成村庄绿化580公顷、道路河渠绿化567公里、水库塘坝绿化367公顷、农田林网（庇护面积）1334公顷，新建森林长廊138.69公里，扩建26公里。全力配合市大气污染防治工作，实施公共绿化补植提升、公共区域、单位、居住区等裸露土地绿化。全市完成裸露土地绿化项目355个、完成绿化720万平方米。栽植乔灌木12万余株，草坪地被162万平方米，基本完成城区主要道路、公园等公共绿地裸露土地绿化。

【民生林业】　统筹生态林业和民生林业，全市苗木花卉栽植面积达56667公顷，销售额突破35亿元。创新苗交会布展形式，提升展会质量，第十二届中国合肥苗木交易大会布展面积8万平方米、参展企业1520多家、苗木交易额22.45亿元，创历届之最。加快经济果木林发展，油茶、大樱桃、薄壳山核桃等特色经济林规模不断壮大。全市新增安徽省“森林旅游人家”11家。大蜀山国家森林公园获得安徽省“森林旅游示范景区”称号。成功举办2014首届合肥森林生态旅游节，全市森林生态旅游人数超过650万人次。

【林业园林改革】　以创新为动力，不断深化林业产权制度、林业投融资、园林管养等多层面改革。市政府出台《关于推进林业社会化服务体系建设的意见》，进一步明确了目标、任务和要求。积极推进森林保险试点、森林资源资产评估等工作。创新林业金融服务产品与服务方式，市林业和园林局与中国建设银行安徽分行、中国邮政储蓄银行合肥分行签订战略合作协议，组织银行与林业龙头企业对接，全市林权抵押贷款金额达5.49亿元。以创建文明城市、生态园林城市创建为契机，不断强化园林绿化工程建设质量监督，修改完善《合肥市绿化施工导则》《合肥市行道树施工导则》，出台《合肥市园林绿化工程质量监督管理暂行办法》。加强园林绿化管养监督考核，严格开展“两考”、“四查”、“双评”工作，园林绿化养管日常监管和定期考核步入良性循环轨道，“两级政府、三级管理、四级网络”体系日益完善，全市园林绿化品质不断提升。

【资源保护】 大力推动资源保护管理，修编《合肥市绿地系统规划》，完成《合肥市湿地保护利用规划》和《合肥市湿地公园发展规划》编制。推进林业信息化示范市建设，基本完成森林资源“一张图”数据库建设。全面实现林业有害生物防治目标，全市林业有害生物无公害防治率达97.4%。开展“绿盾2014”林业植物检疫专项执法、松木经营加工利用专项清理、百日林木种苗专项执法“三大执法行动”，开展“护绿使者”志愿护绿活动，巩固了森林合肥成果。森林火灾受害率远低于0.5‰的管理目标，完成了年度森林防火工作。

【依法行政】 严格执行新修订的《合肥市城市绿化管理条例》，并着手制定《条例实施细则》。认真实施行政审批事项清理、下放，保留3项、承接1项，冻结和取消3项，下放8项。同时不断优化审批流程，压缩办理时间，提升服务效能。启动建立合肥市绿化企业优质资源库，完善企业诚信体系建设，引导和激励绿化施工企业做绿化精品、创优质工程。全市新核发三级园林绿化企业28家、资质升级6家，4家企业成功晋升国家一级资质，全市一级绿化企业达14家。

（岳长青 张 静）

巢湖治理

【概况】 安徽省巢湖管理局坚持以科学发展观为统领，紧紧围绕巢湖综合治理和保护开发的目标任务以及市政府确定的重点工作，认真开展党的群众路线教育实践活动，协调推进环巢湖生态文明示范区建设，扎实做好巢湖治理的日常管理工作，完成各项目标任务。

【环巢湖生态文明示范区建设】 推进《巢湖流域管理条例》制定，多次召开起草工作专题会，争取将《巢湖流域管理条例》纳入立法计划，完成《条例（草稿）》和《起草说明》。编制《巢湖水环境专项规划》，专项规划通过多次讨论、完善，已报市政府待批。编制《巢湖流域水污染防治行动计划大纲》，依据《巢湖流域水污染防治条例》，编制《巢湖流域水污染防治行动计划大纲》，改善水污染状况，提高水环境质量。推进巢湖流域水环境综合治理亚行贷款一期项目，15个子项目中，除巢湖农业面源污染防控试点项目因属课题研究类项目外，其余14个项目初设全部审批完毕，有8个子项目开工建设。做好“巢湖保护治理基础能力建设项目”前期工作，项目是国开行三期项目之一，可行性研究报告基本完成，上报市政府待批。

【重大项目工程】 黄湾闸主体工程及所有附属工程建设于8月份全部完工，8个分部工程于10月中旬通过验收；西河上段疏浚工程年初组建项目法人，10月份三个标段相继施工，均按时间节点推进，完成第一块吹填区的临时围堰填筑和排水口设置工作；推进裕溪闸除险加固工程，争取资金4000万元，并进入省财政账户，完成裕溪闸上游6根预制管桩水下试打桩工程现场施工任务，落实工程监理和土建工程施工单位；巢湖污染底泥疏挖及处置四期工程纳入国开行二期环巢湖治理项目库，项目于3月份开工，基本完成疏挖工程。

【基础工作】 开展巢湖治理的基础研究，结合巢湖治理实际，制定工作方案，细化工作任务，与高校、科研院所、企业开展研究合作，与16个基础研究的初步成果汇编成册。当年6月，《2013年巢湖健康状况报告》编印成册，这是巢湖历史上首次发布完整权威的年度健康状况报告。推进《巢湖保护治理志》编纂工作，明确各处室参编人员，组织志书编纂知识专项培训，反复修改完善志书纲目，已完成初稿。

【巢湖综合治理】 通过合理调度，适当调节内河水位，通过疏浚兆河、牛屯河等，提高河道泄洪能力；组织相关单位开展防汛抢险培训和实战演练，开展度汛安全大检查，做好安全隐患的排查和消除工作；应对防汛抗旱，7月4～5日，巢湖流域普降大到暴雨。开机强排，开闸敞泄。规范水政和水资源管理，开展涉水法律法规宣传，开展“世界水日”、“中国水周”主题宣传活动；加强水资源监管，对出入湖的南淝河等10条主要河流进行水质水量同步监测；推动水资源管理信息化建设，确立局水资源管理信息化的定位与框架思路。加强巢湖水环境监管，积极参与修订《巢湖流域水污染防治条例》，认真学习《巢湖水污染防治条例》，开展一级保护区水环境状况调查、水环境质量例行监测、蓝藻预警监测及巡查工作；编制水质月报和蓝藻预警监测周报。做好渔政管理工作，全面落实封湖禁渔工作，严厉查处违法违规渔事行为，共查获违法违规渔事549起，罚款共计9万余元；狠抓渔业安全生产，签订安全责任书4596份，检验渔业船舶3574余艘；组建5家渔业合作社，为渔民提供气象预报预警服务，鼓励渔民参加渔业互助保险；安排三百万元资金开展增殖放流工作，投放包括鲢鱼、鳙鱼等各类苗种2.2亿尾。强化旅游业管理工作，举办牡丹观赏节，共接待游客3.5万人次，实现门票收入114万元；强化旅游营销工作，开展景校合作营销，与南京市旅游集散中心合作开辟巢湖旅游线路；开展旅游安全检查工作，对银屏山、紫微洞等景区存在的安全隐患提出整改意见；成功申报国开行环巢湖生态保护修复项目，改善银屏山景区旅游环境和基础配套设施。 （刘　芳）

巢湖生态文明示范区建设

【环巢湖生态示范区建设】 环巢湖生态示范区建设的核心工程是合肥市政府与国开行安徽分行合作的环巢湖地区生态保护与修复工程（同步实施的还有“绿化造林、农业结构调整以及土地整治”等项目），生态保护与修复工程分期实施，项目按照“实施一批、储备一批、谋划一批”的要求，交叉进行、逐步深入、统筹推进。8月24日，省委常委、市委书记吴存荣调研环巢湖乡镇污水处理工程建设情况，强调要按照综合治理的思路，始终坚持污染排放做“减法”、环境改善做“加法”，集中精力深挖源头治理，努力取得更大成效； 8月28日，又主持召开巢湖治理和“河长制”工作专题会议，强调要抓好重污染河流整治这个突出问题，列出整改时间表，推进“一河一策”治理，发挥好“河长制”这个有效抓手作用，抓好重点项目建设这个基础，按期完成示范区一期、二期项目建设。9月22日，市长张庆军前往省政府汇报示范区建设情况，并为二期工程争取到用地指标134公顷；11月5日，赴北京向国开行副行长、贷委会主任王用生等领导汇报三期工程申贷工作；11月15日，三期工程通过国开行贷委会审批，授信额度100亿元。市委市政府多次召开推进会、调度会，现场检查、调度示范区建设。3-10月，由省水利院牵头、联合8家设计单位共300多人组建了36个可研设计项目组，开展三期工程项目可研方案编制。

【一、二、三期工程】 一期工程以防洪和治河为主，减少洪涝灾害并为治污打基础，共安排南淝河、兆河等重点入湖河道防洪整治、河道清淤护岸及截污管网建设等16个项目，总投资129亿元，自开工建设以来，通过优化初步设计、招投标等方式，降低了建设成本，把实际投资压缩到79.36亿元。截止到当年底，一期工程基本完工，累计完成投资74.12亿元，占实际需要投资的93.4%。二期工程以治污和防污为主，控制和减少污染负荷，共安排城镇污水处理及配套管网、重要水源地保护、入湖河道防洪治理、支流环境整治、环湖湿地修复、受损矿山修复等98个项目。截止到当年底，除肥西县派河上游河道整治及生态修复工程因与引江济淮工程内容重复、暂缓实施外，其他97个项目全面开工，累计完成投资31.3亿元，占实际需要投资（99.8亿元）的31.4%。三期工程以扩容和保护为主，共安排补水引流、流域治理、节水灌溉、能力建设等4大类19个项目（44个子项目），总投资129.4亿元，其中申请国开行贷款100亿元， 2014年11月15日，全部获得国开行批准；前期工作中准备较早的西河上段疏浚工程开工。

【防洪和治河、治污工程建设】 防洪和治河工程建设中一、二期工程共治理河流46条，计750公里，建设内容主要为入湖河道防洪治理、环湖大道防洪加固、河道清淤护岸及截污管网建设等，将防洪和治污工程相结合，防止河道淤塞，缓解汛期泄洪压力，改善巢湖水质环境。治污工程建设中二期工程共有42个乡镇污水处理厂项目，其中污水处理厂、湿地及管网项目

35个，配套污水管网项目7个，管网长度299.5公里，建成后日处理污水能力达到7.04万吨，可实现合肥境内环湖及其干流周边乡镇镇区污水处理的全收集、全覆盖、全处理，其“设计－建造－运营”一体化的模式（DBO模式），在全国乡镇污水处理具有领先位置。除此之外，在合肥城区及所辖县（市）、区、开发区还新建、扩建、提标改造污水处理项目8个，新建管网183公里，日新增污水处理能力47万吨；新建配套管网项目5个，新增管网162公里。

【环巢湖旅游大道建设】 环巢湖旅游大道（环巢湖防洪大堤）新建四座桥梁，大道总长155公里，围绕巢湖形成一个“心”形，截止到当年底，除杭埠河大桥未完工外，其余道路、桥梁建成通车，沿线自然风光成为一道靓丽的风景线。

【水源地保护】 水污染防治的重要内容之一是水源地保护，一、二、三期工程中，安排了大房郢水库、董铺水库水源保护区生态修复及湿地一、二期工程和龙河口水库调水工程等一批重要水源地保护项目。通过水源地生态保护与修复，实现河道湿地生态功能恢复，扩大河道自身生态环境容量和保护城市饮用水源地。

【河湖补水】 河湖生态补水是巢湖治理与保护体系中不可或缺的一个项目，有助于扩大湖泊环境容量、增强湖区自净能力、减少水体氮磷积聚，对改善湖泊水质、抑制蓝藻暴发、修复湖泊生态有独特的作用。一、二、三期工程中，疏浚淠河灌区滁河干渠，开辟驷马山灌区江水西调，扩大西兆河引江通道，提高南淝河、派河等支流自净能力。通过上述工程实施，达到提高入湖河流自净能力、扩大巢湖环境容量的目的。

【湿地建设】 二期工程中新建三叉河生态湿地、炯炀河湿地等56块共计395公顷，改造滨湖（大张圩）国家森林公园等处湿地1000多公顷；三期谋划新建派河河口湿地、东大圩湿地等24块共计293公顷，以提高环巢湖地区的生态修复功能。

【面源污染与流域治理】 在二期工程中安排巢湖市农田尾水生态拦截与修复示范工程等项目，采用源头消减、过程拦截、尾水回用等措施治理农业面源污染；开展废弃富磷矿山修复，减少磷素随水土流失进入巢湖；农村生活垃圾处理，建立“户集－村收－乡（镇）转运－县（市）集中处理”模式，偏远地区利用“磁能碳化技术”建设垃圾焚烧处理设施。依据水利部《生态清洁小流域建设技术导则》要求，在三期项目中重点谋划十五里河等流域治理，按照全流域治理的思路，从水土流失防治、面源污染防治、农村垃圾及污水处理、河道整治及生态修复等方面谋划水污染治理。

【“城湖共生”理念】 “城湖共生”理念强调的是有效保护就是利用，合理利用就是保护。区划调整后，市委市政府提出“湖清则城美，湖污则城黯”，把环巢湖生态示范区建设（巢湖综合治理）提升到构建合肥 “大湖名城、创新高地”顶层设计的高度，在一、二期工程中，对肥东县马桥河等穿越县（市）城区的入湖河道治理，借鉴合肥市滨湖新区建设与塘西河“五管齐下”治理相辅相成的经验，实践“城湖共生”理念。

【农业结构调整】 发展蔬菜瓜果、苗木花卉、生态林等，缓解巢湖流域农业生态环境压力，三年来累计退出传统农业种植20267公顷，新增蔬菜瓜果面积7200公顷、苗木花卉1734公顷、生态林11334公顷。构建农业生态减控防线，环巢湖区域每年推广测土配方施肥200多万亩，施肥中氮、磷、钾比例协调，氮磷比例呈下降趋势，能够削减氮磷排放8%以上。在沿湖岸线、河道两侧，推进湿地生态修复、水生植物生态修复、渔业生态修复，目前环巢湖周边水生蔬菜面积达13334公顷，据测算，每年将减少氮磷排放2200多吨。

【造林绿化】 开展造林绿化，实施“森林增长工程”，开展水源生态林建设和巢湖岸边林建设，加强湿地保护管理和湿地公园建设，近四年植树造林累计超过百万亩，城区绿化超过5000万平方米。按照每亩农田每年使用化肥100公斤，百万亩树每年将减少化肥使用量10万吨。

【畜禽养殖污染治理】 加强畜禽养殖污染治理，推进标准化规模养殖，开展健康养殖及标准化示范创建活动，建设规模养殖场粪污处理设施，推广养殖废弃物综合防治和资源化利用的技术模式。当年纳入省政府规模化畜禽养殖场和养殖小区工程治理减排项目47个，其中关闭26个，采取“垫草垫料+农业利用”7个，采取“干清粪+粪便农业利用”14个。连续3年通过环保部污染物总量减排核查组工作核查。5月在省内率先出台《全面加强畜禽规模污染防治工作方案》，全面启动禁养区、限养区和适养区划定，计划2年内分三个阶段限期治理1039个畜禽养殖项目。

【农村环境综合整治】 积极落实以奖代补、以奖促治政策，加快实施农村环境连片整治项目，在各县（市）区的9镇61个行政村建设污水处理设施（含集中与分散）53套、雨污水管网60余公里。实施清洁“百河千渠万塘”专项行动，全市清淤沟渠2654条，清淤长度7220公里，完成土方5652万方；清淤扩挖塘坝17238口。

【示范区建设创新】 编制《巢湖治理与保护总体策略和行动计划》，创新湖泊治理的理论体系，明确巢湖治理三大目标（国控考核断面水质全部达标，巢湖水质趋于好转，湖区蓝藻不发生大面积爆发），在此基础上，提出控制增量、消减存量、扩大容量的总体策略，确定治理西北、防治东北、连通东南、保护西南、修复环湖的分区策略，按照“治湖先治河、治河先治污、治污先治源”的治水方略，开展示范区建设。创新工程技术，大力实施环巢湖道路桥梁、环湖防洪、通江航道、兆西河整治、生态修复、生态农业带建设、入湖口截污、旅游开发工程等“八大工程”；环湖办组建以安徽水利水电勘测设计院为主的设计联合体，与国内科研院所、高校和环保企业展开合作，同时吸收借鉴世界有关国家湖泊治理先进技术，将成熟的新技术、新工艺集成应用到示范区建设工程中，将防洪、治污、园林绿化相结合，满足防洪治污功能的同时美化入湖河道及巢湖沿岸风景；新建、改扩建污水处理厂55个，新建截污管网645公里，乡镇污水处理厂的“设计-建造-运营”一体化的模式（DBO模式），在全国乡镇污水处理具有领先位置。创新体制机制，制定并实施一系列制度，强化示范区建设的制度基础，在工程资金保障方面，设立专项“资金池”，实行专户管理，建立“借、用、还”一体的融资模式；印发《合肥市环巢湖地区生态保护修复工程专项资金管理办法》等文件；在工程调度方面，建立“周报告、月调度、季检查”制度；在第三方巡查制度方面，印发《合肥市环巢湖地区生态保护修复工程第三方巡查管理规定》等文件；在廉政监督方面，实行示范区建设重大项目廉政建设纪检监察派驻制度；在检察预防行制度方面，建立示范区建设预防工作会议联席机制及示范区建设信息共享机制；在跟踪审计制度方面，制订《合肥市环巢湖生态文明示范区建设跟踪审计实施意见》、《关于规范环巢湖生态示范区建设项目工程变更有关事项的通知》等规章制度；在专家咨询制度方面，与国内外科研院所、高校以及环保企业、相关组织机构的专家、学者交流合作，吸收借鉴湖泊治理的先进技术。创新工作方式，围绕环巢湖地区生态保护与修复一、二、三期工程，创新土地作价入股，全市筛选59宗、约721公顷符合条件的土地作为还款担保，评估地价总额398亿元，以经营性用途作价出资投入到巢湖城投公司，土地出让金转增为相应的资本金；设立专项“资金池”，项目资本金由市财政设立专项“资金池”，通过土地出让金切块、预算安排、水利建设基金以及中央、省补助资金等解决；开展集中办公与联合办公，成立合肥市环湖办，市政府抽调各相关部门人员集中办公；抽调人员与省开行进行联合办公，创造性开展工作。

【示范区建设宣传】 开展“治湖不止——倾力打造国家级巢湖生态文明先行示范区”为主题的集中宣传活动。10月下旬，在示范区建设两周年之际，市外宣办会同市环湖办、市发改委等市直单位和肥东县、肥西县、包河区等县（市）区，启动集中宣传行动，召开4次新闻发布会，协调中央、香港驻皖等30家媒体对示范区建设进展情况进行报道，市级媒体合肥日报、合肥晚报、江淮晨报及合肥电视台等开辟宣传专栏，通过头版导读配发图片、评论、加核心提示等方式，刊发示范区建设综述篇、规划篇、项目篇等15篇专题系列报道，同时各级各类媒体刊播示范区相关稿件，共达到100多篇，展现了示范区建设两周年以来的成果。

借助大型会议活动平台进行宣传。2014年2月28日，英国驻上海总领事馆和合肥市政府在合肥举办了英中（合肥）巢湖水环境治理研讨会，共有100多名中外学者、专家、企业家参会；2014年10月

23日，中国科协在合肥举办了第四届中国湖泊论坛，来自全国各地及海外嘉宾共三百多名代表参会；2014年12月31日，省水利厅在合肥举办了第九届安徽水利论坛，全省水利战线上的100多名代表参会。在上述活动中，市环湖办都应邀作了《巢湖治理与保护总体策略和创新实践》的主题报告，参会领导、专家学者对巢湖综合治理的实践思路和实施成效给予较高评价，并引起社会各界广泛共鸣，取得很好的反响。以专家学者调研活动为契机开展宣传，交流讨论湖泊治理技术，结合示范区建设情况，多层次、多角度地宣传合肥“大湖名城、创新高地”的城市品牌。

【示范区建设成效】 环巢湖生态示范区建设取得生态湿地修复保护、点源污染治理等成效。根据国家发改委等六部门联合下发的《关于印发国家生态文明先行示范区建设方案（试行）的通知》，环巢湖生态示范区建设积极申报国家战略，2014年7月22日，巢湖生态文明先行示范区被列入国家57个生态文明先行示范区（第一批）之列，并获得批复。据环保部发布的《2013年全国环境质量状况》显示，2013年巢湖湖体为轻度污染，全湖平均为轻度富营养化状态，主要入湖河流与上年相比，水质明显好转；当年底巢湖东半湖水质为Ⅳ类，西半湖水质为Ⅴ类；合肥市巢湖流域11个国家考核断面2013年有6个、2014年有7个断面达到国家考核要求，分别比2012年增加4个和5个，未达标的南淝河和十五里河断面总磷、总氮、COD年均浓度，比上年分别下降24%、27%、23%和53%、46%、38%；通过建设藻水分离示范工程，整治兆河、塘西河等河流，以及增强流域水资源调控能力等措施，巢湖湖区蓝藻水华面积、频次及藻密度都明显低于上年同期水平。通过加强治污与保护，巢湖富营养化水平不仅未增加反而明显减轻，环湖湿地斑块和生物多样性逐步修复，形成了以保护支撑发展和以发展促进保护的良性互动格局。9月12日，全国政协副主席、原国开行董事长陈元来肥视察巢湖综合治理工作时指出，巢湖治理思路清晰、运作体制高效，敢于创新创造，设法降低治理成本，治理工作推进快、资金使用效率高，治理进程和效果超出预期，为全国乃至世界湖泊水系治理提供了经验；11月16日，首届合肥国际马拉松赛在滨湖沿线举行，来自十七个国家和地区的超万名参赛选手饱览了巢湖风光；11月20日，第十四届世界生命湖泊大会在南昌举行，来自32个国家和国际社会团体近三百名专家学者参会，中国工程院院士、中国环境科学研究院院长孟伟在介绍我国重点湖泊水库治理情况时，对巢湖的治理给予了较高评价，认为巢湖治理在顶层设计、科技含量、流域治理这三方面很有特色。

（俞兆群）

城乡建设与管理

城乡规划

【概况】 合肥市城乡规划工作围绕“新跨越、进十强”目标，以“大湖名城，创新高地”为愿景，以“1331”城市战略规划为指引，发挥经济和社会管理职能，全面完成目标任务，服务经济社会发展能力得到提高，全市城乡规划工作取得明显成效。

【规划编制】 注重区域规划引导，完成《合肥经济圈城镇体系规划（2013～2030）》编制。完善合肥经济圈规划局长联席会制度，协调解决经济圈规划工作中的问题，推进规划编制及研究工作。完成《合肥市域生态空间体系控制规划》编制，开展《合肥市城市绿地系统规划》修编和生态红线标准课题研究，强化生态空间管控。组织开展环巢湖生态文明先行示范区总体规划、环巢湖地区综合交通规划、环巢湖金项链绿道规划、“环湖十二镇”特色镇风貌总体控制规划、长临河沿湖片区控制规划、巢湖南岸观景平台规划及初步设计、中庙姥山岛改造设计、张治中故居改造等20多项规划编制和节点设计，为巢湖流域作为国家首批生态文明先行示范区建设提供规划支撑。

组织开展合肥市新型城镇化规划编制。完成合肥市“四规合一”专题研究，制订合肥市“四规合一”规划编制指引和合肥市“四规合一”技术导则，开展《合肥市瑶海区“四规合一”试点规划》编制前期研究；按照“多规合一”模式，会同市发改委、市城乡建委有关部门开展合肥社会公共服务设施专项规划和合肥市政基础设施综合规划编制。完成合肥市“1331”综合交通规划、合肥市城市轨道线网规划修编、合肥市快速公交线网和公交专用道网络专项规划、合肥新桥机场综合交通枢纽规划、合肥南站核心区交通开发模式研究、合肥庐南循环经济示范区总体发展战略规划、淮南线有轨电车沿线概念性规划与城市设计、环湖大道（巢湖南路段）绿化规划及绿化导则等20多项规划编制。完成合肥市中心城区停车场（库）规划、滁河干渠生态休闲风光带概念规划编制和合肥市建筑渣土处置选址、合肥静脉产业园选址专题研究、国际马拉松大赛沿线景观设计等。

组织开展市辖各区城中村改造、危旧房改造、工业用地升级改造等地块控规编制，安居苑、叉车厂、日化厂、化机厂、前新庄、开福路与湖光路交口地块、沁源路与白莲岩路交口地块、沁源路与湖光路交口、百货站街坊、滨湖南宁路与华山路交口等86个地块控制性详细规划通过专家审查，蜀山区叉车厂、合昌地块、化机厂、西园地块及胜利路地下空间和站塘街坊等75个地块控规经市政府常务会议批准实施。推进特色商业街建设，完成庐阳七桂塘街区、城隍庙商贸区风貌整治、瑶海中州家具地块工业升级等规划。推动蜀山西部城区的规划建设，开展合肥市长江西路综合提升改造规划、合肥市蜀山区小庙镇老镇区提升改造规划、合肥市蜀山区小庙镇工业集聚区转型升级规划、合肥市蜀山区小庙镇生态建设专项规划等10多项规划编制。

【规划管理】 充分依托市规委会审议决策平台，强化市域统筹发展， 2014年共召开规委会各类会议20次，审议研究各类议题33项，项目210个。市规委会审查项目时，在规划部门和专家预审的基础上，市规委会领导、成员单位及项目建设单位、设计单位、相关部门和新闻媒体共同参与，集体决定，实现“同一会场、同一时间、共同决策、共同承诺”的透明阳光决策。认真开展行政审批事项清理工作，对规划行政审批流程进一步梳理，最大限度简化许可环节，提高即时办结率，审批时限由44个工作日压缩至19个工作日。完善并联审批制度，理顺联合验收流程，全年共牵头组织并联审批会253个、组织联合验收项目229个，办理选址123件，建设用地规划许可293件，建设工程规划许可1646件，建筑面积约2700万平方米；审定项目规划方案262个，牵头召开并联会253次，联合验收项目229个。推动规划管理体制改革，10月，与瑶海区委、区政府签署合作备忘录，将瑶海区作为合肥市“四规合一”试点区，启动规划管理体制改革试点。

制订《合肥市鼓励公共停车场建设暂行办法》，并经市政府常务会议审议通过。开展《合肥市控制性详细规划通则(试行)》修改工作。出台《合肥市建筑设计导则》《合肥市规划局建设项目涉法性、合规性问题确认的程序规定》，完成《合肥市城乡规划公开公示规定》修订。推进风险评估，化解矛盾隐患，全年组织开展风险评估项目18件，受理信访件2034件次，来访人数885人次，办理市12345政府服务直通车1490件次；受理市长热线电话359件次；参加市领导信访接待18件次，复查复核7件。市规划局先后被评为市维稳工作先进单位、市社会管理综合治理优秀单位、市级依法行政示范单位。

【规划监督】 落实“一书一图一表”制度，实行建设全过程跟踪。全年共对市本级320个已开工和未开工的项目进行督查。强化建设项目品质督查，对建筑立面、外墙材质、建筑色彩等品质要素跟踪检查，明确建设项目督查的责任主体，建立督查工作的责任追究制度。按时完成住建部第九期、第十期卫星遥感动态监测图斑核查工作，对771处变化图斑进行现场核查，对发现的64处违法建设进行查处。认真做好违法建设界定工作，界定违法建设方面案件58件，发出违法建设案件查处函47件。完成2000-2011年办理临时建设工程规划许可证并已逾期32处临时售楼部专项清理工作。督促拆除两处违反总规强制性内容侵占绿地的违法建设。

【城乡统筹】 按照“五县市要成为新型工业化发展的主战场、城乡统筹发展的新典范”总体要求，突出抓好县城规划建设管理，强化规划引领，推进等高对接，以“1331”市域空间发展战略为指引，把县城作为省会中心城市的重要组成部分，实行“一张图”规划“一盘棋”建设；健全和完善覆盖市县的规划体系，实现县城规划与主城区编制同一标杆、同一要求；在规划管理上，五县（市）与中心城区全面并轨，由市规委会实行统一规划、统一审批，截至到当年底，四县一市县城总规修编均取得了阶段性进展，其中庐江县城总规修编成果通过专家评审，肥西县城总规纲在专家评审中，肥东县城、巢湖市总规纲要成果完成，长丰县城总规纲要正在编制。抓好全国重点镇及环湖特色十二镇规划建设，出台《合肥市镇规划编制导则（试行）》，明确全市84个乡镇规划编制管理措施。开展合肥市全国10个镇重点镇总体规划实施评估及修编工作，肥东县撮镇镇、肥西县花岗镇完成新一轮总规修编，并按法定程序报批；肥东县长临河镇、庐江县汤池镇总规通过专家评审及市规委会审查；肥西县三河镇总规修编完成初步成果；长丰县下塘镇总规修编成果完成征求意见；长丰县吴山镇，巢湖市黄麓镇、柘皋镇，庐江县泥河镇总规修编正在进行。抓好环巢湖特色十二镇规划建设，肥东县长临河镇总规通过市规委会审查；肥西县三河镇，庐江县同大镇、盛桥镇，巢湖市中庙街道等乡镇总规修编成果完成；巢湖市黄麓镇、柘皋镇、槐林镇、烔炀镇，庐江县白山镇等乡镇修编工作正在进行。

开展传统村落申报和传统民居建造技术调查。8月，肥东县长临河镇西湖村、六家畈村，庐江县汤池镇果树村、柯坦镇柯坦老街，肥西县铭传乡启明村，巢湖市黄麓镇洪疃村等6个村落被列入安徽省第一批传统村落名录；11月，巢湖市黄麓镇洪疃村被列入第三批中国传统村落名录，实现合肥市传统村落申报工作的“零突破”。组织对合肥地区传统民居建造技术调查，梳理推荐12种、44幢有代表性的传统民居建筑和3位传统民居建造工匠，并全部录入住建部传统民居建筑技术调查信息系统。江淮天井式民居、合肥院落式民居、船屋及皖西北圩寨4类民居入选《中国传统民居类型全集》。开展以“传统·现代·特色”为主题的“2014环巢湖地区江淮建筑风貌设计大赛”，评选出一等奖3个，二等奖6个，三等奖9个，优秀奖32个，优秀调研报告5个。委托合肥工业大学编制《环巢湖地区江淮建筑风貌设计导则》，指导下一步环巢湖地区旅游观光、休闲度假、美好乡村建设。

【服务大建设】 会同市建委、市发改委、交通局等部门确定2015-2017年道路等交通设施类建设计划。根据2014年大建设道路建设计划，完成北京路、汤口路、合作化路、合淮路、南熏门桥改造等市级投资项目的道路规划设计条件下发和设计方案审查，办理了包河大道、巢湖南路等百余个项目的选址、用地等规划手续。办结市政工程设计方案21项，发放市政工程规划设计条件146项，核发市政工程建设用地规划许可证33项，市政工程规划许可证95项，项目涉及供水、供电、燃气、环卫等12个市政专业领域，为全市大建设项目科学快速推进提供规划保障。加强重点地段交通研究，会同滨湖新区指挥部等部门完成滨湖新区核心区空中走廊规划，协调万达、恒大、宝能等地产项目进行地上地下交通系统的连通工作，规划成果经市规委会审查通过。优化高铁南站配套工程长途客运中心的建设方案。

【公众参与】 推行“阳光规划”，及时准确公布相关政府信息，及时更新工作动态、专项规划、行政审批、财务等信息。全年共受理证后公开公示项目数2133个，设计公示牌小样3179个。受理规划调整（变更）公开公示项目数225个，设计规划调整（变更）公示牌小样961个。受理依申请公开18件，信息查阅点接待3889人次，档案依申请公开项目数1256项，查阅点接待1256人次。在《合肥晚报》刊登《建设工程规划许可证》发证公告50期，计1879条。建成1331规划专题馆，加快省暨合肥市规划展示馆建设，开展合肥馆布展总体策划工作。

【信息化建设】 启用规划一张图子系统和电子报批系统，共受理电子报批项目3338个；开展规划一张图和电子报批项目数据中心建设，完成3个版本办公系统近10万个历史项目数据迁移，路网路名、轨道交通、绿线、地块控规等各类数据更新入库213项。开展“规划历史数据矢量化入库”项目的一期建设，完成2009～2013年选址意见书1028项、用地规划许可证960项、建设工程规划许可证1892项、建设项目规划与设计方案审查530项的矢量化入库工作。扫描录入影像数字化档案2397个项目，生成电子文件总数83919个。

【文明创建】 认真开展文明创建和“做人民满意的公务员”以及“礼貌待人、诚信服务”活动。市规划局被安徽省精神文明建设指导委员会评为“第十届安徽省文明单位”。

（张明贤）

城乡建设综述

2014年，合肥市大建设投资总量持续增长，续建、新建大建设工程667项，工程总投资1794.15亿元，完成158项，完成投资363.5亿元，较上年同期增加28.17%，创历史新高；轨道交通工程全面展开，1号线、2号线进展顺利，3号线望江路站开工建设，有轨电车前期工作快速推进；枢纽型交通工程有序实施，高铁南站工程建成投运，火车西站开工建设，国省干线公路工程相继通车，航道、码头工程进展良好，大交通格局逐步形成；骨干路网不断完善，郎溪路立交、龙川路竣工通车，包河大道二标主线贯通，畅通二环桐城路节点、集贤路、东至路节点、望江路节点全面开工建设；支路网建设扎实推进，全年市属四区共开工长岗路、唐模路等26项支路工程，全长24.98公里；重点工程前期设计工作进展顺利，花园大道、庐州大道、郎溪路高架等21项工程的前期工作全部完成，项目概算总额达92亿元；地下管线管理工作启动，编制完成全市地下综合管线普查的技术规程、数据规范，拟定普查工作方案，指导全市管线普查及信息系统建设工作，督促肥西县、经开区启动地下综合管廊建设试点工作。

2014年，市辖区及三大开发区完成房屋征收拆迁面积521.44万平方米。其中，国有土地上房屋征收项目26个，征收房屋总建筑面积42.37万平方米，3920户，完成搬迁户数3284户。共组织对四区大建设项目拆迁补偿费及“城中村”、危旧房改造项目证照确认18次，确认市政基础设施建设征迁2972户，59.74万平方米，确认城中村、危旧房改造7749户，57.73万平方米。

合肥市城乡建委牵头起草《合肥市集体土地上房屋征收与补偿暂行办法》，于12月1日施行。同时，根据国有土地上房屋征收工作开展情况，对《合肥市国有土地上房屋征收与补偿办法》进行修改完善，修改草案于11月底报市政府。

推进环巢湖两大生态项目建设，全面建成长临河、高店、黄麓等32座环巢湖污水处理厂，管网建设完成90%，通水调试正在试运行。牵头环巢湖集镇城市生活垃圾收集转运工程，完成项目初步设计、方案多轮优化。建成肥西铭传乡日处理5吨、八斗镇日处理10吨“磁能碳化炉”试点工程，并于8月份点火运行。提前完成农村清洁工程和农村危房改造两大民生工程年度目标；全面完成肥东长临河、庐江冶父山、巢湖栏杆集等7个乡镇农村清洁工程；农村危房改造完成

7250户，位列全省第2。牵头完成古城镇江淮村五保户刘大羊等10万余户“全市农村危房现状调查信息录入工作”，以及张集乡新联合村等1064个行政村“全市农村人居环境调查信息录入工作”，为实施农村扶贫帮困、推进新型城镇化奠定了基础。

城市路桥建设

【合肥南站综合交通枢纽配套市政工程（北广场）】 合肥南站综合交通枢纽配套市政工程（北广场）面向老城区，占地面积约4.6万平方米，共设置地上一层（含综合换乘厅、公交落客区、地铁进出站口、配套商业、设备管理用房等），地下三层（地下一、二层为社会车辆停车库，提供落客即走车位8个、社会车停车位690个，自行车停车位400个，地下三层为地铁1、5号线站台），总建筑面积约9.47万平方米（不含地铁面积），建设安装费7.89亿元。该工程于2011年6月份开工建设，2014年11月与合肥高铁南站同步投入使用。

【高铁路（匝道桥工程）】 高铁路为2014年新建工程，被合肥高铁南站分割为东西两段，该工程起点为屏山路至徽州大道段及庐州大道至包河大道段，道路全长2.2公里，本次实施宽度为40米，为城市次干道。工程内容包括高架桥、道路、排水、绿化等。该工程于2013年11月25日开工，2014年11月份竣工通车。

【龙川路】 从金寨路出发，龙川路自西向东先后串联习友路、宿松路、徽州大道、庐州大道、南北高架和包河大道，最终与北京路相接，全长7.942公里。路幅宽度为60米，双向10车道，主要包括桥梁、隧道、道路、排水、泵站、绿化等，该工程于2013年11月份开工建设，2014年1月份竣工通车。

【大众路南段】 大众路位于合肥东部城区，道路等级为城市主干道，本段起点位于大众路与新安江路交口，向南与西涧路、长临路、池河路、女山湖路、淮南路相交，下穿老淮南铁路后与和平路相交，后上跨二十埠桥，终点位于大众路与裕溪路交口。幅宽度45米，沥青混凝土路面，为双向6车道。该工程于9月开工建设。

【天水路】 天水路是连接合肥市瑶海区、新站区和庐阳区的城市主干道，全长约2.43公里，路幅宽45米，双向六车道。该工程于2013年9月27日开工，截止到当年底，排水工程完成，级配碎石完成95%，水稳完成90%，沥青完成80%。

【黄山路东延工程】 黄山路东延工程建设是从徽州大道一路向东开拓，贯穿安徽省军区和合肥市工业大学附属中学校区，直至宁国路工大附中大门南75米处，道路全长571米，道路红线宽为55米，双向6车道。该工程于2014年3月开工建设，10月竣工通车。

【繁华大道东延】 起点合肥港进港道路至终点桥头集路西侧，全长5809.79米，为城市主干道，路幅宽50米，沥青混凝土路面，双向8车道。含跨南淝河大桥，长764.5米，桥宽40.5米。该工程于2013年7月1日开工。

【庐州大道改造工程】 庐州大道北起黟县路，南至繁华大道，为城市主干路，设计速度60公里每小时，双向六车道。全长2531米，本次实施长度为1公里，道路规划红线宽度45米，本次实施宽度为42米。该工程于8月开工，当年11月份竣工通车。

【望江路（怀宁路—马鞍山路）改造工程】 望江路（怀宁路—马鞍山路）道路等级为城市主干道，东西走向，沿线分别与岳西路、潜山路、石台路、东至路、合作化路、肥西路、金寨路、宿松路、桐城路、徽州大道、宁国路相交，终点接马鞍山路，全长7.563公里，道路实施宽度为45米，双向六车道。本次改造将原水泥混凝土路面全部挖除，新建沥青混凝土路面。该工程于8月16日开工。

【畅通二环工程（望江路节点）】 根据规划，西二环上跨望江西路，望江西路下穿合肥西客站工程起于天智路，下穿西二环、合肥西站、翡翠路及铁路专用线，终于怀宁路。望江西路（西客站西—怀宁段）分别于京福铁路、18公里铁路专用线相交。涉及西客站内铁路及18公里铁路专用线的改造，将望江西路（西客站西—怀宁路）段委托于京福公司及上铁公司代建（设计施工一并委托）。望江西路（天智路—西客站西）段不与铁路产生交叉。本段改造涉及西二环方向改造段全长1.02公里，望江西路方向755米。本段于3月28日开工，截止至2015年1月30日，西二环上跨桥交通放行，排水工程完成95%，级配碎石完成80%，下穿隧道结构完成90%。

【畅通二环工程（桐城路节点）】 桐城路为城市次干路，南二环为城市快速路。本次改造桐城路主线以高架桥形式上跨南二环，地面辅路与南二环辅路线平交。本次桐城路改造范围北起南二环路以北283.695米，南至南二环路以南276.162米。长562.703米。路幅宽度41.5～44.5米，主线双向四车道。该工程竣工通车。

【畅通二环工程（东至路节点）】 东至路方向设置跨线桥上跨南二环，东至路方向主线桥1座。主桥长60米，宽21.5米，引桥长150米，宽15米，双向四车道，道路等级为城市次干路。道路改造全长约800米。该工程于5月20日开工，该段工程桥梁现通车放行。

【畅通二环工程（集贤路节点）】 集贤路节点位于合肥市西二环的西南角，西、南二环与集贤路相交处，现状为三岔路口。集贤路节点改造工程设置枢纽式立交一座，其中，集贤路由南向北接西二环方向设置主线上跨桥，南二环由东至路转至集贤路方向设置定向匝道。地面道路改造全长1500米，在红枫路、合欢路、集贤路、银杏路交口各增设人行过街天桥一座。该工程于3月28日开工，现桥梁工程完成并开放通行。

【胜利路畅通工程】 胜利路畅通工程路线起点为包河公园水系桥，终点接站前路，全长3.02公里。沿线主要与长江东大街、长江东路、寿春路、滁州路、明光路、琅琊山路、凤阳路、临泉路等相交。受火车站改造和地铁建设的影响，需对站前路局部（长340米）和站前路与胜利路交叉口进行改造。胜利路为城市主干路，路幅宽度为44.4～60米。该工程于2012年8月18日开工。

【包河大道高架工程】 包河大道高架工程起点位于合宁高速公路南侧约200米，终点位于金斗路路口南侧约180米，全长约8500米，为城市快速路，桥面宽25.5米，双向六车道。全线设置互通立交三座，分别为繁华大道立交、锦绣大道立交与方兴大道立交。该工程于2013年7月1日开工，2014年4月全线贯通。

【郎溪路高架工程】 郎溪路（包河大道立交—裕溪路）工程属于合肥市畅通二环工程的重要组成部分，包括新建郎溪路主线6.08公里、大强路0.4公里，改造北京路0.4公里、裕溪路1.5公里及相关附属设施工程等。郎溪路为城市快速路（地面系统为城市主干道），主线高架系统及地面系统均为双向六车道。该工程于10月20日开工。

【郎溪路立交】 位于包公大道与郎溪路相交处，东起东二环，西接新海大道，长2.09公里，南起大泽路，北至明皇路北，长0.77公里。包括下穿桥一座，包公大道二十埠河老桥加固，人行天桥2座，合芜铁路通道两侧工程。该工程于2013年5月1日开工，2014年10月竣工通车。

城市轨道交通建设

【轨道交通组织结构】 合肥市轨道交通建设工程质量安全监督站于2012年2月成立，为全额拨款事业单位，主要负责全市轨道交通工程建设过程中的质量安全监管工作。核定领导职数3名（1正2副），事业编制15名，下设综合科、质量监督科、安全监督科。根据合编办（2013）228号文件批示，增设设备监督科，相应增加副科级领导职数1名。根据合编办（2014）62、76号文件批示，增设总工程师1名，增加可聘用数10名。2014年5月，根据合编办（2014）78号文件批示，将质量监督科、安全监督科分别更名为监督一科、监督二科。

【轨道交通】 2007年，合肥市市委、市政府确立大力发展城市轨道交通建设、进一步提高城市承载力的发展思路，并依据《合肥市城市总体规划（2006-2020）》，组织编制了《合肥市轨道交通线网规划》，具体明确“规划建设城市轨道交通线路12条，总计322.5公里。其中，市区线路6条，全长181.1公里；市域线1条，延伸线4条，机场专用线1条，全长141.4公里。”

【轨道交通1号线】 轨道交通1号线于2012年6月1日开工，是一条南北向线路，全长28.8公里，北起天水路、南至徽州大道，全地下敷设，共设站26座。考虑规划调整和机场搬迁等因素，先期建设1号线一、二期工程，线路全长24.5公里，总投资165亿元，北起火车合肥站，南至滨湖新区徽州大道站，设车站23座，车辆段、停车场各1座，采用B型车6辆编组，建设总工期约4年半。

【轨道交通2号线】 轨道交通2号线于2013年2月19日开工，是一条东西向线路，全长27.764公里，总投资约190亿元，全线地下敷设，西起长江西路与长宁大道交叉口，东至长江东路与大众路交叉口，共设车站24座，车辆段、停车场各1座，采用B型车6辆编组，建设总工期约4年零3个月。

【轨道交通3、4、5号线】 纳入全市《轨道交通第二轮建设规划》的3、4、5号线获国家批准后启动建设。3号线为一条东北—西南走向的L型线，线路南端起于方兴大道，北端止于相城路，全长约37.7公里（地下线34.2米，高架线3.5公里），共设车站32座，设磨店车辆段和翡翠湖停车场各1座。4号线为一条位于主城区南部的L型线，线路西端起于侯店路，北端止于天水路，全长约36公里，全部为地下线，共设车站28座，设科学城车辆段和合肥东站停车场各1座。5号线为一条南北向线路，线路南端起于云南路，北端止于汲桥路，全长约40.3公里，全部为地下线，共设34座车站，设官塘车辆段和滨湖停车场（与1号线共用地块）各1座。

市政基础设施

【五里墩立交桥维修消缺应急工程】 五里墩立交桥维修消缺应急工程自2013年12月31日发现隐患后，于2014年12月30日全部完成第一阶段应急加固和第二阶段养护维修加固工程。共完成全桥474个支座更换（含储备支座）及111个立柱加固；更换伸缩缝30道共273米、涂装梁柱15.2万平方米；完成桥梁监控系统安装，布控人工沉降观测控制点173个、传感器302个，数据采集仪242通道，架设工作站1个，全桥实现全天候信息化实时监测；完成3.5万平方米的桥梁绿化恢复工程。

【东二环挡土墙倾倒隐患消除】 4月，市政处发现东二环（临泉路至北二环段西侧）挡土墙存在倾倒隐患，于4月21日启动应急加固施工，于7月26日完成东二环挡土墙应急主体工程，8月7日完成附属工程，消除了挡土墙倒塌、倾斜隐患，保障了设施和市民出行安全。

【雨雪应急处置保障】 市政处共启动应急响应40余次，出动各类除雪机械设备3700余台次，应急人员7400余人次，24小时奋战在应急一线，死守责任区，打赢多场雨雪冰冻应急和夏季防汛应急硬仗，确保全市市管市政设施的安全和市民安全出行。

【主题养护行动】 连续实施“春季集中养护”“三城同创”养护及“秋季集中养护”等行动，完成维修砼路面4300平方米、沥青路面3.9万平方米、人行道12.8万平方米、盲道5800平方米，修补侧石2.9万米，沥青路面灌缝6.9万米；维修、补换各类井盖（座）1303座；检修路灯1.34万盏次，敷设照明电缆线1.5万米；清理、维修桥梁伸缩缝4.06万米、清疏泄水孔2.8万个、落水管1100米，更换、维修声屏障163块。

【大修工程】 累计完成路面维修3.3万平方米，暗灯区改造安装路灯358盏（柱）；实施市管52座桥梁常规检测和寿春路桥等11座桥梁结构检测；并对长江西路高架桥、马鞍山路高架桥和金寨路高架桥进行沉降观测；设施主题养护和大修后，设施整体完好率得到提高。

【设施隐患专项整治】 自3月6日起，市城乡建委牵头组织开展为期半年的窨井盖专项整治行动。加强日常监管的同时，召开责任单位联席会议集中推进，共整治各类病害窨井设施7005座（个）。5月22日起，市政处组织合肥市各区管理部门和涉及市政桥涵交叉管线的10家管线产权单位，集中开展“市政桥涵交叉管线隐患排查整治”工作。共排查出隐患61处，采取分类函告、限期整改、对无主管线强行拆除的方法进行整治。另外，开展道路废弃杆、桩清理行动，共清除废弃桩、杆210根。

【照明节能减排】 市政处以“节能、环保、低碳”为指导，出台城市照明规划、管理制度，对城市照明控制系统进行整合，推广路灯单灯控制，提升城市照明质量和节能水平。制定《合肥市城市照明节能工作实施意见》《城市照明节能减排考核办法》，努力健全城市照明节能评价体系。组织实施“地球一小时”熄灯活动，举办城市照明节能减排广场大型宣传活动。夏季用电高峰期，连续一个月每天实施道路照明间隔亮灯，并对全市景观照明进行关闭，每天节电约3万度。召开安徽省城市照明工作年会和合肥市城市照明联席会议，规范城市照明工作。

【设施监管和督察】 市政处对2046件涉及市政管养工作的各类投诉和媒体曝光问题进行核实和督办；对58处市管设施上违法破占行为进行查处，处置率达100%；对54个市管设施行政审批事项进行证后监管，组织市区两级共同对全市天网建设工程在建工地文明施工情况进行监管和督察，督促施工单位规范实施审批内容，把施工作业对市政设施的影响降到最低。

【行业制度建设】 修订完善《合肥市市政养护示范设施“扁鹊杯”评选（暂行）办法》《合肥市市政养护示范设施“扁鹊杯”评选实施细则》；将《市政设施管养行业有关法律法规及制度汇编》印刷成册，并分发到各区市政部门，指导各区进行宣贯，建立起全市全行业长效管理机制。

【信息化建设】 结合市政设施资源一体化信息平台建设项目，完成道路、桥梁、移动巡查和应急指挥等8个业务子系统的软件开发和上线运行，实现市政设施信息化建设零的突破，推动市政管养向精细化方向发展；完成路灯通用控制协议的编制并通过专家评审，启动照明控制系统的升级改造。

【品牌管理】 开展市政设施“义务巡查监督员”三周年系列活动，对优秀巡查员进行表彰；对部分义务巡查监督员进行针对性业务培训，提升履职能力。同步做好义务巡查员信息化平台建设，完善品牌管理。继续打造“月亮部队”品牌，邀请媒体、市民代表走进市政，接触“月亮部队”工作，在报纸、电台、网络等多家媒体进行“月亮部队”品牌宣传；开展品牌LOGO的征集评选工作，扩大合肥市政管养品牌影响力。

城市排水管理

【污水集中处理率】 合肥市城区污水处理厂年度累计处理污水3.86亿吨，削减COD7.06万吨，削减氨氮（NH3-N）0.90万吨，削减总磷（TP）0.13万吨，处置污泥21.07万吨，再生水利用1060.33万吨，顺利完成了2014年市政府下达的减排目标。

【排水设施管理】 合肥市排水管理办公室以网格化管理、常态化巡查、制度化考核为抓手，精心组织排水设施养护、大中修和内涝点改造工程，排水设施管养水平全面提升。全年清疏管道约790公里，收水井17万余座/次，清运淤泥约10620吨，更换维修井盖3952座（套），试用1550套具有快速修补特性的防沉降井盖，安装3万个窨井防坠网，改造、新建排水管道1.6公里、雨污水井305座，整改内涝点21处。管网养护做到井清、管通、盖全。检修泵站各类设备562余次，试机409台（次）。对21台电动葫芦进行检测维修取证，完成65台高压电器柜、43台变压器检修检测和12座泵站高压电气设备消缺工作，清理16座泵站前池、进水渠淤积约1800立方米，拦截并清运雨污水泵站垃圾408吨。泵站养护做到泵转、闸灵、前池清。组织实施5.5公里二里河箱涵清淤和结构安全检测，清出箱涵内淤泥杂物约6000方。完成北二环（新蚌埠路—武里山路）排水拱涵应急维修工程和北二环（武里山路—二十埠河）3.5公里排水箱涵结构安全检测工程；完成南二环与淝河路交口、蒙城路与五河路交口以及长江路省委周边积水点改造工程。结合“河长制”，推进雨污分流工作，提高污水处理厂进水浓度，减少道路雨污水冒溢；加快老旧小区雨污分流改造进度，120个老旧小区全面实现雨污分流；加快完善雨污水管网，结合路桥和水环境工程新建雨污水管网约300公里，对管网的错接、混接点进行整改，全年共整改完善网格内问题264处。

【城市防洪】 完善城市防洪应急措施，成功应对12次强降雨和1次强台风影响，保障城市汛期安全。提前修订防洪预案，编写工作手册，下发做好汛前准备工作通知，召开汛前准备会议；提前抓好汛前养护维修等工作，累计清疏管网约3520公里，清捞窨井、收水井14.9万座，清捞淤泥约1199吨；完成河道清障12起，道路管网改造25处，局部积水点改造124处；125个小区相继开展雨污分流工作；检修保养水泵131台、移动泵车20台、发电机47台以及其他巡查、疏通、工程等车辆80余辆；先后组织5次汛前汛中检查，下发隐患整改函55份，限期整改；落实下穿桥、地下道、易涝点定组定人值守。2014年汛期，全市共出动各类巡查、值守、应急处置等人员25400人次，投入各类巡查、抢险车辆、移动泵站和机械设备4600余次，应对泵站停电，共出动应急电源车26台次。及时发布气象预警信息，滚动播出雨情水情，及时报道应急处置工作，引导全民参与防汛。

【城市河道管理】 合肥市排水管理办公室完成南淝河左岸河道护坡平台加固工程及9.81公里河道平台护坡安全检测，清理河道杂物约1.1万立方米，维修更换景观灯饰2400套，修剪绿化累计约112 万平方米，景观河道管养做到草绿、灯明、岸洁、堤固、河面清。另外，合肥市污泥处置中心处置污水处理厂污泥21.07万吨。

【排水许可】 合肥市排水管理办公室共参加排水项目规划方案设计审查82次，出具规划并联意见65份，办理排水设计条件74件，办理排水户管道预接纳市政管网20件，出具环评征求意见7件，办理排水许可120件。

【项目前期情况】 市排水管理办公室坚持以规划为引领，项目作支撑，全力推进水环境项目前期工作。系统编制了排水专项规划，完成《合肥市城市排水（雨水）防涝综合规划》《合肥市污水专项规划》《合肥市再生水专项规划》《合肥市污泥处理处置专项规划》《合肥市中心城区初期雨水污染控制专项规划》五个规划编审工作，完善排水设施2015～2017年大中修改造项目储备和大建设水环境治理项目计划；完成王小郢污水处理厂、朱砖井污水处理厂提标技改、十五里河二期、经开区三期等工程续建建设；全面开工一批新建工程，启动小仓房二期、蔡田铺二期、陶冲污水处理厂、雨水调蓄池、二里河箱涵清淤、北二环排水箱涵应急工程、污泥BOO项目等项目建设；科学储备一批拟建项目，完成清溪净水厂配套管网工程、张生圩泵站改扩建、南陵路排水主干管改造、建工学院排水系统改造、小仓房、十五里河主干管网改造和四座下穿桥排水改造等项目。（宣秋华）

热 电

【概况】 市热电集团销售蒸汽280.1万吨，发电量5.1亿千瓦时；实现总收入10.3亿元，首次突破10亿元大关。截止到当年底，总资产36.8亿元；供热能力1765吨/小时，发电机组装机容量159兆瓦；现有居民用户超过10万户，非居民用户354户，集中供热面积超过2000万平方米。热电集团先后获得中国节能协会节能减排企业贡献奖、安徽省文明单位、安徽省机关档案工作目标管理考核省一级单位、合肥市内部审计先进集体、窗口行业“礼貌待人、诚信服务”先进集体、政风行风评议先进单位、市国资委安全生产目标考核优秀单位等荣誉。热电集团数据挖掘综合决策支持系统被评为安徽省信息化示范工程。

【安全生产管理】 围绕发展大局，强化工作举措，狠抓责任落实不放松。在班组管理方面，完善《合肥热电集团班组安全交底管理规定》，不定期对《班组安全交底》落实情况跟踪检查和指导，将安全管理关口前移，确保安全交底不走过场，夯实安全生产第一道防线；在安全检查方面，累计开展“四不两直”检查135次，整改安全隐患485项，重大活动前的安全生产专项检查8次，保证检查不留死角，杜绝安全隐患；在安全投入方面，全年安全生产投入资金累计为546万元，提升安全生产保障能力。坚持安全管理创新，在实施安全风险抵押金制度的基础上，制定《合肥热电集团强化安全生产责任主体奖惩管理办法》，实行重奖重罚，督促各级安全责任主体切实履行“一岗双责”，激发安全生产工作动力；提出安全生产“五个一”，对集团安全工作进行准确提炼和完善总结，有效提高工作效率，筑牢安全根基；组织编写《合肥热电集团有限公司职工安全手册》并下发集团所有员工，督促和提高职工安全意识；举办“安全生产违章图片”巡展，构筑大安全理念，杜绝或减少安全事故的发生。开展“安全生产月”活动，围绕“强化红线意识促进安全发展”的安全月主题，利用黑板报、宣传栏和内部网站等平台广泛进行宣传教育；举办“安康杯”消防技能比赛，着重强化消防实战操作技能；开展安全管理工作经验交流会、安全知识竞赛、安全演讲比赛等活动，让员工在寓教于乐中深化安全意识，营造浓厚的安全生产氛围。深入开展专项行动，结合工作实际，开展“三打三治”打非治违专项行动、粉尘防爆专项整治和有限空间作业安全管理等专项治理行动，督促各单位自查自纠，集中整治，有效防范和坚决遏制安全事故的发生。

【品牌建设】 秉承“服务社会，造福民生”宗旨，以提高服务质量、提升群众满意度为目标，努力提供优质服务，在2013～2014年冬季采暖天数历经120天并创历史新高的情况下，未发生一起停供或供热参数不达标事件。围绕创建“冷暖知心”服务品牌，热电集团加强统筹协调，明确责任分工，建立品牌建设协同机制，持续推动“小鲍流动营业厅”和“张标专工服务队”两大服务品牌优化升级，提升集团服务软实力，促进品牌价值全面提升。

【小鲍流动营业厅】 小鲍流动营业厅根据品牌提升方案，梳理服务流程及行为准则，健全完善规范服务的工作机制，使服务更趋统一、更加专业。组织开展“全能客服员”培训与考评活动，努力打造一批“一专多能”客服人员，提高整体业务水平。“小鲍流动营业厅”累计开展“服务进小区”和上门活动400余次，累计服务用户达4万余户次，服务周到有序，受到广泛好评。“小鲍流动营业厅”积极参与履行社会责任，热心社会公益事业，形成一个温暖有爱的集体。当年先后获得“安徽省青年文明号”“合肥市巾帼文明岗”荣誉称号，并被推荐为“全国三八红旗集体”。

【张标专工服务队】 张标专工服务队全面提升服务队整体品牌形象，在队伍建设方面，组织开展第二批服务专工评聘工作，培养了10名新专工，壮大了服务队伍，对师带徒模式进行总结和完善，探索出一条人才培养的捷径；利用服务淡季开展维修技能竞赛，营造“比学赶帮超”的良好风气。在服务形象方面，统一队员穿着、交通车辆、工器具包等方面标准化标识，形成与集团企业文化一致的良好形象。在品牌宣传方面，通过举办用热知识宣传讲解活动、参加“3.15”消费者权益日、开通专工热线等形式，进行广泛宣传，拉近与用户间的距离，提高品牌知晓率和知名度。在服务延伸方面，在做好供热服务的同时积极延伸服务触角，如提供维修志愿服务、用户站房改造技术支持及咨询等，积极帮助用户解决问题。当年“张标专工服务队”先后获得“合肥市先进集体”“市青年文明号”荣誉称号，张标同志获得省、市“最美青工”荣誉称号。

【节能减排】 为落实国家节能减排新标准，坚持安全发展、效益发展、清洁发展的理念，严格按照环保目标责任书要求，确保环保目标责任状各项内容和指标落到实处，多次组织召开环保工作会议，狠抓节能减排，快速推进脱硫、脱硝系统改造；完成《合肥热电集团大气污染防治工作实施方案》并上报合肥市国资委；完成各热源子公司脱硝改造方案立项及环评的前期工作；按照省物价局、省电网公司、省电科院会议要求，环保设施运行数据上传省电网公司数据库。开展“六五”世界环境日主题宣传活动，参加安徽省环保专业技术人员继续教育培训工作，提高环保人员的业务能力，增强环境保护责任意识。顺利通过国家环保部华东督查中心、省环保厅、市环保局等上级单位环保检查，并做好项目环评及环保验收工作。全年实现减排二氧化碳 53 万吨，二氧化硫 3529 吨，氮氧化物 3336 吨、粉尘 2053 吨；各热源子公司环保设备运行正常，无异常超标排放和环境污染投诉事件发生。热电集团荣获中国节能协会节能减排企业贡献奖。

【重点项目】 按照工程施工各环节可追溯制度、工程建设“四分开”制度，以“五年不维修、十年不落后”为质量目标和技术目标，打造高质量高品位精品工程。推行无损伤质量溯源管理，明确责任，实现焊缝 100% 无损检测，全面提升供热管网工程质量。推进 2×350MW 项目、滨湖新区集中供热工程、高新区新能热电、铁路专用线等重点项目。完成 2×350MW 热电联产项目初可研审批、勘测定界、项目建设用地、土地占补平衡方案、项目工程选址等市级批复，获得建设厅认可；金源铁路专用线、中水利用、热网项目建议书等前期工作在准备中。截止到当年底，滨湖新区集中供热一期工程项目 A、C 标段完成管道安装，B 标段完成管道安装 9.1 千米，约占总工程量的 78%；完成蒸汽管网项目施工招标并签订合同。换热首站和能源中心标段完成主体结构施工并进入试运行状态。经市政府批准，计划在高新区示范新区建设新能热电项目，已完成项目可研报告编制、选址报告、环评报告、供热规划（修编）、热电联产规划（修编）、接入电力系统设计、水土保持方案等前期工作。北部热区配套供热管网工程一期工程 I、II 标段全部连通，延续工程完成立项、可研、环评、能评、初步设计等各项前期工作，确定了施工单位。铁路专用线项目完成前期审批，并克服重重困难，基本完成土地拆迁工作。

【新能源开发利用】 热电集团自成立安徽科恩新能源有限公司以来，依托现有工程技术、市场资源、服务品牌等优势，大力开拓新能源市场。实现新能源工程“零”的突破，承建了“合肥国家水利专项生态实验基地地源热泵工程”“滨湖新区集中供热能源中心”地源热泵工程 2 项，基本完成工程施工；在项目施工过程中，公司严格遵守国家标准和行业标准，牢固坚守集团公司“五年不维修、十年不落后”的质量管理目标，着力打造新能源项目精品工程，为进一步促进外部市场开发积累了经验。通过积极沟通，在建和拟建项目有合肥国家水利专项生态实验基地地源热泵工程、塘西河污水处理厂地源热泵中央空调系统项目、蓝天花园小区地源热泵项目、滨湖新区区域能源中心项目等。拟定重点客户市场开拓计划，先后与中科院、百大滨湖购物中心、滨湖国购、保利西山林语等 20 余家单位意向采用地源热泵中央空调系统的企事业单位进行洽谈协商；重点推动“合肥滨湖新区核心区域供冷供热项目”和“合肥高铁南站区域能源项目”工程，其中滨湖新区供冷供热项目总投资 7.25 亿元，是集地源热泵、污水源热泵、谷电蓄冰、天然气分布式能源等多种能源为一体的能源利用方式；项目建成后每年可减排 8 万吨二氧化碳，相当于种活了 221 公顷的森林。

【内部管理】 为促进节能降耗，提高能源利用率，集团注重科学调度、控制管损，坚持季度热损分析会制度，寻求降低热损方法，探索降低热损新思路；根据不同时间、不同季节、不同负荷阶段的用热特点，制定科学运行调度方案，优化运行结构，提高热源、管网整体运行经济性；编制完成集团《热源供热温度调节管理办法》，推动各热源厂保障管网安全及经济运行工作；编制《二次网管损控制改造方案》，建立二次网降损增效奖励机制；完成十五个小区无人值守站房改造及站房无人值守系统平台的统一，节约大量人力和物力成本。通过推进科学调度，集团热损指标下降明显，年实际热损为 15.46%，较上年 16.97% 实际值下降了 8.9%，仅此一项就为企业降低成本 5000 万元以上。

从创新中求突破，努力推行手

册化管理，完成集团《岗位手册》《职工安全手册》编制工作，通过手册化管理实施，促进基础管理工作向标准化、流程化迈进。完善制度建设，共制定制度18项，完善制度9项。通过建立健全管理制度，真正形成按制度规范行为，用制度管人的有效机制。探索实施电子信息化采购模式，利用互联网快速获取信息和传递信息的优势，提高采购的准确性和工作效率，降低采购成本。构建大数据管理系统，提升热网集成化和智能化水平，为集团实现科学、经济决策分析提供服务。调动职工发明创新的积极性，申请专利19项，获批专利13项，其中实用新型专利12项，软件著作权专利1项。

结合公司转型升级发展战略，积极引进各类人才，共录用人员118人，其中专业技术（管理）人才43人，涉及热动、工程管理等十余个专业，完善人才储备，优化人才结构；大力开展职工培训工作，加强人才队伍建设，全年共组织培训533场次，参训人员11000余人次，培训内容涵盖入职培训、技能强化、企业管理多方面内容，职工素质得到提高；健全内训师管理机制，内训师队伍为35人，全年内训师培训共计27场次；打造管理、技术、岗位三条人才成长通道，大力培养企业发展的急需人才。在薪酬制度中增加差别化板块，鼓励员工岗位成才，改善员工队伍相对年轻而人才缺乏的局面，适应集团的快速发展。集团在职员工中具有大专及以上学历人数占总数75%，具有硕士以上学历39人；中级以上职称（含技师）217人，占员工总数18.21%。

（王俊忠）

供　电

【概况】 2014年，国家电网合肥供电公司紧紧围绕“一强三优”（电网坚强、资产优良、服务优质、业绩优秀）现代公司战略目标，紧跟地方经济社会发展步伐，应对各种复杂局面挑战，全面推进各项工作。企业保持平稳发展态势；企业负责人业绩考核名列全省首位。同业对标综合评价保持省内A段，网内同业对标综合排名19位，为历史最好成绩。公司被评为“国家电网公司先进集体”“国家电网公司‘三集五大’体系建设先进集体”。

【可靠供电】 以满足和保障合肥市打造长三角世界级城市群副中心为重要社会责任实践，公司坚持电网规划建设与地方经济社会发展相融合，成立电网规划管理组织机构，完成2015～2020年主配网滚动规划。全年完成固定资产投资11.24亿元。新建、续建110千伏及以上重点输变电项目39项，竣工投产12项，投运主变15台、容量191.6万千伏安，新建输电线路39条、146.4公里。加强配网统一规划和标准化建设，制定提升方案。开展滨湖新区电网中长期发展专题研究。完成229项配套及技改大修工程。农网升级工程投资1.57亿元，竣工项目340个。建成5个电气化乡镇和83个电气化村，9个项目被评为省公司“精品”工程。配合市政大建设，迁移改造电力线路69回（条）。为合肥地区28所高校空调工程实施配网改造。积极服务省市重大招商引资项目、老旧小区改造、保障房建设。稳步推进居配工程建设，受理项目39个。2014年迎峰度夏期间，合肥电网负荷最高达459.9万千瓦，同比增长0.22%，电网保持安全稳定运行。

【优质服务】 推动实施“电能替代”项目61个，完成替代电量3.1亿千瓦时。持续开展电价执行现场核查，追补电量230万千瓦时、电费199万元。建立电费回收常态监督机制，拓宽交费渠道，新增高压预付费客户635户。查处窃电及违规用电案件306起，挽回经济损失663万元。持续深化城区“十分钟交费圈”建设，交费网点增至1658个。建立面向政府、媒体、客户的三方信息发布机制，严防突发故障停电引起社会不稳定事件。“供电一刻钟”播出19年并成功改版升级。公司领导班子参加合肥市大型电视问政专栏“政风行风面对面”节目，现场接受市民问政，受到各方积极评价。公司连续五年被评为“合肥市行风评议先进单位”。

【经营管理】 加强综合计划与预算管理，强化财务与业务协同，加快综合计划完成进度，促进提质增效。深入推进依法从严治企，加强内审工作，配合完成国家电网公司人力资源专项审计。以“二十四节气表”落实为基础，发起督办81项，促进公司重点工作落实。发挥监审联动、协同监督、效能监察、法律保障作用，增强风险管控能力。强化各类用工归口管理，有效控制用工总量和人工成本结构。完成办公用房整改规范工作。将公务、生产车辆全部接入国家电网公司监控平台。实施县公司管理提升，促进市县公司协同运作。全面完成集体企业重组整合任务。推进老旧小区电表出户改造项目，促进出台居配工程支持政策，完成居住区供配电系统典型设计。

【绿色发展】 服务合肥打造“大湖名城、创新高地”发展战略，将绿色低碳理念融入电网建设运行全过程，重视环保节约，实施绿色生产，并依托智能电网作为清洁能源高效开发利用的重要平台，发挥产业带动作用，营造绿色发展氛围。大力支持国家新能源发展战略，编制家庭光伏发电典型接入系统方案，完成并网项目267个、容量36.8兆瓦，结算上网电费640万元。积极服务合肥市电动汽车推广应用，建成电动公交车充电站5座、换电站2座，充电桩649个，提供充电服务19.1万车次，充电电量3152万千瓦时。承担国家电网公司重点科技项目（高密度多接入点建筑光伏并网与配电网协调关键技术）并通过验收。仙霞输变电工程被列入国家电网公司（铝合金芯高导电率铝绞线）试点项目。加快智能电网技术应用与管理，省内首座全户内220千伏智能变电站（翰林变）投入运行。建成分布式光纤智能综合监测系统，220千伏电缆运行监测水平大幅提升。用电信息采集系统建设稳步推进，累计换装智能电表276.7万只，采集成功率96.8%。注册管理创新课题53项，2项成果获省公司一等奖。征集职工合理化建议349条、技术创新成果27项。公司被国家电网公司评为信息深化应用区域“十强市”。

【和谐发展】 持续推进“四好”领导班子建设；建立健全党的基层组织；深化“电网先锋党支部”创建；加强工会组织建设，公司被评为“国家电网公司工会工作先进单位”。市场及大客户服务室高压客户经理班荣获国家电网公司先进班组、省公司“五一巾帼标兵岗”称号；公司有1名同志荣获国家电网公司劳动模范，4名同志荣获省公司劳动模范。输电运检室孙建明同志被授予“安徽省十大能工巧匠”称号。坚持党建带团建，建立“青春合电”微信群，实施“五必谈五必访”。加强教育培训，举办121个培训班，4项岗位业务竞赛、专业调考获省公司一等奖。启动“中国梦·国网情·奋进合肥”企业文化落地实践活动，拍摄微电影《追梦》。文明创建不断深化，荣获第十届“安徽省文明单位”，被推荐申报“全国文明单位”“国家电网公司文明单位”。关心职工身心健康，开展健康体检，支持12个职工兴趣分会开展活动。 （潘鸿飞）

供　水（节　水）

【概况】 2014年，市节水办创新制定节水监管意见书，指导100余家单位加强节水管理；建立重点用水户监控名录，实行超计划用水通报整改制度。全年开展6次用水计划考核，为300家用水大户解决用水计划不足问题；指导用水大户查堵管网漏水点198处，年节水347万立方米；全年共举办2期用水大户培训以及2期水平衡测试机构业务培训220人次。全年开展免费赠送推广应用活动，共赠送水龙头、节水器、马桶配件等节水器具880套件。合肥供水集团围绕“两个坚持（坚持工作思路不动摇，坚持深化改革不动摇）、两个反对（反对‘好人’主义，反对经验主义）、一个提升（提升监督工作）”的指导思想开展各项工作，以标准化建设为抓手，以信息化为平台，精细管理，流程再造，圆满完成全年各项目标任务，先后荣获安徽省第十届文明单位、安徽省廉政文化建设示范点、2011～2013年度合肥市先进单位、合肥市行风评议先进单位、合肥市职工互助保障工作先进单位、合肥市廉政文化建设标兵示范点等称号。“贴心小棉袄”品牌获得安徽省文明单位创建十佳品牌、“全国三八红旗集体”，供水监察中队荣获“全省优秀建设稽查执法队伍”，供水工程质量监督站荣获“2013年度安徽省青年文明号”，董铺水源厂荣获安徽省“安康杯”竞赛活动班组安全管理优秀成果展示三等奖。供水集团总资产45.82亿元，净资产39.48亿元，资产负债率13.83%；实现主营业务收入6.81亿元，水费回收率99.33%；完成供水量4.26亿立方米，人均供水量35.54万立方米，漏损率13.19%；全市直径75mm以上供水管道4766公里，全市水表总数127万只。

【节水工作制度】 完成单位网站初步改版，完善计划用水信息管理系统短信平台及联络数据库；开展城市节水中长期规划前期工作，编制规划大纲；多次修改完善节水三同时管理办法，已修改送审。制定节水型生活用水器具推广应用管理工作规范；开展网上公布节水器具用水效率等级。

【节水宣传】 在加大日常节水宣传的同时，突出结合“世界水日”“全国城市节水宣传周”等大型活动开展系列节水宣传工作。3月22日，节水办与市水务局联合在安徽农业大学举办“节水天使在行动”活动；3月27日，节水办与合肥统一企业共同启动“节能加强月”活动；4月1日，节水办牵头联合多家单位在西园新村小学政务区分校举办节水公开课；5月11日，节水办与安徽警官职业学院联合举行主题为"全面推进城市节水，点滴铸就生态文明"的第23个"城市节水宣传周"启动仪式，省住房城乡建设厅、市城乡建委、市水务局、安徽警官职业学院有关领导参加活动，并向到场的600名大学生志愿者授予"'美丽合肥'大学生节水志愿者先锋队"旗帜。市节水办在现场开展节水宣传，发放《合肥市城市节约用水管理条例》、节水知识、宣传画、手提袋、围裙等宣传品3千份。与江汽集团联合开展"节水漫画巡展月"活动，该集团16幅获奖作品在活动中巡回展出。

【供水保障】 2014年7月23日，全市区供水量达139.1万立方米，创下历史最高纪录。推进各项重点工程建设，优化全市供水布局，完成蒙城北路、天水路、灵溪路等总长5.23公里DN400—DN1600球墨供水管道建设，释放六水厂产能，4月30日实现全线通水并网；完成七水厂一期配套供水管方兴大道总长4.56公里的DN600—DN1200清水管铺设。优化全市管网布局，完成龙川路工程任务。配合市政道路新建改造，共完成管道工程改造新建54项，铺设总长57公里的DN300-DN1400供水管工程；跟进合肥市畅通二环改造、轨道建设，顺利完成西二环DN1600-DN1800原水管道迁移改造等工作。稳步推进三水厂滤池改造、四水厂改建、六水厂送水泵房达产配泵、六水厂回水塘改扩建、七水厂二期（含磨墩取水泵站）、紫蓬山水厂改造等项目。

【安全生产】 邀请专家编写《合肥供水集团安全生产标准化考评细则》，该《细则》以制水生产管理流程为顺序编写"生产设备设施及运行管理"，具有鲜明的供水企业特征。组织开展危险源辨识安全教育、职业卫生管理、新安全生产法教育等专题培训；举办临时用电安全规范、消防安全讲座，加氯工培训及考证。开展综合性安全大检查及"危化品""防汛""燃气""特种设备"等多次专项安全检查，突击性暗访成常态，发现隐患立即整改，对隐患建立档案并以ABCD分类分级管理，制定包括整改标准、时间、人员和资金在内的完备的整改措施，把排查及整改情况作为安全生产考核的重要依据。定期对出厂水、管网水进行106项进行全分析。完成新安装管道水质检测3252项，二次供水水质检测30870项。按照全国水质督察工作计划，完成26个县供水水质督查；完成全国水质分析质量控制考核；配合省住建厅组织好全省水质分析质量控制考核工作。全年共检出漏点1424处，其中PE管漏点1122处，直接减少漏水量约1231万吨。完成2031处540公里新建市政、庭院管网及89180公里立管的试压验收，消毒冲洗2089处581公里新建市政、庭院管网及97133公里立管，清洗水箱66座。

【优质服务】 坚持"把方便留给用户，把困难留给自己"，连续4年跻身全市政风行风评议前三甲。结合党的群众路线教育实践活动，合肥供水集团将营业大厅全面更名为业务大厅，实行一个窗口受理全部供水业务，对内部流程进行再造，精简梳理各类业务流程40余项，新增业务14项，配套出台优质服务工作标准，公开各种业务办理事项、收费标准、服务承诺，减少中间环节，简化办事程序，压缩办理时限，为用户提供"省时、省力、省心"全新的供水服务。完成地表"一站式服务"电子报装平台的调试、培训及试运行，实现资源共享。发放便民服务联系卡，向用户明确抄表员姓名、联系电话、抄表日等内容。"贴心小棉袄"服务热线全年共接听受理用户来电49.25万次，同比增加11.53%。开展敬老、爱幼、助残、帮困等志愿服务，与"中国好人"鲍传勇结成帮扶对子。为结对帮扶的庐江松元贫困学生，捐赠图书，送上助学金和文具用品，看望结对帮扶家庭。"贴心小棉袄"志愿服务队每周六坚持风雨无阻进社区，零距离服务用户。

【"数字供水"与职能整合】 供水集团数字供水平台于当年10月研发成功，该平台作为数字供水"113工程"（一个调度指挥中心，一个业务数据集成中心，生产运营体系、服务营销体系、综合管理体系）中的重要组成部分，使供水集团管理工作实现定量化、科学化、自动化，对于人、财、物实现了全面掌控。数字供水平台的研发实现了业务数据的集成整合，构建了调度指挥中心雏形。按照"人人竞争、全员上岗"原则，398个岗位精简至361个，员工双向选择全部完成，各项工作有序推进。逐步由单一性供水施工企业向多元化市政施工企业转变，打造工程施工精品品牌。优化资源配置，对供水调度中心进行职能整合，强化调度管理职能，合理处置各类突发供水事件，保障管网供水动态平衡。制定实施潜山路DN1800原水管停水维修、十里店DN1200主输水管停水抢修、西二环原水管道迁建等重大工程专项调度方案，将施工对城市供水的影响程度降至最低。6月3日，供水抢修中心完成划转交接工作，加大内部资源整合，建立一流的专业服务队伍，全年共完成供水管网抢修

1318处。

【监管体系】 建立工程费用预算及各类台账信息监管机制，建立“工程委托设计”“工程任务单下发”“工程联系单签证”和“工程总体进度”四组台账，做到有据可查，限时办结。凡是招标项目，均按照《标后管理规定》对中标单位从施工、供货质量、工期、服务等方面履约情况进行ABCD综合评价。对所有大宗材料从价格、质量、服务三个方面进行考核，并根据考核结果对应ABCD进行分类，实行标后管理ABCD考评全覆盖。通过“鼓励A级、维护B级、警告C级、淘汰D级”的做法，畅通优质产品供货渠道。全年共完成招标项目111批次，总投资额为4942万元，中标价为3717万元，节约1225万元，节约率为24.79%。按照标准化、数字化、专业化、品牌化要求，提升供水工程质量监督站职能，设计开发“信息管理平台”“工作任务完成节点提示系统”“质量监管即时报验平台”，建立起供水工程质量监管的动态台账，及时掌握工地现场情况，提高监管的公平性、公正性。依托“热线及时评价系统”平台，把二次供水泵房的水质和设备管理作为关键节点，严格按照泵房巡检制度进行不定期抽查，故障率及投诉率明显降低。全年共验收泵房143个、移交管理102个，完成泵房水箱清洗1225次，取水化验1684次，泵房电表过户101次，热线处理及应急抢修3740次。

（宣秋华　苗华威）

燃　气

【概况】 市燃气管理处完成敷设206国道、环城高速（双墩—三十头）30公里长高压管道；新建CNG加气站6座、CNG压缩母站2座、LNG加注站6座；新增LNG汽车600辆；试运行LNG船1艘（巢湖至长江运输）；完成7000辆车辆“油改气”工作（5000辆社会车辆，2000辆驾训车辆）。合肥燃气集团突出安全生产、优质服务两条主线，优化组织设置，推动技术创新，年实现天然气供应4.24亿立方米，供气量同比净增6500万立方米，增幅达18%，在全国同等城市中名列前茅。天然气民用户突破118万户，工商用户4600户，天然气管网总长达3700公里。

【管道液化气置换】 制定《合肥市管道液化气置换工作实施方案》，并经合肥市人民政府办公厅转发，落实专项资金1200万，全年完成18个小区3000户的置换工作，计划在2015～2016年完成全市管道液化气置换工作。

【燃气经营许可证】 根据《合肥市人民政府办公厅关于切实做好市级行政审批事项下放承接工作的通知》及《合肥市人民政府关于公布第四批市级行政审批事项清理结果的通知》，11月，合肥市燃气管理处以合肥市城乡建委、合肥市各区政府、区住建局三方协议形式将燃气经营许可证办理委托下放至各区（开发区）地方政府，实施动态监管燃气市场。

【镇镇通工作】 合肥市新建一条定远—长丰—合肥镇镇通专输燃气高压支线（合肥段70公里），对具备条件的21个乡镇开通天然气。

【市场发展】 市政府常务会议明确“要将城市未来能源结构调整问题纳入重要的议事日程，伴随规划的全过程，逐步加大天然气比重”，“要加大体制改革力度，逐步实现‘一个法人、一张网、一个站’”的指导方针，为打破燃气市场壁垒，探索多渠道经营提供政策支持。全年实施81个老旧小区、3.1万户居民天然气改造；完成经开区中瑞汇景园、怡莲新城、华泰小区等管道液化气小区天然气改造。集团公司取得肥西县新港南区（派河以南约12平方公里启动区）燃气经营权。完成庐江县天然气专项规划、小庙镇、空港经济示范区（高刘镇）燃气规划。完成恒达公司转型，实现LPG业务向LNG业务转变，全年销售LNG　4630吨。

【工程建设】 新建天然气绕城高压管线30公里，实现新蚌埠路至湖光西路管线贯通输气；高压管线累计建成128公里，天然气总调峰能力达到1000万立方米。北城LNG应急调峰气源工程项目用地获得省政府批准，启动主要设备招标工作。合铜路（合肥至庐江段）天然气高压管线工程开工建设。寿县新桥燃气综合服务楼建成启用。庐江汤池LNG气化站投入使用。

【燃气安全管理】 在上年度安全生产标准化三级企业创建达标的基础上，开展安全生产标准化自检自评。加大安全生产考核力度，强化安全生产“党政同责、一岗双责”考核要求，确立质量终身负责制与责任追究制度。开展全方位安全隐患排查，对全市2138个小区、560条道路燃气管网进行拉网式排查，共查改违章占压隐患485处，在全国率先完成全部整改工作。完成琥珀山庄、澜溪镇、姑娘巷自来水公司宿舍、制气厂701气柜安全隐患整改。开展第十届“燃气安全进万家”活动，全年入户安检77.38万户，有效降低了户内燃气事故的发生。落实抄表、收费、维修、安检等一线岗位安全宣传制度，并通过电视公益广告、短信平台、社区LED屏等形式，全方位、多角度宣传燃气安全知识。市燃气管理处在合肥市各区安监、住建部门和各燃气企业配合下，对所属12座门站、5700公里燃气管道进行全面排查，排查整治隐患752处，此项工作位于全国先列。

【行风服务】 完成蓝焰呼叫中心升级扩容，热线接听坐席从原来的16个增加到现在的40个，同时上线“云呼叫”平台，新设立回访岗位，有效提高了热线服务效能。与市文明办、新华网联合举办“安全文明进社区”活动，全年共计走进89个小区，累计上门提供维修及安检15772户。开展道德讲堂主题活动，先后举办核心价值观、安全、廉政文化等主题道德讲堂，营造学先进、重道德、讲文明的浓厚氛围。充分发挥出全国文明单位的示范带头作用，“徐辉假日服务小分队”荣获全省文明单位创建十佳品牌。

【基础管理】 实施“组织及人力资源管理体系建设”管理咨询项目，对公司组织结构及岗位体系、核心业务流程、薪酬管理体系、绩效管理体系进行全面优化设计。推进培训中心建设，建成户内安检维修等四个一线岗位工种实训场地，培训中心获得“中国城市燃气协会合肥培训基地”冠名。优化招标管理，新设立专门的开标室、评标室，对评标过程进行全程实时监控。加强车辆管理，实现GPS定位管理全覆盖，实行节假日集中停放制度，有效杜绝了车辆的违规使用。做好非居民用天然气价格调整的宣传工作，实现气价调整平稳过渡。

【技术创新】 强化技术创新引领，全年引入“四新”项目10项，推广应用中压管道通球等5项技术；完成技改项目18项。全面推行智能巡线体系，提高巡线到位率，保障管网运行安全。实现SCADA系统在绕城高压管线工程上的运用，为远程监控、远程调度提供可能。承办合肥市2014年职业技能大赛，首次将带气带压焊接列为职业技能竞赛项目，探索燃气管道不停输带气带压焊接的可行性，并成功推广试用。落实劳模创新工作室创建工作，激励和引导广大职工开展技术革新，“徐辉·吴雄飞创新工作室”获评首批安徽省劳模创新工作室。

【企业党建】 全面开展党的群众路线教育实践活动，严格执行中央八项规定和省市相关规定，活动共征集职工意见、建议57条，全部得到整改完善。全年发文数量较上年下降15%，会议数量下降10%，精简合并管理制度、管理标准39项；全年招待费支出同比减少26.93%，车辆运行费用减少8.89%。2014年9月20日，党的群众路线教育实践活动中央第三巡回督导组组长陆浩来集团公司调研，对集团教育实践活动的开展情况给予了高度评价。与蜀山区人民检察院签署共建协议，开展职务犯罪警示教育庭审观摩活动，以案明纪。

（卢亚东）

重点工程建设

【概况】 2014年，市重点工程建设管理局共承担各类建设项目144项，工程总投资636亿元，当年内完成工程67项，建成道路80公里，房屋建筑236万平方米，河道综合治理23.3公里，另有2座污水处理厂（含技改1座）和1座再生水厂建成投产，总计完成投资125亿元。其中，有2项工程获得“国家优质工程奖”，1项工程获得“金刚奖”，8项工程获得安徽省“黄山杯”，另有中科大先研院项目获得“国家AAA级安全文明标准化工地”称号。合肥城市功能得到提升，生态环境持续改善，综合承载力增强，群众生活幸福指数攀升。

【市政路桥】 立足打造全国性综合交通枢纽，全力以赴推进高铁南站配套路网等市政基础设施建设，共建设市政路桥工程35项，道路总长117公里。围绕高铁南站枢纽如期运营目标，完成高铁南站北广场、西南出水口改造、龙川路、庐州大道、高铁路等配套设施建设；改善西南城区交通环境，分阶段推进二环畅通工程，桐城路、东至路、集贤路、望江路等节点先后完成“无红灯”改造；为盘活区域道路资源，市重点局加强与省军区、上海铁路局沟通协调，打通黄山路、怀宁路涉铁段、望江西路下穿西客站等断点，成功解决“中梗阻”积弊。包河大道高架、郎溪路包公大道立交等重点项目陆续竣工通车，推动城区路网结构的优化与完善。

【水环境治理】 立足建设湖清城美的生态宜居之城，推进巢湖国家生态文明先行示范区建设。以环巢湖地区生态保护修复为中心，努力做好环境“加减法”，一方面，加大污水处理厂建设及提标改造力度，十五里河污水处理厂二期、北涝圩再生水厂通水运行，全市污水日处理量再增11万吨，为实现全收集全处理继续夯实基础；通过提标技改，王小郢污水处理厂在全省首个达到四类水出水标准。另一方面，抓好绿化工程提质增量，结合入湖河道综合治理和道路建设，大力倡导依地种植，顺势造景，努力打造“一河一景”“一路一景”。加大建筑工程扬尘治理力度，不仅在全市率先引进冲洗平台、真空吸尘车等新型设备，而且把扬尘防治要求写入招标文件加以落实，取得良好效果。

【公益性房建】 围绕推动科技创新，又好又快推进中科大先研院建设，综合主楼、专家楼按期交付，研发实验楼和1号嵌入式研发楼开始竣工验收；合工大智能院于当年底开工建设。围绕优质资源布局，统筹抓好文教卫等基础设施建设，合肥幼儿师专二期部分单体、合肥精神病防治中心等工程陆续完工，一中、六中、八中等7项校舍维修改造项目克服工期紧张、维修点零散等困难，按期优质交付。围绕产业转型升级，分别从结构体系、项目管理、技术水平、生产工艺入手，探索建立住宅产业化合肥模式。市重点局住宅产业化在建项目面积达85万平方米，其中，蜀山公租房四期发展成为国内规模最大、技术最为成熟、工艺最为先进、预制率最高的住宅产业化标杆性工程

【滨湖建设】 市重点局共承建滨湖新区项目59项，当年内完工12项。其中，环湖北路滨湖段按期通车，标志着长达160公里的环湖大道全面建成；围绕滨湖中心、要素大市场、安徽名人馆交付使用要求，建立协调对接机制与问题倒逼机制，从细节抓起，不断完善品质功能。推进省住建厅大厦、省人防331工程、省美术馆、百戏城、科技馆等一大批省市共建项目，展示市重点局敢打硬战、善打硬仗的良好形象。

【管理创新】 按照“五位一体”的工作思路，强化队伍、材料、资金、质量安全和技术管理。施工企业优选承包商和农民工工资专户管理做法得到市委、市政府肯定，并在全市加以推行；材料品牌库、专项工程战略合作等创新举措在全省先行先试。积极推进科技创新，组织开展《SBS改性沥青混合料热再生关键技术》《合肥市城市道路人行道及附属设施标准化研究》等3项课题研究，2项地方标准编制计划通过省住建厅评审。针对省美术馆、科技馆等大型建筑项目，首次引入“BIM”技术，项目管控系统完成研发上线，助推建设管理向数字化、信息化转轨。

【重点工程】 郎溪路立交 位于郎溪路与包公大道交口，该工程西起东二环，东至新海大道，北起大泽路，南至明皇路，全长2.88公里，为五层互通式立交设计，其中，主线桥分别上跨包公大道与合宁铁路，长272.2米，包公大道下穿郎溪路桥向东与同期开工的龙岗路连接，另外在包公大道和文忠路还将分别新建一座人行天桥。

中科大先进技术研究院一期工程 位于合肥国家科技创新型试点市示范区内，规划面积约134公顷，总建筑面积270万平方米，集中布局教育科研、孵化转化、生活服务、生态绿化、文化体育等设施。项目一期用地38.4公顷，位于创新大道与望江西路交口东北角。

许小河综合治理工程 起于繁华大道，终至入十五里河河口，治理长度约5.3公里，建设内容包括河道综合整治（清淤、护砌、生态护坡等）、污水截流、景观绿化、桥梁、农排灌站及沿河道路等。工程设计防洪标准为百年一遇，堤防工程级别Ⅰ级，

龙川路工程 西起金寨路，东至北京路，为市高铁片区路网重要组成部分，道路全长7.94公里，道路红线宽60～70米，双向10车道设计。该工程共有两段下沉式道路，一段是下穿徽州大道和庐州大道，全长1435米，另一段是下穿包河大道，全长560米，两处下沉式道路均采用明挖施工。

畅通二环工程望江西路节点 西起天智路，东至合肥西客站西侧。其中，望江西路与西二环交口将建设三层立交结构，分别为望江西路下穿西二环，地面平交，西二环上跨望江西路。

畅通二环工程集贤路节点 位于西二环、南二环、集贤路交汇处，工程由南向北建设单向主线桥一座，南二环路由东向南建设左转匝道桥一座，银杏路、集贤路、合欢路、红枫路交口各新建一座人行天桥。

龙川路望湖城路段

要素大市场工程 位于滨湖新区徽州大道与南京路交口，占地面积81368.85平方米，总建筑面积215099平方米，地下一层，地上七层。建筑高度35.92米，在立面上层层叠挑，形成具有中国传统斗拱气质的造型。

繁华大道东延工程 西起合肥港进港道路，东至桥头集路西侧，全长约5809.79米。先行实施的繁华大道跨南淝河桥工程，为独塔双索面斜拉桥，该桥长764.5米，宽40.5米，双向八车道，主桥分两跨，跨径分别为160米、120米，主塔柱自桥面以上高91米。

合肥南站综合交通枢纽配套市政工程（北广场） 面向老城区，占地面积约4.6万平方米。北广场共设置地上一层（含综合换乘厅、公交落客区、地铁进出站口、配套商业、设备管理用房等），地下三层（地下一、二层为社会车辆停车库，提供落客即走车位8个、社会车停车位690个，自行车停车位400个，地下三层为地铁1、5号线站台），总建筑面积约9.47万平方米。

（方月文）

城市轨道交通

【概况】 合肥市轨道交通有限公司围绕市政府和市国资委下达的年度目标任务，以“管理提升年”为主题，全面统筹轨道项目建设和公司发展两大“中心任务”，攻坚克难，狠抓管理，提质增效，完成年度各项目标任务，保持了市轨道交通建设又好又快的推进局面，企业管理水平同步获得较大提升。轨道交通1号线主体结构完成98%、系统设备采购总体完成，2号线土建工程全面展开，3号线望江西路站、潜山路站、合肥火车站站实现开工，轨道交通第二轮建设规划获得国家批准，质量安全形势总体可控。全年完成建设投资45.7亿元，工程开累投资完成98.2亿元。

【土建工程】 1号线车站主体工程完成98%，除大东门站以外，其余22座车站均实现主体结构封顶，全线车站附属完成总量的55%；全线区间工程14台盾构始发掘进，单线累计完成30.7公里，完成总量的78.2%；相关铺轨基地开工建设，其中车辆段铺轨基地开展铺轨。按照指挥部提出的“把困难留给自己，把方便留给群众”原则，克服胜利路畅通工程中存在场地狭小、管线复杂、地质复杂、结构复杂、施工复杂等困难，提前4个月放行胜利路主干道。2号线全线23座车站中有22座车站进入主体结构施工阶段，其中东一环路站、铜陵路站、玉兰大道站、振兴路站、创新大道站、石莲北路站6座车站主体结构完工；区间工程有9台盾构机下井组装、调试，2台盾构机始发掘进，东一环路站－铜陵路站区间右线贯通。根据市委、市政府有关要求，积极开展3号线工程开工准备工作，先后完成可研报告和13项支撑性专题研究，并扎实开展总体设计工作，同步细化研究全线交通导改组织、管杆线迁建保障等工作；结合望江西路改造工程， 3号线望江西路站于12月份开工建设，结合1、2号线建设，3号线合肥火车站站同步开工建设。

【系统设备】 1号线设备采购的集成、监理、施工共计61个标段完成招标及合同谈判，1号线一、二期工程2座110KV主变电所集成及安装进场施工；信号、供电设备、机电设备、专用通信、车辆段进口设备等专业设计联络有序开展，供电、机电设备开始监造工作。2号线完成牵引、信号、车辆咨询监造、供电系统和车站设备集成服务、不落轮镟床、磨轨车的招标采购，车辆段工艺设备、机电设备、供电设备等项目招标积极推进。配合合肥南站11月12日开通试运营，组织相关单位仅用23天就完成合肥南站北广场、国铁换乘大厅8部自动扶梯的安装调试及1号线电梯井、3号线风井、4号线自动扶梯孔洞的封堵工作，保质保量完成市政府部署的紧急任务。

【第二轮建设规划】 经市委、市政府同意，《第二轮城市轨道交通建设规划》拟2014～2020年建设3、4、5号线路，共约114公里，经国家发改委、环保部、住建部评审，并经国务院批准，已获国家发改委批复。

【运营筹备】 按照1号线2016底开通运营的总体目标，深化组织2014年度运营筹备工作，实施运营人员筹备，细化1、2号线运营人员总体需求计划和招聘计划，通过公开社会招聘和校园招聘，初步建立运营核心骨干团队，同时与5所高校合作，组建8个一线人员订单班，并完成对2012级订单班组织验收，为1号线开通试运营做好人员储备；开展运营组织筹划，在前期咨询的基础上，开展正式运营机构组建的前期研究，主要对运营机构性质、运作模式、制度、组织架构、人员、薪酬体系以及运营管理体系等方面进行深入研究，制定了运营机构初步组建方案，并同步启动运营相关规章编制工作；超前开展相关专题研究，对运营维保模式、票务方案、车站资源开发利用、公交配套、供电等专题进行深入研究并形成较为成熟方案，其中票务方案通过专家评审；提前开展系统化研究，理清各系统关系，采用目标分解方法，制定了各系统运营筹备阶段性目标任务，明确各阶段主要工作内容、责任部门及完成时限，统筹安排各项运营筹备工作；创新开展运营咨询，招标上海申通地铁公司作为运营咨询单位，采取以系统联调为核心，服务向前拓展至系统设备招标前、向后拓展到开通试运营后三个月，指导运营人员全面参与土建和系统设备建设；实施运营参与建设工作，按照“建设目标就是今后安全、顺利运营”原则，制定实施《运营参与轨道交通建设管理办法》，运营部门同步参与1号线车辆、供电、AFC、信号、机电等设备系统用户需求书编制、方案设计招标谈判，以及车辆、信号设计联络等工作，为运营管理积累经验并做好技术准备。

【资源综合利用】 随着1、2号线各项工作有序开展，启动轨道沿线及线下相关资源开发利用工作。按照公司法及市国资委规定程序，组建轨道交通资源开发公司，确立市轨道交通沿线资源综合利用实施主体；重视综合利用方案筹划，基本完成1号线站内资源配置、业态定位、用电负荷、“广、通、商”等配置方案研究，并初步筹划2号线站内广告、通讯、商业配置方案；推进重点项目，加快新交通大厦项目前期建设工作室，完成初步设计和规划方案报批，开展工程规划许可证办理等工作；车辆段上盖物业项目完成户型方案设计定型，项目总体方案在征求相关部门意见，待完善后将报市规委会审查。

【大气污染防治】 深入贯彻省、市大气污染防治工作部署，强力开展轨道项目扬尘治理工作，取得阶段成效。依据《合肥市扬尘污染防治管理办法》《建设工程扬尘污染防治暂行规定》等文件规定，及时制定下发《合肥市轨道交通建设工程扬尘污染防治管理规定（暂行）》《合肥市轨道交通土建工程标准化工地及文明施工管理办法（暂行）》《合肥市轨道交通工程施工现场临时建筑标准（暂行）》《关于开展轨道交通项目落实大气污染防治工作暗访督查活动的通知》《合肥市轨道交通项目落实大气污染防治工作暗访督查活动考核奖惩办法》等一系列文件，做到制度先行。在文明施工的基础上，要求各标段配备专业洒水机，定时清扫和洒水；现场渣土堆放须围挡覆盖到位；现场搅拌机除进出料口外全封闭，并采用喷淋装置降尘；工地出入口设洗车槽，确保车辆驶离前清洗到位等。通过例行检查、不定期巡查及督查暗访等形式，积极开展大气污染防治工作督查，确保各项措施落实到位；采用“四不两直”的方式，公司成立16个督查暗访组，每天由领导带班，早、中、晚不定时全天候督查暗访并严格奖惩，总体上形成高压态势，确保了扬尘治理工作符合规范要求。

【质量安全管控】 优化质量安全管理体系及制度，做到“横向到边，竖向到底”全覆盖，深化贯彻落实中央省市各级质量安全管理文件要求及历次市政府安委会重要精神，全面强化“红线意识”和“底线意识”。制定《合肥市轨道交通工程质量安全2014年度工作意见》，对全年质量安全工作进行总体谋划和细化分解；开展冬季及春季施工质量安全大检查，日常巡管和隐患治理常规化实行“四不两直”式质量安全检查，“谁检查、谁签字、谁负责”。强化提升应急抢险能力，成立轨道项目现场应急抢险救援指挥中心，组建5支专业应急抢险救援队、设置8个应急抢险保障工作组；加强应急演练，先后组织轨道项目吊装、触电事故及防洪防汛应急演练，承办了全省轨道项目应急演练活动。大力加强轨道工程施工现场安全质量标准化建设，制订“领导带班公示牌、施工现场‘四顶帽子、四员管理’制度和班前交底讲评台”标准，开展“合肥城市轨道交通安全生产优质样板工程”创建，1、2号线有10个标段通过专家验收，并被推荐参评“合肥市轨道交通建设工程安全文明示范工地”。强化信息化技术运用，推进安全风险信息平台建设，制订下发《规范施工现场安全信息统一管理和调度》标准，要求各施工单位视频监控、门禁及实名制考勤系统安装统一标准，确保各方安全风险信息数据及时上传，实现各标段相关系统与轨道公司安全风险信息管控系统无缝衔接和信息共享，有效加强了现场安全质量管理立体防控力度。国家住建部在合肥市召开的全国轨道工程建设质量安全工作现场会上，市轨道交通安全质量管理工作得到与会代表的充分肯定。

【施工管理】 狠抓统筹调度，加强施工管理，在指挥部的统筹指挥下，坚持“每年一计划、每季一调度、每月一例会、每周一小会、每天一掌握”等“五个一”工程调度举措，整体上形成科学决策、规范操作的指挥体系。坚持每周召开内部联系会议，使全体成员在工作上统一思想，形成合力，共同推进轨道交通工程建设发展；多举措保证工程推进，根据现场进度不断优化调整工筹，整合资源配置，要求车站工程统一按150人／标准站、250人／换乘站配备人员并合理安排夜间作业时间，保证车站工程进度；根据车站工程实际进度，通过调整盾构始发路线、增加盾构机、优化施工方案和工艺优化等一系列措施，扭转前期工期滞后不利局面，保证1号线工程进度。强化现场文明施工及标准化、精细化管理，在狠抓现场“四顶帽子”、“四员”管理的同时，根据轨道交通建设特点，督促各工地现场落实设置“四员”值班公示牌，明示各方职责，便于督查检查；同步规范施工现场安全信息的管理、调度，统一招标建设各施工现场视频监控、门禁及考勤系统，确保与轨道工程安全风险信息管控系统无缝衔接，实现信息共享；强化“转场”动态管理，就车站地面施工向地下施工转换、车站施工向盾构施工转换相关工序制定统一标准，确保各阶段施工符合规范要求；强化重大点位后台技术延伸管理，为确保盾构机下井并正常运行，避免因盾构机不适应而造成工期延误或安全质量隐患，督促施工单位在盾构机进场前组织专家开展适应性论证，要求监理单位驻厂监管后场的盾构机适应性改造。着力解决瓶颈难题，全年受雨水偏多、文明创建、中高考等影响，各标段土方清运异常困难，摒弃“等、靠、要”思想，主动对接协调相关辖区政府和市直有关部门，联合交警和城管部门制定多套渣土外运方案，采取有针对性的保障措施，帮助施工单位加快推进渣土外运，其中利用假期清运渣土约18万立方米，有效缓解了各标段现场土方压力，创造了良好的施工环境。重视“两场”联动，会同市直有关部门制定《合肥市轨道交通工程施工企业信誉评价管理办法》，着力现场管理与后场招标联动机制，督促施工单位严格履行投标文件和工程合同。

【设备系统采购】 开展1、2号线设备系统采购精招标前期准备，结合市招投标市场实际和本地相关产业发展情况，开展潜在产品企业资质业绩及产品主要参数调查，分39个批次组织赴相关地铁公司和厂商进行专业技术实地调研，完成1号线44个设备标段资质业绩设置分析和优化工作。策划安装时程，结合土建工程实际进展，组织编制1号线设备系统安装时程，按车站、区间制定设备进场条件、吊装路由、安装路线、安装工艺、工序衔接、接口衔接及设备单调计划，合理安排设备到货时间，保障系统设备建设有序高效推进。梳理变更风险，研究各设备标段之间、设备标与土建之间的接口，形成接口衔接规范，保证各标段工程界面清晰；深入分析用户需求书中的历次专家评审意见与初步设计方案，确保招标文件与初步设计保持一致；细化梳理各设备系统标段主要设备和核心部件，提出功能参数及厂商业绩要求，要求提供“一主一备”品牌（供货商），规定无充足理由不得更换主推品牌，力争减少可能出现的变更。加强制度规范，组织编制《设备合同技术谈判管理办法》（暂行）、《设备咨询监造管理办法》（暂行）等12个设备类管理办法，全面规范合同谈判、设计联络、生产监造等工作；制定《合肥城市轨道交通土建移交管理办法》《合肥轨道交通工程车站属地管理办法》等7项制度，用以指导设备安装、调试等工作。

【技术管理】 夯实技术管理与决策，成立轨道公司技术委员会，具体负责轨道重大技术方案、关键技术标准、科研项目立项等重要技术事项的研究论证、内部审定和决策咨询等工作，并组建外部专家库，按需提供咨询服务，确保技术决策的及时性、专业性与科学性。规范轨道工程变更，结合轨道项目建设规模大、周期长、技术复杂，工程变更不可避免的客观实际，加强并规范管理工作，具体依据《合肥市市级投资建设项目工程变更管理规定》，组织编制并报请指挥部批准出台实施了《合肥市轨道交通工程变更管理办法》，同步实行《合肥市轨道交通工程变更管理细则》，全年完成工程变更53项。推进标准化设计研究，以“设计模块化、规模合理化、形式标准化”为思路，重点研究同类型车站规模标准化、车站公共区柱距标准化、车站公共区大小标准化、车站设备用房布局标准化等内容，组织《合肥城市轨道交通全路网车站装饰及导向标识概念设计》并编制《合肥城市轨道交通车站装饰设计导则》，形成市轨道交通标准化设计框架。

【招投标管理】 结合轨道项目招标实际，多次与市公管局对接会商，主动加强相关政策、办法研究并优化，确保“公开、公平、公正”，基本形成快速、高效的招标协作管理模式。动态优化土建施工标的“三阶段有效最低价”（资格审查、技术标入围、商务标全子目评审）的评标办法，通过对在建项目成本的分析测算，调整相关专业子目、人工费评审的控制降幅，促使投标人理性报价；在设备系统招标中创新实行“三层级审查，两阶段评审”，首先由轨道公司组织设备系统用户需求书中间稿评审，再召开设备系统用户需求书专家评审会，组织业内专家审查，就标段划分、标段内容、各专业之间的接口等提出完善意见，最后由招标中心再次组织专家评审确认并确定评标细则，确保“公开、公正、公平”。推动轨道交通招标文件标准化建设，形成轨道交通土建及系统设备的招标文件标准化，减少了审查环节，提高了招标效率。全年完成招标项目96个，概算62.12亿元，合同价44.88亿元，整体降幅27.75%，招标节约资金17.24亿元。

【投资控制】 全年收到项目资本金7.24亿元，融入资金48.85亿元，完成各类资金拨付33.5亿元，全面完成市国资委下达的年度投资任务。加强财务、造价及审计管理，建立健全全面预算管理机制，对各项目工程，列出清单、匡算费用，合理预测资金水平，确保有效运用项目资金，合理拟定融资计划；制定《合肥市轨道交通工程施工主要材料价差调整实施细则（暂行）》及《合肥市轨道交通工程变更（洽商）造价确定指导意见》，在控制价审核、期中计量、施工图量价核算、工程变更、洽商、材料调差等方面进行严格审核把关，与市审计局跟踪审计组对上述环节进行同步跟踪、确认，确保轨道交通投资全过程严格、有效、合规；通过与国家发改委及合肥海关积极沟通，争取到轨道项目进口系统设备采购的免税资格，上报1号线进口设备的进口清单和计划，根据国家发改委相关程序要求在合肥海关办理了凭保函先放行手续，节省3100多万元的建设资金。

【内控管理】 注重顶层设计及工作效能，内控管理获得新进步。加强党组织建设，报经市国资委党委同意，成立轨道公司党委，顺利完成党组织隶属和党员关系的变更调整，并成立三个基层党支部；启动公司战略管理，成立企业发展研究室，主要负责企业发展战略规划和顶层设计研究，着力为企业中长期发展谋篇布局；系统开展制度评估和流程再造，按照“部门自评、部门互评、上会审定”三阶段推进，共梳理管理制度127项，修订完善问题点303条，最终定稿管理制度111项并汇编成综合管理、工程建设和安全管理三大类制度手册，同时绘制业务工作流程图，明确环节、职责，明晰工作界面，提高管理效率和执行力；推动公司信息化建设，启动《财务业务一体化系统体系研究》，规划科学规范的合肥轨道交通信息化建设蓝图和实施路径；重视年轻人才培养，实施员工轮岗锻炼，通过员工自荐和部门推荐相结合，9人进行轮岗交流，拓展了员工发展空间与通道。

（檀　勇）

城市管理

【概况】 市城市管理局以开展党的群众路线教育实践活动为统揽，围绕“大湖名城、创新高地”发展战略，推动城市大管理，展示城市新形象，提升城市管理水平。

【数字城管项目】 数字城管项目经市政府批准立项、方案征集、专家论证等程序，通过市招投标中心面向全国公开招标，由国内具有丰富经验的专业公司负责承建和实施。9月份投入试运行，运行中坚持边调试边完善，为全面投入运行积累经验。数字城管投入使用后，构建了“及时发现、处置高效、科学考评、绩效挂钩”的城市管理新机制，推动城市管理工作再上新台阶。

【《合肥市城市管理条例》出台】 在市人大和市政府法制办支持下，认真开展立法调研，广泛征求意见，对《合肥市城市管理条例》初稿反复修改，经市政府常务会讨论，市人大常委会审核，颁布出台了《合肥市城市管理条例》，明确了城管职责范围，理顺了市、区、街三级管理关系，为推动城管体制改革，提高依法管理城市水平奠定了法制基础。

【构建大城管格局】 大城管格局坚持内容与形式相统一、议事和管事相对接，在全市街道（社区）推广瑶海区和平路街道茂林社区城管群众议事会做法，引导市民“大家事、大家办”，构建“政府主导、群众全程参与”的城市管理新模式。不断完善城市管理重点问题定期调度制度，坚持城管执法和职能部门联席会议制度。庐阳区在街道成立城管中心，将市政、城管等具体事项纳入中心，有效整合城市管理资源。各大开发区推行市政、环卫作业养护“一体化”，形成“小网格、大服务”格局。

【“三乱”整治】 坚持宣传引导与曝光处罚相结合，整治乱扔垃圾问题，通过精心制定整治方案，举办整治乱扔专项行动启动仪式，聘请义务监督员，实行市民举报有奖制度，号召广大市民向乱扔垃圾陋习宣战；通过在市电视台播出劝导不要乱扔垃圾公益广告、在城市高架桥设置100余处宣传标语、邀请省市媒体对进行集中曝光等措施，加大正面全方位宣传力度，营造舆论氛围；通过执法巡查和对市民举报核对取证，全面加大车窗抛物、经营户垃圾扫地出门等处罚力度，对乱扔垃圾问题进行集中整治，整治行动受到中央电视台、中央人民广播电台、人民网、中国日报、安徽日报、合肥日报等媒体关注，尤其是中央电视台连续七次追踪报道合肥市“车窗抛物”专项整治行动，充分肯定新举措带来的成效。坚持疏堵结合，整治摊点乱摆问题，按照“主干道严禁、次干道严控、小街巷规范”的原则，坚持每周开展一次集中整治；通过小手拉大手等形式向所有摊点经营户发放1万多封《致摊点经营者的公开信》，出动流动宣传车近50台，向摊点经营户进行宣传引导；督促各街道、社区成立劝导队，共成立170多个劝导队，设置近400个“严禁摆摊设点”警示牌，在重点路段及区域禁止摆摊设点；对经劝阻拒不服从管理的各类违规经营行为和摸排出的214处流动摊群点，严格依法处罚；对全市117处规范摊群点全部实行包保责任制，加强规范引导。坚持设置隔离设施和加大处罚相结合，整治车辆乱停问题，督促各区城管部门在全市不具备施划停车线的重点路段，增设隔离桩31786根；依法加大对占压盲道、绿化带停车等违法行为的查处力度，共下达车辆乱停行为处罚通知217749份。

【扬尘治理】 扩大道路水洗范围，全市二环以内所有主次干道和开发区主要道路全部实行水洗作业，对其他适宜机械化作业的道路实行机械化清扫和冲洗作业，组织召开水洗作业和高架桥清扫保洁现场会，促进水洗道路作业水平全面提升；加大洒水降尘力度，城区主要道路坚持白天洒水不少于四次，重点路段每天洒水5-10次，在重污染天气条件下，预警指数每升高一级，增加洒水降尘两次；全市选取12条道路实行保湿作业试点，在温度不低于2℃时实行高频率连续洒水作业，保证试点道路常处湿润状态，确保道路不起尘。加大渣土管理力度，定期不定期对全市工地（弃土场）出入口的道路硬化、冲洗设备配备、渣土车密闭等情况进行排查，对全市有渣土外运的工地全部安装监控摄像，全方位、全时段对每辆渣土车装载量、密闭情况、冲洗是否到位进行监控；开展“两超、两不”专项治理行动，严格执行“四个一律”，强化渣土运输全程监控，先后对33家工地58家企业进行处罚，对289辆超载、198辆超速渣土车进行停运处理，对13名监管人员实行问责。

【垃圾处理多元化】 完成朱砖井垃圾转运站主体工作建设，餐厨垃圾处理厂主体工程封顶；开展餐厨垃圾源头现状调查，学习先进城市收运处理经验，着手构建餐厨垃圾收运体系；出台《合肥市餐厨垃圾管理办法》，推进餐厨垃圾管理规范化、制度化。全年累计无害化处理生活垃圾120余万吨，其中填埋处理80多万吨，焚烧处理30多万吨，形成多元化的生活垃圾处理体系。

【市容立面】 规范户外广告管理体系，修改完善了《合肥市户外广告设置专项规划》，通过了《合肥市户外广告和招牌技术规范》，启动各区、开发区的户外广告设置详规编制工作。加大违法设置行为的查处力度，依法拆除各类违规设置的户外广告、指示牌共2900多处；全面强化市、区两级户外广告巡查员队伍建设，及时发现、及时通报、及时查处违规设置、安全隐患、霓虹灯发光字不亮等问题，共对323件违法设置挂网督办、限期整改、逐一销号。经市、区两级共同努力，完成全市8条立面景观试点路段沿街立面的各类违规广告、“乱张贴、乱悬挂、乱涂写”、破旧店招及灯箱等整治任务，统一制作安装3200多块店招，治理立面“脏、乱、花”现象，试点路段景观档次得到提升。做好公益广告设置工作，充分利用工地围挡、大型商业综合体、墙体广告、落地广告等合法广告载体，设置各类户外公益宣传画面6221块，总面积达80000多平方米，占全市户外广告面积的35%以上，设置41块电子屏播放公益广告，每分钟滚动播出确保12秒以上，营造浓厚的创建氛围。开展“无新增违法建设街道（镇、社区）”和“重点管理街道（镇、社区）”评比，全市共拆除违法建设面积123565平方米，其中新建违法建设面积90622平方米。

【周边环境整治】 以问题为导向，加大投入，强化措施，对城市出入口、城乡结合部、“城中村”、老旧小区、拆迁工地等环境卫生进行重点整治，对排查出的718处问题，分类登记造册，采取限时、分段逐一销号。开展专项督查，成立七个专项督查组，开展明察暗访，每周发通报，对发现的问题挂网追踪直至销号；制定城市周边环境样本点，并纳入全市的“三线三边”检查，每月考核，确保长效。共组织清理城中村、出入口道路两侧垃圾16307余吨、各类乱搭建763处，城市出入口整治工作取得成效。

【日常工作】 严格执法风纪，建立见人见事的执法督察制度，严查吃拿卡要、粗暴执法、酒后执法、执法违法、无记录执法行为。完成《城市管理行政处罚自由裁量权参照执行标准》修订工作，进一步规范行政执法行为。开展“雷锋式城管中队”、“雷锋式城管队员”争创活动和“环卫之星”、“清扫能手”评比活动。组织开展丰富多彩的文娱活动，城管雷锋岗等志愿服务活动蓬勃开展。城市生活垃圾处置费征收、安全生产、综合治理等工作取得新进展。

（葛子孝）

开放与合作

招商引资

【概况】 2014年，市招商局紧紧围绕全市招商中心工作，优化体制机制、创新招商方式、整合招商资源，拓宽招商领域，推动全市招商工作取得良好成效。全市完成招商引资总量2952亿元，增幅达15.6%。外商直接投资21.8亿美元，增长15.4%。全市共引进大项目101个（其中工业大项目39个，现代服务业大项目 62个），招商成效突出。

【强化政策保障】 2014年，修订完善《合肥市招商引资大项目政策导则》，加大对战略性新兴产业、重点业态的扶持力度；修订完善《合肥市招商引资考评奖励办法》和《合肥市招商引资境内资金统计办法》，注重奖励在项目落地各个环节发挥重要作用的有功人员，进一步加强招商引资数据统计工作的科学性、可行性；围绕国内外经济形势、产业发展态势，以及国家发展战略性新兴产业的宏观导向、扶持政策等，对智能制造、电子信息等十大重点产业的发展现状、趋势、市场前景等进行充分研究，搜集整理了龙头企业、配套企业、产业链情况和政策需求等，牵头编制了《合肥十大工业产业招商指南》，指导县、区（开发区）有针对性地开展主导产业项目工作。编印了《大项目风采》、《合肥投资平台指南》等材料，引导全市招商系统宣传推介合肥。合肥市招商引资项目政策审定小组全年共审议了中铁物资总部、瑞福德汽车金融等12个投资总量大、产业关联度高、带动性强的项目，为市领导决策提供了准确到位的意见建议。

【转变招商方式】 2014年，合肥市着力转变招商方式，精干招商力量，构建招商引资新平台。市领导率小分队拜访企业，积极开展点对点招商，推进恒宇新能源电池、轨道交通项目快速落地。组织召开百名县干招商工作座谈会和第二批百名县干工作动员会，市委、市政府主要领导出席会议。为期两年的第一批百名县干招商工作取得显著成效，实际引进项目489个，实际到位资金429.4亿元；组建全市第二批百名县干继续开展招商活动。充分挖掘商会资源，拓宽招商渠道，争取中国乐清商会、广东商会等有影响力的商会组织在合肥举行全国年会，有效提升了合肥的知名度和影响力。庐阳区委托中国科技大学校友会吸引带动35家高新技术企业入住，打造中科大创新产业园。与在京高校开展产学研合作，举办合肥面向首都高校技术需求发布会，促成北大、清华等16所高校与合肥市63个项目达成合作意向，签约18个项目。

（柏双鹏）

对外交往

【加强因公出国（境）管理】 2014年，合肥市认真贯彻落实中央及省市关于因公出国（境）管理的政策要求，从严把关。同时不断完善制度建设，以市政府办公厅名义下发《合肥市党政机关因公出国（境）经费管理办法》，以市委外事领导小组办公室名义下发了《关于重申不得持因私证件出国（境）执行公务的通知》，进一步严肃了外事纪律。全年共办理因公出国（境）169批 554人次（其中党政干部85批176人次），其中报省政府审批团组计19批 95人次（市领导14批75人次，合肥学院4批15人次、开发园区1批5人次），报省外办审批团组计2批5人次，均为合肥兴泰控股集团公司赴香港团组，市本级审批团组计91批386人次，双跨团组计57批68人次。扣除市教育局及合肥学院对外交流团组31批162人次（2013年均从因私渠道出访），实际为138批392人次。与去年相比团组数实际下降19.3%，人数下降21.3%；党政干部人数下降11.6%。

【规范外国人来华邀请管理工作】 2014年，重点走访一批外向型企业，宣传《关于被授权单位办理邀请外国人来华手续的暂行管理办法》，加强涉外邀请工作的管理。进一步完善网上办事程序，为企业“走出去”提供高效、便捷、优质服务。全年共办理邀请外国专家、外国人来合肥考察、访问、商贸洽谈、工作签证737批1426人次，其中留学签证26批146人次，工作签证187批203人次，其它各类签524批1077人次。

【对外交流】 2014年，接待来访团组48批398人次，市领导出席重要外事活动100余场，其中包括多米尼克国总理罗斯福·斯凯里特、西班牙驻华大使瓦伦西亚、美国惠而浦集团国际部总裁迈克尔．托德曼等重要团组。全年共邀请接待美国、英国、荷兰、以色列驻上海总领事、副总领事等外国驻华使领馆团组10批次共计74人，还邀请德国、美国、智利、澳大利亚四国驻沪总领馆官员列席合肥市第十五届人民代表大会第二次会议并旁听了合肥市人民政府工作报告；创新开展与外国驻华使领馆合作交流活动，与英国驻沪总领馆共同举办了巢湖水环境治理国际研讨会、“世界之桥——英国主题日”活动暨英国与合肥交流合作图片展；市领导亲自率队赴上海拜访美国、德国、加拿大等7个国家的驻沪总领馆，洽谈具体合作事宜，并应邀积极参加领馆举办的庆典等活动。与市财政、外宣、科技等部门以及有关企业密切配合，赴巴西正式申报2015机器人世界杯大赛，与法国里昂市、德国莱比锡市等城市同台展示，并获得机器人世界杯大赛承办权。继续深化友城交流，进一步拓展与日韩等友城多领域合作交流，积极筹备2015年合肥、久留米结好35周年大庆，与日本久留米、韩国原州开展校际互访交流，组织经开区小学生足球联队赴久留米参加中日韩青少年足球国际友谊赛。市领导率团访问法国、新西兰有关城市，就友城结好进行友好磋商。

【对俄合作交流】 2014年，借力中俄“两河流域”合作机制，积极开展对俄合作交流。与市经信委、市商务局、市招商局、市工商联、高新区、经开区、合肥学院等部门合作，认真梳理对俄可合作项目，积极推进合肥市与俄罗斯伏尔加河沿岸联邦区有关城市的经贸、教育领域合作交流，精心遴选乌法市、萨马拉市、萨拉托夫市和下诺夫哥罗德市等城市作为重点开展交往对象，共签订2个友城结好合作协议书，建立直接交往渠道；在经贸交流方面，萨马拉市副市长访问合肥市，参加第八届中国（合肥）国际家用电器暨消费电子博览会。乌法市方面邀请合肥市企业界人士参加于2015年2月在该市举行的工业产品展；在教育合作方面，合肥市选派2名学前教育专家赴乌法市参加学前教育国际研讨会，合肥学院、合肥一中等合肥市大中院校与俄罗斯院校建立了联系，其中合肥一中与俄下诺夫哥罗德市八十中开展互访活动，合肥颐和中学作为合肥市结对试点学校，与俄罗斯乌法市和萨马拉市开展学生交流活动。

【对美合作交流】 2014年，在中美绿色合作伙伴计划框架下继续推动与美国哥伦布市的绿色合作伙伴计划。合肥市代表团参加了3月份在美国华盛顿举办的中美友城大会，因合肥市与哥伦布市近年来积极推进中美绿色合作伙伴计划项目，在能源、环保领域实质性合作成果丰硕，被授予中美友好城市可持续发展奖。美国布鲁克海文国家实验室瓦兹欧·帕特先生拜会合肥工业大学，希望通过互派访问学者、短期培训、师生交流等方式共享资源，推动中美友城低碳城市建设的新发展。合肥市野生动物园与哥伦布市动物水族馆签署谅解备忘录，正式缔结为友好馆园。中美绿色合作伙伴计划框架下的肥东循环经济园湿地项目规划通过审核，进入实际操作阶段。

【推动企业“走出去”】 一是积极推动合肥与欧洲、南美的经贸合作。省委常委、市委书记吴存荣率合肥经贸代表团出访南美巴西、智利两国，推进江淮汽车巴西合资工厂、安徽江淮纳威司达柴油发动机生产等项目，推动合肥光伏企业开拓南美市场，为合肥企业“走出去”到南美发展寻求多方支持。张庆军市长率团出访捷克、比利时、俄罗斯，积极推进合肥与欧洲集装箱运输等项目。其他市领导在访问中，也都围绕市重点项目，积极开展招商引资，宣传推介合肥。二是以APEC商务旅行卡为抓手助推民营企业“走出去”拓展海外市场。加大APEC商务旅行卡推介力度，深入合肥市外向型企业宣传推介APEC卡，为合肥市23家企业成功申办79卡次，已报上级部门审批27家企业120卡次，促进民营企业“走出去”拓展海外市场。

【侨务（港澳）工作】 2014

年，共接待华人华侨团体33批，241人次，其中包括俄罗斯华人商会、哥斯达黎加华商会、海外侨务敬贤团、参加第七届世界华侨华人社团联谊大会的海外代表以及“侨商中西部行”安徽代表团等侨商，增进了友谊，拓展了合作；通过“侨爱工程——陈沙立先生救护生命万里行”项目，为合肥市归侨侨眷相对集中的肥东县和巢湖市各争取捐赠车辆1台；依托涉侨会展平台开展招商引资、招才引智，组织全市各级招商部门、县（市）区开发园区以及部分民营企业先后参加了香港贸发局在南京举办的“转型升级、香港博览”系列活动、2014中国西部（成都）海外高新科技暨高端人才洽谈会等涉侨展会，主动开展对接招商。通过华创会官网推荐新站试验区、巢湖经开区等19个项目面向全球招商；加大侨务引资引智力度，组织市侨务工作团访问北美，与美国等50个国家近60个侨团建立良好的联系渠道，签订共建协议，宣传和推介合肥市招才引智政策，同时加强与高等院校校友会的联系，加大引智力度，搭建创业平台。热情开展为侨服务活动，积极为侨资企业的发展沟通信息、协调关系，为海外高层次人才在回国定居、创业资金扶持、子女侨眷身份认定等方面提供便利，进一步加大对归国创业团队的扶持力度，为海归创新团队争取国家资助、奖励；建立侨属企业资料库，帮助侨企解决经营中的难题和困难。积极开展与港澳的交往，与香港方面共同在合肥举办了“同根同心，共创双赢 ---2014香港巡回展”，接待香港特区政府第30期香港高级公务员“国家事务研习课程”班学员一行26人。（李祥）

合台交流

【概况】 2014年，合肥市台办深入贯彻落实党的十八大和十八届三中、四中全会精神，按照中央“和平统一、一国两制”的方针政策，以党的群众路线教育实践活动为契机，创新工作思路，认真履职尽责，对台经济工作成效显著，交流联络工作日益拓展，对台宣传工作力度加大，服务保障工作日趋完善，为合肥市建设长三角世界级城市群副中心，奋力打造“大湖名城、创新高地”不懈努力。

【对台经济】 2014年，合肥市台办继续以对台经济工作为核心，积极拓展新的招商途径，不断创新招商思路，采用多种行之有效的招商方式，“走出去”的范围更广，“请进来”的类型更多。“会议招商”“以台引台”“入岛招商”“招商长效机制”成为2014年对台经济工作的新亮点。全年先后赴昆山、上海、东莞、深圳、佛山等地拜访台资企业80余家，结识新台商300余位；邀请顶新康师傅、蓝天电脑、华新丽华、台湾中华航空公司等高层人士76批460余人次来合肥考察；重点围绕家电博览会、农业产业化交易会及省政府、市政府在昆山、东莞召开专场投资环境说明会等会议活动邀请台商团体与外地台商协会参加；邀请上海市台办主任陈文辉率上海台协会长等26人来合肥考察，签约14个项目，总投资额达3亿元。截至2014年底，全市累计注册台资企业650余家，总投资近30亿美元，位居全国省会城市11位，占全省台资企业总投资约55%。全市台资企业实现产值100多亿美元，占全市规上工业产值10%以上；实现进出口总额60多亿美元，占全市进出口30%以上。合肥市对台湾进出口贸易总额14.1亿美元，同比增长82.8%（进口12.93亿美元，同比增长近1倍）。

【参加两岸企业家峰会】 2014年12月14至20日，两岸企业家峰会在台举办，合肥市作为大陆中部地区唯一受邀城市出席峰会，张庆军市长、黄文涛副市长应邀率团赴台参加。两岸企业家峰会是两岸经济界高端交流合作平台，此次峰会首度在台湾举行，逾800名两岸企业家代表参会。峰会期间，张庆军市长一行充分利用大会开、闭幕式，各产业分论坛与各类餐叙的机会向台湾企业家介绍合肥发展

2014年新批台资企业统计表（合肥）

单位：万美元

企业名称	所属行业	注册资本	注册日期	到位资金
安徽勤璞园农业科技有限公司庐江分公司	农业	40	2014.04	1124.4
安徽酵顺食品生物科技有限公司	食品加工	210	2014.05	1124
合肥顶亿兴餐饮管理有限公司	餐饮	24.6	2014.12	24.6
阜阳顶津食品有限公司（阜阳合肥现代产业园）	食品加工	500	2014.09	100

2014 年增资台资企业统计表（合肥）

单位：万美元

企业名称	所属行业	注册资本	注册日期	增资
联宝（合肥）电子科技有限公司	家电电子	26500	2011.12	5700
合肥统一企业有限公司	食品加工	6000	2013.05	8000
合肥顶津食品有限公司（康师傅）	食品加工	1000	2013.06	1800
世巨科技（合肥）有限公司	光电	1000	2012.12	500

环境，深入交换意见，共商合作发展，先后与 25 批 160 余位台湾各界人士交流，达成广泛共识。在台北，张庆军一行拜访了华新丽华董事长焦佑伦、蓝天电脑董事长许崑泰，考察了广达电脑、光宝集团、仁宝集团，与国民党原副主席蒋孝严、二十一世纪基金会董事长高育仁、台湾知名人士陈履安等餐叙交流，他们纷纷表示看好合肥的发展前景，或是将来合肥实地考察，或是加大投资力度，入岛招商成效显著。在新竹，张庆军市长与力晶科技集团董事长黄崇仁就芯片合作深入交换意见，并与在合肥投资的台商朋友餐叙交流，为进一步服务台商台胞、做强在合肥市台资企业出谋划策；考察团在嘉义与桃园分别考察了耐斯集团剑湖山世界、华德电动汽车，进一步推动台商与合肥市各产业深入合作。各开发区也充分利用峰会资源，结合各自产业优势，考察拜访 12 家台资企业，推动在谈项目进展。

【合台交流】 2014 年，市台办通过组织考察团赴台、邀请台胞来合肥市、加强与岛内民间社团联系、打好“铭传”牌、“包公牌”“亲情牌”等多种途径，提高合台交流层次，扩大合台交流范围，开拓合台交流资源。全年公务赴台 18 批 128 人次，商务赴台 38 批 81 人次，同比增长 29%。赴台探亲、观光等人员达 4922 人次，同比增长 75%。合肥每周往返台湾 14 对 28 个航班，合台交流步入快速发展期。2014 年 11 月，合肥新桥机场口岸台胞落地签正式启用。12 月，合肥空港进境水果指定口岸获批建设，进一步打通合肥对外开放的新通道。同时市台办通过多种方式与台湾社会知名人士进行广泛接触，先后接待了南投县国民党党部主任委员李哲华、树德科技大学两岸和平研究中心吴建德来合肥考察；台湾地区大学校长吴清基率 15 人团来合肥参加海峡两岸风筝文化艺术节；国台办政党局负责人陪同台湾劳动协会 33 人考察团来合肥考察；国民党原副主席蒋孝严办公室主任詹清池等人就举办“首届两岸安养产业合作论坛”及产业用地事宜多次来合肥进行洽谈。在保持与台湾社会知名人士联络的同时，市台办积极扩大与香港、澳门各界人士的联系，增加做台湾人民工作的新渠道，如接待澳门海关副关长赖敏华率领的澳门特区政府涉台事务研习考察高级班，加强与澳门工委台湾事务部的密切联系，扩大交流交往及招商引资的范围。

【海峡两岸交流基地】 刘铭传作为台湾首任巡抚在台湾各界具有较好的社会影响力，刘铭传故居作为涉台文物、国家重点文物保护单位、安徽省唯一的全国海峡两岸交流基地，对促进合台交流具有重要纽带作用。截至 2014 年底，基地中心主体建筑群原址复建工程已全部完成，旅游接待中心即将启用，刘铭传纪念馆选址工作已经完成。2014 年，市台办以海峡两岸交流基地为平台，会同肥西县共同举办台湾大学生夏令营交流活动。来自海峡两岸 150 名大学生参访刘铭传故居、祭拜刘铭传墓园，参观合肥的风景名胜。8 月，市台办、市教育局、市文广新局共同组织全市青少年，与来自台湾先啬宫青少年民乐团，来自上海金山区的青少年共同举办“两岸三城”青少年民乐联合演出，进行座谈交流等多项活动，有力地促进了海峡两岸青少年的交流交往。

【对台宣传】 2014 年，市台办一方面紧抓大陆主流媒体，多角度多方位宣传合肥对台工作成果；另一方面利用台湾岛内媒体、合肥市组团赴台考察交流等时机，宣传合肥的投资环境。台湾中南部新报媒体、《澳门日报》、澳门广播电台等当地主流媒体先后来合肥采访，对合肥人文地理、经济发展、投资环境等方面进行报道。市台办协助中国华艺音像实业有限公司与安徽省刘铭传研究会共同拍摄电视纪录片《台湾往事—首任巡抚刘铭传》，积极争取市政府与肥西县共同出资，并为其提供在合肥拍摄期间的保障工作。进一步发挥“合肥台办网“的作用，及时转载国家、中央台办及国家相关部门制定的涉台法律法规，介绍合肥市情、招商

2014 年台湾来皖交流情况统计表（合肥）

团组名称	类别	来皖时间及主要内容
台湾旅游发展有限公司	经贸	2014 年 1 月参观考察
农企业发展协会	农业	2014 年 2 月参观考察
台湾杰出企业经理人协进会	经贸	2014 年 3 月参观刘铭传故居、墓园
南投县国民党党部主任委员李哲华一行	经贸	2014 年 3 月参观考察
树德科技大学两岸和平研究中心主任吴建德一行	交流	2014 年 4 月参观考察
台胞张素九（张治中女儿）	经贸	2014 年 4 月参观考察
台湾地区大学总校长吴清基一行	文化	2014 年 4 月参加“海峡两岸风筝文化艺术节”
桃园县大溪镇	经贸	2014 年 6 月参观考察肥西县三河镇
台湾元隆电子股份有限公司	经贸	2014 年 6 月参观考察
海峡两岸农业协会监事长钟祥铭一行	农业	2014 年 7 月参观考察
台湾农业合作联合社	农业	2014 年 7 月参观考察
台湾先啬宫青少年民乐团	青少年	2014 年 8 月参加“两岸三城、共享民乐”演出交流
台湾元隆电子股份有限公司	经贸	2014 年 8 月参观考察
台湾中南部新报媒体参访团	新闻	2014 年 9 月新闻采访
陈一心基金会	教育	2014 年 12 月阅读推广指导
台湾元智大学科学教育研究中心	教育	2014 年 12 月科学课示范交流活动

引资政策，及时反映对台工作动态、报道海峡两岸动态。

【服务协调】 2014 年，市台办严格按照中央有关文件精神，认真贯彻落实《中华人民共和国台湾同胞投资保护法》，始终把维护台商、台胞、台属合法权益，排忧解难作为一项经常性、基础性的工作，及时协调处理各类涉台投诉，为台商投资营造良好的“软环境”。3 月 12 日，凌云副书记专题召开台商投资发展座谈会，认真听取在合肥市台商对优化投资发展环境的意见和建议；12 月 10 日，黄文涛副市长专题召开解决台企非凡公司融资贷款协调会。12 月底，张庆军市长、黄文涛副市长赴台期间走访了解有关台商在项目投资、企业发展等方面的问题，要求有关部门及时梳理、认真解决。市政府办公厅专门下文进行督办，各类问题已基本得到解决，依法保护台商的合法权益，受到台商的广泛赞誉。全年共受理各类涉台投诉案件 37 件，结案 34 件，结案率 91.9%。此外，全年接待办妥台胞台属来信来访 21 件（次），办理 6 位台属寻亲事宜。

【协会建设】 2014 年，市台办注重发挥合肥市台湾同胞投资企业协会和合肥市台胞台属联谊会的桥梁纽带作用，推动两会蓬勃发展。市台协积极配合全市招商引资工作，协助安排市领导与台湾工商界和外地台商协会广泛交流，陪同省市领导及相关单位多次赴昆山、东莞等地开展招商。市台联对全市台胞台属情况重新登记统计，并组织开展爱国主义教育。巢湖市台胞台属联谊会第一届会员代表大会成立，这也是合肥市第一个县（市）区成立的台胞台属联谊会。截至 2014 年，市台协共发展会员 120 多家。市台联登记在合肥台籍同胞 205 人，台属近 5 万多人。

（李　欣）

对外经贸

【利用外资】 2014 年，合肥市商务局不断提升利用外资质量，利用商务部、安徽省商务厅及外国驻华机构等多方资源，重点围绕新型平板显示和集成电路、高端商业地产百货、金融服务、中介服务、医疗养老、现代物流、跨境电子商务等产业开展多样化的招商活动，同时推动在谈重大外资服务业项目的签约落地，做好鼓励类限额以下外资项目审批权委托下放县、区、开发区工作，调动县、区、开发区招商工作的积极性和服务意识，为投资者提供更加便捷高效的审批流程，加快外资项目落地进程。全年实现外商直接投资 21.8 亿美元，同比增长 15.4%，超额完成市政府制定的年度目标任务。外商直接投资中，工业投资 7.43 亿美元，占 34.1%，同比下降 24.4%；服务业投资 14.33 亿美元，占 65.7%，同比增长 59.5%；农业投资 581 万美元，占 0.3%。全市新批外商投资企业 85 户，同比增长 1.2%。新增总投资（含增减资）27.18 亿美元，同比增长 45.6%；注册资本 16.18 亿美元，同比增长 31.7%；合同外资 11.15 亿美元，同比增长 15%。外资金融租赁企业投资步伐加快，新批外商投资金融租赁企业 6 家，投资总额 1.8 亿美元。重点外资项目拉动作用明显，外商直接投资中超过 1000 万美元的项目65个（其中超过3000万美元的项目18个），项目累计金额占全市外商直接投资的75%。新引进2家境外世界500强企业，新增3家境外世界500强投资的企业，投资合肥市的境外世界500强增至37家，在合肥设立企业增至48家。

【对外贸易】 2014年，合肥市商务局以打造载体平台为抓手，推进开放型经济发展。“四港三区一中心”开放型经济建设平台取得突破：合肥水运港获批二类开放口岸，年吞吐量超过15万标箱；合肥国际内陆港——合新欧国际货运班列实现常态化运行；合肥航空港水果进境指定口岸获国家质监总局批准建设，国际货运航线航班开设积极推进；合肥跨境电子商务港——安徽（蜀山）跨境电子商务产业园实现通关运行；合肥综合保税区获国务院批准，建设招商高效开展；合肥出口加工区实现进出口额45.6亿美元、同比增长266.9%，在全国51个出口加工区中位列第6；合肥空港保税物流中心（B型）进入报批程序；合肥对外劳务合作服务中心即将成立。全市进出口额以月均17亿美元以上的速度递增，全年历史性突破200亿美元大关，进出口增幅分别高于全国、全省10.7、5.9个百分点；进出口、出口总量连续3年进入全国省会城市前十强。大项目带动效应明显，仅联宝电子、鑫晟光电、京东方三个外向型大项目进出口额就占到全市总额的44%；联宝电子更是超越铜陵有色公司跃居全省外贸进出口第一位。产业发展成为外贸有效支撑，家电行业化解成本压力，拓展新兴市场，全球竞争优势加强，出口稳步提高，全年市属企业家电出口增长9.8%，超过市属企业平均出口增幅3.6个百分点；汽车行业在全国汽车行业出口不景气的背景下，整车出口下降低于行业平均降幅，其中重点进出口企业江淮股份虽然出口数量下降，但出口金额增长14.4%，实现了提质增效；新型平板显示及电子信息行业在京东方、鑫晟光电和联宝电子的带动下，全年出口增长超过2.1倍。

【对外经济技术合作】 2014年，合肥市商务局以宣传贯彻《安徽省人民政府办公厅关于支持企业“走出去”开展跨国经营的指导意见》（皖政办〔2013〕42号）为契机，开展全市外经企业调研，了解发展需求，举办全市“走出去”工作培训会，提高企业境外安全风险防控意识和防范能力，新培育20家“走出去”孵化企业。牵头拟定并推动出台《合肥市促进外经贸若干政策》（合政秘〔2013〕115号），全年兑现外经扶持资金1108.5万元，其中市级资金431万元，省和国家级资金677.5万元。全面梳理对外劳务合作情况，形成《关于进一步加强对外劳务合作管理的实施意见》（修改稿），筹备成立“合肥市对外劳务合作服务中心”。组织具有对外劳务合作资质企业和部分对外工程承包企业开展“合肥市对外劳务合作肥东专场招聘会”活动，现场发放《出国务工指南》、保险、金融等政策宣传资料3000多份（本），各招聘企业共发放招聘资料2万份，2000多人现场咨询，1000多名有意出国务工的人员前来报名应聘。全市实现对外经济合作新签合同额20亿美元，同比上升67%，占全省74%；完成营业额23.4亿美元，同比上升4%，占全省69%；外派劳务年末在外人数12468人，占全省50%。全市新批境外投资企业（机构）53户，6户增资，累计总投资额4.67亿美元，中方协议对外投资额3.98亿美元，实际投资额2479万美元。

其中营业额前十位企业的累计营业额为21.3亿美元，约占全市总数的 94%，占全省总数的62%。

（市商务局）

长江沿岸中心城市经济合作

【概况】 2014年11月22～23日，长江沿岸中心城市经济协调会第十六届市长联席会议在合肥召开，此次联席会议以“共建长江经济带 打造中国经济升级版”为主题，邀请各成员城市的相关企业参会与政府互动，为长江经济带更好的发展出谋划策。27个成员城市代表签署了《长江流域环境联防联治合作协议》，携手推动长江流域生态环境保护，促进区域经济可持续发展，联手打造长江经济带绿色生态走廊。

20世纪80年代中期，中央作出“以上海浦东开发开放为龙头，进一步开放长江沿岸城市，进而带动整个长江流域经济”的战略决策。1985年2月，重庆、武汉、南京三市主要负责人就“如何发挥中心城市作用，联合开发利用长江黄金水道”等问题达成共识。随后，三市市委书记拜会上海市党政领导。时任上海市市长的江泽民同志指出：上海作为对内对外两个辐射扇面的结合部，还必须继续大力加强对内横向经济联合，这是促进上海经济振兴并和兄弟地区共同繁荣的一条重要途径。1985年12月底，沪、宁、汉、渝4市领导聚会重庆，长江沿岸中心城市经济协调会（以下简称“协调会”）正式成立。

经过多年的努力，协调会形成全新的格局，成为以上海、南京、武汉、重庆、合肥为常设主席方，由攀枝花、宜宾、泸州、宜昌、荆州、岳阳、咸宁、鄂州、黄石、黄冈、九江、安庆、铜陵、芜湖、池州、马鞍山、泰州、扬州、镇江、南通、宁波、舟山等共27个成员城市组成的区域合作组织。根据协调会章程，协调会由渝、汉、宁、沪、肥5市轮流担任主席方，协调会市长联席会议是协调会最高组织和活动形式，每两年召开一次，主要对区（流）域产业布局、结构调整、经济合作、生产要素调配进行磋商，共同研究流域经济合作的重大课题。2014年，第十六届市长联席会议在合肥召开。

【加大产业合作力度】 2014年，合肥与武汉广泛加强在家电制造、基础原材料深加工、医药化工、农副产品深加工、节能环保、资源综合开发与利用、生产性服务业等方面的合作，谋划一批合作项目；与南京、南昌两市加快促进石油化工、电子信息、汽车等传统产业优化升级，联手打造钢铁产业集群、汽车产业集群、船舶制造产业集群、航空工业产业集群、家电制造产业集群等；与马鞍山市共同推动马钢与合肥汽车产业的上下游合作，联手打造全国重要的汽车及零部件产业基地。

【加快口岸通关一体化建设】 2014年，合肥积极争取国际航班在合肥和上海、江苏、浙江航空口岸间客运和货运串飞，提升合肥航空口岸的境外航线覆盖率，增加口岸的运量和效益，并在海关的大力支持下，推动开展上海、合肥等航空口岸国内转关货物便利监管；探索推动合肥与上海间铁海联运业务，推动合肥铁路站点货运管理信息平台建设，逐步实现铁海联运货物定舱、查询信息化；积极协调推动口岸查验单位整体联动，探索建立沿长江大通关模式，实现长江水运通关便利化。

【推进创新平台建设】 加强企业创新平台建设。新建一批国家重点（工程）实验室、国家工程（技术）研究中心、国家企业技术中心等专业技术平台，集聚、培养一批高端人才，在若干技术领域形成竞争新优势。推进协同创新平台建设。依托高校、科研院所，围绕地方产业需求和产业发展重点方向，创新体制机制，建设一批协同创新平台。按照“省院合作、市校共建”模式，重点建设中科大先进技术研究院，打造国际一流协同创新平台；推进合肥工业大学智能制造研究院、中科院创新技术研究院等重大创新平台建设。支持创新型园区和孵化器建设。为提升创新服务能力，建设了科技创新示范区，示范核心区“一中心三基地”（即科技创新公共服务和应用技术研发中心，科研集群基地、孵化基地、产业基地）。

【深化文化交流与合作】 2014年，合肥与武汉签署文化工作交流合作协议，重点建立文化工作交流协调机制、加强文化产业互动协作等；通过轮流主办“江海交融”上海、南京、合肥美术作品交流展，进一步加强合肥与长江流域其他城市的文化艺术交流与合作；具体项目合作上，合肥文广集团与武汉鑫飞达公司合作的“合肥城市公共自行车”项目近期运营；与中航工业集团上海资产管理公司合作的项目“中航文化创意产业园”正在建设，建成后，将成为安徽省唯一的航空飞行娱乐、科普教育和培训基地，安徽省最大的3D影视文化创意产业基地和文化创意产品交易中心。

【加强环境保护力度】 2014

年，合肥先后赴上海、武汉等地学习扬尘污染防治、蓝藻应急处置、水环境治理、PM2.5 治理、机动车排气管理技术和管理经验；与中国科学院武汉水生生物所、南京地理与湖泊研究所合作，利用其技术力量开展“水专项”巢湖项目技术研究，为巢湖水污染防治提供技术支撑；进一步开放和规范环评市场，允许外地环评机构在合肥开展环评业务，营造公平公正公开的市场环境，促进环保产业发展。

【积极推进园区合作共建】 2014 年，合肥开发园区多次赴上海、南京、苏州等地考察，学习产业转移、招商引资等方面先进经验，并与当地开发园区进行交流、对接，努力寻求在园区共建方面开展合作的空间，积极推动合肥市与先发地区开展园区合作共建，实现资源互补、优势共享、互利共赢。合肥市经开区已与上海漕河泾开发区合作共建创新产业园，促进区域产业对接合作。（王　敏）

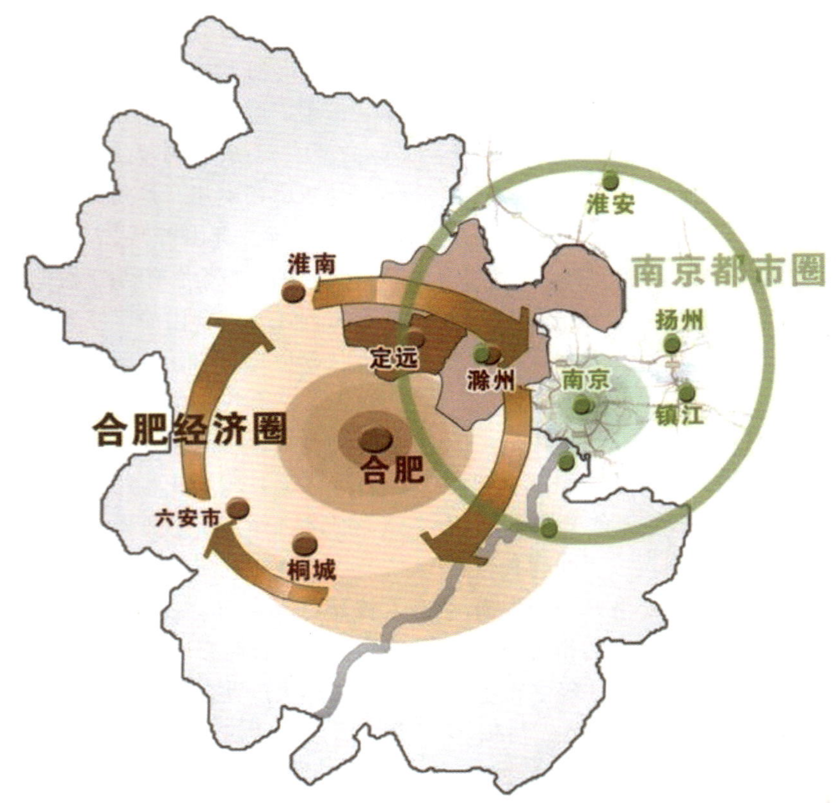

合肥经济圈

【完善合作推进机制】 2014 年，合肥继续发挥龙头引领作用，全力推动合肥经济圈内各市联动发展，整体发力，已形成一个紧密相联、使命相同的共同体，为安徽加速崛起提供强劲动力。

2014 年，合肥联合圈内城市制定了《合肥经济圈城市合作发展章程》和《合肥经济圈城市党政领导会商会议议事规则》，成功举办合肥经济圈城市党政领导第五次会商会议，共同签署交通基础设施建设、产业、市场一体化、大气污染联防联控和体制机制建设 5 个合作专题框架协议和 15 个合作项目。建立常务副市长协调会制度并召开第一次会议，协调推进合作专题、项目协议加快落实。组织召开经济圈商会合作交流会，联合签署《合肥经济圈城市商会合作协定》。建立集中办公机制，圈内各城市选派 10 名干部集中到设立在合肥的经济圈办公室，统筹协调推进经济圈各项工作，取得良好效果。

【编制重点发展规划】 2014 年，落实国家新型城镇化战略部署，组织编制《合肥经济圈城镇体系规划（2014-2030 年）》，规划已通过专家评审，待征求意见后报省政府批准。启动《合淮同城化工业走廊规划（2014-2020 年）》编制，并报省政府待批。完成《合肥航空港经济实验区发展规划(2014-2030 年）》文本，正在积极争取国家批准。启动实施合肥经济圈“十三五”发展规划 5 个专项规划编制工作。通过多项重点规划的编制，合肥经济圈一体化建设政策规划体系日趋完善。

【加强基础设施共建】 航空方面，积极发挥合肥干线机场作用，谋划新桥国际机场二期项目，统筹推进通用航空机场，加快建设圈内各市县通往新桥国际机场的快速连接线。公路方面，G312 合六路、G206 合淮路合肥段已完工；合六南通道、G206 合安路、S203 淮六路、S241 洛水公路开工建设；S316 庐城至桐城段、S101 合相路、S311 乌曹路开展前期工作；滁淮高速初步设计已获批复。铁路方面，合肥高铁南站及高铁南环线正式开通运营，合福铁路加快建设，庐铜正式开工，商合杭、合安九客运专线前期工作稳步推进，合淮、合六、合宁等城际铁路开展前期规划工作。水利方面，引大别山优质水源、引江济淮调水工程加快推进，引江济巢项目方案比选初步完成。通过基础设施共建，经济圈已初步形成了合肥至圈内城市“1小时通勤圈”。

【推进产业联动发展】 农业方面，2014年合肥市财政共安排共建蔬菜基地专项资金630万元，新增种植面积2.4万亩，总量突破50万吨，间接带动周边基地供应合肥蔬菜120万吨；合家福、燕之坊、人人福等农业产业化龙头企业在六安、淮南设立了分公司和基地；依托合肥周谷堆等农副产品批发市场，积极开展“农超对接”和“农市对接”活动，六安、定远、桐城等地特种水产和瓜果蔬菜在周谷堆市场的年成交量达2万吨，成交额1.55亿元。工业方面，寿县新桥国际产业园的瑶海钢构重钢一期工程建成投产，定远盐化基地一批化工产业合作项目和合肥工投公司在舒城投资的标准化厂房项目开工建设。旅游方面，开通合肥经济圈旅游门户网，修编《合肥经济圈旅游地图》，开展经济圈旅游产品进社区活动，积极组织圈内城市赴福州开展旅游推介。商贸方面，加快合肥周谷堆农副产品批发市场升级扩建，推进淮南电子商务产业园建设，开工建设安徽（蜀山）跨境电子商务产业园，并同步建设跨境电子商务海关、检验检疫监管场所。园区共建方面，加快建设寿县蜀山现代产业园，积极推进合肥—淮南、舒城—包河、定远—肥东、桐城—包河共建园区工作，经济圈产业合作发展成效初显。

【实施生态环境同治】 2014年6月6日，合肥经济圈六市、县共同签署大气污染联防联控合作框架协议，明确加强工业污染治理、加快能源结构调整、防治机动车污染、实行秸秆联合禁烧、开展区域联合执法、加强重污染天气应急管理等六项主要任务。合肥市大力推进环巢湖生态示范区建设，全面推行“河长制”，加快实施重点流域水污染防治规划；组织召开丰乐河流域水污染防治联席工作会议，与六安市签订丰乐河流域水污染防治联防联控协作方案，丰乐河考核断面水质稳定达到地表水III类标准。合肥市水生态文明城市试点建设实施方案已通过水利部组织的专家评审、并获得省政府批复。通过开展环境联合整治，合肥经济圈生态环境得到进一步改善。

【拓展人才交流合作】 2014年，合肥市先后选派8名干部赴寿县、滁州市交流挂职，淮南、滁州、六安三市分批安排35名干部来合肥挂职锻炼。加强人力资源合作，合肥市与六安、淮南、滁州、桐城、寿县、霍邱、颍上、定远等市县签署了九方人力资源交流合作协议；升级“合肥人力资源协作圈”网络模块，圈内各市县人社部门网站和就业服务网站及时同步发布就业服务信息；不定期联合举办专场招聘会、“招工大篷车”和校企对接合作活动，引导各类人力资源特别是技能人才有序流动。通过开展干部培养和人才培育合作，促进各市干部之间的思想契合、观念对接、知识互补、经验共享，提升区域合作的成效和水平。

【加大宣传推介力度】 2014年5月21日，举办合肥经济圈城市外宣会商会议，签署了《合肥经济圈城市对外宣传工作合作框架协议》，全年在中央、香港及国外、省及省外主要新闻媒体刊发关于合肥经济圈稿件2100余篇（条）。通过中央媒体专题专栏报道、推进网站建设、开展招商推介会等活动，进一步拓展经济圈宣传渠道，不断扩大经济圈影响力。

【工作成效】 通过几年来的发展，合肥经济圈合作机制逐步常态化，合作共识不断深化，合作氛围日益浓厚，合作范围日趋广泛，合作程度不断加深，区域影响力和带动力显著提升。2014年，合肥经济圈实现地区生产总值达8368.6亿元，实现规模以上工业增加值4051.2亿元，财政收入1374.9亿元，全社会固定资产投资8618.6亿元，社会消费品零售总额2917.7亿元，占全省比重分别为40.1%、42.5%、37.5%、40.6%、39.9%。

（田　葳）

合肥高新技术产业开发区

【概况】 2014年，合肥高新技术产业开发区（以下简称“高新区”）完成地区生产总值444.7亿元，实现规模以上工业产值1025.9亿元，实现工业增加值318.8亿元，完成固定资产投资375亿元，完成工业投资220.6亿元，实现社会消费品零售总额33.2亿元，实现进出口总额18.2亿美元，完成全口径财政收入76.95亿元，完成一般预算收入23.01亿元，同比分别增长11.8%、16.2%、15%、16.8%、13.1%、12%、48.4%、52%、55.1%；实现单位GDP能耗同比下降6.66%。全区完成产值逾亿元的企业达101家，产值占比达97.3%。

【招商引资】 该区完成招商引资总量219.31亿元，同比增长11.9%，其中吸收外资4.2亿美元。完成新签约有效项目33个，协议总投资额245.23亿元。项目主要分布在高端装备制造、新一代信息技术、新能源新材料、生物医药、现代服务业、总部经济等产业。在这些项目中，有28个属于战略性新兴产业项目，包括君正、芯京源、美时医药、伊普诺康等项目，大陆集团中国区总部、惠而浦亚太区研发和运营中心等项目实现成功落地。

【规划与建设】 该区推动规划与建设工作，完成“中科智城”产业发展研究及概念性总体规划，完成建成区“有机更新”研究，修编南岗镇总体规划等5项规划并取得中期成果，启动绿地系统、旅游发展等3项规划编制；完成项目规划审批792件。其中，建设项目选址意见书25份、建设用地规划许可证67件、建设工程规划许可证副本394份、建设工程规划许可证正本306份；组织现场开工验线、规划核实（竣工验收）及现场查勘430次。

开展“智慧高新顶层规划设计”方案征集和初步评审工作，完成第一轮智慧高新建设需求征集。组织编制2014～2020《合肥高新区智能交通系统规划》、2014～2018《合肥高新区智能交通实施方案》并通过专家评审，完成合肥高新区智能交通一期建设设计方案（约6500万元）。编制智慧社区（蜀麓社区试点）、智慧工地、智慧环保、高新区GIS（空间地理信息系统）等规划方案，成立智慧城市创新产业联盟。

加强项目建设，当年建设各类项目585个，计划总投资1105.9亿元，完成投资879.7亿元。完成同路生物、小林制药、美欣制药等生物医药企业项目建设并投产见效；加速建设英唐智控、博侃矿物、华清高科等投资逾10亿元的重点民企工业项目；推进公共安全产业园、国际语音产业园、三洋（惠而浦）、恩布拉科、国风塑业等项目建设。

强化基础设施建设，当年建成长江西路至宁西路段的方兴大道等17条（段）道路，总长约25.03公里，完成投资约10.93亿元。建成220千伏科学城变工程并投入使用，110千伏高新南变工程基本完工。开工建设110千伏柏堰Ⅱ变工程，完成110千伏学田变用地、规划等建设前期工作；完成永和路高压走廊入地改造项目建议书编制以及示范区、南岗科技园10千伏公共配网规划设计。启动主干道路灯变向地埋式变压器的升级改造工作，完成12个投产项目电力外线费用政策兑现工作。新建电力排管27公里，收取非工业项目电力排管使用费411万元；完成创新大道市政供水管网沟通经开区双侧主供水管网工程，完善七水厂配套市政管网建设。建成方兴大道市政供水管网并投用。配合做好轨道2号线高新区段8个站点施工范围内的水电气热管线迁建工作。补建市政消火栓116个，新建市政供水管网10.5公里；完成蜀峰湾公园（北湖）周边排水管网排查并对进入人工湖污水进行临时截流；修复银杏路污水干管，对铁路下游管道进行清淤。落实梦园小区、蜀南庭苑污水临时截流措施。开展中烟、娃哈哈中水回用试点工程。联系蜀山区，协调解决蜀山南麓排水完善工程5号出口施工受阻问题。新建雨水管网31.04公里，污水管网22.47公里；建成方兴大道“川气东送”DN700高压燃气主管网。建成湖光西路燃气调压站，在建香蒲路燃气调压站。配套完善全区市政天然气管网，新建市政天然气管网14.5公里；推进示范区热电站项目建设前期工作，完成项目选址报告、地勘、供热规划修编、环评报告编制、水资源论证及水土保持方案等工作；完成公交规划方案编制，启动园区96个站牌（亭）建设。开通新七中区级专线公交以及周五、周日市级定点专线班车。完成新能源汽车试运行工作并通过验收。

突出建筑监管工作，做好建筑市场执法监督工作，对管理较差的项目参建单位进行约谈与警示31次；开展建筑工地文明创建专项检查、建筑节能专项执法监督检查等专项治理活动14次，对发现的问题当场下发监督意见通知书8份；开展质量安全隐患排查879人次，下发监督通知780多份、监督意见3940多条。组织和监督重大危险源专家论证48次，安拆塔吊和人货电梯275台次，复查76人次；该区当年建设领域安全生产形势平稳，未发生较大安全生产事故，荣获中国工程建设标准化协会授予得“贯彻实施建筑施工安全标准示范单位”称号。

创建省级安全文明标准化工地4个、市级22个；38所机载集成中心项目获“国家优质工程”，中科大先研院综合主楼获“国家AAA级安全文明标准化诚信工地”，4项工程获“黄山杯”，5项工程获市“琥珀杯”。

【土地管理】 该区（不含柏堰科技园合作区）上报征收土地20个批次，涉土地总面积278.62公顷（含农用地约228公顷）。其中，“圈内”项目2个，涉土地面积约2.303公顷（含农用地近2.147公顷）。包括“圈内”公共管理与公共服务用地1宗约1.275公顷，交通运输用地1宗1.028公顷；“圈外”项目69个，涉土地面积约262.78公顷（农用地逾225.85公顷）。包括工矿仓储用地18宗115.228公顷，商服用地11宗约22.989公顷，公共管理与公共服务用地6宗16.263公顷，住宅用地12宗43.017公顷，交通运输用地22宗71.034公顷。是年办理土地使用权登记81宗，面积342.35公顷。其中，初始登记38宗，面积186.66公顷，变更登记43宗，面积155.69公顷。办理土地使用权抵押登记115宗，面积316.92公顷。开展土地清查清理，完成第十三执法卫片检查整改。完成84公顷的省级预留土地指标申报。在土地供应方面，完成土地供应46宗，涉土地面积近276.63公顷，土地出让金及划拨价款约26.38亿元。其中，划拨土地21宗，涉土地面积172.626公顷，划拨价款约1.28亿元；出让工业用地17宗，涉土地面积近62.685公顷，实现土地出让金近2.41亿元；出让经营性用地6宗，面积近34.823公顷，实现土地出让金近21.86亿元，教育科研用地2宗，面积约6.497公顷， 实现土地出让金近8300万元。

【绿化与环保】 完成投资1.76亿元，实施绿化大会战项目34项，绿化面积124.78万平方米（新增93.56万，提升31.22万）。完成中科大游园、坝下河公园一期、习友路绿化示范路提升等绿化工程，共栽植乔木约30580棵、灌木约34973株、色块约137412平方米。超额完成去冬今春植树造林任务，植树造林总面积逾41.533公顷，获市政府2014年度造林绿化“先进单位一等奖”，黄山路（高新区段）获“绿化建设示范路”称号，科学大道绿化被评为2014年养管最佳道路。开展“黄土裸露”整治活动。梳理黄土裸露地块80项，面积约56万平方米，开展绿化种植72项，完成绿化面积约46万平方米。安排“三线三边”环境整治项目39个，总规模约68.33公顷，总投资约4693.5万元；完成28个，约15.13公顷，投资约1617.5万元。

强化环保工作，开展巢湖流域生态文明先行示范区建设，编制《生态示范区建设实施方案》，王咀湖、柏堰湖生态保护修复工程列入示范区建设二期项目。王咀湖、柏堰湖可研批准概算投资分别为2.52亿元和2.43亿元，当年分别完成投资3510万元、1562万元；推进“河长制”管理，开展《高新区水环境综合治理规划》编制，出台《2014年度高新区水质监测方案》，对全区11处监测断面开展定期监测，当年化学需氧量、氨氮、总磷指标同比分别下降34%、64%、35%；加大大气污染防治力度，编制《2014年高新区大气污染防治工作重点任务分解表》及污染源清单。以扬尘治理为突破口，对建筑工地、渣土运输、工业废气、小锅炉等开展专项整治，关停违规小锅炉经营户9户；启动“环保产业园”建设，并被合肥市作为节能环保产业园建设的核心区，当年完成环保产业园初步选址；围绕环评审批、项目验收等重点方面，简化流程、提高审批效率。完成环评审批项目192个，环保“三同时”验收（三同时验收是指对建设项目的污染治理设施必须与主体工程同时设计、同时施工、同时投产的验收）项目108个的；开展工业企业废气治理、工业孵化器（软件园和机电产业园）专项整治、汽车服务业（4S店）环境隐患排查等专项行动，共出动执法人员1200余人次，检查各类企业355家，警示约谈涉嫌环境违法行为的企业法人54人次，责令停止生产经营7家，关停企业3家；推行网上危险废物管理计划和资料申报制度，完善危险废物及产生源动态数据库。当年在线申报企业77家，申请转出危废总量2205吨。当年国家、省、市固体废物管理中心对该区18家重点危险废物产生企业危废管理工作现场抽查达标率均为100%；推进清洁生产审核和环境污染责任险工作，率先在全市范围内开展并提高了对开展审核工作的企业扶植力度，对开展并通过审核的企业予以10万元奖励，应开展审核的41家企业全部签订审核合同；按照“依法、足额、及时”和“公开、公平、公正”的原则，做好排污申报、核定及征收工作，完成排污费征收入库457404元。正式被国家环保部、商务部、科技部批准授予“国家生态工业示范园区”称号，成为中西部首批、安徽省首家国家生态工业示范园区。

【服务企业】 增强为企服务能力。89个省列“861”项目、92个市列“1346”项目和7个市列“121”重大工业项目当年分别完成投资134.8亿元、138.1亿元和28.5亿元；加强省市各类扶持政策的宣传落实工作，制定高新区“2+2”政策体系中的《2014年合肥高新区促进产业转型发展若干政策措施》，从产业、企业、项目三个方面确立扶持对象，扶持资金达5.7亿元。落实“百家重点骨干企业包联制度”，全区7个调度服务小组紧盯进度，及时协调解决制约企业发展的资金、市场、用工、仓储物流、项目用地等问题，力促全区月均工业产值稳定在逾90亿元和全年任务目标完成；完成涉企行政许可前置改后置113项，平均办结时限3个工作日内；率先推出首办负责制、上门服务制、重点招商引资项目跟踪服务制、绿色通道制、重大事项领导即办协调制度。全年新增省级“专、精、特、新”中小企业8家，229家企业被认定为市优质工业小微企业。办理股权出质企业92户，实现出质、担保金额15亿元。帮助企业争取各类政策资金1.81亿元；完成第三次全国经济普查的各项目标任务。登记法人单位、产业活动单位、个体户9057户家。其中法人单位数5312家，比二经普数据增长289%；产业活动单位550家，比二经普数据增长20%；个体工商户（含无证）3195家，比二经普数据增长153%。

市场主体数量和质量提升显著。新增各类企业1910户，全区企业、工商户总数达11283户，实现“万家商户”目标。“五上”企业新增51家，总数达484家。其中规上工业企业179家，资质以上建筑业企业56家，限上商业企业84家，限上服务业企业127家，资质以上房地产业企业38家。此外，规上高新技术企业104家，占全部规上企业的58.1%。

【科技创新】 完善科技创新服务体系。开展国家科技创新服务体系试点工作，创新产业园一期项目入住率达95%。省股权托管交易中心科技创新板开板，区内84家企业首批登陆，占全省的65%；省科技成果转化中心、市科技创新公共服务大厅备案技术合同3046项，成交额44.2亿元，占全省此类总数的51%。完善全链条、网络化的孵化服务体系，创新平台二期建成投用，高新创业园成为全省唯一的国家“科技创业孵化链条建设示范单位”，安大科技园、原创动漫园获批国家级孵化器；孵化服务标准化建设取得良好效果，为企业提供入区备案、工商注册等服务逾480次，开展项目咨询服务1200余次，举办“周四讲堂”“创新学院”“企业家沙龙”等特色活动36期，培训逾1万人次。

协同创新平台取得新进展。中科大先研院共建研发中心33家，孵化创新企业73家，全年新招工程硕、博士580名，累计1055名。推进量子通信南北干线运管中心、未来网络试验设施、国际研发服务外包平台、先进技术与科技金融平台等一批重大平台项目；合工大智能制造研究院与中科院技术创新工程院启动运行。合芜蚌科技创新公共服务中心获批为国家级技术转移示范机构，全区创新要素集成和技术转移服务水平再上新台阶。

促进科技金融发展。与上交所签订战略合作协议，编制《合肥高新区多层次资本市场发展规划》；国祯环保成功登陆深交所；国风塑业等5家企业成功定向增发，募资35.05亿元；10家企业在新三板挂牌，占全市的59%；15家小微企业获得信用贷款逾6000万元。高新科投（天使投）累计投资项目15个，投资额7688万元；国安、高科、兴皖、鼎信4支政府引导的创投基金累计投资企业38家，投资额8.84亿元；“创新贷”、“助保贷”规模扩大，累计扶持企业73家，发放贷款1.96亿元；高新担保助力124家企业融资8.53亿元。完善投融资服务联盟，汇聚合作机构67家，提供融资咨询服务100余次。

“人才特区”建设取得突破。全年引进硕士以上人才逾1900人，入选国家“万人计划”1人，“千人计划”增至16人，省、市百人计划23人，领军人才和拔尖人才21人，省市产业创新团队23个，获批市级以上引智项目26个。开设“四类培训”132个班次，累计培训各类人才9500多人，为企业节约成本423万元。海联会获全省侨联工作“先进集体”，工商联、女企协引资引智、文化联络功能有效发挥。高新科技人才市场开展各类招聘会75场，提供职位2.85万个。该区人才服务窗口当年获“省人力资源和社会保障系统2011—2013年度优质服务窗口”称号。

企业自主创新成效显著。新认定国家高新技术企业160家，总数达365家。培育科技小巨人企业48家，总数达302家，37家企业获国家创新基金支持；全年专利申请4924件，其中发明专利2468件，位列全省县区（开发区）首位；有30家企业获批为市以上工程技术研究中心（省级8家），获批为市以上企业技术中心13家（省级4家）；公共安全产业知识产权集群试点通过国家验收，知识产权托管试点通过省级验收。通用机械研究院获国家科技进步一等奖。

【社会事业】 该区投入资金26亿元实施30项省、市、区民生工程，民生投入占财政支出逾80%。社会保障全面覆盖，城乡居保参保人数1.7万人；城镇医保参保人数3.7万人；被征地农民应保尽保，发放养老保障金逾1000万元，发放城乡低保、大病救助、优抚优待等救助资金逾1300万元，新建老少活动家园7家，居家养老服务群众1652人次；建设安居工程，建成安置小区9个226.3万平方米，累计完成投资24.78亿元。完成复兴家园3527套回迁分房，长宁中心2006年至2013年失地农民养老保障进入市级平台。新建保障性住房630套、基本建成740套，创新公寓公租房累计配租778套；推进就业和劳动维权。举办校企合作对接会，新增就业2.6万人；为22家小微创业企业提供贷款2789万，贷款额度居三大开发区首位；开展各类培训，在清华大学、厦门大学举办中高端企业经营管理培训班，参与企业家92人。首开机电专业继续教育培训，为160家企业认定继续教育学时，开设培训技能培训120　班次，培训6395人次，为企业节约培训成本403万元。职工技能订单式培训模式入选全省民生工程创新典型案例。建立覆盖城乡的劳动监察维权体系，受理投诉案件178件。开设周六“便民仲裁庭”，开庭审理案件134件。　维护劳资合法权益，开展农民工工资、人力资源市场秩序、劳务派遣等专项执法检查239户次，涉及劳动者人数16844人，受理工伤认定547件。

加强教育事业建设，合肥七中、合肥加拿大国际学校开学。在全市首批新优质学校中设立名师工作室，开展首届“教坛新星”评选，名师培养工程取得实效。开展研学旅行和社团活动，二十中学和桂花园学校被确定为市研学旅行示范校。举办首届学校少年宫暨社团成果展示展演、首届校园“创意、创新、创造”节等学生活动；抓好卫生事业。加速推进安医高新分院和妇幼保健院建设，异地重建天乐社区卫生服务中心，新建长宁社区卫生服务中心。做好卫生监督、疾病预防控制、妇幼卫生、食品安全等工作；强化文体事业建设，成立心理协会，制定区图书馆建设方案，推动天乐社区图书馆建设，加强农家书屋等文化设施管理，开展各类社区文化活动17场，参与群众3万人次；举办第五届“文化体育艺术节”；抓好人口和计划生育工作，提升人口和计划生育优质服务水平，出生人口政策符合率97%，并加强对流动人口的服务与管理；推进文明创建，选树“高新好人”20名，4人获评“合肥好人”。5家社居获评市星级志愿服务社区，新建9个志愿服务广场；2家企业获省级诚信示范企业称号。注重法治政府建设，推进依法行政及政务信息公开，推行政府权力清单和责任清单制度建设，优化精简行政审批。该区政务服务中心受理各类许可审批事项5.35万件，100%按承诺时限办结。建设“平安高新”，强化综治基层基础，建成综治维稳信访工作中心3家，工作站15家。建立人民调解组织4个，整合群防群治队伍26支，涉法涉诉信访积案化解率100%。开展治安专项行动，维护校园安全，严厉打击传销活动，创建“无传销社区（村）”6个；构建“大安全”格局，落实“两个主体”责任，加强消防、交通、食品安全监管，完善人防应急机制，永和社区获批“国家综合减灾示范社区”；加强价格监管服务，标准化菜市场改造通过市级验收，肉菜流通追溯体系建设通过国家商务部验收。

（合肥高新区发展研究中心）

合肥经济技术开发区

【概况】 2014年，合肥经济技术开发区完成地区生产总值739.9亿元；实现规上工业产值2460.3亿元，同比增长11.8%；拥有规模以上工业企业223家；实现产值逾亿元企业达110户，其中逾10亿元的企业48户，逾50亿元的企业13户；实现产值逾10亿元的企业完成产值2226.5亿元，同比增长14.8%，占总量的90.5%。联宝电子实现产值达433亿元，成为全市规模最大的工业企业，单个企业拉动经济增长6.6个百分点。

形成以江淮汽车、佳通轮胎为代表的汽车及零部件，以日立建机、合力叉车为代表的装备制造，以海尔、长虹、美菱、美的为代表的家电电子，以联合利华、可口可乐、华泰、统一为代表的快速消费品等四大支柱产业。此外，还形成以联想、三菱捷敏、宝龙达为代表的电子信息业，以杰事杰、铜冠铜材、库尔兹为代表的新材料产业，以生命科技园、尼普洛医疗器械为代表的生物医药产业，以仁创、西伟德、远大、宇辉集团为代表的住宅产业等四大新兴产业。4大支柱产业和4大新兴产业累计实现产值2430亿元，占全区当年实现产值总量的98.8%。家电产业当年累计生产四大件2289.7万台，家电产业实现产值达1045.3亿元；电子信息产业实现产值583.8亿元，同比增长137.6%。

【对外开放】 实现进出口总额达71.8亿美元，同比增长91.1%，占全市进出口总额的34.6%，占全省进出口总额的14.6%；其中出口46.4亿美元，同比增长119.4%，进口25.4亿美元，同比增长54.6%。联宝电子（含配套物流企业海晨和新宁）实现进出口额44.5亿美元，成为安徽省最大的进出口企业。合肥出口加工区复制并推广自贸区“十四项”制度中批次进出、集中申报、简化统一进出境备案清单、简化无纸通关随附单证等9项创新制度。截至年底，合肥出口加工区实现进出口额位列全国出口加工区第7位，居中西部地区第2位。

【招商引资】 实现内外资招商引资总量累计196亿元，同比增加7.79%；内资部分到位资金170亿元，同比增加9.32%；吸引合同外资7977万美元，同比下降70.2%；外商直接投资4.2019亿美元，同比增加0.17%。

主动融入长三角，参与全球产业链分工。引进项目30个，投资总额135.9亿元。其中工业项目23个，铜峰电子、联合利华二期、中国铁路物资集团总部等单体项目投资逾20亿元；兆易创新集成电路设计、东昇功能膜设备、联鑫智能设备等智力密集型项目落户；北大创新研究院、安徽省建筑设计研究院等高端服务业项目实现签约；清华公共安全研究院、莲花电商产业园、云谷国际电商产业园全面启动。推进开放平台建设，复制上海自贸区14项制度，推进通关一体化，申报空港保税物流中心（B型），公用型保税物流仓库和全省首个进境指定口岸获批建设。

合经区重点参与联想全球供应商大会、长江沿岸中心城市协调会等大型招商活动，通过企业和行业的专业展会，加强与目标客户的交流，取得良好效果。招商活动储备了美普森半导体、富士通微电子、富士康云物流、富春电商物流、菜鸟网络等优质项目。此外，合经区招商部门还赴日本、中国台湾和香港等国家和地区，以及上海、深圳、武汉、北京等地区开展招商推介活动，邀请各类客商和中介机构到该区考察和参观，推介、宣传合肥及开发区的招商引资项目和投资环境。

【规划编制】 在《合肥空港经济示范区总体规划》基础上，组织编制空港经济示范区道路、竖向、排水、给水、电力等五项专项规划，并经评审会通过。组织完成南艳湖公园施工图设计，并经市林业园林局审查通过。推进清华大学公共安全研究院规划及施工图设计，及南艳湖研发基地方案编制工作。根据《城乡规划法》要求，配合区内土地上市工作，组织编制地块控制性规划，并经市政府常务会审批。配合市国土局开展全区土地集约节约利用专项规划；按照动态平衡原则，调整空港经济示范区土地利用总体规划；编制高刘镇村庄整治专项规划。

根据《合肥市控制性详细规划通则》要求，加强对项目建筑立面形式、外墙材料、建筑色彩等品质要素把关，实现设计、审批全程监管，促进项目品质提升。加强批后跟踪监管，采用管委会项目调度会方式对项目进度进行跟踪，发现问题及时帮扶，跟踪督促建设单位按计划、按进度完成建设任务。坚持规划核实程序，加强部门联动，发现并及时通报存在问题，有效查处违法建设。通过规划卫片检查、定期项目抽查等方式，加强对规划实施的督查。

【基础设施建设】 财政投资完成市政基础设施、文教卫生和公共配套等项目，完成工程实际投资额16亿元，实现产值达30亿。

合肥空港经济示范区（经开区北区）总体规划获批，完成路网等五个专项规划和高刘土地利用规划修编，编制高刘村庄整治专项规划，及合肥新桥机场综合交通枢纽规划。全面拉开启动区大建设序幕，基本完成启动区7.5平方公里征地拆迁工作，建设基础设施项目41个，道路10条20公里，市政管网10公里，团肥路等道路建成通车，十字形路网骨架初步形成。完成江岗、红塘桥等5座桥梁的改造和维修加固。开工建设机场门户花园。

经开区南区建成区城市功能细致完善，会展中心、西北生活区周边及芙蓉路、锦绣大道、莲花路等主要干道改建完成并通车。优化调整公交线路，区间公交基本覆盖各居民小区。提升城市供电、防汛等保障能力，完成观海路、宿松路供电排管建设，完成主要交通干道弱电线路入地。增设大学城行政中心路灯及交通设施，结合文明创建对市政道路、桥梁进行维修，健全盲道、无障碍、窨井、路灯、交通信号灯等设施管养体系。对方兴大道沿线绿线土方进行整理，提升企业门前形象，同时为绿化栽植提供必要条件。协调合肥供水集团公司，完成习友路停车场建设。营造良好生态环境，完成海洋世界二期、南艳湖公园等项目前期工作，将安徽徽园移交安徽省文联运营并升级改造，打造徽文化展示基地。完成对会展中心、翠微路等易内涝区域排水提标工程。高刘污水处理厂完成三通一平。研究南艳湖、习友路下游初期雨水治理水质改善保持方案和办法，提高污水收集率，消减区内河道污染负荷。完成经开区污水处理厂三期主体工程。

民生工程成效显著，纳入合肥市棚户区改造的方兴园安置房北地块、福禄园安置房室建成交付。建成临湖社区三期工程并交付。滨河一期B1、B14工程完工。采用住宅产业化方式建设的滨河二期南北地块主体结构封顶。对临湖、汇林园、方兴等七个农贸市场进行改造，其中六个通过市标准化农贸市场验收。完成南艳湾、紫蓬、岗墩、四十井、卫前、先锋等六个居委会装修，建设临湖居民活动中心。出口加工区二期公租房5号建成交付。纳入合肥市保障房建设的天门湖公租房二期6号、7号、8号进行主体结构施工。建成72中一期，新建新年小学配套设施。完成区属中小学暑期维修改造工程。按照市人防办（民防局）要求，完善翡翠公园人防疏散基地配套建设，通过验收。完成公安分局训练中心建设，以及办案中心和户政大厅的装修。完成明珠广场办公大楼亮化工程，以及交警经开大队执法办公场所装修。

【项目建设】 完成固定资产投资511.6亿元，实现工业投资281亿元，实现技改投资182亿元，同比分别增长18.1%、12.8%、12.2%。

该区列入市“1346”行动计划项目85个，实际完成投资220.5亿元，同比增长21.4%，总量位居全市各县市区、开发区第1位。太古可口可乐饮料扩建、清华大学合肥公共安全研究院、联想研发中心、中建国际住宅预制件、嘉民物流、江淮松芝空调等项目开工建设，纳威司达柴油发动机、江汽自动变速箱、神马电缆设备、经纬电子、康师傅饮料一期等项目实现竣工投产。该区推进重大项目建设工作获省级表彰。

在做好为项目服务工作方面，该区建立长效的项目服务制度，由管委会班子成员包保项目，帮扶企业，到企业走访调研，解决了企业反映的全部134个问题；组织家电电子、装备制造等主机与配套企业合作对接；加强政策引导，出台涉及新型工业化、科技创新、人才引进等9大支持政策，支持促进企业发展。

【科技创新】 高新技术企业当年累计实现产值1480.1亿元，同比增长17.7%，占全市高新技术产值的33.9%。该区有39家企业被认定国家级高企，其中有21家企业为新认定高企；10家企业通过复审，超额完成了当年度新增10个高企的目标任务，均创历年新高。该区有国家级高新技术企业80个。此外，该区有6家企业跻身2013年安徽省百强高新技术企业。

新认定市级高新技术企业7家，市级创新型企业2家，省级高新技术企业6家，省级创新型试点企业5家。该区当年申请发明专利1319件，同比增长66.3%；发明专利授权量168件，同比增长166.7%。该区有2家企业申报市级知识产权贯标试点企业，有9家企业被评为市级知识产权示范企业，均为历年最高值。此外，该区还成功申报了省级知识产权示范园区；获国家低碳工业园区试点。

有10家企业被新认定为市级企业技术中心，10家企业被认定为省级企业技术中心；8家企业被认定为市级工程技术中心，5家企业被认定为省级工程技术中心。全区有各类研发机构107家，其中国家级研发机构10家。江淮汽车、杰事杰被新认定为国家技术创新示范企业，全区有4家国家创新示范企业，占全省的1/3。

合肥天麦生物科技发展有限公司“安徽省院士工作站”于4月正式揭牌，成为该区胰岛素等生物制药产业的高端才智平台。杰事杰新获省产学研联合示范认定，全区有8家企业获此认定；7家企业科技成果获市科技进步奖。该区新认定市级百人计划2人，“228团队”1个。该区创新创业园被认定为安徽省省级孵化器，并首次获省科技厅颁发的“安徽省创新型园区奖”。

【生态建设】 响应市政府环巢湖生态示范区建设指导要求，完善区内排水设施，研究南艳湖、习友路下游初期雨水治理水质改善保持方案和办法，以提高污水收集率，消减区内河道污染负荷。对建成区会展中心、翠微路等易内涝区域，结合道路改造，通过扩大排水管径、设置调蓄、优化排水管网流线、改造或增加路面收水口等方式提高区域排水标准，基本完成上述排水提标、设施完善工程，新建改造雨污水管网约18公里。

明确各单位水环境治理工作任务和工作职责，规范河道明渠及两岸的管理，及时清理各河道明渠周边环境，对各河道周边的绿化进行优化提升，对王建沟沿线绿化进行全面改造，在派河莲花路出水口附近新建了一座莲花公园，并优化河道周边环境，提升河道周边环境质量。同时，对全区各河道明渠及沿线绿化实施了招标养护，确保河道周边环境治理工作能够得到落实，疏浚河道、清淤箱涵及大管道3万米，清理垃圾、杂物43处，垃圾量约12.5吨，违规开垦种植面积1050平方米，畜禽养殖点1处，完成河道及上游截污3处，辖区内水环境质量得到改善，优化了各河道水质。

污水处理厂一二期提标改造、空港示范区长岗污水处理厂及习友路调蓄池工程启动前期方案设计工作，蓬莱路400吨/日大型垃圾中转站工程完成初步设计，高刘污水处理厂完成区划调整方案变更修改和主厂区工作量的80%。

召开创建国家生态工业示范园区暨大气污染防治工作推进会、多渠道进行宣传大气污染防治工作；加强对建筑施工扬尘的管理，加大对混凝土搅拌站整治力度；推进工业企业燃煤炉窑淘汰工作，以及燃煤、燃柴生活小锅炉淘汰工作，淘汰燃煤（柴）小锅炉52台；采取湿式清扫、生活垃圾全密闭化运输等市容保洁措施，严格渣土运输管理，减少扬尘产生；开展餐饮业油烟专项整治，规范烧烤摊群点，开展黄标车及老旧车辆淘汰工作，淘汰黄标车24台、老旧车辆8台，加强绿化管理，提高绿化面积，绿化率达到43%；发展循环经济，推进国家生态工业示范园区创建工作；鼓励产业集聚发展，实施园区循环化改造，推进能源梯级利用、水资源循环利用、废物交换利用、土地节约集约利用，并成功申报为国家低碳工业园区试点园区。

【民生与社会事业】 坚持发展成果与群众共享理念，推进民生与社会事业，投入民生类资金45.5亿元。全区城乡居民养老保险参保人数60717人，其中到龄领取待遇人员18012人，养老保障金发放率为100%。居民医保参保缴费人数120829人，其中在校学生11124人，一类低保及重症残疾人员4721人。发放“老村干”等七类老人群体932人补助资金204.6378万元。全年发放被征地农民各项保障资金8791.97万元，惠及人员57954人次。推进就业服务，全年新增就业20648人，完成各类就业培训14334人。新增小额担保贷款2104万元，助力创业。全省首家民营大学生创业基地引入大学生创业实体58家。与安大共建法律服务基地，建立集体劳动争议仲裁案件快处机制，推进“阳光仲裁”。

投入3300多万元改造提升校园环境及教学设施；六安路小学翠微分校、四十五中芙蓉分校正式签约落户，原六十中学委托给四十六中学管理，并更名为四十六中海恒分校。拥有市级学科带头人5人，市级骨干教师50人。新增4所普惠幼儿园，全区累计达21所。安排社区卫生专项经费128万元，区级财政人均社区卫生专项经费达3.5元/人。医改药品零差率补助104万元。累计建成农家书屋55家。开展“安全生产年”活动，实施安全生产标准化建设及千名班组长安全大培训，首次开展安全生产“百名专家查隐患”活动，对全区规模以上企业、人员密集场所开展消防安全专项整治，对136家消防安全重点单位实施全面隐患排查，整改完毕所有重大火灾隐患。

（合肥经济技术开发区管委会办公室）

合肥新站综合开发试验区

【概况】 2014年，合肥新站综合开发实验区实现地区生产总值210亿元，完成固定资产投资280亿元，完成工业投资164亿元，同比分别增长13.1%、16.3%、12.4%；实现规模以上工业产值622.8亿元；实现规模以上工业增加值159亿元，增幅17.2%；实现战略性新兴产业产值285亿元，实现全部财政收入7.36亿元，实现地方财政收入5.09亿元，实现社会消费品零售总额45亿元，实现城镇居民人均可支配收入25262元，实现农民人均纯收入14165元，同比分别增长24.4%、26%、22%、10.4%、10%、12.5%。

该试验区的新型显示、新能源、新材料、高端装备制造四大产业集群持续高速发展。京东方6代线成功完成转型，鑫晟8.5代线提前达产，有机EL先导线、OGS触摸屏项目投产，显示产业全年实现产值222.2亿元，占全区规模以上工业产值比重的31.3%，实现利润总额17.7亿元。新能源、新材料、高端装备制造产业壮大，乐凯、海润、国轩等增资扩产，推进欣奕华、南车、恒宇、惠科、三利谱等项目建设。战略性新兴产业全年产值占全区规模以上工业产值比重45.8%。发展现代服务业，房地产投资和销售面积增速居全市“双第一”。实施重点产业转型升级。鑫昊、鑫虹、彩虹蓝光、彩虹液晶玻璃等企业通过加大技术改造投入和兼并重组，有效盘活了存量资源，全区完成技术改造投资90.2亿元，增幅17.9%，新增产值逾50亿元。 此外，该试验区实施“创新推动”战略，实现高新技术产值423.8亿元，完成专利申请数1640件，其中发明专利954件；完成专利授权数617件，其中发明授权71件。

3月17日，国务院正式批准在该试验区设立合肥综合保税区，这也是安徽省首家综合保税区。

【招商引资】 以产业规划为引领，以项目引进为抓手，引进战略性新兴产业项目和现代服务业。完成招商引资到位资金总量居全省第一，全年到位资金总量263.27亿元人民币，其中工业投资220亿元人民币，外资1.2亿美元。是年，该试验区完成新签项目28个，投资逾10亿元的大项目13个。先后引进深圳三利谱偏光片生产基地项目和宁波江丰电子大型液晶面板产业用溅射靶材项目，实现上游核心材料偏光片和靶材零的突破。深圳惠科投资50亿元建设3000万台电视整机项目，实现终端应用领域重大突破。引进今创集团、新誉集团投资建设牵引系统、控制系统和屏蔽门等项目，轨道交通、新能源等产业集聚效应初显。引进山东恒宇科技集团投资30亿元建设“年产15亿AH动力及储能锂电池”项目。与浙江大学签约，建设浙江大学工业研究院合肥分院。引进软件知名百强企业先锋软件集团，建设先锋软件健康产业园。

吸引绿地、力高、华润、禹州等公司先后入驻，并以合肥综合保税区、合肥新亚欧大陆桥国际货运班列为依托，打造产业特色鲜明的开放平台，增强对全市乃至全省开放型经济的辐射。实现招商引资总量276.9亿元，居全省第一，增幅29.9%。其中外商直接投资1.2亿美元，增幅27.1%。实现进出口总额24亿美元，增长19.6%，总量居全市第二。

【服务企业】 深化重点项目调度制度，实行动态“销号”。推进以省列“861”、市列“1346”和央企、重点民企等牵动性大、影响力强、产业链长的重大项目建设。2014年，纳入省861计划项目43个，全年完成投资138.35亿元；纳入市1346行动计划项目47个，全年完成投资141.06亿元。加大企业上市宣传工作力度，联合知名机构、专家开通“VIP辅导通道”，搭建企业上市辅导和咨询平台；并出台《新站区关于鼓励和促进企业上市若干政策》。

【规划建设】 坚持规划先行，引领发展布局。完善规划编制。完成三十头镇总体规划修编，有序推动地块控制性规划编制，对编制专项规划进行新一轮动态修编；落实征地工作。全年土地报批总量和取得土地指标总量位居全市第一，土地供应总量位居全市第一，支付征地补偿、退耕补偿、安置补偿等费用7000万元；推动征迁进度。以政府性投资工程和重点项目拆迁为中心，全年完成征迁面积71万平方米，征迁总量位列三大开发区之首。做好回迁安置工作，安置淮合花园等回迁房屋3172套、安置面积24万平方米。全面推进新建、续建工程建设，全年完成建设工程概算投资约30亿元。在建房建项目22个，在建面积360万平方米，合郢花园、新店花园等5个项目完成主体结构封顶，兴海苑D区、北岗花园顺利竣工，基本建成保障性住房6352套，新开工保障性住房2296套，全市体量最大的天水廉租房已于年底交付配租。续建及新建市政道路42.72公里，通车道路总里程18.59公里，其中综保区道路5条、7.8公里于12月中旬竣工通车。

【生态建设】 “十二五”污水管网工程累计完成总污水管网约61.208公里，占总工程量的61.7%。陶冲湖污水处理厂征地工作全部完成并移交市重点局，完成主体工程。细化分解主要污染物总量减排目标责任，严格落实“河长制”，狠抓大气污染防治和畜禽养殖污染防治工作。节能工作成效显著，当年，新站区万元GDP能耗0.5899吨标准煤/万元，同比下降5.55%。绿化工程以提升高教基地绿化质量，加快陶冲湖公园景观整治提升为目标，全年完成绿化总面积106万平方米，造林540公顷，瑶海公园、东方大道分获全市“五佳公园”、“五佳道路”称号。围绕《全国城市文明程度指数测评体系》和《全国未成年人思想道德建设工作测评体系》，推进文明创建工作，全区城市面貌焕然一新，为合肥跻身第四届全国文明城市作出了积极贡献。“三线三边”环境整治工作获全市一等奖。

【民生工程】 试验区民生工程投入资金1.99亿元，4个工程类项目和23个资金补助类项目全面完成年度目标任务。抓好就业创业工作，全区城镇新增就业6114人；下岗失业人员再就业完成目标任务的178%；就业困难对象再就业完成目标任务的422%；调查城镇劳动力资源21392人；城镇登记失业率0.32%。推进社会保障、社会救助工作，完成城镇居民医保10.8万人，完成率108%，完成城乡居民养老保险参续保5.96万人，完成率103%，新增被征地农民保障人员2932人，累计保障人口4.02万人，全年发放保障金5700万元，城乡低保金及医疗救助金累计支出1030余万元。做好拥军优属工作，支援驻地部队建设。做好劳动保障维权工作，开展农民工工资清欠等专项检查活动。

【社会事业】 实施“三大”提升工程，全面推进义务教育优质均衡发展，投入820万元实施学校标准化建设，通过义务教育发展基本均衡国家督导评估。出生人口政策符合率94.96%。加快社区卫生服务体系建设，推进基层卫生信息化工作，实现辖区34家基层医疗机构信息化全覆盖。开展食品安全专项整治，推动食品安全网格化监管工作全面开展。开展爱国卫生运动，加大环境卫生整治力度，新站管委会被授予“安徽省卫生先进单位”。成功打造2个市级达标标准化示范社区、4个老少活动家园。举办各类文化体育活动70余场次。全市开发区唯一一个社工服务站方桥社工服务站通过市级验收。安全生产形势总体平稳，区安全生产监督管理局正式挂牌成立，联席例会、安全生产考核等制度健全完善。推进“天网工程”建设，效果良好。信访维稳形势良好，全年未发生一起恶性上访事件、群体性事件或极端事件，新站区连续三年获评“合肥市社会管理综合治理先进县（市）区”。 （苏　坤）

合肥市政务文化新区

【概况】 2014年，合肥市政务文化新区累计完成固定资产投资 101.27亿元，累计完成市级“1346”重点项目投资41.1亿元；累计完成招商引资47.6亿元（其中内资43.3亿元，外资7000万美元）。全年累计实现新开工面积180.91万平方米，竣工122.61万平方米，营业12万平方米。跟进四方厂区域土地收储，完成祁门路南北两侧38.8公顷土地收储。抓项目建设服务，推进省立医院南区扩建项目、北京当代、天珑广场等项目开工。抓区域环境整治，分2批拆除日之惠超市、老由甲公司等项目，面积约1.49万平方米。

【规划建设】 全年完成工程投资约1.9亿元；完成SS8单元规划审批及部分地块控规设计，同步完成十五里河政务区段河道调整；完成潜山路以东存量土地项目库编制、基础设施项目库编制、新区供电专项滚动规划调整，新增并确定220千伏变电站选址；推进匡河绿道（二期）、东部主题公园、全民健身中心等项目设计；加快推进天鹅湖体育公园等项目建设，代建的市党风廉政教育基地竣工交付使用，嘉和变投入运行。推进匡河绿道、天鹅湖公园等绿化建设，完成绿化面积36.54万平方米。强化服务保障，完成市政务中心、合肥体育中心、合肥大剧院等项目维修500余次。

【国资管理】 做好市政务中心、合肥体育中心、合肥大剧院运营监管工作。市政务中心保障各类会议3554场，参会人数20.22万人次，接待报修3547次，未发生一起重大投诉事件及安全事件；合肥大剧院上演各类演出303场，其中自营88场，平均上座率76%；合肥体育中心举办各类活动90场，其中国际A级赛事1场，接待观众近70万人次；泓瑞金陵大酒店实现营收6931.78万元，经营毛利1246.65万元，获“安徽省十强旅游星级饭店”称号。强化国资盘活，“森林海”实现销售185套，成交金额1.59亿元；调整房价220套，增收1892万元；清理剩余住宅30套，面积4690.51平方米；门面房11套，面积1463.29平方米，收取存量房产房租208.11万元；跟进政盛公司100%国有股权转让，保障天鹅湖购物中心B区公寓交房，为政盛公司减少违约金1亿多元，817名业主交房；推进国有股权转让，杰灵公司以215.2万元转让；商业街公司49%国有股权以3.5亿元底价转让，总收益2.863亿元，投资回报率292.14%。

【城市管理】 按照精细化管理的要求，做好城管执法、市容环卫、市政养护、绿化管养等各项工作。创新体制机制，探索市场化管理模式。按照“科学、精简、高效”原则，对宏太公司、杰灵公司进行注销、转让，组建城管公司。探索市场化管理模式，通过公开招标，实现了除垃圾收储转运以外的全部市容环卫、绿化和市政养护社会化管理。

【文明创建】 制定创建文明城市工作实施方案，将全区划分为5块片区，建立“三级”网格化文明创建模式，确保文明创建工作“全覆盖”。建立健全文明创建督查日报制度，安排专人负责统计梳理各类问题，累计整改各类问题480余件。在全区设置大型宣传桁架16块，张贴公益宣传画748幅，公交站牌灯箱广告380个，围墙标语300余条。组建400人的新区志愿服务大队，开展天鹅湖文明游园志愿劝导活动、文明交通志愿劝导活动等富有新区特色的志愿服务，累计参与1800人次，逾1.2万小时。

（合肥市政务文化新区建设指挥部办公室）

合肥滨湖新区

【概况】 2006年11月15日，合肥市正式启动滨湖新区建设。新区位于合肥主城区东南部，南依巢湖，北靠南二环路，西接沪蓉高速公路，东临南淝河，规划面积196平方公里，是合肥通过巢湖、走入长江、融入长三角的门户。随着2011年安徽省行政区划调整，巢湖成为合肥市的内湖，滨湖新区成为合肥“1331”市域空间发展格局的重要组成部分，2011年9月，合肥市第十次党代会提出要将滨湖新区建设成为新区开发建设的示范区、展示城市形象的新窗口，建设成为现代化新兴中心城市的中心城区。2013年2月，合肥市委提出在“新跨越、进十强”的基础上，建设“大湖名城、创新高地”。2014年，国务院《关于依托黄金水道推动长江经济带发展的指导意见》提出要提升合肥都市区的国际化水平，建设成为长江三角洲世界级城市群的副中心，合肥滨湖新区建设也迎来了新的历史性发展机遇。

合肥市坚持“四个优先”的原则建设发展滨湖新区，即群众利益优先、基础设施优先、社会事业优先、聚集人气优先，突出抓好生态环保。滨湖新区建设发展的历程可以说是科学发展观和“五位一体”总体布局在滨湖的生动实践。

滨湖新区自2006年启动至今，累计完成固定资产投资1461.5亿元，主要道路网围合面积达40平方公里，建成区面积近35.6平方公里，常住人口超过40万人；拟建并落实签约房建面积3574万平方米，实际开工面积3123.05万平方米，竣工并投入使用1561万平方米；城市绿地率44.8%，绿化覆盖率58%，人均公共绿地面积28.1平方米。

滨湖新区坚持把新区建设的成果最大程度的惠及广大人民群众，在新区建设过程中，解决失地农民的住房、就业安置和社会保障问题。截至年底，新区累计拆迁面积527.4万平方米，涉及拆迁群众8.13万人，建成及在建安置房面积499.4万平方米。对拆迁安置方案实行“三榜公示”制度，当地老百姓按人均45平方米进行安置，一般家庭都有2-3套住房，资产过百万元。新区还注重解决城市中低收入家庭的住房保障问题，配套最全、就业最便捷、生活成本最低的优质地段用来规划建设保障房项目，降低了城市中低收入家庭的生活成本。同时，通过让适龄劳动力参加就业培训，消除零就业家庭，将年龄超过60岁的男性和55岁的女性失地农民全部纳入被征地农民养老保障，每月按时发放被征地农民养老保障金，并与全市城市低保的标准同步提高。此外，滨湖新区发达的交通网络将新区和老城区、国家级经济技术开发区紧密联系起来，好的选址为居住在滨湖的群众提供了大量就业岗位。老百姓有了房屋租金收入、工资收入和城市养老保障，收入水平较之前发生了翻天覆地的变化，真正实现了“少有所教、中有所业、老有所养”。

2008年10月，国土资源部批准滨湖新区作为“节约集约用地的示范区”；2009年10月，住建部批准滨湖新区作为“城市生态建设示范区”；2013年5月，滨湖新区核心区被住建部与美国能源部联合组织评为全国首批“中美低碳生态试点示范城区”。2014年，一个基础设施较为完备、社会事业初具规模、人民群众安居乐业、人气逐渐汇集的新城区基本形成。

【基础设施建设】 新区市政道路和配套水、电、气、热等各种管线超前建设、一次到位。在此基础上更加注重交通、生态环保项目建设。新区内建设了安徽第一条BRT快速公交专线、第一条地铁线、全省最大的高速公路出入口，并通过高架路等加强与老城区及周边地区的交通联系。新的合肥高铁南站于2014年11月12日正式开通运营。区内则通过“六横六纵”主干路网形成了四通八达的内部交通网络。日处理3.5万吨的塘西河再生水厂投入运行，出水水质高于一级A标准，再生水全部作为城市景观用水，实现了污水处理后全回用。此外，新区境内日处理5万吨的十五里河污水处理厂也投入运行，日处理3万吨的北涝圩污水处理厂也基本完工。

【招商引资】 新区关注产业支撑，发展有利于扩大就业、有利于新区城市功能提升和完善、有利于加快城市现代化进程的项目，为新区的发展持续地提供就业、消费和税收。新区招商引资累计入驻项目110个，项目按期（大项目四个月内，小项目三个月内）开工率达95%以上。滨湖国际金融后台服务基地项目，仅五年多的时间就吸引了工、农、中、建、交等15家金融机构设立总行级后台服务基地，建设总面积达260万平方米，总投资额约248亿，金融后台服务将成为合肥乃至安徽的支撑产业之一。滨湖金融服务办公区，吸引了平安数据、艺龙网、九五太维、法思特等一批在国内外有影响的电子商务服务外包企业，从业人员达四、五千人，2013年税收超过1400万元。万达文化旅游城于2013年10月27日正式开工建设，项目占地逾93.33公顷，总投资约320亿元。此外，滨湖会展中心运营，环巢湖旅游推进，省级行政中心基本建成，滨湖新区的区域金融商务中心、行政办公中心、会展旅游中心、文化体育中心、研发创意中心、商业居住中心等六大中心初具规模，一个“产城一体、职住平衡”的中心城区跃然眼前。

【生态环保】 新区建设坚持“保护生态、修复生态、治理污染、不新增污染”的工作思路，“不让一滴污水流进巢湖”， 努力探索一条城市建设与环境改善，经济发展与生态保护和谐统一的新路。滨湖新区196平方公里的规划中，保留了73平方公里的生态圩区湿地，合肥城区拥有的六个10平方公里以上的森林公园，新区范围内就占了四个（滨湖湿地森林公园、塘西河公园、十五里河公园和牛角大圩）。开展巢湖岸线生态整治工程，恢复湿地功能，涵养动植物群落，打造森林城区；提升滨湖公园三期工程中 “岸上草原”的基础设施，为市民提供亲水的生态旅游环境，让市民既能近距离欣赏巢湖美景，又能充分感受渔家乐趣，打造“人水和谐，城湖共生”的美丽画卷。环保部门监测数据显示：2013年较之2006年，巢湖西半湖高锰酸盐指数、氨氮和总磷等主要污染物指标，分别下降了40%、39.1%和48.3%。滨湖城市污水的全收集、全处理、再生利用。

【建设方式】 一是高起点规划。滨湖新区总体规划坚持“高起点、国际化”的原则，通过互联网面向全球招标，选择了8家国内外最好的设计单位投标，再由深圳市规划总院对方案进行优化整合，新区规划充分尊重自然的地形、地貌，构筑了新区良好的生态网络，形成了生态环保、城湖共生、独具魅力的规划方案。二是高水准设计。对新区范围内的建设项目，都严把设计水准观。对建筑风格、色彩、材质、细部都仔细推敲，做到“大气、精致、和谐” ，力求每个建筑都成为展示城市形象的精品。此外，新区还大力推行绿色建筑，2012年以后新建开发小区全部按照国家绿色建筑一星以上标准建设。三是高强度投入。新区坚持“大开放”、实施“大招商”，以高端服务业为主体，重点在金融后台、服务外包、总部经济、研发创意、电子商务、商业综合体、主题文化旅游及会展配套上取得新进展。除了国际金融后台服务基地以外，新区还引进了万达、宝能、恒大、光谷联合、五矿、艺龙、中信、万科等一系列大品牌大项目。所有项目严格实施“双向约束”，确保早开工、早建成、早形成税收。四是高质量建设。新区在建设过程中坚持“细节为王、追求完美、不留遗憾”，为确保新区建筑工程质量，滨湖新区建设管委会会同市重点局采取专项检查、日常巡查、人员考核多种方式狠抓工程质量，探索建立拆迁安置区工程质量总监制度，代表政府行使监督职能，定期组织召开滨湖新区建筑工程质量安全管理工作会议，全力服务建筑工程质量。五是高效能管理。合肥市在滨湖新区建设工作机制上进行大胆创新，实行建管分离，充分调动了市、区两级积极性。滨湖新区建设管委会负责综合协调、综合计划、规划设计、招商、投融资、土地利用、项目管理等，市重点工程建设管理局负责具体工程建设管理，包河区政府负责拆迁安置及社会管理，建一项交一项，成一片交一片，真正做到了专业化的人做专业化的事，有效提高了工作效率，精简了机构人员。通过三方联席会议制度，主动协调解决新区建设中遇到的问题，理顺滨湖新区城市规划、建设、管理之间的关系。同时滨湖新区建设管委会实行扁平化管理，不同身份人员统一调配，构建与新区建设要求相适应的人才体系，有效地保障了各项工作开展。六是高效益运营。滨湖新区高度重视品牌的示范效应和号召力， 注重宣传新区的定位、发展战略和品牌形象，高起点的规划为新区树立了良好的品牌，同时通过积极引进世纪金源项目、万达文化旅游城、恒大集团CBD、武汉光谷联合、前海人寿等一批大品牌的投资商和运营商入驻滨湖，提升了滨湖品牌的层次。滨湖新区的综合配套和品牌效益展现了巨大的吸引力，使新区成为投资商“来了就不想走”的热土。

【社会事业】 滨湖新区努力营造宜居的教育、医疗、购物和休闲等环境，为新区聚集更多的人气。教育环境，新区聚集了全省最好的优质教育资源，建成的合肥一中、四十六中、师范附小、寿春中学等12所学校和7所幼儿园，招生规模近5万人。医疗环境，新区建成投入使用的合肥市滨湖医院和即将开工建设的省立医院老年医学康复中心等优质医疗资源，立足合肥、服务安徽，新区居民在家门口就能享受全省最好的医疗资源。购物环境，新区拥有全省最大的40万平方米的世纪金源购物中心，为新区居民提供了方便、快捷、现代化的购物场所。休闲环境，滨湖新区集中建设了一大批文化、休闲、娱乐设施，如省重大文化艺术中心、万达文化旅游城、全国最大的星级酒店群。另外，新区还注重健全完善街道服务中心、社区商业中心，为新区居民提供良好的生活服务。

（洪　玲）

合肥巢湖经开区

【概况】 2015年，合肥巢湖经开区实现地区生产总值23.7亿元，实现规模以上工业总产值72.2亿元，实现规模以上工业增加值17.2亿元，实现战略性新兴产业产值8.1亿元，同比分别增长15.9%、30.7%、20%、58.5%；实现固定资产投资93.2亿元，同比增长36.9%，其中工业投资60.6亿元，同比增长55.4%；实现财政收入4.3亿元，同比增长7.4%。

【招商引资】 实现招商引资145.9亿元，实际利用外资8503万美元，同比分别增长16.1%、21.4%；引进北大未名抗体药生产基地、五谷农庄食品及绿丰食品等4个工业大项目和微小型燃气轮机研究院1个现代服务业大项目，全年完成5个大项目。此外，推进五谷农庄食品等20个项目签约，总投资约175亿元。

【科技创新】 推动产学研平台建设，依托北大未名生物经济研究院，加快以抗体药为重点的生物医药产业发展；依托安徽新能源汽车产业联盟、合工大新能源汽车研究院合巢经开区分院，加快新能源汽车产业基地建设；以微小型燃气轮机研究院为基础，推动微小型燃气轮机产业化、商业化。帮助企业科技创新，全社会研发投入（R&D）逾2亿元，占全区当年实现GDP的8.3%，实现高新技术产业产值22.8亿元，占工业总产值31.5%；全年申报专利115件；有10多家企业的20多个项目进入科技企业库和项目库，广通、金业、正和、融捷4家企业成功申报为国家级高新技术企业。海容股份在安徽省股权托管交易中心成功挂牌上市，成为该区首家在安徽省区域性股权交易市场挂牌上市的企业。加快人才队伍建设，推动高层次人才队伍建设，成功申报安徽省战略新兴产业领军人才1人、省“115”科技创新团队1个、市“228”科技创新团队2个、“百人计划”3人，引进各类博士40人。

【项目建设】 抓项目调度，列入省“861”项目33个，全年完成53.2亿元；列入市“1346”项目48个，完成62.3亿元；列入市“121”重大项目库7个，累计完成投资15.2亿元。抓项目开工，有北大博雅、修正药业等16个项目获市并联会通过，在31个招商项目中，北大未名抗体药、凯航包装、富士电梯等19个项目开工建设。

【基础建设】 推动政府性投资项目开工数67个，实际完成投资约15.2亿元。一是加快设施建设。实现竣工道路7条18　公里、在建道路7条　15.5公里；安置房竣工27栋　7万平方米、在建71栋46万平方米；公租房在建576套3.5万平方米；完成绿化74万平方米；完成供水管道3.8公里，新建雨水管道约6公里，供电5.4　公里；二是推进环巢湖治理。一期总投资2.9亿元，完成约2.1亿元；二期总投资5.1亿元，完成约2.2亿元。三是落实要素保障。完成政府融资10亿元，完成征地近161.1公顷、供地近92.7公顷、报批135.6公顷、让地逾133.33公顷，拆迁3000平方米。

【温泉旅游】 加快规划落实，完成《半汤温泉度假区龙泉路沿线九大景观节点规划设计》、《半汤温泉度假区核心区概念规划及城市设计》、《合巢经开区半汤湖景观规划设计》等规划设计工作。推进重点项目，以“三线三边”整治、美好乡村建设和环巢湖生态示范区建设为契机，加快生态环境和旅游景观等建设提升工程，推进十大节点景观建设和12个村庄环境改造。半汤郁金香高地景区创建国家4A级景区获批，累计接待游客30余万人次，被人民网、国际旅游学会评为“最具潜力旅游度假目的地”；完成龙泉路、郁金香高地绿道等建设。

【发展环境】 加强对企服务工作，出台《2014年合肥巢湖经济开发区扶持产业发展若干政策》等文件，组织2000余人参加培训、帮助企业融资8.19亿、担保融资1500万元，帮助8户企业申报合肥工投小微企业扶持债券3800万，全年争取扶持资金4690余万元。改善民生，结合“三线三边”和美好乡村建设，新建农村自来水管道2500米和改建4公里，新建自然村公共厕所5座，完成6公里“村村通”道路，清理建筑垃圾1500余吨，建设12个通信基站；解决农民工工资纠纷49起、涉金额2800万元。此外，解决或基本解决群众反映强烈的拆迁安置、环境整治、子女就学、民生工程等方面的切身利益问题46项（个）。

（合肥巢湖经开区管委会办公室）

阜阳合肥现代产业园区

【概况】 2014年，阜阳合肥现代产业园区完成地区生产总值5.06亿元，完成固定资产投资30亿元，实现招商引资到位资金22.4亿元，实现工业增加值2.42亿元，实现财政收入1.42亿元，实现农民人均纯收入8850元，同比分别增长178%、20%、107.4%、505%、58.5%、12%，生产粮食21241吨。

【基础设施建设】 推进公共基础设施建设。建成起步区在内的13.6公里市政道路并通车，华山路、龙湖路等新建或延伸道路全面通行，修建10.2公里袁集镇乡村道路通车；福和家园一期、二期住房工程完工并分配完毕，并推进三期安置房建设；正式建成110千伏翡翠湖变电站并供电；兴建2万平方米万国农贸商城竣工， 基本建成3.5万平方米百大购物中心项目，15万平方米安医附属阜阳医院项目主体结构封顶；建成招商中心并启用；19.3万平方米彩蝶湖建成、阜颍河改造完成；新增5.4万平方米绿化土地。该园区全年上报获批用地约30.33公顷，建成6.2平方公里起步区基础设施并使用。此外，园区支持和配合阜阳市102省道改扩建、阜颍路绿化、三线三边整治等重大市政工程建设，征地拆迁及绿化投入计3314万元。

【招商引资和项目建设】 把工业项目作为园区发展的生命线，一把手亲自抓，两位副主任分工负责。加强对入园项目投资合同的审查；新成立经贸（招商）二局，加强招商引资力量；建立招商引资工作调度和目标考核等制度，推进项目引进和落地建设。截至年底，该园区累计签约项目47个，其中工业项目35个，服务业项目12个，协议总投资145亿元；开工项目25个。重点引进中航江淮阜阳专用车底盘及车辆制造基地、振展动力电池及储能系统等14个项目，协议总投资37.7亿元。其中中航江淮阜阳专用车底盘及车辆制造基地项目总投资20亿元，项目物流基地建设完成；欣奕华高新材料项目一期工程进行设备调试，技术国际领先；康师傅矿物质水项目总投资1.2亿元，完成厂房设计及招标工作。建成工投中小企业园一期、洽洽食品、云康云计算、万恒包装等14个项目并运营。

【征迁安置】 做好征迁工作，以及住房安置、就业安置和社会养老保险工作，努力实现农村变城市，农民变市民，农业经济变工商业经济三个转变。自2013年5月份对袁集镇实施托管以来，确立了袁集镇以征迁安置、社会管理和民生工程为重点，统筹发展各项事业的工作思路。全年完成彩蝶湖、华山路以及姚桥大沟等项目新征地约57.733公顷，发放征地款4035万元，拆除房屋8.34万平方米，涉及241户、845人，发放拆迁补偿费用5640万元；并按照公平公正公开的原则，分两期分配安置房800套，安置群众472户，1816名拆迁群众喜迁新居。此外，为2598名失地农民办理失地农民养老保险，占被征地农民总数的85%。

【镇村建设】 进行城镇建设，实施镇区改造，将原有乡村公路提升改造为市政道路，建设袁集镇镇区一环路工程，总长1.9公里，配套建设LED路灯、污水管网等，并投入使用；指导袁集镇开展秸秆禁烧和综合利用工作，出台相关规定并制定严格的工作纪律，保障了袁集镇在午、秋两季未发现人为点火现象；加强治安防控，推进计划生育、综治维稳、民政民生等各项社会事业。此外，推动袁集镇“美好乡村”建设，全面做好河道治理、道路清洁整治及高速路沿线绿化等工作。

【财政金融】 实现财政收入1.42亿元，实现财政支出1.21亿元，同比分别增长58.5%、58.4%。推动安徽省及合肥、阜阳两市2014年度6亿元资本金及时足额到位；支持科技创新，发展战略性新兴产业，支付企业科技创新扶持资金6000万元；支付建设工程款5.47亿元。以百大合家福阜阳购物中心、安医阜阳附院等项目为载体，与徽商银行等多家银行合作融资；该园区申报的国开行2.7亿元“美好乡村”项目贷款获批，并提取3000万元。徽商银行3.5亿元抵押贷款提取1000万元。实现不拖欠群众一分钱，不拖欠企业一分钱，不拖欠银行一分钱的目标。

（阜阳合肥现代产业园区管委会办公室）

工业经济

综　述

【工业产出】 2014年，全市工业经济继续保持平稳较快增长的良好态势，全市2306户规模以上工业企业完成产值8447.8亿元；实现增加值2126.6亿元，完成销售产值8168.90亿元，同比分别增长12.3%、10.4%；222户出口型企业实现出口交货值909.26亿元，同比增长75.0%，高于销售产值增幅64.6个百分点，工业外向度达11.1%，较上年提高4.0个百分点。其中，12月实现出口交货值达100.08亿元，创历史新高。全年实现出口交货值同比增量超亿元的企业有29户，超10亿元企业有6户，分别为联宝电子、晶澳太阳能、宝龙达信息、翰博高新材料、鑫晟光电美的洗衣机，其中联宝电子实现出口交货值达306.98亿元，净增243.73亿元，占全市增量的62.6%。

2014年，合肥市工业总量超越石家庄市，首次进入省会城市前十强，超出石家庄市54.89亿元。从增速看，合肥市位列省会城市第2位，比2013年前移4位；位居中部省会榜首，较第2位的长沙市高出0.3个百分点。与南京、杭州相比，2014年，合肥市增加值相当于南京和杭州的70.9%和75.8%，比2013年提高5.3和0.2个百分点，增加值增速分别领先两市2.8和3.4个百分点。

从月产出看，工业生产增幅呈“W”型走势，月度增速的高点分别出现在3月、7月和12月，为13.4%、15.0%和16.7%，低点出现在5月和8月，分别为8.4%和8%；从总量看，2014年，工业月均产值达703.99亿元，其中3月和11月产值分别达761.81和805.25亿元，尤其是11月份产值和增加值首次突破800和200亿元大关。

从企业经营效益看，2014年，全市规模以上工业企业实现主营业务收入7906.36亿元，同比增长11.4%；实现利税总额730.10亿元，同比增长1.7%，其中利润总额461.35亿元，同比增长2.1%；企业亏损面为8.3%，亏损企业亏损额为16.13亿元，同比下降11.7%；工业经济效益综合指数为

2014年中部六省会城市工业生产情况

城市名称	2014年			2013年		
	增加值（亿元）	增速（%）	增速位次	增加值（亿元）	增速（%）	增速位次
合肥市	2126.59	12.3	1	1907.40	14.4	1
太原市	647.24	0.4	6	770.94	10.1	6
南昌市	1380.60	11.9	3	1159.48	12.9	3
郑州市	3093.96	11.2	4	2857.70	11.3	5
长沙市	3042.05	12.0	2	2653.28	14.0	2
武汉市	3453.35	10.9	5	3113.30	11.7	4

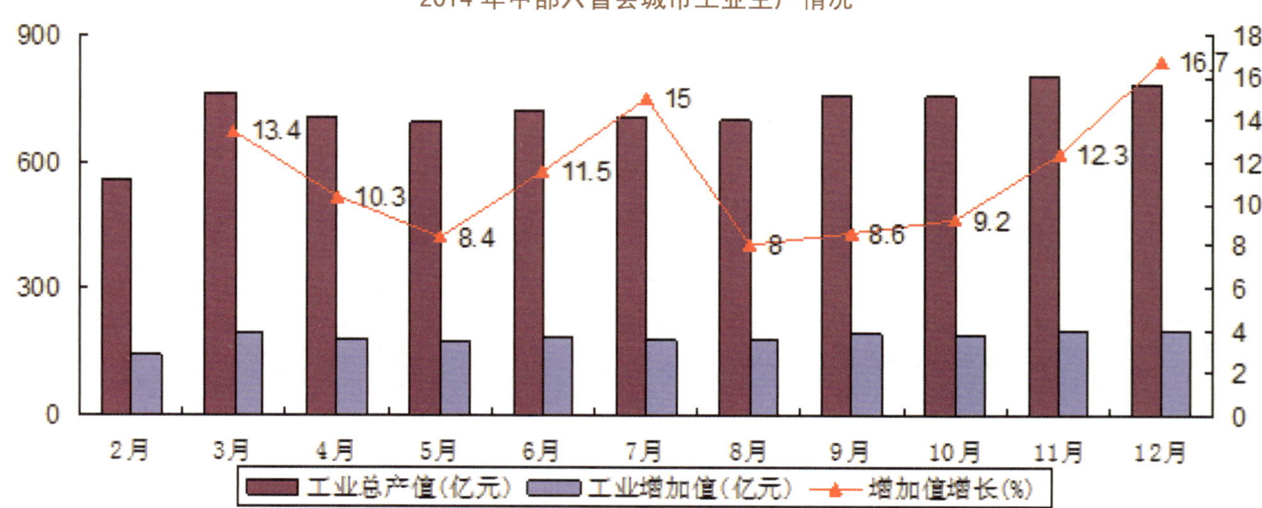

354.0%，同比提高15.5个百分点。

从企业规模来看，全市当年实现产值超亿元企业有1073户，占全市规模以上企业的46.5%，同比增加53户。其中，实现产值超10亿元的企业有131户，同比增加19户；超50亿元的企业有30户，同比增加4户；超100亿元的企业有11户，同比持平；超200亿元的企业有4户，同比增加1户；超300亿元的企业有2户，同比增加1户。联宝（合肥）电子科技有限公司实现产值超越江汽股份，成为全市首家实现年产值破400亿元的企业，达433.00亿元，同比增加291.45亿元，占全市增量的36.2%。

全市全年实现产值超亿元的企业分别完成产值和增加值7838.53和1974.00亿元，均占全市的92.8%；产值净增993.18亿元，占全市增量的123.4%，增加值同比增长16.2%，高于全市3.9个百分点，拉动全市工业增长14.5个百分点，增长贡献率达118.0%。

从工业结构看，全市有2047户民营企业完成产值和增加值分别为5628.54和1393.08亿元，分别占全市的66.6%和65.5%，同比分别提高2.5和2.6个百分点，其中产值超过2011年全市工业产值的30.57亿元；增加值同比增长16.8%，高出全市4.5个百分点，拉动全市工业增长10.6个百分点，增长贡献率为85.9%。其中，有1373户民营企业产值同比增长，增长面为67.1%，比全市高1.4个百分点；产值同比增长逾20%的企业有730户，占35.7%，高出全市1.0个百分点。

2014年，全市高新技术产业完成产值和增加值分别为4372.61和1104.30亿元，分别占全市工业的51.8%和51.9%，较同期分别提升2.0和2.4个百分点，增加值同比增长17.5%，高于全市5.2个百分点，拉动全市工业增长8.7个百分点，增长贡献率为70.6%。按国家高技术产业划分标准统计，全

2014年产值超100亿元的工业企业生产情况

企业名称	2014年产值（亿元）	2013年产值（亿元）	增减产值（亿元）	增长（%）
合　计	2095.20	1789.97	305.22	17.1
联宝（合肥）电子科技有限公司	433.00	141.55	291.45	205.9
安徽江淮汽车股份有限公司	329.22	356.51	-27.29	-7.7
合肥海尔电冰箱有限公司	232.11	213.42	18.69	8.8
格力电器（合肥）有限公司	227.02	220.11	6.91	3.1
合肥海尔空调器有限公司	152.90	135.79	17.11	12.6
联合利华（中国）有限公司	150.74	171.14	-20.39	-11.9
合肥美的洗衣机有限公司	127.00	120.01	6.99	5.8
安徽省电力公司合肥供电公司	126.93	119.77	7.16	6.0
日立建机（中国）有限公司	109.86	108.29	1.57	1.5
合肥美的电冰箱有限公司	104.48	130.13	-25.65	-19.7
安徽省电力公司	101.95	73.28	28.67	39.1

市当年实现工业高技术产业产值达1158.19亿元，占工业比重达13.7%，同比提高4.0个百分点；完成增加值330.21亿元，占全市15.5%，同比提升4.5个百分点，实现增加值同比增长57.6%，高于全市45.3个百分点。

从战略性新兴产业看，全市全年有518户战略性新兴产业完成产值和增加值分别为2553.93和681.03亿元，占全市30.2%和32.0%，同比分别提高4.1和4.5个百分点，同比净增产值562.47亿元，占全市增量的69.9%，增加值同比增长29.7%，创近三年新高，较全市高出17.4个百分点，拉动全市工业增长8.2个百分点，增长贡献率为66.3%。

分产业看，电子信息产业实现产值首次达1255.51亿元，实现增加值350.70亿元，同比增长49.7%；新能源产业实现产值和增加值分别为253.45和64.51亿元，实现增加值增长69.2%，两大产业实现产值占新兴产业的59.1%，拉动新兴产业和全市工业分别增长27.1和7.4个百分点，增长贡献率分别为91.2%和60.5%；节能环保、生物和新能源汽车产业生产同比分别下降6.3%、2.6%和19.4%，影响战略性新兴产业和全市增幅0.4和0.1个百分点。

2014年战略性新兴产业生产完成情况

产业名称	产值（亿元）	增加值（亿元）	增长（%）
战略性新兴产业合计	2553.93	681.03	29.7
战略性新兴产业占全市比重	30.2	32.0	
一、电子信息	1255.51	350.70	49.7
二、节能环保	77.35	20.76	-6.3
三、新材料	205.06	49.34	13.2
四、生物产业	106.04	27.30	-2.6
五、新能源	253.45	64.51	69.2
六、高端装备制造业	602.08	154.23	6.1
七、新能源汽车	17.76	3.47	-0.9
八、公共安全	36.68	10.72	9.4

【工业投资】 2014年，全市工业实现投资1910.1亿元，同比增长12.6%，超序时进度0.5个百分点；实现工业投资额占全市投资的比重为35.5%，同比下降1.7个百分点，增幅同比低6.3个百分点。其中，采掘业完成投资28.55亿元，同比增长43.9%，同比提高26个百分点；制造业完成投资1798.42亿元，同比增长13.4%，同比下降5.4个百分点；电力、燃气及水的生产和供应业完成投资83.13亿元，同比下降8.9%，同期增长22.1%。

从新开工项目看，全市2014年新开工工业项目1759个，同比减少14个，累计完成投资1016.5亿元，同比下降2.7%，占全市完成工业投资的53.2%；其中亿元以上项目179个，同比减少73个，完成投资306.5亿元，同比下降19.1%，占全部新开工项目投资的30.2%。

从“121”项目看，全市当年“121”项目累计完成投资312.2亿元，完成年度投资计划的124.4%，超序时24.4个百分点，占全市完成工业投资的16.3%，其中，新开工项目14亿元、续建项目119.8亿元，竣工项目178.5亿元，续建项目和竣工项目分别完成序时进度108.9%和204%。

从在建10亿元以上大项目看，全市当年全部在建10亿元以上项目有35项，总投资862.7亿元，当年计划投资165.4亿元，全年累计完成投资219.6亿元。

从重点产业看，一是六大主导产业全年完成投资971.6亿元，同比增长12.1%，占工业投资的50.9%。六大产业增速4升2降，其中：光伏及新能源、食品及农副产品加工业保持高速增长，同比分别增长3.1倍和82.8%；装备制造、汽车及零部件产业同比分别增长18.6%和3.4%；家电和新型平板显示同比分别下降0.3%和34.1%。二是八大战略性新兴产业完成投资811.7亿元，同比下降2.0%，占全市工业投资比重为42.5%。八大产业增速3升5降，其中，新能源、节能环保产业保持成倍增长，分别增长7.4倍和1.2倍；新材料同比增长11%；生物、高端装备制造、公共安全、电子信息和新能源汽车产业同比分别下降5.2%、7.5%、9.0%、9.2%和18.3%。

【节能降耗】 全市当年全社会能源消耗总量（等价值）2554.50万吨标准煤，同比增长1.6%，低于全市生产总值增幅8.4个百分点；单位生产总值能耗0.5364吨标准煤/万元，同比下降7.61%，超省控目标5.61个百分点，四年累计下降19.7%，提前一年超额完成“十二五”GDP能耗下降17%的目标任务。其中，第二产业能耗1335.90万吨标准煤，同比增长2.0%，回落1.6个百分点，占全市总能耗的53%。规模以上工业综合能耗836.74万吨标准煤，同比增长2.7%，同比回落6.7个百分点，占全部工业能耗的62%，下降9.7个百分点。其中重工业能耗749.95万吨标准煤，同比增长2.7%，增幅与上一年持平；轻工业能耗86.79万吨标准煤。

全市当年六大高能耗行业完成产值1471.77亿元，综合能耗670.40万吨标准煤，占规模以上工业的80.1%，所占比重同比回落0.8个百分点；同比增加用能10.85万吨标准煤，增长1.6%，比规模以上工业能耗低1.1个百分点。

全市当年耗能超过10万吨标煤的企业共10户，比2013年下降1户，共计用能625.70万吨标煤，占规模以上工业能耗的74.8%，同比上升0.7个百分点；同比增长3.6%；比规模以上工业高0.9个百分点，带动规模以上工业能耗增长2.7个百分点；完成产值305.62亿元，同比下降4.6%，占规模以上工业产值的3.6%，同比降低0.6个百分点。10户企业中：中盐安徽红四方股份有限公司，全年综合能耗65.23万吨标煤，同比增长1.13倍，完成产值14.57亿元，同比下降39.5%；安徽巢东水泥股份有限公司综合能耗62.24万吨

2014年四开发区工业总量和增速情况

开发区	2014年（亿元、%）				2013年（亿元、%）			
	产值	排序	增加值增速	排序	产值	排序	增加值增速	排序
经开区	2460.3	1	13.3	4	2201.5	1	16.7	3
高新区	1025.9	2	15.0	3	915.7	2	14.5	4
新站区	622.8	3	17.2	2	522.8	3	18.6	2
巢湖开发区	72.2	4	20.0	1	55.2	4	30.0	1

2014年五县（市）开发区工业总量和增速情况

县　域	2014年（亿元、%）				2013年（亿元、%）			
	产值	排序	增加值增速	排序	产值	排序	增加值增速	排序
肥东县	852.5	2	15.6	2	732.6	2	15.4	3
肥西县	1161.4	1	16.8	1	1006.8	1	13.5	5
长丰县	702.0	3	12.0	4	622.5	3	20.2	1
庐江县	190.6	5	12.6	3	166.4	5	14	4
巢湖市	336.1	4	5.2	5	322.6	4	16.1	2

2014年四城区工业总量和增速情况

城　区	2014年（亿元、%）				2013年（亿元、%）			
	产值	排序	增加值增速	排序	产值	排序	增加值增速	排序
瑶海区	85.1	4	-15.8	4	120.1	4	-6.6	4
庐阳区	242.6	2	3.5	2	254.7	2	7.3	2
蜀山区	165.6	3	-9.6	3	201.7	3	7.9	1
包河区	530	1	5.2	1	489	1	6.6	3

标煤，同比增长15.1%，完成产值15.06亿元，同比下降12.7%；安徽合肥联合发电有限公司，综合能耗71.39万吨标煤，同比增长0.7%，完成产值17.03亿元，同比下降0.8%。

【县域、开发区工业】 四开发区当年完成工业总产值4181.3亿元，占全市工业的比重为49.5%，同比提升1个百分点。其中，经开区、高新区、新站区完成工业产值分别为2460.3亿元、1025.9亿元、622.8亿元。四开发区实现增加值增速均高于全市平均水平，平均增长14.4%，高于全市工业2.1个百分点，对全市增长贡献率为58.5%。

2014年，五县（市）完成工业总产值3242.6亿元，占全市工业的比重为38.4%，同比提升0.9个百分点。其中，肥西县实现产值1161.4亿元。除巢湖市增速低于全市平均水平外，其余均高于全市平均水平，平均增长13.8%，高于全市工业平均增幅1.5个百分点，对全市增长贡献率为39.6%。

四城区当年完成工业总产值1023.1亿元，占全市工业的比重为12.1%，同比下降1.9个百分点。包河区、庐阳区同比分别增长5.0% 3.5%；瑶海区、蜀山区同比分别下降15.8%、9.6%。

重点产业

2014年，合肥市六大千亿产业完成产值和增加值分别为5292.37和1348.08亿元，分别占全市的62.6%和63.4%，同比分别提升1.0和1.6个百分点；增加值增长14.5%，拉动全市工业增长8.9个百分点，增长贡献率为72.6%。

从产业看，受联宝电子和晶澳太阳能等企业大幅增产的拉动，平板显示及电子信息和光伏及新能源产业保持高速增长的态势，其中平板显示及电子信息产业实现产值964.00亿元，分别占两大产业净增产值537.83亿元，占六大千亿产业和全市增量的91.7%和66.8%，增加值增长77.8%，拉动六大千亿产业和全市工业分别增长12.6和7.8个百分点，增长贡献率分别为87.0%和63.1%。

2014年六大千亿元产业生产完成情况

产业名称	产值（亿元）	增加值（亿元）	增长（%）
六大千亿产业合计	5292.37	1348.08	14.5
六大千亿产业占全市比重	62.6	63.4	
一、汽车产业	684.16	150.19	-2.3
二、装备制造产业	1307.68	338.45	5.8
三、家电产业	1409.4	324.07	-2.1
四、食品及农副产品加工业	680.32	194.73	7.8
五、平板显示及电子信息产业	964.00	277.82	79.7
六、光伏及新能源产业	246.81	62.81	69.9

【家电产业】 家电产业是合肥支柱产业，领跑六大产业之首，形成相当规模的产业集群。2009年，合肥市家电产业被中国轻工业联合会、中国家用电器协会授予“中国家电产业基地”称号。2012年，合肥市家电产业集群被中国轻工业联合会评为全国轻工业特色区域和产业集群先进集体。

从品牌聚集度看，在推动美菱、荣事达等中国家电品牌发展的同时，加大招商引资力度，承接国内外家电产业转移，引进海尔、美的、长虹、格力、三洋、惠而浦、TCL、万和等知名品牌。另外拥有近年来努力争创品牌的欧力、尊贵、晶弘、帝度等，拥有4个国际品牌，11个国家级名牌产品。随着这些国内外知名品牌家电企业的落户，合肥成为全国家电企业知名品牌最为集中的地区。

从产品结构看，合肥家电产品覆盖白色和黑色系列家电，主要有电冰箱、洗衣机、空调器、彩电等大家电产品和抽油烟机、热水器、微波炉、吸尘器、太阳能产品等小家电以及电冰箱压缩机、空调压缩机、洗衣机电机、平板显示器等配套产品。2014年，全市生产冰箱2427.8万台、洗衣机1423.5万台分别占全国当年冰箱和洗衣机产量的26%、20%，合肥成为全球最大的冰箱和洗衣机生产基地。同年，全市冰箱、洗衣机、空调总产量占全国的16%；“四大件”总产量为5375.1万台，占全国的11.3%，连续五年居全国城市之首，坐稳“中国家电产业基地”头把交椅。

从科技创新看，全市当年拥有国家级、省部级重点实验室近40个，国家级、省级企业技术中心近60个。家电企业从事研发及相关人员约占企业职工总数的20%，研发投入约占销售收入的4%。美菱、荣事达设立了国家级的冰箱及洗衣机企业技术中心和博士后工作站。荣事达专门成立了家电研究院，并广泛的与高校及科研院所建立中长期合作关系，使合肥在电冰箱及洗衣机的研发与创新水平处于国内同行业领先水平。2014年9月，国家家用电器产品质量监督检验中心一期工程建成并投入使用，建成23个专业检测实验室，满足家电产品更新换代、家电产品检验需求。

从产业集聚看，家电配套产业快速崛起，美芝、万宝、宝兰格、科德隆、日上电器、港利、凌达、京东方、鑫昊、彩虹、乐凯等知名配套企业相继落户合肥，宝钢、马钢在合肥建立薄板、彩板配送中心，为家电产业提供配套服务。合肥形成了从产品研发到核心重要的零部件生产、整机制造、物流、售后服务的完整产业链，成为最具国际影响力和国际竞争力的家电制造中心。

【汽车及零部件】 汽车产业是合肥市工业经济的支柱产业之一，在全市经济总量中占有举足轻重的地位，合肥市汽车产业具有明显的自主创新能力和自主品牌发展优势，具有较强的市场竞争力和良好的出口前景。2014年，全年汽车产业完成产值684.2亿元，实现增加值150.2亿元，生产汽车47.3万辆。

从企业规模看，拥有规模以上汽车整车及专用车生产企业11家，零部件生产企业200多家。汽车整车生产企业有安徽江淮汽车股份有限公司（以下简称“江汽股份”）、安凯汽车股份有限公司（以下简称“安凯股份”）、合肥长安汽车有限公司（以下简称“合肥长安”）、安徽星凯龙客车有限公司、安徽江淮客车有限公司等，其中江汽股份、安凯股份均为上市公司，合肥长安为上市公司全资子公司。合肥市汽车产业形成以生产轻型、中型和重型载货车、客车、商务车、微型车、轿车为主导产品的系列化发展格局，具有中国最全的商用车产品型谱。在新能源汽车领域，2011-2013年江汽股份自主研发“爱意为”（IEV）纯电动轿车和安凯股份自主研发“安凯”牌纯电动客车在国内产销量分别保持第一，并批量出口国外，合肥市也成为全球纯电动汽车示范运营数量最多的城市。

从产业集聚看，汽车产业形成以江淮汽车城、桃花工业园、包河工业园、岗集汽车配件园、长安汽车工业园为主体的环城汽车零部件产业带，其中桃花工业园、包河工业园、岗集汽车配件园为安徽省经信委命名的“新型工业化产业示范基地”，产业集群发展态势初步形成，并且实现了产业集群与工业园区的良性互动，从而完善了汽车产业链，快速带动当地经济的发展，汽车产业集群在发展过程中形成了自己的特色和优势。

从产品结构看，合肥汽车工业形成多品种、全系列的各类整车和零部件生产及配套体系，其中以生产轻型、中型和重型载货车、客车、商务车、微型车为主导的系列化产品为中国最全的商用车产品型谱，形成30多个系列400余种车型。

从技术创新看，合肥市汽车产业一直坚持“以技术创新促进自主品牌发展”的战略，汽车企业全面推广应用UG、CATIA、PROE等三维设计软件；开展CAE（计算机辅助分析）技术的研究和应用；建立了自主开发车身的平台；全面推广应用CAPP（计算机辅助工艺设计）技术和制造业信息化；提高了汽车企业的设计水平和制造能力。江汽股份被列为国家级重点高新技术企业；江汽股份技术中心被列为国家级技术中心，安凯股份获批该领域首个也是唯一一个国家工程技术研究中心“国家电动客车整车系统集成工程技术研究中心”。江汽集团还与合肥工业大学联合成立了汽车技术研究院，与同济大学共建了汽车研发中心，自建了院士工作站和博士后科研工作站。

新能源汽车，2009年，合肥市就被国家四部委共同批复为全国首批13个节能与新能源汽车示范推广试点城市之一，2010年又成为全国购买新能源汽车补贴试点的5个城市之一。在“十一五”初期，合肥市的安凯电动客车开发就在全国处于领先地位，2005年安凯股份首家成功申请纯电动客车国家公告，2011年安凯股份获批该领域首个也是唯一一个国家工程技术研究中心。合肥工业大学一直从事电动汽车的研发工作，先后与安凯股份、江汽股份、国轩高科等企业合作开发了纯电动客车、纯电动轿车、混合动力客车、燃料电池客车等新能源汽车及锂离子动力电池。江汽股份的纯电动轿车、安凯股份的纯电动客车连续多年产销量位居全国第一，合肥市也成为全球纯电动汽车示范运营规模最大的城市。合肥连续两年承办了由中国汽车工业进出口有限公司和合肥市政府联合主办的“2013、2014年中国国际节能与新能源汽车展览会”。合肥具备了成为全国重要的新能源汽车制造业基地的条件。

【装备制造业】 2014年，合肥市装备制造业重大技术装备自主化水平显著提高，国际竞争力提升，新兴产业装备异军突起，部分产品技术水平和市场占有率跃居国内前列，在全省乃至全国都有较大的影响。合肥市装备制造业当年完成产值1307.7亿元，实现增加值338.5亿元；生产挖掘机1.2万台，生产叉车产量6.9万台，同比分别增长4.9%、1.9%。

从企业规模看，全行业拥有一批优势企业集团，如安徽叉车、日立建机、应流集团、合肥锻压、天威合变等大型企业，以及华东工程、水泥研究院等成套装备研发和生产企业。安徽叉车集团公司实现产值产量多年来居全国同行业第一位，合肥锻压集团公司实现产量居全国液压机行业第一位，日立挖掘机有限公司实现产量居全国前三位。

从科技创新看，合肥市装备制造业中拥有一批国家级、省级技术中心和产品实验基地，其中安徽叉车集团公司的技术中心是国家级企业技术中心，锻压、电缆、仪表、电机、六方、神马等企业技术中心为省级企业技术中心。同时又涌现出依靠企业自主创新发展的芯硕半导体、齐美检测、美亚光电、阳光电源、万瑞制冷、皖仪科技等高端装备生产企业。主要产品技术水平与世界先进水平的差距在缩小，关键的产品和替代进口的产品品种扩大。关键设备和进口的大型、精密及数控加工中心等设备在企业的装备中占有的比例提高。

从产业集聚看，随着装备制造业的迅速发展，装备制造业的骨干企业都向开发区和工业园区聚集，全市的大部分区（县）都将装备制造业作为发展区（县）工业的重点，现在已经形成以经济技术开发区、高新技术开发区、瑶海工业园和庐阳工业园等为主的聚集区。在这些聚集区内建设了一批以龙头企业核心产品为依托的特色工业园。同时，一大批为装备制造业配套的零部件生产企业和基础装备制造企业也向这里聚集，产业聚集趋势明显。

从产业链看，成套装备推进集成发展，合肥市在水泥成套装备、化工装备、环保装备、饮料罐装、自动化装备等行业领域，形成了合肥水泥研究院、华东工程公司、盛运环保、国帧环保、中辰机械、巨一自动化等集系统设计、系统集成、工程总承包和全程服务为一体的总承包公司和工程公司，初步形成了以工程带动相关装备制造业加快发展的良好格局。

【平板显示及电子信息产业】 合肥平板显示及电子信息产业发展迅猛，科技含量明显提高，京东方、联宝等龙头企业汇聚合肥，提高了合肥市电子信息产业竞争力，部分产品技术水平和市场占有率跃居国内前列。

从产业规模看。合肥市电子信息产业实现产值1509.4亿元，实现增加值414.7亿元，累计增速52.3%。随着一批龙头企业的重大项目相继完工，全市初步建立以显示面板为核心，上游延伸至显示玻璃、触摸屏、背光源、导光板、光学膜、表面贴装，下游到液晶电视、平板电脑、智能穿戴设备、笔记本电脑等较为齐全的智能终端产业链。其中，合肥彩虹液晶面板线配套的高世代玻璃基板项目已供货合肥鑫晟，京东方新投产的触摸屏项目厂房封顶。随着宝龙达、联想集团和台湾仁宝集团的入驻以及年产2000万台笔记本电脑和台式一体机生产基地建设，深圳惠科3000万台电视整机近期也签约新站区，华恒电子与小米集团合作共同建设智能可穿戴产品项目。

从新产业培育看，联发科技、北京君正、兆易科技、展讯通信、大唐电信等14个项目在合肥市集中签约，其中君正科技、芯动微电子等5个项目开始正式运营，展讯通信、大唐电信、杰隆狮8寸晶圆及元器件封装等7个项目在进行落地准备工作。加大专项招商引资力度，3月-4月市委市政府主要领导亲自带队先后赴台湾、北京、上海等地与有关企业进行对接，洽谈项目21个（在谈项目12个，意向项目9个）。其中，设计项目12个：全志科技、中星微电子、台湾芯中华显示驱动芯片项目等，计划投资12.4亿元，制造项目4个：新加坡格罗方德8寸晶圆厂、上海先进8寸线整体搬迁、台湾联华电子12寸线等，计划投资约60亿元，其他项目5个：中科院微电子所集成电路芯片ESD测试设备、颀邦科技封装测试项目等，大多集中在高新区和经开区。

【光伏及新能源产业】 全市新并网光伏电站89.5MW，总装机规模达225MW，位居全国省会城市之首；光伏及新能源产业完成产值246.8亿元，实现产值比上年净增104亿元；实现增加值62.8亿元，同比增长69.9%，高于全市工业平均增幅57.6个百分点。

从发展增速看，合肥市拥有阳光电源、晶澳、通威、海润、中南光电、景坤新能源等30家光伏生产企业，初步形成了从硅料－电池－组件－逆变器－电站建设等较为完整的光伏产业链；并实施"走出去"战略，帮助企业开拓西部地区、东部沿海等国内市场。2014年，全市光伏产业实现产值246.8亿元，同比增长69.9%，对工业增长贡献率达10.8%。合肥市成为国内具有较大影响力的光伏生产基地。

从应用推广看，合肥市实施分布式光伏屋顶电站、光伏照明、光伏与建筑一体化、光伏与设施农业相结合等工程，创新"光伏下乡"、"光伏精准扶贫"、"渔光互补"等多种推广模式，打造"中国光伏应用第一城"。截至年底，全市分布式装机总规模达225MW，位居全国省会城市之首。在全国率先实施"光伏下乡"工程，两批试点300户扶贫光伏电站全部建成并网；先行先试的“合肥版”精准扶贫模式，在全国多个省（区）推广。合肥市成功入选国家首批创建新能源示范城市和安徽省“节能综合性示范城市”。

从政策创新看，全市密集性出台光伏生产和应用扶持政策，从度电补贴政策到光伏推广应用、光伏发电用地等指导意见，在全国地方性政策中属于领先。其中度电补贴政策早于国家出台，光伏供地、就近售电模式均为国内首创。此外，创新融资服务和产品，探索设立市级光伏发电投资公共担保资金，为光伏发电项目提供贷款担保。将光伏应用项目纳入节能考核、有序用电和合同能源管理补贴范围，探索光伏发电节能量交易等。

从示范区建设看，合肥市示范区在建项目进展顺利，储备项目充足。截至年底，全市光伏电站建设带动投资约19亿元；全年实现发电量1.9亿kWh，占全市当年工业用电量的1.5%，发电产生的直接经济效益达1.14亿元；每年减排二氧化碳达16.91万吨。

【食品加工产业】 2014年，合肥市农产品加工业实现产值1072（全口径，下同）亿元，同比增长8.4%，总量位居全省第一，其中农副食品加工业达414.8亿元，占全市农产品加工业的38.7%，方便、快捷和营养保健品发展迅速。

从产业集聚看，全市粮油、畜禽、乳制品、水产品、饲料、蔬菜水果、林产品、纺织等八个产业实现产、加、销一体化发展，全市有农产品加工集中区7个，规模以上加工企业入园率逾70%，全市农产品加工基地基本形成。

从科技创新看，企业科技创新水平提升，核心竞争力增强，全市当年拥有研发机构的农产品加工企业150家，创新型企业69家，拥有国家、省、市三级工业技术研究中心56家，建立省级以上现代农业产业技术体系16个，农业产业技术创新战略联盟5个，获农业专利授权量150多件，转化农业科技成果36项。

从企业规模看，全市有农产品加工企业2748户，规模以上农产品加工企业518家。其中，实现产值超亿元企业245家，超10亿元企业17家。

重点工业企业

【战略性新兴产业部分企业】

联宝（合肥）电子科技有限公司

联想（合肥）产业基地项目由两家世界500强企业联想集团和台湾仁宝电脑联合投资建设。项目于2011年9月签订项目投资协议，2011年10月项目正式开工建设。2011年12月，联宝（合肥）电子科技有限公司在经开区注册成立，注册资本1亿美元，2013年增资至2.65亿美元。2014年，联宝成为合肥市最大工业企业和安徽省最大进出口企业。

联想（合肥）产业基地项目生产基地占地约40.67公顷（加工区内占地30.467公顷），总投资约10亿美元，在合肥出口加工区内建设年产2000万台笔记本电脑和台式一体机生产基地项目，项目还包括在合肥经开区建设科技研发中心、设立研发公司等内容。

生产基地项目总建筑面积约28万平方米，主要建筑物为2栋主体厂房和六栋仓库。项目于2011年10月8日开工，2012年12月27日项目投产，有员工1.2万人；建成面积逾17万平方米、业界最大单体式厂房，10万平方米的HUB仓库18个分设于合肥、台北两岸的业界先进研发实验室，还有17条领先行业、单条价值逾千万美金的笔记本电脑SMT生产线，26条BOX整机组装线，同时配有可以满足6000人同时就餐的员工餐厅和2万人入住的联宝公寓等配套设施。联宝单月最高产能逾230万台整机，是联想全球最大的PC 机研发和生产基地，全球每10台笔记本电脑中，就有1台来自联宝制造。2014年，该公司生产笔记本电脑1373.5万台；完成产值433亿元，上缴税收3.24亿元，同比分别增长205.9%、43.3%。

合肥鑫晟光电科技有限公司

合肥鑫晟光电科技有限公司，即京东方合肥8.5代线项目，总投资285亿元，设计产能为90K玻璃基板/月，玻璃基板尺寸2200mm×2500mm，主要产品包括46英寸、55英寸等超高分辨率高端电视用液晶显示屏，7英寸、8英寸、10.1英寸等超高分辨率Pad用液晶显示屏以及13.3英寸、14英寸等笔记本电脑用液晶显示屏。

该项目采用全球最先进的金属氧化物液晶显示技术（Oxide TFT-LCD），可以很好的对应超高分辨率、超高扫描频率（240Hz以上）的高端电视产品生产，是全球首条全产线应用Oxide技术的高端显示面板生产线。金属氧化物相关技术也是OLED显示需要核心驱动技术，也可以用来生产OLED产品。8.5代线项目中有2K/月玻璃基板是规划用于生产OLED显示产品；相关技术在京东方集团TFT-LCD工艺技术国家工程实验室开发成功。

科大讯飞股份有限公司

科大讯飞股份有限公司是专业从事智能语音及语言技术、人工智能技术研究，软件及芯片产品开发，语音信息服务及电子政务系统集成的国家级骨干软件企业，公司的智能语音核心技术代表了世界的最高水平。1999 年，该公司成立，2008 年在深圳证券交易所实现挂牌上市。

科大讯飞是中国唯一以语音技术为产业化方向的“国家 863 计划成果产业化基地”、“国家规划布局内重点软件企业”、“国家高技术产业化示范工程”，并被原信息产业部确定为中文语音交互技术标准工作组组长单位，牵头制定中文语音技术标准。2003 年、2011 年，科大讯飞两次获“国家科技进步奖”；2005 年、2011 年两次获中国信息产业自主创新最高荣誉“信息产业重大技术发明奖”。2006 年至 2014 年，连续九届获国际语音合成大赛（Blizzard Challenge）第一名。

科大讯飞当年推出从大型电信级应用到小型嵌入式应用，从电信、金融等行业到企业和消费者用户，从手机到车载，从家电到玩具，能够满足不同应用环境的多种产品；并占有中文语音技术市场逾 70% 的市场份额，以讯飞为核心的中文语音产业链初具规模。2014 年，科大讯飞实现产值 16 亿元，实现销售收入 17.7 亿元。

【支柱产业部分企业】

合肥海尔工业园

合肥海尔工业园由青岛海尔集团投资建设，占地面积 58 公顷，总投资 14.7 亿元（人民币），是海尔集团除青岛本部以外最大的 B2B 生产基地。合肥海尔工业园 2000 年 3 月开工建设，建成投产的有海尔电冰箱、海尔空调、海尔洗衣机等 3 家整机生产企业和海尔特钢、海尔塑胶、海尔能源动力等 16 家物流、包装和销售企业，完成投资约 9.5 亿元。其中合肥海尔空调是中西部最大的 B2B 空调生产基地。2014 年，合肥海尔工业园生产冰箱 546.7 万台，生产空调 337.6 万台，生产洗衣机 329.6 万台，实现产值分别为 232.11 亿元、152.90 亿元、98.2 亿元。

安徽江淮汽车集团有限公司

安徽江淮汽车集团有限公司（以下简称集团公司）成立于 1997 年 5 月 18 日，其前身合肥江淮汽车制造厂，始建于 1964 年。该集团公司拥有江淮汽车、安凯客车两家上市公司和江淮专用车公司等十五家全资、控股子公司。主导产品有轿车、SUV、MPV、0.5 ～ 50 吨系列载货汽车、5 ～ 18 米客车、6 ～ 12 米客车专用底盘、叉车、自动化装备及发动机、变速器、车桥等核心零部件。2014 年，江汽集团生产各类汽车 46.5 万辆，其中乘用车 21.6 万辆；实现销售收入 371.5 亿元，同比增长 0.7%；实现利润总额 6.9 亿元。

日立建机

日立建机（中国）有限公司成立于 1995 年，坐落于安徽省合肥市经济技术开发区内，总占地面积为 124 万平方米，是日立建机株式会社、三菱商事株式会社、香港暨永实业有限公司三方共同出资兴建的大型外商投资企业。注册资本 15 亿元（人民币），总投资额 45 亿元（人民币），是日立建机集团全球最大的生产基地，是世界 500 强企业日立集团在全球的 1200 余家子公司中效益最好的企业，更是中国挖掘机行业的翘楚。日立建机（中国）有限公司拥有挖掘机研发和制造的全套流水线，凭借 HITACHI 原创设计和先进技术，生产并销售携有日立独创电子液压系统，符合人机工程学的低噪、高效、节能的液压挖掘机。2014 年，该公司生产液压挖掘机 12103 台，实现产值 109.9 亿元。

【传统产业部分企业】

联合利华（中国）有限公司

联合利华（中国）有限公司于 2002 年开始在合肥经济技术开发区投资兴建联合利华合肥工业园，该园占地近 25.27 公顷，生产包括力士、旁士、清扬、夏士莲、多芬、凡士林、奥妙、中华、精纺、立顿等品牌的日化产品和茶叶等食品。2014 年，该工业园生产洗衣粉 23.4 万吨，化妆品 16.5 万吨，实现工业总产值 150.7 亿元；生产的产品既满足国内市场需求，还出口到香港、日本、韩国、东南亚、澳洲、加拿大等国家和地区。联合利华成为中国最大的快速消费品企业之一，其生产的各类产品均位居业内前三甲，同时也是中国最大的媒体投放商之一。

安徽佳通轮胎（中国）有限公司

佳通轮胎（中国）投资有限公司是一家大型外商投资公司，多次获全国外商投资“双优”企业、安徽省进出口先进单位称号，被全国海关列为 A 类企业。该公司成立于 1993 年，主营各类汽车轮胎的生产和销售。佳通轮胎在中国境内拥有 5 家大型工厂以及独一无二的、完善的轮胎销售网络遍布全中国及世界各地，轮胎销售额自 2001 年起至今一直名列中国第一。2009 年佳通轮胎实现销售收入逾 140 亿元（人民币），跻身世界轮胎业前十三强，国内市场占有率达 18%，产品远销欧美、中东等 100 多个国家和地区，与国内外 80 多家汽车生产企业建立了稳定的配套业务关系，并获 GM 汽车公司 2005、2006 年度最佳供应商奖。2014 年，该公司生产各类轮胎 1903.3 万条，实现产值 51.8 亿元。

（韩　东、彭雨森）

信息化与信息业

信息化推进

【信息化基础设施】 2014年，建成全面覆盖市到区、市到县的光纤中继网络，实现商务办公楼宇光纤100%覆盖，城区成型小区基本实现光纤到楼，可提供最高100M接入带宽，非成型小区（如城中村）、农村采用DSL、FTTH等多种方式覆盖，可提供不低于4M接入带宽。截至2014年底，城市宽带接入端口达到295万个，农村宽带接入端口71万个，光纤到户覆盖约240万户；3G基站10140个，LTE基站7859个，室内分布系统3097套；主城区3G网络覆盖率达99.1%，中心城区、郊县中心区域4G网络覆盖率达98.6%。WIFI热点5275个，AP数量49660个，WLAN无线局域网热点正逐步扩大至热区。

【两化融合】 建成2家国家级、59家省级、217家市级“两化融合”示范企业；6家省级、9家市级两化融合示范园区；2家国家级的两化融合服务机构。按照工业4.0标准，扎实推进“数字企业”建设，在全国率先实施百家“智能工厂”、千间“数字车间”、万条“数字化生产线”的“百千万”创新工程。实施 “企业两化融合管理体系”标准建设和推广行动，遴选首批16家企业开展两化融合管理体系贯标试点，其中5家列入国家级两化融合管理体系贯标试点。依托百度公司，推进中小企业“翔计划”工程，支持200户中小企业开展网络营销业务，支持100家中小微企业应用工业云服务平台开展网络基础设施、设备租赁、数据托管、流程外包等服务。认定27家企业信息化第三方公共服务平台，为中小企业提供信息化政策法规咨询、产品研发、质量认证、软件租用、信息技术培训、在线支持（包括网上在线专业市场、电子商务认证、物流服务、商务信息、人才信息、培训信息）等各类公共服务。2014年，市两化融合发展指数101.71，基础环境指数113.38，工业应用指数105.67，应用效益指数87.32，四项指标均位列全省第一，远超国家平均水平。

【信息消费】 成功获批国家信息消费试点市，围绕国家第一批信息消费试点市建设，按照工信部和省经信委有关要求，完成《合肥市人民政府关于加快“宽带合肥”建设促进信息消费的若干意见》编制工作，研究出台《2014年合肥市信息消费试点市建设工作计划》，明确信息消费试点市建设工作的思路、目标、任务和措施，研究制定信息消费示范广场（示范街）、数字家庭体验中心认定标准，打造10家信息产品体验促销商店（数字家庭体验中心）。实施“信息消费示范工程”，大力推进公共场所无线WIFI免费接入服务，积极拓展无线WIFI创新应用。协调推进电信网、互联网和广电网资源共享，促进网络电视（IPTV）、移动视频、有线电视网宽带服务等融合性业务的发展，数字有线电视用户达到70万户，IPTV 用户超过10万户。

合肥电信

【概况】 2014年，中国电信合肥分公司在集团公司、省公司的正确领导下，围绕省公司提出“强管理、提质量、增效益”的总体要求，结合分公司实际情况，落实客户价值经营和资产价值经营两大任务，稳妥推进划小改革，积极应对外部挑战，各项工作取得长足进步。

【市场经营】 企业经营量质并重稳健发展。2014年收入25.9

亿元，占全省体量近 1/4，收入市场份额为 32.4%；重点业务发展稳健，宽带完成全省排名第一，移动和智能机业务位于全省第一阵营；企业效益持续上行，EBITDA 率完成 53.1%，净利润累计完成 6.46 亿元，净利润贡献率占全省近 1/3。

【服务支撑和保障】网络建设支撑能力持续提升。4G 网络建设快速布局，抢占 4G 制高点，完成 1055 宏站、599 个室分建设，C 网能力进一步提升；光网宽带能力持续增强，在做好市区光网签转覆盖的同时，新增集镇及以上区域覆盖用户 43.89 万户，基本满足业务发展的需求。

【企业基础管理】 体制机制不断创新。公司在基层单元全面开展划小承包改革，激发企业活力，同时，分公司支撑一线、服务一线的"倒三角"运营模式也初步成型。精确管理再上台阶。积极应对国家营业税改增值税的变化，优化投资结构，通过修订并严格执行一系列的管理考核办法，浓厚遵章守制、认真做事的氛围。营造企业氛围和强化文化建设。主要开展党风廉政建设，纪念建党 93 周年系列活动，深入贯彻落实八项规定，"纠四风"取得实效，同时紧密融入企业运营发展，加大监督检查力度。开展廉洁从业、反腐倡廉教育等活动。

全年合肥分公司受到集团公司和省公司的表彰，涌现出许多先进集体和个人。公司荣获"2014 年通信行业用户满意企业"，获得中国电信集团公司颁发"2013 年度双领先奖"，被授予 2014 年度第十届"安徽省文明单位"称号，被省市工会授予"工人先锋号"光荣称号。分公司在省公司组织各项大赛中也取得出色成绩，其中在全省投诉处理技能大赛和"2014 年价值经营主题辩论赛"中荣获团体一等奖。

（中国电信合肥分公司综合管理部）

合肥联通

【概况】 2014 年，合肥联通紧紧围绕集团公司"移动宽带领先与一体化创新"战略的总体要求及省分公司"八年三步走"的战略部署，积极应对营改增和销售费用压降等监管政策变化影响，主动转型，夯实业务收入，降低无效成本，优化营销体系建设，推进重点项目落地，加快 4G 建设步伐，激发基层活力，规模效益发展继续呈现良好态势。全年主营收入突破 11 亿元，增幅保持安徽联通系统内和本地同行业双领先，利润规模再创新高，同比增幅 26.8%，连续两年超额完成利润目标，网上用户规模近 200 万。

【产品与服务】 坚持终端合约产品为重点的营销策略，以终端拉动、流量经营为主线带动 3G、4G 用户发展。调整优化固网营销模式，建立宽带助销平台，在网客户数连跨数个万级台阶，增幅位于安徽联通第一。面向集团客户，依托联通高速 3G、4G 网络和成熟的行业应用，成功拓展了班班通、社区综合服务平台等 18 个重点项目，通过"智慧企业"定向拓展签订政府合同项目过千万元，不断提升政府、企业信息化水平。在校园，积极打造"流量校园"的概念，深化校企合作，秋季新生市场占比超过 40%，提升品牌形象。

服务能力持续强化，结合实际，开展服务攻坚战，重点攻坚窗口服务、宽带装移修两项薄弱环节。完善和丰富俱乐部建设，开展"走进联通"等客户体验活动。新增影迷、亲子俱乐部，开展春季踏青等特色活动，开通客服微信群服务。

【网络建设和维护】 2013 年 12 月 4 日获得 4G 牌照后，合肥联通全面启动 4G 网络布局，完成 LTE 网络验证测试和全年网络建设任务。建成全省首个 SGSN pool，增强核心设备安全性。城域网出局带宽增至 80G。开展 4G、高铁覆盖等专项优化，实现高铁南站、地铁一号线等重要场所的覆盖。开展传输网建设及优化，市区基站 IP 化比例达到 100%。服务攻坚战以来，装移维及时率始终保持在 98% 以上。实施热管空调、室分

定时开关等节能专项工程。推进共建共享，比例达到97%。圆满完成反恐演习、国际汽车展等通信重大保障任务37次。

【企业文化】 认真学习贯彻党的十八届三中、四中全会精神和习近平系列重要讲话精神，密切党群联系，营造和谐氛围，落实八项规定，推进党风廉政建设。顺利完成新一届团委和工会选举，成功争创第十届安徽省文明单位。公司在安徽联通竞赛中荣获营业员技能大赛团体一等奖、校园营销实战大赛团队第一名、职工气排球比赛团体一等奖、客服团总支获省直机关五四红旗团支部称号，1人获合肥市青年岗位能手称号，1人助人为乐的行为被央视宣传报道。安全生产环境持续改善，全年无重大安全责任事故发生。

合肥移动

【概况】 2014年，中国移动通信集团安徽有限公司合肥分公司（以下简称合肥移动）全面贯彻落实党的十八届三中全会精神，紧抓区域性特大城市建设机遇，深化转型发展，抢抓4G发展先机，重塑核心竞争能力，继续保持较快发展势头，企业发展再上新台阶。

【网络建设】 合肥移动加大投资力度，加快四网（GSM、TD-SCDMA、WLAN、TD-LTE）发展建设优化力度，全力打造融基础网、业务网、智能网、支撑网和传输网为一体的现代化移动通信网络，成为具有强大集成能力的全业务通信运营商。截至2014年底，合肥移动TD-LTE网络宏基站4223处、室分基站1587处，实现城区、乡镇、热点区域的有效覆盖以及交通干线的连续覆盖，完成高校、商业中心、高档写字楼等高流量区域的室内覆盖。合肥移动以客户感知为导向，聚焦网络指标、客户投诉、互联网质量，持续开展网络优化。合肥移动重点加强“六化”通信保障队伍建设，不断提高突发事件处置能力，全年圆满完成“省、市两会”“合肥国际马拉松赛”等各级重大活动的通信保障工作。

【业务与服务】 业务发展方面，2014年合肥移动聚焦4G宣传和发展，快速提升4G客户规模，全年4G活跃客户到达55万户。坚持以科学发展为主线，“加快发展”与“回报客户”并重，精心组织提升网络质量、开展客户回馈、开展宽带和流量经营等活动，实现移动客户规模的持续领先。截至2014年底，移动客户到达504万户，宽带客户到达37.5万户。客户服务方面，全面落实“客户为根、服务为本”理念。满意度提升方面，对内从网络、集团等6个维度梳理落实满意度短板提升措施100多项，对外开展客户满意度引导和互动活动；在投诉处理方面，建立健全客户“问题库”快速响应机制，开展“优服务、心互联”短信、微博、微信互动活动，同时狠抓垃圾短信、业务不知情定制等问题治理，严格执行“五条禁令”，维护客户权益，营造放心满意的消费环境。

【信息化建设】合肥移动通过搭建无所不在的无线宽带网络，打造美好安徽无线城市一站式聚合云服务平台，建设无所不能、可为感知的绿色智能合肥。面向市民提供政务、生活、休闲、交通、教育、医疗六大类80余项应用内容，典型应用包括公共事业缴费、实时路况监控、预约挂号、电子影票、在线商超、旅游预订等。依托丰富的无线应用内容，市民通过手机终端可随时随地随需的获取信息和服务，享受丰富多彩的生活内容，提高了市民幸福指数。

大力推进城乡信息化建设步伐，以信息化助推新型工业化，以信息化服务城镇化，以信息化服务民生工程。在电力、车辆定位、路灯监控、供水、燃气、气象等行业大力发展物联网应用；推广手机小额支付、车辆定位、物流配送、远程抄表、医疗救治信息系统等信息化应用；为企业提供专线、融合固话、移动办公、销售管家等信息化应用，推动基于“校讯通”“高校通”的教育行业信息化，构筑资讯互通、资源共享的协同教育网络；提升电子商务应用能力，上线公共事业缴费、旅游预订、酒店预订、航班预订、电子汽车票、电子影票、在线商超、游戏充值等基于手机支付的交易类应用，已建立起围绕市民日常生活需求的应用体系。

【企业文化】 合肥移动秉承“正德厚生 臻于至善”的核心价值观，坚持企业效益与社会效益的统一。在消除数字鸿沟、支持教育和文化事业、推动和谐小区建设、推行环保、公益活动等方面做了大量卓有成效的工作。2014年，合肥移动荣获“第四届全国文明单位”、“安徽省第十届文明单位”、“合肥企业五十强”及“合肥市2011-2013年度先进单位”等荣誉称号。

（方　跃）

无线电管理

【概况】 2014年，合肥无线电管理处优化设台审批程序，办理申请无线电通信组网单位21个，新办及换照共计3221个，其中：新办对讲机执照320个，其中主台22个，对讲机298个；新设三大通信运营商基站办理执照共计2124个，其中移动4G基站818个，3G基站509个，电信cdma基站42个，联通2G基站355个，WCDMA基站400个。

【重大项目建设】 对合肥市重大无线电通信项目进行支持和服务，帮助合肥市政府天网平安工程建设LTE专网建设和轨道交通集群通信方案通过国家发改委的审批，对合肥轨道交通1号线、2号线的800M集群通信频率进行科学规划和审批。重新指配全市7个行政区的城市管理行政执法局的通信频率，保障数字城管的平稳升级。

【无线电通信安全保障】 2014年11月，合肥国际马拉松比赛在滨湖新区举行，根据合肥市委市政府的工作部署，合肥无线电管理处负责中央电视台5套节目组的现场直播、直升机航拍和现场指挥调度的无线电通信畅通，赛前共指配无线电VHF\UHF频率40组，微波带宽100多兆，并积极做好重点频率的保护性监测，排查各类干扰5起，保障比赛的顺利进行。

【加强行政执法】 为更好地贯彻落实新颁布的《安徽省无线电管理条例》，合肥无线电管理处依法行政，全年排查民航机场干扰、公众移动通信“伪基站”干扰、“黑广播”干扰、供电电力负荷控制干扰等各类干扰26起，打击各类违章设台，维护合肥上空的无线电波秩序。

【无线电监测】 合肥无线电管理处依靠“四站一车”（四个固定监测站和一个移动监测车）监测系统和先进的无线电设备，成功解决了多起严重的无线电干扰事件。全年无线电监测时间6280小时，其中遥控站5440小时，移动监测840小时。并开展公众移动基站检测工作，共检测基站325台，合格率达98.4%。

【考试无线电安全保障】 根据市人事考试院，市教育考试院，市公务员局及省经信委无线电管理处要求，对研究生考试，一、二级建造师考试、高考、中考、公务员招录笔试和面试，国家司法考试，注册会计师，会计专业技术资格考试，执业药师，医师，造价工程师资格考试等各类考试，进行考试安全保障。出动专业人员和监测车辆百余人次，在200MHz频段、400MHz频段，发现多起无线电作弊信号，现场收缴作弊工具，抓获作弊人员多名。并启用压制设备，阻断多起作弊信号，维护公平公正的考试环境，有效防范和打击非法利用无线电设备的作弊行为。

（安徽省无线电管理委员会办公室合肥管理处）

建筑业管理

【概况】 全市建筑业总产值3350亿元，同比增长13.2%，完成入库地税48.96亿元，同比增长9.2%。两项指标占全省总量的50%左右，列全国省会城市第八位。

市重点帮扶指导中建四局六公司和安徽三建晋升特级资质。全年全市共有41家建筑业企业被国家住建部和省住建厅批准为总承包、专业承包一级资质，共涉及主项、增项一级资质74项，其中住建部新批准主项一级资质企业30家，省厅批准通过专业承包一级资质11家。全市拥有一级总承包、专业承包企业总数达到231家，占全省总数的65%，综合资质、甲级资质监理企业总数41家，从业人员超100万人。

【从业人员与“走出去”战略】 合肥市建筑业从业人员达102.38万人，其中工程技术人员13.89万人，劳务用工人员约66万人，约占全市建筑业从业人员60%以上。合肥市完成外出施工产值1050亿元，完成建筑业出省施工总产值964.67亿元，外出施工人数达到23万人；境外签订合同额近130亿元，完成产值85亿元，境外施工人员达到1万人。“走出去”工作成为全市建筑业发展的重要增长点。

【农民工教育与工资专户】 全市建筑工地新增创建农民工业余学校378所，累计达到1954所，组织159场抽考，涉及141个在建项目，覆盖农民工约40万人，合格率85%以上。在省第八届“徽匠”建筑技能大赛中，合肥市代表队再次蝉联团体一等奖。年初施行《合肥市建设领域农民工工资专用账户管理意见》；全市新开工项目办理专户数1253个，专户累计到账金额约12.75亿元，为9万多名农民工发放工资约10.8亿元，实施专户管理的项目未发生一起因拖欠农民工工资引发的群体性上访事件。

【市场监管】 市城乡建委开展施工许可证发放及建筑市场执法检查、建设工程企业资质动态监督检查、97家部批企业资质监督检查，注册地在本市的558家厅批一级、二级及不分等级建筑业企业资质动态监督检查工作。市建筑市场监督管理处共对638个在建工程的责任主体开展市场行为监督检查3082次，对284个新建工程进行监督交底，发出监督意见书1881份，发出暂停施工通知书74份，对典型违法违规行为通报11期，记录并报送130条单位和102条执业人员的不良信用信息及10条单位和4条执业人员的优良行为信息，上报“三包一挂”违法行为信息18条，加强市场与现场的“两场联动”。

【信用管理系统改造】 全面完成市建筑行业信用管理系统升级改造，制定出台《合肥市建筑市场各方主体信用管理办法》，全年发布各类信用信息600余条，加强与相关部门的监管联动，加大对失信企业的惩戒力度，其中28家企业列入合肥市建筑市场“黑名单”。

【混凝土搅拌站整治】 推进混凝土搅拌站环境专项整治，全年共完成环境专项整治的混凝土企业80家、91个搅拌站，占全市应整治企业总数的97.85%，完成年度目标。

【质量治理两年行动】 出台《合肥市工程质量治理两年行动工作方案》等相关文件，明确巢湖市和经济技术开发区为合肥市工程质量治理两年行动先行县（区）。10月30日，在经济技术开发区组织召开全市工程质量治理两年行动启动布置会，四县一市四区和四大开发区建设主管部门负责人、28个工程质量安全监督机构、科室和市场监督科站负责人观摩铜冠花园一期工程实体质量。11月11日，市城乡建委在学苑大厦举办在肥建筑企业负责人工程质量治理两年行动政策宣贯会，市特级、一级资质总承包、专业承包企业法定代表人，部分外地进肥企业分支机构主要负责人，在肥甲级监理企业法定代表人约400余人参会。组织召开工程质量治理两年行动专题工作调度会，重点解决工程质量治理行动中的问题。

【造价市场监管】 先后出台《合肥市建设工程竣工结算管理办法》《关于建筑工地农民工业余学校经费支付和结算的通知》《关于外地进肥工程造价咨询企业实施基本信息登记管理的通知》等文件，参与制定、讨论和修改《安徽省建设工程造价管理条例》和《安徽省建设工程造价咨询合同示范合同》。全面实行建设工程价格信息电子期刊发布系统及价格信息采集、征订系统，开发造价咨询“云”系统。全年助推13家造价咨询企业晋升甲级，帮扶3家企业完成资源整合；完成2374份《建设工程造价咨询合同》备案和14宗土地储备评估备案工作，回复各类造价争议和计价依据解释来函120件。

【扬尘污染防治】 推进建筑施工扬尘污染防治工作，分两批创建54个“样板工地”，免费印发《防治手册》和宣传片，开展教育培训约9000人次。加强临时管控，出台建筑扬尘临时管控措施，当PM10超过100时，停止所有基槽开挖、土方外运和房屋拆除作业，产生扬尘的工序暂停施工。

【行政审批】 共办理各类审批、服务事项83502件，收缴各类规费 20.03亿元，发放各类施工许可证294个，打印“三类人员”安全考核证书和特种人员证书36553证次。

（宣秋华）

建筑节能减排

【新建建筑节能与可再生能源建筑】 全市新建建筑节能50%设计标准专项审查2810.31万平方米，50%设计标准执行率100%；施工图审查合格率98%，施工执行率100%，施工合格率98%。推动可再生能源在建筑中的规模化应用，全年通过建筑节能与绿色建筑方案审查新增可再生能源建筑一体化应用项目41个，建筑面积946.25万平方米；新增建筑节能65%设计标准项目31个，建筑面积377.9万平方米。

【低碳生态城市与绿色建筑项目建设】 完成《绿色生态城区指标体系》《绿色建筑发展规划》《绿色交通基础设施建设规划》《水循环利用和污染防控规划》《能源与可再生能源评估及规划》《生态绿化系统规划》等五个专项规划编制工作，并于6月通过建设部组织的专家评审。推进绿色建筑试点示范，修编完成《关于加强新建明民用建筑设计方案建筑节能和绿色建筑管理工作的通知》，加强规划方案阶段绿色建筑审查。全年通过绿色建筑方案审查新增绿色建筑项目51个，建筑面积1125.42万平方米；推荐上报获2014年度安徽省绿色建筑示范项目9个，建筑面积143万平方米，占全省示范项目面积的46%。

【新技术工程与标准体系建设】 开展24项建筑业新技术应用示范工程创建工作，完成省、市级建筑业新技术应用示范项目验收21项。发布实施合肥市《绿色建筑设计导则》《难燃型膨胀聚苯板建筑外保温系统应用技术导则》和《匀质改性防火保温板建筑外保温系统应用技术导则》。

【勘察设计管理】 合肥市城乡建委全年共调审项目40余个，建筑面积约106.96万平方米。根据施工图调审结果，结合处理群众投诉、工程质量事故，对违反国家相关勘察设计行业法律、法规及设计文件中存在违反工程建设强制性标准要求的10家勘察设计单位和审图机构依法予以行政处罚。

【散装水泥使用与新农村建设点】 合肥市发放散装水泥1550.8万吨，水泥散装率约80%；全年散装水泥使用量达1474.7万吨，超出安徽省下达的1280万吨的使用目标；累计生产预拌混凝土约2000万立方米，预拌砂浆约110万吨；共返退和清退专项资金750万元，会同财政清退缓征建设工程项目的散装水泥专项资金。向农村市场延伸，在新农村建设点及农村销售网点推广使用散装水泥，全年五县（市）共建成散装水泥销售网点79个。

【预拌砂浆产能】 合肥市新建成并投产6条预拌砂浆生产线，累计建成14条预拌砂浆生产线，产能达480万吨，另有3家企业正在设备安装建设中，形成600万吨产能。共有400多个项目与砂浆企业签订预拌砂浆供货合同，合同量超过200多万吨。

（宣秋华）

住宅与房地产管理

【概况】 2014年，合肥市房地产管理局围绕市委市政府提出的“大湖名城、创新高地”建设目标，以改革创新、服务群众为出发点，转变管理职能、助推经济发展，全市房地产市场健康发展；房地产市场监管工作连续多年考核评分全省第一；建筑产业化开工面积、招商引资企业数量、部品部件生产能力均居全国第一，获批国家建筑产业化综合试点城市；创新物业管理体制机制，获得创建全国文明城市突出贡献奖；房产行政审批规范高效，连续三年被评为全市优秀窗口；保障性安居工程建设年度任务，荣获“2014年度民生工程实施工作先进单位”称号。

【住房保障】 完成省下达合肥市新开工建设保障性安居工程44937套（公租房4000套、棚户区40937套），基本建成各类保障性安居工程30000套、新增廉租住房租赁补贴900户的任务。发放廉租住房补贴户为5643户，发放补贴资金约1384.75万元；其中新增租赁补贴发放1723户，完成率191.44%。截至到当年底，全市累计发放租赁补贴户数45025户，实现应保尽保。2008年至今，全市已累计开工建设25.65万套，约占全省建设总量的12%，基本建成15.89万套，其中已分配入住6.69万套。印发《关于分解下达2014年保障性安居工程建设任务的通知》，对年度目标任务及时分解落实，对项目开、竣工序时进度提出要求，并纳入市政府年度目标考核和民生工程绩效考评，签订目标任务书，实行绩效目标管理。争取中央和省专项补助资金，累计争取资金60.19亿元，其中当年争取资金9.138亿元；拓宽融资渠道，争取国开行贷款137亿元，放贷16.35亿元；支持新站区申报发行企业债券15亿元，专项用于蓝领公寓三期公租房等保障房项目；会同市国土部门合理编制土地供应计划，全年共安排建设用地近200公顷，其中新增建设用地79公顷，做到应保尽保；编制完成2015-2017年改造规划和年度计划，并纳入全市棚户区改造总体规划和年度计划。首批申报经开区天门湖公租房、出口加工区公租房、新站区平板显示产业基地整体装配式配套公租房，共0.4444万套、26.1万平方米；推进保障性安居工程创建“安全文明示范工地”和优质结构工程“双示范”工作。修订2014保障性安居工程工作考核评分细则，印发《关于开展2014年住房保障考核工作的通知》《关于开展2014年全市住房保障工作督查的通知》，采取自查自评与互查互评相结合，对各县（市）区2014年目标任务完成、政策措施落实等情况实施年度目标责任考核。出台《关于加强和规范保障性安居工程建设和管理的意见》《合肥市城市棚户区改造以奖代补市本级预算安排资金绩效考评实施办法》《合肥市保障性安居工程资金管理办法》《关于做好2014年住房保障工作的通知》《合肥市公共租赁住房管理办法》，征求各县（市）区及相关部门意见并上报市政府审定，以建章立制、长效管理。

在全省率先启动实施廉租房与公租房并轨运行、分档补贴、梯度保障，实现统一规划建设、统一资金使用、统一受理申请、统一运营管理。会同市物价、民政等部门，建立保障房租金定价机制，优化申请受理、审核准入程序；逐步扩大住房保障覆盖面，将申请家庭年人均收入线由原来的8840元提高到16850万元，累计完成租赁补贴户数16580户、实施实物配租7558户，低收入住房困难家庭应保尽保。完善配套政策，制定出台《关于推进廉租住房和公共租赁住房并轨运行的通知》《关于调整市区保障性住房准入条件的通知》《关于市区住房保障家庭年度审核工作的通知》《合肥市社会救助申请家庭经济状况核算办法（试行）》《关于市区公租房租金标准的通知》等文件。启动实施 “两房并轨、分类保障、差别租金、梯度补贴”政策，逐步将进城落户农民纳入住房保障体系，创造性提出“民主评议、申请承诺、一次性告知和诚信惩戒”等工作制度，健全完善保障性住房准入和退出管理制度，制定保障性安居工程建设和资金管理办法，完善保障性住房建设融资和土地支持政策。审核28个单位、1125户集资建房办证资料；审核521人、2.02万平方米面积的住房补贴申请材料，补贴金额1569.94万元；受理已购公房（集资建房）转移登记超标处理 278 户，超标面积5461.66平方米，上缴财政超标补款1842.58 万元，较好地解决了多占住房、以房谋私的历史遗留问题。

【房地产市场】 贯彻国家和省房地产市场调控各项举措，关注房地产市场运行状况，在8月份停止执行限购政策。加强对商品房买卖合同签约、变更、备案注销管理，防范虚假交易行为，规范市场秩序。实行退房摇号认购工作，摇号现场电视同步直播，公证人员全程监督，共开展七期摇号，累计推出276套房源，3623人参与摇号房源认购。全市共成交经营性用地125宗，面积755公顷，均价375.8万元/亩，总价425.68亿元；商品房新开工面积2050.78万平方米，同比下降7.2%；房地产开发总投资1127.36亿元，同比增长1.95%，其中，住宅投资715.04亿元，同比增长6.03%，首次突破700亿元；商品房和商品住宅销售面积分别为1685.21万平方米和1361.81万平方米（137598套），同比分别下降11.1%和15.26%；商品房和商品住宅市场库存年底分别为849.03万平方米和596.02万平方米，比年初分别下降22.48%和8.16%。市区新建商品住宅销售均价为7246.01元/平方米，同比增长10.39%；销售单价在6000元/平方米以下的占成交总套数的23.51%，6000-8000元/平方米的占总套数的50.79%，8000元/平方米以上的占总套数的25.7%；市场热销价位段是6000-8000元/平方米；全市登记成交二手房总面积331.65万平方米，其中住宅294.03万平方米（共计31643套）；全年房地产业税费收入（不含建筑业）完成166.62亿元，同比增长26.04%，占上年全市财政收入的17.12%，占地方财政收入的30.78%。市区销售备案的商品住宅户均建筑面积100.04平方米，小户型和改善型购买的三室户型是热销户型；按成交套数计算，单套建筑面积在144平方米以下的普通商品住宅占总套数的95.07%。根据购房人的户籍地划分，合肥市居民（含所辖四县一市）购买的商品住房套数占总比为66.85%，安徽省其他城市居民购买的占总比为27.88%，外省、国外居民和部队官兵购买的占总比为5.26%。

【房屋登记】 推进房屋登记规范化，以落实《房地产登记技术规程》为着力点，不断强化登记工作标准化建设；建立房屋登记质量互查制度，修订完善并严格执行《房屋登记指南》；建立统一的房地产管理信息系统平台，实现业务数据库、图形数据库、档案数据库相互关联和实时传递。坚持定期和不定期的业务例会，促进疑难问题解决；建立互查制度，保证各登记机构业务流程、办理要件的一致和严谨；继续实行“不能办”事项登记报告制度，进一步提高行政效能，减少自由裁量权；认真参加每周商品房预售并联审批，规范预售行为。6月份对老系统部分抵押权信息进行全面清查，做好风险防控工作。10月启用新版权属登记申请书、审核书。完善服务大厅咨询和督导制度，及时解决群众反映的问题，对数字迁移、档案查询、信息化建设等日常工作，做好指导协调工作。稳妥解决历史遗留问题，完成庐阳宫大火恢复遗留办证；妥善处理南岗小学、合钢公司等房产历史遗留问题。24人通过全国房屋登记资格考核，合肥市区房屋登记官达到127人。房地产产权产籍管理以窗口建设为抓手，全市所有办证窗口均增设咨询台（或总服务台），引进公证处公证人员进驻窗口便民服务，开辟办证绿色通道，对特殊对象实施上门服务、延时服务、特事特办等措施，完成房屋登记40.04万件、建筑面积7064.17平方米，其中新建房98352件、建筑面积979.07万平方米，存量房31366件、建筑面积303.06万平方米，房地产抵押98486件、建筑面积2581.49万平方米；商品房预售累计60257套、面积590.99万平方米；合同备案103365套、面积909.39万平方米；办理房地产交易与登记当日办结率60%以上，三日办结率100%。

【建筑产业化】 全市建筑产业化工作具备“起步快、做法实、效果好、后劲足”特色，受到住建部、省领导及全国兄弟省市关注和好评，来肥学习考察的城市络绎不绝。成功申报国家住宅产业现代化综合试点城市和安徽省建筑产业现代化综合试点城市，并获得200万元的财政补助资金；上报中建国际—安徽海龙等五家企业被列入安徽省建筑产业现代化示范基地，并分别获35万元财政补助资金。编制《合肥市建筑产业化千亿产业规划（2014～2020）》，《合肥市人民政府关于加快推进建筑产业化发展的实施意见》由市政府发布，提出培育市场主体、完善标准体系、强化质量监管、推广适用技术、加强宣传培训等重点工作。发布《叠合板式混凝土剪力墙结构施工及验收规程》《装配整体式剪力墙结构技术规程（试行）》等七部安徽省地方标准；开展《预制装配式混凝土结构施工及验收导则》《装配式建筑预制混凝土构件制作与验收导则》《装配式住宅全装修技术规程》《住宅整体厨房设计标准》等四项地方标准编制工作；承担两项产业化课题研究，即住建部《绿色保障性住房产业化发展现状、问题及对策研究》和市长课题《合肥住宅产业化的探索发展与政策研究》。

先后引进远大住工、宇辉集团、中建国际落户合肥，安徽亚坤与台湾润泰签订全面合作协议；帮助鹏远住工、安徽罗宝、合肥仁创等本土企业抢抓机遇，加紧技术改造和产业升级；引导传统企业转型，合肥绿地、万科等一批知名开发企业正试水以产业化方式进行商品房建设；绿地集团在新都会项目中先期用产业化方式开发建设2万平方米商品房，万科集团在森林公园项目中先期用产业化方式开发建设9700平方米商品房，金辉集团与远大住工洽谈，用产业化方式进行商品房开发，杭萧钢构完成前期市场调研，准备在合肥开发产业化商品房项目。在保障性住房建设中实施一批试点项目，实施面积超200万平方米；抓好约150万平方米在建项目建设，加强协调调度，确保质量安全；推进拟建项目（经开区天门湖公租房二期一组团3.7万平方米）开工建设；庐阳区约40万平方米安置房项目进入招标程序；

滨湖润园约60万平方米棚户区改造安置房项目准备招投标工作。

【老旧小区环境整治】 整治老旧小区环境118个（年初计划整治120个，瑶海区和包河区各1个项目调减为整体拆迁改造），建筑面积414万平方米，涉及居民5.68万户，14.9万居民，计划投资约6亿元，其中市本级投资3.6亿元。整治项目在形成的四类质量监管体系（区级质监部门全程跟踪、监理单位全程监督、第三方检测单位不定期检查、群众代表积极参与）基础上，将屋面防水层处理、地下管网沙包管要求、地下窨井的施工要求、人行道砖铺设、路面沥青摊铺及交通标线设置、屋面太阳能设置等施工细节按照施工细节制成展板在项目现场进行公示，将前后施工图片进行对比，以方便小区居民进行监督；对招标过程中的评标方法进行优化（实行商务标综合评标子项全评法），减少恶意竞标，加大对施工单位的管理力度。

【行政执法】 依法行政工作以《合肥市全面推进依法行政五年规划》为抓手，以“普及法律知识、弘扬法治精神、推动法治实践”为主旨，以“强化房地产行业管理，促进房产市场和谐发展”为主题，开展法制文化宣传活动。学习省住建厅编写的《建设行政法律、法规、规章汇编》，编印《房地产政策法律汇编》，组织参加“3.15”消费活动日和《全面推进依法行政实施纲要》10周年纪念、江淮普法行等活动，在步行街和法制广场，现场开展法制宣传咨询活动。每月与广播电台联合播出一个小时的“房产你我他”栏目，现场接受群众有关房产方面法制规章的咨询，解决群众涉房法律法规问题。全年组织局系统105人次和各区住建局人员202人次参加省住建厅组织的法律知识培训和行政执法学习培训，在全员学习基础上分别组织全局干部党员参加司法局组织的法律知识考试和法制办组织的市依法行政考试。组织局属单位参加行政诉讼案件庭审和行政首长出庭应诉，强化系统人员的依法行政意识。邀请皖正律师事务所袁维平律师专题进行法律宣讲，提高大家依法行政理念和实际工作能力。8-9月，举办合肥市房地产项目管理专题培训，共对全市范围（不含四县一市）的124家开发企业开展培训，重点就合肥市《关于进一步加强我市房地产项目管理工作的通知》进行学习讨论。认真落实重大行政决策各项制度，在加强房地产销售市场管理、保障性住房建设，老旧小区环境整治等涉及群众利益和行政管理重大决策上，严格按照先期充分调研、调查论证、群众评议、专家评审、会议决定的决策程序执行。围绕容易引起社会矛盾和突发事件的关键环节，认真做好各利益相关方在房地产市场监管、房屋登记、物业管理、住房保障等重大事项决策和实施中的风险评估。

【法制建设】 协助政府修订出台《关于加强房地产项目管理的通知》《关于推进廉租住房和公共租赁住房并轨运行的通知》《关于2013年度合肥市物业服务企业税费奖励申报工作的通知》，起草《关于进一步加强物业管理工作的实施意见》等政府规章和规范性文件。出台《合肥市存量房屋交易资金监管办法》《合肥市房屋建筑面积计算补充规定》等一系列配套制度；5月5日召开专题会议对规范性文件制订程序、合法性审查以及备案作出明确要求，实行行政执法案卷评查制度、行政执法情况统计报表等制度。按照“立、改、废”的程序和要求，对市政府继续实施的11件以及局制定的18件房产管理方面的规范性文件进行清理，使得房产行政管理更加规范；在全局系统开展查处“人情案”“关系案”“金钱案”等专项活动，以中层干部和关键岗位人员为重点，进行自查和检查，保障公平正义、提高房产管理水平、营造廉洁执法的社会环境。

【政务公开】 推进政务公开工作，利用门户网站公开局依法行政的内容，将涉及房产法律、法规、政策以及各类办事规程全面公开；坚持“把权力关进制度的笼子里”，将行业74项行政处罚权及时公布，使裁量标准接受监督，经得起检验。对行政审批权限进行梳理整合，将原有4项行政审批业务缩减为2项，下放区级主管部门业务1项；对保留的行政审批业务流程全公开，结果全透明；并将全部行政许可项目统一放在市行政服务中心，在窗口进行现场审批，增强透明度，杜绝行政审批“体外循环”现象，实现“三个一”（即一个窗口受理，一个窗口审批，一个窗口发证）。坚持实行“不能办事项”登记报告制度，减少疏漏环节，严控自由裁量权，最大限度维护企业和群众合法权益。对跨部门审批的项目，主动协调，采用并联会议方式，快速办理重大项目审批。对退房摇号、廉租房配租、物业服务招投标等关乎群众切身利益的工作，都通过多种方式公开公示。在人大建议、政协提案办理工作中，局成立领导协调部门，明确办理时限，确定专人负责资料收集、汇总、回复、建档等工作，确立“统一受理、归类办结、限时反馈、跟踪回访”工作原则；要求在办理过程中，保持和人大代表、政协委员及有关部门的联系沟通，实现“办理前联系、办理中征求意见、办理后跟踪回访”；共办理人大、政协提案34件，全部按时办结，办理答复A类和B类占92%。在行政复议和行政应诉工作中，继续落实行政领导出庭应诉制度，对6件行政复议、11件行政诉讼案件，依法受理应诉，提高依法行政意识。

【信访维稳】 在信访维稳工作方面，共接听12345市长热线3351次；办理12345政府服务直通车2760件；办理市信访局转办件114件；中安在线6件、群众来信6件，受理群众登门来访、来电信访约1280余次。成立专题调研组，组织开展关于房地产领域信访问题成因的调研活动，直接与基层信访工作干部进行座谈，撰写调研报告，分析问题成因提出解决问题的建议，为市委、市政府决策提供依据。建立《信访回访制度》，下发《关于进一步加强房地产矛盾纠纷化解工作的通知》，把解决房地产行业信访突出问题，作为党的群众路线教育实践活动重要内容，形成合力，全力减少集体访、重复访和非正常上访事件的发生。荣获“2013年度全市信访工作目标管理先进单位”称号。

【房屋维修资金管理】 加大维修资金的归集力度，当年归集维修资金11.968亿元，累计归集维修资金约72.4814亿元，累计增值收益约1.6591亿元；开展维修资金增值收益分配工作，上半年将增值收益部分资金全部结算分配到已复核确认的59.74万户业主的维修资金账户上；加强票据管理，共为各代征点领用、核销、整理《住宅专项维修资金专用收据》555220份；整理业主信息资料，录入业主维修资金信息95988条。维修资金管理中心新增受理项目17个，惠及2274户业主，建筑面积27.352万平方米，预算资金1277163.92元，其中灯具厂宿舍2号楼屋面维修项目实施，成功破解老旧小区中零星或独栋住宅物业支用维修资金难问题，成为维修资金支用新亮点；新增受理16个业主委员会和物业公司开设维修资金核算账户，为申报、使用维修资金奠定基础，其中望湖城桂香居小区共有业主7510户，该小区业委会申报开设二级账户后，中心人员反复审核多次，历时一年多才完成，这也是最大的业委会二级账户。共计办理二手房交易维修资金过户业务21385笔，涉及维修资金14870万元，建筑面积达 207万平方米；共建立和修改电子楼盘表1504幢、87726户，核对36个小区的《业主分户清册》45695户。开展维修资金深化改革工作，探索按照建筑面积归集维修资金的新方式；扩大维修资金支用面和支用量，建立紧急情况时支用维修资金的快速通道；启动存量房交易维修资金查询、补交、续交业务；做好维修资金信息化网络建设，探索建立维修资金支用业主表决平台和业主维修资金账户专门查询窗口；开启业主维修资金账户专门查询窗口，业主只需登录合肥市物业专项维修资金信息网，点击查询界面，即可查询到自己的相关信息；启动《合肥市物业专项维修资金管理暂行规定》修订工作，修订重点为改按购房款的比例归集维修资金为按照建筑面积归集维修资金的新方式；启动业主维修资金对账单寄送业务，与邮政部门合作，面向已支用维修资金的小区业主和已开设业主委员会维修资金二级账户的物业小区内的业主，邮寄维修资金对账单。开办两期8个班的维修资金申报使用业务流程专题培训，开展维修资金政策法规及业务宣传、培训活动，首批为逍遥津街道培训80多名相关干部、网格员和物业公司管理人员，全年共计开办此类业务培训3期、10个班、412人。

【房屋租赁】 贯彻落实《合肥市房屋租赁管理办法》，建立健全全市租赁管理框架，加快租赁管理信息平台建设，建立市、区、街道（乡镇）、居委会（村委会）各级房屋租赁管理构架，房屋租赁管理实现重心下移，事权下放。参加市委市政府督查组对有关区县“打传”工作督查，将租赁信息平台建设情况列入各区社会治安综合治理考评内容，将租赁行业管理工作规范化、制度化。召开全市房屋租赁管理信息平台建设现场会，8个一类重点县、区房屋租赁管理信息平台全部建设完成，4个二类地区中高新区、肥东县已经完成，巢湖、庐江租赁管理信息平台正在建设。初步落实房屋租赁管理机构，设立街道（乡镇）房屋租赁登记备案办证窗口122个，全市共计房屋租赁备案10378户，房屋租赁备案总面积134.24万平方米。

【房屋中介管理】 加强房地产中介资质备案管理，探索建立信用公示制度。对已备案房地产经纪机构及其分支机构进行整理，按月将房地产经纪机构及其分支机构在局网站上进行公示，接受群众监督。推进二手房网签工作，规范房屋交易居间服务。全市已批准且在有效期内的房地产经纪机构及其分支机构共计210家；在全市执业的有资质房地产评估机构约41家，其中一级资质评估机构12家，二级资质评估机构13家。加强房地产评估管理，认真做好土地收储评估备案工作，完成马钢合肥公司、合肥供水集团、江南机械厂等9个单位评估备案工作，总计建筑面积约28万平方米、总评估价值近3亿元，为全市经营性土地出让做好前期基础。

引导房地产中介和评估协会做

好服务工作，推进行业诚信建设；督促市房地产中介协会和市房地产评估协会出台《房地产中介机构自律公约》《房地产估价行业反不正当竞争和反商业贿赂自律公约》等行业诚信建设自律文件，研究起草《房地产中介机构及从业人员信用考评办法》。

【物业管理】 完善物业管理制度，针对因城市发展而带来的问题，起草《关于进一步加强物业管理工作的实施意见》，在市政府第40次常务会上通过，主要创新点和要解决的问题包括：进一步明确市直有关单位和县市区物业管理工作的职能；建立质价相符的物业服务收费机制；对业主大会、业主委员会的运作作更详细的规范；明确工程建设及水电气等易引发问题设施设备方面的管理、维护、维修责任；建立新建住宅小区承接查验制度、履约保证金制度；提出关于建立维修资金使用的快速通道；建立和完善物业投诉和纠纷调处体制和机制；加快推进物业服务企业信用体系建设；规范物业招投标组织实施；多举措加强无物业管理住宅小区物业管理；建立全市物业管理专项工作资金。根据实施意见的基本精神，印发《建设工程质量保证金返还和提取管理办法》《合肥市物业服务履约保证金管理暂行办法》《无物业管理小区管理办法》等。

完善“两级政府、三级管理、四级网络”物业管理新体制，形成市局综合协调、各区政府属地负责、街道办事处具体实施、社居委密切配合的工作格局；要求各级物业管理工作人员深入社区，主动“引火烧身”，解决物业矛盾纠纷；协调处理科大花园业主委员会违规选聘物业企业、高新区梦圆小区业委会违规运作及选聘物业企业等重点矛盾纠纷，现场调查处理香榭俪都小区、金色池塘小区、印象西湖小区、江南书苑小区物业选聘、物业服务企业资质、业委会乱作为等矛盾纠纷28起，约谈违规企业法人代表32次，接待来访人员48批次。在办理物业服务企业资质延续、晋升和外出承接项目时，要求各级物业主管部门全面参与企业资质动态监管，加大物业监督检查力度，杜绝部分企业规避各区监管的现象；开展“优秀住宅小区”流动红旗评比工作，推动物业服务企业争先创优工作，全市4个项目获得国家示范小区称号，17项目获得省级示范小区称号，24个项目获得市级示范小区称号。建立以“合肥物业”管理信息系统为载体，提高了行政管理水平和服务效能，完成市住宅基本情况调查统计，全市物业服务企业完成企业信息填报工作，物业管理信息平台建设完成并启用。为支持物业服务行业发展，根据《合肥市促进服务业发展若干政策（试行）的通知》，会同市财政局、省地方税务局直属局、市国家税务局、市地方税务局共同对符合申报条件的合肥湖滨物业管理有限公司、安徽新亚物业管理发展有限公司等51家企业进行联合审核，市政府奖励552.55万元。利用召开全市物业管理工作会议的机会，对街道、乡（镇）分管物业负责人及相关工作人员开展“辖区行业主管部门如何履行职责”“如何规范业主大会和业主委员会的成立、日常运作”“物业管理工作热点和难点问题法律法规解读”专题培训，受训360余人；组织80余人参加各县（市）区（开发区）物业主管部门分管负责人及部分一、二物业企业负责人，参加省厅3月份在黄山举办的《住宅区物业服务标准》培训班；委托市物业协会对行业从业人员开展“物业管理从业人员岗位证书继续教育”“物业管理岗位经理培训”“物业管理实际操作培训”“物业管理师考前辅导班”等专题培训，培训620人次。

【小区文明创建】 根据全市创建工作的部署和要求，参与城市文明创建工作，对照《合肥市2014年度文明创建重点工作任务分解表》，先后下发《关于做好2014年物业管理小区文明程度指数测评工作的通知》《市房产局深入开展“讲文明树新风”公益广告宣传工作实施方案》《关于做好2014年物业行业文明程度指数测评的通知》《关于进一步加强物业小区文明创建工作的紧急通知》《房产局文明创建督查工作方案》，部署落实具体创建工作。分别指导各区（开发区）分片召开物业行业文明创建动员大会，全市7个区，参会人员达1356人，95%的物业小区项目经理参会。组成3个物业小区文明创建督查组，坚持“每日一督查、每日一通报”。针对督查中发现较多问题的实际，分批次集体约谈全市所有物业企业法人代表，面对面交待工作任务，明确奖惩措施。同时会同市文明办及合肥报业集团等单位，组织“十大文明幸福小区”评选活动。邀请小区文明创建中好的物业（安徽绿城物业、安徽华地物业、信达建银）负责人现场介绍经验。通过市物业协会向所有物业企业发出倡议，倡议各物业企业全力支持并投入文明城市创建工作。针对物业企业创建标准内容不清楚、小区创建宣传氛围不浓的情况，印制《住宅小区文明创建指南》5000份，制作“遵德守礼”提示牌3000份，公益广告宣传图片（展板）10000份，全部分发到各物业企业和物业小区，并要求物业企业按照统一模板自行进行制作。坚持以文明创建工作为抓手，促进全市物业管理行业稳定健康发展。

【抓安全与打传销】 加强安全生产，打击传销工作，先后下发《关于开展冬季安全生产大检查的通知》《关于做好雨雪灾害天气应对工作的紧急通知》《关于做好“春节”期间住宅小区安全防范工作的通知》《市房产局春季安全生产大检查实施方案》《关于深入开展合肥市第十一个事故隐患排查月活动的通知》《关于加强住宅小区防汛准备工作的通知》《2014年“安全生产月”活动实施方案》《房产局“六打六治”打非治违专项行动实施方案》，部署落实各个阶段安全生产的决策措施。结合行业管理特点，对住宅小区安全生产工作情况进行全面督查，主要利用重大节日和汛期以及优秀住宅小区流动红旗评比、企业资质晋升延续等时机，重点检查住宅小区消防、电梯、水电气管道、直管公房安全管理以及防汛等各类应急预案、措施落实情况，发现和整治各类事故隐患，促进安全管理制度建立和安全责任的落实。

做好物业小区打击传销工作，下发《关于做好住宅小区“打击传销”宣传工作的通知》《关于进一步做好物业小区打击传销工作的通知》，先后开展集中整治月活动、38个重点小区打传专项行动。搞好宣传，从工商局领取举报电话标贴5000份，分发各区，并在小区内张贴，做到人人皆知，营造严厉打击传销的强大舆论声势和浓厚社会氛围；加强门控措施，要求各物业主管部门督促物业企业加强对小区出入口的管理，主要门岗要有人24小时值班，对陌生人员和陌生车辆进出进行盘问和登记，严格控制无关人员进入小区，将传销拒之门外；加强信息报送，要求各物业主管部门督促物业企业对所服务小区各住户情况进行摸底，掌握底数，重点加大对出租房屋的调查摸底，全面掌握出租房屋的出租动态信息。秩序维护队员和保洁人员利用工作便利，及时掌握住户信息，发现存在传销迹象要第一时间向辖区打传办进行举报，做好配合工作，要求各物业企业配合公安机关、工商部门对辖区内出租屋进行检查，对已经清查处理过的传销窝点要进行回查，并配合做好有传销活动出租屋的断电、断水、断气工作。

【房地产开发监管】 落实《关于进一步加强全市房地产项目管理工作的通知》精神，加大巡查力度，对公示不规范项目现场或存在违规行为企业责令立即整改，对整改不力或拒不整改的，依法给予查处。共出动执法车辆460余台次，巡查人员870余次，对全市范围内的340家房地产开发企业的438个商品房项目进行巡查。下发《限期整改通知书》33份，共约谈开发企业69家、约谈企业负责人125人次。对合肥华冶房地产开发有限公司的“万象公馆”等60个项目进行广告检查，共下发《限期整改通知书》20份。10-11月，联合市规划、工商、教育等部门在全市范围内开展房地产广告（学区房）专项检查，共检查“瑶海万达广场”等43个商品房项目，全面清理“学区房”“名校”等不规范用语，规范开发企业广告发布行为，维护购房人合法权益。加强信用管理，实施《合肥市房地产开发企业信用考评暂行管理办法》，共对安徽国开置业有限公司等31家房地产开发企业的不良行为予以信用减分处理，并在合肥市房产局网站“信用考评”公示栏对外发布。共对368份商品房买卖合同格式条款进行审查，尤其是对商品房交付的期限和条件、购房合同的承诺情况、产权登记约定情况以及违约责任的处置情况等方面进行重点审核，重点把握对规划性质为“办公”的商品房，不得以“公寓”名义对外销售；对规划性质为“商业、办公”的商品房，必须明确水、电、燃气等配套设施的收费标准；开发企业必须严格按照《商品房买卖合同》约定的交房条件交付商品房，未取得《建设工程规划许可证》正本不得擅自交付；电梯需明确电梯品牌名称、型号、生产地及厂家、电梯速度等内容。修订出台《合肥市商品房预售资金监管实施细则》，拟定《合肥市预售资金监管银行信用考评暂行规定》；各账户预售款缴款总额882亿元、核准拨付重点监管资金472亿元、核准拨付一般监管资金266亿元、退款等5亿元。

推进物业承接查验，先后出台《关于做好恒盛·皇家花园等128个新建住宅小区物业承接查验工作的通知》《关于前期物业服务合同备案审查有关工作的通知》《关于加快做好2014年度新建住宅小区物业承接查验工作的通知》等文件。共向开发企业发放“两书”102891套，“两书”制度实施率保持100%，项目手册填报验核率98%，对于未建立相关制度，未按时报验的，下发约谈通知书25份，及时约谈企业负责人；结合项目手册报验情况，抽查合肥凤凰文化地产有限公司“凤凰文化广场”等23个房地产开发项目。累计完成485家房地产开发企业资质换证的统计报表及项目手册查验工作。抓好落实央企对接工作，与安徽信达房地产有限公司签订项目投资合作协议书，主动联系相关部门协助与央企对接，强力推进项目落实，全面完成房地产项目的签约任务；该公司于5月拿下包河区S1406地块，计划总投资70亿元，总建筑面积104万平方米，当年计划开工20万平方米。

【白蚁防治】 市白蚁防治研究所年内共接收房屋白蚁预防工程2312项，建筑面积1702.2万平方米（完成目标的170%）；竣工项目1258个，建筑面积1383.69万平方米（完成目标的138%）。其中受理并组织实施了工业投资、保障性住房建设等政策性免收白蚁防治费项目的工程施工。累计征缴白蚁防治费3855.26万元（完成目标的257%），工业项目免收费409.29万元。全年外业4166次（其中有近1000次是在非正常工作时间完成），服务专业，未发生一例服务对象投诉事件，被中物协评为年度"全国白蚁防治工作先进单位"。

【房产基础性工作】 根据住建部房地产管理信息化建设的总体要求，对市房地产管理综合技术平台进行升级改造，建成并全面使用房屋登记楼盘表管理系统，完善商品房网签系统、测绘管理系统，基本实现各子系统数据整合对接；新增测绘成果管理系统、商品房备案系统和房屋登记系统的数据传输，顺利开展存量房资金托管系统的软件、硬件和网络升级工作；申报建立合肥市房产信息资源共享公共云服务平台项目获批，进入招标程序，项目总投资2220万元，分二年实施。撰写房地产市场监测分析报告，并完成住建部、省厅和市局各项报表；指导四县一市完成住房信息系统建设。

强化房产测绘成果质量监督和信用管理，严格执行"二级检查一级验收"制度；做好房屋面积测绘的解释和复查，消除潜在的投诉隐患；重新修订并印发《合肥市房屋建筑面积计算补充规定的通知》，使测绘单位面对新的建筑形式，有规可依；加大对测绘企业测绘成果的审查，调整处理测绘纠纷几十件，对测绘企业实行协议委托，检查、通等一系列监管措施；测管中心审核通过测绘建筑面积3713万平方米，通过率100%。启动《合肥市房产档案数字化规范》编制工作，加速房地产档案电子扫描工作，常态化扫描12.1万卷450万页；存量档案扫描53万卷1600万页完成80%；房产档案受理各类查询30万卷，协助司法查封等2.6万件，比2013年均增长35%。贯彻"创新思路、统筹兼顾、热情规范"服务宗旨，采取特事特办、快速简捷、科学准确的工作态度，完成历史遗留问题中房屋办证、幼儿园园舍的鉴定工作，全年受理61个单位的委托，共完成鉴定项目89个，涉及房屋208幢，建筑面积23.53万平方米，鉴定准确率达100%。通过调研北京、南京、天津等地存量房交易资金监管状况，拟定市存量房资金监管办法，规范交易双方、监管银行及登记部门各自职责，明确媒体关注的交易资金计息有关问题，资金托管累计20649户，成交面积317万平方米，办理资金托管业务115.6亿元，支取资金115.7亿元。

（杨晓飞）

住房公积金管理

【概况】 合肥市住房公积金管理中心以提升广大职工满意度为主线，以发挥住房公积金制度的住房保障作用为目标，坚持科学发展，稳中求进，开拓创新，开创了全市住房公积金事业发展的新局面。全年住房公积金归集88.55亿元，比上年增加12.50亿元，增长16.44%，累计归集住房公积金479.02亿元；职工提取使用住房公积金55.72亿元，比上年增加5.97亿元，增长12%；累计提取住房公积金275.91亿元；个人住房公积金贷款发放46.99亿元，比上年减少4.91亿元，下降9.62%，累计向13.51万户家庭发放住房公积金贷款276.36亿元，住房公积金贷款余额183.72亿元。

【公积金制度】 围绕"应建尽建、应缴尽缴"的工作目标，强化归集工作；按照"以点带面，循序渐进、重点突破"原则，抓紧、抓好归集扩面工作；做到政策宣传到位、单位协同到位、主动上门到位。在媒体上开辟《住房公积金之窗》宣传专栏，刊登住房公积金相关政策法规；印制住房公积金宣传画册；召开民营企业和房地产开发商座谈交流会，督促单位建立住房公积金制度。做好与相关统计和人社局等部门联系，及时确定基数上下限，按时向各缴存单位公布相关数据、办理程序和基数调整通知，做到应调尽调。通过与质监、工商、社保、房产等单位联系，对单位进行调查摸底，对有条件建立而未建立的企业实行登记备案，确定扩面重点系统和单位。发挥合作单位作用，在对业务受托银行的考核指标中，明确把住房公积金扩面作为一项指标，借助银行业务覆盖面广的优势推进住房公积金扩面工作。

【信息化建设】 全面实现业务档案的电子化，通过对历史档案以及新产生档案进行全文扫描，实现档案全文信息管理；实现管理中心档案室库藏档案数字化，档案管理自动化，档案信息化，传输网络化，档案资源共享化，与住房公积金业务系统、办公自动化系统无缝连接。办理住房公积金业务时，采用影像拍摄、电子扫码技术，不再需要职工提供材料复印件；调阅业务档案时，不必进入档案室翻找实物档案，通过电脑即可直接调阅查看，提高档案的利用率，以业务档案综合管理系统上线契机，对业务流程进行优化再造，给广大缴存职工办理住房公积金业务提供便利和实惠，同时也促进窗口一次性办结率的提高。开通12329住房公积金服务热线，12329热线是集自助查询、政策咨询、建议投诉、回复和逾期催缴等功能为一体的综合性服务平台，通过扩大接听功能，完善应答模块等措施，为群众答疑解惑提供耐心细致的语音服务；共设置30条线路，开通13个席位，服务范围涵盖合肥市市区、铁路分中心、肥西、肥东、长丰和庐江四个县；上线运行以来，共接听电话78386个，自助语音查询92251次，短信发送327338条，催缴3595户。开通12329住房公积金服务热线，提升了服务效率，使住房公积金服务更加专业化、精细化、规范化。集中数据管理，按照住房公积金管理“四统一”要求，将巢湖分中心的数据集成到管理中心本部系统中，建成全覆盖、规范科学的信息系统，实现住房公积金管理能力、业务及数据监控手段的升级。推进系统升级，筑牢信息系统支撑平台，实现继续保持业务发展“全省第一，全国先进”目标。

【信贷政策】 实行贷款轮候制，面对住房公积金流动性不足的局面，均衡购房职工等各方利益诉求，做好贷款发放轮候制工作，全年未发生一起因住房公积金贷款资金发放不到位而无法交房的情况。提前做好各种应对预案，制订《合肥市住房公积金贷款贴息管理暂行办法》《合肥市住房公积金流动性风险预案》等文件。

【优化服务】 科学合理布局住房公积金服务网点，结合党的群众路线教育实践活动，诚恳听取群众意见，从群众反映最集中的问题入手，成立城北营业部和滨湖营业部。梳理服务规范，全面提高业务审批速度，设立窗口人员展示板、桌牌，发放便民宣传单，对服务窗口的工作职责、投诉电话等要求进行公开；统一“柜员七步曲”“岗前操作流程”“日办结操作流程”，要求前台柜员统一操作流程，打造“规范型”窗口。针对群众反馈的意见建议，按照“立行立改”要求，通过开展领导上门走访、设立管理中心领导“群众接访日”“值班主任岗”、推行“延时服务”、上门服务、书面“业务受理明白卡”、“手机短信告知”等十项举措，加强和改进住房公积金服务水平。

【风险防控】 针对住房公积金资金流动性不足的实际，注重加强相关工作调研，分析判断楼市走向，科学测算资金流量，在此基础上对现有资金应急预案进行调整完善，并加强资金日常调度，努力做到未雨绸缪，防患于未然。针对贷款楼盘风险防控及骗提骗贷风险防控问题召开住房公积金业务案例分析会，开展依法行政及业务服务培训会，设立实时稽核岗，着重强化各种证件、材料的真伪识别，切实把好提取程序关，防止套取、骗提等现象发生；加强各服务网点人员管理，提出网点人员的绩效考核办法，强化各服务网点在合规性、关联性、操作性方面的管控，积极与房产局等部门联系，实现相关数据的共享。发挥内部审计监督、评价、反映的职能，提高内部审计的权威性，一方面对内部审计的结果要求被审计部门要认真落实整改意见，达到提高内部审计的作用，另一方面扩大内部审计范围，开拓审计新领域，不仅对贷款合同、提取手续进行审计，还对分中心、管理部在业务过程中执行统一政策情况以及受委托银行各项政策、制度贯彻落实情况等进行审计。在审计内容上从过去以检查会计财务、业务资料为主，逐步向以检查内部控制制度和风险管理情况为主进行转换。健全完善住房公积金归集、支取、贷款、财务、计算机系统、档案管理等内部管理制度，真正建立用制度管人、用制度管权、用制度管事的内审机制。加大对担保公司的监管力度，设立专门岗位负责担保公司的考核、监管，督促担保公司加强逾期催收的力度，积极处置不良资产。

【队伍建设】 推进“学习型队伍”建设，做到每次学习有主题、有主讲、有交流，在集中学习的基础上，注重抓好集中研讨、专题调研等联动环节，增强学习的有效性。不定期组织全系统所有窗口工作人员参加业务培训，邀请服务礼仪专家授课，加强工作人员服务礼仪培训，提升窗口工作人员服务水平。通过轮岗交流，提升干部职工岗位技能和服务水平，规避了岗位风险，在管理中心内部营造想干事、能干事、干成事的氛围。经市纪委批准，成立管理中心监察室，加强党风廉政建设和反腐败工作，把党风廉政建设与业务工作同部署、同检查、同落实，确保“一岗双责”落实到位，确保党风廉政建设目标完成。8月，成立机关党委，加强了管理中心党建工作，以党建工作促进业务发展，开展管理中心与城乡基层“四联四定”、在职党员到社区活动。通过一系列协会和文体活动开展，活跃文化生活，营造积极向上、和谐活泼的工作氛围，干部职工队伍的凝聚力和团队精神增强。

（陆　峰）

农业经济

综　述

【概况】 2014年，合肥市认真贯彻落实中央、省、市关于“三农”工作的部署和要求，加大工作力度，全市“三农”工作保持了良好发展态势，全市农业农村经济呈现出“运行稳健、稳中有进、进中提质”的良好态势和“产业集群加速集聚、现代农业转型提升、美好乡村建设提标、农村改革深入推进”的发展特点。全市实现农业增加值257.63亿元，较上年同期增长4.8%，全市农村居民人均可支配收入达12700元，同比增长12%。

【农业生产】 全市粮食种植面积738.66万亩（注：15亩为1公顷，下同），粮食总产量312.25万吨，粮食单产423公斤/亩，同比分别增长1.5%、4.2%、2.6%，呈现面积、总产、单产“三个”增加，粮食总产量位列全国省会城市第五位，合肥市获全省“粮食生产发展先进市”称号。蔬菜市场保障供应和菜价平抑能力提升，蔬果生产总面积165万亩，总产量250万吨，分别新增10万亩、20万吨。主要蔬菜产品供给率达66%，其中叶类菜自给率达80%以上。肉、蛋、奶、水产品总产量达102.76万吨，出栏生猪291万头，出栏家禽1.6亿只。

【农业转型升级】 *农业产业结构、产业布局持续优化。*优质粮油、蔬菜园艺、花卉苗木、生猪、家禽、淡水产品、茶竹林果等一批年产值超10亿元的特色产业集群提质增效，全市特色高效农业面积达345万亩，新增27万亩。“一村一品”特色村达480个，新增32个。农产品加工业规模扩大，年总产值稳定在1000亿元以上，种源农业、生物农业、农产品电子商务等新兴产业发展迅猛，种业研发和市场竞争力位居全国前列，休闲农业呈现环湖、环城等集聚区组团式发展新格局。

*农业园区加快建设。*按照“全域统筹、区园并建、轴带展开、组团发展”的发展思路，加快现代农业示范区、现代农业科技示范园区、标准化生产园、特色农业精品园等各类现代农业园区建设。庐江县国家现代农业示范区农业改革与建设试点跻身全国先进行列。创建省级现代农业示范区7个，实现了省级现代农业示范区县（市）全覆盖。市级以上特色农业园区突破400个，规模以上农产品加工企业入园率达65%以上。肥东白龙、庐江郭河、长丰龙门寺、肥西花岗、巢湖环湖北岸等5个重点省级现代农业示范区累计引进农业企业等新型主体1000余家，总投资突破20亿元。

*新型主体量效齐增。*全市专业大户突破1万家，新增500家。家庭农场总量突破1500个，新增750个，总注册资本近6亿元。“产销、土地、信用”三位一体的农民合作社扩面提质，合作社总量达2710个，新增500个。市级以上龙头企业突破700家，新增50家，其中：年销售收入超亿元的农业企业320家，超10亿元的企业14家。各类农业社会化服务组织突破3000个，服务面积占全市农业生产经营面积的98%。农业产业化经营呈现出多主体联合、跨界融合和升级发展的新态势，粮油、种业等7大农业产业化联合体突破100个，生产经营面积突破50万亩。

【农业生态文明】 巢湖流域生态文明先行示范区列入国家57个生态文明先行示范区（第一批）之列，上升到国家战略。合肥市被授予“国家森林城市”和“首批创建生态文明典范城市”称号。滨湖湿地森林公园被批准为国家级森林公园，自此合肥市成为全国唯一一个建成区拥有两座国家级森林公园的省会城市。环巢湖生态农业产业带加速建设，全年实施2批共374个生态农业建设项目，总投资127.58亿元。全面完成午秋两季“禁烧”任务，在全省率先探索“联户联保、联收联耕”的“双联模式”，“禁烧”释放出农业结构调整、规模经营、全程农机化、农作创新、农民增收、服务三农和环境治理的经济、社会及生态多重叠加效应。

【农业综合实力】 全市完成农产品加工产值1072亿元，总量继续位居全省第一。年产值超10亿元的企业有17家，比上年增加3家，新增市级龙头企业93家。全市农业产业化市级以上龙头企业突破700家，其中省级龙头企业102家、国家级龙头企业7家。农机装备结构持续优化，农机总动力413.8万千瓦，同比增长4.23%。粮食等主要农作物耕种收综合机械化率达70.8%，同比提高2.6个百分点。

【美好乡村建设】 首批49个重点示范村顺利通过省级验收，巢湖市、长丰县被评为省级美好乡村建设先进县。省第二批82个重点示范村建设和656个自然村整治深入推进，规划和实施建设项目1131个，专项资金和整合资金投入达19.63亿元，规划和新建设农房面积68.4万平方米，惠及16.9万农村人口。

【扶贫开发】 合肥市在全国率先构建“光伏扶贫”“十大扶贫到户到人”“三无特困户政府兜底脱贫”“单位包村、干部包户，规划到户、责任到人”等精准扶贫工作机制。2013年首批实施的105户光伏下乡扶贫项目全部实现并网发电并正常运转，2014年实施的200户光伏下乡扶贫项目基本完成工程建设。100个重点贫困村脱贫建设深入推进，全国首个“扶贫日”全市认领扶贫项目163个，金额达3000多万元，位居全省首位。合肥市“光伏扶贫”模式受到国家能源局和国务院扶贫办充分肯定，并在全国推广，成为国家层面工作措施。全年贫困人口减少7万人。

【农村改革】 新型农业经营主体加快发展。全市专业大户突破1万家，新增500家。家庭农场总量突破1500个，新增750个，总注册资本近6亿元，其中省级示范家庭农场20个、市级示范家庭农场60个。“产销、土地、信用”三位一体的农民合作社扩面提质，合作社总量达2710个，新增500个。市级以上龙头企业突破700家，新增50家，年销售收入超1亿元的320家、超10亿元的14家，粮油、种业等7大农业产业化联合体经营模式引领全省，联合体总量突破100个，生产经营面积突破50万亩。培训新型职业农民2300人，认定农村实用人才3460人。

农村土地制度改革稳妥推进。稳定农村土地承包政策。深入推进庐江县农村综合改革试点工作。开展农村土地承包经营权确权登记发证试点工作。制订出台《农村土地承包经营权确权登记颁证试点工作实施意见》，2014年在全市5个县（市）25个乡镇336个村居开展确权登记颁证试点工作，涉及农户37.8万户，占全市农户数的30%，确权登记颁证面积（二调）216.6万亩，占全市耕地（二调）总面积的26%。率先出台促进土地股份合作社等农村新型股份合作社发展的工商登记政策措施，在全省率先开展“确权确股不确地”发展土地股份合作社探索。

突出发展适度规模经营。全市土地流转面积270万亩，新增土地流转面积30万亩，流转率达53%以上。全市工商注册登记的土地流转合作社179个，入社土地19万亩，其中土地股份合作社5个。全市各类农业社会化服务组织突破3000个。在全市各乡村建设“新网工程”网点2772个，基本覆盖全市所有乡镇，中心村覆盖率达50%以上，带动周边种养殖户3.9万余户，年户均增收3000～5000元。

（吴延华）

种植业

【概况】 2014年，合肥市种植业克服持续阴雨寡照、农业生产成本持续上升等不利因素影响，保持了持续健康发展的良好势头。全年实现农业总产值450.32亿元，农业增加值257.63亿元，均较上年同期增长4.8%。粮食生产能力稳步增长，全市粮食种植面积738.66万亩（注：15亩为1公顷，下同），粮食总产量312.25万吨，粮食单产423公斤／亩，同比分别增长1.5%、4.2%、2.6%。粮食总产量位列全国省会城市第5位，合肥市再度被评为全省粮食生产发展先进市，庐江县、长丰县获“全国粮食生产发展先进县”称号，肥东县、肥西县、巢湖市获“全省粮食生产发展先进县”称号。蔬菜生产能力持续增强，累计兴建12个国家级、19个省级蔬菜标准园，全市蔬菜瓜果种植面积165.8万亩，总产量262.07万吨，分别增加10.8万亩、21.92万吨，蔬菜自给率提高到66%。肥西花岗、巢湖环湖北岸、白湖农场等跻身省级现代农业示范区，在全省率先实现省级现代农业示范区县域区域全覆盖。

全市有1个国家级、7个省级、13个市级现代农业示范区。

【稳定粮食生产】 全市创建万亩粮油棉高产创建示范区172个，其中部级48个、省级124个。兴建40个部级粮食高产创建示范片和124个省级高产攻关示范片。标准化育秧工厂77座，机插秧面积180万亩。新增标准农田17.45万亩，实施测土配方施肥936.4万亩次，农作物统防统治面积216.3万亩。

【农业结构调整】 实施高效农业双百双超工程，着力培育10个产值分别超10亿元、总产值超百亿元的特色产业集群和3个产值分别超30亿元、总产值超百亿元的新兴农业产业集群。全市高效特色农业面积348万亩，新增30.37万亩，高效农业面积继续位居全省第1位。新增市级以上"一村一品"特色村38个，总数达486个，占行政村总数的47.7%。部级、省级"一村一品"专业村数量分别达2个、26个。新增特色农业园区41个，全市特色农业园区总数达402个，产园村一体化示范村177个，其中拥有3000亩以上的特色农业园区乡镇达69个，占乡镇总数的82%。省部级蔬菜标准园31个，其中部级12个。

【蔬菜产业发展】 全市蔬菜瓜果种植面积165.8万亩，新增10.5万亩；蔬菜瓜果总产量262.07万吨，新增21.92万吨。全市设施农业面积56.8万亩，其中设施蔬菜瓜果48.77万亩，新增3.56万亩，设施蔬菜瓜果比重达29.8%，设施蔬菜新增面积占新增蔬菜面积的42.9%。设施蔬菜、设施草莓、设施瓜果、设施食用菌等四大设施产业快速发展，面积分别达15.99万亩、22.29万亩、4.40万亩、0.87万亩。设施草莓扩面增效，全市设施草莓面积22.25万亩，其中长丰草莓面积扩大到21.5万亩，新增2万亩，总产量将达到40万吨，总产值可达50亿元，草莓种植户8万多户、从业人员17.5万人、受益农民约36万人。连栋温控大棚发展迅速，累计建成投产面积近50万平方米。

【农产品质量安全监管】 出台《关于进一步加强农产品质量安全监管工作的意见》，率先将农产品质量安全纳入县（市）、乡（镇）两级政府绩效考核。全市地理标志注册农产品达10件，"三品"认证数723件，新增51件，"三品"总数、新增数位居全省首位。新增市级以上标准化生产基地44个，全市标准化生产基地总量达299个面积195万亩，辐射带动面积达330万亩，农产品抽样检测合格率稳定在98%以上。

【农业科技】 推进现代农业产业技术创新团队建设，建立农业科技综合试验示范基地15个，推广新技术和新模式128项。全年认定各类农村实用人才3460人。全市农业信息化覆盖率达到93%以上。

全市共取得授权品种和申请品种权94个，其中品种权申请数79个，授权数15个，取得授权品种和申请品种权总数占全省的78.3%。推进以21个国家综合试验站、16个省级综合试验站等现代农业产业技术创新团队建设，建立农业科技综合试验示范基地15个。推广新品种145个、新技术和新模式128项，建设试验示范基地15个，培育科技示范户9350户。认定各类农村实用人才3460人，其中初级农村实用人才2409人，中级农村实用人才850人，高级农村实用人才201人。全市农业信息化覆盖率达到93%以上。农民万事通"12316"、农技"110"咨询服务热线接受农民群众各类咨询2.2万人次。

【惠农政策落实】 全市共发放各类粮食补贴资金8.4亿元。其中：农资综合补贴亩均70元；粮食高产攻关核心示范区农户亩均增加10元良种良法配套补贴；粮食直接补贴亩均不少于10元，100亩以上的大户亩均再增加10元粮食直接补贴；农业政策性保险补贴占财政补贴保费的80%，水稻、玉米财政分别补贴15.84元/亩、9.72元/亩；农机购置补贴执行国家统一的补贴率，其中，拖拉机补贴标准为500～10000元，联合收割机补贴标准从3000～18000元。支持发展种植业补充保险，对规模以上种植农户，水稻保额提标（由330元/亩提高到500元/亩）所产生的保费，财政承担50%，农户只需再承担5.1元/亩。市级共验收（含复查复验）蔬菜奖补项目150个，累计兑现奖补资金4252.09万元，其中市本级4054.72万元、县级配套197.37万元。

（吴延华）

畜牧水产业

【概况】 2014年，全市畜牧水产业继续保持平稳发展态势，实现"稳中有进、稳中提质、稳中增效"。畜牧水产业第一产业产值达207.5亿元，第二产业产值达210亿元，肉、蛋、奶总产量79.04万吨，水产品总产量23.85万吨，出栏生猪291.45万头，出栏家禽1.56亿只，全省首位度进一步巩固，市民的“餐桌子”“肉盘子”“奶瓶子”量足价稳，保障有力。

6月20～21日，“2014华东地区暨第三届中国安徽（合肥）畜牧业展览会”在合肥滨湖国际会展中心举办，吸引了350余个家国内知名企业报名参展，其中省外参展企业200多家。展会集中展示畜牧业发展的新成果、新技术、新设备、新产品，并举办畜牧业招商引资、行业高层论坛及产品推介活动，为畜牧行业人士和基层养殖户提供一个了解畜牧业发展形势、掌握科学养殖方式、共谋未来畜牧业发展的信息平台。

第十三届中国（合肥）龙虾节于7月25日至8月28日在合肥举办。

【畜禽养殖】 市畜牧水产局成立畜禽养殖标准化示范场创建工作技术指导小组，对参与创建的示范场进行技术指导，总结交流创建经验，促进创建活动扎实有效开展。全年创建2个部级、5个省级畜禽标准化示范场。构建畜牧、水产专业领域技术标准体系，全年完成市级地方标准制订3项，申报1个省级、3个市级农业标准化示范区。

应对畜禽生产价格多变等不利因素影响，加强市场预警预测，掌握市场供求和价格动态情况，及时、准确、有效报送各类相关数据和市场运行预警分析调研材料，每月形成1期畜禽主要产品价格形势专报，为市政府决策提供依据。

5月，与市环保局共同提请市政府下发《关于印发全面加强畜禽规模养殖污染防治工作方案的通知》，要求各县（市）区、开发区抓紧完成辖区内畜禽禁养区、限养区、适养区划定工作。8月，与市环保局在肥东县联合召开全市畜禽污染减排工作现场会，印发《合肥市规模化畜禽养殖业“污染减排”实用技术指南（试行）》，要求县（市）区结合自身实际，按照“一场一策”的原则，制订污染治理方案，对列入2014年度畜禽养殖污染防治限期治理计划且不在禁养区范围内的规模畜禽养殖场进行督促指导，并限期完成建设。按照《畜禽规模养殖污染防治条例》要求，积极做好畜禽养殖废弃物综合利用的技术指导和服务，印发《关于加强规模化畜禽养殖场污染废弃物综合利用的意见》，在环巢湖区域重点示范推广发酵床养猪、林间生态养鸡等生物、农业和工程消纳等模式。

【生态渔业】 加强水产良种体系建设，扶持引导企业改善繁育基础设施，培育优质亲本，良种体系建设取得进展，产业发展基础不断夯实，全年新增国家级水产良种场1个、省级水产良种场1个、市级水产良种场2个。开展示范场创建活动，全年新增部级水产健康养殖示范场15个，全市达58个。认定第二批市级水产健康养殖示范场39个，市级示范场达128个。通过典型示范引领，提升合肥水产健康养殖水平，推动水产品质量迈上新台阶，有力保障水产品消费安全。发展渔业加工业，水产品出口额继续位居全市大宗农产品出口首位，全年水产品出口额超过3000万美元。推动与俄罗斯伏尔加河沿岸联邦区的渔业合作交流，对俄进出口贸易总额500多万美元。渔业机具制造业产值超过50亿元，产品出口到60个国家和地区。加快都市休闲渔业发展，全年新增国家级休闲渔业示范基地2个、新增省级休闲渔业示范基地8个。成功举办第四届中国（合肥）黄陂湖河蟹节和第二届安徽省观赏鱼展。

【畜产品监管】 以“强监管、促发展、保安全”为目标，突出监管重点，抓住监管要点，强化监管责任，落实监管措施，创新监管机制，拓宽监管领域，不断提高动物卫生及畜产品质量安全水平，全年未发生一起畜水产品质量安全事故。

*突出源头环节监管。*对全市1682个规模养殖场、36个生猪定点屠宰企业等监管对象实施分级备案，划分等级，量化管理，落实官方兽医驻场监管制度，督促监管对象完善生产加工记录，规范企业生产行为，实行可追溯管理，切实建立“风险控制、指标细化、动态管理”的长效监管机制。严格产地检疫，全年办理产地检疫生猪158万头、牛1.55万头、羊4.6万只、禽类6621万只，抽样监测生猪尿样37612个，未发现阳性样品。

*加强屠宰环节监管。*3月，生猪定点屠宰管理职能和人员划转后，为加强屠宰企业监管，深入开展以“规范屠宰加工环节，保障生猪产品安全”为目的的专项整治行动，组织对全市保留的36个生猪定点屠宰加工企业进行专项检查，督促屠宰加工企业认真执行进场查验、出场把关和“瘦肉精”自检、无害化处理等各项制度落实企业责任，规范企业生产加工行为。严格宰前监测，在定点屠宰场全面实行生猪宰前尿样快速检测，督促屠宰企业建立健全生猪尿样检测档案。规范检疫出证，对屠宰环节检疫实施全程同步检疫。10月，农业部对合肥市城区、巢湖、长丰、肥东、肥西等8个生猪定点屠宰场共抽检尿样510份，全部合格。

*加强报验环节监管。*继续坚持报验与打击同步，加强外来肉品报验监管，全年共报验冷鲜猪肉

1.44万吨、外来牛肉2.5万头、羊11.8万只，有效保障外来畜产品质量安全。

规范投入品市场。组织对全市12家兽药生产企业进行专项检查，督促生产企业严格执行兽药GMP制度，完善管理制度特别是产品质量监控制度。组织开展对城区及重点市县328家兽药经营企业GSP和兽用处方药与非处方药执行等情况进行专项执法监督检查和行政告知，对16家经营管理不完善的企业责令限期整改，立案查处违法销售不合格兽药案件5起。开展饲料专项整治活动。组织人员对全市43家饲料生产企业进行专项检查，重点对饲料生产企业资质、组织生产、包装和标签、抽检制度、生产销售台账和安全生产等情况进行全面检查，检查中未发现有添加“瘦肉精”“苏丹红”等违禁品现象。

做好无害化处理工作。规范养殖环节病死生猪无害化处理程序，每月对各县（市）、区上报的数据进行分析、审核、确认，加大对各县（市）上报数据的现场检查和核实力度，督促各县（市）落实监督管理责任。全年养殖环节无害化处理病死生猪13125头。严格屠宰环节病害猪无害化处理，全市屠宰环节共无害化处理病害猪3259头。

解决宠物医院诊疗垃圾处理难题。研究制定宠物医院诊疗垃圾处置办法，积极协调吴山固废处理厂在全市设立4个集中回收点，集中处理宠物医院诊疗垃圾。

【水产品监管】 探索并执行长效监管机制，有效地防止水产品质量安全事件的发生。年初，制订水产品质量安全专项整治方案，以市级以上健康养殖示范场为重点，加大执法检查，对辖区内所有示范场不定期开展巡查，实地检查其投入品储存，养殖生产、用药和销售记录等档案建立和各项管理制度落实情况，现场填写检查记录。以产地水产品检测为重点，从市级以上健康养殖示范场中抽取40余个，现场采集样品共72份，从批发市场、超市、农贸市场例行抽样46份，进行快检，共检测氯霉素、硝基呋喃类代谢物、孔雀石绿等指标708份。从检测情况看，合肥产地水产品质量总体良好。圆满完成农业部、省农委例行抽样和产地抽样任务。开展水产品药残检测标准制订，牵头起草编制了《水产品中孔雀石绿残留的检测　胶体金免疫层析法》《水产品中氯霉素残留的检测　胶体金免疫层析法》和《水产品中硝基呋喃类代谢物残留的检测　胶体金免疫层析法》三项地方标准，该标准已经省质量技术监督局组织专家审核，作为安徽省推荐性地方标准发布实施。

【动物防疫】 2014年，全市累计领取发放高致病性禽流感疫苗6358万毫升、口蹄疫疫苗742万毫升、猪瘟疫苗487万头份、猪蓝耳病疫苗488万毫升、小反刍兽疫疫苗20.73万头份，发放免疫证明40万张、耳标250.7万套。在做好强制免疫的同时统筹抓好猪链球菌病、鸡新城疫、鸡传染性法氏囊、奶牛布病和结核病等其他重大动物疫病防控，使其发病率控制规定标准以下。防疫工作受到省防治重大动物疫病指挥部检查组充分肯定，合肥市连续8年被评为全省动物防疫先进市。

坚持早动员、早部署，切实抓好春秋防重大动物疫病防控各项工作。2月27日召开全市畜牧水产暨春季重大动物疫病防控工作会议，市委常委、全市重大动物疫病防控指挥部（简称市防指）指挥长江洪出席会议，对春季重大动物疫病防控工作进行专题部署，全面启动春季集中免疫行动。市防指下发《关于做好春季重大动物疫病集中强制免疫工作的通知》等文件，要求严格按照《农业部2014年度加强重大动物疫病防控延伸绩效管理工作实施方案》要求，统筹抓好动物防疫、检疫监督、经费落实、中长期动物疫病防控等，确保各项工作开展扎实有效。各县（市）、区按照“六统一六不漏”的工作要求，以乡镇为单位逐村推进，对辖区内存栏所有畜禽实施集中免疫，确保防控工作“无死角、无空白、无隐患”。

市、县两级将动物防疫经费列入同级财政预算。2014年市级财政共安排动物防疫经费554.2万元，动物防疫督查经费17万元，各县（市）、城区均配套动物防疫经费，有效保障工作顺利开展。4月10日，在举办全市小反刍兽疫防控技术培训班，培训内容包括小反刍兽疫防控技术和动物疫病采样技术。各县（市）区加强对村级动物防疫员工作的检查考评，将工作考评结果与村防疫员的报酬和聘用挂钩，对不负责、不能胜任工作的村级防疫员予以辞退，形成良好竞争机制。5月，重新对全市村级防疫员进行核定，共核定村级防疫员931名。11月，举办合肥市首届动物防疫职业技能大赛，并在省农委举办的动物防疫职业技能大赛中获优异成绩。

认真开展春秋两季全市重大动物疫病集中监测工作，主要检测H5亚型高致病性禽流感、鸡新城疫、口蹄疫、猪瘟、高致病性蓝耳病的免疫抗体。全年累计检测各县（市）区送检样品12636份，其中禽血清样品9860份、畜血清样品2776份，检测后及时将检测结果反馈到各县（市）区畜牧兽医主管部门，使各县（市）区依据检测结果能够做好查漏补缺，及时对无免疫抗体或整体抗体水平低的畜禽群体进行加强免疫和重点监控，并对现行动物疫病的免疫程序进行科学改进，确保全市重大动物疫病的免疫效果，有效防止动物疫情的发生。

根据省农委《关于进一步做好小反刍兽疫防控工作的紧急通知》后，立即启动小反刍兽疫防控工作，于3月26日召开会议，专题研究部署防控工作，落实防控措施。下发《关于进一步做好小反刍兽疫防控工作的紧急通知》和《关于继续做好小反刍兽疫防控工作的通知》等文件，要求各县（市）区立即开展疫情排查，一旦发生疫情，迅速采取措施，确保疫情不扩散蔓延。严格执行农业部及省农委相关文件规定，暂停活羊跨省调运，严格限制易感动物移动。各县（市）区养殖业主管部门组织对规模养殖场开展疫情排查，共排查乡镇49个，养殖场241个，羊只5.75万只。加强小反刍兽疫的集中强制免疫工作，共发放小反刍兽疫疫苗14.03万头份，免疫羊只8.8万只。突出做好饲养环境消毒、运输工具及相关用具消毒，共使用消毒剂196公升，消毒面积71000平方米。

5月29日上午，由合肥市防治重大动物疫病指挥部主办，肥西县防治重大动物疫病指挥部承办的合肥市2014年突发高致病性禽流感应急处置演练，在肥西县花岗镇举行。市委常委、副市长江洪和省农委分管领导、省畜牧兽医局局长董卫星到现场观摩、指导演练。

【政策落实】 准确把握政策要求，不断增强项目申报的针对性和竞争力，最大限度争取国家和省财政支农政策支持，全年共获生猪（奶牛）标准化小区改造、生猪调出大县、生猪和奶牛良种补贴、菜篮子生产、增殖放流等支农项目资金6000余万元。认真落实《合肥市促进现代农业发展若干政策》，会同财政部门多次召开会议，研究安排政策实施工作，联合下发了政策实施细则、政策操作规程，并严格《合肥市财政资金“借转补”管理办法》要求，全面完成“借转补”项目申报、立项及资金拨付工作，共兑现“借转补”资金1431万元。狠抓畜牧水产业项目资金管理使用制度的落实，凡是涉及项目申报、验收及资金发放，局纪检部门实行全程跟踪监督、介入，有关结果在网络、报纸、现场“三公示”，从源头上预防腐败。市政策性农业保险试点工作领导小组出台《关于开展淡水养殖（鱼）保险试点工作实施方案的通知》，正式将水产养殖纳入政策性农业保险范畴。

【品牌建设】 认真实施品牌发展战略，围绕畜牧水产业主导优势产业，成功培育出了一批在省内外有较大影响力的品牌。产自肥东现代牧业的纯牛奶，在法国波尔多举行的第53届“世界食品品质评鉴大会”上，摘取了自有品牌纯牛奶产品的金奖，填补了中国液态奶产品获世界金奖的历史空白；巢三珍被国家工商总局认定为中国驰名商标，成为安徽省水产品牌的第一个中国驰名商标；巢湖三珍水产良种场顺利通过国家级水产良种场认证。华杰、兴隆等2家畜牧企业已申报部级畜禽标准化示范场。肥东东浩等16家水产企业已申报部级水产养殖示范场。春然牌猪肉于3月份通过国家级认证。还确定了2家国家级休闲渔业示范基地。经市政府同意，合肥市龙虾协会开展“合肥龙虾”申报国家地理标志证明商标注册工作。巢湖市江涛水产食品有限公司“巢湖姥山”牌水产品被认定为安徽省著名商标。

【资源养护】 2月1日至7月31日，市畜牧水产部门对巢湖主体水域、滩涂及各通湖河流河口水域实施为期半年的禁渔期，这是巢湖第30个禁渔年。封湖禁渔期期间，除银鱼、虾类在规定的时间内可以采用规定的网具进行特许捕捞外，其他捕捞生产活动一律禁止。封湖禁渔期内，所有渔船实现“大船归港、小船上岸、渔网入库、动力机械与渔船分离”，切实做到“湖中无渔网、岸边无渔船、市场无湖鱼”。

3月25日，以“发展净水渔业，修复巢湖生态”为主题的巢湖渔业增殖放流活动在巢湖中庙举行，此次活动由合肥市畜牧水产局、巢湖市人民政府共同主办。省政府副省长梁卫国、副秘书长孙正东，省农委总农艺师赵颖南，合肥市委常委、副市长江洪，合肥市委常委、巢湖市市委书记李武好，合肥市政府副秘书长徐昌，省渔业局局长刘国友，合肥市畜牧水产局局长夏伦平，巢湖管理局副局长樊军等领导出席活动。梁卫国副省长登上中国渔政34001号渔政船，亲手把首批鱼苗投入巢湖。随后，50万尾、2万公斤的优质鲢鳙鱼苗相继被投放进巢湖，标志着2014年合肥市渔业人工增殖放流活动全面开展。合肥市各级财政共投入400万元用于巢湖渔业增殖放流，投放鱼苗达2.25亿尾，有效改善了巢湖水质，增加了渔民收入。

深入开展“迷魂阵”等违禁渔具清理活动，组织县级渔业主管部门对南淝河、白石天河、杭埠河、派河、炯炀河、柘皋河、裕溪河等主要通向巢湖的河流，开展非法捕捞专项整治，有效遏制违法违规行为，养护巢湖渔业资源。全市共出动渔政执法人员1500人次、执法车辆350台次、渔政执法船120艘次，共拆除“迷魂阵”127处。

加强水生野生动物保护，开展水生野生动物保护宣传月活动。在宣传月活动中，省农委渔政局和合肥市畜牧水产局于6月27日，将一条在合肥滨湖新区塘西河公园发现的国家二级保护动物娃娃鱼放生到岳西县娃娃鱼自然保护区，首次开展跨界放流活动。此举也标志着合肥市渔政工作迈上新台阶。

【渔民上岸安居工程】 市委市政府高度重视以船为家渔民解困工作，党政主要负责人亲自抓，及时解决工作中遇到的困难和问题。4月22日，省委常委、市委书记吴存荣主持召开专题会议，要求把解决以船为家渔民生产生活困难问题，作为第二批党的群众路线教育实践活动中的突出问题导向，立说立行立改，确保在全省率先完成渔民上岸安居工程任务。5月7日，市长张庆军在全省电视电话会议分会场上，再次对渔民上岸安居工程进行了详细部署，并详细研究政策，提高补助标准，明确安置方式。市委常委、副市长江洪多次听取进展情况汇报，及时指导督促、筹措资金。巢湖市、庐江县、包河区政府认识统一、态度坚决，主要领导亲自挂帅，制订工作方案，明确工作职责，落实工作任务，倒排时间进度。市畜牧水产局作为牵头部门，积极向上争取政策资金支持，主动与巢湖管理局、市财政局、市城乡建委等部门密切配合，建立了有效的工作机制，形成强大的工作合力。10月10日，农业部渔业局局长赵兴武到合肥调研，对合肥渔民上岸工程予以高度评价。各级财政全年对渔民上岸安居工程的投入资金达2100万元，惠及以船为家渔民129户，渔民上岸安居工程提前45天完成。

【老兽医工龄补助】 市畜牧水产局认真落实省农委、省财政厅、省人社厅《关于为农村老兽医发放工龄补助的实施方案》文件精神，加强组织领导，下发《关于做好为农村老兽医发放工龄补助相关工作的通知》。6月3日，召开专题工作会议，对组织领导、任务分工、政策宣传、工作纪律等方面工作再次进行强调。本着成熟一批、公示一批、上报一批的办法，循序渐进地推动此项工作开展，对物证齐全的人员及时上报相关材料，于8月14日率先在全省进行市级审批上报备案工作，全年共受理1664份、完成市级审批491人，符合条件的第一批人员在9月底拿到工龄补助。

【渔船管理】 畜牧水产部门层层组织签订《2014年渔业安全生产目标管理责任书》，落实渔业安全生产责任制，全面开展渔业安全生产大检查和水产品加工涉氨企业大检查，认真排查渔业安全生产隐患，报废处理渔船37艘，对36艘存在安全隐患的渔船责令整改，坚决防止渔船“带病”作业，全市渔业安全生产形势持续好转。9月，在全市集中开展渔业安全生产打非治违专项行动，重点打击“三无”船舶从事渔业生产及使用假船牌、涂改船名号及违规捕捞作业的违法行为。全面完成渔船检验、登记和捕捞许可“三证合一”工作，实现合肥渔船规范化、信息化管理，全市共有机动渔船345艘，总功率2580.79千瓦（不含巢湖）。全年未发生一起渔业安全生产事故，实现零伤亡管理目标。

【中国（合肥）龙虾节】 第十三届中国（合肥）龙虾节由中国渔业协会淡水龙虾分会、安徽省农业委员会和合肥市人民政府共同举办，市委宣传部、市畜牧水产局、包河区人民政府、肥西县人民政府、合肥报业传媒集团等共同承办。7月25日晚举行龙虾节开幕式，市委副书记凌云宣布龙虾节开幕，中国渔业协会常务副会长、秘书长林毅，省农委副巡视员胡桂芳，市委常委、副市长江洪等领导出席活动。市人大常委会党组副书记、副主任，市委宣传部部长林存安，副市长吴春梅为龙虾节吉祥物揭幕。中国渔业协会常务副会长、秘书长林毅，省农委渔业局局长刘国友，市畜牧水产局局长夏伦平，市委宣传部副部长、合肥报业传媒集团党委书记、社长甄奎共同为阿胖、老谢、时代小雅、老二龙虾四位“合肥龙虾大王”授牌。

这届龙虾节以“龙行天下，最美合肥”为主题，先后举办“龙虾开捕仪式”，“品龙虾骑宝马游紫蓬山”宝马摩托车户外巡游，龙虾啤酒嘉年华暨第一锅启用、第一虾上市、万人龙虾美食饕餮宴、龙虾经济论坛以及“我最喜爱的龙虾店”美食评选，“少儿龙虾绘画、征文大赛”等活动，受到市民广泛欢迎和热情参与。作为龙虾节的重要活动，第八届龙虾经济论坛于7月26日在合肥举行，来自中国水产科学研究院、安徽省农科院、安徽农业大学、合肥工业大学以及安徽省水产115创新团队的专家学者，全省16个地市的行业主管部门负责人，全省龙虾养殖及加工出口企业负责人共200余名代表齐聚合肥，围绕龙虾养殖及加工关键技术、龙虾经济发展现状及前景展望等展开研讨。龙虾节于8月28日闭幕。

（刘　磊）

水 务

【概况】 2014年，合肥市坚持建设与管理并重、发展与保护并举的原则，推进水利事业发展。各项水利工程建设完成全年任务；有效应对暴雨台风危害，保障了城乡供水安全；推进水生态文明试点建设，依法进行严格的水资源保护与管理。

肥东县岱山湖被批准为国家水利风景区，这是合肥市唯一一个国家级水利风景区。董铺水库溢洪道扩建及南淝河生态补水工程和兆河闸拆除重建工程获省级禹王杯奖。市水务局在水利部开展的全国水利安全生产知识网络竞赛中获全国地级市第二名。

【水利工程建设】 水利基建项目。1. 农村饮水安全工程。计划投资12280万元，解决23.69万农村人口和1.45万学校师生饮水不安全问题，已全部完工，完成工程53处。2. 病险水库除险加固工程。红旗、罗集2座中型水库除险加固工程已完工，累计完成投资5957万元。长丰县陶老坝水库完成年度建设任务，完成投资1150万元。62座小（二）型水库除险加固工程全部开工建设，已全部完工，完成投资6200万元。3. 中小河流治理工程。完成了马槽河、瓦洋河、店埠河、清溪河、夏阁河、金河、白石天河等8项中小河流治理工程，南淝河、四里河等3项中小河流治理工程在建。4. 巢湖环湖防洪治理工程。工程征地移民安置规划大纲、水保、地质灾害危险性评估、固定资产投资项目节能、建设规划同意书、对巢湖风景名胜区的影响、水生动植物保护专项报告分别通过审查或审批，工程环评已通过水利部初审，社会稳定风险评估报告已报水利部。

市级水利重点项目。国家开发银行贷款环巢湖项目一期共有3项，至2014年底累计完成投资10.24亿元，占实际需要投资的83%。其中南淝河下游河道治理工程累计完成投资4.14亿元，占实际需要投资的93%；派河中下游河道综合治理工程累计完成投资2.23亿元，占实际需要投资的85%；兆河治理工程累计完成投资3.86亿元，占实际需要投资的74%。

列入二期贷款的市直水利项目共有6个：南淝河河道治理工程（长岗、岗集段、三十岗、小庙段）、大房郢水库水源保护区生态修复及湿地一工程、董铺水库水源保护区生态湿地一期工程、滁河干渠水环境治理及生态修复工程、南淝河下游河道整治工程二期、十五里河上游治理工程。上述工程已全部开工建设，累计完成投资4900万元。

亚洲开发银行贷款项目。合肥市巢湖沿岸水环境治理及生态修复工程土建工程已完成，步游道已完成，将按程序进行第三方检测和分部工程验收。设计单位正在修改完善绿化栽植、水质监测系统施工图设计。

小型水利工程改造提升工程。截至年底，全市完成农田水利基本建设投资17.4亿元，投入工日117万个，出动机械台班103万台班，完成土石方7129万立方；除险加固小型病险水库62座，完成扩挖、清淤13227口塘坝，清淤农村沟渠888条，更新改造小型泵站17859千瓦，改造中小型灌区15.6万亩，改造末级渠系31.6万亩，新建、加固小型涵闸56座，新修防渗渠道1005公里，完成其他面上小型农建工程374处。在工程效益方面，新增蓄水能力8196万方，新增、改善灌溉面积68万亩，新增、改善除涝面积16.2万亩。切实巩固清洁“百河千渠万塘”专项行动成果，在全面落实“河长制”的基础上，建立健全长效机制，明确管护主体，制定管护制度，强化管护责任，落实管护资金，实现加快治理与加强管理同步提高，使全市水环境面貌得到持续改善。

店埠河航道升级改造工程。第一、第二、第三标段先后开工，累计完成投资7508万元。

龙河口引水工程。工程取水口围堰及堰内引水渠标段已完成招标。《项目可行性研究报告》《项目初步设计》已由市发改委批复。工程施工图已编制完成，下一步将进行项目招标工作。

水库移民后期扶持工作。完成直补移民人口核查及直补资金发放，实际发放人数为65913人，上半年发放2013年第四季度和2014年全年度直补资金4951.36万元。2013年第一批项目资金1559万元，项目93个已全部竣工，并已完成验收和报账工作；第二批计划和小水库项目也已全部完工验收，正在实施2014年度第一批投资项目。

【防汛抗旱】 2月中旬，市防汛抗旱指挥部（简称市防指）发出通知，要求各地切实做好汛前各项准备工作。主汛期前，全市各地全面完成度汛工程施工、汛前大检查、各项防汛责任制落实、各类应急预案的修订完善、防汛物资的补充更新储备、防汛抢险队伍组建、防汛抢险知识培训以及预案演练等各项防汛准备工作。及时调度通江水闸，外排巢湖底水14亿立方米，将巢湖水位控制在汛限水位区间，同时将裕溪河、西河等内河水位控制在8米左右。强降雨前，又及时开启裕溪闸、新桥闸、凤凰颈闸站等通江水闸畅泄和抢排洪水3.4亿立方米，有效减轻了巢湖尤其是西兆河的防汛压力。

进入主汛期后，7月4～5日，全市普降大到暴雨，部分地区特大暴雨，平均降雨量71.8毫米，最大降雨量达279毫米，强降雨主要集中在庐江县和巢湖市的西河流域，导致西河、兆河水位猛涨，西河缺口站最高水位达11.93米，超保证水位0.2米。7月下旬，强台风“麦德姆”又强势来袭。面对暴雨、台风，市防指精心组织、科学防控，市委常委、副市长江洪先后4次主持召开防汛防台风会商会议，并赴西河、兆河检查防汛工作。市防指分别及时启动防汛和防台风应急预案Ⅳ级和Ⅲ级响应，分别派出2个和5个督查组，深入重点地区开展督查。庐江县、巢湖市迅速行动，各级干部深入防汛一线，组织8000多人巡堤查险，确保各项防范应对措施到位。通过加快兆河综合治理进度，其泄洪能力在这次西河流域防汛中发挥了重要作用。据水文部门分析，兆河闸这次泄洪流量达480立方米/秒，比治理前增加了30%～40%，西河、兆河的分流比由过去的4:6转变为3:7。全市开展的冬春“百河千渠万塘”疏浚清河专项行动，也有效加大了河渠排洪和塘坝蓄水调洪能力，全市汛期没有发生一起较大防汛险情。

市防指密切关注天气形势变化，全方位搜集资讯，按时序科学调度巢湖、内河及大中型水库，在确保防洪安全的前提下，最大限度保障城乡供水安全。全年完成董铺、大房郢两大水库城市供水水源补水2.94亿立方米、城市供水4.32亿立方米、城市景观河道生态补水0.16亿立方米、农业灌溉供水7.7亿立方米，保障了全市工农业生产和人民群众生活用水安全。

按照省防指统一部署，市防指加大督促力度，对全市纳入报汛任务的98座小（一）型水库的报汛设施，进行全面摸排，并制订了建设和改造方案，督促指导县区限期完成任务。至年底，除两座水库受水位影响暂不能安装外，其余全部完成建设和改造任务，并及时投入运行。

【水生态文明建设】 2013年7月，水利部批准合肥市为全国水生态文明建设试点市。合肥市水生态文明城市试点建设实施方案通过水利部组织的专家评审，并获省政府批复。

围绕水生态文明建设，制订了《合肥市水资源综合规划》《合肥市水资源配置规划》《合肥市灌溉发展与农业节水发展规划》《合肥市防洪规划》。着力构建完善的水生态文明工程体系，实施水环境保护与水污染防治、水生态系统保护与修复、防洪排涝安全保障、水资源配置、水文化与水景观等方面的工程建设，各类工程已全面铺开，有的进度过半。制订了《合肥市人民政府关于实行最严格水资源管理制度的意见》《合肥市实行最严格水资源管理制度考核办法》《合肥市实行最严格水资源管理制度考核工作实施方案》和分县区“三条红线”指标。着力建设龙河口引水工程、巢湖沿岸水环境整治及生态修复工程、滨湖新区牛角大圩农村环境连片综合整治项目等8大示范工程，推进“引江济淮”工程前期工作。加快水利风景区建设，肥东县岱山水库成功申报国家级水利风景区称号，成为全市唯一一个国家级水利风景区；长丰县龙门寺水库申报省级水利风景区已通过省水利厅专家组验收审查。

成立合肥市水生态文明建设领导小组，出台贯彻落实最严格水资源管理制度的政策措施分工意见，领导小组成员单位立足责任分工，强化协作配合，形成工作合力。定期组织召开水生态文明城市建设工作会议，严格把控工作进度、工作质量和资金安排，及时发现和处理问题，确保水生态文明建设工作规范、高效、有序开展。组织水政执法培训，提高执法人员业务素质。认真组织开展了2014年“深化河湖专项执法检查活动”，分灌区分片排查、重点抽查和查处、整改巩固。活动期间，查处河湖库渠上的重点违法违规项目44处，督促完成整改37处；立案查处水事案件3件，挂牌督办案件1件，均在整改和办理中。在“世界水日”和“中国水周”期间开展以“加强河湖管理，建设水生态文明”“保护饮用水源安全，建设水生态文明城市”为主题的宣传活动。

【水利宣传】 市水务局组织环巢湖水环境治理、水生态文明建设、农田水利建设、民生水利、“百河千渠万塘”专项行动、“世界水日”等多项专题宣传活动，全年累计在媒体发稿246篇，其中行业媒体19篇、国家级媒体47篇、省级媒体54篇、市级媒体126篇。与合肥人民广播电台协作，每天早晨上班黄金时段7时25分播出水利新闻，全年播出247期367条。全年累计编发政务信息460条，上报省水利厅信息270条，上报市委、市政府信息350条。建立健全信息公开的规章制度，规范信息公开的格式、内容和程序。全年累计发布政务公开信息709条，内容涵盖部门动态、政策法规文件、行政执法结果、招标采购、财政预决算等。

（管小庆）

商贸 旅游

商 贸

【商业贸易】 合肥市商务局促进消费，服务民生，构筑惠民商业体系，全年实现社会消费品零售总额1666.75亿元，同比增长12.9%。推进商业大项目建设，40个总投资额10亿元以上重点商业大项目，完成年度投资255.65亿元，有23个项目投资进度超过全年计划。华润五彩城、华邦银泰城、宝业东城广场、世纪金源北城购物中心和宝湾物流建成开业，安徽国际金融贸易中心已经完工，华南城、周谷堆农产品国际物流园正在建设。完善便民商业体系，以包河区滨湖世纪城社区、蜀山区笔架山街道、蜀山区三里庵街道为试点的社区生活综合服务中心建设正式启动。国家家政服务体系建设试点第二阶段工作顺利完成，新培育放心家政企业4家。新增规范化早餐固定网点60个、早餐车315辆，完成城区46个菜市场标准化改造，建成社区蔬菜直销店40个，落实平价蔬菜流动车销售点50个，蔬菜网络直销配送住户达5000多家。全市加油站规划修编初稿完成，2座加油站通过规划预核准，9座加油站完成规划确认，新增8座加油站投入使用。现代物流技术应用和城市共同配送试点工作取得成效，所有建设项目均已通过省市两级验收。认定包河区罍街、巢湖市中庙商业街等6条市级特色商业街，巢湖江南风情街、信地步行街和老报馆特色餐饮街被评定为省级特色商业示范街。农村商品流通服务体系试点深入推进，建成乡镇商贸中心4家、配送中心1家、直营店和加盟店30家。加强应急调控，及时修订生活必需品应急预案及手册，增加生猪等重要商品储备，不断增强应急保供能力。梳理市场运行监测样本企业，完善监测考核制度，加强监测成果转化，发布各类商务预报及监测分析信息1300余条。推进肉类蔬菜流通追溯体系建设，顺利通过商务部中期评估和考核验收，建设成效受到商务部充分肯定和各试点城市广泛关注。结合安全生产和精神文明创建等工作，对全市115家菜市场、80余家加油站点和50余家商场超市开展重点检查，营造安全优良的商业环境。加强典当、拍卖和融资租赁企业等特种行业管理工作，会同市公安局、市工商局等6部门联合开展报废汽车非法回收拆解专项整治，净化报废汽车回收拆解市场。开展促销活动，与霍邱、寿县、滁州、安庆、潜山、怀远、临泉、涡阳等地积极开展产销对接和帮扶工作，成功举办“2014中国合肥农产品产销对接会”，全年开展大型产销对接活动4场，对接金额超过12亿元。积极开展“百家品牌展销、百场消费促进”活动以及以促进安徽知名品牌、旅游商品进商场超市、宾馆酒店、高速公路服务区、机场车站、旅游景区等为重点的“五进”工作，促进品牌消费。

【会展业】 合肥市商务局创新工作思路，加强对滨湖国际会展中心和安徽国际会展中心的运营管理，提升场馆承载能力。培育引进会展项目，优化会展发展环境。作为长三角城市会展联盟副理事长单位和长三角会展专业委员会会员城市，与上海、杭州、南京和宁波等城市在展会项目、展会信息、展会人才培训等方面进行交流与合作，提升全市会展业综合实力。全年举办展会176场，展览总面积达168万平方米，展会主要涉及年货、花卉、草莓、人才、医疗器械、工程机械、旅游、坚果、服装服饰、汽车、茶叶、糖酒食品、孕婴产品、住宅、啤酒美食、文化、苗木花卉、农产品等领域。其中，2万平方米以上展会24场（比上年增加2场），展览总面积达68万平方米，场均展览面积近3万平方米。3·15建材展、十一汽车展和苗交会等大型展会成功举办，展览总面积均在4万平方米以上，十一车展更是达到11万平方米。首次策划举办了中国（安徽）国际养老服务产业博览会、中国名优食品企业产品博览会、中国（合肥）国际佛事文化用品展览会、中国（安徽）国际缝纫设备展览会等展会，丰富合肥会展业市场。拓宽招展渠道，由市贸促会、市会展办相互配合，对接中国糖业酒类集团公司、中国农机流通协会、中国制药装备行业协会、中国畜牧业协会、中国饲料工业协会等全国性展会主办机构，并赴北京、重庆、武汉等城市推介合肥市会展业发展环境，邀请来合肥举办会展。2014年在合肥举办的全国性展会有中国医学检验年会、新能源汽车展、坚果炒货展和2014中国机器人大赛等12场。

【服务外包】 市商务局多措并举，促进服务外包产业发展，截至2014年底，全市共有服务外包企业359家，从业人员11.3万人。2014年全市服务外包接包合同签约金额18.68亿美元、同比增长23.5%，接包合同执行金额12.04亿美元、同比增长17.5%。其中，离岸合同签约金额8.07亿美元、同比增长21.1%，离岸执行金额5.9亿美元、同比增长17.7%。在第六届中国国际服务外包交易博览会上，合肥市商务局荣获“服务外包人才培养突出贡献奖”。在2014全球外包大会上，合肥市获评“2014年中国服务外包风采城市—中西部最具竞争力城市”。推进国际研发服务外包创新平台建设，成立平台支撑实体——“国际研发服务外包交易促进中心”；推进“中国服务外包人才基石工程”中部中心建设，与清华大学国家服务外包人力资源研究院签订战略合作协议，启动服务外包人力资源规划招标工作。成立全市服务外包行业协会，组织全市服务外包企业、培训机构积极申报国家、省、市各级财政支持资金，共获得各级财政支持资金4207.6万元。

开展招商推介，先后组织园区、企业参加天津服务外包领军者年会、第三届京交会、青岛2014全球外包大会、第十二届大连软交会、第六届中国国际服务外包交易博览会、第六届金融外包峰会等，会同蜀山经济技术开发区、正德集团举办第四届安徽管理高峰论坛，会同滨湖新区、包河区共同主办“2014金融外包领军企业合肥行”活动，接待大连软件园、华拓数码、华道数据、中影培训基地、赛科斯等企业负责人来肥考察。强化载体建设，与国内外先进服务外包园区开发商、运营商合作，共同建设运营服务外包专业园区，使服务外包产业园区成为人才集聚、企业集中、特色鲜明、激发创新的重要载体。重点推进滨湖光谷联合金融港、滨湖服务外包园区三期、经济技术开发区南艳湖现代服务业聚集区、包河互联网产业园等园区建设，发挥各类园区的承载、集聚、孵化作用。

【电子商务示范城】 市商务局采取多项措施创建国家电子商务示范城。推动出台《合肥市人民政府关于加快电子商务发展的意见》以及《2014年度加快电子商务发展重点工作任务分解表》。推动成立以市长为组长，常务副市长和分管副市长为副组长，32家市直部门为成员单位的合肥市加快电子商务发展工作领导小组，统筹领导和协调解决全市电子商务发展的重大问题。指导成立合肥市电子商务协会，拟定针对电子商务进行奖补的合肥市促进服务业发展若干政策，兑现政策资金超过2000万元。组织电商园区和企业参加第三届中国（北京）电子商务大会，与万家热线合作举办“合肥电子商务高峰论坛”活动，联合淘宝大学开展大学生创业培训活动，启动第二届合肥网络购物节。赴杭州、深圳、东莞开展电子商务专题招商活动，引进中国邮政、杭州全麦、深圳路路通等一批国内领军企业。推动合肥蜀山国际电子商务产业园四期、安徽青年电子商务产业园二期、安徽白马电子商务产业园、安徽聚势电子商务产业园等园区建设，安徽青年电子商务产业园、安徽白马电子商务产业园获评省级电子商务示范园区。重点支持蜀山经济技术开发区建设安徽（蜀山）跨境电子商务产业园，会同合肥海关草拟了《合肥市跨境电子商务工作实施方案》；加强跨境电子商务招商工作，先后赴北京、杭州、深圳等地开展点对点精准招商，邀请亿赞普、路路通、他拍档、浙江全麦、大龙网等国内跨境电子商务龙头企业来肥考察，目前路路通、浙江全麦已落户合肥。通过积极引导扶持和促进推广应用，全市电子商务呈现出蓬勃发展态势，3月份合肥市成功获批创建国家电子商务示范城市，5月份被列为国家开展移动电子商务金融科技服务创新5个试点城市之一。根据阿里研究院公布的数据，合肥市在2013年全国电子商务百佳城市中排名第34位，在省会城市中排名第11位，比2012年上升2位。截至2014年底，全市网络经营主体数近4.9万户（其中：法人企业：

48176户，个体工商户706户）；淘宝网店数2.3万户，天猫商城店铺数389户。“羚羊早安”和“蝶恋服饰”被阿里巴巴评为“全球十佳网商”，同时被评为卓越网络徽商代表。安徽易商数码科技有限公司和商之都股份有限公司被商务部评为国家电子商务示范企业。百大集团与京东商城合作建设的“中国特产·安徽馆”正式上线；蝶恋服饰等13家企业获评省级电子商务示范企业。全市有6家企业入选安徽省十佳网商名单，2家企业品牌入选安徽省十大网货品牌。6家合肥企业通过中国人民银行非金融机构支付业务许可审核，获得第三方支付牌照。

（刘航航）

粮 食

【概况】 2014年，合肥市粮食局扎实做好“广积粮、积好粮、好积粮”三篇文章，紧紧围绕“合肥特色、安徽一流、全国先进”的目标，着力实施“五个一”工程和粮食产业化500亿跨越工程，有力地保障了合肥大湖名城的“米袋子”安全，荣获“全国粮食系统先进集体”称号，受到国家人力资源和社会保障部、国家粮食局表彰。获得安徽省粮食局“2014年全省粮食工作目标考核优秀单位”“全省国有粮食购销企业综合经济效益先进单位”“2014年度全省粮食产业化工作先进单位”“2014年度全省市级粮食行政机关政风行风建设先进单位”“2014年度全省粮食收购工作先进单位”和“2014年度全省粮食流通监督检查工作先进单位”称号。

【粮食收购】 粮食收购量创新历史纪录，全社会累计收购粮食154万吨，其中全市国有粮食企业收购103万吨，其中最低价收购83万吨，超额完成省粮食局和市政府下达的60万吨目标任务，助推农户增收2亿元。

【应急保障】 建成粮食应急网络运用平台，设立粮油价格监测点10个、确定粮食应急加工企业34家，粮食应急供应网点200个，3家粮食应急配送中心。创新军粮供应模式，实行市级统筹，通过招标评选出8家定点加工企业，严格按照国标一级标准供应部队主食，确保军粮供应不断档、不降等。

【仓储设施】 全市粮库建设项目获中央、省补助资金9627万元，开工建设40.5万吨高大平房仓；总投资1.2亿元，占地100亩，仓（罐）容10万吨的合肥粮食产业园一期建成并投入使用；3000平方米军粮供应和应急保障中心、5000平方米饲料公司房产交付使用；15000吨低温仓及充氮设备投入使用；新增科学储粮示范户15000户。

【粮食产业化】 实现粮油加工业总产值380亿元，同比增长20%。全市现有国家级龙头企业4家，中国驰名商标企业10家，有8家成为全国的行业领军企业，新增7家省861粮油项目。市政府出台《关于实施“放心粮油”和“主食厨房”工程的意见》，全市正式确定并挂牌“放心粮油”配送中心2个，示范店8个，经销点5个。新增主食厨房网点近50个。

【粮食监管】 联合市工商、物价部门对粮食收购市场进行执法检查，全市共开展各类检查235次，出动人员660余次，有力地维护了市场秩序。

（王新华）

供 销

【概况】 2014年，合肥市供销社坚持为农服务宗旨，坚持市场经济导向，以构建农村现代流通网络、引领农村社会化服务组织建设、夯实“三农”服务基础为主线，抓改革促转型、抓龙头壮实力，不断推动供销合作事业跨越发展、创新发展，各项工作均取得显著成效。综合业绩连续多年荣获安徽省供销社考核特等奖。

【新网工程】 2014年全系统共有“新网工程”网点2280个，新增357个；共有配送中心86个，新建6个；发展“新网工程”龙头企业100多家，其中超亿元企业有5家。

为加快推进全市新农村现代流通服务网络体系建设，市供销社充分发挥财政支持资金的杠杆撬动作用。从2012年到2014年，每年设立200万元专项奖补资金，共扶持“新网工程”建设项目33个，带动社会投资5000多万元，实现销售10亿元以上，安置社会就业人员近500人。突出成效有：一是积极推进乡村连锁超市建设步伐，布局“农资直营放心店”，方便农村生产生活；二是大力培育“新网工程”精品线路，肥西县银丰日用工业品配送中心、长丰县强宏农资配送中心等一批“新网工程”项目已正式投入运营；三是创建农产品电商园。新成立巢湖日月电子商务有限公司，吸纳和集聚全市农业产业化龙头企业、专业合作社的“名优特农产品”，通过网上宣传展示平台、电子网络交易平台、实物展示及物流配送平台等流程，引领农民专业合作社开展电子商务。

【合作经济】 以市政府出台的《关于进一步加强“三社一会”建设的意见》为契机，借力专项财政扶持资金，通过“以奖代补”方式，加快推进“三社一会”建设。2014年全系统共有基层社36个，新增8个；共有农民专业合作社215个，新增39个；共有综合服务社1331个，新增162个；共有各类协会43家，新增2家。“三社一会”建设基本覆盖全市所有乡镇，中心村覆盖率达50%以上，带动周边种养殖户合计3.9万余户。在中华全国供销合作总社发布的2014年基层组织建设创建活动获奖名单中，合肥市有7家农民合作经济组织获奖，获奖名额总数位居全省第一。

主要举措和成效：一、建设和改造基层供销社。本着整合资源、开放办社的原则，对基层供销社组织体系不完整的乡镇，按照县供销社出资一部分、基层社法人代表出资一部分、基层社社员共同出资一部分的办法，重新建设基层社。对新建的基层社，从市本级财政预算中安排专项资金，每新建一个基层社，一次性奖励3万元，连续3年，共发放奖励资金180万元。二、兴办农民专业合作社。围绕当地主导产业，采取“龙头企业+专业合作社+生产基地+农户”等模式，结合当地资源，将其打造成农业社会化服务、鲜活农产品流通、农业产业化经营、“新网工程”建设的重要环节和网络终端。三、抓好综合服务社建设。按照“三个相结合”的原则，把综合服务社建设与“新网工程”、农业产业化经营、社会主义新农村建设相结合，通过整合社会资源，联合政府有关部门和村集体组织，把综合服务社打造成农村“一网多用”的综合服务平台。四、提升协会等组织服务功能。从2011年开始，每年举办一期农产品经纪人培训班，已连续举办4期，共在全市培训行业协会、专业合作社带头人400多人次，进一步提高了全市基层组织、农产品经纪人、农民合作社领头人的整体素质，推动全市农合组织和行业协会整体发展。

【再生资源】 认真履行市再生资源回收利用体系建设领导小组办公室和市再生资源回收管理工作职责，认真谋划全市再生资源回收体系建设工作。一是严格履行市政府权力清单工作要求，做好再生资源回收经营行为审核备案工作，为再生资源从业者提供阳光、公开、透明、公正的行政服务；二是通过招商、合作等形式，尝试发展废旧电池、废旧家电、废旧汽车等新的回收业态，拓宽资源回收手段和渠道；三是做好再生资源回收从业人员培训工作，提升从业人员素质，抓好再生资源回收市场管理，发挥好再生资源行业协会服务、协调、维权、自律作用，多管齐下提升全市再生资源回收行业整体水平；四是组织《合肥市再生资源回收站场设施专项规划》编制工作。

【社有企业】 组建合肥供销资产运营公司，进一步盘活社有存量资产，搭建投融资平台，提高社有资产利用效益，2014年资产年经营收入同比幅增13%，确保了社有资产的保值增值。银山棉麻公司连获中国农发总行“黄金客户”等一系列殊荣，在巩固棉浆粕和家纺两大主营业务的同时，呈现多业态发展的良好态势，公司的上市工作也取得新进展。

（凌　玲）

盐　业

【概况】 2014年是合肥盐业实现“十二五”规划的关键一年。市盐业公司紧紧围绕“十二五”规划和年度经营目标，全面深化盐业体制改革，加快企业结构转型，强化盐业市场监管，扎实推进营销网络建设，有力地促进了企业的健康可持续发展。全市实现营业收入41279万元，完成年度目标任务的100%。全年实现利润1955万元，完成年度目标任务的100.53%，净资产收益率达112%，国有资本保值增值率达116%。

【市场监管】 2014年，全市各级盐务部门在强化盐业市场监管的同时，积极应对盐业体制改革带来的挑战，始终保持对涉盐违法行为的高压态势，恪尽职守，主动作为，采取有效措施严厉打击涉盐违法行为，履行了盐业市场监管职责，确保全市食盐安全，维护盐业市场的繁荣稳定。

市盐业公司开展了“夏季食盐市场集中整治”“餐饮和食品加工用盐专项整治”“中秋国庆两节市场检查”“旺季市场集中整治”和“畜禽饲料、宰杀、卤制及食品和豆制品加工用盐专项整治”“元旦春节两节市场集中检查”等专项整治行动，对边界地区、城乡结合部和农村集贸市场等涉盐案件频发、高发地区进行地毯式检查，重点打击假冒小包装食盐和非法套购倒卖大包装食盐行为。

随着市场检查的持续和深入，盐业违法行为越来越隐蔽，手段越来越狡猾，给查处涉盐违法带来了很大困难。盐政人员在日常的市场稽查中，主动向广大经营户及消费者宣传国家食盐专营政策，从正面引导经营户守法经营，同时加大对以工业盐、劣质盐及无碘盐冲击食盐市场违法案件的打击力度，并通过媒体广泛宣传，进一步增强警示和威慑效果，提高消费者的自我保护意识，全力确保市场的稳定。

为消除消费者和经营户对国家食盐专营政策调整的误解，合肥市各级盐政部门充分利用“3•15”国际消费者权益日、“5•15”防治碘缺乏病宣传日和“12•4”法制宣传日等重大节假日，走上街头开展法律法规咨询活动，现场解答消费者的各种问题。通过检查走访、发放宣传材料等方式，答疑解惑，展示市场监管成果，让食盐安全知识深入千家万户。

目前，市及所属各县（市）盐务管理局均设立24小时涉盐案件举报电话，盐政人员保持24小时通讯畅通，全天候接受群众举报，确保第一时间赶到现场，确保不遗漏一点线索，不放过任何蛛丝马迹。同时，各单位还加强与当地公安局、检察院、法院等相关部门的联系与合作，用最快速度移办涉盐违法案件，加大对涉盐违法行为的打击力度，提高办案效果。

2014年，全市共出动盐政人员4917人次，车辆1570台次，行程15万公里；开展各类联合执法30余次，检查各类用盐户17936家，发放盐政宣传材料3万余份，查处各类涉盐案件210起，没收涉案盐产品48.57吨，罚款71800元；移交公安案件1件，刑事拘留1人，判刑1人。

（高　路）

烟草专卖

【概况】 合肥市烟草专卖局（公司）通过“创新驱动、机制保障、文化引领、精益管理”，2014年实现卷烟销售28.48万箱，税利22.29亿元。圆满完成全国行业、全省商业系统和全市系统三个企业管理现场会，荣获安徽省烟草专卖局（公司）授予“管理规范免检单位”称号，在全国36个重点城市中排名上升明显，精益物流创建工作受到国家烟草专卖局通报表扬。

【品牌培育】 以构建拉动式精益供应链为重点，深入研究卷烟消费行为、消费结构和变化趋势，科学预测水平进一步提高；不断完善“工商协同、客我互动、一品一策”的精准营销体系，品牌培育能力进一步增强；协同工业企业开展供应商管理库存、同城物流、托盘联运、跨省即时配货等工作，商业库存总量同比下降42.85%，库存周转次数同比增加5.72次；建立“两层五维”品牌健康状态评价模型，货源投放更加精准；大力推广“美好终端”和“徽映e家”系统，探索推进终端品牌营销模式，终端资源配置更加科学。

【物流建设】 全面实施物流中心非法人实体化运作，形成“一个物流中心、两个中转站”的物流框架；积极推进毗邻省份卷烟包装箱循环利用工作，省内烟箱回收率达97.9%；工商协同积极开展网上配货、同城物流、托盘联运等工作的探索与实践，不断提升工商物流一体化水平；着力上线物流综合管控平台，推动出库系统改造和物流现场5S管理，物流服务效率大幅提高；大力开展精益物流创建和物流费用对标工作，全年物流费用率0.66%，同比下降0.11个百分点，对标综合排序进入全省前列。

【专卖管理】 相继开展市场治理“斩首”行动、烟草交通整治运输货运环节“百日行动”“中秋、国庆”烟草市场专项行动等，累计查获涉烟案件2537起，查获“假、私、非”卷烟9.68万条，查获案值1699.35万元，其中查获5万元以上案件124起。市场持证经营率98.7%。

召开“两个联席”机制成员单位工作会议、专案组会议，建立以公安治安部门为核心、技侦、刑警等多警种协作配合平台；与交通部门建立货运站联合监管机制，完善烟草工商整治无证经营互动机制；建立“大内管”机制，成立内管机制工作委员会，进一步加强专销协同，延伸内管机制，推进“三员”互控；贯彻“一案双查”机制，在全市范围内集中开展规范经营专项行动，加大行政处罚力度，深究内部问题，完善监管制度；开展真假烟识别大赛、参与案件公开审理、社会宣传、市长热线等方式，营造高压严打态势，向市民宣传卷烟打假、办证政策、举报奖励等知识；深入推进行政许可精细化，将许可证办证入网流程时限控制在8个工作日内；持续推进基层创优标准化，完善基层所队制度标牌、工作流程、文档资料等，统一全市基层行政执法、行政许可文书；大力推进科技创新常态化，全面导入精益思想，开展许可证办证入网、罚没烟入网销售精益改善项目。

【企业管理】 统筹规划，明确“目标引领、系统设计、项目带动、流程再造、组织保障”的精益管理推进路径，系统设计了“三个一”精益管理推进思路，打造精益管理体系，建立拉动式精益供应链模式。通过“创造价值、减少浪费”的改善项目推动，发挥精益目标引领作用和标准化体系的支撑作用，开展精益培训，倡导全员参与，营造精益氛围，逐步形成精益文化，使管理水平得到了提升。

组织迎接烟草行业企业管理现场会和全省烟草商业系统企业管理现场会，充分展示了合肥烟草精益管理工作成效，获得国家烟草专卖局、省烟草专卖局领导的充分肯定及与会代表的好评。扎实推进规范管理，围绕免检指标，加大力度、整体推进，经现场评审，被省烟草专卖局（公司）授予2014～2015年度管理规范免检单位。

【科技创新】 注重优化创新环境、构建创新机制、拓展创新载体、强化创新保障、运用创新成果，共开展科技创新27项、精益改善21项、QC活动60个，8个创新项目通过验收并应用；项目软件《基于4G网络的机房管理智能化应用系统》和《机房环境监测软件》获得国家计算机软件著作权证书；通过“降低闲置资产占比”研究，建立可视化资产管理平台，盘活闲置资产，节约60多万元。

（干　操）

旅　游

【概况】 2014年，市旅游局认真贯彻落实《国务院关于促进旅游业改革发展的若干意见》精神，紧紧围绕“大湖名城、创新高地”，推动旅游业持续健康发展。全市实现旅游总收入791亿元，接待国内游客6534万人次。合肥首登福布斯中国旅游业最发达城市榜。

【文明创建和旅游标准化】 2014年，合肥市“文明城市”创建进入攻坚年，市旅游局作为全市文明创建工作7个牵头单位之一，围绕“提升公民旅游文明素质”，重点推进“文明旅游创建”和“文明旅游宣传引导”2大类、6小项具体工作。宣传“旅游文明行为公约”和“旅游文明行为指南”，举办文明旅游进社区活动，倡议“我为文明旅游加分”，在全市A级景区设置“遵德守礼”文明旅游提示牌和公益广告。开展“三线三边”（铁路沿线、公路沿线、江河沿线及城市周边、省际周边、景区周边）景区环境整治。制订《合肥市旅游景区内部环境整治考核方案》，每月对景区进行督查，重点突出环巢湖旅游大道沿线、A级景区和乡村旅游区，举办省暨合肥市“三线三边”环湖公益行活动。8月，国家旅游局将合肥列为全国旅游标准化试点市，合肥市旅游局先期在旅行社行业试点，并制定旅行社服务标准化管理体系。

【环巢湖旅游项目开发】 目前，全市5亿元以上的旅游大项目82个，总投资额超过1895亿元。安徽省长王学军亲自调研环巢湖旅游项目；安徽省委常委、合肥市委书记吴存荣专题召开环巢湖旅游项目汇报会。万达文化旅游城全面开工，将于2016年9月建成营业；滨湖湿地森林公园成功创建国家森林公园；牛角大圩建成春季、秋季“花海”，举办合肥首届花卉节；开放半汤郁金香高地景区，推进森波拉文化旅城、北大未名庄园等项目；汤池金孔雀大酒店营业，国轩温泉宫运营；紫微洞4A景区挂牌；岱山湖首获全国水利风景区称号。国庆节期间，新增6辆环湖旅游观光巴士。

【旅游市场宣传】 开展合肥旅游摄影大赛活动；公开征集合肥旅游形象标语和形象标识，历时3个月，征集旅游标语3万余条，期间，全国有190多万人关注，20多万人参与投票。与岳西县签订旅游合作协议，9月28日，开通合肥—岳西旅游直通车；首次组织合肥经济圈各市县赴福州开展集体推介。完善新桥机场旅游咨询中心，新增LED宣传屏；建设合肥高铁南站旅游咨询中心。举办汤池温泉旅游季、第六届合肥旅游迎春购物节等活动；组织“5·19”中国旅游日和旅游黄金周活动，发展冬季旅游、假日旅游和购物旅游。

【合肥智慧旅游试点】 6月，合肥市被确定为全省智慧旅游试点市。全市投入600多万元，建成三河古镇、滨湖湿地森林公园等8家智慧景区，实施游客流量智能监测、景区安全智能监控和游客无线网络服务，实现客流量人工统计到实时监测。2014年“十一”期间，滨湖湿地森林公园、渡江战役纪念馆和牛角大圩通过系统监测，接待游客55万人次，解决游客统计不精确、开放式景区统计难等问题。10月11日，合肥旅游信息一体化平台建成上线，包括网上申报审批、游客在线投诉、旅游电子导游图等15个子系统，实现“三网合一”，即：旅游政务网、旅游资讯网和合肥经济圈旅游网。完成对全市旅游景点、星级酒店、旅行社、旅游车船公司、美食街区等16类466家旅游企业的信息采集。

【乡村旅游与森林生态旅游】 制定下发《合肥乡村旅游美食示范村导则》《合肥乡村旅游美食示范户导则》，重点推行厨房和厕所标准化。2014 年，环巢湖 5 个乡村旅游美食示范村和大圩乡村旅游美食村按照新徽派风格升级改造，8 月 2 日率先建成开放；肥东县长临社区、肥西县木兰村、庐江县齐咀村、巢湖市河口张村于年底前建成开放。庐阳区东瞿美食村初具规模，形成 60 多家农家乐美食户与乡村旅馆。举办三十岗桃蹊桃花节。以森林公园、湿地公园为依托，4 月 30 日举办首届合肥森林生态旅游节，历时 3 个月。组织森林人家美食评选、美好乡村体验游等 6 项重点活动；与市林业和园林局共同制订《关于加快合肥森林旅游发展的意见》。

【三河古镇创建 5A 景区】 6 月 13 日，花建慧副省长赴肥西县三河镇调研，提出明确要求和努力方向。张庆军市长担任创建工作领导小组组长。吴春梅副市长多次调度。市旅游局成立三河创建 5A 推进小组，在人力、财力、物力方面全力保障。肥西县将创建列入全县 10 件大事，重大项目纳入县大建办安排资金。2014 年，三河古镇投入 2 亿多元，围绕“千年水镇、风云战场、名人故地、民俗画廊”主题，实施核心景观提升、生态水系整治、主景区“三线入地”、景观绿化等工程。11 月份，三河古镇顺利通过国家旅游局组织的 5A 景区景观价值评价。

【举办环巢湖国际马拉松赛】 11 月 16 日，市旅游局和市体育局共同承办合肥环巢湖国际马拉松赛，以国际赛事为着力点，加强“大湖名城、创新高地”城市形象宣传，吸引全国游客来合肥旅游。来自国内 31 个省、市和自治区 10000 多人参赛，还有来自 21 个国家的 101 名外籍运动员参加，央视五套航拍直播。组织赛道周边环境整治，编制整治设计方案，新增巢湖帆船，开放巢湖围堰湿地，迁移环湖公路高压铁塔，提升完善周边绿化，环巢湖赛道成为全国最美的马拉松赛道之一。与市摄影家协会共同主办马拉松赛摄影大赛和摄影展；印制 15000 份环湖旅游一张图。认真做好参赛领导、特邀运动员、裁判员和嘉宾接待工作；分别设计 10 条环巢湖旅游线路、10 条以合肥为中心辐射周边区域旅游线路，在酒店派驻旅游咨询员，提供旅游服务等。

（许俊松）

交通运输 邮政

交通运输综述

2014年，合肥地区交通运输行业加快建设区域性综合交通枢纽，深化运输结构调整，提高管理和服务水平。全年完成交通基础设施建设投资80.8亿元，其中国省干线公路建设投资60亿元，农村公路建设投资8.3亿元，客货运输枢纽建设投资5.2亿元，水运建设投资7.3亿元。当年省道601环巢湖公路全线贯通，国道312合六路、国道206南岗至上派段、省道105合马路建成通车，国道206合安路、合淮路、国道330合铜路、国道346巢庐路、军二路建设按计划推进，全市“一环八线”高等级普通干线公路网基本形成。《合肥港总体规划》修编报部、省联合审查，《合肥江淮航运枢纽战略研究》通过专家评审。合裕线航道、店埠河航道升级改造工程扎实推进，合肥港综合码头二期完成主体工程，成为全国面积最大的综合性内河港口。实施《合肥国家公路运输枢纽总体规划》，开工建设合肥综合客运枢纽站，加快东城客运中心施工进度，协调推进宝湾（合肥）国际物流中心、合肥公路港综合物流基地等物流场站建设。全面落实公交优先发展战略，加大公交发展投入，按照创建国家公交都市示范工程总体方案，积极探索并建立与城市发展相适应的公共交通发展模式及体系，启动公交都市政策法规先行、基础设施完善、公共交通提速、运营服务提升等“十大工程”建设，公共交通服务保障能力进一步提升。高铁合肥南站开通运营，首趟合肥至中亚货运班列开行。铁路基础建设方面，合福客运专线建设工程、合肥火车西站改造工程加快推进，截至年底合肥西站主体已封顶，内部装修正在进行中。安徽民航机场集团有限公司在做好合肥新桥国际机场二期工程项目调研论证工作的同时，加快机场配套工程项目和货运机坪项目的建设，目前除机场过夜用房项目外，其他工程项目均已建成投入使用。

全年完成公路客运量1.68亿人次、旅客周转量117.08亿人公里、公路货运量3.62亿吨、货物周转量655.91亿吨公里，同比分别增长10.2％、8.8％、11％、13％。市区全年公交营运里程达21335.07万公里，同比增长4.62%，累计完成公交客运量6.91亿人次，同比增长2.26%。合肥火车站全年完成运输收入30.93亿元，首次突破30亿元大关，同比增长25.7%；发送旅客2777万人，同比增加10.6%，上海铁路局合肥货运中心全年累计完成运输收入58288万元，同比增收9449万元，地方铁路完成货运量1342.69万吨。水运全年完成港口吞吐量5091万吨，同比增长10.7%；完成集装箱吞吐量15.86万标箱，同比增长57.8%。合肥机场全年完成旅客吞吐量597.46万人次、货邮吞吐量4.64万吨，同比分别增长6.2%和15.9%。东航安徽分公司全年完成旅客运输量270.49万人次、货邮运输量23596.8吨，其中合肥地区始发航班旅客运输量722049 人次，货邮运输量6995.6吨。

公路建设与管理

【基础建设】 2014年，完成国省干线公路建设投资60亿元，省道601环巢湖公路全线贯通，国道312合六路、国道206南岗至上派段、省道105合马路建成通车。国道206合安路、合淮路、国道330合铜路、国道346巢庐路、军二路建设按计划推进。全市“一环八线”高等级普通干线公路网基本形成。开工建设新桥大道（团肥路南段）、牛角大圩至环巢湖公路连接线等工程。理顺干线公路养护工程“省市县共建”投资关系，解决多年困扰干线公路养护大中修工程资金不足问题，全年完成养护投资1.25亿元。服务保障北沿江高速、滁淮高速、济祁高速建设，协调推进合宁、合安、合巢芜等高速扩建工程前期工作。

推动农村公路“标准化”建设，组织开展农村公路县道网规划编制，实施农村公路危桥改造民生工程41座、县乡公路改造工程120公里、提级联网延伸（通村公路）工程300公里。选取巢湖市黄麓镇和肥西县高店乡进行试点，投资约260万元，按照标准化路的标准精心打造，标准化乡村公路141.7公里，达到路面良好、桥涵完善，标志齐全、安保规范、绿化覆盖的效果。实施农村公路安保工程，农村公路路容路貌改善，安全通行能力提高。

实施《合肥国家公路运输枢纽总体规划》，完成客货运输枢纽建设投资5.2亿元。开工建设合肥综合客运枢纽站，加快东城客运中心施工进度，协调推进宝湾（合肥）国际物流中心、合肥公路港综合物流基地等物流场站建设。开工建设北城、张洼公交停保场，积极推进高新区、肥东公交停保场前期工作，市区公交首末站达到160个，公交场站（含首末站）面积达到79.5万平方米。启动新一批公交充电桩群建设。

2014年底全市公路总里程达到19279.72公里，其中国省干线公路1120.06公里（含高速公路447.52公里），农村公路18159.66公里。

2014年市民群众期盼已久的省道601环巢湖公路全线贯通（图片）

【公路养护】 合肥市公路管理局紧扣便民出行目标，不断加强日常养护和大中修工程，着力打造“畅、安、舒、美”的公路环境，公路保畅能力得到进提升。全年共完成养护投资12519万元，其中小修保养完成1219万元。

结合“三线三边”整治，组织开展以“公路标准化和美化（GBM）”为主题的春季养护劳动竞赛，使用预列专项经费对5月份统一排查中发现的29座桥梁病害安排维修，有效保障桥梁的运营安全。全年大中修项目20个，其中路面大中修项目17个计161.03公里，桥梁大中修项目2个，安保工程1处，计划总投资2.54亿元，项目全部进入招投标市场。尽管计划下达较迟，10月份项目都已陆续开工，到年底已累计完成1.13亿元，占合同金额的44%。X010线张义路三孤堆桥等6个大中修续建项目顺利完工。此外还配合国省干线公路改造，对改线后的S103线三河、同大老路段与所在县政府共同筹资大修后移交地方政府管养。当年经市政府同意，市交通局、财政局联合出台《关于普通干线公路大中修工程项目管理和地方配套资金归集方式的通知》，明确了除省补资金外，计划缺口资金市、县（市）按5:5分担，并按公路大建设模式管理；项目申报计划由各分局会同县（市）交通局共同编制，征求县（市）政府意见后经市公路局汇总平衡，报市交通局审查再上报省主管部门立项，养护大中修工程资金有了可靠的来源，理清了养护大中修工程“省市县共建”投资关系。

合肥市农村公路管理局完成养护工程123.5公里，对1.55万公里农村公路进行了日常规范养护。全市投入农村公路日常养护专项资金约2713万元，实现了农村公路列养率达100%，常态化养护覆盖率达70%以上。共处理坑槽、修复路面28.9万平方米，挖补路面弹簧8.13万平方米，处理其他病害7.2万平方米；清扫路面15万多平方米；修培路肩8411公里，修剪路肩草78200公里；完成涵洞、桥梁杂草垃圾清理1334处；清理边沟612公里。实施农村公路大中修养护工程40个，完成投资8927.8万元，提高重要县道的通行质量。其中，大修8个共26.7公里，投资3831万元；中修32个共96.8公里，投资5096.8万元。

【路政管理】 在路政监督巡查方面，强化执法力量，注重巡查效果。组建路政巡查中队，与养护中心道班联合办公，“摸爬滚打”在路上，既充实了路政队伍，又为小修养护市场化做好准备；全年公路巡查里程达32.4万公里，巡查覆盖率100%，发布预警信息7687条，下发责令改正通知书1561份；开展涉路安全评价项目17件，办结涉路行政许可22件，超限运输许可418件（其中代办件308件），办结率100%。在“三线三边”整治方面，借力而为，推进路域环境治理。结合“三线三边”整治活动，推进公路建筑控制区的划定，公路建设同步设置界桩、标桩；实行路长负责制，强化领导，抓好宣传，做好预防性管理；借力而为，形成合力，解决乱搭乱建，非法设置砂场等环境问题。整治期间，共拆除违章建筑物36处，清拆非标2323块，清理占道摊点163处，关停砂场22处。开展省治超条例宣贯，对G2C6合肥南站、S101肥东站的高速预检系统进行升级改造，其中S101肥东站被省厅省局确定为“治超站点关键设备入围招标测试现场和联网治超综合管理平台建设实验站点”；S105肥东站建设实质性启动；S105巢湖西站、S208巢湖南站结合公路改建，治超软、硬件得到升级改造；S316庐江站被列入部“三基三化”试点，年底完成项目招标；治超站岗位进一步优化，重新明确岗位职责；6个分局均组建一支10人的路政直属中队，专门参与县（市）政府联合流动治超，共查处超限车辆6468台次（其中75吨以上车辆139台次），卸载（转运）12.98万吨，以合肥市治超办名义向各地公安交警、运管部门抄告违法车辆1649台次，公安交警反馈处罚57台次、运管部门反馈处罚294台次。干线公路超限率下降到1.48%。法制建设：进一步推进执法规范化建设，举行行政处罚案件群众公议会8次，23件案件拟处罚意见全部通过公议员审核；举办执法培训班5期，培训执法人员370人次；组织参加省治超条例培训803人次；组织开展2次案卷集中评查，评查行政处罚案卷179份、许可案卷18份、强制案卷11份；9月1日所属各执法单位全面运用省交通运输行政执法公开运行系统，9月2日就在全省率先成功制作了2例处罚案卷。此后多次配合省厅、省局及系统研发单位做好系统调试工作，反馈存在的问题，提出合理化建议，至年底已运用该系统办结处罚案件1892件，占全省交通行业35.4%、全省公路系统48.95%；积极推进“权力清单、责任清单”工作，43项行政权力，保留32项，精简了25.6%。是年，新增交通行政执法证件持证人员31人，S316庐江治超站被省厅评为行政执法评议考核优秀单位，2名执法人员分别获得省厅合肥片区考试、合肥市交通局抽考第1名。

市农村公路管理局全年共散发路政宣传材料1万余份，下达违章通知书157份，开展专项清障4次，清理路障6349平方米，清理路肩种植物1.43万平方米，查处超限车辆293台次，劝阻超载车辆166台次，卸载转载货物5676余吨。通过防、治结合，大大地缓解农村公路路肩种植、乱堆乱放、挖占侵占和超限超载行车等违法现象。全年投入安全隐患排查与治理资金319万元，排查事故隐患186项，并全部整改到位。更换和增设警示桩1240根，扶正警示桩761根；增设标志标牌968套，更换标志牌564块，扶正标志牌234块；乱堆乱放建材清理1169处5563平方米；共清除非法设置和不符合设置标准的广告和招牌64处总计181块，清除违章搭建的临时建（构）筑物47处，有效地保障农村公路通行安全。农村公路信息化建设方面，对各县市和所有乡镇的专用手机终端进行更换和增补，重点在庐江、巢湖进行“农村公路管理服务平台”的推广运用，农村公路信息化管理做到全覆盖。

公路运输与管理

【公路客运】 全年公路客运量1.68亿人次、旅客周转量117.08亿人公里，同比增长10.2%、8.8%。当年市交通运输管理部门全面保障旅客运输行业健康有序发展，在市区10个客运站设立驻站管理办公室，每个站配备2名驻站人员检查进出站车辆、现场处理投诉举报，真正把监管工作延伸到车门前、车站里。圆满完成 2014年度春运等节假日期间旅客运输保障工作。对进出合肥市的805块省际班线线路牌、2109块市际班线线路牌进行了核查及班线车辆年审工作。完成了对全市11家经营二类以上班线客运企业、10家二级以上旅游企业、12家二级以上汽车客运站的质量信誉考核工作。开通巢湖栏杆和长丰杜岗两地到合肥的客运班线，按照“尊重历史，规范经营”的思路，对全市现有线路进行优化整合，适时对43条县际线路的96台车进行许可线路的变更。大力推进农村客运的公交化改造，成功开通紫蓬山至合肥的公交线路。协调交警、出租车管理大队、旅游局等部门开展为期90天的旅游客运市场集中整治活动，规范旅游客运市场秩序。

【公路货运】 全年完成公路货运量3.62亿吨、货物周转量655.91亿吨公里，同比增长11%、13%。当年市交通运输管理部门全面加强货运行业动态监管，完成对全市31家危货运输企业及100台以上普货运输企业的质量信誉考核和经营资格复核工作。认真开展《安徽省治理货物运输车辆超限超载条例》宣贯工作，建立源头治超暗访督查工作机制，按照“四不两直”形式不定期对重点货源单位进行暗访督查。积极配合公路、交警部门，联合开展2014年1号、2号、3号治超行动，严厉打击非法改装货运车辆。全年共查处非法改装货运车辆1861台，恢复原状（切割）1325台；全年共吊销严重超限超载货车《道路运输证》40本，吊销《从业资格证》6本，对45名驾驶员给予计分处理。

【出租汽车管理】 市交通运

输管理部门全面加强出租汽车行业管理力度，全力推进“合肥市出租汽车服务管理信息系统”建设，该系统已进入后期调试和装配车辆试运行阶段。修订《合肥市出租汽车服务质量信誉考核办法》，推动出租汽车公司经营管理、服务管理水平上台阶。完成了出租汽车驾驶员从业资格换证注册工作，全年累计为14800名驾驶员换发、注册新的出租汽车从业资格证件。制订《合肥市出租汽车行业大气污染防治方案》，积极配合市质监、燃气管理等部门做好出租汽车“油改气”工作，逐步淘汰车况差、能耗高、尾气排放高的老旧车型，有序投放了500台纯电动出租汽车。下线出租汽车报废工作走上规范化运作轨道，全年共拆解报废472台下线出租车。严厉打击出租车拒载、拼客等违规违章经营行为，全年共查处各类违法违规、违反文明创建要求的经营行为11200多起，其中行政处罚案件1366起，行政罚款近101万元，对8451名违章驾驶员进行教育培训。

全力推进“合肥市出租汽车服务管理信息系统”建设，该系统已进入后期调试和装配车辆试运行阶段。

【打击取缔非法客运】 市交通运输管理部门坚持“标本兼治、部门联动，区域协作、打管并举”总体思路，全力推进打击非法客运工作。先后成立驻火车站稽查中队、驻高铁南站稽查中队，分别在两个地区的综治部门统一领导下开展执法工作。联合交警、城管等相关部门，对非法客运重点区域实施集中整治。全年累计查扣非法客运车辆4470台，罚款2837.9万元，较2013年同比分别增长35.7%和12.07%。建立非法客运滞留车辆解体工作机制和下线出租汽车报废机制，要求所有下线出租车必须解体报废，有效防止下线车辆流入非法客运市场。

【机动车维修（检测）管理】 审批一类维修企业5家，二类维修企业26家，全市共有一类维修企业92家，二类维修企业228家。加强对综合性能检测站的监督管理，完成合肥市区三家综合性能检测站视频监控联网和检测数据实时报送工作，杜绝以车带检、漏检、出具假检测单现象的发生。认真督促维修企业在二级维护设备和从业人员配备上下工夫，对不按法律法规经营的企业坚决清理出维修市场，杜绝“只收费、不维护”现象。制定《合肥市汽车维修质量纠纷调解受理范围及程序》（试行），有效调解多起汽车维修质量纠纷。成立合肥市汽车维修行业协会，汽车维修行业步入规范服务、自立发展的新阶段。

【驾驶员培训管理】 认真对照交通部《机动车驾驶员培训资格条件》和《机动车驾驶员培训教练场技术要求》两个标准进行新增驾校咨询、验收、许可工作，全年新许可驾校14所。截至年底，全市（含四县一市）现有驾校38所，教练场地136处，教练车5251辆，教练员5344人，年培训能力达到42.5万人。当年市交通运输管理部门加强机动车驾驶培训学校和教练员管理，全年共电话回访毕业学员11300名，对有违规教学行为的5名教练员，均按规定进行处理。定期在媒体上发布驾驶考试合格率、一年内驾龄违章肇事率、教练员信誉考核、教学质量排行等情况，引导驾校注重品牌建设。

城市公共交通

【城市公共交通】 市政府全面落实公交优先发展战略，加大公交发展投入。全年城市公交车辆数4331台，公交运营线路172条，线路长度2567.3公里，线网总长度1122.2公里，客运总量6.94亿人次，公交分担率（不含步行）34.1%，机动化分担率42.3%。公交基础设施建设、服务质量进一步提升。

【公交都市建设】 按照创建国家公交都市示范工程总体方案，市政府积极探索并建立与城市发展相适应的公共交通发展模式及体系，启动公交都市政策法规先行、基础设施完善、公共交通提速、运营服务提升等“十大工程”建设。修订《合肥市公共交通乘车规则》，编制《合肥市公交都市创建实施方案（2014—2018）》《合肥市公共交通专项规划》和《合肥市快速公交线网和公交专用道网络专项规划》。明确2014年至2015年新建公交专用道33条，总长209.6公里，决定先期启动阜阳北路、蒙城北路、习友路和龙川路4条公交专用道建设，并基本确定总体设计方案。全年新增更新1012台，市区万人公交车拥有量达到14标台。公交车辆结构进一步优化，淘汰黄标车659台，所有运营车辆均符合环保要求，绿色公交车（含新能源和清洁能源）比例达到60%，空调车比例达到58.5%。加大充电站建设力度，市政府将电动公交车充电站建设纳入市大建设项目。在公交场站挖潜出可建充电站17处，可建充电桩300只，先期开建第一批8处充电站共187个充电桩；加快北城、张洼公交停保场建设进度，启动高新区、肥东县两个停保场建设的前期工作，至年底公交车均场站面积123.2平方米/标台，公共汽电车进场率达到93%；全年新开线路16条，优化调整公交线路208条次。其中，以高铁南站、滨湖新区为重点，新开通5条公交线路；开发区支线公交达300辆公交车、18条营运线路，日均客运量达到12万人次；服务学校、企业通勤出行需要，开通4条特色公交线路。2014年公交日均客运量约190万人次。智能公交二期工程推进顺利，190套公交电子站牌投入运营；700台公交车辆、26条公交线路实现免费WIFI服务。成功入选交通运输部公交智能化应用示范工程试点城市，启动智能公交三期工程的前期工作。为净化公交产权结构和客运市场，体现公共交通的公益性属性，回购肥东汽运公司持有合肥东祥公交公司30%的股权、香港白马集团持有合肥白马巴士公司50%的股权，公交客运市场实现"纯国有化"目标。

合肥市全面落实公交优先发展战略，将电动公交车充电站建设纳入市大建设项目，加大充电站建设力度。（图片）

【运营服务】 市公交集团充分利用智能化手段，加强运营调度管理，在集中统一调度的同时，设立5个分调度台，实施"分散调度、集中监控"智能调度新模式，营运秩序得到较大改观。为合理配置公交运力、人力资源，公交集团对沿用数十年的路牌计划及劳动班型组合实施优化，启动以加密高峰时段发车频次、减少低效运营公里等为主要内容的班型改造工作，全年改造线路达46条，缓解了市民乘车难，降低了运营成本；公交集团加大安全教育、现场管理和检查处罚力度，建立健全各项规章制度，梳理排查安全隐患，各类危险源和风险因素得到辨识与控制，安全生产标准化管理体系初步建立，顺利通过国家职业健康安全管理体系现场考评，获得职业健康安全管理体系达标证书及"交通运输企业安全生产标准化一级达标企业"证书，成为全省首家、全国前十家通过安全生产标准化一级达标的公交企业；公交星级线路、星级驾驶员创建活动在全市公交企业中继续全面展开。至年底，市公交集团星级驾驶员总数4606人，挂星率94.2%，高星驾驶员所占比率7.8%。星级线路92条，占全部线路的68.8%。

【支线公交】 2014年经开区、新站区和高新区加强支线公交运营管理，共有支线公交线路17条，营运车辆257台，营运线路长度257公里，营运里程1338.27万公里，客运量3714.72万人次。合肥市区全年公交营运里程达21335.07万公里，同比增长4.62%。累计完成公交客运量6.91亿人次，同比增长2.26%。建成4座首末站、枢纽站，共有公交保养场7个，面积约48.28万平方米；首末站160个，停靠站3776个。首末站总面积达到33.4万平方米。

是年肥东县公交营运线路7条，公交客运车辆84台；肥西县公交营运线路3条，公交客运车辆67台；长丰县公交营运线路4条，公交客运车辆56台；庐江县公交营运线路6条，公交客运车辆77台；巢湖市公交营运线路24条，公交客运车辆244台。

2014年合肥市境内高速公路一览表

编号	名称	里程（公里）	起讫点	产权单位
G4001	北环高速	41.07	起点肥东县路口乡，终点长丰县岗集镇	安徽国路高速公路有限公司
S17、G4001	合淮阜高速	76.37	起点长丰县水湖镇，终点蜀山区井岗镇	安徽省高速公路控股集团有限公司
G3、G4212	合安高速（一）	30	起点包河区小西冲，终点肥西县丰乐镇	安徽省高速公路控股集团有限公司
G40	合六高速	38.61	起点长丰县岗集镇，终点肥西江夏	安徽省交通投资集团有限责任公司
G40、G42	合宁高速	32.6	起点肥东陇西立交，终点巢湖与全椒交界处	安徽省高速公路控股集团有限公司
G4001	绕城高速	41.8	起点肥东陇西立交，终点蜀山区井岗镇	安徽省高速公路控股集团有限公司
G3	合徐高速	38.5	起点肥东陇西立交，终点长丰与定远交界处	安徽省高速公路控股集团有限公司
G5011	合巢芜高速	53.2	起点肥东陇西立交，终点巢湖市与马鞍山交界处	安徽省高速公路控股集团有限公司
G4212	合安高速（二）	38.79	起点庐江与舒城交界处，终点庐江与桐城市交界处	安徽省高速公路控股集团有限公司
G3	合铜黄高速	38.98	起点庐江县程桥，终点庐江与枞阳县交界处	安徽省交通投资集团有限责任公司
	机场高速	17.6	起点新桥机场南大门，终点蜀山区南岗镇	安徽省交通投资集团有限责任公司
总里程		447.52		

2014年合肥市农村公路里程到达数明细表

县市区名称	行政等级	合计	技术等级					路面类型			
			一级	二级	三级	四级	等外	沥青砼	水泥	沥青碎石	未铺装
合肥市	总计	18159.66	36.91	335.06	1504.90	14671.99	1599.74	488.90	8423.01	980.99	8266.76
	重要县道	587.79	13.07	238.68	219.52	116.51	0.00	238.30	230.84	118.65	
	县道	1646.82	15.39	96.39	857.36	677.68	0.00	242.92	986.30	382.65	34.96
	乡道	3324.52	8.44		232.78	3055.71	27.58		2644.90	140.82	538.79
	村道	12545.73			183.23	10779.29	1572.16	7.68	4556.08	329.27	7652.71
	专用公路	54.80			12.00	42.80			4.90	9.60	40.30
肥东县	合计	3961.60		75.29	293.11	3451.20	142.00	193.89	1847.87	170.98	1748.86
	重要县道	133.69		37.29		96.41		74.89	58.80		
	县道	343.04		38.00	208.62	96.42		119.00	209.04	0.00	15.00
	乡道	850.07			78.76	771.31			697.07	12.32	140.68
	村道	2634.80			5.74	2487.06	142.00		882.96	158.66	1593.18
肥西县	合计	3513.70		18.28	330.62	3118.52	37.00	70.56	1628.73	0.00	1814.41
	重要县道	88.36		9.73	78.63			37.38	50.98		
	县道	221.75	9.28	8.55	156.19	47.73		25.50	196.25		
	乡道	734.13			64.37	669.76			713.57		20.56
	村道	2469.46			31.43	2401.03	37.00	7.68	667.93		1793.85
长丰县	合计	2946.25	9.72	158.16	208.07	2520.29	50.00	73.30	1776.25	95.43	1001.27
	重要县道	157.93	9.72	121.03	20.93	6.25		73.30	84.63		
	县道	251.52		37.12	126.63	87.77			165.91	70.58	15.02
	乡道	520.93			29.09	491.85			505.85	10.75	4.34
	村道	1978.46			31.43	1897.03	50.00		1019.86	12.70	945.91
	专用公路	37.40				37.40				1.40	36.00
庐江县	合计	4348.67		5.00	237.76	2773.50	1328.41		1458.29	504.51	2381.87
	重要县道	107.07			107.07				7.64	99.43	
	县道	430.20	4.00	5.00	50.98	370.21		4.00	184.53	238.99	2.68
	乡道	461.72			39.11	402.46	20.14		196.64	68.68	196.39
	村道	3332.29			28.60	1995.42	1308.27		1064.58	89.21	2178.50
	专用公路	17.40			12.00	5.40			4.90	8.20	4.30
巢湖市	合计	1997.14		58.40	248.17	1650.53	31.60	122.33	816.25	143.02	915.54
	重要县道	47.34		47.34				43.33		4.01	
	县道	266.20			218.47	47.73		79.00	151.00	36.20	
	乡道	419.96	8.44		9.27	394.81	7.44		235.49	42.02	142.46
	村道	1263.64		11.06	20.43	1207.99	24.16		429.77	60.79	773.08
瑶海区（含新站区）	合计	183.92			45.44	136.25	1.18		112.99	25.74	45.19
	县道	23.96		1.06	5.95	16.95			6.51	15.20	2.26
	乡道	24.86			10.06	14.80			14.05	7.05	3.76
	村道	135.10			29.43	104.49	1.18		92.44	3.49	39.18

续表

县市区名称	行政等级	合计	技术等级					路面类型			
			一级	二级	三级	四级	等外	沥青砼	水泥	沥青碎石	未铺装
庐阳区	合计	358.47	5.46	27.08	28.21	289.68	8.04	11.32	195.79	16.58	134.78
	重要县道	26.64	3.35	23.29				7.70	10.94	8.00	
	县道	23.28	2.11	3.79	6.76	10.62		3.62	12.90	6.76	
	乡道	36.06				36.06			26.10		9.95
	村道	272.49			21.45	243.00	8.04		145.85	1.81	124.83
蜀山区	合计	224.60			16.00	208.60	0.00	7.20	134.80		82.60
	县道	16.00			16.00			7.20	8.80		
	乡道	80.22				80.22			80.22		
	村道	128.38				128.38			45.78		82.60
包河区	合计	413.21		2.87	62.71	346.13	1.50	1.70	293.73	24.74	93.04
	重要县道	26.76			12.90	13.86		1.70	17.85	7.21	
	县道	36.07		2.87	32.96	0.24			21.15	14.91	
	乡道	119.57			2.13	117.44			98.91		20.66
	村道	230.81			14.72	214.59	1.50		155.82	2.61	72.38
高新区	合计	46.70			8.70	38.00		0.00	40.90		5.80
	县道	8.70			8.70				8.70		
	乡道	23.90				23.90			23.90		
	村道	14.10				14.10			8.30		5.80
经开区	合计	165.40			26.10	139.30		4.60	117.40		43.40
	县道	26.10			26.10			4.60	21.50		
	乡道	53.10				53.10			53.10		
	村道	86.20				86.20			42.80		43.40

2014 年合肥市公路客运业情况一览表

客运量（万人次）	客运周转量（万人公里）	客运站（个）			班线客运企业（个）			班线数（条）		
		一级	二级	三级	一级	二级	三级	省际	区际	区内
16840	1170762	4	8	2	2	7	1	232	202	404

2014 年合肥市公路货运业情况一览表

货运量（万吨）	货运周转量（万吨公里）	货运站（个）			货运企业（个）				车辆总吨位（吨）
		一级	二级	三级	一级	二级	三级	危货企业	
36209	6559143	0	0	0	0	1	4	31	517168

2014 年合肥市汽车维修（检测）行业情况一览表

汽车修理厂（家）			汽车检测站（家）		全年检测车辆（辆次）	从业人员（人）
一类	二类	三类	A 级	B 级		
102	333	658	9	0	258249	19421

铁路运输

【合肥火车站旅客运输】 合肥站是全国铁路重要交通枢纽站，目前已形成1小时到南京、2小时到武汉、3小时到上海、4小时到北京的快速交通网络格局。2013年11月上海铁路局生产力布局调整后，合肥直属站管辖合肥、全椒、黄庵、巢北、肥东、合肥西、长安集、南分路、独山、金寨、天堂寨、墩义堂、合肥北城和罗岗等14个站（线路所），车站职工985人。2014年共完成运输收入30.93亿元，首次突破30亿元大关，同比增长25.7%；发送旅客2777万人，同比增加10.6%。

【高铁合肥南站开通】 2014年11月12日，高铁合肥南站开通运营。合肥南站是一座融合地域文化景观的地标建筑，设计最高积聚旅客9500人，是继上海虹桥站、南京南站之后华东地区又一个现代化综合客运站。站房取徽派建筑粉墙带瓦，五月朝天的风格特征，彰显合肥城市中部崛起的澎湃活力。合肥南站更注重建筑与环境的和谐统一，将建筑智能化、环境人性化、资源持续化、管理信息化理念贯穿始终，充分体现合肥“开明开放、求实创新”的城市精神。

站房主体建筑面积99283平方米，南北站房宽度208米，高架候车区宽度146米，进深357米，主体建筑总高38.05米，雨棚投影面积61280平方米，设计总规模22站台面26股线，全站为高架站台无柱雨棚设计。合肥南站是一座立体换乘与功能齐全的现代综合交通枢纽。

合肥南站分为地上两层，地下四层，局部设夹层。地上两层为高架进站层和候车大厅。候车大厅内大跨度空间为旅客提供舒适、便捷的现代化候车环境。地上一层为站台层，设基本站台两座和中间站台10座，北站房站台层中部为进站和基本站台候车区，两侧分别为售票厅、贵宾候车室等功能区，南站房站台层中部设垂直交通梯，两侧为设备办公用房。地下一层为出站层，设置出站厅、综合换乘厅、地铁入口，地下二层为地铁1、4、5号线共用站厅层，设有地铁站厅层、地铁出入口，地下三层为地铁1、5号线站台层，为1、5号线旅客提供换乘。地铁4号线站台层位于北广场下地下四层，与1、5号线旅客实现梯形换乘。为实现真正意义的零距离换乘，在南站东北方向设置长途客运中心，南北广场和站房下方分别自东向西依次设置长途客运中心，南北广场和站房下方分别自东向西依次设置城市快速公交、出租和社会车辆等交通车场以及1、4、5号地铁线，实现快速和大容量交通与高速铁路客流的无缝衔接。

站房设计遵循线上候车，线下出站的原则，采取上进下出，平进平出的立体流线模式，采用81部自动扶梯，29部垂直电梯、检票闸机153台（进、出站闸机分别为97台、56台）、售票窗口共82个（28个人工窗、54个自动售票窗口），安检共20台、前期10台。实现站内快速交通。进站时，旅客可从东西两侧高架落客平台或南北广场经安检进入广厅后通过两侧自动扶梯下到站台层乘车或经南北广场进站，出站时，旅客可以通过地下一层出站厅乘坐出租车，城市公交、长途客车可到地下三、四层乘坐1、4、5号地铁。

【上海铁路局合肥货运中心货物运输】 2014年是铁路货运组织改革后第一个完整工作年，上海铁路局合肥货运中心全力抓好货运生产营销和安全新机制的实施。一是全力打造前店平台。通过优化营业厅岗位设置和服务功能，建立“无轨车站”，将需求受理、核算制票等传统业务办理整合到综合服务窗口，为客户提供了综合化的便捷服务。二是完善营销管理体系。通过完善营销工作制度、客户管理制度，建立了分层联系走访和客户管理体系，落实了中心、经营部两级客户包保责任。三是积极探

2014年11月12日高铁合肥南站开通运营

索、创新营销方式。先后5次召开新闻通气会、媒体访谈会，通过省市主流媒体大力宣传推介货运服务新举措；并与省经信委、省家电协会2次召开“安徽省重点家电企业货运快运新产品推介会”；同时，立足拓展大宗货源，对大中型企业客户采取“定向营销”，先后与中石化华中分公司、上海工务大修段芜湖北焊轨基地、中盐安徽红四方3 家大型企业签订运量互保协议，使3家企业运量同比均有较大幅度增长，其中安庆油品运输增幅翻番；中心还建立了169家中小微型企业客户电子档案，动态追踪，提供运输咨询，物流、装载方案制定，手续代办等服务。四是做好粮食、化肥等重点白货货源组织。五是加强与新型产品衔接。主动与安庆石化油龙运输、合肥“新亚欧集装箱班列”、零担快运组织等货运新产品，做好资源、运力、生产对接。全年累计完成运输收入58288万元，提前7天完成运输收入任务，完成年度计划的103.34%，同比增收9449万元。

【首趟合肥至中亚货运班列开行】 2014年6月26日11时6分，首列装载50个集装箱家电、电子产品的“国际货运班列”从上海铁路局物流基地合肥北站正式开出，驶向新疆阿拉山口口岸，并经该口岸直接通关，约一周内到达中亚目的地哈萨克斯坦、塔吉克斯坦等国。上海铁路局与合肥市积极进行战略合作，联手打造合肥市新亚欧大陆桥国际铁路货运通道，共同参与构筑“新丝绸之路经济带”。新亚欧大陆桥“合新欧班列”以上海铁路局合肥货运中心合肥北站为始发站，合肥市与上海铁路局将联手把合肥北站建成国际铁路运输的始发站及重要的国际物流内陆港，打造立足合肥经济圈、辐射全省及周边腹地的新亚欧大陆桥国际铁路货运中心。

【地方铁路运输】 合肥市地方铁路是连接国家铁路干线，沟通各大开发园区、物流园区、厂矿企业的铁路运输网络微循环路网，是国家铁路网的重要组成部分，重点保障大宗货物和原材料的运输。合肥市地方铁路始建于上世纪五十年代末期，经过几十年的发展，现拥有专用铁路、铁路专用线45条，运营里程184.7公里。2014年完成货运量1342.69万吨，运输安全无事故。

地方铁路基础建设。马钢（合肥）钢铁有限责任公司投入235.2万元，对机车、视频监控、线路、道口、道岔分别进行代维、鉴定、小辅修、中修、大修；安徽安能热电有限公司投入85万元，对线路进行了综合维修；合肥市地方铁路投资建设有限公司投入30万元，对十八公里专用线和合肥循环园专用铁路进行养护维修。安徽军工物流有限责任公司投入30万元，整修线路、更换无效木枕，解决隐患、保证行车安全；安徽合肥城东国家粮食储备库投入6万元，对库区专用线道口进行全面的维修、保养；安徽省徽商金属物流有限公司，在市政府改造阜阳北路工程中，得到政府支持，用政府划拨的960万元专项经费，对阜阳北路徽商铁路专用线道口进行全面升级改造，工程历时2年，于2014年下半年顺利完工并开通；投入55万元对装卸设备三台龙门吊和轨道，进行综合性的升级改造，保证装卸安全作业率100%。

地方铁路建设规划。合肥市地方铁路协会和合肥市地方铁路投资建设有限公司，3月1日应邀参加由市发改委组织的“合肥市地方铁路规划”评审会；12月28日应合肥市政府邀请，参加由政府组织的“合肥市地方铁路总体规划”评审会；11月份，全程参与合肥咨询政策协会组织的“地方铁路发展思路”的调研项目，协同市政策协会领导赴河北、山西省地方铁路考察调研；合肥市地方铁路投资建设有限公司，在庐铜铁路建设项目上实施地方铁路发展战略规划，于8月18日正式设立“庐江龙桥铁路专用线建设筹备组”，按程序及时向上海铁路局呈报该项目预可研报告，11月30日得上局批准，12月初，将龙桥站接轨配套工程按Ⅰ类变更方案报至省发改委待批；2月10日，

首趟合肥至中亚国际货运班列从合肥货运北站出发

上海铁路局刘建堂副局长率安徽铁道发展集团领导，对合肥恒通铁路二期暨综合物流园工程规划进行考察调研；1月，安徽锦邦化工股份有限公司（氯碱化工）因生产基地搬迁至合肥循环经济园区，专用线停运。2台机车，其中一台蒸汽机车安放在新区做景观，另一台内燃机车现停放在原处。

【地方铁路运营管理】　马钢（合肥）钢铁有限责任公司，厂内铁路28.723公里，道岔72组，内燃机车6台。全年铁路运输量完成100.66万吨。该公司注重创新管理，强化安全教育，对现有的铁路运输实行动态管理、全程监控；对铁运计划实行统一编制、统一组织实施，设立四级调度指挥系统，重点是协调运输工程中发生的矛盾；做到局车进厂、编组、上线、分流、排空等一系列高效化的运输流程。以两票制、军事化班前会、属地管理三大制度为抓手，强化班组及作业现场的安全管理。车间每月组织一次安全大课和技能培训，2014年储运中心共组织各类培训104次，培训人1728次，对44名新上岗、转岗人员进行三级安全教育培训考试。在设备维保上突出星级管理，从抓日常管理入手，以落实设备管理制度为立足点，加强设备点检、巡检工作，实行“操检合一”手段，实现在线生产设备完好率100%、可动率100%、事故故障率0.016%、设备计划检修兑现率100%。

合肥市地方铁路协会和合肥市地方铁路投资建设有限公司4月3日应市发改委邀请参加由市发改委（中交协）组织的“货物运输结构及发展变化趋势”调研座谈会，会上如实地反映国铁不合理收费和专用线企业的意见和诉求，引起上海铁路局和中交协领导高度重视。7月23日、9月2日市地方铁路协会根据专用线企业的诉求和意见，分别向市政府和市铁办写紧急报告，请求解决专用线道岔操纵服务收费问题。11月10日，地方铁路协会参加由市铁办牵头就合肥车务段收取道岔操纵服务费问题的协调会议。会上积极反映专用线企业意见，努力维护专用线企业利益。

合肥市地方铁路投资建设有限公司（原合肥市地方铁路管理局），拥有专用铁路3条，60万吨综合货场1个，各种装卸车辆10台，总资产3.01亿元。该公司主要从事铁路运输经营和铁路、市政工程建设；运输经营十八公里专用线（合肥北站—南七），完成货运量70.13万吨；循环园专用铁路总投资2.76亿元，2014年货运量83.67万吨。参股建设的合肥经开区专用铁路（合肥恒通铁路）总投资2.59亿元，完成货运量33.73万吨。工程建设重点完成合裕路大兴集、桐城路、黄山路铁路道口改建，安徽安能热电铁路专用线中修；中盐合肥化工基地卸煤槽、地下连廊、附属用房场内道路站坪工程；巢湖放王岗安置点道路、包河苑与包河花园小区污水分流改造，工投皖北科技园室外项目等工程。工程总收入4731万元。

2014年合肥地区专用铁路、铁路专用线一览表

	序号	名　　称	线路长度（公里）		机车（台）	备注
			建筑长度	营运长度		
合肥市	1	合肥市地方铁路投资建设有限公司　（合南线）	18.05	16.608		
	2	安徽中亿物资储运有限公司	0.379	0.379		
	3	合肥ABB变压器有限公司	1.323	0.691		☆
	4	安徽军工物流有限公司	0.589	0.589		
	5	安徽省机械化粮库	1.559	0.874		☆
	6	合肥市庐阳区国有资产经营有限公司　（原农药厂专用线）	2.977	2.52		
	7	合肥市盐业有限责任公司	0.448	0.448		
	8	05-529部安徽物资供应站（395军专线）	0.44	0.44		
	9	安徽省徽商金属物流有限公司	4.611	3.41		

续表

	序号	名称	线路长度（公里）		机车（台）	备注
			建筑长度	营运长度		
合肥市	10	合肥电厂专用线	5.5	5.5		
	11	天威保变（合肥）变压器有限公司	1.65	1.65		
	12	中粮粮油安徽国家粮食储备库（原中谷）	3.58	3.58		
	13	安徽合肥城东国家粮食储备库	1.26	0.86		
	14	安徽弘嘉物流有限公司	1.136	1.136		
	15	安徽安能热电有限公司	2.145	1.114		
	16	安徽锦邦化工股份有限公司（氯碱化工）	2.399	2.399	2	☆
	17	马钢（合肥）钢铁有限责任公司	40.66	4.042	6	
	19	中国航空油料总公司安徽公司（机场线）	6.64	5.705		☆
	20	合肥市粮食局第三仓库	1.506	0.713		☆
	21	安徽省路桥公司材料供应站	0.255	0.255		☆
	22	合肥市煤气总公司制气厂	4.263	1.99		☆
	23	省联运公司铁、公水、分公司（联专线）	0.52	0.52		☆
	24	市燃料公司张洼路煤厂	0.611	0.611		☆
	25	中百专用线	0.186	0.186		☆
肥东县	26	合肥第二发电厂	10	3.5		
	27	国家物资储备局352处	1.05	1.05		
	28	8351部队（军专线）	3.2	3.2		
	29	合肥四方磷复肥有限责任公司	1.6	1.6		
	30	安徽肥东国家粮食储备库	1.8	1.8		
肥东县	31	合肥循环经济园专用铁路线	21	9		
	32	双白矿铁路专用线（2011年5月由合肥市地方铁路投资建设有限公司收购改造利用）	1.46	1.46		
肥西县	33	安徽肥西国家粮食储备库	1.5	1.5		
长丰县	34	六安市地方海事局直属海事处双墩办事处	1.858	1.858		
	35	安徽六安双墩国家粮食储备库	0.072	0.072		
长丰县	36	安徽省石油公司六安分公司双墩石油中转站	1.71	1.71		☆
	37	中央储备粮合肥直属库（原长丰粮库）（2011年因原单位改制线路暂停使用）	1.064	1.064		☆
巢湖市	38	安徽皖维高新材料股份有限公司	6.544	6.544		
	39	安徽省巢湖铸锻厂有限责任公司	0.573	0.573		
	40	中央储备粮巢湖直属库	0.939	0.939		
	41	安徽巢东水泥股份有限公司（东亚）	1.701	1.701		
	42	中石化巢湖石油分公司	1.3	1.3		

续表

	序号	名　　称	线路长度（公里）		机车（台）	备注
			建筑长度	营运长度		
巢湖市	43	7410 工厂（军专线）	1.24	1.24		
	44	巢湖华能电厂	10.414	10.414		
	45	巢湖辉能贸易有限公司	0.386	0.386		☆
	1	停运的铁路专用线（13 条）	22.422	17.104	2	☆
	2	现在营运的铁路专用线（32 条）	162.276	100.705	6	
	3	现既有专用铁路、铁路专用线（1+2）（45 条）	184.698	117.809	8	
注：“☆”为已停运的铁路专用线						

水路运输

【水运基础设施建设】 坚持规划引领，加快水运设施建设，完成投资 7.3 亿元。《合肥港总体规划》修编报部、省联合审查，《合肥江淮航运枢纽战略研究》通过专家评审。合裕线航道、店埠河航道升级改造工程扎实推进，兆河航道、丰乐河整治工程完成工可。合肥港综合码头二期完成主体工程，以总占地 1134 亩的规模，成为全国面积最大的综合性内河港口。合肥港水运二类开放口岸正式获批，成为我市重要的对外开放新平台，实现“属地报关、属地放行”，为外向型企业打开了通江达海的便捷通道。

【地方海事（港航管理）】 2014 年合肥海事、港航部门强化预警预控工作，全年发布海事预警信息 116 条，其中红色预警 12 条，橙色预警 6 条，实施应急救助 20 起，救助人员 45 人，海事预警工作走在全省前列。开展“六打六治”打非治违专项行动，查处非法营运小快艇 7 艘，拆除违法搭建码头 1 座，取缔浮吊船 10 艘。加强监管制度建设，制订《海事监管联动工作实施方案》《整治船舶超载暂行规定》，通过在重点水域设置水上交通管制区，实行报港通航等 7 项制度，严厉打击船舶违法违规经营行为，实施处罚 475 起，罚没金额 32.78 万元。强化涉水工程安全监管，严把工程节点和进度关等环节，16 项涉水工程实现安全施工。推进企业安全生产标准化达标工作，完成 9 家危险品、5 家客运企业达标考评工作，66 家普货企业自评工作按步骤扎实推进。完成辖区客渡运船舶乘客定额重新核定及发证工作。开展水上危险品货物装卸运输应急演习、水上客运应急演习。

落实以“三线三边”为突破口的环境整治工作，拆除老旧小码头 22 座。合肥新港砂石码头、庐江缺口码头等港口经营人筹集资金近 1000 万元实施码头环境治理，堆场沙石料粉尘污染抑制取得实效。推进船舶“柴油—天然气双燃料”技术改造，LNG 船舶改造项目和配套加气站布局建设步伐加快，先期 18 艘申请改造的船舶正在履行相关手续；签发“合肥旅游贰号”船舶检验证书。继续推进船型标准化工作，完成 94 艘老旧船舶拆解任务，发放政府补贴资金 1437 万元。加强企业经营资质管理，完成 58 家企业年度核查，57 家合格，1 家限期整改。加强船员培训服务，举办船员培训 11 期，培训船员 324 人；船员考试计算机终端考场顺利通过验收。

全年港口吞吐量 5091 万吨，同比增长 10.7%；集装箱吞吐量 15.86 万标箱，同比增长 57.8%。水运建设投资 7.3 亿元，同比增长 15.9%。拥有营运船舶 2162 艘、185 万载重吨。完成非税收入征收计划。水上交通安全形势连续 19 年保持稳定。市地方海事（港航管理）局第二次荣获“省级文明单位”殊荣。

【深化行业改革】 完成合肥、巢湖海事机构整合。推进行政审批制度改革，对承接和合并的 6 大项、15 小项行政许可、非许可审批项目的流程图，以及权力清单和责任清单进行认真梳理，按时限要求上报批准公布；全年受理行政许可业

合肥水上危货运输应急演习

务 8755 件，按时办结率达 100%。围绕“为民、务实、清廉”的群众路线教育主题，坚持领导带头，扎实开展了党的群众路线教育实践活动。认真贯彻中央“八项规定”精神，完善了公务接待、公车管理等管理办法。加强效能督查，问责 84 人次，扣发绩效工资 1.3 万元。行政执法公开运行系统试点工作圆满完成，全面启用。开展团体无偿献血、先进人物宣讲等活动。与主流媒体合作进入常态化，提升了海事影响力。

航空运输

【合肥机场客货运输】 2014 年安徽民航机场集团有限公司积极应对合肥机场搬迁以及高铁、高速扩张给航空市场带来的影响，坚持政府支持、自身努力与横向合作的市场联动体系建设，不断优化航空市场发展环境。积极争取省市政府专项资金支持，努力用足用活用到位，助力航空运输市场发展。当年合肥机场新开和加密国内外定期航线 21 条，包括合肥至德国法兰克福、泰国曼谷、韩国济州岛、柬埔寨和台北、台中等国际和地区航班，在新增和加密航班中境外航班量占总量的近 30%，其中合肥—北京—法兰克福国际航线，是合肥机场开通的第一条洲际航线，也是我省首次开通至欧洲航线。在省市有关部门的大力支持下，合肥机场台湾居民口岸签注点建成投入使用。强化航空旅游市场开发，联合省旅游局、各大航空公司和省内主要旅行社成立安徽航空旅游联盟，形成资源共享、市场共建、利益共赢、形象共树的一体化联动机制。积极组织机场及驻场单位开展航空惠民活动，以亲友团等形式深度挖掘航空客源市场。加速推进全省各地市城市候机楼建设，陆续开通高速公路新桥服务区、高铁南站等 5 座城市候机楼，目前合肥机场城市候机楼已经发展到 29 个，空中、地面交通网络更加完善。航空货运发展迅速，当年 9 月顺丰航空正式签约合肥，开通首条全货机航线，填补了合肥乃至安徽航空货运全货机航线的空白，为安徽航空货运市场跨越发展奠定基础。

当年合肥机场共安全保障运输飞行起降 5.27 万架次，同期增长 1.8%，完成旅客吞吐量 597.46 万人次，货邮吞吐量 4.64 万吨，同比分别增长 6.2% 和 15.9%。连续保持 26 年航空安全无事故，连续实现第 55 个空防安全年。合肥机场荣获第十届“安徽省文明单位”和第四届省属企业文明单位殊荣，合肥机场分公司磐石班组获得国家民航局“全国民航示范班组”荣誉称号。

【航空安全综合保障】 认真贯彻落实民航安全工作的要求，牢固树立“持续安全”理念，深化安全管理体系建设，进一步落实安全生产主体责任，强化安全管理长效机制，航空安全综合保障能力得到提升。积极转变安全管理方式，着力由事后惩处转变为事前预防、由被动整改转变为主动防范，广泛收集和严密监控生产运行中的各类风险因素，扎实开展风险隐患排查治理，杜绝不安全事件及安全生产责任事故的发生。积极应对当前较为严峻的空防安全形势，开展“平安机场建设”和“六打六治”打非治违等活动，强化安全生产的红线意识和底线思维，适时提升机场空防安全威胁预警响应等级，加强航站楼等公共区域的治安防控，有效提升机场治安防控和应对突发事件能力。开展危险品航空运输、消防安全、风险管理、反恐防暴等各类安全培训。全年共组织开展各类安全教育培训 267 批次，培训人数 6300 余人次，对新进员工的安全教育培训率达到 100%，提高员工的岗位安全意识和安全技能。规范机坪运行保障，确保机坪运行安全。加大鸟击防范力度，积极与地方政府就深化合作做好机场鸟防工作达成共识。生产运营集成系统、运行协调决策系统等相继在集团公司各机场投入使用，提高机场运行效率，提升航班的正点率和安全管理水平。扎实开展安全生产月活动，不断完善航班大面积延误和不正常航班处置工作预案，并进一步强化应急预案的培训和演练工作。积极做好新《安全生产法》学习宣贯工作，使机场安全生产工作逐步走上法制化轨道。认真做好机场净空和电磁环境保护工作，做好航班维护、网络信息安全、消防应急救护等工作。2014年集团公司荣获全国“安康杯”劳动竞赛优胜单位称号，在民航华东局航空安全责任考核中得分110分，名列华东地区92个民航企事业单位第二名，在机场集团中排名第一。

【新机场配套项目建设】2014年安徽民航机场集团有限公司按照省委、省政府的部署，在认真做好合肥新桥国际机场二期工程项目调研论证工作的同时，加快合肥新桥国际机场配套工程项目和货运机坪项目的建设，目前除机场过夜用房项目外，其他工程项目均已建成投入使用。新桥机场过夜用房（航空酒店）项目于2014年8月份完成结构封顶，目前全部建设工作已经接近尾声，计划于2015年5月投入使用。为加快航空货运市场发展，集团公司完成合肥新桥机场新建货运站坪工程可行性研究报告（报审稿）。按照国家民航局对机场应急救援的要求，完善新桥机场保障功能，完成了新桥机场后勤保障基地（航空新城）工程项目招标工作，并于6月6日举行了开工奠基仪式，目前各项建设工作进展顺利。

【东航安徽分公司客货运输】2014年东航安徽分公司继续开展“精品航线、重要航班、高端客户和不正常航班”服务创新；推动服务转型，完善高端旅客和集团客户信息库，识别、细分客户群体和需求，积极开展高端客户个性化、全流程管家式服务，尝试向个性化、亲和力、互动型服务转变，树立精致服务品牌；开展“新桥快闪”、凌燕专属航班等节假日特色活动，成立“徽之韵工作室”，以“走进旅客心里，收获一份感动”服务理念为导向开展服务项目研发，重新梳理凌燕示范组成员，充分发挥“一室一组”服务标杆示范和优秀人才培养作用；地面服务成立“知心服务组”，为高端旅客提供专属服务，推动营销服务、空地产品无缝对接，进一步强化客户服务体验；成功举办第三届东航高尔夫巡回赛安徽站比赛，参赛高端会员和集团客户人数均超前两届，同合肥市体育局签署战略合作协议，作为战略合作伙伴参与合肥国际马拉松比赛的商业合作，在合肥筹备举办东航新VIS形象发布会，传播“世界品味，东方魅力”的品牌价值以及“客户至尊、精细致远”的服务理念。

当年东航安徽分公司共执飞航线71条，其中国内航线64条（合肥出港的航线共 23条），国际航线 7条。国内航线（包括港澳地区航线和两岸定期航班）有：合肥—台北、合肥—香港、合肥—北京、合肥—西安、合肥—上海、合肥—成都、合肥—广州、合肥—桂林、合肥—厦门、合肥—青岛、合肥—黄山、合肥—重庆、合肥—沈阳、合肥—天津、合肥—满洲里、合肥—西宁、合肥—银川、合肥—海口、合肥—长沙、合肥—南宁、合肥—昆明、合肥—丽江、合肥—三亚、上海—三亚、上海—海口、上海—长沙、上海—成都、上海—长春、上海—大连、上海—福州、上海—广州、上海—贵阳、上海—桂林、上海—哈尔滨、上海—乌鲁木齐、上海—北京、上海—沈阳、上海—青岛、上海—济南、上海—延吉、上海—烟台、上海—柳州、上海—舟山、上海—武汉、上海—深圳、上海—赣州、上海—温州、上海—厦门、上海—珠海、上海—北海、上海—天津、上海—赤峰、上海—大同、上海—重庆、上海—海拉尔、上海—兰州、上海—张家界、上海—临沂、上海—秦皇岛、上海—石家庄、上海—南昌、上海—威海、上海—香港、上海—澳门，共 64条；国际航线有：上海—金边、上海—大邱、上海—济州、上海—福冈、上海—冲绳、上海—冈山、合肥—济州。

当年东航安徽分公司共执管A320（空客320）飞机14架，平均飞机在册日利用率10.0小时，正班载运率75.4%，正班客座

东航安徽分公司安全飞行三十周年

率78.1%，共安全飞行50307小时/23866架次。全年累计完成运输飞行时间50107小时，总周转量3.30亿吨公里，旅客运输量270.49万人次，货邮运输量23596.8吨。其中，合肥地区始发航班旅客运输量722049人次，货邮运输量6995.6吨。

【营销管理】 2014东航安徽分公司科学分析市场特点和经营指标，拓展增收渠道，做精做细营销。深入研究淡旺季营销策略，春运期间安徽地区累计加班、始发航班、客运始发收入分别同比增长76.3%、17.1%、27.2%，合肥始发航班、始发收入、座公里收入分别同比增幅11.4%、21.9%、10.4%，平均执管飞机日利用率达10.5小时以上，高峰期超过12小时；暑期新开合肥天津满洲里、合肥三亚、合肥长沙南宁、浦东海口、浦东三亚等航线，加密合肥厦门、成都。抓住关键节点，围绕春运、暑运、岁末等节点先后部署实施“客运春雷行动”“货运春风行动”“拼抢暑运”“秋收行动”计划，努力拓展增收渠道，推动营销创新创效；结合分公司战略发展规划，在充分调研天津、大连、郑州、重庆等地航空市场的基础上，取消深圳、福冈飞机放置点，新增重庆过夜点，飞机集中放置合肥、浦东、重庆三地，实现运行资源优化；完成分公司“十三五”期间运力及航线网络布局规划草案，初步形成“坚持向网里飞，巩固现有网络”。货运以客户管理、运价管理为抓手，重点发展“特、高、快”货源和中转业务；加强管控，监控、协调全部执管运力的经营动态，运用IT技术加强市场数据分析，建立营销地图强化分销渠道管控；利用转场后设施设备条件的改善提高货邮收运能力，加大货运市场开拓力度，开通北京、西安货运枢纽中转业务，重点发展通过上海中转的国际业务。

【东航安徽分公司实现安全飞行30周年】 东航安徽分公司始终将飞行安全摆在首位，把强化安全管理能力和水平作为抓好安全工作的重中之重。通过健全安全管理体系，树立安全理念，强化风险管控，不断提升飞行品质。加强安全教育培训，夯实安全工作基础，确保飞行、空防、客舱、维修和地面安全，圆满完成航空安保审计任务。

2014年7月20日23时56分，东航MU5598航班从厦门飞抵合肥新桥国际机场，标志着东航安徽分公司顺利实现安全飞行30周年。30年来，东航安徽分公司共安全飞行71万小时、40万飞行架次、运送旅客3900万人次，经历6次机型更迭，从通用专业飞行大队成长到今天的大型运输飞行航空公司。东航以扎根安徽、服务安徽为使命，积极构便捷的航空网络，用心打造精细精致的央企品牌，东航安徽分公司多次完成联合国官员及外国政要等专机保障任务，受到广泛赞誉。

【东航携手2014年合肥国际马拉松赛】 2014年合肥国际马拉松赛11月16日在合肥滨湖新区举行。东航是合肥国际马拉松赛的赞助商，东航安徽分公司作为具体承办单位，自9月起，在赛事筹备阶段就积极与组委会全面对接，做好选手交通保障、赛事保障等工作。比赛当日，安徽分公司在活动现场搭建东航展台，积极做好宣传资料发放及参赛选手票务服务等工作。东航宣传展板也提前部署到马拉松赛道周边，东航赞助的6000条带有全新VI标志的毛巾和2000份营养午餐，在比赛中，第一时间送到参赛者手中，同时选拔16名业务水平高、形象气质佳的乘务员承担赛事颁奖、服务等重要工作。

2014年合肥市航道状况一览表

序号	航道名称	航道起讫点	航道里程	规划等级	现状等级	是否通航	备　　注
1	合裕线航道	屯溪路桥——入江口	139.1				
	（其中）	屯溪路桥——当涂路桥	2.6		Ⅵ	否	受橡皮坝影响目前该航段暂不通航。
		当涂路桥—312国道大桥	7.3	Ⅳ	Ⅳ	是	
		312国道大桥——施口	16.9	Ⅱ	Ⅲ	是	
		施口——中庙	14.4	Ⅱ	Ⅲ	是	
		入江口——中庙	97.9	Ⅱ	Ⅲ	是	

续表

序号	航道名称	航道起讫点	航道里程	规划等级	现状等级	是否通航	备　注
2	店埠河航道	通济桥——三汊河口	15.6				
	（其中）	通济桥——合裕公路桥	7.2		Ⅵ	否	
		合裕公路桥——三汊河口	8.4	Ⅲ	Ⅵ	是	
3	南淝河航道上游	阜阳路桥——屯溪路桥	3.3		Ⅵ	否	
4	派河航道	合安公路桥——下派河口	18.3				
	（其中）	合安公路桥—熔安动力码头	6.5	Ⅲ	Ⅵ	是	
		熔安动力码头—下派河口	11.8	Ⅱ	Ⅳ	是	
5	丰乐河航道	丰乐镇——新河口门	20.5	Ⅲ	Ⅴ	是	
6	巢湖湖区航道		149.73				
	（其中）	施口——下派河口	14.0	Ⅱ	Ⅳ	是	
		三河口门——施口	17.7	Ⅵ	Ⅵ	是	
		中庙——下派河口	19.7	Ⅱ	Ⅳ	是	该航道为规划中的江淮运河的一段。
		马尾河口～中庙	21.84	Ⅲ	Ⅴ	是	
		巢湖闸～河口村	2.78	Ⅵ	Ⅵ	是	
		巢湖闸～马尾河口	30.97	Ⅴ	Ⅴ	是	
		散兵港～9# 标	8.5	Ⅴ	Ⅴ	是	
		马尾河口－三河口门	25	Ⅴ	Ⅴ	是	
		中庙－白山口门	9.24	Ⅵ	Ⅵ	是	县内6.5公里，至姥山岛南，其余3.5公里为巢湖辖区
7	大潜山干渠航道	双墩集——罗管庙	99.0		Ⅵ	否	
8	瓦东干渠航道	下塘集——新民坝	39.9		Ⅶ	否	该航道全长约67KM，其中39.9KM在我市辖区内。
9	潜南干渠航道	五十埠节制闸——骚古井	43.7		Ⅷ	否	
10	柘皋河	河口村～柘皋大桥	20.7	Ⅵ	ⅤⅥ	是	Ⅴ 4.23　Ⅵ 16.38
12	白口河	河口～岱山港	1.82	Ⅴ	Ⅴ	是	
13	钓鱼河	河口～磨基墩	1.41	Ⅵ	Ⅵ	是	
14	白胜河	河口～山程村二矿	1.05	Ⅵ	Ⅵ	是	
15	锥山河	河口～土桥村三矿	1.04	Ⅵ	Ⅵ	是	
16	高林河	河口～高林港	1.8	Ⅵ	Ⅵ	是	
17	槐林河	河口～石茨桥	3	Ⅵ	Ⅵ	是	
18	夏阁河	夏阁河口～夏阁镇	8	Ⅶ	Ⅶ	是	
19	散兵港区各作业区引航道		27	Ⅴ	Ⅴ	是	
20	峒炀河	河口～峒炀镇	4			否	Ⅶ以下不通航
21	双桥河	河口～双桥	1.5			否	Ⅶ以下不通航

续表

序号	航道名称	航道起讫点	航道里程	规划等级	现状等级	是否通航	备 注
22	县河	黄泥河口～庐江南门桥	13.25	Ⅵ	Ⅵ	是	
23	西河	黄屯河口～黄泥河口	13.38	Ⅵ	Ⅳ	是	
24	黄屯河	黄屯河口～黄屯桥	4.5		Ⅶ	否	季节性通航
25	黄泥河	黄泥河口～泥河镇石拱桥	15.31	Ⅵ	Ⅶ	是	
26	瓦洋河	双凤～竹林寺	6		Ⅷ	否	季节性通航
27	塘串兆河	马尾河港～缺口港	32.4	Ⅲ	Ⅵ	是	
28	盛桥河	河口～盛桥镇公路桥	5.4	Ⅵ	Ⅶ	是	
29	白石天河	白山口门～金牛镇	32	Ⅵ	Ⅵ Ⅶ	是	
30	罗埠河	向拐～罗埠大桥	10.99	Ⅶ	Ⅵ Ⅶ	是	
31	杭埠河	大谭湾～广寒桥	9		Ⅵ	否	广寒桥至张拐季节通航
32	罗河		2.6		等外	否	不通航
说明	1、全市航道总里程为745.28KM，其中实际通航里程为521.98KM；Ⅲ级航道129.2KM、Ⅳ级航道66.18KM、Ⅴ级航道139.86KM、Ⅵ级航道157.94KM、Ⅶ级航道28.71KM。 2、大潜山干渠航道、瓦东干渠航道、潜南干渠航道由于是季节性航道，目前实际处于断航状态； 3、位于南淝河上游的南淝河航道、合裕线航道的一段（屯溪路桥——当涂路桥），由于受橡皮坝影响，目前也处于不通航状态；						

2014年合肥地区航空运输业主要运输指标完成情况一览表

项 目	旅客吞吐量（万人次）	货邮吞吐量（万吨）
合肥机场	597.46	4.64
东航安徽分公司（合肥地区始发航班）	72.21	0.70

撰 稿：张 涛 曾 军 马 军 杨滨滨 仇 垲（合肥市交通运输局）

石泽霖 唐 莉（合肥市交通运输管理处）

万志军 （合肥市公路管理局）

吴 枫 （合肥市农村公路管理局）

李以平 （合肥公交集团有限公司）

杨通行 赵士彦 （上海铁路局合肥火车站）

张阳华 （上海铁路局合肥车务段）

张方军 （上海铁路局合肥货运中心）

张平凡 （合肥市地方铁路协会）

贾贤巨 （合肥市地方海事局）

许 静 （东航安徽分公司）

管大龙 （安徽省民航机场集团公司）

邮 政

【概述】 2014年，合肥市邮政局加快企业机构改革步伐，在安徽省邮政公司和合肥市邮政管理局统一部署下，3月11日正式更名为“安徽省邮政公司合肥市分公司”（以下简称“合肥市邮政分公司”），并实行公司化运作。改革后的合肥市邮政分公司继续围绕“提质增效，创新转型”的发展目标，加快企业转型发展，全市邮政业务收入超额完成预算目标，首次突破5亿元大关，全年总收入50073.96万元，增幅为6.87%，完成省邮政公司预算目标100.49%，业务收入增长率和完成进度双超全省邮政发展平均水平。

代理金融业务发展稳健。合肥市邮政分公司针对省会城市金融市场的竞争激烈、利率市场化、互联网金融等诸多不利因素，建立了客户活动常态化机制，业务发展以“客户”为中心，　2014年，全市邮政储蓄余额规模实现200亿的奋斗目标，业务收入增幅为10.55%，邮政储蓄余额净增位居全省邮政系统同行之首。

邮务类业务快速发展。函件业务以两包、聚媒体、日常封片开发为新增点，同比增长18.07%，高于全省函件业务平均增长率42个百分点。其中两包业务完成省邮政公司计划的243.26%，量收规模居全省邮政行业首位。市辖五县（市）邮政局业务量和业务收入进入全省十强，肥东县邮政局居全省县局第一名。新开发的“把幸福城市寄出去”、校园风光明信片等集邮产品，受到社会的广泛赞誉。报刊业务，以活动带动私费订阅市场，开展了“星光行动”“爱的感恩季”“爱心报刊1+10乡村儿童快乐阅读”“文化惠民消费季”等主题营销活动，丰富邮发报刊市场，2015年报刊大收订缴款率达到85.76%，较去年同期提高3.55%。集邮业务全年实现业务收入占全省集邮收入的25.51%，规模居全省邮政同行之首。电子商务业务保持较快发展。短信业务全年净增22.34万户，提前两个月完成省邮政公司下达的全年确保目标。邮政便民服务站的业务叠加、市场份额、知名度、业务整合都位于全省同行前列。同时，还积极介入“数字便民报刊亭”“美好乡村”“电力村村通”，以及综合服务中心等民生建设，为合肥地方政府便民、惠民工程提供了有力的支撑平台。邮政分销业务通过项目拉动、渠道推动、欠费管控、库存消化，提前两个月完成省邮政公司计划目标。

2014年，合肥市邮政分公司、肥西县邮政局荣获“第十届安徽省文明单位”；合肥市王大郢邮政所荣获“合肥市巾帼文明岗”，巢湖市散兵支局郑爱军、合肥市海恒邮政所刘萍分别被合肥市委、市政府授予“合肥市劳动模范”。郑爱军还荣获“全国邮政系统先进个人”。合肥市邮政分公司荣获“亲情服务，温馨邮政—从微笑做起”全省邮政礼仪展示赛一等奖、团体优胜奖等荣誉称号。

【合肥市分公司成立】　2014年，邮政企业体制机构实行改革，按照安徽省邮政公司和合肥市邮政管理局的统一部署要求，成立专门的工作领导小组，建立机构，落实人员，明确职责，严格规范办理流程，做好各方沟通协调、宣传解释工作，确保企业更名工作的顺利进行。3月11日，合肥市邮政局正式更名为“安徽省邮政公司合肥市分公司”，并正式挂牌。合肥市邮政管理局局长汪静、合肥市邮政局局长吴斌共同为合肥市邮政分公司成立揭牌。更名后的合肥市邮政分公司，经营范围、项目不变，继续依法经营邮政专营业务，承担邮政普遍服务义务，受政府委托提供邮政特殊服务，对竞争性邮政业务实行商业化运营。

【邮政基础建设】　为提高邮政综合服务能力，提升合肥邮政服务水平，合肥市邮政分公司加快邮政基础建设，一是营业平台建设。专门抽调邮政网点改造建设资金1210.86万元，改造邮政网点48处、邮政生产场地设施2处；更新购置各类网点及终端设备，重点加大对代理金融营业设备及自助终端的配备，增配ATM机具14台、CRS设备8台。合作化生产楼建设方案初步通过规划部门审定。完成合肥市6个空白乡镇邮政网点的补白建设并投入运营。二是服务平台转型升级。商务邮件投递平台整合资源，向客户提供专业化、个性化的邮政投递服务，妥投率达到98%以上，实现全市重点区域专网投递全覆盖。三是信息技术平台建设。完成储蓄逻辑大集中工程等多项系统测试和上线；改造网点136条MSTP线路，完成网点会接网络升级换代。为市区12个投递站安装投递反馈智能手机APP，3台客户自提智能包裹柜安装上线使用。为小包、校园包裹、集邮新邮预订提供信息技术支撑。

【新型数字化报刊亭建设】　为进一步美化、绿化省会城市环境，根据合肥市文广新闻出版局、市容等单位要求，为老城区更换破旧报刊亭14个。更换后的数字化新报亭样式新颖、外观美丽的，空间更大、外观美丽，能够同时展示上千种报刊，销售图书、文化礼盒、贺年卡等邮政产品，让消费者有更多的选择，也为以后开办各种便民服务预留空间和技术条件。同时，加强新报刊亭的管理，完善落实报刊亭的经营管理和安全卫生管理，加强对相关人员岗位培训，将单一销售报刊的报刊亭打造成集零售报刊的销售平台、党报党刊的展示平台、便民利民的服务平台、广告媒体的经营平台的“四位一体”的多功能新型报刊亭。全市邮政报刊亭已达到36个。

【郑爱军当选“中国好人”】　在中央文明办、中国文明网主办的“中国好人”评选活动中，合肥市邮政分公司巢湖市散兵支局乡邮员郑爱军同志成功当选敬业奉献“中国好人”。今年45岁的郑爱军同志是合肥市巢湖邮政局散兵支局的一名普通乡村投递员，1983年6月，经地方政府推荐，成为散兵邮电所的一名乡邮员。一干就是30年，54万公里的漫漫邮路，累计投送报刊54万份，信件数10万封，从未发生丢失和延误，将党的声音和报刊信件投送到山旮旯里的角角落落。他用爱心和真情铸就了一条“爱心邮路”，被当地群众亲切地誉为“爱心邮路”的信使。8月16日，巢湖市散兵邮政支局乡邮投递员郑爱军，得知云南昭通地震后，还立即向灾区捐献1000元善款。

【“两会”及“3•15”邮政通信安全服务】 为做好全国“两会”及“3•15”国际消费者权益日期间邮政通信安全服务万无一失，保障邮政生产经营活动安全有序运行，合肥市邮政分公司严把邮件收寄关，严格窗口邮件收寄验视，从源头杜绝隐患。加强员工业务培训，提升服务质量，严格执行各项规章制度，规范发展速递短信业务。加强各类进出口邮件的安全和时限管理，做好生产场所安全防范，防盗防抢、内部治安保卫等工作，确保邮政员工人身财产安全。

【“电力收费村村通工程”】 合肥市邮政分公司巢湖市邮政局以邮政便民站为载体，参与巢湖电力公司采用招标立项“村村通工程”，最终以邮政独特网络优势，积极参与竞标并中标，与巢湖电力部门签订合作协议，积极参与电力公司多项合作项目，继先期开展的城电和农电便民站招商代缴的基础上，深化合作，积极参与“电费村村有收缴费点”建设，拓展了“村村通工程”，当年，邮政部门收缴电费占全县电力总渠道缴费占有率45%，远超社会渠道缴费份额。

【乡村儿童快乐阅读计划捐赠仪式】 6月30日下午，由合肥市邮政分公司与合肥市文明办、合肥快乐童年公益阅读坊、江淮晨报、合肥故事休闲频道、万家热线共同发起的“合肥市‘1+10’乡村儿童快乐阅读计划现场捐赠仪式”，在肥东店埠镇王福七小学成功举行。为做好这项工作，合肥市邮政分公司提前广建捐赠渠道，在合肥地区选取10个邮政营业网点作为捐赠服务点，服务点遍布全市区，方便了捐赠者就近选择。同时，邀请江淮晨报、合肥故事休闲频道、万家热线等新闻媒体，对志愿者与学生的阅读互动活动做了现场宣传报道，扩大活动的社会影响力，打造邮政“公益品牌”形象。该活动将作为常态项目持续开展。目前，征订的1200多份杂志已通过邮政投递系统送到学生们手上。

【“爱心邮路”关爱“空巢”老人行动】 在全体投递员中积极倡导开展“爱心邮路”创建活动，建立爱心邮路《爱心日志》，及时记录活动开展情况，加强对爱心邮路建设工作的管理；通过“爱心邮路”平台，对社区空巢老人开展节日慰问、读书读报、生日祝福等一系列尊老助老活动，全市有60多位投递员自愿参加了爱心邮路活动，为每位“空巢”老人送去慰问品，帮助老人打扫卫生，陪老人聊天。端午节及夏季期间，市区的39条“爱心邮路”上的投递员们，把一包包爱心粽子、绿豆和冰糖等慰问品送到43位社区空巢老人手中，让“空巢”老人感受到社会的关爱和邮政企业的温暖。

【普通邮件时限管理】 为提升全市邮件时限准时率，针对省会城市普邮时限存在的多种情况，按旬反馈各类逾限邮件，主动解决县局进口邮件逾限难题，认真做好约投挂号、国内小包邮件时限承诺服务，规范投递信息录入，加强时限旬核查、月通报、月考核工作，针对区局部分网点出进口邮件逾限问题提出具体整改要求，组织支局长、营业员进行专项业务培训；加强作业计划执行情况的监督检查。通过对逾限邮件的逐件核查，及时督促责任单位落实整改。强化邮件时限管控，坚持“三不放过”原则（不找出问题不放过，关键环节不找出不放过、不整改到位不放过），减少邮件责任性逾限，确保作业计划100%执行到位，以缩短邮件处理传递时限。据全省邮政普邮时限统计，合肥市普邮时限综合准时率为99.91%、出口邮件时限达标率99.9%，均在全省地市公司中排名第一。投诉受理办结率、投诉回访率、客户满意率达到100%。

【邮政便民服务网点建设】 合肥加快邮政便民服务网点建设，采取四项措施：一是拓展代理渠道。拓展全市邮政便民服务站1150家、数字报刊亭78家、社会网点1072家；“邮掌柜”上线43家；合肥通卡业务开办站点达到230家。二是拓展分销渠道，全市94个社会网点叠加了邮政分销商品，其中便民服务站37个、中小型商超等新增代办点57个。三是发展投递自提服务。发展邮政投递自提服务网点665个，全年累计自提邮件26097件，自提邮件占比达到10%。四是拓展电子渠道。通过开展“校园会战”“社区会战”“亿路有你”等营销活动，多方位宣传电子银行业务，本年累计新增网上银行客户5.93万户，新增客户激活率52.21%；新增手机银行客户5.87万户，新增客户激活率

24.68%。

【推进邮政网点转型发展】　深化中国邮政集团和省级邮政“金融”示范网点转型取得阶段性成果，不断加快推荐邮政网点转型。4月份，在中国邮政集团公司对我省首批6个集团级转型示范网点验收中，海恒邮政所的网点转型验收成绩位居全国邮政集团级转型示范网点前列；在省邮政公司对全省邮政系统的30个省级示范网点验收中，海恒邮政所与王大郢邮政支局的网点转型验收成绩位于前列。组建转型督导团队。抽调14人组成的精干的团队，负责129个代理金融网点转型复制推广及培训工作。全区县城以上63个邮政网点全部完成转型工作。

【“大湖名城　悦读合肥”图书期刊展销公益活动】　8月13日上午，由市文广新局主办，合肥市分公司承办的“大湖名城，悦读合肥——图书期刊捐赠及展销系列公益活动”在淮河路步行街　隆重举行启动仪式。市委宣传部、市文广新局和合肥市邮政分公司有关领导出席活动。活动为期5天。活动期间，还向到场的市图书馆、安徽图书城、琥珀街道等全市首批10个图书漂流站进行现场捐赠，捐赠的图书包括政务图书系列、《大学新生》等，将主要用于参与合肥市图书漂流活动，不仅将展销各类精品书籍，以优惠价格供市民选购，同时只要凭2014年大学录取通知书和复印件，市民即可免费领取《大学新生》一本。

【关爱员工】　合肥市邮政分公司积极践行“用户至上，员工至亲”企业行为规范，扎实推进亲情服务、爱心邮路、星级窗口、劳动竞赛、劳模选树，深化爱心帮扶十关爱、职工小家建设、素质提升等系列民生活动。广泛开展“冬送温暖、夏送清凉、四季帮扶”系列活动，分公司领导深入生产一线、员工家中、职工小家、医院病房，看望并慰问困难员工、劳动模范以及部分老干部。全年累计关爱住院、结婚等员工129人，发放慰问金47180元；帮困和慰问患病职工187人，发放帮困金56000元；　为公司55位无收入来源的员工父母，申请爱心帮扶基金会补助，补助金额为51650元；爱心帮扶10人，帮扶金为134410元；为在职职工子女侯慧中等71名同学开展金秋助学活动，累计发放助学金122500元；继续为员工送生日蛋糕。

【岗前培训】　9月1日，举办2014年新入局大学生岗前引导培训。培训的主要内容是，介绍企业发展基本概况、邮政改革与发展，以及邮政开办的业务等。一是尽快融入企业，这是成为一名合格邮政员工的基础和前提，要对工作、岗位和企业文化等各方面加以认知，并最终达成认同才能真正融入企业；二是要扑下身子，在企业经营发展最前沿摸爬滚打，在生产经营一线学习、锻炼、增长才干，才能扎扎实实成长为企业可用之才；三是多为企业发展建言献策，利用自身的专业知识为企业的长远发展、转型发展提供宝贵的意见和建议，尽早找到自己的发展平台，通过不断努力，实现企业和个人的共同发展。

【举办技能大赛】　9月12日上午，举办2014年度合肥邮政信息技术业务技能大赛。来自全市邮政系统的四区、五县（市）邮政局及市邮政收投服务分局从事邮政营业、邮政投递和邮政金融代理业务90名选手，分别参加了邮政营业、邮政储蓄、邮政投递3个工种的决赛。比赛分为理论考试和实操比赛两种竞赛方式。历时一天。本次竞赛将纳入2014年度合肥市（第十五届）职业技能行业性竞赛项目，比赛优胜者将获团市委、市总、市妇联及市大赛办等有关单位的分别表彰。

【邮票发行】　7月6日上午，在华润五彩城广场隆重举行《黄梅戏》特种邮票发行仪式　。发行《黄梅戏》特种邮票全套3枚。其表现的内容分别是黄梅戏经典剧目《天仙配》《女驸马》和《打猪草》，特色鲜明，代表着安徽地方特色。《黄梅戏》特种邮票还是国内首套使用数字中国画技术创作的邮票作品。为配合这次特种邮票发行，合肥市邮政分公司还以黄梅戏主题，特邀了合肥高山艺术团、包公故里快乐艺术团、市老年大学黄梅班现场表演黄梅戏经典选段，“安徽卫视”相约花戏楼年擂亚军精彩献唱等，增添了《黄梅戏》特种邮票发行的气氛，使戏迷、邮迷齐聚一堂，共享文化盛宴。

9月13日上午，举行《长江》特种邮票发行仪式。省、市集邮协会、合肥市邮政分公司、《中国农村卫生事业管理》等单位有关领导出席本次发行仪式，共同为邮票图样揭幕。该特种邮票1套9枚，邮票内容分别为大江东去、山水重庆、三峡奇观、楚湘临江、庐山水韵、黄山独秀、金陵春晓、江畔水乡、东流入海。发行仪式之后，在发行现场举办集邮知识专题讲座。

【《中国梦—民族振兴》特种邮票首发式暨国庆集邮展览】　9月20日上午，由安徽省委宣传部、省直工委、省邮政公司、省集邮协会联合举办的《中国梦—民族振兴》特种邮票首发式暨安徽省庆祝中华人民共和国成立65周年新人新作集邮展览在合肥举行。《中国梦—民族振兴》特种邮票，1套4枚，小全张1枚。此套特种邮票是继中国邮政2013年9月29日发行的《中国梦——国家富强》特种邮票后，发行的第二组“中国梦”主题系列特种邮票。为期三天的安徽省庆祝中华人民共和国成立65周年新人新作集邮展览，从全省16个地市精心征集，共选拔邮集52部、160余框作品，全部是新近创作而成，主要以精品“红色”邮票、建国题材珍品为主体，反映新中国成立65周年光辉历程和祖国发展建设的伟大成就，这是我省历来展出邮票类别最多的一次集邮展览，也是安徽广大集邮爱好者庆祝新中国成立65周年的一份献礼。合肥市南门小学、育新小学学生60多名小学生集邮爱好者前来参观欣赏邮票。

【改革邮件容器控制成本支出】 从9月起，对全市邮件容器实行改革，制定并落实邮件容器管理制度，确定容器请领流程；提升检查强度，保证一线生产过程中邮袋的规范使用，杜绝浪费；继续推广邮件散件外走，逐步减少邮袋使用量，降低生产成本；加强与合肥邮区中心局联系沟通，明确邮袋使用规格，并利用社会资源，批量订购价格低廉的一次性编织袋，有效控制成本支出，每月节省邮袋费用支出近5万元，累计节约20万元。

【宣传世界邮政日】 10月9日，是第45届世界邮政日，合肥市邮政分公司围绕本次世界邮政日“情系万家，信达天下”这一主题，在四牌楼邮政广场隆重举办世界邮政日系列宣传纪念活动。全区所有网点LED门头屏均提前一天开始滚动播出活动的宣传语。在四牌楼邮政广场活动现场，各邮政专业联动，现场为市民开展业务咨询、服务质量咨询，举办2015邮发报刊展阅活动。尤其是四牌楼邮政营业厅“幸福邮局”里的“么么照片打印机”前热闹非凡，众多观众自愿排队等候免费拍照即打印成彩色照片型明信片，交给工作人员，由幸福邮局将明信片免费寄给观众。

【“提升月”活动】 10月16日，在全市邮政投递员中开展“投递服务质量提升月”专项活动，历时一个月。这次专项活动按照动员学习、教育培训和自查自纠、检查验收等步骤进行。为加强活动的领导，合肥市邮政分公司成立专项活动领导小组，总经理吴斌担任组长，制订“专项活动检查评分表”，含组织管理、自查自纠、规范服务和质量规范管理四大类15项。活动结束后，还在邮政营业、投递、小包和函件四个领域，开展以“加强环节管控，确保平常邮件、普通包裹迅速安全传递”为主要内容的“全面提升邮政服务质量”专项活动，重点解决平常邮件、普通包裹寄递工作中存在的热点、难点问题，促进投递规范服务、邮政服务水平得到明显提高，在全省邮政服务质量专项检查中，合肥市邮政分公司以98.5分的优异成绩，通过检查验收。

【“安徽省邮政生肖集邮文化季暨《大师·生肖》高端品鉴会”】 12月20日，主办“安徽邮政生肖文化季暨《大师·生肖》高端品鉴会”。本次活动邀请到了著名邮票雕刻师、画家，中国邮政集团公司邮票印制局高级工艺美术师，中国邮政集团公司邮票印制局邮票图稿编辑部主任，阎炳武老师和中国著名女画家、邮票设计家、邮票印制局高级工艺美术师，邹建军老师亲临现场，省集邮公司经理杨晓敏等领导出席活动。

【发行“把幸福合肥寄出去”系列邮资明信片】 为丰富合肥市集邮封片卡人文内涵，以美丽合肥为主题，设计制作刮刮卡无资明信片、邮资明信片各500套，共计10万张，并加强幸福城市宣传，开展“把美丽合肥寄出去”等系列活动，以明信片为载体让城市形象传递到更远的地方。本套明信片的设计上，突出“把美丽合肥寄出去、幸福合肥、科教合肥、合肥名人、合肥桥之最、合肥特色文化、合肥购物休闲好去处、合肥美食”八大主题，涵盖本地美食、人文、休闲、旅游等方面，全面展示幸福合肥的幸福生活及人文风采。

【“关爱留守儿童，邮政传递爱心”公益活动】 12月31日上午，合肥市邮政分公司巢湖市邮政局“关爱留守儿童，邮政传递爱心”启动仪式活动在巢湖市中垾镇庙集小学举行。巢湖市领导、市妇联、市教育局、市邮政局和中垾镇负责人、驻巢新闻媒体及留守儿童代表230余人参加了启动仪式。现场200多名留守儿童亲手写满祝福语的贺卡寄送给远方的父母，活动现场还为留守儿童赠送了书籍和报刊等学习用品。

（甘宝贵）

财 政

【巩固发展实力】 2014年，全年全市财政收入完成880.68亿元，增长14.6%，增幅高于全省5.78个百分点。其中地方收入完成500.3亿元，增长14.1%，占财政收入比重56.8%；在全省占比22.55%，较上年提高1.41个百分点。地方收入总量在省会城市中居中部第4、全国第12位，增幅在中部省会城市和全国地方财政收入前14位省会城市中均居第5位。全市财政支出完成698.79亿元，同口径增长17.07%。财政收入中税收占比91.5%，较上年提高2.2个百分点。财政支出中民生支出552.2亿元，增长12.5%，占比79.02%，同比提高1.22个百分点。

【调整结构】 修订工业、农业、自主创新、服务业、文化五大政策，新增了1个规定、3个办法和11项具体实施细则，构建扶持产业发展1+3+5+N的政策体系，确定多元的投入方式，即除原有事后奖补外，增加了基金、借转补和财政金融产品，旨在通过“四个转变”，即“由事后为主向事中事前介入为主转变、由分散使用向集中使用转变、由无偿使用为主向有偿使用为主转变、由直补企业为主向创造外部环境为主转变”，做到“拨款变投资、投资变基金”，实现财政资金放大和循环使用。全年兑现五大产业扶持政策资金24.22亿元，其中首批基金年内已进入实质性投资运作阶段，预计总资金规模达21亿元，撬动社会资金16.25亿元。营改增试点纳税人达4.67万户，累计征收改征增值税36.83亿元，兑付财政扶持资金6.5亿元，试点行业税负整体下降18.23%。企业股权和分红激励试点全面推进，试点企业累计达147家。安排5.3亿元支持中科大先研院、清华公共安全院、工大智能院、中科院合肥创新院、北大未名生物研究院等五大研究院建设，投入3亿元推进战略性新兴产业发展，安排1亿元专项资金支持民营经济发展。试点政府采购信用融资及融资担保，促进中小企业发展。全市安排专项资金4.01亿元，并整合各级各类涉农资金5.32亿元推进美好乡村建设，82个中心村任务进展顺利。新型城镇化和棚户区改造一期工程累计30个项目，共获批158亿元授信额度，至2014年底已有15个项目实现放贷23.25亿元。环巢湖生态保护修复工程新增202亿元授信额度，实现放款72.35亿元。市财政统筹资金178.7亿元，有力支持城乡基础设施及公益性项目建设，其中轨道交通2号线工程被列为财政部首批PPP示范项目。

【惠及民生】 2014年，46项省市民生工程投入71.8亿元，实现最低生活保障制度、医疗保险和合作医疗制度、困难群众社会救助、义务教育经费保障、养老保障“五个城乡全覆盖”。拨付“老字号”群体生活补助超8000万元；筹措资金1700余万元，在全省率先完成137户渔民上岸安置。全面整治118个老旧小区，实施30个城中村和危旧房改造，开工各类保障性住房和棚户区改造安置房4.75万套。大力支持小锅炉专项整治、畜禽养殖污染治理、油气回收改造、黄标车淘汰等工作，助力生态环境建设。将省市所有民生工程全部纳入绩效管理，分项设立绩效评价指标体系，做到“前期有论证、中期有评价、末期有评估”。在农业、教育、民生、旅游等领域创新开展9个专项资金竞争性分配，使财政资金“分”出效益、“竞”出活力，实现多中选好、好中选优。其中在全省率先推行将50%的美好乡村建设专项资金进行竞争性分配，资金规模达5000万元，并将上年度绩效评价结果作为分配的重要依据，村均专项资金分配差距最高达26%，实现财政资金有效配置，有力激发了各地工作的自主性和创造性。在惠民方面力求突破。在全省率先上线民生工程管护项目管理系统，按照公益、准公益和非公益三种类型，对已入库的1.56万个项目进行分类管护，并将各县区作为管理系统子接口，将管理触角延伸至基层，初步建立起市、县（区）、乡镇（街道）三级平台一体化实时在线管理。民生工程实施实行全面公示，年底公示项目达423个。光伏下乡精准扶贫模式，实现扶贫开发和新能源推广应用有机结合，获国务院扶贫办在全国推广。在全省率先启动高校毕业生、退役士兵创业贷款工作，当年发放430万元。创新推进社保基金竞争性存储，综合收益率提高至4.3%。

【力促改革】 2014年，合肥市财政部门主动作为、先行先试，统筹推进市委、省厅部署的各项重点改革任务。4月，市本级政府预算、市直预算单位部门预算、“三公”经费预算悉数对外公开。8月，集中公开了2013年政府决算、部门决算及“三公”经费决算。同时，不断完善预算公开评审制度，在原有委托中介机构事前评审、成立评审组集中评审外，还首次邀请市人大常委会专门工作机构开展了3个部门的整体支出评审。2015年部门预算编制中，共公开评审373个项目、金额12.99亿元，核减率达39%。在全面统筹方面。统筹编制一般公共预算、政府性基金预算、国有资本经营预算和社保基金预算，加大政府性基金预算、国有资本经营预算与一般公共预算的统筹力度。自编制2015年预算起，将9项政府性基金转列一般公共预算；加大国有资本经营预算资金调入一般公共预算力度，自2014年起，按市本级国有资本收益的5%上缴公共预算，以后逐年提高，确保到2020年上缴公共预算的比例达到30%。同时，自编制2015年度预算起，重点对社会公共服务设施建设公益性项目、跨年度实施的重点项目和民生项目、事后奖补配套项目、支持产业经济发展项目、保障运转项目等5类支出项目，在全省率先试编中期滚动预算，探索建立跨年度预算平衡机制。人民日报、安徽日报、中国财经报等媒体先后予以宣传。积极盘活存量。以市政府办公厅名义出台《关于全面推行预算绩效管理的意见》，深化预算绩效管理。对市直单位结余结转资金及连续两年预算执行率低于80%的基金支出项目进行清理，并自6月份起，逐月通报预算执行情况。在2015年部门预算中统筹使用上年结余，大力压减暂存、暂付款规模，并开展国库现金运作管理。在厉行节约方面。严格执行财政供养人员“只减不增”要求，有序推进事业单位分类改革。及时转印发公务考察、接待、出国境等系列资金管理办法，建立现金使用计划审批制度，持续开展财务决算检查和绩效考评，规范市直单位财政财务管理，采取签订风险防控责任承诺书、约谈单位主要负责人、目标管理考核倒扣分等多种手段，增强硬约束，加强源头控制和过程监督。全市三公经费较上年下降20.56%，其中市本级下降15.5%。扩大购买政府服务。提请市政府出台《关于深入推进政府向社会力量购买服务的实施意见》、《政府向社会力量购买服务审计监督管理办法》《合肥市政府向社会力量购买服务项目监理实施方法(试行)》《合肥市政府购买服务项目采购管理暂行办法》等多个文件，充实制度体系，同时建立由市委常委、常务副市长担任总召集人的市级购买服务联席会制度，制定了市级政府购买服务指导目录。市级投入2.6亿元实施22个项目，县(市)区投入7.88亿元实施项目137个。在2015年预算编制中同步编制市级政府购买服务预算，共安排110个项目，涉及资金2.92亿元。在严控财政风险方面。提请市政府修订了《合肥市政府性债务管理暂行办法》，编制政府性债务收支计划，推行举借审批，强化动态监测。突出加强重大项目融资资金管理，以市政府办公厅名义印发棚户区改造、新型城镇化融资项目资金管理办法。2014年市本级审核发放融资审批卡35份，各融资平台累计成功注册发行直接融资工具156亿元。新政出台后，顺利完成存量债务清理甄别上报工作。（财政局办公室）

国家税务

【概述】 2014年，合肥市国家税务局(以下简称“市国税局”)充分发挥税收职能作用，各项工作取得明显成效。市国税局先后获得“全国税务系统先进集体”“全省文明单位”“合肥市依法行政示范单位”“全市政风行风评议先进单位”等荣誉称号。肥东县国税局被授予“安徽省廉政文化建设示范点（标兵）”称号，成为全市唯一获此殊荣的单位。

【税收收入】 全年累计组织完成国税收入386.83亿元（计划

口径），同比增收34.22亿元，增长9.7%，全省首位度达到26.3%。采取以下措施：一是抓住重点，提高预测精度。将税款总量超过全市9成的2315户重点税源企业纳入网上预测直报系统管理。建立领导班子成员企业联系点制度，及时掌握生产经营状况，加强对重点税源企业的日常税收监测。2014年，该局税收预测平均准确率达99%，稳居全省第一。二是发挥特点，强化分析深度。充分发挥税收职能作用，深入分析经济运行、政策效应、行业发展、执法风险等情况，并提出合理化的建议，为上级分析形势、科学决策提供参考和依据。2014年，《合肥市高新技术企业税源综合质量分析》《关于股权转让纳税地点问题的分析报告》分别得到省、市领导批示肯定。三是克服难点，加大征管力度。针对国际税收专业性强、税源流动性大、隐蔽性高的特点，有针对性地实施税源监管。成功阻止两户境外投资公司滥用税收协定避税，入库税款9500万元，规模在国内同类案件中单笔最大。全年累计实现非居民企业所得税3.63亿元，同比增长68.6%，位列中部省会城市第二，仅次于武汉市。

【基层建设】 合肥市国税局将基层建设作为全市国税系统推进税收现代化的基础性、战略性工程。广泛听取意见、建议，全面查找和梳理基层存在的问题，建立“基层建设问题库”。充分发挥问题导向作用，明确基层建设工作任务，对应建立具体的时间表、路线图和责任人，理清工作思路，明确工作目标。围绕工作任务落实情况定期开展督促检查，推动基层建设全面开展。确定“三星级”重点工作任务50项，提升基层建设的针对性和实效性。如，庐江县局以矾山分局为样板，打造基层分局“微税厅”，得到纳税人和社会各界的充分肯定，人民网、《中国税务报》等媒体对此作了详细报道。对基层分局的岗位设置、工作职责、办税场所设置、硬件设施配备和税务识别标志进行规范统一。市局投入专项资金用于基层规范化建设，改善基层工作环境。截至2014年底，全系统14个基层分局规范化建设工作已基本完成。

【规范执法】 对内规范税务干部执法行为，严格落实税收优惠政策；对外加大风险应对工作力度，整顿税收秩序，提高征纳双方的税法遵从意识，全面优化税收法治环境。严格落实各项税收优惠政策，发挥税收杠杆作用，助力地方经济跨越发展，全年累计减免税金131.02亿元。支持发展方面，简化享受税收优惠备案程序，推动小型微利企业税收优惠政策落实到位。截至2014年底，全市34329户企业享受小型微利企业所得税税收优惠，减免税款累计超过7300万元，落实面达100%。优化结构方面，全面落实高新技术企业税收优惠、出口加工区内企业生产耗用“水电气”退税和“营改增”零税率应税服务免抵退税政策，减免高新技术企业、软件产品、技术转让等税款8.78亿元，鼓励科技进步和创新。促进出口方面，适度扩大分类管理企业范围，加快出口退税办理进度。2014年，全市累计办理出口退（免）税61.29亿元，规模连续3年居全国省会城市第五位。规范执法行为。下发市局规范进户执法管理办法，进一步明确进户执法的工作事项、审批程序，规范税务执法行为，减轻纳税人负担。对市局行政审批事项和办税流程规范进行清理，及时废止与上位法不一致的制度，并以公告形式向社会公开新的行政审批事项清单和办税服务流程，做到透明执法。积极参加合肥市依法行政示范单位创建活动，对照市政府创建工作标准，进一步规范执法行为，荣获合肥市首批依法行政示范单位称号。加大重大税收违法案件宣传曝光力度，推行税收“黑名单”制度，增强稽查部门的威慑力。依托全市“打发”平台，大力开展打击发票违法犯罪活动。全年共稽查企业364户，查补入库税款26792.77万元。加强税收风险指标分析，分类应对处理，2014年全市累计核查纳税人2.18万户（次），查补税款1696.09万元；纳税评估2422户（次），补缴税款9705.82万元，位居全省第一。

【税制改革】 制定“营改增”试点推行方案，加强与地税部门沟通联系，及时交接纳税人信息，学习相关行业管理经验，顺利完成邮政业、铁路运输业、电信业“营改增”和农产品增值税进项税额核定扣除试点扩围工作。借助税源监控分析平台等信息手段，动态跟踪营改增试点企业税负、税收优惠政策享受情况，按行业和企业类别分别测算相关纳税人税负变化情况，分析税收政策变动对税收收入、相关行业发展以及经济社会的影响，及时研究解决营改增运行中存在的各类问题，并向上级提出意见建议。截至2014年12月底，全市“营改增”纳税人共46733户，累计改征增值税36.83亿元，减负8.21亿元，税负下降8.23%。试点以来，经国税、财政部门审核，累计已兑付395户纳税人财政扶持资金6.5亿元。

【征管改革】 该局围绕改革目标和存在的问题，打牢基础，创新手段，进一步提升征管质效。一是开展全市税收调查和减免税资料调查，摸清税源情况；在全市范围内开展注销税务登记办理、手工版普通用量、普通发票代开、进户执法审批专项检查，加强征管基础管理；建立市区集中的税收征管资料档案室，规范税收征管资料管理。二是全面推行委托代征和代开普通发票软件，加强对代开发票和个体委托代征市场的管理；上线合肥国税网络发票管理系统，实现“在线开票、数字防伪、全程监控、查验便捷、数据共享”等功能，全过程监控普通发票管理。截至2014年底，全市开具网络发票的纳税人为12547户，发票开具总份数为1024943份，总金额为129.09亿元，在线验旧发票份数为926223张。三是探索对户籍管理、信息采集、纳税辅导等基础事项实行划片管理，对特定事项管理、办税服务厅后台办理事项严格实行分类管事。

【纳税服务】 以纳税人合理需求为导向，深入开展“便民办税春风行动”，努力为纳税人提供高效、便捷的服务。开通“合肥国税纳税服务”微信公众服务平台，定期推送最新税收政策、公告，在线解答纳税人咨询。修订纳税人学校管理办法，开发网上预约管理系统，纳税人可预约参加培训或提出开课需求。在全省率先编印使用纳税服务规范操作手册，将国税部门纳税服务事项9类49项业务，细化为175个服务事项和745个操作要求，明确服务内容、报送资料和完成时限，加强巡查监督力度，确保《全国县级税务机关纳税服务规范》落实到位，实现“服务一把尺子、办税一个标准”。修订全市统一的办税服务制度汇编，完善首问责任、一次性告知、主任值班、领导巡查等制度。在全市推行“一窗通办”，提高办税效率，减少纳税人多头排队。将纳税服务职能延伸到基层分局，拓展受理即办的服务内容，对需要县局集中审批调查的涉税事项，由分局就近受理，内部流转，方便乡镇和农村纳税人。进一步推广应用网上一体化办税平台和自助办税终端，累计增配自助办税专用计算机32台，统一采购自助办税终端24台，并在自助银行网点开设便民办税服务点，实行24小时全天候服务，节约纳税人办税成本。2014年，全市企业纳税人网上办税适用面由年初的92%上升至98%。

【绩效管理】 该局结合工作实际，推动绩效管理工作有序开展。建立完备的岗责体系。全面梳理修订业务和行政岗责体系，明确各岗位工作职责，规范各事项工作流程，将工作职责落实到岗、明确到人，为开展绩效考评奠定坚实基础。建立科学的指标体系。制定组织绩效指标考评体系，提升指标的科学性和针对性。将岗位绩效内容分解为岗责绩效任务、业务绩效任务、日常绩效任务和综合业绩评价4个部分，实现组织绩效任务向岗位绩效考评指标的有机转化。建立严密的监督体系。建立绩效管理考核细则和动态分析机制，加强对绩效考评指标运行的跟踪管理，定期开展绩效指标落实情况的分析考评，及时提醒、指导和督促系统各单位认真落实绩效考评的各项指标任务。

（蔡 敏）

地方税务

【概况】 2014年，合肥市地税局组织收入跃上新台阶，服务发展取得新成效，依法治税迈出新步伐，征管质效实现新提升，税政管理取得新突破，队伍建设展示新风貌，廉政建设得到新加强，较好地完成以组织收入为中心的各项工作任务，实现收入突破500亿。

【组织收入】 合肥市地税局组织收入原则，着力强化税收分析和重点税费源管理，围绕年度汇算清缴、土地增值税核查、高收入群体个税征管、历史欠税清理、税收专项检查、“以地控税”、强化基金费征缴等阶段性重点工作，有序推开组织收入各项工作，全年共组织各项税费收入575.7亿元，同比增长20.6%，收入规模首次突破500亿元，继2012年突破400亿元后再上一个百亿元新台阶。其中地方收税收入实现411.87亿元，同比增长23.9%，在全省的首位度达到26.5%，规模首次跻身全国省会前十；财政口径实现397.77亿元，同比增长23.5%，超额完成了市政府下达的目标任务；入库社保基金147.43亿元，同比增长12.3%；组织其他基金费收入16.4亿元，同比增长17.2%。

【优化服务】 实施铁路运输、邮政电信业“营改增”。全面落实提高起征点、扶持小微企业和服务业发展、支持创业就业以及其他调结构、促转型、惠民生的各项优惠政策，减轻纳税人负担28.9亿元。深入开展“便民办税春风行动”，全面推行《全国县级税务机关纳税服务规范（1.0版）》。推出10项免填单服务，登记、申报、发票等5类涉税事项实现同城通办。新安装办税服务终端22台，个税查询和完税证明打印等实现便利化自助服务。组建纳税人培训学校16所，开展义务培训85场次。联合国税部门开展2012-2013年度纳税信用等级评定，1076户纳税人被评为A级纳税人。持续推进标准化办税服务厅建设，4个办税服务厅被评为省级示范单位。拓展线上纳税服务，完成市局门户网站改版升级，开通合肥地税官方微博、微信，12366热线成为沟通征纳的重要桥梁。

【依法治税】 落实简政放权要求，建立审批事项和执法权力清单制度，完善规范性文件审核、发布和解读机制，优化审批流程，规范进户执法。加强税法宣传，深化政务公开，贯穿全年开展面向纳税人的政策业务宣传。组织开展税收执法事项自查、抽查和年度税收综合督查，强化问题整改落实，全员规范执法意识进一步提升。依法行政示范单位创建、案卷评查、行政处罚群众公议等活动取得积极成效，1个单位被评为省局示范单位，3宗案卷被评为全市、1宗案卷被评为全省地税系统优秀执法案卷。加大稽查打击力度，组织开展对房地产、医疗机构、部分重点税源企业等的专项检查、交叉稽查和飞行检查，稽查序列查处发票违规企业194户，查结举报案件30件，审结重大税务案件11起，查补税款3.78亿元。

【税收征管】 严格征管质量“六率”考核，定期通报考核结果。推行税务登记容缺办理，全年共办理设立登记3.25万件、变更登记1.67万件。强化征管薄弱，出台注销税务登记办法，完善制约机制，明确审核责任。应用发票防伪技术，在地方税全行业、全票种推行二维码发票，实现发票真伪快速识别、快速查验。税源专业化管理深入推进，纳税遵从风险管理系统全面推广运用，市级风险管理平台初步搭建，全年筛查推送风险疑点900余处，评增税款2300余万。加强欠税管理和陈欠清理，全年清缴入库历史陈欠1.97亿元。积极开展“信息化应用提升年”活动，深化大集中系统应用。加强数据安全管理，规范冗余数据清理，完成市局核心网络安全改造。

【税政管理】 在全市范围内推广“所得税一点通”应用软件，创建所得税工资薪金项目数据比对评估模式，规范和加强股权转让、转增和分配环节、建安业承包人个税管理，3.02万户企业开展了汇算清缴，10.4万户纳税人完成个税信息管理系统升级，全年征收财产转让所得个人所得税13.26亿元，同比增长237%。加强土地增值税税源监控，完成109个开发项目清算复核。升级存量房申报价格评估软件，同步实现对四县一市全覆盖。全面推行房产、土地明细申报。建立宗地信息交换机制，土地使用税“以地控税”试点和差别化征收取得实质性突破，运行机制和规程全面建立。加强“走出去”税收管理，做好服务贸易备案、税收居民身份证明开具工作。认真做好城建税与增值税、消费税“两税比对”工作。规范契税和耕地占用税政策执行，加强“两税”征收管理。

【队伍建设】 坚持严实标准，扎实开展党的群众路线教育实践活动，系统党员干部全面经受了一次思想洗礼和作风检验，基层党的组织建设全面加强。出台制度办法，建立指标体系，上线考评系统，绩效管理运行机制初步建成。组织开展第三批次干部轮岗交流，155人实现内部轮岗和跨单位交流。提高选人用人公信力，6名同志通过竞争上岗、5名同志通过民主推荐走上科级领导岗位，16名同志通过选拔走上股级干部岗位。搭建学习平台，立足本地资源组织开展各类业务培训，举办合肥地税讲坛、税费新政每月一讲16场次、更新知识培训班7个，467人如期完成在线学习任务。积极组队参加省局三项能手竞赛，连续第8年开展全员业务考试，6人分获省局征管、稽查、信息化能手称号，74人受到市局表彰奖励。组织开展税制改革20周年系列回顾和寻找“最美地税人”活动，凝聚系统合力，传递正能量。深化系统文明创建，市局机关和局属8个单位被评为安徽省第十届文明单位。

【廉政建设】 全面落实党风廉政建设党组主体责任和纪检监督责任，落实班子成员“一岗双责”，建立党组书记、纪检组长党风廉政建设会商沟通制度，修订完善党风廉政建设责任制考核办法。多形式加强廉政教育，建成市局廉政文化室。强化效能监察和对“三重一大”制度落实情况的监督检查。出台明察暗访实施办法，实现明察暗访制度化、常态化。加强政风行风建设，认真开展“吃喝风”“红包风”等专项整治活动，委托第三方开展作风、纪律、服务调查，突出问题整改。加强内部审计监督，完成项目审计29个，审减节约建设资金、清理往来款300余万元，提出审计整改意见建议141条。加大案件查办工作力度，严肃问责追责，全年共核查各类信访举报38件，行政处分4人，经济惩戒1人，27人受到诫勉谈话等组织处理。出台专兼职纪检监察员管理暂行办法，配齐配强基层专、兼职纪检监察员近80人，纪检监察干部队伍建设进一步加强。

（刘正保 朱晓庆）

金融

合肥金融

【概况】 2014年，合肥市推进金融改革创新，拓展融资渠道，有效做大金融总量，使全市金融业保持增速向稳、结构向优、效益向好的发展态势，支柱性日益凸显，各项金融指标首位度进一步提升：2014年全年社会融资规模2710.3亿元，同比增长22.9%，占全省63.6%；金融业增加值288.8亿元，同比增长13.3%，占GDP比重5.6%；金融业税收83.6亿元，对财政贡献度达9.49%，有力地助推全市经济转型升级。

【扩大信贷规模】 2014年末，全市金融机构本外币存贷余额分别为9269.6亿元、8666.8亿元，同比分别增长11.3%、16.4%。全年新增本外币贷款1246.6亿元，占全省41.3%，首次突破千亿，创下历史最高水平。合肥市金融工作推行目标引导、政策激励。年初将年度信贷任务分解到各商业银行，定期通报，跟踪问效，调整信贷节奏；完善落实《合肥市金融机构支持地方发展考核奖励办法》和《合肥市本级政府性资金存放商业银行考核暂行办法》，全年兑现考核奖励资金230万元。与徽商银行签署战略合作协议，带来800亿元融资支持；国开行支持全市城镇化建设，近年来已投放贷款超过400亿元；农行、交行为合肥南站项目建设提供12.7亿元贷款，推动合肥市打造全国性综合交通枢纽。2014年召开了首届银投政企对接会，推动与会百家中小企业与36家金融机构对接；通过召开一办一行三局座谈会、金融政策宣讲会、金融机构专项协调会等，提高信贷投放的针对性和有效性；梳理全市各类小微、涉农金融产品近50余种并刊印成册，做好金融薄弱环节的创新交流。

【畅通融资渠道】 全年实现直接融资683.66亿元，同比增长61.2%，占全省39.3%。股市方面：新增应流机电、国祯环保、合锻机床三家上市企业，全市境内外上市公司34家，其中境内上市公司33家，位列全国省会城市第7位，2家企业过会待发，8家企业在会待审，8家企业在安徽证监局辅导备案。新三板挂牌企业达20家，40余家企业已经与券商签订挂牌辅导协议；147家企业在安徽省股权托管交易中心挂牌（其中科技板块127家）。债券方面：全年债券融资共计642.37亿元，超出2013年一倍有余，成功发行合肥建投等6支企业债，5亿元合肥工投小微企业扶持债券惠及全市多个产业116家中小微企业。首支市级政府投资引导基金3.87亿元进入实质运转阶段，分别设立2.27亿元的产业投资引导基金和1.6亿元的创业投资引导基金，首批产业投资引导基金6个合作项目预计资金总规模达21亿元，撬动社会资金16.25亿元，撬动比例超过300%。全市保险业实现原保险保费收入达126.06亿元，同比增长15.2%。

【完善金融体系】 通过优选增量，盘活存量，推动形成全方位金融发展格局和多样化金融体系。开展金融招商活动。全力服务保障各类金融机构入肥发展，广发银行、渤海银行筹建工作有序进行，平安银行设立工作将于2015年启动。赛富亚洲基金、中证资本市场发展监测中心等一批著名基金、金融中介及服务机构与合肥市建立战略合作关系，成功举办浦东·合肥金融合作交流推介会。全市共有银行机构35家，机构网点1034个；证券期货法人机构5家，证券经营网点73个，期货营业部19家；保险法人1家，分支机构56家；大型国有资产管理公司分支机构4家；信托法人机构2家；正常经营的融资性担保公司27家、小额贷款公司85家，典当公司89家，内外资融资租赁公司14家。打造合肥金融品牌。注册资本22.7亿元的安振产业投资集团落户合肥，联想控股正奇金融集团设立深圳诚正小额贷款有限公司，成功抢滩深圳前海，金牛小贷香港上市工作已经启动。滨湖国际金融后台服务基地方面，交通银行合肥金融服务中心正式营运，新华保险签约入驻，目前已有15家入驻企业，另有2家企业拟入驻，建设国际一流金融后台服务基地的步伐进一步加快。丰富各类金融业态。徽商银行金融租赁公司已获银监会批准筹建，合肥民营银行、消费金融公司设立工作有序推进。杭州银行成立首家科技专业支行，辐射整个合肥地区拓展科技金融业务，交通银行启动全省首个文化专业银行试点，服务于全市文化产业发展，民生银行、光大银行等着力提升普惠金融服务水平，年内试点设立社区支行和小微支行50余家。向下延伸金融配置。引导商业银行在县域布局，下沉网点，徽商银行长丰支行、民生银行肥西支行等陆续开业，中信银行巢湖支行等积极筹建中，县域银行及分支机构已增至55家，有力支撑全市县域农村经济发展。

【金融改革创新】 重点围绕缓解企业融资难、融资贵问题，深入推进金融改革创新，激发金融业及实体经济发展内生动力。出台《合肥市关于金融服务三农和实体经济发展的意见》、“1+3+5”财政金融政策支持体系等，完善全市金融政策制度设计。8月17日，人民日报以《农村金改能否激起金融“活水”》为题报道了合肥农村金融改革情况，肥东农合行改制农商行挂牌开业，巢湖扬子村镇银行获批开业，实现农商行、村镇银行县域全覆盖；合肥兴泰融资担保有限公司对县区国有融资担保公司整合重组顺利推进，成功打造10亿级融资担保平台；长丰、庐江等地积极探索农村“三权”抵押贷款融资模式，2014年将全面启动合肥市农村金融综合改革工作。在已出台的“1+3+5”产业政策体系中，创新采用 “借转补”等方式，对拟上市、拟挂牌企业提供预借资金支持，重点帮助创新型、创业型、成长型中小微企业打通资本市场融资通道。8月11日，人民日报报导合肥市“三无”型（无盈利、无营收、无净资产）科技企业东芯通信顺利通过新三板挂牌实现资本市场融资的案例。通过财政补贴方式鼓励融资担保机构降低中小企业的担保费率，有效提升担保机构服务中小企业的积极性。全年共向10家担保机构及邮储银行兑现2013年担保补贴和整贷直发奖励582万元，涉及贷款3.3亿元。新设“大湖名城”中小企业创新发展基金，通过财政资金增信，引入低成本社会闲置资金，已为各类中小微企业提供了10亿元的资金支持。全面启动全市直接融资后备资源库建设，动态掌握农业、科技、文化等行业企业直接融资需求和工作进展，入库企业110余家。开展企业股权和分红激励试点工作，创新设立科技保险基金、高科技企业创新贷、专利质押贷款引导基金等，推动科技金融融合。率先试点推广农业小额贷款保证保险的庐江县，有效解决了农村经营主体贷款无有效抵押物的融资难题，为29家企业发放贷款3570万元。由市财政出资打造的3100万元农业发展融资担保资金、900万元联盟共同基金、550万元市级农业产业化龙头企业贷款贴息等财政金融产品，降低了涉农企业融资成本和门槛，有力助推农业现代化发展。11月28日，人民日报以《安徽合肥金融活水润泽实体经济》为题，年内第三次介绍了合肥市金融支持实体经济发展的主要做法并予以肯定。

【优化地方金融生态】 合肥市推行规范发展两类机构，严把小额贷款公司和融资担保公司两类机构“准入关”，从源头上保证两个行业健康发展；把好“服务关”，有序引导两类机构增资扩股与重组；落实分类监管、分类施策，对监管评价和信用评级偏低的两类机构从严监管，把好“风控关”。2014年取消10家融资担保公司和4家小额贷款公司经营资格。截至年末，全市27家正常经营的融资担保公司和1家融资担保分支机构在保余额314.4亿元，平均注册资本2.28亿元，比上年提升25.97%；全市85家正常经营的小额贷款公司贷款余额138.6亿元，当年累计发放贷款231.7亿元，平均注册资本1.15亿元，比上年提升6.48%。针对近年来企业资金链、担保链风险加大的形势，研究制定《关于有效防范和化解企业资金风险的意见》并以市政府办公厅文件印发；协调服务解决部分重点产业企业陷入融资困境后出现的各种问题；针对两类机构尤其是担保机构风险极易衍生连锁反应的隐患，提前排查梳理，沟通协调，争取共识，帮助有关企业解难脱困。坚持开展防范和打击非法集资宣传月活动及非法集资举报调查、非法交易场所清理整顿工作，按照市政府要求配合做好非法投资理财中介机构清理整顿工作；支持在肥各金融机构努力强化自身建设，进一步优化银行业资产质量和效益。

货币信贷运行

【基本概况】 2014年，合肥市金融业运行平稳，货币信贷总量保持合理增长，增量创历史新高，城镇化建设、涉农等重点领域和薄弱环节贷款增长较快，债务融资工具快速增长，为经济结构调整与转型升级营造了良好的货币金融环境。

【存款】 受理财产品销售、互联网金融创新、股票市场活跃等因素影响，金融机构吸收存款方面的压力依然较大。12月末，合肥市本外币各项存款余额9269.6亿元，同比增长11.3%，较上年末回落6.4个百分点；全年增加936.5亿元，为三年以来最低水平，同比少增310.9亿元。受存贷比等监管指标约束，存款增长放缓可能在一定程度上影响金融机构信贷投放。

【贷款】 贷款总量保持稳定增长，增量创历史新高。12月末，合肥市本外币各项贷款余额8666.8亿元，同比增长16.4%，增速高于全省0.8个百分点，连续四个月超过全省增速。全年本外币各项贷款增加1246.6亿元，同比多增296.8亿元，创历年以来新高；占全省同期新增贷款的41.3%，较上年末提高8.1个百分点。2014年，合肥市金融机构信贷投放节奏较为合理，一季度、二季度、三季度和四季度贷款分别增加347、362.3亿元、247.4亿元和289.8亿元，基本符合3:3:2:2的投放节奏。

【贷款结构】 信贷结构呈现积极变化，助力全市经济转型和结构调整。一是基础设施建设类贷款投放增加，金融支持城镇化建设力度加大。2014年，合肥市各金融机构重点围绕基础设施项目建设，不断加强对土地资源开发、交通运输、能源保障、环境治理等的信贷支持力度。2014年末，全市基础设施主要行业 人民币贷款余额2221.5亿元，同比增长12.6%，较上年同期提高了3.1个百分点；比年初增加248.7亿元，同比多增76.7亿元。二是房地产贷款持续加快，满足居民自住购房需求。2014年末，合肥市房地产贷款余额2686亿元，同比增长32.4%，较上年高6.9个百分点。其中，房地产开发贷款余额766.9亿元，同比增长34.1%，增速与上年基本持平。购房贷款余额1919.5亿元，同比增长31.7%，增速高于上年9.4个百分点；比年初增加462亿元，同比多增196亿元。三是农村金融产品和服务方式创新有序推进，涉农贷款较快增长。2014年，合肥市涉农金融机构围绕建立现代化农业，下沉经营重心，深耕三农市场，为不同规模、不同发展阶段的农业经营主体提供金融服务，创新推广土地承包经营权和农房财产权抵押贷款，股权、林权和应收账款质押贷款，工程机械按揭贷款，“便民贷”“农家乐”“金农易贷·福农卡”“金土地”贷款等系列惠农支农产品。2014年末，全市涉农贷款余额1431.7亿元，同比增长18.5%，全年增加221.8亿元。

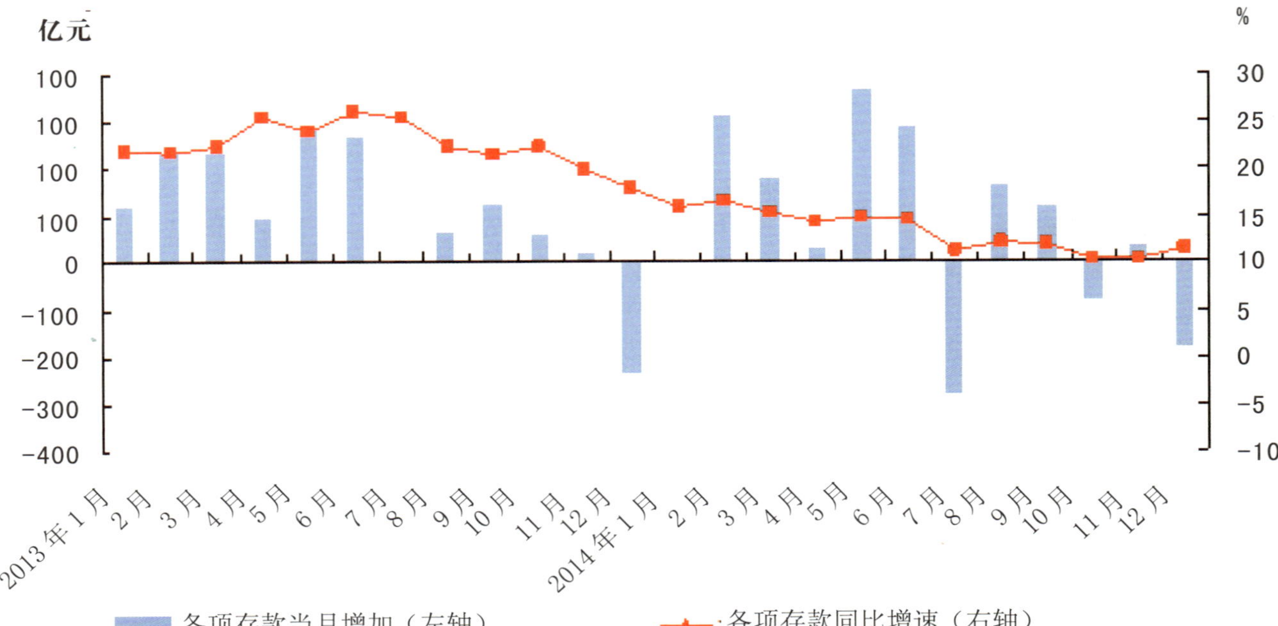

合肥市金融机构本外币存款增长变化图

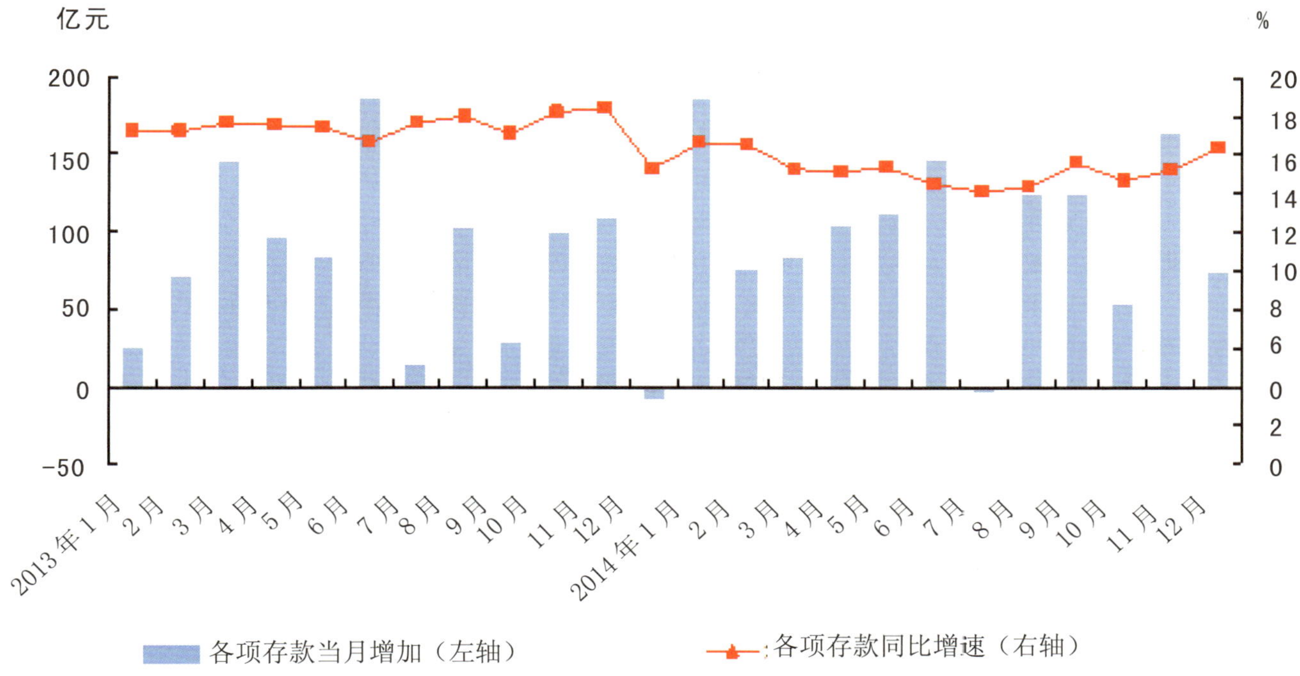

合肥市金融机构本外币贷款增长变化图

【利率】 贷款加权平均利率同比有所上升，降息效应年末开始显现。2014年，合肥市金融机构新增贷款加权利率为7.19%，同比上升0.13个百分点。但随着11月降息效应的显现，年末贷款利率有所下降。12月合肥市金融机构新增贷款加权利率水平6.88%，低于1-11月0.37个百分点。

【债务融资】 债务融资工具快速增长，债券品种创新取得新突破。今年以来，全市金融机构贯彻落实安徽省"十二五"债务融资工具"翻两番"计划，取得积极成效。2014年全市累计发行各类债务融资工具和金融债券397.5亿元，较去年同期多发行153.5亿元，占全省比例达到37.5%。全市债券品种创新取得新突破，信贷资产证券化、同业存单、证券公司短期融资券均在全市实现首次发行。

（殷俊明）

中国工商银行安徽省分行营业部

【概况】 2014年，中国工商银行安徽省分行营业部（以下简称"省工行营业部"）应对经济新常态所带来的挑战，贯彻落实总省行各项工作部署，围绕"重转型、激活力、精管理、塑品质"的总体工作思路，加快市场拓展和经营转型，强化内部管理和风险防控，保持了稳中有进、稳中向好的发展势头。全年实现拨备前利润31.64亿元，同比增加2.47亿元；实现拨备后利润26.41亿元，净利润19.34亿元。不良贷款余额87459万元，不良率0.83%，分别较年初下降4042万元和0.2个百分点。

2014年末，中国工商银行安徽省分行营业部从业人员2761人。各类机构总数95个（不含本部），其中一级支行22个，二级支行73个，拥有3 家财富中心，10家贵宾理财中心，理财网点51个，金融便利店31个。

【加快经营发展步伐】 2014年，省工行营业部适应新常态下复杂多变的市场环境，抢抓机遇，推进三大板块综合营销。一是强化存款的基础地位。全行上下围绕客户这一关键，狠抓大零售、大公司、全机构战略落地，巩固和扩大存款市场领先优势。本外币全部存款余额1181.97亿元，较年初增加65.89亿元，居同业第二位，其中：储蓄存款增加15.14亿元，公司存款增加13.19亿元，机构存款增加21.08亿元，同业存款增加17.37亿元。二是拓展优质信贷市场。进一步分析研究市场需求动向，寻求信贷业务新的增长点，持续优化信贷结构，提高信贷业务的综合收益。抓住国家政策机遇，支持"长江经济带"、新型城镇化建设中的国家重大工程和重大项目建设，将铁路、电力、公路等项目作为全年公司贷款投放的重点。对合肥地区央企、省属、市属重点优质企业，逐个了解分析其金融需求，寻求业务合作机会，扩大业务合作面，做好大型企业集团短期融资服务。把握“四化”同步发展和产业结构优化升级中的重大机遇，探索医疗、教育、旅游、现代物流、健康养老等现代服务业领域，密切跟进新兴产业融资需求，寻求信贷业务新增长点。围绕产业集群、专业市场、供应链等客户群体，充分利用网贷通、小微公司逸贷、小额信用贷等优势产品，探索符合营业部特点的小微金融业务发展道路。围绕国家实施的六大领域消费工程，把握新的消费增长点，加快培育和发展个人贷款业务。本外币各项贷款余额1076.85亿元，较年初增加166.35亿元，居同业第一位。三是持续增强中间业务发展能力。继续坚持打好“传统牌”、“挖潜牌”，和“创新牌”，一手抓传统业务挖潜，一手抓创新业务增收，实现中间业务收入8.83亿元，居同业第一位，同比增加2165万元。

【风险防控】 省工行营业部实省行全面的系统的信用风险管理体系和“三位一体”、“四库并重”管理要求，分析当前市场环境和企业经营状况，逐品种、逐客户组织开展风险排查，并及时采取针对性措施。2014年共排查出风险客户162户，共35.5亿元，累计退出和压降风险贷款46户，共6.2亿元。全年累计清收处置不良资产9.6亿元，其中现金清收不良贷款5.3亿元。并推进“合规建设年”、“重点领域案件和风险事件专项治理”等活动，落实“以事找人”的内控外防工作联动机制，加强风险事件责任人异常行为的排查工作，实现了安全运营。切实履行反洗钱工作职责，做好反洗钱数据集中处理工作，实现了人行评价“A类”称号六连冠。加强可防性外部案件防范，全年未发生抢劫、盗窃案件和火灾等安全责任事故。继续提高运行管理风险能力，内部可控风险暴露水平为万分之3.2，为全省最低。

【拓展优质客户】 2014年，省工行营业部继续拓展新客户，持续挖潜存量客户，不断扩大客户规模，优化客户结构。全年净增个人有效客户31.24万户，其中5万元以上个人中高端客户1.42万户，其中：百万元以上客户567户、私人银行客户38户。净增代发工资单位493户，代发工资人数35984人，代发工资交易额24.14亿元。净增第三方存管10939户。新增贵金属有效户6038户。净增手机银行客户端动户14.6万户、工银e支付31.3万户、工银信使20.3万户，融e购交易额4.66亿元，融e购商户上线18户。净增信用卡发卡7.66万张，拓展POS商户1262户。净增10万元以上公司无贷户206户，日均金融资产5万元以上公司客户65户。净增日均金融资产5万元以上机构客户143户。新拓展养老金客户44户，新增有效外汇账户64户。

【推进经营转型】 省工行营业部全年实现战略性成长业务收入4.73亿元，同比增加6995万元。加强对战略性新兴产业、先进制造业、现代服务业、养老产业、文化旅游等新兴信贷市场的营销，实现首笔养老行业、新农村建设贷款投放，完成合肥万达城投资有限公司文化旅游城22亿元项目银团贷款审批。全力推动个人信贷客户经营转型，营业部使用4种以上产品的客户数为80.7万户，占全部有效客户数的比重为24.57%，较上年提升了2.76个百分点。持续推动公司无贷户经营转型，全年实现贵金属实物销售134.15公斤，对公积存销售8.7亿元，办理黄金租赁业务1034公斤。强化与券商、信托、中小银行客户在融资融券、资产托管、银票、信用证等业务合作，机构客户经营转型扎实推进。优化渠道结构，推动网点经营转型。新增开业网点2个，迁址优化网点10个，新增离行式自助银行38个。全年累计投放安装各类设备3100多台套。扎实推进网点竞争力提升工作，促进网点经营转型，实现柜员向销售类人员转岗133人，高柜向低柜转岗55人，柜员综合业务能力与营业网点综合服务水平得到一定提升。

【创新发展】 省工行营业部落实“大资管”战略，全年实现投行创新业务收入1.11亿元，同比增加5652万元，已成为营业部转型发展的新的收入增长点。实现结构化证券投资、棚户区改造、房地产股权融资、县域金融资产服务融资、委托债权代理投资、并购贷款、四权分离物业收益权理财等多项业务的全省首笔突破。成功中标安徽省棚户区改造统借统还资金及合肥市天使基金托管项目，与安徽老乡鸡餐饮有限公司、超港、安徽EV美容有限公司签署了单用途预付卡资金托管协议，与湖星银行、东莞银行签约票据托管业务，其中，肥东湖星村镇银行票据托管业务为全省首单。成功办理全省系统内单笔最大金额2亿美元“跨境通”业务、全省系统内首笔人民币外汇卖出期权业务以及人民币外汇买入期权业务、系统内单笔最高2.7亿元人民币双币种信用证、供应链国际贸易融资。充分运用科技优势，完成省财政授权支付及人行清算电子化凭证、省级财政非税收入专户资金管理系统等一批创新项目，提升全行业务发展与市场竞争能力。

中国农业银行股价有限公司安徽省分行

【概况】 2014年，中国农业银行股价有限公司安徽省分行（以下简称“省农行营业部”）在利率市场化、金融脱媒化、宏观经济下行和互联网金融冲击等多重压力和挑战下，围绕合肥市经济社会发展脉搏，全力推进重点城市行发展战略，加快业务经营转型，强化市场营销措施，深化管理机制改革，提升风险管控能力，主体业务实现超常规快速发展。年末人民币各项存款余额638.59亿元（不含同业），比年初净增45.36亿元。其中人民币储蓄存款293.46亿元，较年初增长28.68亿元，存款的稳定性进一步提高。全年本外币各项贷款余额388.15亿元，较年初增长57.22亿元。

【市场营销】 在对公存款方面，抓账户、抓大户、抓维护。强化与省烟草、省移动、市建投、中铁四局集团、省高速集团、省交通集团、省江汽集团、省建工集团等集团性、系统性大客户的深度合作，使系统性重点客户营销取得实质性突破。牵头与中海油、中国铁路物资工业集团、省移动、徽商集团、省建工集团、中化石油等新老客户签署合作协议，确认合作意向，加深互信基础，扩大合作范围，带动负债业务稳定增长。拓展现金管理等新业务品种，带动负债业务同步发展。成功营销安徽建工集团、安徽农垦集团、皖垦种业、中化化肥、丰乐种业、祥源集团等大型集团性客户现金管理平台业务。

在个人存款方面，抓旺季、抓联动、抓考核。在全辖开展了“春天行动”综合营销活动，加大对公与零售业务联动营销力度，完善联动营销机制，增强联动营销能力。

【贷款有效投放】 在公司类客户资产营销上，进一步优化客户结构。以央企子公司、总行核心客户及优势行业重点客户、省市直属企业、省861重点项目、已上市及拟上市企业、PPP项目公司、省企业100强、合肥市企业50强等为营销重点，以提升经济增加值(EVA)为标准，加大对优势行业和优质客户的投放力度，对潜在风险行业及风险客户加大退出力度，不断优化法人信贷资产质量。

在小微企业资产营销方面，面对宏观经济不景气、小企业信用风险持续暴露的现状，及时调整小企业资产业务经营思路，加大对潜在风险小企业客户的压缩推出力度，营销储备综合贡献率高、行业及企业发展前景好、内部管理规范有序、商业信誉及银行信用状况良好的优质小企业客户资源，优化小企业信贷业务结构，提高资产业务质量，提升小企业信贷业务对基金、保险、理财、转账电话、POS机等相关中间业务的带动作用，促进中间业务发展。

在个贷业务营销方面，深耕细作个贷集中经营，在县域行全面实施“3+3集中”模式，并针对各岗位制定了指导性职责及操作流程，确立了县域行个贷分中心的总体框架，实行专人团队负责制。截至12月底，营业部个贷余增量25.6亿元。

【中间业务收入】 在监管部门规范经营严查严管的大环境下，进一步完善对已签约客户服务，寻找合规目标客户。将重点客户资源和营销力量向重点合作公司和重点产品倾斜，尤其是代售农银人寿的各项产品，并利用产品计价进行正面传导，取得了较好效果。对即将到期的存量保险客户，加大二次营销力度，提高满期转保率。强力营销金融社保卡，与省、市社保部门保持密切沟通，实时掌握发卡进程。

【服务三农】 通过在集镇中心地段悬挂横幅、发放宣传单以及广播电视等多种形式，加大对“惠农卡”和“惠农通”优惠政策、便利功能的宣传力度，并有针对性地对外出务工人员集中发卡。

重点加大农业产业链农户贷款、以公职人员担保方式农户贷款以及县域专业大户和家庭农场等新型经营主体的贷款投放力度，为广大农户提供普惠、优质、高效的金融服务。

推进合肥华南城、汤池土地整理、茶博城等项目贷款上报总分行审批，为三农信贷投放做好项目储备，大力支持县域城镇化发展。截至12月末，县域支行各项贷款余额66亿元，较年初增加14.4亿元，高于营业部全辖贷款平均增速10.6个百分点。全行涉农贷款余额108.75亿元，较年初增加20.73亿元，高于全行各项贷款平均增速6.28个百分点。

【资产处置】 省农行营业部以合规经营为原则，强化基础管理，严控处置风险，加快推动委托资产和自营不良贷款的处置进度，继续做好自营不良贷款呆账核销工作。累计清收委托资产3463万元，清收自营不良贷款5410万元。

【风险控制】 落实省分行行业限额和客户名单制管理措施。对钢铁、水泥、房地产等13个行业，以及实行名单制管理的造纸、煤炭、教育等9个行业，继续实行差异化的管理措施，优化客户等级结构。同时加强金库、办公营业场所、自助设备、款箱押运的安全管理，组织开展营业场所安全评估的自评和整改工作，在全辖进行安全保卫排查和应急预案演练。成功堵截1起假存单案件和5起电信诈骗案件。

持续加强合规文化建设，全面完成基本转授权工作。完成反洗钱信息管理系统的日常工作，定期进行反洗钱业务的非现场监管。在合肥辖区金融机构反洗钱工作非现场监管评价中，省农行营业部被评为银行业机构A类行。

（潘向阳）

中国建设银行安徽省分行营业部

【概况】 2014年，中国建设银行安徽省分行营业部（以下简称“省建行营业部”）贯彻国家宏观经济金融政策，围绕服务地方经济，坚持“以客户为中心、以市场为导向”，加快推进转型发展，以创新为驱动，以转型求突破，凝心聚力、沉着应对，取得了良好的经营业绩和社会效益。已连续多年被安徽省人民政府授予“全省金融工作最佳贡献奖”，2014年度又被授予“支持经济发展业绩考核一等奖”。省分行营业部所辖：庐阳、钟楼、城西、城东、蜀山、芜湖路等支行以及巢湖市分行。截止2014年末，该行职工总人数（不含劳务用工）员工10117人。资产规模达到3406.02亿元，其中各项贷款余额 2324亿元；负债规模达到3402.37亿元，其中全口径存款余额3206亿元；实现税前利润66亿元；五级分类不良贷款率0.42%，四行最优。

【加大信贷支持投入】 省建行营业部落实国家产业政策导向，顺应行业发展趋势，支持实体经济发展。一是加大对战略性新兴产业、先进制造业、传统产业改造升级以及绿色环保等领域的信贷支持力度，支持现代牧业、龙源风电、山鹰纸业、淮北凌云环保等一批企业，累计投放贷款达35.04亿元；二是支持关系国计民生的重点项目。支持“三农”经济、县域经济、城乡一体化建设等领域，截至2014年末，县域新农村和城镇化建设贷款累计发放56亿元，占全省该类贷款新增的67%；支持文化卫生教育行业，向文教卫行业持续投放贷款；纳入国家和省级规划的重点在建续建项目，分别支持京福铁路客运专线、蚌埠中环污水处理以及国电宿州第二热电等一大批重点建设项目。三是加大项目储备力度。已信贷准入、审批通过的项目储备金额共计1400多亿元，重点对安徽江淮汽车集团有限公司、马鞍山现代牧业（集团）有限公司、东华工程科技股份有限公司等重点客户和项目。四是加大小企业的信贷扶持。在政策鼓励和创新发展双重导向下，适时转变小微企业贷款服务工作思路，调整经营举措，为小微企业量身制订金融服务方案，推出4大体系20多种贷款产品，从源头上帮助小微企业破解从银行融资困难的窘境。同时，服务的小微企业授信客户已占全部企业授信客户总数85%以上。2014年新增小企业贷款66.32亿元，比上年全年多增2.56亿元，贷款增速20.84%，高于全部贷款增速5.29个百分点，超额完成全年“两个不低于”监管指标。五是继续加大个人类贷款投放。作为全省公积金业务的主要承办行，公积金贷款余额及新增均位居同业首位。在做好个人住房贷款这一传统特色产品的同时，加大对个人消费信贷尤其是个人经营类贷款的支持。个人助业贷款帮助中小企业主、私营业主解决经营过程中的临时性中短期资金需求，帮助其创业，实现人生梦想。截至2014年末，全行自营性个人贷款余额达到948.67亿元，当年新增160.61亿元，余额和新增分别占全行贷款的40.82%和51.34%。个人贷款在全国建行系统内新增居前。此外，还通过银团贷款票据贴现以及投资银行等其它多种方式，为全省企业和城镇化建设提供综合融资金融服务支持。

【提升客户服务水平】 省建行营业部推进网点建设，提升服务质量。一方面，实行科学引导，积极倡导“将适合的产品卖给合适的人”，为百姓理财提供个性化服务。另一方面，优化网点布局，加快渠道建设。改造后的网点形象焕然一新，环境宜人，服务价格、流程公示明了，内部设置引导、等候、交易、销售、自助、理财等六大功能区域，通过叫号机和大堂经理的有效分流，分别提供人工、自助、电话银行、网上银行等多渠道服务；同时，全力推进离行式自助渠道建设，大大提升服务质量和效率，赢得了客户、媒体好评。二是持续流程优化，提高客户满意度。有效开展产品与质量管理工作，制定考核评价办法，有效查找服务不足，及时整改，持续深入开展各类专项“客户之声”以及“内部流程用户之声”调查，收集客户意见。在所辖营业网点显著位置公布95533以及其他咨询电话，随时接受客户咨询。对客户实行限时承诺服务。大力推行“客户接待日”、“行长接待日”制度，继续运用神秘人、专项考核、调阅录像、分析系统指标、电话等五种检查方式，对全辖营业网点服务质量连续进行监测、考核、评比，提高客户满意度。三是充分尊重客户知情权，提供耐心、专业的服务。通过官方网站、报纸、公告牌等对开办的业务特点、业务办理流程、业务收费标准等进行详细的介绍。网点均配备电子利率牌、网上银行演示终端、业务宣传电视屏、LED字幕等，及时满足客户对建行开办业务的了解需求。网点显著位置统一摆放业务收费价格表，并注明收费依据。电话银行、大堂经理、客户经理等为客户提供了互动式咨询、沟通平台，热情高效的服务、简明关键的介绍、解答、首问负责制等，极大地满足了客户各种服务需求。

【加大产品创新力度】 省建行营业部推进全行全员创新战略，完成产品创新156个。通过产品创新，构建全方位的产品综合营销平台，为客户提供一揽子金融服务，有效满足客户需求。如创新推出的国内保理、联贷联保、动产质押等小企业信贷新产品，有效破解了小企业贷款担保难问题，方便了小企业融资。为降低居民住房按揭贷款利息成本，还积极与省市住房公积金管理部门合作，将公积金与商业按揭产品进行组合创新，在全国金融同业中率先推出“公积金接力贷款”新产品，让广大公积金缴存职工，中低收入职工充分享受到公积金信贷优惠。

【强化案件风险管控】 省建行营业部明晰风险防控的责任体系，强化“一把手”责任制。确定符合安徽省建行实际的“八不贷”标准，建立不良贷款反弹约谈制度和月度风险诊断会制度。加强资产质量考核，各分支行及省分行相关部门绩效与不良反弹直接挂钩，当月兑现，不再递延。加强不良贷款批量转让、单户转让、重组核销等处置手段。二是加强廉政案防。加强员工廉洁从业以及合法经营知识教育，最大限度提升全行依法合规经营的能力；定期开展员工不良行为排查、业务检查、岗位交流，积极引导全行员工守法诚信，廉洁从业；全面加强党风廉政建设，严格落实党风廉政建设责任制，强化责任主体意识，切实落实“一岗双责”；坚持从严治行，加大问责力度，严格按照“三个不放过”的要求，坚持对违规违纪问题严格问责；组织并配合好物价、税务、银监局、人民银行等多项外部检查，通过检查，发现薄弱环节；继续将审计检查发现问题当作宝贵的资源用足用好，对内部审计发现并已追踪的所有问题完全落实整改。三是强化安全管理。加大监督力度，组织各业务部门和综合管理部门，针对全辖管理薄弱环节进行分析梳理并进行检查，实现全行无四类案件、责任事故发生，保障了各项业务安全稳定运行。

【加强作风建设】 省建行营业部通过压缩管理层级，提高工作效能，加大中后台业务集中力度，充实一线人员，分别建立专门的客户服务机构和团队，定期组织机关部门和支行网点就服务效能进行双向测评；进一步强化机关本部作用发挥，为基层给政策、给资源、给信息、给服务；继续深化作风改进，对机关本部领导人员围绕“四风”查摆出来的问题进行梳理，选择出有代表性的问题，召开全行视频会，一一剖析，对照整改；继续开展机关部门与基层网点结对子和部门负责人蹲点活动；进一步扩大省建行营业部授权事项，优化报告路径和工作流程，对县域支行全面实施简政放权；绩效考核系统上线推广，“最后一公里”从业绩考核延伸到各项工作的执行落地；后台集中和营运支持效率进一步提升，柜面操作风险管控能力进一步增强。

【营造良好文化氛围】 一是持续强化文明创建。2014年获得“安徽省银行业文明规范服务示范单位”称号17个，比上届增加8个；全省各级文明单位112个，比年初增加23个；其中总行文明单位10个，比上届增加6个；安徽省文明单位增补1个；全国文明单位属地创建从无到有取得历史性突破，全国文明单位创建数量总行系统第一，安徽省金融同业第一。二是积极推进“善建者行 成其久远”社会公益活动。2014年“建行安徽省分行员工爱心基金”募捐385.8万元；社会公益活动实施项目91个，捐助单位130个，内容涉及捐资助学、美好乡村建设、弱势群体援助、社区文化提升等多个领域；捐助贫困学子、妇女儿童、孤寡老人的人数达2510人，其中省分行结对捐助小学生500名，援建宣城乡村学校少年宫一个。三是持续打造服务品牌。“师徒制”不仅荣获安徽省文明单位创建优秀品牌称号，而且还获中国金融工会通报；总行2014年重新认定建行系统二十大文化品牌，安徽分行“师徒制”和“三优品质综合性网点”也名列其中。四是持续关爱员工和职工之家建设。关爱员工十件事的落实工作取得良好成效，做到件件有措施，件件有落实；共完成4个二级分行本部职工之家、62个县级支行职工小食堂、40个县级支行健身活动室建设。五是持续开展行庆活动。在省分行本部组织举办“启梦 2014”迎春联欢会；组织举办“因您而精彩——2013建行安徽省分行年度先进典型颁奖典礼”；组织举办“和你在一起”庆祝中国建设银行成立六十周年文艺汇演暨荣誉行员授勋仪式等等。

（凌　云）

徽商银行合肥分行

【概况】 2014年，徽商银行合肥分行应对复杂严峻的经营形势，大力拓展业务，加快经营转型，稳步推进改革，强化内部管理，切实防范风险，各项业务实现持续稳健发展。至年末，全行各项存款余额1041亿元，位居本地同业第2位，较年初增加115亿元。其中，对公存款余额842亿元，继续稳居本地同业第1位，较年初增加92亿元；储蓄存款余额199亿元，较年初新增23亿元。年末各项贷款余额685亿元，位居本地商业银行第3位，较年初增加56亿元；全年累计投放各类贷款397亿元。年末不良贷款余额2亿元，不良贷款率0.3%，远低于同业平均水平。

【业务拓展】 公司业务上，组织了近百场重点营销活动，与省农垦集团等重点客户签订战略合作协议，制定落实公司业务综合化发展实施方案，逐步建立公司客户分层服务机制，取得显著成效。小企业业务上，围绕重点行业、园区和产品积极开展营销工作，拓展基础客户群，提升综合收益，全年实现小企业FTP创利近6亿元，小企业日均存款新增23亿元；零售业务上，持续开展旺季营销、综合竞赛、刷卡消费有奖及高端客户答谢等活动，促进零售业务全面发展，储蓄存款和个人贷款先后突破200亿元，实现零售中间业务收入近1亿元，零售有效客户数新增4.4万户；国际业务上，着力提升产品组合销售服务能力，拓展发展渠道，新增1家外汇经营网点，累计实现国际结算量16.8亿元、结售汇量14亿美元；票据和同业业务上，加强票据产品的组合运用，创新开展资金撮合、结构化融资、托管等多项业务，积极拓宽盈利渠道，累计办理票据直贴金额286亿元，居本地同业首位，实现票据和同业创利1.8亿元；电子银行业务上，坚持客户数量和质量并举，持续开展营销活动，加大产品销售力度，新增电子银行客户近38万户。

【经营转型】 以对公、对私条线为主线，完善组织管理架构，推进各条线客户分层服务体系建设，促进服务水平和网点产能稳步提升，在新增3家营业网点的情况下，支行网均存款规模和经济利润实现持续增长，分别较上年增加1亿元和188万元；积极拓展投行、贸易融资、现金管理和对公理财等业务，全年累计实现投行业务量112亿元，新增企业债募集监管资金52亿元，实现贸易融资业务量88亿元，新增现金平台账户数126个，销售对公理财166亿元；持续推进网点转型固化工作，提高网点服务水平和销售能力，新增信用卡2.5万张、收单商户1600多户，销售各类理财产品160亿元、基金15.7亿元、国债5.5亿元，较上年大幅增长；与客户合作开展多个资管项目，推广运用商易贷、创易贷、易连贷等业务累计投放贷款2.6亿元，推出订单贷、科信贷、挂牌贷等十余种小企业新产品，推广理财POS业务营销资金6.4亿元，累计办理国内信用证等外汇转型业务合计32亿元、转贴现和再贴现金额105亿元。

【风险内控】 加强对信贷政策和产业政策的把握，严把信贷准入关，明确信贷投放的方向和重点，合理选择客户和项目，优化信贷资源配置，在有效控制信贷风险的同时，促进资产结构优化调整；开展资产质量“双控”专项行动，细化工作组织、职责和措施，有针对性地开展风险排查，组织支行签订“双控”目标责任书，制定问题及不良贷款处置方案，多措并举做好信贷资产质量风险防控工作；加强风险分析、预警和监测工作，加大信贷违约催收力度，及时预报和化解信贷风险；认真开展信贷资产分类、集中信用评级、信贷风险排查、风险监督评价等基础性工作，强化放款中心风险控制，严格落实贷后管理制度，全面提高风险管理水平；加大不良贷款清收处置力度，实现不良现金清收3662万元，成功收回已核销贷款本金2400万元。

扎实开展“整改一批违规现象 查处一批违规事项”专项活动，制定具体实施方案，明确组织分工和工作内容，认真开展全面排查，对发现的问题及时通报并落实整改，强化全员合规意识和制度执行力；开展行内会计运营、信息科技等重点业务领域的内控梳理，及时组织新设支行实施全面内控自评工作，完善内部控制架构和机制；制定年度现场检查工作计划，有序落实各项业务检查，根据外部监管、内外部审计、本行检查情况，梳理识别合规风险信息40多项，加大整改问责力度，促进业务规范有序开展；持续开展“合规建设年”活动，通过编发合规信息简报、合规建议、检查专报、违规案例等加强合规经验交流，制定落实2014年转授权方案，健全案防管理体系，强化反洗钱管理，成功堵截3起案件，连续三年获评“反洗钱工作非现场监管A类机构”。

【基础管理】 不断完善考核机制，优化完善部室、支行考核，探索个贷中心和金融同业部事业部制考核，全面启动支行零售KPI考核，针对中间业务收入开展专项考核，强化考核激励约束，促进各项业务发展；强化会计运营管理。实施会计重点项目检查、存款风险滚动检查等多个检查项目，持续开展业务培训和岗位练兵，提高条线队伍素质和会计运营工作水平；积极开展科技项目和信息系统建设，完成司法查控、存量房资金托管、业务流程风险管理等项目建设工作，成功上线多个现金管理、MIS收单及一卡通项目，为业务发展提供有力的科技支持；切实抓好安保工作。积极开展“安全徽银”创建、“查违规、保安全”等活动，持续开展安全检查，加强远程监控管理和安防工程建设，提高安保工作水平，辖属三孝口支行被中国银行业协会评为“安全管理先进单位”（全国百家、省内3家）。

【深化改革】 健全激励约束机制，重点改革部室绩效考核，将绩效向业务一线倾斜，完善绩效考核体系，彻底打破平均主义；完善风险管控机制和内控管理机制，进一步强化全面风险管理，深化内控体系建设，重点防范信贷风险，降低违规操作行为，确保全行稳居经营；加强柜面业务操作管理，推进运营条线队伍建设，加大检查监督力度，持续优化业务流程，提升柜面服务能力和运营效率；加快小微金融改革，积极探索建立科技金融创新服务试点基地，加强小微金融产品创新运用，稳步推进微贷试点项目，累计发放微贷4300多万元；建立健全选人用人机制。从完善架构、动态管理、竞争上岗、人才培育等多方面入手，不断完善选人用人机制，全年完成各类人员调整500多人次，针对支行中层管理岗位、支行部门负责人任职资格、部室工作岗位等开展全行公开竞聘，拓宽员工发展通道；推进普惠金融建设，长丰支行开业实现合肥地区县域网点全覆盖，全行营业网点增至43家，自助网点达103个，投入各类自助设备351台，金融服务覆盖面不断扩大；完善组织管理架构，新设经营中心、投资银行部、信用卡部和微贷事业部，成立财富管理中心，探索实施个贷业务单元制和放款中心直属管理，将票据中心更名为金融同业部，持续完善组织架构和职责分工，促进经营管理水平持续提升。

【文化建设】 持续实施卓越绩效管理模式，加强改进创新，不断提高经营管理水平，2014年徽商银行合肥分行成功获得第三届合肥市政府质量奖，成为省内首家获得该奖项的金融机构；加强党建工作，不断完善党组织机构，强化党员教育管理，党员队伍壮大至500人；组织开展丰富的企业文化活动，在徽商银行青年员工业务技能大赛、理财经理专项业务竞赛、第三届职工运动会中均获得团体第一名，在徽商银行支行行长合规业务知识竞赛中包揽一、二等奖，参加“第五届合肥金融微笑天使总评选”获得优异成绩；加强文明创建工作，辖属城隍庙支行获评“中国银行业文明规范服务千佳示范单位”和“中国银行业文明规范服务五星级营业网点”；举办员工拔河、牌类比赛、青年员工座谈会等活动，建立“职工之家”，丰富员工业余生活；开展小微企业金融服务宣传月、消费者权益保护、普及金融知识万里行等活动，积极履行社会责任，不断提升品牌形象。

（裴　斐、祖　杰）

非公有制经济

综述

【规模比重】 截至2014年末，全市实有私营企业136576家，比上年同期增加30103家，增长28.27%；注册资本4518.01亿元，比上年同期增加1612.59亿元，增长55.5%。个体工商户225771家，比上年同期增加22371家，增长10.99%；注册资本190.6亿元，比上年同期增加36.4亿元，增长23.6%。私营企业投资者人数285353人，雇工人数482278人；个体工商户从业人员513579人。

截至2014年10月，全市实有外资企业1587家，农民专业合作社2770家。外资企业注册资本60.3亿美元，农民专业合作社出资总额52亿元。

【发展特点】 非公有制登记市场主体数量和新增资本呈现双增长。2014年，合肥市坚持"宽进严管"方针，推进工商注册登记制度改革，促进全市市场主体快速增长，经济活力显著增强。非公有制市场主体数量稳中有升，规模不断扩大，呈现平稳发展态势。

2011～2014年新登记内资企业（含私营企业）情况表

年　份	新增数（家）	新增注册资本（亿元）
2011	18295	361
2012	18221	406
2013	22543	443
2014	30103	1612.59

2011～2014年新登记个体工商户情况表

年　份	新增数（家）	新增注册资本（亿元）
2011	35993	35.5
2012	37288	34.5
2013	44059	48
2014	22371	36.4

全部私营企业136576家中，新登记私营企业37586家，占总数的27.52%。全部个体工商户225771家中，新登记个体工商户43937家，占总数的19.46%。

私营企业全部注册资金4518.01亿元中，新登记私营企业注册资金1236.32亿元，占总量的27.36%。个体工商户全部注册资金190.62亿元中，新登记个体工商户注册资金50.06亿元，占总量的26.26%。

全年新批外商投资企业85家，比上年增长1.2%。实际利用外商直接投资21.82亿美元，增长15.4%。新增总投资（含增减资）27.18亿美元，同比增长45.6%。

经济新常态下，2014年度市场登记主体有了明显变化。2013年底登记在册的私营企业中，退出市场的有7483家，占2013年底私营企业总数的7.0%；退出市场的投资者人数为11722人，占2013年底投资者人数的5.1%；私营企业雇工人数减少29766人，占2013年底私营企业雇工人数的6%，注册资金增加了376.27亿元，占2013年底私营企业注册资金的12.95%。2013年底登记在册的个体工商户中，退出市场的有21566家，占2013年底个体工商户总数的10.6%；个体从业人员减少48573人，占2013年底从业人员的10.65%；个体工商户注册资金减少了13.67亿元，占2013年底注册资金的8.86%。

规模以上服务业发展稳中有进。2014年，在一系列发展政策和措施的推动下，全市服务业稳健发展，规模以上服务业总体规模稳步扩大，经济效益不断提高，就业岗位增多，职工薪酬水平提升，但行业分布不均衡、企业规模普遍较小、部分行业发展缓慢、地区差异较大等矛盾和问题仍较突出。

盈利能力增强，成本控制有效。全市规模以上服务业的营业利润率为15.5%，比上年的7.6%提升了7.9个百分点，且高于全省3.4个百分点。每百元收入中的成本由上年的71.8元下降到68.3元，减少3.5元。

行业覆盖面较广，生产性服务业占比大。规模以上服务业涵盖交通运输、仓储和邮政业等9个门类、29个大类和2个中类，行业覆盖面广，单位数和营业收入总量均居全省首位，主要分布在交通运输、仓储和邮政业、信息传输、软件和信息技术服务业、租赁和商务服务业、科学研究和技术服务业等生产性服务业中。

经营主体多元化，民营经济发展平稳。截至2014年11月，1435家民营企业占规模以上服务业单位数的比重为77.2%，资产规模635.3亿元，比重为9.0%；16家外商企业，占规模以上服务业单位数的比重为0.9%，资产规模29.5亿元，比重为0.4%。从经营规模来看，民营企业实现营业收入243.3亿元，比重为29.2%，外商企业实现营业收入10.9亿元，比重为1.3%。从营业收入增速看，民营企业增长23.3%，外商企业增长25.9%，非公有制企业增速高于国有及国家控股企业9.7个百分点。在营改增及各项税收优惠政策实施的影响下，税收占比略有下降。2014年，民营经济各主要指标有不同程度上涨，营业收入同比增长9.6%，利润总额增长2.1%，职工薪酬增长16%，三项税金增长8.7%，发展较为平稳。

企业规模扩大，龙头企业不多。全市规模以上服务业企业平均资产6.5亿元，比上年增加0.6亿元，达到此平均数的有71家企业，超过1亿元的有203家，比上年增加25家；平均营业收入8727万元，比上年增加760万元；营业收入达到1亿元的企业有117家，增加2家，实现营业收入618.6亿元，亿元以上服务业营业收入占全部的比重为77%。经过近几年的发展，服务业企业的规模逐步扩大，但大型龙头企业数量不多，资产超过平均数的企业仅占7.7%，超1亿元的仅22%，达到10亿元的不足6%，超过100亿元的仅占1%；年营业收入超1亿元的仅有12.7%，而超过10亿元的只有13家，仅占1.4%，且大型龙头企业主要集中在交通运输、信息传输及科学研究和技术服务业中，对其他行业的辐射、集聚作用不够大。

就业人数增多，人均薪酬较为稳定。服务业的稳步发展为社会创造了大量的就业岗位，成为就业主渠道。2014年末，全市规模以上服务业单位从业总数16.7万人，单位平均从业人数181人。全年应付职工薪酬同比增长6.5%，人均每月应付职工薪酬为5662元，各季服务业人均月薪酬达到5500元以上，是最低工资保障的4.5倍。人均月薪酬较为稳定，但也存在行业偏差，知识密集型的行业如科学研究和技术服务业、信息传输业，人均月薪酬分别高达8331元和6888元。非公有制经济产业结构更趋合理。

民间投资活跃，民企贡献突出。面对经济发展的新常态，全市上下始终坚持稳中求进，改革创新，紧紧抓住国家推动长江经济带发展的战略机遇，以重点项目为抓手，全市固定资产投资呈现出服务业投资加快发展、投资结构进一步优化的特点。具体表现在：1. 内涵效益型投资比重不断提升。全市工业技术改造投资1172.92亿元，同比增长14.5%，增速比工业投资快1.9个百分点，占工业投资比重由上年同期的59.5%提高到61.4%，提高了1.9个百分点。2. 投资增长的内在动力持续增强。完成民间投资3343.94亿元，同比增长24.3%，增速比全市投资高6.2个百分点，民间投资占全市投资比重达62.1%，同比提高3.1个百分点，民间投资对全社会投资增长的贡献率达79.1%，同比提高12.7个百分点。

民营经济活力彰显，是引领经济发展的重要力量。民营企业对接项目九成已开工，成为企业落户的重要渠道。截至2014年11月，82个与全国知名民企合作项目中，工业项目开工38个，完成投资额232亿元；城市及基础设施建设项目开工7个，完成投资123亿元；服务业及其他项目开工29个，完成投资额260亿元；农业及产业化项目1个，完成投资1亿元。

2014年前10个月，全市民营工业增加值1161.37亿元，同比增长17.2%，比规模以上工业平均增幅高5.4个百分点，对工业增长贡献率达到九成以上。

此外，民营企业也成为吸纳就业的主力军，全市民营企业提供的就业岗位占城镇就业岗位的80%，占全市新增岗位的90%以上，成为拉动社会就业的主渠道。在全市高新技术企业中，民营企业也占到85%以上，成为自主创新的重要力量。

义城建设集团有限公司总经理王家全、安徽真心食品有限公司董事长孙国升、合肥常青机械股份有限公司董事长吴应宏、安徽东昌建设集团有限公司董事长宋少东、安徽安利合成革股份有限公司董事长姚和平、安徽文一投资控股集团董事长周文育、安徽国购投资集团董事长袁启宏、安徽双福粮油工贸集团公司董事长徐道福、宝业集团安徽有限公司总经理高君、安徽光明槐祥工贸集团有限公司总经理郭少祥、安徽鸿路钢结构（集团）股份有限公司董事长商晓波、安徽品冠投资集团有限公司董事长潘保春被评为“合肥市2012—2013年度优秀企业家”。

战略性新兴产业总量不断扩大，经济效益显著提高。截至2014年7月末，全市拥有规模以上战略性新兴产业（简称新兴产业，下同）企业509家，占全市工业的22.2%。分产业看，电子信息产业企业214家，高端装备制造业129家，生物、新材料、节能环保、新能源、公共安全、新能源汽车产业分别为54家、45家、34家、15家、15家和3家。从规模看，大型、中型、小微型企业分别为32家、76家和401家，小微企业占78.8%。

1～7月，战略性新兴产业增加值同比增长21.7%，高于全市工业平均增速8.7个百分点，对全市工业增长的贡献率为45.7%，同比提高5.9个百分点。其中，新能源产业增速最快，增长73.6%，高出全市工业平均增速60.6个百分点；电子信息产业贡献最大，对全市工业增长的贡献率达26.6%。

前7个月，战略性新兴产业主营业务收入1215.83亿元，增长25.9%，高于全市工业平均增速11.6个百分点；实现利税总额81.0亿元，增长33.1%，高于全市21.1个百分点，其中利润总额63.63亿元，增长42.9%，高于全市26.3个百分点，对全市工业利润增长的贡献率达到70.3%。

前7个月，新兴产业中有民营企业429家，完成产值967.95亿元，占新兴产业的71.1%，同比提高4.5个百分点；实现增加值258.48亿元，增长28.7%，高出全市15.7个百分点；实现主营业务收入878.92亿元，增长35.0%，高出全市9.1个百分点。

合肥华清金属表面处理有限公司申报的“金属表面无磷无铬环保型处理剂的研究及应用”项目，被授予“中华全国工商联科技进步优秀奖”。这也是安徽省在这次评审中唯一获此殊荣的项目。

【存在问题】 小微企业生产下降，经营状况堪忧。1～7月，401家小微型企业完成产值308.89亿元，下降2.7%，其中有120家企业生产下降，占29.9%；亏损企业53家，亏损面13.2%，上升1.1个百分点；利息支出增长20.9%。

新兴产业投资低迷，回落态势持续。1～7月，新兴产业完成投资537.39亿元，增长9.6%，比上年同期回落19.6个百分点，低于工业投资平均增速7.3个百分点；占工业投资的比重为46.3%，较上年同期回落3.1个百分点。

【扶持政策】 2014年，市政府制订出台了《〈合肥市促进民营经济发展条例〉实施细则》，该细则明晰发展责任主体、整合归纳相关政策、展现深化改革亮点、充实权益保障内容、关注信息统计监测，从五个方面、多个角度为民营企业发展提供政策支持，涉及企业融资、人才引进、行业准入等事关民营企业发展的重点问题，为进一步推动民营经济发展给予政策保障。此外，还先后出台了《合肥市人民政府办公厅关于印发合肥市光伏下乡“百千万”工程实施方案的通知》《合肥市人民政府关于加快电子商务发展的意见》《合肥市人民政府关于印发2014年自主创新工作要点的通知》《合肥市人民政府关于印发合肥市扶持产业发展“1+3+5”政策体系的通知》《合肥市人民政府关于加强企业技术改造推进工业转型升级的若干意见》《合肥市人民政府关于印发“十二五”百家高成长性企业培育工程实施意见（修订）的通知》《合肥市人民政府关于金融服务“三农”和实体经济发展的实施意见》《合肥市人民政府关于进一步加强技能人才工作的意见》《合肥市人民政府办公厅关于加快大众化餐饮发展的意见》等政策措施。

（杨贤成）

民营经济

【概况】 2014年，全市民营经济继续保持良好发展态势，成为拉动全市经济增长的中坚力量。全市2047家民营规模以上工业企业完成产值和增加值分别为5628.54亿元、1393.08亿元，分别占全市的66.6%和65.5%，比上年分别提高2.5和2.6个百分点，其中产值比2011年全市工业总产值超出30.57亿元；增加值增长16.8%，高出全市4.5个百分点，拉动全市工业增长10.6个百分点，增长贡献率为85.9%。其中，有1373家民营企业产值同比增长，增长面为67.1%，比全市高1.4个百分点；产值增长20%以上的企业730家，占35.7%，高出全市1.0个百分点。

【发展环境】 合肥市出台《关于大力发展民营经济的实施意见》，修订完善《合肥市民营经济发展条例》，印发《合肥市民营经济发展条例实施细则》。在全省率先实行注册资本、经营场所、"先照后证"等商事登记制度改革，启动赛飞创业辅导培训"进县区、进园区、进校园"活动，开展民营企业"个转企、小升规、规改股、股上市"工作。在全省率先开展"四位一体"保证保险贷款试点。建成2个国家级、20个省级、10个市级中小企业服务示范平台。全市形成以《合肥市促进民营经济发展条例》为主体，以各类专项政策为补充的较为完备的支持民营经济发展的政策及融资环境。

【市场主体】 全市市场主体数量大幅上升，全年共新登记各类市场主体83289个，同比增长23.8%。全市新登记各类市场主体新增注册资本1376亿元，同比增长160%。全市实有各类市场主体377733个，同比增长16%。全市实有各类市场主体注册资本7315亿元，同比增长40%。全市民营规模以上工业企业2047家，占全部工业企业的 88.8 %，主营业务收入4217.7亿元，同比增长18.8%，利润总额180.81亿元，同比增长4.8%。

【民企合作】 全国知名民企合作，新增项目53个，新增投资900亿元，全年与全国知名民企合作项目共计81个，开工80个，完成投资697亿元。

【社会贡献】 全市民营企业积极安排就业、吸纳下岗职工再就业，成为拉动全社会就业的主渠道。民营经济提供的就业岗位占城镇就业岗位的80%，占全市新增城镇就业岗位的 90%，为建立和谐社会做出了巨大贡献。

【科技创新】 民营经济在科技创新方面继续发挥着重要作用，全市首批认定的187家专精特新企业，均是民营企业。全市高新技术企业中，民营企业占到90%以上。民营企业成为全市建设科技创新型城市的生力军。

（韩 东 彭雨森）

企业选介

【宝业集团安徽有限公司】
宝业集团安徽有限公司是宝业集团股份有限公司的全资子公司。公司按照工业制造和房地产开发并举的拓展方式，以成功重组安徽拖拉机厂为起点，成为拥有安徽宝业住宅产业化有限公司、合肥宝业房地产有限公司、浙江宝业建设集团安徽分公司等十多家子、分公司，经营范围涉及建筑工业化、房地产开发和建筑施工"三位一体"发展模式的综合型建筑产业类企业，业务以安徽省为中心辐射中部五省，是宝业集团继浙江之后的第二大基地，公司连年被评为"安徽省民营企业20强企业"。

宝业集团安徽公司下属的安徽宝业住宅产业化有限公司的产业园区，位于合肥新站综合开发试验区，占地面积20余公顷，是宝业集团继浙江住宅产业化基地之外的又一个大型建筑工业化制造基地，具有建筑总承包二级资质，产业项目由建筑产业研究院、节能幕墙门窗、钢筋加工配送中心、节能保温材料、建筑机械制造、轻钢结构、新型墙体材料等几大部分组成。

合肥中宝机械制造有限公司以建筑机械研究制造定为企业主要发展方向。已形成了混凝土搅拌机械、起重机械等建筑机械系列产品的研制、生产、销售服务体系，主要产品包括QTZ塔式起重机系列、SCD、SC、SSDB施工升降机系列、HZS混凝土自动化生产线系列、ZB高频直缝焊管系列等，产品在拓展国内市场的同时，还相继开发了苏丹、安哥拉等海外市场，已逐渐发展成安徽省建筑机械制造行业中的龙头企业。

宝业集团安徽公司下属的建设安徽分公司具有特级房屋建筑工程总承包资质，业务遍布全省各地，总施工面积超过400万平方米，承建了造价超亿元的多个重点项目，其中有合肥CBD中央广场、皖投置业园、东怡金融广场、飞龙大厦、安徽省电信大楼、城市经典、滨湖新区道排工程、城市绿苑、绿城•桂花园等项目工程。

宝业集团安徽公司在房地产开发领域先后开发建设了"宝业•城市绿苑""安徽浙江商贸城—宝业•家纺广场""宝业•桐城绿苑"等精品项目。

【合肥华信电动科技发展有限公司】 华信电动是隶属于华信集团的全资子公司。华信电动成立于2007年，主要开拓新能源汽车产业，整合电动汽车零部件优势，进行电动环卫车研发、生产与销售，致力于成为中国最优秀的电动车生产厂商和标准起草者。

华信电动有自主研发的产品30余种，包括电动装桶车、电动保洁车、电动垃圾清运车、电动清扫车、电动高压冲洗车、电动翻桶车、电动洒水车、电动巡逻车、电动观光车等，在环卫领领域创造了环卫作业新概念。公司先后取得近200项专利技术：6项软件注册产权证书， 5项发明专利。公司每年完成新车型研发10余款，创新技术20多项，数量位居行业前列。公司与合肥工业大学、合肥汽车学院建立产学一体化研究。

【合肥市文都人力资源管理有限公司】 文都集团成立于2006年，致力成为具有全国领先水平的人力资源及相应流程外包服务供应商，汇集专业人才，建立大中专院校、城、乡、村为结点的人力资源基地的网络化招聘体系。依托先进的互联网服务和强大的计算机技术支持，为客户提供劳务派遣、人事代理、劳动关系管理、工资与薪酬服务、后勤住宿管理服务，咨询与培训等全方位、多层次、高效率的人力资源服务。集团拥有四家子公司：合肥市文都人力资源管理有限公司、合肥市文都人力资源管理有限公司芜湖分公司、合肥海纳人力资源管理有限公司、桐城市职业介绍服务中心，在中国上海、武汉、苏州、芜湖等地设立办事处。2008年，集团被人力资源和社会保障部及就业促进会授予“a级信用单位”； 2012年加入新站区人力资源协会，公司总经理张贤勇担任协会秘书长；2013年成为安徽省礼仪文化协会副会长单位。合肥市文都人力资源管理有限公司率先于2013年8月获合肥市人力资源和社会保障局批《劳务派遣经营许可证》，合法从事劳务派遣业务。

【安徽仙满楼集团】 仙满楼集团创业于1994年，经过近二十年的努力，现已经发展成为一家以经营酒店、酒楼、团膳、投资为主的多元化企业集团，“仙满楼”品牌创立于2010年。仙满楼投资公司投资参股多家金融、地产及物业管理公司。

【安徽国购投资集团】 国购集团始创于1993年，是集产业投资、商贸物流、文化动漫、现代金融为一体的综合性、国际化企业集团，业务覆盖全国，合作伙伴遍及全球。2013年，集团总资产逾350亿元，全年实现营业收入252亿元，名列中国民营企业150强。

产业投资涉及智能机器人、新型材料、现代农业、高端装备制造等新兴技术产业。商贸物流集商品交易、电子商务、仓储物流、酒店会展等功能于一体，形成了商贸物流“城市综合体”。文化动漫重点建设以中国文化元素为主导，有效融合芬兰、美国、日本等国家动漫技术，涵盖动漫产品研发、动漫娱乐体验、衍生品交易等功能于一体的室内动漫文化城。现代金融涉及证券、保险、投行、基金、信托、金融租赁、金融消费、互联网金融、第三方支付等业务。国购集团还积极与高等院校、科研院所、金融机构合作，构建企业高端智库，将最前沿的核心科研成果产业化，助推企业转型升级、创新发展。

2011年度被中国房地产开发企业协会评为“全国保障房建设优秀企业”。2013年度被中华全国工商联评为“中国民营企业500强”第233位和“中国民营企业服务业100强”第52位。2014年度被中华全国工商联评为“中国民营企业500强”第150位。

【南京医药合肥天星有限公司】 公司是南京医药股份有限公司与合肥市工业投资控股有限公司共同出资组建的大型医药商业企业。注册资金11394万元，企业总资产近20亿元，生产经营办公总面积4万平方米，拥有省内先进的仓储设施及现代化ERP系统，与全国30个省（自治区、直辖市）1600多家厂商建立战略伙伴关系，经营品种、规格万余个，销售网络覆盖全省95%以上的三级医院、85%以上的二级医院；形成了以合肥为中心、辐射全省的市场网络系统。2013年含税销售收入超63亿元。

公司在册员工790余人，拥有国家认证的执业药师42人，采购师20人，专业物流师11人，健康管理师24人，各类专业技术人才311人；先后获中国医药商业企业最佳对医疗机构服务奖、中国医药商业企业最佳质量管理创新奖、全国实施卓越绩效模式先进企业、全国医药商业行业AAA级信用企业、全国医药系统先进集体、全国医药行业质量效益型先进企业、2010年安徽省质量奖、安徽省依法纳税先进单位、安徽省模范职工之家、安徽企业100强、合肥市守合同重信用单位、合肥市先进单位、合肥企业50强等奖项和荣誉，是首批通过国家药监局GSP认证单位，并连续三次一次性通过GSP复认证，2013年12月通过新版GSP认证，2014年1月获得新版GSP证书，是安徽省农村药品供应网络配送基地，安徽省政府、合肥市政府、中国人民解放军海军药品战略储备单位。

【安徽品冠投资集团】 公司是一家专业化实体经济投资机构，在合肥以及广东、四川等地投资开拓智能家居、新能源、新材料三大产业，拥有“品冠”“荣事达”“健洗宝”“乐库”四大国内著名品牌，总资产26亿元，员工600人。

品冠集团新能源产品包括太阳能、空气能、地源热泵等；智能家居产品包括智能卫浴、智能家电、智能晾晒设备等；新材料产品包括集成吊顶、纳米陶瓷等，产品品种近2000个，先后获国家专利1000余项，2200个销售网络覆盖全国市场，产品远销欧美、中东等32个国家和地区，年销售额逾50亿元。

【合肥恒大江海泵业股份有限公司】 公司是国家高新技术企业、火炬计划重点高新技术企业，由原合肥三益江海泵业有限公司于2012年4月28日经合肥市工商局核准更名，占地8公顷，总投资2亿元，年生产大型潜水电泵1000余台套。是原机械部定点生产电机、潜水电泵的专业制造厂和重点企业，是国内唯一一家专业制造潜水电机、潜水电泵、电控产品和泵站综合自动化系统成套设备的综合制造企业，公司潜水电泵在出水口径、流量、扬程、功率、电压等级等方面技术一直处于国内领先水平，达到国际同类产品的先进水平，大型潜水电泵发明专利填补了多项潜水电泵领域的空白。创造出世界最大单机功率4000千瓦的潜水电泵，产品在国内大型潜水电泵技术水平、制造能力、实验能力、市场行业排名第一，大型潜水电泵机组市场占有率65%以上。

【安徽巨一自动化装备有限公司】 公司成立于2005年1月，是专业从事汽车制造自动化成套装备整体解决方案的国家首批高新技术企业及国家创新型试点企业。公司先后与德国KUKA、EDAG等公司、合肥工业大学、天津大学、北京理工大学等高校建立了紧密的合作关系，建立国际领先的技术和开发平台、标准规范和流程，做精做专汽车制造自动化装备，形成自己的核心竞争力，主要产品包括自动化装配与测试、白车身系统等系列汽车制造自动化成套装备，产品技术达到国内领先水平，广泛应用于中国一汽、东风汽车、长城汽车、中国重汽、神龙汽车、宇通重工、陕汽、北汽福田、中国一机、意大利卡拉罗、美国美驰、柳工、柳汽、长安汽车、奇瑞汽车、江淮汽车、星马汽车、安凯客车等企业，为乘用车和商用车生产提供成套装备服务。

【合肥中辰轻工机械有限公司】 公司是专业从事饮料、啤酒灌装包装自动化生产线设备的设计开发与制造的国家级重点高新技术企业，是中国酒饮料装备行业的核心骨干企业，设计资质、加工手段、产品质量以及售后服务一直处于行业领先地位。产品涵盖碳酸饮料生产线设备、水生产线设备、果汁茶饮料牛奶生产线设备、啤酒黄酒白酒生产线设备等以及成套整厂交钥匙工程设备。公司产品远销60多个国家和地区，在饮料行业为可口可乐、百事可乐、娃哈哈、健力宝等国内外知名企业提供了多条先进生产线设备，在酒行业成功进军嘉士伯、帝亚吉欧、燕京啤酒、青岛啤酒、华润雪花啤酒、百威英博等国内外知名企业。主导产品连续获得多次专利技术认证、国家重点新产品、行业优秀供应商等荣誉，连续多年被中国饮料工业协会评为中国饮料灌装设备“优秀供应商”。

【安徽万朗磁塑集团有限公司】 公司始建于1995年，2009年成立集团公司，总部设立在合肥，是一家专门从事白色家电门封条研发、设计、生产、销售、服务于一体的企业，是国内规模最大、产业链最完整、综合实力最强的冰箱门封生产企业，拥有全资子公司18家、分公司3家、参控股公司3家，具备年产5000万台冰箱门封条的生产能力，是伊莱克斯、惠而浦、三星、LG、三洋、日立、松下的一级供应商，以及中国知名家电企业海尔、美的、海信、美菱、格力、创维、万宝等的一级供应商，在中国冰箱门封市场占50%的份额。

（杨贤成　韩　东　彭雨森）

经济监督管理

国有资产管理

【“智慧合肥”建设】 2014年9月，市政府信息资源整合项目正式获批立项，市国资委会同市公安局、市民政局、市国土局、市政务服务中心等单位，成立市政务信息资源整合工作小组，以智慧合肥建设为核心，以加强电子政务建设、提高行政服务效率、增强公共服务水平为目标，按照“三库一平台两服务”建设路径（全市人口库、法人库、地理空间库、社会服务管理信息化平台和市政务服务中心信息管理系统），为更大规模的资源整合和智慧合肥建设奠定扎实基础。

全市政务信息资源整合工作遵循顶层设计、统一规划原则，在统一的整体技术架构、标准规范和安全保障体系下组织实施，建成全市统一数据中心和信息资源共享交换平台，实现了全市人口、法人和地理空间等基础信息在政府各部门的交换共享和跨部门协同应用：以公安人口信息为基础，整合民政、人社、司法等部门人口信息综合数据1.38亿条；整合工商、质监、国税、地税、编办、民政等部门法人基础信息141万条；整合市辖区1300平方公里基础地理信息数据，建立覆盖市区840平方公里的实地厘米级的三维城市真实景观数据集，形成涵盖26万栋、200万户房屋、30万个税源的地、楼、房、人、税全市“一张图”；统一社区办事流程和服务标准规范，打造全市社会服务管理信息化平台，整合民政、公安、人社、司法等部门76项业务，将办事窗口延伸到社区居民家门口，构建“统筹协调扁平化、服务管理网格化、工作手段信息化”社会服务管理新格局，为简政放权、服务群众提供强力支撑。

【国有资产运行】 市国资委围绕“新一轮国资国企改革、党风廉政建设和反腐败斗争”两大工作重点，创新国资监管体制，推动国资国企开放重组，有序推进国资国企改革，国有资本监管水平和运营效益得到了明显提升，地方国资监管“合肥模式”走向成熟。

是年，国有经济运行平稳，主要表现为：资产规模持续扩大。全年市国资委所属重点监管企业资产总额3629亿元，净资产1527亿元，较上年分别增长19.18%、13.70%。国有资本及权益总额1438亿元，国有资本保值增值率108%；资产负债率57.9%。重点监管企业当年实现营业收入315.87亿元，同比增长7.4%，达到年度营收预算的102%。实现经营性利润总额31.43亿元，较上年增长7.14%，完成年度预算的112%。重点监管企业上交税费总额23.71亿元，同比增长3.5%，完成年度预算的103%。

（市国资委办公室）

物价管理

【概况】 2014年，合肥市价格系统突出价格改革引领，紧扣稳价惠民主线，多措并举服务经济发展，完善市场价格行为监管。全市当年CPI同比涨幅2.0%，低于预期调控目标1.5个百分点。市物价局先后获全国农产品调查工作优秀集体和全国价格理论宣传先进集体等称号。

【价格改革】 以健全价格形成机制为根本，统筹兼顾推进资源环保产品价格改革，出台居民供热价格改革方案，实行居民供热阶梯式价格，在全国首次提出两部制热价套餐选择模式，强化以人为本、公平付费和节能减排的方针，全面规范转供热、自主供热价格管理行为，利用价格杠杆有效疏导居民供热长期存在的各种不平衡矛盾；调整非居民天然气销售价格。兼顾企业和社会接受度，适时上调非居民天然气价格0.4元/立方米，疏导气源价格上涨矛盾；启动出租车运价与车用天然气价格联动机制，调整客运出租车公里租价；出台电动汽车充电服务价格政策。提出与燃气比价的充电服务价格测算办法，使电动汽车的使用成本显著低于燃油、气成本，为全国新能源电动汽车的推广应用提供依据，并出台全国新能源电动汽车充电价格政策；出台非供电部门资产供配电设施应急抢修办法。对常规项目抢修服务收费实行最高指导价管理，明确应急抢修流程，建立联络员名录管理制度，保障居民用电安全，规范供电部门收费行为；提出老旧小区电表出户改造方案。动员各区排查核实全市未出户高压、低压合表用户现状，提出老旧小区电表出户改造方案，为实现老旧小区居民用电分表出户奠定基础；疏导污水处理价费矛盾。确定全市污水处理提级运行的成本新标准，推进污水处理厂提标改造；促进垃圾焚烧发电产业健康发展。争取垃圾发电项目上网电价政策，纳入国家可再生能源电价附加资金补助目录，按季审核生活垃圾处理上网电量，落实企业补贴资金近8000万元。

【服务发展】 全面清理、规范各类收费项目。当年取消、降低、免征、缓征、放开、下放等各类收费项目和管理权限53项，承接省物价局下放1项管理权限；精简行政权力事项。按照“行政权力进清单、清单之外无权力”的原则，制定市本级全口径行政权力清单，将原72项价格行政权力精简为13项，精减率82%，同步编制责任清单、廉政风险点和权力运行流程图，让权力在阳光下运行；建立重要商品、服务价格和国家机关收费目录库。梳理全市重要商品和各类收费项目7类111项，为全面掌握重要商品和各类收费项目的定价标准、定价依据、定价权限、定价形式、收费范围等内容、实现收费项目动态化管理打下基础；建立市级涉企收费清单制度。将涉企的行政事业性收费、政府性基金、行政审批前置服务收费和政府性保证金（抵押金）全部纳入清单管理，实行“涉企收费进清单，清单之外无收费”，全市涉企收费项目99项，在省级清单的基础上减少了71项，精简率达42%；建立收费管理公示制度，实现市本级收费项目进中心，主动向社会公示；落实工业园区工业项目“零收费”政策。免收工业园区1581家企业行政事业收费1289项次，免收资金1.8574亿元；落实大型商业零售企业暂缓执行峰谷分时电价政策。新增16家商业零售企业纳入电价政策，为全市97家商业零售企业减轻电费成本2.47亿元/年；为小微企业融资提供服务。开展银行收费行为专项检查，依法查实、查处11家银行的捆绑违规收费500多万元，给予退还、罚款处理。

【转变职能】 推进基本建设项目收费管理方式改革，完善基本建设项目“五统一”收费管理模式，精简行政审批事项，优化行政审批流程，提升行政审批效能；实现网上办理。开发基本建设项目收费网上办理系统，将建设单位上门办理、各窗口被动式服务，转变为网上申请，各单位并联即时办结，实现基础数据互联共享、办理情况公开透明、办理进度全程跟踪，有效减少收费单位的自由裁量权，减少企业缴费、报建环节，提升管理水平，提高政务效能；扩大办理区域。将三大开发区、四个主城区的所有基建项目收费纳入网上统一办理平台。联网实行收费管理的单位当年达27家，实现了全市基本建设项目收费的规范化、信息化管理；增加办理项目。充实网上办理内容，扩大网上办理范围，将供水、燃气、有线电视等单位的公建配套建设费等项目纳入网上集中办理，以人为本、方便企业；减少收费项目。落实涉企收费清单制度，共放开、取消、合并基本建设收费项目20项；严格审核把关，确保按照审核减免规定及时兑现大配套费优惠政策。

【稳定价格】 制定2014年度全市价格调控目标责任分解和考核办法，以提升现代都市农业、巩固稳价物质基础为根本，通过量化考核指标，加大财政投入，完善机制、落实责任，提升价格调控能力；抓载体。发挥“惠民菜篮子工程”平价商店新模式载体作用，布新点、扩范围，市区156家惠民菜篮子定点门店在全年5个重要节假日农副产品消费高峰期销售惠民菜达2.1万吨，优惠让利达2988.1万元；抓保障。完善临时价格补贴联动机制，增加“粮食价格同比涨幅连续3个月超过10%、居住类价格同比涨幅连续3个月超过5%”等为启动条件，扩大救助范围，惠及包括城乡低保对象、五保户、重点优抚对象、领取失业保险金人员等四类群体近5万人；落实城市低保户、农村五保户水费、电费优惠政策，按季度审核发放城市低保户水费补贴179万、1.26万户受益，兑现低保户和农村五保户免费用电基数返退101.4万元；强监测。坚持宏观分析与微观分析相结合，撰写月度形势分析报告，研判价格总水平和重要商品价格走势。

【服务民生】 发展普惠性民办幼儿园。坚持“普”“惠”方针，扩大普惠性学前教育实施范围，完善普惠性学前教育激励机制，打造学前教育价格信息“一网通”，新增普惠性民办园7所，市区99所普惠园年可减轻幼儿家长负担1000多万元，惠及2万名幼儿；理顺民办学校学费标准。全面了解民办教育现状，合理核定10所民办学校学费标准，支持民办学校改善教学条件，提高办学质量；鼓励医疗新技术推广应用，核定新生儿遗传疾病筛查项目的收费标准；维护房地产市场价格基本平稳。完善商品住宅明码标价备案管理，办理备案项目381件，面积 902.3万平方米，套数87311套，全面实行“一房一价”“明码标价公示”；合理制定保障性住房租金新标准。改革公租房租金制定办法，按照城镇住房困难家庭收入水平确定4类梯度，综合考虑设置公租房租金标准，维护住宅困难家庭的利益；推进物业服务收费“一费制”。实行“一费制”小区达680个，开展“双公开”活动，物业投诉明显下降；研究提出社会养老服务机构分类、分级管理的价格政策，支持社会力量兴办或承办社会养老机构；出台合肥市殡葬服务收费管理办法，实施基本服务免费政策；下调汽车客运票价政府指导价标准；对全市省际、市际、县际638条班线票价政府指导价标准进行重新核定，降低客运班线燃油附加费，全面下调汽车客运票价政府指导价。

【价格监管】 推进价格监督检查组织形式多样化，采取自行开展检查与部门联合检查相结合、下查一级与交叉检查相结合等组织方式，创新检查模式，提高执法效率；对政府关注、企业关心、群众关切的涉企、金融、医疗、教育、停车、电子商务、市场价格行为等热点价费问题开展重点检查，查处价格违法案件55件，实行经济总制裁1835万元，其中责令退还多收价款650万元，没收违法所得365万元，罚款820万元，全额入库；构建“网格化”价格监管和服务格局，加强市场价格行为监管；组织开展节日市场价格巡查，纠正不规范价格行为82起；集中开展市场价格行为专项整治活动，启动约谈机制20多次，实施经济处罚40多万元；加强对新兴行业的价格监管，在全国率先行动、规范快递行业明码标价行为；开展“明码标价示范店”、“明码实价示范店”创建活动；加大价格维权的针对性，受理价格投诉举报咨询5872件，办结率100%，满意率逾98%，实行经济制裁46.12万元。

【价格服务】 升级办公自动化系统。利用信息化手段，以核心业务管理系统的软件开发为突破口，推进价格工作规范化、制度化、便捷化，打造“智慧物价”的基础工程，一批核心业务管理系统进入应用阶段并开始发挥规范业务、完善管理、支持决策的效应；强化常规和应急价格监测。采集上报665个监测品种共计10万余条数据，发布信息近20万条。拓展价格公共信息发布范围、方便民众了解价格政策，在全市120个商场、820个住宅小区设置价格电子屏，发布民生价格信息8万余条；完善农产品价格监测指标体系。科学编制全市周谷堆农产品批发市场蔬菜价格指数，为价格信息分析提供更真实的数据支持，得到省物价局充分肯定、积极推广；提升成本监审工作水平。改革调查途径和方法，优化调查样本，调整调查布局，合理分工调查任务，获2012-2014年度全国农产品成本调查工作先进集体称号，近40篇调查成果被合肥财经频道、安徽财经网等媒体广泛宣传；对城市供水、民办学校等14个项目进行成本监审，审核成本总金额32.2亿元，累计核减成本3.5亿元，核减率11 %以上；开展公租房住房成本及租金调查。办理各类涉案财产价格鉴定3038件，标的额6183.83万元；加强价格公共服务，设立价格政策宣传点，举办价格法律政策培训会，宣传价格法律政策。

（市物价局综合法规处）

统计与调查

【概况】 2014年，合肥市统计局推进统计方法制度改革，打造现代化服务型统计，夯实基层基础，强化统计法制建设，提高统计数据质量和服务水平，完成农业、工业、建筑业、服务业、投资、能源、人口、就业、科技、文化、基本单位、非公经济、民营经济、行业景气、信息化和电子商务等统计调查工作，做好第三次全国经济普查工作，实施大城市劳动力、领导班子和领导干部作风等多项专项调查。市统计局当年获市政府目标管理考核优秀责任单位称号，其在就业工作方面取得的成绩获省政府表彰。

国家统计局合肥调查队（以下简称合肥调查队）围绕调查发展中心工作和专业改革重点任务，实施住户收支与生活状况、流通和消费价格、工业生产者价格、房地产价格、规模以下工业、采购经理、农民工监测、农村贫困监测、主要畜禽监测、规模以下服务业、限额以下商业、新设立小微企业跟踪等调查工作，开展党风廉政和国有企业反腐倡廉调查、合肥市文明城市实地测评、政风行风评议社会测评等专项调查和调研，完成第三次全国经济普查个体经营户抽样调查工作。每季度编印《合肥民生调查》，向市委市政府提供调查分析信息355篇。完成国家统计局安徽调查总队布置的约稿调研16项、季度专题5项，开展年度专题调研15项，其中《合肥市农业转移人口市民化问题分析》被总队采编后经国家统计局上报中共中央办公厅、国务院办公厅，被国家领导批示；《合肥市居民信息消费情况调研分析》一文获副市长批示；《关于我市体育设施建设与利用情况的调研与建议》编入市政协建议集。市委常委、常务副市长韩冰批示肯定合肥调查工作。在全省调查队系统综合考评中，合肥调查队名列第一，实现七连冠。

【第三次全国经济普查】 全市7062名经济普查人员，完成10.9万个单位和36万多个体户的现场登记和数据采集，基本查清全市经济总量、行业分布、产业结构等情况；普查现场登记全部采用电子手持终端PDA进行，对普查对象进行空间定位、拍摄证照、采集和上传数据，实现国家、省市县各级实时共享；开展执法大检查、整治统计弄虚作假等6次大规模的专项行动，全面核查三经普数据质量和工作规范；严审严查数据质量，开展普查数据的评估、审核验收，整理反馈异常数据57轮，阳光纠错1.2万笔；制定《合肥市第三次经济普查资料开发应用计划》，全面启动普查资料开发工作，组织技术业务研讨会，确定24项普查资料开发课题；组织国家级、省级先进集体和先进个人评选。

【专项调查】 组织实施多次专项调查，在全市范围组织开展2014年安徽省政风行风民主评议群众满意度问卷调查工作，主要围绕对各政府部门依法行政、政务公开、转变职能、改进作风、廉洁从政等方面的总体满意度，完成有效问卷2090份；采用书面问卷和计算机辅助电话调查相结合的方式，开展全市领导班子和领导干部作风建设情况问卷调查，随机抽中全市不同层次受访者，完成有效调查问卷2728份；开展大城市月度劳动力调查、人口变动及劳动力抽样调查；实施工业成本费用、企业景气、春耕备耕情况等调查。

【统计服务】 做好统计服务工作，编印《2014合肥统计年鉴》《2014合肥市国民经济统计资料提要》《2013年合肥市农村统计调查资料汇编》《2014合肥市情手册》等年度统计资料；编印《合肥统计月报》《横向经济运行动态》《工业综合月报》《合肥能源消耗监测月报》《合肥市金融月报》《自主创新和文化产业季度监测》等统计资料；每月印发《主要工业品价格专报》《重点耗能企业能耗专报》；为市十五届人大三次会议编印参阅材料《等高对接长三角 开创发展新局面》；为各部门制定政策和规划等提供统计年鉴、有关数据和材料；发布《合肥市2013年国民经济和社会发展统计公报》《合肥市2013年度人力资源和社会保障事业发展统计公报》。

【调研分析】 撰写统计分析和信息445篇（条），13篇获市领导批示，为各级政府科学决策提供服务；健全完善统计监测预警体系，加强对影响经济发展的重点领域、主导产业、重点企业分析，强化宏观调控政策变化对我市经济发展影响分析，及时反映经济运行新变化、新趋势；密切关注主要指标的位次变化、速度升降、结构变动及任务目标完成情况，更多关注区域对比、转型升级、提质增效、产业布局、公共服务和社会进步等方面新情况、新问题；参与“十二五”规划中期评估以及“十三五”前期研究；组织专题调研，撰写《家电、装备制造业发展状况调研报告》、《亏损企业亏损额放量，利润增幅首次跌破全国全省平均水平》等均获相关领导批示；围绕建设长三角世界级城市群副中心的新战略定位，撰写《合肥与南京、杭州主要指标对比分析》，被市委作为中心组学习参阅材料印发。

【考核评价】 做好各项经济社会考核评价工作，协同完成科学发展先进乡镇、市政府年度目标、工业经济、民营经济、服务业统计等考核任务；强化对主要经济指标的静态、动态分析，密切关注横向比较位次；参与全市全市及各县区年度经济社会发展目标制定；参与年度市政府目标管理考核完成情况复核评审，及季度市政府通报工作；配合市政府督查目标办修订并重新印发《合肥市乡镇分类考核评价办法》；会同相关部门，做好全市82个乡镇分类考核评价工作，肥西县桃花镇、肥东县梁园镇、包河区大圩镇等25个乡镇获“合肥市2013年度科学发展先进乡镇”称号；会同财政、税务等部门，对申报2013年新增规模以上工业企业、大企业上台阶、高成长奖励的共354户企业，严格审核其产值、收入等指标。

【统计法制及信息化保障】 9月15日，合肥市政府印发《关于进一步加强和改进统计工作的意见》；常态化、多形式开展统计普法和宣传教育，市人大将统计法律法规列入市政府及组成部门领导干部任前考试，市委党校在2014年秋季县处级领导干部和乡镇主要领导培训中开设统计法律法规课程；结合12月4日“国家宪法日”和12月8日《统计法》颁布纪念日，以宪法和统计法为主要内容集中开展统计法治宣传教育活动；加大执法检查力度，严肃查处违法违纪行为，4月份对100多家疑似存在问题企业进行重点执法核查。5月份组织开展弄虚作假专项整治行动，对6138家联网直报企业和11万家非联网直报企业进行全面排查，发现未达规模（限额）企业23家，调减680家企业主营业务收入，查遗补漏单位450家；6月份市政府部署统计执法大检查，立案查处21起，给予6家企业处罚3.2万元；坚持“一案双查”，既追究数据造假者的法律责任，也追究把关不严、打假不力者的失职责任，配合纪检监察部门，对违反统计法律法规的13名相关责任人严肃追究责任；进行全市固定资产投资统计数据质量核查；12月份，组织开展统计专项执法检查，在县区自查的基础上，重点抽查三个县区77家企业及相关职能部门，对检查发现的问题依法依规履行处罚程序；该局编制《统计法律事务告知书》对联网直报企业开展法制宣传活动，明确统计调查对象的权利和义务，督促企业对未取得统计从业资格的人员按规定时间进行报名并参加考试；健全数据评估机制，建立数据质量管理监控体系；改善部分县区乡镇统计信息化条件；扩大联网直报范围，完善业务流程；建立IP地址动态监控和适时检查制度，加大直报、直验率的监测督查；规范统计网站建设，优化信息系统及网络环境，确保了第三次经济普查及一套表数据处理应用。

【统计基层基础】 直接培训乡镇分管统计领导、首席统计员，新增规上工业、限上商贸企业，国家及省重点服务业、人口抽样调查小区、金融机构统计员超过1200人次；统计从业资格考试培训、统计职称考试报名人员分别达到1679人和1033人；举办全市乡镇、街道首席统计员培训班，各县（市）区、开发区统计部门业务骨干及200多名乡镇、街道首席统计员参加培训；召开重点批发零售及住宿餐饮企业经济普查登记动员暨统计业务培训会，全市60多家重点批零企业、70多家重点住餐企业从事统计工作业务人员参加；在节能宣传周期间，对全市117家年耗能5000吨以上和重点耗能行业的工业企业能源统计人员进行培训；组织全市2014年人口与劳动力抽样调查培训，全市近500名调查员和调查指导员参加培训；对全市相关县区大城市月度劳动力调查业务骨干及30个调查小区的调查员开展PDA的操作和使用培训；举办全市投资统计制度方法改革培训，市直经济主管部门、县（市）区、开发区、产业园分管负责人及专业人员共70余人参加；举办服务业统计调查业务培训，规模以上服务业企业、省重点服务业企业和省重点服务业行政事业单位以及各县（市）区、开发区和市直相关部门服务业统计人员共约600多人参加；组织合肥市典当担保机构综合统计培训，全市74家典当机构机构和41家担保机构分管领导或统计人员约150人参加培训；利用部门行政资料，强化名录库动态更新维护；严格“五上”（规模以上工业、资质等级建筑业、限额以上批零住餐、规模以上服务业、房地产开发）调查单位审批流程，全年成功申报538户。

【改革创新】 开展六大主导产业、文化产业、高技术服务业、战略性新兴产业、非公及民营经济、合芜蚌自主创新、妇儿两纲、节能降耗以及高新技术产业和高耗能产业投资统计等10余项地方统计监测；成立投资统计制度方法改革领导小组，在肥西县开展省级唯一试点，获国家统计局投资司肯定；开展现代服务业统计标准和监测体系研究；首次按照国家标准开展战略性新兴产业认定工作；首次开展县级常住人口调查，为合理评判城镇化进程和制定相关政策规划提供数据支撑；准备企业创新调查工作；开展全市金融业综合统计调查工作，实现金融业综合统计的机构全覆盖；建立市国民经济核算联席会议制度，市发改委、经信委、财政局、合肥供电公司、人行合肥中心支行等19个单位的相关负责同志为联席会议成员；借鉴先进经验，开展反映全市经济转型升级成果的统计监测；完善全市服务业统计体系和考核评价体系，组织实施各县区、市直各部门年度服务业统计工作考核；坚持服务业联席会议制度，建立高技术服务业监测分析，做好服务业调查对象扩点，提高部门服务业统计水平；扩大服务业调查纳入GDP核算的行业范围和权重，把交通运输仓储邮政业、信息传输业、营利性服务业、非营利性服务业企业和事业单位的调查数据用于季度GDP核算；实施房地产开发经营企业季度财务报表制度；将商贸企业季度财务统计范围由大型企业扩大到全部限额以上批零住餐企业；建立健全电子商务零售统计调查，在全市904家限上批零企业（单位）中增加电子商务销售额指标。

【第三次全国经济普查个体经营户抽样调查】 国家统计局合肥调查队成立全市第三次全国经济普查个体户抽样调查办公室，加强与市经普办、各县（市）区统计调查机构以及各涉及街道、居委会的联系与沟通；调查开展前走访调研瑶海区大市场等重点区域，制订了实施方案、数据质量控制办法和PDA（掌上电脑）使用管理办法等制度；从街道、社区工作人员中选聘人员充实调查队伍；编写“深入实地采信息、文明礼貌工具齐、简述导语消顾虑、四项指标合逻辑、详细记录留依据、推算评估要周密”的培训口诀，召开培训模拟会，开展了两次调查员的业务培训；严格调查现场管理，建立了调查员、组长、督导、业务综合组验收四级数据审核机制，完成了市辖区范围内44个普查小区13914个个体户抽样调查工作。

【城乡一体化住户调查】 严格执行调查方案，在全市范围内抽选样本约1300户，以日记账和问卷方式收集城乡居民家庭人口、就业、社会保障、住房、耐用消费品、收入、支出等生活状况调查资料。从普及住户调查知识入手，设计编印了《住户记账问答》宣传扑克牌，向全市记账户分发；采取统一思想、统一培训、统一核查、统一方案、统一评估的“五统一”模式规范样本轮换工作，做好新老样本平稳衔接；每月召开一次针对各级督导员的专题培训会议，全年对一线调查员和记账户现场培训近30次；编印了《访户（宅）记录本》、《审核记录本》，每个调查员人手一本，访户时详细登记、逐条填写；每月初开展一次住户调查数据联审会，编制了《住户调查数据审核手册》；分级访户督查，督导员每季度访宅（户）一次，全年进行了3次全面集中回访；完成了每个季度分市县样本数据的录入、审核、上报；收集财政、税收、社会消费品零售额、地区生产总值等数据作为测算依据；在安徽调查总队反馈后，及时向市目标办和有关部门提供数据信息，开展全市及县（市）区城乡居民可支配收入序时进度和年度完成情况的督查、自查、通报，同时做好新口径居民人均可支配收入的发布和解读。《国家统计局合肥调查队关于一体化改革后合肥居民收入情况的报告》获市长张庆军、副市长倪胜如批示。

【贫困监测】 合肥市农村贫困监测办公室根据《安徽省人民政府办公厅关于开展2013年农村贫困监测工作的通知》精神和省农村贫困监测办公室统一要求，对全市12个县（市）区、开发区年人均纯收入2530元以下的农村居民户和农村五保户、低保户组织实施调查。召开由市贫困监测办成员单位、各县（市）、区、开发区贫困监测实施单位人员参加的培训会议；赴县（市）、区、开发区检查工作，督查调查员是否落实入户规定、遵守调查规程；采取计算机程序和人工审核相结合的方式审核数据，并随机抽取1%～2%进行入户或电话复核。

【流通和消费价格调查】 合肥调查队在市区范围内，按照定点、定人、定时的“三定”原则由采价员手持电子采价器，在农贸市场、超市、大型商场、服务网点等251个价格调查点对979个消费、零售及低收入规格品，直接采集实际成交价格；采取全面调研和重点调研、制度导向和市场导向相结合，完成年度调查网点的重新布局、规格品的选取工作；承担了电脑、手机、机票全省共享的分类规格品调查工作，做到采价细致、符合趋势；加强对采价员的培训和管理，采取集中、一对一、采价现场交流等形式培训采价员；以数据采集系统为依托开展督查，每季度实施一次随机督查，5月份实施全面督查；开展数据质量自查，从数据完整性、市场信息动态性、异常变化真实性、价格变化规律性、评估细致全面性、数据试算的及时性和针对性六个方面做好评估审核；注重收集不同领域专家意见，记录周谷堆农产品批发市场相关品种时点价格，把握市场价格趋势；联合市物价局、周谷堆农产品批发市场，共同研究科学编制周谷堆农产品批发价格指数；梳理了新一轮基期新增规格品数量及配套调查点，完成了医疗等相关目录规格的调研工作；认真履行市政府价格调控目标责任单位的职责，全年向市两办提供价格动态相关信息分析计80余篇。

【工业生产者价格调查】 有序推进工业生产者价格联网直报工作，成立领导小组，分批次召开培训会议，培训13个县（市）区500多人，在7、8、9三个月试报与双轨并行的基础上，10月正式施行并轨直报；建立动态企业预警管理机制， 重点关注经营不善或生产产品种类不稳定的企业，实时跟踪县（市）区间企业搬迁情况，完善调查企业名录库；开展巡查与培训并重，全年走访8个县（市）区30家企业，现场核查企业台账及价格采集凭证，同时向企业统计员规范演示网报平台的各项操作；完成全市355家企业515个出厂产品、339家企业610个购进产品和14个主要工业原材料价格月度监测工作，客观反映全市工业生产者出厂价格和购进价格变动趋势及幅度。

调查显示：2014年，合肥市工业生产者出厂价格同比下跌1.2%，跌幅比上年扩大0.5个百分点。在轻重工业分类中，轻工业上涨0.6%，重工业下跌2.3%。在生产生活资料分类中，生产资料类下跌2.5%，生活资料类上涨0.6%。33个大类出厂价格同比“12升5平16跌”。33个行业大类“12涨2平19跌”。合肥市购进价格同比下跌2.5%，跌幅比上年收窄1.7个百分点。九大类原材料“4涨5跌”。比较来看，合肥市出厂价格跌幅小于分别较全国、全省平均水平0.7、1.4个百分点，购进价格跌幅分别大于全国0.3个百分点，小于全省0.3个百分点。

【房地产价格调查】 依照房地产价格调查制度规定，每月对新建住宅的网签备案数据进行逐条整理，采集16家二手住宅调查样本点价格；综合每月前三周网签备案数据，结合上月网签情况，每月选择市区销售套数前十名中的5处楼盘和3家房地产中介进行走访，调研学生入学对学区房的影响、房地产企业对价格及市场走势预判、限购政策取消对合肥市场影响等活情况；对原始数据、上报资料及台账进行档案化管理，增设新开楼盘登记台账；培训突出重点，针对中介公司统计人员变动频繁，编写二手住宅报表填报指南。

【采购经理调查】 按照国家统计局调查方案，开展以全国为总体的采购经理调查，每月了解合肥市27家制造业企业和103家非制造业企业采购经理对企业采购及其相关业务活动情况的判断，督促企业完成联网直报；召开业务培训会，讲解调查方案和报表指标填报要求；注重新技术的运用，指导企业统计人员用手机移动终端上报报表；进行月度分析预警，加强对调查数据起伏较大及行业重点企业的回访，及时反映生产经营和采购过程中遇到的问题及建议。

【主要畜禽抽样调查】 对城区29个生猪规模养殖户、17个家禽规模养殖户及非农户单位的主要畜禽存栏、出栏、产品产量、出售价格等情况开展抽样调查，完成四个季度的主要畜禽抽样调查工作；以数据质量为核心，通过“人审—机审—再人审”的审核方式，确保数据真实可靠；开展调研，走访新站区、高新区、包河区规模养殖户、庐阳区三十岗乡家禽养殖户、肥东县生猪养殖户等，分别了解养殖现状及污染防治情况、禽流感疫情对家禽养殖影响、养殖户的生产及收益情况，掌握养殖户的生产经营现状和变动趋势。

【规模以下工业调查】 在安徽调查总队的部署下，组织县（市）区对年营业收入2000万元以下的工业企业和个体户实施以市为总体的抽样调查。2014年调查了542户企业和97个整群抽样村的个体户。为提高调查精度，加强了实地调查和回访，查看样本企业财务报表和生产账表，指导调查人员运用行业毛利率测评法、成本倒推法等技术手段进行数据分析；做好数据评估，推算数据总量、增长幅度，判断数据合理性；按照国家统计局要求开展规模以下工业调查联网直报准备工作，核对企业、生产经营情况和网报人员基本信息；完成调查样本轮换及核实工作。

据安徽调查总队反馈资料显示，2014年合肥市规模以下工业总产值564.8亿元，占全省16.9%；同比增长8.9%，增速比全省平均水平高0.3个百分点。

【规模以下服务业和限额以下商业调查】 对481家年末从业人员50人以下且年营业收入1000万元以下的服务业法人实施以省为总体的规模以下服务业抽样调查，共涉及10个服务业门类。2014年规模以下服务业报告期由上年的半年报改为季报，监测更为及时；依照以全国为总体的限额以下批发零售住宿餐饮行业抽样与问卷调查方案，针对合肥市住宿餐饮行业全年营业额低于200万、零售行业全年销售额低于500万、批发行业全年销售额低于2000万的商业企业，选取56家样本企业，按季度完成问卷调查；以县（市）区为着力点，通过半年报、年报会议组织培训；建立全市所有规模以下服务业和限额以下商业调查对象电子台账；建立逐级审核制度，出台《规下服务业统计调查工作制度》《规下服务业调查操作规程》，开展“制度答疑、流程解惑”，用制度规范报表上报环节，用流程指导企业完成报表上报；加大企业走访力度，限额以下商业样本企业全部回访，规模以下服务业企业全年走访率不低于60%。

【新设立小微企业和个体户跟踪调查】 自2014年10月份起，根据国务院的部署，开展新设立小微企业和个体户跟踪调查。会同工商部门查找2014年3月至7月在工商登记的小微企业和个体户，列为监测对象，涉及农林牧渔业、采矿业、制造业、电力热力燃气及水生产和供应业、建筑业、批发和零售业等19个行业623户，对其基本情况、经济指标和问卷按季度进行信息采集、审核、分析，同时选择部分新增企业和个体户开展了问卷调研和实地走访，客观反映工商登记制度改革实施后，新设立小微企业和个体经营户的成长情况。

【专项调查和调研】 围绕服务发展和民生改善，发挥调查优势，搜集群众关切。运用PDA开展党风廉政和国有企业反腐倡廉调查，实现问卷调查无纸化；每两个月组织一次合肥市文明城市实地测评，测评区域涵盖四个城区和三个开发区；在全市范围内实施政风行风评议调查，共收集3100份问卷，包括企事业单位、县（市）、区、开发区机关、各民主党派、人大代表、政协委员、市区常住居民等层面意见；接受县区及有关部门委托开展调研，完成庐阳区、包河区政风评议测评、肥东县领导班子和领导干部作风建设调研和市地税满意度调研。

【法治调查建设】 围绕“六五”普法，合肥调查队开展多种形式的宣传：组织干部职工参加《宪法》和《统计法》知识竞赛；通过住户调查培训会、生产者价格调查联网直报培训会等讲法，全年共有千余家相关单位及被调查单位的统计人员参加法律知识培训；利用“9.20”中国统计开放日、“12.4”国家宪法日暨全国法制宣传日，与安徽调查总队联合在高校、广场等宣传统计法律法规等。依法开展统计执法检查，内外齐抓，夯实基层基础工作，检查了内部处室主要调查数据基础工作、近千户调查网点和住户的调查数据质量。

（刘晓明　周立新）

审　计

【概况】 2014年，合肥市审计局完成审计项目44个，审计和延伸审计459个单位，查出违规金额886万元，管理不规范金额66.74亿元，促进增收节支、挽回或避免损失18.09亿元。完成跟踪审计项目19个，审结单项工程价款486个，审计项目资金67.95亿元，核减投资额3.02亿元；提交审计报告和信息862篇，提出审计建议103条，移送纪检监察、检察机关处理2件，涉及3人，推动建立健全制度33项，其中以政府名义出台的制度7项。此外，完成3项交办、配合的审计事项。

市审计局当年先后获全国政府性债务审计公务员集体嘉奖、省第十届文明单位、省审计系统精神文明先进单位、省审计机关“质量提升工程”先进集体、省审计信息工作先进单位、市政府2013年度目标管理考核优秀责任单位、市首批依法行政示范单位、市“六五”普法中期先进集体、2013年度政风行风评议先进单位等称号。

【财政审计】 加强财政资金绩效审计，将四大预算收支以及市属开发区预算执行情况全部纳入本级预算执行审计，审计60多家单位和项目，并依托财政联网审计系统覆盖全部财政资金，推动财政资金管理使用的规范、节俭、高效，促进经济运行质量提升，得到市政府、市人大的充分肯定。此外，跟踪政策措施落实情况，开展稳增长、促改革、调结构、惠民生、防风险政策措施落实情况的跟踪审计，对市级扶持经济发展政策措施绩效情况进行专项审计调查，推进了政策措施的完善。

【经济责任审计】 扩大监督范围，提请市委、市政府办公厅印发《合肥市市级部门（单位）内部管理领导干部经济责任审计暂行办法》，形成全面覆盖市管干部、部门内管干部以及村级组织负责人的审计监督体系；授权县（市）区审计机关开展对9名法院院长、3名市管干部在任期经济责任履行情况的审计；强化社居委审计工作，有效延伸审计触角；把握权力运行与责任落实两个重点，结合改进工作作风、密切联系群众“八项规定”等情况的监督，加大问责力度，提升经济责任审计在党风廉政惩防体系中的作用；完善结果运用机制，提请市委、市政府办公厅出台《合肥市任期经济责任审计结果运用办法（试行）》，修订了《合肥市经济责任审计评价暂行办法》，为有关部门和单位考核、任免、奖惩领导干部提供依据。

【金融和企业审计】 开展市级国有控股企业对外投资情况审计调查，加强小额贷款公司、融资性担保公司审计监督，促进国有资产保值增值、防范金融风险。此外，开展合肥农村科技商业银行原董事长和原行长、合肥热电集团有限公司法定代表人任期经济责任履行情况审计。

【政府投资审计】 加强自然资源资产审计，开展环巢湖生态文明建设示范区项目跟踪审计、10项资源环保类项目资金预算执行及绩效情况专项审计调查，以及巢湖流域水环境综合治理等项目的审计工作，推动经济社会发展效益、速度和质量的统一，促进发展方式的转变。巩固投资项目审计全覆盖成效，重点组织开展轨道交通1号、2号线建设项目、中国科技大学先进研究院项目等15个重点工程全过程跟踪审计。跟踪审计美好乡村建设，开展生态家园富民工程等审计，跟踪监督村庄建设、环境整治等美好乡村建设项目以及四大开发区经济活动。

【专项审计和审计调查】 组织开展滁州市土地出让收支和耕地保护情况审计、合肥市2011至2013年土地出让金及土地整治项目专项审计调查。强化民生工程资金审计，开展扶贫资金、贫困残疾人康复、贫困重度残疾人生活特别救助、重性精神病患者治疗补助、就业再就业资金等民生类资金项目的审计调查，推动惠民富民强民政策落实到位。开展合肥市基本建设项目收费征收管理情况、10项城市建设维护类项目资金预算执行及绩效、长丰县2011年至2013年财政扶贫资金、合肥市区2013年度就业再就业资金使用管理绩效等专项审计调查。

【审计整改】 根据《合肥市人民政府办公厅关于进一步加强审计整改工作的意见》要求，多措并举狠抓整改落实。制定《合肥市审计局审计整改操作规程》，建立审计计划、实施、审理、整改的“四分离”机制。着眼于制度建设层面、立足从源头上抓整改，促进被审计单位建立完善相关管理制度，同时逐一梳理预算执行审计查出问题进行分析研究，对一些规律性、普遍性的问题从完善体制和制度层面提出5个方面整改建议，专题报告市政府，市政府领导作出重要批示，要求相关部门和单位认真整改和落实。对跟踪检查中仍存在少数尚未整改到位的问题，向相关单位发出书面《督促审计整改函》限期整改。会同市人大预算工委、市财政局组成联合检查组，对6个部门和单位预算执行审计中查出问题的整改情况进行了联合督促检查。通过强化审计整改工作，规范管理，完善了制度，市级相关部门和单位针对审计查出问题建立完善33项制度，其中以市政府名义出台的有7项。

【内部审计】 组织开展全省内部审计“防风险、强管理、促发展五年提升行动——质量评估年”活动。市审计局和市总工会联合表彰了70个合肥市“内部审计先进集体”“内部审计能手”“内部审计标兵”“内部审计领军人物”，向10名内审标兵颁发了市“五一”劳动奖章。组织开展市内审工作现状调查，指导内审机构学习《内部审计质量评估办法》及手册，市公安局等13家单位按照《内部审计质量评估办法》进行评估并提交报告。开展新进内审人员初任培训，组织人员参加CIA考试、CCSA考试及其后续教育培训，并举办了有近300名内审人员参加为期3天的内部审计培训班。对市教育局等部门的内管干部经济责任审计工作开展情况进行专题调研。以市审计局名义出台《关于加强内部审计信息化建设指导意见的通知》，成立内部审计信息化建设领导小组，组织开展课题研究。组稿支持《安徽内审》创刊首发、印制《审计知识30问》，加强市局门户网站“内审天地”专栏信息发布工作，加大内审工作宣传力度。围绕省内审协会确定的4个重点课题开展研究，优选5篇论文向《安徽内审》进行了投稿。

【审计学会】 被授予“全省审计学会先进团体会员”称号。推荐的5篇论文2014年分获全省优秀审计科研论文评选二、三等奖，推荐的1篇论文和2篇调研报告，全部入选市社科界第四届学会学术年会论文汇编。下达2014年度审计科研与专题攻关任务，完成97篇科研论文评审，并对其中47篇论文的思路、观点、经验进行提炼，供全市审计人员共享借鉴，扩大科研成果运用。完成省审计厅确定的4个重点课题研究工作，上报中标省审计厅重点科研课题《新形势下审计环境对审计工作影响研究》。

（朱 岩）

工商行政管理

【概况】 2014年，市工商、质监部门由省级以下垂直管理体制改为市县政府分级管理体制，同时整合县（市、区）工商、质监等相关部门，组建市场监督管理局，将食品流通环节监督管理职责划给市食品药品监督管理局，明确了体制，理顺了关系。该局当年获省第十届文明单位称号。

【推进行政审批制度改革】 该局当年推进行政审批制度改革。一是注册资本登记制度改革。该局做到宣传动员到位、准备措施到位、窗口服务到位，最大限度为市场主体登记注册提供便利；采取开辟“绿色服务通道”、延长工作时间等方法，做到更换新版营业执照现场办结，名称预先核准、股权出质等业务均在1个工作日内办结的目标。方案实施以来，全市市场主体快速发展，全年新登记各类市场主体83289户，同比增长23.8%。新增注册同比增长160%。二是推进市场主体住所登记改革。该局与市政府法制办共同草拟《合肥市市场主体住所（经营场所）登记管理暂行规定》，以政府规范性文件方式正式公布。三是推进“先照后证”改革。对巢湖市实行的“先照后证”试点进行总结推广。8月中旬以来，国务院连续印发《关于取消和调整一批行政审批项目等事项的决定》后，该局立即组织学习并贯彻落实。

四是推进外资监管改革。按照《关于委托部分市场监管局行使外资登记管理权的通知》，全面落实改革方案，实行外资登记新规范。

【市场监管方式改革】 加强事中事后监管，严格落实国务院《企业信息公示暂行条例》，强化社会信用体系建设。该局加强企业的市场主体责任，促进企业自律自治。企业注册登记备案信息、经营状况信息、违规违纪信息开始向社会公示。解决市场体系不完善、政府干预过多和监管不到位的问题。该局当年在全市范围全面开展条例的宣传培训工作，其中一场“合肥市外商投资企业信息公示系统运用培训会”参会培训人员就达438人。同时，向社会公布咨询电话，解答企业相关咨询。

【创新重点环节监管】 打击传销工作坚持防范在先、源头管控、严打高压、打防结合、综合施策的方针，全市当年取缔传销窝点13964处，驱散43682人次。工商（市场监管机关）行政处罚传销人员和出租屋业主903人。

维护消费者权益，推出《消费投诉举报程序规定》，规范办理流程，明确责权关系，同时成立执法队，强化维权办案力量，取得了明显成效。12315消费投诉热线12条专线全部开通，保障热线接通率。受理消费者各类咨询、申诉、举报来电68622件，消费投诉处理率100%。开展打击侵犯知识产权和制售假冒伪劣商品专项行动。截至10月底，出动执法人员5300余人，检查市场1760多处，立案查处各类侵权和假冒伪劣商品案件341件，涉案金额约530余万元，办结309件，罚没款420余万元；查处较大制售假窝点27个，移送司法机关案件5件。

完善商标广告合同工作。严厉打击商标侵权假冒行为，查处各类商标违法案件，保护商标专用权。开展整治互联网重点领域广告专项行动。严肃查处虚假违法广告侵害消费者权益的行为。强化对市属媒体的广告监管。全年监测市属媒体发布各类广告175.3万条次，违法率0.27%。全市查办各类广告案件77件，罚款92.79万元。以电信业、银行业等领域为重点，开展霸王条款规范整治活动，评审、审查、建议修改不公平的合同格式条款900多条次，依法调解商品房等各类合同纠纷投诉63起。

推进网络交易监管等各类市场监管工作。强化对网络商品交易市场的检查。全年监测各类网站（网页）11018个，监测综合网站260家（次），开展整治互联网重点领域广告专项行动，监测、巡查各类网站7796个，对16家经营性门户网站进行行政约谈，走访电商企业41户。强化对各类商品、生产资料和生产要素市场的监管。开展农资检查，检查经营户4408户，市场192个次。开展对担保公司、小额贷款公司联动执法行动。

【建立和完善市场监管应急处置机制】 该局承担起市政府清理整顿领导小组办公室的职能，抽调人员，集中办公；加强对投资中介机构的集中排查。建立重点领域的监测、预警、应急处置体系，有效控制事态的发展，避免了群访群诉的事件发生；启动应急机制，检查和规范367个加油站的相关工作；紧急开展四轮电动车和非法改装摩托车和燃油助力车市场整治。

【发挥重点职能作用】 推行商标战略，增强企业核心竞争力。全市商标注册量7451件，同比增长22%，占全省同期的28%。全市当年拥有驰名商标49件，安徽省著名商标343件，合肥市知名商标216件；驰（著）名商标拥有量位居全省第一。全市累计办理商标专用权质押贷款25件，融资2.74亿元。

实施广告战略，推进现代服务业和文化产业建设。获全国工商系统实施广告战略和广告监管、指导广告业发展先进单位称号。制定《合肥市诚信广告建设实施方案》等相关制度。在政策法规、企业引进、帮扶力度上下工夫，扶持、指导合肥广告产业园区建设和相关申报工作。1-11月，全市各类媒体发布公益广告81.18万条次；并会同相关单位开展“大湖名城、公益合肥”视频类公益广告大赛。

推进合同等工作，强化诚信城市建设工作。指导、推荐全市357户省、市级守重企业申报公示2013-2014年度安徽省级守重企业。同时开展市级守重企业公示活动。发挥动产抵押登记、股权质押登记等职能，服务企业融资。全年办理动产抵押登记460件，担保主债权金额181.55亿元，注销登记209件。全局办理股权出质登记910件，出质股权数额231亿元，担保债权数额368亿元。

发挥职能作用，服务全市国家电子商务示范城市建设。成立国家电子商务示范基地工作指导站，与合肥（蜀山）国际电子商务产业园区管委会签订合作协议，提供政策支持和法律帮扶，加快产业园的发展。推进“网络交易平台监测管理系统”建设，建成平台基本框架，梳理导入合肥地区网络经济户口数据近7万户。

【法制工作】 提升依法行政水平。以工商登记制度改革相关配套法律法规，以及新修订的《消法》、

《广告法》和《商标法》为重点，强化对基层执法人员的培训，规范案件核审，并抓好行政处罚案件核审，加强事前监督；严格执行制度。全年全系统办结行政处罚案件2762件，罚没款1744万元。此外，处理案件质量高，全年无行政处罚引发的行政诉讼案件。

【基础工作】 强化服务保障工作。一是人事工作方面。机构改革期间，完成13个单位的移交工作，移交划转在职人员1398人、离退休人员518人，并做好异地交流干部的安置；启动科级领导干部选拔任用工作，选拔科级以上干部36名。二是财务工作方面。配合工商管理体制改革，协调财政部门，严格财经纪律，严守各项制度；并融入市财政新体制。三是信息化工作方面。提高数据质量，基本达标；门户网站按照省工商局要求建设；网络和信息安全工作全年无事故；完成原巢湖市的数据并库工作。四是档案工作方面。采取集中整理的措施，完成2002年以来机关文书档案的收集、整理、立卷归档工作，强化企业档案库房建设，提高了档案管理的水平。

（李雪松）

公共资源交易监督和管理

【概况】 2014年，合肥市公管局和合肥公共资源交易中心创新工作机制，优化工作流程，强化管理措施，提升服务水平，完成各类公共资源交易项目6017个，交易金额1453.4 亿元，中标金额1244.3亿元，节约和增值资金529.8亿元。截至年底，合肥公共资源交易中心累计完成招投标项目29991个，总交易金额达6224.7亿元，节约和增值资金累计达1901.2亿元。

合肥公共资源交易当年规模扩大、交易数量增加、交易领域拓展，在服务全市及周边区域经济社会发展中取得了显著成效。12月17日，省委、省政府决定将省级公共资源交易项目全部纳入合肥公共资源交易中心交易。合肥公共资源交易中心更名为安徽合肥公共资源交易中心。12月20日至21日，合肥市公管局和合肥公共资源交易中心入驻滨湖要素大市场。

【建设工程】 完成建设工程项目1530个，中标价590.5亿元，节约建设资金327.4亿元。完成合肥城市轨道交通1号线正线轨道铺设、机电系统、公共区装修监理服务、轨道交通3 号线工程设计咨询、工程勘察监理等项目的招标，同时先后完成滨湖菊园、郎溪路、肥东县双桥新村、安徽省城乡规划展示馆暨合肥市规划展示馆、合肥市第十中学新校区、合肥城建琥珀瑞安家园、滁河干渠水环境治理及生态修复等重点民生项目，特别是在产业化住宅招标方面进行了有效的探索，即保障了如期开工，也吸引了一大批特一级施工企业参与合肥建设。

【政府采购】 完成采购项目3264个，采购金额129.0亿元，同比增长11.2%。完成轨道交通1、2号线44个轨道设备的招标、医药产业园子站8.5MWEPC总承包、合肥污泥资源化利用工程二期扩建（BOO模式）、合肥工业大学智能制造技术研究院方案及设计、长丰朱巷镇三里河水库40MWp渔光互补光伏电站项目EPC总承包、环巢湖地区生态保护修复二期工程、合肥市政府投资引导基金托管银行公开遴选等项目。其中，“合肥市轨道交通1、2号线AFC,ACC系统集成项目”获第十届全国政府采购精品项目奖。

【产权交易】 在确保主体业务、重点交易项目实施的基础上，推进文化、版权、环境能源、农村产权、广告经营权、特许经营权等新兴业务开展，累计完成各类产权交易项目1035宗，实现产权交易额81.4亿元，实现增值资金10.4亿元，资产平均增值率14.6%。其中，完成金额超亿元的重大产权交易项目4宗，包括合肥政务文化新区商业街开发有限公司49%国有股权转让、合肥市芜湖路1号御景湾2幢13处房产司法拍卖、安徽鑫昊等离子显示器件有限公司18.75%国有股权转让、合肥鑫晟光电科技有限公司5.1282%国有股权转让。

【土地交易】 累计成交额包含全市81个市区经营性用地项目，出让底价累计221亿元，成交金额累计335.2亿元，增值资金累计114.2亿元，增值率51.7%；63个工业用地出让项目， 出让底价累计17.7亿元，成交金额累计17.7亿元；44个四县（市）经营性用地项目，出让底价累计54.7亿元，成交金额累计90.5亿元，增值资金累计35.8亿元，增值率65.4%。

【农村产权交易改革试点启动】 8月29日，合肥市人民政府出台《关于规范农村产权交易管理工作的意见》；10月，合肥公共资源交易中心自行研发的安徽省农村产权交易系统正式上线运行，此软件系统平台涵盖了农村土地承包经营权等8类交易业务。市政府选择在长丰、庐江开展农村产权交易试点，其中，完成长丰县庄墓镇葛塘梗外侧林木竞价项目，标志着合肥市县区农村产权交易改革试点全面启动。该项举措提高了农村要素资源配置和利用效率，保障了农民和农村集体经济组织的财产利益。

【信息化建设】 10月，合肥公共资源交易新系统正式上线运行，该系统为全国首个完全依据国家发展改革委、工业和信息化部等八部委联合发布的《电子招标投标系统技术规范》设计开发的公共资源交易平台软件。公共资源交易新系统当年完成行政监督、业务管理、电子交易、社会代理等平台的一期开发工作，该系统运行涵盖了内网业务系统管理、行政监督管理等模块，招标方式包括公开招标、竞争性谈判、定点抽签、网上竞价等多种方式。

【专家平台建设】 修订出台《公共资源交易主体及评标专家不良行为记录与披露管理办法》、《合肥公共资源交易评标专家考核管理实施细则》，规范评标专家行为；健全完善“一标一评”考核制度，加强对评标专家日常评标行为的考核；严厉查处违规专家，约谈了专家20余人，对其中9名违规专家作出了暂停半年到一年时间评审及取消专家资格的处理。首次与国家综合评标专家库大平台实现系统对接，为轨道交通设备项目成功抽取了外地资深专家。专家库总数达6700余人，被授予“2014年度安徽省综合评标专家库管理先进单位”称号。

【标准化建设】 年初，合肥公共资源交易中心获批国家级服务业标准化试点单位，交易中心制订了35大类100小类投标人资格标准化文本，各类业务模板25个。9月，合肥公共资源交易中心《服务标准体系文件》经省标准化院审核通过并投入试运行。

【监督平台建设】 加强标前、标中、标后的全方位、立体式监管。建立标后履约反馈机制，深入建设现场一线，加强与业主单位、施工单位、监理单位的联系和沟通，督促项目实施；实施投诉案件外出调查和核查制度，推行督查建议书制度，对案件办理过程中发现的一些问题，向有关单位、部门发出督查意见书。

全年受理各类事项708起，其中信访投诉事项478起，协调处理公共资源交易市场各方主体的要求、建议230起；查处招投标过程中放弃中标资格、弄虚作假等违规违纪的投标企业和个人130余家（个），记录不良行为101条，对54家存在不良行为的企业和个人作出限制6个月以上交易资格的处理。

【市县区一体化建设】 全市公共资源交易市县区一体化工作取得实质性进展。加强和改进乡镇公共资源交易管理，撤销乡镇一级交易机构，按集中交易目录和限额标准把乡镇项目纳入市县平台统一交易；推进与所辖县区交易平台资源共享，建立信息发布、咨询服务、评标专家库、信用评价、投诉受理、监督管理 “六统一”的运行机制；明确县级平台的统筹监管职责、完善县级平台的服务承载能力，同时做好乡镇项目交易服务和工作转型，促进地方各相关部门对交易过程实行联合监管。

（市公管局办公室）

食品药品安全工作

【概况】 2014年，全市食品药品监管系统以保障人民群众食品药品安全为中心，一手抓改革，一手抓监管，履行食品药品监管职责，基本完成全市食品药品监管机构改革，基本建立监管体系，监管工作取得阶段性成效，确保了全市未发生重大食品药品安全事件，食品和药品安全总体形势稳定向好。

积极动员和依靠多方力量，构建社会共治局面。一是强化政府责任。市食安办对各县（市）区食品药品安全工作开展目标管理绩效考核。各县（市）区食品安全委员会得到加强，完善了制度，各乡镇食安办履行职责，实施了县（市）区、乡镇（街道、社区）、村（居）三级食品药品网格化监管。肥西县和庐阳区被省食安办确定为全省食品安全示范县创建试点单位。二是建立完善投诉举报机制。“12331”投诉举报系统全年投诉举报和咨询总量达到1922件，在省食品药品监管局8次突击检查中，全市12331热线电话都及时接通，受到了省食品药品监管局的通报表扬。三是加强与媒体合作。召开新闻发布会，在《合肥日报》开办食品药品安全专栏。四是普及食品药品安全知识。举办“食品安全宣传周”、“安全用药月”、“食品药品安全知识大讲堂”等活动，宣传食品药品法律法规和安全合理用药知识。

【完善食品药品监管体系】 推进机构改革工作，市委办公厅、市政府办公厅印发《关于改革完善市县工商质监食品药品监督管理体制的实施意见》，部署改革工作任务；在全省率先贯彻国务院和省政府文件精神，市政府办公厅印发《关于进一步加强食品药品监管体系建设的实施意见》，加速推进改革工作。市领导率队深入食品企业检查食品安全，部署全市食品药品监管系统机构改革和食品药品安全工作。市食品药品监督管理局重新组建，于9月底全面完成“三定”工作；各县（市）区、开发区市场监督管理局“三定”工作全部完成，承担了食品药品监管职责。12月下旬，县（市）区市场监管局和105个市场监管所全部加挂食品药品监管机构的牌子，其中庐阳区在全省率先挂牌。在市编办、市政府法制办的指导下，该局与各县（市）区沟通协调，印发《合肥市市、县（市）区两级食品药品监管事权划分指导意见》，与四个开发区签订食品药品行政执法委托授权书，明确了各级食品药品监管事权，基本建立市、县（市）区、乡镇三级食品药品监管体系，基层监管工作得到了有效加强。

【依法行政】 实施行政审批制度改革。成立行政审批事务处，制定《行政审批工作管理办法》，将原先分散在各业务处室的行政审批职能进行调整和归并，对审批流程进行再造，做到“两集中、两到位”：审批职能向市食品药品监管局窗口集中，市食品药品监管局窗口向市政府政务服务中心集中，业务处室监管到位，技术机构支撑到位，实现了审、批、查相互分离、相互监督、相互配合；制定审批认证工作制度、审批认证现场检查工作纪律、检查员管理办法等规章制度，做到公开透明，严格按制度办事。精简行政审批事项，保留的市本级行政许可项目仅6项，全年受理办结各类行政审批事项2574件，全部按时完成。

建立完善监管制度。出台小餐饮食品安全整顿规范工作指导意见、食品药品安全“黑名单”管理办法以及食品生产加工小作坊实名登记监管、食品批发市场监管等监管制度，落实监管责任和食品药品企业的主体责任，强化了监管措施。

加强权力约束。全面实施权力清单和责任清单制度，将权力清单和责任清单、权力运行流程图、权力事项廉政风险单情况表向社会公布，切实做到依法依规、公开透明、阳光操作、全程监督。

印发的文件、行政审批结果全部在市政务公开信息网上公开，还公开了行政处罚案件19件。

【食品药品安全监管】 根据市政府印发的《2014年度工作目标任务》和市政府办公厅印发的《2014年食品安全工作要点》，该局将每项工作进行分解，落实了责任处室，并将23项食品安全重点工作分解到各县（市）区和市直相关部门，对全市食品生产经营、药品医疗器械生产经营单位全面监管，对重点品种、重点时段、重点区域和重点企业实行严格监管，有效保障了食品药品安全，全面完成市政府下达的15项年度工作目标任务。在食品监管方面，对食品加工小作坊进行实名登记并纳入监管；对食品批发市场和农产品批发市场进行整顿规范，保障食品流通源头的安全；获证餐饮企业全面实行量化分级管理，对无证小餐饮单位进行整顿规范；高质量完成了省市“两会”、2014年合肥国际马拉松赛等20余项重大活动，共计10万人次的食品安全保障任务，未发生一起食物中毒事件。在药品医疗器械监管方面，做好新修订药品生产质量管理规范（GMP）、药品经营质量管理规范（GSP）实施工作，全市10家在产注射剂企业已全部通过国家总局认证，123家药品批发企业已通过GSP认证现场检查。加强药品、医疗器械的生产经营监管，全年未发生药品安全事故。履行市食安办的综合协调职能，定期召开市食安办会议，部署调度食品药品监管工作，保证了工作的连续性和稳定性，发挥了各县（市）区、各食品安全监管部门的工作合力。

【专项整治】 重点开展农村食品市场“四打击四规范”、食品批发市场整顿规范、医疗器械“五整治”、化妆品流通环节专项整治、学校及周边食品安全专项整治、小餐饮食品安全整顿规范、婴幼儿配方乳粉专项检查、豆制品及豆芽菜专项整治、疫苗经营专项检查、肉及肉制品整治、活禽和禽类食品、药械广告、药监网剑、非法回收药品等整治行动共20多次，查处各类食品药品违法案件750件，集中销毁劣质食品1.4万公斤，假劣药品和保健食品600余件，移送公安部门涉刑案件3件，保持对食品药品违法犯罪行为的高压态势。

专项整治取得了阶段性成果，全市食品批发市场基本达到了开办者落实审查、管理、信息报告等责任、市场内经营者做到亮照或悬挂公示牌经营、市场销售的猪肉全部索取检验检疫合格证明的工作目标；长江批发市场、周谷堆农产品批发市场等重点单位食品安全水平有较大幅度的提高；对全市429家豆制品、豆芽菜生产加工小作坊开展普查建档；全市创建小餐饮示范店近千家，小餐饮持证率提高到90%左右；大部分小餐饮企业能做到餐饮场所干净整洁，从业人员持健康证上岗。

【应对食品药品安全突发事件】 该局及时完善《合肥市食品安全事故应急预案》《合肥市药品和医疗器械安全突发事件应急预案》，开展合肥市Ⅳ级食品安全事件应急演练。该局还实时监测并应对食品安全事件和舆情，快速处置了上海福喜食品公司被爆光使用过期劣质肉生产问题食品、羊肉香精等舆情信息，使事件在初期阶段得到有效控制。

（市食品药品监督管理局办公室）

质量技术监督

【概况】 2014年，合肥市质量技术监督局召开全市质量强市建设工作座谈会，落实省政府对全市质量工作的督查；接受国务院质量工作考核组的现场质量考核，获得好评。推荐肥西县政府申报省质量强县示范单位。发布合肥市质量状况白皮书。合力股份公司入围首届“中国质量奖”提名奖（全国有56家企业入围）。全市累计拥有安徽名牌产品239个，合肥名牌产品129个，数量稳居全省首位。庐江县“黄陂湖大闸蟹”、肥西县“三河米酒”等产品正式获批为地理标志保护产品。完善全市标准化联席会议制度。兑现企业标准化项目奖励资金1878万元。中国电子集团38所牵头主编的国际标准-ISO17599《机械产品数字样机通用要求》正式发布，同时该所成为“中国标准创新贡献奖”在安徽省唯一获得单位。有效推进全市新能源汽车、住宅产业化、光伏建筑一体化等重点产业项目省级地方标准制定工作。全市有5家企业的产品采用国际标准，新增2个国家级、3个省级、14个市级农业标准化示范区，有服务标准化试点单位国家级11家、省级15家。推进“计量惠民生、诚信促和谐”工程。通过首检、复检和抽检，保障水、电、气、热“民用四表”精准运行。对全市用能大户燃气表开展在线监测。对重点用能单位节能减排开展审计试点。开展安全用计量器具制造许可专项核查和重点领域安全用计量器具监督检查。完成全市节能工作目标任务。对全市80个社区卫生服务中心开展常用计量器具免费检定。高标准推进国家家电产品质检中心建设。该中心当年通过省质量技术监督局组织的检验资质认证。TCL、惠而浦、格力等知名电企先后考察家电中心，并就新产品研发、质量检验等达成初步共识，技术支撑作用日益凸显。合肥市计量测试研究所、合肥市度量衡管理所、合肥市产品质量监督检验所等三个技术机构的恢复重建工作有序推进。开展“做精工产品、做诚信企业”活动，建立企业产品质量“红黑榜”，建立企业信用档案数据库。先后分两期举办培训班，为1200余家企业免费开展首席质量官培训，使全市规模以上企业首席质量官所占比例达40%。组织企业开展质量安全公开承诺，推动落实企业主体责任。合肥百大集团等企业对社会发布了《质量信用报告》。

加强制度建设，制定完善了《市质量技术监督局政府奖补资金管理办法（试行）》、《合肥市产品质量监督抽查管理办法》等10个制度；获“全国质检系统首批依法行政示范单位”、“合肥市2014年度目标管理考核优秀责任单位”、“合肥市首批依法行政示范单位”、“2014年度全市安全生产工作先进单位”、“2014年度全市政务公开先进单位”等称号，该局直属党委连续第五年获党建目标责任制考核优秀党组织称号，该局政务中心窗口连续第三年被评为市政务服务中心先进窗口。

【监管保障】 完成质监分级管理体制调整和食品生产领域安全监管职能划转工作。厘清该局与基层市场监管部门的事权划分。主动适应体制调整新形势，重点加大对基层市场监管局的指导和服务力度。举办以特种设备安全监管为主题的专题培训班，同时主动到各基层局就标准、计量、特种设备等质监业务先后开展十多期专题培训，培训人员达1000余人次。有效守住了安全底线，产品质量和特种设备安全形势平稳。全年没有发生重大的特种设备安全事故，也未发生区域性、系统性产品质量问题。组织开展重点消费品质量安全、食品包装容器制品以及大型游乐设施、车用气瓶、移动式压力容器专项整治。开展特种设备事故隐患排查活动。保障新桥国际机场、合福高铁合肥段等重点工程特种设备安全运行。配合市人大开展全市住宅小区电梯配置及运营管理情况专题调研，参加市政协论坛，建言献策，推动电梯安全监管在立法层面更加完善，推动特种设备安全监察工作从“管设备向管制度落实”转变。对电线电缆、洗衣机、危险化学品等重点工业品开展抽查，全市抽查合格率达95.89%，同比提高了1个百分点。

【规范法治】 推进依法行政，法治质监成效明显。规范行政审批，减少审批环节，优化审批程序，提高审批效能。严格落实执法责任制，规范行政执法，加强执法队伍建设，强化执法监督。成立全面深化改革领导小组并制定实施方案。与高新区管委会等四个开发区管委会签订委托执法协议。将特种设备使用登记职能下放县（市）、区市场监督管理部门承担。推进“证照一体”统一办理工作。停止各类组织机构代码年度验证，改为网上申报相关信息，减轻了企业负担，全市有9万多家企事业等各类机构从中受惠。推进“六五”普法。强化打击惩处与重点整治，以及“质检利剑”、“双打”等专项行动。完善质量监管、执法稽查工作体系，健全风险排查与执法打假互动、“两法”衔接和处置突发事件快速反应工作机制，推行案件查处结果公开。

（窦卫东）

安全生产监督管理

【概况】 2014年，合肥市安全生产工作坚持以科学发展、安全发展为统领，以“省控指标不破，重返第一方阵”为目标，推进“党政同责、一岗双责、齐抓共管”安全生产责任体系建设，深化企业安全标准化、安全文化示范企业、安全社区达标创建，以及安全生产执法检查、隐患排查整治、“六打六治”打非治违和油气管线、涉氨制冷、涉粉防爆、危化矿山攻坚克难及职业卫生等工作，全市当年发生各类安全生产事故2995起，同比下降4.1%；死亡428人，同比下降1.38%、占全省下达控制指标443人的96.61%。安全生产事故死亡人数和较大事故起数为历史同期最低水平。

【安全生产工作责任落实】 合肥市市委出台安全生产“党政同责、一岗双责、齐抓共管”制度文件，市委常委会专题研究安全生产工作，明确了全面实施安全发展战略，将安全生产纳入干部培训教育体系，安全生产绩效与干部升迁挂钩，加强工业园区和基层安全监管力量建设；市政府与各县（市、区）政府、开发区管委会、相关市直部门和政务新区、滨湖新区建设指挥部分类签订了2014年安全生产目标管理责任书，分解落实年度安全生产重点工作任务和控制目标；市直各部门与下级部门、所属企事业单位又层层签订目标管理责任书，压实安全生产监管责任；完善乡镇分类考核安全生产“一票否决”制规定，对3个乡镇实施安全生产“一票否决”， 基本建成横向倒边、纵向到底的全市安全生产责任体系。

【安全隐患排查和整治工作】 把安全隐患排查和治理作为事故预防的重要抓手，制定出台《合肥市建立安全隐患排查治理体系工作方案》，常态化开展。各类生产经营单位全年排查上报一般安全事故隐患4.68万项，及时整改率达96%；重大安全事故隐患14项，及时整改率达100%。组织开展第十一个隐患排查月活动，排查出重大事故隐患35项，由属地政府挂牌整治25项、市安委会挂牌督办10项。市安委会挂牌督办的10项重大隐患中，现有7项完成整改，并经专家验收销案；1项整改完毕通过专家验收，在履行销案手续；其余2项按照整改措施、责任、资金、时限、预案“五落实”原则，整改工作在推进中。市财政拟拨付安全隐患整治资金60万元。市安委办发挥综合协调职能，先后协调相关部门、单位整治完成省、市主要领导交办的骆岗机场十八岗供电专用线、中石油昆仑公司高压燃气管线占压和雷鸣红星民爆产品城区生产等安全隐患。在非煤矿山领域，先后开展防坍塌、防透水、防坠落、防溃坝等专项安全整治工作，对全市矿山实行全覆盖检查，治理安全隐患近400项，查处非法违法行为8起，提请政府关闭矿山2家。聘请7名专家对全市45家非煤矿山企业逐矿进行检查，解决图纸造假、图实不符问题。在危险化学品领域，开展加油和加气站专项安全检查，对全市329家加油和加气站安全距离是否符合规范、从业人员是否持证上岗等问题全面排查，整治安全隐患245项。对全市涉氨制冷企业再排查、再梳理，确保液氨储存使用安全。积极推进危险化学品安全生产攻坚，科学规划危险化学品生产储存区域，完成5家涉及重点监管危险化工工艺的化工装置、14家涉及重点监管危险化学品的生产储存装置和7家危险化学品重大危险源的自动化控制系统改造。在烟花爆竹领域，突出巩固巢湖市烟花爆竹生产企业全面退出成果，跟踪落实生产设备、厂房的拆除，兑现生产企业退出奖励；同时采取重点区域拉网排查、重要路口布点严控的方法，打击烟花爆竹非法经营、储存和运输行为；取缔非法经营264起，非法生产6起；移送公安机关刑事拘留5人、治安拘留52人。在职业卫生领域，开展木质家俱、铅酸蓄电池、建材、水泥、石材、非煤矿山、化工、皮革制造等行业领域职业卫生专项整治行动，关闭3家石材加工企业。全面推进职业卫生基础建设活动，新增职业危害申报企业411家，76家企业通过职业病危害现状评价，对135个建设项目进行职业卫生“三同时”审查，对存在职业危害企业1179家进行执法检查，查出安全隐患4440多条，下发整改通知860多份，实施行政处罚3.1万元。首次通过购买服务方式，公开招标职业卫生检测单位，对职业危害重点行业进行检测；并首次邀请外省专家对在肥职业卫生机构出具的评价报告进行盲评，推动职业卫生服务机构工作水平的提高。此外，市安委办履行综合监管、协调职责，督促交通、公安、建设等部门，推进各自领域安全整治。

【安全生产执法检查制度化】 编制年度安全生产执法计划，推进联合执法、合并检查，常态化开展“四不两直”暗访检查。春节期间组织开展冬季安全大检查及“回头看”工作，在“两会”、节假日等重点时段又开展春季安全生产大检查和以各行业主管部门牵头的安全生产检查及综合督查。为强化夏季校园及学生安全管理，市政府组织相关部门成立6个检查组，对全市部分中小学、幼儿园进行专项检查。市安委办还组织相关部门联合督查危化品道路运输、公路隧道安全和水上交通安全等，效果良好。全年迎接国务院、省政府安委会督查各1次，全市安全生产工作均受到督查组的充分肯定。

【安全生产保障能力新提升】 狠抓应急管理，编制《合肥市金属与非金属矿山生产安全事故应急救援预案》、《合肥市尾矿库生产安全事故应急救援预案》、《合肥市危险化学品生产安全事故应急救援预案》、《合肥市烟花爆竹生产安全事故应急救援预案》简本，强化应急预案的针对性和可操作性。加强应急救援队伍建设，危化应急救援合肥红四方队通过省级验收。开展预案演练，今年以来，市、县两级组织综合应急救援演练120多次，各类企业组织演练3500多次，参演和观摩人员近22万人，提高了全市应对事故灾害应急处置救援实战能力。推进重大危险源动态监控和应急平台建设，强化危险源管理。

【安全生产责任追究新举措】 从严查处生产安全事故。实行责任倒查，促进工作落实。全年查处各类生产安全事故10起，责任追究50人，对18家单位和50名个人罚款319.3万元，吊销资格证书1个、暂扣9个。并对由县（市）区政府组织调查的10起事故进行了挂牌督办。在全省率先建立了事故查处终身负责制度，同时强化安全生产目标管理考核。完善考核细则，采取重点工作阶段考，基础工作随机考，领导履职定向考等方法，增强考核的实效性。加强考核结果的运用，严格实行安全生产“一票否决”制。

【油气输送管线整治】 市政府将油气管线整治列为当年安全生产一号工程，市长亲自审定油气管线专项整治方案，分管副市长先后两次召开协调推进会，市安委办多次召开专题会议、组织检查督查跟踪落实，同时实行隐患整改月报、周报制度，查清全市油气管线总长度为6081千米，发现安全隐患807处，整改801处，整改率达99.2%，油气管线安全整治的力度和成效在全国领先。

【安全生产基础工作】 推进企业安全标准化建设。全市当年有465家规模以上工贸企业通过安全生产标准化创建达标验收。同时，全面推进规模以下企业标准化创建工作， 311家规下企业通过初评，177家规下企业通过现场验收。按照好中选优原则，确定13家企业开展安全文化示范企业创建活动，并一次通过验收。突出狠抓宣教培训，开展第13个全国安全生产月活动，举办安全生产宣传咨询日，设立宣传栏100余处，发放各类安全生产知识手册3000余本、宣传单5000余份。开展“普及安全知识，弘扬安全文化”送教进工业园区、“提高安全意识，强化安全管理”送平安进建筑施工企业、警示教育等活动，有 93家企业600多名员工参加培训，促进企业进一步强化安全生产意识，抓紧安全生产工作。举办涉粉尘企业和化工企业防泄漏安全培训班，免费培训企业主要负责人、安全管理人员800多名。开展危化、矿山企业负责人谈心活动，与各企业主要负责人面对面交流、谈心，增强企业“红线”意识。贯彻新《安全生产法》，邀请国家安监总局新闻发言人黄毅做客庐州讲坛讲解新安法。配合省安监局在杏花公园举办新安法宣传活动。在全省安监系统率先开通政务微信公众服务平台“合肥安监”，图文并茂地向“微友”宣传安全监管政策、发布工作动态、传递最新资讯、传播安全常识，使全市安全监管工作更加“接地气”、“聚人气”。

（市安全生产监督管理局办公室）

教 育

【概况】 2014年，合肥市教育局在国家主要媒体刊发合肥教育发展经验40余篇，省级媒体刊发200余篇。共有省内外20余个教育代表团取经合肥教育发展举措。本市被确定为全国中小学品质提升实验区。本市教育在全国的影响力进一步提升，“公建民营”办园体制、研学旅行等工作经验在全国推广。

截止2014年底，全市各级各类学校1889所，其中：中等职业学校78所，普通高中114所，初中248所，小学613所，特教学校6所，幼儿园829所，国防学校1所。各级各类学校在校学生114.6万人，教职工8.1万人，其中专任教师6.7万人。

【基础教育】 2014年，学前教育发展步伐不断加快。新建、改扩建公办幼儿园28所，增设农村附属园10所，新增普惠性民办幼儿园32所，“公建民营”幼儿园总数达到27所。全市公办幼儿园和普惠性民办幼儿园覆盖率达到60%。30所幼儿园通过了市级一类园评估验收，3所幼儿园通过了省级一类园评估验收，优质学前教育资源继续扩大。修订了《合肥市促进学前教育发展市级以奖代补专项资金管理办法》，调高了企事业幼儿园生均奖补标准，兑现奖补资金2564.45万元。继续加大学前教育培训力度，各县（市）区完成学前教育县级培训3124人次，园本培训2568人次，幼儿园三年一轮的全员培训率达到70%。

义务教育均衡发展取得新突破。深入推进义务教育“三大提升工程”，确定了第一批41所新优质学校创建试点学校。深入开展城乡教育结对合作，结对合作学校达到260所，有力提升了城市薄弱学校和农村学校的办学水平。全市义务教育学校标准化建设完成率达到92%，设立专项奖补资金1.25亿元，并向薄弱区域和学校倾斜。进城务工人员随迁子女定点学校增加到206所，就读人数达10.41万人，占全市城区在校生总数的37.2%。民办学校义务教育阶段学生统一纳入义保政策和免书本费实施范围。瑶海、肥东、长丰和巢湖通过国家义务教育发展基本均衡县（区）达标认定，连同2013年通过国家认定的包河、庐阳、蜀山，本市共有7个县（市）区进入全国义务教育发展基本均衡县（市）区行列。

普通高中教育特色化发展成效明显。优质高中教育资源进一步扩大，合肥七中新校区投入使用，合肥中加国际学校正式办学，合肥十中新校区加速建设。实施国际班课程计划备案制度，普通高中国际班管理进一步规范。成立合肥市教育学会示范高中研究分会，举办了“提高课堂教学有效性”专题校长论坛和学科研讨活动。

【职业与成人教育】 加快市属公办职教资源整合。5所市属公办职业学校整合成立合肥市经贸旅游学校，进驻磨店高教基地正式办学，全年招生人数达3700人，超过2013年5所学校招生总和。肥西县、庐江县、巢湖市稳步推进区域职教资源整合，提高教育教学质量。编印《选择》读本，积极开展“职业教育进校园”宣传活动，举办全市职业教育招生咨询会。全市中职招生35159人，超额完成招生计划。与市经信委、市商务局联合开展专项校企对接会，为企业招到好的技能人才搭建平台。规范中职学校办学行为，完善“中等职业学校专业设置管理与公共信息服务平台”建设。开展全市中职学校办学资质清查，具备办学资质的职业学校55所，比2013年减少10所。

开展了中职教师“三优”评比，“精品课程”评选和“信息化教学”竞赛。

成人教育取得新发展。评选了32个市级示范街道和乡镇成人文化技术学校。完成了合肥市终身教育学习网、全市社区教育网络平台和社区教育指导中心的建设，社区大学正式挂牌，构筑了社区大学、学院、学校和学习点四级网络。举办了“全民终身教育活动周”活动，营造了“终身学习，人人成才”的浓厚氛围。蜀山区成功创建本市首个国家级社区教育示范区，长丰县被列入全国首批创建国家级农村职业教育和成人教育示范县。

【民办教育】 坚持民办教育扶持与规范两手抓。在继续设立民办教育发展专项奖补资金的同时，注重规范民办教育办学行为，依法依规对全市对全市24所民办中等职业学校和7所民办高校自考辅导学校进行了进行年检和办学行为专项检查。开展民办奖补资金绩效评估，修订2014年民办专项资金补奖实施方案，发挥资金的导向作用。在9所民办学校试行派驻督导专员。

【教育改革】 全面深化教育领域综合改革。成立综合改革领导小组，对照市委全面深化改革领导小组2014年工作要点，对改革任务进行细化和分解，制定推进工作时间安排表，建立会议制度、工作制度和督查制度。出台了《关于深化教育综合改革的实施意见》。启动合肥市十三五教育事业发展规划纲要编制工作。

深入推进办学体制改革。引导各县（市）区采取名校办分校、名校托管等方式，推进名校与薄弱学校的共同发展。将乡镇中心幼儿园与中心校剥离，归属乡镇或县（市）区教育局管理，发挥乡镇中心幼儿园对所在乡镇各类幼儿园的管理、示范和辐射带动作用。

推进学生评价方式改革。与上海市教委合作引进上海市中小学生学业水平绿色指标评价体系，制定了《关于合肥市中小学生学业质量绿色指标测试工作的实施意见》。推进学业水平评价方式改革，试行取消百分制，探索以《学科评估分析报告单》呈现等级评价方式。

继续深化招生制度改革。进一步扩大省示范高中招生指标到校比例至85%。加强国际班管理，全市普通高中国际班招生由市考试院统一组织实施，学籍由市教育局统一建立，每学期注册一次，并实行单独编班管理，单独组织教学、单独进行评价。

进一步创新督导方式。完成了第一届市督学聘任工作，聘任行政管理、专家学者、特聘3大类市级督学184名。全市建立督学责任区93个，聘用专兼职督学217名，特约督学87名，实现了全覆盖。完成了2013年度县（市）区党政领导干部教育工作督导考核及省级复查。

【队伍建设】 出台了《关于进一步加强市教育局机关干部队伍建设的意见》。对市教育局机关处室职能进行了优化调整，机关干部进行了公推竞职和部分岗位轮岗交流。着重培养教研员的科研、创新能力。争取市委支持配齐配强市属中等职业学校的校长班子队伍。建成“师德师风与教师管理投诉平台”，委托国家统计局调查队在全市范围开展教师队伍建设状况调研测评。开展了“双走进”、“万名教师进万家”活动。

创新教师管理机制。2014年引进中小学教师1642名，其中接收免费师范毕业生109名、长丰特岗教师100名、通过“绿色通道”引进33名、公开招聘幼儿园教师225名。积极推进教师校长轮岗交流，全市通过各种方式交流校长396人、教师4342人，交流比例分别达到12%、11.9%。

持续加强教师培训。培训经费投入达2680万元，参训人数近5.6万。以政府购买服务方式遴选15家教师培训机构，完成22大项、共65批次的市级专项培训任务，参训教师达到41834人次。新建12个学科教师培训基地，覆盖义务教育阶段14个学科。基地全年培训骨干教师1300人，安排送培送教活动90场，超过10000名农村中小学教师在城乡交流的大平台上受益。出台了《合肥市中小学新任教师培训标准》和《合肥市中小学骨干教师培训标准》。引导学校开展特色培训，继续加强校本培训制度建设。划拨1000万元培训经费到各县和市，完善城乡一体的教师培训体系。

落实教师关爱制度。截至2014年，长丰、肥东和肥西三县累计投入3.22亿元，建设教师周转宿舍3534套，其中农村教师公租房3081套。全市11490人享受乡村教师生活补贴，占在编在岗乡村教师的87%。全市受理申请农村原民办教师教龄补助22089人，民师身份和教龄认定完成率100%，教龄补助发放率100%。妥善解决首批国企职教和幼教1725名退休教师待遇问题。

【素质教育】 加强德育教育。制定《合肥市中小学生校外素质教育基地管理办法》，遴选并命名了第一批校外素质教育基地。制定《关于进一步推进未成年人心理健康教育实施方案》，启动中小学心理健康教育特色学校创建计划。出台了

《关于进一步规范合肥市学校少年宫管理的实施意见》。修订《中小学生科学文化素养》读本，编印《廉洁文化教育读本》，将乡土文化、市情教育和廉洁教育纳入其中。在全市选拔推荐了小学、初中班主任代表全省参加第三届长三角地区中小学班主任基本功大赛。

丰富学生活动。制定了《2014年合肥市中小学（幼儿园）系列主题特色活动方案》。承办了全省中小学幼儿园素质教育成果“六一”展示活动。举办2014年合肥市中小学运动会，中小学生第四届读书节系列活动。组织学生开展工业游、科技游活动；研学旅行工作在全国少年儿童校外活动及研学旅行工作交流会上作经验交流。

科技创新成绩骄人。全国机器人竞赛获一等奖6个，二等奖2个，三等奖1个，其中冠军数占全国总数三分之一，书写了中国青少年机器人竞赛一个城市夺冠数量的最高纪录；全国科技创新大赛获二等奖1个，三等奖4个，英特尔英才奖专项奖1个；信息学竞赛获一等奖1个，二等奖2个，三等奖2个。全国中职技能大赛获二等奖5个，三等奖6个。

减负提质增效。积极开展“同课异构”、教学研讨、观摩交流等活动，有效落实新课程理念，改革课堂教学模式，提高课堂效率。开展寒暑假违规补课专项督查活动，严肃查处违规行为。普通高考再获丰收，全市文理科三本以上达线人数为29086人，比去年增加4360人，达线率为53.2%，比全省高出13.5个百分点。全市文理科前100名中，合肥占60名。

【教育民生工程】 2014年，预算安排义务教育经费保障机制资金5.90亿元（公用经费和免书本费资金，其中含市级民生工程免书本费资金5687.31万元）。实际拨付资金5.92亿元，其中：中央及省级资金3.54亿元，县（市）区级资金2.38亿元。资金拨付率为100.34%，超预算0.34个百分点。预算安排家庭经济困难学生资助资金1.49亿元，实际到位资金1.5亿元。资金拨付率为102.52%，超预算2.52个百分点。圆满完成市乡镇公办幼儿园建设任务包括利用闲置校舍改扩建项目18个，新建项目1所，总建设面积11570平方米，总投资1201.5万元。

【校园安全】 2014年，强化安全主题教育。通过开展“一月一主题”安全教育和“安全生产月”活动，普及安全常识，推动安全理念、安全文化、安全法律和安全知识进校园。保障校园学生安全。按照“查隐患、抓整改、重落实、保安全”的要求，检查涵盖校园安全各方面和各类事故灾害风险点、各类安全稳定隐患。建立隐患台账，实行销号制度。加强校车安全监管。加强“过渡期校车”安全管理，建立健全“过渡期校车”安全管理档案。积极总结推广肥西县校车保障服务的经验做法。

【依法行政】 2014年，继续推进依法行政、依法管理。加强规范性文件管理，实行动态清理。制定、修订和备案部门规范性文件5件。规范行政权力运行，规范行政执法工作。完成新一轮行政审批事项清理，下放2项市级教育行政审批事项的管理层级。申请市政府协调教育、民政部门之间的执法争议，有效解决了民办学校“一校两章程”问题。全面规范合同管理，加强经济活动内部控制。全面建立和落实签订合同的内部会审和法律审查制度，对外签订的所有合同全部履行审查程序。指导教育系统实施“六五”普法规划，开展法制宣传教育。

【反腐倡廉和政风行风建设】 是年，完成党的群众路线教育实践活动。坚持问题导向，把解决教育热点难点问题与创新体制机制紧密结合，统筹安排，交叉进行，确定了18项整改任务，制定了局党委整改方案、专项整治方案和制度建设计划，不断深化和拓展活动成果，取得了一些成效，基本达到了预期目标。活动期间，编写《工作简报》40期、《学习资料摘要》53期，认真指导市属学校、民办高校开展教育实践活动。

大力推进反腐倡廉。落实党风廉政建设责任制，把落实中央八项规定和纠正“四风”作为教育系统反腐倡廉重点任务，组织党员干部开展廉政警示活动，与市属学校负责人签订《党风廉政建设责任书》。继续推动市属学校开展廉政文化建设，4所学校被确定为省级示范点。开展对县市区中小学教育收费、教辅材料、课业负担和规范办学行为情况暗访督查。落实清理党员干部住房清理工作。

【对口帮扶】 2014年，组织6批16门学科的专家教师赴霍邱县、寿县和定远三县开展中考、高考集中辅导培训。选调了69名教师为寿县全县中小学和幼儿园教师进行暑期培训。安排寿县10名中小学、幼儿园管理干部来本市挂职锻炼。选派3名教师援缰支教、30名教师赴阜阳支教。扎实开展美好乡村工作，对口帮扶肥东县马湖乡小陶村，选派了2名教师送教到马湖乡中心小学。

（龚艳春）

中国科学技术大学

【概况】 中国科学技术大学（以下简称“中国科大”）1958年9月创建于北京，1970年迁至安徽合肥，是中国科学院所属的一所以前沿科学和高新技术为主、兼有特色管理和人文学科的综合性全国重点大学。

现有15个学院、30个系，设有研究生院，以及苏州研究院、上海研究院、中国科大先进技术研究院。有数学、物理学、力学、天文学、生物科学、化学共6个国家理科基础科学研究和教学人才培养基地和1个国家生命科学与技术人才培养基地，8个一级学科国家重点学科，4个二级学科国家重点学科，2个国家重点培育学科，18个安徽省一级学科重点学科。建有国家同步辐射实验室、合肥微尺度物质科学国家实验室（筹）、稳态强磁场科学中心、火灾科学国家重点实验室、核探测与核电子学国家重点实验室、语音及语言信息处理国家工程实验室、国家高性能计算中心（合肥）、安徽蒙城地球物理国家野外科学观测研究站等国家级科研机构和45个院省部级重点科研机构。

现有本科生7200人，博士研究生2700人，硕士研究生6800人。

图书馆藏书220万册，已建成国内一流水平的校园计算机网络和若干高水平科研、教学公共实验中心。

2014年，学校在中国科学院《“率先行动”计划及全面深化改革纲要》（以下简称“率先行动”计划）中先行一步，已经在“率先行动”计划中提出的四种类型科研机构分类改革中首批获准建设三类平台：一是围绕国家战略需求和世界科技前沿，努力在量子通信与量子科技领域取得率先突破，建设运行好量子信息与量子科技前沿卓越创新中心；二是依托合肥地区大科学装置的集群优势，面向国内外开放共享，开展综合交叉前沿研究，与合肥物质科学院共建中国科学院合肥大科学中心；三是依托中国科大先进技术研究院，聚焦智能语音与未来网络，围绕产业链部署创新链，启动建设智能语音与未来网络研究院。

颁布实施《中国科学技术大学章程》。经中国科学院同意，教育部高等学校章程核准委员会评议，2014年7月29日教育部第24次部务会议审议通过，于10月11日正式核准、生效；完善校地合作的布局，继续加快先进技术研究院建设，已建设重大战略性科技创新平台10家、各类联合实验室（研发中心）33家，孵化创新企业76家；“十二五”规划建设项目通过国家发展改革委现场评审。

【人才培养】 继续推进实施“科技英才班”的各项工作，目前，科技英才班学生已有816人顺利毕业，国内外深造率达94.9%，在读学生共计1289人，约占在校本科生人数的18%；在“理科实验班”启动“书院制”试点，探索建立“教、学、管”联动的多部门协作管理模式；通过少年班、创新试点班、保送生、自主招生等形式录取了一大批优质生源，生源质量继续保持全国高校前列；新增优质生源基地中学25个、国防生生源基地4个，目前基地总数已达到49个。

积极创新研究生招生形式，首次实行推免研究生网络面试，吸引了大批优秀考生报名参加；在部分学院试行博士招生“申请-考核”制，选拔具有科研

能力、创新精神和专业潜质的优秀学生；2014 年实现了推免生数量和质量的同步提升，共接收推免生 1519 人，比 2013 年增长 37%，科学学位接收推免生比例超过 80%，其中绝大部分来自“985 工程”、“211 工程”高校；继续实施“博士生质量工程”，在试点学院开发本硕选课一体化系统，实现了本硕课程体系的有效衔接；研究生发表论文质量有了明显提升，与 2013 年相比，全校研究生发表英文论文所占比例提高了 10%。

2014 年累计授予 734 人博士学位、2466 人硕士学位、1782 人全日制本科学位；毕业生初次就业率为 93.3%，本科毕业生出国率为 29.3%，国内外深造率达到 76%。

【师资队伍】 学校充分利用国家、中国科学院和各部委的高层次人才项目和政策，新增“长江学者”3 人、“千人计划”教授 2 人、“国家杰青”5 人、“国家优青”13 人，引进“百人计划”学者 5 人。截止 2014 年底，学校有专职教研人员 1181 人。其中中国科学院和中国工程院院士 43 人，发展中国家科学院院士 14 人，教授（含研究员、教授级高级工程师）528 人，副教授（含副研究员、高级工程师、高级实验师）446 人，博士生导师 548 人，教育部长江学者 40 人，国家杰出青年基金获得者 99 人，国家“千人计划”入选者 40 人、“青年千人计划”入选者 89 人，中科院“百人计划”141 人，国家级教学名师 7 人，高层次人才占教师总数的 26%。

【学科建设】 学校有数学、物 理、化学、材料、工程、地学、生物/生化、临床医学、环境/生态、计算机 10 个学科进入 ESI 世界前 1% 学科领域，物理、化学、材料、工程 4 个学科进入 ESI 世界前 1‰ 学科领域；数学、物理、化学、材料、工程、地学、环境/生态、临床医学 8 个学科论文篇均被引次数超过本领域世界平均水平。

【平台建设】 国家同步辐射实验室合肥光源重大维修改造项目通过工艺验收，升级改造后的加速器总体性能和光束线、实验站性能均有显著提升；作为主要协同单位参与组建能源材料化学、人工微结构与量子调控、高性能计算等 3 个国家级协同创新中心；新增无线光电通信、强耦合量子材料物理、天然免疫与慢性疾病、城市污染物转化等 4 个中国科学院重点实验室。

【科学研究】 2013 年学校发表 SCI 论文 2126 篇，比上一年增长 12.9%；2014 年，学校在 Nature 及其子刊发表论文 45 篇，“自然出版指数”为 15.97，名列全国高校第二位；6 人入选汤森路透发布的全球“高被引科学家”榜单，名列全国高校第一。科研竞争力进一步提升，获批各类纵向科研项目经费首次突破十亿元，面上基金项目和青年基金项目批准率分别为 52.72% 和 53.29%，均居国内主要高校首位；新增 1 个国家自然科学基金委创新研究群体；牵头承担国家重大科技专项、重大科学研究计划、ITER 计划、973 计划、中国科学院重大科研仪器设备研制专项等千万元以上重大项目 12 项；获得省部级以上各类重要科技奖励 18 项，其中国家自然科学二等奖 1 项，国家技术发明二等奖 1 项，中国科学院杰出科技成就奖（集体）1 项。全年申请专利 578 件，获得授权专利 316 件，比 2013 年增长 19%。

【国际交流】 继续加强与国外著名高校、科研机构的实质性合作，与海外著名高校签署 17 项校际合作协议和学生交流协议；近 200 名本科生参加海外名校交流项目；通过国家建设高水平大学公派研究生项目，共有 80 多名研究生赴国外进行联合培养和攻读博士学位；资助 300 多名研究生参加境内外国际会议与访学交流，共有 700 余人次研究生参加境外和港澳台国际学术交流；教师参加境外学术交流 1000 多人次，海外专家来访 1200 多人次，均有大幅增长；依托中国科学院－第三世界科学院（CAS-TWAS）院长奖学金项目，推进留学生培养工作，在校留学生数从 2013 年的 110 人上升到 203 人。

（撰稿：牟玲　审稿：刘天卓）

合肥学院

【概况】 合肥学院是一所在“改革中诞生、开放中成长、创新中发展”起来的全日制公办普通本科高校，前身合肥联合大学于1980年在新中国放射化学奠基人杨承宗先生倡导下，由中国科学技术大学等7所高校共建而成。2002年，合肥联合大学、合肥教育学院、合肥师范学校合并组建合肥学院。学校现有全日制在校生16000多人，在职教职工966人，其中专任教师 820人，副高以上职称的教师304人。有3名全国优秀教师、1名教师荣获全国“五一”劳动奖章、2名“皖江学者”特聘教授、1人入选合肥市“百人计划”、1人入选国家“千人计划配套引智工程”项目，另有国内外兼任教师190多人。常年在校的外籍教师近20人，其中3人获中国“国家友谊奖”，10人获安徽省“黄山友谊奖”。

学校现有本科专业52个，其中国家级专业13个（国家特色专业5个、“卓越计划”试点专业4个、国家级中外合作办学专业3个、国家本科专业综合改革试点专业1个），国家本科教学工程校外实践基地2个。学校是国家首批“服务国家特殊需求人才培养项目”——学士学位授予单位开展培养硕士专业学位研究生的53所试点学校之一，国家首批承担“卓越工程师教育培养计划”的61所大学之一，中德合作共建应用型人才培养示范高校、安徽省示范应用型本科高校、全国应用型本科高校联盟副主任单位、安徽省应用型本科高校联盟常任主席单位。

【硕士专业研究生试点工作】 顺利通过硕士专业学位试点工作中期考核，修订了《合肥学院工程硕士（环境工程领域）专业学位研究生培养方案》，加强合作育人基地建设和校内外导师队伍建设，目前共有29个硕士研究生校外合作育人培养基地，校内导师25名，校外导师28名。新增赴韩国游学项目，组织了8名研究生前往韩国和6名研究生前往德国进行短期游学。首届环境工程专业16名研究生全部通过了硕士学位论文答辩。

获批全国工程专业学位研究生教育指导委员会组织的2014-2015年全国工程专业学位研究生教育研究项目立项，是本年度安徽省唯一立项项目。选派8名研究生参加安徽省第二届高校研究生信息素养夏令营活动。在“网络课程学习汇报”中，与来自全省22个高校夏令营同台竞技，荣获三等奖，

【应用型人才培养】 继续加大模块化教学体系改革力度，《突破学科定势，构建模块化课程，重构能力导向的应用型人才培养教学体系》课题获国家级教学成果一等奖，是省属高校有史以来获得的唯一最高奖项，合肥学院是获该奖项50所高校中唯一一所地方高校。教育报头版头条以“一所地方高校的转型突围”为题，以8000多字的篇幅和1000多字评论员文章，全面介绍了学校十年建设应用型大学的改革及成果。

学生获得省级以上各类学科和技能竞赛科技创新类奖项194项。国家级奖项47项，包括国家级特等奖1项，一等奖3项。第一部毕业季微电影《遇见·时光》，在网上被点击收看超过万次，并在2014合肥大学生文化艺术季校园文化艺术活动比赛中摘得桂冠，产生了广泛的影响。充分利用各种资源，采取多种形式，强化对毕业生的就业指导和服务，加强对“双困生”的就业帮扶力度，加大创新创业扶持力度，鼓励基层就业。全年共有毕业生3413人，其中本科生3333人，专科生80人，截止2014年12月底，本科生就业率为97.03%，专科生就业率为100%，总体就业率为97.33%。

【服务地方发展】 获准立项国家自然科学基金项目2项，国家社科基金项目1项。获得省厅项目66项，其中市政府重大研究课题1项，市高层次人才学术研修项目5项。全年共结题70余项，公开发表论文449篇，其中被国际检索（SCI、EI）收录90篇。出版学术著作或编写教材27部。获得国家发明、外观与实用新型专利19项。获省哲学社会科学优秀成果奖1项， 获市哲学社会科学优秀成果奖2项。

签订产学研基地 10余家，其中与合肥市环巢湖生态示范区建设领导小组办公室及中科院过程所签订了围绕环巢湖生态示范区建设的三方合作协议并持续推进派河等河流的污染物解析项目，与荣电集团合作建立了“产品研发设计中心”，与安徽中财集团合作共建“安徽合六物流研究院”等。初步搭建光伏产业创新要素集成集聚平台，与西锐三维打印有限公司合作开展3D打印材料、装备等研发工作，成立了“安徽省环境污染防治与生态修复协同创新中心”。大力开展非学历培训工作，全年培训各类教师和社会人员超过1万人次。将图书馆、体育场馆、校史馆和信息资源等公共资源面向社会开放。

【师资队伍建设】 全年招聘

专任教师30名，实验教师15名，辅导员6名，管理岗位工作人员5名。其中引进高层次人才及小语种教师18名（其中教授1名），合同管理人员38名。引进中国科学院过程工程研究所曹宏斌研究员成为学校第2位皖江学者特聘教授，获批经费资助20万元。省高校优秀青年人才支持计划项目获批6项，经费资助90万元，在省属二本院校中名列前茅。办理了4名教师进修博士、4名教师国内高校访学、博士后进站研究的申请、政审、合约签订工作。13人通过教授职称评审、14人通过副教授职称评审、2人通过高级实验师职称评审。聘任19人担任讲师、4人担任实验师专业技术职务。聘任研究馆员、副研究馆员专业技术职务各1人，聘任高级政工师1人，推荐1人申报研究馆员专业技术职务。

【校园公共服务体系建设】 推进了数字化校园建设，开展了包公特色数据库、刘铭传特色数据库和李鸿章特色数据库建设和信息推广，举办了“移动图书馆”现场体验活动，档案管理系统正式在校园网上运行。在全省率先完成“空调进高校”，完成8.5万亩的绿化提升工程，社会和师生评价高。完成一期留学生宿舍维修改造，完成二期预留地修建性详规并通过市规委会审批，办理129.79亩建设用地划拨供地手续，新建综合实验楼（实训中心）已完成初步设计待审批。首次获得省发改委建设项目补助资金600万元。与合肥合锻机床股份有限公司、深圳市建筑装饰（集团）有限公司联合申报的两个国家级工程实践教育中心初步建成并投入实际运行。

制定了《关于合肥学院校园文化建设工作的实施意见》，完成合肥学院校歌歌词和校区、主要道路、景点命名征集工作，启动了校园UIS形象设计和校园网页改版工作。平安校园建设取得成效。进一步落实安全稳定工作包保责任制，完善了学校的安全管理机制和校园安全防控体系，及时消除了各类安全隐患。

【国际交流与合作】 加强中国安徽—德国中心、中国合肥—韩国中心建设，新增3所国外友好学校。加强了对台湾地区高校的合作，省台初步批准了合肥学院“海峡两岸淮军与刘铭传文化论坛”的建设方案，并作为纪念刘铭传赴台130周年活动的重要内容和推动皖台政治、经济、文化交流的重要平台。全年有40余人次外国专家来校讲授专业课、招生考试及举办讲座。韩国外教赵诚惠老师获选2013全国“我最喜爱的外教”。派出3名教师赴美国任访问学者，1名教师赴香港任访问学者，1名教师赴台参加“2014年世界华文文学学术研讨会”，2名教师受DAAD资助赴德国任短期访问学者，33名教师赴德国、韩国、香港、澳大利亚、英国等国家和地区参加学术交流活动，31名教师赴德国参加模块化培训，2名教师赴爱尔兰攻读博士学位。90名留学生来校长期留学，另有40余名短期访学，派出262名学生赴德国、韩国、意大利等国家和中国台湾等地区学习。

【党的建设】 进一步完善了基层党组织和党员公开承诺制度和党员干部联系师生制度，认真落实整改方案，群众路线教育实践活动扎实深入，整改方案中确定的16大类、45项具体整改任务已基本落实到位。对部分基层党组织进行了优化和调整，对党支部的结项项目、申报方案进行了结项验收和立项评审，表彰10个“最佳”项目。严格把握发展党员条件标准和工作程序，全年发展党员661人。加强了干部教育培训，做好干部挂职工作，开展了干部专项工作，做好“百人计划”、人才研修资助等高层次人才队伍的管理和服务。做好离退休干部党组织建设和思想政治工作。加强对民主党派、无党派人士统战理论和政策的培训，充分发挥党外人士参政议政的作用。

完成办公用房清理整改工作，开展了“整治文山会海、检查评比泛滥问题”等13项专项整治工作。建立科级以上领导干部电子廉政档案，与42个部门签订党风廉政建设责任书，开展了“两个责任”廉政约谈工作。制作廉洁文化动漫片《安徽好人》，举办合肥学院首届廉洁文化书画摄影作品展，编印了《党风廉政建设法规选编》和《一案为鉴　警钟长鸣——高校违法违纪案件剖析》两本书。

（赵　娟）

科　技

【概况】 2014年，全市科技创新工作突出强化改革攻坚、强化平台建设、产业培育，圆满完成市委市政府目标任务，省政府重点考核的市高新技术企业、发明专利、研发投入三项动静态指标均居全省第一。创新支撑增强。潘建伟团队首次实现多自由度量子体系隐形传态，量子通信安全传输创世界纪录入选中国十大科技进展。中科大谢毅获世界杰出女科学家成就奖。中科院合肥大科学研究中心获批筹建。合肥进入国家科技成果使用、处置和收益管理改革试点。清华公共安全院、合工大智能院等一批新型产业研究院全面开建。通用院获得2014年度国家科技进步一等奖。创新位次前移。科技创新主要指标全部进入全国省会十强，研发投入占GDP比重上升2位居第3位，发明专利申请量上升3位居第6位，授权量上升1位居第10位，知识产权运用、创造居全国示范市第1位和第4位，国家高新技术企业数、技术合同交易额保持第8位。创新品牌彰显。2014年合肥跻身“中国十大创新城市”三甲，科研产出列全国城市第7位，中科大位列全国高校第4位，纯电动汽车推广率全国第一，荣获2014中国年度绿色汽车推广应用城市奖。央视新闻联播报道了合肥量子通信、机器人大赛等新闻，人民日报等中央主流媒体报道合肥科技创新70余篇。

2014年主要指标完成情况。全市高新技术产业总产值4501.3亿元，增长15.4%，实现增加值1136.3亿元，增长14.8%，高于工业增速2.5个百分点，增加值占工业比重53.43%，较上年提升0.8个百分点。发明专利申请和授权量分别达12929件和1891件、增长68.54%和22.24%，每万人发明专利拥有量达到8.37件，较上年上升2.19件。全社会研发投入占GDP比重达到3.1%。技术合同交易额90.47亿元，增长31.1%。新增国际商标和国家驰名商标9件，省著名商标116件。全市高校和企业获得2014年度国家奖9项，其中国家科学技术进步奖一等奖1项、二等奖4项，国家自然科学奖二等奖1项，国家技术发明奖二等奖3项。

【科技创新改革】 突出创新驱动顶层设计。加快合芜蚌自主创新综合试验区和国家创新型试点城市建设，分解落实科技部城市创新发展18项监测指标、省创新能力9项评价指标，纳入全市自主创新工作考核体系，强化市县（区）联动和目标监测。改革科技管理体制。努力破解创新资源“碎片化”难题，搭建科技型企业统一信息平台系统，入库2685户企业7449个项目。开展科技成果转化条例、专利促进条例预研编制工作。改革科技投入体制。修订完善自主创新政策，科技金融结合成效显著。市创新政策兑现资金4.35亿元，共争取国家科技资金16.25亿元、省4.85亿元、国家高企所得税减免13.5亿元、研发项目150%加计扣除税收减免4.1亿元，总额达到38.7亿元。全面承接省创新驱动 “1+6”政策，争取省创新政策后补助资金1.17亿元，占全省39%。探索研究院运行机制。编制中科大先研院知识产权处置、资产管理、财务管理办法等，出台《合肥市研究院研发资金管理办法（试行）》。围绕国家科技成果“三权”改革试点，编制中科大、合工大试点实施方案，完善成果交易机制及管理制度。

【新兴产业培育】 推进重大科技项目建设。鑫晟8.5代线、欣奕华智能机器人、巨一自动化等建成投产，燃汽轮机、智能机器人、细胞治疗、精密铸造等重大研发项目加快推进，高档数控研发基地开工建设。启动量子通信京沪干线控制中心及基础设施建设，开通运行未来网合肥先导试验网。开工建设北大未名生物医疗抗体中心。完成合肥学院屋顶光伏发电等示范工程。合肥城市高架桥健康监测系统、地下管网在线监测系统等重点科研项目顺利推进。加速创新要素集聚。开工建设中国电科合肥公共安全产业园、国际智能语音产业园一期，组建公共安全产业战略联盟。启动机器人研发中心、产业园和基金建设，编制智慧城市实施方案上报国家科技部，组建机器人、智慧城市等产业联盟。推进与北京、上海集成电路设计园、Cadence等建立合作，形成ICC建设方案，推进机器人餐厅开业，与天津药物所共建生物医药共性平台。新型平板显示等电子信息产业和太阳能光伏等新能源产业分别增长49.7%、69.2%。

量子信息实验研究取得重大突破：中国科大首次实现多自由度量子体系隐形传态

分布式光伏电站装机规模、建筑产业化面积位居全国前列。获批国家电子商务示范市、信息惠民国家试点市、移动电子商务金融科技服务创新试点市。加快新能源汽车发展。制定新能源汽车产业发展意见和充电设施专项规划。引进中航公司、特锐德、北斗德电等，打造新能源汽车生产基地。新推广新能源汽车2999辆，推广任务完成率全国第一，累计推广达1.18万辆，带动产业产值240亿元。新能源汽车年产能达到10万辆，在全国率先将电动公交充电设施纳入大建设，公共充电设施纳入城市公用设施管理。编制完成《合肥国家农业科技园区总体规划》及实施方案。生物育种、农业物联网、农产品加工等3个研究院平台快速推进。“以科技为引领支撑，打造一流国家农业科技园区”获市政府工作创新奖。肥西县“家禽健康养殖产业化技术集成示范与推广”科技富民强县专项行动计划获国家批准立项。巢湖蓝藻治理工程化集成示范按计划实施。

【企业竞争力提升】 强化企业创新主体。新认定国家高新技术企业373户，总数达828户，占规上工业企业数36%，提升5.4个百分点。获批纯电动客车等24个国家重点新产品，新认定省级高新技术产品225个，占全省总数60%。新增省级创新型企业15户、试点44户，新认定市级高企163户、创新型企业116户、知识产权示范企业118户，全市高新企业和创新型企业增加398户、总数达1803户。强化企业创新平台建设。新建工程技术研究中心等各类研发机构139家，总数达959家。以企业为龙头建设集成电路、机器人、智慧城市等7个产业技术创新战略联盟。科力公司新获批公安部城市交通重点实验室。安徽大学科技园、原创动漫园获批国家级孵化器，全市新增科技企业孵化器4家，总数达22家，面积增加5万平方米。成立国内首家企业技术中心协会。强化人才团队引育。新增院士工作站5家，新引入院士5名。实施企业股权与分红激励政策，试点企业147家，激励人员1114人，激励金额3.5亿元。新获国家科学技术奖9项，其中合肥通用机械研究院团队主持的极端条件下重要压力容器的设计、制造与维护项目，是近十年合肥市企业主持获得的首个国家一等奖。

【创新平台建设】 加快高端平台建设。创新中科大先研院体制，聚焦流动科研人才、项目筛选和基金设立，累计入驻工程硕士900名，举办校友返校投资、中科院所系结合推进会等活动，与英特尔、微软、阿里巴巴等共建33个研发平台，孵化了74家科技型企业，建立2支风险投资基金，吸引社会资本近2亿元。筹划不同模式建设新型研究院。开工建设合工大智能制造技术研究院，首批入驻6个研发中心，引入上海朗程资本筹建首期1亿元基金。推进中科院合肥技术创新工程院前期，建立股份制公司运作模式，首期20个项目已洽谈入驻。建设清华大学公共安全研究院，筹建首期3亿元基金，筹备15个孵化项目。以企业为主体建设北大未名生物经济研究院，开工建设生物经济孵化器等。推进战略新兴研究院建设。新能源汽车、公共安全、现代显示等十个战略性新兴产业研究院新增研发人员230人，总数达1065人，研发转化成果114项，研发出国内首台太赫兹人体安检仪等成果。调研起草研究院创业人才集聚政策。

【创新环境优化】 打造人才特区。引接高层次人才51个团队253人（其中院士5人），张翔、李校堃等团队获省人才政策支持。建设院士工作站21家，博士后工作站56个，在肥工作院士总数达72名，引入各类“千人计划”专家160人。出台人才安居行动计划，实施领军人才、高端人才医疗服务、子女就学保障等办法。加快科技金融结合。出台《天使投资基金管理办法（试行）》，凝炼天使投资项目160家，已投资12家5900万元，实施创新贷28家、科技保险34家，开展知识产权质押贷款

量子通信8次入选两院院士评选的年度中国十大科技进展新闻

21 家 3.7 亿元。截至目前全市上市企业中国家高企占 74%，支持企业进入新三板、四板分别达 17 家、90 家（占全省 68%）。成立杭州银行科技支行，服务科技型企业 220 户，累计投放信贷超过 13 亿元。大力发展科技服务业。完成科技服务业战略联盟筹备工作，出台仪器设备共享共用政策条款，形成《关于发展众创空间加快孵化器建设的若干意见》草案，洽谈中国安徽联合技术产权交易所建设方案。在驻肥高校、园区建设了 36 家“科技路路通”服务站，引入中技所、工信部 5 所等高端中介机构，发展科技创业苗圃，培育创业团队 103 个，孵化企业 28 家。发展 5F 创咖、聚变场、梦工厂、IC 咖啡等一批新型创业空间。强化公共检测服务、微电子测试及验证、动漫渲染等平台服务。科学仪器设备共享平台与 58 家检测单位签订合作协议，共享仪器设备新增 142 台（套），总数达 1710 台（套）。加大知识产权工作力度。出台《合肥市建设国家知识产权示范城市工作方案》，组建安徽知识产权维权援助中心，建设知识产权示范企业 118 家，贯标企业 21 家，39 家企业入选全省发明专利百强，工大高科等获国家专利优秀奖 3 项，全市专利申请和授权量分别达 25393 件和 12722 件。开展 4.26 知识产权活动周和科技活动周等活动。建设知识产权服务平台，即时推送专利分析和预警，托管企业 521 家专利 5664 件。在国家知识产权局全国 115 个城市专利执法绩效考核中，排名由第 78 位上升至第 16 位。推进区域科技合作。深化与长三角等地科技合作，与复旦大学、上海交大洽谈合作共建研究院或产业园，与在京教育部 17 所高校对接发布科技成果 160 项。与中科院下属 60 个院所开展产学研合作。建设中科大先研院国际技术转移中心、科力信息国际联合研究中心等一批国家级国际科技合作基地。圆满完成中国机器人大赛，成功申办 2015 机器人世界杯。

（徐中林）

中科院合肥物质科学研究院

【概况】 中国科学院合肥物质科学研究院（以下简称合肥研究院）是中国科学院在安徽设立的一个综合性科研基地和人才培养基地，位于合肥市西郊风景秀丽的蜀山湖畔的科学岛上，面积 2.65 平方公里。

合肥研究院正式成立于 2003 年 5 月，是由科学岛上原有的四个研究所（安徽光机所、等离子体所、固体物理所、智能机械所）与合肥分院合并而成。在十多年的发展中，又陆续成立了强磁场科学中心、先进制造技术研究所、技术生物与农业工程研究所、医学物理技术中心、核能安全技术研究所 4 个研究单位，并与合肥市共建了循环经济工程院。

2014 年，合肥研究院在原“循环经济工程院”的基础上，新成立了应用技术研究所，同时成立一个科技成果转移转化机构“中科院合肥技术创新工程院”。至此，研究院下属 10 个研究所和 1 个成果转移转化机构。

合肥研究院还拥有 1 个国家工程中心，17 个省部级重点实验室 / 工程中心，以及全超导托卡马克东方超环 EAST、稳态强磁场、EAST 辅助加热系统三个国家重大科技基础设施。

【战略定位与目标】 合肥研究院定位在面向国家洁净能源与环境安全需求，面向极端与复杂条件下物质科学前沿，建设依托全超导托卡马克、强磁场、大气环境立体探测研究网等大科学装置群的综合性国家科研基地，形成等离子体物理、大气环境光物理 / 化学、极端和复杂环境下材料与生物物理等优势学科群，发展磁约束聚变堆、大气环境探测、强磁场及能源环境健康等需求的功能材料与智能系统等战略高技术。

目标是在聚变物理与工程、强磁场科学技术、大气环境光学等三个领域取得重大创新性成果，在聚变反应堆基础理论研究与数字托卡马克、大气环境物理化学、极端条件下生物与材料特性、机电一体化全寿命设计与智能制造、医学物理与技术等领域的研究取得实质性进展，在太阳能材料与工程、大气环境监测仪器、先进核能与核能安全技术、新型医疗技术等高新技术产业化方面创新发展一批具有自主知识产权的核心关键技术。

【参与“率先行动”计划】 2014 年，合肥研究院积极响应、认真研究、落实中科院“率先行动”计划。根据自身的研究条件、科研方向以及“一三五”规划等情况，合肥研究院与中国科学技术大学联合申请成立“合肥大科学中心”并于 2014 年 11 月 6 日通过院长办公会审议，正式获批筹建。此外，合肥研究院还积极参与“率先行动”计划的其他系列：参与申请建设“机器人与智能制造”创新研究院，成为该创新研究院的分部之一；多方研讨、思考申请农业特色研究所的建设等。

【人才队伍建设】 合肥研究院拥有正高级工程技术人员 255

人、副研究员及高级工程技术人员502人。共有国家海外高层次人才引进计划（千人计划）入选者8人（新增1人），“青年千人计划”入选者4人；中国科学院“百人计划”入选者51人（新增9人），百千万人才工程国家级人选6人（新增1人），万人计划入选者3人，国家杰出/优秀青年科学基金获得者6人（新增1人），安徽省百人计划入选者6人（新增2人）。

合肥研究院设有等离子体物理、凝聚态物理、光学、大气物理学与大气环境等7个博士研究生培养点和13个学术型硕士培养点；仪器仪表工程、材料工程、动力工程、电气工程等9个专业型硕士培养点，现有在学研究生1361人；设有等离子物理、凝聚态物理、光学、大气科学、核科学与技术5个博士后流动站，在站博士后90余人。2014年，中国科学技术大学成立“中国科大研究生院科学岛分院”，合肥研究院成为中国科学技术大学的研究生培养基地之一，其研究生全部拥有中国科学技术大学学籍。

【科研进展】 2014年，合肥研究院共有在研项目689项（包括新增项目189项）。其中，承担国家重大科技专项课题3项（新增1项），主持（或承担）国家重点基础研究发展计划（973）和国家重大科学研究计划项目4项（新增0项）、承担（或参加）课题18项（新增4项），主持（或承担）ITER专项23项目（新增8项）、承担（或参加）TER专项课题38项（新增14项），主持（或承担）国家高技术研究发展计划（863）项目20项（新增12项），主 持（或承担）中国科学院战略性先导科技专项课题15项，主持（或承担）院重点部署项目10项（新增5项），其他军口项目59项（新增23项）；主持（或承担）国家自然科学基金项目530项（新增137项），其中：重点项目4项（新增1项）、重大项目1项、国家杰出青年科学基金项目1项、国家自然科学基金重大研究计划重点项目2项、集成项目1项、联合基金重点支持项目3项（新增2项）、创新研究群体项目1项，优秀青年基金项目3项（新增1项）、面上项目187项（新增51项）、青年基金290项（新增72项）；主持（或承担）中国科学院战略性先导科技专项项目2项、课题及子课题10项，主持（或承担）院重点部署项目6项（新增2项）、（科技部、国家自然科学基金委、财政部和院）重大仪器研制项目1项；承担院地合作项目25项（新增3项STS项目）。

2014年，合肥研究院各单位科研工作有序进行，取得了一批具有国际先进甚至是领先水平的成绩：EAST装置完成新一轮升级改造。辅助加热系统功率从10MV提升到26MV，装置内部上偏滤器部分更换为目前国际上最先进的ITER-like结构的钨铜偏滤器，安装了16个ITER-like技术的共振扰动磁场线圈。一批新的实验系统初次投入装置运行并得到工程验证；稳态强磁场实验装置水冷磁体WM5（孔径50mm）在输入24MW电源功率下，获得35T的磁场强度，为目前国际上相同孔径获得磁场强度最高的水冷磁体装置。水冷磁体WM1（孔径32mm），在输入25.2MW电流功率下，获得38.5T的磁场强度，创造了32mm孔径磁场强度最高的世界纪录；核能安全技术研究所建成了“多功能铅铋堆技术综合实验回路KYLIN-II”。该装置是世界最大的多功能液态铅铋综合实验平台，回路规模、设计与综合实验能力处于国际领先水平。其成功建造与调试运行为中国铅基反应堆技术及液态重金属技术进一步研究奠定了基础，为提升中国在先进核能领域的国际竞争力起到重要作用；等等。

以第一单位发表科技论文1113篇，其中SCI652篇，EI249篇；出版科技科普专著2本；专利申请量419件，同比去年增长13.2%，其中发明专利申请375件，同比去年增长10.9%；授权专利量219件，同比去年增长17.7%，其中授权发明专利177件，同比去年增长25.5%；软件著作权101件；通过PCT申请的国际专利1项。

6项成果（人）获安徽省科学技术奖励，获奖总数创历史新高。其中，等离子体所李建刚研究员荣获“重大科技成就奖”；4项科研成果获安徽省科学技术一等奖：固体所孟国文等人完成的“异质复杂纳米结构的构筑及纳米结构阵列对有毒物质的敏感性”成果获自然科学一等奖，安光所王英俭等人完成的“大气光学参数探测技术及其集成应用”、刘建国等人完成的“大气颗粒物（PM10/PM2.5）监测关键技术及设备产业化”及等离子体所武玉等人完成的“大型铠装超导导体制造关键技术与应用”成果分别获得科技进步一等奖；另先进制造所骆敏舟等人完成的“多用途欠驱动仿人机器人手爪研制”成果获得科技进步三等奖。

孔庆平研究员被内耗和力学谱国际学术委员会授予“甄纳奖（Zener Award）”。甄纳奖是以内耗领域的奠基人C. Zener教授命名的国际内耗学术界的最高奖，中国著名科学家葛庭燧院士曾于1989年在第9次国际内耗会议上获得此奖项，孔庆平研究员是中国获得此奖项的第二人。

【科技促进发展】 按照国家创新驱动战略和院“率先行动计划”科技发展总要求，合肥研究院院地合作工作积极面向国民经济主战场，认真落实中科院 “STS”计划和合肥研究院“一三五”规划纲要的定位及目标，与地方和行业共建政产学研用科技发展模式，促进区域科技创新体系建设，取得了良好的效果。目前已与合肥市、淮南市、铜陵市、安徽省科技厅共建中科院合肥技术创新工程院、淮南新能源中心、皖江新兴产业发展中心。

合肥研究院积极凝练，整合各所相关资源，作为牵头单位承担了中科院STS计划“第二粮仓”项目“淮北科技增粮县域技术集成与示范”、“精准农业技术体系研发及先进设备完善和升级”等，并作为主要参加单位承担了“网上供销社建设与示范推广”、“机器人及智能装备成套技术转移”等子课题研究。

2014年，荣获中国产学研合作促进会颁发的“中国产学研合作创新奖（单位） ”称号。据统计，2014年度中科院累计在安徽省转移转化科技成果650项，将为安徽省企业新增销售收入将达130亿，利税18亿；2014年度中科院59个研究所共计339项科技成果（项目）在河南省18个地市进行了转移转化，使河南地区企业新增销售收入 228.59 亿元，利税21.76亿元。横向收入达1.55亿元。

截止到2014年底，研究院直接投资的企业为27家。2014年预计营业收入3亿元，2014年预计净利润1600万元。

【国际合作】 2014年，合肥研究院共组织申报国际合作项目11项，合计获得资助超过900万。其中，中德亥姆霍兹联合团队项目“面向污染减排及安全出行的城市交通控制管理优化研究”获批，中泰科技合作项目“离子束生物技术在农作物增产中的应用”继续执行；中芬国际合作项目——面向食品病原体多重检测的SERS编码纳米传感器项目开始启动；中国新加坡国际合作项目——传感器与传感网络在构建生态智慧型城市中的应用项目开始启动。人才方面，Eugene Gregoryanz 教授入选中组部外专千人；获批安徽省外专局“百人培育项目”1个。

与欧盟、美国、俄罗斯等继续保持良好合作。合肥研究院、中科院大气所、清华大学、荷兰皇家气象研究所等共15家中外单位签署了欧盟MacoPolo项目合作协议；与美国通用原子能公司（GA）的合作继续拓展合作，联合实验再获成功；与法国联合组织申报的两项2014年度中法“蔡元培”交流合作项目均获得了批准；与俄罗斯确定了在医用加速器、ITER电源、托卡马克物理、研究生和青年学者交流等方面开展合作。等等。

主办与承办大中小型国际会议15场，包括第17届国际内耗与力学谱学术会议 、国际原子能机构ADS相关国际研讨会、能源材料和器件电化学阻抗谱国际研讨会等高级别会议。以开展合作研究和参加国际会议为主，出访、来访数量达640人次。

（孙 策）

防震减灾

【概况】 2014年，在市委市政府的坚强领导和省地震局的精心指导下，合肥市地震局认真贯彻落实全国、全省防震减灾工作部署，围绕防震减灾“地下清楚、地上结实、公众明白”工作目标，全市地震系统坚持以震情为中心，高度重视震情跟踪应对，积极加强地震应急准备工作；全力推进实施合肥地震活动断层探测、台站建设等重大项目，提升全市震害防御科技能力；高标准开展防震减灾科普示范创建工作，提升全市防震减灾社会管理能力；积极实施防震减灾地方性法规立法工作，加强全市防震减灾法制建设。以此为主线，全面加强防震减灾三大工作体系建设，继续深入开展科普宣传演练“百千万工程”，奋力推动全市防震减灾工作再上新台阶。

在2014年度全省防震减灾工作综合评比中，市地震局荣获一等奖，合肥市长丰县、蜀山区、包河区荣获县级先进单位。在2014年全国市县防震减灾工作综合考核中，合肥市荣获全国地市级防震减灾工作先进单位，合肥市蜀山区荣获全国县级防震减灾工作先进单位。

【防震减灾工作会议】 为认真贯彻今年国务院防震减灾工作联席会议和省防震减灾工作领导小组会议精神，准确把握2014年度市县防震减灾工作目标任务，市地震局多次向市政府分管领导进行了专题汇报。3月31日上午，在市地震监测中心召开全市防震减灾工作会议，各县市区、各开发区地震工作机构负责人、市地震局领导班子和全体中层干部参加会议，市地震局副局长、党组成员许海东主持会议，会议传达了中央和省领导对防震减灾工作有关批示精神、国家及省防震减灾工作有关会议精神，印发了2014年度震情跟踪工作方案、全市防震减灾工作及防震减灾科普宣传工作要点。会议还就加强和改进全市防震减灾工作进行了座谈讨论了会议要求，市地震局局长、党组书记、总工程师张立作会议总结讲话。会议要求，全市地震系统要进一步认清形势，提高认识，抢抓机遇，不断推进全市防震减灾工作再上新台阶。

【开展党的群众路线教育实践活动】 按照市委的部署和督导，本局扎实开展了学习教育、征求意见，对照检查、开展批评和整改落实、建章立制等阶段活动。在活动开展过程中，立足部门实际开展“一加七、六个一”主题实践活动，深入结对社区、企业开展“四联四定”结对共建活动，建立并坚持联系基层服务群众制度，坚持边学边查边改，及时解决群众反映的合理的利益诉求问题，深入开展专项整治活动，坚决整治“庸懒散私奢”等不良风气，着力整治小四风问题，聚焦突出问题，狠抓整改落实，有力推动了机关作风转变。积极务实开展建章立制工作，为加强本局党员干部队伍作风建设强化制度保障。

【合肥地震活断层探测项目】 该项目于2013年4月2日正式启动，经单一来源采购，安徽省地震工程研究院为项目实施单位，项目由市政府投入1676.38万元（其中2014年争取国债资金290万元投入该项目），在此基础上，省地震局安排兜底资金近500万元。

根据DB/T15-2009《活动断层探测》和JSGC-04《中国地震活动断层探测技术系统技术规程》要求，结合合肥市地震地质情况，项目共设计了10个专题。其中：“高分辨遥感解译”“标准钻孔探测与第四纪地层剖面建立”2个专题2014年已完成，拟提交验收；“隐伏断层的控制性人工地震探测”专题于2015年元月底顺利完成野外工作；“深部地震剖面探测与地震构造条件研究”专题野外工作已于2015年2月初完成；“资料收集与工作区及目标区综合制图” 于2013年开工，至2014年底已完成目标工作量力的65%；“数据库建设”专题已录入30%的工作量；“目标断层的活动性鉴定”“活动断层的浅层地震详细勘探与高精度综合制图（钻探部分）”“近断层强地震动评价与地表破裂带或强变形带预测”等3个专题已通过招投标程序确定了承担单位；余下的2个下游专题“活动断层的地震危险性评价”和“活动断层的浅层地震详细勘探与高精度综合制图（制图部分）”需待上述专题成果产出后方可实施。

2014年10月11日，活断层探测项目中最为关键的“隐伏断层控制性浅层地震探测”和“深部地震剖面探测”2个子专题项目正式开工，由中国地震局地球物理勘探中心组织实施。其中“隐伏断层控制性浅层地震探测”专题于10月12日布下第一条勘探测线，累计共完成勘探测线约97 km，经探测，发现了桑涧子—广寒桥断裂（F1），乌云山—合肥断裂（F2）在探测测线上的具体位置；并对F1断层、北西向的桥头集—东关断裂规模有了初步评价。

因“深部地震剖面探测与地震构造条件研究”专题涉及的范围广、协调任务重，11月初，本局由一名领导带队，并专门抽调三名工作人员配合项目施工单位前往深部地震剖面探测涉及的县、镇、村开展协调工作。在各县（市）政府的高度重视下，通过召开各级各类协调会以及前往各县（市）公安部门、乡镇政府、行政村开展面对面沟通等形式，得到了各级各部门的配合、村民的理解，确保了“深部地震剖面探测与地震构造条件研究”工作顺利完成。该专题现场钻孔工作于12月16日在长丰县先期展开，整个专题80 km的测量、放线工作于2014年12月底结束，钻孔工作于2015年1月上旬完成，爆破工作于2015年2月7日顺利完工。

2014年12月10日，由省地震安全性评定委员会组织，邀请了“中国地震活断层探测与地震危险性评价”首席专家方盛明、省国土厅及合肥工业大学工程抗震等相关专家召开了项目的中期评估会，会议认为，项目的总体进展顺利，各专题工作扎实，内容详实，工作量和项目进度符合《方案》要求，同意通过中期评估评审。会议形成评估报告，由市地震局上报市政府。

2014年12月28日， 省地震局会同本局召开“合肥市活断层项目深、浅地震勘探专题”中期成果专家咨询会。在进行了认真细致的现场质询及讨论后，专家一致认为，项目采用先进的仪器设备，所设计和采用的地震勘探工作方法及技术参数合理。项目实施过程中采取了有效的技术措施和质量保证措施，采集的资料信噪比较高，获得的时间剖面清晰、反射波组丰富、资料可信，有效探测深度达到了项目技术要求。

【地震监测台站“一县一台”建设】 2014年8月，肥东县白马山地震监测站建成投入运行，经省地震局验收纳入省三类台站管理。

2月下旬，省、市地震局派专家现场指导巢湖、庐江两地地震监测台站选址工作。1月份，经庐江县规委会研究决定，庐江县地震监测台站选址在县城的塔山公园内，与县气象局科普馆合并建设，批准地震监测台站用房建筑面积500平方米，由该县重点工程管理局代建。按照“先启动观测井建设，后建设台站用房”的原则，在省、市地震局指导下，确定了地震观测井建设和设备采购等相关技术指标，一季度即完成规划方案设计和地震专业设备的采购工作；5月份台站建设土地指标获得批准，井房建设图纸通过审查。6月下旬，经庐江县招标管理局同意，通过竞争性谈判方式完成采购工作。截止到2014年底，地震观测深井的钻井施工全部完成。

巢湖市地震监测站完成了台站专业设备采购；5月份，巢湖市政府常务会议决定，将原皖维学校旧址划拨给巢湖市科技局用于建设地震监测站，6月份组织开展了房屋质量鉴定，后该选址方案被否定。12月份，巢湖市政府决定采取资产划拨的办法，在原地级巢湖市交警支队办公楼内调剂部分办公室作为台站用房，在该办公楼院内选址建设地震观测井。

【市防震减灾科普教育基地（二期）项目前期工作】 2014年1月16日，市地震局与合肥野生动物园、高新区建发局共同签署了在合肥野生动物园合作建设防震减灾科普教育基地二期项目意向性协议书。8月底，市局向市政府上报防震减灾科普教育基地二期建设项目建议书。9月份，该项目被发改委纳入合肥市社会公共服务发展规划和公益性项目库。2015年1月23日，市政府秘书长杨伟主持召开召开市为民服务用房项目第1次专题调度会议，会议决定，把防震减灾科普教育基地二期建设项目作为市为民服务用房项目的一部分统筹建设。

【市震情会商和地震应急指挥辅助决策系统建设】 该系统是市政府应急指挥平台二期项目的信息化子项目，硬件主要配备一台数据服务器，2014年10月，系统的软件开发与调试工作完成，与市政府应急指挥平台二期项目同步组织验收并投入使用　。

【市地震应急预案桌面推演】 2014年初，市政府应急办将《合肥市地震应急预案》桌面推演作为合肥市接受省政府应急预案推演考核的唯一项目。市政府成立了由市长张庆军担任组长的地震应急预案桌面推演工作领导组，统一指挥桌面推演的准备和实施工作。根据市政府分管领导要求，在2013年11月省政府地震应急准备工作督查组指导桌面推演基础上，市地震局会同市政府应急办积极筹备，邀请中国地震局应急救援司专家对合肥市地震应急桌面推演工作给予指导。6月上旬，由市政府应急办主要负责人带队，市地震、公安、民政等部门负责人组成调研组，专程前往长沙、成都、雅安等地学习调研地震应急桌面推演工作经验。6月27日，市政府应急办组织召开桌面推演工作动员会，对演练任务进行分工，吴春梅副市长出席会议并就做好桌面推演工作提出明确要求。7月17日，吴春梅副市长主持召开了推演脚本编写协调会，7月底推演脚本基本定稿，8月份根据脚本完成了推演视频的拍摄，8月28日市应急办和本局共同召集各参演发言单位举行预演，根据预演发现的问题和不足，对脚本进一步修改完善，并经过专家审定。经过近5个月的精心筹备，12月4日，合肥市地震应急桌面推演在市政务会议中心8号会议室举行，张庆军市长担任指挥长，吴春梅副市长担任副指挥长，省政府应急办副主任冯显铸、省地震局副局长王跃等领导应邀出席推演，市地震应急预案涉及的59个单位全部参加演练，演练科目设置合理，组织准备充分，效果逼真，为锻炼提升政府应急预案管理能力起到了重要作用。

【地震震情应对】 2014年合肥市境内及周边3次发生有感地震，分别为3月份长丰县罗塘小震群（最大震级为3月16日2.9级）、4月20日霍山县4.3级地震和7月25日肥东县3.2级地震。地震发生后，张立局长立即向省委常委、市委书记吴存荣、市委副书记、市长张庆军和吴春梅副市长报告震情。本局快速反应，及时发布震情信息，局领导第一时间赶到局机关指挥应急工作，相关人员立即回到工作岗位，拟写《震情通报》报四大班子值班室。值班人员接受社会咨询，快速向社会公告地震信息。同时要求各县市区加强震情监视和会商研判，密切关注震情发展趋势；加强应急值班，各县（市）、区地震工作机构认真落实震情值班制度；密切关注社会舆论，回应舆论关切，防止地震谣传；派出现场工作队赴震区开展现场调查；积极做好地震应急准备工作，有效维护了社会稳定。

为做好今年的震情跟踪应对工作，市地震局于3月初研究制定了2014年度全市震情跟踪应对工作方案，上报省局并印发各县(市)区、开发区，部署各县（市）区、开发区都分别制定了本级2014年度震情跟踪工作方案，明确目标，落实责任。指导部署各县市区至6月底完成各级各类地震应急预案修订备案。强化日常震情监测，确保全市观测仪器正常运转。按要求做好数据报送、分析处理等常规工作。积极开展地震趋势分析会商，在全省年度地震趋势会商会上，本局会商报告获评三等奖。

【防震减灾科普宣传演练活动】 市局巩固防震减灾科普宣传演练“百千万工程”工作成果，早谋划、早部署，精心组织实施了今年“5.12防灾减灾日”宣传月系列宣传活动。主要举措有：1. 根据省局年度宣传工作要点，及早制定印发了《2014年度合肥市防震减灾宣传工作要点》，重点安排部署5.12防灾减灾宣传月的宣传工作任务，要求全市地震系统突出重点，按照“主动、慎重、科学、有效”的原则，深入基层开展防震减灾科普宣传月活动，把避震自救和抗震设防等科普知识送进基层单位和千家万户。4月下旬，又专门召开会议，对各地宣传活动进行具体的调度指导；2. 精心准备，积极参加省、市、区联合在庐阳区杏花公园开展的防灾减灾日宣传等3场大型宣传活动；3. 统一组织制作了5集防震减灾科普动漫短片，在市电视台播放，并发放给各地基层社区、学校组织播放；4. 市局统一组织制作了造型新颖的卡通钥匙包、笔筒、挂件等各类科普宣传品10余万件，免费发放到各基层单位，深受市民群众欢迎；5. 市局应邀为部分县（市）区领导干部作防震减灾专题报告、讲座10余场；6. 市县地震机构组织指导社区学校等基层单位开展防震减灾应急疏散演练和各类地震科普讲座200多场次。

【《合肥市防震减灾条例》立法工作】 2013年12月，市人大批准将《合肥市防震减灾条例》立法工作列入2014年立法工作计划，在全国较大城市中第三家启动防震减灾地方性法规立法工作。2014年4月份，本局提出立法工作思路，报市人大法制工委和市政府法制办审查。4月22日，吴春梅副市长主持召开《条例》立法准备工作汇报会，省地震局刘欣副局长、市人大常委会副主任阚建华等领导出席会议并讲话。5月下旬，本局与安徽大学法学院签订立法专业工作委托协议。6月初，《合肥市防震减灾条例》立法工作专家组成立，由中国地震灾害防御中心方韶东书记（原中国地震局政策法规司司长）担任专家组组长，省地震局政策法规处、市人大法工委、市人大教科文卫工委、市政府法制办相关负责人为专家组成员。6月下旬，市人大常委会党组副书记、副主任宋家伟带领市政府法制办、地震局等相关部门负责人组成的调研组前往济南、唐山、大连等地学习调研防震减灾地方性法规立法工作经验。经两次专家评审和五轮修改，《条例》草案已报经市政府法制办初审，并向社会公开征求意见。

【全市地震群测群防体系建设工作】 2014年，市局修订印发了《合肥市地震群测群防工作考评细则》，并组织编印《合肥市地震群测群防体系建设十年工作回顾》画册，系统总结展示了近十年来全市地震群测群防体系建设的经验成果。4月下旬，本局领导带队组成3个调研组，对全市85个群测群防信息站抽样四分之一开展调研，根据《地震群测群防工作考评细则》逐项检查评分，为进一步加强地震群测群防体系建设摸清底数、理清思路。6月25日-27日，本局邀请中国地震局地质研究所减灾信息与计算中心主任聂高众研究员、省地震局预报研究中心陶月潮副总工等专家授课，在市委党校组织开展全市地震群测群防信息员业务培训，进一步提高全市地震群测群防信息员队伍的业务素质，夯实基层防震减灾工作基础。

【依法行政和行政审批工作】

2月份，市局出台《合肥市地震局关于加强窗口建设的若干规定》，进一步加强窗口作风建设，强化窗口服务职能，全面提升服务水平，确保新的一年窗口各项工作廉洁高效优质推进。

2014年，在全市第四批市级行政审批事项清理结果中，本局原有的“建设工程抗震设防要求核定”和“对在地震观测环境保护范围内的建设工程项目的审批”两项行政许可均获保留，此外，市政府还将本局“对建设工程抗震设防要求竣工验收”项目由“非许可审批”列为“行政许可”项目，并在《合肥市建设工程竣工联合查验实施办法》中规定市地震局在建设工程竣工验收阶段要对抗震设防要求进行竣工查验。此举施行以来，全市建设工程的抗震设防要求基本做到全面监管，学校、医院等建设工程的抗震设防要求监管得到了进一步保障。2014年，本局窗口共办理抗震设防要求核定201项，核定需安评项目98项，安评结果核定53项，参与建设工程竣工验收195项，完成安评项目备案111项。

此外，为进一步加强对安评市场的价格监管，2014年12月，市局联合市物价局再次联合发文，进一步规范了全市地震安全性评价市场监管。

【防震减灾示范创建工作】 在总结近年来防震减灾示范单位创建工作经验基础上，地震局会同市科协、市教育局、市民政局，继续高标准指导有关学校和社区（小区）积极开展防震减灾科普示范学校和地震安全示范社区（小区）创建工作。

经过基层创建、组织申报、汇总初审和会议评审，2014年度全市共创建认定22所学校为第四批市级防震减灾科普示范学校，并推荐申报省级防震减灾科普示范学校。截至2014年底，全市共创建评定市级防震减灾科普示范学校66所，省级防震减灾科普示范学校48所。

合肥市2013年度推荐申报的肥东县陈集社区等6个社区获得中国地震局认定为国家级地震安全示

范社区。9月29日，本局会同市科协、民政局组织专家对2013年度申报市级地震安全示范社区的单位的创建资料进行评审，评定肥东县撮镇镇唐安社区等27个社区为合肥市地震安全示范社区，同时对2013年度和2014年度符合省地震安全示范社区标准的28个社区推荐申报省地震安全示范社区。

合肥市防震减灾示范创建工作无论从质量还是数量上在全省各市中都遥遥领先，有效推动了防震减灾工作深入基层，提高了本市防震减灾社会动员水平。

（汪霞光）

气　象

【概况】 2014年，全市年平均气温16.5℃，较常年偏高0.5℃，其中冬、春、秋三季偏高，夏季偏低。年降水量1183毫米，偏多1成，冬、春、夏三季接近常年，秋季偏多。6月25日入梅，入梅偏晚，7月6日出梅，出梅偏早，梅雨量偏少。全市年日照时数1642小时，较常年偏少222小时。

2014年，合肥市出现罕见“凉夏”，夏末秋初遭遇连阴雨；大雾日达28天，交通拥堵危害大；梅雨姗姗来迟，洪涝灾害偏轻；2月低温雨雪多，交通农业受影响。2014年极端气候事件影响程度轻，利用气候年景等级评估，合肥市属较好气候年景。

【气温】 2014年合肥市年平均气温16.5℃，较常年偏高0.5℃。全市平均高温日数9天（≥35℃），较常年同期偏少4天。（各代表站具体数值见表1）

年内2月、7月、8月和12月气温偏低，6月和9月与常年持平，其他各月均偏高，其中1月和3月异常偏高2.8℃。（图1）

冬季（2013年12月～2014年2月）、春季（3～5月）和秋季（9～11月）气温均偏高，而夏季（6～8月）气温偏低。根据气候学四季划分标准，全市入春（3月15日）和入夏（5月20日）提早，入秋（9月29日）与常年持平，入冬（12月1日）推迟。

【降水】 2014年全市年总降水量1183毫米，较常年偏多1成。（各代表站具体数值见表1）

年内各月降水分布不均，2月、4月、7月、9月以及11月偏多，其他各月接近常年或偏少，其中12月异常偏少9成。（图2）

冬季降水前冬少后冬多，2月异常偏多；春季降水接近常年；夏季降水偏多，但梅雨偏弱； 秋季多阴雨天气，降水偏多。

全市6月25日入梅（偏晚4天），7月6日出梅（偏早6天）；梅雨期11天，较常年偏少11天；梅雨量174毫米，较常年偏少35%。全市平均暴雨日数为3.2天，暴雨初日为3月29日。

【日照】 2014年全市年平均日照时数1642小时，较常年偏少222小时。年内1月、3月、10月以及12月日照时数偏多，其他月份偏少。（各代表站具体数值见表1）

从四季来看，冬季日照时数偏多，春季、夏季和秋季均偏少。

【气候事件】 盛夏（7～8月）全市平均气温为26.4℃，较常年同期偏低1.5℃。从平均气温的逐旬演变来看，除7月下旬略偏高外，其他各旬均偏低1.0℃以上，其中8月中旬异常偏低3.7℃。低温过程使高温日数相对较少，全市平均高温日数为9天，较常年同期偏少4天。

夏末秋初（8～9月）合肥市多阴雨天气，全市平均降水量为245毫米，较常年同期偏多20%。

夏末秋初合肥市阴雨天气多发，8～9月全市平均降水日数34天，较常年（20天）偏多14天。持续阴雨时段主要集中在8月5～14日、8月24日～9月3日、9月8～19日和27～30日，其中8月27～31日降水过程强度较强、影响较大。

8月27～31日全市大部降水量超过50毫米，部分乡镇超过100毫米；从最大1小时雨量来看，最大集湖坝镇87.6毫米（31日19时）。

2014年全市平均大雾日数为

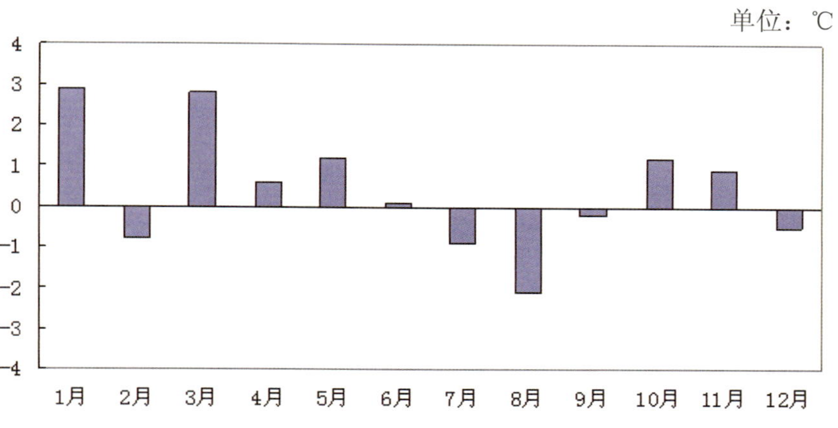

2014年逐月平均气温距平图

28天，较上年偏多8天。秋冬季气候干燥，大雾天气频发，且持续时间较长，影响范围较广。

1月29～31日全市大部分地区出现大雾天气，部分地区能见度不足50米，30日合肥绕城高速公路所有入口临时封闭，新桥机场所有航班暂停起降。

3月全市大雾日数较常年同期偏多。9日、26日、29日和30日全市部分地区出现大雾天气，其中30日肥西最低能见度仅为40米。大雾天气对交通运输影响较大。25日夜至26日合肥新桥机场进港的5个航班备降周边机场，10多个进出港航班延误，1000多名旅客在机场滞留；合肥绕城高速全线封闭。30日因大雾天气造成合肥新桥机场20多个进出港航班大面积延误，2500名旅客滞留。

11月20日8时前后，长丰南段口出现能见度低于100米的大雾，导致合淮阜高速发生连环追尾事故；23日大雾天气对合肥新桥机场22个航班造成不同程度影响。

全市6月25日入梅（偏晚4天），7月6日出梅（偏早6天）；梅雨期11天，偏少11天；梅雨量174毫米，较常年偏少35%。梅雨期合肥市共出现三次较强降水过程，分别为6月25～26日、7月1～2日和7月4～5日，其中7月4～5日降水过程强度最强 。

7月4～5日全省出现系统性降水天气，江淮之间中南部普降暴雨，合肥市大部处于主雨带中，并出现了入汛以来最强降水。此次降雨过程呈现几个特点：（1）暴雨范围广。此次过程全市80%面积24小时降雨超过50毫米，南起庐江，北至长丰北城均达暴雨及以上量级。（2）降雨总量大。庐江全部、巢湖大部总雨量超过100毫米，庐江50%面积超过150毫米。市区50～70毫米。（3）暴雨极值大。此次最大降水站点出现在庐江砖桥，达258毫米，为特大暴雨量级，为1957年庐江有降水记录以来第二位，仅次于1969年7月14日（343.3毫米）。（4）分布不均匀。因雨带主要维持在江淮之间中南部，合肥市在雨带中心轴线北侧，此次过程合肥市降水呈现南多北少的不均匀分布。

冬季（2013年12月～2014年2月）气温起伏大，呈现中间高两头低的特点，其中2月全市平均气温较常年同期偏低0.8℃。2月份全市分别于5～7日、13日、16～18日出现了3次降雪天气过程，全市初雪日期集中在6日夜里，平均初雪日期为1961年以来最晚。

2月6日夜里～7日白天全市自北向南出现一次降雪过程，累积积雪1～3厘米；12～13日全市再次出现降雪，降雪分布北少南多，累积积雪1～8厘米；17～18日全市又出现一次明显降雪天气过程，累积积雪6～7厘米，积雪范围为入冬以来最广。积雪和道路结冰对春运交通造成了不利影响。

（张　平）

合肥市2014年各代表站气象要素距平值

（平均值为1981～2010年气候值）

	年平均气温距平（单位：℃）	年平均降水量距平百分率（单位：%）	年平均日照时数距平（单位：小时）
合肥	0.3	18	-324
肥东	0.7	10	-150
肥西	0.6	20	-127
长丰	0.6	-3	13
巢湖	-0.1	20	-352
庐江	0.6	4	-391

单位：%

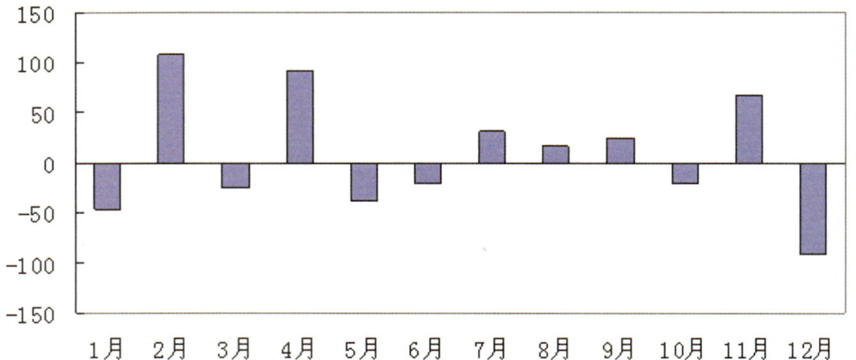

2014年逐月降水距平百分率图

文化事业

【文化活动】 2014年，合肥市文化系统始终坚持文化为民的工作导向，活跃文化氛围，丰富群众文化生活，全年组织开展了全民文化周、新春文化庙会、悦读合肥、幸福家园、庆六一、我们的节日、文化大讲堂、文化遗产日等主题文化活动。“第20届新春文化庙会”开办时间近1个月，参演人数近千人，安排节庆文艺演出30余场，各类展演近20场；13个部门首次在全市联合开展了“大湖名城—悦读合肥”全民阅读活动，营造了崇尚读书、热爱读书、读书光荣的浓厚氛围，合肥市荣登全国最爱阅读城市排行榜第二名；“第二届全民文化活动周”集中安排基层文艺演出、展览展示活动千余项，近10万人次直接参与活动，数以百万计的群众近距离享受到这场民间文化盛宴，省委常委、市委书记吴存荣亲自出席启动仪式，并对活动的开展给予充分肯定。一个“贯穿全年、覆盖全市、广泛参与、纵横交错”的群众文化活动网络已经形成。肥东县创新举办全民文化月活动，1个月内近千名文艺工作者、爱好者深入331个村（居、社区），上演5000多个文艺节目，近60万群众在家门口观看；肥西县举办农根文化节、紫蓬山庙会等丰富活跃的乡镇文化活动；长丰县全面开展“走群众路线·圆复兴梦想”百场文艺进村（居）巡演；包河区承接了全省广场舞大赛启动仪式及首场比赛并取得圆满成功，得到省市文化部门充分认可，成为全省系列大赛的样板；蜀山区的“放歌蜀山”、瑶海区的“邻居节”、庐阳区的“市民眼中的庐阳民生”摄影作品展、巢湖市的“巢湖民歌传承展演”等各具特色，形成了品牌效应。庐阳区、包河区、蜀山区荣获“全国文化先进区”称号，巢湖市被评为“中国民间文化艺术之乡”，庐阳区崔岗村“文化创意村”入选“全国宣传思想工作创新案例”。

【完善公共文化服务体系】 2014年，合肥市深入推进文化事业单位改革，完善法人治理结构，创新图书馆运行机制，积极组建博物馆陈列展览联盟、图书馆读书讲堂联盟、文化馆活动辅导联盟，形成一批具有特色的公共文化服务品牌。全力争创国家公共文化服务体系示范区，以乡镇综合文化站为依托，积极整合基层宣传文化、党员教育等设施，推进村文化室、社区文化广场、基层综合性文化服务中心建设。在全市省级美好乡村建设重点示范村开展了农民文化乐园建设试点，已建省级农民文化乐园7个、市级50个。市图书馆到9月份，接待读者量近70万人次，举办读者活动170多场次。强化文化设施建设，重大设施建设取得突破，建筑面积4万平方米的安徽名人馆成为全国最大的名人馆；市群众文化活动中心、城市街区24小时自助图书馆建设、市少年儿童图书馆过渡馆建设加快推进。基层文化设施建设成效明显，整体面貌显著改善。建筑面积1.65万平方米的庐江县文化艺术规划中心、建筑面积近3万平方米的蜀山区综合文化设施——“三馆两中心”、建筑面积约1.7万平方米的瑶海区文化艺术中心主体工程完工。肥东县博物馆成立。乡镇综合文化站建设、城市社区文化活动中心（文化活动室）设备购置等文化设施建设项目顺利实施。全市拥有131个设备配套齐全、服务功能完善的乡镇（街道）文化站（活动中心），其中：乡镇综合文化站87个，等级站率100%，实现“乡乡有站”的建设目标，文化活动中心（文化活动室）覆盖城市社区，覆盖城乡的公共文化服务网络基本形成。

【文艺精品创作】 开展了“我为合肥歌唱”歌词、诗词征集评选、第三届“包公杯”全国反腐倡廉曲艺作品征集颁奖演出暨下基层文艺巡演、“2014校园大舞台——徽风皖韵进高校”等活动；利用社会资本打造的舞台剧《印象巢湖》在江淮大戏院演出50余场，被誉为一场营销城市的演出，产生了广泛的社会影响；新古典庐剧《孔雀东南飞之焦仲卿妻》成功首演，赖少其艺术馆再次入选“文化部2014年全国美术馆馆藏精品展出季”活动（安徽省唯一一家），提升城市文化内涵，扩大城市文化影响，彰显了合肥“大湖名城、创新高地”新形象；开展了以中国梦为主题的文艺作品征集和研讨活动，以选派干部事迹为主题的电影《村支书金岚岚》全国公映，全力打造围绕党的群众路线教育实践活动为主题的系列剧《鱼水情深》，集中反映出党的群众路线教育实践活动取得的阶段性成果，艺术地再现了党与人民群众的鱼水深情；成功承办第八届中国曲艺牡丹奖合肥赛区的相声、小品、三书比赛，合肥市选送的小品《送礼》获牡丹节目奖，市政府和市文广新局获特殊贡献奖。《太空熊猫总动员》亮相戛纳国际电影节，合肥动画电影第一次走出国门。

【文化遗产保护利用】 完成“包公故事”国家级非遗项目的申报，“庐州木雕”等4个项目入选第四批省级非物质文化遗产名录。全市列入国家级非物质文化遗产名录有4项，列入省级非物质文化遗产名录有15项。经市政府批准，公布了全市第五批15项非物质文化遗产名录。文化部副部长、国家文物局局长励小捷在合肥市调研时，高度赞扬了文化遗产保护工作。

【文化产业持续迈进】 切实抓政策引导，做好文化产业规划修编，出台《支持文化产业发展政策》，编制合肥市文化产业项目投资手册，建立文化产业项目库，推荐合肥万达文化旅游城、合肥中航创意产业园、合肥巢湖国际帆船俱乐部加入重点文化产业项目库，安徽万盛文化艺术传播有限公司的舞台剧《安徽梦·黄山颂歌》为国家特色文化产业项目。着力抓好项目培育跟进，推进企业股权和分红激励试点，积极组织企业参加文化惠民消费季活动。促进文化与金融、科技、旅游等产业融合发展，推出面对文化创意企业的文化金融产品——“创意贷”，创新设立了总盘子5个亿的文化产业发展创业投资基金，建立了文化企业直接融资后备库。文化产业专项资金兑现奖补资金1433.92万元，启动990万元的“借转补”预拨资金。全市文化产业完成固定资产投资339.6亿元，同比增长9.5%，产业投资项目560个。2014年全市实现文化产业增加值350亿元，占GDP比重达到6.7%。

【文化民生工程】 全市公共文化服务信息化建设（公共电子阅览室）、公共文化场馆开放、农村文化建设专项补助等5项文化民生工程全面完成序时进度。全市免费开放1个美术馆、8个公共图书馆、10个文化馆、85个乡镇综合文化站、9个博物馆，市、县（市、区）文化馆和乡镇文化站与全市省级美好乡村建设重点示范村、农民文化乐园开展“百馆（站）千村文化结对”活动，公共文化服务的触角进一步向最基层延伸。2014年广播电视村村通工程到8月底即全面完成，提前两个月完成省定目标任务，并通过验收。“城镇低保户免费收看有线电视”项目进展顺利，全年为3702户符合条件的低保户办理了免费收看有线电视手续，超额完成85%（2014年度任务2000户），深受城镇低保户欢迎，取得了良好的社会效果。全年完成1342个行政村农村公益放映电影18273场（超任务2721场），观影群众340多万人次，其中放映新片10337场，达到56%（超过省广电局新片率达到50%的要求）。

【广播影视新闻出版】 圆满完成2014年度新闻采编人员培训和考试工作，广播电视安全播出，作品质量明显提升。在年度安徽广播电视奖评选中，合肥市共获省广播电视奖一等奖15件、二等奖23件、三等奖15件；获得安徽省新闻奖一等奖2件、二等奖4件、三等奖4件。获2014年全省广播电视节目技术质量奖（金鹿奖和金帆奖）一等奖6件、二等奖9件、三等奖5件，获2014年全省广播影视科技创新奖一等奖1件、二等奖2件。组织了“党的群众路线教育实践活动”电影展映、“千场电影下基层”公益电影放映等活动。积极引导城市影院向县区等新兴人口密集区发展，加快实施县级城市数字影院工程，逐步形成覆盖全市、惠及全民的电影放映体系。全年电影票房3.32亿元，较上年同期增长32.8%，约占全国电影票房的1%。新闻出版和版权管理工作管理有序，扎实推进软件正版化，得到国务院督查组充分肯定。组织文化出版企业精彩亮相深圳文博会，动漫产业再创佳绩，新华书店营业收入和利润均保持两位数增幅。

【文化市场监管】 2014年合肥市组建了全省第一家民营文艺院团协会，推动民营艺术院团健康

发展；重视舆情社情，完善县区文化市场考评，落实市场技术管理信息化建设，调整市场准入政策，积极完善网格化管理格局，大力强化部门协作机制，首次开展了全市十佳星级网吧评选授牌，积极引导行业自律、依法经营。加大对重点问题重点行业监管和查处力度，广泛深入开展“扫黄打非”“秋风”“清源”“净网”等专项行动；开展了为期3个月的创建全国文明城市网吧行业整治“绿网行动”，大力整治网吧和校园周边文化市场环境，规范市场秩序，取得了良好成效。省委常委、宣传部长曹征海在调研合肥市文化市场时，对全市文化市场管理工作给予了充分肯定。

2014年共计出动执法人员2万多人次，检查经营单位5000多家次，与公安、消防等部门共同集中执法行动30次，核查、处理各类举报210件，查获非法电台4个，收缴非法出版物15万余张（册），“净网先锋”监管平台拦截、屏蔽非法网站、网上有害信息近13万次（条），保证了全市文化市场平安和谐、有序发展。

（吴　熹）

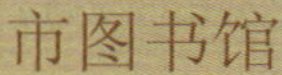

【试行“事业单位法人治理”制度】 根据党的十八届三中全会关于深化文化管理体制改革，建立法人治理结构的文件精神，2014年初，合肥市图书馆被市委、市政府列为文化系统公益性事业单位唯一一家法人治理结构改革试点单位。市图书馆积极筹备，在广泛征求意见的基础上，先后拟定了《合肥市图书馆法人治理结构建设工作实施方案》《合肥市图书馆理事会章程》。经合肥市文化体制改革专项领导小组批准，筹建了合肥市图书馆第一届理事会，理事会由11人组成，成员来源广泛，既有市文广新局、市发改委、市人社局、市财政局等行业分管领导，也有安徽大学图书馆专家、读者代表、图书馆班子代表等，市文化广播电视新闻出版局（文广新局）局长罗平担任理事长。

10月22日召开了合肥市图书馆第一届理事会成立大会。市委副书记凌云出席并讲话，市政协、市委宣传部、市编办、省文化厅的相关领导出席会议，与会领导向第一届图书馆理事会理事颁发了聘书，当天第一次理事会讨论了《合肥市图书馆理事会章程》及《工作实施方案》。

合肥市图书馆理事会制度是全市文化管理体制改革的一项创新之举，在全省也是首次，标志着市图书馆事业创新与发展迈出了重要的一步。安徽省文化厅计划将合肥市图书馆列为2015年全省事业单位法人治理结构试点单位。

【“大湖名城　悦读合肥”全民阅读活动】 为全面贯彻落实党的十八大提出的推进社会主义文化大发展大繁荣的精神，推动合肥市全民阅读活动深入开展，在全市营造崇尚读书、热爱读书的浓厚氛围，市图书馆积极参与市委宣传部、市文广新局等多个部门联合开展的“大湖名城、悦读合肥”全民阅读活动，承办了一系列丰富多彩的阅读推广活动。16项大活动中，市图书馆全程参与或承办的有“合肥文化大讲堂”、中华美文诵读比赛、“中国梦幸福城”读书征文、“好书共分享图书随漂流”图书漂流、夕阳红电脑公益培训、残疾人读书沙龙、“十大书香家庭、十大读书之星”评选、悦读合肥迎新年联欢会等活动。

市图书馆还举办悦读学堂、家长沙龙、名师公益课堂、小记者夏令营、非遗培训班、摄影沙龙、绘本故事比赛等200多场次的读者活动。其中仅与市文化馆合作开展的

时间	主题	主讲人
2014年4月25日	合肥淮军人物故事	马骐
2014年5月30日	三国时期的合肥风貌	周怀宇
2014年6月27日	巢湖文明的起源与传说	宁业高
2014年7月25日	宋代合肥清官文化漫谈	杨松水
2014年8月29日	合肥出了个王亚樵	裴章传
2014年9月26日	丁汝昌：从农家子弟到海军司令	夏冬波
2014年10月31日	暗香魂断赤阑桥——姜夔	完颜海瑞
2014年11月28日	合肥张家四姐妹	戴健
2014年12月26日	中国近代史上的李鸿章	翁飞

暑假非物质文化遗产培训班（11大项，每项7次课）有77次。通过开展类型多样、形式活泼的阅读活动，营造全民读书的良好社会环境，受到广大市民的欢迎。全民阅读活动从2014年4月23日一直持续到12月底，整个活动持续时间长、活动范围广、社会反响大，在全市尚属首次。

【合肥文化大讲堂】 “合肥文化大讲堂”以传播合肥文化，弘扬人文精神为目的，以满足广大民众社会科学知识的需求为出发点，以解读合肥历史文化为主要内容，坚持地域性、人文性、通俗性、趣味性和大众性。主办单位：合肥市文化广播电视新闻出版局；协办单位：安徽历史文化研究中心、合肥市图书馆。

自2013年10月起，“合肥文化大讲堂”在每个月最后一个周六（后改为周五）下午，面向广大市民在市图书馆学术报告厅开讲。

讲堂放眼全省、立足合肥，突出地方历史文化特色；以传播环巢湖文化、三国文化、包公文化和淮军文化为主要内容，同时全方位解读合肥历史、合肥名人、合肥风俗和合肥风物。

讲席教授以安徽历史文化研究中心为支撑，以安徽省社会科学院、安徽大学、安徽师范大学、合肥学院、合肥三国历史文化研究会、合肥包公文化研究会、巢湖文化研究会、庐江周瑜研究会和肥西淮军研究会等单位和组织为依托，聘请演讲水平较高，对合肥历史文化研究学术成果丰厚的学者担任讲席教授。合肥日报、合肥晚报、合肥在线、合肥广播电视报在开讲前有预告，开讲后有专题报道，让“合肥文化大讲堂”走进千家万户，让更多的听众观众沐浴人文之光。

（胡忠华）

非物质文化遗产

【非物质文化遗产代表性传承人】 合肥市现有丁玉兰、孙邦栋、邵传富、黄冰等4位国家级代表性传承人，贾德云、殷光兰、陶仁志、李家莲、刘靖、窦常胜、郑小良、陈德荣、刘凯、洪富庚、彭声扬、张参忠等12位安徽省级代表性传承人，丁政权、唐定兰、邓之元、施茂宜、葛崇云、余琊、吴培、吴元中、宗流柱、王剑、尹修平、武建付、解正凤、崔道英、闫如乐、吴菊花、汪有学、郑书山、江大周、王甫斌、刘丽敏、胡益留、李文颖、王静、王洋涛、刘开武等26位合肥市级代表性传承人。

【合肥非物质文化遗产名录】 合肥市现有4项国家级非物质文化遗产：庐剧、巢湖民歌、洋蛇灯、纸笺加工技艺。

15项安徽省级非物质文化遗产：火笔画、门歌、纸扎工艺、葫芦烙画、吴山铁字、钾明矾、抛头狮、紫蓬山庙会、吴山庙会、庐州木雕、庐州吴氏船模、三河羽扇、安徽（庐州）大鼓、包公故事、刘铭传故事。

87项合肥市级非物质文化遗产：马政娘娘庙会、撮镇龙灯、撮镇扎彩、公和堂狮子头、梁园三绝、石塘驴巴、周氏仙姑庙会、三河米饺等美食系列（包心粑粑、桂花汤圆、老唐酱干、三河米饺、中和祥糕点）、三河庐剧《小辞店》、庐州道情、小丰寺庙会、浮顶山宝筏寺庙会、河蚌舞、下塘火狮、长丰葛家唢呐、水湖花鼓灯、水湖闫氏锣鼓、水湖戏马舞、吴山贡鹅、下塘烧饼、犟驴、巴氏砚雕、武郎面塑、马派皮影、傅氏珍珠微雕、葛氏剪纸、王剑蛋雕、唐氏剪纸、刘开武种子画、庐阳花布、马氏蛋雕、柴门大鼓、中国京剧脸谱集、赤澜桥的传说、大圩许贵花船、莲湘舞、合肥狮舞、庐州旱船、有巢氏的传说、范增的传说、滚龙、一品玉带糕、巢湖白牡丹传说、陷巢州传说、虾子灯、中庙圣姥娘娘法会、树雕画、仿古画艺术、浮丘钓台的传说、夏至节、洪氏银器制作、黄麓古村落—“九龙攒珠”规划形态、孙氏篆刻、周氏微书、巢湖鼓舞、朱三卤鹅、手撕书法技艺、小红头、牛官堡“武”狮、牛门洪拳、完牌坊蹴球、胡氏剪纸、义井千年古槐传说、庐州灯谜、张氏大洪拳、黄氏篾编、李氏土陶、候氏剪纸、马氏麦杆画、计氏雕塑、盛桥虾子灯、张氏糖画、巢湖传说系列、造甲店的传说、三河旱船、梁园狮舞、李氏流星锤、韩氏阴阳双合拳、夏勖彩塑、庐州泥塑、李绩核桃雕刻、艾氏瓷刻、庐州刺绣、徽派玉雕、庐阳宫灯、石印制作技艺、庐阳梅花针灸。

【非物质文化遗产传承基地】 合肥市现有巢湖市掇英轩文房用品厂、合肥演艺有限责任公司、肥东县文化馆等3个安徽省级非物质文化遗产传承基地，巢湖市苏湾镇中心学校等1个安徽省级非物质文化遗产传习所；安徽省掇英轩书画用品有限公司、肥东县大邵村—潜龙宫、合肥演艺有限责任公司、巢湖市司集民歌协会、合肥智源铁字书画研发中心、合肥市三河云青羽扇制品有限公司、合肥瑶海区铁巳缘铁字画制作部、合肥船王装饰工艺公司、合肥瑶海区小良画廊、合肥紫御坊木雕工艺品厂、安徽锦怡假日酒店有限公司、安徽中医药大学附属针灸医院等12个市级非物质文化遗产传承基地，马派皮影、武郎面塑、杨氏棕编、庐州木雕、庐阳剪纸、庐州吴氏船模、葫芦烙画、庐州蛋雕、李绩核桃雕刻等9个市级非物质文化遗产传习所。

（王进雨）

文物保护

【文物发掘保护】 市文物管理处完成高刘镇贾郢古墓葬和包河区烟墩街道束岗赵冲村古墓葬的抢救性，出土器物有铜镜、白瓷碗、陶盆和陶罐各1件。

由于区划调整，原肥西县高刘镇划入合肥经济技术开发区，小庙镇划入合肥市蜀山区。1月，市文物处派专业人员赴小庙镇和高刘镇接收不可移动文物，两镇共有不可移动文物41处。专业人员深入到到每个文物点都进行查看，掌握了不可移动文物分布情况和保存状况。两镇的划归大大增加了合肥市不可移动文物的数量，使全市不可移动文物种类和内涵更丰富。文物处加强行政执法巡查和安全检查力度确保文物安全。5月份，市文物管理处与省文物局到巢湖，督查办理省保单位普仁医院周边违法建设事件。与省文物局、市消防支队对全市的不可移动文物进行安全检查。各项文物安全保护措施到位，全年安全无事故。

【合肥市第一次全国可移动文物普查】 4月25日，合肥市第一次全国可移动文物普查工作会议在巢湖召开，包括市辖四县一市的普查领导小组负责人参加会议。5月28日，市文物处组织召开可移动文物普查认定工作会议，普查登记上报有文物的21家单位参加会议。市普查办组织文物认定专家组赴多家单位开展文物认定工作，先后认定安徽省档案馆、省测绘档案资料馆、省体育局、包公园及合肥市委党史研究室等单位的收藏品。至7月底，合肥市完成市本级第一次可移动文物普查文物认定工作，完成了文物系统外的全部21家单位的文物认定工作。9月24日上午，市文物处组织召开合肥市一普调查阶段总结会。调查阶段总共调查单位2822家，反馈有文物及疑似文物的单位35家。全市共计16家单位的7000余件文物（不含省博物院、省文物考古所、 省图书馆文物数据）即将进入数据、影像采集及网上平台录入阶段。

【博物馆日和文化遗产日宣传活动】 5月18日是国际博物馆日，在合肥市渡江战役纪念馆广场，举办了第38届“5•18”国际博物馆日主题宣传图片展，结合全市共18家各类博物馆的精品文物、场馆介绍和地理位置分布，图文并茂地展示了合肥市各博物馆的全貌，悬挂热烈而醒目的横幅。通过发放可移动文物普查手册，让广大观众和游客加强对可移动文物普查的知晓和理解。市文物处的专业技术人员、文物知识专家热心为市民们答疑解惑。

6月14日是中国文化遗产日，市文物处与合肥日报联合设置专栏，以“保护遗产 留住乡愁”为主题，选取合肥市（含四县一市）出土精品文物，分青铜、陶瓷、玉器、杂项四大类。以普及文物知识，讲述文物背后的故事为目的，穿插文物知识及文物法规链接，展示合肥悠久的历史。该专栏每周出版1期，计划持续1年时间。

市文物处与合肥广播电视台合作制作“寻找历史记忆 讲好合肥故事”宣传片5期，在合肥广播电视台新闻频道《晚间播报》栏目播出，每期介绍1处文物保护单位，从6月14日开始连续播出。通过现场拍摄，配合专业人员讲解，展现合肥现存文物保护单位的历史、艺术价值。文化遗产日当天，文物处在李府门前布置了宣传展台，发放《文物法规知识问答》宣传单。在5处对外开放的文物保护单位悬挂“热烈庆祝第九个中国文化遗产日”宣传横幅。

（路文举）

李鸿章故居陈列馆

【概况】 根据合肥市人民政府办公厅发布的合政办秘（2014）36号《关于表彰2013年合肥名牌企业的通报》文件通知，李鸿章故居陈列馆被评定为2013年“合肥服务名牌”，成为此次获得表彰企业中唯一的旅游景点代表。

作为合肥市知名文博景点，李鸿章故居一直致力于品牌建设，多次荣获合肥市旅游“先进单位”、合肥市“先进集体”等称号。

【“甲午战争中的淮军——甲午战争120周年学术研讨会”】 2014年是甲午战争120周年，为了铭记甲午，以史为鉴，强化忧患意识，激发爱国热情，11月7日，李鸿章故居陈列馆联合安徽历史文化研究中心，共同举办“甲午战争中的淮军——甲午战争120周年学术研讨会”。来自中国军事科学院、海军军事学院研究所、解放军南京政治学院、日本大学、华东师范大学、安徽大学、安徽师范大学等国内外高校、研究院（所）的70余名专家学者参加研讨会。

安徽是甲午战争陆路战场主力——淮军的家乡，也是两位最高军事负责人——直隶总督兼北洋大臣李鸿章和北洋海军提督丁汝昌的故乡。甲午之战，成百上千的淮军将士为国捐躯，涌现出许多可歌可泣的英勇事迹。此次研讨会以淮军陆战战场为主题，填补了甲午战争史的空白。专家们分别从淮军兵力调动、淮军将领、甲午陆战等方面阐述淮军在整个甲午战争中的作用。此次会议的召开，产生一批学术成果，推动对淮军的研究进一步深入。

【《甲午国殇》主题展】 为纪念甲午战争120周年，李鸿章故居陈列馆联合淮河路步行街区管委会、逍遥津小学，共同举办《甲午国殇》主题特展，并于9月21日上午举行启动仪式，在今后1个月的时间，合肥市民在李府前的淮河路步行街，重温这段历史，听到小学生的免费讲解。

120年前，一场改变中日两国命运的战争在丰岛海面拉开帷幕，这场战争最终以清海陆军惨败、清政府被迫签订空前丧权辱国的《马关条约》而告终。本次展览借助大量真实的照片，翔实的史料展示甲午战争的历史背景，再现120年前的战火硝烟，提醒今天的人们铭记历史、勿忘国耻。展览的推出是为热闹的商业区营造浓厚的文化氛围，弘扬李鸿章和淮军文化，为打造文化品牌步行街做出有效的尝试。

【博物馆宣传教育】 为了充分发挥博物馆的宣传教育功能，李鸿章享堂创新思路，将其打造为传统农俗活动体验基地。2013年11月，在民间寻找传统工匠，手工制作了一批传统仿古农具，供游客体验互动。

2014年4月23日上午9时，李鸿章享堂内的“春日农会”活动正式拉开帷幕，此次活动宗旨是“弘扬民族文化，传承中华文明，感受江淮农俗”。来自合肥庐东中学的80多名学生满怀热情地参与了本次活动。整个活动分为两项内容，一组参加踢毽子、打陀螺、抖空竹、滚铁环等游戏，二组体验水车、石磨、井辘轳、风车和独轮车等传统农具的使用。为了便于活动的有效进行，民俗专家还现场讲解农具的使用。活动中，学生们积极踊跃，群策群力，现场气氛十分高涨。活动持续了两个多小时，大家充分体验了古代先人的智慧和江淮地区悠久的民俗文化，并一致表示这种寓教于乐的活动值得推崇。

（帅艳华）

渡江战役纪念馆

【渡江战役纪念馆获全国“优胜奖”】 2014年5月18日，第11届（2013年度）全国博物馆十大陈列展览精品评选颁奖仪式，在“5·18国际博物馆日”全国主会场南京博物院举行。安徽省推荐的项目渡江战役纪念馆《百万雄师过大江——渡江战役纪念馆基本陈列》荣获优胜奖。

《百万雄师过大江》作为渡江战役纪念馆的基本陈列，以渡江战役进程为主线，包括战前国内外形势、战役的决策和部署、战役经过、历史意义，突出展示了中共中央和总前委的运筹帷幄、人民支前等重要内容，通过各个阶段历史人物、历史事件相关的文物、图片和视频展示及场景再现，全景式描绘了400万军民奋勇向前的壮阔场景，讴歌了人民战争的伟大胜利。展厅面积7000平方米，展出文物956件，辅助展品344件。陈列展出后，纪念馆利用各种纪念日、节日开展宣传活动，吸引社会公众参与和关注。如中小学生体验穿草鞋、第一百万游客、《渡江?1949》原创交响乐音乐会等，在人民日报、中国文物报等各级媒体上都有报道。渡江馆推出了官方网站和官方微博，及时更新馆内动态，拉近与观众的距离。网站还推出了虚拟展馆，观众可足不出户参观展览、听取讲解。

由国家文物局指导，中国博物馆协会、中国文物报社主办的第11届（2013年度）全国博物馆十大陈列展览精品评选活动，共收到来自27个省、市、自治区申报的64个合格陈列展览项目。经过初评，20个陈列展览项目入围终评，评选出10个精品奖和10个优胜奖项目。

（张秋红）

广播 电视

【强化舆论引导】 2014年，浓墨重彩地宣传“大湖名城、创新高地”，合肥市广播电视台开辟了专栏专题，合肥广播电视报每期开设专版，有巢网在首页置顶“大湖名城、创新高地”专题网页链接，营造立体化宣传格局。全年广播发稿500余篇、电视发稿142条。大张旗鼓地宣传合肥市在“长三角世界级城市群副中心”的新定位，记者第一时间采访了中国科技大学、合肥市委党校等10多位专家学者，以专家访谈的形式，深入阐释“长三角世界级城市群”的深刻内涵和重大意义，激发起广大市民参与副中心建设的热情。

传播社会正能量，塑造城市美好形象。擦亮“城市好人”这一城市名片。市广播电视台与市文明办开展深入合作，启动好人宣传季，重磅推出《合肥好人——榜样的力量》专题节目，每晚推出一则好人故事，塑造合肥“好人之城”的对外形象。协办了“爱国敬业 诚信 友善——全国道德模范与身边好人”（安徽·合肥）现场交流活动。通过道德模范、好人事迹短片展播、现场交流、网友互动等形式，再现道德模范与身边好人的感人事迹。联合全国三十多家城市台联播联制纪录片《城市的味道》。其中由合肥台制作的《合肥的味道》已在南宁、太原、济南、南京、澳门等三十家城市台同步播出。

【精品创作】 在第八届中国曲艺牡丹奖评选中，小品《送礼》不负众望，摘得牡丹奖节目奖。这也是合肥演艺公司连续三届摘得这个中国曲艺界最高奖项。2014年在编、创作、生产的剧目有：《李大脚传奇》、百集情景喜剧《亲家对对碰》、大型方言喜剧《杠上开花》、儿童剧《爸妈去哪儿了》、《包河好少年》、民族民间舞《水欢鱼跃》、大型实景演出《巢湖·神韵》、大型新编庐剧《东门破》等多部作品。12月27日，音舞诗画《美丽合肥》亮相合肥大剧院。《美丽合肥》采用演唱会的形式，集合音乐、舞蹈、诗朗诵、视频画面四大元素，歌唱合肥、赞美合肥。今后争取将该节目打造成反映合肥精神的文艺名片。

影视剧方面，纪录片《镜头里的合肥》《庐剧》经市委宣传部立项并开拍。电影《圩堡枪声》《暗枪－王亚樵》等已立项，并被省委宣传部列为“四个一”项目。积极谋划影视剧业务由投资型向制作型转变，在投资电视剧《缘来幸福》的同时，派出由制片人、场务、财务等联合组成的项目团队参与拍摄制作，锻炼制作队伍，为今后业务转型奠定基础。

【拓展发稿渠道】 据不完全统计，2014年合肥广播电视台共在中央电视台发稿196篇（2013年172篇）；在安徽电视台《安徽新闻联播》及《新安夜空》共计发稿151篇（2013年120篇）；在中央人民广播电台发稿180篇；在安徽人民广播电台发稿197篇；在安徽人民广播电台《中国安徽之声》发稿63篇。其中在央视发稿量首次荣获全省第一，实现了三年三大步的奋斗目标（2012年第三、2013年第二）。较好地宣传了合肥的城市形象和发展亮点。除中央级媒体发稿渠道外，还积极强化与江苏国际频道、黄河电视联盟等协作体的联系和沟通，巩固以中央电视台、安徽省广播电视台为纵向，江苏国际频道、黄河电视联盟、广州中国城市电视台电视新闻交换网为横向的外宣供稿体系，为外宣打下可持续发展坚实基础。

【关注民生服务社会】 合肥广播电视台鼓励记者到基层去、到现场去，真诚倾听群众呼声、真实反映群众愿望。《12345政府服务热线》《效能合肥》《问政合肥》等舆论监督类栏目，建设性地对社会问题和政府效能中存在的不足进行披露曝光，尺度把握准确，舆论引导性强，成为政府与市民之间沟通的重要桥梁。“难人帮”“庐州和事佬”等社会公益性栏目更多地把目光聚焦到弱势人群，并尽可能在采访之外提供服务。各频率、频道、广播电视报社经常开展各种社会公益活动，如“温暖回家路”“开学第一课”“爱心一帮一”“爱心送考”等各类公益活动，被社会各界广泛赞誉，体现主流媒体的责任担当。

坚持文化惠民，送艺术到基层。合肥演艺公司共完成演出600多场次，其中“送戏进万村”“庐州放歌”“徽园庐剧大戏台”等公益性演出398场，综合性演出200多场，承办大型商业演唱会，联合文一集团强力打造“感恩有你群星演唱会”，繁荣了合肥的演艺市场，获取了经济效益，为以后举办更高水平、更高层次的文化演出，积累了宝贵经验。

【改革创新转型发展】 进一步健全完善包括党委会、董事会、监事会和经理层在内的法人治理结构，确保决策、执行、监督各机构独立运作，有效制衡。推进该集团内部公司制改造，将财经、生活、都市三个电视频道交由和视传媒管理运营，按照现代企业制度自主运营、自负盈亏。大胆尝试利用资本市场推动股份制改造。合肥演艺公司积极运作新三板上市，已与券商签订了协议，力争2015年登录新三板。对已投资的安徽文化艺术品交易中心股份有限公司、合肥文化产业发展股份有限公司、合肥城市云数据中心有限公司、安徽东方田园影视传媒有限公司、合肥智慧共享交通有限公司、安徽广电国旅和荧屏广播电视培训学校加强投后管理，协助各项目公司完成股东层面的管理。

继续深化人事制度改革，除极少数特殊部门不适宜竞聘外，绝大部分岗位实行公开选拔、民主推荐、竞争上岗、领导和员工双向选择、目标动态考核、定期聘用；分配制度改革上，实行以岗定薪，基础工资加绩效工资且大幅提高绩效比例，做到多劳多得、少劳少得、不劳不得。

【融合发展壮大主流阵地】 依托广播、电视的内容优势，以全媒体发展部、城联新媒体为载体，制定台网联动新机制，绝大多数广播频率、电视频道都可以在网上收听收看直播节目。围绕“优生活进社区”推动“融媒体”平台建设。2014年4月优生活社区建设工程在全市正式发布，庐阳区等七城区在合肥广电新开发的服务平台——YoYo网络平台上，启动了包括“网络大院”在内的部分政府服务工程和“最后一公里”民生服务项目。首批试点的14个小区陆续进入二星点亮阶段，正式为小区邻居提供了直接的在线互动和具体服务，加上栏目组对接的教育、医疗、心理咨询、亲子等服务组的引入，点亮的大院邻居们已经感受到了真实的落地服务，全年在重点城区覆盖至少30个小区。

安徽广播新闻奖（广播新闻类）

序号	作品名称	体　裁	创作单位	主创人员	等　级
1	我国新能源汽车首次出口美国	长消息	合肥市广播电视台	洪　卫、吴　蔚、群鲁捷	一等奖
2	四季花海怎成四季“花钱”	新闻专题	合肥市广播电视台	褚　蔓、吴　松、陆　军	一等奖
3	一次“不留情面”的民主生活会	短消息	合肥市广播电视台	吴　松、陆　军	二等奖
4	被亮“红灯”的牡丹畅通卡	连续（系列、组合）报道	合肥市广播电视台	宋　扬、吴　松、陆　军	二等奖
5	小门牌　大烦恼	新闻专题	合肥市广播电视台	王晓东、吴　松	二等奖
6	服务费过高卡住电动汽车上路	新闻专题	合肥市广播电视台	蔺　芳、牛　铮、梁　霄	三等奖
7	高铁奔驰　筑梦前行——合肥南站开通运行	现场直播	合肥市广播电视台	洪　卫、吴蔚群、梅　琳 刘安东、王峥峥、纪大伟 王雅卓、张文婷	三等奖

安徽广播新闻奖（广播社教类）

序号	作品名称	体　裁	创作单位	主创人员	等　级
1	雪域高原的军礼	社教专题	合肥市广播电视台	纪大伟、洪　卫 倪　讴、吴蔚群	一等奖
2	一个水表工人的影像人生——访合肥街头摄影师刘涛	社教专题	合肥市广播电视台	王光琪、范　娟、吴珊珊 李　毅	二等奖
3	四十四年的坚守　不变的广播情怀——记中国播音主持金话筒奖获得者柳溪	社教专题	合肥市广播电视台	吴莹莹、袁　莹、万　俊	二等奖
4	师徒四人取真经　去伪存真看微信	科普性节目	合肥市广播电视台	李　毅、胡晶晶、韦志平	二等奖
5	跨越海峡的公益教室	社教专题	合肥市广播电视台	许　杰、张　寅、范　娟 俞　梅、周珊珊、刘　华	三等奖

安徽电视新闻奖（电视新闻类）

序号	作品名称	体 裁	创作单位	主创人员	等 级
1	土地流转怎能毁了基本农田	新闻评论	合肥市广播电视台	张正阳、李 默、方青松 梁 庆、江 炜	一等奖
2	全国首个工商注册土地股份合作社在肥西诞生	短消息	合肥市广播电视台	聂大地、朱海峰、陈仲祥 赵成林、杨 俊	二等奖
3	合肥网民画总理漫画 总理点赞问好	长消息	合肥市广播电视台	彭 轩、殷晓蕾、凌 伟 汤 涛、朱国君	二等奖
4	作家六六爱管不文明事 微博举报车窗抛物	长消息	合肥市广播电视台	吴 伟、梁 庆、郑连军 范一雄、张正阳	二等奖
5	杨泽田：八旬老人的十年宣讲路	新闻专题	合肥市广播电视台	李 黎、郭 政、方 蕾 王志鹏、朱莹莹	三等奖

安徽电视新闻奖（电视社教类）

序号	作品名称	体 裁	创作单位	主创人员	等 级
1	我家有“宝”	系列片	合肥市广播电视台	程 帆、燕慧君、滕 婧 程 铖、国 强、张燕娟	一等奖
2	大枢纽——合肥铁路交通大变局	纪录片	合肥市广播电视台	吴旭东、王 节、田 海 钟 鸣、于 乐、王家伟	二等奖
3	村规	专题片	合肥市广播电视台	张松林、朱宗乐、郑 伟 赵会权、殷晓蕾、张泽根	二等奖
4	故事·人生	系列片	合肥市广播电视台	李 黎、冯 杰、杨梦娜 刘晴君、朱莹莹、吴凯强	三等奖

年度名牌栏目（1件）

序号	作品名称	体 裁	创作单位	主创人员
1	庐州和事佬	系列片	合肥市广播电视台	左 军、殷晓蕾、张泽根 郑 伟、赵会权、高香茗

安徽新闻奖（广播类）

序号	作品名称	体 裁	创作单位	主创人员	等 级
1	我国新能源汽车首次出口美国	长消息	合肥市广播电视台	洪 卫、吴蔚群、鲁 捷	一等奖
2	雪域高原的军礼	社教专题	合肥市广播电视台	纪大伟、洪 卫、倪 讴 吴蔚群	一等奖
3	四季花海怎成四季“花钱”	新闻专题	合肥市广播电视台	褚 蔓、吴 松、陆 军	二等奖
4	被亮“红灯”的牡丹畅通卡	连续（系列、组合）报道	合肥市广播电视台	宋 扬、吴 松、陆 军	三等奖
5	小门牌 大烦恼	新闻专题	合肥市广播电视台	王晓东、吴 松	三等奖
6	一个水表工人的影像人生 ——访合肥街头摄影师刘涛	社教专题	合肥市广播电视台	王光琪、范 娟 吴珊珊、李 毅	三等奖

安徽新闻奖（电视类）

序号	作品名称	体　裁	选送单位	主创人员	等　级
1	土地流转怎能毁了基本农田	新闻评论	合肥市广播电视台	张正阳、李　默、方青松 梁　庆、江　炜	一等奖
2	我家有“宝”	系列片	合肥市广播电视台	程　帆、燕慧君、滕　婧 程　铖、方国强、张燕娟	一等奖
3	合肥网民画总理漫画 总理点赞问好	长消息	合肥市广播电视台	彭轩、殷晓蕾、凌　伟 汤　涛、朱国君	三等奖
4	作家六六爱管不文明事　微博举报车窗抛物	长消息	合肥市广播电视台	吴　伟、梁　庆、郑连军 范一雄、张正阳	三等奖
5	大枢纽——合肥铁路交通大变局	纪录片	合肥市广播电视台	吴旭东、王　节、田　海 钟　鸣、于　乐、王家伟	三等奖

（黄　亮）

报　纸

【概况】 2014年，宏观环境复杂多变、媒体融合全面起步，合肥报业传媒集团始终在思想上、政治上、行动上与党中央保持高度一致，主动适应媒体发展新常态，通过研究市场、巩固优势、拓展业务，党风廉政、采编、经营、管理等各方面工作运行平稳。

通过努力，该集团被中国报业协会先后授予“中国报业融合发展奖”“中国报业发行工作创新奖”，被安徽省体育局评为“安徽省群众体育先进单位”；旗下合肥日报荣获“安徽省工人先锋号”，并在第七届中国品牌媒体高峰论坛中，跻身全国城市党报品牌十强（省会）；合肥晚报先后被中国广告协会评为“全国晚报二十强”；江淮晨报在人民网研究院发布的《中国媒体移动传播指数报告》中，入选“报纸移动传播百强榜”；印务分公司承印的合肥日报在全国报纸印刷质量检测中荣获“精品级报纸”称号（最高等级）。

【配合全市文明创建工作】 2014年合肥报业传媒集团各报网在头版、首页等重要位置，刊发文明创建宣传稿件和公益广告。特别是合肥日报发挥党报优势，积极配合全市争创全国文明城市工作，12月，合肥日报“好人365”宣传的成功做法，先后被中央电视台《新闻联播》、中国文明网、中国新闻出版报3家中央媒体报道，为合肥市创建全国文明城市作出了重要贡献。该传媒集团被评为“第十届安徽省文明单位”。

【宣传“大湖名城　创新高地”城市品牌】 集团各报网为“大湖名城　创新高地”城市品牌宣传做了大量宣传工作，特别是2014年8月25日，合肥在线网站在首页推出了《大湖名城　创新高地》大型专题策划，目前已是关注、搜索“大湖名城　创新高地”的最大资料库，众多稿件被人民网、新华网等大型网站转载。11月，集团承办了中国晚报工作者协会第29届年会，来自全国150余家晚报的260多位总编、社长参加大会，省委常委、市委书记吴存荣等省市领导莅临出席，会后还举办了“全国晚报总编看合肥”主题采访活动，北京晚报、新民晚报、深圳晚报、温州晚报等众多晚报整版报道、连续报道了合肥近年来经济社会发展取得的成就。此外，集团还承办了“华南城2014第13届中国（合肥）龙虾节”“第3届环巢湖全国自行车赛”等节庆、赛事活动，其中龙虾节吸引了世界著名媒体英国广播公司（BBC）派出资深记者专程赶来合肥报道。

【围绕中心服务经济社会建设】 合肥日报唱响主旋律，圆满完成文博会、合肥高铁南站通车、市委中心组理论学习会议精神贯彻落实、社会主义核心价值观等系列报道。合肥晚报严把舆论导向，“两会议政厅”、合肥综合保税区、合肥经济圈8年嬗变、加入长三角、《阳光老人》周刊、《悦读》周刊等栏目、特刊和大型策划深受好评。江淮晨报通过数读、图说等形式活化版面，先后推出“《改革加速度》”、“《巢湖水世界Ⅱ特刊》”、“《高铁南站服务手册》”等系列策划、特刊，彰显“政经主流、城市潮流”。今日生活报推出“《思变·思辨》”“《创新2.0时代》”等策划，吸引了众多稳定读者和客户。合肥在线网站实行全媒体采访，组织、参与“三边三线”“直击五乱创文明”“百名记者下基层”“打击传销”等重大集中采访任务。环湖晨刊开设“高速崛起 挺进百强”“点击巢湖 直通政务”“环巢湖全国自行车赛”等专栏、专题，服务环巢湖经济社会发展。

【新闻宣传质量提升】 在各报网新闻宣传中，合肥日报8月份的以整版篇幅连续刊登社会主义核心价值观公益广告、12月份“中国好人——我们身边的榜样”系列公益广告，合肥晚报的2014年全国“两会”系列报道、《天涯麦客》系列报道、留美学生杜先汝舍身救人和“七七纪念”特刊系列报道，江淮晨报的《改革加速度》特刊、“合肥‘书卷气’有多浓”专版，集团主编的当年第14期《采编交流》等，先后得到上级领导和主管部门的书面批示表扬、阅评表扬。在2014年举行的2013年度中国新闻奖、安徽新闻奖评选中，集团获得中国新闻奖三等奖1件，安徽新闻奖新闻名栏目奖1件、一等奖7件、二等奖13件、三等奖13件，获奖总数和一等奖数量在省内继续保持了领先的地位。

【推进媒体融合】 集团各报网都开通了官方微博、微信，部分报网的微博业务、微信矩阵已具备较强影响力。合肥晚报“合肥政经观察”APP客户端、“江淮网”、今日生活报官方网站以及合肥晚报网、合肥晚报APP客户端等陆续上线，集团媒体融合步伐明显加快，其中“合肥政经观察”成为省级媒体融合发展示范项目。

第二十四届中国新闻奖获奖作品

项目	题目	作者	编辑	刊播单位	报送单位	等级
新闻摄影	快递来袭	苏一凡	李培	江淮晨报	新闻摄影学会	三等奖

2013年度安徽新闻奖（报刊类）获奖作品表

单位	作品标题	作者	编辑	等级
合肥日报	搬不搬怎么搬群众说了算	刘标、春林、薛辉	李健	一等奖
合肥晚报	大义菜农	巫来全、刘洋、谢华兵	赵海燕	一等奖
江淮晨报	祁门耗资上亿元建办公楼超预算两倍	方佳伟	刘刚、明靓	一等奖
合肥日报	市民为城管执法现场打分	汪竞、蒋勇、王弘毅	李健	二等奖
合肥晚报	高管高管你们去哪里高就啊？	徐颖奇	叶琳玲、刘玉松	二等奖
合肥晚报	救助梁晓斌	曹军、陈军、朱晓凯、杨洁		二等奖
合肥晚报	安徽首支“红头车”队昨成立	谢华兵、韦勇	童教智	二等奖
合肥晚报	具有美好人性的人，都接近牺牲者	张小石	孙怀宾	二等奖
江淮晨报	新任萧县书记骑自行车在县城寻找“方向感”	姚庆林	杨杰、许慧玮	二等奖
合肥日报	“我反对他家住廉租房”	王永亮、赵登岩、周军	李健	三等奖
合肥日报	瑰丽巢湖系列报道	甄奎、解光平、汪竞、方娟、方偲、俞媛媛		三等奖
合肥晚报	合肥城管“撑杆哥”一“举”为城管正名	集体	方春俊、李昕	三等奖
江淮晨报	我省“异地高考”政策放开，300多名异地考生受益	刘梅梅、周文丽	杨杰、陈彦文	三等奖
今日生活报	谁来崔岗看艺术展	赵卉、周瑶瑶、潘琳瓅	石莉	三等奖
今日生活报	诚信是社会的一道底线	朱晓凯	石莉	三等奖

2013年度安徽新闻奖（报刊类·报纸版面）获奖作品表

选送单位	作品标题	刊发时间	责任编辑	等级
合肥日报	合肥新桥国际机场通航特别报道	2013年5月30日4、5连版	吴涛、孙伟、黄毅	一等奖
合肥晚报	12—13版	2013年3月18日	王赞、杨洁、赵海燕	三等奖

2013年度安徽新闻奖（报刊类·新闻专栏）获奖作品表

单 位	栏目名称	主创人员
江淮晨报	《记者帮》	杨 杰、刘 刚、赵 跃、高寒琦、陈旺胜、张琳琳

2013年度安徽新闻奖（新闻论文）获奖作品表

单 位	作品标题	发表媒体、刊号、时间	作 者	等 级
合肥晚报	都市社区报布局初探	《新闻知识》2013年11月	王 蓉、傅学德	一等奖
合肥晚报	中西部社区报逆势而上的几点思考	《传媒》2013年11月	朱晓凯、饶 伟	二等奖
合肥日报	主流价值观报道彰显媒体责任	《新闻战线》2013年4月	张春林	三等奖

2013年度安徽新闻奖（副刊作品）获奖作品表

单 位	作品标题	体 裁	作 者	编 辑	等 级
合肥晚报	紫姑神护佑的族群	杂 文	王 晖	周伶俐	二等奖
合肥晚报	三河有座国粹楼	特 写	戴 煌	程堂义	二等奖
合肥日报	归去来兮话新桥	散 文	戴 健	俞媛媛	三等奖

2013年度安徽新闻奖（网络）新闻作品获奖表

单 位	作品标题	作 者	等 级
合肥在线	中国梦你我共构筑	齐志勇、胡冬华、吴 涛、刘旭峰	二等奖
合肥在线	教师拄拐两年坚守乡村学校三尺讲台	戴小花、苏 宇、齐志勇	二等奖

2013年度安徽新闻奖（摄影类）新闻作品获奖表

单 位	作品标题	作 者	编 辑	等 级
江淮晨报	快递来袭	苏一凡	李福凯	一等奖
今日生活报	大地伤痕	吴 芳	石 莉	一等奖
合肥晚报	失独重生记（组照）	吴 芳	石 莉	二等奖
合肥晚报	“瓷娃娃”圆梦大学	虞俊杰		二等奖
合肥晚报	让别人孩子替响宇看世界	郑成功	赵瑞瑞	三等奖
合肥晚报	千里走单骑	牛国梁	王月婷	三等奖
合肥日报	湖滨美景 骑行盛宴	张大岗	汪亚伟	三等奖

2013年度安徽新闻奖（漫画类）新闻作品获奖表

单 位	作品标题	作 者	编 辑	等 级
合肥晚报	凤凰男、栖上高枝后	何姗姗	罗 杰	三等奖

（厉笑然）

卫　生

【概况】　截止 2014 年底，全市共有各类卫生机构 2253 个，每千人口医院、卫生院床位 5.55 张，每千人口卫生技术人员 6.41 人，每千人口执业医生数 2.41 人，每千人口注册护士数 2.97 人。全市人均期望寿命达到 77.65 岁，婴儿死亡率及 5 岁以下儿童死亡率分别平均控制在 4.79‰和 6.01‰以内，孕产妇死亡率 6.14/10 万。2014 年人均卫生事业费 140.27 元。

【县级公立医院改革】　2014 年，合肥市县级公立医院改革工作根据任务及推进进度，积极按计划组织实施。全年省财政预拨合肥市 9 家县级公立医院的药品零差率补助经费 1705.3 万元，各县（市）财政部门实行按季度拨付，省财政补助资金全部拨付到位，各县（市）财政也都预留了资金为改革保驾护航。合肥市 9 家县级公立医院与去年同期相比，门急诊人次增加了 9.58%、出院人次增加了 3.49%、医疗收入增加了 1.52%，其中，门诊医疗收入增加了 12.01%，住院医疗收入下降了 4.29%。2014 年元月开始合肥市县级公立医院严格执行省有关药品集中招标采购文件规定，从该年 2 月 1 日起均使用省药采中心中标药品，并全部实行省药采中心中标药物网上采购、统一配送，未发生一起网下采购行为。全市 9 家县级公立医院药品收入同比下降 11.43%，住院药品收入下降 20.22%。同时下调了诊察费、护理费、手术费、CT 检查费等服务价格，诊察费实行了普通门诊诊察费、专家门诊诊察费及住院诊察费。

【市级公立医院改革】　进一步推广公立医院便民惠民措施，推行无假日门诊，延长门诊挂号时间，倡导开设周末门诊、夜间门诊，优化就诊服务流程，深入开展优质护理服务，市属医院优质护理示范病房覆盖率达 92.7%，其中三级综合医院全部达 100%，有 3 家二级医院达 100%；市属医院优质护理服务示范病房覆盖率全部达到省卫生厅的要求（三级医院 80%，二级医院 60%）。二级以上医院进一步完善预约途径，口腔科、产科检查预约率达到 60%。开展医师多点执业试点工作，下发工作实施方案，目前全市已办理多点执业的医师共 88 人，达到符合条件人数的 10%。推进社会办医工作，坚持社会资金为主，营利和非营利并进的原则，积极实行全员引资，推进社会办医全开放，采取放宽市场准入、构筑公平办医环境、完善相关的支持政策、鼓励举办高水平的机构等做法，逐步建立起与合肥市经济社会发展水平相适应的多元办医新格局。

【新农合保障】　2014 年，新农合参合率为 103.51%，其中贫困人口参合率 100%。新农合人均筹资额达到 390 元，本年度新农合筹资实际到位资金达到 15.26 亿元。全年总补偿受益 640 余万人次，住院实际补偿率为 58.97%，比 2013 年增长 2.34 个百分点。经过数月的反复研究、论证、测算，合肥市印发了《合肥市市级新农合定点医院按病种付费实施方案（2014 版）》，对“公立医院”和“社会办医院”实行分类管理，其中公立医院取消定病种定点救治，全面实施 10C 个（组）病种按病种付费，包括省级医院实施的 51 个（组）常见病；社会办医院实施 80 个（组）病种，实行定病种定点救治。启动了三轮扩大市级新农合定点医院资格审定工作，目前全市新农合定点医疗机构共 1369 家。全面推进二代身份证替代新农合就诊卡工作，长丰、肥西县已启用二代身份证就诊、报销；巢湖市、庐江县已完成招标，肥东县正准备进行招标。各县（市）已建成新农合短信平台，可适时向参合居民发送每次补偿信息，并定时宣传新农合政策。

【服务体系建设】 2014年，合肥市卫生系统中央投资项目60个，项目总投资3095万元，中央项目资金2050万元，其中，肥东县8个项目，总投资434万元，中央投资300万元；肥西县9个项目，总投资566万元，中央投资365万元；长丰县25个项目，总投资1115万元，中央投资740万元；巢湖市11个项目，总投资424万元，中央投资290万元；庐江县7个项目，总投资556万元，中央投资355万元。强化卫生项目管理工作，按照《安徽省卫生项目资金监测及通报工作制度》要求，及时催报监测报表，无缺报、漏报、误报现象。全市申报国家级、省级示范创建社区卫生服务中心共计25家，其中包河区望湖街道、淝河街道以及蜀山区五里墩街道社区卫生服务中心荣获“全国示范社区卫生服务中心”。辖区100%的社区卫生服务中心建立家庭医生服务团队，成立家庭医生服务团队379个；居民签约率达30%以上，其中重点人群签约达123515人。11月25日，《人民日报》第八版报道合肥市家庭医生服务工作，充分肯定合肥市家庭医生签约服务工作取得良好的社会效果。

【公共卫生服务】 各项民生工程任务完成顺利，其中重大传染病医疗救治、免疫规划、妇幼保健等项目均超额完成。全市城乡居民健康档案建档人数为590.14万，规范化电子建档人数为586.73万，规范化建档率为77.49%。2014年国家免疫规划疫苗基础免疫接种率全部达到99%以上。全市孕产妇保健系统管理率92.68%、7岁以下儿童保健管理覆盖率94.06%、3岁以下儿童系统管理率90.56%，完成农村生育妇女孕前和孕早期增补叶酸预防神经管缺陷项目全年任务的119.2%。老年人中医药管理覆盖率61.29%；0-3岁儿童中医药健康管理覆盖率92.39%；传染病疫情报告及时率达100%，突发公共卫生事件信息报告率达100%，卫生监督协管以县区为单位覆盖率达100%，获全省传染病报告信息管理系统报告质量综合评价第一名、全省免疫规划工作综合评估第一名。市疾控中心被评为“全国麻风病防治管理信息系统工作先进集体”。

【卫生监督管理】 落实行政执法责任制，推行阳光执法。全年召开群众公议会13次，公议案件51件，处罚意见全部得到公议团的支持。2014年合肥市试行《行政处罚案件办理工作流程》《行政处罚案件各环节职责》等所内行政处罚工作新规定，进一步规范行政处罚工作，案件办理质量有所提高。全市共办理行政处罚案件771件，增长率为22.97%；市本级85件，增长率为6.25%。合肥市5部门联合下发《关于开展整治虚假违法医药广告专项行动的通知》、《合肥市医疗广告监测管理工作季度通报制度》等规定，采用多种手段进一步强化了对合肥市医疗机构发布医疗广告的监管，医疗广告发布呈大幅度下降态势，对合肥市共25户（次）违法发布医疗广告的医疗机构进行集体约谈，下达监督意见书，对发布虚假违法医药广告的医疗机构进行彻底检查后，立案处罚2家，当场处罚1家，下达卫生监督意见书14家，给以警告处罚11户次，建议市卫生局移送工商部门8户次。按要求建立并执行医学美容主诊医师制度，从严规范医学美容执业行为。

【倡导健康生活】 在城乡开展多种形式的健康素养促进行动，完成公益广告千余次，健康巡讲11次。健康素养监测设置了6个监测点共计调查300户，每户抽取1名调查对象，共计调查300人；烟草流行监测安排5家医疗卫生机构、6所学校和3家政府机关共计调查235人，顺利完成任务目标。继续加强无烟医疗机构创建工作，截至目前共安排5轮次暗访，对143家县级以上卫生行政机构、公共卫生机构、医疗机构和基层卫生服务机构开展控烟工作暗访，并及时印发暗访通报。此外，结合合肥市卫生城市创建活动和年度卫生先进单位评选工作暗访医疗卫生机构23家。合肥市县级以上医疗卫生单位316家，暗访166家，暗访覆盖率达52.5%；其中，抽查合格的138家，合格率83.1%。合肥电视台《我爱健康》栏目开设“大湖名城专家名医话健康”栏目。中央电视台、中央广播电台、健康报等中央媒体先后推广了合肥医患调处、卫生民生、医改等重点工作。

【人才科教】 合肥市先后对学科建设管理办法、评估指标和资金使用制度进行了修订和完善，并及时公布了：《合肥市医学重点学科建设管理办法》、《合肥市医学重点学科建设评估指标（试行）》和《合肥市市级医学重点学科建设专项资金竞争性分配暂行办法》。2014年落实10名学员参加全科医生规范化培训，93名临床医生参加全科医生转岗培训并即将参加全省统考，完成了29名2011年新招聘人员全科医生岗位培训考核，开展36名2012年新招聘人员全科医生岗位培训。目前，全市乡镇卫生院已139人取得全科医生转岗培训合格证书，每个乡镇中心卫生院已有1名以上合格的全科医生。专科方向住院医师规范化目前已经有60人参加培训。全年获得国家自然科学资金面上项目2项，签订67项市级科研项目研究任务书，省科技厅立项2项，省卫生厅立项11项。加强继续医学教育项目的实施监督，完成国家级继教项目网络管理试点，实现国家级Ⅰ类学分电子授分，全年共完成国家级项目26项、省级项目41项、市级项目551项，约2.6万人次参加继教学习活动。

【医政管理】　深入开展“三好一满意”活动，组建成立了合肥市临床麻醉等10个专业医疗质量控制中心，创新临床医疗质量控制模式。继续推进合肥市“优质护理服务示范工程”创建活动，推行护理品管圈管理。2014年，抗菌药物专项整治工作成效明显，市属各医院抗菌药物使用比例明显下降，药占比较2013年下降2.93%。市属医院临床路径完成总病例数12645例，较2013年增长78.82%。全市按病种付费疾病增加至100种，患者就医费用大大降低。继续做好医师多点执业试点工作，市属医院办理多点执业医师比例达13.9%。推进预约门诊服务，逐步提高预约挂号占门诊挂号尤其是专家门诊号的比例。强化血液管理，保证用血安全，继续保持临床用血100%来自无偿献血。完成医疗纠纷调解委员会筹备工作。

（关　澎）

体　育

【概况】　2014年，全市体育系统以深入贯彻落实党的十八大精神为首要政治任务，根据党中央和市委开展党的群众路线教育实践活动的统一部署，紧紧围绕体育工作大局，大力推动全市各项体育工作的全面开展，努力开创合肥体育工作转型发展新局面。

合肥国际马拉松赛

【举办“万科杯”2014合肥国际马拉松赛】　11月16日，“万科杯”2014合肥国际马拉松赛在合肥滨湖新区渡江战役纪念馆北广场鸣枪，来自21个国家和地区、31个省市、自治区的万余名选手参加了比赛，中央电视台体育频道对赛事进行了现场直播并航拍。整个赛事隆重热烈、组织严密、安全有序、运行平稳，充分展现了合肥“大湖名城、创新高地”城市形象。

马拉松赛是合肥市举办的规模最大、规格最高的单项体育赛事，从办赛伊始，市政府就在赛事定位上坚持高起点，以“金牌赛事”为目标；在赛事服务上坚持高标准，充分展现合肥人民的热情好客；在赛事宣传上坚持高水平，CCTV5对赛事进行全程直播并航拍。为保障赛事需求，组委会从省内外选调裁判员400人，招募志愿者1200人，赛道沿途安排救护车辆10余辆，专业救护人员近百人，开通了赛场公交专线，并充分做好卫生防疫、食品安全等各项服务工作，努力把合肥国际马拉松赛打造成为顶尖高手的竞技擂台、长跑爱好者的健身舞台、宜居宜游城市的展示平台，成为在国内、国际具有一定影响力的马拉松赛事，成为提高城市国际化水平的重要起点。

【参赛安徽省第十三届运动会】　安徽省第十三届运动会于10月21日在安庆市闭幕，合肥市派出了由700多人组成的代表团，参加了21个大项的比赛。在市委、市政府领导的关心下，合肥健儿顽强拼搏、奋勇争先，共获得金牌242.5枚，银牌92枚，铜牌74.5枚，团体总分7013分，15人次打破5项省青少年记录，创造了合肥市参赛历届省运会金牌总数最高纪录，一举夺得了综合金牌、奖牌、总分，赛场金牌、奖牌、总分六项第一，并获得体育道德风尚奖代表团。

此外，在安徽省运动会首次设立的县级金牌榜中，合肥市长丰县、肥东县、巢湖市分列第2、6、9名。

【《合肥文史体育专辑》出版】　经过近1年的收集整理、排版校对，由市体育局与市政协教科

长江中游省会城市体育联盟启动

文卫体委员会、文史资料委员会共同编撰的《运动的足迹——合肥文史体育专辑》于2014年1月份正式出版，该书从重大成就、群众体育、竞技体育、体育产业、人才培训、对外交流、场馆建设、人物传记和社会团体等9个方面，摘要记述了2004年以来合肥体育的发展历程，该书的出版对了解合肥体育发展动态、把握合肥体育发展脉络、促进合肥体育更好更快发展具有重要意义。

【完成第六次全国场地普查工作】 各县（市、区）坚持统一部署、同步推进，按照时间节点填报数据，建立了定点联系机制，划片包干、定点帮扶、指导督办，并抽调750名骨干力量组成普查员队伍，实行“人员到岗、责任到人”。9月，全市2883家单位7894个场地软件录入完毕；11月通过国家体育总局核查验收，合肥市体育局荣获全省六普先进集体称号。六普数据为编制《合肥市公共体育服务设施规划（2015—2020）》提供了翔实的基础依据；为出台《合肥市关于加快发展体育产业促进体育消费的实施意见》，进一步加强对体育产业工作指导，增强体育事业发展内生动力提供了现状支撑。

普查结果显示，截至2013年12月31日，全市共有体育场地7894个，用地面积1316.81万平方米，建筑面积99.97万平方米，场地面积969.00万平方米。其中，室内体育场地709个，场地面积40.83万平方米；室外体育场地7185个，场地面积928.17万平方米。以2013年末全市常住总人口761万人计算，平均每万人拥有体育场地10.37个，人均体育场地面积1.27平方米。

【开展第四次国民体质监测】 合肥市作为全国抽样城市，按照国家体育总局等10部委《关于开展2014年国民体质监测工作的通知》要求，于2014年6—9月在全市范围内组织开展了全国第四次国民体质监测工作。全市抽调精干力量组成了专门工作队，深入学校、企业、机关、乡村、社区进行体质监测和问卷调查，从3-69周岁的四个年龄段中，抽样监测8643人。

通过体质监测和问卷调查，充实并完善了国家、省、市国民体质监测系统和数据库，了解了合肥市国民体质现状和变化规律，为做好《全民健身计划（2011-2015年）》实施效果评估，制定新周期《全民健身计划》提供科学依据，为国家经济建设和社会发展服务。

【全民健身工程】 2014年，合肥市继续加大公共体育设施建设，加快构建就近就便的群众体育设施网络，改善群众健身条件。群众体育设施纳入民生工程强力推进，利用体育彩票公益金3500多万元，建设356个农民体育健身工程，100个全民健身苑，10个笼式多功能健身场。提前一年实现了农民体育健身工程在行政村全覆盖。工程实施得到广大群众的高度评价，被誉为“最受欢迎的民生工程”。

【元旦越野赛由“环城”走向“滨湖”】 2014年1月1日，第54届元旦越野赛暨迎新年健身走活动在渡江战役纪念馆鸣枪发令，作为一项坚持了半个世纪的活动，元旦越野赛的跑步路线从长江路到政务区，如今又向巢湖岸边迈进，一代又一代的合肥人用脚步丈量着这所城市的发展，已成为了一项充满历史文化积淀，促进市民身心健康，见证合肥城市发展的具有非凡意义“正能量”活动，不仅是合肥市传统的群众性体育活动，也成了安徽省全民健身的品牌活动。

【中日韩棋手鏖战三国遗址公园】 2014年5月1日-2日，第二届“庐阳志邦杯”中日韩三国围棋名人混双赛在合肥三国遗址公园成功举行，最终中国组合俞斌、芮乃伟获得冠军，中央电视台体育频道对决赛进行了现场直播。在比赛期间，棋手们还走进校园，进行现场指导，进一步推动围棋文化在合肥的传承与发展。

【第29届全国速度轮滑锦标赛在合肥举办】 7月14日-18日，第29届全国速度轮滑锦标赛在滨湖轮滑场举行，本届比赛设置11个组别18个项目，共54支代表队，300多名运动员参加比赛，比赛选拔产生了速度轮滑国家队。期间，以世界冠军郭丹为代表的中国国家速度轮滑队一行16人来到合肥市师范附小三小，与在此学习轮滑的小朋友们进行现场互动。

【长江中游省会城市体育联盟成立】 5月9日，在2014中国国际体育用品博览会上，湖南省长沙市、安徽省合肥市、江西省南昌市与东道主湖北省武汉市举行了“长江中游省会城市体育联盟签约仪式”，掀开了四座城市在体育领域合作的新篇章。

今后，四座城市将在“信息互通”“互办联赛”“青少年体育文化交流”“体育科研”等多方面开展合作交流，通过共同探讨、共同谋划、深化合作，积聚发展能量，在中部崛起进程中创造新的业绩。

【校园足球活动】 2014年，校园足球活动在合肥市进入第6个年头，共有66所学校加入校园足球活动中，校园足球活动已成为合肥市广大学校素质教育的重要阵地。2014—2015年度校园足球联赛参赛队伍达到82支队伍1667名队员，首次在增设了小学女子组比赛。在安徽第十三届运动会青少年部足球的比赛中，以校园足球定点学校在校学生为班底的合肥男子足球队获得阔别12年的冠军，合肥女子足球队获得了亚军。2014年国庆期间，在全国青少年校园足球训练营暨全国青少年U12锦标赛上，合肥女队获得了第三名的，创安徽省最好成绩。其中苏先敏同学荣膺金手套奖，李乐周、苏先敏等6位同学入选国少集训的大名单。

【组织开展合肥市学生体质与健康调研工作】 为了解和掌握学生体质健康现状和趋势，为国家、全省制定人口发展和教育规划提供科学依据，市教育局、市体育局、市卫生局、市民委、市科技局、市财政局共同成立“合肥市学生体质与健康调研领导小组”，在12所调研点校以教学班为单位抽取7-18岁在校汉族身体健康的学生。分为城市（男、女）、农村（男、女）共四大类，每个年龄段作为一组，共分12组。共抽取合格卡片2400张。

【优化体育产业布局，加强健康休闲功能区建设】 《合肥市现代服务业发展规划（2014-2020）》提出加快合肥市体育健康产业集群建设，启动“一核、九区、一圈”产业布局，其中“一核”为城市核心区，以合肥体育中心、省（市）全民健身中心为依托，建设体育产业集聚区，重点发展体育竞赛表演、体育健身休闲、体育用品销售、体育培训、健康恢复、体育中介等产业。“九区”为9个体育健身休闲功能区，即肥东县元瞳马术运动健身休闲功能区、肥西县紫蓬山户外运动功能区、长丰县元一高尔夫健身商务度假功能区、庐江县水疗养身功能区、巢湖市体育健身休闲功能区、瑶海区体育健身休闲功能区、庐阳区田园生态运动休闲功能区、蜀山区大蜀山及森林公园运动养生山吧功能区和包河区体育健身休闲功能区。“一圈”为环巢湖田园生态运动休闲旅游圈，以巢湖为依托，按照“拓展建设、提升品质、彰显特色”的要求，打造环巢湖马拉松、自行车等精品赛事。

【全民健身活动】 举办了安利纽崔莱全民健身季、市暨瑶海区全民健身日活动、“谁是球王”争霸赛、青少年体育舞蹈锦标赛暨公开赛、环巢湖自行车全国邀请赛、县区篮球赛、合肥地区门球赛等大型群众性体育活动25项次，参与人数达50万人次。市级社团积极开展了门球赛、乒乓球联赛、棋类比赛、老年人健身项目展示等活动30多项次。各县（市）区也因地制宜地开展形式多样的全民健身活动，达到了18000多场次。

【社会体育指导员培训】 本着“扩大数量，提高质量，优化结构，增强活力”的原则，全面做好社会体育指导员培训、管理和服务工作，不断完善社会体育指导员组织体系。2014年培训、认证二级社会体育指导员864名，各县（市）、开发区培训认证三级社会体育指导员1415名，选送90人参加省一级、9人参加国家级社会体育指导员培

省市领导为合肥国际马拉松赛发令

训。组织培训、考核认证、信息录入、晋升管理等工作规范严谨，注重质量。全市各级社会体育指导员人数已达到9650人，达到总人口数的万分之十二，提前完成《合肥市全民健身实施计划（2011—2015年）》既定的万分之十目标任务。

【体育社团组织】 体育社团组织发展更加规范有序。2014年，成立了电子竞技、马拉松、杨氏太极拳等市级单项运动协会，市羽毛球协会成功换届，各县（市）区、开发区新成立本级体育社团13个，全市体育社团组织数达到145个，注册会员超过10万人。各类体育社团组织积极发挥桥梁纽带作用，促进了人群体育活动广泛开展。

遍布城乡的晨晚练点成为全民健身活动蓬勃开展的重要阵地，其数量已达到2857个，有586个获得省级示范晨晚练点命名，84个获得市级示范晨晚练点命名。纵横交织、点面结合的群众体育组织网络基本形成，保证了合肥市群众体育工作上下贯通、广泛深入开展。

【国民体质监测】 市国民体质监测中心安排专项经费，招聘专人负责，继续坚持免费开放常态化、规范化。全年为3000多市民进行监测，收集有效样本数据1300份。其中，为10多家市直相关单位工作人员和合肥万科等企业进行了体质检测，得到了较高评价。积极促进县（市）、区建设本级国民体质监测站，庐阳区、肥西县国民体质监测站已经建成投入使用，发挥作用，包河区、蜀山区国民体质监测站也于2014年底建成。

【传统项目学校和青少年体育俱乐部建设】 2014年，合肥市第一中学被国家体育总局、教育部命名为国家级体育传统项目学校，合肥市第48中学参加2014年全国青少年户外体育活动营地冬令营取得团队三等奖，和平小学、38中获2014年安徽省传校田径比赛团体总分第一，红星路小学获2014年安徽省传校游泳比赛团体总分第一名。在安徽省首届青少年体育俱乐部管理干部培训班上，合肥市南门小学青少年体育俱乐部作交流发言，合肥市一中、师范附属小学俱乐部被列入培训班观摩点，接待了来自全省16个市近80名代表的实地参观。

【参赛安徽省残疾人运动会和少数民族运动会】 在安徽省第六届残疾人运动会上，合肥市代表团55名残疾人运动员参加了田径、游泳、乒乓球（盲人乒乓球）、举重、射击、羽毛球、飞镖、象棋、盲人门球和聋人篮球10大项近100个小项的比赛，获得了金牌榜第一名、奖牌榜第二名的优异成绩，并荣获体育道德风尚奖。参赛安徽省第七届少数民族运动会，合肥市代表团夺得一等奖16个、二等奖17个、三等奖13个，取得了一等奖奖牌数和总奖牌数两项第一，并获得优秀组织奖和体育道德风尚奖。充分展示了合肥市残疾人和少数民族体育运动水平，彰显了合肥市体育事业发展综合实力。为“大湖名城 创新高地”建设再添荣誉。

（石　峰）

人口和计划生育

【概况】 2014年统计年度（2013年10月至2014年9月）全市共出生79672人，政策符合率92.79%，出生人口总性别比112.58，人口出生率11.45‰，圆满完成了省、市下达的各项目标任务。合肥市被省政府授予“2014年度全省人口和计划生育工作先进市”称号，庐江县、巢湖市、包河区被省计生工作领导小组授予“2014年度全省人口和计划生育工作先进县（区）”称号，合肥经济技术开发区获“2014年度全省计划生育优质服务先进区”称号。

2014年6月，全国流动人口卫生计生服务管理工作会议在合肥召开，国家卫生和计划生育委员会副主任王培安及与会代表考察了合肥市部分社区“城市生活e站”，对合肥市流动人口计生服务管理创新做法给予高度评价。

【“单独两孩”政策】 市委、市政府高度重视生育政策调整完善工作，将落实“单独两孩”政策列入市政府年度重点工作。各级计生部门周密安排，狠抓落实，采取一系列举措，确保政策有效落实。抽取19720户样本开展生育意愿调查，全面分析预测“单独两孩”政策可能产生的人口波动，切实做好风险防控。开展多种形式的宣传活动，既将“单独两孩”政策广而告之，也引导广大群众准确理解政策，避免产生计划生育全面放开的错误认知。简化审批程序，对已享有独生子女奖励政策的不再收回，推动政策有效落地。

全年共审批“单独两孩”生育证5879件。截至12月底，全市符合“单独两孩”政策出生人口1715人，占全省“单独两孩”总出生量的21.7%。发挥县、乡计生服务网络作用，结合免费孕前优生健康检查项目，围绕“孕产期保健、健康检查、出生缺陷预防干预”等方面，做好符合再生育条件人员尤其是高龄人员的技术服务工作，确保把好事办好、办实。

【基层基础】 坚持以“后进村”转化为抓手，全力落实“市指导、县抓实、乡负责、村为主”的“村为主”工作机制，着力巩固提升基层基础。

狠抓“后进村”转化。自2013年起，在全市开展了为期2年的计划生育“后进村”重点治理年活动，实行“市抓乡、县抓村”，下管一级推动后进转化。截至2014年9月30日，439个“后进村”已转化416个，转化率达95%。通过“后进村”转化，全市农村地区人口出生政策符合率、性别比、早孕发现率等指标明显改善，村级基础工作得到明显加强。

狠抓“龙头性”工作。抓住元旦、春节期间流动人口集中返乡的有利时机，开展“生殖健康集中服务月”活动，全市共有108万名已婚育龄妇女接受了孕、环情监测服务。同时，结合新启用的计生综合信息平台，进一步整合和规范了人口基础数据，提高了信息质量。

狠抓调研督查。市政府分管领导和市人口计生委领导班子成员按照“包保责任”分工，就人口计生重点工作推进落实情况，深入各县（市）区、开发区和部分乡街、村居进行督查，帮助分析存在问题，理清工作思路，研究整改措施。

狠抓过程监控。通过日常数据监测、“飞检”等形式加强平时工作开展情况的督查，及时发现和解决问题，先后“飞检”了100多个乡镇，下发整改通报26份，促进了相关重、难点问题的解决，有效引导基层把工作精力用在平时，把工作重心放在平时。

【计生利益导向】 市委、市

政府高度重视计生利益导向工作，不断改善计生民生，提高计划生育家庭福祉。2014年起，在国家、省、市提标的基础上，全市对计生家庭特扶标准实行城乡统筹，达到3660～4500元/年。2014年共确认计生家庭奖、特扶对象24940名，发放奖励扶助金3772万元。

市政府出台《关于进一步加强计划生育特殊困难家庭关怀扶助工作的意见》，建立了四项制度：一是老年护理补贴制度。对60周岁以上计生特殊困难家庭对象，按重度、中度、轻度失能三级标准，分别给每人每月发放500元、400元、300元护理补贴。二是再生育扶助制度。对实施辅助生殖技术再生育的计生特殊困难家庭，在5000元限额内据实给予补助。三是紧急慰藉制度。对领取光荣证后独生子女死亡的计生家庭，给予一次性3000元的紧急救助金。四是抚慰金制度。每年给每名计生特殊困难家庭对象发放480元的抚慰金。继续实施“城乡保”优待计生家庭政策，全年惠及52万多名计生家庭人员，给予1946万元的额外参保补贴。继续开展“生育关怀·幸福家庭——人口基金助学行动”，全年共有1068名新考取大学的计生困难家庭子女，获得总额260万元的人口基金资助。

【转型发展】 坚持“以人为本，服务为先”，努力推动计划生育工作由“控制型管理”向“服务型管理”转变。

实施县站乡所村室提档升级工程，有效改善基层计生技术服务条件和环境。充分发挥市站、县站的龙头作用，对基层技术服务人员分级开展脱产培训。通过比赛选拔优秀选手参加全省妇幼健康技能竞赛，2名基层服务人员分别获得计划生育技术服务组二等奖和三等奖。

加大政策宣传力度，高标准配套项目经费，择优选定检查机构，严格抓好质量控制，推动免费孕前优生健康检查项目顺利实施。全年共有27389对夫妇接受了检查，完成省下达目标人群的114%。

打造“满意计生”，全面推行网上办证，简化审批手续，优化审批流程，全年通过网上办证平台办理各类计生证明11万多件。深入推进依法行政，畅通信访渠道，全年共受理来信、来电、来访等2900多批次，办结率100%，未出现任何群体性信访事件。

【均等服务】 2013年12月、2014年10月，国家卫计委先后将合肥确定为“全国流动人口卫生计生基本公共服务均等化试点市”“提高流动人口家庭发展能力、促进流动人口社会融合示范试点市”。试点工作启动以来，全市紧扣流动人口现实需求，努力促进均等化服务目标实现。

完善“一单制”惠民政策，将定点医疗机构扩展到32家，并对四项手术包干价格提标30%～50%，进一步提升了服务品质。全年实施四项手术2763例，为流动人口免除手术费用47.1万元。

加强协作联动，市计生委会同市卫生局联合下发《关于进一步整合资源强化流动人口卫生计生基本公共服务的通知》，完善和深化社区“卫计合一”服务模式，有效推进卫生、计生系统间“政策宣传同步、基础信息共享、服务项目整合”。

引入社会力量，充分发挥“城市生活e站”平台功能，紧扣流动人口现实需求，委托社会组织实施“困难救助、能力提升、文化传播、社区融合”等特色服务项目，促进广大“新居民”更快、更好地融入城市。

【综合治理出生人口性别比】 坚持将查处非医学需要的胎儿性别鉴定和非医学需要的人工终止妊娠行为（简称“两非”）作为综合治理出生人口性别比工作的重要抓手，始终保持高压态势，深挖“两非”案源，加大查办力度，不断扩大“两非”案件查处成果。2014年统计年度，全市共查结“两非”案件71件，其中，刑事处理15人、党政纪处理21人、吊销医生执业证书5人、没收B超机9台。长丰、瑶海、庐阳、蜀山等县区对一批有影响的“两非”案件进行了集中公开审判，7名涉案人员分别被刑事处理，最高被判处有期徒刑2年零4个月，有效震慑了违法人员，有效遏制了出生人口性别比攀升势头。

（钟荐华）

人力资源和社会保障

【概况】 2014年，合肥市出台《关于印发合肥市青年创业计划实施方案（2014—2017年）的通知》《关于继续做好我市促进经济持续健康较快发展工作有关问题的通知》等促进就业创业政策文件，加强就业援助工作，就业工作完成或超额完成全年工作目标，为全市经济社会发展提供强有力的人力资源保障。深化人力资源管理服务，促进区域人力资源交流与合作。社会保险扩面征缴工作稳步推进，五项社会保险参保人数均超额完成目标任务。围绕构建“规范有序、公正合理、互利共赢，和谐稳定”的新型劳动关系，积极推进和谐劳动关系工作规范化、制度化、实体化建设。

【就业创业】 截至年末，全市城镇非私营单位（以下统计口径相同）就业人员145.01万人。其中，在岗职工129.24万人，按注册登记类型分，内资单位就业人员131.56万人，港澳台商投资就业人员5.4万人，外商投资就业人员8.05万人。内资单位中，国有单位就业人员38.37万人，城镇集体单位就业人员1.66万人，股份合作单位就业人员0.55万人，联营单位就业人员0.15万人，有限责任公司就业人员68.57万人，股份有限公司就业人19.13万人，其他内资单位就业人员3.13万人。城镇登记失业率为2.96%，控制在4.5%以内。

全市实现城镇新增就业18.9万人 ，下岗失业人员再就业3.67万人，就业困难人员再就业1.44万人，分别完成年度目标任务的158% 、127%和183%，超过序时进度要求。涉及就业方面民生工程全面超额完成，开发公益性岗位12279个，完成全年目标任务的113%；高校毕业生特定岗位开发384个，完成全年目标任务的100%；高校毕业生就业见习1572人，完成全年目标任务的101.4%；培训各类城乡劳动者42139人，完成目标任务的123.9%。各级公共就业人才服务机构共举办各类招聘会1200余场，服务用工企业6.4万家，服务求职者69.8万人次，提供112万个就业岗位；转移农村劳动力就业8.27万人次；共接收8.6万名高校毕业生就业。

青年创业计划全面启动实施。9月，市人力资源和社会保障局（简称“市人社局”）出台《关于印发合肥市青年创业计划实施方案（2014—2017年）的通知》，实施创业促进就业“736计划”，即在4年时间内，共培育自主创业青年7万人以上、孵化300个以上创业项目、扶持60家以上创新企业，鼓励和扶持更多的青年创新创业，努力推动以创业带动就业。截至2014年底，已培育1.8万名自主创业青年，孵化40个青年创业项目，扶持15家青年创办的小微企业成长为规模以上创新企业。

就业创业政策集中推进行动。印发各类业务告知单、政策明白纸22.65万份，召开高校毕业生就业创业恳谈会10场，参与毕业生1910人，召开民营企业政策对话会41场，参会企业6546家。推广“整贷直发”的贷款模式，全年推荐小额担保贷款2393笔3.78亿元，财政部门贴息4220万元，推荐青年创业信用贷款460万元。建立“一窗式”受理和“一站式”税收服务制度，设立促进就业减免税“绿色通道”，全年享受税收优惠的企业103家，享受税收优惠236万元，企业吸纳符合政策的人数621人；享受税收政策的个体经营者172人 ，享受153 万元的税费减免。组织大型专场招聘会188场，进场招工企业6851家；开展岗位技能提升培训的企业148家，企业享受岗位提升补贴3263万元；企业享受社会保险补贴7523万元，民营中介机构享受职业介绍补贴680万元。

进一步完善就业创业政策体系。市人社局会同市财政局、市地税局、市经信委出台《关于继续做好我市促进经济持续健康较快发展工作有关问题的通知》，继续落实缓缴社会保险费、降低社会保险费率、保障企业用工需求、加大技能培训力度、鼓励全民创业等政策措施，确保各项政策得到及时有效落实。通过降低失业保险费率和下调企业参保缴费基数，减收参保企业社保费用4.69亿元；审核618家企业岗位补贴9007.04万元，落实岗位培训补贴3263.02万元，培训人数4.92万人。市人社局会同市财政局研究制订《合肥市2014年度就业促进工程实施方案》。围绕落实就业促进民生工程，出台《合肥市公益性岗位开发管理暂行办法》《合肥市高校毕业生就业见习管理办法》《关于印发2014年高校毕业生基层特定岗位实施方案的通知》《民生工程评价办法》《合肥市就业专项资金管理使用检查方案》等文件，确保就业促进民生工程顺利实施。会同市财政局召集部分县区人社部门、企业、高职院校、职业学院和技工院校，召开“工学一体”就业就学工作座谈会，讨论工作方案，研究落实工作措施。9月，印发《合肥市“工学一体”就业就学工作方案》。按照工作计划安排，推动落实“工学一体”就业就学工作。会同市发改委、市教育局等单位研究制订《关于印发合肥市青年创业计划实施方案（2014—2017年）的通知》，着重从完善创业扶持政策和提升创业服务水平两个方面，进一步加大工作力度，重点扶持有创业意愿和创业条件的城乡各类青年群体，努力推动落实“736计划”。

促进高校毕业生就业。市人社局印发《关于开展2014年高校毕业生就业服务月活动的通知》，以“实施就业促进计划、实名登记服务到人”为主题，自9月1日至9月30日，在全市广泛开展高校毕业生就业服务月活动。活动期间，全市各级人社部门通过上门走访，进一步摸清2014届有就业意愿的离校未就业高校毕业生人数、个人基本信息和就业服务需求，并使每一个有就业服务需求的高校毕业生都能享受到针对性的就业创业服务和各项优惠扶持政策。做好离校未就业毕业生帮扶工作，对有就业意愿的，至少提供一次职业指导和3个适合的岗位信息；对有创业意愿的，组织其参加免费创业培训，提供创业服务，落实创业扶持政策；对暂时不能实现就业的，组织参加就业见习和职业培训；对就业困难的，提供有针对性的就业援助。组织开展基层特定岗位安置高校毕业生工作，全市开发385个劳动就业和社会保障管理、民政、计生、司法、工会等基层公益性岗位，安置高校毕业生就业。顺利完成报名考试、资格复核、体检等工作，除部分岗位无高校毕业生报考外，全市累计招聘高校毕业生380人。

全面提升就业创业服务水平。上半年，在充分掌握企业用工需求的基础上，开展“转作风、进园区、强服务”主题活动，深入工业园区调研了解企业用工情况，帮助企业解决用工短缺以及结构性缺工问题，组织50余家合肥市重点企业到颍上、淮南，连续举办4场招聘会，共有1659名求职者与合肥市企业达成就业意向。挖掘农村人力资源潜力，“招工大篷车”在全市各县（市）、区（开发区）举办11场招聘会，3085名农村劳动者与企业达成就业意向。全面实施创业意识培训、创办企业培训、创业模拟实训、创业基地实训、改善企业培训“五位一体”的创业培训模式。全市组织创业培训3.39万人，其中创业意识培训4171人，创办企业培训1.84万人，创业模拟实训1.13万人，改善企业培训工作全面启动。四季度，下发《关于开展创业专家“四进五送”活动的通知》，组织创业专家进校园、进社区、进园区、进企业，开展送政策、送项目、送贷款、送服务、送经验活动。会同市财政局、市总工会、团市委、市妇联印发《关于举办合肥市第四届“挑战杯”创业项目征集大赛的通知》，在全市范围内广泛开展创业项目征集大赛，征集创业项目600个。印发《关于举办“就业创业合肥”风采摄影大赛的通知》，在全市范围内开展“就业创业合肥”风采摄影大赛，集中宣传创业就业工作成绩，展现创业者勇于进取，激情创业的风采，弘扬“我创业，我光荣”的创业理念。

加强就业援助工作。市人社局会同市总工会、市妇联下发《关于开展2014年春风行动的通知》，自1月中旬至3月中旬，在全市范围内广泛开展以“搭建供需平台，促进转移就业”为主题的春风行动。活动目标为“五个到位”，即宣传到位、服务到位、政策到位、维权到位、对接到位。“春风行动”期间，举办144场招聘会，帮助近5万名农村劳动者与企业达成就业意向。会同市残联下发了《关于开展2014年就业援助月专项活动的通知》，动员全市各级人力资源和社会保障部门、残联组织，认真组织开展2014年就业援助月专项活动。活动期间，累计帮助2636名各类就业困难人员实现就业。按照省政府、省军区《关于促进退役士兵就业创业工作的意见》要求，会同市民政局、合肥警备区下发《关于开展2014年退役士兵就业招聘周活动的通知》，并研究制订《合肥市2014年退役士兵就业招聘周活动方案》，认真组织开展退役士兵招聘活动，帮助退役士兵解决就业问题。招聘周活动期间，累计举行11场退役士兵专场招聘会，参与企业达726家，提供岗位近2万个，3209名退役士兵在招聘周期间与用人单位达成就业意向。

人力资源协作。在全市建立起重点单位人才需求调查常态机制，围绕战略性新兴产业和优势主导产业，对505家重点单位的技能型人才、专业技术管理人才和高层次人才等方面的需求进行调查，公布《合肥市2014年度重点单位人才需求目录》。充分发挥“合肥人力资源协作圈”的作用，促进区域内人力资源交流与合作。7月，合肥人力资源协作圈合作单位联合发起“十佳HR经理人”评选活动，进一步提升协作圈内人力资源管理的整体水平。9月，组织召开“合肥人力资源协作圈”工作座谈会，会议吸纳滁州市作为新增成员单位，并现场签订九方合作协议。至此，协作城市发展为9个（合肥市、六安市、淮南市、滁州市、桐城市以及寿县、霍邱县、颍上县、定远县）。根据协议，合作九方将相互设立人力资源合作专区；联合组织各种类型招聘活动；开展网上人力资源交流与合作；加强协作城市间校企合作与校校合作。落实与阜阳等皖北市县签订的劳务合作协议，促进和吸引各类技能人才到合肥就业。全年共在阜阳、淮南、颍上、寿县、定远等市县举办专场招聘会21场，组织近400家重点企业提供2.5万个就业岗位，吸引7000多名当地求职人员与合肥市企业达成初步就业意向。

健全服务工作体系。促进农村劳动力转移就业，全市共完成农村劳动力转移就业8.27万人，完成省、市下达重点工作目标任务的137.8%。完善人力资源市场信息发布制度，不断拓宽人力资源信息发布渠道，除利用人力资源市场电子屏、触摸屏、信息橱窗、报纸网站、广播电台、就业热线等发布外，还建立了“合肥市人力资源市场”和“家政服务市场”微信服务平台，提供招聘信息发布、企业用工宣传、市场供求动态分析以及政策咨询、职业指导、推荐就业等公共就业服务；同时，开展公共就业服务信息系统的升级和手机招聘信息的开发工作，通过多形式、多渠道发布用工信息，帮助企业招工，帮助劳动者求职。人事代理、档案管理等一站式服务逐步优化。市人力资源服务管理中心全面落实朝九晚五工作制、中午不间断服务、双休日值班制度，方便服务对象办事；不断完善劳动保障事务代理各项业务操作流程，提高个人参保缴费服务水平，针对社会保障卡补卡排队现象，精简了业务办理程序。人才公共服务大厅里开辟三个绿色专用通道，包括“毕业生档案代理”“流动党员服务”“未就业毕业生登记”窗口，为毕业生提供签约、报到、改派、人事代理、《就业失业登记证》办理、职业指导、推荐岗位、跟踪服务等“一站式”就业服务。全年共接转人事档案1.74万份，接转户籍2550人，办理社保业务约5800人次（笔），核定档案工资4880人（次），职称评定785人，接转组织关系312人，办理预备党员转正22人。就业服务档案托管新增2042份，个体参保新增1708人，办理农保转接城保315人，社保卡补办3万人次；中心共托管档案份数20.2万份，有个体参保人员5万余人。

【工资分配】 2014年度，全市城镇非私营单位就业人员年平均工资58222元。其中，在岗职工年平均工资60082元。按国民经济行业类别分，农林牧渔业36146元，采矿业47918元，制造业55862元，电力、热力、燃气及水生产和供应业109376元，建筑业53714元，批发和零售业50788元，交通运输、仓储和邮政业66253元，住宿和餐饮业29607元，信息传输、软件和信息技术服务业66717元，金融业115115元，房地产业53915元，租赁和商务服务业50833元，科学研究和技术服务业80019元，水利、环境和公共设施管理业40695元，居民服务修理和其他服务业40111元，教育55810元，卫生和社会工作67376元，文化、体育和娱乐业46026元，公共管理、社会保障和社会组织56590元。按注册登记类型分，内资58571元，港澳台商投资46764元，外商投资60459元。内资中，国有单位67556元，城镇集体单位40093元，股份合作单位61034元，联营单位72937元，有限责任公司54068元，股份有限公司60763元，其他内资42240元。

【社会保险】 截至年末，全市企业基本养老保险参保138.9万人，完成目标任务数的105%；失业保险参保115.9万人，完成目标任务数的110.3%；城镇职工医疗保险参保153.7万人，完成目标任务数的111.3%；工伤保险参保124.5万人，完成目标任务数的106.2%；生育保险参保109.8万人，完成目标任务数的109.8%。

社会保险费征缴。社会保险扩面征缴工作稳步推进，办理市本级新参保单位3400家，涉及新参保人员29000人；发放社会保障卡15万张；整理社会保险业务档案2800卷，书面和电话回复各类信访件2203起；办理社会保险转移接续8.5万人次；出具参保证明20万份，网上办理业务43万人次。指派专职人员到各区社保代理机构，书面稽核12800户参保单位申报的社会保险缴费基数。进一步提升社保窗口服务水平，优化办事流程，完善业务告知单。开展窗口改进专项活动，改进配套设施，提供便民服务。主要包括：提供免费复印服务；2014年书面缴费稽核业务，征缴中心联合劳动监察支队，根据缴费单位属地，在各区（开发区）设立窗口，就近受理各单位申报资料，执行朝九晚五的工作时间，方便缴费单位申报；在办事大厅配置饮水机，提供老花镜；修缮自助服务区，更换桌椅等。创建社会保险转移业务服务工作机制，面对社会保险转移业务量的不断增长，安排专人负责该项业务，责任到人。转变工作方法，充分利用第三方优势资源，提高工作效率。学习借鉴外地先进的办事方法，改进操作软件，将转移信函转换成电子数据传递至邮政部门，利用邮政部门专业的打印工具，统一打印封装。充分利用各参保代理点业务平台，将个体参保人员社会保险转移信函由中心统一收发改变为有各代理点直接收发。逐步下放转移相关业务操作权限，如医疗保险个人账户转入记账等，切实提高转移时效，方便群众办事。贯彻落实《“全民参保推进年”活动实施方案的通知》文件精神，召开各县区社保经办人员培训会议，推进全民参保。

企业养老保险。截至年末，市本级新增退休人员13652人，死亡5651人，企业离退休人员217154人（其中，离休1771人、建国前老工人362人、退休214268人、因病退职753人），享受生活补助的遗属6142人，按时足额发放基本养老保险待遇51.05亿元，其中，基本养老金46.7亿元，丧葬抚恤费和遗属生活费17642.1万元。根据国家和省统一部署，从2006年至2014年连续十次调整企业退休人员基本养老金，分别提高107.28元、98.46元、106.87元、110.15元、131.21元、146.51元、182.84元、159.05元、174.56元，全市企业退休人员月人均养老金增至1886.02元。自2008年开展养老保险补保工作后，分别解决了未参保大集体企业退休人员、军工企业二四八家属工、未参保小集体企业退休人员和未参保企业退休人员等群体，共办理了3.3万人，基本实现了养老保险的应保尽保。

全面开展养老保险待遇领取资格认证工作，进一步深化退休人员社会化管理服务。年初印发《合肥市企业退休人员领取基本养老金资格认证实施办法》，召开认证工作培训会，就政策规定、认证程序、网上录入和特殊问题处理方式做了详细的讲解说明。为进一步提高认证工作水平，启动人脸识别系统建设。截至年底，完成认证21.14万人，完成任务的98.92%。共上传居住在外地退休人员和遗属共3702人，下载外地居住在市内退休人员和遗属3851人。外地已办理认证人数2621人，本地已办理认证人数3239人。认证率达80%，得到省人社厅好评。3月份，对2013年度未办理认证手续的1364名退休人员和734名遗属人员停发待遇。12月份，对2014年度未办理认证的1223名退休人员和992名遗属停发待遇。

推动社区退管活动广泛开展，进一步丰富广大企业退休人员的精神文化生活。下半年，瑶海区举办第五届全区企业退休人员文艺汇演，蜀山区举行全区“迎国庆、庆重阳”大型企业退休人员文艺汇演，包河区、庐阳区精心组织开展了全区企业退休人员系列活动月，取得良好效果。全市共组织开展退管活动2627次，走访慰问退休人员20.3万人次，发放慰问金944.08万元。加强指导和督促，继续开展“我为退管人员办实事”活动。以街道（乡镇）、社区为单位，紧密结合实际，本着力所能及、务实便民的原则，从小事入手，为辖区退管人员多办实事，得到了广大企业退休人员的好评。

进一步加强基础管理，提升经办工作能力。落实养老金发放异地领取免收手续费政策。确保离退休人员个人基本养老金账户，每月前2笔且每笔不超过2500元（含2500元）的部分，在本行异地取现时免收手续费的惠民政策兑现。做好换发金融社保卡工作，与信息中心配合，加强对各区指导，全面做好移交社区的退休人员的数据采集核对工作，对发放数据库中的退休人员姓名、二代证等数据进一步清理。截至年底，全市已移交社区管理退休人员的金融社保卡数据采集核对工作按时完成，发放数据库质量进一步提高。继续加强养老保险基金管理和预决算工作。贯彻落实养老保险省级统筹政策，做好全市基金统收统支，及时拨付各市县发放资金161998万元，上解省级调剂金54770万元。加强内控制度管理工作，接受财政部驻安徽专员办关于企业职工养老保险基金检查，暂未发现违规事项。通过与各部门配合，做好基金预决算工作，市人社局获全省2013年基金预算绩效评价一等奖、2013年基金决算绩效评价三等奖。

推进企业年金工作。截至2014年10月末，共备案实行企业年金企业47家，涉及5000余人，共积累年金基金2.1亿元，基金运行状况平稳。做好建立年金企业的服务工作，及时提供政策咨询，并配合年金管理机构开展企业年金知识宣传活动。对企业及年金机构提出的建议和意见，积极研究答复，疑难问题及时请示省人社厅明确。稳妥处理省直事转企单位属地参保工作。截至2014年10月末，共审核接收省直事转企单位50家，涉及职工近3000人。

机关事业单位养老保险。截至年末，全市机关事业养老保险参保单位947家，其中：全额拨款事业单位525家，差额拨款事业单位79家，自收自支事业单位209家，改制事业单位126家，人才服务代理机构8家。参保总人数60578人，其中：在职职工37858人，退休人员22720人。退休人数占在职人数的60%。在认真做好事业单位日常参保服务、职工调资调职、费用征收、养老金发放等各项日常参保服务的同时，对全市947家事业单位绩效工资兑现后参保职工工资调整、归档、输入数据库，并对前三年单位缴费基数进行调整和补收养老保险费工作。全面完成全市事业单位离退休人员生活补贴的补发工作。依据相关文件规定，自2014年1月起，对全市22720名事业单位退休人员补贴标准进行调整。做好高刘镇、小庙镇区划调整后事业单位办理参保和养老保险待遇衔接等工作。做好事业单位改企的养老保险工作。开展对参保单位历史欠费的全面清理工作。截至年底，收入养老保险费共计88507万元（含财政补贴16500万元）。基金征缴率达100%。全年清理历史欠费896万元。与参保单位和商业银行配合，按时、足额、准确地为离退休人员进行养老金社会化发放，发放离退休人员养老金合计 99222 万元。认真开展对离退休人员全面进行生存状况调查工作。

城乡居民社会养老保险。截至年末，全市城乡居民社会养老保险实际参保 291.3 万人（其中市辖四县一市 252.5 万人；市区 38.8 万人），已有年满 60 周岁领取待遇人员 84.5 万人（其中四县一市 71.52 万人；市区 12.98 万人），对符合领取条件的人员养老金发放率达 100%。个人缴费收入 3.7 亿元，利息收入 0.39 亿元，支出 7.7 亿元，全市城乡居民社会养老保险基金累计结余 21.4 亿元。市人社局早谋划、早部署，要求各县（市）区尽早动员，狠抓参续保率，6 月底前基本完成全年目标任务。进一步加强对城乡居民养老保险的调度，肥西县小庙镇、高刘镇分别划归蜀山区、合肥经济技术开发区管辖后，解决城乡居保参保人员的数据转移后的系统遗留问题，保证养老金的及时发放。利用《合肥晚报》《安徽商报》、合肥电视台等媒体，广泛宣传政策。对参保过程中遇到的问题进行归类，以政策问答的方式及时在报纸上为参保人员答疑解惑。开展便民特色服务，按季度继续做好重复领取城乡居民养老保险待遇的核查，及时终止重复享受人员的待遇发放。完成了 2013 年城乡居民养老保险档案材料的归档入库。对离银行网点远的村（居），积极协调合作银行，设立“农行服务代理点”，提供一站式服务。利用商业网点 POS 机加设城乡居民养老保险缴费和领取养老金的功能，使参保人员可以足不出村缴费和支取，方便了参保群众。

被征地农民养老保障。实现应保尽保，养老金按月足额发放。截至年末，合肥市区有 23.45 万人纳入被征地农民养老保障，已有 6.8 万人领取养老保障。累计结余资金 22 亿元，累计支出保障金 162417.91 万元。四县一市经审核确认共有 24.12 万人参加保障，有 6.6 万人领取了养老保障金，累计支出养老保障金 100337 万元。建立被征地农民养老保障待遇的正常调整机制，即被征地农民养老保障待遇随城市低保水平的调整而调整。自 2014 年 1 月起，合肥市区被征地农民养老保障金标准从原来的每人每月 410 元提高到每人每月 460 元。从 2010 年后，已连续 5 年调整保障待遇标准。12 月，市人社局下发《关于开展被征地待遇领取人员资格认证工作的通知》。确定从 2014 年 11 月至 2015 年 3 月期间，在合肥市区范围内对 2014 年 11 月底前领被征地农民养老保障金的人员开展生存认证工作。在系统内增加与居民医保的比对，减少基层工作人员做生存认证的工作量。组织各区（开发区）开展被征地农民社会保险补贴办理。7 月份组织各区开展补贴申报工作，同时让各区梳理补贴人员中已领取企业养老金的人员的名单，分两次完成补贴申报工作。已通过审核 8805 人。第二批补贴申报工作正在进行中。完善被征地农民社会保障制度的意见和建议。市政府第 23 号常务会议纪要确定：由副市长周善武牵头，市法制办会同市国土、人社、财政等部门及各县（市）区政府、开发区管委会，启动《合肥市征收集体所有土地办法》《合肥市被征地农民养老保障办法》等相关文件的修订工作。

失业保险。截至年末，全市失业保险基金收入 118470 万元，基金支出 33228 万元，基金累计滚存结余 315899 万元。全市接收登记失业人员 30197 人，月均领取失业保险金人数 1.85 万人。合肥市作为失业动态重点监测城市之后，不断完善工作机制，强化管理，及时上报分布在制造业、批发零售业、建筑业及住宿和餐饮业等 80 家重点监测企业的失业动态监测数据，准确判断分析就业形势，为采取预防调控失业和稳定就业措施提供了科学依据。自实施失业保险市级统筹后，合肥市本级及所辖四县一市失业保险经办机构均按照要求实现“五统一”要求，即统一制度和政策，统一基金管理和使用，统一基金预决算管理，统一失业保险业务管理流程，统一失业保险管理信息应用系统。截至年末，各县（市）上缴失业保险基金收入 11696 万元；下拨五县（市）失业保险基金支出 4042 万元。认真审核失业人员档案，按规定办理档案接收手续，在失业保险信息系统中进行失业备案登记工作，做好失业人员享受失业保险待遇的个人权益记录工作。截至年末，共计审核、接收、备案、转移失业职工档案 30495 人次，办理失业登记 30197 人次；办理失业人员失业保险关系异地转出 1230 人次；办理失业人员失业保险关系异地转入 1199 人次。指导、协调各县（市）、区失业保险经办机构失业保险工作，进一步规范操作合肥市失业人员管理业务流程和失业保险金发放业务流程。对于没有失业保险服务机构，给辖区内失业人员办理失业保险业务造成诸多不便的高新、经开、新站三大开发区，通过调研协调均设立了经办机构，于 10 月份分别启动了失业保险工作。截至年末，三大开发区已办理失业备案 413 人，《就业失业登记证》994 个，接受各种形式的咨询1000余个。加强失业保险基金管理，确保基金安全有效运行。及时、足额发放失业保险待遇，有效保障失业人员基本生活。元旦、春节期间，根据市委、市政府统一部署，对家庭困难的失业人员开展“送温暖”活动，按照800元/人的标准发放一次性生活补助金，共补助660人，补助金额52.80万元。截至年末，全市共有36514人领取失业保险金，支付失业保险金17997万元，基本医疗保险费5154万元，丧葬抚恤补助60.43万元，职业培训和职业介绍补贴410.99万元，其他费用支出94.04万元。严格执行基金财会制度和失业保险基金管理的内部控制制度，加强基金的预决算管理，规范基金收支程序，保证了基金的安全完整和良性运行。采取多种形式开展失业保险基金支付稽核工作，利用劳动保障信息系统进行数据信息对比，核查失业人员就业情况，追回多领的失业保险金。截至年末，通过开展支付稽核，共计核查出多领失业保险金的失业人员444人，追回多领失业保险金74.14万元。根据《关于继续做好我市促进经济持续健康较快发展工作有关问题的通知》和《关于扩大失业保险基金支出范围的实施意见》等文件要求，对按时足额缴纳失业保险费，且采取在岗培训、轮班工作、协商薪酬等办法稳定员工队伍并承诺不裁员的企业申请稳定就业岗位补贴进行审核。全年共审核企业稳定就业岗位补贴618家，享受人数93836人，享受金额9007.04万元。

城镇职工基本医疗保险。 1～12月，全市城镇职工医保参保人数153.72万人，其中市本级122.77 万人。市本级职工医保出院 14.17万人次，住院率 11.64%；大病救助 3.7万人次。基金运行状况稳健，市本级统筹基金收入 21.71亿元，支出12.43亿元，结余9.28亿元；大病医疗救助基金收入2.19亿元，支出1.55 亿元，结余0.64亿元。5月，市审计局对职工医保基金结余过大问题提出持续整改意见，根据市政府领导批示精神，在保证医保政策合理、医保基金可持续的基础上，本着小步快跑原则，对职工医保相关政策进行了调整：1. 提高职工医保统筹基金最高支付限额，统筹基金最高支付限额由原6万元/年提高到8万元/年；2. 降低转外住院个人先行自付比例，对转外住院、异地急诊、抢救、留观住院的，个人先行自付比例由10%降低为5%；3. 提高了医疗救助基金最高支付限额。做好医保审核争议案件的复核评审工作。对2014年医保审核中过程中发生的医、保双方在诊治行为上的合理性及费用核减争议问题，从市医疗保险咨询专家库中抽选相关专业的专家，及时组织专家组对争议案件进行复核评审。在听取双方对争议问题意见的基础上，由专家组对具体病案进行分析评估，形成复核评审意见，较好地解决了发生的争议问题。

城镇居民基本医疗保险。 全年城镇居民基本医疗保险参保任务150万人，截至10月末，全市各县（区）、教育系统共有207.21万人参保，其中：市本级104.25万人，高校大学生45.96万人，长丰县7万人，肥东县8万人，肥西县10万人，巢湖市18万人、庐江县14万人，完成率138%，全面超额完成目标任务。全年居民医保基金支出4.11亿元。其中，本市住院支出4.86亿元，受益8.18万人次；异地住院支出1123.87万元，受益1465人次；特殊病门诊支出2486.49万元，受益10万人次；普通门诊支出1322.79万元，受益61.44万人次；生育补助基金支出485.94万元，受益4952人；新生儿先天性疾病基金支出211.3万元，受益389人次。为进一步提高居民医保待遇水平，规范基本医疗保险目录管理，结合居民医保基金现状，对居民医保诊疗项目、医用材料相关政策进行调整：1. 对现行居民医保诊疗项目与职工医保诊疗项目进行了合并，增加了居民医保诊疗项目内容，与职工医保诊疗项目保持一致；2. 对现行居民医保医用材料范围进行了扩大，与职工医保医用材料保持一致，即居民医保医用材料不再受原规定的152种医用材料限制，对符合规定的医用材料只区分国产、进口，按不同的个人先付比例纳入居民医保报销范围。全面实施2013～2014年度居民大病保险工作。通过公开招标方式确定中国人寿保险股份有限公司安徽省分公司作为定点保险承办单位。实现医保信息系统与承办保险公司信息系统之间互联互通，人寿保险公司在城区的四个指定服务网点实现了联网办理大病报销业务。加大居民大病保险的政策宣传。编纂、印制居民医保大病保险宣传手册，发放到社区街道、各定点医疗机构服务窗口；向全市新闻媒体发布具体政策内容，在《合肥晚报》人社专版连载刊登4期政策解读等，通过加大宣传，提高了群众对大病保险的知晓率和满意度。2013年度可享受大病保险待遇的参保居民共2091人。截至11月中旬，已报销739人，报销金额共计520.88万元。大病保险实施后，参保居民实际报销比例由44.76%提高到50.97%，提高了6.21%。

医疗保险监管。异地就医报销工作平稳推进。全年完成城镇职工医保个人报销4955人次，医疗费用总额9370.01万元，基金报销支出5492.31万元；城镇居民医保个人报销1681人次，医疗费用总额3317.91万元，基金报销支出1244.51万元；大学生医保个人报销1545人次，医疗费用总额2081.57万元，基金报销支出1280.46万元；1953年前人员补助606人次，补助费用支出382.02万元；困难群体医疗救助11871人次，救助费用支出2458万元。按照政策规定，进行三次门诊特殊病鉴定工作。共鉴定特殊病申请材料12369份，涉及43个特殊病病种，其中职工医保申请材料8816份，符合准入标准的为6758份；居民医保申请材料3553份，符合准入标准的为2873份。增强对定点医疗机构的预算管理，根据2013年预算执行情况和2014年预算下达指标，结合医院2014年每月费用结构的变化，全面掌握医药费增长快的医院状况，针对医院各阶段的不同情况调整管理思路。坚持对总额预算医院每月进行预算执行情况通报，对审核情况进行沟通反馈和书面提示；对目标定额医院除了正常反馈外，发现较为严重的违规行为即下达书面通报。在管理上引导医院参照预算控制不合理费用，提醒医院按照医保政策控制不合理医疗行为，促使医院领导层加大对医保管理的重视程度。进一步加大监管、稽核力度。稽核工作主要分为四个方面：1. 组织开展对定点医院和定点药房的定期或不定期监督检查（包括合肥市参保职工在四县一市县就诊），市医保中心工作人员除采取昼查、夜查方式外，还利用节假日进行抽查；2. 对参保人员在定点医院就医费用进行复核；3. 对信访投诉反映的问题进行调查核实，对发生的违规行为予以处理；4. 对四县一市医保稽核工作从业务角度进行帮助指导。市医保中心全年共检查定点医院494家次，检查定点药店59家次，其中夜查医院49家。稽核职工医保住院人员13.26万人次，居民医保8.25万人次，稽核职工医保特殊病门诊72.18万人次，稽核居民医保特殊病门诊10.72万人次。稽核职工医保普通门诊345.53万人次，稽核居民医保普通门诊60.86万人次。稽核中，共核减定点机构不合理或违规医疗费用1542.43万余元。在核减费用的同时，对使用社保卡资金销售日用品、为非定点药店提供代刷卡的安徽三精万春大药房等12家定点药房予以终止协议处理。在查实安徽国大药房连锁有限公司金地店存在违规售卖日用品行为后，对该公司所属20家连锁门店停止了网络结算。进一步推动医保审核系统信息化建设，完善计算机自动审核机制，建设医保智能审核系统，提高医保审核的精确性和准确性，计划2015年1月上线。

工伤保险。截至年末，全市工伤保险征收保险费36004万元，基金支出20672万元。共办理享受医疗待遇的工伤职工5063人，费用8402万元。办理一至四级伤残待遇12人、享受生活护理费8人、五至六级37人、七至十级1346人，定期领取伤残津贴157人、生活护理费244人，支付伤残待遇4261万元。办理与单位解除劳动关系享受一次性工伤医疗补助金542人，费用1769万元。受理因工死亡87人，核定符合供养条件的74人，领取供养抚恤金共833人，支付工亡抚恤待遇4443万元。审核发放住院伙食补助费830人次，计53万元；转外就诊11人次，交通住宿费3万元；康复294人次，费用915万元。办理工伤职工辅助器具配置67人，费用179万元。根据省人社厅待遇调整精神，及时对符合领取伤残津贴、生活护理费、供养抚恤金人员进行待遇调整，涉及1198人，补发金额175万元。进一步加强对定点医院的监管，住院联网结算965人次，门诊联网结算3062人次。针对定点医院采取不定时的检查，要求各家定点医院严格遵守相关协议，对不合理的费用坚决扣除，并多次对定点医院相关人员进行业务培训，让医院的相关人员了解工伤政策。

生育保险。截至年末，全市生育保险参保92万人，生育保险费征收2.18亿元，支出2.84亿元，累计滚存结余4344万元。生育备案及审核24578人，通过审核与备案24050人，其中前台二孩备案2809人，占总备案数的11%；带孕参保备案589人，通过生育备案人数为393人，通过率为66.7%。申报独生子女光荣证津贴6434人；流产津贴和宫外孕津贴3417人；男职工医疗费补贴和护理假津贴人数分别为1379人和469人。异地生育保险报销3624人次，涉及2425人。全市生育保险共定点42家医院，其中“生孩子不花钱”医院21家。享受“生孩子不花钱”人员2037人，统筹支付金额为656.8万元。各项待遇的申报均比上年有大幅增加。进一步加强定点医院的管理与协作，对医院管理层进行定点前培训，定点后日常网络审核数据，发现问题，及时与医院沟通，并要求医院及时更正，并对存在问题及时处理，培训工作人员政策业务知识。不定期对定点医院进行实地检查，及时发现问题，及时督促医院更正，通过检查和沟通不断提高医院为参保职工服务水平。

【人事人才】 人才服务。坚持高端引领、优化服务的原则，通过人才选拔、项目及科研活动资助、组织参加培训、发放政府特贴、精细化服务等具体工作，全面、深入推动高层次人才队伍建设。1人被评为第五届全国杰出专业技术人才，3人获合芜蚌创新人才奖，1家单位获合芜蚌创新人才工作奖，25人被认定为省战略性新兴产业技术领军人才。向省人社厅推荐申报“百千万人才工程”国家级人选19人，推荐享受国务院及省政府特殊津贴专家33人，推荐省学术技术带头人及后备人选37人，推荐第二届“安徽省突出贡献人才奖”申报人选3人。市人社局印发《合肥市社会服务人才培训机构管理办法（试行）》和《2014年合肥市向社会力量购买社会服务人才培育工作的通知》，开展社会服务人才培训、见习、实训基地的认定申报及实地查看工作。完成社会服务人才分类培训项目的征集工作，包括农村转移人口社会服务岗前技能培训项目、现有社会服务人才专业技术继续教育培训项目、紧缺社会服务人才培养项目等。不断优化博士后科研工作站服务和支持工作，立足建站申报辅导、完善工作站综合信息库、申请建站启动经费和在站生活补助等具体工作，以企业和产业为依托，为企业与高校、科研院所牵线搭桥，集聚各类青年高层次人才。新建博士后科研工作站3家，总数达56家（国家级30家、省级26家）。完成2014年度省博士后科研项目资助推荐、资金拨付工作，以及2013年度合肥市新建博士后科研工作站启动经费和在站博士后生活补助共131万元的申报及发放工作；进一步完善了合肥市博士后科研工作站综合信息库。全市共有人资源服务机构152家（不含专营劳务派遣机构），从业人员超过1200人。完成全市人力资源服务机构从业人员资格及业务素质拓展培训工作；进一步深化人力资源服务机构审批改革，按照省人社厅统一要求，简化审批程序，实行注册资本认缴登记制，实收资本不再作为审查事项；改革年度检验制度，将经营性人力资源服务机构年度检验制度改为年度报告公示制度；构建市场信用信息公示体系，建立经营异常名录制度和从业人员“黑名单”制度，建立市场信用信息动态更新机制。招募33名“三支一扶”高校毕业生到农村基层开展服务工作；完成2012年招募、2014年服务期满的48名“三支一扶”高校毕业生期满考核工作；完成31名“三支一扶”高校毕业生的岗位培训工作；完成2014年“三支一扶”高校毕业生生活补助发放工作；完成“三支一扶”在岗人员的慰问工作。坚持把“三支一扶”大学生作为新农村建设重要的人才资源，突出岗位大胆使用和培养大学生，帮助大学生熟悉农村基层情况，掌握农村工作方法，深入了解大学生上岗服务等情况，及时解决其工作和生活中出现的问题。探索建立“三支一扶”大学生培训、走访慰问、新闻宣传、考核奖励、就业安置等制度。

外专引智项目。全年共执行各类引进国外智力项目44项。其中：引进国外专家项目39项，其中高端外国专家项目1项、软件及集成电路专项项目4项、国家重点项目1项、省重点引智项目8项；共聘请国外专家168人次。执行“农引推”项目4项；“千村引智”试点村示范项目5项。执行出国（境）培训项目1项，选派18人赴新加坡就“权力治理与制度创新”专题培训。大部分项目取得一定成效。组织申报2015年度各类引进国外智力项目49项，其中：软件与集成电路专项及重点项目15项、常规项目28项；农引推项目4项；出国（境）培训项目2项。3名外国专家进入安徽省第二批“外专百人计划”（“外专百人计划”2人，“外专百人计划培育项目”1人）。组织申报第三批“外专百人计划”及“培育项目”15项，其中申报“外专百人计划”7人、“外专百人计划培育项目”8项。开展“中美工程师技术研讨会”暨“外国专家江淮行”活动。2014年第十届“中工会”电子信息专题与“江淮行”活动结合举办，第一阶段邀请11位美籍高层次技术专家及22名国内专家，实地考察合肥市多家电子信息企业，与企业技术人员探讨集成电路设计与大数据应用等技术问题，并举办主旨演讲和高端论坛。第二阶段邀请美国知名企业和高校电子信息、机械与汽车方面的专家，根据相关企业在第一阶段基础上提出的技术问题和具体需求，分别对口深入到合肥市多家电子信息、软件开发和汽车制造企业直接对接，开展技术交流与智力合作。赴德国、意大利开展海外人才招聘会及高层次人才项目对接活动，与国外专家组织和人才机构洽谈合作事宜，落实引智项目专家，正常运转驻德海外人才工作站并开展海外引才工作事项等，看望重点项目引智专家及合肥市在德工作的安徽省“黄山友谊奖”获奖专家。

外国专家服务管理。坚持以

服务为主，围绕项目单位和外国专家的现实需求创新服务举措，优化环境、健全制度，使国际人才“引得来，留得住，用得好”。组织开展2014年度中国政府“友谊奖”的推荐申报工作，共向省人社厅推荐5名外国专家参加评选，合肥天麦生物科技公司的以色列专家施姆尔·海斯博士和合肥学院德方院长法尔克·霍恩教授2人入选，并受到国务院总理李克强接见。协调市政府相关部门完成2013年度市自主创新政策涉及聘请外国专家有关政策兑现审查工作，给予9家企业聘请13名外国专家一次性补贴413.7178万元。市人社局联合市财政、经信委等多家部门开展外国专家工薪资助绩效评估，向以往受资助企业发放调查问卷，深入企业开展实地考察，并形成绩效评估报告。优化外国专家工作环境，精心组织“庆五一外国专家看合肥”联谊活动。通过组织外国专家看“合肥文化、合肥工业、合肥生态、合肥农业、合肥科技”等系列活动，让在合肥工作的外国专家更深刻地了解合肥、认识合肥、热爱合肥，并通过他们向世界宣传合肥。组织市属高校、中学和外语培训机构参加中国国际人才交流与开发研究会开展的“我与外教”全国征文大赛暨“我最喜爱的外教”评选活动，共提交81件作品，获1个一等奖、1个二等奖、2个三等奖、12个优秀奖，作品获奖率约20%；合肥市外专局获优秀组织单位奖，其他7家单位也获得组织奖。合肥市2名外国专家入选“我最喜爱的外教”。截至11月上旬，共办理外国专家来华工作行政许可事项571件，其中办理外国专家来华工作许可143人（件），办理外国专家证404人（件），随行家属证24人（件）；涉及经济专家202人，文教专家202人。完成2013年度全市38家教育机构聘请外国文教专家单位资格年检相关工作；并组织开展2014年度聘请外国文教专家单位资格年检工作；2014年新批聘请外国文教专家资格单位3家。

留学人员服务。合肥市留学人员创业平台主要有3个留学人员创业园：合肥高新技术产业开发区的中国合肥留学人员创业园和合肥国家大学科技园留学人员创业园，合肥经济技术开发区留学人员创业园。在为留学人员服务工作中，重点是提供政策咨询、创业指导、工作和生活各环节所需的帮助。完成2013年度留学回国工作统计工作。截至2013年末，合肥市属及以下单位有回国留学人员329人，其中入选国家“千人计划”17人，入选安徽省“百人计划”16人。完成第七届南京留交会协办城市的各项工作；征集重点企事业单位海外高层次人才和项目需求信息带到会上发布，部分高新技术企业参加海外高层次人才交流和人才项目对接等活动，取得预期成果。组织开展2014年度“留学人员回国创业启动支持计划”和“留学人员科技活动项目择优资助经费”项目申报推荐工作，最终有2家企业获得“留学人员回国创业启动支持计划”资助，6家企业获得“留学人员科技活动项目择优资助经费”资助，资助经费共计90万元。做好“千人计划”服务分窗口各项工作，为在合肥创新创业留学人员提供政策咨询及相关服务，办理海外高层次人才相关证明及留学人员工作居住证，帮助解决其创业、申报项目、落户、出入境等遇到的问题。

事业单位人事管理。精细管理、阳光操作，规范做好各类事业单位公开招聘工作。在市教育部门的配合下，市人社局于5月10日组织开展各县（市）区幼儿园教师公开招聘统一笔试工作，共225个幼儿园教师岗位面向社会公开招聘。为满足社会经济发展需要，市直事业单位上半年面向社会公开招聘464名工作人员，涉及23家主管部门、45家事业单位，其中，市卫生局首次面向社会统一公开招聘313名医院工作人员。考试采取“笔试+面试（专业测试）”方式。为充分体现以岗选人、人岗相宜、人尽其才的原则，根据事业单位公开招聘相关规定，针对事业单位的行业特点、岗位要求，将考试内容分为A、B两类，增强事业单位公开招聘的规范性和科学性，通过公开竞争选拔聘用优秀人才，促进事业单位发展。创新监督方式，在全省首家引入面试电子评分系统，每间考室配备一台笔记本电脑、7部平板打分器和一部无线路由器，公开、透明地展现面试环节。电子评分系统的采用从根本上避免了人工计算可能存在的误差和操作空间，有效杜绝了人为舞弊和暗箱操作。截至年末，各单位公开招聘人员基本到岗。对各县（市）、区（开发区）事业单位工作人员公开招聘方案进行逐一审核，共审核各县（市）、区（开发区）事业单位公开招聘方案及公告19项，招聘岗位779个。科学设岗、及时调整，切实做好事业单位岗位设置核定工作。严格按照省市相关规定，规范核定，科学设岗，认真做好区划调整单位、下划单位、整合单位的岗位设置重新核定工作；及时做好各单位人员岗位变更工作，切实维护事业单位工作人员合法权益。截至年末，累计重新调整36家事业单位岗位设置，办理事业单位工作人员岗位变更手续1067人次，完成专业技术二级岗位聘用工作，办理事业单位工作人员调动19人。进一步规范事业单位人事管理工作，提升事业单位人事管理工作水平，增强事业单位服务经济社会发展能力。在深入走访调研、广泛征求意见、认真分析总结的前提下，5月22日举办合肥市2014年度事业单位人事管理工作培训班，各县（市）区人社（人事劳动）局、市直有关单位近200人参加培训。根据《事业单位人事管理条例》相关要求，为确保2014年上半年事业单位新进人员能够尽快适应环境、进入角色，帮助他们全面掌握相关政策法规，提高办事能力水平，11月14～16日在合肥学院举办合肥市2014年上半年事业单位新进人员岗前培训班。完成事业单位工作人员统计年报工作，完成市属252家事业单位2013年度考核工作。为全面掌握全市岗位管理制度和聘用制度推行后的实际情况，在全市范围开展相关调研工作，形成《关于合肥市事业单位岗位设置聘后管理工作调研的报告》。截至7月底，会同市委组织部完成市科技局等42家单位机构编制实地复核验收工作。

专业技术人员管理。3月18日，发布《关于开展2014年度非国有经济组织建设工程专业技术资格评审工作的通知》，经评审、公示、审核审批，共有7172人获得相应资格，其中，884人获得高级工程师资格；2456人获得工程师资格；3832人获得助理工程师和技术员资格。截至年末，此项工作全部完成。为进一步体现公平、公正，建立成熟、高效、科学的职称评审机制，经征求省人社厅、市直部分单位、学校教师等多方意见建议，在《关于合肥市2014年度专业技术资格评审工作的通知》中明确，凡国家已实行以考代评的系列和教师系列中、初级专业技术资格，以后不再实行直接认定。向省直有关部门委托推荐中、高级职称评审587人。经审定，1月20日，2014年度合肥市30家市级专业技术人员继续教育基地培训项目公开发布，共推出222项，涵盖卫生、教育、农业、工程及公需课等各类课程，为各类各层次专业技术人员提供了较为充足的学习资源。5月，成立合肥市专业技术人才知识更新工程指导协调小组，并召开指导协调小组第一次会议，着力强化组织领导，明确部门职责，统筹协调推进。11月底组织召开指导协调小组第二次会议及2014年度继续教育工作总结，并对2015年度继续教育有关工作部署。共申报专业技术人才知识更新工程高级研修班项目23个，经过评审，其中4个项目被评为省级高研班。办理初级专业技术资格确认1234人，中级专业技术资格确认246人；办理职称计算机、职称外语免试1046人；办理外地调入专业技术人员职称确认117人；办理职称申报转系列人员198人；办理各类专业技术资格证书遗失补办共177人；办理专业技术人员继续教育证书4863本；与行业主管部门协作，完成各类职称和执（职）业资格考试报名审核工作。完成2013年度各类职称评审的审批、发文和转文工作。

事业单位工资福利工作。根据市政府办公厅关于义务教育学校、公共卫生与基层医疗卫生事业单位和其他事业单位绩效工资实施意见的有关规定，合理调控事业单位收入水平差距，建立清理结算制度，市人社局、市财政局统一委托会计师事务所对市直78个其他事业单位2013年度绩效工资总量执行情况进行清理核查，涉及市直高等院校、差额拨款、自收自支事业单位78个6080人（不含财政全额拨款事业单位），将清理核查结果汇报市政府。做好日常工资统发和统计工作，完善落实事业单位离退休干部生活待遇。每月办理157个市直全额拨款事业单位工资统发审核汇总工作和市直事业单位人员变动月报表统计工作。开展市直事业单位1.7万人年度考核正常晋升薪级工资工作。完成2013年度全市事业单位工资年报统计工作，全市事业单位人员工资收入分配情况和退休人员补贴发放情况的汇总上报工作。经市政府研究同意，从2014年1月起，对机关事业单位退休人员退休补贴进行规范调整。根据退休职工退休时的岗位、工作年限等情况执行相应的标准。为进一步推进开发区收入分配制度改革，增强绩效工资激励功能，根据市政府常务会议要求，市人社局、市财政局、市编办、市公务员局组成联合调研组，开展各开发区绩效工资实施情况调研工作，拟定《关于深化开发区薪酬制度改革的意见》。研究完善编外聘用人员佣金管理办法，拟定《合肥市直事业单位聘用人员收入分配办法实施细则》。对原实行佣金制的各岗位聘用人员待遇进行规范调整，办理市直事业单位约1200名聘用人员佣金调整工作。并建立聘用人员佣金的正常调整机制。配合市直相关部门建立市直事业单位聘用人员数据库，并对数据库人员进行了认真细致地审核。根据市国资委、教育局、财政局、人社局《关于妥善解决全市国有企业职教幼教等教育机构退休教师待遇问题的通知》要求，审核合格的国有企业职教幼教退休教师1713人。

其2011～2013年度加发生活补贴待遇兑现工作全部完成。贯彻国家、省有关会议要求，会同市公务员局召开全市机关事业单位人员工资情况调查工作部署会议，完成全市机关事业单位人员工资情况调查工作，为下一步事业单位养老保险制度改革做好了前期准备工作。为增强事业单位工作人员队伍的活力，积极探索建立事业单位职业年金制度。

高技能人才队伍建设。9月28日，市政府印发《关于进一步加强技能人才的意见》。新增安徽合肥机电技师学院为国家级高技能人才培训基地，全市共建成国家级3家。新认定2家市高技能人才培训基地，全市共建成市级44家。加强技能大师工作室建设。新增恒泰公司邢朝辉技能大师工作室为省级工作室。新认定1家市级工作室。全市已建成国家级技能大师工作室2家、省级9家、市级3家。在全省2012～2013年度成果评鉴活动中，合肥市2家工作室分获技术创新成果奖和技能人才培养成果奖。依托合肥市44家高技能人才培训基地、6所技师学院等开展高技能人才培养，新增技师和高级技师1670人，开展高级工培训18323人。开展全市职业技能竞赛活动，县区人社部门、企事业单位和行业协会等14家单位承办，竞赛工种37个，获奖选手183人，向获奖选手授予“市技术能手”等荣誉证号。在第十届全省高技能人才评选表彰活动中，合肥市有2人获省技能大奖、4人获省技术能手。在省政府高技能人才特殊津贴认定工作中，合肥市1人获选。开展第四届全市高技能人才评选活动，对评出的15名市技能大奖和20名市技术能手分别奖励1万元和2000元。

技工教育。市人社局与市教育局联合编印中职学校招生指南，印发招生文件，核准新增专业21个，办理招生备案4340人，审核毕业生信息5205人；发放2011、2012届紧缺专业毕业生补助资金1343人268.6万元；审核预备技师报名71人、考核办证152人。转发和制订多个资助文件，确保资助政策平稳实施和新政策顺利执行；做好市属技校免学费和助学金资助资金审核，发放2013年秋学期7967人次1052.11万元、2014春学期8080人次1055.75万元、2014秋学期8661人次1147.5万元；开展重复学籍核查清理、大龄生核查清理、2007秋至2014春资助专项检查等多项检查活动；加强技校系统的数字化监管，完成新生电子注册、在校生异动处理、资助申报等多项工作，组织院校参加省人社厅资助系统培训会暨资助工作座谈会，合肥市在会上作交流发言。组织院校教师积极参加多渠道多途径的师资培训活动，包括省人社厅骨干教师培训、人社部一体化教师培训、数控专业骨干教师赴德国培训等。组织教师申报教师上岗证，促进持证上岗。在全市2014年中职学校师生技能大赛中，技校获得多个奖项；安徽合肥机电技师学院选手代表安徽省参加第43届世界技能大赛国家选拔赛；合肥市获得全省技校三人篮球赛总分第五名，被省人社厅授予“优秀组织奖”；合肥市技师学院6名学生获得人社部劳动出版技能雏鹰奖学金；组织院校参加人社部主题教育比赛、人社部教学和教材使用调研、人社部教材办德育教学调研、省人社厅技校文艺展演活动。实施2014年促进民办教育发展专项资金奖补工作，4所民办技校获得奖补资金584.4万元；2014年院校毕业生在合肥就业补贴资金补助7所院校3107人93.21万元（300元／人）。

民办职业培训学校管理。全年批准设立15家民办职业培训学校，办理变更审批23件38项办学事项，通过市法制办行政许可案卷年度评查。根据市政府要求，将学校审批权、管理权下放至区，并组织开展一次业务培训，促进审批、管理工作的顺利衔接。结合办学许可证有效期延续工作开展办学督查。全年办理有效期延续19家、自动终止办学1家。根据市委组织部部署，对市辖区147家学校的社会组织党建情况进行调查摸底，完善党建台账建设工作，督促有党员的民办职业培训学校单独或联合组建党组织，年内有2家培训学校组建了党组织。

就业技能培训。全市共培训各类城乡劳动者42139人，完成省定任务的124%。主要做法：1. 分解目标任务；2. 完成就业技能培训定点机构申报认定工作；3. 召开全市职业技能培训工作会议，布置全年工作；4. 召开全市公共职业训练基地负责人会议，推动就业援助对象的免费技能培训工作；5. 建立职业技能培训工作信息报送制度，及时掌握全市工作动态；6. 加强对就业技能培训工作的监管力度，努力提高培训质量；7. 认真落实就业技能培训补贴直补到人政策，杜绝违规操作；8. 扎实推进就业技能培训定向、订单式培训工作，全市共开展定向、订单式培训15821人。

企业岗位技能提升培训。全年开展企业职工岗位技能培训58867人，完成全年目标任务的117.8%。主要做法：1. 对目标任务进行分解，将目标任务下达给各县（市）区；2. 分级推进企业职工岗位技能提升培训工作；3. 支持开发园区主导产业发展；4. 发挥企业在员工培训中的主体作用；5. 发挥政府的指导和保障作用。

人事考试工作。全年组织完成各类人事考试 112 项，参考人数 574087 人次。其中，全市党政机关公务员录用、选调生、上半年事业单位招聘、“三支一扶”人员选拔、特定岗位招聘高校毕业生等政策性强、社会关注度高的大型考试 5 项，参考人数 58458 人次；各类专业技术人员资格考试 57 项，参考人数 450752 人次，较上年同期增长 45%，办理及颁发资格考试合格证书 35000 份；委托考试 50 项，参考人数 64877 人次，命题科目 324 科。随着“大湖名城，创新高地”战略目标的确立，合肥市经济和社会各项事业快速发展，人事考试的规模也日益扩大，万人以上规模的考试已属常态。2014 年度二级建造师参考人数 57985 人，比上年增长 64%，考试科目 155876 科次，考试规模创历史之最。规范考试工作流程，加强考务组织管理，有序推进各项工作，人事考试管理逐步精细、规范。完善制度体系，第三次组织修订 ISO 国际质量管理体系文件，完善人事考试考务工作规程、考务操作标准、考试工作人员行为规范、内部管理等制度规范。重新编印《考务人员手册》和《监考人员手册》，规范考点考务人员应对各种考试易发和突发事件的甄别和处理能力，为实现安全考试提供制度保障。规范流程操作，继续重点加强对考试命题、试卷运输、保管、评阅，考场一线监管等重点环节的管理防范，确保全流程各环节工作严密到位，不留漏洞。信息化建设不断加强，继续推进人事考试网上报名系统建设，全年为 28 项人事考试、59105 名考生提供报名平台，为用人单位和考生提供最大化的便利。继续加强与纪检部门、公安部门、无线电监测部门和各考点学校等相关单位的沟通协调，健全完善工作联动协作机制，提高应急处置能力。在职称外语、一级建造师、二级建造师、执业药师等人事考试中坚决查处和打击涉考违法行为，维护人事考试的公正性和权威性。成功在面试工作中使用面试评分系统，成为安徽省首家使用面试评分系统的人事考试机构。全年受理职称申报材料 10975 份，申报人数较上年增长 23%；其中非国有经济组织建设工程专业共接收申报材料 8642 份，较上年增长 22%。

职业技能鉴定。全年参加职业技能鉴定 12.8 万人，超额 35% 完成目标任务。全市鉴定初级 2.2 万人、中级 5.4 万人、高级 4.5 万人、技师和高级技师 0.6 万人、专项能力 0.1 万人。自 2000 年推行职业资格证书制度之后，至 2014 年全市参加职业技能鉴定人数累计超过 100 万人次。5 月和 11 月，组织营销师、人力资源管理师、心理咨询师等职业资格的全国统一鉴定考试，全市有 15233 人报考。

【和谐劳动关系】 全年劳动合同签订率为 98.4%，企业集体合同覆盖率为 92.4%，全市劳动争议仲裁机构受理各类企业各类劳动争议案件 7870 件（含 2013 年未结数 299 件），结案 7710 件，结案率 98%。

劳务派遣。严格落实劳务派遣各项规章制度，对已取得劳务派遣许可证的企业进行集中培训，发放《合肥市劳务派遣用工管理政策汇编》700 余份。严格劳务派遣行政许可程序，全年许可 167 家单位经营劳务派遣，备案外地取得许可的分公司 8 家，开展劳务派遣专项执法检查。

劳动用工管理。“合肥市劳动用工备案管理信息系统”按要求完成升级改造和测试，于 5 月 28 日正式上线运行。全年登记各类企业 3.57 万家，135 万人进行了劳动合同登记备案。其中 2014 年新增劳动合同备案 23 万人。

集体合同集体协商工作。年初召开全市协调劳动关系三方工作会议，对三方会议组成人员进行调整，制订三方会议工作制度和会议规则。上半年，市人社局联合市总工会、市企联、市工商联，启动从 2014 年至 2016 年在全市范围内推进实施集体合同制度攻坚计划。联合市总工会、市企联、市工商联在全市开展为期 3 个月的工资集体协商签订集体合同“春季行动”，通过媒体宣传、印发宣传材料和“特别提示函”等形式加强宣传，将未开展工资集体协商的已建会企业和到期需重签或续签的企业作为重点，集中推动，扩大工资集体协商覆盖面，增强集体协商质量。全年新签订集体合同的企业 3636 家，覆盖职工 7.25 万人。全市签订集体合同的企业共 19973 家，覆盖职工 86.17 万人，集体合同报审率和备案率达 100%，已建会企业集体合同签订率动态保持在 90% 以上。

人力资源市场指导价位调查。2014 年公布 372 个职位（工种）的人力资源市场指导价位。同时，根据人社部和省人社厅统一部署，分三个批次对样本企业进行集中动员部署和培训，涉及加工制造、交通运输、金融、房地产、餐饮住宿等 18 个行业 948 家，涉及职工约 34 万人，分布在市辖 7 个县区和三大开发区。共收回 18 个行业 65

个大类948家样本企业、16.5万劳动者有效数据，其中中央部属单位46家、省属单位128家。经认真整理后，严格按照人社部要求，向省调查工作领导小组上报有效调查样本948家，圆满完成调查任务。

劳动人事争议仲裁。截至年末，全市两级仲裁办案机构共受理案件7571件，加上2013年度未结案299件，共有各类劳动争议案件7870件，未结案件160件，结案7710件，全市结案率97.97%。市本级仲裁院2014年度共受理案件1641件，加上2013年度未结案40件，共有各类劳动争议案件1681件，结案1671件，结案率99.41%。2014年度市本级共有17家企业发生集体争议案件或系列争议案件，其中影响较大的集体案件4起，上诉案件共涉及518人。市本级和市辖四县、一市、四区、三大开发区均成立了劳动争议仲裁院。其中合肥经济技术开发区、合肥高新技术产业开发区、合肥新站综合开发试验区、肥东县、肥西县、长丰县、巢湖市、包河区和庐阳区成立了劳动人事争议仲裁委员会。肥东县、巢湖市和包河区成立劳动人事争议仲裁院，各仲裁院在编制、经费、场地等方面完全符合实体化建设要求。组织开展全市劳动人事争议仲裁业务能力提升培训班，培训各县（市）、区（开发区）业务骨干50人次。组织参加全省劳动人事争议仲裁员培训班。全市有55人取得劳动人事争议仲裁员资格证书。全市有劳动争议仲裁调解组织565个，专兼职调解员2711名。

劳动监察。全市各级劳动监察机构通过日常巡查、专项执法检查、举报投诉专查等执法活动，共为26039名劳动者追讨工资2.07亿元（其中，涉及建设领域农民工13839人，追讨金额1.35亿元）；清退风险押金23.43万元，涉及劳动者76人；责令用人单位签订劳动合同20989份；督促208家用人单位办理社会保险登记，涉及劳动者714人，督促448家用人单位缴纳社会保险费907.22万元，涉及劳动者1865人；共受理举报投诉案件4213起，结案率99%，参与处理突发事件42起，责令478家用人单位限期改正违法行为，对18家用人单位依法做出行政处罚，罚款金额累计13.4万元。全市农民工工资保障金账户余额达12亿元。根据企业用工特点和违法行为规律，有针对性地开展五项工作：1. 以贯彻《劳动合同法》《社会保险法》为重点，认真抓好日常执法检查，重点做好人力资源公司、建筑劳务企业、人力资源中介机构的检查。2. 进一步规范受理程序，畅通举报投诉渠道，做到电话投诉有人接听、上门投诉有人接待、网上投诉有人查收、媒体信息有人浏览，及时依法查处侵害劳动者权益案件。3. 扩大劳动保障书面审查覆盖范围，全市共审查用人单位13219家，涉及劳动者74.21万人，年审合格单位11121家，不合格单位2098家，督促补签劳动合同9524人，责令用人单位修改规章制度57条，责令用人单位限期改正278家。4. 坚持“突出重点、全面推进、重在治本”原则，深入开展劳动监察专项整治行动，着力解决提供虚假招工信息、用工不签订和不履行劳动合同、无故拖欠职工工资等问题。自2月开展清理整顿人力资源市场专项行动起，共派出劳动监察人员311人次，检查人力资源服务机构及用人单位271家，其中非法职业中介机构（“黑职介”）59家，人力资源服务机构92家，用人单位120家。通过检查，查处行政违法案件78件，处理现场退费4.7万元，先行保存虚假招聘广告牌、违法收据等证据108件，对59家非法职业中介机构依法予以取缔。5. 加大社会保险稽核力度。全年申报稽核单位12841家、819725人，查处少报、漏报缴费基数的用人单位215家、3201人，追缴基数17908.18万元/年。联合财政、审计、地税等部门开展实地稽核，共稽核单位162家、28966人，其中查处少报、漏报缴费人数、基数的用人单位67家，查处少报、漏报缴费基数4112.16.34万元/年，涉及劳动者14249人，为社保基金年增收1743.56万元。6. 按照“及时发现、准确研判、快速反应、稳妥处置、积极引导”的原则，及时查处严重违法行为。指定专人负责重大违法案件的处理和报告，按照时限要求及时上报情况，避免工作被动。突出重点，集中治理，牵头做好清欠工作。市人社局牵头组织拖欠农民工工资专项整治任务全部完成。共受理各类企业拖欠农民工工资案件289件，涉及3311名农民工工资5358万元，已全部追讨到位，结案率100%。制订实施《合肥市治理拖欠农民工工资实施计划》，建立多部门联席会、形势研判会、重大疑难案件分析会等多项制度，建立和完善“政府领导、属地管理、部门负责”的农民工工资清欠工作机制。全市人社系统开通14条农民工维权热线，公开投诉电话、举报信箱、投诉网站，开通“劳动监察和谐号”网上维权平台，实行24小时“版主”跟踪负责制。依托网格体系，就近维护权益。各级人社部门依托劳动监察“两网化”监管体系，发挥基层近距离监察的优势，督促用人单位依法招用农民工，确保工资支付到农民工本人手上。制订应急预案，成立7个应急协调组和12个应急处置分队，细化各级职责，优化处置流程，确保突发事件发生时处置人员30分钟内赶到现场，第一时间介入处理。全市新开工项目全部办理了工资支付保障金缴纳手续，账户余额达12亿元。建筑工程一律设立农民工工资专用账户，实行一人一卡、按月专户发放，此举得到国务院检查组充分肯定，被誉为“合肥模式”加以推广。全市累计办理“专户”1247个，到账资金12亿余元，为12万余名农民工发放工资9.6亿元。推进“两网化”（劳动监察网络化、网格化）建设，重点做好标准化建设，树立“两网”先进典型，打造标杆式劳动监察中队，确保“两网化”体系科学、高效运行。建立机构硬件“五个一”标准，即挂好一块牌匾，设置一部电话，张贴一个公示栏，配备一台电脑，建立一套台账；人员能力“五清”标准，即对网格内用人单位基本情况清、用工人数清、签订合同清、工资支付清、参保情况清；业务建设“四统一”标准，即统一平台建设、统一规章制度、统一业务流程、统一考核标准。实行档案标准化管理，建立“专人负责、分类管理、立卷规范、一案一卷”档案管理制度，将监察档案划分执法类、文书类、案卷类、公文类、培训类、奖惩类等8大类别，每个类别具体分成多个小项，力求客观、科学、规范。开展示范劳动监察中队评选。首批推选33家示范劳动监察中队，引领示范作用得到较好发挥，带动了后进中队，形成“比”“学”“进”的浓厚氛围。市社会保险稽核机构推行“一线工作法”，着力解决申报时间紧张、全市集中审核带来交通不便、专业性强需要系统培训等群众反映强烈的问题，最终实现维护参保职工合法权益、防止社保基金流失、促进参保企业公平竞争的目的。全部审核业务下沉基层，由全市稽核“大集中”变为“进区驻点”靠前服务，市辖四区、三大开发区各安排2名稽核工作人员驻点工作，方便参保单位办理社保基数申报业务。在辖区直接向参保单位发放《稽核业务指南》《稽核知识问答》等资料；以“合肥人力资源和社会保障网”为平台，开通网上服务；通过《合肥晚报》专版、合肥论坛“劳动监察和谐号”版块、人力资源专业QQ群等媒介对稽核工作进行动态报道。全方位面向基层宣传政策。制作“一次性告知单”“温馨服务卡”，推行“预约工作制”，分阶段受理申报，做到高效、便捷的“一站式”服务，避免出现参保单位申报人员重复跑路、浪费时间和精力。

【基础建设】 在全市开展2012、2013年度企业职工基本养老保险、居民基本医疗保险、城乡居民社会养老保险财政补助资金检查。内容涉及制度建设、申请分配、资金拨付、地方配套等管理情况。采取县（市）和各经办机构自查、互查、抽查相结合方式开展。5月20日，省人社厅基金监督处到合肥市督查“开展社会保险财政补助资金专项检查工作”“2011－2013年度社会保险疑点信息核查处理情况”“扩大失业保险基金支出范围情况”，对市级经办机构和巢湖市工作开展情况进行现场核查。从检查情况来看，各项工作有序开展，各中心账目清晰，资金运行规范。5月12日至6月10日，财政部驻安徽专员办对合肥市企业职工基本养老保险、基本医疗保险政策执行及基金管理情况进行专项检查。检查内容为2009～2013年养老保险、职工医保、居民医保等执行情况、基金收入和支出管理情况。此次检查跨5年时间，检查时间紧、任务重，表格填写及数据提取量大，各有关经办机构和信息中心密切配合，加班加点在规定的时间内完成检查任务。2013年，市审计局对合肥市城镇职工基本医疗保险基金使用管理绩效情况进行审计，根据审计报告的建议，有关部门积极落实整改并调研出台相关政策，陆续向市审计局提供后续整改材料，进一步促进职工医保基金规范运行管理。根据省人社厅每年下发的社保疑点信息，督促有关县（市）、经办机构核查每项疑点情况的核查落实，上半年重点督促巢湖市对以往年度已核实重复领取养老金的2人，协调代发银行转回账户资金9.53万元。11月，按照省人社厅下发的新的疑点信息布置各县（市），市人社局进行核查。对市辖四县一市及市本级2013年度各项社会保险费申报、核定和按时足额征收、缴纳情况，社会保险费及时转入财政专户情况，以及2012、2013年度失业金使用情况进行专项检查。在各县（市）及市本级自查基础上，9月份进行了重点抽查，进一步加强了基金风险防控，促进了基金规范管理，确保基金安全完整。

【行政服务窗口建设】 合肥市政务服务中心人社局窗口全年办结行政审批事项共539件，其中实施以职业技能为主的职业资格培训、职业技能培训的民办学校的审批10件，职业技能鉴定机构设立审批2件，外国人在合肥就业许可354件；台港澳人员在合肥就业许可19件；劳务派遣经营许可证审批154项。核发国家职业资格证书102221本。

（刘谢晴）

民 政

【社会救助】 低保保障能力持续提高。2014年1月1日起，合肥市市区城乡低保标准实行第11次提标，由户月人均410元提高至460元；市辖四县一市农村低保标准市定指导线由家庭年人均1650元提高到1850元，增幅均为12%。1～12月，全市累计享受城市低保待遇51.08万人次，累计发放低保金22588万元，月人均补差442元，保障面1.6%；累计享受农村低保待遇194万人次，累计发放低保金39752.3万元，月人均补差204元，保障面3.66%。

城乡医疗救助工作扎实推进。修订出台《合肥市城乡医疗救助实施办法》，将社会散居孤儿和农村0～14周岁儿童急性白血病以及先天性心脏病患者，纳入救助对象范围。在医前救助标准上，将符合条件的救助对象在定点医院的医前救助金额上限从1000元提高到2000元。2014年，全市累计32万人次享受城乡医疗救助（含资助参合、参保），支出医疗救助资金12720万元。

重特大疾病医疗救助实现县（市、区）全覆盖。截至年底，全市12个县（市、区）和开发区全部出台重特大疾病医疗救助政策。2014年，长丰县救助36人，支出救助金54.6万元，人均救助1.5万元。庐江县救助149人，发放救助金211.5万元。肥西县将尿毒症、白血病纳入重特大疾病给予患者救助，共救助254人，支出资金126万元。合肥高新技术产业开发区救助90人，支出救助资金58万。庐阳区救助7人，人均救助1.6万元。

临时救助发挥救急解难功能。修订出台2014年新版《合肥市城乡居民临时救助实施细则》，在救助对象的确定、受理方式、证明材料及审批程序上均有新的政策调整。一是持有合肥市居住证的外地人口享受同城待遇。二是受理方式改为个人申请与主动发现两种方式。三是申请临时救助提交的证明材料更加具体。四是审批环节新增紧急程序。全市全年临时救助9862户，支出1346万元。

加强生活无着人员社会救助。建立孤儿基本生活保障制度，保障标准为社会散居孤儿每人每月不低于600元，机构集中供养孤儿每人每月不低于1000元；截至12月底，保障机构供养孤儿468人，社会散居孤儿915人，共计1383人，拨付资金1176.74万元；截至10月底，救助流浪乞讨人员7266人次，拨付资金1010.95万元。

【双拥优抚安置】 双拥创建体系融合发展。开展了“热爱人民军队，共筑钢铁长城”等一系列国防教育和双拥宣传活动。市、县（市）区各级党委政府广泛开展走访慰问驻地部队官兵和“送温暖”活动，严格落实转业干部、退役士兵、随军家属就业和补助政策，认真落实优待抚恤政策，拥军优属工作扎实有效。驻肥部队始终积极支持和参加合肥城市建设，主动开展扶贫帮困、捐资助学等公益活动。积极组织双拥知识竞赛、“鱼水情”双拥书画展、军地乒乓球邀请赛、“爱心献功臣”复明工程、战舰与城市文化建设等双拥共建活动，各级、各部门以及“两新”组织深入驻肥部队开展国防教育、上军事训练课，过“军事日”结共建对子和走访慰问等活动，增进了军民感情，有力地促进了军民融合的深入发展。

圆满完成年度各项安置任务。全市共接收2013年冬季退役士兵3820人。其中自主就业城镇义务兵1086人，农村义务兵1045人，士官1072人。全市退役士兵安置工作全部完成，共发放自谋职业金4984.45万元，自主就业金5590.26万元，待安置期间生活费42.858万元。除自主就业外，全市共为87名符合岗位安置条件的退役士兵安排了工作岗位。同时还接收了伤病残退役士兵2人，复员干部9人，军休干部和士官51人，军队无军籍职工116人，有意向移交政府安置的军休人员安置率达到100%。

开展退役士兵职业教育和技能培训。以退役士兵回乡报到为契机，利用报纸、网络、电视宣传，编发政策问答，发放《退役士兵报到须知》《退役士兵参加职业教育和技能教育培训宣传彩页》等资料，采取面对面、一对一讲解政策等多种形式，大力宣传国家安置政策、当前安置就业形势和开展职业技能培训的重要意义，使退役士兵对政府提供的免费职业教育和技能培训“人人知晓、个个知情”，自觉转变就业观念，形成了社会、家长全力支持鼓励退役士兵参训的浓厚氛围。全市共有509名退役士兵参加计算机、车床数控、汽车美容等培训，已有305人获取毕业（结业）证书和职业资格证书，“双证”获取率达100%，实现自主就业和推荐就业率达85%以上。

认真落实军休干部两个待遇。及时下拨经费，确保军休人员各项生活待遇按时足额发放。及时下发文件，调整了离休干部服装费。军休保健办协调驻军医院专家为各军休所举办多次保健知识讲座，共举办健康知识讲座10多场。5月份组织了全市1200多军休干部进行了体检。同时，积极协调财政、医保等部门按政策报销医疗费，使军休干部医疗保障工作得到进一步加强。

切实做好军供保障工作。先后完成了新老兵接转、部分部队驻训、演习、调防等军供保障任务57批次，接待部队官兵累计23492人。9月上旬，会同市财政局、公安局、卫生局、合肥警备区等18个部门召开了2014年度新老兵接转军供联席会议，以确保顺利完成新老兵接转任务。新老兵运输军供保障工作从9月5日开始，至9月20日结束，历时15天，共运送新老兵10392人次，其中新兵运输保障3998人次。

【救灾救济】 修订《自然灾害应急救助预案》。市民政局指导县区修订完善本级《自然灾害应急救助预案》，完善救灾工作规程，加强“纵向到底、横向到边”的灾害应急体系建设，做到防灾有效，报灾规范，核灾准确，救灾及时，不断健全防灾减灾和灾害应急救助工作机制。

冬春困难群众生活得到妥善安排。2014年，各县（市）区遭遇雪灾、洪涝、台风等自然灾害，合肥市从省民政厅争取第一批春荒款163万元（其中3万元用于巢湖市省级救灾物资储备库代储点的维修费用）、第二批冬春救助款655万元（其中30万元用于庐江县购买救灾车辆）及时下拨，督促各县（市）区反复摸排核实，建立冬春因灾生活困难需救助人口台账，制订生活救助方案，将冬春救灾款物发放到困难群众手中，帮助受灾地区解决了冬春期间受灾群众口粮、衣被等生活困难。

积极创建全国和全省综合减灾示范社区。全市总计22家社区申报综合减灾示范社区。对所有申报社区进行逐一检查后，最终确定了22个单位上报全国、全省综合减灾示范社区。其中通过示范社区积极探索推广合肥市防灾减灾工作的经验和方法，创建一批具有榜样和示范作用的先进典型，努力把灾害损失减少到最低限度，不断提高全市减灾救灾水平。

【社区建设】 合肥特色的社区管理体制改革进一步深化。从完善社区网格化管理机制、改进管理方式入手，深入进行专题调研，在广泛征求相关单位意见建议的基础上，起草并完善了《城市社区网格化管理办法》，报请市政府争取以市政府名义尽快出台。结合市委、市政府社会服务“1+4”（ 即1个“意见”《关于进一步加强和改进社会服务工作的意见》和4个暂行办法《合肥市加快培育发展社会组织暂行办法》《合肥市社会服务人才队伍建设暂行办法》《合肥市社会服务平台认定与补助暂行办法》《合肥市政府购买社会服务暂行办法》）政策体系精神，按照“因地制宜、分类实施、逐步统一”的原则，在部分区试点推行“两委两站多中心”（ 即在社区党委、社区居委会、社区工作站之外又建立社区社会工作服务站，并下设“居家养老服务中心”“儿童服务中心”“慈善救助服务中心”“家政便民服务中心”等多功能中心）的组织架构，进一步优化了社区组织模式。减少管理层级试点稳妥推进。在包河区开展以区直管社区为主要内容改革试点的基础上，继续推进精简管理层级、实行扁平化管理的改革，改革覆盖面进一步扩大。

圆满完成第九届村民委员会换届选举工作。全市有124个乡镇（街道），1366个村（居）。7月下旬至9月下旬，开展了全市第九届村民委员会换届选举工作。11个县（市、区）和开发区的1333个村（居）参加第九届村委会换届选举，有1328个村（居）完成了换届，占总数的99.6%，其中实行观察员制度的村（居）743个，占总数的55.3%，实行定岗选举的村（居）81个，占总数的6.1%，实行一票选举的村（居）84个，占总数的6.3%，全部完成改革试点工作任务。此次换届选举产生新一届村委会成员5234名，其中主任1309名，副主任和委员3925名。

社区公共服务综合信息平台建设进一步加快。市民政局深入调研，了解居民需求，分别赴芜湖等信息化建设较早的城市学习取经，对社区信息系统的技术标准、业务要求、管理模式进行认真研究。赴包河区、庐阳区、合肥经济技术开发区等早期进行社区信息化建设试点单位进行调研，广泛征求各方面意见建议。多次组织专家对社区公共服务综合信息平台建设方案进行反复论证，精心搞好顶层设计。先后梳理出社会救助、优待抚恤、社会事务、养老服务、救灾救济等5大项、20个小项的服务管理项目，统一纳入到社区服务管理信息化综合平台，下沉到社区服务点实现“一口受理”。坚持全面整合，强力推进建设。与国资委、公安局等部门紧密配合，协同推进，每周召开项目建设推进协调会，推进政务信息资源整合工作，把社区公共服务综合信息平台建设作为其中重要内容，一期拟投入2770万元，进入全面建设阶段，年底前初步建成社区公共服务综合信息平台。

农村社区建设水平进一步提升。按照统筹城乡发展、空间布局合理、人口规模适度、资源配置有效的原则，以城乡建设规划为依据，在尊重农民意愿、保障农民权益的基础上，以县为单位，编制农村社区建设规划，原则上按照“一村一社区”的形式组织社区建设，规模小或较大的村以及居住较分散的村实行“多村一社区”或“一村多社区”建设，为推进农村社区化建设提供了规划支撑。结合“阳光村务工程”建设工作，市民政局指导各县（市）着力推行委托代理制、村民议事制和村务“点题公开”等模式，促进了“村务公开”工作，调动了广大村民参与村务管理的积极性，有效地促进了农村经济发展和农村社会的和谐稳定。全市86%的乡镇达到市村务公开示范乡镇标准，67%的村达到市村务公开示范村标准。继续推进第五批农村标准化示范社区建设，在对县（市）推荐上报的部分候选社区进行实地考察的基础上，市民政局于4月底召开了民政相关工作会议，确定长丰县陶楼乡陈圩社区等25个社区作为2014年度农村标准化示范社区建设创建单位，全面启动示范创建工作。

【社会组织管理】 深化社会组织登记管理改革。截至年底，全市依法登记社会组织3296个，其中社会团体1366家，民办非企业单位1924家，基金会6家。其中，2014年全市新登记社会组织635个。对行业协会商会类、科技类、公益慈善类、城乡社区服务类社会组织实行直接登记，进一步下放备案权限，由乡镇（街道）对社区社会组织进行备案管理，通过扎实推进分类登记工作，建立起了市、县、街三级管理模式。简化社会组织登记程序，降低公益慈善类社会组织开办资金门槛，取消城乡社区服务类社会组织开办资金相关要求，取消前置审批，对城乡社区服务等四类社会组织实行直接登记，突出“宽进”，重在培育。引入适度竞争，实行行业协会商会、公益慈善类和城乡社区服务类社会组织 “一业多会”，进一步推进“去行政化”和“去垄断化”，同步建立社会组织退出机制，完善适应市场经济发展趋势的社会组织治理结构。实施简政放权，取消社会团体分支机构、代表机构登记审批，取消社会团体会费标准备案，实行政社分开，推动社会组织与政府与“脱钩”，进一步推动政府购买服务，将部分政府管理协调职能交给具备条件、信誉良好的社会组织承接，激发社会组织自身活力。

加强社会组织政策创新创制。加强社会组织“制度化、规范化、精细化”建设。围绕社会组织规范管理和培育发展工作，市民政局全年制订出台规范性文件20余份，涉及社会组织登记管理、扶持培育、规范监督、诚信建设、内部治理等内容，引导全市社会组织规范运作、诚信执业、公平竞争、信息公开、奖励惩戒、自律保障，推进全市社会组织健康有序发展。实行直接登记，出台《体育类、文化类社会组织直接登记办法》。直接登记管理暂行办法的实行，摒弃了业务单位和登记部门双重管理的束缚，降低了社会组织准入门槛，对于推动社会组织发展起到积极作用。截至年底，全市直接登记社会组织373个，除法律、法规规定需要前置审批外，新登记社会组织直接登记率为100%。加强社会组织自身建设，出台《直接登记社会组织章程示范文本》《内部管理制度示范文本》和《社会团体换届指引》等一系列文本，对旧的文本进行了完善和创新，确保了对社会组织的“规范化、制度化、精细化”管理有据可依。完善监管体系，率先建立社会组织自动退出机制。在全省乃至全国率先出台《社会组织自动退出登记办法》，进一步规范社会组织注销登记工作，建立起社会组织退出机制。通过加大对社会组织违法行为的处罚力度，对长期不参加年检、连续两年年检不合格以及有其他严重违法行为的社会组织，坚决依法予以清退，进一步净化社会组织发展环境。培育新型社会组织，实现社区枢纽型社会组织全覆盖。出台《合肥市社区社会组织备案管理办法》等一系列文件，全面推进社区枢纽型社会组织建设。截至年底，全市共成立社区社会组织联合会317家，基本实现全覆盖。

建立完善社会组织培育体系。7月，合肥市社会组织发展基金会正式获批成立，是合肥市“1+4”社会服务政策的重要成果。基金会争取到400万元专项财政资金，将通过支持社会组织孵化园建设、开展社会组织能力建设培训、组织公益创投等形式，培育和扶持社会组织发展壮大。该基金会是安徽省首个市级社会组织发展基金会，在全国领先。基金会正在筹备向社会公开展征集公益资助项目。由合肥市社会组织发展基金会等5家单位共同发起，成立了合肥市社会组织联合会，已发展会员153家。联合会的成立运作，加强了全市社会组织交流与合作，促进社会组织规范化和自律诚信建设，扩大社会组织影响力，激发社会组织活力，引导和促进社会组织规范运作、健康发展。

出台培育发展社会组织文件，要求各县（市）区积极建立孵化园，打造孵化园基地，积极培育发展社会组织，对孵化园入驻社会组织提供设施、水电等费用减免和专项补贴。全市共建区、街道、社区三级孵化园11个，建筑面积6680平方米，已入驻和孵化社会组织123家，发挥作用显著。为兑现社会服务“1+4”政策，让社会组织“腰包”鼓起来，统筹安排社会管理与公共服务专项财政资金2亿元。对新登记的公益慈善类和城乡社区服务类社会组织、新登记的社区社会组织联合会，以及新引进并在市民政部门备案的专业社会组织分别给予2万元和5万元的一次性开办补助；对评估获得3A、4A和5A等级的社会组织分别给予2万元、4万元和8万元一次性奖励。经第三方机构评估，全市共有152家社会组织符合奖补条件，其中市本级共支付奖补资金319.5万元。此外，还在人才队伍建设和基层社会服务平台建设方面给予奖补。

【养老福利事业】 *养老服务体系逐步完善。*全市养老机构床位增加2850张，新增200张以上床位的民办养老机构4家；启动91个农村幸福院建设工程，加强农村养老服务设施建设；建成70个社区居家养老服务中心（站），增加日间照料床位871张，在建86个；实施政府购买居家养老服务工程，涉及3类对象9000余人；完成24家民办养老机构行政许可，进一步强化规范管理；实施养老机构综合责任险投保工作，实现全覆盖；启动农村敬老院法人登记工作，登记率达到99%以上；继续实施五保对象补助提标，为4.16万名五保对象办理护理保险；实施11个政府购买养老服务项目，让社会力量唱主角；初步建成流浪乞讨人员四级救助网络，强化困境孤儿救助；开展福利院标准化建设，拓展对外服务功能。

*着力提高老年人社会福利。*指导、督促部分县（市）根据经济发展情况，继续加大老年社会福利待遇投入。肥西县、巢湖市、庐江县在原有发放标准的基础上，分别再次提高高龄津贴发放标准。其中，肥西县一次性提高到600元/人/年，与市区标准一致，巢湖市、庐江县将80～89周岁年龄段提高到400元/人/年。对全市2013年度高龄津贴资金发放情况以街道（乡镇）为单位，以电话回访的方式进行随机抽查，重点检查资金是否按时足额打卡到老人手中，并认真逐个记录回访信息。规范高龄津贴审核、审批程序，对2014年各县（市）区高龄津贴（长寿保健费）资金申请，要求各单位“一把手”签字确认后以正式文件的方式报送至市老龄办。

*推动养老服务重点领域改革创新。*坚持政府保障基本、市场配置资源、社会力量承接服务的工作思路，全面深化养老服务领域的各项改革创新工作，在向社会力量购买街道社区养老服务专职岗位、建立养老服务评估评价体系、推进社区居家养老服务中心（站）建设、实施五保对象长期医疗护理保险制度、实施政府购买居家养老服务工程、推进公办养老机构民营化改革和农村敬老院社会化改革试点、支持社会力量建设社区养老服务设施、将养老服务业纳入政府现代服务业发展规划等方面进行了积极探索，取得明显成效。

【民生工程】 9项民生工程圆满完成。截至12月底，应到位资金8.36亿元，实际到位资金8.07亿元，资金到位率为96.55%，累计发放资金8.15亿元。一是农村最低生活保障。按照人均补差水平较上年提高10%的目标，保障农村低保对象16.23万人，应到位资金3.99亿元，实际到位资金3.99亿元，累计发放资金3.98亿元。二是城乡医疗救助。累计32.5万人次享受城乡医疗救助（含资助参合、参保），应到位资金1.27亿元，实际到位资金1.27亿元，使用资金1.27亿元。三是五保供养及敬老院建设。按照“短期波动发放补贴、持续上涨调整标准”的原则，建立了五保供养标准动态调整机制。截至12月底，应到位资金1.2亿元，实际到位资金1.2亿元，保障五保供养对象4.14万人，累计发放资金1.39亿元。2014年全市新建和改扩建敬老院4所，新增床位550张，分别是：肥西县三河镇河口敬老院，床位200张；长丰县罗塘乡中心敬老院尹集分院，床位80张；吴山镇中心敬老院涂郢分院，床位150张；义井乡中心敬老院二期，床位120张。截至12月底，应到位资金803万元，实际到位资金803万元，4所敬老院主体工程全部完工。四是城乡养老服务体系建设。按照省民政厅下达的建设任务，合肥市承担2200张社会办养老机构床位建设任务，截至12月底建成3500张。五是生活无着人员社会救助。建立孤儿基本生活保障制度，保障标准为社会散居孤儿每人每月不低于600元，机构集中供养孤儿每人每月不低于1000元。截至12月底，保障机构供养孤儿468人，社会散居孤儿915人，共计1383人，拨付资金1176.73万元；救助流浪乞讨人员9565人次，拨付资金1127.29万元。六是政府购买居家养老服务。按照《合肥市政府购买居家养老服务实施方案》，为合肥市市区户籍的70岁以上低保老人、70岁以上空巢老人（无子女）、90岁以上高龄老人提供每月600元政府购买居家养老服务补助。截至12月底，到位资金7258.62万元，累计开展服务217.4万人次，拨付资金6508.84万元。七是殡葬基本公共服务惠民工程。按照《合肥市殡葬基本公共服务惠民工程实施方案》，市、县（市）同步实施殡葬惠民工程。截至12月底，累计发放对象29789户，发放资金2618.07万元。八是五保对象长期医疗护理保障制度。推行五保老人长期护理保障制度，制定统一保险方案，采取统一优选，统一投保。应到位资金650.74万元，实际到位资金650.74万元。九是社区"老少活动家园"建设。2014年建设120个社区"老少活动家园"。截至12月底，应到位资金1200万元，实际到位资金1200元，120个社区"老少活动家园"已全部完工。

【民政公共服务】 **全面启动第二次地名普查工作。**提请市政府常务会议研究部署全市第二次全国地名普查工作。成立合肥市第二次地名普查领导小组，设立了领导小组办公室。制订下发了《合肥市人民政府关于开展第二次全国地名普查的通知》《合肥市第二次全国地名普查实施方案》。为各县（市）、区征订了地名普查教材，组织县（市）、区有关人员参加全省地名普查培训。对地名普查所需经费进行了测算，市级地名普查经费纳入财政预算。组织召开了全市第二次地名普查工作动员会议。审核批准了12个县（市）区、开发区地名普查实施方案。广泛开展普查宣传活动，开通了地名普查网页。加强地名普查业务指导，指导县（市）区、开发区成立地名普查领导机构，启动地名普查工作。组织开展了地名普查资料的收集整理工作，为开展第二次地名普查奠定基础。

行政区划和边界线管理工作。深入开展科学设置行政区划等政策研究，圆满完成相关区划调整报批工作。完成了蜀山区与肥西县、包河区部分行政区划调整工作。协调省政府、省民政厅，完成了肥西县高刘镇划入蜀山区并委托经开区管理的区划调整和蜀山区与包河区部分行政区划调整的审核、审批工作。组织实施了区划调整后的相关勘界工作。召开全市部分区划调整后的勘界工作会议，制订下发《关于部分行政区划调整后勘界工作实施意见》，开展因高刘、小庙2个镇划入市区和蜀山区与包河区部分行政区划调整后变更的蜀山寿县线、肥西寿县线、长丰寿县线、蜀山肥西线、蜀山长丰线、蜀山庐阳线、蜀山包河线、包河肥西线共8条界线的勘界工作。组织开展完善城市型政区设置、构建科学的城镇体系、加强行政区划调整方案论证和社会稳定风险评估、县改区等方面政策的调研工作，为慎重稳妥地做好行政区划调整奠定基础。

建立婚姻登记证书免费制度。全年共办理结婚登记96926对，离婚登记22575对。市民政局自2012年起，制订婚姻登记机关等级评定工作方案，指导协调评定工作。已有1个单位被评为4A级登记机关，3个单位被评为3A级登记机关。通过积极争取，各单位领导高度重视，加大投入，两家婚登机关完成新址搬迁，完善了场所建设，做好等级创建准备工作。继续做好婚姻登记信息化建设，完成1990年以来的婚姻登记历史数据补录工作，力争全部导入婚姻登记系统。婚姻登记全部实行实时在线登记。婚姻登记合格率达到100%。通过宣传推广预约登记系统、启动高峰日应对方案、招聘志愿者等措施，实现了登记高峰日顺利度过。开展婚姻文化建设，积极进行制度规范和创新。加强行风建设，免除婚姻登记证书工本费，减轻当事人经济负担。推行婚姻登记机关岗位文明服务用语，对婚姻登记单位提供证件照、免费复印等配套服务项目进行规范，并对工作执行情况进行督查。

全面推行收养登记工作。完善收养登记实时在线登记系统，开展了一期业务培训，提高收养登记工作能力。通过检查指导，规范收养档案的整理归档和保管。启动收养登记家庭评估工作，周密安排，制订了两步走的方针。9月初首先选择庐阳区作为试点单位，先行开展。庐阳区通过考察学习，于10月份制订了《收养家庭评估细则（试行）》。计划2016年8月在总结试点经验的基础上，在全市范围内全面推行收养登记评估工作。

推进殡葬基本公共服务惠民工程。推行火葬和生态安葬工作。为进一步巩固殡葬改革工作成果，推行生态葬式，组织开展了两次生态礼葬、两场清明集体共祭和合肥市第十八次骨灰江葬活动，完成了文明祭祀保障工作，确保全市火化率保持100%水平。加强公益性公墓建设与管理，下发《合肥市人民政府办公厅关于加强公益性公墓建设管理的通知》，明确了公益性公墓建设目标、方式和标准，明确了公益性公墓建设管理主体，确定了各部门职责，建立了工作联动机制。清明节期间全市殡葬单位共接待祭祀市民约113万人，机动车辆约

15.5万台次。全市各陵园在清明节期间未发生一起公共安全事故，实现了文明、安全、有序、和谐的工作目标。市政府领导在市民政局清明节工作总结上做出批示，张庆军市长批示："值得肯定和表扬"；程翰副市长批示："超前谋划，周密安排，各部门协同，使得清明节期间活动丰富，秩序井然，赢得社会各界和广大群众一致好评，望继续努力，取得新成绩。"

（袁　荔）

老龄事业

【概况】 2014年底，全市户籍总人口712.81万人，其中60岁以上人口122.70万人（市区36.8万人、四县一市85.9万人），65岁以上人口84.34万人，分别占总人口的17.27%和11.87%，较上年高出0.65和0.46个百分点；80岁以上人口17.81万人，占老年人口的14.52%。人口老龄化、高龄化进程不断加快。合肥市贯彻落实老龄事业发展"十二五"规划和全省老龄工作会议部署，坚持"党政领导、社会参与、全民关怀"的老龄工作方针，实施"五个老有"（老有所养、老有所医、老有所为、老有所学、老有所乐），认真履行"组织、协调、指导、督促"职能，着力解决涉及老年群众利益的热点难点问题，进一步完善政策措施，狠抓工作落实，以更大的力度，更实的举措做好各项工作，进一步推动老龄事业和老龄工作科学发展。长丰县民政局被全国老龄工作委员会办公室（简称"全国老龄办"）授予"全国敬老模范单位"称号，武建坤、吴广等9人被评为"全国孝亲敬老之星"，长丰县老龄办撰写的《农村居家养老服务的调查与思考》调研报告被全国老龄办评为"优秀奖"，合肥市老龄办被安徽省老龄办评为2014年度老龄宣传工作先进单位。

【长寿保健费、高龄津贴】 全市在实现高龄津贴城乡全覆盖的基础上，分类指导，努力提高老年人福利待遇。肥西县将高龄津贴发放标准由每人每年300元提高到每人每年600元，巢湖市、庐江县将80～89岁高龄津贴标准提高到每人每年400元。至此，四县一市均实现了高龄津贴提标。

2014年，为全市357名百岁老人发放长寿保健费128.52万元，163711名80～99岁高龄老人发放高龄津贴8393.64万元。

【优化老年证办理】 结合党的群众路线教育实践活动，市老龄办印发《关于进一步规范合肥市〈安徽省老年人优待证〉办理的通知》，将全市老年人优待证办理权限下放到基层，疏通服务群众的"最后一公里"，采取县区委托的方式在全市乡镇（街道）和社区设置158个办证点，并且取消行政区域限制，由老人就近选择办理，同时在媒体和网站上以办理指南的方式公布具体的办理点和监督电话。此举既方便了老年人，又提高了办证效率。

【贯彻落实《老年人权益保障法》】 为落实省长王学军"关于70周岁以上老人免费乘坐市内公交车"人民来信的批示精神，市老龄办联合市国资委、市交通局对合肥公交集团和巢湖公交公司老年人免费乘坐市内公交规定落实情况进行督查，通过督查维护了《中华人民共和国老年人权益保障法》和《安徽省实施〈中华人民共和国老年人权益保障法〉办法》的尊严，纠正了相关部门的一些错误做法，保障了老年人的合法权益。借省督查组对合肥市老年人优待情况检查的契机，市老龄办会同卫生、旅游、园林等部门对全市老年人文体休闲、医疗卫生、维权服务等方面的优待政策实施情况进行全面检查，进一步督促相关单位落实好老年人优待工作。结合举办第五届"敬老月"活动，开展普法宣传教育，发放《老年人权益保障法》宣传册，组织司法部门开展法律咨询服务，切实做好老年人维权服务。

【敬老月活动】 2014年是全国开展"敬老月"活动的第五年。10月29日上午，省暨合肥市"敬老月"系列活动仪式在杏花公园举行，省政协副主席童怀伟、省民政厅厅长吴旭军，市委常委、常务副市长韩冰等省市领导出席活动并发表讲话。活动表彰安徽省第四届"十大福星"、第六届"十大孝星"，开展关爱高龄困难老人捐助活动，启动安徽省第二届"敬老文明号"创建活动，举办省、市、各县（市）区老龄事业成果展，发放《老年人权益保障法》宣传册和"孝星"事迹册，卫生、司法等部门开展义诊、法律咨询服务。

四县一市主动与省老年基金会对接，开展老年人"防盲治盲工程"专项活动，免费为老年人治疗白内障等眼部疾病。合肥经济技术开发区联系解放军104医院为辖区内百姓进行常见病、多发病、慢性病的初步筛查、诊断以及医学常识和健康知识的宣传活动。

【十大福星、十大孝星评选活动】 根据《安徽省老龄办关于开展安徽省第四届"十大福星"和第六届"十大孝星"评选表彰活动的通知》精神，启动合肥市"福星"、"孝星"人物评选活动。创新评选模式，采取搭建网上平台和信件推荐相结合的方式，广泛动员各单位和社会群众推荐评选人物。为增加评选结果的公正性、互动性，通过公众投票和评委会评审结合的方式确定最终人选。加强宣传工作，联系《市场星报》《合肥晚报》等媒体对“福星、孝星”人物开展系列报道。周熬成、费广成两名老人分别获省“十大福星”称号和“十大福星提名奖”，夏立能被评选为省“十大孝星”。

（黄大伟）

民生工程

【概况】 2014年，合肥市46项（省定32项，市级14项）民生工程累计投入资金71.8亿元，年均增幅36.5%，政策惠及面700多万人。按照“五有+1”目标要求，在教育、就业、医疗、养老、住房、社会保障、农村基础设施建设等方面，实现了城乡低保、养老保障、医疗保障、社会救助、义务教育“五个”城乡全覆盖，群众幸福感进一步提升，民生保障更加殷实。

【实施成效】 学有所教，促进教育均衡发展。义务教育经费保障机制改革惠及学生65.37万人。全市共有16.02万高校中职学生享受免学费和助学金。19个乡镇公办幼儿园新建项目已全部完工。113个公共文化场馆免费开放和32个公共文化服务信息化建设任务提前完工。农村文化建设专项补助支持开展各类文体活动27665场次。

劳有所得，扩大就业和再就业。开展“五位一体”阶梯式创业培训，累计完成就业技能培训3.97万人，完成培训任务的116.8%；提供公益性岗位12079个；提供高校毕业生见习岗位2701个；提供384个高校毕业生基层特定岗位。

病有所医，提高居民健康水平。合肥基层医药卫生体制综合改革有序推进，成为全国医改“样本”。妇女儿童健康水平提升工程、贫困残疾人救助与康复、重大传染病救治提前完成年度目标任务。城镇医保参保率达100%，新农合参合率达100%，医保报销水平逐年提高，以财力投入保障为主的大病医疗保险全面启动实施，实际赔付资金超过1000万元，理赔结案近7000起。基本公共服务能力逐步提高，城乡卫生服务体系建设成为全省基层医疗卫生体制改革试点之一。

老有所养，解决晚年后顾之忧。五保供养实现应保尽保，共保障农村五保供养对象4.13万人，超过省定补助标准550元，达到2420元／年／人。4个农村五保供养机构已全部完工。城乡居民养老保险参保率达100%，养老保险金按时足额发放。3702户低保户免收有线电视收视费。

住有所居，推进保障住房建设。向5643户（12039人）发放廉租房补贴1384.75万元，基本建成2013年度公租房34817套（含廉租房、棚户区），完成年度任务的116%。2014年计划新建公租房4000套（含廉租房），已开工6425套，开工率160%；计划新建棚户区改造住房40937套，已开工

2014年合肥市46项民生工程简表

序号	名　称	序号	名　称
1	义务教育经费保障	12	就业促进工程
2	高校、中职和普通高中家庭经济困难学生资助	13	城乡居民养老保险
3	乡镇公办幼儿园建设	14	城镇居民基本医疗保险
4	全面免收义务教育阶段学生书本费	15	新型农村合作医疗
5	广播电视“村村通”工程	16	基本公共卫生服务
6	公共文化服务信息化建设	17	县级公立医疗药品零差率补助
7	公共文化场馆开放	18	重大传染病病人医疗救治
8	农村文化建设专项补助	19	提高妇女儿童健康水平
9	低保户“免费收看有线电视”	20	儿童先天性疾病医疗救助
10	计划生育家庭奖励扶助	21	农村危房改造
11	群众体育设施工程	22	农村公路危桥加固改造

续表

序号	名　称	序号	名　称
23	保障性安居工程	35	残疾人托养工程
24	省级职工书屋标准化建设	36	重性精神病患者治疗
25	农村居民最低生活保障	37	农村饮水安全工程
26	城乡医疗救助	38	小型农田水利提升工程
27	城乡养老服务体系建设	39	五保供养及敬老院建设
28	生活无着人员社会救助	40	城乡居民大病保险
29	殡葬基本公共服务惠民工程	41	政策性农业保险
30	政府购买居家养老服务	42	一事一议财政奖补
31	五保对象长期医疗护理保障制度	43	建设美好乡村公共服务体系奖补
32	社区“老少活动家园”建设	44	农村清洁工程
33	扶贫开发项目建设	45	惠民“菜篮子”工程
34	贫困残疾人救助与康复工程	46	肉类蔬菜流通追溯体系建设

41578户，开工率101.5%。农村危房改造已完工7523户，完工率103.8%。

完善农业农村基础设施。政策性农业保险承保农作物580.33万亩（15亩为1公顷）。82个美好乡村建设任务已全部开工建设，开工率100%，其中8个已完工，完工率10%。小型农田水利设施改造提升工程已开工14790处，开工率107%，其中完工14229个，完工率103%。53处农村饮水安全工程、42座农村危桥加固改造、344个广播电视村村通和7个乡镇农村清洁工程建设任务已提前完成年度任务。一事一议财政奖补项目已全部完工。全市农村保障困难群众16.22万人，累计发放资金3.98亿元，做到应保尽保。先后救助孤儿1383人，流浪乞讨人员9565人次，发放补助资金2304.03万元。

【制度保障】 组织创新。以建立完善组织领导、协调推进、过程监控、民意反馈四项机制为重点，实施科学化、规范化、系统化、精细化管理。将民生工程作为各级党委、政府一把手工程，实行主要领导负总责，分管领导抓具体，市、县合力攻坚的组织新格局。完善民生工程横项、纵项、内部协调推进机制。实行“一把手”负责制、工作督查制度，实行定期交流汇报制，落实责任追究制。

制度创新。应对新的形势要求，先后完善出台了涉及政府购买服务、舆情管理、项目公示等多项管理办法。特别是全市由点及面创新开展网上“晒”民生活动，通过各级各部门民生专题网站，将所有民生项目集中向社会公示，引起众多媒体关注，活动中收到群众反馈建议30余项，及时整改落实20余项，使民生工程真正在阳光下透明运作。

民主创新。民生项目建设开始从“政府配餐”向“群众点菜”转变，通过政府公开信、媒体公告、入户调查等多种方式，累计收集项目意见建议超过3万条。80%以上的市级项目均源于社会公开征集。常态化开展人大代表、政协委员视察巡视活动。将舆情处置纳入民生工程年度绩效管理，出台《合肥市民生工程舆情管理暂行办法》，公开监督电话，与“12345”市长热线建立联动机制，正确把握和引导舆论导向。

宣传创新。在民生工程宣传“五进”活动（进机关、进企业、进学校、进社区、进乡村）基础上，按月制订宣传计划，充分利用农村广播站、社区宣传栏等平台，广泛开展各类广场社区宣传、民生一堂课、政策宣传册发放等活动，加大民生政策宣传与解读力度。集中宣传月活动深入开展，所有民生工程项目点统一规范悬挂民生工程标识标牌，全市累计发放各类政策宣传册超过100万份，开展各类广场活动百余场次，参与群众超过10万人，获省以上媒体宣传210余篇次。

绩效创新。进一步完善民生工程绩效管理办法，将省市所有民生工程全部纳入绩效管理，分项设立绩效评价指标体系，推动民生工程实施从侧重结果考核向全过程绩效管理转变。全市各级各部门合力推进，合肥市在省民生办组织开展的绩效考核中名列全省第一。

管护创新。率先设计并运行管护项目信息系统，利用信息化技术，按公益性、准公益性和非公益性三类对项目进行细化归类，实现动态管理。市直牵头部门依据省民生工程管护指导目录，制订项目购买服务路线图和时间表，并逐步丰富完善市级民生工程购买服务内容。

（王中琴）

民族　宗教

【民族概况】　合肥市是安徽省民族工作重点市，属少数民族散杂居地区，至2014年有52个少数民族成分，少数民族人口4.8万人，合肥市区少数民族流动人口约8000人。超过千人以上的少数民族有回族、满族、苗族、土家族、彝族、壮族、蒙古族，其中回族常住人口31095人，占全市少数民族总人口的65%。合肥市有1个民族乡，12个少数民族聚居村，2个少数民族聚居社区，建有2所民族医院，12所民族中小学。有少数民族企业促进会1个，被省民族事务委员会认定的民族企业13家。合肥市承担着国家智力支援西藏自治区和对口支援新疆维吾尔自治区的任务。市第三十五中学有14个藏族班，其中高中班4个，共计459名在校生。合肥幼儿师范高等专科学校有3个新疆班98名在校生。

【宗教概况】　合肥市有佛教、道教、伊斯兰教、天主教、基督教五大宗教。市区内较大宗教活动场所有明教寺、开福寺、合肥清真寺、合肥露德圣母天主教堂、合肥市基督教堂等。省佛教协会、省伊斯兰教协会、省基督教两会（“安徽省基督教三自爱国运动委员会”和“安徽省基督教协会”）、省天主教爱国会、省神学院、省天主教主教府都驻于合肥。

【民族团结进步创建活动】　全国人大常委会委员、民族委员会主任委员李景田，省委统战部副部长、省民委主任孙丽芳及市委常委、统战部长韦弋等多次调研合肥市民族工作。市民委（宗教局）以多种形式开展民族团结进步宣传教育。9月份开展了“民族团结进步宣传月”活动，省委常委、统战部长沈素琍等省市领导出席宣传咨询活动。国家、省、市各主流新闻媒体、政府网站发布了大量宣传活动信息，其中，国家民委、省民委发布信息40多条。

开展民族团结进步模范典型评选，在市直5家主流新闻媒体同时开设“民族团结进步之星评选”专栏；在市民委网站设置“百名民族团结进步之星评选专栏”。在国务院第六次全国民族团结进步表彰大会上，合肥市瑶海区明光路街道金大塘社区获国务院授予的“全国民族团结进步模范集体”称号，肥东县韩东亚获“全国民族团结进步先进个人”称号。

组织参加全省第七届少数民族传统体育运动会，合肥市代表队获一等奖奖牌数、奖牌总数均居全省第一位，并获“优秀组织奖”“体育道德风尚奖”。

【推进少数民族地区经济社会发展】　市民委（宗教局）、市财政局联合印发《合肥市少数民族发展资金管理办法实施细则》，全年200万元发展资金均已审核拨付到位。合肥市争取到省民族工作专项补助10万元（3个项目），省少数民族发展资金115万元（5个项目）。引导民族乡村走特色化发展道路，按照“突出重点、培育亮点、形成特色、提升水平”的发展思路，在多个少数民族聚居村初步形成“一村一品”的发展格局，推动少数民族经济组织快速发展。市直25个民委委员单位全年在少数民族聚居乡村实施项目77个，落实资金7078万元。

【城市民族工作】　全市在上年创建20个示范社区的基础上，全面推进民族工作进社区。学习外地先进经验，探索建立外来少数民族流动人口两地共管机制，与四川省阿坝州民委签署“关于处置少数民族问题跨区域联动协作协议”。市政府办公厅印发《关于加强少数民族流动人口服务管理工作的意见》，进一步完善外来少数民族人口管理制度建设。

【服务少数民族群众】　推进少数民族群众民生工程建设，积极稳妥推进市南岗回民公墓改造提升、整治挖潜等各项工作。认真贯彻市政府对清真餐饮企业的优惠政策，落实清真餐饮经营用房房租补贴近80万元。关心少数民族流动人口的生产生活，积极帮助解决少数民族群众实际困难。

【宗教事务管理】　市民委（宗教局）做好宗教活动场所统一换发登记证工作，推进宗教活动场所主要教职人员备案工作。开展主城区宗教活动场所布局规划编制工作，召开规划评审会。

开展宗教政策法规学习月活动，开展宗教工作干部和宗教界代表人士培训活动。以“发挥正能量、共筑中国梦”为主题，举办全市宗教政策法规培训班，全市宗教团体负责人、中青年教职人员等130多人参加了培训。各县（市）区积极组织开展丰富多彩的活动，取得显著效果。

依法加强宗教事务管理。开福寺圆藏方丈升座活动、清真寺欢度开斋节、庐江甘露寺慧光方丈升座活动等安全有序。组织开展加强佛教寺庙、道教宫观管理等工作，维护宗教活动场所的良好形象。认真开展治理非法宗教活动工作。下放和委托下放两项行政许可项目。迎接全国政协、省政协领导到合肥调研宗教工作。

【引导宗教与社会主义相适应】 市民委（宗教局）指导宗教界加强自身建设。坚持每季度召开宗教团体联席会议。成立市伊斯兰教协会。选拔中青年教职人员进入省宗教局百名宗教教职人员培优工程。巩固“和谐寺观教堂”创建活动成果，授予47处宗教活动场所“全市和谐寺观教堂先进集体”称号。积极开展宗教界对外交流活动。

（方　方）

居民生活

【概况】 2014年，合肥市在保持经济平稳运行的基础之上，着力实施惠民政策，加大民生保障力度，居民收入和消费性支出稳步增长，居住条件进一步改善，农村贫困人口继续减少。加强价格监管，物价水平总体平稳。城乡居民消费价格涨幅温和，工业生产者购销价格小幅下跌，住宅销售价格呈现下行态势。

【居民收入】 据国家统计局合肥调查队抽样调查数据显示，2014年，合肥市常住居民人均可支配收入24272元，分别高于全国、全省平均水平4105、7476元；同比增长10.5%，增速高于全国平均水平0.4个百分点，低于全省0.3个百分点。

分城乡看，农村居民收入增速快于城镇，城乡居民收入差距小于全国、全省平均水平。2014年，合肥市城镇常住居民人均可支配收入29348元，分别超过全国、全省平均收入504、4509元；同比增长9.4%，均高于全国、全省0.4个百分点。农村常住居民人均可支配收入14407元，分别高于全国、全省平均收入3918元、4491元；同比增长12.2%，分别比全国、全省快1.0和0.2个百分点。合肥市城乡居民收入比为2.04∶1，小于全国（2.75∶1）和全省（2.50∶1）同指标。

从城镇居民收入构成看，工资性收入是最大来源，财产净收入增幅最多。城镇居民人均工资性收入19329元，占可支配收入的65.9%；城镇居民人均转移净收入3956元，经营净收入3619元，分别占可支配收入的13.5%、12.3%；城镇居民人均财产净收入2444元，占比最少，为8.3%。2014年，合肥市扎实推进国家级创业型城市建设，落实多项扶持下岗失业人员、高校毕业生自主创业的政策，创业环境进一步改善，是经营收入增长的主要动力。随着居民理财观念的增强和投资渠道的多元化，居民通过房屋租赁等投资方式增值财产收入。其中，出租房屋人均收入611元，同比增长17.1%。合肥市加大对社会弱势群体的转移支付力度，上调企业离退休人员基本养老金，人均增长10%。城市低保由人均410元增至460元。低保一类保障人员中的三无人员（即无生活来源，无劳动能力，无法定赡养人、扶养人或抚养人）每月增加100元。最低工资标准提高至1260元，同比增长24.8%。提高市区公益性岗位和街道劳务型服务公司人员、“协议保留社保关系”人员、社区劳动保障协理员三类人员的薪酬及相关补助标准。2014年，城镇居民财产净收入、经营净收入增长比较明显，同比分别增长16.5%、12.9%，城镇居民转移净收入、工资性收入增长较为平稳，同比分别增长9.8%、7.9%。

从农民收入的来源看，“四轮驱动”农民收入增幅较大。一是工资性收入切实提高。合肥市加大农民创业培训和农村富余劳动力转岗技能培训，打造农村基层公共就业服务平台，鼓励和扶持农民就近、就地就业。农村常住居民人均工资性收入5773元，同比增长12.5%。二是经营净收入平稳增长。合肥市发展新型农业和农产品加工业，全市特色高效农业面积达318万亩（15亩为1公顷），“一村一品”特色村达448个。农村常住居民人均经营净收入5020元，同比增长6.6%。三是财产净收入稳步增长。实施土地承包经营权确权登记试点，赋予农民更多的财产权，全市累计流转土地275万亩、占总量的55%。全年转让承包土地经营权租金净收入183元，同比增长132.8%，大力推动了农村居民财产净收入的增长。农村常住居民人均财产净收入321元，同比增长10.9%。四是转移性净收入快速增长。农村常住居民人均转移净收入3293元，同比增长21.5%，其中：农民外出从业人员寄回带回收入2201元，同比增长48.1%，；农村常住居民人均报销医疗费123元，同比增长17.0%；农村常住居民人均政策性生活补贴57元，同比增长6.7%。

【居民消费】 2014年，合肥市居民人均消费性支出15110元，比上年增长7.6%。按常住地分，城镇居民人均消费性支出18214元，增长6.6%，农村居民人均生活消费支出9077元，增长8.6%。

按消费类别分，城镇居民生活用品及服务支出增幅最大，农村居民交通通讯支出增长最快。在城镇居民消费支出中，食品烟酒支出增长6.9%、衣着增长1.8%、居住增长1.7%、生活用品及服务增长21.8%、医疗保健增长7.8%、交通通讯增长12.0%、教育文化娱乐增长13.0%。在农村居民生活消费中，食品烟酒支出增长6.9%、衣着增长3.1%、居住增长0.7%、生活用品及服务增长9.8%、医疗保健增长13.9%、交通通讯增长37.0%、教育文化娱乐服务增长15.2%。

消费结构合理。城镇居民恩格尔系数为33.7%，比上年上升0.1个百分点；农村居民恩格尔系数为37.0%，比上年下降0.5个百分点。

居住条件进一步改善。年末城镇居民人均住房建筑面积35.2平方米，比上年增加0.6平方米；农村居民人均住房建筑面积38.7平方米，比上年增加0.7平方米。

【流通和消费价格水平】 2014年，合肥市居民消费价格同比上涨2.0%，涨幅较全省高0.4个百分点，与全国持平。从八大类商品及服务项目价格运行情况看，全年呈现“六涨两跌”态势，其中食品价格上涨2.2%，衣着类、家庭设备用品及维修服务、医疗保健及个人用品、娱乐教育文化用品及服务、居住类价格分别上涨1.5%、0.8%、1.6%、4.5%、3.4%，烟酒、交通和通讯类分别下降1.9%和1.8%。

全市商品零售价格同比上涨0.3%。在16个大类中，商品价格涨跌类别各占一半。其中书报杂志及电子出版物涨幅居首位，价格同比上升2.6%，其次是食品类和服装鞋帽类，价格均上升1.5%；下跌的8类商品中，跌幅最大的是金银珠宝，同比下跌7.1%。

【住宅销售价格水平】 2014年，合肥市新建商品住宅价格前10个月同比涨幅逐月收窄，其中1月上涨10.7%，10月上涨0.5%；11月、12月分别下跌0.7%和1.9%。二手住宅售价前10个月同比维持上涨，但涨幅逐渐缩小，11月、12月分别下跌0.5%和1.5%。从月度环比看，前4个月处于上涨阶段，5月持平，6月以后进入下跌通道。

【生产者价格水平】 2014年，合肥市工业生产者出厂价格同比下跌1.2%，跌幅比上年扩大0.5个百分点。在轻重工业分类中，轻工业上涨0.6%，重工业下跌2.3%。在生产生活资料分类中，生产资料类下跌2.5%，生活资料类上涨0.6%。33个大类出厂价格同比“12升5平16跌”。33个行业大类“12涨2平19跌”。购进价格同比下跌2.5%，跌幅比上年收窄1.7个百分点。九大类原材料“4涨5跌”。比较来看，出厂价格跌幅小于分别较全国、全省平均水平0.7、1.4个百分点，购进价格跌幅分别大于全国0.3个百分点，小于全省0.3个百分点。

【农村减贫】 据对2013年度的调查显示，合肥市农村贫困人口25.3万人，比上年减少7.0万人，贫困发生率为5.6%，比上年下降1.5个百分点。农村贫困人口主要分布在四县一市。其中，庐江县和长丰县的贫困人口占全市的64.3%，分别为10.5万人、5.8万人，贫困发生率分别为9.6%和8.9%，比上年下降2.8和2.5个百分点。巢湖市、肥东县、肥西县的贫困人口依次为3.6万人、2.8万人、2.0万人，贫困发生率分别为5.5%、3.0%和2.8%，比上年分别下降1.2、0.7和0.9个百分点。致贫原因主要是家庭中有重大疾病或残疾人、丧失劳动力、劳动力素质低和供养

2014年合肥市住宅销售价格变动情况表

月份	新建商品住宅（%）		二手住宅（%）	
	环比	同比	环比	同比
1	0.6	10.7	0.5	6.9
2	0.4	9.9	0.4	7.1
3	0.2	9.2	0.7	6.6
4	0.2	8.5	0.7	6.7
5	0	7.5	0	6.3
6	-0.4	6.2	-0.5	5.9
7	-0.8	4.4	-0.9	4.3
8	-0.7	3	0.1	4.1
9	-1.2	1.2	-0.8	2.3
10	-0.2	0.5	-1	0.7
11	0	-0.7	-0.4	-0.5
12	-0.1	-1.9	-0.2	-1.5

负担重四个方面，构成比例分别为52.9%、10.4%、10.1%和6.2%。贫困人口中属于低保和五保对象的占贫困人口的62%。（周立新）

精神文明建设

【概况】 2014年，合肥市瞄准争创全国文明城市工作目标，紧扣“十项重点工作”和“八大环境”建设，紧紧围绕培育和践行社会主义核心价值观主线，优化环境文明底线，深度涵育道德品质高线，不断巩固文明委成员单位合力共创战线，着力改善城市人居环境，市民文明素质和城市文明程度不断提升，成功荣膺第四届“全国文明城市”称号，圆满实现了市第十次党代会确定的目标，精神文明创建活动取得了历史性突破。

【宣传发动】 全市开展声势强劲的文明创建宣传发动工作。市属媒体开设“直击五乱”（ 摊点乱摆、垃圾乱扔、车辆乱停、行人乱穿、广告乱散）创文明、文明创建在行动、大家谈等专题专栏，常态化宣传文明创建。中央、省级媒体多次报道合肥志愿服务、“三线三边”（铁路沿线、公路沿线、湖河渠塘沿线以及城市周边、市际周边、景区周边）治理和“车窗抛物”等文明创建活动。中国移动、中国联通、中国电信三大手机运营商不定期发布文明提示语。“合肥文明网”传播力日益增强，在中国文明网联盟网站综合考评中稳居前列，获全国文明网传播贡献奖（全国仅3家）。组织开展系列网络文明传播行动，众多网友微信微博互动响应，“文明创建小苹果”视频在网上迅速蹿红，线上线下同时掀起文明创建热潮。

社会宣传家喻户晓。工作人员和志愿者主动上门，广泛发放《合肥市文明创建手册》《致市民群众的一封信》、调查问卷等宣传资料，动员学生与家长相互问答讲文明。利用城市公共设施和社区宣传栏等设置横幅展板宣传文明创建，在出租车、公交车和站亭全面张贴文明创建宣传画，利用户外电子显示屏、楼宇广告和人行天桥等载体深入宣传，文明创建宣传处处可见，入目入心。

【组织领导】 市委市政府加强对文明创建工作的组织领导，调整完善市创建指挥部，成立由市委常委为组长的6个创建专项工作组。明确责任主体，层层分解任务。每月召开文明创建调度会，随机召开重点工作推进会，省市联手召开创建工作会商推进会，同城共创，精准发力，形成了分工负责、条块结合、省市联手、各级联动的创建工作格局。

实施分类培训，上门指导，编印《“材料审核”任务分解表》《“实地考察”项目指导手册》和《入户调查模拟问卷》，每双月模拟测评全市文明创建工作，媒体公示排名结果。市四大班子领导经常深入一线督导文明创建，市领导约谈责任单位，推动工作落实。建立了条条、块块、专项和联合督查交叉实施的综合督查机制，跟进督办措施，推动问题整改。

深入实施“一把手”工程，采取包路、包片、包点等形式压实责任措施，坚持干部示范带群众，文明创建炼作风，“行走合肥”抓创建已成为大家的自觉行动。全市文明创建战线队伍扎实苦干，作风务实，求实求效，常态化开展骑车、步巡督查创建工作，敢于协调、勤于服务、善于指导的能力不断提升。

【核心价值观宣传教育】 市文明委多次召开公益广告宣传工作调度推进会，加强专项督查，充分发挥各类传媒宣传功能，深化公益广告微点评。举办“中国梦合肥情”公益广告全国征集大赛，在公共场所广泛设置公益广告，实现主题突出、亮点引人、覆盖全面的宣传效果，有效展示了街头正能量。

“六进”宣传入脑入心。广泛开展核心价值观宣传教育进机关、进企业、进学校、进社区、进乡村、进公共场所活动。各大媒体开设专题专栏，举办核心价值观座谈会，将核心价值观融入道德讲堂、学生课堂，组织中小学生开展童谣传唱、朗诵、绘画等系列活动，实现入耳入脑。

各地各部门组织开展价值观演讲、好人颂广场演出等活动。以个人价值准则为内容开展四季主题教育。“友善季”开展送温暖、献爱心、结对帮扶等活动；“敬业季”开展各种形式劳动竞赛和“最美青工”评选表彰等活动；“诚信季”开展道德领域突出问题专项教育治理，发布诚信“红黑榜”；“爱国季”组织中小学生开展爱国主义教育活动，做到入言入行。

【思想道德建设】 全年共推选“合肥好人”25名、“安徽好人”8名、“中国好人”7名，累计推出9名全国道德模范（含提名奖）和107名“中国好人”，在省会城市中名列前茅。利用媒体、网络开设“好人在身边”专栏宣传，制作“好人墙”等公益广告，举办“我身边的好人”演讲比赛，组织“崇道德 倡新风 做好人”广场文艺演出，组织道德模范和身边好人进学校、进社区巡讲，制作“合肥好人 德润江淮”系列公益微电影，结合百场公益电影进社区活动，让好人事迹广泛传播。慰问帮扶礼遇道德模范和“中国好人”形成制度化。5月22日，举办“全国道德模范和身边好人交流互动活动”，产生良好社会反响。

弘扬友善奉献精神，志愿服务引领风尚。组织开展在职党员进社区注册志愿者活动，常态化开展敬老爱幼、扶弱助残、网络文明传播等志愿服务活动，创新开展“圆梦微心愿”志愿行动，扎实推进法律、文体、科教、卫生等专业志愿服务队进社区，邻里守望等志愿服务深受群众欢迎。创新载体，狠抓志愿服务制度化建设，培育了“滨湖五彩帮客”等一批社区优秀志愿服务团队。《人民日报》《光明日报》等中央级媒体多次宣传报道合肥市志愿服务工作，中宣部《决策参考》专门编发简报予以肯定。

夯实道德根基，诚信教育树立正气。完善社会信用体系建设联席会议制度，联合19家单位签署“构建诚信、惩戒失信”合作备忘录，建立信用惩戒“黑名单”和产品质量“红黑榜”，出台《关于对失信被执行人实施联动惩戒的意见》，全年利用媒体网络和街头显示屏发布“老赖”名单。围绕弘扬诚信文化和培育诚信道德，充分借助媒体力量，策划开展诚信主题教育、诚信公益广告、诚信宣传进讲堂、进校园等活动，打造诚信光荣、失信可耻的社会环境。

坚持立德树人，青少年德育工程成效显著。围绕立德树人，深入开展“我的中国梦”童谣征集、“三进三结合”（学校、家庭、社会）主题实践教育，举办“中国梦”“向国旗敬礼”网上签名寄语活动，合肥市参与人数全国第一。广泛开展中华经典诵读和“争当美德少年”评选活动，有2人被评为“全国百名美德少年”。建成6所国家专项资金支持的乡村学校少年宫，实现农村乡镇全覆盖。举办少年宫成果展演，推进校外未成年人心理健康辅导站和心理健康网站（阳光心理e站）建设。加强网吧管理，开展“绿网行动”，取缔“黑网吧”，加强校园周边环境整治，不断优化未成年人健康成长环境。

【群众性文明创建活动】 全市群众性文明创建活动注重引导带动，主题创建丰富多彩。肥西县、巢湖市获全国文明城市县级提名资格。全市有8家单位获“全国文明单位”称号，5个村（镇）获“全国文明村镇”称号，多家单位被评为各类省级表彰的文明创建先进典型。

开展第十三届文明单位、文明村镇评选，深化文明集市、文明幸福小区、文明家庭等创建活动，推进文明餐桌、文明旅游宣传教育，不断丰富“我们的节日”和节俭养德活动内容。举办“邻居节”系列活动，将文明新风引入社区家庭，开展“争当文明有礼合肥人”等主题实践活动，推动各级各类文明创建活动蓬勃兴起。

整治陋习顽症，城市品质全面提升。聚焦城市“五乱”等陋习顽症发力攻坚，着力破解市容环境和交通秩序“老大难”问题。深入开展“大扫除、大整治、大检修、大宣传”行动，及时跟进督办，推动问题解决。

开展“五小”行业（小餐馆、小美容美发店、小旅馆、小浴场、小食品店）无证经营问题集中专项整治，规范经营秩序。在全市开展“四做四不”创文明主题教育实践，破解创建痼疾难题，即做文明市民，不乱扔垃圾；做文明商户，不乱摆摊点；做文明行人，不乱穿道路；做文明司机，不乱停乱行。完善市政、交通、体育、文化等公共服务设施，把文明创建纳入党群众路线教育实践活动“为民服务”专项行动之中，全面改善城市人居环境。

突出“三线三边”环境整治，城乡文明统筹发展。以“四治理一提升”（垃圾、建筑、广告标牌、矿山治理和绿化改造提升）为重点，标本兼治，城乡环境整洁有序，基础设施大为改善、乡风文明同步提升，合肥市每月考评、广告标牌治理、铁路沿线环境整治等均受到省领导肯定。

广泛开展道德评议和“文明家庭、十星级文明户”创建活动，组织119家省级以上文明单位与农村结对帮扶共建，共获选11个全国文明村镇、9个省级农村文明集市。中共中央政治局常委、中央书记处书记刘云山视察全国文明村镇合肥市庐阳区三十岗乡东瞿村时，对环境整治和乡风文明建设予以赞许肯定。

（张 明）

荣誉榜

全国五一劳动奖状

中国能源建设集团安徽省电力设计院

全国工人先锋号

合肥华威药业有限责任公司提取车间

安徽省劳动竞赛先进集体

延锋伟世通（合肥）汽车饰件系统有限公司

特易购商业（安徽）有限公司

合肥市建筑市场监督管理处

合肥市瑞宏铸造有限公司

合肥市职工技术协作服务中心

合肥市2011～2013年度先进单位（80个）

1. 国网安徽肥东县供电有限责任公司
2. 安徽肥东农村合作银行
3. 安徽华星智能停车设备有限公司
4. 安徽省锦翔塑编包装实业有限公司
5. 合肥艾普拉斯环保科技有限公司
6. 合肥海银塔杆有限公司
7. 肥西县公安局
8. 合肥新华书店有限公司肥西分公司
9. 肥西县建设工程监测中心
10. 肥西县花岗镇人民政府
11. 合肥市远程胶塑有限公司
12. 合肥金乡精密管件有限公司
13. 长丰县人口和计划生育委员会
14. 中国邮政储蓄银行股份有限公司长丰县支行
15. 合肥江淮铸造有限责任公司
16. 合肥市艳九天农业科技有限公司
17. 安徽金正大生态工程有限公司
18. 长丰县安全生产监督管理局
19. 安徽庐江农村商业银行股份有限公司
20. 安徽龙磁科技股份有限公司
21. 安徽省金润商贸有限公司
22. 国网安徽庐江县供电有限责任公司
23. 安徽省庐江县地方税务局
24. 庐江县农业委员会
25. 巢湖市人民路小学
26. 巢湖市烔炀镇中心卫生院
27. 泰山石膏（巢湖）有限公司
28. 国网安徽省电力公司巢湖市供电公司
29. 巢湖大国地板有限公司
30. 上海海虹实业（集团）巢湖今辰药业有限公司
31. 合肥市瑶海区城市管理局
32. 安徽景徽农产品营销农民专业合作社联合社
33. 安徽国邦实业有限公司
34. 合肥美景劳务服务有限公司
35. 合肥市庐阳区人民政府亳州路街道办事处
36. 合肥民创商贸有限公司
37. 合肥市久环给排水燃气设备有限公司
38. 安徽正远包装科技有限公司
39. 合肥市蜀山区南七街道办事处
40. 合肥市新城学校
41. 上海红星美凯龙品牌管理有限公司合肥分公司
42. 安徽顺丰通讯服务有限公司
43. 合肥市包河区住房和城乡建设局

44. 合肥南门汽车客运有限责任公司

45. 安徽中海物流有限公司

46. 安徽盛运环保工程有限公司

47. 合肥滨湖世纪城物业管理有限公司

48. 合肥美亚光电技术股份有限公司

49. 合肥晶澳太阳能科技有限公司

50. 合肥高新技术产业开发区建设发展局

51. 合肥太古可口可乐饮料有限公司

52. 安徽应流机电股份有限公司

53. 合肥晶弘电器有限公司

54. 安徽宝业住宅产业化有限公司

55. 合肥国轩高科动力能源股份公司

56. 翰博高新材料（合肥）有限公司

57. 合肥市公安局巢湖经济开发区分局

58. 安徽省广通汽车制造有限公司

59. 合肥华润神鹿药业有限公司

60. 合肥电力安装总公司

61. 合肥市工业投资控股有限公司

62. 中国移动通信集团安徽有限公司合肥分公司

63. 中国能源建设集团安徽电力建设第一工程公司

64. 合肥邮区中心局

65. 华能巢湖发电有限责任公司

66. 安徽安利合成革股份有限公司

67. 合肥市国正资产经营有限公司

68. 合肥百货大楼集团股份有限公司

69. 中国工商银行股份有限公司电子银行中心（合肥）

70. 合肥供水集团有限公司

71. 合肥公交集团有限公司

72. 合肥燃气集团有限公司

73. 合肥市排水管理办公室

74. 合肥市文物管理处

75. 合肥市第二人民医院

76. 合肥市第五中学

77. 合肥兴泰控股集团有限公司

78. 合肥市市直机关印务有限公司

79. 合肥市公安局瑶海分局

80. 合肥市滁河干渠管理分局

合肥市 2011 ～ 2013 年度先进集体（100 个）

1. 肥东县公安局众兴派出所

2. 安徽省肥东县人民医院普外科

3. 中国邮政储蓄银行股份有限公司肥东县支行营业部

4. 安徽江淮起重运输机械有限公司生产部

5. 安徽省雄峰起重机械有限公司技术中心

6. 合肥秋怡制衣有限公司生产部

7. 合肥海源机械有限公司总成车间

8. 安徽省佳宝玩具（集团）有限公司生产部

9. 中国工商银行股份有限公司安徽省分行营业部肥西县支行

10. 国网安徽肥西县供电有限责任公司营销部（客户服务中心）

11. 肥西县农业委员会农业科

12. 肥西县山南镇人民政府工会工作委员会

13. 合肥亿力机械制造有限公司技术部

14. 合肥肥西皖安汽保设备有限公司精工车间

15. 布勒易捷特色选机械（合肥）有限公司装配车间

16. 安徽长丰农村商业银行股份有限公司营业部

17. 长丰县农业技术推广中心农产品质量安全检测站

18. 合肥华升泵阀有限责任公司技术中心（化工泵产业创新团队）

19. 长丰县人力资源和社会保障局就业服务中心

20. 合肥万向钱潮汽车零部件有限公司精益生产小组

21. 合肥佳安建材有限公司粉碎车间

22. 安徽广银铝业有限公司水电维修班

23. 安徽万佳商贸有限公司家电服务中心

24. 合肥同大江淮汽车车身有限公司附件车间附件班

25. 安徽同济汽车零部件有限公司焊接车间

26. 安徽永泰塑胶制品有限公司设计研发小组

27. 安徽天新蜂产品有限公司原料供应部

28. 庐江县精神病医院护理部

29. 庐江县财政局会计中心

30. 庐江县行政服务中心工商窗口

31. 安徽大平工贸（集团）有限公司项目宣传部

32. 安徽省南峰实业（集团）有限公司计划财务部

33. 巢湖市安和环保服务有限责任公司综合计划部

34. 安徽国通电力建设有限公司设计室

35. 巢湖市富硒香有机农业生

态园有限公司种植组

36. 巢湖安德利购物中心有限公司家电部

37. 巢湖娃哈哈饮料有限公司纯水车间

38. 巢湖威力水泥有限公司烧成机修班组

39. 安徽百帮环境工程有限公司技术研发部

40. 安徽瑞沅置地集团有限公司总工程师办公室

41. 安徽光太实业集团有限公司财务部

42. 合肥市瑶海区大通路街道办事处创安劳务有限公司

43. 合肥市瑶海区和平路街道办事处创业劳务有限责任公司

44. 合肥市庐阳区人民政府四里河街道办事处工会

45. 安徽京皖宾馆有限公司行政部

46. 合肥新民医院办公室

47. 安徽新月光酒店管理有限公司工会委员会

48. 合肥市庐阳区大杨镇谢岗村村民委员会工会联合会

49. 合肥市蜀山区城市管理局汽车队

50. 合肥市绿都园林发展有限公司工程部

51. 安徽国购投资管理有限公司国购广场营运部

52. 安徽中汽旅游汽车集团有限公司汽车维修公司外修车间

53. 安徽正德人力资源咨询有限公司行政人事中心

54. 合肥华绿种苗有限公司滨湖基地生产部

55. 合肥皖宝集团床垫有限公司财务部

56. 合肥瑞星机械制造有限公司金工车间

57. 合肥市包河区包公街道办事处安全生产委员会办公室

58. 安徽乐城投资股份有限公司乐城超市旗舰店

59. 合肥市日月混凝土有限公司车队

60. 合肥世纪精信机械制造有限责任公司商用分厂

61. 合肥高新技术产业开发区天乐社区服务中心综合管理科

62. 安徽皖通科技股份有限公司交通工程事业部 -- 工程部

63. 兆科药业（合肥）有限公司 GMP 认证管理团队

64. 丝艾（合肥）包装材料有限公司生产部 HPC 印刷车间

65. 合肥威尔燃油系统有限责任公司物流部

66. 双维伊士曼纤维有限公司生产部倒班 B 班

67. 花王（合肥）有限公司行政部

68. 绿宝电缆（集团）有限公司设备部

69. 合肥乐凯科技产业有限公司扩散膜工艺技术组

70. 合肥京东方显示光源有限公司制造部制造一科

71. 合肥新站综合开发试验区环境保护局环境执法办公室

72. 东风精密铸造安徽有限公司华东项目组

73. 巢湖市金业电工机械有限公司技术部

74. 中盐安徽红四方股份有限公司发展部

75. 南京医药合肥大药房连锁有限公司合肥大药房

76. 合肥市地方铁路投资建设有限公司运输经营部

77. 国网安徽省电力公司合肥供电公司检修公司变电运维室

78. 合肥长安汽车有限公司工艺技术处

79. 安徽国风塑业股份有限公司薄膜二分厂

80. 南京医药合肥天润有限公司终端部

81. 合肥热电集团有限公司张标专工服务队

82. 合肥市市政设计院有限公司道桥一所

83. 合肥市房地产管理局蜀山房屋办证交易中心

84. 合肥市第二建筑安装有限公司城建·琥珀五环城工程项目部

85. 合肥市重点工程建设管理局办公室

86. 合肥市环境保护局 12369 环境投诉中心

87. 合肥供销兴隆生态科技公司

88. 合肥市工商行政管理局市场规范管理局

89. 苏果超市（合肥）有限公司长丰路购物广场

90. 合肥市商务局市场体系规划建设处

91. 合肥市图书馆报刊部

92. 合肥广播有限公司

93. 合肥职业技术学院医学分院

94. 合肥市职业教育中心计算机教研组

95. 合肥市安全生产监督管理局应急救援处

96. 合肥经济和信息化委员会中小企业局

97. 合肥市审计局建设审计室

98. 合肥市公安局瑶海分局胜利路派出所

99. 合肥市公安局交通警察支队车驾管所

100. 合肥市动物疫病预防控制中心

合肥市2011～2013年度劳动模范（80名）

1. 李正祥　　合肥海源机械公司
2. 谢中平（女）　中盐安徽红四方股份有限公司
3. 李宗琪　　合肥中南光电有限公司
4. 李小莉（女）　合肥丰华集团
5. 周义山　　肥东县金土地水稻专业合作社
6. 程运良　　安徽上房建筑有限责任公司
7. 杨梅华（女）　安徽广顺塑胶科技有限公司
8. 汤道国　　合肥新桥制衣有限公司
9. 李法尚　　肥西县丰乐镇从姚村
10. 夏顺礼　　安徽江淮汽车股份有限公司
11. 许大红　　合肥泰禾光电科技股份有限公司
12. 邹传新　　国网安徽长丰县供电有限责任公司
13. 杨兆全　　长丰豸铺农作物病虫害机防专业合作社
14. 陈　程　　合肥荣事达电视机有限公司
15. 瞿顶娟（女）安徽鸿路钢结构（集团）股份有限公司
16. 何基正　　庐江县金坝芹芽开发有限公司
17. 赵红霞（女）安徽省庐江县迪安娜制衣有限公司
18. 梁朝凯　　安徽马钢罗河矿业有限责任公司
19. 张　艳（女）安徽庐江县雅斯佳休闲用品有限公司
20. 徐　艳（女）安徽省恒泰动力科技有限公司
21. 郭克保　　安徽省巢湖市坝镇都督名优茶开发有限公司
22. 郑爱军　　巢湖市邮政局散兵支局
23. 许瑞红　　安徽富煌建设有限责任公司
24. 周　清　　巢湖市公共交通有限公司
25. 吴根蔓（女）巢湖市居巢区平安清扫保洁有限公司
26. 沐贤志　　巢湖市华盛种植养殖专业合作社
27. 杨成林　　合肥金鹰纸业有限公司
28. 夏庆中（女）安徽省文一投资控股集团
29. 高　屹　　合肥市庐阳区双岗街道白水坝社区居民委员会
30. 董吉梅（女）合肥环宇电缆厂
31. 崔国余　　合肥市庐阳区三十岗乡崔岗村民委员会
32. 王　忠　　合肥市庐阳区城市管理局生活废弃物转运管理中心
33. 智建立　　安徽中兴继远信息技术股份有限公司
34. 王　芳（女）合肥市锐志建筑劳务有限公司
35. 吴自文　　安徽山水空间装饰有限责任公司
36. 舒贵斌　　肥西县南岗毛巾厂
37. 束学稳　　安徽华陆建工集团
38. 童跃辉　　安徽中汽旅游汽车集团公司
39. 胡朝彪　　合肥华瑞汽车零部件有限公司
40. 魏宏勤　　合肥市包河区烟墩街道卫王村委会
41. 罗　燕（女）合肥湖滨物业管理有限公司
42. 陈治寿　　合肥永盛市政工程有限公司
43. 王　玮（女）安徽科大讯飞信息科技股份有限公司
44. 钱华斌　　合肥精大仪表股份有限公司
45. 张开超　　格力电器（合肥）有限公司
46. 张　华　　合肥美的洗衣机有限公司
47. 张友国　　安徽科大讯飞信息科技股份有限公司
48. 卜泽民　　日立建机（中国）有限公司
49. 凡鲜红（女）联合利华（中国）有限公司
50. 朱明超　　联宝（合肥）电子科技有限公司
51. 童兰侠（女）合肥海尔电冰箱有限公司
52. 陈　健（女）合肥鑫晟光电科技有限公司
53. 储洪涛　　中铁二十四局集团安徽工程有限公司
54. 陈宜强　　安徽金星预应力工程技术有限公司
55. 高　春　　安徽捷迅光电技术有限公司
56. 韩彦雪（女）安徽北大未名生物经济研究院有限公司
57. 徐峥嵘（女）巢湖深业诚毅地产有限公司温泉假日度假酒店分公司
58. 杨在霞（女）巢湖维尔服饰有限公司
59. 孔令春　　安徽皖维集团有限责任公司
60. 陶　玲（女）南京医药合肥天星有限公司
61. 付宏年　　安徽省合肥汽车客运有限公司
62. 王　军　　中国电信股份有限公司合肥分公司
63. 孙　琦　　合肥美菱股

份有限公司

64. 王　军　　　安徽送变电工程公司

65. 刘　萍（女）合肥市邮政局

66. 钱际华（女）安徽省合肥汽车客运总站有限责任公司

67. 疏义杰　　　南京医药合肥天星有限公司

68. 夏　力　　　合肥公交集团公司

69. 鲍晓红（女）中建四局第六建筑工程有限公司

70. 黄　闯　　　合肥市规划设计研究院

71. 白　飞　　　中国建筑第七工程局有限公司华东公司

72. 梁礼端　　　合肥国控建设融资担保有限公司

73. 宣庆松（女）中国工商银行股份有限公司肥东县支行

74. 张　缨（女）徽商银行合肥城隍庙支行

75. 牛东波　　　合肥市瑶海区烟草专卖局

76. 张　璐（女）中国建设银行股份有限公司安徽省分行营业部

77. 叶际伟　　　合肥市粮食局第二仓库

78. 赵　菊（女）合肥广电传媒有限公司

79. 韦　韬　　　合肥报业传媒集团

80. 程国旺　　　合肥丰乐种业股份有限公司

合肥市 2011 ～ 2013 年度先进工作者（20 名）

1. 桑亚松　　　肥东县石塘农业技术推广区域中心站

2. 罗国访　　　肥东县水务局

3. 俞　华　　　中共长丰县委长丰县人民政府信访局

4. 蔡讯波　　　庐江县广播电视台

5. 褚道群　　　巢湖市教育局

6. 梅　旭　　　合肥市瑶海区三里街街道办事处

7. 刘东贤　　　合肥市瑶海区房屋征收办公室

8. 陈　红（女）　合肥市庐东学校

9. 喻巧月（女）　合肥市海棠花园小学

10. 张其宏　　　合肥市蜀山区井岗镇人民政府

11. 傅　刘　　　合肥市包公园管理处

12. 潘逸芬（女）合肥市屯溪路小学阳光校区

13. 庞士煜　　　合肥市建筑质量安全监督站

14. 童春香（女）合肥市第二人民医院

15. 谢海涛　　　合肥学院

16. 阮厚广　　　合肥一六八中学

17. 胡权明　　　合肥市中级人民法院

18. 王永景　　　合肥市人民检察院

19. 王　连　　　合肥市公安局瑶海分局胜利路派出所

20. 常　横　　　合肥市公安局交通警察支队瑶海大队

合肥市五一劳动奖章（100 名）

1. 唐本龙　　　安徽省民防工程设备有限公司

2. 刘成良　　　肥东县公安局新城派出所

3. 张宏翠（女）联熹（合肥）污水处理有限公司

4. 孙晓琼（女）安徽真心食品有限公司

5. 干海章　　　合肥市尚诚塑业有限公司

6. 李生茂　　　合肥精诚塑料制品有限公司

7. 王家余　　　肥西县中医院

8. 马红兵（女）肥西县房地产产权监理办公室

9. 周先达　　　肥西县公安局桃花派出所

10. 陆全堂　　　合肥金鑫养殖专业合作社

11. 张小伟　　　安徽荣伟建设工程有限公司

12. 段启掌　　　安徽中科光电色选机械有限公司

13. 郭　静（女）合肥江淮铸造有限责任公司

14. 杨立品　　　安徽安尔固新材料有限公司

15. 李建殿　　　中国共产党长丰县纪律检查委员会

16. 濮　峻　　　合肥东森电光源有限公司

17. 徐文君（女）安徽味甲天食品酿造有限公司

18. 金勇军　　　安徽飞雁庐江客运有限公司

19. 盛　波　　　庐江县财政局

20. 徐晓红（女）安徽鼎辉玩具有限公司

21. 卢俊杰　　　安徽万磁电子有限公司

22. 李智辉　　　安徽振江印刷包装科技有限公司

23. 吴俊生　　　庐江县汤池镇人民政府

24. 熊世红　　　巢湖市污水处理管理处

25. 徐　亮　　　泰山石膏（巢湖）有限公司

26．黄　俊（女）中国移动通信集团安徽有限公司巢湖市分公司

27．章敬炉　　　中国电信股份有限公司巢湖分公司

28．范香花（女）巢湖安德利购物中心有限公司

29．郭其荣　　　安徽光明槐祥工贸集团有限公司

30．许　辉　　　合肥市瑶海区财政局

31．程鑫熠　　　安徽迅捷物流有限责任公司

32．李慧萍（女）合肥美景劳务服务有限公司

33．刘　燕（女）安徽白马商业经营管理有限公司

34．郑成树　　　合肥帮业劳务服务有限公司

35．姜　平　　　合肥桃蹊现代农业有限公司

36．张志军　　　合肥华星印务有限责任公司

37．顾春雷　　　合肥三国遗址公园管理处

38．张其菊（女）合肥市庐阳区城市管理局环境卫生管理中心

39．万孝荣　　　合肥市庐阳区人力资源和社会保障局劳动保障监察大队

40．徐从明　　　合肥市第四十五中学工业区分校

41．张　波　　　安徽喜尔美投资管理有限公司

42．陈朝看　　　合肥肖氏餐饮有限公司

43．崔良云（女）合肥市蜀山区城市管理局清洁一队

44．段传跃　　　安徽博一流体传动股份有限公司

45．陈桂林　　　合肥市蜀山区招商局

46．周启霞（女）合肥蜀山福泰豆业科技有限公司

47．胡召云　　　义城建设集团有限公司

48．赵　梅（女）合肥市包河区骆岗街道社区卫生服务中心

49．邱亚东　　　合肥常青机械股份有限公司

50．梁　燕（女）合肥凯创汽车零部件有限公司

51．李绍豹　　　深圳市升阳升清洁服务有限公司合肥分公司

52．王明玉　　　合肥市包河区淝河镇社区卫生服务中心

53．刘磐宇　　　合肥金星机电科技发展有限公司

54．丁永丽（女）安徽创世科技有限公司

55．单永梅（女）安徽继远电网技术有限责任公司

56．陈　斌　　　合肥禾盛新型材料有限公司

57．谢　致　　　中华人民共和国合肥海关

58．蔡建兵　　　精英模具（合肥）有限公司

59．张麦虎　　　合肥合锻机床股份有限公司

60．殷文东　　　安徽安泰新型包装材料有限公司

61．张伯聪　　　恒安（合肥）生活用品有限公司

62．赵冬梅（女）合肥九特龙洋服时装有限公司

63．胡业刚　　　安徽格蕴市政建材有限公司

64．梁华友　　　合肥新站综合开发试验区工会委员会

65．任俊东　　　合肥巢湖经济开发区经贸发展局

66．章红梅（女）合肥新奥燃气有限公司

67．李　军　　　巢湖市鼎力铁塔有限公司

68．林绪俊　　　合肥创和资产管理有限责任公司

69．孟宪乔　　　中国能源建设集团安徽省电力设计院

70．吴忠超　　　安徽国风塑业股份有限公司

71．张学东　　　皖能合肥发电有限公司

72．谷林涛　　　合肥荣事达三洋电器股份有限公司

73．施亚力　　　东华工程科技股份有限公司

74．范德武　　　马钢（合肥）钢铁有限责任公司

75．张文波　　　合肥电力安装总公司

76．陈　丽（女）中国能源建设集团安徽电力修造厂

77．李海波　　　安徽航天信息科技有限公司

78．徐曙光　　　中国能源建设集团安徽省电力设计院

79．王彦龙　　　中国人寿保险股份有限公司合肥市分公司庐江支公司

80．祁碧霞（女）中国人民财产保险股份有限公司合肥市分公司

81．汤永红（女）安徽省合肥市国家税务局

82．何金香（女）合肥悦家商业有限公司恒丰店

83．赵建国　　　中国邮政储蓄银行股份有限公司合肥市分行

84．王　泳　　　合肥市包河区市容环卫服务中心

85．蔡子平　　　合肥城建发展股份有限公司

86．胡　斌　　　中国石化集团资产经营管理有限公司合肥培训测试中心

87．杨利民　　　中建三局第二建设工程有限责任公司华东公司

88．姚丁屾（女）合肥野生动物园

89. 张尚玉　　　华艺生态园林股份有限公司

90. 程　衔　　　合肥有线电视宽带网络有限公司

91. 牛　伶（女）合肥市第一人民医院

92. 陈　龙　　　合肥新华书店有限公司

93. 张孜孜（女）合肥市第八中学

94. 刘皖梅（女）合肥市公安局庐阳分局亳州路派出所

95. 沈晓芝（女）合肥市公安局庐阳分局安庆路派出所

96. 娄青松（女）合肥市财政局

97. 马明理　　　合肥市总工会

98. 张　军　　　合肥市劳动争议仲裁院

99. 王玉山　　　安徽新希望白帝乳业有限公司

100. 吴　兵　　　合肥市动物卫生监督所

合肥市民荣登“中国好人榜”名录

杜先汝：美国救人献出生命

简要事迹：杜先汝是美国密歇根大学迪尔伯恩分校一名博士生，学业优秀且乐于助人。他拥有令人羡慕的前途，可是为了营救同学，美国东部时间2014年5月13日，他毫不犹豫地跳进了湍急的河水中，最终，同学得救了，年仅27岁的他却被河水无情地吞噬。

张景兰：无私奉献爱心　关爱儿童成长

事迹简介：张景兰，1948年10月生，安徽省人大机关已退休的原工会主席。十多年来她拿出自己的积蓄和拾荒赚来的数万元钱，并发动省人大系统领导和干部奉献爱心，帮助绩溪县250多名贫困学生圆得读书梦。

金兴安：创办的农家书屋

事迹简介：金兴安，定远人，中国作家协会会员、中国报告文学学会会员、中国儿童文学研究会会员、退休前系安徽出版集团编审、专家委员会副主任委员。为了感谢父老乡亲的养育之恩，2004年7月，金兴安用自己多年积蓄和藏书，在家乡定远县蒋集镇创建了安徽省第一个农家书屋（作家书屋），免费开放。十年来，该书屋累计有11万人次借阅各类出版物。农民通过看农业、科技等书籍光盘，提高了养殖业、种植业技术，增加了收入，得到了实惠。受到社会各界的高度关注和热情支持，荣获了中央、省、市、县多项荣誉，成为安徽省农家书屋建设的成功示范。

唐大卫：不忘初衷　方得始终

事迹简介：唐大卫从与档案结缘的那一瞬间起，就把自己的一切，交给了档案这一平凡但十分崇高的事业。他把最初选择作为自己毕生追求，把职业操守看得比自己的命还要重，始终以无私的工作态度、忘我的敬业精神，燃烧自己，从来无怨无悔，一直默默奉献。唐大卫以自己的倾心付出，践行着一个共产党员对事业的无比忠贞：只要执着坚守，终将成就永恒。

（市文明办）

第十三届“合肥十大新闻人物”

合肥市委宣传部与合肥晚报联合主办

杜先汝——异国他乡舍己救人

27岁的杜先汝，是来自合肥肥西县的美国密歇根大学迪尔伯恩分校博士留学生，美国东部时间2014年5月13日，他为营救同学，毫不犹豫地跳进河中。最终，同学得救了，他却被河水吞噬。杜先汝舍己救人的义举在美国当地、华人华侨和国内社会各界引起高度关注和称赞。

18名地质退休职工——遗体捐献群体

瑶海区327地质队的18位退休职工组成的志愿遗体捐献“英雄”团体，在全省都属罕见。成员中，年龄最大的当属1929年出生的文施超，年龄最小的是1967年的毕琳，遗体捐献成为他们共同的人生最终选择。18位志愿者中，姚贵和老人在2014年9月离世，已经完成了自己的心愿。

余华平——免费开展蜂疗24年

余华平是骆岗镇盛大村人。1979年开始养蜂，1990年起用蜜蜂为人免费治病。社会上有很多专门的蜂疗机构，收费颇高，但24年里，余华平却坚持分文不收。

2014年7月，余华平老人不幸因病逝世。父亲去世后，儿子余国俊下定决心要子承父业——免费为大家蜂疗。

杨泽田——理论宣讲先进个人

在包河区包公街道包河社区，有位八旬老人，1995年从合肥高压开关总厂退休后，主动担当起社区理论政策义务宣讲员。20年来不计报酬，成为构架起理论与群众、政策与百姓之间的桥梁。他就是基层宣讲员——杨泽田

范丽玲——小区“钥匙总管”

蜀山区丁岗社区西城花园小区有一名热心大姐，她掌管着小区20多户居民家中的钥匙。老人出门，忘带钥匙，她帮忙开门，邻居外出，也会把钥匙寄存在她那。43岁的范丽玲被居民们亲切地称为“钥匙总管”。

浦丽星——婆媳多年义务辅导

合肥市屯溪路小学高级教师浦丽星，2008年7月退休。从1995年起，她就开始义务为学生们进行辅导，从未中断，先后被评为“合肥首届道德模范”和“合肥百年有影响的百名女性”。让人感动的是，在浦老师家里，除了她之外，94岁的婆婆李素琴，曾是合肥十中英语教师，这么多年来，也一直坚持义务辅导学生。

吴保文——合肥的“时传祥”

46岁的掏粪工吴保文被称为“合肥时传祥”，他在这个岗位已干了25年。在他心里，有一个十多年未了的心愿——想收一个徒弟。2014年8月，在亳州路街道古城社区，以“中国好人”吴保文命名的便民服务小组开始开展帮扶活动。

沈辉——“抢救历史”的志愿者

自2014年8月份《合肥晚报》发现周刊推出“口述历史”专栏以来。读者沈辉作为志愿者加入进来，全程参与“口述历史”采访的视频拍摄。沈辉还有一个想法，为一些老人补拍婚纱照，完成他们当年无法记录自己爱情的遗憾。

汤晶晶——鸽棚内的阳光女孩

长丰县杨庙中学八年级女孩汤晶晶，一家三口生活困难，住在鸽子棚内，爸爸身患尿毒症，母亲患有帕金森病，家里的轻活重活，都是晶晶来做的。13岁的汤晶晶既要照顾父母，又要完成学业，但她仍然心怀梦想，她灿烂的笑容感染着每一个人。

张亮友——马拉松第一人

2014年　11月16日，87岁的张亮友参加了首届合肥国际马拉松赛全程组的比赛。鲜为人知的是，张亮友还是新中国第一个马拉松纪录创造者。1957年12月22日，在肥东店埠举行了新中国第一场马拉松测试赛，张亮友以2小时52分34秒6的成绩率先跑完，被当时的国家体委确定为新中国第一个马拉松纪录。

第九届“合肥十大经济人物”

吕连生——“合肥入长”理论定位的引路人

2014年，国家关于长江经济带的顶层设计规划对合肥做出了全新定位，合肥正式成为长三角副中心。安徽省社科院经济研究所所长、经济学研究员吕连生带领的专家团队见证并参与了规划的编制过程，其间还提出了宝贵意见，为合肥在长江经济带中新定位的确定及进入国家规划做出重要贡献。

江鑫——投资城市创新力的风投人

中国科技大学先进技术研究院由安徽省、中科院、合肥市、中科大四方共建，被誉为合肥市科技创新“一号工程”。它背后实现金融与科研成果基金，就是合肥市创新科技风险投资有限公司。该公司总经理江鑫说，在投资城市创新力的路上，他们还会继续前行，为合肥市经济转型升级、跨越发展出力。

田明——首富进军互联网医疗

身居福布斯榜单安徽富豪榜首，2014年一年，美亚光电的掌门人田明的财富增长就达40亿。田明曾任合肥轻工业机械厂设备科科长、合肥安科光电机械有限公司副总经理，现任合肥美亚光电技术股份有限公司董事长、合肥安科光电技术有限公司执行董事等。目前，美亚光电色选机销售量已接近全国总销售比例一半左右。田明开始进军布局互联网医疗领域，与春雨天下签订战略协议。

程先锋——福布斯榜合肥添新面孔

程先锋，肥西县人，1993年参加工作，曾任滁州琅琊药厂厂长助理，安徽生物研究所研究一室主任助理、市场部主任，2001年下海创业。

在2014年的福布斯富豪榜中，合肥亿帆药业的掌门人程先锋，其财富为73.4亿元，排在榜单的第170位。

张立野——名校“凤还巢”的企业家

张立野是中国科技大学近代力

学系78级学生，如今在他的名片上，办公地址栏里已赫然印上了“合肥庐阳科技产业园研发楼5楼”一行字。

作为中科大企业家联合会会长，张立野借助中科大校友企业科技优势及校友们的科大、合肥情结，将中外校友企业联系在一起，在庐阳区共谋科技产业发展大业。

郑舫挺——皖知识产权服务业“第一个吃螃蟹”的人

郑舫挺，任中国科技大学法硕中心讲座教授，中国民企国际发展促进会理事，安徽省知识产权研究会常务理事等社会职务。在郑舫挺的带领下，汇众公司敢于做安徽知识产权服务行业内第一个吃螃蟹的公司。2014年，建设“合肥市知识产权公共服务平台”。自6月试运行以来，预计每年为合肥地区知识产权单位节约管理费用上千万元。

胡优华——中国园林业新三板第一股缔造者

2014年1月24日，安徽华艺园林成功登陆新三板，成为中国园林业新三板第一股，唱响了“传承创新中华园林艺术，建设人与自然和谐家园”的使命。多年来一直藏在深山无人知的公司董事长胡优华一夜成名。

登陆新三板后，获得品牌和资本双支撑的华艺园林将加速全国布局，让“徽派园林”走向全国，目前已经在十个省市备案，设立分公司。

刘永华——秸秆利用新模式推广者

2006年大学毕业，刘永华放弃了自己的所学专业，跟随父亲投入了“烽火新能源”的环保事业中。

经过近十年的发展，“烽火新能源”在生物质能利用方面取得了不菲的成绩。

吴锋——首个入驻合肥综保区的台湾企业

作为一名安徽人，安徽杰狮龙电子科技有限公司董事会主席吴峰，从20世纪80年代开始就在广州开厂，而后又盘下了台湾一家制造芯片的公司。

2014年，合肥综合保税区正式开建，吴峰在综保区投资的晶园芯片制造项目，在国内属于首家。目前，他的台湾技术团队20多人已在合肥工作两年。

蔡黎——直面转型低成本品牌拓展

位于芜湖路上的齐云山庄酒店“掌舵人”蔡黎是徽商集团众多子公司中为数不多的女性管理者之一。“有韧性、保证遇事不退缩、不软弱、不失去原则”是她对自己的评价。

几年来，徽商齐云山庄先后获得“国家旅游标准化首批示范单位”、“安徽优秀星级饭店”等荣誉。2014年，蔡黎坚持走“低成本品牌拓展之路”，再创佳绩。

合肥市瑶海区

广场舞动

郎溪路立交

瑶海区举办“欢天喜地闹元宵 多彩民俗惠民生”大型民俗民间文艺汇演活动。

非遗文化

“三线三边”集中整治

合肥市庐阳区

合肥市庐阳区大杨镇的明发商业广场和住宅楼群

庐阳区北一环财富广场商办街

2015年4月28日，第三届中日韩围棋赛开幕式。

2014年，庐阳区开工建设保障性安居住房9140套，占全市总量的20.87%，获得合肥市保障性安居工程建设先进单位荣誉称号。图为荣城北苑廉租房（二期）住宅楼群。

合肥市蜀山区

电商园四期标准化厂房基本建成

蜀山市政擦亮“翡翠项链”

环境优雅的电商园三期厂房

合肥市包河区

环巢湖168黄金湖岸线”

万达文旅城——“中国鼓”

市民在大圩葡萄园内自助采摘

巨一自动化生产车间

肥东县

长临河古镇入口公园

位于肥东县的中盐安徽红四方股份有限公司东区

长临河镇丁字老街

2014 年 10 月 12 日，第三届道德模范颁奖典礼暨合肥市中华经典诵读展演肥东专场。

肥西县

肥西人民的母亲河——派河

人民西路新貌

紫蓬山新风光

长丰县

县城水湖镇

北城新区

中国（合肥）非物质文化遗产园

北城中学

庐江县

汤池镇一角

庐江现代农业示范区

庐江县郭河镇河口新村

新县委办公区

白云山上好风光

龙舟赛

巢湖市

巢湖夕照

城市新貌

巢父像

华能巢湖发电有限责任公司

2014 国内（巢湖）马拉松赛比赛现场

大湖名城 创新高地

大湖：将巢湖建设成景色秀美的生态之湖、传承历史的人文之湖、走向世界的融合之湖。

创新：把创新精神、创新理念、创新模式、创新文化和创新资源，全面融入到经济社会发展的各个层面、各个环节，不断激发创新活力。

名城：建设经济繁荣的实力之城、人才集聚的智慧之城、环境优美的生态之城、全民参与的创业之城、文化浓郁的魅力之城、和谐美好的幸福之城。

高地：加快形成具有国际竞争力的创新能力与产业高地、具有国际影响力的科技创新高地、具有相当知名度的人才高地、环境优美的生态高地、独具魅力的文化高地、高效廉洁的服务高地。

县（市）区

瑶海区

【概况】 瑶海区地处合肥市东部，前身为合肥市东市区。2002年3月，经国务院批准，安徽省人民政府调整合肥市部分行政区划，东市区更名为瑶海区。现辖12个街道、1个镇及1个开发区，面积64.4平方公里，常住人口约100万。2014年，生产总值400.1亿元，同比增长7.7%；全社会固定资产投资323.6亿元，增长20.5%；规模以上工业总产值45.5亿元，工业增加值12.7亿元；财政收入15.5亿元，其中地方财政收入11.9亿元，分别增长8.1%和7.7%；社会消费品零售总额290.1亿元，增长10.8%；招商引资267亿元，增长20%；城镇、农村常住居民可支配收入31211元和18482元，分别增长8.5%和11.2%。

【产业发展】 长江东大街总部经济走廊逐步成形，闽商中央广场成功申报省级服务业集聚区，保利东郡、中建四局华东总部大厦等项目顺利实施。瑶海万达广场、恒大中央广场、国轩总部基地等项目加快推进。中小金融机构创新园入园企业累计达59家，全年完成投资23.2亿元，利税2.6亿元。合肥物联网科技产业园启动区初具规模，新开普（安徽）物联网研发中心项目主体工程进展顺利，中网科技、中科国泰等项目签约入驻。都市科技工业园29万平方米厂房投入使用，华晶微电子、比达光电等企业建成投产。科技企业孵化器建成使用，全区新增国家级高新技术企业6家，3家企业工程技术中心通过市级认定。

【城区建设】 完成搬迁面积118万平方米。新（续）建基础设施项目25个，郎溪路立交等4条道路建成通车。轨道交通2号线等市重点工程实施，嘉山路等10条支路开工建设。启动联合大院等7个旧城改造项目。市一建生活区等34个老旧小区整治项目基本完成。改造三星家园巷等5条小街巷，实施华业苑等9个老旧小区雨污水分流改造。完成罗马西区等3个小区液化气置换。造纸厂和华凌锦苑二期1258套安置房建成安置；新建新和家园等6个复建点，在建复建点达20个、建筑总面积315万平方米。木器厂、明皇家园等5个保障房项目全部开工。

【生态建设】 坚持领导带头“行走瑶海”，“河（段）长制”、“路（段）长制”严格落实，“三线三边”深入开展，“三乱”整治效果显著。推进龙岗油坊村、城东幸福村美好乡村示范点建设。完成东一环、站前路等道路立面整治。提升、新增绿化70.71万平方米、植树造林6.66公顷，华凌游园等20处绿化景观建成开放，文一月亮湾游园即将建成，滨河公园建设加速推进，二十埠河湿地公园开工建设，郎溪路生态恢复工程启动实施。强化节能减排，推行路灯合同能源管理模式，实施“太阳能集热系统”，前三季度全区单位地区生产总值能耗下降7.54%，居于全市之首。严格环境准入制度，开展餐饮、洗车、汽修等行业专项整治；制定出台《瑶海区扬尘污染防治实施方案》，114处道路、工地扬尘得到有效整治；开展一环内“禁摩”工作，分批淘汰党政机关黄标车20辆，拆除燃煤小锅炉85台；购置水洗车10辆，道路水洗作业覆盖全区80%主干道。

【改革创新】 推动政府职能转变，完成工商质监食品药品监管体制改革，组建市场监管局、重点局。推进行政审批制度改革，启动政府权力清单、责任清单制度建设。实施街道社区政务服务体制改革试点，编制公共服务目录，优化窗口

2014年瑶海区镇、街、开发区、社区（村）一览表

镇、街、开发区	社区（村）
龙岗综合经济开发区	马岗、史城、新站、罗岗、王岗、大店、大彭、油坊、海洲、琥珀、华源、华都、瑞泰、新安
大兴镇	钟油坊　、漕冲、兴集、双圩、四岗、伏龙、东岗、钢红、钢南
城东街道	柳荫塘、隆岗、唐桥、合裕路、大王庙
胜利路街道	凤凰桥、滁州路、大窑湾
明光路街道	金大塘、全椒路、填海巷
车站街道	建设、红旗、戴安桥、濉溪东路
三里街街道	三里一村、三里三村、铁路一村、凤阳一村、临淮路、天长路、来安路、凤阳路
铜陵路街道	花冲、合浦北村、五里井、铜陵新村、铜南、泗州路、花溪
七里站街道	东七、紫竹苑、学苑、站塘、恒通、二十埠
大通路街道	华业、荻港路、繁昌路、绿苑
和平路街道	当涂路、茂林路、肥东路、裕溪路
红光街道	土山南路、钢北新村、枞阳路、化南
长淮街道	长淮、胜利、临泉中路、火车站广场、三角线、长春、元一、红星村、七里塘、板桥
方庙街道	汪塘、站塘、万绿园、香格里拉、森海、安徽大市场、天辉、香江佳元

服务资源，完善街道一站式受理、一条龙服务、“菜单”式分类办理模式。加快城市建设管理体制改革，制定出台《瑶海区建设领域“六分开”管理办法》《瑶海区建设项目工程变更管理办法》，开展遗留签单联合会审工作，建立健全规划国土建设联席会议制度；区城管数字化指挥中心建成启用，火车站广场地区实时监控、多方联动的综合整治体系不断完善，建筑垃圾运输管理进一步规范，城管议事会创新形式在全区推广。实施区街财政管理体制改革；往来资金实现集中支付管理，国库集中支付动态监控系统上线运行；推行政府购买服务，居家养老、残疾人托养开辟新途径。创新国资管理运营模式，国资收益同比增长21%，全年获批融资额度达8.83亿元。

【民生保障】 29项民生工程支出11.5亿元，占区级支出78.8%。新增实名就业1.8万人，转移农村劳动力734人，城镇登记失业率控制在4.3%以内。城乡居民社会养老保险参保续保3.9万人，城镇居民基本医疗保险参保续保16.46万人。城市居民享受低保48625人次、2300万元，农村居民享受低保2898人次、122万元。纳入被征地农民养老保障3.53万人，9200名到龄人员领取养老金4291万元。城乡医疗救助发放6273人次、996.8万元。农村五保供养、贫困残疾人生活救助、计生奖扶等项目提标扩面，义务教育经费保障实现城乡统筹。7个“老字号”群体生活补助发放到位。推进“五位一体”便民服务体系建设，完成裕隆、繁昌路等7个农贸市场标准化改造，新建生活家、铜陵路2个标准化市场，14家蔬菜直销店进驻社区，肉菜流通追溯体系建设逐步完善。

【社会发展】 通过“义务教育发展基本均衡区”国家评估认定，“薄弱学校、师资队伍、素质教育”三大提升工程全面实施，和平小学花冲分校、马岗实验小学南区投入使用，当涂路小学、明皇路小学等扩建项目加快推进。青少年科技创新工作全市领先。体育总会实现全区覆盖。“邻居节”“非遗”进社区、民间文艺专场演出等活动群众喜闻乐见。成功创建“省级卫生应急综合示范区”，重大传染病病人救治项目全市率先完成。成功创建“全国计划生育优质服务先进区”，单独二孩政策全面落实。足额兑现优待对象抚恤定补款622.58万元。区文化艺术、公共卫生（计生）中心主体完工。第三次全国经济普查、未成年人思想道德建设、民族及残疾人工作获得省级表彰。

【社会管理】 明光路街道、大通路街道及铁路一村社区、当涂路社区荣膺全国和谐社区建设示范单位。青少年普法教育步入全国示范行列。“养老服务评估”深受好

评，社区枢纽型社会组织实现全覆盖。文化市场专项整治和“扫黄打非”工作深入推进。加强“平安瑶海”建设，完成“天网工程”，街所联动机制备受关注，房屋租赁信息平台管理建立健全，打击非法传销等专项行动扎实有效。开展领导干部“大接访”活动，主动排查化解各类矛盾纠纷，综治维稳中心实现全覆盖。完成油气输送管线安全整治72处，道路交通、消防安全、食品卫生、特种设备等重点行业领域安全监管和职业健康监管工作不断加强，全区安全形势总体保持稳定。

【自身建设】 以开展党的群众路线教育实践活动为载体，严格执行中央八项规定和省市相关规定，持之以恒纠正四风，强化重点领域和关键环节的监察、审计，政府作风建设取得明显成效。推进党政领导干部违规建房和多占住房、违规经商办企业、行政服务审批中介组织等专项整治。政府重大决策法律论证、规范性文件审核备案等制度执行到位。政务服务标准化全面推行，窗口经营性服务收费清理取消，政务服务直通车办理量、办结率、群众满意率等指标全市领先。政务行政权力公开透明运行，重点领域信息公开等工作分解细化，“中国·瑶海”政府网站第六次获得全省先进。深化预算编制绩效管理，出台《瑶海区会议费管理办法》《瑶海区差旅费管理办法》，“三公经费”预决算网上公开。自觉接受人大及其常委会法律监督和政协民主监督，支持政协履行职能，人大代表议案、建议和政协委员提案190件全部办结。

乡镇街道选介

三里街街道

【概况】 三里街街道东起铜陵路，西至长江东路立交桥，南到全椒路铁路立交桥，北至临泉路，辖区面积约2.5平方公里，常住人口5.5万人，辖三里一村、三里三村、铁路一村、凤阳一村、临淮路、天长路、来安路、凤阳路8个社区。至2014年，先后荣获全国和谐社区建设示范单位、全国综合减灾示范社区、全国人民满意的公务员集体、安徽省文明社区、安徽省综合减灾示范社区、安徽省地震安全示范社区、安徽省家庭教育工作示范社区、省级“城市生活e站”、省级社区体育俱乐部、省级“双创建”先进集体、合肥市依法行政示范单位、合肥市双拥合格单位、合肥市信访工作先进基层单位等称号。

【经济发展】 2014年，固定资产投资12.7亿元，社会消费品零售总额1.13亿元，招商引资15.81亿元，财政收入1.54亿元。完成全国第三次经济普查工作，核查并录入法人单位578户，产业活动单位116户、个体户2206户。

【环境整治】 推进11个老旧小区整治，改造建筑面积38.91万平方米、燃气出户约4012户、屋面防水4.84万平方米、雨污分流13980米。完成轮胎厂（陈小郢）旧城改造项目720户、4.61万平方米征收任务。

清除垃圾5738吨，拆除广告标牌132处，拆除违法建设157处，其中新生违法建设70余处。对汽配城、凤阳二村、三村、铁路一村菜市、东苑新村和凤阳路集贸市场内废旧占道汽车、违法搭建、违章围栏、毁绿种菜进行集中拆除和清理，移走废旧占道汽车50多辆，拆除违法建设600余平方米、违章围栏100余米，清运垃圾30余车，解决辖区创建“顽疾”。

【社会事业】 新增就业1621人，发放《就业失业登记证》515本；为417人次申报灵活就业社保补贴90万元，发放低保金283.2万元；新增低保对象20户26人，增发低保金10635元，累计保障4162户次、5848人次；发放居家养老服务券，价值102万元；发放高龄津贴87.82万元；对特困家庭开展临时救助，发放慰问金7.9万元，发放大病救助26人、21.5万元；发放独生子女保健费1650户、47.02万元；发放退休人员一次性奖励120人、35万元。完成5475对单独夫妇信息核查工作。开展各类文体活动80余次。三里三村老年艺术团《航母STYLE》节目参加央视《直通春晚》录制。

全年受理群众信访事项33件，群众来信4封，涉及集体访43批484人次，个人访9批9人次，群众到区以上机关上访11批78人次，信访处结率100%；处理12345政府直通车转办记录523起。摸排整治违章建筑占压燃气管道隐患28处，并通过验收，实现辖区燃气管道“零占压”。

（钱光禄 肖 利）

庐阳区

【概况】 庐阳区位于合肥市老城区及其西北部，辖区面积139.32平方公里，现辖1个乡、1

个镇、9个街道办事处及庐阳工业区，2014年户籍人口46.30万。全年实现地区生产总值543.86亿元，比上年增长9.8%；全社会固定资产投资515.88亿元，比上年增长18.3%；财政收入27.30亿元，其中地方财政收入16.76亿元，分别比上年增长10.90%、10.5%；社会消费品零售总额389亿元，比上年增长13.5%，招商引资总量330.13亿元，其中外商直接投资1.49亿美元，比上年增长2.9%：城镇和农村常住居民可支配收入分别比上年增长10.2%、12.2%；万元GDP能耗下降，主要污染物排放总量达到市控目标。

【投资引资】 2014年，全区第三产业投资比重提高，现代服务业投资增速加快。全区第三产业投资完成425.07亿元，同比增长22.9%。三次产业投资比重分别为2.9:14.7:82.4，第三产业投资比重同比提高3.1%，其中现代服务业投资248.33亿元。同比增长27.9%，高于全社会固定资产投资9.6%。在万科森林公园，融侨商业综合体，北恒信汽车城等大项目带动下，全区“1346”行动计划，（“1”指“十二五”末合肥地区生产总值在“十一五”基础上翻一番以上；“3”指先进制造业，高新技术和现代服务企业三大基地；“4”指战略性新型产业、先进制造业、现代服务业、现代农业；“6”指民生、基础设施、生态环保、金融支撑、人才、文化六大工程。）项目完成投资143.83亿元，完成合肥市目标任务的119.2%。

2014年，全区招商引资总量、外商直接投资分别完成年度计划的124.1%、102.8%，其中外商直接投资总量1.49亿美元，同比增长5.4%，位居全市四城区（瑶海区、蜀山区、包河区、庐阳区）第一。全年新引进项目136个，其中总投资亿元以上项目98个，5亿元以上项目44个。世界500强企业三家，分别是安徽省正奇金融控股有限公司、中国太平洋保险公司安徽总项目、中国人寿保险（安徽）客服总台处理中心项目。

【工业经济】 庐阳区工业经济主要集中在庐阳工业区。工业区清理闲置、低效利用土地，建设工业转型载体，开展科技产业园创建，形成以全省首个都市工业社区工投创智天地、中科大校友企业创新产业园等为代表的10大都市科技园区，重点引进电子信息、互联网科技、文化创意、新材料、现代服务业等高新产业，带动园区由传统工业向高新技术服务业转型。截至2014年底，引进达研科技、和佳寰宇等科技型企业73家，新认定国家级高新技术企业数岩科技、和佳软件、博飞电子等17家。全年，庐阳工业区新引进电子信息类企业27家，生物医药类企业2家，节能环保企业3家。通过高新技术产业集聚，促进工业区科技含量提高，引领工业向科技型园区转型。

2014年，全区规模以上亿元工业企业62家，完成产值221.19亿元，占全区规模以上工业总产值的91.2%，同比增长3.9%，高于全区工业平均增速2.1%。全区部分支柱产业产值增速加快。其中，电子热力生产和供应实现工业总产值28.35亿元，同比增长18.8%；印刷行业实现工业总产值41.41亿元，同比增长5.1%；家具制造业实现工业总产值21.01亿元，同比增长4.2%。

【农村经济】 全区农村地区主要位于三十岗乡和大杨镇14个行政村，45平方千米范围。为保障全市市民饮用水安全，庐阳区调整产业结构，突出向林业生态建设和苗木、花卉、经果林及设施农业发展，推进传统农业向生态文化旅游业转型。新建温室大棚育苗基地5个，计6.5万平方米。其中，东华现代农业科技园建设以西红柿、草莓采摘体验为主。合肥北城区花卉生产销售交易中心3万平方米，成为市北部地区最大花卉生产批发、零售场所。建成三十岗乡桃蹊果园等市级标准化示范基地2个，新增市级农业产业化龙头企业2个，省级1个。全区30家农业产业化龙头企业实现销售额45亿元，创汇200万美元。龙头企业种植、养殖原料基地2666.7公顷，联络农户7万户，吸纳农民就业5千人。全区农民专业合作社28家（其中省级示范性合作社1家，市级示范合作社3家），合作社总入社社员2100人，联结农产品基地1333.3公顷，带动周边农户5万人。

推动美好乡村建设向高层次发展。全年对美好乡村三大类重点建设项目（村庄整治、设施建设、产业发展）投资4022万元。在东瞿美食村，统一村庄内部标识标牌，加密绿化栽植，编撰瞿姓家谱，挖掘美食文化，开展每家一个特色菜活动。崔岗艺术村现有摄影、雕塑、陶艺等内容53位艺术家入驻。依托禾润生态垂钓园、桃蹊水果农场、东华生态农业科技园等项目，举办全国垂钓俱乐部挑战赛和桃花节、采摘节等活动，全年吸引游客达120万人次。

【城乡建设】 2014年，投资35亿元，完成45中桐城路校区、庐阳高级中学艺体中心、昆仑花园、义井路、杨庙路、华祖路、杨尚路等26个项目建设任务。实施晶体管厂、科研所及周边地块等10个项目4915户81.85万平方米的征迁工作；完成白水坝、东方大道、中菜市路等12个续拆71户计3.51万平方米的征迁任务。截至2014年底，保障性安居工程开工建设住房9220套，完成市下达目标任务100.88%；基本建成保障性住房1600套，完成市下达目标任务103.89%；新增房屋租赁补贴户数365户，完成市下达目标任务182.5%。完成总量全市第一。

【现代服务业】 2014年，庐阳区依托“一核三带”（老城区为主核，长江中路中心商业带、北一环城市金融商务带、中环线临泉路总部经济带）发展高端商贸、金融、文化创意等现代服务业。引进广发银行、齐鲁证券、光大永明人寿、中华联合财产保险、太平洋保险、天风证券等金融项目以及365装修宝、鼎融置地、华力集团、皖北煤电等安徽总部基地落户。已入驻各类企业7500家，其中，世界500强企业125家、总部企业310家、金融总部企业68家、上市企业8家、国际一线品牌专卖店38家，集聚度全省第一。继续推进楼宇集群经济，形成四牌楼商贸楼宇、新安文化广场文化楼宇、东怡金融楼宇、北一环总部经济楼宇。全区商务（商业）楼宇167幢，楼宇商用面积630万平方米，其中税收超亿元楼宇6幢，超千万元楼宇29幢。顺应新兴购物需求，发展线上线下相融合的特色电商。全区设立在线购物平台6家，开设网店7392家，百大易商、徽之尚商城、银泰商城等电商平台建成，成为合肥百大、商之都、银泰等知名商贸企业新的利税增长点。安徽第一时尚网络示范街“网上女人街”上线运行。全年电子商务交易金额45亿元，占全市总量的20%。2014年6月27日，庐阳区被中国城市商业网点建设管理联合会授予“中国商业名区”。全年全区限上零售额超亿元企业66家，比上年增加12家。全区社会消费品零售总额总量，名列全市第一，增速第二。

【民生工程】 全年实施民生工程39项，投入资金15亿元，民生工程支出占区财政收入的79%。全年实现城镇新增就业21200人，失业再就业5566人。保障困难群众生活，救助“一户多残”家庭，发放救助金42万元，救助605人次。为46位低保家庭大学生发放学费救助金17.8万元，帮助困难户家庭孩子上大学。实施困难群体保障提标扩面，农村“五保户”与城市“三无”人员供养标准并轨，并提高至省、市规定标准3.6倍。全区社会救助服务窗口实现全覆盖，被确定为省社会救助体系建设试点单位。全区养老服务工作位居全市前列，乐年养老之家被民政部门列为全国唯一一家智能养老物联网示范工程试点单位。2014年，全区获省民生工程绩效奖补工作先进区、全国和谐社区建设示范城区。开展老旧居民生活小区整治，投资2.5亿元，对农药厂小区、双岗老街小区、钢铁新村小区、七桂唐小区、光明新村、绿都花园、寿春五巷、义仓北区等20个老旧生活小区开展综合环境整治，改造建筑面积73万平方米，惠及13485户居民。

【优化环境】 推进董铺水库、大房郢水库水源地保护区土地整治项目，搬迁房屋面积82万平方米，涉及群众4408户。实施三国城路污水管网建设，新建污水管网4.5公里。开展三十岗乡境内东瞿水库、汪堰水库等9条河道整治，三十岗乡农村环境连片整治工程竣工。紫桐公园、海棠公园、淮北路公园开工建设，填补辖区北二环沿线无公园空白。为逍遥津公园、杏花公园增绿补植、平整道路、更新公益设施。实施亳州路、寿春路绿化精品道路建设，建成9处道路节点游园。2014年，开展绿化大会战，新增绿地面积77万平方米，植树造林231.5公顷，造林绿化工作获全市一等奖，三十岗乡获安徽省森林城镇称号。加强辖区干道环卫保洁，对二环内所有道路进行水洗作业，北一环、寿春路试点24小时保湿作业，保持道路全天候处在湿润状态，力求达到鞋不沾灰、车不扬尘，降尘除霾效果。

【社会事业】 2014年，庐阳区均衡优质教育资源，辐射边远薄弱学校，与合肥经开区、肥西县、庐江县合作办学。开办南门小学经开区海恒分校，六安路小学翠微分校、45中经开区芙蓉分校以及南门小学肥西县上派分校、六安路小学庐江县固大镇古圩小学分校。开展素质教育，新建7所城市学校少年宫并投入使用。投资420万元建成合肥市安庆路幼儿园红星早教指导中心，于9月招生，这是全省第一家以教育部门为主导，医疗、卫生、计生、妇联等相关部门参加，以0-3岁幼儿为教育对象的早期教育研究工作科研基地。2014年，庐阳区教育部门第三次在省教育监督考核评为优秀等次，再次获全省教育强区称号。

在全市率先启动家庭医生服务。双岗街道卫生服务中心被授予全国“群众最满意的社区卫生服务机构”称号。落实人口和计划生育工作，杏林街道北部社区入选全国首批家庭发展能力建设试点单位。四里河街道桃花社区流动人口均等化服务工作得到国家卫计委肯定。历时10年编纂，完成首部《合肥

2014 年庐阳区乡镇、街道、社区（村）一览表

乡镇、街道	社 区（村）
三十岗乡	崔岗村、瞿嘴村、三十岗村、陈龙村、东瞿村、风景村、柴冲村、汪堰村、堰稍村
大杨镇	吴吴郢 吴郢社区、五里拐社区、夹塘社区、龙王社区、高桥社区 、照山社区、草塘社区、王墩社区、清源社区、大杨村、十张村、岗西村、谢岗村、水库村
杏花村街道	五里社区、林店社区、汲桥新村社区、松竹社区、灵璧路社区、金都社区
林店街道	景湾社区、永清社区、金池社区、菱湖社区、连水社区、官塘社区、天河社区
四里河街道	四河社区、桃花源社区、银河湾社区
双岗街道	虹桥社区、小桥湾社区、万小店社区、白水坝社区、高河埂社区、一里井社区
亳州路街道	鲁园社区、滨南社区、畅园社区、古城社区、水西门社区、南河湾社区
杏林街道	望城社区、上城社区、北都社区、丽都社区
三孝口街道	逥龙桥社区、西平门社区、龚湾社区、城隍庙社区、杏花社区、大夫第社区
海棠街道	清华社区、荷塘社区、平楼社区、藕塘社区
逍遥津社区	红旗社区、四牌楼社区、义仓社区、九狮桥社区、县桥社区、拱辰社区
红光街道	土山南路、钢北新村、枞阳路、化南
长淮街道	长淮、胜利、临泉中路、火车站广场、三角线、长春、元一、红星村、七里塘、板桥
方庙街道	汪塘、站塘、万绿园、香格里拉、森海、安徽大市场、天辉、香江佳元

市庐阳区志》正式出版发行。举办中日韩三国围棋名人混双赛，中央电视台五台现场直播，提高合肥市和庐阳区的知名度。开展“六五”普法，被国家关工委授予青少年普法先进单位。综合维稳信访工作中心（站）实现全覆盖，全年共化解信访积案 62 件，全区没有发生重特大群体事件，在居民安全感测评中，得分名列全市城区第一名。

【庐阳区跻身中国商业名区】 2014 年 6 月 27 日，中国城市商业网点建设管理联合会正式授予庐阳区“中国商业名区”称号，这是全省唯一获此称号的城区。庐阳区是全省商贸服务业第一大区，共有各类商业网点 36000 余个，营业面积超过 180 万平方米，其中 5000 平方米以上商业网点 23 家，汇聚百大鼓楼商厦、商之都、金鹰、百盛等上万平方米的商业卖场 12 家，银泰购物中心、金鹰国际购物中心、新天地国际购物中心等城市综合体项目 7 个，总面积达 115 万平方米。全年，社会消费品零售总额 389 亿元，同比增长 12%，总量和增速均属全省县区第一。

【合肥市庐阳区志】出版 2014 年 10 月，《合肥市庐阳区志》由中国方志出版社正式出版发行。这是庐阳区 1949 年以来编纂的首部志书。《合肥市庐阳区志》编纂工作启动于 2004 年 4 月，历经 10 年编纂完成。全书 180 多万字，22 篇 71 章 282 节，是记载庐阳区地理、政治、经济、文化、人物等内容的志书。

（王建生）

蜀山区

【概况】 2014 年全年地区生产总值完成 409.1 亿元，比上年增长 6.1%；全社会固定资产投资完成 523.1 亿元，增长 18.8%；财政收入完成 26.5 亿元，增长 9.6%，其中地方财政收入 19.6 亿元；城镇常住居民人均可支配收入 33941 元，增长 9.1%；农村常住居民人均可支配收入 18810 元，增长 11.6%。超额完成市政府下达的节能和主要污染物减排约束性指标。三次产业比例为 1.3 ∶ 32.7 ∶ 66。

【项目建设】 2014 年全年加快推进重点项目 226 个，开工兴建52个项目，其中10亿元以上重大项目7个，完成投资65.9亿元；78个续建项目进展顺利；67个前期谋划项目稳步推进。51个列入市“1346”行动计划项目、25个列入省“861”行动计划项目分别完成投资56.2亿元、33.9亿元，为年度投资任务的112%、118.5%。

全年新引进企业190家，其中现代服务业大项目16个、工业大项目2个，现代服务业大项目数是市定任务的5.3倍。完成招商引资总量292亿元，其中外商直接投资1.48亿美元，同比分别增长16%、20%。

全区落实市扶持产业发展“1+3+5+N”政策体系和区相关激励政策，为辖区企业兑现各类奖补资金近5000万元；帮助中小企业融资近10亿元；2家企业在安徽省股权交易中心挂牌。新增注册企业6800多户，相当于上年企业总数的40%。5家民营企业跻身安徽省民营企业百强，安徽国购集团入围中国民营企业500强。第三次全国经济普查工作圆满完成，荣获全市唯一的全国经济普查先进集体称号。启动区“十三五”规划编制工作。

【产业转型】 各类服务业竞相发展。大型商业网点发展到27个。全年实现社会消费品零售总额203.3亿元，同比增长8.7%。华邦银泰城、华润五彩城等城市综合体开门迎客，卓誉商业综合体等项目加紧推进，全市最大的花鸟虫鱼专业市场海卉花市建成开业，华地特色商业街项目落户。携程旅行网合肥项目投入运营，中国人寿（合肥）呼叫中心、阳光信通呼叫中心签约入驻，顺丰速运智能分拣基地、中邮安徽农产品电商基地、网达移动互联网产业园顺利推进；全省首个跨境电子商务园区安徽（蜀山）跨境电子商务产业园实现通关试运行。1912综合文化娱乐街区初具规模，婚庆文化电商产业园、体育用品安徽体验基地开工建设，中国（合肥）国际动漫城项目前期工作扎实推进，全区文化产业总量和规模以上项目数均居全省城区第一。民生银行在我区设立全市首家城市商业合作社，英大泰和人寿保险、中安融资租赁等企业落户。对外贸易快速增长，全年进出口总额达到8亿美元，同比增长21.3%。

工业经济克难而进。国祯环保、福达模具项目全线投产，格兰塑业、和荣复合材料项目量产，燕庄食用油、先诺光电节能照明、大陆轮胎中国区研发中心、德马泰格二期、融捷能源、环新投资等项目开工，长安汽车核心零部件产业园落户。全年完成规上工业总产值165.6亿元、规上工业增加值43.4亿元、工业投资82.2亿元。完成战略性新兴产业产值60.3亿元。在全省率先建成区级工业云平台，100多家企业升级为“智慧企业”。新增高新技术企业21家，总量达132家；新增申请专利2622件、授权专利1158件，专利授权量继续位列全省各县区前列。中国（合肥）工业设计城项目获准挂牌合肥市工业设计示范园区；自主创新产业基地四期厂房全面实现结构封顶。南岗科技园5条道路全面施工。小庙工业聚集区清理低效项目11个。寿县蜀山现代产业园区起步区“五横五纵”骨干路网基本建成，一批工业项目签约入园。

农业生产平稳增长。种植业播种面积稳定在1.08万公顷，粮食、油菜总产量分别为6.27万吨、7120吨。区财政投入2100万元支持现代农业、生态观光农业发展，现代农业示范园、农业生态园发展到近40家，星级农家乐增至10家。新增流转土地0.19万公顷，出台《蜀山区农村土地承包经营权流转监督管理办法》。对口帮扶庐江县、岳西县工作有效推进。

【城乡建设】 望江西路下穿及拓宽改造、二环路畅通、312国道改造等项目完成征迁，清溪净水厂、206国道改造等项目征迁工作有序推进，轨道交通3号线、新桥大道、清一冲和清二冲市政排水等项目启动征迁。新建、续建城区支路14条，其中高刘路、洪桥路、长岗路全面完工，肥西路、煤场路、光明路等即将完成主体工程，湖光东路等6条道路加紧施工；在小庙镇境内新建陈堰路等3条农村公路，通过财政奖补支持农民以“一事一议”方式修建7条村级道路，均已基本完工。小庙镇总体规划获市政府审批。及时完善市政设施，维修道路6条、桥梁6座，更新窨井设施792套，整改排水设施87户。南新庄项目完成搬迁，北亚小区、金绩交口、水安公司等项目基本完成搬迁，搬迁总面积近52万平方米。在金绩交口项目推进中探索“模拟征收”新模式，在轨道交通2号线征迁扫尾阶段探索“司法强拆”新途径，“群众自主搬迁”模式获市政府工作创新奖。丁香家园四期、蜀山花园二期、环湖家园等加紧施工，下公岗等复建点开工建设，科学分院路等复建点主体工程竣工，南岗和园建成回迁，龚洼、方大郢、福乐家园等复建点即将回迁。投资近1.23亿元综合整治化机厂、西园新村等45处老旧小区，惠及居民1.4万户、4.2万人。组建业主委员会的小区达到200个，政府支持引入物业管理的老旧小区达到83个。

枣林新村小区主体工程竣工，袁中、段冲两村拆旧建新项目稳步推进。完成南岗镇96.7公顷土地复垦。除险加固小二型水库3座，更新改造小型泵站13座，加固新建小型水闸3座，清淤扩挖塘坝172口，整治农村河沟7条，改造末级渠系新增灌溉面积0.1万公顷。

【生态环境建设】 完成植树造林0.11万公顷、新建改造绿化91万平方米，分别是市下达任务的124%、130%。投资2000万元打造“四季花海”二期工程。提升改造环城公园景观和绿道系统，完善半岛森林公园配套道路。在黄山路、南一环等重点路段实施鲜花上路工程。落实“河（段）长制”，巡查发现12处水环境问题并督促整改到位；争取1.2亿元国开行贷款实施环巢湖流域环境综合治理一期项目，扎实推进水源地生态修复工程区财政投资1000万元实施“百河千渠万塘”行动，清洁渠道41条、总长146公里，塘坝46口、总面积43.7公顷。

支持9家工业企业采用清洁生产模式，整改淘汰燃煤小锅炉96台，督促57家沙场等堆放场所、23处工地、8家混凝土搅拌站限期消除扬尘污染，道路机械化清扫率达90%以上。圆满完成午秋两季秸秆禁烧任务，取缔炭火烧烤35处，21辆公务黄标车全部停驶报废。

推进全国文明城市创建工作，领导干部带头“行走蜀山”实地督查。小街巷、农贸市场、公路沿线等场所的脏乱差现象得到遏制。西一环打造成景观示范路。拆除各类违法建设64处、近9000平方米。

【社会事业】 习友路小学、南岗小学建成投入使用，17中南校区改扩建、南岗幼儿园顺利竣工，蜀山高级中学加快施工，望江路中学开工建设，望岳中学、蜀山初级中学等学校加快筹建，小庙地区5所学校实施标准化建设。公开招考中小学及幼儿园教师129人。成功创建全国社区教育示范区，“老年学堂”被教育部授予“终身学习活动品牌”，教育督导工作连续两年被评为省级优秀等次。

开展各类群众性文化活动近800场次。成功承办安徽省高校声乐比赛暨全国高校声乐比赛安徽赛区选拔赛；蜀山区文艺团队在第十二届中国国际合唱节、第九届中国音乐金钟奖合唱比赛连连获奖。通过全国文化先进区复查，完成全国第一次可移动文物普查。政府机关软件正版化工作通过国务院检查组抽查。开展“邻里守望，情暖社区”志愿服务，实施“最美家庭”、“幸福家庭”评选活动。全区学校道德讲堂实现全覆盖，新建社区儿童之家10个。

全科医生团队发展到54个，享受家庭医生式签约服务人口突破6万人，建立居民健康档案55万多份。发放1000元免费额度的惠民卫生服务门诊专用处方本，1031名患有慢性病的高龄低保人员获益。南岗镇卫生院新院建成。荣获全省城市和流动人口计划生育工作先进区称号，被列为全国流动人口卫生计生服务管理工作会议参观点。积极落实“单独两孩”政策，深入开展“关爱女孩行动”。被确定为全国青少年健康发展试点区和全省促进家庭发展能力建设试点单位。新建52处全民健身点，群众体育运动场地突破300个；举办和参加群众性体育比赛活动160项，参与人员1.5万人。圆满完成第六次全国体育运动场地普查和第四次国民体质监测任务。荣获全国县级防震减灾工作综合考核先进单位称号。第二次全国地名普查工作启动。区人防应急指挥中心建成并投入使用。“三馆两中心”项目进入装修阶段。民生综合楼项目主体结构即将完工。国防动员、民兵预备役、民族宗教、外事侨务、对台、档案、地方志、科普、侨联、文联、防处邪教、烟草专卖等工作得到加强。

【民生工程】 32项省市民生工程全部实施完成。全年新增实名制就业20032人，下岗失业人员和就业困难对象实现就业7319人，新增非正规就业组织252个、孵化成功企业186户、创业基地面积17651平方米，发放就业小额贷款3833万元。获准设立市级青年创业园，开发39个社区公益性岗位聘用高校毕业生任职。成功创建全国残疾人就业指导员远程培训优秀示范区，扶持400多名残疾人实现就业和自主创业。处理劳动争议举报投诉案件1700多件，追讨工资6900多万元。

城镇居民基本医疗保险、城乡居民养老保险分别完成参保21.4万人、7.7万人。农村低保、城市低保人均月补差分别为423元、485元，分别居全省各县区第一位、第二位，共发放城乡低保金2343万元。发放被征地农民养老金4600万元，区财政出资348万元解决小庙镇被征地农民纳入市统筹问题。向970名“老字号”补助对象发放资金210万元。发放医疗救助金近700万元，7600多人次得到救助。提高计生家庭特扶金发放标准，为193户特扶家庭购买综合保险。向3所义务教育阶段民办学校拨付经费近400万元，使5553名民办学校学生同等享受教育经费保障政策，向家庭经济困难学生发放补助2062人次、资金近150万元。

2014年蜀山区乡镇、街道、社区（村）一览表

镇、街名称	社区	村
井岗镇	十里庙社区、卫楼社区、半岛社区、蜀山社区、十里店社区、兴民社区	十八岗村
南岗镇	新城社区	鸡鸣村、梁墩村、瓦屋村、双塘村、侯店村
小庙镇	小庙街道社区、拐岗社区、五十墩社区、雷麻社区、大柏社区、将军社区、袁中社区	小蜀山村、小庙村、马场村、姚家村、黄栗村、余岗村、雷北村、小柏村、茅铺村、饭棚村、街北村、石塘村、栀树村、枣林村、新民村、马岗村、段冲村、硕大塘村、北分路村、高岗村、郑岗村、河南村、朱岗村
南七街道	科企社区、丁岗社区、洪岗社区、新华社区、丁香社区	
稻香村街道	朝阳社区、黄山路社区、望江西路社区、金寨南路社区、合作化南路社区	
三里庵街道	二里街社区、杏林社区、竹荫里社区、龙河路社区、梅山路社区、绩溪路社区	
琥珀街道	湖泊潭社区、北苑村社区、翠竹园社区、奥林花园社区、飞虹社区、安农社区	
西园街道	安居苑社区、七里塘社区、汉嘉社区、光明社区、岳西新村社区、美虹社区	
五里墩街道	青阳路社区、清溪路社区、团安村社区、陈村路社区、家家景园社区、龙居社区	
荷叶地街道	绿怡居社区、嘉和苑社区、金荷社区、红四方社区、浅水湾社区	
笔架山街道	翠庭园社区、汇林阁社区、天鹅湖社区、文博苑社区	
蜀山经济开发区	田埠社区、仰桥社区、立新社区、卫星社区	邓店村
长淮街道	长淮、胜利、临泉中路、火车站广场、三角线、长春、元一、红星村、七里塘、板桥	
方庙街道	汪塘、站塘、万绿园、香格里拉、森海、安徽大市场、天辉、香江佳元	

向1988名贫困残疾人发放特别救助金245万元。

产业园三期和四期1156套公租房、临湖家园1030套和前新庄621套棚户区改造项目相继开工，基本建成1680套。产业园一期公租房已入住企业员工3480人，全区新增发放廉租房租赁补贴198户。

向1464名符合条件的高龄老人提供每月600元居家养老服务。金色家园养老中心二期工程即将交付，支持光明老年护理院实行“医养结合”模式。近350人享受集中托养和居家安养服务。建成老少活动家园2个。为153名贫困白内障患者免费实施复明手术，向520名贫困精神残疾人发放药费补贴，对135名贫困残疾儿童实施抢救性康复。全区肉类蔬菜流通追溯体系初步建立，便民惠民蔬菜流通体系得到完善，凤凰城菜市场、科学岛菜市场完成标准化改造。

【社会稳定】 举办首个国家宪法日系列宣传活动。跻身首批全国社会工作服务示范地区。奥林花园社区、美虹社区入选首批全国社会工作服务示范社区，家家景园社区、天鹅湖社区被评为全国和谐社区示范单位，合作化南路社区名列

全国地震安全示范社区。圆满完成村委会换届工作。排查调处信访隐患190件，化解信访积案11件。调解各类民间纠纷5300多件，办理法律援助案件575件，61个社区设立律师工作室，在全省率先引入社工参与社区矫正。

推进“天网工程”和全区支网建设。对3134家生产经营单位实施安全隐患排查，整改各类安全隐患2.4万处。排查整改油气管线安全隐患213处、建筑施工安全隐患158处，督促27家企业落实防尘防爆措施。开展交通秩序专项整治行动。整改火灾隐患1597处。查处食品违法经营案件26件，取缔无证行医114户次。立案查处涉传案件365件，教育遣散传销人员10933人，起诉51名传销骨干。收缴销毁非法出版物1.2万件。

【依法治区】 推进党的群众路线教育实践活动，自觉接受人大的法律监督、工作监督和政协的民主监督，共办理省市区三级人大代表议案1件、建议53件，政协委员提案77件。依法办理行政复议案件10起，参与行政诉讼62起，5家单位名列市首批依法行政示范单位。做好省、市下放管理层级行政审批事项承接落实工作。组建区市场监督管理局，理顺市政、园林工作行政执法体制，开展事业单位法人治理结构建设试点。规范为民服务窗口经营性收费行为。新增公开政府信息近8000条，政务服务窗口和“12345政府服务直通车”平台受理办结各类事项近13万件。启动国有资本经营预算管理。“三公”经费支出下降约30%，全面公开部门预决算、“三公经费”预决算。政府采购节约资金2.7亿元，通过审计核减区级投资重点项目建设资金2900万元、旧城旧村改造成本2.68亿元。成功化解小庙镇债务10亿多元。依法依纪对3个违反“八项规定”精神、27个存在效能建设问题的责任人进行责任追究。

乡镇选介

小庙镇

【概况】 小庙镇是合肥市西大门，区位优势明显，生态环境和自然资源得天独厚。东与合肥市科学城、南岗镇相接；西邻淮军故里圩堡群；南倚国家级森林公园紫蓬山风景区；北距新桥国际机场3公里，淠史杭总干渠环抱镇区北部。312国道、宁西铁路、合武铁路、合六铁路、省道上小路、小高路纵贯镇境。29路公交车直达镇行政中心区。境内小蜀山为死火山，蛭石矿藏丰富。大墩孜遗址为商周时期文化遗址，传为玉印地，是周武壮公墓的风水宝地。境内的50墩是古代为“放狼烟”通报信息而筑。境内将军岭地区靠近古楚国都城寿县，距古庐州也咫尺之遥。地处交通要冲，历来为兵家必争之地。现留存包括曹操大军操练遗址、曹军大营遗址、三国古战场遗址、将军庙、曹操河遗址，曹操上马栓遗迹等。

2013年9月，小庙镇由肥西县整建制划归合肥市蜀山区管辖。截至2013年底，全镇共辖7个社区、23个村，镇域面积201.43平方公里，常住人口7.2万，镇行政中心区面积4平方公里。

2013年度，小庙镇获得“动防市先进乡镇、秸秆禁烧市先进乡镇、合肥市植树造林20佳乡镇、森林防火市级先进乡镇、合肥市人口和计划生育目标管理先进乡镇”，市政府授予2013年度造林“特别贡献奖”、授予“五十墩苗木基地”等十佳示范基地，小庙草莓获全国草莓参品大赛一等奖1个、二等奖1个。

2013年，完成全社会固定资产投资10.5亿元，其中工业投资完成6.9亿元；全镇实现工业总产值36.5亿元，其中规模以上工业产值23.3亿元；招商引资到位省外资金7.5亿元；实现财政收入6800万元。已规划工业园区面积17平方公里，在首期规划的7平方公里的工业聚集区内，建成区面积已达3.5平方公里，区里道路建设累计达9.2公里，形成了三横三纵的网格式路网布局，供电、供水、排水、通讯、燃气等管网已基本建成。工业聚集区已建成投产企业64家，其中规模以上企业25家。园内已初步形成以波顿齿轮（中英合资）、卓成电力、恒博电气、艾普科技、大唐江山塑料、艾柯泡塑、达美合光玻璃、恒春玻璃、巨众玻璃等为主体的新型工业企业。

先后新建苗木、草莓、蔬菜瓜果等现代农业生产基地22处，总面积达到2400公顷。到2013年底，农业产业招商引资由“十一五”末的1.2亿元增加到5.8亿元；各类造林面积由“十一五”末的1467公顷增长到5333公顷，其中镇机场高速、五十墩、枣林、312国道两侧等四大“万亩”林苗生产基地建设顺利完成，被列为省、市千万亩森林增长工程现场会观摩点，森林覆盖率由“十一五”末的18%提高到27%；农民专业合作经济组织由“十一五”末的35个增加到56个，带动农户6120户；流转农用地面积由“十一五”末的1467公顷增长到3667公顷，占总耕地面积28%。此外，农田水利、农村科普、动防及秸秆禁烧工作连续多次被评为市级先进乡镇。

【城乡建设】 累计投入8000多万元，先后完成镇区10条市政道路的建设，8000米自来水管网改造，312国道沿街853间住房立面改造、镇区主要路段及场所的监控安装、亮化、排污和绿化等一批提升集镇环境的项目。建立健全城镇管理机制，成立了镇行政执法所，引入市场保洁机制，加强城镇环境卫生管理，城镇逐渐发展成为吸引投资、适宜人居的新市镇。近年来，不断加大投入，先后建成硕大塘、小柏、栀树、拐岗和五十墩等五个村（社区）安置点住房700多套，现已分户入住。正在实施的整村土地整理及新农村建设项目共涉及3个村（社区），其中省级示范项目一个（枣林村），水源地保护项目一个（段冲村），机场高速周边整治项目一个（袁中社区）。占地16.7公顷的枣林村安置点将于2014年10月底进行分户验收。袁中、段冲村安置点均为异地安置，区划后正在重新设计、立项。在重点工程项目建设中，312国道小庙段综合改建工程自2013年5月初开展以来，已完成拆迁范围内房屋丈量、登记和结算工作。占地2.67公顷的小庙公租房主体工程建设已完成；占地1.3公顷的教育新村安置点4栋主体结构封顶，物业办公楼竣工；占地10.5公顷的工业区征地拆迁安置点蜀南新苑项目一期已开工建设，预计2014年底前完成主体结构封顶。

【基础设施】 按照“规划一批、上报一批、实施一批、储备一批”的思路，小庙镇积极向上争取项目资金支持，镇区基础设施建设不断得到加强，生态环境有了明显改善。先后新建“村村通”水泥路近100公里，村村通延伸工程160公里，给群众出行带来极大方便。铺设120公里农村饮水安全工程管网，使近4万群众安全饮水达到解决。十二五以来，全镇累计投入2000多万元用于农田水利基础设施建设，特别是2013年底以来，实施的小型农田水利工程提升项目及“百河千渠万塘”工程的建成，使全镇水利基础设施得到有效改善。此外，农村能源工作高质高量，沼气建设连续三年代表合肥市参加省级项目检查评比，获得优异成绩。全镇通讯、供电、有线电视等基础设施不断改善。

【民生】 积极实施民生工程和惠民实事，高标准建成镇综合文化站、计生服务中心、便民服务中心、敬老院、垃圾中转站等。2013年，实施的民生工程共有24项，其中工程类10项（美好乡村建设、农村户用沼气工程、扶贫开发、安全饮用水、公租房建设、危房改造、体育工程、公办幼儿园建设、一事一议项目、小庙中心校教学楼工程）；资金类14项（合作医疗、困难救助、养老保险补助、计生奖扶等）。

【社会事业】 坚持“科教兴镇”战略，始终把推广农业新技术作为提升农业整体水平的重点，十二五以来共组织新技术培训会达12期7200人次。加快调整教育布局，整合教育资源，推行教育创新，提升教学质量，实现了教育强镇的目标。目前，境内拥有公办幼儿园2所，小学8所，完中、初级中学各1所。继续抓好综合文化站配套设施建设，有效完成对全镇各村（社区）农家书屋内图书增补配送工作，“农家书屋”作用进一步显现。医疗卫生工作取得新进展。农村社区卫生服务机构100%纳入城镇医疗保险定点机构范围，国家基本药物制度实现全覆盖，群众医疗负担显著下降。计生服务工作成效显著。连续八年肥西县先进，2012年度市先进、肥西县第一，2013年度合肥市、蜀山区先进。

【现代服务业】 镇内餐饮业发达，小庙镇王拐岗位于镇区向东1公里处，312国道边的土菜一条街名声远扬，风味别具，在2公里多的国道两侧，大大小小各色饭店最多时有60余家，其中知名饭店有四海饭店、凌志饭店、高尔夫饭店、雁城酒楼、张小馆贵宾楼、八一饭店、龙凤呈祥大酒店等。2009年，王拐岗土菜一条街被评为首届“合肥十大美食街区”。1994年建成占地2.7万平方米，建筑面积2.2万平方米的农贸市场，日交易额达36万元。有客运车辆300辆，大小货车近3000辆，合肥29路公交车直达小庙。镇区车辆、家电维修近35家，书店3家，照相馆8家，网吧7家，理发店14家，美容美体馆6家，大型超市3家，均为个体或私营企业。

（苏文安　黄　芸）

包河区

【概况】 包河区位于地处合肥地理中心，南濒巢湖，北接环城公园，东临南淝河，西抵金寨路高架，辖7街、2镇、1个省级工业园区和2个街道级大社区，区域面积340平方公里（其中巢湖水面70平方公里），常住人口82万、流动人口26万。规划196平方公里的滨湖新区全部在包河区境内。包河区拥巢湖、通长江、襟“五河”，是环巢湖生态示范区建设的主战场和最前沿。“三圩竞美”打造环巢湖旅游最为璀璨的“三颗明珠”，滨湖湿地森林公园、牛角大圩北纬31°生态文化农业园、东大圩生态农业观光采摘旅游景区先后晋升国家级旅游景区。合肥港码头、高铁站、轨道交通、高架路网构成较为完备的交通体系，汇聚中科大、合工大等30多所科研院所，以及省广电中心、渡江战役纪念馆、包公祠等一大批文体机构和名胜古迹。持续推动社会事业发展，成为全国唯一获批的“国家广播影视科技创新实验基地”，先后获评“全国科技进步先进区”“全省教育强区”“全省社区卫生服务示范区”“全省平安区”等120多项省级以上荣誉称号。

【经济发展】 2014年，全区完成地区生产总值659.2亿元，全社会固定资产投资900.6亿元，实现规模以上工业总产值530亿元、增加值116亿元，完成战略性新兴产业产值64.6亿元，社会消费品零售总额306亿元，实现全口径财政收入110亿元，其中区级财政收入35.6亿元，地方收入25.3亿元。完成招商引资总量330亿元，其中外商直接投资1.7亿美元。完成进出口总额16.29亿美元。实现城镇居民可支配收入34470元、农民人均纯收入19381元。在市政府考核的15项主要经济指标中，包河区有 12项指标总量位居全市城区之首。经中国经济学会等权威机构综合评价、2014年10月15日《人民日报》发布，在全国632个市辖区城区中，包河区“全国综合实力百强区”排名由2013年的第63位跃升至第56位，并蝉联“全国最具投资潜力百强区”第13位，成为全省排名第一的“双百强”城区。

【产业发展】 滨湖国际金融后台服务基地15家企业加快建设，工商银行、浦发银行开始运营，光谷金融港开工建设，华拓数码、创赢易贷、新安金融入驻包河区，瑞福德银行增资扩股。安徽青电园和合肥互联网产业园等电子商务和信息服务业，全区引进中网在线、鹏博士、上海助跑、易汇网络等知名电商353家，年在线交易额突破50亿元。国家广播影视科技创新实验基地开始建设，广电总局科学院、规划院、设计院3大国家级分院同时落户包河，国家“环巢湖广播电视实验网”启动实施，中歌富铭、华影传媒、中传数广等34家文化企业加快引进，第一部基地影视作品《神鸡包美丽》在央视首播。楼宇经济持续增长，新增商务楼宇45万m²，全区已建楼宇740万m²，进驻国内外500强企业区域总部23家，形成9个税收“亿元楼”、16个“千万元楼”。滨湖国际会展中心成功举办第十一届国际汽车展、第八届中国家电博览会等重大展会。合肥要素大市场投入使用。全年新上市地块29宗、总面积265.5公顷，经营性用地、工业用地成交量均位居全市县（市）区之首。中隐于市、后街、星光天地、宝琳珠宝广场建成开业，宁国路龙虾街改造升级，罍街被评为“中国特色美食名街”和“安徽省品牌示范街”。新建巢湖围堰湿地、大圩美食村、四季花海等旅游项目，加快明悦、白金汉爵、万基喜来登等一批星级酒店建设，成功保障合肥首届国际马拉松赛，全年实现旅游总收入117亿元、增长16.7%。包河都市产业园加快产城融合和创新驱动，成为工业转型升级的主平台。新引进中电安徽公司、中铁二十局、省直商会、宝文国贸、捷豹路虎、南翔物流等现代服务业项目39个，联东U谷·包河国际企业港、茶博城、汽车智慧新城等主题产业园快速开工。实施万总服饰、中辰集团等4个地块升级改造，常青机械、燕之坊等传统工业企业创新发展网上在线交易模式，中电八所、安凯新能源客车、凯创汽车发动机、巨一自动化机器人、江航产业园等优质工业项目成为产学研融合发展的亮点。新增国家级高新技术企业33家、国家级研发中心2个、省级创新型试点企业2家、省级工程技术研究中心1个，发明专利申请量和授权量均位居全省县区（开发区）首位。包河区成为“国家知识产权强区工程试点区”。包河都市产业园一年内连获安徽省创新型园区、两化融合示范区、新型工业化产业示范基地等7项省级荣誉。

【改革创新】 率先在全省启动商事登记改革，实行零资本注册、“先照后证”制度，全年新增各类市场主体11804户、增长33.8%，民营经济对经济增长贡献率达60%。建立全省首家“政府采购网上商城”，全年完成采购服务项目329个、资金节约率达32%。制定“1+4”政策体系，兑付企业奖励资金1.2亿元。在全省首创“公益创投”，制定《社区公益服务项目资金管理办法（试行）》，设立社区发展公益金800万元，支持35家社会组织实施公益项目40个。推广社区管理体制改革成功经验，在滨湖新区省政务中心设立第二个街道级大社区——方兴社区。创新“大综管”模式，在滨湖新区实行市政、园林、城管“三位一体”，优化城市综合管理机制；在高铁南站组建综管办，推行公安、交警、城管、运管等部门“编组执法、综合执法”，实现了高标准开局。探索社会治理新方式，在全省率先建成区、街镇、居村三级综治维稳信访中心，注重源头预防、联调联处和积案化解，健全群众权益维护机制。组建区市场监督管理局，顺利完成工商、质监和食品药品监管体制改革任务。建立机构编制动态调整机制，在烟墩社区卫生服务中心、合肥师范附小试点推进事业单位法人治理结构改革。设立区行政审批制度改革办公室，实施行政审批事项标准化建设，承接省、市下放行政审批项目40项。

【城区功能】 全年完成征迁总量182万㎡。滨湖核心区征迁基本结束，十五里河片区征迁进入扫尾，有力保障了万达文旅城、宝能城、恒大中心、绿地中心、绿地中央广场等一批重大项目建设。大圩镇总体规划通过市规委会审批，包河都市产业园扩区规划报省政府待批，为国家广播影视科技创新实验基地建设和都市产业园争创国家级开发区奠定了基础。合肥高铁南站及枢纽南环线建成运营，奠定合肥全国交通枢纽中心地位。环湖大道、包河大道高架全线贯通，龙川路、高铁路、庐州大道、黄山路东段、上海路、黄河路、桐城路上跨桥建成通车，轨道交通一号线、畅通二环、望江东路、郎溪路跨南淝河大桥等重大工程快速推进。新建续建支路网18条，唐模路、歙县路、兰州路等6条道路竣工。实施里店—小臧郢、王大郢、王岗—刘大郢等旧城旧村改造项目10个，休宁路片区征迁全面启动。综合整治老旧小区17个，在全市率先完成“三年计划”任务。高标准实施主干道路立面景观整治和户外广告整治，徽州大道、繁华大道、宿松路、一环路、二环路成为全市示范路段。新建续建复建点11个，在建面积346万㎡。顺利完成滨湖欣园、滨湖瑞园、石桥复建点、京华世家4个复建点回迁安置，共分配房源11940套、100.8万㎡，6749户、约2.2万人喜迁新居。超额完成保障性安居工程建设任务，长白山路公租房一期854套投入使用。成立区城管委，试点推行“数字城管”，建成区数字城管监控指挥中心，创立“网格工作站”模式，引入第三方监督机制。新建市政多媒体指挥呼叫系统，实现市政设施全方位监控管理。深入开展全国文明城市创建，严格落实路长制、包联制、步巡制、夜查制，推行精细化、网格化、智能化管理，城市面貌大幅改善；新增全国文明单位3家、全省文明单位17家，社区志愿服务工作全国示范，未成年人思想道德工作全省引领，在安徽省首届文明城区测评中荣获第一名。

【生态建设】 实施绿化大会战和千万亩森林增长工程。全年植树造林5353.5公顷，新增绿地面积58.5万㎡，提升绿化面积121.7万㎡，建成徽州大道、繁华大道、祁门路、宿松路4条“全市景观示范道路”，创成2个“省级森林城镇”、5个“省级森林村庄”，包公园、环城公园、望湖城公园焕然一新，全区森林覆盖率达20.2%，绿化覆盖率达45.2%，人均公共绿地面积达13.6㎡。滨湖国家森林公园新建成百花园、百草园、森林小火车等项目，获“中国人居环境范例奖”。牛角大圩生态农业园成功举办合肥首届花卉节。东大圩、大张圩、渡江战役纪念馆三大游客接待中心建成开放。加快实施环巢湖生态示范区建设二期项目。派河口藻水分离站开工建设，塘西河藻水分离站投入运行，湖区蓝藻水华面积、频次及藻密度大幅降低。关镇河一期、十五里河、许小河改造全面完成，南淝河、塘西河15个排污口实现截污纳管，包河工业区管网升级改造完工，城区雨污分流综合改造基本完成。推进“三线三边”环境整治。率先在全市将城中村、老旧小区、小街巷等纳入整治范围，高铁南站周边环境综合整治创出“高铁速度”，淝河生态公园成为全省“美好乡村”建设和“三线三边”环境整治的典范。实施大气污染防治“六大工程”。动态销号解决各类污染点源2018个，整治小锅炉477台，区、街镇机关事业单位黄标公务车全部淘汰，全年空气PM10平均浓度同比下降2.6%。

【民生事业】 全年区级财政共投入到民生事业、社会发展领域资金达12.6亿元。首批4所公建民营普惠幼儿园开园招生，创成3所市级优质学校，党政领导干部履行教育职责督导考核获得全市第一、全省优秀。建成辖区卫生信息平台，荣获“国家慢性病综合防控示范区”、“全省卫生应急综合示范区”、“全省流动人口计划生育先进区”。新增1个国家级、2个省级文化产业示范基地，国家广播影视科技创新实验基地、万达文旅城被授予“全省重点扶持文化产业示范园区”，滨湖“十大”文化场馆加快建设并逐步向公众开放，省图书馆、市科技馆分别在包河区设立首个分馆，圩西村农民文化乐园成为省级示范点和全国人文社科普及基地，卫立煌故居全面修复，精品文艺创作获得省首届群星奖，“全国文化先进区”通过复评。新建望湖城老少活动中心，升级改造大圩敬老院。荣获“全国和谐社区建设示范城区”“全国首批社会工作服务示范地区”。完成25个菜

2014年包河区下辖街镇、居村情况统计表

街镇、大社区	辖居委会名称	辖村委会名称
包公街道	军区、芜湖东路、炳辉、青年、航运南村、雨花桥、包河、美湖、宁国新村、河滨	
芜湖路街道	银河、城南、茶亭、兰亭、东陈岗、南园、太湖新村、曙光、望江东路、友谊	
常青街道	凌大塘、金寨南路、沿河、淝南、油坊岗、竹西、姚公、仰光	
望湖街道	分路口、盛大、王大郢、王卫、望湖、卫岗、五里庙、朱岗、周谷堆、沁心湖	
包河工业区（骆岗街道）	包河花园、高王、车谷、陆集、繁华、官塘、骆岗、施河、包河苑	陆大、石桥、北斗
义城街道	义城、滨湖康园、瑞园	北徐、大陈、董城、汪潦、前杨、南徐
烟墩街道	滨湖惠园、滨湖家园、滨湖明珠、欣园、西杭、云川	
淝河镇	葛大店、老官塘、贾大郢	黄巷、卫乡、席井、关镇、黄镇、平塘王
大圩镇		东林、新民、慈云、余墩、黄港、迎河、磨滩、新河、晓南、圩西、沈福、许贵、学塘、晓星、南斗
滨湖世纪社区	琼临、融荫、昌贵、振杰、和园、观湖、清枫、金翰	

市场标准化改造，新建公益性菜市场1个、生态公厕7座，新增公交线路13条、公共停车位约11000个。新增城镇实名登记就业人员2.05万人，城乡低保、失地农民保障、重度残疾人生活救助标准逐步提高，城镇居民养老保险、医疗保险参保人数分别达到9.05万人和23.48万人，六个“老字号”群体生活补助实现全覆盖，荣获“全省残疾人工作示范区”。扎实推进司法、综治、信访等大维稳工作，高压打击传销活动，积极创建“全省无邪教城区”，荣获“全国青少年普法教育示范区”“全省社区矫正示范区”，社会大局和谐稳定积极开展与金寨、巢湖等地结对共建，援建的岳西县头陀镇包河大道建成通车。《包河区志》成功发行。

街镇选介

芜湖路街道

位于包河区西北部，东至徽州大道，西接金寨路，南到水阳江路，北界环城路，辖区面积10平方公里，芜湖路、屯溪路、黄山路、望江东路和徽州大道、桐城南路、宿松路、金寨路等“四纵四横”构成主干道路框架；街道下辖曙光、友谊、望江东路、南园、东陈岗、茶亭、兰亭、城南、银河、太湖新村等10个社区，常住人口11.2万人；街道党工委下设1个机关党委、1个社区党委和9个社区党总支，共有党员2638名。辖区内省、市级行政单位及大型企业较为集中，有省人大等省、市直单位32家，大型企业20余家，另有各类完税企业3800多家，个体工商户2000余家。从行业分布来看，主要有6类：“电”，有省、市电力公司及其下属企业近20家；“水”，有省水利厅、水文局及下属单位10余家；“建”，有省交通厅、中铁四局、东华科技、合肥水泥研究设计院等主管单位和中央企业，有一批房地产开发公司及在建项目；“商”，有徽商集团、百脑汇、华润苏果、乐城生活广场、和平国际大酒店等大型商业企业及各类商超市场80余家，有各类商务楼宇9座；“文”，有省文化厅、省广电局、省歌舞剧院、省杂技团和中科大、省委党校、省行政学院、48中、屯溪路小学等各类文化、教育主管部门和机构50余家，以及各类群众性文化团体50多支；“卫”，有省血防所、省医专、省立儿童医院、武警医院、市三院等医疗卫生机构10余家。

依托丰富的辖区资源，街道大力开展共驻共建等活动，深度实施民生工程，提升社区建设水平，各项社会事业统筹发展，齐头并进，街道连续多年在全区年度目标管理考核中荣膺“优秀单位”，精致和谐的城市典范街区建设稳步推进，辖区和谐度、文明度、幸福度不断提升，先后荣获“全国文明交通示范单位”“全国模范人民调解委员会”“全国职工书屋示范点” 全省“和谐社区建设示范街道”“人口和计划生育工作创新工程示范街道”“城市生活 e 站”“社区教育示范街道”“双十佳人民调解委员会”和全市“社会管理综合治理工作先进集体”“双拥合格单位”“依法行政示范街道”“城市管理工作先进街道”、“物业管理工作先进集体”、第一批安全生产监管示范单位、五一劳动奖状等荣誉称号。

（朱礼江）

肥东县

【概况】 2014 年，肥东县国土面积 2216 平方公里，辖 12 个镇、6 个乡、3 个开发园区、189 个村委会、142 个社居委、6921 个村民小组、4082 个自然村。年末全县户籍人口 105 万人，比上年减少 2.09 万人，其中城区户籍人口 17.71 万人。全年人口出生 12227 人，死亡人口 6813 人。

全县生产总值 448.53 亿元，按可比价格计算，比上年增长 11%。其中第一产业增加值 61.8 亿元，增长 5.7%；第二产业增加值 294.84 亿元，增长 13.1%；第三产业增加值 91.89 亿元，增长 7.5%。三次产业结构由上年的 14.5:64.5:21 调整为 13.8:65.7:20.5。按户籍人口计算，人均生产总值达到 42296 元（折合 6754 美元），可比价增长 11.4%。

2014 年肥东县生产总值及其增长速度

单位：万元

指　　标	绝对数	比上年增长 %
生产总值	4485292	11.0
第一产业	618017	5.7
第二产业	2948385	13.1
工业	2504747	14.9
建筑业	443638	4.4
第三产业	918889	7.5
交通运输、仓储和邮政业	121837	8.7
批发和零售业	189618	9.1
住宿和餐饮业	66104	6.0
金融业	105270	12.9
房地产业	161210	2.4
营业性服务业	97568	11.4
非营业性服务业	177282	2.4

全年城镇常住居民可支配收入 24615 元，增长 9.8%；农村常住居民可支配收入 14807 元，增长 12.3%。

【农业】 2014 年，全县农林牧渔业总产值 111.09 亿元，按可比价计算增长 5.5%。其中，农业产值 50.1 亿元，增长 9.2%；林业产值 3.2 亿元，增长 10.3%；牧业产值 39.75 亿元，增长 7.6%；渔业产值 16.41 亿元，增长 18.1%；农林牧渔服务业产值 1.66 亿元，增长 11.4%。

全年粮食播种面积 11.35 万公顷，比上年增长 2.7%。棉花播种面积 0.56 万公顷，增长 1.8%；蔬菜播种面积 2.14 万公顷，增长 4.4%；瓜果播种面积 0.39 万公顷，增长 2.6%；油料播种面积 4.07 万公顷，下降 1.9%。

全年粮食产量 71.08 万吨，比上年增加 3 万吨，增长 4.4%。其中，稻谷产量 53.68 万吨，增长 4.1%；小麦产量 10.81 万吨，增长 4.6%。棉花产量 0.61 万吨，增长 5.2%。蔬菜产量 48.2 万吨，增长 9%。瓜果产量 10.81 万吨，增长 4.4%。油料产量 11.93 万吨，增长 1.6%。

加强基层农技推广机构服务能力。全县 7 个区域中心站基本建成，在响导乡和长临河镇设立 2 台农业专家信息服务触摸屏系统，有效解决农技推广最后“一公里”问题。扎实推进千亿斤增粮工程，开展粮油高产创建，建立部级水稻万亩高产创建示范片 7 个、省级 16 个，示范面积 1.87 万公顷。新建标准化育秧工厂 4 座，全县标准化育秧工厂总数达到 14 座，水稻机插秧率首次突破 30%；农机总动力达到 66.8 万千瓦，增长 4%；农机化综合水平达到 61.4%，增长 4.3%。整县推广测土配方施肥技术，推广配方肥4.9万吨，施用面积11.67万公顷。

依托区域优势，以城市居民的“菜篮子”需求为导向，以“三路三带”蔬菜经济板块建设和蔬菜标准园创建为抓手，推进全省蔬菜大县建设。共投入财政资金1213.5万元，累计奖补规模钢架大棚200公顷、温控连栋大棚47283.7平方米，撬动社会资本投入4552.8万元。新创国家级蔬菜标准园2个、省级1个，全县国家级蔬菜标准园达到5个，省级2个。新增规模蔬菜基地0.12万公顷。发挥县农产品质量安全检验检测中心和18个乡镇农产品质量安全监管站的职能，进一步筑牢农产品质量安全“防火墙”。全年抽检蔬菜样品4835个，合格率99.5%；新建蔬菜基地农药残留速测室3个，总数达到12个；在撮镇镇开展农产品质量安全示范乡镇建设，在金色大地等5个蔬菜基地开展产地准出试点，获得“三品”认证农产品24个，其中有机农产品实现“零”突破。

推进肥东从传统的农业大县向农业强县跨越。在18个乡镇分别建立1个3000亩以上的现代农业示范区，核心区面积0.6万公顷。其中省级示范区1个、市级3个。白龙省级现代农业示范区获得2014年度财政专项扶持资金1225万元，发展钢架大棚0.07万公顷，温室大棚20栋、4.5万平方米，建立优质粮油基地0.23万公顷、玉米等牧草基地0.2万公顷。同年，新开工农产品加工项目4个，总投资11.55亿元，其中凯利粮油花生深加工等3个项目建成投产。新增市级龙头企业10家。规模以上农产品加工产值达223.5亿元，同比增长14.1%。凯利、真心等6家企业跻身全县规模以上工业企业现价产值前二十强。农产品电子商务蓬勃发展，年销售额逾10亿元。

2014年肥东县主要农产品产量及其增长速度

单位：万吨

产品名称	绝对数	比上年增长%
粮食	71.08	4.4
油料	11.93	1.6
其中：油菜子	9.1	0.7
棉花	0.61	5.2
蔬菜	48.2	9.0
瓜果	10.81	4.4
肉类	11.93	2.1
其中：猪牛羊肉	8.42	2.2
牛奶	7.4	3.2
蛋类	4.77	2.4
水产品	5.94	8.2

全年培训新型职业农民280人，新增省级示范合作社2家、省级示范家庭农场4家。全县合作社总数达558家、家庭农场241家，分别新增61个和94个。在石塘镇开展土地确权登记颁证工作，规范和加快农村土地流转，防范土地流转风险。新增土地流转面积0.29万公顷，收取风险保障金161.5万元。全县土地流转总面积达3.69万公顷。推行农业行政处罚群众公议制度，促进依法行政和“阳光执法”，被市政府授予“合肥市依法行政示范单位”。同年，发放粮食直补、农资综补和良种补贴1.6亿元，同比增长3.5%，户均778元。有19个中心村被纳入全省第二批美好乡村建设范围，有8个中心村基本完成。“单位包村、干部包户”定点精准扶贫工作新机制有效实施，江淮分水岭综合治理开发工作再获“省优”，农民负担工作进入“新常态”。

【农村能源建设】 2014年，该县全面完成能源生态综合体系基础建设。实施完成2013~2014年度中央投资沼气项目200户户用沼气、5个乡村沼气服务网点和联盟双玉养殖场1000立方米大型沼气工程建设任务。建设50立方米以上养殖场单体沼气发酵池27处75口。同年，通过5年期5200户世行生态家园富民工程项目竣工验收。同年，在9个乡镇公共租赁房配套建设太阳能热水器263平方米；在美好乡村推广太阳能光伏路灯1800盏、太阳能热水器1230平方米。

开展“三沼”综合利用推广。结合养殖业污染整治工作和河长制工作，通过宣传培训、规划布局、技术指导、示范引领等方式，以牌坊、白龙、元疃等乡镇为试点，大力推广“猪（牛、禽等）—沼—鱼”、“猪—沼—菜（稻、果等）”等种养结合的生态养殖模式。按照干湿分离、雨污分离以及配套建沼气池、沼液池和配套相应种植面积的要求，成功对接种植基地333.33余公顷。

【畜牧水产】 2014年，全

县生猪存栏量48.47万头、出栏量98.19万头，比上年分别增长1.8%、2.2%。全年肉类总产量11.93万吨，增长2.1%。禽蛋产量4.77万吨，增长2.4%。牛奶产量7.4万吨，增长3.2%。水产品产量5.94万吨，增长8.2%。全年未发生一起畜禽批量死亡病例，也未发生一起畜产品质量安全事件。

全年共改造或扩建标准化规模养殖场近100个，改扩建标准化畜禽舍面积近4万平方米，其中完成5家祖代以上种猪场改造，新扩建标准化猪舍面积14220平方米。新增市级健康养殖示范场7家，现代牧业新鲜奶荣获国际食品金奖，也是国内养殖业唯一获奖品牌。合肥瑞林公司、包公长兴公司参与省级2014年标准化健康养殖项目实施获得通过。

加强养殖业污染治理。安排专项资金用于禁养区和限养区内污染畜禽养殖场关闭和搬迁。全县关闭和搬迁禁养区和限养区内污染养殖场35家，面积45312平方米。加强病死动物无害化处理工作。争取财政资金300多万元，在全省率先推行病死畜禽无害化处理生物降解技术，以奖代补的形式选择5家规模较大的养殖企业开展病死畜禽无害化生物降解处理，实现病死动物资源回收再利用。同时，选择183家养殖企业（户）建成病死畜禽无害化处理窖（池），在全省率先实现病死动物无害化处理全覆盖。并在全省推广肥东的经验。加强畜禽粪污处理工作。结合巢湖流域养殖场污染治理，大力推广干湿分离、雨污分流、发酵床养猪等工艺技术，实现畜牧业排污物资源化、减量化、无害化利用，构建资源节约、环境友好型畜牧业。完成全县267家规模养殖场粪污处理工作。建立养殖企业分类管理制度。出台《肥东县养殖企业分类监督管理实施方案》，将全县规模养殖场的风险等级分为A、B、C三类，对规模养殖场实施分类监管，对养殖环节风险等级较高的养殖场作重点监督。

全县渔业养殖面积0.63万公顷，名特优水产品养殖面积0.43万公顷，繁殖鱼苗5.6亿尾，投放水产苗种2600吨。组织市级“借转补”项目申报，9家企业获得市级扶持资金130万元，带动池塘标准化建设和健康养殖。优化渔业产业结构。全年新增名特优品种养殖面积266.67多公顷，建成全市最大的日本青虾养殖基地。渔业倍增计划微孔增氧模式成效显著，微生物制剂调节水质技术全面推广。肥东县东浩生态养殖有限公司等2家企业获得第九批农业部健康养殖示范场荣誉称号。管湾水产良种场成功创建为全市唯一的省级水产良种场，其微空增氧等七项实用技术获得国家专利。

增加养殖业投入。温氏集团建成存栏规模达6000头父母代种猪场，通过“公司+养殖场”、“公司+农户”等现代畜牧业生产模式，带动农户200多户，年出栏商品猪10万头以上。开展2014年现代农业发展生猪产业项目申报实施，争取中央财政资金970万元，项目通过重点支持生猪良种繁育体系和标准化规模养殖两个重点环节，全面提升全县生猪良种化供应能力和规模化生产水平。同年，获得2014年生猪标准化规模养殖场建设项目中央财政资金270万元；获得2013年国家生猪调出大县奖励资金566万元。

全年发放各类口蹄疫疫苗187.5万毫升、猪瘟疫苗88.2万头份、高致病性猪蓝耳病疫苗86.6万毫升、高致病性禽流感疫苗384万毫升，猪牛羊耳标72万，免疫登记簿1500本，确保强制免疫工作顺利开展。开展春秋两季免疫督查二作。对全县各乡镇的防疫情况进行督查，实现全县无区域性重大动物疫情的防控目标。强化疫病检测工作。制定《肥东县2014年动物疫病监测计划》。开展全县春秋季动物防疫集中监测，共检测禽流感血样900份，口蹄疫、猪瘟、猪蓝耳病血样各260份，抗体合格率均超出75%，高于农业部要求。全年奶牛“两病”监测检测奶牛1.8万头，全部合格。完成省、市各种畜禽送样1000份，奶牛血样60份，泄殖腔、口腔棉拭子180份。及时处置输入性动物疫情。1～5月，包公、石塘、马湖等乡镇的养殖户从山东等地购买的山羊发生急性死亡，经采样送中国动物卫生与流行病学中心检测，确诊为“羊小反刍兽疫”，该县依法对发病场户的羊只进行现场扑杀和无害化处理，共扑杀羊只260头。全年未发生一起人感染禽流感病例和畜产品质量安全事件，高致病性禽流感等重大动物疫病防控工作取得阶段性重大成果。

加强畜水产品质量安全监管。全年共出具各类动物检疫票据20万份占全市出证量的50%以上。进一步加强远程监控工作。总投资约30万元，建设一个县级监控中心和五个监控分中心，五个监控分中心接收县级中心分发的视频数据，并在大屏幕上实时显示，平台最大可实现对2000路监控点的远程监控，按照每个监管对象设置10路监控点，可实现对200家左右的畜禽养殖、加工、屠宰企业及重点交易市场的远程监控管理。

【林业】 完成植树造林总面

积0.6万公顷，其中成片造林0.56万公顷，四旁绿化折合面积0.042万公顷。被市委、市政府授予“全市2014造林绿化工作一等奖”，连续四年受到表彰。白龙、八斗、梁园、古城、众兴5乡镇被授予“全市植树造林20佳乡镇”荣誉称号，白龙镇还同时被授予“特别贡献奖”。

完成森林资源第八次连续调查（一类资源调查）；完成林木林地确权发证38宗共0.11万公顷；完成部分林业企业融资信用摸底和推荐上报，开展林权抵押贷款2150万元；全年发放林木采伐、木材经营加工、林地征占用、林木种苗经营等许可180件；开展古树名木调查和挂牌、砌围栏等保护措施。同年，森林公安办案116起，查处41起，其中刑事案件3起，处罚46人次罚款11万余元，没收活体“三有”野生动物215只并放归大自然，救助国家一级保护野生动物白鹤1只。全年没有发生大的山林火灾。

全县有100亩以上企业或大户造林236户，其中1万亩以上3户，5000亩以上6户，1000亩以上34户，呈现出植树造林规模化、生态建设产业化、营林机制市场化的良好态势。全县林业产业三大板块基本形成。苗木花卉产业异军突起，通过林苗两用林基地的建设和林下产业的发展，苗木花卉基地总面积稳定在1万公顷以上，行业年产值5亿元以上，该县迎客园林培育的黑松景观树、华润园林的彩叶苗木、众兴的乡土苗木、白龙的微型盆栽和多浆植物等畅销省内外，形成区域特色品牌，迎客园林、鼎和瑞海、亿本园林被认定为省级林业产业化龙头企业。森林旅游业后劲十足，先后建成或在建的基地有国家4A级风景区岱山湖、2A级的白马山、省级的浮槎山森林公园、市级的龙栖地湿地公园，以及四顶山、龙泉山等一批森林生态休闲基地，先后有14家被省林业厅、省旅游局授予“安徽省森林人家”；经果林产业凸显规模与特色，全县经济林总面积达0.2万公顷，进入收益期的品种有桃、葡萄、梨、枣、蓝莓等，李府贡枣是该县选育并经省林木良种委员会认证发布的优良树种，薄壳山核桃被省林业厅确定为省级良种定点采穗圃，欧洲大樱桃种植面积在华东地区居首。

【水务】 全面落实各类防汛责任制，各类水利工程均填报防汛责任卡，各乡镇和有关单位均在汛前对所属的各类水利工程进行地毯式自检。完善修订工程度汛预案。全县中型水库的控制运用计划上报市防指并批复。加强县级防汛抢险物资储备工作。全面完成年度灌溉任务。其中，众兴水库积极从淠史杭引水2000万方充库，保证城镇生活供水。

2013～2014年度，该县农建工作按照年度工作方案的要求，累计完成土石方1090万立方米，开工各类水利工程3486处，投入折合劳动用工21.3万工日，投入机械24.8万台班，完成水利投资3.95亿元。新增和恢复灌溉面积0.13万公顷，改善灌溉面积2.07万公顷，改善除涝面积0.13万公顷，新增旱涝保收面积0.12万公顷，整治农田0.53万公顷。2013～2014年度，县财政年度投入农田水利建设资金8960万元，其中，面上“三小”工程奖补资金达6483万元。8月15日，该县获得全省第十九届“江淮杯”竞赛三等奖。

2014～2015年度，全县农建计划完成小型泵站技改3256千瓦，小型水闸9座，中小灌区1个2万亩，塘坝类总计3410口，河沟类计197条，末级渠系0.4万公顷。截至11月下旬，全县塘坝开工数3641处，开工率106.7%，完工3425处，完工率100.4%；河沟开工233处，开工率113.2%，完工192处，完工率97.5%；泵站开工117处，开工率100%，完工112处，完工率95.7%。小水闸、中小型灌区和末级渠系开工率100%，完工率95%以上。

农村饮水安全工程。完成2014年度2.2万人农村饮水安全问题工程建设任务，计划投资1060万元。撮镇泵站技改（一期）工程。2013年10月，开工建设，总投资2688万元，5月27日，完成试运行，8月，完工。黄疃站济滁干渠续建工程。2013年11月，二期工程开工建设，完成投资850万元左右。二期工程完成总工程量90%。

【工业】 规模以上工业企业完成总产值852.5亿元，实现工业增加值205.3亿元，按可比价格计算，比上年增长15.6%。规模以上工业企业中，轻工业实现增加值69亿元，增长15.4%；重工业实现增加值136.4亿元，增长14.8%。

国有企业实现增加值3.2亿元，比上年增长26.8%；集体企业实现增加值1.6亿元，增长24.5%；股份制企业实现增加值179.8亿元，增长15.4%；外商及港澳台投资企业实现增加值17.2亿元，增长9.9%；其他类型企业实现增加值3.5亿元，增长8.6%。

加大对中小企业融资的扶持力度。1～10月份提供担保188笔，担保额达107989万元。全年新增企业技术中心和工程技术研究中心9家，共达52家。10家企业获国家高新技术企业认定，总数达31家，获得专利授权239件。2014年前三季度，全县能源消费总量156.56万吨标准煤，同比增长6.39%，低于GDP增幅4个百分点；万元GDP能耗0.6452吨标准煤，同比下降3.63%，规上单位工业增加值能耗0.7923吨标煤/万元，同比上升3.7%，低于市控的上升10%目标。组织实施四方磷复肥等7户企业11个重点节能项目实施，项目计划投资12051万元，完成10408万元。

两化融合工作有序推进。开展“智慧企业”建设专项活动，有142家企业建成“智慧企业”；组织中盐红四方公司等3家企业实施两化融合管理体系贯标试点；中盐红四方、中南光电和海源机械3家企业获得“数字车间”认定；组织15家企业申报市级“翔计划”专项资金；推荐3家企业申报省级、8家企业申报市级“两化融合”示范企业；组织企业积极入驻工业云服务平台。

【建筑业】 2014年，该县建筑业实现增加值44.4亿元，比上年增长4.4%。纳入统计范围的具有建筑业资质等级的总承包和专业承包建筑施工企业55户，比上年增加4户；实现利润总额6.4亿元，增长16.4%。全年房屋建筑施工面积1333.9万平方米，比上年增长4.5%。其中，新开工面积666.6万平方米，下降2.7%；房屋竣工面积701.2万平方米，增长12.4%。年末建筑业从业人员6.7万人，比上年增长2.1%。

同年，建筑业企业新增总承包、专业承包一级资质2家，专业承包二级资质1家，总承包、专业承包三级资质3家，累计全县建筑业企业173家。其中施工总承包企业一级17家；专业承包企业一级2家；劳务企业50家。同年，荣获安徽省 “黄山杯”工程2项。

同年，县内建筑业企业申报资质32次。办理建造师注册160项，注册一级建造师290人，一级临时建造师23人，二级建造师593人，二级临时建造师648人。初审上报市非国有经济组织工程类高级职称3608人，中级职称120人。为12家外来施工队伍、监理单位办理进肥东登记备案手续；累计受理农民工保障金返还106起，返还劳动保障资金约2563万元。

开展建筑节能和扬尘防治工作。检查建筑施工现场扬尘防治207次，发出限期整改通知182份，停工整改25份，对5家企业实施罚款。同年，新设立农民工工资专户73个，受理拖欠农民工工资投诉案件40起，涉及农民工654人，涉及金额882万元；另受理45起“市长热线”转办案件，全部办结。

【市场监督管理】 2014年，全县新注册登记各类企业1439户、新增注册资本382423万元，全县注册登记企业7164户、注册资本达3217079万元；新发展个体工商户2616户，新发展家庭农场98户。办理组织机构代码证书3659户，其中新办1672户、变更705户、换证1202户、废置80户。办理餐饮服务许可证101户、保健食品经营许可证12户。

推进品牌战略。确定驰名商标培育重点企业2家、省著名商标培育重点企业4家，组织申报市知名商标5件、再认定市知名商标3件，组织申报省著名商标7件、再认定省著名商标5件。开展“一所多标”工作，提升注册商标总量，全县申请注册商标28件。

助企转型升级。实施标准化战略，新增市级农业标准化示范区5家、市级农业标准2个，备案企业产品标准9个。拓宽企业融资渠道，股权出质62户，出质股权数额135752.4万元，被担保债权数额72146万元；办理抵押物登记38件，主债权金额23376.413万元。推荐62户省、市级“守合同重信用”企业，安徽凯利粮油食品有限公司获国家级“守合同重信用”单位认定。

开展食品安全专项整治14次，检查企业196家、小作坊25家，检查食品经营户3552户次、食品批发市场及集贸市场86次，查处食品违法案件15起，取缔无证无照食品经营户14户。在食品生产加工环节抽取样品414组，在食品流通环节抽检各类食品15组，督促8家抽检不合格企业整改。开展“食品安全肥东行”、“食品安全宣传周”等宣传活动。

整顿药械市场。检查药品批发零售企业184家、医疗机构42家，查处涉嫌销售假药零售企业2家。开展医疗器械“五整治”、化妆品流通环节等专项行动，检查医疗器械经营使用单位14家、化妆品经营企业23家。对44家涉药单位的基本药物及高风险药品专项抽验50个批次、监督抽验110个批次，抽验医疗器械2个批次。加强药品不良反应监测报告工作，在线上报ADR共612例。

开通12315肥东地区专线，整合12315、原质监12365、原药监12311及12345投诉举报平台，全年受理各类咨询650件，受理各类投诉299件。对华东建材城等4个市场开展灯具等建材抽检，抽样40组，立案查处11起。通过组织消协常务理事单位培训、发放宣传资料、举办“3.15”纪念邮票发行仪式等形式，开展新《消法》宣传活动。

开展油气管线、气瓶充装、游乐设施等特种设备安全专项整治，下达安全监察指令书72份，立案查处5起。开展特种设备安全隐患排查治理工作，排查特种设备使用单位235家，查出各类隐患75处，督促隐患整改67处。通过开展社区现场宣传、电梯应急演练、液氨泄漏事故应急演练等活动，扎实推进“全国安全生产月”活动。

规范经营行为。推进质量强县，开展建筑防水卷材等3类重点产品质量提升行动，抽查建筑防水卷材等22个批次。开展工业产品质量监督抽查，完成工业产品抽检100多组。加强农资市场监管，开展流通领域农资商品市场专项整治2次、专项抽检2次，检查农资经营户530户次，抽检农资样品35组。开展打击侵犯知识产权和制售假冒伪劣商品专项行动，查处案件23件，案值38.37万元。开展2014红盾网剑专项整治，巡查网络经营户399户，办理网络案件2起。

推进综合治理。开展打击非法传销行动14次，捣毁取缔传销窝点126处，遣散劝返传销人员405人次，收缴扣留涉传资料500多份。严格履行市场准入和监管的法定职责，查处取缔无照经营97户，其中查处“黑网吧”5处，没收电脑30套。加大各类违法经营案件查办力度，查处一般程序行政处罚案件191件，其中万元以上案件45件。

【固定资产投资】 2014年，全社会固定资产投资458亿元，比上年增长20.4%。分产业看，第一产业投资16亿元，增长80.1%；第二产业投资231.1亿元，增长16.4%，其中工业投资230.3亿元，增长16%；第三产业投资210.9亿元，增长21.9%。

2014年肥东县房地产开发投资完成及其增长速度

单位：万平方米

指　标	绝对数	比上年增长%
商品房施工面积	369.6	5.3
其中：新开工	127.4	-20.6
房屋竣工面积	86.2	4.1
商品房销售面积	101.7	-9.8
其中：住宅	93.6	-8.9
商品房待售面积	7.4	-25.2

全年房地产开发投资47.7亿元，比上年增长16.6%。商品房施工面积369.6万平方米，增长5.3%。其中，新开工面积127.4万平方米，下降20.6%，竣工面积86.2万平方米，增长4.1%。商品房销售面积101.7万平方米，下降9.8%，其中住宅销售面积93.6万平方米，下降8.9%。商品房待售面积7.4万平方米，下降25.2%。

全年新开工项目543个，比上年增加68个，完成投资264.5亿元。其中工业项目245个，增加38个，完成投资154.9亿元。新开工亿元以上项目39个，减少9个，完成投资67.6亿元。

【招商引资】 2014年，全县招商引资到位县外资金265亿元，省外资金198亿元，省外工业资金123亿元，外商直接投资7044万美元。

全年新引进项目61个，协议投资141.5亿元，其中超五千万元项目55个，超亿元项目34个；按产业分，工业项目31个，服务业项目10个，农业项目20个。其中马钢（合肥）公司连续镀锌线、中盐集团新型建材产业基地、中盐集团超能电机一期、上海宇陪合肥物流园4个超5亿元项目实现当年签约当年开工。中南光电投资13亿元的光伏发电站、亚太置业投资5亿元的浙商城仓储配套等项目做到当年洽谈当年签约。

全年完成3个批次59个申报项目的预审，41个项目原则予以通过，协议投资156.49亿元，其中超亿元项目28个，超5亿元项目6个；按产业分，工业项目24个，服务业项目14个，农业项目3个。

工业招商成效显著。截止11月，到位工业资金124.6亿元，其中省外工业117.2亿元，同比去年分别增长11.2%、24.4%，所占全县到位资金比重由2013年的52.43%提高到58.21%；引进工业项目27个，投资总额74.78亿元，较上年同期增加5个，投资总额增加19.24亿元。

【规划】 2014年，新修编的县城总规完成县规委会审定、县人大审议。长临河镇总规完成市规委会审定。梁园、张集、石塘、白龙、马湖等乡镇总规编制完成评审。开展美好乡村规划建设，完成本年度19个美好乡村建设点规划编制。完成城南片区控规和城市设计成果并经县规委会审定。完成城关、和睦湖、定光、城南、龙城路体育公园等五公园以及县城五中和城东、城关两所小学分校的规划选址和设计要点。完成社保中心南侧、梁园路八斗路恢复小区A区南侧、公园路与桂王路交口北侧、石塘路畜牧水产局安置区、公安局西侧共5处停车场的规划选址并确定红线图及规划设计范围。完成富马庄园二期、瑶河家园、建华小区、先锋小区4个拆迁安置小区的规划选址、规划条件、规划方案审定。完成瑶岗路初步方案设计。完成京福高铁长临河站站前广场及连接道路的设计。完成下穿高铁南环线6处道口工程施工图设计。完成店忠路下穿合宁高速桥梁改建工程、下穿淮南铁路线道口工程设计施工图。完成店忠路下穿京福高铁道口设计。完成长临河镇境内2014年绿道规划（六家畈至白马山段）。修订县域主要道路红绿线控制标准及建筑退让道路规定。

落实城乡规划法，坚持“一书三证”规划管理制度，严格项目审批和批后管理及基础测绘工作，确保项目依法持证建设。全年核发选址意见书41份，设计条件103份，规划方案140份，用地规划许可证133份，各类建设工程规划许可证副本743份，正本474份；完成建筑物定线306栋；完成建筑物规划核实475栋。长临河镇总体规划获市批准，并被列为“中美低碳生态试点镇”。元疃塘西村和长临罗家疃中心村规划文本被省住建厅作为“典范文本”推广。

【房地产管理】 2014年，全县批准预售面积119.72万平方米，其中住宅115.24万平方米，同比分别增长15.54%和30.55%。发放产权证9070起，建筑面积263万平方米。房产测绘405幢，建筑面积255万平方米。二手房交易资金托管710起，托管资金3.50亿元。4月10日，新批准预售商品房项目全部进入资金监管系统。截止12月底，核准开设预售资金监管账户68个，监管项目19个，监管楼幢112幢，监管楼幢面积87.42万平方米。监管账户总进账资金12.36亿元，账户总余额3.31亿元。全年发放《商品房预售许可证》130份。发放《住宅质量保证书书》、《住宅使用说明书》7465套，发放率100%。

启动实施桥头集镇片区和撮镇镇片区国有工矿棚户区改造项目，937户86204平方米。续建项目，完成竣工验收7个项目582套公租房。开展廉租住房租赁补贴发放和实物配租工作，全年实施租赁补贴163户，发放租赁补贴金额46.20万元，累计发放租赁补贴830.5万元，受益家庭2700户6750人次；实物配租廉租住房313户家庭。

全县物业服务企业50家，在管房地产开发物业管理项目48个，管理面积500万平方米。拟定《关于进一步加强住宅小区物业管理工作的意见》，落实物业管理工作属地管理责任。全年受理物业新资质申报9起，三级暂定转三级6起，三级资质延续8起，三级升二级3起。建立物业服务企业履约保证金制度。全年物业服务企业在前期物业管理备案时交纳新建住宅小区履约保证金94.5万元。

全年归集维修资金3878.25万元，维修资金归集总额达2.50亿元；有效录入物业小区信息26个，业主维修资金数据5556条，累计录入物业小区信息103个，业主维修资金数据4.9万条。对足额交存维修资金的小区建档备案，对资金使用项目实行综合验收和决算审计制度。全年新建续建拆迁恢复楼面积164.81万平方米，完成年度目标任务的150%。颁发房屋拆除单位登记备案证书13份。

【城乡建设】 2014年，该县加大城市路网建设力度，不断拉开城市发展框架。太子山路建成通车。店忠路改建工程完成道路主体及配套附属绿化、路灯等。繁华大道东延肥东段工程二标段竣工验收。完成撮镇商贸物流园区8条路网、瑶岗路等5条道路下穿高铁南环线道口、岱山湖路工程。包公大道改造工程完成北半幅2层沥青摊铺。开二建设沿河西路南段工程。完成瑶岗路工程立项、可研、环评。

完成包公大道东延、桂王路、太子山路配套绿化及环巢湖大道绿化二期工程，总投资3783万元，实施绿化面积约85.2万平方米，栽植乔、灌木6万余棵。路灯灯饰。完成店忠路、八斗路东延、太子山路、桂王路等路灯安装和变压器工程，共安装路灯521柱、变压器9台、路灯开关柜3台。市政基础设施。完成8条小街巷、4座公厕和2个停车场的建设和改造任务。

完成长临河镇供水工程及加压泵站建设，完成东部新市镇八条道路、撮镇物流园八条道路、撮镇镇内四条街、合肥市循环经济示范园纬三路等道路管网安装及主管网改造工程，完成桥头集镇山王社居委、三站社居委安饮工程，19个村的主管网工程。加快推进“天然气镇镇通”工程，完成店埠镇、经开区等9个乡镇园区的天然气配套建设，投用燃气地下管道485公里。进一步推进“蓝天工程”，完成私家车“油改气”加装800辆。

完成育红小学扩建改造工程。完成检察院控申用房工程。就业与社保中心工程完成墙体砌筑等。肥东六中工程完成教学楼、宿舍楼、食堂等。民生工程。制定《2014年肥东县农村危房改造实施办法》，

2014年肥东县社会消费品零售总额及其增长速度

单位：亿元

指标名称	绝对数	比上年增长
社会消费品零售总额	73.6	16.3
按销售单位所在地分		
1. 城镇	58.4	16.1
2. 乡村	15.2	16.8

7月，全县1200户危房改造全部竣工，10月，补助资金全部发放到位。制定《2014年肥东县清洁工程实施办法》，在长临河、桥头集两个镇新建垃圾转运工作站2个，采购人力垃圾车200个，垃圾桶5000个，分类垃圾桶600个。同年，县财政切块安排5000万元用于中北部乡镇小城镇基础设施建设。

【国内贸易】 2014年，全县社会消费品零售总额73.6亿元，比上年增长16.3%。按销售单位所在地分，城镇零售额58.4亿元，增长16.1%；乡村零售额15.2亿元，增长16.8%。

成功举办“2014中国中部厨具博览会暨中国（合肥）酒店用品交易会”和“2014安徽省农机产品展示交易会”。全省首家快递产业园——合肥快递产业园在合肥商贸物流园挂牌。加大市场体系建设。完成“万村千乡”市场工程20家农资直营店、2家配送中心建设。完成包公镇农贸市场建设政策资金申报工作。强化市场监管力度。启动全县“放心肉”市场配送工程，开展“放心肉”市场清理整顿联合执法行动。加大成品油市场监管，查处漏油渗油、非法加油案件3起。加快电子商务发展。组织全县特色食品企业加盟“淘宝·安徽馆”，开启肥东本土企业参与第二届合肥网购节。启动肥东县第十三·五电子商务发展规划。出台农村电子商务发展规划、分年实施方案及扶持政策。

加大市场运行监测力度。全县监测样本企业29家，监测商品6大类60种消费品和6大类18种生产资料。加强网上直报，生活必需品、重点流通、重要生产资料市场监测系统信息报送及时率、准确率、报送率均达到99%。加强对生活必需品供应与价格的监测，发布41期周末市场行情；抓好市场运行预测分析，前三季度累计报送监测信息76篇。

同年，该县供销系统利用整合后的省级“新网工程”项目资金50万元，投资70万元扩建桥集供销商场800平方米。按照“五统一”的要求，在全县新增20个农资放心直营店，扩大覆盖面，真正为“三农”服务谋实事。大力推进再生资源回收体系建设。在全县18个乡镇设立供销社再生资源回收站。

【对外经济】 2014年，该县实现外贸进出口1.11亿美元，比上年增长22.8%；全年实现直接利用外资7044万美元，增长40.1%。全县到位内资265亿元，比上年增长10%，其中省外资金198亿元，增长15.8%。

加快外向型经济发展步伐。兑现2013年外贸奖励资金308.9万。上报中小企业国际市场开拓资金项目31个，金额164.7万元。为7家企业上报专项担保资金4800万。规范外派劳务市场，引导劳务人员合法有序出国务工。通过“对外劳务合作服务平台”输出5591人，累计在外务工13000人，占全省的65%。

【旅游】 2014年，该县可统计旅游接待人数310万人次，比上年增长3.3%，旅游综合收入2.65亿元，增长1.9%。全县三星级以上农家乐点19个，比上年增加2个。

长临河民俗文化馆“五一”对外开放。岱山湖被评委国家级水利风景区。漫水湾木屋村升级成为肥东县漫水湾文化艺术交流服务中心。新评星级农家乐4家。成功创建首个美食示范村——长临河镇长临社区。举办第六届马政寺三月三文化旅游庙会、第四届岱山湖山水桃花节、第六届建华荷花文化旅游节。漫水湾木屋村、湖光山色获得“最受市民喜爱的森林美食农家菜”奖项。开展旅游景区“三线三边”整治工作。制定《肥东县旅游景区周边环境整治工作方案》。清明、“五一”、中秋、“十一”对A级景区、星级饭店等开展旅游安全生产大检查，排除安全隐患。

【交通运输】 2013年，该县交通运输、仓储和邮政业增加值12.2亿元，比上年增长8.7%。全年旅客运输量1638万人次，货物运输量3972万吨。

全年完成县乡道路改造项目3个，其中永康—元疃公路全长21公里；高塘—三十头公路长8公里；长临—山口凌公路全长6.1公里。完成太长路8.5公里大修。完成“村村通水泥路延伸工程”127公里。同年，重点工程项目合马路二期扩建工程肥东境内长17.32公里，路面主体基本完工；店忠路扩建工程

13.4 公里，高铁下穿段开工建设；完成农村公路危桥改造 8 座。

同年，全县乡村公路列养率达 100%，经常性养护乡村水泥路面达 95%，砂石路达 70%。发放养护资金 400 万元。同年，完成县道花梁路等 30 公里路肩进行标准化养护，完成 300 余公里乡村公路路肩养护，完成六家畈至长岗 5.2 公里中小修工程。

开展客运班线复核及道路运输证审验工作；完成 503 台客运车辆的外检、初审工作；完成县内 1—6 路公交班线改造工作；完成汽车综合性能检测 16432 台次。制定安全生产责任制，层层签订安全生产责任书，全年检查运输企业 155 家次，排查安全隐患 91 处，取缔非法水上营运 1 处，查处非法驾校及报名点 31 家次，全行业安全生产平稳有序。

【邮政　电信】 2014 年，邮政业务总量 5276.8 万元，比上年增长 23.3%。年末入户电话用户 9.7 万户，其中住宅电话用户 6.5 万户；移动电话用户 71.8 万户；互联网接入用户 10.79 万户，比上年增加 3.19 万户。

中国电信肥东分公司加快通信能力建设。相继完成县内景河花园、御云府、文一凯旋公馆等 20 个共建共享小区的主干光缆建设，覆盖用户约 1.5 万户。完成合电路地铁二号线、撮镇中心街、明皇路、太子山路等近 10 条道路拓宽或改造过程中的通信杆路迁移、管道建设、设备迁移新建等工作。完成长临、八斗、陈集、桥头集等 40 个集镇街道 FTTH 光网覆盖改造，覆盖用户数近 2.5 万户。

强化网络运营管理。完成县城 67 个老旧铜缆网覆盖小区的 FTTH 光网改造，用户速率均可提速至 20M 以上，覆盖端口约 1 万户。对集镇以上未进行光网改造区域进行 88 项目改造施工，肥东集镇以上区域均可满足光纤覆盖。完成肥东信用联社 44 个网点的网络升级改造。完成邮政银行、国税局、司法局等重要客户单位的设备升级和网络改造，网络运营更加稳定。在中、高考期间，组织各专业维护人员到考试现场，确保考场内监控画面能顺利传送到指挥中心。汛期，准备充足的预备材料，调试好海事卫星电话，保证空中手段畅通。

肥东电信被省消协授予“诚信单位”荣誉称号，县城店埠主营业厅被中国电信集团公司授予“集团级示范店”荣誉称号。同年，客户投诉处理及时率 100%，客户满意度达 100%。全年安全无事故。

【供电】 2014 年，肥东县供电公司完成购电量 13.36 亿千瓦时；售电量 12.39 亿千瓦时；最大日用电量 626.74 万千瓦时；最大负荷 30.6 万千瓦；营业总收入 78579.34 万元；利润总额 387.91 万元；全员劳动生产率 393959 元 / 人・年。公司 3 项农网升级工程被省公司评为“精品工程”，包公镇、古城镇被授予 B 类新农村（美好乡村）电气化镇称号。公司 QC 成果荣获省公司一等奖，中国质量协会二等奖。截至 2014 年 12 月 31 日，肥东电网连续安全运行 10324 天。

有序推进变电站技改，完成 110 千伏店埠变、35 千伏王铁变、高亮变、西山驿变增容改造及 35kV 站南变建设任务，新增主网变电容量 71 兆伏安。完成撮镇中部片区 35 千伏龙长 391 线及龙王 392 线，10 千伏 03 开关国际护院线、04 开关龙塘工业线杆线迁移，35 千伏 374 开关八斗线改造、35 千伏高亮变及西山驿变技改。开展线路通道、输电线路跨越高速及铁路专项隐患排查治理活动，累计剪伐输、配电线路通道内树木 30765 棵，制止违章施工 35 处。完成 110 千伏桥刘 504 线等 13 条输电线路共计 37 处隐患治理工作。累计开展变电设备检修 68 项，输电设备检修 38 项，配电设备检修 161 项。借助 PMS 系统严格缺陷管理流程，处置变电缺陷 24 项，输电线路缺陷 47 项。

电网建设实现新跨越。开展 2014—2020 配电网规划、通讯自动化专项规划编制工作，完成配网 2.3 亿元 236 个储备项目的可研和入库，主网 220 千伏牌坊变、110 千伏孙滩变、35 千伏陈集变等基建项目的可研并纳入 2015 年投资计划。不断强化电网建设目标管控，积极配合市公司开展 500 千伏肥南变、110 千伏闸水变的属地化协调。统筹利用各类电网建设改造资金 1.5 亿元，其中省公司投资农网工程 3460 万元，实施建设改造项目 449 个，新建（改造）35 千伏线路 24 公里，新增及更换 10 千伏配变 251 台、容量 5.35 万千伏安，新建（改造）10kV 及以下线路 446 公里，惠及约 2.37 万户低电压用户。同年，累计办理光伏发电接入系统 45 户，总容量 3607.5 千瓦。同年，电费回收率完成 99.99%。安装智能表 24.6 万只。全年累计受理新报装客户 242 户，总容量 30.49 万千伏安。全年累计查获违约及窃电行为 12 起，追补电量 33 万千瓦时，追补电费及违约金 90 余万元。

【财政金融】 2014 年，该县财政收入 32 亿元，比上年增长 0.7%。其中地方财政收入 23.3 亿元，下降 0.1%。财政支出 44.2 亿元，比上年增长 1%。其中医疗卫生支出增长9.7%，社会保障和就业支出增长0.5%。

2014年末，全县金融机构人民币各项存款余额260.9亿元，增长17.6%；其中城乡居民储蓄存款余额167.4亿元，增长13.2%。金融机构人民币各项贷款余额182.5亿元，增长12.9%。其中，短期贷款余额68.74亿元，增长6.2%；中长期贷款余额110.5亿元，增长25.1%，中长期贷款中个人贷款余额76.4亿元，增长42.3%。

2014年末肥东县金融机构人民币存贷款余额及其增长速度

单位：亿元

指　标	年末数	比上年末增长%
各项存款余额	260.9	17.6
其中：单位存款	84.1	25.7
个人存款	169.9	13.9
其中：储蓄存款	167.4	13.2
各项贷款余额	182.5	12.9
其中：短期贷款	67.3	-2.1
中长期贷款	110.5	25.1

【教育　体育】 2014年，该县各类中等职业院校5所，其中普通中专4所。普通高中16所，普通初中39所，小学64所。普通中小学专任教师9132人。中等职业教育在校生11809人，普通中学在校生68623人，小学在校生54876人，幼儿园在园幼儿19871人，特殊教育学校在校生129人。初中学龄人口毛入学率130.3%，小学学龄儿童毛入学率101%，学前教育毛入园率86.2%。荣获“全省未成年人思想道德建设工作先进县”、“全国青少年普法教育示范区”称号。

2014年肥东县县各类教育发展情况

单位：人

指　标	招生数	在校生数	毕业生数
中等职业教育	3835	11809	3962
普通中学	20618	68623	24651
其中：普通高中	9423	32160	11584
其中：普通初中	11195	36463	13067
小学	8866	54876	8848
幼儿园	10108	22505	9122
特殊教育	30	129	18

肥东县被评为全国青少年普法教育示范区，高标准通过全国义务教育发展基本均衡县验收。县教体局及6所学校被评为全国青少年普法教育先进单位，12所学校被评为全国零犯罪学校。陈集学校、肥东四中被评为安徽省防震减灾科普示范学校。肥东一中、肥东二中荣获中国校园媒体建设百佳示范学校荣誉称号。

同年，投入791万元，新建教师公租房113套；投入1520万元，改扩建幼儿园5所、新建幼儿园2所；投入1013万元，改扩建寄宿制学校6所；投入2454万元，扩建校舍22290平方米；投入1840万元，新建运动场17个；投入310万元，维修校舍15300平方米。投入206万元，建成在线课堂19个主讲教室和37个接收教室。投入1926万元，为学校配置课桌椅、计算机、图书、仪器等设施设备。投入1.2亿元用于提升义务教育学校标准化建设水平。

全年累计发放学前资助资金36.45万元，惠及家庭贫困幼儿729人次；义务教育阶段农村中小学贫困寄宿生生活费补助资金217.61万元，惠及家庭贫困学生3580人次；发放普通高中国家助学金资助950.93万元，受助学生共12679人次；发放中职学校国家助学金136.88万元，惠及中职学校家庭经济困难学生1825人次，中职学校免学费资金发放1552.3万元，惠及中职学校家庭经济困难学生12523人次；享受大学新生“入学资助项目”和“县政府专项资助资金”的受助学生共475人，发放金额37.6万元；受理国家开发银行生源地信用助学贷款申贷学生2421人，发放贷款1604.85万元。

在合肥市高中教学质量综合评价中，肥东一中等七所学校分获一、二、三等奖。合肥市通用技术学校“社会文化艺术”和“客户信息服务”分别被省教育厅评为中等职业教育省级重点专业点和重点实训基地立项项目。20所义务教育学校通过市标准化建设复评验收，全县标准化建设完成率达100%。对42所农村中小学教育资源进行整合，成立21所九年一贯制学校。出台

《肥东县学前教育三年提升行动计划（2014—2016年）》《关于进一步加强我县学前教育管理工作的指导意见》等文件，县实验幼儿园被认定为安徽省一类幼儿园。特教学校规模和人数逐年增长，学生数由2013年的122人增加到129人。

在爱国主义读书教育活动中，肥东县爱国主义读书教育活动组委会荣获合肥市团体优胜奖。肥东二中等4所学校荣获全国青少年五好小公民主题教育活动示范学校荣誉称号。撮镇学区中心学校被评为安徽省优秀少先队集体。长乐学区、长临河学区中心学校的德育工作案例荣获省级二等奖。同年，城关中学学生参加全省电脑机器人竞赛分获一、二等奖，参加全国机器人大赛获得银牌。同年，全县高考本科达线7842人，达线率57.53%。圣泉中学徐晗、尚真中学尹宝柱、高升学校王育才三名考生被海军飞行学院录取。

全年补充教师54人。聘任中学高级教师40人，中学一级教师100人，小学高级教师110人，初级教师职务84人。落实老民师补助政策。核准认定享受老民师补助3125人，全年发放补助金73万元。建立分地区分类型发放农村教师岗位津贴制度，惠及农村教师4547人，全年发放津贴546万元。

全年新建96个农民体育健身场所、2个全民健身苑和1个笼式多功能运动场地。举办肥东县第七届千人万米长跑活动、省第九届乒乓球（肥东赛区）比赛、第六届羽毛球大赛等上百次体育比赛活动，丰富广大群众的体育文化生活。沙鹏飞等8位选手代表合肥市参加安徽省第七届少数民族传统体育运动会，在蹴球、高脚竞速等项目中获得4金2银。

【科技】 2014年，实现专利申请979件，专利授权329件。其中发明申请595件，增幅达240%，发明授权32件，较去年同期增长167%。全县共有52家企业科研所，新增省级高新技术企业10家，高新技术产品15项。

合矿机械、汇川机械、洁诺无纺布、正浩机械等6家企业成功申报第一批国家高新技术企业；华星智能停车设备、环瑞电热器材等3家企业通过第一批高企复审。雷鸣红星化工、恒通玻璃等四家企业成功申报第二批国家高新技术企业；海源机械顺利通过第二批高企复审。同年，全县有国家高新技术企业30家，省级高新技术培育企业11家，市级高新技术培育企业38家。全年兑现市创新型企业、高新技术产品等奖励资金94万元。同年，积极引导企业申报、实施科技项目，带动形成一批核心知识产权。安徽德普高分子材料有限公司PET膜预涂热裱水性粘合剂乳液及制备方法项目、安徽瑞德华机电设备有限公司高效节能低耗的薯类全粉快速加工工艺及专用设备项目获国家科技部创新基金立项，分别获得49万元、189万元的无偿资助；中工科安获得县科技创新项目经费1210万元的资金支持。积极开展高新技术产品认定工作。真心食品、燕庄油脂、黑牛食品等一批企业依靠科技创新，迅速成长壮大；福泉现代农业创新生产工艺，实现工厂化生产，金针菇销量占周谷堆批发市场的30%以上。同年，全县有企业技术中心33家，工程技术研究中心19家，其中省级工程技术研究中心4家。

开展农业科技进村入户和科普赶集活动。利用县电台、电视台、《肥东报》、农网、科技网等现代传媒开办农科教宣传专栏，组织讲师团到各乡镇开展技术讲座和科普赶集，请安农大教授、农技人员和乡土能人到田间地头进行技术指导；印发技术明白纸10多万份，对种、养、加大户进行专业技术培训等。通过活动的开展，提高农民科学文化素质和科学种田水平。同年，全县有2项农业科研成果获省、市科技进步奖。合肥星宇化学有限责任公司——灭草松原药合成新技术开发及产业化获省科技进步二等奖。县花生原种场的庐花9号花生新品种选育及无公害栽培技术研究成果获市科技进步二等奖。桂和农牧渔、丰宝种养殖、管湾水产养殖场、福泉现代农业等企业被省市确定为创新型企业，分别获得10万元的资金支持。同年，该县获得省科技厅粮丰科技工程15万元的项目资金支持，并获得全省15家粮食丰产科技特派员工作站授牌。

组织汇中内燃机配件、大来新型建材、华星智能停车设备、神雕起重4家企业成功申报合肥市知识产权示范企业。出台《关于印发修订后的肥东县专利申请补助暂行办法》。完成对全县40家企业及个人共计51.75万元的专利申请补助兑现工作。同年，全县开展防震减灾知识宣传226场次，应急演练共157场次，地震科普知识进农户、进社区共1030户。1月，白马山地震监测中心投入运行。

【文化】 2014年，全县共有文化馆1个，公共图书馆1个，文物所1个。市级非物质文化遗产名录13个。图书馆总藏量32.96万册（件），文艺调演5场。新增有线电视用户9312户，更新广播录制设备投资42万元。

加快公共文化基础设施建设。新建村（社区）公共电子阅览室5

个；完成2个省级9个市级农民文化乐园试点村建设任务；成立肥东县博物馆。开展丰富多彩的群众文化活动。全年开展送文化下乡活动400多场，送电影下乡3972场；举办肥东县第七届播音员（主持人）大赛；创办的“周末大舞台”演出活动推动了长临河镇文化旅游产业发展；创新举办肥东县全民文化月活动，县乡村三级文化干部及各地民间艺人近千人深入乡村，把5000多个文艺节目送到全县331个村（社区），让60万群众在家门口看到文艺演出。推动文艺精品创作。组织编排反映包公廉政和法治文化的系列新编庐剧折子戏在全县巡演并录制成光盘；完成《天南地北肥东人》第一部的拍摄与制片，并在省市县广播电视台播出。

加快传承优秀传统文化体系。开展肥东门歌、民歌征集评比活动；举办庐剧培训班；完成六家畈古民居群四期修缮工作；对张劲夫旧居进行资料征集，整体维修，并进行陈列布展；对包公镇小黄村、梁园镇小陈户等地发现的古墓群进行抢救性考古发掘；完成瑶岗渡江战役总前委旧址纪念馆、青龙厂新四军东进抗日纪念馆、马氏宗祠、赵氏宗祠、计氏宗祠等单位的技防工程和修缮工作。同年，肥东县荣获“安徽省民间文化艺术之乡”称号。

【卫生】 2014年，该县有卫生机构44个，其中医院6所，乡镇卫生院32所，妇幼保健院1个，卫生防疫和防治机构1个。医院、卫生院有床位2304张。全县有卫生机构人员2703人。卫生技术人员2317人，其中执业（助理）医师996人，注册护师、护士815人。婴儿死亡率3.89‰，产妇住院分娩率100%。城乡居民新农合参合率达100%。

1～10月，受理参合居民住院医疗费用补偿61956人次，补偿金额25928.6万元，住院实际补偿比为54.86%；住院分娩、慢性病、门诊统筹、意外伤害补偿1348583人次，补偿金额6053万元。以上共补偿约3.2亿元，占当年合作医疗基金87.15%，占合作医疗累计基金76.67%。获得合作医疗补偿金10万元以上的有79人，5万元到10万元之间的有423人。

实施城乡居民大病保险。3077人享受城乡居民合作医疗大病保险，补偿金额987万元。建立重大传染病病人医疗救治机制。1～10月，共救助重大传染病病人391例，发放医疗救助费32.2万元。妇女儿童健康水平逐步提高。截至10月底，完成婚前医学检查14431人，完成率103.08%；农村孕产妇住院分娩补助7277人，完成率101.07%；扩大免疫规划实际接种167617剂次，任务完成率为103.8%。

十一项基本公共卫生服务扎实开展。建规范化电子健康档案729201人，规范化电子健康档案建档率达83.3%。国家免疫规划疫苗接种完成率105.7%。65岁以上老年人规范管理83929人，规范管理率达92.03%。慢性病高血压规范管理64090人，规范管理率为53.45%；糖尿病规范管理18061人，规范管理率为89.72%。重性精神疾病患者管理4607人。卫生监督协管覆盖率100%。老年人中医药健康管理39621人，覆盖率为43.4%；儿童中医保健服务22250人，覆盖率为78.08%。7岁以下儿童保健管理62553人，儿童保健覆盖率为92.95%；3岁以下儿童系统管理24681人，系统管理率为87.89%；母乳喂养调查1280人，母乳喂养率为80.63%；新生儿访视9485人，新生儿访视率为94.65%。县级公立医院药品全部从省级平台集中采购，实行零差率销售，财政拨付医院药品零差率补助322万元。

基层医改和县级公立医院综合改革有序推进。在村卫生室成功试点门诊处方集系统，规范村医诊疗行为，减轻群众负担，有效保障患病群众身体健康。建立村卫生室医疗执业风险分担统筹资金，全县310个村卫生室770名村医缴纳筹资款77万元，县政府将配套补助款31万元纳入2015年财政预算。多措并举“降三费”，即降低患者的药品费用、耗材费用和检查费用。8月，全县规定用药指标；规定耗材使用；规范检查检验；加强成本核算，58个病种纳入按病种付费；加大考核力度。加强对药品的超限额使用、检验检查、耗材使用比例、工作量、医疗服务质量等指标的权重考核；规范药品使用，县人民医院每月对门、急诊普通、抗菌药物处方实施点评，每月抽取住院患者用药医嘱进行点评通报，并与医务人员绩效工资挂钩。通过控制后，县医院目录外的药品用量下降10.5个百分点，日人均药品费用下降20%，住院患者次均费用由5959元下降到4820元，下降19%。

【人力资源和社会保障】 2014年，该县城镇新增就业岗位6700个，安置下岗失业人员2307人。年末全县城镇参加养老保险人员61.15万人；参加医疗保险人数5.74万人，增长4.7%；参加失业保险人数1.88万人，增长8.7%。参加农村养老保险人数57.4万人，农村养老保险基金支出1.4亿元。

全年转移农业劳动力10385人、技能鉴定4967人。高校毕业生就业率达94.16%。发放小额担保贷款4011万元。新增非正规就业组织数60个，新增孵化成功企业户数7户，新增创业基地面积940平方米。

全年组织实施就业技能培训2579人；提供79个公益性岗位安置就业困难人员就业；开发39名基层社会管理和公共服务特定岗位，35名高校毕业生赴基层岗位工作。为185名高校毕业生提供就业见习。全县纳入城乡居民养老保险人数达57.4万人。符合领取条件的16.52万人城乡居民养老金全部发放到位，累计使用1.42亿元，发放率100%。

全年公开招聘30名幼师、25名医护人员。成立农业、工程、教育、非国有系列初级职称评审委员会，并对252位同志完成初级评审工作；积极培育本土自主创新人才，安徽环瑞电热器材有限公司计成志等3人荣获2014年度“安徽省战略性新兴产业技术领军人才”称号。

全年五项社会保险费累计征收4.1亿元。其中企业职工养老保险参保3.75万人，累计征缴收入24845.79万元，城镇职工参保5.74万人，累计征缴收入12914.39万元（不含医疗救助金）。

2014年，肥东县将城镇未参保集体企业退休及其他符合政策的相关人员全部纳入企业职工养老保险补保范围；按时完成1.72万名企业退休人员人均月增加养老金164.84元，人均月养老金水平提高到1518.86元；5.65万人纳入被征地农民社会保障，其中1.55万人享受待遇，全年累计发放6060.92万元。为七类“老字号”群体，共7012人（其中村干部、6581人、民师286人、兽医17人、老拖拉机手1人、老农技员1人、养护工63人、老放映员63人）发放补助金1123.7万元。

【民政】 2014，该县制定《肥东县城乡居民最低生活保障工作操作规程（试行）》，全面推进城乡低保听证和公开公示制度。城镇享受低保救济人员3678人，享受低保金2056万元；农村享受低保救济人员3.29万人，享受低保金7403万元；城镇社区服务设施205个，比上年增加20个，社区从业人员1750人，比上年增加520人，城镇便民、利民服务网点数410个，比上年增加10个。

制订《肥东县2014年农村五保供养实施办法》。全县年末在册五保对象8875人，其中分散供养五保7000人，农村散居五保年供养标准由上年的2200元提高到2440元，集中五保月供养标准由上年的360元提高到600元。累计打卡发放分散五保供养资金1744.21万元。全年为8880人（其中五保对象8804人、城镇“三无”人员76人）支付投保经费133.2万元，累计住院报案数2921人次，理赔291.4632万元。按月打卡发放232名孤儿基本生活费164.46万元，发放春节、六一慰问费44.4万元。众兴敬老院荣获第三批“合肥市民政系统行风建设示范单位”。

修订《肥东县城乡医疗救助实施办法》。符合救助条件的患者经各种保险补偿后，农村五保供养对象、社会散居孤儿、城市低保对象中的“三无”人员，个人自付医疗费用政策范围内、外分别按100%和70%比例给予救助；对城乡低保对象、符合医疗救助条件的重点优抚对象，个人自付医疗费用政策范围内、外分别按70%和10%比例给予救助，全年累计救助不超过2万元；对城乡低收入家庭大病患者，个人自付医疗费用政策范围内达到设定1.5万元医疗救助起付线，超出起付线以上部分按65%比例给予救助。全年累计救助55655人次2193.29万元，其中资助困难群众参合45697人456.97万元，拨付即时结算资金371.24万元。

修订《肥东县自然灾害救助应急预案》。开展送温暖捐赠活动，拨付送温暖捐赠资金260万元专项用于“两节”期间慰问困难群众7360户10950人。及时开展冬春救助。接收并拨付省级冬春救灾款150万元，救助5215户11300人次。店埠镇镇北社区获“全省综合减灾示范社区”称号。全年筹措临时救助资金209万元。发放资金75.2万元，救助651户，其中因病救助500户、突发事件救助98户、就学39户、其他14户。

全年为7291名优抚对象发放定恤定补2179万元，为1521户优待对象兑现优待金1368万元，为255名重点优抚对象支付医疗补助费23.0324万元。安置政策全面落实。完成2013年冬季城乡490名退役士兵安置工作，发放自谋职业和自主就业及生活补助、待安置期间生活补助费2400万元。接收2014年冬季退役士兵共537人。开展“八一”、春节慰问部队活动，发放慰问资金33万元；精心实施“追思工程”，肥东县茶壶山烈士陵园当年安葬33位烈士遗骸，在茶壶山烈士陵园隆重举行国家规定的首个烈士纪念日公祭活动，社会各界代表500多人参加公祭。

全年发放29208位80～99周岁老人高龄津贴1168.32万元，发放83位百岁老人长寿保健费29.38万元。全年办理老年人优待证6431本，其中红本4432本。出台《肥东县“银龄安康行动”工作实施方案》，启动实施60周岁以上老年人意外伤害综合保险业务。完成14个农村幸福院建设任务。在县城关镇镇南、镇北、光大、花园等7个社区进行社区居家养老服务站建设，为老年人社区活动开辟场所。

全县331个村（居、社区）完成换届选举工作；全年登记社会组织33家、完成变更登记8家；完成肥东瑶海线88.083公里边界线联检，将店埠镇等7个乡镇30个村（居）民委员会变更为社区，出版《肥东县地名志》；全年火化遗体6289具，惠民政策救助5896人，减免费用501.7万元；为773人次流浪乞讨人员救助93万元，救治危重病人84人；全年办理结婚登记13354对，离婚登记2358对；办理收养登记21例。

【生态环保】 2014年末，全县有垃圾处理站3座，污水处理厂4座。城镇生活污水处理率达88.5%。工业二氧化硫排放量达标率、工业废水排放量达标率、工业烟尘排放量达标率，分别为97.5%、99.1%、100%。环境污染治理本年完成投资3.34亿元。开展“三线三边”环境整治和文明创建工作，被评为首届“安徽省文明县”。

编制“一河一策”工作实施方案。将每条河道的排污口截流、河面保洁和两岸违规开垦、河岸两侧污染源整治、河道整治计划的制度与落实、河道断面水质改善情况列入“一河一策”考核内容，建立“一河一策”台账。绘制肥东巢湖流域水系图，分乡镇明确责任河段。投入4000多万元对县域内109条沟渠进行清淤，清淤总长达341公里，清淤土方120万立方；河道沿岸排污口截污50个；拆除围网捕鱼32处。关闭沿河塑料颗粒加工厂18家；拆除沿河旱厕85处；清理河道违规开垦面积约13.2万平方米，撮镇镇等乡镇沿河植树300余亩；依法关闭畜禽养殖场38个，拆迁面积近4万平方米。

强力推动大气污染防治工作。制定重污染天气应急处置预案、扬尘污染防治实施细则、大气污染防治目标阶段性工作方案以及燃煤等高污染燃料锅炉整治方案等。淘汰生活服务业燃煤锅炉123台，3家社会加油站完成油气回收改造工作。淘汰黄标车23台。

污水处理项目建设。县污水处理厂出水从一级B提升到一级A；循环经济示范园污水处理厂、撮镇污水处理厂和龙泉山垃圾填埋场渗滤液处理设施通过环保验收。环巢湖乡镇污水处理厂全面开工。电力、水泥等重点行业污染减排。合肥联合发电有限公司#1、#2机组脱硫脱硝建设完成并通过环保验收，并完成旁路烟道取消工作。中盐红四方有限公司3台220吨燃煤锅炉完成脱硫脱硝工程。畜禽养殖减排。排查规模化畜禽养殖场264家，关闭畜禽养殖场场（点）17家，对饮用水水源保护区内的25家畜禽养殖企业实施关闭。

县城污水处理厂日处理污水5.6万吨，污水处理率达98%以上，建设配套污水管网107公里。开工建设污水处理厂三期工程，新建5万吨/日污水深度处理、配套建设污水管网77.9公里和新建100吨/日的污泥深度处理。加快乡镇污水处理厂建设，投资1.47亿元开工建设8个乡镇污水处理厂DBO及配套污水管网工程，有效整治环巢湖流域水环境。

开展环保专项行动。督促25家新型墙材企业按照《合肥市扬尘污染防治管理办法》和建材企业扬尘污染防治要求落实措施和环保验收工作。对4家水泥生产企业下达整改通知，督促限期内解决扬尘污染问题。督促全县8家混凝土搅拌站企业按照《合肥市预拌商品混凝土搅拌站环境整治工作方案》要求进行环境综合整治，按期完成整治和通过环保专项达标验收。禁燃区淘汰燃煤锅炉133台。对非禁燃区内9家使用燃煤炉窑和10蒸吨以上燃煤锅炉企业下达《关于安装高效脱硫设施的通知》，督促企业限期完成高效脱硫设施的安装、运行和环保验收工作。开展服务业餐饮油烟专项整治。80家大型和中型餐饮企业全部完成油烟净化装置的安装。

做好饮用水源保护工作。对全县11个饮用水水源地水库开展每月1次的水环境质量例行监测；结合“河长制”工作的开展，对县域内入巢湖的河流进行水质每月1次的监测，对店埠河县城段开展水质每月1次的例行监测，监测断面52个。对县城饮用水水源地众兴水库开展每季度61项，全年109项的水环境质量监测。全年受理环境信访案件703起，做到查处率100%，办结率98%。全年完成160家排污企业排污申报工作；排污费征收到账额621万元。

【民生工程】 2014年，全县实施40项民生工程，其中省定民生工程33项实施30项，市定民生工程14项实施10项。40项民生工程总投入资金11.2亿元，其中中央、省、市到位资金8.4亿元，县级配套2.8亿元。工程类新建项目建设点1736个，开工率100%。11月，完成年度目标任务。荣获“2011—2015年度全国科普示范县”“全省残疾人工作示范县”称号。

2014年肥东县乡镇、园区（社区、村民委员会）一览表

乡镇名称	村委会名称	个数	社居委名称	个数	村民小组数	自然村数
店埠镇			龙西、半店、杨坝、一心、建设、马厂、安乐、昂集、杨王、合浦、群力、大安、赵岗、桑元、陂塘、中心、双桥、唐杨、镇西、镇北、排头、花园、对河、定光、光大、青春、镇南、西山驿、花滩民族、塘林回族满族	30	497	375
撮镇镇	华光、河滨、赵光、旭光、仙临、李六、大费	7	龙塘、振兴、先锋、瑶岗、大郭、长乐、唐安、建华、撮东、撮西、马桥、新安	12	423	238
梁园镇	蒋岗、新合、永丰、联盟、张圩、双枣、南管、俞庙、漕河、刘巷、黄祠、邓岗、付店、鲁岗、新向阳	15	梁园、路口、民主、梅桥、护城、管湾、柯岗、镇东、老庄、新河、东武、西童	12	610	372
八斗镇	小普、大谢、南鲁、五星、塅谈、盛岗、军王、上张、胜丰、九店、宁岗、南钟、卫星、薛户、大邵、邵桥、胡祠、薛计、小汤、陆还、万宋、赵东岗	22	富旺、花张、王城、大张、八斗	5	702	319
白龙镇	宁庙、广场、快乐、洪桥、镇北、后陈、团结、高圩、卢店、三家、三河、徐庄圩	12	同心、镇南、双庙、费集、肖凤、白龙、长王、孙岗、清水、王塘、板桥、向东、明教、青龙厂	14	649	402
古城镇	牛胡、新立、张斗、郭扬、友谊、范店、黄山、黎明、松王、江淮、大袁、刘庄、岱山、东庄、岗李、鸡鸣、西庄、陈兴、湾陈、左路、郑元、	21	古城、杨塘、广兴、塘庄、刘兴	5	576	277
石塘镇	阚东、塘西、施集、新展、同合、火龙、双坝、东明、城北、新桥、四合、大庄、新联、联建	14	石塘、富光、龙城、王铁、马集	5	291	280
包公镇	新生、大许、胜联、盘石、杨宋、净住、大孟、	7	高亮、赤杨、竹塘、小包、王集、文集、阚集、板桥、青春、岘山、柏龄、大张	12	411	203
桥头集镇	龙光、城山、国光、仙垱、红光、小韩、竹塘、桐山、龙泉、桥安、梅山、马龙山	12	复兴、桥青、三站、溉光、大韩、桥头集、山王集	7	232	214
长临河镇	虹光、白马、施口、全胜、迎霞、东光、青阳、罗店、东红、姚埠、罗洪、宝塔、洪葛、茶山、永胜	15	湖滨、星二、长临、星光、四顶	5	309	176
元疃镇	汪郢、杨祠、马皇、塘西、义和、曙光、明星	7	三合、路集、元疃	3	262	235
陈集镇	稻香、竹滩、山头、秦湖	4	前后张、吴集、陈集、肖圩、大魏	5	235	89
牌坊回族满族乡	张岗、兴庙、许井、三王、曙光、尖庙、民新民族、兴一民族、	8	新丰、草庙、高塘、赵坊民族、牌坊民族	5	320	201
响导乡	马王、红石、蒋祠、黄湖、许集、龚集、唐井、宋盛、竹林	9	响导、赵集、南王	3	253	125
杨店乡	大李、胜利、跃进、许岗、岗岭、麻朱、路塘、红堂、大夏、向阳、姚岗、刘兴集、黄栗民族	13	杨店	1	283	190
众兴乡	永安、联合、霞光、众兴、大高、谢岗、范岗	7	华光、花灯	2	187	123
张集乡	薛桥、新华、合义、胡巷、薛集、袁李、刘桥、民兵、河湾、赵山、新联合	11	黄疃、张集	2	275	113
马湖乡	兴桥、金赵、创业、沙河、塘东	5	王沟、马湖、三官、大王、小陶	5	227	106
肥东经济						

续表

乡镇名称	村委会名称	个数	社居委名称	个数	村民小组数	自然村数
开发区			燎原、墩塘、北瑶岗、三十埠、陈大郢	5	66	17
合肥循环						
经济示范园			义和、龙集、刘集、太平	4	113	27
合肥东城						
新市镇						
合　计		189		142	6921	4082

乡镇简介

牌坊回族满族乡

牌坊回族满族乡（简称牌坊乡）位于肥东县中部，距县城7公里。1994年10月建乡，2006年11月，草庙乡并入牌坊乡，全乡以回、满等民族为主，是全省唯一的多民族乡和全市唯一的少数民族乡。合徐、合六高速、合蚌、店北公路从境内穿过，交通便捷。乡域面积90平方公里，其中耕地面积3266公顷。辖13个村（社区），318个村民组，人口4.61万。回族、满族一直保持着良好的民族风俗和传统文化。

2014年，实现地区生产总值11.4亿元；固定资产投资3.4亿元；农民人均纯收入14812元，同比增幅15.2%，位居全县之首；财政收入3098万元；税收收入2580万元；招商引资11300万元，其中省外投资8900万元，实际完成投资12600万元，同比增幅12%。连续三年被合肥市评为“科学发展先进乡镇”，连续四年被县委、县政府评为“科学发展先进乡镇”，其中2014年荣获全县一等奖，民生工程工作在全县获并列第一名。

牌坊乡中心敬老院

【产业发展】 牌坊乡重点发展优质粮油生产、设施栽培，培育优势主导产业。粮食种植面积0.39万公顷，粮食总产25.4万吨。设施栽培不断扩大。巽润、诺伊等龙头企业在该乡新建钢架大棚80多公顷，全乡设施栽培累计面积600多公顷，露天蔬菜200多公顷，产品检测合格率100%。合肥市农业现场会在该乡成功召开。基础设施进一步加强。开挖大中型塘坝137口，清淤渠道15千米，新建张岗、三王、高塘提水泵站4个，增加旱涝保收面积206.7公顷。投入326万元，在水库移民集中村组，兴修水利、砂石路等基础设施，改善群众生产生活条件。扶贫开发整村推进项目，投入50万元在尖庙村新修砂石路3千米，水泥路0.5千米，加固机耕桥17座。加快畜牧业方式转变，推进生态健康养殖，提高畜牧业综合生产能力，出栏瘦品型商品猪6.1万头，存栏奶牛1000多头。开展畜禽规模养殖企业污染治理工作，拆除养殖场3家，关闭养鸡场2家，完成畜禽污染治理超标企业11家。新增安徽鹰博、新邦等市级龙头企业5家。建设水源涵养林246.7公顷。启动扶贫开发建档立卡工作，完成623户1937

省人大副主任文海英来牌坊乡视察

人建档立卡工作。开展职业农民培训工作，培训合格职业农民40人。

美好乡村有序推进。牌坊民族社区、丰岗中心村是省美好乡村建设点，牌坊民族社区同时也是全国少数民族特色村寨建设点。该乡整合小城镇基础设施资金、“一事一议”以及相关项目资金3000多万元，完成两个中心村的道排设施、景观绿化、污水治理、房屋立面改造等项目工程，乡容村貌焕然一新。特色村寨彰显特色。民族元素无处不在，千柳公园、满族牌楼、满族民俗馆、牌坊民族社区“少数民族特色村寨”电子牌、回族风格的墙立面改造，进一步彰显民族文化风采，成为牌坊一景。

【民生工程】 民生工程顺利推进。实施江淮分水岭沿线的张岗、草庙、尖庙、新丰、三王等村自来水管网延伸工程，完成主供水管网建设，方便群众生产生活用水。改善困难群众生活条件。完成危房改造106户；免费为30户贫困家庭安装太阳能光伏；12户农户享受农机购机补贴，补贴金额16.2万元。实施“一事一议”特惠制和普惠制。特惠制项目牌坊民族产业园道路和8个普惠制项目通过合肥市验收。

【生态建设】 生态建设不断加强。投资30万元对永安河和定光河进行综合治理，对部分河道进行绿化，对源头污染企业进行取缔。“三线三边”环境综合整治取得实效。拆除合六、合徐高速大型广告牌32处，合徐、合六高速公路、县道店白路、乡道共130余公里公路沿线及乡际周边55公里的环境得到全面治理。严格实行午秋两季秸秆禁烧。良好的生态环境让牌坊人民“留得住青山绿水，系得住乡愁”的美好愿景不再是梦想。

【社会事业】 社会事业全面推进。用好、用活少数民族发展资金，省市县民委帮扶资金240万元，用于少数民族特色村寨、满族回族牌楼、少数民族村组道路塘坝等建设项目，实现政府建、民受益。按例举办伊斯兰教开斋节、“民族团结进步宣传月”活动；按期对伊斯兰教事管会进行换届。严格落实计划生育政策。全乡出生人口436人，政策符合率90.59%，总性别比116.92%，人口自然增长率6.6‰。认真落实义务教育方针政策。儿童100%受到良好的学前教育，中小学学生入学率达100%。高塘学校少年宫复核验收合格，校蹴球代表安徽省参加全国比赛获多项殊荣。全程代理服务更加便捷。尖庙、民新等5个村“为民服务村企一体服务大厅”相继建成，让群众不离开家门就能享受到便捷的市场服务，受益群众达16947人。合作医疗和新农保全面覆盖。全乡有39622人参加城乡居民合作医疗，全年发放医药费307.5万元，有126例大病患者得到大病补偿，发放补偿金38万元，城乡居民养老保险缴费率达97.69%，发放率100%。全乡13个村（社区）配备专兼职信访信息员。全年排查各类矛盾纠纷58起，化解55起，化解率为94.83%。积极推进社会管理综合治理。投资52万元打造治安巡逻队，投资49万元实施“天网延伸”工程，织密治安防范网络，为创建和谐平安牌坊奠定坚实基础。

包公镇

【概况】 包公镇位于肥东县东部，东与巢湖市交界，距县城20公里。宁西铁路、合宁高速和店高路从境内通过，交通便捷。镇域面积134.73平方公里，辖9个社区，1个居委会，9个村，17563户，6.4万人。包公镇因是北宋著名清官典范包拯的故乡而得名，该镇青山绿水，人杰地灵，具有丰富的历史文化底蕴。位于大陈村的“大城头遗址”（又名皇城），是新石器时代至西周的古村落遗址。文集社区的包氏宗祠和“大城头遗址”被省人民政府命名为省重点文物保护单位。大邵村独有的舞“洋蛇”传统，称为“庐州一绝”，曾被中央电视台《神州风采》栏目专题介绍。历史上名人辈出，包拯是宋天圣五年（1027）丁卯科进士，官至枢密副使，被誉为刚直不阿、执法严峻的清官典范；原中共中央委员、国务委员张劲夫是该镇大张社区人。

2014年，包公镇按照“推进两化协调发展，建设生态美好包公”的发展思路，围绕经济发展和民生保障，聚焦美好乡村和社会稳定，强化社会服务和党的建设，求真务实、开拓进取，经济和社会事业全面发展。完成税收3210万元，其中国税2674万元、地税536万元，同比增长46%。招商引资实现资金1.2亿元，完成固定资产投资36101万元，实现规上工业产值37491万元，农民人均收入12667元，同比增长14%。荣获“合肥市科学发展先进乡镇”、“合肥市基层治安防控工作先进单位”、“合肥市防范和处理邪教工作先进集体”、合肥市“五个好”乡镇党委等荣誉称号。

【农业】 土地流转速度进一步加快，流转土地给企业、大户计31家，流转土地面积750.45公顷。全年发放各类涉农资金27项2451万元。植树造林工作成绩优秀，全年完成成片造林209.5公顷，新增经果林基地33.33公顷。水利基础建设进一步夯实，投资750万元，清淤整治塘坝128口、渠道24条，更新改造泵站14处，农民生活生产用水得到改善。动防工作进一步加强，全年共防疫家禽28万只、防疫家畜10万头、打耳标10万头，荣获全县防疫工作一等奖。

【农村环境整治】 进一步加大“三线三边”工作力度，全年投入250万元，用于高亮大街改造、河道清淤、道路硬化、绿化、亮化、自然村整治、养殖场污染治理，在县级历次检查中排名靠前，在市级抽查中取得第一名的好成绩。土地整治工作进展顺利，投资3000多万，完成文集等3个村市级土地整治项目。

12.15 中央综治办四室副主任韦绍仕一行来包公镇视察工作

【美好乡村建设】 完成岘山美好乡村建设。启动文集美好乡村建设，以农村清洁家园、环境整治为突破口，投入资金700多万元，完成渠道硬化、道路硬化、亮化、绿化工程。

【文化事业】 3月，开展全民文化月活动，在每个村（居、社区）举办一场专场活动，深受群众欢迎。道德模范评选深入人心，谈模范，学模范的风气正在形成，有两名村民入选县级道德模范。9月，舍命勇救两名落水少年的村民程银入选“中国好人榜”。

【民生工作】 稳步推进城乡居民养老保险工作。全镇参保缴费26816人，缴费率达99.70%。新农合参合人数56308人，住院补偿人次4962人次，打卡支付医药费341万元。申报普、特惠制项目9个，新修水泥路11.5公里，总投资364万元，受益群众2.6万人。认真做好困难群众和农村低保困难补助的发放、优抚对象抚恤补助、五保供养、老年优惠等惠民工作，全年发放各类救助补助452万，3600多人受益。为民服务全程代理工作扎实有序开展，全年办理接待群众咨询办件和代理办件5100多件（次），办结率达98%，群众满意率98.5%。

【名胜特产】 特产有岘山无公害水果、富硒蛋，安徽申皖纺织有限公司生产的“神龙山”和“包公”针织品系列，竹塘村新禾米业有机水稻基地生产的有机大米，安徽安泰种猪育种有限公司包公镇种猪场（是全省唯一一家国家生猪核心育种场）培育的优质种猪和无公害生猪，大张村“七联友”农业示范园生产的无公害蔬菜和生态龙虾、板桥社区葡萄观光园生产的葡萄系列等。

桥头集镇

【概况】 桥头集镇位于肥东县东南部，东与巢湖市接壤。桥头集清代雍正年间开市，以街东涧河上的木桥而得名。1986年8月12日，撤乡建镇。1992年，山王乡并入桥头集镇，2006年，复兴乡并入桥头集镇。镇域面积112平方公里，辖19个村（社区），人口近6万人。该镇三面环山，环境优美，龙泉千年古寺、“天下第十三泉”、梅山仙人洞、双山寺等自然、人文景点点缀其间。105省道、淮南铁路、京福高铁贯穿全境，交通十分便捷。

桥头集镇属低山丘陵地区，镇内植被以林木为主。有常绿针叶林、常绿阔叶林、落叶阔叶林等多种林木，以松类为主。主要农作物有水稻，油菜、花生、小麦、大豆等。镇域内矿藏资源丰富，主要有磷灰石、白云石、黄砂、石英石、铁矿石、大理石。

桥头集镇瞄准“坚持科学发展，建设魅力山镇”目标，突出做好山体修复、产业开发两篇文章，实施“工业强镇、三产活镇、生态美镇”战略，全力推进“工业集聚区、城镇功能区、生态农业区、三产旅游区”四区建设，精心组织“生态优先、转型升级、民生至上、绿色发展”四项行动，先后获得安徽省首批扩权强镇试点镇、合肥市十强乡镇、合肥市基层信访工作试点镇、合肥市首批应急管理示范点、合肥市社科普及示范基地、肥东县科学发展先进乡镇等荣誉称号。

【经济发展】 2014年，桥头集镇实现固定资产投资70528万元，增长1.8%；招商引资到位资金36780万元，增长11.8%；税收收入5838万元，增长5%；农民人均纯收入13341元，增长9%。完成规上工业总产值338287.4万元，增长6%；新发展个体工商户39家，新增私营企业33户。积极引进以运输业主的外协税收企业28家，拓展税收来源。

调整产业结构，完善现代农业产业体系，加快土地流转，发展适度规模经营，新增流转土地93.3公顷。加快建设竹塘蔬菜、龙泉蓝莓、城山园林、桥安养殖等特色农业示范基地，推进金佳生态观光园、蓝山湾生态农业园、清水湾庄园等现代休闲农业开发项目。完成2个美好乡村重点示范中心村建设基本任务。完成全镇260余亩山林的松材线虫病皆伐除治任务和780余亩的枯死松树清理任务，并通过省级检查验收。抓好测土配方施肥工作，全镇推广测土配方施肥面积2266.7余公顷；在竹塘、龙光、桥青、复居抓好万亩水稻高产创建工作。全年粮食总产23576吨，增长10%。

推进“三线三边”环境整治，持续改善人居环境。加快完善路网格局，实施4.5公里“一事一议”道路项目，完成9.62公里“村村通水泥路”延伸工程。开展绿化大会战，成片造林27.33公顷，绿化自然村庄1个，绿化渠道7公里。开展水利兴修，除险加固小型水库2座，清淤整治塘坝47口、河渠12条，更新改造泵站10座，装机容量165千瓦。午秋秸秆禁烧和综合利用工作取得实效，秸秆粉碎还田0.33万公顷。严格落实“河长制”，加大水污染治理力度，整治河道21公里，清淤土方116万方，清运河道垃圾97吨，关闭污染企业2家，拆除养猪场1个，限期整改企业4家。

【民生工程】 涉农资金发放有序，农村低保提标扩面，为637户农村低保家庭发放补贴资金252万元，五保供养应保尽保，为289名分散供养五保老人发放补贴资金70.7万元。发放贫困重度残疾人生活特别救助金27.7万元，为9名贫困残疾人实施白内障手术。新型农村合作医疗参合率达100%，城乡居民养老保险参保率达95.96%。完成1888.7公顷水稻承保工作，理赔金额40万元。发放粮食直补资金50.7万元、农资综合补贴363.6万元、良种补贴97.9万元。完成农村清洁工程、C025桥危桥改造、22户危房改造项目。投入181.2万元建设7个“一事一议”项目，修建道路4455米，安装路灯115盏。

【文化事业】 小讲坛作为该镇的特色活动，一直在前进中发展。2014年，该镇将小讲坛参与人员扩充到镇机关干部、村（社区）工作人员、学校老师等，每周安排两名人员在机关干部例会上进行领学，学习内容涉及学习、生活、工作各方面，加大不同工作领域的知识交流，锻炼参与人员的沟通表达能力，使机关小讲坛成为全镇学习交流的大舞台。

2014年，该镇建成群众体育健身广场3个、“老少活动家园”3个、计生文化园2个、城市幸福生活“e”站2个，丰富群众的业余生活。成功举办“全民文化月”活动，完成19场文艺演出及268场电影放映，提高群众的生活质量。成功举办桥头集镇首届农民书画展。同年，通过梅山庙会这一传统民俗活动活跃农民的文化生活，繁荣农村文化事业。

【梅山庙会】 “三月三，爬梅山”。每年农历三月初三，该镇的梅山都要迎来四方游客赶庙会进香、踏梅山赏春、祈祷幸福平安。庙会上除传统的道教祈福活动，还有民间民俗文化演出活动。庙会期间秩序井然、道路畅通。让各方游客在领略梅山美景，参加庙会的同时，也利用庙会的传统民俗文化活跃农民文化生活，繁荣农村文化事业大发展。

（李曙光）

肥西县

【概况】 肥西县位于安徽省

中部，合肥市西南部，东连合肥市郊区，隔巢湖与巢湖市相望；西与六安市接壤；南沿丰乐河与舒城县、庐江县为邻；北抵寿县、长丰县。全县面积1695.41平方公里，辖12个乡镇，4个园区，全县共286个村（社区），其中村民委员会163个；农村社区居委会102个；城镇社区居委会21总人口80.6万人。2014年，全社会固定资产投资490亿元、增长16.9%；财政收入55.8亿元、增长11.4%，其中地方财政收入33.2亿元、增长19.3%；社会消费品零售总额72亿元、增长16%；城镇常住居民人均可支配收入21450元、增长10.9%；农村常住居民人均可支配收入12717元、增长12.5%。荣获安徽省文明示范县、安徽省生态县、安徽省全民健身示范县、安徽省森林城市等称号，再次荣膺全省唯一的全国百强县，位列第86位。

2014年肥西县主要经济指标

指标名称	单位	总量	增速%
地区生产总值	亿元	508.8	11.1
其中，第一产业	亿元	48.6	5.6
第二产业	亿元	344.4	12.9
第三产业	亿元	115.8	7.8
农业总产值	亿元	84.4	5.4
农作物播种面积	公顷	110133	1.2
其中，粮食	公顷	70728	1.1
粮食产量	万吨	46.3	3.1
其中，稻谷	万吨	39.5	3.0
年末生猪存栏	万头	22.7	5.6
全年生猪出栏	万头	39.2	4.2
肉类总产量	万吨	12.1	4.2
禽蛋产量	万吨	6	3.8
水产品产量	万吨	3.9	5.6
牛奶产量	万吨	0.06	0.3
规模以上工业八大产业增加值	亿元	245.1	20.8
其中，汽车制造业	亿元	53.6	-8.3
电气机械和器材制造业	亿元	58.7	12.0
计算机、通信和其他电子设备制造业	亿元	64.1	173.4
通用设备制造业	亿元	23.9	9.0
橡胶和塑料制品业	亿元	13.9	-0.6
化学原料和化学制品制造业	亿元	10.3	8.9
非金属矿物制品业	亿元	11.1	-1.4
金属制品业	亿元	9.4	-1.0

【工业】 2014年全年实现地区生产总值510亿元、增长11%；规上工业增加值270亿元、增长14%。重点产业、骨干企业加快发展，汽车、家电、电子信息三大产业产值均突破200亿元，409家规上企业实现产值1147亿元。战略性新兴产业发展迅猛，实现产值310亿元、增长60。新认定国家级管理体系贯标试点企业1家，省级示范企业1家、市级9家。科技创新成效显著，新增高新技术企业16家、总数达65家.

【现代农业】 2014年肥西县花岗现代农业示范区晋升为省级示范区，上派三岗跻身全国“一村一品”示范村，全县新增家庭农场109个，新建特色农业产业园45个，创建市级农业标准化示范基地3个。投入3.3亿元开展农田水利基本建设，创建万亩部级水稻高产示范片4个，全县粮食总产46.3万吨，实现连续12年丰收。

【招商引资】 全年共引进项目88个，其中5亿元以上项目18个，三五中国摩新型城市综合体、祥源花世界生态旅游、晨讯科技等一批重大项目正式签约。全年到位省外资金245.6亿元、增长16.9%，实际利用外资1.5亿美元、增长12%，总量均居五县市之首。加快推进项目建设，建立项目管理信息系统，健全“六个一批”、“四位一体”和“五定”项目推进机制，TCL家电产业园开园投产，江汽轻卡等重大项目开工建设，50个省“861”项目、73个市“1346”项目超额完成年度投资任务。

【科技创新】 战略性新兴产业发展迅猛，实现产值310亿元、增长60%。两化融合取得新突破，新认定国家级管理体系贯标试点企业1家，省级示范企业1家、市级9家。科技创新成效显著，新增高新技术企业16家、总数达65家，专利及发明专利申请量、授权量均居全省首位，实现高新技术产值750亿元、增长19%。三河米酒获“国家地理标志保护产品”称号，中科光电获“中国驰名商标”称号。

【三产旅游】 第三产业发展加快，合肥华南城一期商户成功入驻，百大购物中心、用世生活城、名邦广场等大型商业综合体运营良好。电子商务快速发展，经营主体达42家。现代物流业提标提质，3家企业已达国家4A级标准。房地产市场健康发展，年出让经营性用地90.4公顷，土地出让金突破40亿元；商品房销售261万平方米、增长20%，再创历史新高。旅游业发展迈上新台阶，全县旅游总体规划编制完成，智慧旅游正式运营，三河古镇通过国家5A级景区景观价值评定，刘铭传故居对外开放，首届合肥森林生态旅游节、山南农根文化节、紫蓬山民俗文化周等系列活动成功举办。年接待游客350万人次，实现旅游综合收入25亿元，分别增长8.3%、7%。

【城乡建设】 全年共安排新建、续建大建设项目282个，总投资达155亿元。国省干道建设成效显著，环巢湖大道、G312肥西段建成运营，G206上派至南岗段主体完工，G330肥西段半幅通车，全国推进普通公路发展现场交流会到我县观摩。26个市政道路项目快速推进，站前路、文山路、乐平路等竣工通车，巢湖路改造春节前放行。40个公益配套项目建设进展顺利， 李湾家园二期、旺郢家园、城关公交停保场、上派中心校综合楼、派河剧场、铭传磁能炭化炉等建成使用。产城融合示范区建设启动，安置点建设稳步推进。城市管理进一步加强，深入开展道路交通秩序整治，大力推进违法建设专项治理，已拆除违法建设3.4万平方米，力度空前、成效显著。征迁工作强力推进，启动上派镇金寨南路及旧城区综合改造等征迁项目36个，平稳完成征迁171.7万平方米。美好乡村建设取得实效，整合各类涉农资金2.7亿元，建成示范中心村11个、示范带3条，完成自然村环境整治159个。实施高标准基本农田建设项目15个，整村推进项目6个，2个省级土地整理项目顺利通过验收。“三线三边”治理力度加大，城乡环境整治实现常态化。顺利荣获全国县级文明城市提名，铭传乡启明村、桃花镇成功创建全省文明村、镇。

【环境保护】 实施河湖综合治理，环巢湖生态修复工程一期项目基本完工，二期项目全面开工，三期项目可研编制初步完成，全年完成投资15亿元。完善162家规模养殖企业排污设施建设，拆除关闭禁养区养殖企业120家。开展大气污染综合整治，拆除燃煤小锅炉94台，全面淘汰公务黄标车，依法取缔派河码头砂石货场20处，关闭非法开采小矿山20家，圆满完成全县午秋两季禁烧任务。加大排污工程建设力度，丰乐、铭传、官亭、高店4个乡镇污水处理厂项目基本建成，严店、山南、紫蓬、柿树岗4个乡镇污水管网建成运营，中派污水处理厂主体完工，西部组团污水处理厂开工建设。严格落实节能减排责任制，33家企业通过市清洁生产审核验收，拆除24门以上轮窑17座，全县单位地区生产总值能耗下降6%。大力推广清洁能源，完成光伏应用项目8个，装机容量16.5兆瓦。继续推进千万亩森林增长工程，完成造林0.23万公顷，全县林木绿化率提高到31%。成功举办第12届中国（合肥）苗木花卉交易大会，成交额达22.5亿元。山南镇成功创建国家级生态镇，丰乐、高店获批省级生态乡镇，三汊河湿地公园通过省级评审。

【社会民生】 投入13.1亿元，大力推进43项民生工程建设。实施教育振兴五年行动计划，南门小学上派分校开学招生；高考本科达线率50.1%、超全省近10个百分点，位居五县市第二；6个乡镇开通校车，768套教师公租房即将投入使用。县医院通过“二甲”验收，基层规范用药“处方集”试点受到国家卫计委肯定，成功创建国家慢性病综合防控示范区、全国农村中医药工作先进县。完善就业服务体系，新增就业岗位3.6万个，转移农村劳动力2.3万人，城镇登记失业率控制在4.1%以内。扩大社会保险覆盖面，城镇职工五项保险参保人数达23.2万人次，城乡居民养老保险参保达45.2万人。提高困难群众救助标准，规范城乡低保管理。推动敬老院转型发展，官亭江夏敬老院被授予全国农村五保供养先进单位。实施精准扶贫，建立单位包村、干部包户帮扶机制，13个贫困村和704个贫困户落实结对帮扶举措。发放残疾人生活和医疗救助资金928万元。解决7.95万人口安全饮水问题。新开通公交线路6条。推进县乡公共文化服务体系建设，县城时代影城投入运营，24小时自助图书馆即将建成；57个农民体育健身工程、8个全民健身苑建成使用，中国全民休闲皮划艇大赛、安徽省首届高校龙舟公开赛、迎新春健身跑等活动成功举办。加大计生奖补投入，实施计生特困家庭社会关怀项目。集中力量解决历史遗留问题，按时足额兑现老民师、老村医等7个群体生活补助。

2014年肥西县乡镇、园区（社区、村民委员会）一览表

乡镇名称	村（居）民委员会情况	
高店乡	村民委员会（8个）	仪城 高升 团塘 长镇 岗圩 双丰 邵庙 新河
	社区居委会（5个）	长镇回族社区 高店社区 五四社区 平河社区 长东社区
官亭镇	村民委员会（21个）	官亭 高庄 团结 张祠 夏祠 童大井 河北 余店 黄店 五里 八十墩 姚岗 老庙 王集 郭桥 芦塘 楼郢 缪大庄 金华 金星 朱桥
	社区居委会（10个）	江夏店社区 马店社区 金桥社区 丰祥回民社区 焦婆社区 金郢社区 官亭社区 半店社区 新民社区 王祠社区
铭传乡	村民委员会（13个）	聚星 杨店 新光 白龙 农林 高塘 建设 墩塘 鸽子笼 青峰 三河 汤祠 楼塘
	社区居委会（5个）	聚星社区 井王社区 南分路社区 桂树社区 启明社区
紫蓬镇	村民委员会（5个）	泗洲 兴庄 罗坝 烧脉 新农
	社区居委会（6个）	燎原社区 农兴社区 永久社区 长刘社区 白衣社区 农兴街道社区
山南镇	村民委员会（19个）	小井庄 兴庄 西岗 夏寨 荷冲 馆北 馆东 李桥 上圩 光明 林业 华山 三合 金圩 长庄 洪桥 新圩 龙嘴 炉墩
	社区居委会（8个）	陡岗社区 金牛社区 六合社区 沈店社区 城河社区 吕楼社区 板墙社区 山南街道社区
柿树岗乡	村民委员会（16个）	黄花 龙潭 代塘 丁岗 柿树岗 赵店 中洋 周楼 长郢 宗洼 联圩 李嘴 廖渡 袁店 杨桥 马堰
	社区居委会（6个）	新街社区 防虎社区 界河社区 合农社区 李塘社区 双龙社区
花岗镇	村民委员会（26个）	粉坊 叶岗 杨湾 八里 河光 马塘 上堰 陶店 汪堰 永丰 大黄 红堰 跨河 业湾 英塘 东湾 西湾 董岗 陈岗 慈山 蔡冲 胜利 大众 正新 群光 童岗
	社区居委会（14个）	董岗社区 孙集社区 花园社区 舒安社区 芮店社区 天堰社区 南塘社区 青阳社区 过岗社区 李祠社区 张店社区 花岗街道社区 七十埠社区 善岗社区
丰乐镇	村民委员会（17个）	桥中 桥西 路塘 赵桥 桥东 安河 铁佛 大圩 新华 肖家桥 三里 方桥 安淮 民主 曹祠 新丰 蒋岗
	社区居委会（6个）	新仓社区 丰乐社区 程店社区 双枣社区 从姚社区 河湾社区
三河镇	村民委员会（12个）	西湖 任倪 联合 太华 桥庵 临丰 湖光 滨光 五合 河口 永和 九联
	社区居委会（14个）	茶棚社区 杨婆社区 滨湖社区 跨河社区 滨锋社区 木兰社区 西街社区 二龙街社区 北街社区 中街社区 南街社区 东街社区 建设社区 龙安社区
严店乡	村民委员会（8个）	三元 东南 油坊 管祠 三联 跨湖 大丰 莲花
	社区居委会（7个）	刘河社区 严店社区 西郑岗社区 苏小社区 劳光社区 罗祝社区 新建社区
上派镇	村民委员会（12个）	三岗 方岗 前进 彭圩 灯塔 佛寺 金岗 大墙 鲍冲 乐平 韩圩 沿河
	社区居委会（17个）	新华社区 青年社区 紫蓬社区 卫星社区 南郢社区 派河社区 古埂社区 爱和社区 四十埠社区 馆驿社区 肥光社区 绿锦社区 芮祠社区 中派社区 北张社区 谢塘社区 五十埠社区
桃花镇	社区居委会（5个）	翡翠社区 染坊社区 繁华新园社区 柏堰社区 顺和家园社区
紫蓬山管委会	村民委员会（6个）	李陵 陀龙 山口 双井 凤凰 张老圩
	社区居委会（5个）	堰湾社区 紫蓬社区 周公山社区 梁岗社区 甲塘社区

续表

乡镇名称	村（居）民委员会情况	
桃花工业园		
	社区居委会（8个）	顺美社区　桃花社区　大柳塘社区　二十埠社区　凉亭社区　中心社区　周坝社区　西安社区
柏堰科技园	社区居委会（3个）	柏堰雅苑社区　香樟花园社区　锦绣怡园社区
新港工业园		
	社区居委会（4个）	庭湖社区　青龙社区　田埠社区　巢湖社区
		截至2014年3月31日，全县共286个村（社区），其中村民委员会163个；农村社区居委会102个；城镇社区居委会21。

深化平安肥西建设，推进农村技防延伸工程，全面完成综治维稳信访工作中心（站）和警民联调室建设。健全信访矛盾排查、包案化解、包保稳控等机制，越级访、集体访有效控制。打击非法传销专项行动成效显著。强化安全生产责任落实，深入推进消防、电梯、油气管线等重点领域隐患排查治理，完成规下企业安全生产标准化创建120家，社会大局和谐稳定。第二次归侨侨眷代表大会成功召开，三河镇与台湾大溪镇缔结友好乡镇。民族宗教、人民防空、防震减灾、地方志、科普、气象、统计、档案、武装等工作水平实现新提升，工青妇、红十字会、老年人和关心下一代工作取得新进步。

乡镇选介

上派镇

上派镇是肥西县城关镇，地处派河上游而得名（派河自镇西北向东流入巢湖），素有合肥南大门之称，位置偏于全县东部，东北距合肥市区15公里，西南距舒城县城37公里，西距六安市65公里，周边与合肥经济技术开发区、桃花镇、严店乡、丰乐镇、花岗镇、紫蓬镇相邻。合九铁路、合界高速、合安公路（206国道）、合铜公路穿镇而过。镇域面积121平方公里，辖12个社区、14个村，人口22万人，城区面积25平方公里。新港工业园南区、上派工业园区位于镇域内。主导产业为工业、城郊型农业、商业。2014年，规上工业总产值达34.5亿元；1～11月份全社会固定资产累计投资 64.7亿元，增长91.6%；财政收入9.9亿元，增长33.6%（其中镇级财政收入3.2亿元，增长12.1%）；农民人均纯收入15360元，增长18%。荣获安徽省“森林城镇”、全省人力资源和社会保障工作“优秀服务窗口”、合肥市“卫生先进单位”等荣誉；主要经济指标保持两位数增长，各项指标全市领先，再次蝉联“全市科学发展一类乡镇”。

2014年，上派镇推进金寨南路及旧城区综合改造工作，拆迁57万平方米、3815户。完成新港南区江淮轻卡、联东U谷及新高中、安置点等征地453.3公顷，拆迁人口9300人。新港南区江汽轻卡66.67公顷建设用地顺利交付。产城融合区完成首批征迁任务。完成G206、G330线国省干道征迁任务，现顺利通车。李湾家园二期、凉亭雅苑（二期）、滨河家园安置小区建成投入使用，旺郢家园、金星和园三期基本完工，滨河家园100间、凉亭雅苑86间门面顺利分房到户，1100户3000多群众喜迁新居。完成站前路改造并投入使用，派河大道城关段全部贯通，三岗路、乐平路竣工，巢湖改造实施顺利。

城关公交停车场、上派中心校综合楼等项目投入使用。工业园区污水管网全面建成。投入50万完成对彭圩村址进行改扩建，完善设施。投入120多万元的古埂社区、卫星社区生活驿站投入使用，棋牌室、儿童活动室等一应俱全，社区服务功能更加完备；其中古埂社区荣获市“四星级志愿服务社区”和“四星级社区志愿服务广场”称号。

全年投入“三线三边”整治资金1000余万元，实现出入城口、铁路道口、乡村道路保洁市场化、常态化。背街巷道、无物管小区保洁规范化，城区人居环境明显改善。实行全域秸秆禁烧和垃圾禁止露天焚烧，确保“不着一把火、不冒一股烟”。拆除燃煤小锅炉72台，依法取缔派河码头砂石货场1座、拆除24门以上轮窑5座，严格实行“河长制”，镇域内潭冲河、派河等主要河流水质保持稳定。投入

1600万元，拆除养殖场25家。投入1200万元的工业园污水管网顺利铺设完成，中派污水处理厂主体工程完工。继续推进千万亩森林增长工程，完成造林144公顷，成功荣获 “安徽省森林城镇”称号。

上派镇成功引入祥源花世界生态旅游项目，全面提升苗木品质，全面提升县城品味形象。三岗荣获全国“一村一品”农业示范村称号。配合县举办第12届中国（合肥）苗木花卉交易大会，成交额达22.5亿元。镇花木协会引进花卉新品种3个。

实施“一事一议”项目4个，镇财政投入4万元，争取上级资金106万元。新建村村通水泥路 公里，维修养护农村公路218公里，维修重建桥梁5座，硬化沟渠7公里，开挖当家塘26口，争取市兴修三岗景观大道3.7公里，农村生产生活条件明显改善。

官亭镇

官亭镇位于江淮分水岭的腹部，在合（肥）六（安）之间，距合肥、六安两市均在40公里左右，是水陆交通的要塞，历来为兵家争夺之地，素有大别山前门之称。2014年底，全镇完成财税收入4378万元，完成全年目标任务的109.4%；规模以上产值完成13.8亿元，完成全年目标任务的106.2%；年度工业投资完成8.5亿元，完成全年目标任务的106.3%；固定资产投资完成28亿元，完成全年目标任务的140%；社会消费品零售总额完成3.2亿元，完成全年目标任务的106.7%；招商引资完成14.7亿元，完成全年目标任务的113.1%，农民人均纯收入达到13020元。

2014年，官亭镇继续实施王集、新民、王祠、张祠、童大井等五个整村推进项目。王集项目：王集新村占地7.3公顷，紧邻王集街道，靠近半王路，选点位置好，新村自2013年3月开始建设，全部通过高起点规划，高标准建设，于今年10月建成，房屋于11月全部分配给群众。王集新村根据群众需要，规划建设了3种房型，建有多层、二层，还有四合院，共安置450户、1745人；新民项目：农地及宅基地整理已由省厅验收确认，土地分配及流转工作已全面结束，新村安置点房建工程主体已竣工，正在加快光伏项目、给排水、强弱电、路网及绿化等配套工程建设。王祠项目：农地及宅基地整理基本完成，新村安置点完成选址、规划设计、地质勘探、环境评估，正在进行安置点房建。张祠项目完成土地流转工作、项目区拆迁、宅基地整理、新村房建选址、征地和设计招标工作，规划设计初步方案已经县规委会讨论通过，目前正在进行房建勘探工作。童大井项目：完成项目区迁坟、地面附属物丈量登记和拆迁工作和安置点选址等工作，正在进行安置点规划设计

张祠是安徽省首批新农村建设点，2013年4月至2014年7月，官亭镇根据省、市美好乡村建设的要求和标准，对该中心村重新进行规划设计，对环境、基础设施、公共设施进行集中完善配套，使该村面貌迅速提档升级。先后投入资金近千万元，拆除周边危旧房屋97户，新修水泥道路6.5公里，新建800平方米文化广场1处，进行立面改造5200平方米，新建公厕3座，新建路灯30盏，铺设自来水管网500米，装饰门前栅栏1800米，整修50亩景观塘1口，村庄、道路等绿化面积80亩。通过精心打造，对住宅进行改造、对道路进行扩延、对环境进行美化，让中心村面貌焕然一新，张祠新农村目前已通过安徽省美好乡村项目验收，真正实现了“生态宜居村庄美、兴业富民生活美、文明和谐乡风美”的要求。2014年以来，结合在建项目，官亭镇又申报王集、新民2个美好乡村建设示范点，将在前期新村建设的基础上，重点对新村进行“硬化、亮化、美化、净化”， 全面提档升级。

官亭镇坚持“宜农则农、宜林则林、宜果则果、宜游则游”的原则，根据地方特有的资源和条件，引导扶持最适宜地方发展的产业。王集社区位置较偏，但因淠史杭总干渠流经全村，水资源丰富，水利条件也最好，很适合发展优质粮油，尤其利于发展绿色水稻，目前已引进一家公司在做，收效很理想，王集社区将是未来官亭镇优质粮油生产的主产区和示范区。新民社区则相对水资源不足，因而该社区以发展精品苗木花卉为主，目前大部分耕地都栽植上整齐划一的苗木，有20多个品种，已经形成规模。张祠村产业发展则较为完善，不仅齐全，而且成熟，目前已经形成张祠油桃、李世宝家庭农场、滕头精品苗木和“老乡鸡”标准化养殖小区四大特色产业，自2012年，已经连续3年成功举办“张祠油桃采摘节”，张祠品牌已经打响并确立。

官亭镇响应省委省政府提出的“千万亩森林增长工程”号召，紧紧抓住合肥市“绿化大会战”的发展机遇，优先将林业发展列入现代农业发展战略。截至2014年底，官亭镇林业大会战工作完成成片栽植近800公顷，道路绿化完成半王路及官山路两侧绿化长廊栽植工

作。

已建成的官亭生态园，短短4年时间，陆续投入近10亿元，目前发展规模超2000公顷。官亭镇按照“政府引导、社区为主、群众参与”的方式，突出加强农业招商，积极搭建平台，引导发展以“精品苗木花卉、优质粮油、蔬菜瓜果和甜油桃”为四大支柱产业的现代农业。在生态园，建成成片精品林1600多公顷，栽植有樱花、海棠、紫薇、玉兰、红梅、红枫、罗汉松、香樟、金桂、重阳木等各类精品苗木花卉36个品种。生态园内，四季花开，春有红梅、海棠、樱花、玉兰，夏有紫薇，秋有金桂，冬有腊梅，成为周边独特色的美丽景观。

2014年，全镇森林覆盖率达31.7%，城镇建成区绿化覆盖率36.2%，人均公共绿地12㎡，道路绿化达95%，河流渠道绿化96%，全镇植树成活率达95%以上，保存率95%。全镇林业用地8000公顷，各类苗木花卉用地3333.3公顷，成为名副其实的“森林城镇”。

官亭镇自2013年7月份以来，抓住312国道综合改建的契机，完成312国道官亭集镇段和高架桥拆迁工作任务，共计拆迁1128户，拆迁面积近20万平方米。官亭集镇段商业及居民安置点规划占地15.31公顷，规划建设高层住宅21栋，商铺17栋。目前，安置点B标已开工建设，安置点A标已完成工程招投标，施工单位即将进场，整个安置点计划于2017年12月竣工。

2014年，官亭镇进一步拓展镇区范围，新镇区摩恩时代花园商住开发项目一期工程即将竣工，新镇区张祠路、王集路完成选址、用地预审和规划设计。镇污水处理厂及管网建设完成征地、拆迁、“三通一平”和5公里管网建设任务，1万平方米配套公租房和156套教师公转房均顺利封顶，目前正在加快内装饰墙施工进度。

通过对官亭镇新市镇集中规划，对原镇区进行高标准改造，进一步优化发展环境，提升城镇品位，增强城镇凝聚力、辐射力，全面奠定了集镇框架，实现小城镇功能合理布局。

2014年以来，官亭镇依托王集、新民、王祠、张祠、童大井5个土地整治项目，继续加大农业招商力度。目前已成功引进安徽滕头、深圳铁汉、岭南园林公司、浙江三江、安徽晨华、安徽圣联、合肥雨农和合肥万利等二十多家全国、全省知名农业企业入驻官亭投资建设。其中，在王祠引进的广州岭南园林公司，是上市园林公司，实力处于全国前6名，将在王祠投资建设规模333.3公顷的集苗木花卉、休闲观光为一体的现代农业综合体，建成后将成为肥西未来最大的现代农业综合体。

2014年，官亭镇围绕官亭生态园争创省级示范园区和金桥生态园争创市级示范园区这两大目标，全力加大基础设施和项目建设力度，目前官亭生态园已完成丰祥湖水面改造，新建5处停车场、4处观景亭、3座公厕、1个服务点，修筑园区道路20公里，装点路灯150余盏，同时进一步完善园区道路指示牌和林木标识简介。

五一期间，官亭镇围绕“观赏万亩园林、探寻铭传故里”活动主题，以展示新农村建设成果、壮大生态旅游经济为宗旨，成功举办合肥市首届乡村旅游节、首届森林生态旅游节暨官亭生态园开园仪式，活动开展期间，共接待省内外游客近七万人。6月份，官亭镇又以“采摘美味甜油桃、观赏万亩产业园、感受魅力新农村”为活动主题，成功举办第三届肥西张祠油桃采摘节，共接待游客近四万人。

官亭镇2014年度主要经济指标发展情况

项目	数额	比上一年增长（%）
全社会固定资产	28亿元	62.8 %
招商引资	14.7亿元	18.2%
规上工业产值	13.8亿元	20%
社会消费品零售总额	3.2亿元	19.3%
财政收入	4378万元	21.6%
农民人均纯收入	13020元	13.1%

桃花镇

桃花镇毗邻合肥市高新技术开发区和合肥市经济技术开发区两个国家级开发区，是合肥市主城区的重要组成部分。镇域面积41平方公里，人口7.2万人，辖5个社区（柏堰社区、翡翠社区、染坊社区、繁华社区、顺和社区）。2014年，荣膺全国第四届文明村镇，安徽省新型工业化产业示范基地、安徽省依法行政示范单位、安徽省第三届文明村镇、安徽省绿色森林城镇，合肥市科学发展第一镇。如今的桃花镇在肥西县率先实现了“由农业向工业、农村向城市、农民向市民转变”的三大转变。

2014年，该镇连续位居合肥

市科学发展先进乡镇第一镇，镇域内全年实现规上工业总产值620亿元，固定资产投资106亿元，招商引资96.5亿元，财政收入18亿元。其中，桃花镇长安工业园聚集区实现规上工业总产值48.5亿元，固定资产投资30亿元；招商引资6.5亿元；财政收入5.51亿元；农民人均纯收入15900元。

继续推进与高新区、桃花工业园的合作开发，推进柏堰科技园西区项目建设，做好桃花工业园拓展区项目建设和环境保障工作。有序推进柏堰农贸市场和柏堰社区搬迁安置进程；完成堰湖山庄1500多户共2381套房屋的分房安置工作；完成柏堰科技园西区范围内工业用地平整166.67公顷、土方量130万立方米；长安集搬迁工作有序推进，搬迁拆除房屋及其他障碍物总面积约33800平方米，完成市重点工程永和路项目建设的周边环境保障，完成柏堰湖综合治理项目红线内清表清障33万平方米。

以家电为主导的产业集聚发展良好，长安工业聚集区新增规模以上工业企业2家，规上企业总数达40家，其中家电企业21家，家电规上产值28.2亿元，占规上企业总产值 58.15%，支撑作用明显。装备制造及汽车零部件制造业发展稳健，至目前已发展规上企业6家。通过强力调度和跟踪督促服务，3家企业新建，8家企业续建；土地清理与“优二进三”稳步推进，全年新增省企业技术中心1家、省高新技术企业3家、省“专精特新”中小企业2家，升级软件企业1家，市高新科技企业1家，市优质小微企业16家，市“专精特新”中小企业6家，市企业技术中心1家，市双千工程5家、市推介优质工业小微企业16家，协助企业完成320件专利申报，1家企业成为专利申报示范企业；6家工业企业投入技改资金1.76亿元，完成技术改造升级；新增限上商贸企业2家，限上服务业企业1家。规模以上服务业完成营业收入3.45亿元，第三产业稳步推进发展。

依照合肥中心城区建设标准，配套设施不断完善，完成杭埠路（桃花镇段）、宁西路等6条市政道路提升建设，以及顺和家园、染坊一期和二期安置小区、柏堰雅苑二期、繁华新园的绿化补植及停车位建设。37个城市公交站点侯车亭建成启用；总投资3800多万元、建筑面积21974平方米的376套公租房项目年底启用；投资1.3亿元的翡翠社区三期安置点开工建设；繁华新园幼儿园、繁华社区服务中心和社区广场建成启用，染坊社区城市生活e站、顺和社区老少活动中心建成启用；2400平方米的顺和社区地下非机动车库工程竣工启用；完成41.3公顷绿化及10公里道路绿化；完成6500米道路维修；繁华社区53#、54#安置楼竣工，繁华社区城市生活驿站、老少活动家园建成启用；建成合肥市最大的消防体检中心顺和社区消防体检中心；染坊二期绿化、电梯、消防设备等公共设施建设到位；繁华社区、翡翠社区3020平方米新建非机动车停车棚启用；4000多平方米的柏堰社区综合服务中心交付使用，面积60000平方米的柏堰农贸市场、柏堰商业服务中心先后启用；翡翠、染坊社区卫生站建成；翡翠社区7000平方米综合服务中心、幼儿园建设项目规划结束，即将开工；安置小区8489套回迁房房产证办理试点工作有序推进。234、516、652、653路等6条路公交专线对接省城，肥西县城691路公交车也正式延伸至该镇，方便群众与企业员工出行。

2014年，桃花镇农民人均纯收入15900元，被征地达龄农民2360人享受养老保障金，全年共发放资金1302.72万元；政府出资189.6万元为全镇被征地农民缴纳了新型农民合作医疗个人参保费用；共打卡发放惠农、涉农资金14项涉及金额347万元、惠及农户4932户次；城乡居保参续保工作全县第一；105名五保户领取生活费25万元；发放164户城乡低保户低保金135万元；申报报销医疗、临时救助50人次20万元救助金；发放各类救助及慰问金、“双拥”定补定恤优抚对象优待金71.89万元；完成实名制就业993人，新增农村劳动力转移就业2000人；开展学雷锋、文明祭祀、世界环境日宣传等志愿者服务活动12次；开展道德讲堂进社区、机关活动7场（次）；开展 “我的中国梦”“社会主义核心价值观”等主题教育4场（次）；成立顺和社区爱心储蓄银行；建立企业工会12家，完成1家省级“职工书屋”标准化建设。组织庐剧专场演出10场，先进文化进社区活动5场。

（孟令荣）

长丰县

【概况】 长丰县位于安徽省中部、合肥市北部，东与定远县、肥东县接壤，北与淮南市交界，西与寿县、肥西县毗连，南与合肥市庐阳区为邻。县城水湖镇，南距合肥市区70公里。1965年由寿县、定远、肥东、肥西四县的边缘结合部划并而成，国务院在命名时取

“长治久安，人寿年丰”之义。现辖14个乡镇、1个省级开发区，总面积1841平方公里，总人口80万。县域南部一区三镇为合肥北部组团，486平方公里处于合肥北二环、北三环之间，蒙城北路、阜阳北路、淮南北路、合淮路等10条城市干道直通市区。淮南铁路纵贯县境，京福高铁、商杭客专在县域设有两个客运站，全国唯一；高速公路北三环高速连接合淮阜、合六叶、合徐、合铜黄等七条高速公路环绕县境，设有7个高速出入口；4E级新桥国际机场距县境15公里。

长丰县是全国商品粮生产基地县、全国油料生产百强县、全国生猪调出大县、全国设施草莓生产第一大县、全国中部百强县、全省科学发展先进县。已培育形成汽车配件、新型建材、食品加工、电力电器、平板显示五大主导产业，是全省汽配生产基地、全省建材生产大县、全省农产品加工大县。中粮、海螺、万向、江汽、伊利、鄂尔多斯、新希望、世纪金源、恒大、南山集团、广银铝业、雨润等全国知名企业先后落户县内，产业发展具有极强的互补性和协同性。

2014年全县地区生产总值（GDP）达333.05亿元，按可比价格计算，比上年增长10.4%。分产业看，第一产业增加值57.66亿元，增长5.6%；第二产业增加值205.6亿元，增长12.0%；第三产业增加值69.78亿元，增长9.6%。三次产业结构为17.3:61.7:21，第二产业增加值所占比重比上年提高1个百分点。按年末户籍人口计算，人均GDP达44286元（7209美元），比上年增加4405元。

2014年长丰县生产总值及其增长速度

单位：亿元

指 标 名 称	绝对数	比上年增长％
生产总值	333.05	10.4
第一产业	57.66	5.6
第二产业	205.60	12.0
工业	183.13	12.5
建筑业	22.47	7.9
第三产业	69.79	9.6
交通运输、仓储和邮政业	17.33	10.1
批发和零售业	8.12	8.7
住宿和餐饮业	3.05	7.0
金融业	8.24	19.2
房地产业	14.96	1.1
其他服务业	18.09	9.9

【环境保护】 2014年，长丰县污水处理厂完成提标改造工程竣工并通过验收；处理水量396.0421万吨，消减COD358.09吨，消减氨氮95.48吨；吴山镇污水处理厂投入运行，2.5万吨/日合肥北城污水处理厂主体工程已竣工，1万吨/日下塘镇污水处理厂按要求进度在建，污水处理厂污泥全部规范处置；新建清颖路（汕头路—阜阳北路，0.41KM）、谷河路（淮南北路—喻湾路，1.55KM）、颍州路（魏武路—梅冲湖路，1.53KM）、淮南北路南延（魏武路段—东方大道，5.73KM），梅冲泵站扩容迁建工程污水管网（老梅冲泵站污水进水口-新梅冲泵站污水进水泵房0.35KM），共计9.57公里。

2014年，长丰县对县境内的规模化畜禽养殖企业进行了全面检查，按类对辖区内规模化畜禽养殖企业、养殖专业户养殖进行统计，并建立明细台账。县政府制定《长丰县养殖业近期发展规划》，划定了禁养区、限养区和适养区，并启动了规模化畜禽养殖污染防治工作。2014年长丰县畜禽化学需氧量排放量较2013年下降约2.9%；氨氮排放量较上年下降约0.8%，列入减排计划的规模化养殖场按照要求全部完成治污设施建设，达到减排要求。

全年该县共核发环保合格标志13230张，其中黄标车2407张，在用机动车环保标志发放率100%。全县机关事业单位黄标车淘汰任务，共淘汰县直机关事业单位黄标车15辆。

【工业】 2014年，长丰县全年规模以上工业完成总产值701.99亿元。其中，战略性新兴产业完成产值163.66亿元；规模以上工业实现增加值169.02亿元，按可比价格计算，比上年增长12.0%。全县实现全部工业增加值183亿元，同比增长12.8%。占全县GDP总量的54.9%，三次产业结构为：17.3:61.6:21.1，二产所占比重较上年度增加了1个百分点。工业规上产值、工业增加值分别位居全省62个县（市）的第8位、第6位，实现争先晋位，规模工业进入全省第一方阵。

2014年，全县完成工业投资220.5亿元，同比增长13%。完成技改投资123.8亿元，同比增长24.7%。联合智能装备、万和集团、志邦厨柜、广银铝业列入合肥市“121”重大工业投资项目，4个项目全年完成投资22.43亿元。全县在建工业项目 198个，计划投资 294.4亿元，当年完成152亿元。投资45亿元的广银铝业及其配套项目，一期已完成投资30亿元，全部项目达产后年可实现产值100亿元，税收3亿元以上；投资13亿元的数控智能装备产业园于2014年元月开工，项目建成投产后可形成年产12000台数控机床的生产能力，年产值将超过30亿元；投资11亿元的志邦整体家居生产项目2015年可试产，年产橱柜、卫浴柜、整体衣帽间等约52万套；投资10亿元的万和新能源热水器项目建成后可年产50万套多能源集成水系统和厨电设备。投资55亿元的华南轮胎项目2015年6月将开工建设；投资8亿元的伊利乳业二期项目和投资3亿元的江铸四期铸铝项目正式签约。

2014年，全县现代建材、汽车零部件、电力设备、食品加工、家居家电等五大重点产业五大支柱产业实现产值409亿元，同比增长5.7%，占规上产值的56.8%。其中现代建材业65家，占规上户数18.2%，实现产值166.2亿元，占规上产值的23.7%；汽车零部件47家，占规上户数13.2%，实现产值68.9亿元，占全部规上产值的9.8%；食品加工32家，占规上户数的9%，实现产值70.9亿元，占全部规上产值的10.1%；电力设备35家，占全部规上户数的9.8%，实现产值51.5亿元，占全部规上产值的7.3%；家居家电45家，占规上户数的12.6%，实现产值62亿元，占全部规上产值的8.8%。五大支柱产业户数共209家，占全部规上户数的58.5%。年末全县规模以上工业企业357户，比上年净增2户，其中产值超亿元企业189户，比上年增加25户。产值超亿元企业新增26户、达190户，完成产值占规上产值的70%以上；工业经济转型升级步伐加快。国家级高新技术企业新增17户、达59户，全县战略性新兴产业完成产值150亿元、同比增长32%。投资3.8亿元的三里河水面光伏电站开工建设，150户光伏扶贫项目并网发电，光伏应用范围进一步扩大；企业创新能力持续增强。恒大江海获准设立全县首家国家级博士后科研工作站，国科电力、巴莉甜甜等5家企业通过省市技术中心认定。华恒生物、华升泵阀在新三板成功挂牌。2014年度安徽省新产品认定名单中，长丰县有江淮铸造、国科电力、舜禹水务、万向钱潮等公司新研发的11种工业产品通过省级新产品认定，较上年增加了4个，认定数量为历年最多。全县拥有安徽省新产品35个。下塘工业园、岗集汽配园拓展区基础设施逐步完善，庄墓新型建筑节能产业园入选省建设行业绿色示范园区。同时，大力开展节能降耗，年度控制任务圆满完成。

【招商和固定资产投资】 2014年，长丰县组织开展产业招商、定向招商、顾问招商，全年招商引资到位省外资金226亿元，增长7.2%；新引进超亿元项目41个，其中5亿元以上项目11个、超10亿元项目3个，总投资55亿元的华南轮胎项目、8亿元的伊利乳业二期项目成功落户，重大工业

2014年长丰县规模以上工业主要产品产量及其增长速度

产品名称	单位	绝对数	比上年增长%
大米	万吨	60.84	-8.1
饲料	万吨	22.96	4.1
植物油	万吨	5.16	39.2
乳制品	万吨	33.24	-3.1
塑料制品	万吨	9.19	64.6
水泥	万吨	193.39	6.4
铸铁件	万吨	22.51	-12.2
钢材	万吨	32.52	49.7
钢结构	万吨	60.49	10.0
家具	万件	111.88	18.0
服装	万件	1209.78	-17.6
多色印刷品	万对开色令	246.51	-12.1
商品混凝土	万立方米	467.65	10.2
电力电缆	万千米	42.10	33.3
发动机	万千瓦	324.27	25.2
玻璃	万平方米	382.82	48.4
彩色电视机	万台	12.92	0.2

项目引进实现新突破。强化“五个一批”项目建设，全县474个重点项目完成投资235亿元，59个省“861”项目、79个市“1346”项目超额完成年度投资计划。2014年，长丰县全年完成全社会固定资产投资372.43亿元，同比增长18.8%，其中工业投资220.45亿元，增长13.0%。分产业看，第一产业投资增长556.7%，第二产业投资增长13.0%，第三产业投资增长19.8%。全年施工项目286个。其中，新开工项目182个，比上年增加10个；本年竣工项目199个，比上年增加70个。

全年房地产开发投资80.93亿元，比上年下降18.0%。其中，住宅投资66.65亿元，下降4.5%；商业营业用房投资6.99亿元，下降43.7%。商品房新开工面积199万平方米，下降46.6%；竣工面积232.43万平方米，增长83.2%。商品房销售面积201.58万平方米，下降16.6%，其中住宅销售面积195.17万平方米，下降14.2%。商品房销售额108.04亿元，下降10.3%。商品房待售面积25.78万平方米，增长9.6%。

【农业】 2014年，长丰县草莓种植面积突破1.33万公顷，建成10公里草莓采摘观光长廊，蔬菜生产面积达1.2万公顷，特色农业发展成为长丰亮丽的名片。不断加强农业园区建设，新增市级以上农业示范园区7个。小麦、水稻高产攻关创建活动深入开展，全年粮食总产突破62万吨，荣获全国粮食生产先进县称号。实行土地流转准入、评审制度，土地流转经营风险防控机制初步建立。农业产业化成效显著。农业龙头企业达165家，销售收入突破210亿元。标准化养殖加快推进，8家水产养殖基地成为农业部水产健康养殖示范场。农业基础设施不断完善，成功获批全国第六批小农水重点县项目。水资源利用“红线”管理全面实行，节水型社会建设步伐加快。

全年粮食作物播种面积9.75万公顷，比上年扩大0.6%。油料面积1.42万公顷，比上年减少8.9%。棉花面积0.65万公顷，比上年增加3.4%。蔬菜面积1.16万公顷，比上年扩大3.6%。草莓面积0.99万公顷，比上年扩大13%。

全年粮食总产量61.06万吨，比上年增长3.5%。油料产量3.77万吨，比上年下降5.7%。棉花产量5803吨，增长2.0%。蔬菜产量27.39万吨，增长3.3%。草莓产量24.36万吨，增长13.0%。

全年肉类总产量13.38万吨，增长2.8%，其中猪牛羊肉产量8.1万吨，增长2.9%。禽蛋产量2.87万吨，增长2.4%。牛奶产量3.19万吨，下降10.5%。水产品产量3.51万吨，增长3%。

年末农业机械总动力83.8万千瓦，比上年增长6.6%。农用拖拉机6.6万台，增长0.2%；排灌动力机械3781台，增长1.3%。全年化肥施用量（折纯）7.8万吨，增长0.5%。农村用电量1.39亿千瓦时，下降1%。

全年农林牧渔业总产值93.5亿元，按可比价格计算，比上年增长5.5%。

【长丰草莓】 中国农业品牌研究中心日前发布了2014农产品区域公用品牌价值评估结果，“长丰草莓”品牌价值再创新高，达24.47亿元，较上次评估增值近10亿元，居全国农产品区域公用品牌47位，也是全省唯一进入“全国50强”的农产品区域公用品牌。

长丰草莓已有30多年的栽培历史，效益连年攀升，种植规模迅速扩大，长丰已连续多年稳居全国设施草莓第一大县位置。2014年秋冬季，长丰草莓种植面积达到1.4万公顷，总产量可达40万吨，总产值突破50亿元，水湖、罗塘、左店、杜集、义井5个草莓“万亩乡镇”，实现了“乡乡有莓园”“村村有种植”的新局面，全县草莓种植户8万多户、从业人员17.5万人、受益农民约36万人，草莓亩均产值2.3万元以上、亩均纯收入1.5万元以上，草莓生产可使农民户均增收3.5万元以上，带动全县农民

2014年长丰县主要农业产品产量及其增长速度

产品名称	单　位	绝对数	比上年增长%
粮　食	万吨	61.06	3.5
#小　麦	万吨	14.95	4.7
水　稻	万吨	42.81	3.5
油　料	万吨	3.77	-5.7
#油菜籽	万吨	2.99	-8.8
棉　花	吨	5803	2.0
蔬　菜	万吨	27.39	3.3
肉　类	万吨	13.38	2.8
禽　蛋	万吨	2.87	2.4
水产品	万吨	3.51	3.0

人均增收4500元，占全县农民人均纯收入四成以上。

2004年，“长丰草莓”被农业部认定为无公害农产品；2005年被确认为绿色食品；2006年，长丰被国家标准委认定为全国唯一国家级无公害草莓标准化生产示范基地县，引领全国草莓标准化生产；2007年，“长丰草莓”被国家工商总局批准注册为地理标志商标，成为安徽省第6件、合肥市第一件品牌地理标志商标；2012年1月，又被农业部中国农产品开发服务协会评为100个“2011消费者最喜爱的中国农产品区域公用品牌”之一，率先进入“全国百强”；2012年5月被批准认定为“安徽省著名商标”；2014年，在杭州第八届全国名优果品交易会上，“长丰草莓”被农业部优农中心授予“畅销产品奖”，位居安徽省名优农特产品之榜首。

从2010年起，长丰县开始申报参加中国农产品区域公用品牌价值评估，当年品牌价值评估为5.59亿元。2013年，该县二次申报品牌价值评估结果为15.30亿元，与2010年首次评估相比，两年增值近10亿元。2014年，该县再次申报评估的结果日前揭晓，品牌价值为24.47亿元，与上次评估相比，一年增值近10亿元。

【美好乡村建设】 水湖镇费岗村入选“全国美丽乡村创建试点村”，造甲乡宋岗村上榜2013年“安徽省美好乡村建设50例”，陶楼乡陶西村入围2014年“安徽省美好乡村建设50例”。借助美好乡村建设，长丰县按照“建设新社区、培育中心村、整治自然村”，抓整治、优环境、促改貌，美好乡村建设迅速推进，首批11个重点示范村全面建成，2014年18个中心村建设全面展开，初步形成了“三带三片”美好乡村建设格局。即：左店至杜集段沿线10公里、水湖至罗塘段沿线12公里、下塘至北城沿线12公里三条美好乡村建设示范带及南部生态旅游、中部龙门寺现代农业、北部草莓三大产业示范片。

【第三产业】 商贸流通业快速发展。北城世纪城购物中心、永辉超市、居然之家等一批大型商贸实体入驻我县，世纪金源大饭店正式开业，恒大运动中心投入使用；以宝湾物流、宏胜物流、国力物流为代表的一批物流企业不断发展壮大，物流业促进经济增长作用初步显现。“新网工程”加快建设，新建配送中心2家，改造农村综合服务社35家，新建农家店80家。旅游业加快发展。全市最大水上主题乐园“阳光海岸”投入运营，卧龙山生态旅游度假区一期竣工。徽商银行入驻长丰，金融服务业体系进一步完善，全县存、贷款余额继续保持较快增长。

全年社会消费品零售总额43.02亿元，同比增长16.0%。其中，批发零售贸易业实现零售额37.07亿元，同比增长16.0%；住宿餐饮业实现零售额5.95亿元，同比增长16.2%。全年限额以上批发零售和住宿餐饮企业实现零售额6.74亿元，同比增长27.7%；限额以下批发零售和住宿餐饮企业实现零售额36.28亿元，同比增长14.1%。

全年进出口总额14870万美元，增长23.9%。其中，出口13136万美元，增长18.3%；进口1734万美元，增长93.1%。

年末金融机构人民币各项存款余额216.2亿元，比年初增长25.5%，其中储蓄存款99.06亿元，增长16.9%。金融机构人民币各项贷款余额128.04亿元，比年初增长31.8%。其中，短期贷款50.2亿元，增长11.1%；中长期贷款73.73亿元，增长50.6%。

全年保险系统保费收入1.96亿元，比上年增长38.1%。其中，财产险保费收入1.19亿元，比上年增长38.3%；人身险保费收入0.77亿元，比上年增长37.7%。各类赔付支出0.97亿元，下降21.4%。其中，财产险业务赔付支出0.68亿元，增长11.4%；人身险业务赔付支出0.29亿元，下降54.8%。

【城市建设】 2014年 长丰县坚持城乡一体化建设，全力构建双城双轴的城镇化体系，双城建设扎实推进。淮南北路南延工程竣工通车，颍州路、谷河路等道路建成，北城路网循环更加畅通。开工建设银河苑、水岸人家二期等安置小区，在建安置房达50万平方米。北城世纪城三期四期、恒大帝景等地产项目加快建设，生态新城形象进一步展现。县城 “三馆一中心”基本建成，南一环铁路下穿、新城公园、护城河景观水系等工程正在建设，图书馆、档案馆、规划展示馆建成；长淮路棚户区改造项目启动实施。县城环线公交开通运营，长丰影城建成营业，锦湖街等4条小街巷改造一新，开展市容市貌专项整治，拆除违法建设1.5万平方米，县城人居环境进一步优化。完成合淮共建区规划选址，启动合淮共建区规划编制；设立小城镇建设专项资金，加快推进中心城镇建设，吴山镇、下塘镇被列为全国重点镇。美好乡村建设全面推进，荣获全省美好乡村建设先进县称号。扶贫开发、江淮分水岭项目有效实施；“三线三边”整治扎实开展，森林增长工程深入实施，超额完成4.6万亩造林任务，荣获全市植树造林工作一等奖；省级生态县创建有序推进，8个乡镇被命名为省级生态乡镇。全年补植城区行道树156棵，铺设草坪1680m²，色块2340m²，春季对行道树、绿篱、色块及花池普遍进行了施肥保养，确保了城区绿化完好无损，完成了“长丰县绿地系统及县城风景园林规划”编制。实施了丁大塘公园和护城河（杨公路至长淮路）景观工程建设，项目总投资6665.8万元；全年对全县16家供水企业开展水质情况安全检查2次，水样调查2次，继续做好县城二水厂和北城加压站的安全保障工作，加大对供水管网的巡查力度；全年对全县各燃气经营企业进行安全检查13次，积极推进长丰县乡镇天然气输配工程（下塘至水家湖段）天然气管道建设，完成了肥东至下塘、肥西至下塘高压管网建设工程，定远炉桥经县城至下塘管网建设正在施工之中，三条高压管网建成后，除杜集、造甲两乡外，全县大部分乡镇都实现通天然气。完成 “长丰县燃气专项规划编制”工作。乡乡通天然气。

2014年，省下达长丰县农村危房改造任务1650户，截至年底全县共完成1806户农村危房改造，超任务数156户，其中贫困户为1321户，低保户为485户。朱巷、岗集、杨庙、陶楼、吴山、左店等乡镇的2014年小城镇基础设施建设已全部实施完毕。

【交通和邮电】 G206吴山至淮南段46.8公里已建成通车。G206吴山至南岗段12公里，于2014年2月份完成招投标，工程正在建设。吴圩九梓互通立交工程于2014年7月1日建设完工，并顺利开通。启动水九路项目的前期工作，已获得项目立项批复。完成了魏武路西段改造工程的线路方案设计。同时，滁淮高速、商杭高铁等工程建设稳步推进；全年实施县乡公路升级改造工程46.9公里，共改造农村公路危桥10座。完成重要县道养护大修工程2.8公里，农村公路大修工程3.5公里，中修工程14.5公里，村村通维修工程20公里。实施村村通水泥路建设里程115.7公里（含省下达43公里，市下达60公里），其中：3.5米宽83.3公里，4米宽32.4公里；开通北城521路公交线、双凤园区401、402路公交线，北城506公交线延伸3公里至北城中学，45路公交线延伸2公里至北城世纪城，全县共新办道路运输证2115件，道路运输证年审9130件，客运车辆年审517台，更新37台，二级维护备案24783台次；全年客运量2256万人次，客运周转量126675万人公里，货运量3078万吨，货运周转量500520万吨公里。

全县公路通车里程3170公里，其中高等级公路通车里程91公里。年末民用汽车拥有量3.31万辆，比上年增长6.3%，其中私人汽车1.73万辆，增长8.1%。全年邮电业务收入4.56亿元，增长7.1%。其中，邮政业务收入0.26亿元，增长14.9%；电信业务收入4.3亿元，增长6.7%。本地固定电话年末用户8.43万户；移动电话年末用户67.37万户，比上年增加8.82万户。

2014年，完成500kV肥北土地初审，220kV北城、110kV兴湖路等输变电工程土地预审，正在办理省国土厅土地指标批复意见；110kV丰泽路输变电工程2015年3月份投入运行；110kV兴湖路输变电工程已完成变电站主体工程；长丰公司陶湖青石岗台区新建工程和朱巷庞孤堆4号台区新建工程，荣膺2014年度省公司精品工程称号。完成智能表更换17.19万只，累计完成22.79万只，超额完成3.4万只。采集成功率97.59%。

2014年，全县邮政完成业务收入3242.09万元，同比增长15.32%，业务收入规模位居全省县局第36位。2014年邮政业务总量合计25695741.98元，国内挂号信件合计4108件，国内给据函件本埠458件，国内小包80323件。无名址函件385601件，其中代投邮送广告385601件。邮资封片卡销售量82448件，通信邮票销售量49774枚。国内普通包裹13675件，机要邮件432件，报纸累计份数7356327份，零售特发报纸累计分数9127份，杂志累计份数308400份，订阅杂志累计份数305952份。报刊流转额7996966.19份，报纸订阅流转额6384703.6元，报纸零售特发流转额15420.8元，杂志订阅流转额1552931.49元。集邮邮票枚数298871枚，集邮品中的邮票枚数158474枚。代收代缴笔数514749笔。代收花费金额6417844.76元，代理公共事业费金额29203682.5元。国内汇票笔数9398笔，开发汇票金额22419869元，兑付汇票笔数1390笔，兑付汇票金额1854856元。邮政公司代理速递业务量15777件。邮政其他业务量838588.2元。

【财政】 全年财政收入35.51亿元，比上年增长12.0%，其中地方财政收入24.68亿元，增长14.9%。财政支出42.05亿元，增长8.6%。其中，一般公共服务支出4.73亿元，下降5.3%；社会保障与就业支出4.19亿元，增长10.6%；全年实施40项民生工程累计投入9.43亿元，惠及城乡居民271.6万人次。

【文化】 2014年长丰县完成548个自然村11243户建设任务，完成3个公共电子阅览室建设。14个文化站、1个图书馆、1个文化馆全部实行免费对外开放。为全县271个农家书屋更新图书约4万册。全年共放映电影3252场。完成“送戏入敬老院”演出180场次，“送戏进万村”391场。文化市场管理方面 全年立案查处行政案件24件，行政罚款24万元。收缴非法出版物600余册，盗版音像制品300盘，取缔无证经营图书4户，查扣卫星地面接收设施5个，没收出版试卷份44.38万份、PC板42张。在4.26世界知识产权日，全县送缴集中销毁物品品种与数量为全市最多。

省重点文物保护单位“孝子墩”石像生安放工作全面启动。抢救性发掘宋代船型古墓1座，出土五代“都省铜坊”铜镜1件。

年末，全县共有专业剧团1个，图书馆1个，藏书11.1万册，文化广播电视站14个。

【卫生】 2014年，长丰县改扩建50个村级卫生室，强化卫生应急建设，综合防控慢性病，通过省级卫生应急综合示范县、慢性病综合防控示范县评审验收。人口计生工作利益导向机制进一步完善，管理和服务水平不断提高。年末全县共有卫生机构254个（含村卫生室和计生服务站），其中医院、卫生院25个，社区卫生服务机构13个。卫生机构床位数1924张，其中医院、卫生院1914张。全县专业卫生技术人员1551人，其中执业医师和职业助理医师636人，注册护士516人。每千人拥有卫生技术人员2.06人，拥有医院、卫生院床位数2.55张。

【教育体育】 2014年，长丰县教育综合实力逐步提升，顺利通过“全国义务教育发展基本均衡县”评估认定。全民健身运动广泛开展，成功举办县“三运会”，在“省运会”上取得奖牌数县区第二的好成绩。年末全县共有普通中学43所，在校学生2.92万人；中等职业教育学校9所，在校学生0.89万人；小学110所，在校学生3.92万人；幼儿园93所，在园幼儿1.72万人。全县小学学龄儿童入学率100%，初中毕业生升学率97.85%。

【法制和社会治理】 2014年，长丰县“天网工程”基本建成，完成了1265个监控点位和13个监控分中心建设任务，初步建成数字化立体式治安防控体系。公共安全体系进一步完善，严厉打击各类违法犯罪活动，社会治安形势总体平稳。乡镇（村）综治维稳信访中心（站）建成运行，社区矫正工作稳步推进组建矛盾纠纷调处中心和法律援助工作站，工作经验全省推广。

【国土资源管理】 全年经省政府批准征收土地351.299公顷，占全年报批333.33公顷任务的105.39%；出让土地70宗213.49公顷，土地出让金26.1285

2014年长丰县村、社区一览表

乡 镇	编号	村（居）名	编 号	村（居）名	编 号	村（居）名	编 号	村（居）名
水湖镇31（其中居委9个社区3城市社区）	1	南孔村	2	李岗村	3	俞岗村	4	周巷村
	5	李杨村	6	伍岗社区	7	蒋赵村	8	谢户村
	9	庙岗社区	10	颜湖社区	11	兴隆村	12	拐王村
	13	小岗村	14	大周村	15	张祠社区	16	孔圩村
	17	阮巷社区	18	丰峡村	19	裴户村	20	长岗村
	21	费岗村	22	金瓦村	23	周圩村	24	李拐村
	25	翰林居	26	富华居	27	钱岗居	28	水湖居
	29	锦湖居	30	岗城居	31	李集居		
	长寿居改为锦湖居、吴山居和长丰居合并为翰林居、长合居和长淮居并为富华居中							
罗塘乡25（其中4个社区）	32	徐庙社区	33	邵集村	34	夹道社区	35	庄岗村
	36	杨郢村	37	尹集村	38	禹庙村	39	双合社区
	40	张岗村	41	梅元村	42	朱桥村	43	壁城村
	44	拐集村	45	鲁周村	46	黄岗村	47	花塘村
	48	戴庙村	49	罗塘社区	50	岳岗村	51	邵桥村
	52	叶集村	53	上拐村	54	联合村	55	樊祠村
							56	双门村

续表

乡 镇	编号	村（居）名	编 号	村（居）名	编 号	村（居）名	编 号	村（居）名
左店乡 11（其中 3 个社区	57	淮光村	58	梁埝村	59	高闫村	60	左店社区
	61	戴集村	62	韩庄村	63	凤凰村	64	永丰社区
	65	梁曹村	66	陆桥村	67	创新社区		
杜集 18（其中 3 个社区）			68	陈岗村	69	新星村	70	新街社区
	71	振兴村	72	迎新村	73	沛兴村	74	杜集社区
	75	团结村	76	胜利村	77	刘兴村	78	邱集村
	79	大李村	80	东黄村	81	何岗村	82	义合村
	83	隆兴社区	84	庙后村	85	高祠村		
庄墓镇 10（其中社区 3）	86	杨湾村	87	李庄村	88	薛桥村	89	金桥村
	90	侯集社区	91	刘浅社区	92	枣林村	93	庄王社居
	94	张圩村	95	徐岗村				
义井乡 19（其中 3 个社居委）	96	杨店村	97	曹岗村	98	甄祠村	99	车王村
	100	义井社区	101	向东村	102	大郢村	103	黄巷村
	104	曹店村	105	甄湾村	106	杜岗村	107	塘面村
	108	红桥村	109	龙王村	110	涂拐社区	111	蔡岗村
	112	迎水村	113	徐巷社区	114	楼丰村		
岗集镇 21（其中 11 个社居委）	115	松棵村	116	四十埠村	117	青峰岭村	118	双庙村
	119	斗镇村	120	张庙社区	121	大窑村	122	桃山村
	123	新元村	124	安冲村	125	牛寨村	126	龙岗居
	127	新庄居	128	黄浦居	129	井沿居	130	南洪居
	131	前丰居	132	三十埠居	133	金岗居	134	卧龙山居
	135	岗集居						
吴山镇 18（其中 3 个居委、2 个社区）	136	官府村	137	东岗社区	138	岗楼村	139	井岗居
	140	薛店村	141	牌碑村	142	四墩村	143	百花居
	144	桥冲村	145	王楼村	146	胜岗村	147	五十埠居
	148	高岗村	149	楼南村	150	车左村	151	涂郢社区
	152	楼西村	153	梨园村				
陶楼乡 12（其中 5 个社区委）	154	观美社区	155	古城村	156	陶楼社区	157	石集村
	158	高塘社区	159	新丰社区	160	陈圩村	161	沙井村
	162	大桥村	163	陈祠村	164	杭岗村	165	陶西社区
双墩镇 27（其中 10 个社区）	166	富水村	167	汪岗村	168	罗南社区	169	湖滨居
	170	兴岭村	171	海宝村	172	罗北村	173	洪塘居
	174	梁庄村	175	河东村	176	新集村	177	双墩居
	178	南苑村	179	尚岗村	180	马庙村	181	万里居
	182	大官塘村	186	吴店社区	184	金坝村	185	花园居
	186	富民村	187	旧镇村	188	白大塘居	189	大陆居
	190	北苑村	191	华丰村	192	宇桥居		
下塘镇 24（其中 15 个社区）	193	幸福社区	194	韩岗社区	195	牌坊村	196	李岗村
	197	钱集社区	198	青州居	199	南集村	200	顾圩村
	201	古楼社区	202	南圩社区	203	北店村	204	陶新村
	205	明华社区	206	埠南社区	207	小井村	208	埠里社区
	209	万岗社区	210	金店社区	211	上杨村	212	陶湖社区
	213	赵店社区	214	西葛社区	215	安费塘村	216	朝晖社区

续表

乡 镇	编号	村（居）名	编 号	村（居）名	编 号	村（居）名	编 号	村（居）名
杨庙镇17（3个社区2个居委）	217	大元村	218	双塘村	219	马郢社区	2220	庙南居
	221	颜岗村	222	大路村	223	四树社区	224	庙北居
	225	大程村	226	枣林村	227	云丰村	228	孔岗村
	229	豸铺村	230	谷大郢村	231	十井社区	232	陶店村
	233	宋楼村						
造甲乡13村（5个社区）	234	造甲社区	235	双河村	236	马塘村	237	缪岗村
	238	凤楼社区	239	宋岗社区	240	六方村	241	双丰社区
	242	凤群社区	243	陈刘村	244	联合村	245	宗早村
	246	许圩村						
朱巷镇13村（4个社区）	247	东许村	248	庞孤堆社区	249	柘塘社区	250	陈庄村
	251	镇北村	252	羊荒村	253	朱巷社区	254	梁圩村
	255	七里村	256	梁山村	257	耿岗村	258	油坊社区
	259	前黄村						
双凤工业区6	260	凤梅居	261	徐桥居	262	凤霞居		
	263	世纪城居	264	阿奎利亚	265	共和城居		
三十头镇	285	四十头村	286	李湾村	287	横店村	288	五十头村
	289	范冲村	290	杜大郢村	291	方岗村	292	卫岗村
	293	罗巷村	294	三房岗村	295	新店居	296	北岗居
	297	高峰居	298	三元居	299	瓦岗居	300	三十头居

亿元，占全年20亿元土地出让金任务的130.64%；报验土地整治项目新增耕地631.184公顷，占全年333.33公顷新增耕地任务的189.36%；办理土地抵押登记168宗，涉及土地面积525.12公顷，为企融资31.6575亿元；全年报验土地整治项目取得占补平衡指标287.74公顷，报验土地整治项目取得增减挂钩周转指标343.43公顷，争取2014年度省政府增减挂钩指标83.3公顷，另外，陶楼乡陶西村省级整体推进示范建设项目村庄复垦工程已完成；全县33家砖瓦窑厂持证率100%，年检率100%，征费率100%，全年未发生一起安全生产事故；全年为企事业单位办理土地登记169宗，涉及土地面积784.89公顷。办理商品房分户登记4651宗。办理土地抵押登记168宗，涉及土地面积525.13公顷，为企融资31.6575亿元

【人口、人民生活和社会保障】 2014年，长丰县被省民政厅确定为全省2014年省级农村社区建设10个试点县之一。民生工程方面，2014年，全县实施的民生工程项目已达63项（其中，省级45项，市级18项），累计投入各级财政资金40.03亿元，其中，县级配套资金9.91亿元，受益人数870.2万人次，县民生工程实施工作得到省、市充分肯定，连续6年获得省、市表彰；实施就业促进工程，扶持就业困难群体就业，城镇登记失业率控制在2.9%以内。全面完成社会保险扩面征缴任务，各项社保基金稳定运行。7个“老字号”群体生活补助实现全覆盖。稳步推进城乡居民合作医疗制度，群众参合率达98.8%，补偿金额2.7亿元；2014年全县共发放农村低保金8933.7万元，累计救助46.36万人次，月人均补差192.69元，城镇低保金4095.4万元，累计救助9.57万人次，月人均补差427.9元；在全市率先设立“长丰县救助申请家庭经济状况核对中心”。为服务对象代缴参合资金489万元，为全县低保户和五保户返还电费261余万元。在全省率先实施重特大疾病医疗救助试点工作，修订完善《长丰县重特大疾病医疗救助实施方案（试行）》，首次将孤儿纳入医疗救助范围。2014年城乡医疗共救助78315人次，救助资金2034.67万元，其中“一站式”医疗救助对象达1.78万人次，发放医疗救助金1104.43万元，居合肥市之首。全县散居孤儿191人，福利中心入住20人，2014年发放孤儿生活补助费144.02万元；3所新建敬老

院和22个社区“老少活动家园”完成建设。新建救助站已投入使用；在全市率先出台公益性公墓建设管理实施方案，加强公益性公墓监管，继续实施殡葬基本公共服务惠民工程，2014年累计减免金额162万元；建设一所老年公寓，实行公建民营。4个居家养老服务中心和30个居家养老服务站完成建设；提高五保供养标准，首次将全县城镇“三无”人员纳入五保对象长期医疗护理保障制度范围，实现了全县五保对象和城镇“三无”人员两个全覆盖。投入250万元对全县20个乡镇敬老院的消防设施进行改造。

2014年长丰县获全省社会救助工作先进单位称号。县残疾人康复中心建成，成功创建全省残疾人工作示范县。

年末全县户籍总人口75.2万人。其中非农业人口9.77万人，农业人口65.43万人。

全年居民人均可支配收入17088元，比上年增长11.6%。按常住地分，城镇居民人均可支配收入23541元，比上年增长9.8%；农村居民人均可支配收入13395元，比上年增长12.3%。

年末全县参加城镇职工基本养老保险人数4.37万人，比上年增长6.4%；参加失业保险职工人数2.33万人，比上年增长10.1%；参加基本医疗保险职工人数4.84万人，比上年增长7.8%；城乡居民社会养老保险参保人数39.44万人；城乡居民参加合作医疗人数65.09万人。全县城镇居民最低生活保障救济人数0.8万人；农村居民最低生活保障救济人数3.87万人；农村五保户供养人数0.82万人。

乡镇简介

岗集镇

【概述】 岗集镇地处合肥市北二环和北三环之间，长丰县最南部，镇域面积162平方公里，辖11个行政村和10个社居委，总人口8万人，其中外来人口1万多人。镇区距合肥市中心11公里，距高铁北城站7公里，距新桥国际机场15公里， 206国道贯穿镇域南北，合六叶、合淮阜高速途经境内，公交、水、电、气等基础配套设施与市区同步。

岗集镇是“安徽汽配第一镇”，境内江淮汽车配件工业园区是合肥市政府批准、安徽江汽集团重要的汽车零部件配套工业园，现有各类企业525家，其中规模以上企业64家，从业人数2.1万人。

2013年度合肥市植树造林20佳乡镇、2013年度合肥市十佳林苗基地、2013年省级“巾帼林”基地、安徽省新型工业化产业示范基地、全省城乡居民社会养老保险工作先进单位。综合实力已连续7年荣登“合肥市十强镇”。

2013年，岗集镇完成地区生产总值46.8亿元，同比增长26.5%；完成工业产值129.8亿元，同比增长29%，完成工业增加值29.5亿元，同比增长27.7%，实现财政收入2.81亿元，实现招商引资到位资金40.5亿元；完成固定资产投资44.6亿元，其中工业项目投资37亿元。农民人均纯收入12110元，同比增长18.9%。

2013年全年新签约5000万元以上招商引资项目16个，5亿元以上项目2个，1亿元以上项目5个，完成招商引资到位资金40亿元。至2013年底，全镇规模以上工业企业增加到66户，全年新增规上企业7家，其中亿元以上企业26户，税收超百万元企业增加到40户。

2013年，围绕千万亩森林增长工程和生态岗集建设的目标，通过创新机制、市场化运作、招商引资等措施完成成片造林766.66公顷，其中重点造林工程389.4公顷，绿化道路9公里，渠道6.5公里，水库1个，塘坝25个，自然村庄16个，荣获合肥市植树造林20佳乡镇、合肥市苗木示范基地。申报的安徽省森林城镇已通过市专家组评审，正报省林业厅审批。合肥佳洲园林绿化公司在2013年荣获全国十佳苗圃称号；在美好乡村建设工作中，完成斗镇新村、大窑新村美好乡村建设，改善人居环境；完成了牛寨、安冲、新元三村土地整治项目1000公顷土地流转；争取扶贫、移民、江淮分水岭治理、水利、美好乡村建设资金700余万元，改善了农村基础设施、环境；农业产生结构调整进一步优化，引进设施蔬菜、胶瓜、美国薄壳山核桃、草莓、果木林，玫瑰花等特色农业400公顷。

岗集镇夯实基础设施，加快园区水、电、气等基础设施建设，完成配套供电线路、供水管道、供气管道建设，提升工业园区的承载能力。其中深圳燃气高压管道工程已完成；世纪金源10kv高压电力线路建设已完工；江铸35kv高压电力线路建设已完工通电；岗集至吴山、杨庙自来水管道建设已完成；1000KV特高压建设工作全面完成通电。2013年实施完成了岗集镇总体规划、排水规划、竖向规划、总规环评、农业产业总体规划等各类规划。桃山大窑新农村建设项目建设已完成竣工验收工作。2013年，岗集镇万元GDP能耗同比下降5.0%，万元GDP电耗同比下降5.4%。拆除24门以下轮窑两座，对另一家24门以下轮窑厂采取了断电停产措施。

2013年，岗集镇城镇新增就业人数完成1082人，下岗失业人数再就业完成282人，城乡居民养老保险完成参保人数32778人，参保率100%。实施“农村劳动力转移培训就业计划”，共培训农村劳动力200人。社会化服务工作取得新发展，共认证失地农民3077人，企业退管人员201人，未发现错发、误发工资现象。2013年，岗集镇接各类投诉案件35件，追发工资65万元，接待来访120多次，咨询200多人次。城镇居民养老保险共完成参保人数32778人，参保率100%，已收保费474.94万元。

2013年，岗集镇人口出生率12.71‰，位居全县第一位；出生人口总政策符合率93.97%，位居全县第三位；完成计划生育“四项手术”1079例，政策内怀孕检出率5.85‰，位居全县第二位，出生人流比0.23，位居全县第一位；期内出生两女户结扎新账完成率80.85%，位居全县第四位。

岗集镇以中国（合肥）非物质文化遗产园为龙头，发展文化产业。位于岗集镇的省级文物保护单位—孝子墩修复项目的选址已确定，县文化部门将牵头进行修建，成为长丰县首个省级文物保护项目。

杜集乡

【概况】 杜集乡地处长丰县东北部，东与定远县为邻，南与肥东县接壤，距县城水家湖22公里，省会合肥60公里，合徐高速和筹建中的滁淮高速穿境而过，乡政府所在地距离合徐高速杜集吴圩互通立交9公里，是由原杜集乡、沛河乡、隆兴乡合并组建而成，土地面积178平方公里，耕地0.8万亩，辖15个村（居），3个社区，321个村民组，5万人，劳动力资源充裕，属江淮分水岭综合治理重点乡镇。先后荣获“安徽省生态乡镇”“安徽省优秀旅游乡镇”“合肥市先进基层党组织”“合肥市第一届文明乡镇”等荣誉称号，连续两年被市委、市政府授予“合肥市科学发展先进单位”称号。

全年全乡完成规模以上工业产值9000万元；全社会固定资产投资11140万元；完成工业投资6010万元；完成税收收入1160万元；完成招商引资任务5.06亿元；农民人均纯收入9410元，超额完成年初目标任务。

完善杜集生态农业园区基础设施建设，新建水泥道路8公里，修建给排水渠道4公里，设置宣传标牌3处。扎实推动苗木花卉、绿色果品、生态旅游产业发展，大力引进农业龙头企业入驻园区，入驻的合肥蓝海园林、安徽永翔农业发展有限公司、砀山果品、安徽纳通、天津泰鑫源苗木花卉等企业已累计投资近4.2亿元，流转土地近万亩，现已建成苗木花卉生产基地533.33公顷，玫瑰观赏园53.3公顷，果品采摘园近千亩，市级生态农业园区对外形象得到进一步提升。

开展农田水利建设“八小”工程，完成5-10万立方米塘坝扩挖整治16口；1-5万立方米塘坝扩挖整治62口；0.5-1万立方米塘坝扩挖整治12口；0.5万立方米以下塘坝扩挖整治48口，完成渠道清淤10-50平方公里2条10公里，1-10平方公里9条27公里，电站技改6座320千瓦4条9.5公里。

2014年，杜集乡贯彻“生态立乡、绿色发展”战略，大力实施绿化美化工程，共完成成片植树造林213.3公顷，四旁植树138.66公顷，道路绿化12公里，水库塘坝绿化31口，农田林网200公顷。针对鸟岛、五七干校、翠月湖等生态旅游区域进行成片绿化造林，对生态旅游景区进行资源整合，打造精品生态旅游园区。

全年新引进企业4个，其中亿元以上现代农业企业2个，累计完成招商引资到位资金5.06亿，占任务4.6亿元的110%。

杜集乡完成全县首批美好乡村干校新村建设工作，2014年7月顺利通过省市验收，实现了村庄环境“绿化、亮化、净化、硬化、靓化”目标。积极推进2014年杜集中心村美好乡村建设，该审批项目12个，包括通组达户道路硬化、沥青路铺设、彩砖路面硬化、农房整治、改厕改水、绿化亮化、污水处理、文化乐园建设等。在抓好项目建设的同时，积极开展产业结构调整结构，促进农民增收工作。杜集中心村流转土地93.3公顷，占中心村总土地面积的60%以上，发展花卉苗木40公顷，经果林46.6公顷等，基本上实现了宜林则林，宜旱则旱。

杜集乡民生工程共有32项，其中工程类8项、补贴资金发放类8项、培训保险医疗保障类16项，涉及农业、教育、卫生、计生、民政、交通、文化广播、土地、财政等九个部门。扎实开展民生工程建设，完善乡村交通设施建设，改善群众生产生活条件，新建沛兴、杜集、陈岗、高祠、大李等村4.48公里水泥路，在新街社区安装太阳能路灯100盏，完成隆兴社区4.45公里水泥路和杜集社区污水设施两个特惠制项目。新建刘兴、何岗、团结等村8.03公里村村通水泥路，完成新星、义合、庙后、邱集等村4个农民体育工程，完成145户农村草危房改造工作。全面完成今冬明春植树造林工作。推广人畜安全饮用水，落实农村饮水安全工程，做好农村居民最低生活保障工作，做好大病救助等救济工作。以农村创建工作为抓手，推进“三线三边”环境整合整治工作。

截止2014年统计年度末，杜集乡共出生504人，人口出生率10.65‰；二多孩政策符合率75.86%；出生人口性别比125；出生人引比0.23；期内出生（补救）后长效节育措施到位率66.02%。人口出生统计准确率、农村独生子女、奖特扶等家庭确认准确率、资金发放到位率均达到100%。并在合肥市计生综合考评中在全县三类乡镇位居第一，晋级为二类乡镇。

庐江县

【概况】 庐江县是周瑜故里、温泉之乡、矿业大县。

“庐江”原是古江名（今为哪条水流尚无定论），后成郡、县名。西汉初设“庐江郡”，今庐江之地汉时为舒县。南朝梁始置“庐江县”（另一说“庐江县”始于隋开皇三年即公元583年），距今约一千五百年。庐江又称潜川。

庐江县现隶属合肥市，地处皖中巢湖西南畔，陆路交通主要有合九铁路、合安和合铜黄高速公路以及省道合铜公路、巢庐公路、二军公路，水路运输通巢湖达长江。

庐江县域南北两端相距62千米，东西最大间隔52千米，总面积2343.7平方千米。全县常用耕地72870公顷。森林面积41432公顷，森林覆盖率17.77%，活立木总蓄积215.07万立方米。庐江县矿产资源丰富，已探明的矿藏有30多种，主要矿产资源保有储量：铁矿石70913.15万吨、铜矿金属量117.92万吨、锰矿金属量75万吨、铅锌矿金属量51.39万吨、硫铁矿42360.28万吨、明矾石13889万吨。明矾生产千年之久。

庐江有优异的旅游资源。汤池镇温泉水温63℃，涌水量5000吨以上/昼夜，富含对人体有益的微量元素，有“华东第一泉”之称。围绕温泉先后建成金孔雀度假村、万振逍遥别院、国轩温泉宫等旅游设施和景点。国家森林公园冶父山竹海林涛，是个天然的大氧吧，山上有春秋时期铸剑之父欧冶子在山上铸剑留下的铸剑池。山上山下有始建于唐代的伏虎寺、实际寺，寺中贡有三尊不腐肉身，素有“江北小九华”之称。岱鳌山千姿百态，山中“石公、石婆、石小姐”栩栩如生，动人的故事从古传今。牛王寨、百花寨、黄山寨、釜顶山诸峰，山势陡峭，幽静深远，遍布古战场遗迹。近4万亩的湿地黄陂湖、0.83万亩的巢湖水域以及青山湖、金汤湖、虎洞湖，水上风光无限。

庐江人文荟萃。历史名人古有文翁、左慈、周瑜、王蕃、伍乔等，近代有吴赞诚、吴长庆、刘秉璋、潘鼎新、丁汝昌等。三国名将周瑜鏖战赤壁，清代淮军名将吴长庆援朝平乱，刘秉璋、潘鼎新抗法入侵，吴赞诚治台有功，北洋水师提督丁汝昌英勇抗日等故事广为流传。出土（馆藏）文物三级以上有209件，文物保护单位有51处，周瑜墓、何氏太始祖陵园、果树宋代瓷窑址、武壮公祠、抗日名将孙立人故居等列入省级文物保护单位。冶父寺、白云禅寺，庆复禅寺等处佛教文化兴盛，蕴涵孝道文化的母子陵名噪一方。庐南罗家嘴暴动旧址、汤池松园新四军江北指挥部旧址传扬革命精神。

2014年，庐江县有17个镇，192个村、39个社区，6540个村民小组、1338个居民小组；总户数390436户，总人口1194928人；经济中高增长，生产总值200.23亿元，增长10.7%，一、二、三产业增加值分别为42.94亿元、94.74亿元、62.66亿元，比上年分别增长5.8%、13.4%、10.4%；财政收入和支出分别为24.45亿元、44.45亿元，分别增长4.8%、10.5%；金融机构存、贷款余额分别为301.32亿元、164.54亿元，分别增长16.8%、29.8%；完成招商引资170.17亿元，其中利用外资6692万美元；固定资产投资243.3亿元，增长24.9%；社会消费品零售总额74.03亿元、增长11.0%；外贸进出口总额1.57亿美元，增长20.06%；规模以上工业增加值50.46亿元、增长12.6%；居民人均可支配收入16985元，增长11.2%。全县精神文明建设不断开花结果，涌现出获全国表彰的沈鑫敏等一批先进典型人物，成功蝉联第三届安徽省文明县城，“三线三边”环境治理取得较好成绩，城乡环境面貌有较大改善。

【工业经济】 实施“工业立县创新突破年”活动，县委、县政府2号文件下发活动方案，提出五大创新突破任务并分解落实到各相关责任单位。

招商引资、加大投入。完成工业招商引资116.89亿元，工业

2014年庐江县主要经济社会指标

项　目（单位）	绝对数	比上年增长%
面积（平方公里）	2343.7	0
人口（万人）	119.49	0.2
城镇人口（万人）	16. 27	注：为非农业人口
生产总值（亿元）	200.23	10.7
第一产业增加值（亿元）	42.94	5.8
第二产业增加值（亿元）	94.74	13.4
第三产业增加值（亿元）	62.55	10.4
规模以上工业企业数（个）	218	12
规模以上工业增加值（亿元）	50.46	12.6
财政总收入（亿元）	24.45	4.8
财政总支出（亿元）	44.45	10.5
民生工程投资额（亿元）	12.35	9.3
社会消费品零售总额（亿元）	74.03	11.0
全社会固定资产投资总额（亿元）	243.30	24.9
进出口总额（亿美元）	1.5672	20.06
金融机构年末存款余额（亿元）	301.32	16.8
金融机构年末贷款余额（亿元）	164.54	29.8
邮电业务总量（亿元）	5.2279	23.02
用电量（亿千瓦时）	13. 99	4.4
自来水厂供水量（万吨）	2847	
城镇居民人均可支配收入（元）	22206	9.5
农村居民人均可支配收入（元）	13111	12.1
城市建设投资额（亿元）	44	5.26
公交路线总长度（公里）	86.2	0
中小学在校学生（万人）	11.1187	-9.8
专利申请（件）	301	50
公共图书馆藏书（万册）	7.7	14.93
旅游业总收入（亿元）	27	20.85
外出就业劳动力人数（人）	220000	-14.7
每万人拥有医院卫生院病床数（张）	24.1	18.7
城镇化率（%）	47.5	2
森林覆盖率（%）	17.77	0.2
人口自然增长率（‰）	6.85	4.22

投资122.1亿元，增长13.1%。列入重点工业项目43个完成投资53.35亿元，其中续建项目23个完成投资44.74亿元、计划新开工项目20个已有11个开工建设完成投资8.61亿元。豪威光电、世巨科技、银联文化、华启汽车零部件等项目建成投产，恩度食品、纽斯康生物、江汽中轻卡改装车项目即将投产，罗河铁矿完成验收试生产，大包庄硫铁矿加紧投产前工作，龙桥铁矿二期、沙溪铜矿、黄屯硫铁矿、马鞭山铁矿等重点矿山建设步伐加快。

对外合作、靠大联强。开展对外合作的企业已有33家，安风风机、立德建材、孔敬渔网、海州渔具、新明粮油、天星金属工艺等6家企业与外地相关企业达成合作，安风风机与沈鼓在技术层面合作已生产出样机；恒泰动力与山东滨州渤海活塞、龙桥矿业尾砂制砖与北京瑞图、新中远化工与贵州中盟集团、金三隆与包头三隆、永传针织与鄂尔多斯等5家企业的合作事宜正在进行中。

热忱服务、排忧解难。为企业争取资金和政策扶持，有11户企业进入合肥市工业投资项目库、14户企业获合肥市工业固定资产补助1046.26万元、6户企业获得徽省企业发展扶持资金317万元。每月召开企业家代表恳谈会，县委、县政府主要负责人参加，了解企业存在的困难和问题，听取建议。企业反映的152个问题，已有56个获得解决，其余正在解决。在庐南矿山企业生产建设中，召开各类现场调度会30余场次，协调化解征地、用水、运输、治污等方面的矛盾。

推进企业利废、降耗、节能。获得省新型墙体材料产品确认证书企业15户，设计年生产能力约

8亿标块，全年累计生产新型墙体材料约4.07亿标块，利废约70万吨。生产水泥散装率达78%以上，比上年提高5.6个百分点。编制印发《庐江县2014年有序用电预案》，与20户企业签订有序用电责任书，调荷避峰。在重点用能单位开展合同能源管理，督促其调整产品结构，开展清洁化生产。开展重点节能工程和资源综合利用项目建设，如大江股份有限公司12MW纯低温余热发电、庐江凯迪绿色能源开发有限公司25MW生物质发电、庐江首特龙源矿业科技有限公司利用尾砂烧结多孔砖等项目建设。2014年比2013年万元GDP能耗下降5.1%，超额完成市下达能耗下降2.5%的目标任务。

2014年，全县工业增加值79.30亿元，增长13.1%，工业化率达39.6%，比上年提升0.3个百分点。全县规模以上工业企业218户、净增44户，完成规模以上工业总产值和增加值分别为190.6和50.5亿元，分别增长9.1%和12.6%。工业对经济增长贡献率达到50%以上。规模以上工业主要经济效益指标较好：产品销售率为97.65%，产品销售收入1786832万元，利润总额115233万元，利税合计183293万元，企业亏损面2.91%，工业经济效益综合指数251.64%。规模以上工业主要产品产量：铁矿石原矿512.08万吨、铜金属量14049吨、大米52.32万吨、饲料55061吨、精制食用植物油32695吨、酱油26792吨、白酒（折65度）3532千升、啤酒26039千升、黄酒41350千升、精制茶4945吨、无纺布（无纺织物）10230吨、服装396万件、磷酸一铵（实物量）17.17万吨、塑料制品9013吨、水泥198.94万吨、商品混凝土138.5万立方米、砖56558万块、阀门4927吨、风机11213台、电子元件14704万只。

【农村经济】 加快推进农业改革与建设试点。首创农村产权体系建设全国新模式，农村土地确权中梳理出17类矛盾调处办法被推荐给全省各地借鉴，在农业改革与建设试点绩效评价中获全国第六、中部第一较好成绩，并在全国的经验交流会上发言。“庐江县农村产权交易中心”投入运行，全县土地流转累计4.5万公顷，新增0.5万公顷。各类农业新型经营主体发展到3320个，其中合作社429家，新增117家，获得“示范社”认定国家级1家、省级10家、市级20家；家庭农场548家，新增324家，获得“示范农场”认定省级5家、市级15家。农业产业经营持续增强，建立农业产业化基地3.3多万公顷，冶父山铁皮石斛、泥河隆泰玫瑰、矾山蓝莓等一批特色基地初具规模，台创园兰之洲二期、清水河生态观光园等17个项目建成或开工。全县新增高效特色农业面积7.5万亩，其中新增水生蔬菜1.5万亩、设施农业1万亩。县级以上农业龙头企业131家，其中省级17家、市级68家。规模以上农产品加工业产值72.9亿元，同比增长11.9%。“圣运”面条获中国驰名商标。

林业产业基地建设加快。办理林权流转登记146宗776公顷，新增苗木花卉等林业产业基地面积0.22万公顷，全县已建成苗木花卉基地总面积0.82万公顷，100亩以上的造林大户有283户，500亩以上的大户31户。全县发放林木种苗生产、经营许可证396份，登记注册苗木生产、园林绿化公司128家，有省级林业产业化龙头企业5家。加强森林资源保护。完成泥河、罗河两镇境内发生松材线虫病93.7公顷松树皆伐任务，清理染病松树10万余株，防治松褐天牛439.3公顷，检疫苗木284万株。国有林场和各镇分别组建森林防火队伍，购置75台进口灭火机，清理森林防火通道120公里，建设生物防火林带150公里，设立检查站179个，全年无较大森林火灾。

围绕部级水产健康养殖示范县创建工作，开展新型职业渔民培训2期100人次，每个技术指导员联系10个科技示范户每月上门服务一次，完成16户连家船渔民上岸安居工作，全县已创建水产健康养殖示范场部级12家、市级12家，5家企业开展无公害水产品申报工作，黄泥湖公司的系列水产品申报了绿色水产品认证，全年抽检的水产品全部合格，三家养殖场出境的大闸蟹全部符合供港检测标准。

全县农机总动力达134.7万千瓦，比上年增长5.1%。大中型拖拉机2103台，增长24.6%；插秧机579台，增长2.8%；联合收割机2254台，增长34.78%。机耕、机播、机收面积分别达14.9万公顷、5.98万公顷、13.97万公顷，主要农田耕种收综合机械化水平67.44%，提高2.04个百分点。农机业合作社达77个。落实中央财政农机补贴资金2345.77万元（含报废更新补贴80.6万元），补贴各类机具1389台，补贴农民（组织）901个，带动投入购机资金6000多万元。

县坚持为“三农”服务，推进“新网工程”建设。获得市级“新网工程”项目3个、省级“新网工程”项目1个，入围国家级合作示范项目1个，新建连锁经营网点32个。整合再生资源回收体系，转型升级网点21个，新建镇分拣中心4个、在建分拣中心7个。大力发展各类新型合作经济组织，全年发展合作社97家，其中供销社领办合作社8家，新增基层社3家，综合服务社27家。推进茶产业发展，全县新辟茶园160公顷、茶叶苗圃3.13公顷，更新改造茶园156公顷，邀请专家指导有机茶园建设和试制红茶，组织茶叶龙头企业开展茶产品进超市、进宾馆活动，加强“白云春毫”茶叶广告宣传和公共品牌市场管理。

全县粮食工作以“三园两点”为载体发展粮食产业化，粮油加工和物流项目固定资产投资在800万元以上的企业有13家，完成投资17500万元，全年粮油工业总产值40亿元。双福粮油等龙头企业开展规模经营已流转土地877.67公顷，与家庭农场、种粮大户等签订粮食订单达10万亩以上。粮食仓储设施建设以3年建成10万吨高大平房仓为目标，邓湖、魏岗2个2万吨中心粮库已竣工投入使用，金桥、新渡2个2.5万吨中心粮库已开工。维修仓容1万多吨，添置输送、除杂、烘干设备十多台套。新农村科学储粮示范工程新推广3000户，全县累计达10169户。全县国有粮企存粮超过15万吨，为2003年来之最。至年底，全县累计收购粮食345688吨，其中托市收购135189吨，直接带动农民增收约2.5亿元。

2014年，庐江再获全国粮食生产先进县、入选全国平安渔业示范县。全县农作物播种总面积17.59万公顷，其中粮、油、棉、蔬菜的面积分别为13.82万公顷、1.2万公顷、0.43万公顷、1.69万公顷；粮、油、棉、蔬菜产量分别达86.68万吨、3.31万吨、4584吨、38.75万吨，分别比上年增长4.1%、下降2.4%、下降0.8%、增长8.3%。全县完成植树造林总面积2877.5公顷，汤池镇获批省级森林城镇。全年生猪出栏22.17万头，增长2.8%；家禽出栏1254万只，增长8.1%；肉蛋总产6.53万吨，增长9.7%。水产养殖面积1.33万公顷，其中特种水产品养殖面积占60%，全年水产品产量达5.35万吨，增长5.3%。全县农林牧渔及其服务业的总产值与增加值分别为78.48元、42.94亿元，皆增长5.8%。其中：农业分别为46.12亿元、24.44亿元，皆增长4.8%；林业分别为2.52亿元、1.72亿元，皆增长10.4%；牧业分别为13.45亿元、7.49亿元，皆增长6.2%；渔业分别为15.07亿元、8.64亿元，皆增长7.0%；农林牧渔服务业分别为1.33亿元、0.66亿元，皆增长12.6%。

【商贸旅游】 庐江县商务经济围绕“优质、提速、增效”三大主题展开，商品流通体系日臻完善。外经贸工作多次召开协调促进会，简化流程优化服务，为企业争取省级资金417万元、申报专项担保贷款1700万元，为恒泰动力有限公司申报秋季广交会展位，成功申报大地熊新材料有限公司、鼎辉玩具有限公司为省级出口示范企业，庐江县为省磁性材料出口基地，新增外贸经营权备案企业3家，新增外贸出口实绩企业5家，新增台资企业一家：台商独资安徽酵顺食品生物科技有限公司注册资本210万美元，投资总额300万美元。内贸企业全年开展50多次促销活动，向电商领域拓展，电子商务企业已达160多家，申报电子商务试点县。实施农村商品流通体系建设试点县工作，争取项目资金942万元，完成6家乡镇商贸中心建设。市场项目建设加快，庐城中心城时尚步行街岗湾金街和特色文化步行街岗湾老街建设收尾，西门湾美食街已投入运营；华润苏果大型超市正式开业；总投资12亿元的安德利广场已完成土方工程，晨光综合市场和城西农贸市场建设提速；小乔水果木材市场和塔山农贸市场改造完成防火和加固工程，城南农贸市场完成改造正式运营；汽车城年初投入运营交易量稳步攀升，城南加油加气站竣工投入运营。

全县实有各类市场主体35004户，增长18.2%，其中：内资企业和私营企业4376户，增长15.7%；个体工商户30194户，增长18.4%；农民专业合作社434户，增长38.2%。“安德利”“海神”“尊鼎”和“金坝”四件商标被认定为安徽省著名商标，“白云春毫”等五件商标被再认定为安徽省著名商标。帮助“皖江纳米”等6家企业完成安徽名牌复审工作，各推荐2家企业产品分别申报省、市名牌。4个农业标准化示范区通过市级验收，2家公司起草的2项标准作为合肥市地区标准发布实施。办理动产抵押登记71件，为企业融资1.3亿元。

旅游开发成效明显，冶父山4A级景区创建成功，白山齐嘴村荣获“安徽省特色景观旅游村”称号。努力推进旅游项目建设，金孔雀二期动工、五星级酒店开业，国轩温泉宫投入使用，南山项目开始征地拆迁，军二路汤池段、迎宾东路正在改造，中国稻米博物馆正式对外开放，马尾河湿地景区、齐嘴景区、十八里长冲自驾游营地设施正在落实。发展农家旅馆和农家乐，汤池果树和百花村已有6家开业，冶父山2家正在装修，全县有6户在创建三星级以上农家乐。举办了冶父山撞钟祈福活动、“快乐乡村游·美在栖凤谷”活动、汤池原香幸福年活动、十里长冲民歌节、冶父山祈福登山节、汤池白云春毫茶文化旅游节、合肥乡土菜首届烹饪大赛暨板栗节、庐江县首届玫瑰花节、合肥青年集体婚礼等规模较大的旅游促进活动。还到长沙、武汉、江苏、浙江、上海等地推介庐江旅游。全年接待游客345万人次（其中入境游3.8万人次），增长17%，实现旅游总收入27亿元，增长17.4%。

2014年，完成进出口总额1.56亿美元，增长20.06%，其中出口额1.48亿美元，增长15.4%；外商直接投资总额6053万美元，增长10.23%；实现社会消费品零售总额74亿元，增长11%，其中：限额以上和限额以下企业分别实现社会消费品零售总额21.1和52.9亿元，分别增长5.4%和13.4%。限额以上企业中，批发和零售业实现零售额20.3亿元，增长4.9%，住宿和餐饮业实现零售额0.82亿元，增长18.7%。全县限额以上企业实现利润总额4888万元，增长13.9%，其中：批零业实现利润总额5005万元，增长18.2%；住餐业实现利润总额为-117.6万元，处于亏损状态。

【城乡建设】 以规划统领和促进城乡建设。修编完善庐城总体规划，开展的景观规划有5项、专项规划有6项、单元规划有4项、修建性详细规划有96项，全面启动16个镇的总体规划修编工作。核发《建设工程规划许可证》副本约350份，总建筑面积约260万平方米，审批市政类项目72个。

城乡建设实施项目85个，已完工15项。完成城市建设投资44亿元，比上年增长18%，城镇化率提高2个百分点，达到47.5%。庐城建设快速推进。第一人民医院一期工程、广电中心、法院审判综合楼投入使用，体育中心、名人馆、文化中心主体完工。建成和正在建设的安置房分别达到34万平方米和99万平方米。外环南路二期、城西大道北延、黄山路南延、晨光路二期等25条城区道路建设有序推进。5条道路路灯及3条道路人行道改造工程完工，硬化消防通道、巷道300余米，修补城区破损道路1230平方米，更换700余座雨水窨井。铺设供水主管网20多公里。实施活水增绿工程，余月水库建成蓄水，文昌坝建成投入使用，整治县河、东大河、苏家河、中塘河，内城水系逐渐沟通，南外环绿化工程进入扫尾阶段，城区新增绿化55.4万平方米、提升绿化面积8.5万平方米。集镇建设管理水平不断提升，龙桥产业新城规划建设和泥河产城共融试点稳步推进，汤池、泥河入选全国重点镇。统筹美好乡村和扶贫项目建设。首批30个省级重点示范村建设，一期实施的10个示范村已通过省级验收，二期20个示范村投入县级以上专项资金7800余万元，248个建设项目已全面完成。庐城镇罗埠新村、冶父山镇铺岗村、汤池镇果树村等成为亮点。121个永久性居民点建设已完成61个。完成农村危房改造1700户。投资380万元在石头、罗河、冶父山3个镇实施农村清洁工程已竣工。实施扶贫开发项目18个，石头镇黄蜀山村和万山镇程桥村共40户贫困家庭建设家庭分布式发电站的光伏项目已落实。

房地产业由过热趋缓。全年房地产开发投资28.85亿元，增长12.6%；商品房施工面积229.32万平方米，增长15.7%，其中住宅施工面积186.30万平方米，增长13.5%；商品房竣工面积63.84万平方米，增长41.5%，其中住宅竣工面积49.03万平方米，增长26.3%；商品房销售面积46.69万平方米，下降0.5%，其中住宅销售面积43.95万平方米，下降7.8%；商品房待售面积10.59万平方米，增长58.6%，其中住宅待售面积4.94万平方米，增长37.2%；商品房销售额31.54亿元，增长25.1%，其中住宅销售额23.01亿元，下降3.2%。

重视住房保障工作。公租房建设分解落实6个项目558套，棚户区改造落实3个项目2772套，9个项目全面开工。在全市率先启动廉租房、公租房“两房并轨”，实行差别化租金，扩大住房保障受益面，首次将新就业人员、来庐务工人员、进城居住农民纳入住房保障范围。进行首批“两房并轨”摇号，及时分配已建成的173套保障性住房。

城乡其他基础设施建设同步进行。交通建设投入资金达14亿元，建设项目71个。重点项目7个125.5公里，环巢湖旅游大道和庐铜高速庐江南道口连接线工程完工，二军路汤池至泉水段、合铜路改建一期工程长35公里正在施工。农村公路改造项目40个111.7公里已完成32条78.5公里。改造危桥20座。县道大修5.5公里、中修33公里。投入2254万元完成农客班车的公司化改造，布设主线15条、支线35条，投放营运公交车141辆，全程实行一票制（3元）。完成撤渡4道，渡口总数下降为19道。庐铜铁路建设完成征地拆迁工作。

不断加强电网建设。110千伏

石头变扩建工程2号主变即将投运。完成35千伏泥河变电站主变增容工作。35千伏郭河等3座变电站主变优化调配，新增主变容量51兆伏安。35千伏同大变电站改造，“单线单变”提升为“双线双变”。通过农网改造升级工程新增配变185台，容量48970千伏安，解决“低电压”12000余户。总投资4210万元的2014年农村电网改造升级工程115个项目全部竣工并转资。高标准打造庐城至汤池镇果树村的“精品路线”工程，薛家圩美好乡村供电设施改造全面完成。新建成电气化镇2个、电气化村10个，累计建成电气化镇11个、电气化村118个。全县安装智能表22.8万只。全年完成售电量12.66亿千瓦时，增长2.03%。

推进土地整治，汤池镇0.28万公顷农田整治项目主体工程结束，废弃地复垦202.6公顷，新增耕地320公顷。农田水利基本建设投资3.5亿元以上、完成土石方1500万立方米。完成千亩以上圩口堤防达标总长度45km，扩挖塘坝2610口，清淤河沟159条，抗旱主渠道加固配套122处，实施小型泵站更新改造3616kw，国营泵站都进行了改造和维修，加固新建规模以上小型水闸10座，改造灌溉面积1～5万亩的灌区3处0.26万公顷，改造灌区末级渠系0.4万公顷。通过全省第二批小型农田水利重点县验收。完成10座小型水库除险加固工程。整合建成张院、虎洞、瓦洋3座规模化水厂，彻底解决11万人饮水安全问题。亚行、国开行和列为省、市、县重点的河流治理多个项目，投资额较大，进展较顺利。

2014年，全县监测水、气、声等环境要素获得数据近25000个。审批环评文件245份，已开工项目环评执行率为100%。全覆盖检查污染源，共检查企业400多家，限期整改53家，停产整治21家，立案查处10家。县城垃圾填埋场二区工程完工，污水处理厂二期通水试车，第二污水处理厂即将建成。环湖重点镇污水处理工程13个项目，厂区已全部动工，管网完成98%达110公里。黄屯河、失曹河水环境应急治理工程竣工投入运行。严格落实“河长制”，每月巡查全县13条河流，白石天河、杭埠河、兆河断面水质通过国家考核。巢湖南岸（庐江段）生态修复工程已完成78%。畜禽养殖业减排污染治理工程全部完工投入试运行。开展13项大气污染防治，全县空气质量从年初的轻度污染提升到优良。“三线三边”环境治理获全市年度考核二等奖。创建国家级生态镇柯坦镇、省级生态村盆形村，创建市级绿色学校5所、县级绿色学校3所。

【科技教育】 全年申请专利301件、授权184件，其中申请发明专利114件、授权18件，新认定2家市级知识产权示范企业（新中远、万磁）、1家知识产权贯标试点企业（大地熊）。新申报高新技术企业8家，获批6家；全县有国家级高新技术企业9家，产值26.04亿元。7家企业申报省级高新技术产品9个，其中7个产品已公示，1家企业获批国家重点新产品1个，2家企业获省级重点新产品2个，安风风机和万磁公司各有2个产品被认定为新产品。全县有磁性材料及电子企业19家，实现工业总产值17.7亿元；被认定战略性新兴产业企业23家，实现产值20.2亿元。一批企业与院校（所）战略合作建立了研发中心、实验室等创新平台。万磁公司和海神公司的技术中心被认定为省级企业技术中心；双福公司的技术中心被认定为市级企业技术中心。企业信息化建设加快，大地熊、安风风机、恒泰动力、罗河矿业等4家企业被认定为省级“两化融合”示范企业；龙桥矿业、新中远化工、江南醇等3家企业被认定为市级“两化融合”示范企业。

提高防震减灾技术水平。县地震监测台站完成地震观测井建设，各镇地震信息站均建设到位投入日常观测。

教育事业取得新发展。完成庐城、金牛、柯坦三镇教育布局调整试点工作，撤并小学19所、初中5所；完成幼儿园建设项目13个；制定高中教育、2014－2030年庐城城区教育等发展规划。逐步推开寄宿制学校后勤服务社会化管理。整合职业教育资源，将庐北职中、沙溪职中撤销合并至县职业成人教育中心，并计划在经济开发区征地14.5公顷建设新的职业成人教育中心。实施义务教育三大提升工程。推进城关与岗湾、城西与三里小学联合办学。申报新优质学校市级4所、县级6所。庐江四中、城关小学、城北小学、庐江县希望小学等4所学校被命名为“合肥市素质教育示范学校”。完成6个镇近2000名教师的教育技术能力培训，有效提高师生信息技术素养和计算机操作技能。实施薄弱学校标准化建设，投资3054万元购置图书、多媒体、教学仪器设备等。规范发展民办教育，全县认定民办普惠性幼儿园72所，培训民办园长、骨干教师、保健员、保育员770余人次。持续推进教师队伍建设，教师参加校本培训7800余名、参加各类研修培训1490人次，岗前培训

183 名新聘教师。教学质量显著提高。全县实际参加高考 9896 人，其中普通文理科考生 9243 人，一本、二本以上、三本以上分别达线 1520 人、3248 人、4312 人，应届一本上线人数比去年增加 117%，二本以上达线人数比去年增加 79%，高考成绩全面大幅提升。全县中考报名人数 11093 人，普高录取 6900 人，录取率达 62%。中小学生参加省市级体育比赛、艺术展演活动多次获奖。2014 年，全县中小学校 415 所，其中：高中 19 所、初中 48 所、职中 4 所、小学 239 所（含 138 所教学点）、幼儿园 104 所、其他学校 1 所；中小学教职工 9251 人，其中中小学教师 8020 人；中小学在校生 134610 人，其中：高中 20513 人、初中 29929 人、职中 3611 人、小学 65319 人、幼儿园 15222 人、其他学校 16 人；当年招生与毕业分别为 39483 人、42340 人，其中：高中分别为 6892 人、7761 人，初中分别为 8637 人、11366 人，职中分别为 1019 人、4685 人，小学分别为 9799 人、8887 人，幼儿园分别为 13136 人、9641 人。

【卫生体育】 深化医疗卫生体制改革。出台医疗卫生改革 1+5 方案，开展县级医院对口支援镇卫生院和镇卫生院对口支援村卫生室工作，落实镇卫生院非在编人员养老保险政策，出台退出村医补助办法。增强医疗卫生服务能力。城东医院（一期）急诊科于 2014 年 7 月 1 日投入试运行，县医院门诊内科医技综合楼、县中医院门诊楼、县第三人民医院建成投入使用，投入资金 510 万元完成 9 所镇卫生院和 122 所村卫生室标准化建设；促进名科、名医建设，县医院普外科和县中医院针灸推拿科、骨伤科、肛肠科、心血管病、脾胃病分别列入上级重点专科专病建设项目，一些医师获得省级授予的称号和在全国获奖；招聘专业技术人员 255 人补充人才队伍。全力实施医疗卫生各项民生工程。城乡居民合作医疗参合人数 107.15 万人，筹集资金 38698.14 万元，其中县级配套 3750.46 万元、居民个人筹资标准 70 元共缴纳 7500.94 万元（包括民政代缴 409.32 万元）；全年新农合累计补偿 1530599 人次，合作医疗基金共支付 43328.23 万元。全县 252 个村卫生室（社区卫生服务站）、49 个定点医疗机构，县外 65 个医疗机构与新农合管理系统联网，实现实时结报。基本公共卫生服务项目实施较好，全县城乡居民健康档案规范化电子建档率为 77.18%；适龄儿童免费接种第一类疫苗，接种率 96.5%，建卡率 100%；保健 7 项管理率均保持在较高水平；使用“安徽省基本公共卫生信息管理系统”覆盖率 100%；健康教育规范开展。重大传染病医疗救治艾滋病 62 人、结核病 138 人、晚期血吸虫病 4 人，支出项目资金 21.41 万元，人数和支出资金都超过任务指标。提升妇女儿童健康水平，免费婚前健康检查 15448 人，完成率 107.3%，婚前医学检查率 98.5%；农村孕产妇住院分娩补助 9780 人，完成率 105.2%，孕产妇住院分娩率达 99% 以上，有效降低了孕产妇死亡率和婴幼儿死亡率；免疫接种 256811 针次，完成率 108.4%；完成 7-9 岁儿童 5000 余颗齿的窝沟封闭和 2800 余名学龄前儿童的乳牙涂氟任务；在 6 个镇开展农村妇女“两癌”检查，每癌检查任务数为 2 万人，宫颈癌实查 20648 人，完成任务 103.2%，发现癌前病变 54 例，乳腺癌实查 20770 人，完成任务 103.9%，发现可疑病人 17 例。县级公立医院如县医院、县中医院所有药品全部实行零差率销售，获省级财政补助资金 671 万元。

2014 年，全县卫生机构 390 个，其中县级医院 16 个，卫生机构人员 4596 人，其中医生 1396 人，每千人医生数 1.17 人，卫生机构床位数 3192 张，每千人床位 2.71 张，门诊病人 3715058 人次，住院病人 92002 人次。

体育工作加强基础设施与队伍建设。城东新体育中心体育馆主体工程 5 月份封顶，年底前开工内外装饰工程。年度性的 72 个农民体育健身工程和 7 个全民健身苑建设任务全部完成。体育彩票销售 1800 余万元，完成庐江县第六次全国体育场地普查工作。新成立“庐江县自行车运动协会”，组织 46 名骨干参加市二级社会体育指导员培训，15 人参加省一级社会体育指导员培训，8 人参加市篮协的二级篮球裁判员培训，县培训 94 人三级社会体育指导员。

开展群众体育活动，提高竞技体育水平。县级大型全民健身活动 16 次，参与健身活动人数达 5000 人次。7 名运动员代表合肥市参加安徽省第十三届运动会，在田径比赛中女子乙组 200 米（团体）和 4×100 米（团体）两项夺冠，这是庐江县 32 年来第一次获取省运会田径项目金牌，庐江县在省第十三届运动会上共获 2 金 1 银 2 铜，实现历史性突破。

【文化传媒】 启动文化体制改革，印发《庐江县深化文化体制改革实施方案》。推进 5 大类 21 个大项目“人文庐江”建设。

扩展文艺组织和阵地。县舞协成立盛桥、龙桥、白湖 3 个中心镇舞蹈分会和1个威风锣鼓队，县民间文艺家协会成立矾山分会，县戏曲协会走进街道社区，组建庐剧、黄梅戏、京剧3个活动中心，创办庐剧、黄梅戏两个戏曲票友社，县摄影协会创建锦绣庐江网站和汤池、白湖两个创作采风基地，县硬笔书法家协会开设蓝天画廊，县作家协会筹备组创办庐江文学网，县老年书画联谊会成立汤池分会。全县民间文艺团体已发展到13家。

文化硬件建设上台阶。总投资1.3亿元、县级一流的庐江大剧院于2014年元月建成投入运营。总投资4000万元、建筑面积16500平方米的庐江县文化艺术规划中心主体完工。庐江名人馆建设进入展陈筹备工作。丁汝昌纪念馆一期工程结束。吴武壮公祠修缮完工自2014年2月份开放已接待6000多人次。岗湾老街3处文物点修缮结束。镇级综合文化站软硬件得到改善，村级农家书屋获得更新与充实。在盛桥镇启动乡贤文化建设试点。开展全县不可移动文物普查和县域第一次可移动文物普查工作。

文艺创作繁荣，全年文艺工作者创作发表或展出文艺作品600多件。出版书籍主要有：吴守春的《美丽罗河》《盛桥古今》两本专著（累计已达6本）、叶显山的《漫话山水》、左红的《李白与江南》、叶民主的《周瑜风云》、查辅成的《才女曹成英》、张恒的《走过南昌菊花台》、袁翼的《爱的缺憾》、苏昉的《湿地诗草》、芮春生的《三习斋闲韵》、黄竹三的《仰山吟草》、孙业余的《孙氏文集》等。县诗词楹联学会编辑的《庐江诗词》《诗词中的庐江》和县音乐家协会编辑的《庐江民歌集》即将出版。

组织专题创作，参加各种赛事。《长渠当歌——舒庐干渠故事汇编》《想起当年创业的时候》《今昔庐江八景》，系列美术创作《乡村》、音乐题材《中国梦》、摄影作品集《大美黄陂湖》，书画界举办的4次专题展览等，精彩呈现庐江人民建设家乡的精神面貌和乡村美好画面，进一步挖掘庐江人文与自然旅游资源。合作编排的徽剧折子戏《美周郎》，两会期间在庐江大剧院演出取得巨大成功。面向全国征集收到120多首歌曲，筛选出17首优秀的县歌备选作品，“圆中国梦 抒庐江情”散文大奖赛征集参赛作品63件，“梦在路上”征集散文作品183件。多人作品在全市、全省、全国各类赛事中获奖。陶月恩等创作的传统花灯表演《扬帆》和舞蹈《茶乡笠影》在全市文艺调演中分别获得名次和奖励；夏群、徐梅生和房建辉在第二届“中艺光影”杯全省电视电影剧本大赛中获得优秀提名奖；“走复兴路 圆中国梦”爱国主义读书教育活动有6名优秀选手和14篇征文参加市以上比赛获奖。

群众文艺文化活动丰富多彩。春节期间在塔山广场联袂献上“让梦启航”系列文艺表演，元宵节举办了广场文艺晚会和猜灯谜活动，“五一”节前后举办了第四届风筝文化节和演出等品牌节庆活动16场，国庆节期间组织了全县首届广场舞大赛。进行了全县基层文艺调演。组织了合肥市第八届文博会庐江分会场演出、合肥市第二届全民文化活动周启动演出，遍及城乡40多项活动。实施文化惠民生工程，“送戏进万村”演出218场，完成农村电影“2131”工程2616场。文艺坚持“二为”方向，创造出与企业携手合作的一些好形式，为产业发展服务，为淳化民风作贡献。

新广播电视中心建成于2014年10月1日投入使用，更新升级了采编播设备及机房播控系统，提升了电视发射信号传输质量。广播电视“村村通”提前完成110个点建设任务，在全市24项考核中获第一名。完成11个小区光缆施工、信号入户工作，网络维护人员上门服务2000余人次，提高了有线电视入户率。

内外联动做好新闻宣传工作。广播电视注重栏目创新提高影响力。将《庐江新闻》细分为“时政新闻”“民生新闻”“监督新闻”三大版块，使新闻接地气、百姓爱。围绕全县中心工作，时政新闻开设20个专栏，播出《庐江新闻》130期，完成自采电视新闻稿件2600余条，《新闻纵横》20期，《法制广角》12期，《先锋》10期，《庐江人文大讲堂》8期，《天南地北庐江人》11期，展播了“十大杰出青年”先进典型事迹。加强舆论监督，庐江新闻开设“关注效能、聚焦‘四风’”电视栏目，与问政·庐江、新闻“110”互补互促，成为舆论监督的三把利剑，播出《问政·庐江》5期、“关注效能、聚焦‘四风’”18期、新闻“110”140条，为群众解决实际问题70余件。县政府网站推出8个专题专栏外，发布全县各类政务信息6100多条，独立访客达204万次，IP访问量149万，PV网页浏览量914万次，首次获得全国优秀政务网站称号。《今日庐江》报策划推出18个重点栏目，推出重点报道90多篇，推出系列评论10余篇。《庐江手机报》用户已突破1.2万户。

全年在市级以上主流媒体累计发稿2500余篇（条），其中《人民日报》10篇、《经济日报》2篇、《工人日报》3篇、《农民日报》9篇、《中国青年报》2篇、中央电视台10条、中央人民广播电台8条、中央部委级报刊106篇、《安徽日报》103篇、安徽电视台88条、市级媒体900余篇（条），新华网、人民网等大网站发布外宣稿件1000余篇。采写出《公车装上“电子眼”》《安徽庐江：千钧一发 救援人员抱住轻生女子》《庐江县领导干部手机号公布之后》等系列稿件，举办合肥市“网德大讲堂”庐江专场报告会，取得良好的社会效果。

【安全生产工作】 安全生产实现非煤矿山“零死亡”、市控指标不破、连续6年获得市级优秀等次。全年共发生各类生产安全事故59起，死亡25人（市控指标为30人），受伤46人。与2013年相比，事故起数持平，死亡人数减少3人，下降10.7%，受伤人数减少18人，下降28.1%。全县没有发生较大以上生产安全事故。出台《加强非煤矿山安全监管十大举措》，开展矿山提升系统、尾矿库、通风系统、供配电系统等专项检查，组织14名专家对全县的22家地下矿山、3家露天矿山、7座在用尾矿库、3座排土场进行一次大会诊及隐患根治。紧盯危险化学品、烟花爆竹行业，排查整治21家社会加油站安全隐患105条、5条石油、天然气长输管线安全隐患22处，专项整治8家涉氨企业，烟花爆竹业实行“周巡、月检、季督”严格检查制度。重视职业卫生安全监管，完成90家规下企业标准化创建任务，职业健康体检4000余人，下达《转岗通知书》督促企业调整患有职业禁忌症职工工作岗位。深入开展夏季安全生产、“九打九治”、粉尘防爆等重点活动。加强综合监管，全年共督查治理一般安全隐患6012处，下发督办单15份。高悬安全生产问责之剑，追究4起事故责任，行政处罚28人次，作书面检查和通报批评的单位8家、10人，约谈3人，停职处分1人。

【社会生活】 全县紧扣精神文明建设，广泛宣传社会主义核心价值观，大力实施公民道德建设。刊载该类公益广告近500幅，组成道德模范、身边好人宣讲团宣讲30多场次，受教育5万余人，开展以诚信为主题的道德讲堂等活动350多场次，2万多人次听讲。评选出“庐江好人”60人，推荐8人次参评“中国好人”和“安徽好人”。开展“第三届道德模范”、第七届“十大杰出青年”“十大优秀青年”、第五届“十佳好婆婆”“十佳好媳妇”评选表彰活动。评选表彰庐江县美德少年30名。常态化开展学雷锋志愿服务活动，县直单位2491名在职党员进社区认领七大类1000多个志愿服务岗位；庐城镇13个社区皆成立志愿服务工作站和爱心银行，建成9个志愿服务广场，每月开展一次广场志愿服务活动，有3个社区被合肥市文明委授予星级志愿服务社区。庐城建立起文明创建宣传一条街、社会主义核心价值观宣传一条街、志愿服务一条街、庐江好人一条街。推进群众性文明创建活动，90%以上饭店、宾馆、食堂均开展了文明餐桌行；500多名驾驶人员参加文明交通劝导；开展文明村镇、文明社区、文明单位争创活动，授予93个单位为县级文明单位；广泛开展“文明家庭”评选活动，上半年表彰“文明家庭”100户、“最美家庭”21户。

全县人口计生工作。统计年度人口出生率10.42‰、自然增长率5.38‰、政策符合率96.56%、出生人口性别比110.55，实现目标任务。抓基层、打基础，调度约谈后进镇15次，为全县231个村级配备计生工作专用电话，落实孕环检对象42.8万人次、四项手术17555例，免费孕环检育龄妇女7453名，解决各类计生问题达500份次；坚持每季度到流动人口相对集中的城市开展孕环检和随访服务工作；综合治理出生人口性别比问题，开展专项督查2次，依法查处“两非”案件31起；每月与有关部门交换一次信息，提高计生统计数据及时性和质量。力争群众满意，落实“单独二孩”政策，入户摸底调查确认单独对象4200人，统计年度共办理单独二孩生育证510人；帮扶计生特殊困难家庭，在养老保障上对失能老人发放护理补贴、在医疗保障上代缴个人参保金和给予医疗救助；优化“四证”办证流程，缩短一半工作日且送证上门，办理生殖保健服务证5133例、生育证4241例、独生子女光荣证1773例、流动人口婚育证明3194例；落实计生民生工程，发放独保费1011.89万元、独生子女父母退休一次性补助145.7万元，审核确认奖扶对象4179人、特扶对象549人、手术并发症对象1453人，计发扶助金920万元，扩面奖扶对象1263人并打卡发放奖扶资金121万元，奖励长效节育799人、116万元，免费孕前优生健康检查4270对待孕育龄妇女；增强计生家庭发展能力，共筹措人口基金120多万元进行专项帮扶，农村计生家庭子女考入本科院校的优先给予一次性奖励3000元，在其他各项扶持活动中重点向计生家庭倾斜。

就业创业工作。举办春夏两季企业用工招聘月活动；就业培训1800人，定向、订单式培训653人；开发公益性岗位55个、基层特定岗位42个；安排190名高校毕业生参加就业见习；电话跟踪高校毕业生2300余人次，促使815名离校未就业高校毕业生实现就业创业；充实农村和城镇劳动力资源数据库39.34万人和8.36万人。全县城镇新增就业5484人、失业人员再就业2054人、就业困难人员就业532人、转移农村劳动力20300人，发放灵活就业社会保险补贴653.93万元，“零就业家庭”动态为零，城镇登记失业率在4%以内。开展创业相关服务1160人次，新增个体工商户5076户、新增创业企业656个、新增农民专业合作社103户、新增标准化厂房38.29万平方米、新增创业基地建设面积123.7公顷，发放小额担保贷款579笔3821万元，带动就业创业1239人。

拓展社会保障。征收五项社会保险费47483万元，其中养老保险29116.8万元、失业保险2753万元、职工医保13841.6万元、工伤保险1108.8万元、生育保险663万元。推进城乡居民养老保险，全县参续保人数62.76万人，征收保费5666.71万元，60周岁以上待遇发放17.49万人，发放养老金13454.87万元，符合发放条件发放率达到100%。补助发放七类“老字号”群体6598人。

完善社会救助体系。城乡低保五保按标施保，城乡低保标准分别提高到420元/月和2000元/年，全年共发放低保金8514.4万元；农村五保供养标准提高到2420元/年，全年发放五保资金2331.86万元。做好护理保险扩面工作，已为8455名五保对象和165名城镇“三无人员”办理了长期医疗护理保险，为994名住院五保老人发放护理费169.18万元。出台特殊大病救助政策，已救助近1300人，其中：特殊病种一次性救助111人发放163万元，特殊病种年度救助194人发放79.6万元，特殊病种患者纳入一类低保183人，特殊大病患者家庭的76名中小学生领取了“酵顺助学救困资金”。出台关于低收入家庭、贫困残疾人、重性精神病人等救助实施方案。开展低保动态核查，新审批城市低保对象211户270人，退出289户549人，审批农村低保对象4434户5727人，退出1200户4709人，基本实现应保尽保和应退尽退。走访调查和实施救助困境儿童437名，已为184名孤儿发放养育资金132.5万元。

实施惠残民生工程。全年受理申办残疾证三千余人次，为9237名贫困残疾人提供725万元的生活特别救助金；为1180名贫困精神残疾人提供118万元药补资金并发放免费门诊住院治疗的救助卡1180张；为200多名贫困白内障患者免费复明手术；率先在全省实现0-12周岁残疾儿童免费康复训练全覆盖，为贫困残疾人适配生活辅助器具52人次，为30名重度肢残人免费配发轮椅车。多方面推动残疾人劳动就业，被评为“全市残疾人就业工作先进集体”。

全县增设17个老龄优待证办理服务窗口，完成全县16个“老少活动家园”建设，调整80-89周岁高龄补贴发放标准，每年由300元提高到400元。规范社会定补审批工作，共对社会定补对象1503人发放补助经费540.5万元。落实殡葬惠民政策，火化遗体6358具，减免费用512.1万元。推进公益性公墓建设，完成县级公墓二期规划选址，17个镇均已规划并开展建设。发行福利彩票7510万元，筹集福彩公益金750余万元。实行全免费，办理结婚登记10588对、补发结婚登记证2155对、离婚登记1944对、出具无婚姻状况证明9063份。办理收养登记28件。新登记社团、民办非企业89家，注销社团8家，清理行政兼职人员177人。开展全县第九届村民委员会换届选举工作，完成215个村（社区）两委换届。做好“双拥”工作，完成412份残疾军人档案资料整理、审核、发证工作；完成带病回乡等项退伍军人72人定补申报、审批、发放工作；完成2013年退役士兵482人、转业士官14人的信息录入和材料审查工作，安排21名退役军人免费参加技能培训；继续做好福泉山国防森林公园烈士陵园后续工作，建成烈士纪念塔、纪念碑浮雕，陆续迁入过去散葬的烈士墓，4月5日正式开园接受社会各界瞻仰；全年开展多场军民共建等活动。

全年实施45项民生工程，其中县自主项目5项，共投入资金123547万元，比上年增加10547万元，其中县财政配套24269万元，比上年增加2269万元。2014年全体居民人均可支配收入16985元，比上年增长11.16%，其中城镇与农村居民人均可支配收入分别为22205.7元、13111.2元，分别增长9.53%、12.05%；主要耐用消费品百户拥有量有增加，城镇与农村差距减小。

乡镇选介

矾山镇

矾山镇于2005年7月由原矾山镇、砖桥乡合并由成，位于庐江县东南部，地处庐江、无为、枞阳三县交界。省道裴桂公路穿境而过，贴近合铜黄高速公路，距缺口水运码头仅5千米。全镇总面积128.24平方千米，其中耕地面积0.18万公顷、下辖11个村、1个社区、461个村（居）民组，总户数21103户、人口66978人（男34902人、女32076人）。

矾山镇历史悠久，人杰地灵。矾山因自唐代起出产明矾而成名，宋《元丰九域志》记载矾山是庐江六镇之一。镇域著名人物古有清朝抗法英雄、四川总督刘秉璋；今有全国政协常委、原安徽省委书记卢荣景，中华商标协会会长、原国家工商总局副局长李建中等。人文景观有大照壁、生死桩、叫化窿、失曹岭、天光山石镜、千年独轮车辙、刘秉璋纪念馆、洪氏宗祠、姚氏围楼等，其中洪氏宗祠、姚氏围楼是县级文物保护单位。钾明矾手工制作工艺被列为省级非物质文化遗产。自然景观有风光秀丽的釜顶山、双顶山、黄山寨等。矾山境内矿产资源丰富，除了有储量全国之首的明矾石资源外，还有铁、铜、高岭土、地开石等多种矿藏，矿业是镇域经济的一大支柱。矾山镇是全县山场面积最大的镇，拥有山场0.7万公顷，森林覆盖率达75%以上，是省级生态建设试点镇。利用山场发展林园经济，推广种植油茶40公顷，新辟和改造茶园10公顷，苗木花卉33.3公顷，毛竹20公顷，蓝莓20公顷，核桃20公顷，引进种植红枫、猕猴桃等10多个品种。

2014年，矾山镇招商引资6.2亿元，固定资产投入7.45亿元，实现规模以上工业总产值12.1亿元、财政收入3002万元，农作物播种面积83062亩，粮食产量24184吨、油料产量2140吨、棉花产量21吨，生猪出栏15755头、

2014年庐江县居民可支配收入

单位：元、%

指标名称	全体居民		城镇居民		农村居民	
	绝对值	增长	绝对值	增长	绝对值	增长
可支配收入	16985.0	11.16	22205.7	9.53	13111.2	12.05
工资性收入	7273.78	10.12	10661.37	4.47	4760.10	18.22
经营净收入	5221.74	7.27	5309.62	7.52	5156.54	7.04
财产净收入	1323.13	51.07	2527.48	53.82	429.47	31.66
转移净收入	3166.39	8.05	3707.24	6.30	2765.07	9.24

2014年庐江县百户耐用消费品拥有情况

主要耐用消费品名称	单位	全体住户	城镇住户	农村住户
1. 家用汽车	辆	2.69	1.60	3.28
2. 摩托车	辆	33.37	22.26	39.38
3. 助力车	台	90.89	84.99	94.07
4. 洗衣机	台	69.88	95.95	55.79
5. 电冰箱（柜）	台	100.71	95.95	103.28
6. 微波炉	台	35.09	43.34	30.63
7. 彩色电视机	台	144.02	140.47	145.94
8. 其中：接入有线电视	台	97.87	126.31	82.50
9. 空调	台	100.41	126.31	86.42
10. 热水器	台	82.66	93.93	76.57
11. 其中：太阳能热水器	台	79.11	89.88	73.29
12. 消毒碗柜	台	1.42	2.02	1.09
13. 洗碗机	台	0.71	0.00	1.09
14. 排油烟机	台	27.99	49.41	16.41
15. 固定电话	线	68.05	89.88	56.24
16. 移动电话	部	217.46	197.13	228.44
17. 其中：接入互联网	部	74.56	89.04	66.73
18. 计算机	台	31.95	36.42	29.54
19. 其中：接入互联网	台	26.98	34.40	22.97
20. 摄像机	台	0.00	0.00	0.00
21. 照相机	台	8.52	12.14	6.56
22. 中高档乐器	架	0.00	0.00	0.00
23. 健身器材	台	0.00	0.00	0.00
24. 组合音响	套	7.81	0.00	12.03

2014年庐江县村委会、社区居委会一览表

序号	镇名称	村、居委会合计	村委会数	居委会数	村委会名称	居委会名称
1	庐城镇	23	10	13	新桥村、罗埠村、迎松村、申山村、八里村、城南村、马厂村、棋盘村、马店村、朱墩村	塔山社区、附城社区、高建社区、晨光社区、三里社区、磙塘社区、牌楼社区、绣溪社区、岗湾社区、高拐社区、鲍井社区、移湖社区、方店社区
2	冶父山镇	13	11	2	罗岗村、铺岗村、明圣村、幸福村、大岗村、马岗村、魏岗村、梁岗村、田埠村、三岔村、栖凤岭村	石山社区、冶父山社区
3	汤池镇	13	12	1	汤池村、松元村、凤凰村、中份村、马糟村、大塘村、果树村、三冲村、双墩村、百花村、金冲村、石桥村	东汤池社区
4	万山镇	10	9	1	岳庙村、程桥村、永桥村、闸山村、卅埠村、长冲村、长岗村、水关村、廿埠村	万金山社区
5	金牛镇	9	8	1	湖稍村、尹岗村、铺岗村、金牛村、山南村、莫堰村、健康村、圩坝村	古城社区
6	石头镇	8	7	1	芮岗村、邱岗村、同心村、三拐村、箣山村、望城村、黄蜀山村	石头社区
7	郭河镇	14	12	2	三畈村、元井村、三塘村、潘墩村、龙庙村、乐庄村、马塘村、广寒村、河口村、南圩村、北圩村、施湾村	郭河社区、福元社区
8	同大镇	21	21		二龙村、魏荡村、红埂村、东湾村、西湾村、新河村、刘墩村、临圣村、北闸村、灵台村、马河村、紫荆村、南闸村、永安村、古圩村、永兴村、连河村、新渡村、施丰村、常丰村、薛家圩村	
9	白山镇	11	9	2	同春村、九联村、金沈村、兴岗村、鸡鸣村、十联村、五艾村、马鞍村、觉海村	白山社区、代桥社区
10	盛桥镇	11	10	1	神墩村、盛桥村、七里村、苍头村、板桥村、许桥村、牌楼村、金城村、东岳村、陡岗村	沈家桥社区
11	白湖镇	19	16	3	孙咀村、毛咀村、陶冲村、泉水村、邓湖村、六岗村、白湖村、胡榜村、顺港村、杭头村、西城村、杨柳村、青帘村、国安村、吴渡村、梅山村	白湖社区、裴岗社区、金湾社区
12	龙桥镇	13	11	2	安定村、凌安村、新建村、马山村、龙桥村、高山村、夹板村、福兴村、梅林村、曹河村、盆形村	缺口社区、黄屯社区
13	矾山镇	14	11	3	刘墩村、石峡村、田桥村、新中村、乐华村、古塘村、东明村、双庙村、砖桥村、徐榜村、杨山村	钟山社区、矾山居委会（属矾矿）新村居委会（属矾矿）
14	泥河镇	17	15	2	姚店村、洋河村、月形村、天井村、瓦洋村、大岭村、沙岗村、八里村、柴埠村、竹元村、胜利村、沙溪村、泉西村、盔头村、胜岗村	泥河社区、中沙溪社区

续表

序号	镇名称	村、居委会合计	村委会数	居委会数	村委会名称	居委会名称
15	罗河镇	13	11	2	墩子村、吉桥村、郑湾村、罗咀村、桥东村、新生村、东风村、黄龙村、鲍店村、高桥村、大包庄村	罗河社区、店桥社区
16	乐桥镇	12	11	1	杨岗村、桂元村、大化村、乐桥村、黄山村、檀巷村、金桥村、浮槐村、詹店村、鳌山村、陡岗村	老院社区
17	柯坦镇	10	8	2	分水村、虎洞村、蒲岗村、葛庙村、柿树村、小墩村、城池村、枣岗村	柯坦社区、陈埠社区
合计		231	192	39		

家禽出栏21万只。同时加强基础设施建设，重视社会事业发展，投资390万元修建道路6条12.1公里，投资140万元兴修当家塘114口，完成自泥河镇张院水厂至砖桥水厂的管网延伸工程及增压站建设，投资1850余万元兴建污水处理厂，投资1500万元的刘墩、田桥中心村建设基本完成，投资270万元的镇中心幼儿园竣工验收。未来，矾山镇正以打造"矿业强镇""生态名镇""人文古镇""和谐稳镇"四张名片向前发展。

矾山镇党政机关办公楼

龙桥镇

龙桥镇位于庐江县东部偏南，北临黄陂湖，西河、县河交汇贯通，直入巢湖通江达海，缺口港是县内最大的水运港口，年吞吐量超500万吨，省道裴桂路、黄鹤路穿镇而过，正在建设的庐铜铁路过境14.8公里并建客货两用火车站一座。龙桥镇是安徽省扩权强镇试点镇、合肥市"1331"城市空间发展规划重要组成部分、庐南产业新城的核心区域。2014年，全镇面积105.2平方公里；辖11个村和2个社区；户籍人口5.8万人，18岁以下人口10856人、占18.60%，60岁以上人口9040人、占15.48%；农作物播种面积113946亩，粮食产量36291吨、油料产量3118吨、棉花产量171吨，生猪出栏9563头、家禽出栏26万只；实现工业总产值13.6亿元、农业总产值3.1亿元、体制内财政收入3820万元（域内财政收入1.68亿元）。

龙桥镇历史悠久，文化底蕴深厚。境内留有许多与三国有关的古迹和传说，寻曹洼（黄屯社区境内）相传是将士寻找曹操留下的地名，失曹河相传为曹操兵败走失的地方，梅林村相传为曹操望梅止渴的典型出处，夹板村有两块巨石名曰夹板石，据说是曹操举旗点兵的地方。镇内还拥有黄屯老街、古山溪桥、宰相舅父墓、庐江八景之一的岳山雨信、护林碑等古迹。黄屯老街是县内保存较为完好的古街，至少有500多年的历史，2014年6月8日黄屯民俗文化研究会成立，定期出版发行季刊《黄屯民俗文化》。

龙桥镇资源丰富，矿业特色明显。主要矿产资源有铁、铜、硫、铅、锌、银、锰和煤等，其中：铁矿储量1.4亿吨，硫铁矿储量1.3亿吨，铅锌矿储量5670万吨，绢云母储量100万吨，锰矿储量1500万吨，高岭土储量300万吨。已经开发的有龙桥铁矿、马鞭山铁矿、小岭硫铁矿、黄屯硫铁矿、金霸铅锌矿。龙桥铁矿地质储量10363.7万吨，伴生铜90144吨，硫278.6万吨，原矿平均品位44%，一期工程生产原矿100万吨已投产；马鞭山铁矿地质储量2898万吨，年采选100万吨；小岭硫铁矿地质储量9800万吨，平均含硫15%，年采选50万吨；黄屯硫铁矿地质储量2400多万吨，年采选10万吨；金霸铅锌矿地质储量5670万吨。

龙桥镇依托龙桥工业园，发展前景广阔。省级龙桥工业园规划面积8.56平方公里，一期实施4.2平方公里，已投入3000万元兴建3.8公里工业园大道，投资1200万元日产1万吨工业供水项目已竣工，新中远化工股份有限公司、龙桥铁矿、洪鑫源矿业和建瓴新型材料有限公司等重点企业已进驻，形成矿山开采、化工、新型建材三大主导产业。未来，龙桥镇将按照“一城三园”发展格局，即以龙桥集镇为主体的庐南产业新城为中心，全力打造省级龙桥工业园，黄屯老街改造竹产业发展的乡村旅游生态园，黄陂湖瓦洋河沿线的现代农业科技示范园，扩张集镇经济，壮大园区经济，做强矿业经济，发展物流经济，夯实农业经济。

罗河镇

罗河镇因境内有罗昌河而得名，宋、元时期就为庐江县6镇之一。罗河镇地处庐江县最南部，毗邻枞阳县、桐城市，合铜公路、合铜黄高速公路贯穿全境，罗昌河通航直达长江。罗河镇素有“渔场”“米市”之称。“笑弯腰”品牌大米、杨喜明糕点、罗河手工挂面等农副产品声名远播。

2014年，罗河镇总面积118.9平方公里，耕地3151.1公顷，山林3000公顷，水面533.33公顷；下辖11个村、2个社区，人口7.09万人；农作物播种面积8819公顷，粮食产量37142吨、油料产量3718吨、棉花产量358吨，生猪出栏11041头、家禽出栏46万只；规模以上工业总产值11.8亿元，国地两税完成3705万元，固定资产投入8.4亿元，其中工业固定资产投资7.7亿元；有中小学校17所，其中初中2所、九年一贯制学校1所，在校学生5462人，其中初中生1574人、小学生3888人；有13个“农家书屋”、1个职工阅览室、1个报刊阅览室，共有图书3万册；占地620平方米的综合文化站、留守儿童活动室全面开放，广播电视覆盖率100%。

罗河镇境内有铁、硫铁、高岭土、叶蜡石等矿藏，并伴生钒、金、银、铜、石膏等资源，已探明的矿藏储量达7亿吨。依托丰富的资源，已建起马钢罗河矿业、金牛矿业两大矿产基地，皆为安徽省“861”重点工业项目。马钢罗河矿业矿区总面积4.76平方公里，铁矿及伴生矿储量达5亿吨，已试生产。金牛矿业由湖北省黄麦岭磷化工有限责任公司投资建设，资源储量硫铁矿8499.8万吨、铁矿（赤铁矿型）1785.3万吨，即将投产。

罗河镇还有旅游资源，水光潋滟的青山湖、清秀怡人的七桥水库、庐南第一高峰黄山寨、曲径通幽的莲屏庵以及十五处人文遗址，均是游客休闲观光的理想去处。孝道文化遗址母子陵石碑万余块，别具一格，游人络绎不绝。

（陈百琪）

巢湖市

【概况】 巢湖市位于安徽省中部、江淮丘陵南部，地处东经117°25′—117°58′和北纬31°16′—32°之间。东与含山县交界，西北与肥东县接壤，南与无为县毗邻，西南隔兆河与庐江县相对，东北隔滁河与全椒县相望。巢湖市历史悠久，文字记载的历史有三千余年。古称南巢、居巢，秦时设居巢县，唐设巢县，1984年设立县级巢湖市，1999年撤市设居巢区，属地级巢湖市，2011年8月根据《国务院关于同意安徽省撤销地级巢湖市及部分行政区划调整

马钢罗河矿业厂区

的批复》（国函〔2011〕84号）精神，重新设立县级巢湖市，新设的巢湖市由安徽省直辖，合肥市代管。巢湖市是全国唯一以湖命名的城市。截止2014年底，全市辖11个镇、1个乡、6个街道办事处，人口86.0113万人，面积2046.14平方公里，其中区域内巢湖水域面积463.78平方公里。

【经济发展】 2014年全市实现地区生产总值233亿元、较上年增长10.5%；实现规模以上工业增加值84.4亿元，同比增长5.2%；全社会固定资产投资完成额195.9亿元，同比增长23.5%；实现社会消费品零售总额65亿元，同比增长8.0%；实现财政收入27.5亿元，同比增长1.6%，其中地方财政收入16.7亿元；城镇居民人均可支配收入23562元，同比增长10.2%；农民人均纯收入13860元，同比增长13.2%；实现外贸进出口总额2.13亿美元，同比增长15.4%。

【产业运行】 新型工业取得长足发展，全年实现工业总产值336亿元，同比增长4.4%；完成工业投资80.1亿元同比，增长10.04%。新引进5亿元以上项目2个，新增规上工业企业10家，新开工工业项目148个。远景风电二期、天意环保、浩渺印刷、菲利克斯电子产业园、晴菁钢构等项目建成投产，依安康食品、宏远光电标识、春潮文化、助康新材料等一批大项目开工建设。全市完成工业技改投资45亿元，同比增长27.5%。现代农业提质增效，大力推进环湖生态农业建设，巢湖北岸现代农业示范区升级为省级现代农业示范区。全市国家级、省级龙头企业发展至16家，新增农民专业合作社186家，新增家庭农场198家。新增部级渔业健康示范场4家，连续3年获得全省“水产跨越”工程绩效考核第一名。现代服务业加速发展，中庙商业步行街被评定为合肥市特色商业街区，特产中国巢湖馆电商平台及实体店顺利运营，获评国家级电子商务进农村综合示范市（县），先后引进中信银行、扬子村镇银行等金融机构，全市贷款余额299.5亿元、新增贷款83.9亿元，获评省优秀金融生态市（县）。举办牡丹观赏节、巢湖民俗文化系列活动，完成龟山公园景观提升、姥山岛环岛路二期等工程，紫微洞、郁金香高地景区获国家4A级景区称号。全年接待游客412万人次、同比增长13%，实现旅游综合收入15亿元、同比增长8%。

【城乡建设】 全面启动城市总体规划、环湖十二镇总体规划及巢湖市基本生态空间、社会公共服务设施等重大规划编制工作，完善城镇规划体系。深入推进城市大建设，新建、续建道路、景观绿化、活水靓城等项目工程105项、完成投资25.84亿元。保障性住房建设稳步推进，建成山水华庭等安置房4346套、48.8万平方米。市政公用设施不断完善，岗岭污水处理厂提标改造项目完成投资7000万元，整治积涝点25个。先后获得第一届全国文明城市提名（县级）、安徽省文明示范市（县）。“三线三边”环境整治工作成效显著，城市出入口面貌大幅改观，整治老旧小区4个。稳步推进美好乡村建设，先后投入6432万元集中整治中心村11个、一般村86个，荣获全省美好乡村建设先进市（县）称号，其中黄麓镇洪家疃村入选2014“中国传统村落”名录。城乡路网建设力度加大，合马路、巢庐路半幅通车，栏滨路前期工作全面启动，改造危桥19座，新建改建县乡道路29.1公里，提级联网延伸村级道路60公里。农业基础设施不断完善，完成0.71万公顷高标准基本农田建设，126.67公顷新增耕地顺利通过验收。解决5万名农村人口饮水安全问题。实施小型农田水利设施改造提升工程，获省第19届农建“江淮杯”三等奖。环境综合治理深入推进，总投资6.77亿元的国开行一期环巢湖防洪大堤、裕溪河及落沙圩防洪除涝综合治理工程基本建成；总投资25.08亿元的国开行二期巢湖市水源保护综合治理工程、巢湖市城区水环境综合治理工程等17个项目全部开工建设，完成投资3.78亿元。深入开展城乡绿化大会战，完成植树造林0.25万公顷、城区绿化57.45万平方米，创建省级森林城镇1个、森林村庄13个，全市森林覆盖率提高1.4个百分点。积极推进大气污染防治，农作物秸秆实现全面禁烧，拆除小燃煤锅炉192座、淘汰黄标车193辆，工业粉尘、尾气排放、建筑扬尘等得到有效控制。

【环境保护】 区划调整后，巢湖市着力打造现代产业高地、旅游胜地和生态宜居之城，巢湖市的城市生态环境得到显著提升，居民生活幸福指数逐年攀升，位列全省同类县市前列。2014年空气质量良好以上天数达到333天，全市森林覆盖率达28.69%（含巢湖水面），建成区绿化覆盖率达46.6%，人均公园绿地面积12.5平方米，创建省级森林城镇1个、森林村庄13个。2014年12月，巢湖市被授予“安徽省文明示范（县）市”荣誉称号。在2014年度中国品牌总评榜颁奖盛典上，巢湖市荣获“2014中国宜居生态示范城市”称号，是安徽

2014 年巢湖市主要经济社会指标一览表

项目（单位）	巢湖市
面积（平方公里）	2046
人口（万人）	86.0113
城镇人口（万人）	23.2194
生产总值（亿元）	232.3
第一产业增加值（亿元）	28.3
第二产业增加值（亿元）	126.0
第三产业增加值（亿元）	78.0
规模以上工业企业数（个）	149
规模以上工业增加值（亿元）	84.4
财政总收入（亿元）	27.5
财政总支出（亿元）	38.6
民生工程投资额（亿元）	31.4
社会消费品零售总额（亿元）	65.0
全社会固定资产投资额（亿元）	195.9
进出口总额（亿美元）	2.13
金融机构年末存款余额（亿元）	322
金融机构年末贷款余额（亿元）	263.1
邮电业务总量（亿元）	0.54
用电量（亿千瓦时）	19.78
自来水供应量（万吨）	3098.7
城镇居民人均可支配收入（元）	23562
农村居民人均纯收入（元）	13860
城市建设投资额（亿元）	25.84
公交路线总长度（公里）	2068
中小学在校学生（万人）	8.09
专利申请（件）	481
公共图书馆藏书（万册）	11
旅游业总收入（亿元）	15
外出就业劳动力人数（人）	10042
每万人拥有医院卫生院病床数（张）	43.9
城镇化率（%）	55
森林覆盖率（%）	20.194
人口自然增长率（‰）	3.39

省唯一获此殊荣的县级市。2014年度中国品牌总评榜颁奖活动由中国品牌建设协会、中国新型城镇化发展促进会、品牌资讯报社联合各大权威机构共同主办，由中国城乡发展研究会、亚太企业联合会、中国企业投资发展促进会共同协办，同时得到国家商务部、科学技术部、环境保护部、国家发展和改革委员会、中国社会科学院等相关部委及社会各界人士大力支持。国家部委领导、知名专家学者、CCTV-4、新华网、人民网等中央媒体记者出席活动。

【改革开放】 巢湖市推进体制机制改革，大力推进政府机构改革，组建市场监督管理、公共资源交易管理及市属国有资产管理机构。清理议事协调机构123个，实施城投公司等7家国企改革。精减市本级行政审批事项67项，政务服务中心获省级政务服务标准化合格单位称号。在全省率先开展市场主体“先照后证”试点改革，确定前置改后置试点项目115项。积极推进创新创优，申报科技项目20项，申报发明专利273件，新认定国家级高新技术企业8家、企业技术中心2家。全市战略性新兴产业实现产值33亿元，高新技术产业产值66亿元，同比分别增长10.5%、26.9%。着力扩大对外开放，优化招商引资决策机制，明晰招商引资政策导则，实行招商项目联审，新组建湖州、西安、无锡巢湖商会。全年完成招商引资174.3亿元，同比增长14.3%，利用外资8086万美元，同比增长7.1%。

【民生工程】 全面完成42项民生工程任务，实施全程公开公示，累计投入8.74亿元。新增城镇就业0.66万人，转移农村劳动力1万余人。社会保障提标扩面，全年征收城镇职工养老、医疗、工伤、失业、生育等5项社会保险费7.88亿元，城镇职工医保与合肥市统筹。城乡居民养老保险参保44.1万人，参保率95%。城乡居民合作医疗参合72.73万人，参合率99%。农村低保标准提高到年人均2000元，散居五保标准提高到年人均2420元。累计发放社会救助款1.11亿元、残疾人生活救助款417.3万元，落实优抚安置资金4900万元。制定出台城市危险房屋改造、老旧小区改造、廉租住房管理办法，实施棚户区改造6955套，开工各类保障性住房7318套，完成农村危房改造1351户，符合渔民上岸政策的111户渔民全部签订安置协议。大力开展扶贫开发，8个重点村列入省“千村整推”扶贫开发工程，累计投入522.3万元。全面落实各项惠农支农政策，累计发放良种、农资等涉农补贴0.97亿元。

【社会事业】 教育事业提质提效，义务教育发展基本均衡县（市）通过国家认定，完成薄弱学校标准化建设58所，争创合肥市新优质学校4所，撤并4所中心学校、2所职业高中，坝镇等2个乡镇试点运营校车24辆、服务学生768名。文体活动繁荣活跃，完成电视村村通工程75个，建成农民文化乐园9个，实施李公祠、文峰塔、普仁医院维修保护工程，开展“送戏进万村”活动154场、农村电影放映1848场，举办全市首届团队舞蹈大赛，民歌《一支秧歌一趟秧》获评中国民间文艺广场歌舞大赛金奖，新创民歌《巢湖美》在央视展播，巢湖市荣获2014—2016“安徽省民间文化艺术之乡”和“中国民间文化艺术之乡”称号。建成公共体育设施39个，举办大型全民健身活动30余场，成功举办巢湖马拉松邀请赛、第三届环巢湖全国自行车赛。强化公共卫生医疗服务，改扩建乡镇卫生院2个，维修改造村卫生室26个。落实计生利益导向政策，人口自然增长率控制在5‰以内。安全生产形势保持稳定，道路运输、矿山开采、烟花爆竹等领域“打非治违”活动扎实有效，食品药品安全监管不断加强。加强社会综合治理，推进乡镇街道综治维稳信访工作中心（站）建设，以推进信访积案化解为重点，做好群众信访工作，妥善化解社会矛盾，社会大局保持和谐稳定。

乡镇选介

烔炀镇

【概述】 烔炀镇地处巢湖北岸，位于县级巢湖市与合肥市的交接处，东距巢湖市25公里，西距合肥市35公里，境内京福高铁、淮南铁路复线、S105省道、环巢湖滨湖旅游观光大道横贯东西。全镇总面积159.53平方公里，下辖17个村（社区），总人口6.8万人，耕地0.48余万公顷，是省级生态乡镇，安徽省首批“扩权强镇”试点镇之一，副县级建制，系李克农将军故里，著名社会学家费孝通先生曾亲为题词“江淮古镇烔炀河”。

2014年，烔炀镇先后获得第三届“安徽省文明村镇”“合肥市2013年度科学发展先进乡镇”“合肥市植树造林20佳乡镇”“合肥市信访工作先进基层单位”、第四届“全国文明村镇”等荣誉称号。

【区域经济】 2014年，全镇实现财政收入5261万元，同比增长16.47%，其中国税收入3921万元、地税收入1340万元。实现规上工业产值10.83亿元，同比增长7.12%。全社会固投12.13亿元，同比增长20.10%，其中工业固投5.55亿元。招商引资8.02亿元，同比增长14.41%。两家新入库限上服务企业零售额441万元，同比增长9.87%。新增规上企业2家。

【基础设施】 日供水5000吨的烔炀新自来水厂于2014年8月投入运行，相继完成镇区烔鲍路、学府路等道路硬化、人行道铺设、太阳能亮化、绿化提升及3座公厕改造、农贸市场维修等配套工程。改造镇村道路5条共计6.7公里，改造危桥4座。完成烔炀老街古民居、古遗迹挂牌保护，启动老街保护和利用课题研究。完成2014年第二批美好乡村中心村河口张、郛梁两村工程建设，完成南湖方村农民文化乐园建设。

【农业农村】 全年整理新增耕地8.98公顷，完成任务的134.75%。完成建立3万亩水稻、1万亩油菜高产示范区任务。

全年流转土地844公顷，完成任务的316.53%。植树造林，完成巢湖岸边重点造林128公顷，完成任务的106.67%；面上造林110公顷，完成任务的206.25%；道路、沟渠、村庄绿化任务均全部完成。成功申报为环湖北岸现代农业示范区核心区，湖润·紫竹园等6家园区被列为省级现代农业示范园子园。新增合肥市市级产业化龙头企业2家、省级农业产业化龙头企业1家；新增合肥市市级一村一品专业示范村2个，中李村苗木花卉获得安徽省第七批一村一品专业示范村荣誉称号。新增农民合作社10家，家庭农场18家。其中凤凰家庭农场获得2014年合肥市示范家庭农场称号、巢湖市江坤水产生态养殖专业合作社获得2014年合肥市示范社称号。

【社会事业】 全镇新农合、新农保参保率分别达到98%和95%，完成2014年上级下达的参保任务。申报落实巢湖市“一事一议”财政奖补项目29个，合肥市特惠制项目3个，资金总额554万元。及时、足额打卡发放各项惠农补贴资金2312.47万元，涉及项目23个，惠及农户12.99万户；在全市率先完成政策性农业保险保费收缴任务，全年收缴保费41.25万元，占全年任务数的102.19%，全年理赔种植物受灾农户1.2万余户，赔付资金129.4万余元。全面开展“两中心两工作站”建设，打通联系服务群众的“最后一公里”，进一步畅通群众表达诉求的渠道，避免了矛盾激化，真正做到“小事不出村，大事不出镇”。

【工业集中区】 烔炀镇工业区位于S105省道烔炀镇境内28K—33K道路两侧，总体规划面积6.38平方公里。分为四个产业小区：一是建材和新型建材小区；二是机械、电器加工制造小区；三是服装制衣加工及纺织小区；四是农副产品深加工小区。2014年园区内的10家规模以上企业实现工业产值9.7亿元；园区内各企业实现入库税收4500多万元；固定资产投入10.01亿元。2014年园区新增两家重点企业：一是总投资7000万元的和泉建材项目于2014年6月进行了试生产，达产后产值可达1.2亿元。二是由泰山石膏（巢湖）公司引进的泰安金盾建材项目于2014年7月底完成了15000㎡的钢构厂房建设和机械设备的安装调试，8月进行了试生产。

【中李行政村】 烔炀镇中李行政村是李克农将军的故乡，位于巢湖之滨，庙中路、滨湖大道穿境而过。各自然村有水泥路、砂石路相通，农业生产条件极为优越，是当地文化、经济较为先进的行政村。

农业生产以粮、油、棉为主。经济作物有草莓、西瓜、甘蔗等。农民科技意识强，每年有众多农业新技术和新品种落户该村，被广大农民接受和运用，涌现出许多生产能手和大户。中李村因地制宜，创建特色农业，发展养鱼、大棚及“五旱作物”效益极为显著，使农业生产增产增收。

2006年至2008年，中李村先后有9个自然村被列为市级建设社会主义新农村的示范村。2012年，又有3个自然村启动美好乡村建设工作。各项建设工程基本完工。

【唐嘴行政村】 烔炀镇唐嘴行政村，位于巢湖北岸，东临中垾镇，距离巢湖市不足半个小时车程。全村人口3000余人，耕地228公顷，沿湖湿地约33.3公顷。6个自然村沿巢湖观光大道一字排开，长约3.2公里，垂柳茂盛，风景优美。

2006年，唐嘴村在全省的水稻产业提升行动中，超级杂交稻单产位居全省第一，并被列为农业科技入户示范村。水产品（巢湖三珍：银鱼、凤尾鱼、白米虾）捕捞与养殖的效益日益提升，村民生活得到提高，收入不断增加。

唐嘴村通过信息平台，引导村民种植草莓、莱薹等经济作物，并与芜湖安可福、巢湖新维两家出口公司签订订单，村民足不出村，年收入新增数百元。

唐咀村不仅是位置优越、物产丰富的鱼米之乡，还有丰厚的文化底蕴，相传“陷巢洲，长庐州”的传奇故事就发生在此。根据考古专家的实际勘察，在离村不足400米的湖滩上发现玉印、水井等文物，初步确定地下古城居巢国在汉代位于唐嘴村村前湖滩上。2004年，中央四套作了相关报道，并在此处挂牌“汉代地下水城遗址”。2008年，此处又被确定为巢湖北岸旅游景点。

中庙街道

【概况】 中庙街道位于巢湖市西部边缘，地处安徽省中部，坐落于巢湖北岸中心地带，依山傍水，临湖而立，因位居庐州（合肥）、巢州（巢湖）两地之中有一古寺庙而得名。辖区6个村（居），国土总面积13.22平方公里，其中：耕地面积3.8平方公里，山林面积1.13平方公里，草地0.10平方公里，建设用地3.48平方公里，交通用地0.35平方公里，水域用地1.48平方公里。 2014年末总人口9290人，其中：农业人口6420人，非农业人口2870人。

【旅游资源】 中庙街道自然环境优美，湖光山色旖旎，文化历史灿烂，文物古迹悠久。集山、水、岛、港、亭、祠、庙、庵、塔、古船塘等多种旅游景点融为一体。境内有中庙寺、白衣庵、姥山岛、孤山岛、文峰塔、南塘遗址、昭忠祠、李文安专祠等众多自然人文景点。佛事源远流长的千年中庙和八百里浩瀚巢湖水上的生态岛—姥山是镶嵌在江淮大地上的一颗璀璨明珠，素有“南九华、北中庙”之称，被誉为“东方日内瓦”。古往今来，皆称“湖天第一胜境”，充沛的旅游资源和众多的旅游景点与周边的重要旅游风景区紧密地联系在一起，构成了合肥、巢湖、芜湖、马鞍山、南京、上海、杭州等大中城市旅游圈，靓丽的自然风景在山水的相互映衬下，组成了一幅优美的天然图画。中庙被列为省级重点文物保护单位，昭忠祠、文峰塔被列为市级文物保护单位。

【特产资源】 巢湖水产资源丰厚，盛产银鱼、白米虾、螃蟹（巢湖“三珍”）、刀鱼、凤尾鱼、青虾、鳜鱼、胭脂鱼、海条、鳗鱼、白鱼、青鲲、甲鱼、水鲢、胖头鱼、鲤鱼、鲫鱼、针头鱼等多种淡水特产品。中庙历来是巢湖水产品的集散地，沿湖乡镇从事巢湖水产品捕捞的渔民和寿县、天长、嘉山、霍邱等外地渔民都云集在这里，故素有“鱼米之乡”之称，巢湖“三珍”畅销全国，誉满东南亚；巢湖水产资源充足，种类多，品位高，具有较高的开发价值，水产品捕捞量年平均在18000吨左右，其中中庙地区平均捕捞量在3000吨左右。

【基础设施】 随着改革开放的深入发展，为东迎“长三角”，西融合肥市滨湖新区，中庙街道积极响应巢湖市委、市政府提出的“路桥大会战”号召，承东启西，实施“沿湖西进”战略，精心打造“湖天胜境，山水乐园”，使中庙成为巢湖市对接合肥市生态滨湖特大城市的“桥头壁”。纵向交通有合肥市的方兴大道连接横向的巢湖市滨湖旅游观光大道；店中公路与庙中公路、合马公路、合巢芜高速公路、312国道连接在一起，构成了蜘蛛交通网络；空运航线距离合肥新桥机场仅有80公里；水上交通与沿湖庐江的白山和肥西的三河、上派等港口联网，西抵合肥市，东达巢湖港转入裕溪河进入长江航运黄金水道。

供电供水，日趋发展。由巢湖城郊凤凰山输送的一条35KV的供电线路直达中庙，中庙街道设有110KV输变电站1座，10KV线路由此直达各村和各项目区开发单位，全街道共有变压器93台，其中工业用电变压器39台，总容量为32446KVA。为满足生产、生活用水需求，日供2000立方米自来水厂投入使用。

2014年，中庙街道以建设“全省一流、全国著名的旅游休闲度假街区”为目标，大力推进中庙旅游整体开发。星期九生态农庄项目、花塘河湿地公园和中小河流治理项目等重大项目继续稳妥推进。十大景观提升项目和基础设施工程全面推进。先后完成山口平交道口迁坟及绿化工作，完成了投资358.8万元、全长2.9公里的国开行二期中庙污水管网项目，确保集镇区域污水一网打尽，鱼虾晒场搬迁工作基本结束，过渡性晒场投入使用，老船塘搬迁工作全面启动，水、电等基础设施基本完成，姥山岛小渔村整治工作全面开工建设，渔村文化广场三清工作、污水管网等节点工作基本结束；两侧宽30米，长3.5公里的环岛游步行道防火带初步建成，绿化面积近3.33公顷；做好姥山岛二期环岛路建设服务工作，主体工程基本竣工；姥山岛文峰塔维修工程结束，中庙码头亭廊主体工程基本竣工；一期焦姥花园安置点、渔民上岸主体工程建设基本竣工。

初步形成了具有中庙特点、山水文化特色的旅游观光线路。在创建旅游品牌上，十八沓商业步行街成功争创首批合肥市级特色商业街；结合中庙庙会，成功举办以“传千年民俗，赏中庙美景”为主题的第三届中庙旅游文化周活动，共接待游客观众近万人次，扩大了景区的知名度和美誉度。在旅游接待服务上，完成中央、省市领导视察指导50余批、450多人次；有效地保障第三届环湖自行车赛、“大湖名城、青春毅行”等重大体育活动；全力以赴做好了五一、十一旅游高峰期的旅游服务工作，全年旅游工作安全平稳有序。

【区域经济】 全年完成招商引资仨务7亿元，固定资产投资7.2亿元，财政收入1.45亿元，接待游客52万人次，增长15.6%，实现旅游收入1.7亿元 ，经济社会呈现出又好又快发展的良好态势。

【社会事业】 中庙街道社会各项事业有了长足的发展，文、教、卫、广电事业得到了进一步加强。村村设立图书馆，共有藏书9000册，丰富了群众业余文化生活。教育事业优先发展，有完小2所、幼儿园2所、初级中学1所，配备电脑69台，共藏书2万册，九年义务教育普及率达100%，实现了学杂费全免，顺利通过国家义务教育发展基本均衡达标验收。卫生条件不断改善，增添了现代化医疗设备，配齐了医务人员，农村新型合作医疗全面覆盖，方便群众看病就医难的问题。计生工作常抓不懈，2014年期末人口数9290人，育龄妇女人数2115人，其中已婚育龄妇女人数1527人，生育一孩妇女1001人，二孩妇女人数424人，多孩妇女18人，领取独生子女光荣证人数541人，建立健全的局域计生网络，计划生育工作知晓率、知情率达100%。2014年实行计生奖扶政策新增奖扶对象22人，累计符合条件105人，年发放计生奖励扶助资金154020元，此外特扶资金13500元，征收社会抚养费22.4万元。注重扶贫救助，关心弱势群体，民生工程得到了进一步落实。2014年末，有“五保户”58人；集中供养21人；城乡低保户226人。退、复、残军人80人，各类残疾人救助55人，先后发放补助

2014年巢湖市村委会、社区居委会一览表

乡镇名称	村委会数	村委会名称	下辖自然村数	居委会数	居委会名称
庙岗乡	8	清涧、路店、军高、沿山、方集、童坛、童集、尖山	218	1	莲花
烔炀镇	15	歧阳、唐嘴、巢湖、朝阳、烔西、中李、指南、曙光、太和、三份、固山、合裕、凤凰、大程、花集	220	2	烔炀、新桥
黄麓镇	7	张疃、建麓、花塘、芦溪、跃进、合群、建中	130	2	桐蔭、临湖
散兵镇	7	莲塘、佛岭、项山、大岭、后洞、姥山、隆泉	242	2	散兵、高林
柘皋镇	16	兴坝、三星、建和、驷马、工民、大树刘、接引庵、锦旗、星火、合浦、而山、板桥、大塘、汪桥、五星、双泉	301	2	西街、东街
中垾镇	7	广严、太平、三圩、建华、滨湖、小联圩、庙集	127	1	中垾
栏杆集镇	5	洪桥、青岗、北陈、石门、朱桥	203	3	栏杆、柳集、赵集
苏湾镇	6	大坝、寨山、包坊、梁帝、联合、东黄	360	3	苏湾、鲁桥、坊集
槐林镇	14	惠峰、平安、槐光、大汪、九峰、官塘、潘傅、垅山、海如、湖边、兆河、周庄、万年、龙王	277	2	武山、沐集
坝镇	7	泉水、石塘、湖东、青山、夏店、联河、姥山	156	1	坝镇
夏阁镇	14	大焦、大庙、竹柯、柳南、国胜、元通、尉桥、龙泉、张华、苏垅、里岗、八字口、沿河、独山	342	2	五星、夏阁
银屏镇	9	三胜、白牡山、芙蓉、吕婆、岱山、箕山、锥山、爱国、钓鱼	168		

巢湖市街道和村、居委会一览表

乡镇名称	村委会数	村委会名称	下辖自然村数	居委会数	居委会名称
中庙街道	5	旭东、河西、龙桥、胜利、古塘	37	1	中庙
半汤街道	5	战前、汤山、力寺、鼓山、汤下山	56	4	温泉、岠嶂、西山、半汤
卧牛山街道	3	山口、桥头、桥东	45	12	北大街、西河街、南巢街、 人民路、西圣、映月、花园、湖光、贾塘、龟山、健康西路、伍贾
凤凰山街道				11	巢湖北路、草城、向阳、光明、东风、黎明、长江西路、灯塔、东塘、凤凰、兴巢（筹）
天河街道	3	高峰、天灯、黄窑	75	8	巢湖闸、官圩、金码头、南苑、三合、望城、皖光、盛湾
亚父街道	6	团结、前进、旗麓、亚光、书桥、旗鼓	74	6	沿河路、洗耳池、东炮营、朝阳门、岗岭、义城
合计	137		3063	63	其中城市社区41，农村居委会22个

资金近95万元。扎实做好“三线三边”整治工作，2014年在巢湖市考核中荣获二等奖；全力以赴抓好美好乡村的软硬件建设，扎实做好迎检工作，美好乡村建设代表巢湖市顺利通过省级验收，取得皖中片第一的好成绩；大力实施农村清洁工程，争取项目资金177多万元，新建垃圾中转站一座并投入使用；完成40余公顷绿化造林工作任务；投资73.6万元、长2.2公里的古塘村级道路建设完成；全面完成农村危房改造调查登记和行政村人居环境信息采集工作。社会事业协调发展：一事一议财政奖补项目实现了全覆盖。综治维稳形势总体平稳：建立街道综治维稳信访工作中心，完善领导带班制度，健全信访接待、调处机制，全年共接待群众来信来访并办结104件。依托综治信访维稳中心，坚持矛盾纠纷排查调处常态化、规范化、制度化，共排查各类矛盾纠纷17起，重点及群体性的矛盾隐患6起。建立了为民服务中心，按照“以人为本、便民利民、方便快捷”的原则，让前来办事的群众实现“进一道门、一个窗口、一次性办结”，切实打通最后“一公里”，全年共接待群众近1000人次，接受咨询和解决各类问题800余起。

（昂朝柱）

地方法规

合肥市人民代表大会常务委员会关于修改《合肥市市直机关公务员转任办法》的决定

（2014 年 6 月 27 日合肥市第十五届人民代表大会常务委员会第十一次会议通过　2014 年 8 月 21 日安徽省第十二届人民代表大会常务委员会第十三次会议批准）

合肥市第十五届人民代表大会常务委员会第十一次会议决定，对《合肥市市直机关公务员转任办法》作如下修改：

一、第三条第二款第三项修改为：“（三）系统内转任：指市中级人民法院、市人民检察院、市公安局、市司法局所属监狱等系统公务员在本系统内不同单位之间的转任。”

第三款修改为“市中级人民法院、市人民检察院、市公安局、市司法局所属监狱等系统公务员在本系统同一单位内部的转任，视为部门内转任。”

二、第五条增加一款，作为第二款：“国家、省有关部门对专业技术职位有特殊要求的，应当在相近职位间进行转任。”

三、第六条修改为：“市公务员主管部门负责公务员转任的组织实施和指导、监督工作，建立、健全公务员转任信息管理系统，为公务员转任做好服务与保障工作。

“市直各部门负责本单位公务员转任管理工作，建立、健全公务员转任激励、保障机制。”

四、第十一条第一项修改为：“（一）离国家规定的退休年龄不满十年的；”

增加一款，作为第二款：“个人有转任意愿且身体健康、离国家规定的退休年龄满八年且不满十年的，可以转任。”

五、第十四条第一款修改为：“公务员跨部门转任、系统内转任工作每三年集中实施一次。”

六、第十六条第一款修改为：“各部门每三年跨部门转任的公务员，不得超过本部门科级及科级以下在岗在编公务员人数的百分之十五。”

第三款修改为：“市中级人民法院、市人民检察院、市公安局、市司法局所属监狱等系统每三年系统内转任的公务员，不得超过本系统科级及科级以下在岗在编公务员人数的百分之二十。”

第四款修改为“市中级人民法院、市人民检察院、市公安局、市司法局所属监狱等系统公务员参加跨部门转任的具体比例，由市公务员主管部门会同市中级人民法院、市人民检察院、市公安局、市司法局确定。”

本决定自公布之日起施行。

《合肥市市直机关公务员转任办法》根据本决定作相应修改，重新公布。

合肥市市直机关公务员转任办法

（2009 年 8 月 27 日合肥市第十四届人民代表大会常务委员会第十二次会议通过　2009 年 10 月 23 日

安徽省第十一届人民代表大会常务委员会第十四次会议批准　根据2014　年8月21日安徽省第十二届人民代表大会常务委员会第十三次会议通过的关于批准《合肥市人民代表大会常务委员会关于修改〈合肥市市直机关公务员转任办法〉的决定》的决议修正）

第一条　为深化干部人事制度改革，规范公务员转任工作，建设高素质公务员队伍，根据《中华人民共和国公务员法》和有关法律法规，结合本市公务员转任工作实际，制定本办法。

第二条　本市市级直属机关科级及科级以下公务员的转任，适用本办法。

第三条　本办法所称公务员转任，是指公务员在同一职务层次、不同职位之间进行的转换岗位任职。

公务员转任包括以下三种形式：

（一）跨部门转任：指公务员在不同部门之间的转任；

（二）部门内转任：指公务员在同一部门内不同机构之间的转任；

（三）系统内转任：指市中级人民法院、市人民检察院、市公安局、市司法局所属监狱等系统公务员在本系统内不同单位之间的转任。

市中级人民法院、市人民检察院、市公安局、市司法局所属监狱等系统公务员在本系统同一单位内部的转任，视为部门内转任。

第四条　公务员转任遵循公开、公平、公正，德才素质与职位要求相适应，尊重个人意愿与服从组织安排相结合的原则。

第五条　公务员转任应当具备拟任职位所要求的资格条件，在规定的编制限额和职数内进行。

国家、省有关部门对专业技术职位有特殊要求的，应当在相近职位间进行转任。

第六条　市公务员主管部门负责公务员转任的组织实施和指导、监督工作，建立、健全公务员转任信息管理系统，为公务员转任做好服务与保障工作。

市直各部门负责本单位公务员转任管理工作，建立、健全公务员转任激励、保障机制。

第七条　公务员在同一部门、单位或者同一岗位工作时间达到规定年限的，或者按规定需要任职回避的，应当按照本办法转任。

第八条　担任科级领导职务的公务员有下列情形之一的，应当进行跨部门转任：

（一）在同一部门担任同一层级领导职务满八年的；

（二）在同一部门连续担任正副科级领导职务满十年的。

科级及科级以下非领导职务公务员在同一部门工作满十二年的，应当进行跨部门转任。

第九条　担任科级领导职务的公务员有下列情形之一的，应当进行部门内转任或者系统内转任：

（一）在同一内设机构担任同一岗位领导职务满五年的；

（二）在同一内设机构连续担任正副科级领导职务满七年的。

科级及科级以下非领导职务公务员在同一部门同一岗位工作满五年的，应当进行部门内转任或者系统内转任。

第十条　不属于本办法第八条、第九条规定应当转任的公务员，可以自愿申请转任。

第十一条　本办法规定应当转任的公务员有下列情形之一的，可以不转任：

（一）离国家规定的退休年龄不满十年的；

（二）因健康原因不宜转任的；

（三）因生育、挂职锻炼不宜转任的；

（四）其他原因不宜转任的。

个人有转任意愿且身体健康、离国家规定的退休年龄满八年且不满十年的，可以转任。

第十二条　公务员有下列情形之一的，不得进行跨部门转任：

（一）涉嫌违法违纪正在接受审查尚未作出结论的；

（二）上一年度考核为不称职的。

第十三条　公务员部门内转任工作，由市直各部门自行组织实施，并报市公务员主管部门备案。

部门内转任的公务员每年度不得超过本部门科级及科级以下在岗在编公务员人数的百分之三十。

第十四条　公务员跨部门转任、系统内转任工作每三年集中实施一次。

市公务员主管部门应当根据符合跨部门转任条件公务员的情况，研究制定公务员跨部门转任集中实施方案，并于上半年组织实施。

市中级人民法院、市人民检察院、市公安局、市司法局应当制定本系统集中转任的实施方案，报市公务员主管部门批准后组织实施。

第十五条　公务员因任职回避等特殊原因需要及时进行跨部门转任或者系统内转任的，由各部门提出，报市公务员主管部门批准后实施。

第十六条　各部门每三年跨部门转任的公务员，不得超过本部门科级及科级以下在岗在编公务员人数的百分之十五。

符合本办法第八条规定条件的公务员，除因比例限制外，应当在集中转任中实现跨部门转任。

市中级人民法院、市人民检察院、市公安局、市司法局所属监狱等系统每三年系统内转任的公务员，不得超过本系统科级及科级以下在岗在编公务员人数的百分之二十。

市中级人民法院、市人民检察院、市公安局、市司法局所属监狱等系统公务员参加跨部门转任的具体比例，由市公务员主管部门会同市中级人民法院、市人民检察院、市公安局、市司法局确定。

第十七条　各部门在转任工作中，应当按照规定研究决定转任人选和职位，不得借转任突击提拔或者超职数配备干部，不得借转任对公务员进行排挤或者打击报复。

第十八条　需要按照法定程序选举或者任免的公务员，转任时应当按照法定程序办理。按照规定需要离任审计的，应当进行审计。

第十九条　转任的公务员应当服从转任决定，按时办理工作交接手续并报到。

第二十条　跨部门转任的公务员一年内不再安排转任。确因工作需要进行部门内转任或者系统内转任的，应当报市公务员主管部门批准。

第二十一条　违反本办法第十七条规定，不按照规定研究决定转任人选和职位，借转任突击提拔、超职数配备干部，或者借转任对公务员进行排挤或者打击报复的，按照规定追究单位主要负责人的责任。

第二十二条　违反本办法第十九条规定，公务员拒不执行转任决定的，给予警告、记过或者记大过处分；情节较重的，给予降级或者撤职处分；情节严重的，给予开除处分。

第二十三条　市公务员主管部门应当严格执行转任工作的各项规定，自觉接受监督。

市公务员主管部门的工作人员违反本办法规定，在公务员转任过程中滥用职权、玩忽职守、徇私舞弊的，依法予以处分。

第二十四条　市公务员主管部门、监察部门负责对公务员转任工作进行监督检查，受理有关举报、申诉，制止、纠正违反本办法的行为，对有关责任人及时予以处理。

第二十五条　本办法自2010年1月1日起施行。

合肥市城市管理条例

（2014年10月31日合肥市第十五届人民代表大会常务委员会第十三次会议通过　2014年11月20日安徽省第十二届人民代表大会常务委员会第十五次会议批准）

第一章　总　则

第一条　为了规范城市管理，提高城市公共服务水平，创建文明、和谐、宜居的城市环境，根据有关法律、法规，结合本市实际，制定本条例。

第二条　本市实施城市化管理区域内的城市管理活动，适用本条例。

县（市）区人民政府应当将辖区内实施城市化管理的区域向社会公布。

本条例所称城市管理，是指对城市规划、建设、环境保护、园林绿化、道路交通、市容环境卫生等公共事务和秩序进行管理的活动。

第三条　城市管理应当遵循政府主导、公众参与、以人为本、服务优先、依法综合管理的原则。

第四条　城市管理由市人民政府统一领导，实行属地管理，建立以县（市）区为主，乡（镇）人民政府、街道办事处为基础，部门联动、权责统一的管理体制。

第五条　市、县（市）区人民政府应当将城市管理工作纳入国民经济和社会发展规划，制定城市综合管理目标，建立与城市管理工作相适应的资金投入和保障机制，提高城市管理水平。

市、县（市）区人民政府应当创新城市管理的运行服务机制，引导和支持社会力量参与城市管理，推动市政设施建设和维护、园林绿化养护、环境卫生等公共服务社会化和市场化。

第六条　公民、法人和其他组织依法享有参与城市管理的权利，有维护市容环境卫生和公共秩序的义务，有权对违反城市管理的行为进行劝阻、举报。

第二章　城市管理职责

第七条　市、县（市）区人民政府设立城市管理委员会，组织、指导、协调、监督和考核城市管理工作。

城市管理委员会应当根据城市综合管理目标，制定具体考核方式、方法，定期对城市管理工作进行监督检查和考核并公布结果；建立有关行政主管部门联席会议制度，协调解决城市管理中职责不明确或者涉及多个部门管理等问题。

第八条 市、县（市）区城市管理部门是城市管理的行政主管部门，负责市容环境卫生、数字化城市管理平台的建设与运行，依据有关规定行使城市管理相对集中行政处罚权；对于城市管理工作中职责不明确、涉及多个行政主管部门职能交叉等方面的事项，报请同级人民政府或者城市管理委员会确定。

规划、建设、环境保护、水务、园林绿化、公安机关、房产、工商、卫生、食品药品监督、民政、交通运输、体育、文化广电新闻出版、商务等行政主管部门，以及其他有关部门和单位，应当依据城市综合管理目标，制定相应的规范，在各自职责范围内做好城市管理工作。

经济技术开发区、高新技术产业开发区、新站综合开发试验区的城市管理机构，在其辖区内依法履行城市管理职责，具体职责由有关行政主管部门予以明确，报市人民政府同意。

有关行政主管部门可以委托机场、车站等区域的管理机构履行相关城市管理职责。

第九条 县（市）区人民政府应当建立城市管理责任制，明确责任主体并组织实施辖区内的城市管理工作；实行城市管理网格化，划定辖区网格区域，细化管理责任，明确责任单位和责任人，并向社会公布。

乡（镇）人民政府、街道办事处负责组织落实辖区内城市管理的具体工作，督促、指导居（村）民委员会开展城市管理工作。

居（村）民委员会应当组织、动员辖区内机关、企事业单位和居民参与相关城市管理工作，及时发现、报告城市管理中存在的问题，并配合有关部门进行处理。

物业服务企业、业主委员会以及业主，对住宅区内出现的违反城市管理规定的行为，有权予以制止。制止无效的，物业服务企业应当及时报告有关行政主管部门，有关行政主管部门应当及时查处。

第十条 供水、供电、供气、供热、邮政、通信、有线电视、公共交通等单位，应当负责各自管线、井具、变电箱、控制柜等设施的维修、养护和使用安全，配合有关部门做好城市管理工作；不得为违法建设等不符合城市管理规定的场所和设施、设备提供公共服务，法律、法规另有规定的除外。

第十一条 有关行政主管部门应当创新城市管理工作机制，与社会组织之间建立有效的沟通和联系，通过招聘监督员、协管员、志愿者等方式，鼓励公众参与城市管理。

企事业单位、协会、商会、志愿者组织、中介组织以及其他社会组织、新闻媒体等，应当积极配合做好城市管理相关工作。

第三章　城市管理规定

第十二条 有关行政主管部门应当依据城市总体规划和实际需要，编制相关专项规划，经批准后公布实施。

城市园林绿化、停车场、垃圾场、排水、管线、灯光、广告、公共充电等公用设施、各类商品交易市场以及餐饮、住宿等其他生活服务设施的建设，应当符合城市总体规划。

城乡规划主管部门对城乡规划的实施进行监督管理，对违法建设进行认定，城市管理行政主管部门应当依法查处。

第十三条 建设项目应当符合下列要求：

（一）依法取得建设工程规划许可证或者乡村建设规划许可证；

（二）按照建设工程规划许可证或者乡村建设规划许可证的规定进行建设；

（三）不得擅自下挖建筑物内底层地面，不得擅自封堵建筑物公共区域；

（四）不得擅自改变房屋使用性质；

（五）法律、法规的其他规定。

违反前款第三项、第四项规定的，有关行政主管部门应当责令改正，并依法予以处罚，有违法所得的，没收违法所得。

第十四条 城市的道路、桥梁应当符合下列要求：

（一）保持设施完好、路面整洁；主干道有盲道、缘石等无障碍设施并保持完好通畅；名称及公共标识设置合理、规范；

（二）交通信号、技术监控设备以及护栏、隔离桩等安全设施的设置，符合有关标准和道路交通安全的有关规定；

（三）临时占用或者挖掘城市道路、桥涵以及在桥梁上架设各类管线的，应当经过批准。

第十五条 在实施城市化管理的区域内，不得有下列行为：

（一）在车行道上停留、乞讨、兜售、散发物品；

（二）在主要道路两侧和重点地区散发宣传品；

（三）向车外抛洒物品；

（四）其他妨碍道路交通安全的行为。

违反前款规定的，有关行政主管部门应当依法查处，并没收宣传品。民政部门应当做好对乞讨人员的救助。

第十六条 城市公共排水设施应当符合下列要求：

（一）排水管网完整，井（沟）盖规范、齐全、完好；

（二）排水泵站设备完好，运行正常，无污水外溢；

（三）管道保持畅通，定期维护，并及时排放污水和雨后积水；

（四）排水设施损坏的，应当及时修复。

第十七条 城市管线建设应当符合下列要求：

（一）新建、改建、扩建城市道路、广场，实行管线入地，其附属设施设置为隐蔽方式，但按照设计施工规范不能入地或者现场不具备入地条件的除外；

（二）设置规范，标识清晰、明显，不得妨碍城市道路交通、影响城市道路整体景观；有完整的档案资料；

（三）出现脱落、断裂、损坏等，应当及时修复。

第十八条 城市停车设施应当符合下列要求：

（一）在城市道路范围内划定的临时停车泊位，不得妨碍行人、车辆正常通行；

（二）停车指引标识清晰、醒目；

（三）车辆在泊位线内有序停放；

（四）不得影响公共充电设施的使用。

第十九条 在城市道路范围内和公共场地堆放物料、搭建建（构）筑物或者其他设施，应当经相关行政主管部门批准，并不得妨碍正常交通秩序、市容环境卫生和公共安全。

违反前款规定，未经批准或者未按照批准的内容堆放、搭建的，城市管理行政主管部门应当责令改正，并依法予以处罚。

第二十条 功能照明和景观照明设施应当符合下列要求：

（一）功能完好，节能环保；

（二）开闭时间、开启率、完好率符合相关规定；

（三）出现损坏的，应当及时修复。

第二十一条 霓虹灯、电子显示屏等发光源设施或者设备产生的光源强度应当与周围环境相协调，不得妨碍城市公共设施功能，不得影响交通、消防安全以及公众工作和生活。

违反前款规定的，有关行政主管部门应当责令改正；逾期不改正的，依法予以处罚；造成损失的，应当依法赔偿损失。

第二十二条 户外广告的设置应当符合有关标准和要求并取得有关部门批准。

城乡规划主管部门审批沿街新建、改建、扩建建筑外立面设计方案，涉及预留户外广告位置的，应当遵守本市户外广告设置规划的规定，并征得城市管理行政主管部门同意。

工商行政管理部门应当加强对户外广告发布、经营资格和广告内容的审查和监督管理；在办理户外广告登记时，应当要求申请人出具由城市管理行政主管部门批准的户外广告载体使用权文件。

违反本条第一款规定的，城市管理行政主管部门应当依法查处。

第二十三条 城市的园林绿化应当符合下列要求：

（一）园林绿化工程的设计、建设符合相关规范，注重景观、生态、游憩、防灾等功能，兼顾城市区域功能和生物多样性；

（二）道路两侧的绿地、绿化隔离带布局合理，与周边环境相协调，绿地率符合国家、省和本市要求；

（三）新栽行道树按照规范的要求栽种，不得影响交通信号和路灯等设施的使用，不得妨碍道路交通安全；

（四）保持植物生长良好；绿地内出现缺株、枯死树木、杂草、垃圾的，应当及时进行补植、清理；

（五）园林绿化施工、养护作业产生的垃圾、渣土、枯枝、落叶及时清理，不得就地堆放、焚烧。

第二十四条 不得进行下列产生噪声的活动：

（一）向周围环境排放超出规定标准的工业噪声或者建筑施工噪声；

（二）在禁鸣的区域、路段和时间内鸣响机动车喇叭；

（三）使用高音喇叭或者采用其他超出规定标准噪声的方法招揽顾客、宣传商品或者进行商业促销活动；

（四）舞场、溜冰场、卡拉 OK 等娱乐场所产生超出规定标准的噪声；

（五）在夜间和午间使用电钻、电锯、电刨、冲击钻等产生环境噪声污染的工具进行装饰作业；

（六）在住宅楼、商住楼内进行金属加工、木材加工、石材加工、机动车辆修理、歌舞、娱乐等经营活动；

（七）使用家用电器、乐器或者进行其他家庭娱乐活动时，对周围居民生活造成影响；

（八）违反规定燃放烟花爆竹。

违反前款规定的，环境保护行政主管部门、公安机关应当依法查处；其中，沿街商业门点和露天娱乐场所产生噪声的，城市管理行政主管部门应当依法查处。

第二十五条 建（构）筑物应当符合下列要求：

（一）县（市）区人民政府应当按照城市综合管理目标，制定建（构）筑物外立面综合整修方案，并组织实施；

（二）主要道路两侧建（构）筑物的所有权人、使用人或者管理人应当每三至五年对建（构）筑物的外立面进行清洗或者修缮一次；用于个人居住房屋外立面的清洗、修缮费用由县（市）区人民政府承担，其他建（构）筑物的清洗、修缮费用由业主承担；

（三）临街商店门面应当保持美观， 采用透视的防护设施，并与周边环境相协调；不得擅自改变原设计色调、风格；现有防护设施不符合要求的，应当逐步改造；

（四）不得擅自在外墙面开门、开窗或者改变原有门窗位置和大小；

（五）信鸽会员搭建鸽舍应当美观、整洁、牢固，符合搭建鸽舍的规范，不得妨碍居民生活。

违反前款第四、第五项规定的，城市管理、房产、建设等行政主管部门应当依法查处。

第二十六条 住宅区内不得有下列行为：

（一）侵占、损坏物业的公共部分和共用设施、设备；

（二）违反规定摆摊设点、占道经营；

（三）违反规定停放非机动车和机动车辆；

（四）擅自采摘花草，移植、砍伐树木；

（五）占用公用绿地从事种植活动或者用于其他活动；

（六）违反规定饲养犬只、家禽；

（七）乱扔垃圾或者高空抛物；

（八）其他影响住宅区环境卫生的行为。

违反前款规定的，公安机关、城市管理、房产等行政主管部门应当依法查处。

第二十七条 环境卫生应当符合下列要求：

（一）生活垃圾的收集、运输和处理实行分类收集、密闭运输和无害化处理；

（二）不得随意倾倒、抛洒或者堆放生活垃圾；

（三）在住宅区适当区域设置生活垃圾收集器具，保持清洁完好，并按照规定的时间运送至生活垃圾收集点；

（四）居民因装饰、维修等产生的垃圾，应当实行袋装，并投放到物业管理单位或者社区、居民委员会指定的地点，由物业管理单位或者社区、居民委员会委托具有专业运输资格的单位统一运送到临时建筑垃圾中转场所；

（五）单位和个人应当按照有关规定缴纳城市生活垃圾处理费；

（六）从事经营性生活垃圾包括餐厨垃圾收集、运输、处理的企业，应当依法向城市管理行政主管部门申请办理许可手续；

（七）工业、医疗垃圾的收集、运送、贮存、处置符合国家、省和本市的要求。

违反前款第一至第六项规定的，城市管理行政主管部门应当依法查处；违反前款第七项规定的，环境保护行政主管部门应当依法查处。

第二十八条 县（市）区人民政府应当设立临时建筑垃圾中转场所，并加强管理。

建筑垃圾消纳场所的设置应当符合土地利用、环境保护等要求，经县（市）区人民政府批准后，报市城市管理行政主管部门备案，并符合下列要求：

（一）具有相应的摊铺、碾压、照明等机械和设备；

（二）出入口道路和场内车辆通行道路应当硬化，满足载重车辆通行要求；完成的作业面应当及时压实、覆盖；渣土处置场地应当采取覆盖、固化或者绿化等防尘、降尘措施；

（三）制定并落实环境卫生和安全管理制度；在醒目位置设立公示牌、场地平面图、进场路线图；公布负责人、管理人名单、联系电话等。

违反本条第二款规定，经营建筑垃圾消纳场所未达到要求的，城市管理行政主管部门应当责令改正，并处以一千元以上五千元以下的罚款。

第二十九条 建筑垃圾由具有专业运输资格的企业运输。

县（市）区城市管理行政主管部门应当逐步通过招标的方式确定具有专业运输资格的企业并公示。

城市管理行政主管部门应当建立建筑垃圾运输企业以及从业人员信用管理机制，对违反法律、法规规定的建筑垃圾运输企业、驾驶人、车主，列入不良信用档案并按照有关规定予以处理。

第三十条 从事建筑垃圾运输的企业应当符合下列要求：

（一）取得《建筑垃圾运输经营许可证》；

（二）在承运建筑垃圾前，办理建筑垃圾单车运输证；

（三）签订交通安全营运污染防治责任状，缴纳安全生产风险抵押金。

违反前款第一项规定的，城市管理行政主管部门应当责令改正，并处以五千元以上三万元以下的罚款；违反前款第二项规定的，城市管理行政主管部门应当责令改正，并处以每车次一千元的罚款。

第三十一条 有下列情形之一、可能对城市管理造成影响的，经城市管理行政主管部门告知后应当暂停运输建筑垃圾：

（一）雨雪天气；

（二）出入口道路硬化未达到标准的；

（三）中考、高考、重大节日和重要活动保障期间；

（四）出现重大安全事故、或者重大污染事故；

（五）其他不适合运输的情形。

第三十二条 承运建筑垃圾的车辆，应当符合下列要求：

（一）安装行驶及装卸记录仪或者定位终端设备并保持正常使用；

（二）装载的建筑垃圾不得超过车厢挡板高度，运输途中的建筑垃圾不得沿途泄漏、散落或者飞扬；

（三）在驾驶室顶部、车身或者车厢后部、侧面等部位喷涂、悬挂放大号牌，喷印车辆编号及所属承运企业名称；

（四）遵守道路交通安全规定。

违反前款第一项规定的，城市管理行政主管部门应当责令改正，并处以每车次一百元以上二百元以下的罚款；违反第三、第四项规定的，公安机关应当依法查处。

第三十三条 各类商品交易市场应当遵守商务行政主管部门制定的规范，并符合下列要求：

（一）保持场内环境卫生整洁、设施完好、消防通道畅通；

（二）场内经营者按照规定的经营范围和区域经营；

（三）保持市场周边环境卫生整洁，无场外经营、堆放货物、车辆乱停现象。

第三十四条 从事住宿、餐饮、娱乐、沐浴、机动车辆维修清洗和五金修配加工等服务行业，应当遵守环保、食品安全、卫生、消防、文化等方面的相关规定；在居民住宅楼和商住综合楼中与居住层相邻的楼层，不得设立上述服务业经营项目。

违反前款规定的，公安机关、环境保护、工商行政管理、文化、食品监督管理、卫生、城市管理等行政主管部门应当依法查处。

第三十五条 在城市道路和公共场所举办商业活动应当遵守城市管理行政主管部门制定的规范，并符合下列要求：

（一）有符合要求的活动场地；

（二）不得影响城市交通和环境卫生；

（三）不得使用高音喇叭；

（四）取得有关部门批准。

违反前款规定的，城市管理行政主管部门应当责令改正，并依法予以处罚。

第三十六条 禁止以任何方式进行传销活动。

单位或者个人不得为传销活动提供场所等便利条件。

违反本条规定的，工商行政管理等有关行政主管部门应当依法查处。

第三十七条 县（市）区人民政府在不影响城市交通、环境卫生和居民生活的前提下，按照市城市管理行政主管部门制定的有关规范，可以划定临时设摊经营区域，报市城市管理行政主管部门备案。

进入临时设摊经营区域摆设摊点的经营者应当符合下列要求：

（一）按照规定的地点、范围、时间经营；

（二）按照规定配备经营设施和卫生设施，保持整洁完好、摆放有序；

（三）按照规定处理废弃物和污水，保持地面清洁；

（四）不得使用音响器材招揽生意；

（五）使用电、燃气等清洁能源，不得使用炭火等易产生油烟的方式进行烧烤。

违反本条第二款规定的，城市管理行政主管部门应当依法查处；使用炭火烧烤的，没收其经营工具。

第三十八条 县（市）区人民政府在不影响城市交通、环境卫生和居民生活的前提下，可以划定一定的区域，供市民进行健身活动。

市民进行广场舞等健身活动应当符合下列要求：

（一）保持活动场所及周边环境卫生整洁；

（二）有音乐伴奏活动的，应当控制活动时段和音量，不得影响居民生活。

违反本条第二款第一项规定的，城市管理行政主管部门应当依法查处；违反第二项规定的，公安机关应当依法查处。

第三十九条 设置公共信息标识应当经过批准并符合下列要求：

（一）设计、制作符合国家、行业和地方标准；

（二）出现污浊、损坏、脱落等影响使用的，业主单位应当及时清洗、修复。

禁止在城市道路、公共场地、绿化带内以及其他公用设施上设置非公共信息标识。

违反本条第二款规定的，城市管理行政主管部门应当责令改正，并处以五百元以上二千五百元以下的罚款。

第四十条 不得在城市道路和公共场地新设报刊亭等亭棚。

报刊亭等亭棚应当符合下列要求：

（一）按照批准的内容设置，不得擅自改变用途、亭外经营；

（二）招牌、标志、照明灯光及遮阳篷等附属设施，符合有关规定和技术规范；

（三）保持亭体内外立面清洁，出现污损、毁坏等情况，业主单位应当及时清洗、修复。

违反本条第二款规定的，城市管理行政主管部门应当责令改正，并处以一百元以上五百元以下的罚款；逾期不改正的，提请审批部门吊销亭棚设置许可证。

第四十一条 街道办事处或者物业服务企业应当在公众集中区域或者居民居住区域设置统一的公开信息张贴栏，并负责日常维护和保洁。

在公共场所散发、张贴、悬挂宣传品的，应当符合下列要求：

（一）内容健康、文字规范，保持完好、美观，摆放安全；

（二）不得设置过街横条幅；

（三）不得在城市建（构）筑物和其他设施以及树木上涂写、刻画；

（四）不得影响城市交通、环境卫生和市容市貌。

违反本条规定涉及办理假证、伪造发票等违法行为的，公安机关、税务部门应当依法查处。

第四十二条 市、县（市）区人民政府应当划定禁止吸烟的场所，并设有统一、醒目的标识。

第四章 执法规范与程序

第四十三条 城市管理行政主管部门依据有关规定行使城市规划、市政管理、园林绿化、市容环境卫生等方面的行政处罚权，以及履行相应的行政检查、行政强制等职权。

已由城市管理行政主管部门行使行政处罚权的，原行政管理部门应当做好日常监督管理工作，对巡查中发现以及群众投诉举报的违法行为及时受理并核查。

第四十四条 城市管理行政执法实行属地管理。相邻区域的流动性违法行为，可以实施共同管理，由首先发现的有关部门查处。

委托管理区域发生的违法行为由受委托方负责查处。

第四十五条 城市管理行政主管部门查处违法行为时，遵守下列规定：

（一）对违法案件作出重大行政处罚决定前，可以征求有关行政主管部门意见，有关行政主管部门应当在三个工作日内反馈意见；

（二）作出行政处罚决定前，对行为人可以补办有关手续的，应当征求有关行政主管部门的意见，有关行政主管部门应当在十个工作日内提出意见，逾期未提出意见的，视为同意行为人补办有关手续；

（三）需要进行技术鉴定的，应当提请有关行政主管部门或者专业鉴定机构进行鉴定，有关行政主管部门或者专业鉴定机构应当在七个工作日内或者法定的时限内进行技术鉴定，并书面告知；

（四）需要向有关部门和单位查询、复印相关资料的，有关部门和单位应当提供。

第四十六条 有关行政主管部门在日常管理中，发现属于其他部门职责范围内的违法行为，应当及时移送，并附下列材料：

（一）移送书；

（二）处罚建议及相关依据、理由；

（三）现场检查、询问笔录等调查取证材料；

（四）技术鉴定意见；

（五）其他相关资料。

应当移送有权处理部门或者执法机关处理的案件而不及时移送的，市、县（市）、区人民政府应当责令限期改正，并追究负有责任的领导人员和直接责任人员的责任。

第四十七条 城市管理行政执法，可以依法采取下列措施：

（一）在违法行为的场所实施现场调查，并制作调查笔录；

（二）以勘验、拍照、录音、录像等方式进行现场取证；

（三）询问当事人、证人，查阅、调取、复印与违法行为有关的文件资料；

（四）查封、扣押与违法行为有关的场所、工具和其他物品；

（五）对正在施工的违法建设，责令当事人停止建设，当事人不停止建设的，城市管理行政主管部门应当及时制止；

（六）法律、法规规定可以采取的其他措施。

询问（调查）笔录应当由行政执法人员、当事人、证人签名或者盖章。当事人拒绝签名、盖章或者不在现场的，执法人员应当写明情况或者由有关基层组织、所在单位的代表、无利害关系的见证人签名或者盖章。

第四十八条 有关行政主管部门依照法律规定作出要求当事人履行排除妨碍、恢复原状等义务的行政决定，当事人逾期不履行，经催告仍不履行，其后果已经或者将危害交通安全、造成环境污染或者破坏自然资源的，有关行政主管部门可以代履行，或者委托没有利害关系的第三人代履行。

为制止正在发生的违法行为，避免危害、危险发生或者控制危害、危险扩大，有关行政主管部门可以依法采取当场查封、扣押等措施。

第四十九条 被扣押的物品属于非法的，应当移送有关部门处理。

被扣押的物品易腐烂、变质的，有关行政主管部门应当及时通知当事人在二日内到指定地点接受处理；逾期不接受处理的，可以在登记后依法拍卖或者变卖。

解除扣押后，有关行政主管部门应当及时通知当事人认领。当事人逾期不认领或者难以查明的，有关行政主管部门应当及时通过其部门政务网站等公开的媒体发布认领公告，自公告发布之日起六十日内无人认领的，有关行政主管部门应当依法予以处置。

第五十条 拒绝、阻挠有关行政主管部门监督检查的，有关行政主管部门应当依法查处。

以暴力、威胁方法阻碍执法人员依法执行职务的，公安机关应当及时依法处理。

第五章 监督管理

第五十一条 有关部门应当通过座谈会、听证会、专家咨询、网络征询、问卷调查等多种方式，鼓励与倡导公众参与城市管理活动。有关城市管理的行政决策、行政执法、行政裁决、行政监督等信息，应当采用便于公众知悉的方式予以公开。

第五十二条 市、县（市）区人民政府应当建立信息沟通和共享机制。有关行政主管部门应当互相通报行政许可、行政处罚和行政强制等相关信息。对不履行行政决定的，作出行政决定的部门可以通知有关行政主管部门在办理相关行政许可时督促当事人履行义务。

第五十三条 市、县（市）区人民政府应当建立数字化城市管理平台，及时发现、统一调度和快速处理城市管理中的问题。

城市管理行政主管部门应当组织信息采集员实时发现问题、采集信息；采集信息时，有关单位和个人应当支持、配合。

信息采集员采集的信息，经过核实后可以作为城市管理行政执法的依据。

第五十四条 城市管理行政主管部门应当及时将发现的问题派送所属辖区或者有关行政管理部门和单位处理，有关行政管理部门和单位应当及时处理并反馈结果。

第五十五条 有关行政主管部门应当将其职责范围、执法依据、处罚标准、执法程序、监督电话等予以公开，接受社会公众监督。对新闻媒体、社会公众反映的情况和问题，应当及时调查核实，依法作出处理。

第五十六条 市、县（市）区人民政府应当按照规定配备城市管理行政执法人员及执法装备，建立执法人员考核晋升机制。

市城市管理行政主管部门应当会同市财政部门制定执法装备的配备标准，报市人民政府批准后实施。

城市管理行政主管部门应当加强执法队伍建设，完善执法人员教育培训和责任追究制度，确保执法人员依法履行职责、行使职权，提高执法水平和效率。

第五十七条 有关部门及其工作人员违反本条例规定有下列情形之一的，由市、县（市）区人民政府责令改正，并视情节轻重，追究负有责任的领导人员和直接责任人员的责任：

（一）未依据城市管理工作的目标制定相应规范

的；

（二）不履行或者不正确履行法律、法规和本条例规定的职责的；

（三）继续行使已经交由城市管理行政主管部门集中行使的行政处罚权的；

（四）应当移送有权处理部门或者执法机关处理的案件而不及时移送的；

（五）拒绝提供或者不按规定提供解释或者专业意见的；

（六）法律、法规规定的其他行为。

第六章 附 则

第五十八条 本条例自2015年1月1日起施行。

统计资料 专文

合肥市2014年国民经济和社会发展统计公报[1]

合肥市统计局 国家统计局合肥调查队

2015年3月26日

2014年，面对复杂严峻的宏观环境，全市人民在市委、市政府坚强领导下，深入贯彻落实党的十八大和十八届三中、四中全会和习近平总书记系列重要讲话精神，坚持稳中求进，突出改革引领，强化创新驱动，顽强拼搏，扎实工作，保持经济社会持续健康较快发展，“大湖名城、创新高地”建设迈出坚实步伐。

一、综 合

年末全市常住人口769.6万人，比上年增加8.5万人。城镇化率69.1%，比上年末提高1.3个百分点。年末户籍人口712.81万人，比上年增加1.31万人，其中市区户籍人口245.37万人，增加11.54万人。全年人口出生率13.09‰，比上年增长1.21个千分点；死亡率6.10‰，下降1.43个千分点；自然增长率6.99‰，增长2.64个千分点。

初步核算，全年生产总值（GDP）[2]5157.97亿元，按可比价格计算，比上年增长10.0%。其中，第一产业增加值257.63亿元，增长4.8%；第二产业增加值2872.01亿元，增长11.4%；第三产业（服务业）增加值2028.33亿元，增长8.5%。三次产业结构为5.0:55.7:39.3，其中工业增加值占GDP比重由上年43.9%提高到44.5%。按常住人口计算，人均GDP为67394元，比上年增加5839元，折合美元首次超过1万美元，达到10971美元。

2014年全市生产总值及其增长速度

单位：亿元

指 标	绝对数	比上年增长%
生产总值	5157.97	10.0
第一产业	257.63	4.8
第二产业	2872.01	11.4
工业	2293.91	12.0
建筑业	578.10	8.6
第三产业	2028.33	8.5
交通运输、仓储和邮政业	200.27	7.9
批发和零售业	389.37	9.1
住宿和餐饮业	67.37	7.6
金融业	288.78	13.3
房地产业	282.55	1.5
营利性服务业	336.68	12.7
非营利性服务业	463.31	7.1

年末全市从业人员513.9万人，比上年增加9.5万人。其中，第一产业92.7万人，减少9.7万人；第二产业181.4万人，增加6.1万人；第三产业239.8万人，增加13.1万人。城乡私营企业从业人员

2014年居民消费价格比上年涨跌幅度

单位：%

指 标	涨跌幅度
居民消费价格	2.0
其中：食品	2.2
烟酒	-1.9
衣着	1.5
家庭设备用品及维修服务	0.8
医疗保健和个人用品	1.6
交通和通信	-1.8
娱乐教育文化用品及服务	4.5
居住	3.4

和个体劳动者150.7万人，增加22.7万人。全年城镇实名制新增就业18.9万人，下岗失业人员再就业3.67万人，转移农村劳动力8.27万人。年末城镇登记失业率为2.96%，比上年下降0.29个百分点。

全年居民消费价格比上年上涨2.0%，其中食品价格上涨2.2%。工业生产者出厂价格下降1.2%，工业生产者购进价格下降2.5%。

二、农 业

全年农作物总播种面积为75.14万公顷，比上年增长1.1%。其中，粮食作物49.24万公顷，增长1.5%；棉花3.26万公顷，与上年持平；蔬菜8.67万公顷，增长9.0%；瓜果2.45万公顷，增长2.4%；油料10.94万公顷，下降5.4%。

2014年主要农产品产量及其增长速度

单位：万吨

产品名称	绝对数	比上年增长%
粮食	312.25	4.2
油料	31.84	-0.9
其中：油菜籽	23.89	-3.0
棉花	3.16	-2.7
蔬菜	200.37	10.6
瓜果	61.70	4.7
肉类	48.30	1.6
其中：猪牛羊肉	24.88	2.2
牛奶	11.16	-2.0
蛋类	19.62	0.9

全年粮食总产量312.25万吨，比上年增长4.2%。其中，稻谷248.38万吨，增长3.9%；小麦47.53万吨，增长4.9%。棉花产量3.16万吨，下降2.7%。蔬菜产量200.37万吨，增长10.6%。瓜果产量61.70万吨，增长4.7%。油料产量31.84万吨，下降0.9%。

年末全市生猪存栏量143.54万头、出栏量291.45万头，比上年分别增长1.2%和1.9%。肉类总产量48.30万吨，增长1.6%，其中猪牛羊肉产量24.88万吨，增长2.2%。禽蛋产量19.62万吨，增长0.9%。牛奶产量11.16万吨，下降2.0%。

年末农业机械总动力415.01万千瓦，比上年增长4.5%。农用拖拉机21.59万台，增长0.5%；排灌动力机械14.00万台，与上年持平；农用运输车1.68万辆，下降0.4%。农作物播种面积中，机耕作业面积68.03万公顷，占90.5%；机械播种面积17.03万公顷，占22.7%，提高3.8个百分点；机械收割面积48.24万公顷，占64.2%，提高2.8个百分点。化肥施用量（折纯）31.67万吨，增长0.4%。农村用电量15.27亿千瓦时，下降0.2%。

全年农林牧渔业总产值450.32亿元，按可比价格计算，比上年增长4.8%。

三、工业和建筑业

年末规模以上工业企业[3]2306户，全年工业总产值8447.84亿元，产值超亿元企业1073户，比上年增加53户，其中超100亿元企业11户。规模以上工业增加值2126.59亿元，比上年增长12.3%。其中，轻、重工业分别增长3.0%和18.2%；国有控股企业增长5.3%，集体企业下降37.7%，股份制企业增长7.7%，外商及港澳台商投资企业增长24.8%。

规模以上工业37个行业中，有31个行业增加值实现增长。六大主导产业实现增加值1348.08亿元，比上年增长14.5%，占规模以上工业的63.4%，比上年提高1.6个百分点；其中，平板显示及电子信息、光伏及新能源产业分别增长79.7%和69.9%。战略性新兴产业实现增加值681.03亿元，比上年增长29.7%。规模以上工业出口交货值909.26亿元，比上年增长75%。

规模以上工业统计的主要产品产量中，太阳能电池增长1.75倍，笔记本计算机增长1.55倍，液晶显示屏增长73.5%，叉车增长1.9%，发电量增长2.5%，水泥增长2.2%，汽车下降9.2%，钢材下降7.8%，房间空气调节器下降4.2%，家用电冰箱下降8.6%，家用洗衣机下降14.2%，彩色电视机下降28.9%。

全年规模以上工业企业主营业务收入7906.36亿元，比上年增长11.4%；利润461.35亿元，增长2.1%；亏损企业亏损额16.13亿元，下降11.7%。

2014年六大主导产业增加值及其增长速度

单位：亿元

指 标	绝对数	比上年增长%
六大主导产业	1348.08	14.5
汽车及零部件	150.19	-2.3
装备制造	338.45	5.8
家用电器	324.07	-2.1
食品及农副产品加工	194.73	7.8
平板显示及电子信息	277.82	79.7
光伏及新能源	62.81	69.9

2014 年主要工业产品产量及其增长速度

产品名称	单 位	绝对数	比上年增长 %
卷烟	亿支	324.61	1.3
农用化肥（折纯）	万吨	34.46	35.6
合成洗涤剂	万吨	55.40	-8.9
橡胶轮胎外胎	万条	2255.03	6.2
塑料制品	万吨	61.85	8.5
钢材	万吨	208.48	-7.8
汽车	万辆	47.29	-9.2
#轿车	万辆	7.47	-36.0
叉车	万辆	6.87	1.9
挖掘机	万台	1.21	4.9
变压器	万千伏安	2693.07	-26.9
太阳能电池	万千瓦	218.12	174.5
彩色电视机	万台	227.06	-28.9
家用洗衣机	万台	1423.51	-14.2
家用电冰箱	万台	2427.79	-8.6
房间空气调节器	万台	1296.69	-4.2
笔记本计算机	万台	1715.86	155.4
液晶显示屏	万片	18717.00	73.5
发电量	亿千瓦时	184.25	2.5
铁矿石原矿	万吨	525.59	14.4
铜金属含量	吨	14049	6.2
化学纤维	万吨	5.25	6.1
水泥	万吨	2276.29	2.2

全年建筑业增加值 578.10 亿元，比上年增长 8.6%。纳入统计范围的具有建筑业资质等级的总承包和专业承包建筑施工企业 856 户，比上年增加 16 户。房屋建筑施工面积 19466.24 万平方米，比上年增长 9.1%。房屋竣工面积 6293.31 万平方米，增长 0.2%。年末建筑业从业人员 76.34 万人，比上年下降 7.8%。企业劳动生产率 38.5 万元 / 人，增长 34.2%。

四、固定资产投资

全年全社会固定资产投资 5385.17 亿元，比上年增长 18.1%。其中，民间投资 3343.94 亿元，增长 24.3%；城市基础设施投资 896.12 亿元，增长 16.9%。分产业看，第一产业投资 96.41 亿元，增长 38.9%；第二产业投资 1953.27 亿元，增长 12.9%；第三产业投资 3335.50 亿元，增长 20.9%。分行业看，工业投资 1910.10 亿元，增长 12.6%；现代服务业投资 1448.24 亿元，增长 20.4%。

2014 年房地产开发和销售主要指标完成情况及其增长速度

指 标	单 位	绝对数	比上年增长 %
投资额	亿元	1127.36	1.9
其中：住宅	亿元	715.04	6.0
房屋施工面积	万平方米	6986.81	-0.4
其中：新开工	万平方米	2050.78	-7.2
房屋竣工面积	万平方米	1055.13	-26.5
商品房销售面积	万平方米	1594.79	-2.0
其中：住宅	万平方米	1326.22	-8.6
商品房待售面积	万平方米	207.02	-6.0
其中：住宅	万平方米	83.22	-29.6
商品房销售额	亿元	1141.36	11.6
其中：住宅	亿元	917.39	3.9

全年固定资产投资施工项目 5583 个，比上年增加 496 个。其中，本年新开工项目 4765 个，比上年增加 524 个；竣工项目 4511 个，增加 547 个。施工项目计划总投资 8314.41 亿元，增长 14.4%。

全年房地产开发投资 1127.36 亿元，比上年增长 1.9%，其中住宅投资 715.04 亿元，增长 6.0%。商品房施工面积 6986.81 万平方米，比上年下降 0.4%；竣工面积 1055.13 万平方米，下降 26.5%。商品房销售面积 1594.79 万平方米，下降 2%；商品房销售额 1141.36 亿元，增长 11.6%。全年开工建设城镇保障性安居工程住房 48003 套，竣工 7379 套。

五、国内贸易

全年社会消费品零售总额 1666.75 亿元，比上年增长 12.9%。按经营地统计，城镇消费品零售额 1461.11 亿元，增长 13.2%；乡村消费品零售额 205.64 亿元，增长 11.1%。按消费形态统计，商品零售额 1559.33 亿元，增长 13.0%；餐饮收入 107.42 亿元，增长 12.9%。

年末限额以上批发零售和住宿餐饮企业（单位）[4]1372 户，全年实现零售额 1282.79 亿元，比上年增长 14.1%。分类别看，粮油类增长 1.0%，肉禽蛋类增长 8.8%，服装类增长 15.1%，化妆品类增长 15.9%，日用品类增长 5.2%，中西药品类增长 13.4%，家用电器及音像器材类增长 26.8%，建筑及装潢材料类增长 26.7%，家具类增长 5.7%，汽车类增长 16.8%，石油及制品类增长 2.0%。全市纳入统计的开展网络零售业务的限额以上企业 20 家，网上零售额增长 44.2%。

全年共举办各类展览活动176场，比上年增长3.1%，展览面积168万平方米，与上年持平。

六、对外经济

全年进出口总额200.87亿美元，比上年增长10.5%。其中，出口125.14亿美元，增长5.2%；进口75.73亿美元，增长20.4%。加工贸易出口额58.57亿美元，增长91.9%。机电产品出口额54.86亿美元，下降6.6%。高新技术产品出口额30.59亿美元，增长10.6%。

全年新批外商投资企业85户，比上年增长1.2%。实际利用外商直接投资21.82亿美元，增长15.4%。新增总投资（含增减资） 27.18亿美元，同比增长45.6%。对外经济合作新签合同额20亿美元，比上年增长67%；完成营业额23.4亿美元，增长4%。劳务合作年末在外人员1.25万人。年末境外世界500强企业在合肥投资设立37家外资企业，新增2家。

七、交通、邮电和旅游

全年交通运输、仓储和邮政业增加值200.27亿元，比上年增长7.9%。旅客运输量[5]2.01亿人，比上年增长10.1%。货物运输量4.22亿吨，比上年增长11.1%。

年末民用汽车拥有量97.57万辆，比上年增长18.9%，其中私人汽车77.10万辆，增长24.4%。民用轿车拥有量61.40万辆，增长23.5%，其中私人轿车55.45万辆，增长26.6%。

2014年旅客运输量和货物运输量及其增长速度

指　　标	单　位	绝对数	比上年增长%
旅客运输量	万人	20094	10.1
其中：公路	万人	16841	10.2
铁路	万人	2904	10.7
民航	万人	329	4.7
水运	万人	20	-13.0
货物运输量	万吨	42194	11.1
其中：公路	万吨	36208	11.0
铁路	万吨	99	-33.9
民航	万吨	3	29.8
水运	万吨	5884	13.0

全年邮电业务总量123.94亿元，比上年增长24.2%。其中，电信业务总量100.04亿元，增长18.4%；邮政业务总量[6]23.90亿元，增长56.6%。年末本地固定电话用户171.05万户，比上年减少8.26万户。其中，城市119.39万户，减少0.97万户；农村51.67万户，减少7.29万户。移动电话用户781.89万户，增加69.67万户。基础电信运营企业计算机互联网接入用户111.42万户，增加8.43万户。

全年入境旅游人数40.09万人次，比上年增长3.0%；旅游外汇收入2.82亿美元，增长12.8%。国内游客6534.84万人次，增长9.8%；国内旅游收入774.32亿元，增长52.1%。年末全市有星级饭店69家，其中五星级11家、四星级20家；A级及以上旅游景点（区）46家。

八、财政、金融、证券和保险

全年财政收入880.68亿元，比上年增长14.6%，其中地方财政收入500.34亿元，增长14.1%。财政支出698.79亿元，比上年增长10.8%。其中，城乡社区服务支出增长42.1%，文化体育与传媒支出增长44.4%，交通运输支出增长12.3%，科技支出增长11.7%，社会保障与就业支出增长7.5%。

2014年末金融机构本外币存贷款余额及其增长速度

单位：亿元

指　　标	年末数	比上年末增长%
各项存款余额	9269.58	11.3
其中：单位存款	6057.53	14.6
个人存款	2719.77	8.2
其中：储蓄存款	2555.82	7.8
各项贷款余额	8666.79	16.4
其中：短期贷款	1931.24	-6.3
中长期贷款	6190.55	21.7

年末金融机构本外币各项存款余额9269.58亿元，比上年末增加940.21亿元，增长11.3%。其中，单位存款6057.53亿元，增长14.6%；储蓄存款余额2555.82亿元，增长7.8%。金融机构本外币各项贷款余额8666.79亿元，比上年末增加1220.75亿元，增长16.4%。其中，短期贷款余额1931.24亿元，下降6.3%；中长期贷款余额6190.55亿元，增长21.7%。

全年首发上市公司3家，融资11.22亿元，至年末共有33家境内上市公司。全年债券融资642.37亿元。年末证券营业部73个，比上年增加5个，全年证券交易量12364.54亿元，从业人员2488人。年末期货营业部19个，比上年减少1个，全年期货交易量87629.61亿元，从业人员630人。

全年保险公司保费收入126.06亿元，比上年增长15.2%。其中，财产险保费收入62.84亿元，增长20.2%；人身险保费收入63.22亿元，增长10.6%。支付各类赔款及给付49.37亿元，比上年增长6.6%。其中，财产险赔款与给付32.15亿元，增长11.9%；人身险赔款与给付17.22亿元，下降2.0%。

九、人民生活和社会保障

全年居民人均可支配收入24272元，比上年增长10.5%。按常住地分，城镇居民人均可支配收入29348元，比上年增长9.4%；农村居民人均可支配收入14407元，比上年增长12.2%。

居民人均消费性支出15110元，比上年增长7.6%。按常住地分，城镇居民人均消费性支出18214元，增长6.6%，其中食品烟酒支出增长6.9%、衣着增长1.8%、居住增长1.7%、生活用品及服务增长21.8%、医疗保健增长7.8%、交通通信增长12.0%、教育文化娱乐增长13.0%；农村居民人均生活消费支出9077元，增长8.6%，其中食品烟酒支出增长6.9%、衣着增长3.1%、居住增长0.7%、生活用品及服务增长9.8%、医疗保健增长13.9%、交通通讯增长37.0%、教育文化娱乐服务增长15.2%。城镇居民恩格尔系数[7]为33.7%，比上年上升0.1个百分点；农村居民恩格尔系数为37.0%，比上年下降0.5个百分点。年末城镇居民人均住房建筑面积35.2平方米，比上年增加0.6平方米；农村居民人均住房建筑面积38.7平方米，比上年增加0.7平方米。

市区最低月工资标准为1260元。年末参加城镇职工养老、医疗、失业、工伤、生育保险人数分别为176.20万人、153.72万人、115.95万人、124.51万人和109.76万人。城镇居民基本医疗保险参保人数207.23万人，城乡居民养老保险参保人数 291.31万人。

年末20.35万城乡居民享受政府最低生活保障，其中城市4.12万人，农村16.23万人；累计发放低保金6.24亿元，其中城市2.26亿元，农村3.98亿元。农村五保户集中供养率为51.8%，城市“三无”人员全部纳入社会救助。全年实施城乡医疗救助32.46万人次，支出医疗救助金 1.27亿元。

十、教育、科学技术和文化

全市各类高等院校60所，在校学生60.37万人；其中普通高校50所，在校学生57.86万人。中等职业教育学校（不含技工学校）78所，在校生12.12万人；特殊教育学校6所，在校生1032人。幼儿园829所，在园幼儿21.45万人。普通高中114所，在校生15.31万人，高中阶段毛入学率120.43%。普通初中248所，在校生21.39万人，初中阶段适龄人口入学率103.10%。小学613所，在校生44.25万人，小学学龄儿童入学率100.39%。各类专任教师9.18万人，其中普通高校2.52万人、普通中学2.92万人、小学2.44万人。全市义务教育经费保障机制改革惠及学生65.64万人，其中城市30.25万人，农村35.39万人。

全市有省部级以上重点实验室和工程实验室136个，其中国家重点实验室7个；省级以上工程技术研究中心130个，其中国家级（含分中心）7个；省级以上企业技术中心203个，其中国家级29个。国家高新技术企业总数达828个，其中新认定299个。新增省级以上高新技术产品248个，其中国家级重点新产品23个。全市高新技术产业完成产值4501.3亿元；实现增加值1136.3亿元，比上年增长14.8%，占全市生产总值的22%。

全年有9项科技成果获国家科技奖，其中国家自然科学二等奖1项，科技进步一等奖1项、二等奖4项，技术发明二等奖3项。全年受理专利申请25393件，其中发明专利12929件，比上年增长68.5%；授权专利12722件，其中发明专利1891件，增长22.2%。共签订各类技术合同5225项，成交金额90.5亿元，比上年增长30.4%。

2014年全市各类教育发展情况

单位：人

指　　标	招生数	在校生数	毕业生数
研究生	11933	34691	9979
普通高等教育	148197	462614	126860
成人高等教育	40635	106436	36831
中等职业教育	35152	121177	42973
普通高中	50124	153103	52693
普通初中	67846	213909	77790
小学	79304	442453	66335

年末全市有文化馆11个，公共图书馆9个，博物馆26个（其中私人博物馆7个），各级国家综合档案馆10个，乡镇街道综合文化站131个。全国重点文物保护单位6处，省级重点文物保护单位36处，市级重点文物保护单位46处。国家级非物质文化遗产项目6项，省级非物质文化遗产项目17项，市级非物质文化遗产项目89项。图书馆总藏量 455.53

万册（件）（不含电子图书），其中图书363.40万册，比上年增长7.9%。各级国家档案馆馆藏档案资料323.01万卷，增长14.1%。电影院49家，全年票房收入近3.3亿元。各类动漫企业近80家，具有原创能力和代表作品的企业20家。年末广播综合人口覆盖率98%，电视综合人口覆盖率达100%。

十一、卫生、体育和社会服务

年末拥有医疗卫生机构（含村卫生室）2253个，其中医院、卫生院267个，妇幼保健院（所、站）12个，卫生防疫和防治机构18个，社区卫生服务机构214个。卫生机构床位数4.17万张，其中医院、卫生院床位3.95万张。专业卫生技术人员4.51万人，其中执业（助理）医师1.69万人，注册护士2.08万人。每千人拥有卫生技术人员5.41人，拥有医院、卫生院床位5.13张。婴儿死亡率4.79‰，产妇住院分娩率100%。城市社区卫生机构覆盖率达95%以上，城乡居民新农合参合率达103.51%[8]。

全年成功组织10项大型赛事和44项市级体育赛事。在各种省级以上体育赛事中，我市运动健儿共获得169枚金牌、80枚银牌和62枚铜牌。成功举办首届环巢湖国际马拉松赛，吸引来自21个国家和地区的万余名选手参赛。全市完成356个农民体育健身工程、100个全民健身苑工程和10个笼式多功能健身场建设。全年共举办全民健身活动392次，参加活动总人数360万人次。全年销售体育彩票8.46亿元，比上年增长1.0%。

年末拥有各类收养性社会福利机构199个，床位3.1万张，收养各类人员1.6万人。城镇建立各种社区服务中心（站）927个，其中乡镇、街道及县（市、区）级社区服务中心161个。全年销售社会福利彩票17.36亿元，筹集公益金4.94亿元，慈善组织募集各类善款2943.79万元。

十二、生态环保和安全生产

2014年末，全市共有市县（区）级环境监测站6个。区域噪声等效声级54.4分贝，道路交通噪声等效67.5声级分贝，保持稳定。PM10、PM2.5年均浓度分别为113微克/立方米和83微克/立方米，比上年下降1.7%和5.7%，均超过空气环境质量日均值二级标准要求。二氧化硫、二氧化氮、一氧化碳、臭氧年均浓度分别为22微克/立方米、31微克/立方米、0.859毫克/立方米和53微克/立方米，均达到空气环境质量日均值一级标准要求。巢湖流域11个国考断面中有7个断面达到考核要求，比上年增加1个。巢湖西半湖湖心断面整体水质保持平稳，东半湖湖心断面达标率为75%，水质明显好转。饮用水源地水质达标率100%。辐射环境质量良好。

年末城市公园51个，占地面积2361公顷，人均公园绿地面积13平方米。建成区新增绿地面积2136公顷，绿地率40.3%。建成区绿化覆盖面积18170公顷，绿化覆盖率45.2%。生活污水集中处理率89.4%，生活垃圾无害化处理率100%。

全年亿元GDP生产安全事故死亡人数为0.083人，比上年下降10.7%；工矿商贸企业从业人员十万人生产安全事故死亡人数为0.902人，比上年下降9.3%；道路交通万车死亡人数为2.615人，比上年下降11.0%。全年发生一般程序道路交通事故2347起，造成374人死亡，2592人受伤。

注释：

[1] 本公报数据为初步统计数。

[2] 全市生产总值及各产业增加值绝对数按现价计算，增长速度按可比价计算。

[3] 规模以上工业统计范围为年主营业务收入2000万元及以上的工业企业。

[4] 限额以上批发零售和住宿餐饮企业（单位）统计范围为年主营业务收入2000万元及以上的批发企业（单位）、年主营业务收入500万元及以上的零售企业（单位）和年主营业务收入200万元及以上的住宿、餐饮企业（单位）。

[5] 交通运输部根据交通运输行业专项调查，对我市2013年公路与水路的客、货运量数据进行了调整。

[6] 邮政业务总量含快递部分，增长速度按同口径计算。

[7] 恩格尔系数是指居民食品消费支出占全部消费性支出的比重。

[8] 农村合作医疗与城镇居民医保并轨运行，参合人数包含非农业人口。

树长三角城市标杆　坚定跨越发展信心
——合肥与南京、杭州对比分析

2014年9月，国务院发布《关于依托黄金水道推动长江经济带发展的指导意见》（国发〔2014〕39号），在国家层面正式将安徽省划入“长三角”。《指导意见》不仅再次明确了合肥要加快建设全国性综合交通枢纽，更首次提出，长江三角洲城市群要建设以上海为中心，南京、杭州、合肥为副中心，“多三角、放射状”的城际交通网络。《指导意见》要求，提升南京、杭州、合肥都市区的国际化水平，优化提升沪宁合（上海、南京、合肥）、沪杭（上海、杭州）主轴带功能。本文重点将合肥与南京、杭州进行对比分析，试图客观评价我市与长三角先发城市的差距和不足，发掘发展潜力，找准加快发展的突破口，为实现跨越赶超、加速崛起，开阔思路、坚定信心，提供决策参考。

一、基本市情

（一）行政区划。合肥地处安徽省中部，江淮之间，贯通南北、承东启西，环抱全国五大淡水湖之一——巢湖。国土面积11445平方公里，其中市区面积925平方公里。现辖4县1市和4区，即肥东县、肥西县、长丰县、庐江县、巢湖市、瑶海区、庐阳区、蜀山区、包河区。

南京地处江苏省西南部，邻靠安徽省，长江穿城而过，北连辽阔的江淮平原，东接富饶的长江三角洲。国土面积6587平方公里，相当于合肥的57.6%。现辖11个区，即玄武区、秦淮区、建邺区、鼓楼区、雨花台区、栖霞区、江宁区、浦口区、六合区、溧水区和高淳区。

杭州地处长江三角洲南翼，杭州湾西端，浙江省北部、钱塘江下游。国土面积16596平方公里，比合肥大45%，其中市区面积3068平方公里。现辖2县3市和8区，即桐庐、淳安2县，建德、富阳、临安3市，上城、下城、江干、拱墅、西湖、滨江、萧山和余杭8个区。

（二）自然资源。合肥境内以丘陵岗地为主，江淮分水岭由西南向东北横贯全境。水资源总量38.63亿立方米，其中巢湖水面770平方公里，号称“八百里巢湖”。已发现的矿产资源有白云石、花岗石、磷、铁、铅、锌、银、明矾石、石膏、灰岩、矿泉水等，其中庐江县的铁矿、硫铁矿、明矾石储量居全国前列。

南京地貌特征以低山缓岗为主，低山占土地总面积的3.5%，丘陵占4.3%，岗地占53%，平原、洼地及河流湖泊占39.2%。四周山峦起伏，水域面积达11%以上。南京矿藏丰富，已发现50多种，其中锶矿品位高、储量大。

杭州是著名的江南水乡，江、河、湖、水库面积占全市总面积的8%，丘陵山地占65.6%，集中分布在西部、中部和南部，平原占26.4%，主要分布在东北部，京杭大运河和钱塘江穿城而过。素有“鱼米之乡、丝绸之路”美誉，西湖龙井茶闻名于世。

（三）人口规模。2013年末，合肥常住人口为761.1万人，其中市区常住人口385万人，常住人口密度为每平方公里665人。南京、杭州常住人口分别为818.8万人和884.4万人，人口密度分别为1243人/平方公里和533人/平方公里，我市城市发展空间相对广阔。与上年末相比，合肥、杭州常住人口均增长0.5%，南京增长0.3%。

2013年末，合肥城镇人口为516万人，南京、杭州分别为659.1万人、662.42万人，两市均为合肥的1.3倍；合肥市城镇人口占总人口的比重（城镇化率）为67.8%，南京为80.5%、杭州74.9%。

二、对比差距

如果说基本市情的差异有地理、历史、人文等复杂原因，综合实力的对比则更能发现现实的差距在哪里、差距有多大，认清差距有助于我们保持清醒的头脑，见贤思齐，迎头赶上。

（一）从经济总量看，总体实力落后较多。2013年，合肥生产总值4672.91亿元，比南京（8011.78亿元）低3338.87亿元，比杭州（8343.52亿元）低3670.61亿元，分别相当于南京、杭州总量的58.3和56%%，仅略高于南京2009年的总量（4230.26亿元），低于杭州2008年的总量（4781.16亿元）。合肥地方财政收入438.62亿元，比南京（831.31亿元）低392.69亿元，比杭州（945.2亿元）少506.58亿元，分别相当于南京、杭州总量的52.8%和46.4%，与南京2009年的总量（434.51亿元）基本相同，低于杭州2008年的总量（455.35亿元）。

（二）从人均指标看，发展水平相对较低。2013年，南京、杭州常住人口计算人均GDP均已近十万元，分别达到98011元和94566元，合肥为61555元，相当于其他两市的62.8%和65.1%。2013年，合肥城镇居民人均可支配收入28083元，居省会城市第13位，南京、杭州分别为39881元、39310元，分居省会第2、第3位；合肥农村人均纯收入10352元，居省会城市17位，南京、杭州分别为16531元、18923元，分居省会第4、第2位。

（三）从产业结构看，第三产业相对滞后。从三次产业结构看，2013年，南京三次产业结构之比为2.5：43.1：54.4，杭州三次产业结构之比为3.2：43.9：52.9，三次产业均呈“三二一”结构，第三产业增加值占GDP的比重在50%以上。合肥为“二三一”

产业结构，三次产业之比为5.3:55.3:39.4。2013年，合肥市第三产业增加值1841.95亿元，相当于南京（4356.56亿元）、杭州（4416.12亿元）的42.3%和41.7%；占GDP的比重为39.4%，分别比南京、杭州低15和13.5个百分点。

（四）从内需拉动看，过于依赖投资拉动。消费和投资并驾齐驱，共同作为杭州、南京增长的主要动力。2013年，南京投资与消费的比例为1.5:1，杭州的比例为1.2:1，对经济增长的拉动较为平衡。而合肥的增长主要依靠单一的投资带动，消费总量仅相当于投资的三分之一，消费拉动力偏弱。合肥市社会消费品零售总额1480.84亿元，相当于南京（3504.17亿元）、杭州（3531.17亿元）的42.3%和41.9%。

（五）从工业行业看，主导行业体量不足。2013年，南京市工业产值超百亿的行业达21个，计算机、通信和其他电子设备制造业1个行业产值超两千亿，与化学原料和化学制品制造业、汽车制造业及石油加工、炼焦和核燃料加工业共4个行业产值均超千亿；杭州市工业产值超百亿的行业达26个，化学原料和化学制品制造业、纺织业2个行业产值均超千亿；合肥市工业产值超百亿的行业达14个，仅电气机械和器材制造业1个行业产值超千亿。

（六）从城市建设看，承载能力仍待提升。2013年末，合肥建成区面积393平方公里，杭州为462.48平方公里，南京为713平方公里；合肥市区人均公园绿地面积为12.9平方米，比南京、杭州分别少9.2%和17.6%。合肥公交运营车数4315辆，运营线路总长度2975公里，客运总量7.29亿人次；南京公交车运营车数8569标台，地铁1200标台，已开通5条地铁线路；杭州公共汽车8249辆，运营线路总长度12920公里，客运总量13.22亿人次，地铁1号线日均运送乘客达32万人次。

（七）从区域发展看，中心城区集聚不强。南京、杭州主要是中心城市主导型经济，中心城区的优质生产力要素高度集聚，主要经济指标在市域内占有绝对优势地位，从而辐射带动其他区域经济的发展。2013年，南京在2013年区划调整前市区GDP占全市80%以上，区划调整后已全部设为市区，杭州市区GDP占全市79.6%，而合肥市区的经济总量占比不到七成，在传统制造业逐步退出后，市区产业转型升级在一定时期和范围内仍面临挑战。从城镇化率看，合肥比南京、杭州分别低12.7个和7.1个百分点。

（八）从对外开放看，外贸外资相去甚远。2013年，合肥市进出口总额181.9亿美元，分别相当于南京（557.57亿美元）、杭州（650.71亿美元）的32.6%和28%，其中出口总额118.99亿美元，分别相当于其他两市的36.9%和26.6%。2013年，合肥市外商直接投资18.9亿美元，分别相当于南京（40.33亿美元）、杭州（52.76亿美元）的46.9%和35.8%。

（九）从旅游产业看，收入差距明显偏大。2013年，合肥实现旅游业总收入524亿元，接待国内旅游人数5950万人次，接待入境旅游者38.93万人次；南京实现旅游总收入1360.7亿元，接待国内旅游人数8674.01万人次，接待入境旅游者51.86万人次；杭州实现旅游总收入1603.67亿元，接待国内旅游人数9409万人次，接待入境旅游者316.01万人次。我市旅游总收入分别相当于南京、杭州的38.5%、32.7%，国内旅游人数分别相当于南京、杭州的68.6%、63.2%，入境旅游者分别相当于南京、杭州的75.1%、12.3%。

三、发展潜力

合肥经济增长率已连续13年领先杭州和南京，差距日益缩小。“十二五”以来，合肥推进“新跨越、进十强”，主要经济指标保持平稳较快发展，为跨越发展、争先进位提供了坚实的基础和条件。2013年，合肥GDP占全省的首位度达24.5%，高于南京（13.5%）11个百分点，高于杭州（22.2%）2.3个百分点。与2011年相比，合肥GDP相当于杭州的比例由51.8%提高到56%。

（一）经济增速更胜一筹。“十二五”以来，合肥GDP年均增长13.5%，增速分别比南京（11.6%）、杭州（9.0%）高出1.9和4.5个百分点。2013年，合肥多数主要经济指标增速快于南京、杭州。合肥GDP增长11.5%，比南京（11%）、杭州（8%）分别高出0.5和3.5个百分点；人均GDP增长10.9%，比南京、杭州分别高0.2和3.5个百分点。

（二）工业立市成果显著。2013年，合肥全部工业增加值达2053.57亿元，占GDP比重即工业化率43.9%，分别比南京、杭州高6.5和5个百分点。合肥规模以上工业增加值增长14.4%，增速快于杭州6.4个百分点，快于南京3.4个百分点。全年六大主导产业完成产值4724.33亿元，占全市工业的62.1%，六大主导产业增加值同比增长15.9%。

（三）有效投入持续加大。“十二五”前三年，全市累计完成固定资产投资（不含农户投资）11698.44亿元，是杭州的1.06倍，相当于南京的

87.2%；其中，工业投资4640.32亿元，是杭州的1.85倍，相当于南京的68.2%。2013年，合肥完成固定资产投资4535.37亿元，位居省会城市第8，相当于南京的89%，比杭州多271.5亿元；其中，工业投资1752.98亿元，位居省会城市第4，相当于南京的73.1%，比杭州多842.52亿元。

（四）大项目带动产业升级。近年来，随着一批投资规模大、带动作用强的重大项目相继实施，合肥确立了全国最大家电制造基地的地位，“四大件”年产能超6000万台套，全国重要的装备、汽车制造基地的地位有所提升，新型平板显示、太阳能光伏、新能源汽车等战略性新兴产业初步形成了全国领先优势。

（五）公路枢纽地位突出。2011年行政区划调整后，合肥确立了打造“大湖名城、创新高地”的战略定位。区域性综合交通枢纽地位进一步确立。新桥国际机场投入使用，内河集装箱码头一期工程建成并投入使用，高铁南站即将通车。2013年末，合肥境内公路里程数达16955公里，比南京、杭州分别多出5778.4公里、1054.7公里。

（六）科教实力有目共睹。2013年，合肥拥有普通高等院校50家，接近南京的54家，比杭州多12家。《指导意见》中提出“发挥上海张江、武汉东湖自主创新示范区和合芜蚌（合肥、芜湖、蚌埠）自主创新综合试验区的引领示范作用”。据2011、2012年英国《自然》杂志，合肥的基础科研实力连续两年位居全国第三，仅次于北京、上海。第六次全国人口普查资料显示，2010年末合肥具有大学（指大专及以上，下同）文化程度的人口占19.2%，高于杭州市0.3个百分点；2013年，合肥全社会研发投入占GDP比重即研发投入强度达3.10%，比杭州市高0.12个百分点。

四、对策建议

国务院《指导意见》中8处提到合肥，作为附件的《长江经济带综合立体交通走廊规划》13处提到合肥，这是对“十一五”以来合肥科学发展、跨越赶超的充分肯定，也凸显合肥在长三角城市群的重要区域定位。我们要找准在长三角世界级城市群的新定位，立足长三角城际交通网络副中心的定位，按照提升都市区国际化水平的要求，以南京、杭州等长三角先发城市为标杆，坚定跨越发展信心，奋力推进合肥各项事业再上新水平。

（一）大力发展服务业，提升幸福指数

服务业是合肥发展的“短腿”，也是“新跨越、进十强”的关键所在，不但与南京、杭州等沿海地区有很大差距，与中西部地区很多省会城市相比优势也不明显。当前，合肥工业化、城市化水平不断提高，需要现代服务业的发展来支撑，为发展服务业提供了难得的机遇，这从服务业大项目纷至沓来可见一斑。要大力推动文化产业、体育产业、健康产业、旅游休闲、金融服务、电子商务、咨询服务等加快发展。

（二）活跃消费市场，扩大对外开放

在主要经济指标中，合肥社会消费品零售额在省会位次相对靠后，这既有服务业发展不足的原因，也和居民收入水平不高有关。从供给方面来说，要进一步扩大市场规模，营造良好环境，促进消费升级；从需求方面来说，要坚持发展成果让居民共享，提高居民的工资性、经营性、财产性和转移性等各项收入水平，强化民生保障。此外，要扩大对外开放，更好地推动“引进来”和“走出去”相结合，利用好国际国内两个市场、两种资源。

（三）继续招大引强，工业化促城市化

当前，宏观经济形势错综复杂，经济运行下行压力依然很大，但我市平板显示、光伏、电子信息等产业发展势头良好，这都有赖于一批重点骨干企业的支撑。我们要加大对工业大项目投资的支持力度，围绕我市重点产业、新兴产业及配套企业精准招商，同时推动现有工业企业转型升级、做大做强，以更多优质工业大项目带动产业大发展，从而引领“十三五”乃至更长时期全市经济的平稳较快发展。坚定不移地推进工业化，加快我市城市化进程。

（四）打造人才高地，促进成果转化

2013年，合肥普通高等学校在校学生（不含研究生）44.34万人，相当于南京的62.3%，比杭州多4.1%；在肥高校及研究生培养机构在校研究生3.49万人，分别相当于南京、杭州的35.1%和76%。合肥全年专利授权量11487件，分别相当于南京、杭州的59%和27.7%，其中发明专利授权量1547件，分别相当于南京、杭州的的59%和32.7%。差距也是潜力，说明发挥科教资源优势，特别是在加强校市合作和科技成果转化等方面，还有很大空间。

（五）适时调整区划，拓宽发展空间

2000年以后，南京江宁、江浦、六合、溧水、高淳等县先后并入市区。杭州的萧山、余杭于2001年撤市设区，目前正在推进富阳、临安两市改区。把郊县改成区，可以扩大中心城市土地空间，为城市发

2013年合宁杭主要指标对比

单位：亿元

	合肥		南京		杭州	
	实绩	增长%	实绩	增长%	实绩	增长%
生产总值	4672.91	11.5	8011.78	11.0	8343.52	8.0
第一产业	247.21	3.2	204.64	3.4	265.42	1.5
第二产业	2583.75	12.9	3450.58	11.1	3661.98	7.4
第三产业	1841.95	10.6	4356.56	11.3	4416.12	9.0
规模以上工业增加值	1907.40	14.4	2907.78	11.0	2523.88	8.0
社会消费品零售总额	1480.84	14.8	3504.17	13.8	3531.17	13.0
固定资产投资	4535.37	19.3	5093.78	18.1	4263.87	14.5
其中：工业投资	1752.98	18.9	2398.96	10.5	910.46	6.9
外商直接投资（亿美元）	18.90	18.1	40.33	-2.0	52.76	6.4
进出口总额（亿美元）	181.90	3.1	557.57	0.9	650.71	5.5
其中：出口总额	118.99	-12.7	322.66	1.2	447.66	8.5
地方财政收入	438.62	12.6	831.31	13.4	945.20	9.9
城镇居民人均可支配收入（元）	28083	10.4	39881	9.8	39310	10.1
农民人均纯收入（元）	10352	14.0	16531	11.8	18923	11.2

展创造条件。我市近年来先后实施了局部地区的区划调整，部分乡镇融入市区，成为主城区的一部分，下一步还应按照“1331”城市空间布局的总体要求，优化行政区划设置，适时推进县改区。

索引

本索引采取主题分析索引法，按索引词首字汉语拼音字母顺序排列，同声同韵字按声调、同音字按笔画顺序排列，若首字相同则按第二字音序排列，依次类推。索引词后的阿拉伯数字表示该词所在页码，数字后的英文字母 a、b、c 分别表示该页文字的左中右栏。

A

B

C

D

E

F

G

H

J

K

L

X

Y

Z

（吴海升）